Sozialpädagogische Lernfelder für Erzieherinnen

Dr. Rainer Jaszus
Irmgard Büchin-Wilhelm
Martina Mäder-Berg
Wolfgang Gutmann

unter Mitarbeit von
Andreas Kibin

Best.-Nr. 5846
Holland + Josenhans Verlag Stuttgart

1. Auflage 2008

Dieses Werk folgt der reformierten Rechtschreibung und Zeichensetzung.

© Holland + Josenhans Verlag GmbH & Co., Postfach 102352, 70019 Stuttgart
Telefon 0711/6143920 • Fax 0711/6143922 • E-Mail verlag@holland-josenhans.de • Internet: www.holland-josenhans.de

Satz: Claudia Wild, Stuttgart
Umschlagabbildung: Irmgard Büchin-Wilhelm, 79539 Lörrach • Kindergarten St. Konrad, 47443 Moers • Michael Bamberger, 79104 Freiburg
Druck- und Weiterverarbeitung: Stürtz GmbH, 97080 Würzburg

ISBN: 978-3-7782-5846-0

Leitgedanken

> Sag mir etwas, und ich werde es vergessen!
> Zeig mir etwas, und ich werde es vielleicht behalten!
> Lass es mich tun, und ich werde es bestimmt behalten!
>
> Zen-Weisheit

Nach der Rahmenvereinbarung der Kultusministerkonferenz ist die Neukonzeption der Erzieherausbildung in Deutschland handlungs- und lernfeldorientiert ausgerichtet. Lernfelder integrieren Inhalte aus unterschiedlichen Bezugsdisziplinen: Didaktik/Methodik, Pädagogik, Psychologie, Soziologie, Neurobiologie, Musik, Physik, Chemie, Recht usw. Dieser interdisziplinäre Ansatz zeigt deutliche Parallelen zu vielen reformierten Studiengängen auf. Warum wohl? Wer fit für die spätere Bildungsarbeit sein will, braucht eine möglichst vernetzte und ganzheitliche Sichtweise über sein Arbeitsfeld und über die, die darin die Hauptrolle spielen: Kinder und Jugendliche.

Das vorliegende Buch wendet sich bundesweit an Schülerinnen*, die eine Ausbildung zur Erzieherin im Fachbereich Sozialpädagogik absolvieren, wohl wissend, dass Inhalte der Lernfelder in den sechzehn Bundesländern in ihrer Platzierung und Gewichtung darin unterschiedliche oder keine Berücksichtigung finden. Wenn Sie darüber der Zorn überkommt, hilft nur eins: Vergleichen Sie bitte die sechzehn Lehrpläne selbst.

Zwei Bereiche, von Kolleginnen besonders nachgefragt, erhalten in der Ausführlichkeit der Darstellung einen besonderen Stellenwert: die Entwicklungspsychologie mit den neuen Erkenntnissen der Hirnforschung sowie die „Planung, Durchführung, Dokumentation und Evaluation von Bildungsangeboten" in den Tageseinrichtungen.

Alle Kapitel sind so geschrieben, dass sie unabhängig voneinander zu lesen oder zu bearbeiten sind. Dadurch entstehen kleine Doppelungen, die allerdings zum Verständnis, zur ganzheitlichen Sichtweise eines Themas be-

---

* Sie ahnen es vermutlich schon, nur wegen der besseren Lesbarkeit wählen wir die weibliche Schreibweise, nicht um jemanden zu diskriminieren.

wusst in Kauf genommen werden, jedoch die Anzahl der Verweise auf ein erträgliches Maß herunterschrauben und sich somit das Herumblättern fast erübrigt.

Es ist hier nicht der Ort, weitergehende didaktische Konzeptionen zu diskutieren, sondern kurz darzulegen, inwiefern dieses Buch **Lernbegleiter** im Unterricht sowie bei der Vorbereitung von Leistungsnachweisen sein kann, um den Anspruch der Zen-Weisheit „Lass mich tun, und ich werde es bestimmt behalten" zu unterstützen.

Die Ausbildung wird an den zwei, wie wir hoffen, kooperationswilligen Lernorten Schule und Ausbildungseinrichtung absolviert.

Die Fachwelt ist sich nach anfänglichen Irritationen zunehmend einig, dass Inhalte wieder stärker in den Vordergrund rücken, verstrickt sich aber immer noch in der Methodendiskussion. Auch wir packen in unserem Buch Methoden in einen Koffer, reduzieren aber die Inhalte nicht auf Handtaschenformat. In der aktuellen Diskussion um die Akademisierung der Erzieherinnenausbildung wird deutlich, dass weitergehende Qualitätseinbußen im Hinblick auf die Wettbewerbsfähigkeit der Fachschulen für Sozialpädagogik nicht zu vertreten sind.

Deshalb enthält unser Lernbegleiter für die Schülerinnen *primär* Basiswissen, um Handeln in Lernfeldern weitgehend **selbstständig, sachbezogen, zielgerichtet** und **problemorientiert** zu ermöglichen. Das Lernfeld „Planung, Durchführung, Dokumentation und Evaluation von Bildungsangeboten" zeigt **Anregungen und Vorschläge** der Unterstützung entdeckenden und erforschenden Lernens auf wie auch Möglichkeiten, Lernen zu aktivieren und kindgemäß in den Ausbildungseinrichtungen umzusetzen und zu organisieren.

Handlungsorientierung des Lernens, der Erwerb von Handlungskompetenz, bezieht sich im Wesentlichen auf gedankliches Nachvollziehen sowie eigenaktives Handeln in offenen Unterrichtsformen und in der Praxis, also der Ausbildungseinrichtung.

Eine konsequente Weiterentwicklung ist die handlungsorientierte Themenbearbeitung im Unterricht. Der Unterschied liegt im Detail und zeigt sich darin, dass die Lehrerin sich zunehmend zurücknimmt und die Rolle einer Lern- bzw. Prozessberaterin einnimmt. Gleichzeitig werden die Schülerinnen stärker zu Mitakteuren des Unterrichtsgeschehens.

Sie planen, setzen sich Ziele, bewältigen Aufgaben in Sinnzusammenhängen, prüfen, wägen ab, interpretieren Verhaltensbeobachtungen, Texte, Statistiken, präsentieren ihre Ergebnisse, bewerten sie...

Selbstständiges, entdeckendes, erforschendes und empathisches Lernen wird durch unseren Lernbegleiter angeregt.

Mit der Lupe beobachtet: Kleinlebewesen aus dem Bach

In dem illustrierten Beispiel einer Bachexkursion erwerben die Schülerinnen Kompetenzen und Erfahrungen, die einen Handlungstransfer im Kindergarten wesentlich erleichtern. Eine so qualifizierte Erzieherin wird sich mit ihrer Kindergruppe motiviert auf den Weg machen, selbst eine Bachexkursion durchzuführen.

Ausgangspunkte und Lernsituationen im Unterricht setzen nach dem Verständnis der Lernfelddidaktik dabei grundsätzlich die Lehrerin, das Team.

Neben dem *Basiswissen* enthält unser Lernbegleiter zahlreiche Aufgaben und Anregungen, die Lernsituationen durch Handlungen unterstützen können und auf die Erfahrungen der Schülerinnen bezogen sind, u. a. durch:

- Texterfassung (Sinnzusammenhang)
- Partner- und Gruppenarbeit
- Rollenspiele
- Experimente
- Recherchen (Bücher, Internet, ...)
- Diskussionen (Podium)
- Beobachtungen
- Projekte
- Exkursionen
- Analysen, Fallanalysen
- Herstellung verschiedenster Produkte

Wir verzichten allerdings auf eine vorgegebene Abfolge von Arbeits- bzw. Handlungsschritten,

die sich üblicherweise in der einfachsten Form als Problemstellung – Durchführung – Präsentation – darstellen und erweitern lassen.

Auch hier entscheidet die Lehrerin, das Team, inwieweit die Lerngruppe der jeweiligen Themenbearbeitung, dem Arbeitsauftrag gerecht werden kann. Eine vollständig geschlossene Handlung in einem **Lehrbuch für Schülerinnen** abzubilden widerspricht den weiter oben angedeuteten didaktischen Grundsätzen bzw. pädagogischen Prinzipien der selbstständigen Erarbeitung.

Aber: Für Kolleginnen und Kollegen mit einem noch eher geringen didaktisch-methodischen Erfahrungsspektrum verweisen wir auf das Buch von HOLGER KÜLS „Sozialpädagogische Lernfelder". Darin werden u. a. vier Lernsituationen systematisch und umfassend dargestellt.

Wir danken allen Schülerinnen und Referendarinnen, von deren Ideen wir profitierten und dutzenden Tageseinrichtungen insbesondere der überbetrieblichen Kindertagesstätte Lörrach und dem Kindergarten St. Josef in Waldkirch-Kollnau, die durch Fotos, Flyer, Konzeptionen usw. dem Buch ein i-Tüpfelchen durch Authentizität und Lebhaftigkeit aufsetzen, unserem Lektor Herrn Dr. Michael Kühnapfel für seine lösungsorientierte Begleitung und verbindliche Zusammenarbeit.

Für das Team   Dr. Rainer Jaszus
                            Oktober 2007

Inhaltsverzeichnis

Kinder und Jugendliche wahrnehmen und beobachten

Erziehungs-, Entwicklungs- und Bildungsprozesse anregen und unterstützen

Entwicklungs-
und Bildungsprozesse fördern

An konzeptionellen Aufgaben in sozialpädagogischen Einrichtungen mitarbeiten

Berufliche Identität und persönliche Perspektiven entwickeln

1. Familie

In einer Berliner Kindertagesstätte malten Kinder ihre Familien. Während mir einige ihre Bilder zeigten, kam plötzlich ein Mädchen auf mich zugelaufen, zeigte mir stolz ihr Bild und berlinerte: „Ick hab nur ne halbe Familie!"

Vermutlich wollte das Mädchen auf seine Art mitteilen, dass es „nur" mit einem allein erziehenden Elternteil lebt.

Die nachfolgende Grafik „Deutschlands Familien" zeigt, in welchen Konstellationen die 22,4 Millionen Familien heute leben.

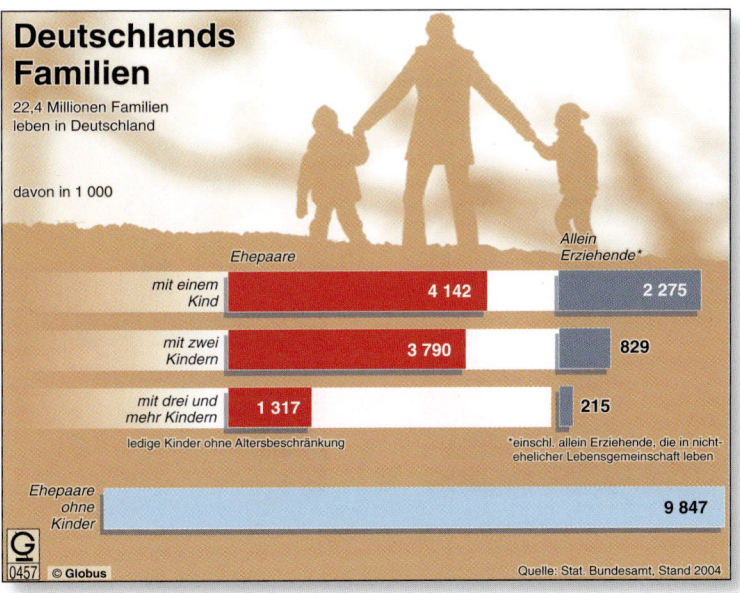

Deutschlands Familien

22,4 Millionen Familien leben in Deutschland

davon in 1 000

	Ehepaare	Allein Erziehende*
mit einem Kind	4 142	2 275
mit zwei Kindern	3 790	829
mit drei und mehr Kindern	1 317	215

ledige Kinder ohne Altersbeschränkung

*einschl. allein Erziehende, die in nichtehelicher Lebensgemeinschaft leben

Ehepaare ohne Kinder	9 847

0457 © Globus

Quelle: Stat. Bundesamt, Stand 2004

	Ehepaare in %	allein Erziehende in %
mit einem Kind	18,5	10,2
mit zwei Kindern	16,9	3,7
drei und mehr Kinder	5,9	0,9
ohne Kinder	43,9	–

Zur besseren Übersicht die prozentuale Verteilung

Etwa 56 % aller Erwachsenen leben in verschiedenen Familienformen mit einem oder mehreren Kindern zusammen, die allerdings älter als 18 Jahre sein können. Fast 44 % aller Ehepaare leben ohne Kinder.

Für fast jedes dritte Kind ist es inzwischen insbesondere durch die Scheidung ihrer Eltern Normalität, nicht mehr in der klassischen Kernfamilie, die aus Vater, Mutter und deren leiblichen Kindern besteht, aufzuwachsen.

Ob es *die* klassische Kernfamilie jemals gab, ist heute umstritten. Einige Autoren lassen sie mit der Industrialisierung in den westlichen Ländern vor etwa 200 Jahren beginnen. Doch aufgrund schon damaliger unterschiedlicher Familienformen ist dieser Gedankengang nicht vollständig überzeugend. Als häufiges und primäres Argument wird die räumliche Trennung von Arbeitsstätte und Wohnung herangezogen. Für viele Arbeiterfamilien, hier verdingte sich der Haupternährer in der Fabrik und für bürgerliche Familien, hier verrichtete der Ernährer der Familie seinen Dienst beispielswei-

se in einem Amt, trifft dies noch am ehesten zu. In den bäuerlichen Familien, seinerzeit die häufigste Familienform, trifft das nicht zu. Auf dem Hof wurde gearbeitet und gelebt und jedes Familienmitglied hat kräftig angepackt.

Weiter unten können Sie eine Zeitreise in das Jahr 1871 unternehmen: Drei Texte geben Ihnen einen Einblick in die Lebenswelten der bäuerlichen Familie, der bürgerlichen Familie sowie der Arbeiterfamilie.

Die lateinische Bezeichnung Familie (= Hausgenossenschaft) ist im Deutschen erst seit dem 17. Jahrhundert geläufig. Zur Hausgenossenschaft gehörten alle Personen, die unter dem Dach des Hauses wohnten. Dazu zählten Vater, Mutter sowie deren Kinder, Großvater, Großmutter, unverheiratete Verwandte und das Gesinde (z. B. Knechte, Mägde). Familien, die aus *drei Generationen* bestanden, waren selten und fast nur in adeligen und bürgerlichen Kreisen anzutreffen.

Die Grafik „Von der Großfamilie zur Kleinfamilie" macht es deutlich: Auch um 1900 lebten durchschnittlich nur 4,5 Personen in einem Haushalt. Realität aber war, dass bereits eine Kernfamilie jener Epoche aus Mutter, Vater und durchschnittlich vier Kindern bestand.

Hinzu kommt, dass die Lebenserwartung um 1900 im Vergleich zu heute nicht einmal zwei Drittel betrug. Schon rein statistisch gesehen kam die viel beschworene Großfamilie mit all ihren helfenden Händen seltener vor, als es ihr gebetsmühlenartig zugeschrieben wird. Der Schluss – früher Großfamilie, heute Kleinfamilie, ist sehr verkürzt, hält sich aber in der Sozialpädagogik besonders hartnäckig.

Folgt man der rechten Spalte der Grafik, leben heute 37% in einem Single- Haushalt und 34% in einem zwei Personenhaushalt und ins-

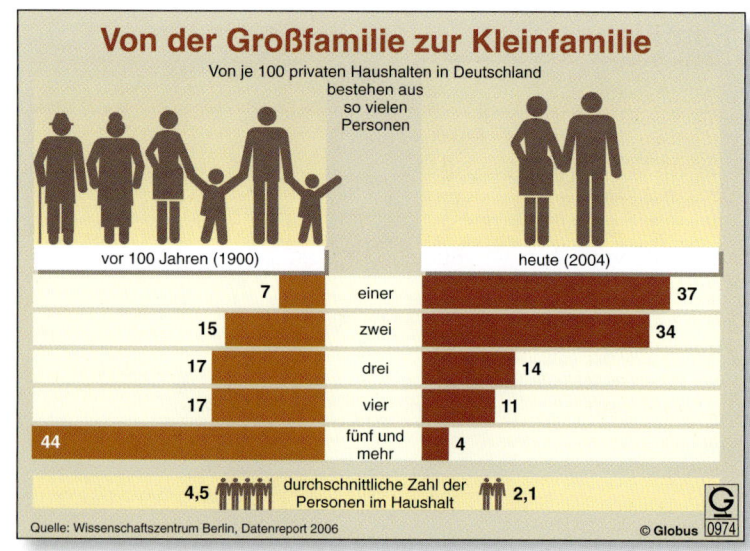

Von der Großfamilie zur Kleinfamilie

Von je 100 privaten Haushalten in Deutschland bestehen aus so vielen Personen

vor 100 Jahren (1900)		heute (2004)
7	einer	37
15	zwei	34
17	drei	14
17	vier	11
44	fünf und mehr	4
4,5	durchschnittliche Zahl der Personen im Haushalt	2,1

Quelle: Wissenschaftszentrum Berlin, Datenreport 2006

© Globus 0974

gesamt nur noch 29% in einem Haushalt mit mehr als drei Personen. Im Durchschnitt leben heute 2,1 Personen in einem Haushalt. In der Gegenwartsgesellschaft sind Mehrgenerationsfamilien in *einem Haushalt* sehr selten.

Bevor wir die aktuelle Situation heutiger Familien aufzeigen, unternehmen wir eine Zeitreise in das Jahr 1871.

Drei Familienepisoden im Jahre 1871

■ Eine bäuerliche Familie

Nahe der Mecklenburgischen Seenplatte liegt der ertragreiche Hof der Familie Rebel. Sonntag wird die Hochzeit von Wolfram Rebel, dem ältesten Sohn, mit Monika Schild gefeiert. Nach der Verlobung vor einigen Monaten haben ihre Eltern die Ehe beschlossen. Den Schilds ist es wichtig, dass ihr zukünftiger Schwiegersohn von einem möglichst wohlhabenden Hof kommt. Den Rebels ist es wichtig, dass ihr Sohn eine möglichst „gute Partie" macht, wie es früher hieß. Wolfram erwartet von seiner Frau, dass sie im Haushalt, im Stall, im Garten und bei der Ernte auf dem Feld kräftig zulangen kann und ihm gesunde Kinder auf die Welt bringt. Monika wäre schon sehr froh, wenn ihr Wolfram nicht allzu gewalttätig ist, wenn nicht mehr als die Hälfte ihrer Kinder in jungen Jahren stirbt und sie selbst vor dem Tod im Kindbett bewahrt bleibt.

Wenn die „alten" Rebels den Hof an Wolfram übergeben, weil sie die schwere Arbeit nicht mehr schaffen, werden sie mit ihrem Sohn einen Vertrag abschließen, der ihnen Unterkunft, Nahrung und Pflege im separaten „Altenteil" auf Lebenszeit garantiert.

In der bäuerlichen Familie trifft der Bauer zwar die wichtigsten Entscheidungen beispielsweise über Feldanbau und Viehbestand allein, aber die Arbeit seiner Frau ist genauso notwendig – deshalb kann auch sie ein wichtiges Wort mitreden.

Eine Familie wie die Rebels bezeichnet man als Großfamilie, denn auf dem Hof leben Großeltern, Eltern, oft ledige Geschwister der Eltern, Kinder, Knechte und Mägde zusammen. Neben wohlhabenden Bauern und armen Kleinbauern verdingen sich Tagelöhner und Wan-derarbeiter aus allen Teilen des Landes und oft auch aus dem Ausland als Erntehelfer.

Viele von ihnen sind ledig und meistens zu arm, um zu heiraten. Ledige Mütter haben es mit ihrem Kind oder ihren Kindern besonders schwer. Wenn eine schwangere Tagelöhnerin „Glück" hat, heiratet sie der Vater des Kindes vor der Geburt. Manchmal können Eheleute wegen weit entfernter Arbeitsplätze oder aus Wohnungsnot jahrelang nicht zusammen leben. Zwölf Stunden zu arbeiten ist die Regel, auch für Achtjährige. Aber selbst dann reicht es nicht immer für die dringend benötigte warme Winterkleidung. Viele „Wohnungen" bestehen aus einer undichten, kalten Kammer, oft im Anbau eines Stalles. Weil die eigenen Kinder nicht mehr ausreichend ernährt werden können, bleibt manchen Eltern nur der Weg, sie in wohlhabende Familien wegzugeben. Eine heute schwer zu beziffernde Anzahl wurde sogar auf Kindermärkten als Arbeitskräfte versteigert.

■ Eine bürgerliche Familie

Wir schreiben das Jahr 1871. Bismarck hat in Frankreich im Schloss zu Versailles gerade das II. Deutsche Reich proklamiert.

In Moers am Niederrhein, einer preußischen Kleinstadt, lebt die Familie Hamberger. Sie gehört zur oberen Schicht des Bürgertums, denn Herr Josef Hamberger ist Oberregierungsrat im Dienste des preußischen Staates. Mit seinem Gehalt führt die Familie ein Leben, wie es sich viele Bauern und Arbeiter erträumen. Seine Frau Margarethe ist natürlich nicht berufstätig, sondern kümmert sich ausschließlich um den Haushalt. Sie bekommt vom „Ernährer der Familie" wöchentlich Haushaltsgeld. Er kontrolliert, ob sie sparsam gewirtschaftet hat. Trotz

Medientipp

Der Spielfilm *„Die Schwabenkinder"* zeigt sehr eindrucksvoll das Los vieler armer Bauernkinder und Tagelöhner. Sie wurden als billige Arbeitskräfte vermietet, versteigert, missbraucht, auch sexuell.

seiner Sparsamkeit legt Herr Hamberger auch aus purem Standesdenken Wert darauf, dass Dienstpersonal im Haus angestellt ist: Frauen und Mädchen, die putzen, waschen, bügeln, kochen und sich gelegentlich um die Kinder kümmern.

Bürgerfrauen, deren Männer in nicht so hoher Position stehen und weniger verdienen, müssen dies alles selbst erledigen oder hatten allenfalls eine Teilzeithilfe im Haushalt.

Herr Hamberger erwartet von seiner Frau, dass sie ihm gegenüber treu, gehorsam, liebevoll und einfühlsam ist, ihm gesunde Kinder zur Welt bringt und erzieht. Außerhalb des Hauses tritt sie meist nur an seiner Seite in Erscheinung.

Der älteste Sohn Ludwig studiert in Tübingen Medizin, Frauen ist der Zugang zur Universität damals noch grundsätzlich verwehrt. Tochter Elisabeth hat eine Höhere Töchterschule in Radolfzell besucht, wo sie neben einer guten Allgemeinbildung auch Kenntnisse vermittelt bekam, die als Hausfrau und Mutter von Vorteil sind. Mit ihren knapp 19 Jahren ist sie heiratsfähig. Ihre Eltern haben sie in letzter Zeit häufig zu Gesellschaften mitgenommen, auf denen man jungen Herren aus „standesgemäßen" Familien begegnen konnte. Einen jungen Mann kann Elisabeth allein mittags nicht einfach so treffen, sondern selbstverständlich nur in Begleitung der Mutter oder Tante. Eine Heirat wird in diesen „gutbürgerlichen Kreisen" nur zustande kommen, wenn beide Eltern zustimmen.

■ Eine Arbeiterfamilie

In den Arbeiterfamilien grassiert in jener Zeit nackte Armut. Die Familie von Werner Schaub beispielsweise lebt mit ihren drei Kindern in ei-

ner etwa zwanzig Quadratmeter großen Wohnung in Dortmund. Die Wohnung ist nicht nur klein, sondern auch feucht und dunkel. Trotzdem sind die Schaubs zufrieden, denn es herrscht große Wohnungsnot. Manche Familien wohnen in nassen Kellerräumen. Viele ledige Männer und Frauen können sich nicht einmal das leisten. Sie haben als „Schlaf- und/oder Kostgänger" bei einer Familie für ein paar Mark im Monat Bettbenutzung und erhalten eine karge Kost. So ist es auch bei den Schaubs, weil sie sich damit ein minimales Zubrot verdienen. Der 14-jährige Heinrich Schaub muss sich ein Bett mit einem Schlafgänger teilen, der tagsüber in derselben Maschinenfabrik wie der Junge arbeitet. Zwei Kinder der Schaubs sind schon gestorben, und auch der neunjährige Hans ist oft krank und anfällig.

In den Arbeiterfamilien sterben jedoch durchschnittlich nicht mehr Kinder als auf dem Land. Es gibt aber viele Abtreibungen, die medizinisch nicht ausgebildete „Engelmacherinnen" vornehmen. Niemand weiß, wie viele Frauen – allerdings nicht *nur* aus Arbeiterfamilien – an den unsachgemäß durchgeführten Eingriffen sterben.

Werner und Josephine Schaub haben sich auf dem Tanzboden kennen gelernt, dem beliebten Sonntagsvergnügen junger Arbeiterinnen und Arbeiter. Dazu haben sie sich „schick gemacht", „geschniegelt und gebügelt" kamen sie daher, wie man es seinerzeit ausdrückte und wenn der Tanzbodenwirt genug Bier geordert hatte, bekam er beim Kassensturz in der Nacht vor Freude feuchte Augen …

Als Josephine schwanger war, heirateten die beiden, denn eine schwangere Frau „sitzen zu lassen" galt in Arbeiterkreisen als unehrenhaft.

Sie arbeitete auch nach der Geburt ihres ersten Kindes in der Fabrik, das Kind kam für ein paar Mark pro Woche zur Nachbarin. Als jedoch das zweite Kind geboren war, wäre das zu teuer

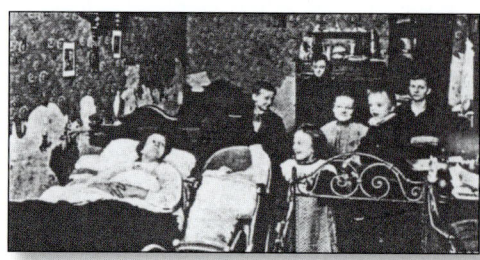

geworden. Frau Schaub nahm Heimarbeit an und nähte Hemden für eine Wäschefabrik. Wie bringen sich Arbeiterfamilien, am Beispiel der Schaubs, damals durch? Um das Notwendigste für die Familie zusammenzubekommen, muss der 14-jährige Heinrich zehn Stunden täglich in der Fabrik arbeiten. Theresia, die 12-jährige, eher zarte Tochter, hat eine Stelle als Dienstmädchen in einem Beamtenhaushalt, hilft in der Küche, im Garten und verrichtet Dienstbotengänge. Nach sechs bis sieben Stunden Arbeit ist sie ausgelaugt. Mehr kann sie nicht. Außerdem muss sie so manchen (unbegründeten) Rüffel der „Herrschaft" verkraften. Der neunjährige Hans kann nicht arbeiten und wird es vermutlich nie können. Seine größte Freude ist es, wenn er die Sonne sieht. Niemand weiß, wie lange noch, er hat Tuberkulose, eine typische Krankheit jener Tage.

Frau Schaub schuftet. Neben der Hausarbeit, sitzt sie meist mehr als zehn Stunden täglich an ihrer Näharbeit, andernfalls bringt sie zu wenig ein. Ihr Mann arbeitet jeden Tag zwölf Stunden und mehr in der Fabrik. Hilfe im Haushalt und bei den Kindern kann sie von ihm in der Regel nicht erwarten.

> **Partnerarbeit**
> 1. Fassen Sie die wichtigsten Aussagen über die drei Familien zusammen.
> 2. Vergleichen Sie die Rollen der Frauen und Männer in der damaligen Zeit innerhalb der einzelnen Familien sowie untereinander.

Familie im Wandel

Merkmale, die eine Familie in der Gesellschaft kennzeichnen, waren und sind im Wandel. Zu den Merkmalen zählen u. a.:

- Familiengröße/Geburtenrate
- Funktion der Familie
- Familienformen
- Familienzyklen

Die Kernfamilie, auch als traditionelle Kleinfamilie bezeichnet, ist auch heute noch die vorherrschende Familienform in Deutschland. Allerdings hat sich in den letzten Jahrzehnten ein tief greifender Bedeutungswandel von Familie vollzogen, der hier an einigen Beispielen verdeutlicht wird.

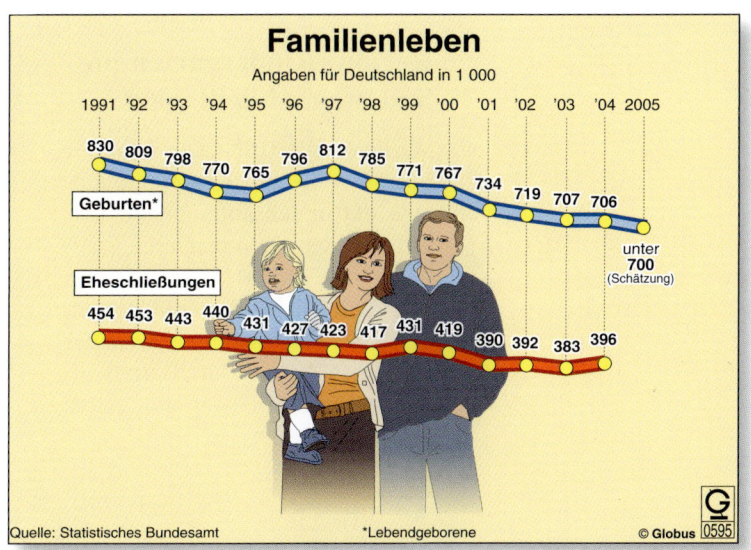

Familienleben
Angaben für Deutschland in 1 000

| 1991 | '92 | '93 | '94 | '95 | '96 | '97 | '98 | '99 | '00 | '01 | '02 | '03 | '04 | 2005 |

Geburten*: 830, 809, 798, 770, 765, 796, 812, 785, 771, 767, 734, 719, 707, 706, unter 700 (Schätzung)

Eheschließungen: 454, 453, 443, 440, 431, 427, 423, 417, 431, 419, 390, 392, 383, 396

Quelle: Statistisches Bundesamt *Lebendgeborene © Globus 0595

Als besonders markante Veränderung wird in den letzten Jahren die steigende Scheidungsrate sowie die geringere Anzahl von Heiratswilligen beobachtet, obwohl sich hier eine leichte Trendwende abzeichnet. Allerdings verringert sich die Anzahl der Neugeborenen immer noch, wie es die Grafik zeigt.

■ Familiengröße/Geburtenrate

Um 1900 hatte eine Mutter im Durchschnitt in Deutschland 4 Kinder, 2006 waren es 1,3. Manche Redakteure der etwas anspruchsloseren Presse titeln deshalb reißerisch: „Stirbt Deutschland aus?" So weit kommt es sicher nicht. Allerdings müssen zurzeit Kindergärten in Städten und Gemeinden schließen. Der Grund: Kindermangel!

Der seit den 70er Jahren einsetzende Wertewandel der Gesellschaft erfasste auch seine Keimzelle, die Familie. Die Bezeichnung „wilde Ehe" stand zunächst für Paare auch mit Kindern, die ohne Trauschein zusammenlebten. Heute spricht man von Lebensgemeinschaften und akzeptiert sie auch politisch als Familie. Familie ist da, wo Eltern für ihre Kinder emotional, sozial und wirtschaftlich Verantwortung tragen. Elternschaft begründet somit Familie.

Obwohl sich in der Gesellschaft seit Jahren eine Liberalisierung des Verständnisses von Familie abzeichnet, ist die institutionalisierte Familie auch wegen rechtlicher und finanzieller Vorteile für die meisten Menschen erstrebenswert.

Region: Kindergarten im Spielweg schließt 2009

WEIL AM RHEIN: Die Zahl der jungen Weiler im Kindergartenalter sinkt in den kommenden Jahren deutlich – nun reagieren Stadt und übrige Träger: Noch in diesem Jahr schließt eine der vier Gruppen des Haltinger Kindergartens in der Markgräflerstraße und den Kindergarten im Spielweg gibt es bis September 2009.

Aus: Badische Zeitung, 19.04.2007

■ Familie als Institution

Unter Familie als Institution versteht man eine Gruppe von Personen (auch mehrere Generationen), die durch Verwandtschaft oder Heirat in emotionaler, sozialer oder wirtschaftlicher Beziehung zueinander stehen. Ehe und Familie stehen unter dem besonderen Schutz der staatlichen Ordnung (Art. 6 (1) GG). Nach Rechtsprechung des Bundesverfassungsgerichts wird der Begriff Familie auch auf alleinerziehende Mütter und Väter sowie deren Kinder angewandt.

■ Funktion der Familie

Darunter werden die Bedeutung und die damit verbundenen Aufgaben von Familien verstanden. Bei der Darstellung der Familien von 1871 sind bereits Aufgaben und die daraus

Werte

In einer Gruppe oder Gesellschaft vorherrschende, „verbindliche" Vorstellungen über das Wünschens- und Erstrebenswerte, sie sind Orientierungsmaßstäbe für das Verhalten von Menschen.

Normen

Erwartungen an Menschen, bestimmtes Verhalten zu zeigen, Ziele und Werte einer Gruppe oder Gesellschaft zu erfüllen.

entstehenden Probleme aus jener Zeit sichtbar geworden.

Seit ca. 50 Jahren durchläuft die Familie einen gewaltigen und schnellen Funktionswandel, der in allen ihren Bereichen offenkundig ist. Erziehungsfunktionen leisten heute vermehrt sozialpädagogische Einrichtungen (Kindergarten, Hort), Schul- und Ausbildungszeiten verlängern sich, eher zögerlich nehmen Ganztagsangebote in beiden Bereichen zu. Trotzdem ist die Familie auch heute noch für die meisten Kinder die primäre Sozialisationsinstanz. Das Erlernen des sozialen Verhaltens, der Prozess des Hineinwachsens des Kindes in die Gesellschaft wird als Sozialisation bezeichnet. Während der Sozialisation erwirbt der Mensch z.B. Werte und Normen der Gesellschaft, in die er hineinwächst.

Familie vermittelt Werte und Normen. Die Familie ist die erste Gruppe, die einem Kind Werte und Normen vermittelt. Werte wie z. B. Verantwortung oder Frieden können Kinder im Vorschulalter noch nicht verinnerlichen. Ein Kind braucht Zeit, das Wertesystem Erwachsener kennen zu lernen und zu verstehen. Zunächst sind die Eltern handelnde Vorbilder. An ihrem Handeln und Verhalten orientieren sich die Kinder, ihr „modellhaftes" Verhalten wird nachgeahmt und übernommen. Zu Anfang sind es die „kleinen Werte", wie danke oder bitte zu sagen.

Mit etwa vier Jahren entwickeln Kinder das Bewusstsein, dass sich ihre eigenen Gedanken von denen anderer Personen unterscheiden. Sie können sich nicht nur in die Gedanken anderer hineinversetzen, sondern auch Rückschlüsse aus ihrem eigenen und dem Verhalten anderer Personen ziehen. So lernt ein Kind zunächst von den Eltern, Erzieherinnen aber auch von Nachbarn und der Gruppe der Gleichaltrigen unterschiedliche, zum Teil sich widersprechende Werte kennen.

Normen sind Erwartungen an Menschen, bestimmtes Verhalten zu zeigen, Ziele und Werte einer Gruppe oder Gesellschaft zu erfüllen. Durch Ge- und Verbote reguliert das Kind allmählich sein Verhalten. Lob und Belohnung fördern normerwünschtes Verhalten.

Beispiel für die Entwicklung des prosozialen Verhaltens: Der sechsjährige Maximilian wird von Ihnen gelobt, weil er der dreijährigen Maria in die Jacke hilft. Der Wert „helfen" ist von Maximilian bereits verinnerlicht, er ist schon ein Teil seiner Person.

Funktion der Familie	
Reproduktion	Kinderwunsch, dadurch Fortbestehen von Familie und Gesellschaft
Produktion	Arbeitsteilung, materielle Versorgung, Existenzsicherung
Sozialisation	Bildung, Erziehung, Betreuung, Pflege
Regeneration	Schutz, Sicherheit und Geborgenheit durch Befriedigung individueller Bedürfnisse, auch in der Freizeit

Die Aufgaben, die in unserer Gegenwartsgesellschaft an eine Familie gestellt werden, sind sehr anspruchsvoll, können aber ansprechen, wenn beide Partner in die Familienrolle schlüpfen und nicht nur eine(r), wie es etwas überzeichnet in dem Artikel „Familienfrau (hübsch) gesucht" beschrieben wird:

Familienfrau (hübsch) gesucht

„Wir stellen ein: hübsche Familienfrau mit weiblichen Attributen. Können Sie kochen und backen nach neuesten Erkenntnissen (evtl. Diät), den Haushalt und die Wäsche mit umweltfreundlichen, energiesparenden Mitteln pflegen (Erfahrung in Bedienung und Wartung moderner Haushaltsgeräte Bedingung)? Haben Sie gute Kenntnisse in Säuglings-, Kinder-, Kranken- und Altenpflege, Psychologie und Pädagogik? Dann kommen Sie für unsere Familie in Frage. Wir erwarten darüber hinaus selbstständige Terminplanung und -überwachung für sämtliche Aktivitäten und Gedenktage der Familienangehörigen, inklusive Verwandtschaft. Das Ausdenken und Besorgen der Geschenke, die Ausrichtung von Festen jeglicher Art und Größe sind selbstverständlich. Kontaktpflege zum Freundeskreis, der Nachbarschaft, zum Geschäftskollegium des im Erwerbsleben stehenden Mannes und sonstigen wichtigen Personen (z. B. Lehrkräfte), sei es in Form von Korrespondenz, persönlichen Gesprächen oder Einladungen, fällt ebenso in Ihren Verantwortungsbereich, wie generell die Erledigung von Einkäufen, Behördengängen, Bank- und Versicherungsgeschäften etc. In familiären Dingen erwarten wir Einfühlungsvermögen, Geduld und seelsorgerische Fähigkeiten. Erforderlich sind außerdem Grundkenntnisse in Fremdsprachen, sämtlichen Sportarten, Hobbys und allen gängigen Schulfächern, um die Kinder bei den Hausaufgaben unterstützen zu können. Das Planen und Durchführen von Reisen, sei es für Bildung, Kultur oder Erholung in allen Jahreszeiten, ob im In- oder Ausland, sollte kein Problem für Sie darstellen. Wir erwarten ausdauernde Gesundheit, da eine Vertretung im Krankheitsfall nicht geregelt ist (ein Rechtsanspruch auf Kurmaßnahmen zur Wiederherstellung der Gesundheit besteht nicht). Sind die Kinder herangewachsen und steht die Pflege der alten Eltern noch nicht an, wird die Aufnahme einer Teilzeit-Erwerbsarbeit ohne Vernachlässigung der bisherigen Pflichten zur Verbesserung des Familienbudgets gern gesehen. Wir bieten: 24-Stunden-Tag, gelegentliche Freizeit und Ferien (gemeinsam mit der Familie und unter weitgehender Wahrnehmung der Alltagspflichten). Sind Sie stark motiviert, multitalentiert, geduldig, unerschöpflich einsatzfähig, lieben Sie Ihren Beruf? Dann bewerben Sie sich beim größten deutschen Dienstleistungsunternehmen Haushalt als (Ehe)Frau zum Nulltarif."[1]

[1] Schöllermann, T.

Aufgabe

1. Leiten Sie aus diesem Artikel die realistische Aufgabenverteilung heutiger Familien ab.

Persönliches Szenario:

2. Ich bin halbtags als Erzieherin berufstätig, mein Mann als Techniker ganztägig. Wir haben zwei Kinder: Lena, 3 Jahre und Maximilian, 7 Jahre alt. Mit welcher (variablen) Aufgabenverteilung könnte ich gut leben?

Familienformen

In dem Beispiel von 1871 wurden die Familien ihrem Stand nach als bäuerliche, bürgerliche oder als Arbeiterfamilie bezeichnet. Familienformen definieren sich heute aufgrund ihrer Konstellation, die sich – auch mehrmals – ändern kann:

- Kernfamilie
- Alleinerziehende
- Patchworkfamilie

■ Kernfamilie

Darunter versteht man ein Paar mit mindestens einem Kind. Die Aufgaben dieser Familienform entsprechen idealtypisch den im Kasten (S. 15) enthaltenen Funktionen der Familie.

■ Ein-Elter-Familie oder Alleinerziehende

Darunter versteht man alleinerziehende Mütter oder Väter mit Kindern unter 25 Jahren[*]. Die meisten Ein-Eltern-Familien bilden sich nach einer Scheidung oder Trennung. Zunehmend entscheiden sich Frauen bewusst für ein Kind, ohne verheiratet zu sein oder mit einem Partner ständig zusammenleben zu wollen.

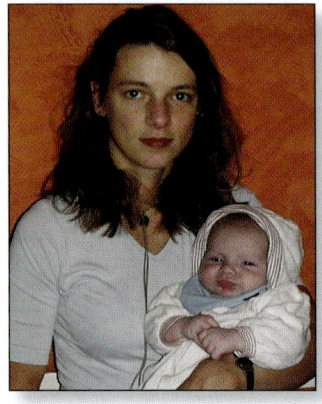

Heute leben ca. 85% aller Kinder bei der Mutter (Mutterfamilie) und 15% beim Vater (Vaterfamilie).

Häufig werden die besonderen Probleme verkannt: Neben dem schmalen Familienbudget, der Doppelbelastung Beruf und Kind(er), ist es die Erziehung, die allein nur schwer zu bewältigen ist.

Aufgaben und Probleme:

- etwa 40 % der Alleinerziehenden leben unterhalb der Armutsgrenze und beziehen Sozialhilfe

---

■ **Alleinerziehende Mutter**
mit 3 Kindern sucht Flohmarktartikel, günstig oder geschenkt. ☎ ▆▆▆▆▆▆

- Unterhaltszahlung, evtl. Besuchsregelung
- die Doppelbelastung Beruf und Kind(er) muss ein Elternteil leisten
- sehr straffes Zeitmanagement durch Erwerbsarbeit, Haushalt, Erziehung und Freizeitgestaltung
- die Vater- bzw. Mutterrolle muss ersetzt werden
- öffentliche Erziehungs- und Betreuungsangebote wie z. B. Krippe, Kindergarten, Hort

---

[*] Die Altersgrenze entspricht der Alterseinteilung des Statistischen Bundesamtes, die sich am Höchstalter der Kindergeldberechtigung für Azubis und Studenten orientiert.

reichen nicht aus oder sind mit ihren Öffnungszeiten nicht flexibel genug

- Ganztagsschulen sind flächendeckend in zeitlich zumutbarem Rahmen nicht immer erreichbar
- nach einer Scheidung sind soziale Beziehungen eingeschränkt oder fallen weg

■ Patchwork- oder Fortsetzungsfamilie

Als Patchworkfamilien werden Familien bezeichnet, in denen Mütter oder Väter in neuen Ehen (Partnerschaften) noch gemeinsame Kinder bekommen. Diese Form der Familie entsteht durch Tod eines Partners, Scheidung oder Trennung. Mitglieder aus früheren Kernfamilien oder Partnerschaften bilden somit eine Fortsetzungsfamilie.

Aufgaben und Probleme:

- Besuchsregelung der Kinder durch den leiblichen Elternteil
- Unterhaltszahlungen
- unterschiedliche Auffassungen bei der Erziehung und Bildung (z. B. weiter führende Schulen, Berufsausbildung)
- Kinder fühlen sich nicht gleichermaßen akzeptiert vom neuen Elternteil
- Kind möchte zum leiblichen Elternteil
- Kinder rivalisieren untereinander
- neue Elternteile werden nicht oder nicht ausreichend akzeptiert
- Neustrukturierung „verwandtschaftlicher" Beziehungen (ein Kind hat plötzlich vier Omas usw.)

Kinder brauchen Zeit, um in die neuen Strukturen hineinzuwachsen und sich darin zu orientieren.

Ricky vermittelt uns einen Einblick in seine Patchworkfamilie:

„Mama legte einen Arm um ihren lieben Ralf und gab ihm einen Kuss. Ich finde diese Abküsserei schrecklich. Mit meinem richtigen Vater hat sie das nie gemacht. Daran kann ich mich jedenfalls nicht erinnern. Es ist nicht einfach, wenn man einen richtigen und einen falschen Vater hat. Von meinem richtigen Vater ist meine Mutter geschieden. Mit dem falschen ist sie verheiratet. Mein falscher Vater ist der richtige Vater von meiner Schwester Katrin. Die versteht das alles nicht so recht.

In Katrins Geburtsanzeige stand: Unser Ricky hat ein Schwesterchen bekommen. Alles Lüge. Ich habe Katrin nicht bekommen. Ich durfte sie nicht einmal auf den Traktor setzen,

als die Mama aus der Klinik kam. Der Brackmann (mein Stiefvater) ist auf mich zugestürzt und hat gebrüllt: „Susanne, dein Sohn bringt mein Kind um!" Komisch. Jetzt hat er davor keine Angst mehr. Jetzt soll ich immerzu auf sein Kind aufpassen. Er braucht zum Arbeiten Ruhe. Er muss abgeschirmt werden. Wer schirmt mich ab? Zum Beispiel jetzt. Vor dem Brackmann. Mit der rechten Hand hält er mir etwas vors Gesicht. Mit der linken Hand hebt er einen meiner Kopfhörer an und schreit mir ins Ohr: „Hier! Das hat dein Hoppel im Wohnzimmer fallen lassen. Katrin hat es aufgehoben und damit gespielt."

So ein Mist! Ich habe Katrin schon oft gesagt, dass Hasenknittel keine Murmeln sind. Der Brackmann ist wütend. Er schreit mir ins Ohr, dass ich mich ändern muss. Ich soll mich ändern? Ich? Denkste!

Das hat sofort gut angefangen. Sofort nach der Hochzeit sollte ich zu meiner Mama Susanne sagen und zum Brackmann Ralf. Das hat der sich fein ausgedacht. Katrin kann von mir aus Ralf sagen und zur Mama Susanne. Das ist mir egal. Ich sage weiter zu meiner Mama Mama und zum Brackmann sage ich Brackmann oder gar nichts. Mich ändert der nicht.

„Ich meine, ich müsste unbedingt mit dir reden Ricky", sagte der Brackmann, „aber du bist ja immer so stachlig wie ein Igel!" „Und Stiefväter sind wie neue Schuhe", sagte ich. „Sie drücken und sind unbequem."

Als ich etwas später im Bett liege, kommt jemand zu mir ins dunkle Zimmer. Hoffentlich nicht schon wieder Katrin, denke ich und frage: „Wer ist da?" „Der neue Schuh", antwortet der Brackmann leise. „Er will dir noch schnell eine gute Nacht wünschen."

Ich sage schnell: „Gute Nacht!" und drehe mich mit dem Gesicht zur Wand. Ich muss nämlich lachen, und das soll der Brackmann nicht merken.

„Ich möchte, dass wir zwei Freunde werden", druckst er herum. „Meinst du nicht auch, wir könnten es mit der Zeit schaffen, auch wenn ich bestimmt irgendwie unbequem bleibe und du stachlig?"

Ich will „mir doch egal!" sagen, schlucke es gerade noch runter. Als der Brackmann weg ist, würge ich noch immer an dem Satz herum. Aber ich glaube, der Brackmann hat an seinen Sätzen auch lange herumgekaut, bis er sie heraus hatte." [2]

---

[2] Kötter, I., 1990

Familienzyklen

Folgt man der Familienentwicklungstheorie, so durchlaufen Familien zwischen der Gründungs- und der Seniorenphase deutlich voneinander unterscheidbare Phasen, in denen so genannte Familienentwicklungsaufgaben zu leisten sind. Familien in derselben Phase haben vergleichbare Entwicklungsaufgaben. Diese Aufgaben werden allerdings von den Familien unterschiedlich angegangen, bewältigt oder nicht bewältigt. Jede Familienentwicklung hat ihre Eigendynamik und hängt von mehreren Faktoren ab. Im engeren Sinne z. B. von der Größe der Familie oder den Beziehungen der Familienmitglieder untereinander. Im weiteren Sinne von den Herkunftsfamilien (Großmutter, Großvater, weitere Verwandtschaft), dem Freundeskreis der Familie und dem einzelner Mitglieder. Schließlich muss Familienentwick-

Normative Übergänge und Phasen im Familienzyklus	Für die weitere Entwicklung erforderliche Veränderungen im Familienstatus
Verlassen des Elternhauses: alleinstehende junge Erwachsene	• Selbstdifferenzierung in Beziehungen zur Herkunftsfamilie. • Entwicklung intimer Beziehungen zu Gleichaltrigen. • Eingehen eines Arbeitsverhältnisses und finanzielle Unabhängigkeit.
Die Verbindung von Familien durch Heirat	• Bildung des Ehesystems. • Neuorientierung der Beziehungen mit den erweiterten Familien und um den Partner einzubeziehen.
Familien mit jungen Kindern	• Anpassung des Ehesystems, um Raum für ein Kind bzw. Kinder zu haben. • Koordination von Aufgaben der Kindererziehung, des Umgangs mit Geld und der Haushaltsführung. • Neuorientierung der Beziehungen mit der erweiterten Familie, um Eltern- und Großelternrolle mit einzubeziehen.
Familien mit Jugendlichen	• Veränderungen der Eltern-Kind-Beziehungen, um Jugendlichen zu ermöglichen, sich innerhalb und außerhalb des Familiensystems zu bewegen. • Neue Fokussierung auf die ehelichen und beruflichen Themen der mittleren Lebensspanne. • Gemeinsame Pflege und Sorge für die ältere Generation.
Entlassen der Kinder und nachelterliche Phase	• Neuaushandeln des Ehesystems als Zweierbeziehung. • Entwicklung von Beziehungen zwischen Kindern und Eltern als Erwachsene. • Neuorientierung der Beziehungen, um Schwiegersöhne/-töchter und Enkelkinder einzubeziehen. • Auseinandersetzung mit Krankheit, Behinderungen und Tod von Eltern und Großeltern.
Familien im letzten Lebensabschnitt: Seniorenphase	• Aufrechterhalten des Funktionierens als Person und Paar angesichts körperlicher Einschränkungen. • Unterstützung der mittleren Generation. • Auseinandersetzen mit dem Tod des Partners, dem Tod von Geschwistern, Freunden sowie die Vorbereitung auf den eigenen Tod. • Lebensrückschau[3].

---

[3] nach Oerter, R.; Montada, L., 2002

lung auch im Zusammenhang mit ihrer wirtschaftlichen und sozialen Lage gesehen werden, auch sie sind beeinflussende Faktoren.

Jede Familie wird mit freudigen aber auch belastenden Situationen konfrontiert. Zu den belastenden „stresshaften" Erfahrungen können z. B. gehören: der Tod eines Kindes, die Freundin des Vaters oder die fortschreitende Krebserkrankung der Mutter. Aber auch freudige Ereignisse wie ein Lottogewinn oder die Geburt eines Kindes (Geschwisters) wirken sich auf den Verlauf der Familienentwicklung aus.

Gegen Ende des 19. Jahrhunderts lebten Frauen statistisch gesehen nach der Volljährigkeit ihrer letzten Kinder noch 10 Jahre. Heute können die nachelterliche Phase und die Seniorenphase zusammen 40 Jahre und mehr betragen. Das liegt vor allem an der hohen Lebenserwartung, die heute bei den Männern ca. 75 Jahre und bei den Frauen ca. 81 Jahre beträgt.

Wirtschaftliche Situation von Familien

Auf Grund der immer noch hohen Arbeitslosigkeit hat sich die wirtschaftliche Lage vieler Familien in den letzten Jahren verschlechtert, obwohl 66 % der Mütter mit minderjährigen Kindern voll- bzw. teilzeitbeschäftigt sind. Das durchschnittliche Familiennettoeinkommen lag nach Angaben des Statistischen Bundesamtes im Jahre 2005 bei 2808 Euro. Es sagt aber natürlich über die Lebenssituation einzelner Familien nichts aus, denn in diesem Durchschnitt sind die Familien von Managern ebenso erfasst wie die von Gärtnern oder Friseuren. Außerdem wird nichts über die Anzahl der Haushaltmitglieder ausgesagt: Wie viele Kinder in der Familie leben und wie alt sie sind, denn mehr Personen verbrauchen auch mehr Geld. Je Verbrauchereinheit[1] betrug das durchschnittliche Nettoeinkommen im Jahr 2005 in Haushalten von Selbstständi-

gen 5241 Euro, in Haushalten von Arbeitern 1466 Euro pro Monat.

Allerdings weichen die tatsächlichen Einkommen einzelner Haushalte auch in den beschriebenen Beispielen nach oben und unten erheblich von den dargestellten Durchschnittswerten ab. Ein Selbstständiger mit einem kleinen Imbisswagen hat ein anderes Familieneinkommen als der Besitzer eines Discounters, der vielleicht nicht einmal weiß, wie viele Geschäfte er eigentlich hat, und sie zur besseren Quantifizierung zunächst in Nord und Süd aufteilt.
Vergleichen wir Haushalte von Arbeitern, halten sich Einkommensvorsprünge in wesentlich engeren Grenzen. Hier ist die Obergrenze im Vergleich zu Selbstständigen schnell erreicht.

Schlusslichter in der Einkommensskala sind Haushalte von Rentnern oder Arbeitslosengeld- bzw. Arbeitslosenhilfeempfänger.
Die Durchschnittseinkommen dieser Haushalte lagen 2005 mit rund 1000 Euro je Verbrauchereinheit pro Monat im unteren Bereich.

Spätestens hier stellt sich die Frage, wann eine Familie bereits die Armutsgrenze erreicht oder schon überschritten hat.

> Als einkommensarm wird – international üblich- heute eine Familie bezeichnet, die weniger als 60 % des durchschnittlichen monatlichen Haushaltsnettoeinkommens zur Verfügung hat.

Legen wir diese Definition zugrunde und vergleichen dazu die Grafik „Am Rande der Gesellschaft" (S. 20), dann leben in Deutschland 12,7 % oder jeder Achte in Armut. Sie sind natürlich nicht alle auf den Suppentopf von Hilfsorganisationen angewiesen, aus dem heute nicht nur in Groß-, sondern auch in Mittel- und Kleinstädten geschöpft wird.
Die Grafik weist weitere Details aus, wobei wir auf ein besonders wichtiges hinweisen: Das Armutsrisiko ist umso größer, je geringer die Schulbildung ist. Ohne Hauptschulabschluss sind es 23,5 %, mit Hochschulabschluss 5,2 %.

Überschuldung ist ein weiterer Faktor, sich am Rand der Gesellschaft wieder zu finden. In der

---

[1] Das Stat. Bundesamt verwendet zur Berechnung der Verbrauchereinheiten die neue OECD-Skala. Danach erfolgt eine Gewichtung der Haushaltsmitglieder mit folgenden Äquivalenzziffern: 1,0 für den ersten Erwachsenen im Haushalt, 0,5 für jede weitere Person ab 15 Jahren und 0,3 für Kinder unter 15 Jahren.

Am Rande der Gesellschaft

So viel % der Bevölkerung in Deutschland gelten als arm*

Bevölkerung insgesamt	12,7 %
Deutsche	12,0
Ausländer	23,8

Haushalte mit Haushaltsvorstand

bis 45 Jahre alt	18,7 %
46 bis 65 Jahre	12,3
66 Jahre und älter	9,9

ohne Hauptschulabschluss	23,5 %
mit Hauptschulabschluss	10,4
mit Realschulabschluss	10,2
mit (Fach-)Abitur	10,8
mit (Fach-)Hochschulabschluss	5,2

*haben weniger als 60 % des durchschnittlichen Einkommens

Quelle: Stat. Bundesamt, SOEP

© Globus 0989

aufnahme oder finanzielle Risikobereitschaft (z. B. Börsenspekulation, Wohnungskauf ohne Kapitalstock) in die Schuldenfalle geraten. Falls zu dieser Wohlstandsproblematik Beziehungen durch Scheidung oder Trennung in die Brüche gehen, sind die verursachten Risiken kaum oder nicht mehr zu schultern.

Neben der Arbeitslosigkeit, geringer beruflicher Qualifikation durch mangelnde Schulbildung und Überschuldung können Kinder vor allem von Alleinerziehenden die Armutsquote erhöhen. Es ist aber sehr zynisch, Kinder in unserer Gesellschaft *per se als Armutsrisiko* zu bezeichnen.

Fakt aber bleibt: Kinder beziehen gegenwärtig prozentual mehr Sozialhilfe – also laufende finanzielle Hilfe zum Lebensunterhalt – als der Durchschnitt der Bevölkerung.

■ Das Elterngeld

Seit Januar 2007 löst das Elterngeld das früher gezahlte Erziehungsgeld ab. Neben dem Kindergeld, das alle Kinder bis zum vollendeten 18. Lebensjahr erhalten und das in bestimmten Fällen (z. B. Studium) bis zum 25. Lebensjahr weiter gezahlt wird, ist nun für die ersten, maximal 14 Lebensmonate der Kinder vieles neu geregelt. Grundsätzlich erhalten Vater *oder* Mutter, die nach der Geburt ihres Kindes zu Hause bleiben, ein Jahr lang 67 % des Nettogehaltes als Lohnersatzleistung bis zu einem Betrag von 1800 Euro pro Monat. Entscheiden sich Vater und Mutter für eine zeitlich *anteilige* Erziehung und Betreuung ihres Kindes, verlängert sich das Elterngeld um zwei Monate, auf insgesamt 14 Monate. Alleinerziehende erhalten das Elterngeld 14 Monate lang. Für bestimmte Fallgruppen können noch andere Leistungen die finanzielle Situation begünstigen. Vergleichen Sie dazu die Grafik.

Das Elterngeld und alle damit verbundenen Sozialleistungen sind steuerfrei.

Ob sich durch das Elterngeld der Kinderwunsch verstärkt, mag bezweifelt werden. Für die objektive Betrachtung insbesondere einer jungen Partnerschaft kann die Entscheidung für ein Kind positiv ausfallen, wenn sie für sich erkennen, dass sie wirtschaftlich abgefedert sind, wenn sie zeitlich begrenzt ihren Beruf nicht ausüben, um ihrem Kind optimale Starthilfe zu geben.

Bundesrepublik sind gut 10 % aller volljährigen Einwohner davon betroffen, d. h., sie können ihre Zahlungsverpflichtungen (z. B. Kredite) nicht erfüllen. Dadurch können sie in eine Abwärtsspirale geraten, die Volkswirtschaftler als Weg in die klassische Armutskarriere bezeichnen.

Armut lässt sich auf zwei Grundmuster zurückführen. Zum ersten Muster gehören die Bildungsbenachteiligten, die in gering bezahlter (Teilzeit-)arbeit stehen oder arbeitslos sind. Manche darunter verschmähen – aus welchen Gründen auch immer – die ihnen zustehenden Sozialleistungen. Zum zweiten Muster zählen die Wohlstandsüberschuldeten. Sie sind durch den Kauf teurer Konsumgüter, hohe Kredit-

Das Elterngeld

Regelung ab Januar 2007

zusätzlich zum Kindergeld

67 % des Nettogehaltes des Elternteils, der nach der Geburt des Kindes zu Hause bleibt; max. 12 Monate

Geschwisterbonus von je 10 % des Elterngeldes (mind. 75 Euro) für Haushalte mit mind. 2 Kindern unter 3 Jahren oder 3 und mehr Kindern unter 6 Jahren

mindestens 300 Euro pro Monat, maximal 1 800 Euro pro Monat

zusätzliche Unterstützung für Geringverdiener mit unter 1 000 Euro im Monat

Teilzeit-Beschäftigung unter 30 Stunden wöchentlich möglich

Beispiele:

Nettogehalt	0	300	448	900	1 500	2 200	2 687	3 200
Elterngeld	300	300	300	603	1 005	1 474	1 800	1 800

● Wenn auch der zweite Elternteil mindestens zwei Monate zu Hause bleibt, verlängert sich das Elterngeld um zwei auf 14 Monate

● Alleinerziehende haben ebenfalls Anspruch auf 14 Monate

© Globus 0957

2. Sozialpädagogische Einrichtungen

Platz für Kinder

Die bekanntesten Formen sozialpädagogischer Einrichtungen sind Tageseinrichtungen, Freizeiteinrichtungen und Heime. Das größte Angebot und die stärkste Nachfrage finden wir bei den Tageseinrichtungen, dem größten Arbeitsfeld für Erzieherinnen. In Deutschland finden wir rund 3,2 Mio. Plätze in Tageseinrichtungen vor.

Der Auftrag sozialpädagogischer Einrichtungen lautet: Betreuung, Erziehung und Bildung von Kindern und Jugendlichen vor Beginn der Schulpflicht und außerhalb der Schule.

Zum Schutz der Minderjährigen ist nicht nur der Arbeitsauftrag der Einrichtung gesetzlich geregelt, sondern auch, welche Fachkräfte berechtigt sind, dort zu arbeiten und welche weiteren rechtlichen Rahmenbedingungen erfüllt sein müssen, z. B. hinsichtlich Räumlichkeiten und Sicherheit. Sozialpädagogische Einrichtungen brauchen eine Betriebserlaubnis.

Tageseinrichtungen für unter 3-Jährige:
Das Angebot an Betreuungsplätzen, in der nachfolgenden Grafik als „Ein Platz für die Kleinsten" und neuerdings als U3-Bereich bezeichnet, bezieht sich auf *Kinderkrippen und Kindergärten.*

Betreuungsplätze im U3-Bereich sind in den alten Bundesländern im Vergleich mit den neuen sehr dürftig und decken nicht ansatzweise den Bedarf. In den neuen Bundesländern, der ehemaligen DDR, haben Krippen eine lange Tradition. Die Grafik zeigt es deutlich: Wer in Sachsen-Anhalt wohnt, findet für 49,9 % aller Kinder einen Platz, also nahezu paradiesische Zustände vor. Wer allerdings in Niedersachsen wohnt, mit 4,5 %, eher nicht. Anders ausgedrückt: In Sachsen-Anhalt kann jedes 2. Kind mit einem Platz rechnen, in Niedersachsen nur jedes 22.

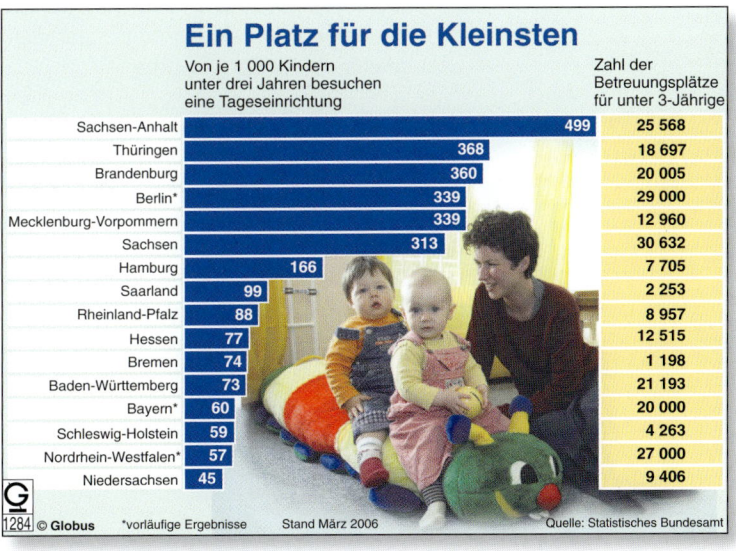

Ein Platz für die Kleinsten

	Von je 1 000 Kindern unter drei Jahren besuchen eine Tageseinrichtung	Zahl der Betreuungsplätze für unter 3-Jährige
Sachsen-Anhalt	499	25 568
Thüringen	368	18 697
Brandenburg	360	20 005
Berlin*	339	29 000
Mecklenburg-Vorpommern	339	12 960
Sachsen	313	30 632
Hamburg	166	7 705
Saarland	99	2 253
Rheinland-Pfalz	88	8 957
Hessen	77	12 515
Bremen	74	1 198
Baden-Württemberg	73	21 193
Bayern*	60	20 000
Schleswig-Holstein	59	4 263
Nordrhein-Westfalen*	57	27 000
Niedersachsen	45	9 406

1284 © Globus   *vorläufige Ergebnisse   Stand März 2006   Quelle: Statistisches Bundesamt

Die folgende Grafik zeigt uns die Warteschlange im U 3 Bereich. Allein in den alten Bundesländern stehen mehr als 1 000 000 Kinder in der Schlange. Wie können wir uns die Länge dieser Schlange – wenn auch nur annähernd – vorstellen? Wenn wir Kinder im Abstand von ca. 50 cm hintereinander aufstellen, soweit sie schon stehen können, reicht sie von Basel bis Düsseldorf.

Aber warum ist diese Schlange so lang? Einige Gründe können Sie der Grafik entnehmen.

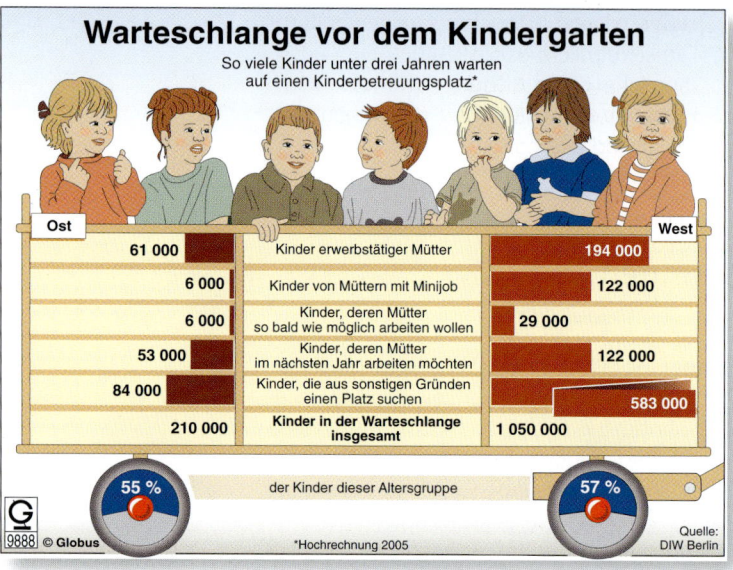

Warteschlange vor dem Kindergarten

So viele Kinder unter drei Jahren warten auf einen Kinderbetreuungsplatz*

Ost		West
61 000	Kinder erwerbstätiger Mütter	194 000
6 000	Kinder von Müttern mit Minijob	122 000
6 000	Kinder, deren Mütter so bald wie möglich arbeiten wollen	29 000
53 000	Kinder, deren Mütter im nächsten Jahr arbeiten möchten	122 000
84 000	Kinder, die aus sonstigen Gründen einen Platz suchen	583 000
210 000	**Kinder in der Warteschlange insgesamt**	1 050 000
55 %	der Kinder dieser Altersgruppe	57 %

© Globus 9888

*Hochrechnung 2005

Quelle: DIW Berlin

Tageseinrichtung Kindergarten. Vor der Einschulung besuchen heute ca. 90% aller Kinder (1965 waren es ca. 35 %) einen Kindergarten – aber nicht unbedingt kontinuierlich drei Jahre. Kindergartenplätze sind keine Mangelware mehr. In einigen Gemeinden oder Stadtteilen wird bereits um Kinder geworben.

Sozialpädagogische Arbeit im Schulalter. Hier hat sich in den letzten Jahren einiges bewegt. Eltern von Schulkindern können, allerdings eingeschränkt durch das regionale Angebot, wählen zwischen Hort, Kernzeitbetreuung („Verlässliche Grundschule"), Ganztagsschule und Kindertageseinrichtung mit erweiterter Altersmischung, oft als Kinderhaus bezeichnet.

Pluralität der Betreuungsformen

Kindergärten bieten heute ein differenziertes Angebot. Neben sogenannten „Regelgruppen" für 3- bis 6-Jährige mit der traditionellen Öffnungszeit vor- und nachmittags finden wir solche mit erweiterter Altersmischung (2- bis 6-Jährige, 3- bis 10-Jährige), mit verlängerter Öffnungszeit (z. B. 7–14 Uhr) oder mit der Bereitschaft zur Aufnahme von Kindern mit Behinderung.

Damit ist die ehemals starre, nur am Alter der Kinder festgemachte Trennung von Kinderkrippe, Kindergarten und Hort heute weitgehend überwunden. Das Kinderhaus ist eine Tageseinrichtung mit erweiterter Altersmischung, erweiterten Öffnungszeiten und/oder integrativen Gruppen, in der Kinder vom Säuglingsalter bis zum Ende der Grundschulzeit nahtlos komplette Bildungs- und Betreuungsangebote erhalten. Für die Kinder bedeutet das mehr Kontinuität sowie mehr Erfahrungen im Zusammenleben verschiedener Altersgruppen, was insbesondere Einzelkindern zugute kommt.

Der lange Weg zum Bildungsauftrag

1991 war ein Wendepunkt in der Geschichte des deutschen Kindergartens. Er erhielt 150 Jahre nach seiner Gründung erstmals von politischer Seite offiziell einen **Bildungsauftrag**, der im Kinder- und Jugendhilfegesetz (KJHG § 22 Abs. 2) verankert ist.

Wissenschaftliche Untersuchungen hatten die Qualität deutscher Kindergärten mit denen anderer Länder verglichen. Gute Arbeit war deutschen Erzieherinnen beispielsweise für die Förderung des sozialen Lernens und der Spielfähigkeit bescheinigt worden.

Es gab aber auch Kritik: Der deutsche Kindergarten sei bildungsfeindlich, die kognitive und sprachliche Förderung werde vernachlässigt. Ein Kindergarten, der nur die Spiel-, Gefühls- und Sozialebene anspricht, halte Kinder in einer Idylle, bereite sie nicht auf das Leben vor.

Neue wissenschaftliche Erkenntnisse über frühes Lernen kamen in den vergangenen Jahren vor allem aus der Hirnforschung.

Ergebnisse der Hirnforschung zeigten, dass Babys sehr kompetent ihr eigenes Lernen vorantreiben und dass Kinder generell eigenaktiv lernen, sofern sie gute Rahmenbedingungen haben und in einer sicheren Bindung leben.

Die Hirnforschung belegte auch, dass die zum Denken wichtigen Synapsen (Nervenzellenverbindungen) sich ab dem Kindergartenalter zurückbilden, wenn sie nicht regelmäßig aktiviert werden.

Unverantwortlich sei es u.a. den Wissenshunger der Kinder nicht zu stillen, sie z.B. erst mit sechs Jahren Schreiben und Lesen zu lehren, auch wenn 5-Jährige darum bitten, und die frühe Zeit nicht für das Erlernen einer Fremdsprache zu nutzen.

Diese und andere Forschungsergebnisse und wissenschaftliche Untersuchungen blieben nicht ohne Konsequenzen für Bildung und Lernen im Kindergarten.

Das Recht auf einen Kindergartenplatz, heute in allen Bundesländern verwirklicht, war ein neuer Meilenstein: Es war nicht nur familienfreundlich gedacht, sondern sollte die Chance auf Bildung im frühen Kindesalter unabhängig von der Herkunft erhöhen.

Betreuung, Erziehung, Bildung

■ Betreuung

Der Betreuungsauftrag in Tageseinrichtungen richtet sich nach dem Alter und den Fähigkeiten der Kinder. Hierzu gehören Körperpflege (z.B. Windeln wechseln, Zähne putzen), Assistenz bei der Selbstversorgung, z.B. dem Toilettengang, das Achten auf hinreichende und gesunde Ernährung, Bewegung und das Einhalten von Ruhephasen ebenso wie der Schutz vor Gefahren, so mutig und selbstständig sich Kinder auch geben.

Einer geschickten Erzieherin gelingt es auch, Pflegeverrichtungen zum Beziehungsaufbau und zu Lernsituationen zu nutzen z.B. mit dem Impuls: „Wie gern würden unsere Puppen auch einmal baden und frische Kleider bekommen".

In vielen Kapiteln begleiten wir Kinder im Alltag auch unter dem Betreuungsaspekt, aber mit der pädagogischen Grundhaltung „Ich helfe dir, es selbst zu tun", wie es M. MONTESSORI ausdrückte.

■ Bildung

Der Mensch ist als vernunftbegabtes, nach Freiheit und Mündigkeit strebendes Wesen besonders bildsam.

Wer an Bildung denkt, dem fallen zunächst Schulen und Hochschulen als die klassischen Vermittler ein. Seit einigen Jahren wird der Bildungsauftrag auch für Tageseinrichtungen eingefordert, denn „Bildsamkeit" beginnt nicht erst im schulpflichtigen Alter.

Nach FTHENAKIS ist **Bildungsqualität** in Kindergärten auch im Blick auf die Einschulung zu sehen und beinhaltet u.a.:

- Entwicklungsförderung,
- lernmethodische Kompetenzen bzw. Lerntechniken entwickeln,
- Wissen strukturieren und vernetzen,
- als Methode: lebensnahes, ganzheitliches Lernen mit allen Sinnen und in sozialen Bezügen, projektorientiert und mit der Möglichkeit der Selbststeuerung durch das Kind.

Bildung bezieht sich immer auf die Person und den Erfahrungshintergrund des Lernenden. Die Annahme, dass Vorschulkinder überwiegend durch Beobachtung oder durch Entfaltung ihrer Anlagen lernen, ist heute überholt.

Untersuchungen belegen, dass Kinder als eigenaktive Wesen sich mit allen Sinnen, dem Herz und dem Verstand ihre Umwelt erschließen und ihr „Weltwissen" konstruieren. Sie entdecken, forschen, sammeln, suchen, fragen und wollen selbst handeln, allein oder in Kontakten mit Gleichaltrigen. Die Erzieherin fördert diesen Forscherdrang der Kinder insbesondere durch Projekte und eine entsprechend gestaltete Umgebung.

Das Kapitel „Planung, Durchführung, Dokumentation und Evaluation von Bildungsangeboten" zeigt Formen der Unterstützung, entdeckenden und erforschenden Lernens wie auch Möglichkeiten, Lernen zu aktivieren und kindgemäß zu organisieren.

■ Erziehung

Erziehung als bewusste, zielgerichtete Handlung des Erwachsenen bedeutet, Kinder zu unterstützen beim Aufbau ihrer Identität und im Prozess des Selbstständigwerdens.

Erziehung beinhaltet auch, Normen und Werte zu vermitteln (z. B. demokratische Grundwerte) und danach mit den Kindern zu leben. Ein wesentliches Ziel der Erziehung ist der mündige Mensch, d. h. für sich selbst sprechen, für sich selbst handeln, für sich selbst Verantwortung übernehmen.

Besonders der letzte Satz verdeutlicht die langfristige Perspektive von Erziehung.

In familienergänzenden Tageseinrichtungen sind die Eltern Kooperationspartner der Erzieherin. Im Dialog zwischen Eltern und Erzieherin sollten deshalb die Vorstellungen und Erfahrungen über die Erziehung der Kinder ausgetauscht und je nach Situation neu gedacht werden. Hierzu eignen sich Formen der Elternarbeit wie Elternabende, Elternsprechstunde.

Anregungen und Aufgaben für Projekte

Die differenzierte Darstellung aller sozialpädagogischen Einrichtungen würde den Rahmen dieses Buches sprengen. Wir sind davon überzeugt, dass Sie die Sache selbst in die Hand nehmen können.

1. Informieren Sie sich in verschiedenen Medien (Bücher, Lexika, Zeitungen, Internet, …) über Tageseinrichtungen, wie z. B.
   – Kinderkrippe,
   – Kindergarten,
   – Kinderhaus,
   – Hort,
   – Heime …

2. Dokumentieren Sie wesentliche gewonnene Erkenntnisse über die jeweilige Einrichtung. Kleiner Leitfaden zur Anregung:
   – kurzer geschichtlicher Rückblick
   – gesetzliche Verankerung(en)
   – Auftrag der Einrichtung
   – Bedeutung (für Kinder, Eltern, Gesellschaft …)
   – uns interessiert noch …

---

3. Anforderungen an eine Erzieherin

Anforderungsprofil der KMK

Die Kultusministerkonferenz vom 28.01.2000 hat in ihrer Rahmenvereinbarung zur Ausbildung und Prüfung von Erziehern/Erzieherinnen Qualifikationsbeschreibungen vorgenommen:

„Kinder und Jugendliche zu erziehen, zu bilden und zu betreuen erfordert Fachkräfte,

• die das Kind und den Jugendlichen in seiner Personalität und Subjektstellung sehen,
• die Kompetenzen, Entwicklungsmöglichkeiten und Bedürfnisse der Kinder und Jugendlichen in den verschiedenen Altersgruppen erkennen und entsprechende pädagogische Angebote planen, durchführen, dokumentieren und auswerten können,

• die als Personen über ein hohes Maß an Ethos, menschlicher Integrität sowie gute soziale und persönliche Kompetenzen und Handlungsstrategien zur Gestaltung der Gruppensituation verfügen,
• die im Team kooperationsfähig sind,
• die aufgrund didaktisch-methodischer Fähigkeiten die Chancen von ganzheitlichem und an den Lebensrealitäten der Kinder und Jugendlichen orientiertem Lernen erkennen und nutzen können,
• die in der Lage sind, sich im Kontakt mit Kindern und Jugendlichen wie auch mit Erwachsenen einzufühlen, sich selbst zu behaupten und Vermittlungs- und Aushandlungsprozesse zu organisieren,
• die als Rüstzeug für die Erfüllung der familienergänzenden und -unterstützenden Funktion über entsprechende Kommunikationsfähigkeit verfügen,

- die aufgrund ihrer Kenntnisse von sozialen und gesellschaftlichen Zusammenhängen die Lage von Kindern, Jugendlichen und ihren Eltern erfassen und die Unterstützung in Konfliktsituationen leisten können,
- die Kooperationsstrukturen mit anderen Einrichtungen im Gemeinwesen entwickeln und aufrechterhalten können,
- die in der Lage sind, betriebswirtschaftliche Zusammenhänge zu erkennen sowie den Anforderungen einer zunehmenden Wettbewerbssituation der Einrichtungen und Dienste und einer stärkeren Dienstleistungsorientierung zu entsprechen." …

(Quelle: Kultusministerium: www.kmk.org)

Weiter werden in der Rahmenvereinbarung didaktisch-methodische Grundsätze benannt, bei denen die Ausübung des Berufes Erzieherin als Prozess bezeichnet wird, „in dem es darauf ankommt, Strategien für ein selbstständiges und eigenverantwortliches Handeln zu entwickeln, sie zu dokumentieren, zu überprüfen und dabei gleichzeitig die wechselnden Anforderungen der Praxis zu berücksichtigen."

Aufgabe
Filtern Sie Anforderungen an die Persönlichkeit der Erzieherin heraus und Anforderungen, die eher Sachwissen und Fertigkeiten betreffen. Füllen Sie die Tabelle mit eigenen Beiträgen.

Persönlichkeits-merkmale	Sachwissen und Fertigkeiten

Was stellen Sie im Vergleich fest?

Aufgaben und Tätigkeiten der Erzieherin

In der folgenden Tabelle finden sich grundsätzliche Aufgaben und Tätigkeiten der Erzieherin, weitgehend unabhängig von der Einrichtung, in der sie arbeitet. Während der Ausbildung werden Grundlagen vermittelt z. B. über Ent-

wicklung von Kindern und Jugendlichen, wie Bildungsprozesse eröffnet werden und in Gang kommen und wie Team- und Elternarbeit gelingt.

Lernen am Lernort „Ausbildungskindergarten" bedeutet dann, die Grundlagen den Erfordernissen vor Ort anzupassen. Eine Lernortkooperation zwischen der Fachschule für Sozialpädagogik und dem Ausbildungskindergarten ist *ein* Baustein zur Qualitätssicherung von Anfang an.

Hier zeigt sich die Verantwortung des Teams, neue Mitarbeiter in das konkrete Arbeitsfeld einzuführen, wie auch die Eigenverantwortung zu erkennen, in welchen Bereichen man sich fortbilden muss bzw. als Schülerin noch „Wissenslücken" hat.

■ Die eigene Arbeit dokumentieren

„Ich will doch erziehen und nicht schreiben!", so die Äußerung einer Schülerin zu Beginn der Ausbildung.

Die *Beobachtung ist* jedoch eine sehr wichtige Aufgabe einer Erzieherin. Wir beobachten alle, dauernd. Aber: Die professionelle Beobachtung zeichnet sich durch Zielgerichtetheit und Anwendungsorientierung aus und hat den Anspruch, Subjektivität und Fehler zu kennen und zu vermeiden.

Diese Beobachtungen müssen dargestellt, beschrieben sowie analysiert und beurteilt werden, beispielsweise dahingehend, ob das Verhalten entwicklungsgerecht ist oder nicht.

Beobachtungen und deren Auswertung sind in jedem Fall Basis für die weitere Planung und Gestaltung der Arbeit. Nur so kann man den Kindern, ihren Fähigkeiten und Bedürfnissen auch gerecht werden.

Reflexionen sind notwendig, um sich und seine Arbeit immer wieder zu überprüfen und gegebenenfalls Erzieherverhalten und Planungen zu verändern. Ausschließliche Selbstreflexion ist einseitig, weshalb wir von unseren Mitarbeitern profitieren, wenn wir ihre Position kennenlernen.

Beobachtung, Planung, Reflexion erfordern viel Schreibarbeit und damit oft viel mehr Zeit,

Aufgaben einer Erzieherin im Überblick

Mit Kindern den Alltag leben u. a.
- für Sicherheit der Kinder sorgen (Aufsicht, Unfallgefahren, Verkehrssicherung …)
- Grundbedürfnisse befriedigen (Vertrauen, Geborgenheit …)
- Räume gestalten
- Tagesablauf gestalten
- Gesundheit fördern (Bewegung, Ernährung …)
- Krankheitszeichen kennen und damit umgehen
- Erste Hilfe leisten
- Freizeit gestalten

Bildungsprozesse anregen u. a.
- natürliches Lernverhalten von Kindern und Jugendlichen kennen und fördern
- Bildungsangebote planen und durchführen im musischen Bereich, Interesse wecken für Natur, physikalische, chemische Phänomene, für Schrift, Zahlen, Zeit, Kunst …
- Literatur, TV und Computer als zeitgemäße Medien reflektiert einsetzen
- lokale Bildungsangebote nutzen: Kunst, Musik, Theater, Bibliothek
- Anleiten zum Umgang mit freier Zeit
- eine Fremdsprache spielerisch erlernen

Kinder und Jugendliche erziehen u. a.
- Erziehungsbedürftigkeit und -notwendigkeit erfassen
- Beziehung gestalten
- verschiedene Auffassungen von Erziehung kennen (auch Ziele, Normen) in Geschichte und Gegenwart
- Konzeptionen lesen, verstehen, erstellen
- Möglichkeiten und Grenzen der Verhaltensänderung kennen

Entwicklung verfolgen u. a.
- Entwicklungsabläufe/-aufgaben verstehen
- gezielt beobachten
- dokumentieren
- Stärken fördern
- Auffälligkeiten erkennen
- begleiten
- Übergänge gestalten (z. B. Schulanfang)

Mit verschiedenen Partnern zusammenarbeiten u. a.
- Auftrag und Organisation des eigenen Betriebes kennen
- Rechte und Pflichten als Arbeitnehmer kennen
- im Team zielorientiert arbeiten
- Zusammenarbeit mit Eltern
- Beteiligung in Gremien der Einrichtung, des sozialpädagogischen Arbeitsfeldes
- mit Hilfesystemen, Fachdiensten, anderen sozialpädagogischen Einrichtungen, Ämtern und verschiedenen Berufsgruppen kooperieren
- Mitteilungen, Protokolle, Berichte, Anträge, Bestellungen, Versicherungsmeldungen schreiben können

Kinder und Jugendliche ins Gemeinwesen integrieren u. a.
- Verpflichtung des Staates gegenüber Familien und Kindern kennen
- Kenntnis haben über Funktion und Wandel der Familie
- gesellschaftliche Entwicklungen und deren Anforderungen an sozialpädagogische Einrichtungen kennen, z. B. multikulturelle Vielfalt, Arbeitsmarktsituation …
- mit den Kindern öffentliche Angebote der Gemeinde nutzen
- Partizipation von Kindern/Jugendlichen in Gremien der Kommune begleiten …

Berufsfeldentwicklungen verfolgen u. a.
- Fachliteratur, Zeitschriften und Tagespresse lesen und verstehen
- Fachdiskussionen verfolgen
- Zuständige Ministerien, Verbände, Gewerkschaften, Forschungsstätten kennen und mit ihnen korrespondieren

als das Ereignis, um das es geht, dauert oder gedauert hat. Der Sinn liegt zum einen darin, Wahrgenommenes festzuhalten, um später einen Vergleich zu haben. Das Aufschreiben zwingt uns auch korrekt und wohl überlegt zu formulieren.

■ Alltag mit Kindern leben

Dazu gehört unter anderem auch hauswirtschaftliche Arbeit. Aber: „Ich bin doch keine Putzfrau!", entrüstete sich eine Praktikantin.

So wichtig das Erziehen und Bilden ist, so geht es in der Arbeit mit Kindern auch um praktische Verrichtungen, um hauswirtschaftliche

(z. B. Zubereitung eines Frühstücks oder Mittagessens, Ordnung im Raum halten) sowie pflegerische Tätigkeiten (z. B. Hände waschen, Eincremen). Unter dem Beziehungsaspekt sind es Lernsituationen für die Kinder. Unsere Aufgabe ist es ja, Kinder auf das reale Leben vorzubereiten. Für die wenigsten Kinder wird später eine Putzfrau normal sein. Zukunftsorientiert wäre es also, die üblichen hauswirtschaftlichen Tätigkeiten gemeinsam mit den Kindern zu verrichten.

Kompetenzen der Erzieherin

Persönlichkeitsanforderungen wie Einfühlungsvermögen und Takt, Zuverlässigkeit und Lebensoptimismus haben im Erzieherberuf einen hohen Stellenwert. Aber brauchen nicht auch Ärzte, Verkäufer, Masseure, Tischler diese Fähigkeiten, um in ihrem Beruf erfolgreich zu sein?

Der Unterschied liegt im Detail: *Kinder* brauchen zuverlässige, einfühlsame und taktvolle, lebensoptimistische Erzieherinnen mit Führungsqualität und einem hohen Maß an Selbstreflexion, da sie

- noch besonderen Schutzes bedürfen und
- unbesehen Haltungen der Erzieherin bis ins Schulkindalter übernehmen.

Diese und ähnliche grundlegende Persönlichkeitsmerkmale werden in der Ausbildung vertieft. Fachwissen und fachliche Fertigkeiten gilt es in dieser Zeit zu erwerben.

■ Selbstkompetenz, Sachkompetenz und Sozialkompetenz

Kompetenz

lat.: competentia, bedeutet so viel wie Zuständigkeit, Sachverstand haben. Es ist die Fähigkeit, das Vermögen eines Menschen bestimmte Bereiche gut zu beherrschen.

Das Kompetenzmodell nach Roth unterscheidet zwischen Ich-, Sozial- und Sachkompetenz. Die Bezeichnung Ichkompetenz wird heute meistens durch Selbstkompetenz ersetzt.

Selbst-, Sach- und Sozialkompetenz sind in gleichem Maße erforderlich, sie lassen sich nicht immer klar voneinander trennen. Der folgende Überblick im ersten Ausbildungsjahr gibt eine Orientierung der nötigen Qualifizierung für den Beruf der Erzieherin.

Selbstkompetenz: persönliche Fähigkeiten

Die Erzieherin sollte über eine stabile Persönlichkeit verfügen: Sie muss psychisch und physisch belastbar sein.

Auch ein gewisses Maß an Geschicklichkeit, Spontaneität und Kreativität ist notwendig, um den Alltag mit Kindern/Jugendlichen abwechslungsreich und interessant zu gestalten. Persönliche Fähigkeiten wie Zuverlässigkeit, Verantwortungsbewusstsein, Geduld und Ausdauer, Flexibilität, Motivation sowie Freude an der Arbeit zeichnen die Selbstkompetenz einer Erzieherin aus.

Eine wesentliche Voraussetzung für die Ausübung dieses Berufes ist Offenheit und Kontaktfähigkeit, um auf andere Menschen – speziell auf die Kinder/Jugendlichen, aber auch auf die Eltern, Teammitglieder usw. – zugehen zu können. Verbunden hiermit ist die Fähigkeit zur Kompromiss- und Lernbereitschaft.

In aller Regel erfolgt die Betreuung und Erziehung der Kinder in (Klein-)Gruppen, so dass weitere persönliche Fähigkeiten darin liegen müssen, eine Gruppe zu leiten sowie die Atmosphäre des Gruppenlebens und die Beziehung zu den einzelnen Kindern/Jugendlichen prosozial zu gestalten.

Sachkompetenz: fachliche Fähigkeiten

Dies beinhaltet Wissen über die Entwicklung von Kindern oder über einzelne spezielle Themen (z. B. Armut in der Familie) sowie Wissen über Anregungs- und Fördermöglichkeiten. Aber auch grundlegende Fähigkeiten wie die des Beobachtens und der Auswertung des Beobachteten sind Voraussetzungen für den Beruf der Erzieherin.

> Erzieherinnen brauchen umfassende entwicklungspsychologische Kenntnisse

In diesem Zusammenhang muss somit auch die Fähigkeit genannt werden, Veränderungen der Kinder – beispielsweise ein Wachstum in deren Entwicklung – zu erkennen und darauf richtig reagieren zu können. Nicht nur Wissen über gezielte Fördermöglichkeiten ist notwendig, sondern auch die Fähigkeit, dieses Wissen umzusetzen und anzuwenden, um die Kinder gezielt ganzheitlich zu fördern.

Sachkompetenz beinhaltet auch, das einzelne Kind aber auch die gesamte Gruppe im Blick zu haben und, wenn möglich, die Bedürfnisse Einzelner und der ganzen Gruppe zu berücksichtigen.

Weiterhin gehört ein entsprechend positiver, fachlicher Umgang mit Kindern und Eltern dazu, wobei hier unter anderem auch eine Beratung der Eltern beispielsweise in Erziehungsfragen möglich sein sollte. Allerdings muss man sich auch der eigenen Grenzen bewusst sein und sich diese eingestehen. Auch das ist Sachkompetenz: professionelle Hilfe von anderer Seite annehmen, wenn man nicht weiter weiß.

Hervorgehoben werden sollen noch die Kritikfähigkeit und Kritikbereitschaft sowie die Teamfähigkeit und Kooperationsfähigkeit.

Sozialkompetenz: sozial-emotionale Fähigkeiten

Dies beinhaltet zunächst eine positive Grundhaltung/Grundeinstellung allen Menschen gegenüber, Orientierung an Werten und Normen des Zusammenlebens sowie in der Wahrnehmung anderer. Konkret zeigt sich dies in der Wertschätzung (Akzeptanz) als Fähigkeit, das Kind so anzunehmen wie es ist. Weiter zählt das Einfühlungsvermögen (Empathie) dazu: sich in andere hineinversetzen können, beispielsweise nachempfinden können, wie sich ein Kind fühlen könnte und dementsprechend auf seine Gefühle eingehen können. Die dritte Fähigkeit bzw. Verhaltensweise ist die Echtheit (Kongruenz) und meint eine Offenheit und hilfreiche Ehrlichkeit, eine Übereinstimmung dessen, was man sagt und was man denkt. Das heißt unter anderem, dass es wichtig ist als Erzieherin hinter dem zu stehen, was man sagt.

Die Fähigkeit, den Kindern und Jugendlichen Anerkennung und Sicherheit zu vermitteln ist ebenso Zeichen von Sozialkompetenz wie ein liebevoller Umgang mit ihnen und die Fähigkeit, Zuneigung zu zeigen.

Hilfe bei der Verarbeitung schmerzhafter Erlebnisse der Kinder (z. B. Tod in der Familie), die

Kompetenzen der Erzieherin im Überblick			
Selbstkompetenz	**Sachkompetenz**	**Sozialkompetenz**	**Lernkompetenz**
u. a. **Selbstwahrnehmung** eigenes Erzieherverhalten, eigene Wirkung **Psychisch stabil sein, z. B.** mit Enttäuschungen umgehen können, eigene Meinung unabhängig von anderen vertreten können, trotz Belastung arbeitsfähig sein **Selbstkonzept:** eigene Stärken und Schwächen kennen, Zutrauen haben in die eigenen Fähigkeiten **Selbstmanagement:** z. B. sich entscheiden, Interessen anmelden können, sich selbst und seine Aufgaben organisieren können **Werte** im sozialen Zusammenleben haben und leben	u. a. **Fähigkeiten** besitzen wie Beobachtung, Planung und Reflexion **Sprache,** sich differenziert ausdrücken **Wissen** haben über Entwicklung von Kindern, über Anregungs- und Fördermöglichkeiten **Berücksichtigung** der Bedürfnisse einzelner Kinder und der ganzen Gruppe **Kooperation**/fachlicher, professioneller Umgang, z. B. auch mit Eltern und Team **Kritikfähigkeit** und **Kritikbereitschaft** besitzen	u. a. **Fremdwahrnehmung** Kinder, Eltern, Team, Fähigkeiten und Gefühle anderer **Positive Grundeinstellung** besitzen: Akzeptanz, Empathie, Kongruenz **Anerkennung, Sicherheit** vermitteln und **Zuneigung** zeigen können **Reflexion** des eigenen Verhaltens in Gruppen **Hilfe** z. B. in schwierigen Lebenslagen anbieten	u. a. **Informationen** selbstständig beschaffen und bearbeiten können **Eigene Lernstrategien** entwickeln und verbessern **Offenheit** gegenüber Veränderung, z. B. neuen Inhalten, Medien und Methoden **Anwendung** und **Umsetzung** neuer Ideen **Fortbildungen** besuchen **Hilfe, Tipps** und **Anregungen** annehmen **Eigene Fehler** und **Fehler anderer** als Chance zur Verhaltensänderung positiv nutzen

eine Sensibilität im Umgang mit den Kindern, ihren Bedürfnissen und Gefühlen voraussetzt, wird von einer Erzieherin erwartet.

■ Einzelne Kompetenzen und deren Problembereiche

Belastbarkeit

Eine gute physische Verfassung ist notwendig für die Ausübung des Berufes der Erzieherin, da man ständig körperlich gefordert ist: Man ist den ganzen Tag auf den Beinen, steht und geht viel, spielt, tanzt, rennt mit den Kindern und braucht somit Beweglichkeit und Mobilität, um den „ganz normalen Alltag" mit den Kindern bewältigen zu können. Kraft und Geschicklichkeit – sowohl fein- als auch grobmotorisch – sind hierbei gefordert: Kinder wollen auf den Arm genommen und auf die Schaukel gesetzt, die Spielzeugkiste in den Außenspielbereich geschleppt werden.

Auf den kleinen Kinderstühlen im Kindergarten zu sitzen beansprucht die Wirbelsäule sehr stark.

Neben der körperlichen Fitness muss eine Erzieherin über eine ausgeglichene Persönlichkeit verfügen, um mit den psychischen Belastungen dieses Berufes zurecht zu kommen.

So ist man immer wieder Spannungen (z. B. im Team oder mit Eltern), Stress-, Konflikt- und Krisensituationen ausgesetzt, die es auszuhalten gilt und mit denen angemessen umgegangen werden muss.

Auch finden sich sicher in jeder Einrichtung „Sorgenkinder" oder Problemfälle, die mehr Aufmerksamkeit und Hilfestellung benötigen als andere. Hier muss zum eigenen Schutz die Maxime gelten, Ruhe zu bewahren und manches nicht zu sehr an sich heran zu lassen.

Die angemessene Verarbeitung von schwierigen Situationen ist eine wichtige Voraussetzung, um mit den psychisch belastenden Aspekten der Arbeit zurecht zu kommen.

Krankheitsvertretungen und damit verbundene Mehrarbeit, Verantwortungsdruck und die Tatsache, sich um viele Dinge parallel kümmern zu müssen, belasten und erfordern Flexibilität, Durchhaltevermögen und Ausdauer.

Lernbereitschaft

Bei der Lernbereitschaft geht es in erster Linie darum, sich persönlich wie auch fachlich weiter zu entwickeln und sich neuen Impulsen zu öffnen, um nicht auf dem momentanen Stand stehen zu bleiben. Die Welt verändert sich – ebenso wie sich die Kinder und die Arbeitsbedingungen verändern. Um so wichtiger ist es, sich als Erzieherin diesen Veränderungen nicht zu verschließen und beispielsweise auf den eigenen Standpunkten zu verharren, sondern sich selbst und seine Arbeitsweise ständig zu hinterfragen und damit stetig weiter zu entwickeln – und unter Umständen zu ändern.

Dies bedeutet beispielsweise auch, Fortbildungen zu besuchen und neue Inhalte sowie Medien und Methoden in die Arbeit aufzunehmen, umzusetzen und somit insgesamt Vielseitigkeit und Offenheit zu zeigen. Ideen und Vorschläge anzunehmen, die von Kindern, Eltern und Kolleginnen/Kollegen kommen ist hierbei ein weiterer Aspekt.

Einen Rat von Kollegen oder Experten sollte man in schwierigen Situationen in Anspruch nehmen und bzw. oder sich durch Bücher, Zeitschriften, Vorträge usw. auf dem aktuellen Stand von Wissenschaft und Forschung, Politik und Gesellschaft halten.

Nicht zuletzt ist es wichtig, aus eigenen Fehlern und aus Fehlern anderer zu lernen. Es ist eine neue Chance, sein Verhalten und seine Arbeitsweise zu verändern.

Positive Einstellungen gegenüber Kindern, Jugendlichen und Familien

Eine Grundvoraussetzung für die Ausübung des Berufes der Erzieherin ist eine entsprechende positive Einstellung bzw. Grundhaltung Menschen gegenüber, das heißt das eigene Menschenbild und der daraus resultierende Umgang mit Menschen.

Wachstum und gesunde Entwicklung von Kindern ist nur in einer angenehmen, angstarmen und wertschätzenden Atmosphäre möglich, Erziehung im Sinne von Begleitung und Unterstützung kann nur in einem solchen Klima gelingen.

Hier zeigt sich besonders deutlich, wer über eine hohe Sozialkompetenz verfügt. Akzeptanz, Empathie und Kongruenz sollen in diesem Zusammenhang als drei wesentliche Fähigkeiten einer Erzieherin besonders hervorgehoben werden.

So zeichnet sich die positive Einstellung Kindern gegenüber beispielsweise darin aus, alle Kinder gleich zu behandeln, fair zu ihnen zu sein und kein Kind zu bevorzugen – unabhängig von der sozialen Herkunft. Dies schließt ein, keine Vorurteile gegenüber Kindern/Jugendlichen und deren Familien, speziell ausländischer Nationalität, zu haben.

> **3 wesentliche Fähigkeiten:**
> • fair sein
> • offen sein
> • Stärken fördern

Wichtig ist es vielmehr, Offenheit zu signalisieren für mögliche Probleme der Kinder/Jugendlichen und ihrer Familien und sich ihrer anzunehmen und so Ansprechpartner und Vertrauens- bzw. Bezugsperson für sie zu sein.

Gleichsam müssen die Stärken der Kinder/Jugendlichen erkannt und gefördert werden und nicht nur ihre Schwächen gesehen und „behandelt" werden, ihre Bedürfnisse und Belange müssen ernst genommen werden und ein liebevoller und respektvoller Umgang mit ihnen gepflegt werden. So wird eine entwicklungsfördernde, lernanregende Atmosphäre hergestellt.

Verhältnis von Nähe und Distanz

Hier geht es primär um ein ausgewogenes Verhältnis von emotionaler Nähe und Distanz zu den Kindern/Jugendlichen, wobei körperliche Nähe vor allem bei jüngeren Kindern in Stresssituationen gesucht wird: sie fallen hin, stoßen sich am Kopf, finden ihre Schuhe nicht, all das treibt sie häufig in die Arme „ihrer" Erzieherin.

Bei einigen Kindern kommt die Erfahrung von Körperkontakt in Form von Kuscheln, Streicheln und anderen Zärtlichkeiten durch die Eltern zu kurz, auch mangelt es manchmal an emotionaler Zuwendung, an Zeit für die Kinder und für ihre Belange.

Um so wichtiger ist es für die Kinder, diese Erfahrungen im Kindergarten – nicht nur in der Kuschelecke – machen zu können. Denn emotionale wie auch körperliche Nähe gehören unbedingt zu einer gesunden Entwicklung dazu.

Ein ausgewogenes Verhältnis von Nähe und Distanz aufzubauen heißt somit, den Kindern sowohl emotionale als auch körperliche Zuwendung zu geben und dabei Grenzen der Kinder sowie eigene Grenzen zu sehen und zu akzeptieren.

Dies bedeutet eben, ein Kind nur dann auf den Schoß zu nehmen, wenn das Kind und die Erzieherin dies möchten. Sobald eine Seite dies ablehnt, ist es zu unterlassen und die Distanz zu respektieren.

Weiter gehört zu dieser Fähigkeit, auf jedes Kind individuell eingehen zu können aber niemanden zu bevorzugen, sich somit nicht zu sehr auf ein Kind zu fixieren oder ein zu inniges Verhältnis aufzubauen. Eine zu starke emotionale Bindung sollte nicht entstehen – eine Erzieherin ist kein Mutterersatz.

Generell sollen sich die Kinder geborgen fühlen und auch die Beziehung zu den Familien sollte entsprechend gestaltet sein, das heißt, nicht zu distanziert, jedoch auch nicht zu nah. Kontakt zu den Familien ist sehr wichtig, aber man darf sich nicht verantwortlich fühlen für deren Probleme und sollte sie in solchen Fällen an Beratungsstellen weiterverweisen.

Diese Balance zwischen (emotionaler wie auch körperlicher) Nähe und Distanz stellt oftmals eine Gratwanderung für eine Erzieherin dar und ist für viele mit einem Lernprozess verbunden. Das Gespür für die eigenen Gefühle und die Fähigkeit der Empathie sind hierbei wichtige und hilfreiche Aspekte.

Offenheit

Häufig wird die Offenheit eines Menschen als Wesensart („offenes Wesen") beschrieben, die unter anderem verbunden ist mit Kontaktfreude, Ehrlichkeit und Aufrichtigkeit. Geradlinigkeit, vorurteilsfreies Interesse für andere Menschen und deren Belange sowie Fairness können beispielhaft als weitere Kennzeichen der Offenheit benannt werden. Offenheit selbst ist wiederum Indikator für hohe Sach-, Selbst- und Sozialkompetenz.

Als Erzieherin sind Sie Vorbild für die Kinder, die – unbewusst wie auch bewusst – viele Fähigkeiten und Verhaltensweisen abschauen und übernehmen. So ergibt es sich von selbst, dass man für diesen Beruf über ein hohes Maß an Offenheit verfügen sollte. Es wird ja auch von den Kindern verlangt, den Eltern und Erzieherinnen sowie anderen Kindern gegenüber offen und ehrlich zu sein. Doch wenn man als Erzieherin ein eher negatives Beispiel für die Kinder ist, können sie es auch nicht lernen.

Es ist paradox, von den Kindern beispielsweise Ehrlichkeit zu erwarten, wenn man selbst nicht über diese Fähigkeit verfügt.

Offenheit bezieht sich damit vor allem auf die Personen, mit denen man es als Erzieherin zu tun hat – also auf die Kinder und Eltern, das Team, den Träger usw. – und zeigt sich im Wesentlichen in der Einstellung anderer Menschen gegenüber.

Offenheit bezieht sich jedoch auch auf Veränderungen des Berufsfeldes und des Berufsbildes. Wie bereits unter dem Aspekt der Lernbereitschaft beschrieben, bedeutet dies: Offen sein für neue Medien, Methoden, Inhalte und Veränderungen jeder Art, für Ideen und Anregungen – auch von den Kindern und Eltern,

offen sein für deren Bedürfnisse, Fragen und Probleme.

Aufgaben/Vertiefung

1. Befragen Sie die Erzieherinnen/Erzieher Ihrer Einrichtung, welche Schwerpunkte diese sich für ihre Arbeit gesetzt haben.
2. Entwerfen Sie eine Zeitungsanzeige, in der eine Einrichtung eine Erzieherin/einen Erzieher sucht. Welche Fähigkeiten und Verhaltensweisen sind unbedingt erforderlich?
   Erstellen Sie ein Bewerbungsschreiben auf diese Stelle und begründen Sie, warum ausgerechnet SIE diese Stelle erhalten sollten.
3. „Ihr macht doch eh nichts anderes als spielen und Kaffee trinken!"
   Widerlegen Sie in einem Rollenspiel diese und andere Vorurteile gegenüber dem Beruf der Erzieherin.

---

4. Motive für die Berufswahl

Motive sind vielfältig

Warum wollen Kathrin, Gritta und Martin Erzieherin/Erzieher werden? Was bewegt sie dazu, diesen Beruf zu erlernen?

Haben Sie sich bereits vor der Entscheidung der Berufswahl mit diesen und weiteren Fragen auseinandergesetzt?

Oft sind die Wurzeln der Beweggründe in der eigenen Biografie und/oder der Familiengeschichte zu finden: Eigene positive Erfahrungen mit dem Kindergarten und dementsprechende Erinnerungen an die Kindheit können diesen Berufswunsch hervorrufen.

Denkt man in Ruhe über die persönlichen Motive nach, so fallen vielleicht Eltern, Verwandte, Bekannte oder Freunde ein, die dabei auch eine Rolle gespielt haben.

Und so haben uns Schülerinnen einer BKSP1 zu Ausbildungsbeginn ihre Motive mitgeteilt, die hier ohne Wertung in bunter Reihenfolge erscheinen:

- Kontakt bekommen zu vielen verschiedenen Menschen – vor allem zu Kindern und Jugendlichen, so auch evtl. zu unterschiedlichen Nationalitäten/Kulturen
- der Beruf hat vielfältige Arbeitsgebiete und abwechslungsreiche Aufgaben
- für andere Menschen da sein und helfen, auch wenn die Gefahr des „Helfersyndroms" besteht
- mit Kindern spielen, basteln, malen und musizieren
- Kinder in ihrer Entwicklung unterstützen und fördern, ihre Kindheit eine Zeit lang mitgestalten und sie ein Stück ihres Lebensweges begleiten und prägen
- Kinder und ihre natürliche, ungetrübte Freude an kleinen Dingen beobachten

- kreativ sein, der Beruf lässt viel Freiraum – auch für die eigene Kreativität und das eigene Handeln
- das eigene Menschenbild weitergeben, es besteht die Möglichkeit, Kinder in diesem Sinne zu erziehen
- Bestätigung von außen durch Eltern/Erziehungsberechtigte
- viele positive Erfahrungen, die bisher mit Kindern/ Jugendlichen (z.B. in ehrenamtlicher Arbeit oder in einem Praktikum) gesammelt wurden, sollen in professionelle Arbeit umgesetzt werden
- die Arbeit als Erzieherin ermöglicht persönlichen Zuwachs von verschiedenen Fähigkeiten, persönliches Lernen und eine Erweiterung der eigenen Fähigkeiten und Kompetenzen, vor allem der Selbst-/Sach- und Sozialkompetenzen
- sich selbst verwirklichen, eigene (Erziehungs-) Vorstellungen, Wünsche, Erwartungen und Werte einbringen und realisieren
- es werden gute Fort- und Weiterbildungsmöglichkeiten im pädagogischen Bereich angeboten
- gute Aufstiegsmöglichkeiten: Gruppenleitung, Leitung einer Einrichtung
- gerne im Team/mit anderen Menschen zusammen arbeiten
- die Fachhochschulreife neben der Ausbildung her zu erwerben, um anschließend zu studieren
- das berufliche Wissen und die erzieherischen Fähigkeiten können sinnvoll und nützlich zur Erziehung der eigenen Kinder sein
- sich gesellschaftlich engagieren – durch Erziehung und Bildung der Kinder, ihnen „Starthilfe" geben

Vielleicht haben Sie Motive entdeckt, die Ihnen vorher nicht bewusst waren.

■ Idealisierte Vorstellungen – und die Realität

Der Beruf der Erzieherin birgt die Gefahr idealisierter Vorstellungen: mit Kindern spielen, basteln, malen; etwas „heile Welt" erfahren bzw. im Kindergarten ermöglichen, viel freie Zeit – so oder so ähnlich stellen sich viele diesen Beruf vor, auch das gängige Bild in unserer Gesellschaft wird teilweise von solchen Vorstellungen geprägt.

Die Realität in den Einrichtungen sieht jedoch völlig anders aus: große Gruppen, kaum Zeit für das einzelne Kind, unterschiedlichste Bedürfnisse der Kinder, die erfüllt werden sollen, Druck von außen (nicht zuletzt durch die Ergebnisse der Pisa-Studie), wodurch schnell Stress entsteht.

Die Kinder bringen all ihre Probleme mit in den Kindergarten – und brauchen Hilfe und Unterstützung bei ihrer Verarbeitung. Probleme wie beispielsweise Scheidung der Eltern, Sprachprobleme nicht nur ausländischer Kinder, Kinder, die von den Eltern „abgeschoben" werden – versorgt mit materiellen Dingen, jedoch Mangel an emotionaler Zuwendung und Zeit – sind immer häufiger zu finden und prägen den Alltag in den Einrichtungen.

Auch zeigen sich Kinder teilweise recht früh gewaltbereit und schlagen schnell auf andere Kinder ein oder zerstören Dinge, wenn sie sich nicht zu helfen wissen. Diese Kinder lernen nur schwer, wie man sich verbal auseinandersetzen kann, wenn sie zu Hause keine positive Streitkultur erleben.

Vielen Kindern fehlen heute wichtige Erfahrungen, beispielsweise aufgrund fehlender Geschwister, eingeengter Freiräume zu Hause und in der Natur, mangelnder Spielmöglichkeiten usw. Die Folgen solcher eingeschränkter Erfahrungen und Erlebnisse können sehr vielfältig sein und sich in den verschiedenen Entwicklungsbereichen mit entsprechenden Defiziten niederschlagen.

Mit diesen und ähnlichen Aspekten des Alltags im Kindergarten muss man sich als Erzieherin auseinandersetzen und gegen wirken: Verschiedenste Erfahrungen und Erlebnisse ermöglichen und Defizite ausgleichen, positives Vorbild sein und aktiv an der Veränderung unerwünschter Verhaltensweisen arbeiten.

Auch wird der Facettenreichtum des Berufes und die damit verbundenen notwendigen Fähigkeiten und Verhaltensweisen oft unterschätzt: Übernahme von Verantwortung, Teamarbeit, Kreativität, Planung, Organisation, schriftliche Arbeiten (Beobachtungen, Entwicklungsberichte …), Präsentation, Kommunikation (auf verschiedensten Ebenen: mit Kindern, d.h. kindgerecht, mit Eltern/Erziehungsberechtigten, mit Fachkräften außerhalb der Einrichtung …) – um nur einige Aspekte zu benennen.

Viele Erzieherinnen fühlen sich überfordert, zu hohen Anforderungen und Belastungen ausgesetzt. Auch Spannungen im Team, Ungerechtigkeiten oder gar Mobbing können zu Enttäuschungen, Unzufriedenheit und Motivationsverlust führen.

Bei all diesen „Widrigkeiten" verwundert es fast, dass dennoch so viele junge Menschen den Beruf der Erzieherin erlernen und ausüben – und die Mehrzahl sogar mit viel Begeisterung und Elan!

Als Erzieherin haben Sie somit einen sehr verantwortungsvollen Beruf, der, wenn er ernst genommen wird, eigentlich Schwerstarbeit ist, die mit „Ringelpietz mit anfassen" absolut nichts zu tun hat.

Informationsquellen und Praktika

Informationsquellen

- Viele Schulen organisieren Berufsinformationstage oder -stunden, zu denen in der Regel Fachkräfte z.B. der Agentur für Arbeit näher über einzelne Berufe informieren

- Fachschulen für Sozialpädagogik selbst bieten Informationsveranstaltungen oder einen „Tag der offenen Tür" an, so dass Interessenten sich „vor Ort" ein Bild über die Ausbildung machen können
- Der Gang ins Berufsinformationszentrum (BIZ) ist empfehlenswert. Dort können Sie sich nicht nur umfassend informieren, sondern erhalten auch die sehr ausführlichen „Blätter zur Berufskunde" für den Beruf Erzieher/Erzieherin aber auch für verwandte Berufe, z.B. Sozialpädagoge/Sozialpädagogin, Kinderpfleger/Kinderpflegerin
- Im Internet: www.berufenet.arbeitsagentur.de

Praktika

Ein sehr guter Weg ist es, ein Praktikum in einer Tageseinrichtung zu machen. So erhält man direkten Einblick in die Arbeit einer Erzieherin und merkt schnell, ob dies den eigenen Vorstellungen entspricht. An den allgemein bildenden Schulen müssen im Rahmen der Berufsorientierung Praktika absolviert werden. Diese „Schnupperlehren" sind für die Berufsfindung häufig nützlich.

Einen sehr guten Einblick vermittelt ein Praktikum während eines Freiwilligen Sozialen Jahres (FSJ).

Aufgaben/Vertiefung

1. Finden Sie bei der Aufzählung der verschiedenen Motive Ihre eigenen Beweggründe wieder? Welche würden Sie ergänzen?
2. Erstellen Sie eine persönliche Rangfolge der drei für Sie wichtigsten Motive. Tragen Sie nun die drei wichtigsten Motive aller Mitschülerinnen zusammen. Sie erhalten somit ein „Motivprofil" der Klasse.
   Überlegen Sie sich eine geeignete Form der Visualisierung.

Tipp: Vernichten Sie die Unterlagen nicht. Führen Sie dieses „Experiment" am Ende der Ausbildung nochmals durch. Der Vergleich wird Sie überraschen.

3. Befragen Sie Erzieher/Erzieherinnen in den Einrichtungen nach deren Motiven für die Berufswahl. Erkundigen Sie sich danach, ob diese Motive auch heute noch, mit entsprechender Berufserfahrung, gültig sind oder ob und inwiefern sie sich verändert haben.

---

5. Rollen in der Praxisstelle

Die Zeit als Praktikantin wird sicher unterschiedlich erlebt. Die Gefühle, die mit dieser Rolle verbunden sind, sind somit mannigfaltig. Auch die Aufgaben und Anforderungen der Praxisstellen können unterschiedlich sein, da immer zwischenmenschliche Beziehungen, individuelle Vorstellungen und Stil, Arbeitswei-

se etc. der Einrichtung die jeweilige Praktikantin – und damit deren Rolle in der Praxisstelle prägen. Auch die eigene Persönlichkeit (was man kann, was man bereit ist zu tun …) trägt natürlich viel dazu bei, wie die Zeit als Praktikantin verläuft und erlebt wird.

Erwartungen und Ängste

Vor Beginn der Ausbildung bzw. vor dem ersten Tag in einer Einrichtung macht man sich sicherlich Gedanken, was auf einen zukommt, was einen erwartet und wie es wohl so sein wird.

Man entwickelt (positive) Erwartungen an die Praxisstelle, vielleicht auch etwas Vorfreude auf die kommende Zeit und die Aufgaben.

Beispiele solcher Erwartungen können sein:

- viel durch die Praxis und die dort arbeitenden Erzieher und Erzieherinnen lernen
- neue Erfahrungen sammeln, Anregungen und Hilfestellung erhalten
- abwechslungsreiches Arbeiten durch verschiedene Aktivitäten
- gut in das Team integriert werden und gute Zusammenarbeit
- hilfreiche Tipps und Unterstützung erhalten – auch bei Problemen
- faire Kritik erfahren
- gute Anleitung – Zeit, Geduld und Interesse von Seiten der Anleitung
- selbstständiges Arbeiten, auch bei größeren Projekten
- voll ins Gruppengeschehen integriert sein
- Einblick in verschiedene Arbeitsbereiche erhalten
- viel ausprobieren dürfen
- bis zu einem gewissen Grad Verantwortung übernehmen
- das Gefühl haben, dass einem auch etwas zugetraut wird
- nicht überfordert und überfrachtet werden mit Arbeit
- generell „Handwerkszeug" für den Beruf Erzieherin erhalten, d.h. Ideen und Anregungen für Aktivitäten und Aktionen erhalten aber auch notwendige Fähigkeiten und Verhaltensweisen entwickeln können

Neben diesen und anderen Erwartungen an die Praxisstelle können durchaus auch Ängste vorhanden sein, beispielsweise:

- als Praktikantin aus vielem ausgeschlossen sein
- ungerecht behandelt werden
- zu hohen Anforderungen ausgesetzt sein
- wenig Selbstständigkeit erfahren, kaum etwas alleine und nach eigenen Vorstellungen machen können

- oft nur bessere „Reinemachefrau" sein – putzen, Küche aufräumen, fegen usw. als Hauptaufgaben
- als „Springer" immer dort landen, wo gerade jemand fehlt oder unangenehme Arbeit gemacht werden muss
- insgesamt billige Arbeitskraft
- keine Hilfestellung erhalten
- schlechte Anleitung und bzw. oder nicht miteinander auskommen
- Probleme im Team und schlechte Stimmung in der Einrichtung
- motivationslose Erzieherinnen, die sich gegen Neuerungen und „frische Ideen" wehren

Die Erwartungen und Ängste können sehr unterschiedlich sein. Einige davon treffen vielleicht auch tatsächlich zu und treten ein, so dass man sich in manchen Ängsten bestätigt fühlt oder aber enttäuscht ist, dass es doch anders ist, als man erwartet und erhofft hat.

Faktoren, die dies beeinflussen, sind sicher die Einrichtung und die dort arbeitenden Erzieher und Erzieherinnen, aber auch man selber trägt viel dazu bei, ob die Zeit als Praktikantin gut ist und sinnvoll genutzt wird oder nicht.

„Lehrjahre sind keine Herrenjahre"

Ein „altkluger" Spruch, an dem aber auch etwas Wahres dran ist: Die Rolle als Praktikantin ist immer eine „Sonderrolle" – mit einigen Nachteilen, aber auch etlichen Vorteilen. Man darf vieles – aber nicht alles, man kann sicher auch vieles –aber noch nicht alles, und man muss bestimmt auch vieles tun – auch wenn man es noch nicht unbedingt kann oder vielleicht eigentlich nicht tun möchte.

Als Praktikantin muss man sich sicher so einiges sagen lassen, sich anpassen und unterordnen – alles, was man tut, wird beobachtet und beurteilt, man wird auch noch benotet usw. Alles in allem eine nicht unbedingt einfache Zeit.

Dennoch hat immer alles zwei Seiten, so auch die Praktikantenzeit. Wenig Verantwortung zu haben beispielsweise hat durchaus auch Vorteile. So kann man vieles ausprobieren und hat in der Praxisstelle quasi ein „Übungsfeld" eigener Fähigkeiten, ohne dass viel passieren kann. Denn die Verantwortung trägt in der Regel die Anleitung.

Die Beziehung zu den Kindern in der Einrichtung ist häufig noch anders als die einer Erzieherin – man ist vielleicht noch etwas offener, macht so manchen Blödsinn mit, lässt vieles mit sich machen … Dabei muss jedoch darauf geachtet werden, dass den Kindern die Grenzen klar sind und auch eine Praktikantin Autoritätsperson ist, auf die gehört werden muss.

Generell gilt für die Zeit und Rolle als Praktikantin, dass man aktiv Anteil an der Entwicklung der eigenen Berufsrolle und damit vieles selbst in der Hand hat, zum Beispiel was und wie viel man lernt. Denn je intensiver und besser man diese „Experimentier- und Lernzeit" nutzt, um so mehr kann man eigene persönliche und berufliche Fähigkeiten entwickeln und verbessern.

Als Praktikantin hat man daneben unter Umständen auch die Chance, andere und neue Ideen in eine Einrichtung zu bringen und kann so vielleicht „frischen Wind" in eine Einrichtung bringen.

Aufgabe/Vertiefung

1. Denken Sie zurück an den Anfang Ihrer Ausbildung:
   Wie haben Sie sich die Praxisstelle vorgestellt, wie die Arbeit und Ihre Aufgaben dort?
   Mit welchen Erwartungen sind Sie an Ihrem ersten Tag dorthin gegangen – und mit welchem Gefühl?
   Wie sind Ihre Erfahrungen mittlerweile?
   Tauschen Sie sich in Kleingruppen darüber aus.
2. Berichten Sie einander von besonders schönen und besonders negativen Erlebnissen in der Praxisstelle. Vergleichen Sie – haben Sie ähnliche Erfahrungen? Sprechen Sie auch mit Ihrem Lehrer/Ihrer Lehrerin darüber.

6. Kontroversen und Konflikte in der Praxisstelle

Kontroversen und Konflikte – Auseinandersetzungen, Spannungen, Probleme, Streit … sind Teil unseres Lebens und gehören zum Alltag dazu. Es gibt keinen Beruf, in dem es nicht auch zu Konflikten kommt.

Eine sehr häufige Form von Konflikten in unserem Leben sind die sogenannten Rollenkonflikte:

Intrarollenkonflikt

Konflikt einer Person, die widersprüchliche Erwartungen innerhalb einer Rolle spürt.

Interrollenkonflikt

Konflikt einer Person, die in zwei Rollen unterschiedliche Erwartungen spürt.

Ein Beispiel für den Interrollenkonflikt ist die Doppelrolle, die man als Schülerin und Prak-

tikantin innehat: Einerseits ist man Lernende und muss sich den Regeln der Schule anpassen, andererseits ist man als Praktikantin Verantwortungsperson und muss Regeln setzten und auf deren Einhaltung achten. So kann es immer wieder zu inneren Spannungen kommen, die man aufgrund der einen oder anderen Rolle und den daran geknüpften Erwartungen spürt.

Da man Konflikte und Kontroversen im Leben nicht verhindern kann, ist es wichtig, angemessen mit ihnen umzugehen, um sie positiv zu nutzen und daraus zu lernen. Etwas aus- und durchhalten, lernen, mit Problemen und Konflikten umzugehen und selbstständig Lösungen zu finden stärkt das Selbstbewusstsein und das Selbstvertrauen.

Mit Konflikten richtig umzugehen ist somit ein sehr wichtiger Lernprozess in unserem Leben. Ohne Konfliktlösungsstrategien würden wir bereits beim kleinsten Problem resignieren oder unangemessen reagieren und vielleicht „über das Ziel hinausschießen".

Konflikte und Kontroversen sollten als Lernimpulse betrachtet werden und damit als Chance, seine eigenen Fähigkeiten zu erweitern.

Scheuen Sie sich nicht Rat von außenstehenden/unbeteiligten Personen einzuholen. Sie sehen manches mit anderen Augen und können wertvolle Hilfe bei der Konfliktbewältigung sein. Dies ist vor allem dann sehr wichtig, wenn die Konflikte überhand nehmen, wenn es beispielsweise zu viele auf einmal sind oder sie als sehr belastend und verletzend empfunden werden.

Beispiele für Kontroversen und Konflikte

Im Alltag einer Erzieherin oder Praktikantin finden sich so manche Kontroversen und Konflikte. Einige dieser Spannungen und Problemsituationen sollen hier aufgegriffen und näher betrachtet werden:

Idealisierte Vorstellungen – Realität
„So habe ich mir das eigentlich nicht vorgestellt …"

Die Vorstellungen, die man unter Umständen von dem Beruf Erzieherin hat, können sehr stark von der Realität abweichen, so dass es durchaus manchmal ein „böses Erwachen"

gibt. Man sieht sich mit Anforderungen und Aufgaben konfrontiert, denen man sich nicht gewachsen fühlt, der Beruf entspricht nicht den Erwartungen. Nicht selten kommen in solchen Fällen Gedanken, die Ausbildung abzubrechen, da man unter den Belastungen und dem Druck leidet.

Hier gilt es, nicht übereilt zu handeln und nicht sofort die „Flinte ins Korn" zu werfen. Vielmehr besteht gerade darin eine enorme Chance, diese Anforderungen und Aufgaben als Lernimpulse und Lernfelder zu sehen.

Enormer Zuwachs persönlicher und beruflicher Fähigkeiten wird dadurch möglich, dies auszuhalten und sogar positiv für sich zu nutzen. So könnte man sich beispielsweise ganz bewusst eine „Entwicklungsaufgabe" setzen und daran arbeiten, diese im Laufe der nächsten Zeit zu erreichen. Eine Entwicklungsaufgabe, die Sie sich stellen, könnte z. B. sein: „Ich möchte lernen, den Kindern besser zuzuhören". In der Regel gehört dies auch zur schulischen Ausbildung und der Praxisbetreuung dazu.

Weitere Kontroversen und Konflikte können beispielsweise sein:

- Fachliche und persönliche Fähigkeiten – Anforderungen und Aufgaben im beruflichen Alltag
- Selbstbild – Fremdbild: Wie schätze ich mich ein? Wie schätzen mich andere ein?
- Rolle in der Praxisstelle – eigene Vorstellungen
- Doppelrolle Schülerin – Praktikantin

Aufgaben/Vertiefung
1. Finden Sie Beispiele für den Intrarollenkonflikt und weitere für den Interrollenkonflikt.
2. Vervollständigen und konkretisieren Sie die Beispiele für Kontroversen und Konflikte.
3. Finden Sie Beispiele für Entwicklungsaufgaben, die für die Ausbildung sinnvoll und notwendig sind.

7. Lern- und Arbeitstechniken

Anwendung von Arbeitsmethoden

Alexa und Lara unterhalten sich morgens vor dem Unterricht im Klassenzimmer:

Alexa: *„Sag mal, kannst du mir das mit den verschiedenen Theorien für die Arbeit mal erklären? Ich habe das nicht so ganz verstanden."*

Lara: *„Nee – das habe ich mir noch nicht angeschaut. Ich muss mir das nachher noch reinpauken."*

Alexa: *„Aber wir schreiben doch schon morgen …"*

Lara: *„Mehr Zeit habe ich aber nicht. Ich muss ja schließlich noch die zwei anderen Leistungsnachweise vorbereiten, für den Kindergarten sollte ich auch noch ein Angebot planen und arbeiten sollte ich heute abend auch noch."*

Alexa: *„Das ist aber sehr chaotisch bei dir. Kannst du dir die ganzen Sachen denn merken, wenn du so spät anfängst zu lernen und vor allem, wenn du so viel auf einmal zu erledigen hast?"*

Lara: *„Na ja, manchmal geht es eben nicht anders. Da kommt einfach zu viel zusammen. Aber da muss man halt durch. Bis morgen kann ich mir das schon merken. Ich habe ein ganz gutes Kurzzeitgedächtnis!"*

Alexa: *„Also, ich habe da eine andere Einstellung. Ich will das ja nicht nur für die Arbeit wissen, sondern auch länger behalten können. Und außerdem habe ich eigentlich keine Lust, mir die ganzen Tage so voll zu packen. Ich verteile meine Arbeit lieber, wenn es geht. Das ist im Großen und Ganzen echt nur eine Sache der Organisation."*

Lara: *„Hm. Kannst du mir das mal näher erklären?"*

So oder so ähnlich laufen sicher manche Gespräche in der Schule ab.

Vieles, was wir lernen sollen, bleibt nur vorübergehend in unserem Gedächtnis – weil wir uns zu wenig Zeit nehmen, weil wir zu wenig Lern- und Arbeitsstrategien haben und weil zu oft Chaos herrscht – in uns und um uns herum.

Also, alles eine Sache der Organisation?

Im folgenden Kapitel geht es um Lern- und Arbeitsmethoden: z. B. um

- die Beschaffung von Informationen,
- die Bearbeitung von Informationen,
- konkrete Textverarbeitung sowie
- die Präsentation.

Vorher wird jedoch ein kurzer Blick auf die eigene Lernsituation geworfen:

- Welcher Lerntyp bin ich eigentlich?
- Auf welchem „Kanal" lerne ich besonders gut?
- Gibt es einen für mich besonders geeigneten Lernort/eine Lernatmosphäre?

Nicht fehlen dürfen hier natürlich einige Lerntipps, die helfen sollen, das eigene Lernen zu strukturieren.

Lernbiografie

Um zu wissen, welche Lernstrategien für jeden einzelnen Menschen am wirksamsten sind, ist es sinnvoll, einen Blick auf die eigene Lernsituation zu werfen.

Dabei stellen sich grundsätzliche Fragen:

- Welcher Lerntyp bin ich eigentlich?
- Auf welchem „Kanal" lerne ich besonders gut?
- Gibt es einen für mich besonders geeigneten Lernort/eine günstige Lernatmosphäre?

Nicht fehlen dürfen hier natürlich einige Lerntipps, die helfen sollen, das eigene Lernen zu strukturieren.

■ Lerntypen

Fachleute haben herausgefunden, dass es unterschiedliche Lernkanäle und Lerntypen gibt.

Informationen werden von verschiedenen „Empfangsstadien", unseren Sinnesorganen und Sinnen, aufgenommen und verarbeitet:

Auge → Sehsinn → visuell
Ohr → Hörsinn → auditiv
Nase → Geruchsinn → olfaktorisch
Mund → Geschmacksinn → gustatorisch
Haut → Tastsinn → taktil oder auch haptisch

Wir können über alle diese Kanäle Neues aufnehmen, allerdings empfängt der eine leichter über diesen, der andere leichter über jenen Kanal.

Es lassen sich im allgemeinen folgende Lerntypen unterscheiden:

Der auditive Lerntyp: Lernen durch Hören.

Hier werden Informationen am besten über das Ohr eingeprägt; Hören und Nachsprechen, sich selbst oder anderen etwas erzählen sind Merkmale dieses Lerntyps.

Der visuelle Lerntyp: Lernen durch Sehen.

Hier werden Informationen am besten über das Auge eingeprägt; Durchlesen, Zeichnungen, Schaubilder, Skizzen einprägen sind Merkmale dieses Lerntyps.

Der haptische Lerntyp: Lernen durch Tasten und Greifen.

Hier werden Informationen am besten über die Haut und das Tasten eingeprägt; Anfassen, Befühlen, Hochheben, etwas über die Beschaffenheit (hart, weich, rau, kantig …) erfahren sind Merkmale dieses Lerntyps.

Der motorische Lerntyp: Lernen anhand von Bewegungen.

Hier werden Informationen am besten eingeprägt, wenn der Bewegungsapparat beim Lernen gebraucht wird; etwas selbst aufschreiben oder aufmalen, Spazieren gehen, Joggen, Auf und Ab gehen, etwas selbst ausprobieren sind Merkmale dieses Lerntyps.

Es kommt darauf an, was gerade gelernt werden soll: So werden beispielsweise Vokabeln eher durch Sehen und Hören gelernt, während Ski fahren unbedingt anhand von Bewegungen gelernt werden muss.

Die besten Lernleistungen werden jedoch erzielt, wenn die Inhalte in unterschiedlichen Kanälen transportiert werden – und somit möglichst viele Sinne beim Lernen beteiligt sind.

Lernkanäle und ihre Leistungen

Behalten und Vergessen von Inhalten bei den einzelnen Lernkanälen im Durchschnitt:

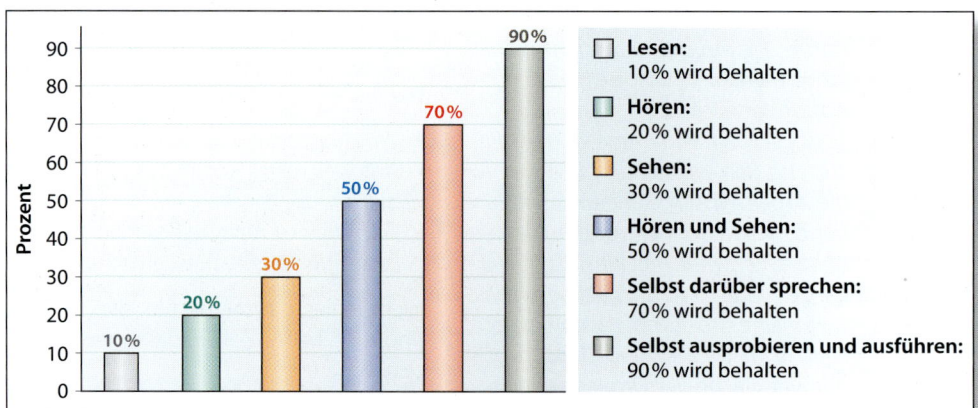

■ Lernort und Lernatmosphäre

Optimales Lernen wird nicht allein dadurch erreicht, dass gewisse **geistige Fähigkeiten** – Konzentrationsvermögen, Gedächtnis, Denken – trainiert und verbessert werden.

Auch die **psychische Verfassung** (z. B. Ausgeglichenheit) und die **äußeren Bedingungen** wie Raum, Arbeitsplatz, Ernährung, Schlaf und Pausen spielen bei der Lernleistung eine wichtige Rolle.

Sie müssen nach Möglichkeit günstig gestaltet werden, um ein wirkungsvolles geistiges Arbeiten und Lernen zu ermöglichen.

> Wichtige Kriterien sind, dass der Arbeitsplatz
> - ausreichend groß,
> - anregend zum Arbeiten,
> - ruhig und ungestört,
> - sowie richtig temperiert, durchlüftet und beleuchtet ist.

Sinnvoll ist es, immer am gleichen Ort zu lernen und sich einen festen Arbeitsplatz einzurichten.

Es hat zwar nicht jeder Mensch zu Hause ein eigenes Zimmer mit einem geeigneten Arbeitsplatz, man kann jedoch versuchen, sich einen solchen Arbeitsplatz zu schaffen:

- Der zweckmäßige Arbeitsplatz ist gekennzeichnet durch eine ausreichend große Arbeitsfläche, die so groß sein sollte, dass Sie beim Schreiben bequem die Arme auflegen können und noch Platz haben für ein oder zwei aufgeschlagene Bücher.
- Wichtig ist die richtige Höhe der Arbeitsfläche (der Abstand der Augen zur Tischplatte sollte 30 bis 40 cm betragen) und ausreichende Bequemlichkeit, z. B. durch einen höhenverstellbaren, ergonomischen Stuhl auf Rollen (Sitzhaltung: Knie, Hüfte, Ellenbogen jeweils im rechten Winkel).
- Die richtige Beleuchtung am Arbeitsplatz ist wichtig, z. B. durch eine verstellbare Lampe (für Rechtshänder: Lichteinfall von links, Linkshänder umgekehrt).
- Sinnvoll ist es, verschiedene Arbeitsmittel wie z. B. Notizblock, Stifte, Lineal usw. sowie Regale und Ablageflächen in unmittelbarer Nähe des Arbeitsplatzes zu haben.
- Nicht immer können störende Geräusche beseitigt und vermieden werden, man gewöhnt sich mit der Zeit auch an bestimmte Geräusche und nimmt sie nicht mehr bewusst wahr, wie beispielsweise Verkehrslärm. Gewisse Geräusche, die beim Lernen stören und die Konzentration behindern, können Sie jedoch vermeiden, so z. B. Musik. Musik entzieht in aller Regel mehr Aufmerksamkeit, als sie schafft, wobei es auch neuere Studien gibt, nach denen ruhige Musik, leise Entspannungs-/Instrumentalmusik

im Hintergrund beruhigend und somit konzentrationsfördernd wirken kann.
- Überheizte und zu kalte Räume beeinflussen die Lernleistung negativ; die Zimmertemperatur sollte ungefähr 20 °C betragen.
- Bei geistiger Arbeit hat der Mensch einen erhöhten Sauerstoffbedarf, so dass immer wieder für einige Minuten das Fenster geöffnet werden sollte.
- Machen Sie es sich an ihrem Lernort gemütlich – Dinge, die positiv stimmen, vielleicht eine Tasse Tee, Obst usw. erleichtern den Zugang zum Lernen und können die Motivation steigern.
- Je angenehmer die Lernumgebung, je entspannter die Grundhaltung beim Lernen und in Bezug auf den Lernstoff, desto größer ist auch der mögliche Lernerfolg.

> Je mehr „Chaos", desto größer ist die Ablenkung und folglich geringer der Lernerfolg.
>
> **Wichtiger Grundsatz ist somit: Der Lernort soll konzentrationsfördernd sein!**

Chaos am Arbeitsplatz

■ Lerntipps

Die folgenden Lerntipps sollen einige Anregungen geben, das eigene Lernen zu überprüfen und unter Umständen zu optimieren:

Jeder Mensch hat zwar seinen eigenen Lernstil, d. h. einen bevorzugten Lernkanal, den es herauszufinden gilt, und nach dem man versuchen sollte, zu lernen. Die folgenden Tipps gelten jedoch für jeden Lerntyp und für jeden Inhalt, der gelernt werden soll.

- Zeitplan und Arbeitsplan erstellen – Überblick schaffen über Lernstoff, Lernstoff einteilen, Reihenfolge überlegen, Ziele setzen, bis wann man was erledigt haben möchte.
- Es hat sich bewährt, den Lernstoff in kleinere „Portionen" aufzuteilen – und aus dem oft großen, scheinbar unbezwingbaren Berg an Arbeit überschaubare Päckchen zu machen; so wagt man sich eher an die Arbeit.
- Mit dem leichtesten Inhalt/Fach und dem, was man gut kann, anfangen – dies motiviert und erleichtert das Einfinden in die Arbeit, dann erst Schwierigeres lernen; mehrmaliges Wiederholen der Inhalte (auch an verschiedenen Tagen) fördert das Behalten.
- Früh genug anfangen, nicht erst einen Tag vor einer Arbeit – das beruhigt die Nerven und der Stoff kann sich wirklich setzen.
- „Verlieben" Sie sich in den Lernstoff – positive Einstellung zu den Lerninhalten erleichtert das Lernen.
- Lernen Sie nicht einfach nur auswendig – Dinge, die verstanden wurden, bleiben besser und länger im Gedächtnis haften.
- Schriftliches und mündliches Lernen abwechseln, verschiedene Lernmethoden ausprobieren und anwenden.
- Sofort nachlesen, wenn man etwas nicht verstanden hat oder Freunde/Eltern/Lehrer fragen.
- Schon im Unterricht aufpassen.
- Die Inhalte in eigenen Worten erklären, dann merkt man, ob man alles verstanden hat.
- Mit anderen über den Inhalt reden oder sich abhören lassen.
- Eselsbrücken helfen immer, selbst wenn sie noch so einfach sind.
- Pausen sind notwendig! Mehrere kurze Pausen (5 bis 10 Minuten) bringen die notwendige Erholung, ein weniger starkes Abfallen der täglichen Leistungskurve wird erreicht sowie eine Speicherung des Gelernten im Gedächtnis, da es nicht ständig mit neuen Inhalten überfrachtet wird.
- Während dieser Pausen können Sie sich körperlich entspannen, eine Fantasiereise machen, Obst essen, etwas trinken … Je länger die Lernzeit, desto länger sollten auch die Pausen werden.

Generell gilt:

Motivieren Sie sich selbst; Lernen wird effektiver, je mehr Spaß es macht und je mehr Interesse beteiligt ist; auch sollten alle organisatorischen Hürden beseitigt sein, bevor man an die Arbeit geht: aufgeräumter Arbeitsplatz, Zeitplan/Übersicht über den Lernstoff, Einteilung des Lernstoffes in „verdaubare Portionen", genügend Pausen einplanen – und: sich ruhig auch mal selbst belohnen!

Aufgaben/Vertiefung

1. Selbsttest: Finden Sie heraus, welcher Lerntyp Sie sind!
2. Beschreiben Sie Ihren Lern- und Arbeitsplatz – vergleichen Sie ihn mit den Empfehlungen.
3. Beschreiben Sie eigene Lernstrategien – wie haben Sie z. B. bisher gelernt? Berichten Sie von erfolgreichen (eigenen) Lerntipps und Lernmethoden.
4. Beschreiben Sie den im Foto (auf Seite 39) abgebildeten Lern- und Arbeitsplatz – vergleichen Sie ihn mit den Empfehlungen.

Informationsbeschaffung

Egal ob eine Hausarbeit geschrieben, ein Referat gehalten werden soll oder ob man sich tiefer in ein Thema einarbeiten möchte, gleich für welche Art von Arbeit – erster Schritt ist immer, sich Informationen zu beschaffen.

Hierfür stehen zahlreiche Möglichkeiten zur Verfügung, so z. B.

- Bibliotheken
- Internet
- Tageszeitungen
- Sachbücher
- Fachzeitschriften
- Lexika

Wichtig ist, dass die Informationen, die verwendet werden, möglichst aktuell und auf dem neuesten Stand der Forschung und Lehre sind. Bei Sachbüchern, Fachzeitschriften und Lexika ist dies am Erscheinungsjahr bzw. Datum der Herausgabe oder der entsprechenden Heftausgabe zu erkennen: je neuer das Datum, desto aktueller – in aller Regel – auch die Informationen.

Zur Aktualität kommt die Sachlichkeit und Objektivität der Informationen hinzu, die gegeben sein muss. Dies zu erkennen ist sicher nicht immer einfach, ein Vergleich der Informationen mit anderen Quellen hilft bei der Einschätzung der Sachlichkeit und Objektivität.

Die Tageszeitung enthält nicht nur aktuelles zum Tagesgeschehen, sondern auch neueste statistische Daten mit hohem Informationswert, wie der Ausriss zeigt. Tageszeitungen sollten jedoch kritisch gelesen – und die Inhalte nicht unbedacht übernommen werden. Vielmehr ist darauf zu achten, welcher Schreibstil hinter einem Artikel steckt – ob er z. B. „reißerisch" verfasst ist oder doch einen recht sachlichen und objektiven Eindruck macht.

Informationen, die verwendet werden, sollten verständlich sein. Sowohl einem selbst als auch Zuhörern oder Lesern der entsprechenden Arbeit sollte klar sein, was einzelne Begriffe bedeuten – wovon also überhaupt die Rede ist.

Eine Arbeit wird nicht durch den Gebrauch besonders vieler Fachbegriffe oder Fremdwörter gut. Wichtig ist vielmehr, dass Inhalte und Fachbegriffe mit eigenen Worten erklärt werden können – und somit gezeigt wird, dass sie erfasst wurden.

Bei vielen Sachbüchern, Fachzeitschriften und Lexika wird es beispielsweise notwendig sein, Fachbegriffe genauer nachzuschlagen und Abkürzungen aufzulösen. Denn erst dann haben Sie die Sicherheit, die Informationen auch wirklich richtig verstanden zu haben und vor allem auch richtig weitergeben zu können.

Informationen sollten immer hinsichtlich ihrer Passung überprüft werden: Sind diese für meine Zwecke geeignet? Oder gehen Sie über mein Thema hinaus? Nur was wirklich von Bedeutung für die Arbeit ist, wird berücksichtigt. Alle anderen Informationen wären zu viel und sprengen den Rahmen. Hierbei ist es hilfreich, sich immer wieder das Thema der Arbeit vor Augen zu halten und sich vor allem darüber klar zu sein, welches Ziel mit der Arbeit verfolgt wird.

Ein weiterer wichtiger Punkt bei der Informationsbeschaffung ist die Angabe der verwendeten Quellen. Es ist nicht nur leichter, einen Text wieder zu finden, wenn die genaue Quelle notiert ist. Vielmehr ist die genaue Quellenangabe (dies gilt auch für Internetadressen!) gerade in Bezug auf Hausarbeiten und Referate für die Nachvollziehbarkeit der Inhalte von wesentlicher Bedeutung. So weiß jeder Leser der Arbeit, welche Informationen Sie von welcher Quelle verwendet haben – und welche Gedanken selbst hinzugefügt wurden.

Weniger Babys, weniger Ehen. Rekordtief bei den Geburten

WIESBADEN (dpa). Die Zahl der Geburten in Deutschland ist auf ein Rekordtief gesunken. Im vergangenen Jahr kamen 715 000 Kinder zur Welt, 1,3 Prozent weniger als im Jahr 2002. Das seien so wenige wie noch nie seit Bestehen der Bundesrepublik, berichtet das Statistische Bundesamt in Wiesbaden. Im Jahr 1964, dem kinderreichsten Jahr, kamen dagegen in Ost- und Westdeutschland insgesamt rund 1,4 Millionen Babys zur Welt – fast doppelt so viele wie 2003. Seitdem sind die Zahlen insgesamt rückläufig. Auch bei den Eheschließungen melden die Statistiker ein Rekordtief. Im Jahr 2003 gaben sich nur 383 000 Paare das Ja-Wort. Gestiegen ist dagegen die Zahl der Sterbefälle. 2003 starben in Deutschland 858 000 Menschen (plus 1,6 Prozent). Damit gab es 143 000 mehr Todesfälle als Geburten.[1]

(Badische Zeitung vom 6. April 2004)

Zusammenfassung:
Informationen müssen
- aktuell
- sachlich und objektiv
- verständlich
- passend sein.
Nicht vergessen: Quellenangabe!

■ Informationen suchen

Neben den Sachbüchern, Fachzeitschriften, Lexika und Tageszeitungen stehen auch Bibliotheken und – heute immer mehr – das Internet zur Verfügung, um Informationen zu beschaffen.

Eine Gefahr dieser Fülle von Möglichkeiten liegt sicherlich darin, zu viel Material zu sammeln, zu viele Details zu berücksichtigen und so möglicherweise den Überblick zu verlieren.

Auch hier hilft es immer wieder, sich das Thema der Arbeit bzw. das Ziel vor Augen zu halten, das verfolgt wird und die Passung zu überprüfen. Je eher man „filtert" und aussortiert, desto weniger versinkt man im „Informationschaos".

Hilfreich kann es sein, nicht wahllos alles zu kopieren/auszudrucken, was interessant erscheint. Vielmehr sollten Sie sich einen Überblick über die Inhalte verschaffen, dann auswählen, was gebraucht werden könnte und anschließend diese Inhalte sortieren.

Bibliotheken

Neben einer Schulbibliothek, die sicherlich in jeder Schule zur Verfügung steht, gibt es öffentliche Bibliotheken, in denen entsprechende Literatur zu finden ist.

Jede Bibliothek ist zwar etwas anders eingerichtet, vom Prinzip her sind die meisten jedoch ähnlich.

In aller Regel finden sich sogenannte „Zettelkataloge", in denen die Bücher nach einem bestimmten System geordnet sind:

- **Der Autorenkatalog:** die Werke sind alphabetisch entsprechend den Autorennamen geordnet.
- **Der Schlagwortkatalog:** hier lassen sich entsprechende Werke eines Themengebietes finden.

Wichtig ist in beiden Fällen, sich die sogenannte Signatur (Buchstaben-Zahlen-Kombination, z. B.: 95 A 3811) – auch Standortnummer genannt – zu notieren, anhand derer die Werke in den Regalen der Bibliothek zu finden sind.

Weitaus praktischer als die Zettelkataloge sind heute die Computer, mit denen die meisten Bibliotheken ausgestattet sind und die eine bequeme Computerrecherche ermöglichen.

Auch hier können verschiedene Begriffe eingegeben und gesucht werden, so z. B. Autor oder Titel eines Buches, ein Schlagwort oder die Standortnummer eines Buches.

Wichtig ist auch hier, sich die entsprechende Signatur zu notieren.

Am Computer lässt sich zudem überprüfen, ob das gewünschte Buch bereits verliehen ist – so spart man sich unter Umständen den Weg zum Regal und die Suche danach.

Es ist möglich, anhand der Computerverzeichnisse eine Verbindung herzustellen zu weiteren Bibliotheken in anderen Städten. So finden Sie jede gewünschte Literatur.

Sehr praktisch ist die Einrichtung sogenannter Onlinekataloge, die es ermöglichen, von jedem beliebigen Computer aus (also auch von zu Hause) über das Internet in die Kataloge verschiedener Bibliotheken zu schauen. Mit einem Benutzerausweis der entsprechenden Bibliothek lassen sich hierbei Bücher auch bequem vormerken oder bestellen.

Internet

Das Internet bietet eine weitaus größere Fülle an Möglichkeiten an verschiedenste Informationen zu kommen als nur durch die Onlinekataloge von Bibliotheken.

Sicherlich ist es verlockend, Hausarbeiten oder fertige Referate aus dem Internet zu übernehmen, doch diese Tricks kennen heute durchaus auch die Lehrer. Auch kann es peinlich werden, Fragen zu einem Referat nicht beantworten zu können, weil es einfach aus dem Internet übernommen wurde.

Somit sollte man das Internet und seine Möglichkeiten für die Suche von Informationen durchaus nutzen – jedoch richtig. Das heißt, nicht einfach etwas übernehmen und sich freuen, dass man so schnell fertig ist, sondern viel mehr eine kritische Betrachtung vornehmen und eine entsprechende Auswahl der Inhalte treffen.

Vorteil des Internets sind sogenannte Suchmaschinen: Dies sind riesige Datenbanken, die Textinformationen zu Internetadressen enthalten. So kann ein beliebiger Begriff eingegeben werden (z. B. das Thema einer Hausarbeit oder eines Referates), für den dann entsprechende Internetadressen, die etwas mit diesem Begriff zu tun haben, angezeigt werden.

So lässt sich eine große Bandbreite von Informationen finden, die unter Umständen für die Arbeit/das Referat hilfreich sein können. Gerade hier gilt: Überblick verschaffen, bevor Inhalte übernommen werden!

Es besteht die Möglichkeit, von der Suchmaschine aus auf die angezeigten Seiten zu gehen und sich diese anzuschauen, um so passende Inhalte auszuwählen. Oder Sie schreiben sich die Adresse auf und schauen sie sich später an.

Beispiele für solche Suchmaschinen sind:

- www.google.de
- www.yahoo.de
- www.altavista.de
- www.lycos.de
- www.erzieherin.de

Jede dieser Suchmaschinen besitzt unterschiedliche Suchstrategien, z. B. findet man ein Verzeichnis, in dem das Web nach Themen in bestimmten Kategorien geordnet ist, oder Sie finden sogenannte „News": Neuigkeiten, Schlagzeilen und Nachrichten, ständig aktualisiert. Auch Diskussionsgruppen lassen sich finden, ebenso wie verschiedenste Bilder – oder ganz einfach nur Begriffe. Doch auch hierfür gibt es wieder verschiedene Möglichkeiten – entweder nur einen Begriff eingeben oder mehrere. Jede Suchmaschine bietet Hilfestellung.

■ Expertenbefragung

Eine weitere – und völlig andere – Form der Informationsbeschaffung ist die sogenannte Expertenbefragung. „Experten" sind Personen, die in einem bestimmten Handlungsfeld spezielle Kompetenzen besitzen, beispielsweise Leiter und Leiterinnen oder Mitarbeiter und Mitarbeiterinnen sozialpädagogischer Einrichtungen.

Die Expertenbefragung bietet die Möglichkeit, für eine Hausarbeit oder ein Referat Informationen „aus erster Hand" zu erhalten, von einer Person, die direkt in der Praxis steht. So kann eine Arbeit wesentlich lebendiger werden und von „tatsächlichen Gegebenheiten" berichten. Zudem erhalten Sie einen tieferen Einblick in ein bestimmtes Arbeitsfeld das der Experte vertritt.

Es bietet sich an, einen Experten vor Ort zu besuchen, z. B. in einer Erziehungsberatungsstelle, um selbst einen Eindruck von dessen Arbeitsfeld gewinnen zu können. Möglich wäre es auch, im Rahmen des Unterrichts einen Experten einzuladen und direkt mit der gesamten Klasse zu befragen.

Neben der Form der mündlichen Befragung besteht die Möglichkeit, einen Experten beispielsweise anhand eines Fragebogens zu interviewen. Allerdings ist hier das persönliche Gespräch vorzuziehen, da Missverständnisse vermieden, Nachfragen gestellt und eventuell Diskussionen entstehen können.

Wie auch für die anderen Wege der Informationsbeschaffung gilt: Die Auswahl von Experten muss kritisch getroffen werden.

Somit sollten auch die Berichte eines Experten nicht gedankenlos übernommen, sondern kritisch hinterfragt werden.

Die Expertenbefragung muss gut vor- und nachbereitet werden. So sollten Sie sich im Klaren sein, was Sie denn überhaupt wissen möchten – und sich bereits im Vorfeld Fragen überlegen. Es kann hilfreich sein, mit einem vorformulierten Fragebogen ein Expertengespräch zu führen, um nichts Wichtiges zu vergessen.

Auch sollte man sich Gedanken darüber machen, wo die Expertenbefragung stattfinden soll und ob das Gespräch beispielsweise per Videokamera oder ähnlichem dokumentiert wird oder ob ein schriftliches Protokoll verfasst werden soll.

Eine Nachbereitung bzw. Auswertung der Befragung dient dazu, die Ergebnisse zu sortieren und zu sichern, sie zu reflektieren und eventuell zu diskutieren bzw. sie für eine Hausarbeit oder ein Referat aufzubereiten.

> **Generell gilt:**
> Ein Experte sollte vor allem dann zu Rate gezogen werden, wenn die eigenen Kompetenzen zur Lösung bestimmter Probleme nicht mehr ausreichen.
>
> Dies ist vor allem für Schwierigkeiten im beruflichen Alltag von wesentlicher Bedeutung.

> **Konkrete Lernsituationen**
> 1. Gehen Sie in den Onlinekatalog der Badischen Landesbibliothek Karlsruhe unter der Adresse: www.blb-karlsruhe.de und verschaffen Sie sich einen Überblick über diese Seite.
>   Suchen Sie anschließend gezielt nach Literatur, die Sie interessiert bzw. die Sie möglicherweise gerade brauchen.
> 2. Testen Sie verschiedene Suchmaschinen aus: Geben Sie jeweils den selben Begriff ein und vergleichen Sie die angezeigten Ergebnisse.
> 3. Versuchen Sie für ein Referat oder eine Hausarbeit einen geeigneten Experten zu finden und diesen zu Ihrem Thema zu befragen.

Informationsbearbeitung

Wenn Sie sich Informationen beschaffen, so ist noch lange nicht gewährleistet, dass Sie damit auch etwas anfangen können – geschweige denn, dass Sie sich alle Inhalte auf Anhieb merken können.

Wie oft lernt man auf eine Klausur, in dem man das Arbeitsblatt/die Buchseite ein paar mal durchliest, vielleicht auch noch wörtlich auswendig lernt – aber die Inhalte nicht immer unbedingt verstanden hat.

Somit ist es nicht damit getan, sich Informationen, Inhalte zu beschaffen, diese müssen vielmehr richtig und effizient aufbereitet werden.

Es fängt an mit dem richtigen Lesen und Bearbeiten eines Textes und geht hin bis zur Gestaltung von z. B. Plakaten, auf denen nur noch Stichworte notiert sind.

Letztendlich haben Sie sich in einem zwar recht aufwändigen, dafür aber effektiven Verfahren die Inhalte so angeeignet, dass Sie nur noch die Stichworte lernen – und einen freien Vortrag über das Thema halten können, wenn die Inhalte wirklich verstanden und auf die wichtigsten Kernaussagen reduziert wurden.

■ Texte lesen und verstehen – Textarbeit

Für das Lesen und Bearbeiten eines Textes gibt es einige Tipps und Tricks, die helfen, ihn auch wirklich zu verstehen und das Lernen zu erleichtern.

So gibt es bestimmte Schritte der Textbearbeitung, deren Reihenfolge sinnvoll ist einzuhalten:

1. Erstes Lesen des Textes

- Überblick verschaffen: Worum geht es im Text?
- Überfliegen des Textes, auf Überschriften, Hervorhebungen, Rahmen usw. achten.
- Bei längeren Texten/Büchern die Inhaltsangabe/Kapitelübersicht durchlesen.

2. Abschnitte einteilen

- Oft markieren Überschriften oder Absätze einzelne Abschnitte, die einen Wechsel des Gedankenganges/Inhaltes beinhalten; es ist sinnvoll, sich dies am Rand zu notieren.

3. Unbekannte Wörter nachschlagen

- Um den Text ganz zu verstehen, sollten Sie unbekannte Wörter nachschlagen oder erfragen.

4. Fragen an den Text richten

- Grundlegende Informationen herausfiltern. Es kann hilfreich sein, sich beim Lesen des Textes die sogenannten W-Fragen zu stellen und diese auch zu beantworten (stichwortartig auf einem Notizzettel): Wer? Wie? Wann? Wo? Warum?

5. Zweites Lesen

- Wichtige Stellen unterstreichen:
Der gedankliche Aufbau eines Textes wird oft erst nach dem zweiten Lesen wirklich deutlich und verstanden; hierbei sollten die wichtigsten Schlüsselwörter und Kernaussagen farbig markiert werden, am besten mit einem Textmarker.
- Wichtig: Nicht zu viel unterstreichen, sonst wird es unübersichtlich!
- Sinnvoll kann es sein, sich Symbole an den Rand eines Textes zu malen, z. B. ein Fragezeichen für einen unklaren Sachverhalt, ein Ausrufezeichnen für eine Textstelle, die Ihnen besonders wichtig erscheint usw.

6. Notizen machen

- Die einzelnen Abschnitte des Textes mit eigenen Worten zusammenfassen, um zu überprüfen, ob Sie ihn verstanden haben und um das Behalten des Textes zu unterstützen. Anhaltspunkte geben hierfür die markierten Schlüsselwörter und Kernaussagen.

7. Den Text aufbereiten

- Beispielsweise ein Schaubild erstellen. Oft wird das, was man in Form eines Bildes sieht, besser behalten als nur ein Text, somit kann es sinnvoll sein, den Text in irgendeiner Form bildlich darzustellen.
- Insgesamt werden hier die Notizen, die Sie sich vorher gemacht haben, noch einmal reduziert, so dass am Ende der Textbearbeitung unter Umständen nur noch ein paar Schlüsselbegriffe auf einem Blatt stehen (ähnlich einem Spickzettel).

8. Wiederholen

- Das Erarbeitete zusammenführen und behalten.
- „Wiederholung ist Übung und Vertiefung": Anhand der Notizen und des aufbereiteten Textes lassen sich die Inhalte gut und schnell lernen und behalten – denn nun sind sie (in aller Regel) auch verstanden und Sie können sehr rasch den Gesamtzusammenhang erfassen.

■ Lern- und Strukturierungstechniken

So wie jeder Mensch ein anderer Lerntyp ist, hat auch jeder Mensch seine eigene Art zu lernen.

Hilfreich kann es sein, mehrere Methoden zu kennen und auszuprobieren bzw. anzuwenden, die das Lernen auf verschiedene Arten einfacher machen.

Im Folgenden werden 6 verschiedene Lernmethoden bzw. Merkhilfen/Strukturierungstechniken näher vorgestellt.

Alle 6 Lernmethoden haben gemeinsam, dass man etwas schreiben oder malen muss, also Bewegungen beteiligt sind – und somit bereits bei einem ersten Lernschritt mehrere Lernkanäle angesprochen werden und die Behaltensquote der Inhalte erhöht wird.

Karteikarten

Die Lernkartei eignet sich besonders gut, um sich einzelne Begriffe, Definitionen, Regeln usw. zu merken, aber auch um ein umfangreiches Thema in kleineren Einheiten überschaubar zu lernen. So ist die Lernkartei eine einfache „Lernmaschine", mit der man fast alles lernen kann.

Alles, was Sie lernen möchten, schreiben Sie auf kleine Karten. Auf die Vorderseite z. B. eine Frage und auf die Rückseite die entsprechende Antwort. Wichtig ist, nicht zu viel, aber auch nicht zu wenig auf eine Karte zu schreiben. Beim Lernen können Sie dann selbst kontrollieren, ob die entsprechende Frage richtig beantwortet wurde.

Deutlich wird es beim Lernen von Fremdsprachen: auf die Vorderseite z. B. den englischen Begriff schreiben, auf die Rückseite die deutsche Übersetzung.

Nun macht es jedoch wenig Sinn, ohne System mit Karteikarten zu lernen. Aus diesem Grund sollten Sie sich einen Karteikasten basteln (oder kaufen), der 5 Fächer enthält.

Und so funktioniert das Lernen mit diesem Karteikasten:

- Nachdem alle Karten geschrieben sind, kommen sie in Fach 1.
- Fängt man an zu lernen, nimmt man sich eine Karte, liest die Frage und versucht sie zu beantworten.
- Ist sie richtig, wandert die Karte in Fach 2, ist sie falsch, kommt sie wieder zurück in Fach 1.

- Fach 2 wird erst dann bearbeitet, wenn es fast voll ist; hier läuft es ab wie bei Fach 1: Kann man die Frage beantworten, wandert die Karte in Fach 3, weiß man die Antwort nicht, kommt die Frage zurück in Fach 1.
- So geht es weiter, bis die Karten in Fach 5 gelandet sind.
- Kurz gesagt: bei richtiger Antwort ins nächste Fach, bei falscher Antwort immer zurück in Fach 1!

Wichtig ist zu beachten, dass man nicht den gesamten Inhalt an einem Tag lernen kann, sondern sich entsprechend Zeit nimmt und vor allem die Karten in Fach 1 jeden Tag wiederholt.

Mind-Map

(„Gedankenlandkarte"). Bei einem Mind-Map geht es – wie der Name sagt – wie bei einer Landkarte um die flächige Darstellung der Vernetzung von Inhalten und Gedanken.

Ausgehend von einem zentralen Begriff (z. B. dem Thema „Schule"), der auch möglichst in die Blattmitte notiert wird, werden weitere Unterpunkte oder Gedanken in sogenannten „Ästen" und „Verzweigungen" festgehalten.

So erreicht man einen schnellen Überblick über das Thema und die wichtigsten Inhalte in Form von Stichworten.

Ein Beispiel für ein Mind Map:

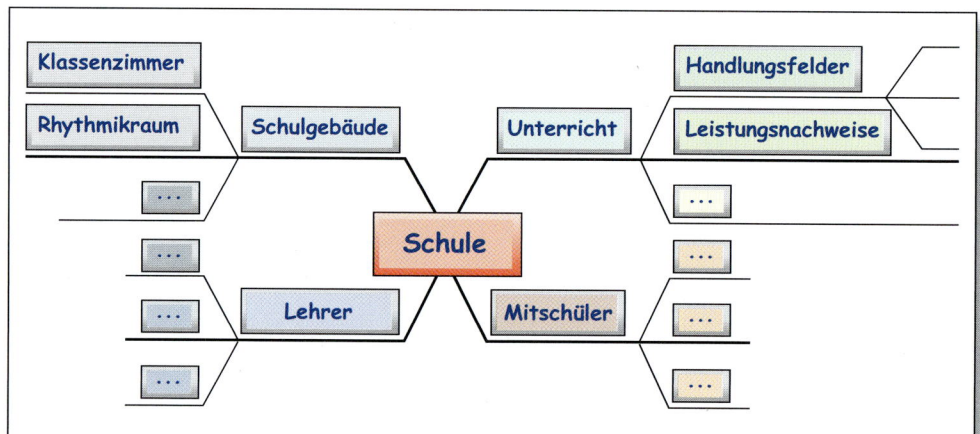

Loci-Technik

(lat.: locus = der Ort). Bei dieser Merkhilfe wird das zu Lernende (z. B. Begriffe) mit bestimmten Orten, z. B. einem Weg und den dort befindlichen Lokalitäten verknüpft.

Sie „deponieren" dabei die einzelnen Begriffe an verschiedenen Orten und können sich anhand der Wegstrecke diese Begriffe gut einprägen und später besser abrufen.

Möglich wäre es auch, sich einen Raum, z. B. sein Wohnzimmer vorzustellen und die Begriffe in Gedanken an die Decke zu hängen, an die Wände zu malen, auf den Boden zu stellen usw.

Auch der eigene Körper und die einzelnen Körperteile können gut mit Begriffen verknüpft werden.

Ein Beispiel für die Loci-Technik: Sie wollen sich zum Thema „Schule" folgende Begriffe merken: Schulgebäude, Unterricht, Lehrer, Mitschüler.

Nun kommt noch hinzu:
In Verbindung mit dem Begriff Schulgebäude: Klassenzimmer und Rhythmikraum sowie mit dem Begriff Unterricht: Handlungsfelder und Leistungsnachweise.

Sie können diese Begriffe in eine Erzählung „verpacken": „Als ich am ersten Tag in die neue Schule kam betrat ich mit mulmigem Gefühl das Schulgebäude. Dort (im Schulgebäude) traf ich mich im neuen Klassenzimmer mit den neuen Mitschülern, danach wurden wir von unserem Lehrer in den Rhythmikraum (im selben Schulgebäude) gebracht. Hier erzählte man uns vom kommenden Unterricht, welche

Handlungsfelder uns erwarten und wie hier die Leistungsnachweise aussehen."

Schaubild/Schema

Ein Schaubild oder Schema bietet die Möglichkeit, das Thema oder die Inhalte flächig darzustellen und zu vernetzen und sie somit in einen logischen Zusammenhang zu bringen.

So erhalten Sie einen mehr oder weniger ausführlichen Überblick über die wichtigsten Inhalte. Sinnvoll ist es hierbei, mit verschiedenen Farben, Schriftgrößen usw. zu arbeiten, um die Wichtigkeit der Inhalte oder Überschriften zu verdeutlichen.

Clustering

(Cluster: Büschel, Gruppe, Anhäufung) Beim Clustering geht es – ähnlich wie beim Mind-

Map und dem Schaubild – um die flächige Darstellung der Inhalte und vor allem ihrer Verbindungen und Zusammenhänge.

Auch hier beginnen Sie mit dem zentralen Begriff „Schule" und notieren davon ausgehend alle weiteren Gedanken und Inhalte.

So erhalten Sie unter Umständen eine lange Kette und viele Verzweigungen, haben aber trotzdem einen guten Überblick über die wichtigsten Stichworte und vor allem deren Zusammenhänge.

Das Clustering eignet sich auch gut, um Ideen zu einem Thema zu sammeln und zu sortieren.

Ein Beispiel für ein Schaubild/Schema:

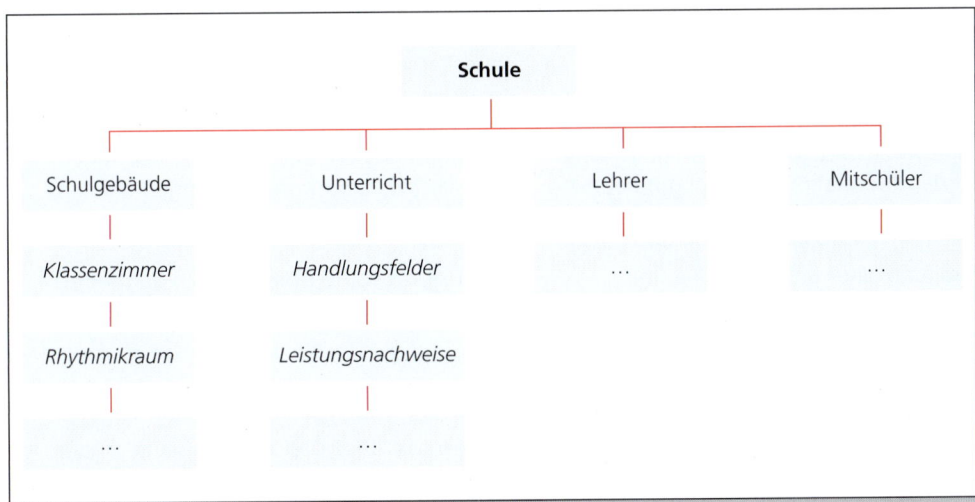

Ein Beispiel für ein Clustering:

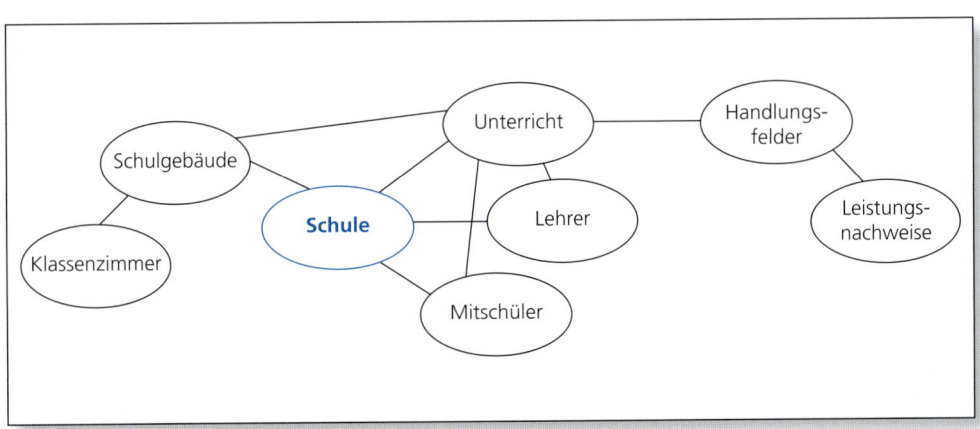

Bild(er)/Skizzen/Symbole malen

Wer sich gut Bilder einprägen kann, für den ist dies eine besonders geeignete Lernmethode.

Überlegen Sie sich zu den einzelnen Begriffen, die sie sich einprägen möchten, Bilder oder Symbole und zeichnen Sie diese entsprechend auf.

Möglich wäre es auch, je nach Kreativität, den gesamten Inhalt in einem einzigen (größeren) Bild oder einer Skizze darzustellen.

Sinnvoll ist es jedoch auch hier, sich die Begriffe zunächst zu sortieren und ähnlich wie in einem Schaubild auf ein großes Blatt zu schreiben. So können auch hier die Verbindungen der Begriffe deutlich gemacht werden.

■ Referate und ihre Gestaltung

Generell geht es bei einem Referat darum, Informationen zu einem klar umrissenen Thema zu vermitteln. Dies sollte in möglichst interessanter und anregend gestalteter Form erfolgen, um die Zuhörer für diese Inhalte zu begeistern und für den Vortrag zu fesseln.

Textarbeit und Strukturierungstechniken sind wichtige Voraussetzungen für ein gutes Referat: Ist das Informationsmaterial gut bearbeitet und strukturiert, das heißt aufbereitet, verstanden und gegliedert, ist ein großer Teil der Vorbereitung eines Referates geleistet.

Das Referat selbst ist in der Regel schriftlich zu verfassen, wobei der Schwerpunkt auf dem mündlichen Vortrag liegt.

Für das Verfassen und den Vortrag von Referaten gibt es einige Tipps, die hilfreich sein können:

Dem Referat sollte eine gründliche Vorbereitung vorangehen:

Nach einer genauen und eingrenzenden Themenstellung ist zunächst die Informationsbeschaffung anhand mehrerer Quellen sinnvoll.

Danach folgen Textarbeit und Strukturierung, das heißt auswerten, sortieren und aufbereiten des Materials. Möglicherweise haben Sie einen passenden Film oder führen eine kleine Expertenbefragung durch – beides könnte ein Referat möglicherweise aufwerten. Allerdings müssen sie zum Thema und zum Umfang passen.

Im Anschluss daran wird eine Gliederung erstellt, in der die Gedanken und Materialien geordnet werden und die den „roten Faden" des Referates darstellt.

Der Umfang des Referates sollte dem Thema angemessen sein:

Je nach Thema kann die Dauer eines Vortrages zwischen 10/15 Minuten und durchaus bis zu 40/45 Minuten variieren.

Allerdings wird es für die Zuhörer immer schwieriger, sich zu konzentrieren, je länger ein Vortrag geht – abgesehen von der Belastung für den Referenten.

Auch die Anschauungsmaterialien und Medien sollten in angemessenem Rahmen sein.

Die schriftliche Ausarbeitung des Referates sollte in entsprechendem Umfang sein, dem Thema angemessen.

Den Zuhörern sollte eine Orientierungshilfe gegeben werden:

Zu Beginn des Referates sollte den Zuhörern eine Orientierungshilfe in Form einer Folie, einer schriftlichen Kurzzusammenfassung oder eines Thesenpapiers gegeben werden, damit diese den „roten Faden" des Referates vor Augen haben.

Oftmals lassen sich so Zwischenfragen, die leicht aus dem Konzept bringen können, vermeiden.

Das Referat sollte übersichtlich gegliedert sein nach folgenden Gesichtspunkten:

- Einleitung:
  In der Einleitung wird das Thema genannt und kurz erläutert, es wird ein knapper Überblick über das Referat, seine Inhalte und seinen Aufbau gegeben.
- Hauptteil:
  Hier erfolgt die Entwicklung des Themas und der Gedanken dazu, wesentliche Informationen zum Thema werden gegeben. Oft bietet sich eine Unterteilung in einzelne Unterthemen an, um die Übersichtlichkeit zu gewährleisten.
- Schluss:
  Am Ende des Vortrages steht eine Zusammenfassung der Hauptgedanken an, möglicherweise lässt sich ein Fazit ziehen. Auch besteht hier die Möglichkeit, den eigenen Standpunkt zu diesem Thema anzufügen und den Zuhörern Gelegenheit für Nachfragen und Diskussion zu geben.

Die sprachliche Gestaltung des Referates sollte beachtet werden:

Sprach- und Schreibstil, Grammatik, Rechtschreibung und Zeichensetzung (dies gilt vor allem für die schriftliche Ausarbeitung) sollten entsprechend niveauvoll und korrekt sein.

Nicht fehlen darf ein Literaturverzeichnis mit genauen Quellenangaben, auch das Internet betreffend!

Generell gilt für Referate/Kurzzusammenfassung in Stichworten:

- Gliederung den Zuhörern verdeutlichen.
- Vortrag folgerichtig aufbauen.
- Konzentration auf das Wesentlichste.
- Thema nicht zu sehr vertiefen.
- Schwerpunkte setzen.
- Nicht länger reden, als die Zuhörer sich konzentrieren können (nicht zu viel und nicht zu lang).
- Interesse wecken durch spannenden Einstieg und verschiedene Materialien (Visualisierungsmöglichkeiten beachten).
- Eigene Beispiele machen Referate lebendig. (Aber Vorsicht: nicht zu viele – Gefahr, vom Thema abzukommen und zu „schwafeln", roten Faden nicht verlieren!)
- Hilfreich sind z.B. Karteikarten, anhand derer der Vortrag gehalten wird – wichtig dabei ist das freie Sprechen.

Textverarbeitung

Nicht nur für eine Hausarbeit oder ein Referat für die Schule sind die in den vorangegangenen Kapiteln beschriebenen Vorgehensweisen der Informationsbeschaffung und Informationsbearbeitung von Bedeutung.

Erzieherinnen müssen oft genug Elternbriefe schreiben oder Einladungen und Aushänge verfassen. Für diese gelten natürlich die genannten Kriterien entsprechend.

Beides – schulische Arbeiten als auch Texte für die Einrichtung – sollten nicht nur informativ, sondern auch ansprechend gestaltet sein.

So kommt zu einer guten Auswahl und Aufbereitung der Informationen (einschließlich korrekter sprachlicher Form) noch eine anregende Gestaltung hinzu, um eine Arbeit abzurunden. Jede Arbeit „lebt" noch einmal mehr von den Visualisierungen, die sie enthält.

Inhalte werden hervorgehoben, verdeutlicht, anschaulich gemacht oder betont – und schon allein das erste Betrachten und „Überfliegen" eines Textes spricht den Leser an.

Da es heute in der Regel Standard ist, eine schriftliche Arbeit (gleich welcher Art) per Computer zu verfassen, bezieht sich die Mehrzahl der folgenden Gestaltungstipps auf die Textverarbeitung mit dem PC.

■ Gestaltungstipps schriftlicher Arbeiten

Folgende Gestaltungstipps können helfen, einen Text anregender zu gestalten und Inhalte auf die verschiedenste Art und Weise zu visualisieren und damit zu verdeutlichen:

Bilder

Jeder Text wird durch Bilder lebendig, Inhalte werden sichtbar. Optimal ist es, wenn eigene Fotos einen Text unterlegen können und das Geschriebene dokumentieren. Aber auch Bilder aus Büchern, Zeitschriften oder anderen Quellen, die passend zum Thema sind, eignen sich für die Verdeutlichung von Inhalten.

Um die Wirkung der Bilder nicht zu schmälern, ist darauf zu achten, dass sie nicht nur passend und aussagekräftig sind, sondern vor allem groß genug und damit deutlich erkennbar.

Besonders einfach funktioniert das Einfügen von Bildern und deren Bearbeitung am Computer, wenn man über eine Digitalkamera und ein entsprechendes Bildbearbeitungsprogramm verfügt. Es besteht jedoch auch die Möglichkeit, mit Hilfe eines Scanners alle Arten von Bildern in einen Text bzw. eine Arbeit einzufügen.

Tabellen

Tabellen liefern auf einen Blick eine Übersicht über bestimmte Textinhalte und veranschaulichen oder ergänzen so bestimmte Aspekte. Dies ermöglicht es, sich relativ schnell einen Einblick in die Thematik des Textes zu verschaffen. Allerdings müssen Tabellen entsprechend

Tipps dazu finden Sie in den Kapiteln „Referate und ihre Gestaltung" sowie „Präsentation".

beschriftet sein, um von jedem Leser richtig gedeutet zu werden.

Tabellen bieten sich für die Darstellung verschiedenster Inhalte an, so z. B. für eine Auflistung, eine Gegenüberstellung oder eine Hervorhebung sowie eine Ergänzung bestimmter Inhalte.

Auch Tabellen lassen sich am Computer problemlos in einen Text bzw. eine Arbeit einfügen – mit Hilfe des entsprechenden Textverarbeitungsprogramms.

Lernkanäle und ihre Leistungen – Behaltensleistungen			
Lesen	Hören	Sehen	...
10 %	20 %	30 %	...

Umfassendere Tabellen werden mit einem speziellen Tabellenkalkulationsprogramm (z. B. Excel) erstellt, das über umfangreichere Funktionen verfügt und somit noch mehr Bearbeitungsmöglichkeiten bietet.

Diagramme

Diagramme sind grafische Darstellungen und dienen beispielsweise der Veranschaulichung von Sinnzusammenhängen oder von statistischen Ergebnissen. Sie verdeutlichen oder ergänzen, ähnlich wie die Tabellen, bestimmte Textinhalte und fassen sie in einer Grafik zusammen, sodass auch hier ein schneller Blick genügt, um einen inhaltlichen Einblick zu erlangen.

Wie schon Tabellen lassen sich Diagramme problemlos mit dem entsprechenden Textverarbeitungsprogramm per Computer in einen Text einfügen. Mit etwas „Experimentierfreude" gelingt dies in der Regel auch recht schnell.

Beispiele für häufig verwendete Diagrammarten sind die Säulen-, Kreis- und Tortendiagramme.

Die drei folgenden Beispiele veranschaulichen jeweils die selben Daten. Dabei handelt es sich um Angaben zu Straftaten gegen die sexuelle Selbstbestimmung aus der Opfer-Statistik der Polizeilichen Kriminalstatistik von 2001.

Opfer-Statistik 2001: Straftaten gegen die sexuelle Selbstbestimmung
- ➡ Kinder: 12,7 %
- ➡ Jugendliche: 28,4 %
- ➡ Heranwachsende: 13,4 %
- ➡ Erwachsene (21–60 J.): 44,1 %
- ➡ Erwachsene (ab 60 J.): 1,5 %

Die selben Ergebnisse, dargestellt als:

Säulendiagramm

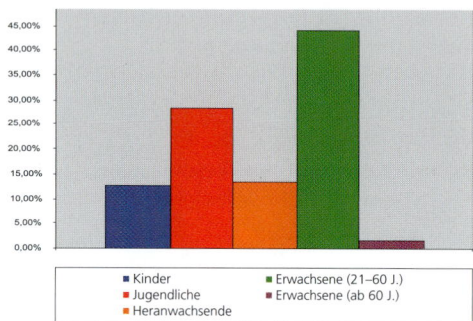

Kreisdiagramm

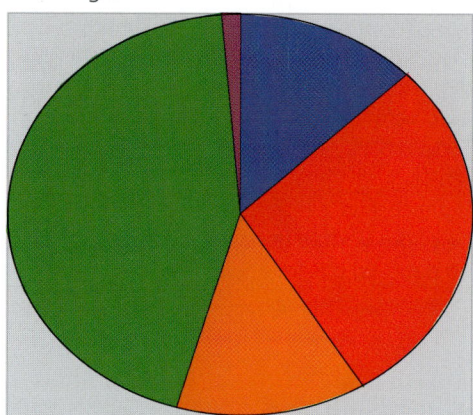

Tortendiagramm

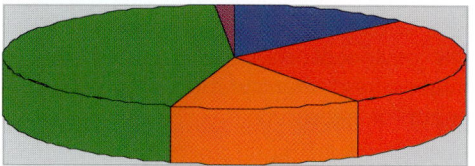

■ Datenerhebung größeren Umfangs

Möchten Sie in einer Arbeit ein möglichst breites Meinungsspektrum – und beispielsweise nicht nur eine Sichtweise – darstellen, so bieten sich Umfragen an. Dabei wird ein mehr oder weniger großer Personenkreis zu einer bestimmten Thematik befragt. Zur Planung und Vorbereitung einer Umfrage sowie deren Durchführung braucht man genügend Zeit. Die ermittelten Ergebnisse werden quantitativ in Tabellen (Prozentangaben) ausgewiesen. Tabellen und Diagramme sind besonders gut geeignet, Ergebnisse grafisch darzustellen.

Beispiel:
Es werden 50 Mütter von Vorschulkindern anhand eines Fragebogens schriftlich zum Thema „Was sollen Kinder im Kindergarten lernen?" befragt.

Entwickeln Sie zu diesem Thema sinnvolle Fragen. Diese sind von Müttern und/oder Vätern zu beantworten und müssen schließlich von Ihnen ausgewertet, bearbeitet und entsprechend visualisiert werden.

Fragebögen und Umfragen

- **Fragebögen** enthalten, wie der Name sagt, schriftlich vorgefertigte Fragen, die von einem Befragten selbst schriftlich beantwortet werden.
  Besser ist es, wenn Sie als „Interviewer" auftreten, also die Fragen vorlesen und dann die Antworten der Befragten wörtlich mitschreiben.
- **Umfragen** sind nicht unbedingt an die schriftliche Form gebunden. Sie können mit einem Tonbandgerät (Kassettenrecorder) die verschiedenen Meinungen der Befragten aufzeichnen. Tonbandaufzeichnungen sind allerdings recht schwierig und umständlich auszuwerten.

Präsentation

Immer häufiger sind im Unterricht Referate, Vorträge von selbstständig erarbeiteten Inhalten allein oder in Gruppen unter **Medieneinsatz** zu präsentieren. Wir sprechen deshalb im Folgenden von Präsentationen.

Sie können sich mit einem Blatt Papier in der Hand vor die Klasse stellen und einfach ablesen, was Sie sich notiert haben. Doch wer hört dabei wirklich zu? Und: Sind Sie damit wirklich selbst zufrieden?

Eine gute Präsentation soll dem Referenten und den Zuhörern auch Spaß machen und diese vor allen Dingen fesseln und somit für das Thema interessieren.

Eine gelungene Präsentation kommt jedoch nicht von alleine zustande, auch hier gibt es bestimmte Kriterien, die zu beachten sind.

■ Kriterien für eine Präsentation

Zunächst einmal muss das, was Sie präsentieren und vortragen, auch wirklich verstanden sein! „Stoffsicherheit" sowie Planung und Gliederung der Präsentation sind wichtige Vorbereitungen für die spätere Durchführung.

Für die Präsentation werden bezüglich Inhalt, Sprache und Körpersprache einige Kriterien benannt, die zum Erfolg führen können:

Inhalt:

- Interesse durch einen interessanten Einstieg wecken.
- Übersichtliche Darstellung/Gliederung der Inhalte: roten Faden beachten, Gliederung auch den Zuhörern verdeutlichen.
- Konzentration auf das Wesentliche: nicht mehr Informationen geben, als die Zuhörer verarbeiten können, nicht länger reden, als das Publikum zuhören kann, Schwerpunkte in den Inhalten setzen.
- Die Präsentation sollte klare Sachaussagen enthalten, die für die Zuhörer verständlich und nachvollziehbar sind, auch Argumente und Begründungen sollten überzeugend und nicht „auswendig gelernt" wirken.
- Eigene Beispiele zur Verdeutlichung wecken Interesse beim Zuhörer.
- Anschauungsmaterial präsentieren und damit mehrere Lernkanäle ansprechen (nur zuhören ermüdet und man „schaltet ab"): z. B. Folien, Plakate, Bilder, passende Gegenstände … bei deren Verwendung darauf achten, dass z. B. die Schrift sauber lesbar und ausreichend groß ist, dass nicht zu viele Informationen geliefert werden, sondern lieber wenige Stichworte auf einem Plakat stehen als ganze Sätze.
- Die Dauer der Präsentation dem Thema angemessen planen.

Sprache:

- Laut, deutlich und flüssig (in ganzen Sätzen) sprechen.
- Langsam, aber nicht einschläfernd sprechen.
- Möglichst frei reden und möglichst wenig ablesen oder auswendig aufsagen.

- Verständlich formulieren: einfache, kurze Sätze bilden, überflüssige Fremdwörter vermeiden, notwendige Fachbegriffe klären, Inhalte konkret und nicht abstrakt darstellen, eine bildhafte Sprache bewirkt oftmals große Aufmerksamkeit.
- Betonung und Stimmlage verändern.

Körpersprache:

- Blickkontakt mit den Zuhörern suchen.
- Gestik und Mimik einsetzen, jedoch nicht übertreiben und „wild herumfuchteln".
- Auf eine lockere Körperhaltung in Richtung der Zuhörer achten – aber nicht zu „lässig".
- Frei und ruhig stehen – nicht an eine Wand oder einen Tisch gelehnt.
- Nicht mit Zetteln, Stiften oder anderen Gegenständen „spielen".

Sonstige Tipps:

- Zettel oder Karteikarten mit den wichtigsten Stichworten können helfen, den roten Faden nicht zu verlieren. Dabei die Karten nummerieren, nur auf einer Seite beschriften, Stichwörter angemessen knapp halten. Unterschiedliche Farben helfen bei der Orientierung.
- Nervosität vor einer Präsentation ist völlig normal, wichtig ist nur, dass sie nicht völlig lähmt; dem kann man entgegenwirken, in dem man z. B. seine Präsentation gut vorbereitet, sie sich und/oder anderen Personen laut vorstellt, das Anschauungsmaterial gut gestaltet und beisammen hat und die Kriterien für eine gute Präsentation beachtet. Und schließlich macht auch hier, wie überall, nur die Übung den Meister! Je öfter Sie vor der Klasse oder an einem Elternabend reden und präsentieren, desto sicherer werden Sie mit der Zeit!
- Es ist keine Katastrophe, wenn Sie bei einer Präsentation „hängen bleiben" und ins Stocken geraten oder den roten Faden verlieren. Wichtig ist, in diesem Moment nicht in Panik zu geraten, sondern eine kurze Pause zu machen, auf die Notizen zu schauen und auch mal tief durchzuatmen. Es kann auch helfen, dies zu benennen und sich so wieder neu zu sammeln, unter Umständen auch mit Hilfe der Zuhörer.
- Auch technische Pannen (z. B. Defekt des Overheadprojektors), die nun einmal immer vorkommen können, sind kein „Weltuntergang". Reagieren Sie locker, sprechen Sie die Situation kurz an und fahren in Ihrer Präsentation fort. Entscheiden Sie sich, wie Sie den Inhalt der Folie auf andere Art vermitteln können: mit eigenen Worten? Die Folie durch die Klasse gehen lassen? Einen anderen Projektor besorgen?
- Ein Thesenpapier mit den wichtigsten Gliederungspunkten hilft den Zuhörern, sich zurecht zu finden und der Präsentation in jeder Phase folgen zu können.
- Am Rande bemerkt: eine Präsentation stellt eine gute Übung für eine mündliche Prüfung dar!

Zusammenfassung der Tipps:
- Präsentation gliedern
- Konzentration auf die wesentlichen Inhalte
- Anschauungsmaterial präsentieren
- angemessene Dauer
- laut, deutlich und flüssig sprechen, langsam, aber nicht einschläfernd
- möglichst frei reden
- verständlich formulieren
- Blickkontakt mit den Zuhörern halten
- Gestik und Mimik einsetzen
- lockere Körperhaltung in Richtung der
- Zuhörer

■ Visualisierung von Informationen

Das Anschauungsmaterial dient der Visualisierung von Inhalten bzw. Informationen.

Sinn ist es, einen ansonsten unter Umständen recht „trockenen" Vortrag abwechslungsreich zu gestalten, Inhalte zu verdeutlichen sowie das Zuhören zu erleichtern.

Wichtig hierbei ist aber auch, die Zuhörer auf mehreren Lernkanälen anzusprechen. Zur Visualisierung stehen verschiedene Möglichkeiten zur Verfügung, z. B.

- Plakate gestalten
- Folien gestalten
- Tafelanschrieb
- Arbeit mit dem Beamer und z. B. Power Point

Bringen Sie konkretes „handfestes" Anschauungsmaterial mit, wenn Sie z. B. eine Präsentation über „Spielzeuge für Kleinkinder" als Aufgabe haben.

Sinnvoll kann es sein, den Zuhörern eine schriftliche Gliederung des Referates an die Hand zu geben. So haben diese die Möglichkeit, konzentrierter zuzuhören, da sie nicht alles mitschreiben müssen und den Verlauf des Vortrages gut verfolgen können.

In manchen Fällen ist auch eine kurze schriftliche inhaltliche Zusammenfassung für die Zuhörer nützlich oder ein Ergebnisblatt mit den wichtigsten Inhalten.

Schülerinnen gestalten ein Plakat „Die Entwicklung des Säuglings"

Bei allen Visualisierungsmöglichkeiten sollten Sie darauf achten, dass
- nicht zu viele Informationen enthalten sind,
- die Gestaltung abwechslungsreich ist,
- die Schrift groß genug und deutlich lesbar ist,
- verschiedene Farben zur Hervorhebung/Abgrenzung von Inhalten verwendet werden,
- Bilder und/oder Grafiken (wenn möglich) auflockernd wirken.

8. Rechtliche Grundlagen

Im Folgenden werden wir uns mit rechtlichen Grundlagen des Kindergartenalltags befassen. Zwei Themen stehen im Mittelpunkt:

- Rechte und Pflichten von Eltern
- Das KJHG (Kinder- und Jungendhilfegesetz)

Rechte und Pflichten von Eltern

■ Gesetzliche Grundlage

Wird ein Kind geboren, so haben die Eltern oder die Mutter/der Vater zunächst allein für das Kind zu sorgen.

Art 6 Abs. 2 GG
Pflege und Erziehung der Kinder sind das natürliche Recht der Eltern und die zuvörderst ihnen obliegende Pflicht. Über ihre Betätigung wacht die staatliche Gemeinschaft.

Richtig: Eltern haben das *Recht* und die *Pflicht* für ihre Kinder zu sorgen. Kommen sie dieser Pflicht nicht nach, kann das Sorgerecht der El-

tern eingeschränkt oder gar entzogen werden. Denkbar ist dies bei:

- **Missbrauch:** Missbrauch von Kindern drückt sich u. a. durch körperliche Bestrafungen, seelische Verletzungen oder durch Abhalten vom Schulbesuch aus.
- **Vernachlässigung:** Von Vernachlässigung spricht man, wenn das Kind nicht richtig gepflegt, ernährt oder beaufsichtigt wird.
- **Versagen:** Als Versagen gilt zum Beispiel, wenn die Eltern resigniert haben, sie krank oder überfordert sind.

§ 1666 BGB (1)
Wird das körperliche, geistige oder seelische Wohl des Kindes oder sein Vermögen durch missbräuchliche Ausübung der elterlichen Sorge, durch Vernachlässigung des Kindes, durch unverschuldetes Versagen der Eltern oder durch das Verhalten eines Dritten gefährdet, so hat das Familiengericht, wenn die Eltern nicht gewillt oder nicht in der Lage sind, die Gefahr abzuwenden, die zur Abwendung der Gefahr erforderlichen Maßnahmen zu treffen.

- **Verhalten Dritter:** Als Gefährdung durch Dritte gilt u. a.: sexueller Missbrauch oder die Verführung mit Alkohol und Drogen.

■ Inhaber der elterlichen Sorge

Bei ehelichen Kindern haben zunächst beide Eltern das *gemeinsame Sorgerecht*.

Als ehelich gilt: während der Ehe oder innerhalb von 302 Tagen nach Auflösung der Ehe geboren (§ 1626 Abs.1).

Bei nicht-ehelichen Kindern hat zunächst die Mutter das *alleinige Sorgerecht* (§ 1626a Abs. 2 BGB).

Nach der Vaterschaftsanerkennung kann eine *gemeinsame Sorgerechtserklärung* abgegeben werden (§ 1626a Abs. 1 Nr.1 BGB). Bei Trennung und Scheidung bleibt die elterliche Sorge zunächst bestehen. Jeder Elternteil kann über das Familiengericht die elterliche Sorge oder Teile der elterlichen Sorge beantragen.

Kinder ab 14 Jahren haben ein Mitbestimmungsrecht. Bei Sorgerechtsregelungen muss immer das Wohl des Kindes im Vordergrund stehen.

■ Inhalt und Umfang der elterlichen Sorge

Die elterliche Sorge besteht aus drei Teilen:

- Personensorge
- Vermögenssorge
- Gesetzliche Vertretung

Die *Personensorge* umfasst die Pflege, Betreuung, Erziehung, Aufsicht, Aufenthaltsbestimmung und Umgangsrecht.

Die *Vermögenssorge* umfasst die Vermögensverwaltung und die Geldangelegenheiten.

Die *gesetzliche Vertretung* umfasst: das Tätigen der Geschäfte, bzw. die An- und Abmeldung von Kita und Schule.

■ Das Umgangsrecht

Nach § 1684 Abs.1 BGB hat das Kind ein Recht auf den Umgang mit beiden Elternteilen, mit Großeltern, früheren Stiefeltern, Geschwistern, etc. Können die Eltern keine Einigung erzielen, muss das Familiengericht entscheiden.

■ Ruhen und Beendigung der elterlichen Sorge

Bei nicht geschäftsfähigen und beschränkt geschäftsfähigen Personen ruht die elterliche Sorge. Lediglich die tatsächliche Personensorge bleibt bei der Mutter oder dem Vater. Eine minderjährige Mutter erhält automatisch eine *Beistandschaft* des Jugendamtes mit dem Ziel

– der Vaterschaftsfeststellung und
– der Klärung von Unterhaltsansprüchen.

Im Falle, dass die gesamte elterliche Sorge übertragen werden muss, erhält das minderjährige Kind einen *Vormund*.

Werden nur Teile der elterlichen Sorge übertragen, zum Beispiel die Vermögensverwaltung, bekommt das minderjährige Kind einen *Pfleger*.

Sind ein oder beide Elternteile durch Krankheit oder Strafhaft verhindert die elterliche Sorge auszuüben, spricht man vom *Ruhen der elterlichen Sorge*.

■ Recht für Erzieherinnen und Erzieher

Die Eltern delegieren die tatsächliche Personensorge an den Träger der sozialpädagogischen Einrichtung. Dieser delegiert die tatsächliche Personensorge an die Erzieherinnen.

Pädagogisches Fachpersonal hat demzufolge kein eigenständiges Erziehungsrecht.

Kinder- und Jugendhilfegesetz (KJHG)

Leitziele in der Erziehung sind nach wie vor die *Selbstständigkeit* und die *Gemeinschaftsfähigkeit* der Kinder, Jugendlichen und Heranwachsenden.

> **§ 1 Abs. 1 KJHG**
> Jeder junge Mensch hat ein Recht auf Förderung seiner Entwicklung und auf Erziehung zu einer eigenverantwortlichen und gemeinschaftsfähigen Persönlichkeit.

Die oben genannten Leitziele sollen über *Erziehung*, *Bildung* und *Betreuung* verwirklicht werden.

> **§ 22 Abs. 1 KJHG**
> In Kindergärten, Horten und anderen Ein-
> richtungen, in denen sich Kinder für einen
> Teil des Tages oder ganztags aufhalten (Ta-
> geseinrichtungen) soll die Entwicklung des
> Kindes zu einer eigenverantwortlichen und
> gemeinschaftsfähigen Persönlichkeit ge-
> fördert werden.
>
> **§ 22 Abs. 2 KJHG**
> Die Aufgabe umfasst die Betreuung, Bil-
> dung und Erziehung des Kindes.
> Das Leistungsangebot soll sich päda-
> gogisch und organisatorisch an den Be-
> dürfnissen der Kinder und ihrer Familien
> orientieren.

Diese Aufgabe übernehmen zunächst die Eltern oder Elternteile und werden je nach Bedarf - in der Regel ab dem 3. Lebensjahr - von
Tageseinrichtungen für Kinder ergänzt (fami-
lienergänzende Erziehung).

> **§ 24 KJHG**
> Ein Kind hat vom vollendeten dritten Le-
> bensjahr bis zum Schuleintritt Anspruch
> auf den Besuch eines Kindergartens (…).

In erster Linie versteht sich das KJHG als Leis-
tungsgesetz, das heißt Kinder, Jugendliche
und Familien sollen frühzeitig Hilfen erhalten, damit möglichst Eingriffe nach § 1666
BGB vermieden werden können. Nachfolgend werden die wichtigsten Leistungsange-
bote aufgelistet:

- Jugendarbeit/Jugendsozialarbeit
- Förderung der Erziehung in der Familie
- Förderung in Tageseinrichtungen
- Hilfe zur Erziehung

Nachfolgend gibt es einen Überblick über
wesentliche **Leistungen der Jugendhilfe**
(§§ 11–41 KJHG):

■ Angebote der Jugendarbeit/ Jugendsozialarbeit und des erzieherischen Jugendschutzes

- **Jugendarbeit § 11 KJHG:** Bei diesen Angeboten sollen die Interessen der Jugend im
Vordergrund stehen.
Ziel: Selbstbestimmung und Mitverantwortung.

- **Jugendsozialarbeit § 13 KJHG:** Sozialpädagogische Angebote zur Berufsvorbereitung und Eingliederungshilfe in die Ar-
beitswelt.
- **Erzieherischer Kinder- und Jugend-
schutz § 14 KJHG:** z. B. Information und
Beratung für Jugendliche und Eltern durch
die zuständigen Beratungsstellen.
Ziel: Übernahme von Verantwortung und
Kritikfähigkeit.

■ Förderung der Erziehung in der Familie

- **Allgemeine Förderung § 16 KJHG:** z. B. Inan-
spruchnahme einer Erziehungsberatung, Fa-
milienfreizeit oder Familienerholung.
- **Gemeinsame Wohnformen für Mütter/ Väter und Kinder § 19 KJHG:** z. B. Angebote
an Alleinerziehende mit Kindern unter 6 Jahren, betreut zu wohnen.
- **Betreuung und Versorgung von Kindern in
Notsituationen § 20 KJHG:** z. B. Unterstützung durch geeignete Personen bei Krankheit, Kur, Tod … von Erziehungsberechtig-
ten.

■ Förderung von Kindern in Tageseinrichtungen und in der Tagespflege

Ausgangslage: Die veränderte gesellschaftliche Situation insgesamt (u. a. die Zunahme
an Scheidungen, Alleinerziehenden, Einzelkindern, Arbeitslosigkeit).

- **Förderung in Tageseinrichtungen § 22
KJHG:** Die Aufgabe von Tageseinrichtungen
umfasst die Bereiche Erziehung, Bildung und
Betreuung. Die Hilfe soll sich an Lebensbedingungen von Kindern und Eltern orientieren. Ausgebildete Fachkräfte sollen früh
einwirken können. Kooperation mit anderen Einrichtungen soll stattfinden.
- **Tagespflege § 23 KJHG:** Zur Förderung der
Entwicklung eines Kindes kann auch eine
Tagespflegeperson vermittelt werden (z. B.
Tagesmutter).
- **Rechtsanspruch auf einen Kindergartenplatz § 24 KJHG:** Jedes Kind hat vom
vollendeten dritten Lebensjahr bis zum Schuleintritt einen Rechtsanspruch auf einen Kindergartenplatz.
- **Unterstützung der Eigeninitiative der Eltern § 25 KJHG:** Die Jugendämter sind ver-

pflichtet, Eltern zu unterstützen, die die Förderung von Kindern selbst organisieren.

> Jugendhilfe hat keinen Erziehungsauftrag. Die Familien sollen unterstützt und entlastet werden. Ein Rechtsanspruch besteht nur auf einen Kindergartenplatz (§ 24 KJHG).

■ Hilfe zur Erziehung und Eingliederungshilfe

Grundssatz

Hierbei handelt es sich um Hilfen auf die Personensorgeberechtigte einen Rechtsanspruch haben, wenn eine dem Wohl des Kindes/Jugendlichen entsprechende Erziehung nicht gewährleistet ist (vgl. § 17 KJHG).

Hilfearten

- **Erziehungsberatung § 28 KJHG:** z.B. Familienberatung bei Problemen, Trennung, Scheidung …
- **Soziale Gruppenarbeit § 29 KJHG:** Diese Hilfe hat sich aus dem JGG (Jugendgerichtsgesetz) etabliert, z.B. Weisungen, Erziehungsmaßregeln, Übungs- und Trainingskurse zum Thema Verkehr, Drogen oder Gewalt.
- **Erziehungsbeistand/Betreuungshelfer § 30 KJHG:** z.B. für Alleinerziehende. Ziel: Verselbständigung des Kindes oder Jugendlichen.
- **Sozialpädagogische Familienhilfe § 31 KJHG:** Durch intensive Betreuung und Begleitung soll Familien bei Alltagsproblemen und Konflikten geholfen werden. Ziel: Klärung von Konflikten/Stärkung der Familie.
- **Erziehung in einer Tagesgruppe § 32 KJHG:** Hierbei handelt es sich in der Regel um eine heil- oder sonderpädagogische Maßnahme, die an ein Heim angegliedert ist.
- **Vollzeitpflege § 33 KJHG:** Hierunter versteht man die Fremdunterbringung, zeitlich begrenzt oder auf Dauer in einer anderen Familie.
- **Heimerziehung/Sozialpädagogisch betreute Wohnform § 34 KJHG:** Hier werden Merkmale moderner Heimerziehung beschrieben: Pädagogische und therapeutische Hilfe in Verbindung mit Alltagserleben.

Ziel:
1. Rückführung in die Familie
2. Erziehung in einer anderen Familie oder
3. Verselbstständigung.

- **Intensive sozialpädagogische Einzelbetreuung § 35 KJHG:** Einzelunterbringung von schwer vermittelbaren Kindern/Jugendlichen.

Eingliederungshilfe – Rechtsanspruch auf Eingliederung von seelisch Behinderten § 35a KJHG

Kinder und Jugendliche, die seelisch behindert sind, haben einen Rechtsanspruch auf Eingliederung.

Mitwirkung der Betroffenen/Hilfeplan

Kinder, Jugendliche und Personensorgeberechtigte müssen über die anstehenden Maßnahmen ausführlich informiert werden. Es soll eine Prognose durch einen sogenannten Hilfeplan abgegeben werden. Hierbei ist eine interdisziplinäre Zusammenarbeit gefragt (vgl. § 36 KJHG).

Der Hilfeplan ist regelmäßig zu überprüfen, ob die Maßnahme noch geeignet erscheint, oder ob andere Maßnahmen als sinnvoller erachtet werden.

■ Wichtige Anmerkungen

Seit 1. Januar 2005 ist ein wichtiges Ergänzungsgesetz zum KJHG in Kraft getreten:

1. Das Tagesbetreuungsausbaugesetz (TAG): Ziel dieses Gesetzes ist unter anderem:

- Bis 2010 sollen 230 000 zusätzliche Plätze in Kindergärten, Krippen und in Tagespflege entstehen.
- Die Qualität der Betreuung soll steigen.
- Die Kinder sollen eine frühere Förderung erhalten.

Seit 1. Oktober 2005 ist ein weiteres Ergänzungsgesetz in Kraft getreten:

2. Das Kinder- und Jugenhilfeweiterentwicklungsgesetz (KICK): Das KICK verbessert unter anderem:

- den Schutz von Kindern und Jugendlichen bei Gefahren für ihr Wohl,
- die fachliche und wirtschaftliche Steuerungskompetenz des Jugendamtes,

- die Wirtschaftlichkeit von Leistungen der Kinder- und Jugendhilfe sowie
- die Datenlage in der Kinder- und Jugendhilfe und unterstützt die durch das Tagesbetreuungsausbaugesetz (TAG) initiierte Verbesserung der Kinderbetreuung.

9. Arbeitsrecht

Ausgangssituation

Zwei Erzieherinnen im Berufspraktikum treffen sich im Rahmen einer Fortbildung an der Fachschule für Sozialpädagogik in Duisburg nach fünf Monaten wieder. Ein kurzer Dialog entsteht:

Mirjam: Hast Du mitbekommen, dass Manuela nach 4 Monaten von ihrem Träger gekündigt wurde, angeblich weil sie des öfteren mal zu spät zum Dienst kam?

Laura: Ich habe das schon gehört, bin aber der Meinung, dass das nicht so einfach geht. Der Träger muss ihr doch zunächst einmal eine Abmahnung geben.

Mirjam: Das dachte ich auch, das hat uns der Lehrer in Rechtskunde jedenfalls mal so gesagt.

Laura: Vielleicht sollten wir Ihr den Tipp geben sich mal an die GEW (Gewerkschaft für Erziehung und Wissenschaft) zu wenden

Um diesen Sachverhalt klären zu können, müssen wir uns zunächst einmal mit dem Arbeitsrecht befassen.

Das Bürgerliche Gesetzbuch (BGB)

Die wichtigsten arbeitsvertraglichen Grundlagen finden wir in den §§ 611–630 BGB.

In diesem Gesetz finden wir unter anderem Vorgaben darüber, dass es keine geschlechtsbezogene Benachteiligung von Arbeitnehmerinnen und Arbeitnehmern geben darf (§ 611a BGB). Dies bezieht sich sowohl auf die Stellenvergabe als auch auf die Bezahlung. Ferner regelt das Gesetz die Gehaltsfortzahlung im Krankheitsfall- bis zu sechs Wochen (§ 617 BGB). Danach muss der Arbeitnehmer wieder einsatzbereit sein oder bei der jeweiligen Krankenkasse so genanntes „Krankengeld" beantragen. Wir finden detaillierte Aussagen über Kündigungsfristen bei Arbeitsverhältnissen (§ 622 BGB).

Die Kündigungsfristen sind abhängig von der Dauer der Beschäftigung. Je länger ein Arbeitnehmer bei einem Arbeitgeber beschäftigt ist, umso länger dauert die Kündigungsfrist. Dies gilt sowohl für den Arbeitgeber als auch für den Arbeitnehmer.

Sie beträgt beispielsweise bei einer Beschäftigungsdauer von zwei Jahren einen Monat, und bei einer Beschäftigungsdauer von 15 Jahren sechs Monate zum Ende eines Kalendermonats.

In besonders schwerwiegenden Fällen, in denen Arbeitnehmer oder Arbeitgeber gegen gängiges Recht verstoßen, sind fristlose Kündigungen ohne Einhaltung von Kündigungsfristen möglich (§ 626 BGB).

Nach Beendigung eines dauernden Dienstverhältnisses ist der Arbeitgeber verpflichtet, ein Zeugnis auszustellen (§ 630 BGB).

Arbeitsvertragliche Grundlagen

Erzieherinnen sind in der Regel Angestellte; sie haben Rechte und Pflichten und stehen in einem Abhängigkeitsverhältnis.

Das folgende Kapitel befasst sich mit Gesetzen und Normen, die innerhalb eines solchen Abhängigkeitsverhältnisses anzuwenden sind.

■ Das Arbeitsverhältnis

Unter einem Arbeitsverhältnis verstehen wir ein Rechtsverhältnis zwischen einem Arbeitgeber und einem Arbeitnehmer, das durch einen Arbeitsvertrag begründet wird.

Arbeitgeber können Privatpersonen und juristische Personen des privaten und des öffentlichen Rechts sein.

Der Arbeitnehmer ist aufgrund eines privatrechtlichen Vertrags zur Leistung von Diensten verpflichtet und ist weisungsgebunden. Praktikanten haben einen besonderen Status. Sie sind Personen, die berufliche Kenntnisse, Fertigkeiten und Erfahrungen in einem Betrieb oder einer Einrichtung erwerben sollen. Mit Berufspraktikanten werden besondere Ausbildungsverträge vereinbart.

Berufspraktikanten sind Arbeitnehmer mit Rechten und Pflichten und haben Anspruch auf eine angemessene Vergütung.

Für Berufspraktikanten gilt ein eigener Tarifvertrag. Schulpraktikanten sind keine Arbeitnehmer. Sie haben deshalb auch keinen Anspruch auf eine Vergütung.

■ Entstehung eines Arbeitsverhältnisses

Grundlage eines Arbeitsverhältnisses ist der Arbeitsvertrag (§§ 611- 630 BGB).
Er wird zwischen dem Arbeitgeber und dem Arbeitnehmer geschlossen.
Hauptpflicht des Arbeitnehmers: Arbeitsleistung.
Hauptpflicht des Arbeitgebers: Zahlung einer Vergütung

Bewerbung und Vorstellung: Über mündliche Informationen, Zeitungsinserate, über Arbeitsagenturen oder sonstige Ausschreibungen erfahren Interessenten eine Stellenausschreibung.

In der Regel bewirbt sich der Interessent mit einem Anschreiben, einem Lichtbild, einem tabellarischen Lebenslauf und mit seinen bisherigen Beurteilungen und Zeugnissen. Da sich meist mehrere Bewerber für eine Stelle interessieren, kommt es auf jeden Fall zu einem persönlichen Vorstellungsgespräch - vorausgesetzt, der Bewerber kommt in die engere Wahl des Arbeitgebers.

Welche Fragen darf der Arbeitgeber dem Arbeitnehmer stellen? Erlaubt sind nur solche Fragen, die mit der Arbeitsstelle oder der abzuleistenden Arbeit in Zusammenhang stehen. Andere Fragen brauchen nicht, können sogar im Zweifel, zum persönlichen Schutz, unwahr beantwortet werden.

Zum Beispiel muss wahrheitsgemäß beantwortet werden:

- berufliche Qualifikation
- Zeugnisnoten
- frühere Arbeitsverhältnisse
- Religionszugehörigkeit (bei kirchlichen Trägern = Tendenzbetriebe)

Zum Beispiel darf nicht gefragt, bzw. muss nicht beantwortet werden:

- Gewerkschaftszugehörigkeit (außer der Arbeitgeber ist in einem Arbeitgeberverband und braucht die Angabe wegen der Tarifbindung).
- Heiratsabsicht
- bestehende Schwangerschaft
- frühere Krankheiten (außer sie beeinträchtigen die Einsatzbereitschaft)
- Vermögensverhältnisse
- Vorstrafen (außer sie sind relevant für den Beruf, z. B. Sittlichkeitsdelikte oder Aufsichtspflichtverletzung).

Ist die Strafe nicht im Strafregister eingetragen oder gelöscht, kann sich der Bewerber als unbestraft bezeichnen.

Vorstellungskosten: Alle notwendigen Auslagen (Fahrt- Übernachtungs- und Verpflegungskosten) trägt der Arbeitgeber, wenn er zu einem Gespräch eingeladen hat.

Vertragsabschluss durch Minderjährige: Nur durch Zustimmung der gesetzlichen Vertreter möglich, da Minderjährige noch nicht voll geschäftsfähig sind.

Form des Arbeitsvertrags: Grundsätzlich muss der Arbeitsvertrag schriftlich niedergeschrieben werden.

Nach § 2 des Nachweisgesetzes hat der Arbeitgeber spätestens einen Monat nach dem vereinbarten Beginn des Arbeitsverhältnisses die wesentlichen Vertragsbedingungen schriftlich niederzulegen, zu unterzeichnen und dem Arbeitnehmer auszuhändigen.

Mindestinhalt:

1. Name und Anschrift der Vertragspartner
2. Zeitpunkt des Beginns
3. Anfang und Ende bei befristeten Verhältnissen

4. Arbeitsort oder Hinweis darauf, dass der Arbeitnehmer an verschiedenen Orten eingesetzt werden kann.
5. Stellenbeschreibung
6. Zusammensetzung und Höhe des Arbeitsentgelts
7. Vereinbarte Arbeitszeit
8. Dauer des jährlichen Erholungsurlaubs
9. Kündigungsfristen
10. Ein Hinweis auf die Rechtsgrundlage des Arbeitsvertrags (Tarifvertrag, Betriebes- oder Dienstvereinbarung).

Die Angaben 6 bis 9 können zusammengefasst werden, indem auf die Rechtsgrundlage eines Tarifvertrags oder einer Betriebs- bzw. Dienstvereinbarung Bezug genommen wird. Bei Nichteinhaltung der Schriftform ist der Arbeitsvertrag ungültig. (§ 125 Satz 1 BGB).

Das Prinzip der Vertragsfreiheit: Grundsätzlich herrscht Vertragsfreiheit. Das heißt die Vertragsparteien können die Arbeitsbedingungen frei vereinbaren. Schutz findet der Arbeitnehmer als schwächere Partei durch mannigfaltige gesetzliche und tarifliche Regelungen. Hierbei gilt das Günstigkeitsprinzip, das heißt immer die jeweils günstigere Variante für den Arbeitnehmer kommt zum Zug

■ Rechtliche Grundlagen des Arbeitsverhältnisses

Der Arbeitsvertrag
Für die wesentlichen Rechte und Pflichten zwischen Arbeitnehmer und Arbeitgeber (Vergütung, Arbeitszeit, Urlaub) ist der Arbeitsvertrag maßgeblich.

Im sozialpädagogischen Bereich wird der Arbeitsvertrag häufig durch eine Dienstordnung ergänzt. Hier sind die Vor- und Nachbereitungszeit, Mitarbeiterkonferenzen, etc. näher geregelt.

Zwingende gesetzliche Regelungen
Den arbeitsvertraglichen Bestimmungen gehen zwingende gesetzliche oder tarifvertragliche Regelungen vor. Hierbei ist das so genannte Günstigkeitsprinzip anzuwenden.

- Im Grundgesetz (Art 12 GG) ist die freie Berufswahl verankert.
- Das BGB (§ 617) regelt die Gehaltsfortzahlung im Krankheitsfall.
- Im Arbeitszeitgesetz (ArbZG) sind vorgeschriebenen Ruhepausen und die Höchstarbeitszeit geregelt.
- Im Bundesurlaubsgesetz (BurlG) ist ein Mindesterholungsurlaub für alle Arbeitnehmer von mindestens 24 Werktagen vorgeschrieben.
- Das Mutterschutzgesetz (MuSchG) regelt das Beschäftigungsverbot sechs Wochen vor und acht Wochen nach der Geburt.
- Das Jugendarbeitsschutzgesetz (JArbSchG) begrenzt die tägliche und wöchentliche Arbeitszeit von jugendlichen Arbeitnehmern.
- Das Kündigungsschutzgesetz (KSchG) schützt vor ungerechtfertigter Kündigung.

Der Tarifvertrag
Tarifverträge sind privatrechtliche Verträge zwischen tariffähigen Parteien, Gewerkschaften, einzelnen Arbeitgebern oder Vereinigungen von Arbeitgebern. Die Tarifvertragsparteien handeln die Tarifverträge jeweils für einen bestimmten Zeitraum neu aus. Der Tarifvertrag hat Gültigkeit, bis er gekündigt oder neu abgeschlossen wird.

Er enthält Regelungen, wie Arbeitsentgelt (vgl. Tabelle TVöD), Urlaubsanspruch, etc.

Es gilt die Tarifautonomie (Staat greift nicht in die Verhandlungen ein, es sei denn es kommt zu so genannten „Schlichtungsverfahren"). Die Rechtsnormen des Tarifvertrags gelten für das Arbeitsverhältnis nur dann zwingend, wenn beide Parteien tarifgebunden sind. Kommunale Kindergärten stellen oft nach TVöD ein.

Arbeitgeberseite: TVöD (Tarifvertrag öffentlicher Dienst); gilt für Bund und Kommunen. VkA (Vereinigung der kommunalen Arbeitgeberverbände)

Arbeitnehmerseite: VERDI (Vereinigte Dienstleistungsgewerkschaft) und GEW (Gewerkschaft für Erziehung und Wissenschaft).

Arbeitgeber des Öffentlichen Dienstes machen allerdings in der Praxis keinen Unterschied, ob ein Arbeitnehmer der Gewerkschaft angehört oder nicht. Der Tarifvertrag ist somit für alle bindend, vorausgesetzt die Träger gehören einem Arbeitgeberverband an. Die Freien Träger wenden den TVöD häufig entsprechend an. Caritas und Diakonie haben eigene Arbeitsvertragsrichtlinien (AVR).

Betriebsvereinbarung und Dienstvereinbarung

Die Betriebs- oder Dienstvereinbarung ist ein privatrechtlicher Vertrag zwischen dem Arbeitgeber und dem Betriebsrat, durch den Arbeitsbedingungen zwingend gestaltet werden können, soweit Tarifverträge und sonstige gesetzliche Regelungen dies zulassen.

Betriebliche Übung

Eine betriebliche Übung ist die tatsächliche, gleichmäßige Übung (Zahlung von Weihnachtsgeld …), ohne durch den Tarifvertrag verpflichtet zu sein.

Direktions- oder Weisungsrecht

Zur Konkretisierung der jeweiligen Pflichten des Arbeitnehmers hat der Arbeitgeber daher ein Weisungs- oder Direktionsrecht. Zu beachten ist, dass vertragliche Vereinbarungen, Arbeitnehmerschutzgesetze, Betriebs- oder Dienstvereinbarungen Vorrang haben.

Beispiel: Der Arbeitgeber hat aufgrund des Weisungsrechts Einfluss auf die pädagogische Arbeit in der Kita. In den meisten Fällen wird er dies auf die Leiterin der Einrichtung übertragen.

■ Pflichten des Arbeitnehmers

Arbeitspflicht

Der genaue Umfang der Arbeitspflicht ist der Arbeitsplatzbeschreibung zu entnehmen. Hier ist die Art der Tätigkeit und der genaue Einsatzort zu beschreiben. Wird nichts Genaues vereinbart, kann dem Arbeitgeber durchaus, zumindest für eine Überbrückungszeit, eine andere Tätigkeit und ein anderer Einsatzort zugemutet werden. Ansonsten gelten die üblichen gesetzlichen Regelungen. In der Regel darf die werktägliche Arbeitszeit von 8 Stunden nicht überschritten werden. Sie kann bis auf 10 Stunden verlängert werden, wenn innerhalb von 6 Kalendermonaten oder innerhalb von 24 Wochen im Durchschnitt 8 Stunden nicht überschritten werden (§ 3 ArbZG). Die Ruhepausen rechnen nicht zur Arbeitszeit (§ 2 Abs.1 ArbZG).

Sie müssen im Voraus feststehen und die Arbeit 30 Minuten bei einer Arbeitszeit von mehr als 6 Stunden und 45 Minuten bei einer Arbeitszeit von mehr als 9 Stunden unterbrechen. Eine Aufteilung in Zeitabschnitte von mindestens 15 Minuten ist denkbar.

Treuepflicht

Die Treuepflicht verlangt vom Arbeitnehmer, dass er die Interessen des Arbeitgebers in zumutbarem Umfang wahrnimmt.

- Keine Sachbeschädigungen
- Verkehrssicherungspflicht
- Aufsichtspflicht
- Schweigepflicht
- Loyalitätspflicht (Tendenzbetriebe)

■ Pflichten des Arbeitgebers

Lohnzahlungspflicht

Der Arbeitgeber ist nach § 611 BGB verpflichtet, den vereinbarten Lohn zu zahlen. Er ist ebenfalls verpflichtet, die Sozialversicherungsbeiträge abzuführen. Diese entfallen hälftig auf den Arbeitnehmer und auf den Arbeitgeber. Er hat eine Lohnfortzahlungspflicht im Krankheitsfall (6 Wochen). Es gibt einen vertraglich festgelegten – vergüteten – Erholungsurlaubsanspruch (vgl. § 26 Abs.1 TVöD).

Fürsorgepflicht

Der Arbeitgeber muss für ein erträgliches Betriebsklima sorgen. Er muss Einsicht in die Personalakte gewähren. Die Arbeitnehmer müssen ihr Eigentum sicher verwahren können.

■ Beendigung des Arbeitsverhältnisses

Zeitablauf

Befristete Arbeitsverhältnisse laufen aus, ohne dass sie gekündigt werden müssen.

Auflösungsvertrag

Die Vertragsparteien können jederzeit gemeinsam vereinbaren, dass das Arbeitsverhältnis zu einer bestimmten Zeit endet (im gegenseitigen Einvernehmen).

Ordentliche Kündigung

Will der Arbeitnehmer oder Arbeitgeber ordentlich kündigen, müssen Kündigungsfristen eingehalten werden (§ 622 Abs.1 S2 BGB).

Während der Probezeit von längstens 6 Monaten darf mit einer Frist von 2 Wochen, ohne Angabe von Gründen, gekündigt werden. Die Kündigung durch den Arbeitnehmer kann zu einer befristeten Sperre des Arbeitslosengeldes führen (vgl. § 119 AFG und Hartz IV-Gesetze).

Der Kündigung muss in der Regel mindestens eine Abmahnung vorausgehen. Der Arbeitnehmer soll die Chance haben, sein Fehlverhalten in einem angemessenen Zeitraum zu ändern.

Kündigungsschutz

Kündigungsschutz genießen z. B. Schwangere. Eine Kündigung ist nach § 1 Abs. 2 KSchG nur dann gerechtfertigt, wenn sie entweder durch Gründe in der Person oder in dem Verhalten des Arbeitnehmers oder durch dringende betriebliche Erfordernisse bedingt ist, z. B. bei Gruppenschließungen.

Außerordentliche Kündigung

Dies ist eine Kündigung aus wichtigem Grund. Sie kann von beiden Seiten, ohne Angabe von Gründen, ausgesprochen werden (vgl. § 626 BGB). Diese Form der Kündigung kann nur innerhalb von zwei Wochen erfolgen. Ansonsten ist sie unwirksam. Die Wirksamkeit einer außerordentlichen Kündigung kann durch das Arbeitsgericht überprüft werden.

> Kommen wir zurück zu unserer Anfangssituation von Mirjam und Laura. Der Arbeitgeber von Manuela befand sich im Recht. Er kann Manuela tatsächlich innerhalb der Probezeit – ohne Angaben von Gründen – kündigen.

Arbeitszeugnisse

Anspruch auf ein Zeugnis: Der Arbeitnehmer hat nach § 630 BGB Anspruch auf ein Zeugnis, das Art und Dauer der Beschäftigung, auf Wunsch auch Leistung und Führung des Arbeitnehmers, bescheinigt. Das Zeugnis muss zwar wohlwollend, dennoch aber wahr sein.

Berufsverbände

Nach Artikel 9 Abs. 1 GG haben alle Deutschen das Recht Vereine und Gesellschaften zu bilden.

Unter einem Berufsverband versteht man einen organisierten Zusammenschluss einer Berufsgruppe, zum Beispiel *Bundesverband evangelischer oder katholischer Erzieher und Erzieherinnen*.

Die berufspolitische Arbeit dieser Verbände besteht unter anderem darin, den zuständigen Ministerien Vorschläge zur Weiterentwicklung der Erzieherinnenausbildung, der Arbeitsbedingungen oder der Eingruppierung zu machen.

Einer der ältesten Berufsverbände für Erzieherinnen ist der *Pestalozzi-Fröbel-Verband*: Er ist politisch und konfessionell unabhängig, informiert über pädagogische Fragen, greift unterschiedliche Positionen zu aktuellen sozialpolitischen Themen auf und fordert Strukturverbesserungen der außerfamiliären (familienergänzenden und familienersetzenden) Erziehung.

Eine besondere Organisation von Arbeitnehmern zur Durchsetzung berufsbezogener und sozialpolitischer Interessen – speziell auch von Erzieherinnen – bilden die *Gewerkschaften*:

- **GEW** (Gewerkschaft für Erziehung und Wissenschaft)
- **ver.di** (Vereinigte Dienstleistungsgewerkschaft).

10. Aufsichtspflicht und Sicherheitsmaßnahmen

Erzieherinnen müssen sich im Rahmen ihrer sozialpädagogischen Arbeit nicht nur mit pädagogischen, sondern auch mit vielen rechtlichen Fragen auseinandersetzen. Im Folgenden befassen wir uns mit drei Themen:

- Aufsichtspflicht
- Haftpflicht und
- Sicherheitsmaßnahmen.

Aufsichtspflicht

■ Ein Fallbeispiel

Zwei Schülerinnen der Fachschule für Sozialpädagogik Trier treffen sich in der Hofpause und führen einen kurzen Dialog:

Lisa: Gestern war ich im Kindergarten. Bei uns in der Einrichtung geht zur Zeit die Grippewelle um. Am Nachmittag war ich alleine in der Gruppe mit 8 Kindern.
Kati: Bei uns ist das ähnlich. Meine Gruppenleiterin sagte mir, dass sie mich nicht alleine lassen könne, weil das nicht zulässig wäre.
Lisa: Meinst du ich bin dran, wenn was passiert?

Grundsätzlich gibt es Klärungsbedarf: Aufsichtspflichtige Personen haben darauf zu achten, dass die ihnen zur Aufsicht anvertrauten *selbst* nicht zu schaden kommen und auch keine *anderen Personen* (*Dritte*) schädigen.

Mit der Aufsichtspflicht befassen sich folgende Paragrafen:

§ 823 Abs. 1BGB
Wer vorsätzlich oder fahrlässig, das Leben, den Körper, die Gesundheit, die Freiheit, das Eigentum oder ein sonstiges Recht eines anderen widerrechtlich verletzt, ist dem anderen zum Ersatze des daraus entstehenden Schadens verpflichtet.

Das heißt eine Person (ein Kind oder eine Erzieherin) darf keiner anderen Person einen Schaden zufügen. Ansonsten muss sie für den Schaden aufkommen. In der juristischen Sprache nennt man das **Haftpflicht**.

§ 832 BGB
(1) Wer Kraft Gesetzes zur Führung der Aufsicht über eine Person verpflichtet ist, die wegen Minderjährigkeit oder wegen ihres geistigen oder körperlichen Zustandes der Beaufsichtigung bedarf, ist zum Ersatz des Schadens verpflichtet, den diese Person einem Dritten widerrechtlich zufügt. Die Ersatzpflicht tritt nicht ein, wenn er seiner Aufsichtspflicht genügt oder wenn der Schaden auch bei gehöriger Aufsichtsführung entstanden sein würde.
(2) Die gleiche Verantwortlichkeit trifft denjenigen, welcher die Führung der Aufsicht durch Vertrag übernimmt.

Das heißt, eine Erzieherin, die eine vertragliche Aufsicht von Kindern übernommen hat, muss darauf achten, dass diese Kinder keinen anderen Personen Schaden zufügen. Ansonsten haftet die Erzieherin (Haftpflicht); zumindest wenn sie vorsätzlich oder grob fahrlässig gehandelt hat; doch dazu später mehr.

Diesen beiden Paragrafen aus dem Bürgerlichen Gesetzbuch steht folgender Paragraf gegenüber:

§ 22 KJHG
(1) In Kindergärten, Horten und anderen Einrichtungen, in denen sich Kinder für einen Teil des Tages oder ganztags aufhalten (…), soll die Entwicklung des Kindes zu einer eigenverantwortlichen und gemeinschaftsfähigen Persönlichkeit gefördert werden.

Damit sich die Persönlichkeit eines Kindes zur Eigenverantwortlichkeit entwickeln kann, müssen die Eltern und Erzieherinnen den Kindern Freiräume gewähren, in denen sie sich selbstständig erproben können. Wie groß diese Freiräume sein dürfen, hängt wiederum von der Art der Einrichtung, vom Alter und dem Entwicklungsstand der Kinder ab.

Zurück zu unserem kurzen Dialog auf dem Schulhof. **Sind Schülerinnen der Fachschule für Sozialpädagogik zur Aufsichtsführung geeignet?**

Grundsätzlich delegieren die Eltern die Aufsichtspflicht an den Träger der Einrichtung. Dieser delegiert sie an die Leiterin der Einrichtung; diese wiederum an die Gruppenleitung. Die Gruppenleitung kann die Aufsichtspflicht an Schülerinnen und an Praktikantinnen delegieren.

Inwieweit eine Erzieherin einer Praktikantin selbstständiges, verantwortungsvolles Handeln zutraut, hängt von folgenden Faktoren ab:

- Zuverlässigkeit
- Gewissenhaftigkeit
- Verantwortungsbewusstsein
- Fähigkeit die Übersicht zu behalten und
- bei Gefahr entschlossen einzugreifen
- Erfahrung

> **Zurück zu unserem Fallbeispiel:**
> Es kann also durchaus sein, dass Lisa die Aufsichtspflicht zugetraut wird und dass bei Kati noch gewisse Bedenken bestehen, ob sie der Aufsichtspflicht schon gewachsen ist.

■ Formen der Aufsichtsführung

Wie muss sich eine Erzieherin verhalten, wenn die Aufsichtsführung richtig wahrgenommen werden soll?

Grundsätzlich muss über Gefahrenquellen und richtiges Verhalten *informiert* werden; werden Anweisungen nicht befolgt, muss *ermahnt* werden. Es müssen eindeutige *Ge- und Verbote* aufgestellt werden. Diese wiederum müssen in regelmäßigen Abständen *überwacht und kontrolliert* werden. Bei Gefahr im Verzug muss die Erzieherin unverzüglich eingreifen.

Beginn und Ende der Aufsichtspflicht

Große Verunsicherung gibt es immer wieder in Bezug auf *Beginn und Ende* der Aufsichtspflicht. Empfehlenswert ist es, eine genaue Regelung im Aufnahmeantrag oder in einer Vereinbarung festzuhalten.

Geschieht dies nicht, befinden sich Erzieherinnen und Eltern in einer Grauzone. Beispielsweise kann das Betreten des Geländes, des Gebäudes, des Flures, des Gruppenraumes, als Beginn der Aufsichtspflicht angesehen werden. In diesem Fall müsste dann das Personal geeignete Maßnahmen der „Übergabe" treffen.

Die Aufsichtspflichtverletzung

Was passiert, wenn die Aufsichtspflicht fahrlässig oder gar vorsätzlich verletzt worden ist? Zunächst müssen beide Begriffe geklärt werden. Man unterscheidet zwischen:

- **Unbedingtem Vorsatz** (man weiß und will, dass diese Handlung diesen Schaden herbeiführt) und
- **bedingtem Vorsatz** (man will zwar diesen Schaden nicht herbeiführen, nimmt aber bei seiner Handlung die erkannte Folge billigend in Kauf).

Weiterhin unterscheidet man vier verschiedene Grade der Fahrlässigkeit:

- **Grob fahrlässig** (man lässt einfachste und nahe liegendste Vorsichtsmaßnahmen, die jeder kennt, außer Acht).
- **Gewöhnliche/normale Fahrlässigkeit** (man lässt die objektiv erforderliche Sorgfalt außer Acht).
- **Konkrete Fahrlässigkeit** (man lässt die Sorgfalt außer Acht, die man in eigenen Angelegenheiten anwendet).
- **Leichte Fahrlässigkeit** (man wendet zwar eine gewisse Sorgfalt an, aber eben nicht die hier erforderliche).

Nun, wie die begangene Aufsichtspflichtverletzung im Einzelfall eingestuft wird, hängt von der Entscheidung des Richters ab, als abgesichert gilt jedoch: Schuldhaft handelt, wer grob fahrlässig oder vorsätzlich handelt.

Zurück zu unserer Ausgangsfrage: Was ist die Folge? Grundsätzlich sind drei Folgen denkbar:

A. Zivilrechtliche Folgen: Geschädigte Personen, die sich in Obhut der Erzieherin befinden, können selbst Schadensersatzansprüche stellen (durch ihre gesetzlichen Vertreter, da sie selbst noch nicht geschäftsfähig sind). Auch geschädigte Dritte können Schadensersatzansprüche stellen, wenn sie durch Aufsichtsbedürftige geschädigt wurden.

B. Strafrechtliche Folgen: Kommt ein Aufsichtsbedürftiger zu Tode, kann der Aufsichtspflichtige strafrechtlich verfolgt werden. Dabei ist der Staatsanwalt in der Beweispflicht.

C. Arbeits- und dienstrechtliche Folgen: Verletzt ein Arbeitnehmer seine Dienstpflichten (Aufsichtspflicht), kann er abgemahnt, an der Beförderung gehindert oder gekündigt werden.

Unfallverhütungsvorschriften

Kommen wir zu den Unfallverhütungsvorschriften. Diese leiten sich aus der so genannten „Verkehrssicherungspflicht" ab. Das bedeutet:

> Jede Person, die eine Gefahrenquelle schafft, muss die notwendigen Vorkehrungen treffen, damit eine Gefährdung von Dritten nicht eintritt (vgl. § 823 BGB).

Doch Vorsicht: Eine Verkehrssicherung, die alle erdenklichen Gefahren in Gruppenräumen und Außengeländen ausschließt, gibt es nicht.

In der Praxis bedeutet das allerdings, dass Erzieherinnen und Erzieher regelmäßig überprüfen müssen, ob die Räumlichkeiten, die Spielgeräte, das Mobiliar, die Inneneinrichtung, etc. in Ordnung sind, das heißt keine offensichtlichen Gefahrenquellen für die Kinder darstellen. Versäumt das pädagogische Personal rechtzeitig diese Gefahrenquellen zu beseitigen, machen sie sich haftbar. Also auch in diesem Fall tritt die so genannte „Haftpflicht" in Kraft.

Erzieherinnen und Erzieher können sich gegen das Risiko, haftbar gemacht zu werden, auf freiwilliger Basis versichern, in dem sie eine so genannte „Berufshaftpflichtversicherung" abschließen, denn manchmal passiert auch etwas Kurioses.

Kind verklagt Kindergärtnerin

Düsseldorf. Ein Sechsjähriger hat in Düsseldorf seine Kindergärtnerin verklagt und verlangt 2100 Euro Schmerzensgeld. Der Junge gibt an, von einem Gleichaltrigen mit einem Seil gewürgt und verletzt worden zu sein. Die Erzieherin habe dabei zugeschaut und sei nicht eingeschritten. dpa

Westdeutsche Allgemeine Zeitung, 21.10. 2006

Beziehungen gestalten und Gruppenprozesse begleiten

1. Anthropologische Grundlagen der Erziehung
2. Pädagogische Grundhaltungen einnehmen
3. Kommunikation und Gesprächsführung
4. Das Bild vom Kind
5. Kindheit als Lebensphase
6. Bindungsverhalten
7. Die Gruppe als Grundlage der sozialen Entwicklung des Menschen

1. Anthropologische Grundlagen der Erziehung

Wer kennt nicht Walt Disneys Zeichentrickinterpretation von Kiplings „Dschungelbuch", in der die sagenumwobene Geschichte des Jungen Mogli erzählt wird, der von Wölfen aufgezogen wird und als gleichberechtigter Junge das Leben im Dschungel im Einklang mit der Natur lebt? Er beherrscht ihre Sprache und ist für seine tierischen Gefährten wie ein Bruder, einer von ihnen. Sie wachsen mit ihm auf, spielen miteinander, gehen gemeinsam auf die Jagd nach Beute und verteidigen sich.

Diese Geschichte geht zurück auf die wenigen Fälle von „Wolfskindern", die bekannt sind, also von Kindern, die von Tieren aufgezogen wurden bzw. ohne den Kontakt mit anderen Menschen aufwuchsen und stellt damit eine Kernfrage der Anthropologie.

Wer oder was ist der Mensch?

Seit Jahrhunderten wird über Kinder berichtet, die von ihren Mitmenschen getrennt wurden. Schon immer haben wir Menschen uns für diese seltsamen und zugleich tragischen Geschichten dieser wilden Kinder interessiert.

■ Wilde Kinder

Psychologen bestreiten normalerweise die Möglichkeit, dass Kinder bei Tieren aufwachsen und überleben können. Bei diesen Kindern der Wildnis treten typische Symptome auf, die wir mitunter auch von autistischen Kindern kennen, weshalb Psychologen oftmals diese Erklärung für wahrscheinlicher halten.

Übereinstimmende Merkmale zwischen Autismus und Kindern der Wildnis sind z. B. unbewusst zu urinieren und den Darm zu entleeren, die Unfähigkeit zu sprechen oder nur unverständliche Laute von sich zu geben oder nur ungekochte Nahrung aufzunehmen oder der Wunsch, nackt herumzulaufen. Solche Kinder halten sich entweder sehr zurück, oder reagieren sehr aggressiv auf selbst ihnen nahe stehenden Menschen. Für sie sind wir die Fremden, die eigenartigen Geschöpfe, welche versuchen dem Kind etwas beizubringen, was es bisher nicht konnte. Wie Versuchskaninchen werden die meisten aufgefundenen Kinder behandelt. Natürlich gibt es auch positive Erfolge, wo fürsorglich mit solchen Kindern gearbeitet wurde.

Im Jahr 1920 tötete man in Midnapore/Indien eine aggressive Wölfin, die ihren Bau mit ihrem Leben verteidigte. Im Bau fand man vier Wesen, die sich eng zusammendrängten. Es waren zwei Jungen der Wölfin und zwei Menschenkinder. Alle vier leisteten großen Widerstand, als man versuchte sie zu trennen, wobei die Wolfskinder noch viel wilder gebärdeten als die kleinen Wölfe. Man konnte sie nur trennen, indem man Tücher über sie legte. Die jungen Wölfe wurden verkauft und die beiden Mädchen kamen in das Waisenhaus nach Midnapore. Das jüngere Mädchen war etwa 18 Monate, das andere ungefähr 8 Jahre alt. Man befürchtete von Anfang an, dass es kaum für die beiden eine Chance gab, ein menschliches Leben zu führen.

Die Wolfskinder wärmen sich gegenseitig.[1]

Nichts sollte unversucht bleiben, um die beiden Kinder in die Gesellschaft der Menschen zurückzuführen. Das ältere Mädchen bekam den Namen Kamala, das jüngere nannten sie Amala. Beide Kinder schienen in fast jeder Hinsicht wild, sie krochen auf allen Vieren, knurrten Menschen an und fürchteten besonders das Tageslicht. Nachts heulten sie jämmerlich den Mond an, der Verlust der Wolfsmutter und die Trennung von den beiden Wolfsjungen war wahrscheinlich zu viel für die zwei Mädchen. Sie hatten Angst und fühlten sich in ihrem „Gefängnis" sichtlich nicht wohl. Wie fast alle wilden Kinder aßen sie besonders gerne rohes Fleisch, sie durchwühlten Abfälle auf der Suche nach etwas Essbarem, tranken aus Pfützen. Ein Jahr, nachdem sie ins Waisenhaus eingeliefert wurden, erkrankten beide Kinder schwer. Trotzt aller Versuche des ortsansässigen Arztes verstarb die Jüngere der beiden an einem Nierenleiden. Obwohl keines der Mädchen bis dahin irgendwelche Gefühle gezeigt hatte, weinte Kamala beim Tod von Amala. Trotzt der Tränen blieb ihr Gesicht ausdruckslos. Der Tod von ihrer Gefährtin Amala löste eine große Veränderung in Kamala aus. Anfangs aß sie noch auf allen Vieren, später nahm sie Nahrung von der Erzieherin an. Sie fürchtete sich nun nicht mehr vor dem Tageslicht, zog Kleider an und lernte mit der Zeit sogar einige Worte auszusprechen. Mit viel Mühe gelang es ihr, nach drei Jahren aufrecht zu gehen. Kamala verstarb mit 17 Jahren an dem gleichen Nierenleiden wie Amala. In der kurzen Zeit ihres Lebens erlernte Kamala etwa 30 bis 50 Wörter, und war zuletzt auf der Entwicklungsstufe einer schwer geistig Behinderten.[1]

Neben diesem Beispiel gibt es zahlreiche weitere Berichte. Zwei davon wollen wir hier kurz nennen. Der Arzt J. ITARD dokumentierte das Leben des „Wolfsjungen" *Victor von Aveyron*, der etwa elfjährig in einem südfranzösischen Waldstück entdeckt wurde und dessen Lebensgeschichte Francois Truffaut anschaulich als der „Wilde von Aveyron" verfilmte.

Sehr bekannt ist auch der Fall von *Kaspar Hauser*, der im Jahre 1828 etwa sechzehnjährig in Nürnberg auftauchte, und dessen Geschichte Werner Herzog in dem gleichnamigen Film verarbeitete.

---

[1] nach Blumenthal, P. J., 2002

J. Itard kam bereits um 1800 zur Schlussfolgerung: „Der Mensch, ohne Körperkräfte und ohne eingeborene Ideen auf diesen Erdball geworfen, und außerstande, aus eigener Kraft den in ihm angelegten Gesetzen seiner Organisation zu gehorchen, die ihn dazu berufen, im System der Schöpfung den ersten Platz einzunehmen, kann nur im Schoße der Gesellschaft den hervorragenden Platz finden, der ihm von der Natur zugedacht ist, und wäre ohne die Zivilisation eines der schwächsten und unverständigsten Tiere."[2]

Der Erziehungswissenschaftler W. Loch bezeichnet den Menschen als „Homo educandus", weil er zur sinnvollen Entwicklung seiner Anlagen notwendig auf Erziehung angewiesen ist, wenn er

- im *Säuglingsalter* nicht sterben,
- im *Kindesalter* nicht verwildern,
- in der *Reifezeit* nicht verrohen,
- im *Jugendalter* nicht verwahrlosen,
- im *Erwachsenenalter* nicht verkümmern und
- im *Greisenalter* nicht den Glauben verlieren soll, dass sein Leben Sinn gehabt hat."[3]

Anregungen und Problemstellungen

1. Tragen Sie Informationen über Kaspar Hauser und/oder Victor von Aveyron zusammen und dokumentieren Sie in einer ansprechenden Präsentation deren Leben.
2. Schreiben Sie aus Ihrer Sicht erläuternde Texte zu den Stellungnahmen von J. Itard und W. Loch.
3. Auch in der Gegenwartsgesellschaft verwahrlosen Kinder in Familien. Sie zeigen, wenn man sie schließlich findet, ähnliche Symptome wie die Wolfskinder: sie kriechen zwar nicht auf allen Vieren, sind aber häufig körperlich ausgemergelt, geistig verkümmert und kaum sozialisiert. Welche Möglichkeiten hat die Gesellschaft, hier regulierend einzugreifen?

[2] Schmid, R., 1980
[3] Loch, W., 1979

Naturwissenschaftliche und sozialwissenschaftliche Erkenntnisse zur Erziehbarkeit des Menschen

Die *pädagogische Anthropologie* als wissenschaftliche Disziplin befasst sich mit der Erziehbarkeit und Lernfähigkeit des Menschen. Mit Erkenntnissen aus den Natur-, Geistes- und Sozialwissenschaften als den Humanwissenschaften wird versucht, die *Notwendigkeit von Erziehung* und Lernen zu begründen. *Erziehungsbedürftigkeit*, die umfassende *Erziehungsbereitschaft*, die *Erziehungsfähigkeit* eines Menschen lässt sich als Voraussetzung für eine humane Entwicklung begründen.

■ Naturwissenschaftliche Erkenntnisse

Die Naturwissenschaften betonen dabei insbesondere die Unterschiede zwischen Mensch und Tier:

- Der Mensch hat keine festgelegte Beziehung zu seiner Umwelt. Deshalb kann er sich seiner natürlichen Umwelt anpassen, sie verändern und kultivieren. Er ist weltoffen.
- Das Tier ist an seine Umwelt angepasst. Diese Anpassungsfähigkeit ist begrenzt.
- Der Mensch hat eine differenzierte Sprache.
- Das Tier hat keine Sprache mit Darstellungsfunktion.
- Der Mensch besitzt die Fähigkeit zum Denken und Lernen durch Einsicht.
- Das Tier ist überwiegend instinktgeleitet.
- Der Mensch ist extrem lernfähig.
- Das Tier ist begrenzt lernfähig.
- Der Mensch ist sich selbst bewusst und entwickelt einen Zeitbegriff.
- Das Tier besitzt kaum Bewusstsein seiner selbst und lebt gegenwärtig.

Der Mensch wird zu früh geboren

Aus biologischer Sicht zählt der Mensch zur Klasse der höheren Säugetiere. Säugetiere lassen sich nach dem Zustand ihrer Geburt in zwei Gruppen einteilen:

- **Nesthocker** sind niedere Säugetiere wie z. B. Vögel, Mäuse, Katzen etc. Sie kommen mit noch „verschlossenen" Sinnesorganen, fast bewegungsunfähig und mit relativ geringer Hirnentwicklung zur Welt. Erst durch die Brutpflege entwickeln sie sich so weit, dass sie ihren Eltern gleichen und ihnen zunächst „nachstaksen" können.

- **Nestflüchter** sind höhere Säugetiere wie z. B. Affen und Huftiere. Sie kommen nach langer Tragezeit mit funktionstüchtigen Sinnesorganen zur Welt, sind ihren Eltern äußerlich schon recht ähnlich und können sich artspezifisch, wenn auch noch etwas ungelenk, fortbewegen.

Der Zoologe A. PORTMANN bezeichnet den Menschen als *physiologische Frühgeburt*. Seine Sinnesorgane funktionieren bereits früh, die spezifisch menschlichen Verhaltensweisen (aufrechte Körperhaltung, Sprache, Denken) müssen noch gelernt werden. Der Mensch erreicht erst am Ende seines ersten Lebensjahres, dem *extrauterinen Frühjahr*, den Entwicklungsstand, den er im Vergleich zu einem „echten Säugetier" bei seiner Geburt hat. Demnach müsste die menschliche Schwangerschaft etwa 21 Monate dauern. Und dennoch sind Säuglinge, wie neuste Forschungsergebnisse zeigen, erstaunlich aktiv.

Der Mensch ist in seinen Instinkten reduziert

Für N. TINBERGEN ist der Mensch ein *instinktreduziertes Wesen*, weil seine Verhaltensmöglichkeiten nicht an Instinkte gebunden sind. Er verfügt lediglich über Instinktreste. Ein Tier hingegen ist in seiner Selbst- und Arterhaltung durch Instinkte festgelegt: z. B. bei der Nahrungsaufnahme, dem Sexualverhalten, dem Nestbau etc.

Der Mensch ist biologisch unspezialisiert

A. GEHLEN bezeichnet den Menschen als *biologisches Mängelwesen*. Im Vergleich zum Tier ist er organisch unspezialisiert und unfertig, besitzt keine natürlichen Waffen, Angriffs-, Schutz- und/oder Fluchtorgane. Ein Adler verfügt z. B. über einen hervorragenden Sehsinn, ein Hund über einen ausgeprägten Geruchsinn. Zwar können sie aufgrund ihrer Spezialisierung oft erstaunliche Leistung vollbringen, sind jedoch einseitig festgelegt. Der Bau der menschlichen Hand eignet sich beispielsweise nicht für spezielle Aufgaben. Ein Mensch kann gerade deshalb lernen, seine Hände vielseitig zu gebrauchen, sowohl grobmotorisch beim kräftigen Anpacken, als auch feinmotorisch im so genannten Pinzettengriff, und harmo-

nisch koordinieren. Seine Sinnesorgane (z. B. Sehsinn, Geruchsinn) sind relativ begrenzt leistungsfähig.

Der Prozess in dem Lernen geschieht ist die Erziehung! Unser Gehirn ist für das Lernen optimiert. Es lernt also nicht irgendwie und mehr schlecht als recht, sondern kann nichts besser und tut nichts lieber!

■ Geistes- und sozialwissenschaftliche Erkenntnisse

Der Philosoph I. KANT weist auf die Ratio (Vernunft), die nur dem Menschen zu Eigen ist, hin. Der Mensch ist ein geistiges Wesen, das mit Bewusstsein, Verstand, Erinnerungsvermögen, Begriffssprache, Urteils- und Reflexionsvermögen ausgestattet ist. Deshalb ist das Wesen des Menschen durch Vergleiche von Mensch und Tier nicht vollständig erklärt.

Geistes- und Sozialwissenschaftler ergänzen die naturwissenschaftliche Sichtweise wesentlich und betonen u. a:

- Der Mensch kann abstrakt denken und seine und fremde Gedanken in Sprache fassen sowie ihre Bedeutung erfassen und mitteilen,
- er kann eigene Gedanken formulieren, Gegenstände benennen sowie Sachverhalte darstellen,
- er kann Objekten einen Sinn verleihen, (sich) Werte und Ziele setzen sowie zweckbewusst und geplant handeln,
- er kann die Welt gestalten und umgestalten sowie Gegebenes in Frage stellen und ändern,
- er kann sich seine Zeit einteilen, über sie verfügen und die Gegenwart für sich sinnvoll gestalten,
- er ist nicht nur auf das "Hier und Jetzt" eingeschränkt, kann unterscheiden zwischen Gegenwart, Vergangenheit und Zukunft sowie sich vergangene und zukünftige Situationen vorstellen,
- er kann die Zukunft gedanklich vorwegnehmen und sie durch sein geplantes Handeln beeinflussen,
- er kann sich von sich selbst distanzieren und sich selbst zum Objekt der Betrachtung machen, sich reflektieren.

■ **Der Mensch ist ein Gehirnwesen**

Der Mensch nimmt innerhalb der Natur eine Sonderstellung ein. Dies zeigt sich an folgenden Merkmalen.

- aufrechte Körperhaltung
- Wortsprache
- Denkvermögen
- Fähigkeit, geplant zu handeln
- Umweltbeherrschung
- extreme Lernfähigkeit

Den Schlüssel zu allem sehen Sie in der nebenstehenden Abbildung.

Das Gehirn des Menschen wiegt etwa 1,4 Kilogramm und macht damit etwa 2 Prozent des Körpergewichts aus. Es verbraucht jedoch mehr als 20 Prozent der Energie des gesamten Körpers. Wenn wir z. B eine „Pizza mit kleinem Salat" essen, meldet das Gehirn davon ein Fünftel des Energiebedarfes an. Nicht unbescheiden, aber bedenken Sie: ungefähr 120 Milliarden Nervenzellen hungern nach Energiezufuhr.

Menschen sind dank ihres Gehirns unglaublich flexibel, bevölkern den ganzen Erdball und sind sogar erste Schritte auf dem Mond gegangen. Es stimmt schon: Tiger haben schärfere Zähne, Nashörner sind stärker, Geparden schneller, Eisbären vertragen Kälte besser, Wale können besser schwimmen und Adler besser fliegen. Im Gegensatz zu all diesen bedrohten Tieren jedoch, ist der Mensch dank seines leistungsfähigen Gehirns nicht auf eine Sache besonders spezialisiert, sondern kann sich auf die verschiedensten Umgebungen, Aufgaben und Probleme einstellen**.** *Er kann lernen, und zwar besser als alle anderen Lebewesen auf der Erde.* Und das Organ, mit dem das geschieht ist das Gehirn.

Ein großer Teil unserer Wirklichkeit ist also das Produkt unserer geistigen Fähigkeiten und wird auch *Kultur* genannt.
　　Die organische Unspezialisiertheit und Unfertigkeit, das Nicht-festgelegt-sein, die Instinktarmut und sein wachsendes Gehirn waren die Voraussetzungen des Menschen sich seit seiner Frühzeit zu entwickeln. Seine vielfältigen Antriebskräfte wurden über Lernvorgänge, Haltungen, Gesinnungen in „kulturelle" Bahnen gelenkt. *Der Mensch lebt überall auf der Erde in einer Kultur, er ist ein kulturelles*

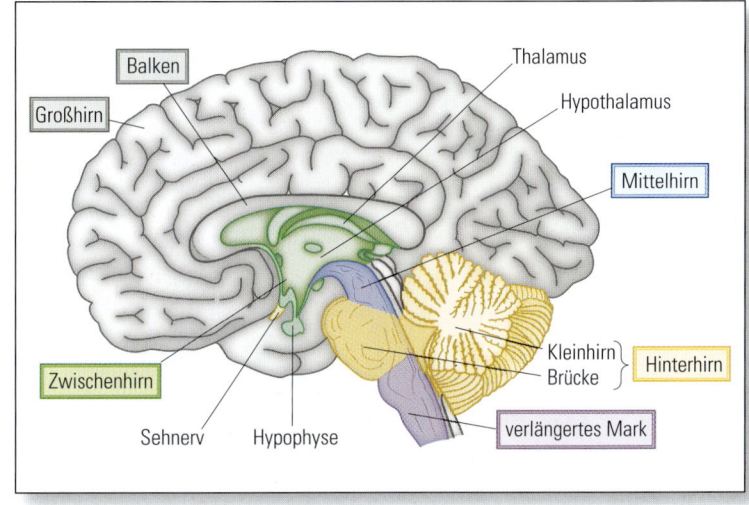

Wesen. Diese kulturelle Lebensweise kann sehr unterschiedlich aussehen, wie die Bilder aus verschiedenen Ländern zeigen.

Mit **Kultur** bezeichnen wir eine vom Menschen selbst geschaffene oder veränderte Umwelt. Dazu gehören die Sprache, die Art der Wohnverhältnisse, Kunst, Religion, Recht, Wissenschaft, Wert - und Normvorstellungen, Lebensstile und soziale Übereinkünfte.

Innerhalb großer und komplexer Gesellschaften haben verschiedene Gruppen ihre eigenen Subkulturen. So spricht man oft bei uns von so genannten jugendlichen Subkulturen,

mit typischen Umgangsformen, speziellem Musikgeschmack, besonderen Ritualen, einer oft typischen Sprache, auch Kleidung etc.

Eine Kultur zielt auf soziale Ordnung und schließt

- **Institutionen** (Regierung, Gesetze, das Militär, die Familie usw.)
- **Sitten Regeln, rituelle Gebräuche** (z. B. Geburtstag, Hochzeitstag, Fastnacht oder Karneval)
- **einen Moralkodex** (was „sich gehört und was nicht", siehe „Moralische Entwicklung", S. 319)
- **Sauberkeitsbegriffe** (Pflege des Körpers, Hygienemaßstäbe).
- **die Sprache als kulturellen Code** und zahlreiche andere Errungenschaften menschlicher Kreativität als Gesamtleistung ein.

Grundlegend ist jedoch die geistige Orientierung in der Welt, ein Bezugsrahmen, der mehr oder weniger bewusst gestaltet wird.

In Übereinstimmung mit der Kultur, in die ein Kind hineingeboren wird, lernt es eine besondere, umfassende Sichtweise von der Welt und dem menschlichen Schicksal, der materiellen Wirklichkeit und den menschlichen Beziehungen kennen.

Wie unterschiedlich die Kulturen sein können, machen die Bilder nur allzu deutlich. Weil aber unsere kulturell anerzogene Lebensanschauung so sehr ein Teil unserer selbst wird, entdecken viele Menschen niemals, dass sie einer besonderen Kultur angehören. So ist es leicht zu verstehen, dass andere Völker sonderbare Ansichten, seltsame Gepflogenheiten, abstruse Gebräuche und auch ungewöhnliche Kleider haben. Für uns aber sind es immer unsere eigenen Ansichten, Wahrnehmungen und Werturteile, die den Tatsachen entsprechen und richtig sind.

> **Anregungen und Aufgaben**
> 1. Arbeiten Sie die unterschiedlichen Positionen über die Sichtweise des Menschen in wenigen Sätzen heraus.
> 2. Begründen Sie die Erziehungsbedürftigkeit und die Erziehungsfähigkeit des Kindes

Unzulängliche Erziehung durch Deprivation

Unsere anthropologischen Ausführungen verdeutlichen, dass der Mensch für seine gesunde Entwicklung Mitmenschen und Erziehung benötigt. Die Beispiele der „verwilderten" Kinder zeigen eindrucksvoll, dass sich Kinder ohne menschliche Fürsorge nicht zu gesunden Menschen entwickeln können. Die „verwilderten" Kinder lebten ja auch nicht in menschlicher Gemeinschaft. Was aber geschieht, wenn Kinder mit anderen Menschen zwar zusammenleben, aber keine oder kaum liebevolle Zuwendung erfahren?

Der amerikanische Psychoanalytiker E. H. ERIKSON hält das Säuglingsalter für den Zeitraum, in dem das Kind die Welt entweder als eine gute und befriedigende Lebenssphäre oder aber als einen Ort des Schmerzes, des Elends, der Enttäuschung und der Unsicherheit kennen lernt. Er nennt diese gegensätzlichen Einstellungen Urvertrauen und Urmisstrauen.

■ Urvertrauen/Urmisstrauen

Das Urvertrauen oder Urmisstrauen besteht ursprünglich aus Gefühlen gegenüber Menschen, aus ihrer *Bindung* zu Bezugspersonen wie Mutter oder Vater oder anderen. Darüber hinaus aber bildet es die Grundlage für eine optimistische oder pessimistische Einstellung zur Welt. Das Baby hat körperliche Bedürfnisse nach Nahrung, Sauberkeit, Schlaf, Wärme usw. Ebenso wichtig sind aber seine seelischen Bedürfnisse nach Kontakt, Liebkosungen, Gespräch, Spiel und vielen anderen Ausdrucksformen von emotionaler Zuwendung. Die Befriedigung dieser Bedürfnisse ist es, die dem Baby und dem Kleinkind das Gefühl einer guten, zuverlässigen, angenehmen und letztlich beherrschbaren Welt vermitteln.

Urmisstrauen

Schon sehr früh haben R. Spitz und J. Bowbly u. a. die Wichtigkeit der frühen Beziehung zwischen Eltern und Kind untersucht. Sie haben dabei beobachtet, dass Säuglinge und Kleinkinder körperlich und seelisch leiden und zu verkümmern beginnen, wenn sie Zuwendung von Bezugspersonen entbehren. In Einrichtungen, wie Kinderheimen, Waisenhäusern, oder auch Krankenhäusern, in denen diese persönliche Zuwendung und Ansprache fehlte, haben die Forscher festgestellt, dass die Kinder Symptome einer *Deprivation* durch den Entzug von Reizen und vor allem der Mutter zeigten: Unheilbarer Kummer bis hin zur Abstumpfung, Verzögerung der Wahrnehmungsentwicklung, motorische Retardierung (Zurückbleiben) und Sprachverzögerung, erhöhte Anfälligkeit gegenüber Ansteckungskrankheiten, stereotypes Jaktationen (Hin- und Herschaukeln), gestörte Lernfähigkeit bis hin zur völligen Apathie. Auch die Sterblichkeit war erhöht. Diese leibseelische Störung, die in Säuglingsheimen und Krankenhäusern beobachtet wurde, wird auch als *Hospitalismus* bezeichnet.

Wenn nicht frühzeitig interveniert wird, zeigt die weitere Entwicklung hospitalisierter Kinder in der Regel große Störungen in der körperlichen und motorischen Entwicklung, in der Entwicklung der Sprache und des Denkens, sowie im Gefühlsleben und dem Sozialverhalten.

Illustration aus der Erstausgabe von „Oliver Twist" aus dem Jahre 1838

2. Pädagogische Grundhaltungen einnehmen

Die Herstellung einer positiven emotionalen Beziehung als Kernstück der pädagogischen Grundhaltung

Wichtige Anregungen für die pädagogische Grundhaltung und für die Formulierung erfolgreicher erzieherischer Prinzipien stammen aus dem Bereich der **humanistischen Psychologie**. Ein einflussreicher Vertreter dieser Richtung und außerdem Begründer der Gesprächspsychotherapie, ist CARL ROGERS.

Carl Rogers

Er formulierte ein positives Menschenbild und drei zentrale Variablen, die sich in der empirischen Überprüfung der Wirkungen von Gesprächstherapien als günstig erwiesen haben:

Akzeptanz/Wertschätzung

Empathie/Einfühlungsvermögen

Kongruenz/Echtheit

Dieses moderne Bild vom Menschen sieht Kinder und Jugendliche als Wesen die aus sich selbst heraus ein Bedürfnis zur Entfaltung ihrer Möglichkeiten haben. Sie sind fähig zu „persönlichem Wachstum", bedürfen dazu aber einer förderlichen Umgebung. Als förderlich haben sich insbesondere die in der therapeutischen Situation bewährten Verhaltensweisen *bedingungslose Akzeptanz (Wert-*

schätzung), Empathie („Einfühlung") und Kongruenz („Echtheit") erwiesen. Ihre Wirkung beschränkt sich nicht auf die Therapie, sondern sie sind auch Grundlage erfolgreichen Erzieherverhaltens.

Dieses Erzieherverhalten kann über Selbsterfahrung, Selbstreflexion, Einstellungsänderung und Wissens und Kompetenzerweiterung gelernt werden.

Früher war die Auffassung verbreitet, dass vor allem Strafe und Belohnung in all ihren Variationen bewirken, dass der Zögling die von uns wahrgenommenen Fehler ausbügelt. Das ist das so genannte Defizitmodell. Er sollte sich also in der Regel so verhalten wie wir es für richtig empfanden. Dieses Bild vom Kind erscheint uns heute aus psychologischer Sicht überholt. Neuere Erkenntnisse der Kleinkindforschung deuten daraufhin, dass schon Säuglinge über eine Vielzahl von Fähigkeiten verfügen. Das also die Persönlichkeitsentwicklung bereits von Anfang an vom Kinde kompetent mitgestaltet wird. Die alte Befehlserziehung, die am **Defizitmodell** orientiert ist, hat sich überlebt, weil sie das Ziel der optimalen Förderung des Einzelnen verfehlt.

In der Humanistischen Psychologie bzw. der sich daraus ableitenden Pädagogik spricht man deshalb auch nicht mehr von „Erziehung". CARL ROGERS sprach von „behutsamer Begleitung". Dies macht auch sprachlich deutlich, man „zieht" Kinder nicht in eine bestimmte Richtung, sondern beteiligt sich als kompetenter Partner in einem wechselseitigen Prozess des Werdens: Der erwachsene „Coach" formt das Kind nicht nach seinem Bilde, sondern unterstützt das Kind darin, seinen eigenen Weg zu finden, seine Kompetenzen zu entfalten und sein unverwechselbares, individuelles Ich zu entwickeln.

Und so rückt in den letzten Jahren wieder die verstärkte Beachtung personaler Faktoren und der Rolle der Begegnung zwischen Erzieher und Erziehendem in den Mittelpunkt des Interesses. Inzwischen herrscht Übereinstimmung, dass Erziehung nicht als eine Technik begriffen werden kann, in dem die Erziehenden zum Objekt der Erziehungsbemühungen gemacht werden. Vielmehr geht es um die Anerkennung der Subjektivität der Beteiligten. In diesem Sinne spricht der Begründer der Gesprächstherapie, Carl Rogers, in seinem Erziehungsbuch 'Lernen in Freiheit' (1972/1984) auch vom Erzieher als Begleiter. Ein „Begleiter" ist ein behutsamer, einfühlsamer, akzeptierender Beobachter und Unterstützer, ein Begleiter des Entwicklungsprozesses des Kindes. Er weiß nicht schon im Voraus alle Antworten, die er mit seinen Techniken zu erreichen sucht, sondern er versucht im Dialog mit dem Kind herauszufinden, welcher Weg geeignet ist. Er unterstützt das Kind darin, auszudrücken, was es selbst will.

Der Erzieher wird hier zum behutsamen Begleiter der Persönlichkeitsentwicklung, der dem Kind dazu verhilft sich selbst zu entdecken und seinen eigenen Weg zu finden.

Wertschätzung/Akzeptanz

Wertschätzung

Wertschätzung ist eine positive gefühlsmäßige Grundhaltung des Erziehers gegenüber dem Kind, die sich mit Achtung, Wärme und Rücksichtnahme umschreiben lässt.

Die meisten Probleme in der Erziehung, im Umgang mit Partnern und auch in der Führung von Menschen ergeben sich aus der Missachtung des Prinzips der Wertschätzung/Akzeptanz. Wir haben oft festgefügte Vorstellungen davon, wie jemand zu sein habe und was er tun solle. Bedingungslose Akzeptanz aber heißt, dass ich mein Gegenüber als Mensch in seinem Sosein wertschätze und ihn nicht bewerte oder verurteile.

Es fällt uns in der Regel schwer, eigenständiges Handeln, das unseren Vorstellungen zuwiderläuft, zu akzeptieren. Dabei lassen wir uns selbst nur ungern etwas vorschreiben, oder?

Bedingungslos akzeptiert zu werden ist ein menschliches Grundbedürfnis.

Stellen Sie sich bitte vor:
Im Kindergarten sagt ein fünfjähriges Kind zu Ihnen als Erzieherin, dass es keine Lust mehr

habe in der musikalischen Früherziehung weiter mitzumachen. Wie würden Sie reagieren?

a) „Das ging mir früher auch so, aber da muss man durch."
b) „Was macht die Erzieherin falsch?"
c) „Wenn es Dir keinen Spaß macht, dann kannst Du aufhören."
d) „Du möchtest mit dem Unterricht aufhören."

Je nachdem zu welcher Reaktion Sie neigen, werden Sie unterschiedliches in Ihrem Kind bewirken.

Mit Äußerung a) nehme ich die Erfahrungen meines Kindes nicht ernst, verstoße gegen das Prinzip der Freiwilligkeit und der Eigenverantwortlichkeit. Unter Einsatz von Zwang wird mein Kind zwar weiter am Unterricht teilnehmen, aber die Resultate werden aller Voraussicht nach mäßig sein, da es nicht aus innerem Antrieb, sondern aufgrund von Fremdbestimmung teilnimmt. Ich gehe mit dieser Äußerung nicht auf die Sachebene ein und signalisiere auf der Beziehungsebene, dass ich das Sagen habe.

Mit Äußerung b) leite ich eine Schuldzuweisung ein, ohne die Bedürfnislage des Kindes zu erforschen.

Mit Äußerung c) akzeptiere ich mein Kind und signalisiere ihm gemäß der Prinzipien von Freiwilligkeit und Verantwortlichkeit auf der Beziehungsebene, dass ich es akzeptiere und dass es selbst eine Entscheidung treffen kann.

Mit Äußerung d) beschränke ich mich darauf, herauszufinden, was das Kind wirklich will.

Durch die Verbalisierung des emotionalen Erlebnisinhalts seiner Äußerung, signalisiere ich nicht wertendes Verstehen. Das Prinzip der Akzeptanz ist hier verbunden mit dem Prinzip des „Einfühlenden Verstehens", das im nächsten Abschnitt erläutert wird.

Wer die Äußerungen c) und d) wählt, erhöht die Chance, dass sich das Gegenüber nicht nur verstanden fühlt, sondern auch ermutigt wird, seine Bedürfnisse zu klären und Verantwortung für sein Verhalten zu übernehmen.

> Bedingungslose **Akzeptanz** trägt zum Aufbau eines positiven Selbstbildes bei, indem man die Erfahrung macht, dass man in seiner Einzigartigkeit eine wertvolle Person ist.

Erziehung ist nur dann erfolgreich, wenn Kinder die beruhigende Erfahrung machen können, dass sie so wie sie sind in Ordnung sind, also um ihrer selbst willen geschätzt werden. Das zu verwirklichen setzt aber voraus, dass wir uns selbst erkennen und akzeptieren können.

Wir als Erzieher müssen uns also auch von zu engen Vorgaben freimachen, und uns für die Vielfalt kindlicher Persönlichkeiten öffnen. Akzeptanz erfordert auch im Sinne Maria Montessoris, anregende Räume zu schaffen, die Kinder dazu anregen, ihre Selbstentwicklungskräfte zu entdecken und zu erproben.

■ Aktives Zuhören als Ausdruck der Wertschätzung

Die Fähigkeit zu einfühlendem Verstehen und zum Aufbau hilfreicher Beziehungen lässt sich auch durch eine Reihe anderer Hilfsmittel noch verbessern. Thomas Gordon hat darüber einige gute Bücher geschrieben.

Eines der wichtigsten Instrumente ist das „aktive Zuhören".

Im aktiven Zuhören geht es darum, den inneren Zustand unseres Gesprächspartners, seine Gefühle, Empfindungen und Gedanken möglichst umfassend zu verstehen und ihm auszudrücken. So finden die Gesprächspartner selber die Lösung für ihre Probleme. So eröffnen wir uns mehr Möglichkeiten unsere Kinder zu verstehen. Gleichzeitig verbessert sich bei den Kindern die Entwicklung des Selbstgefühls, und wir schaffen ein positives und entspanntes Erziehungsklima.

Aktives Zuhören als Ausdruck des Einfühlungsvermögens in die Welt des Kindes ist also eine Methode um Kindern dazu zu verhelfen, selbst Lösungen für ihre eigenen Probleme zu finden. Die meisten Eltern sind jedoch versucht, wie im folgenden Fall die Probleme den Kindern abzunehmen:

Jan:	„Thomas will nicht mit mir spielen. Er will nie, was ich will."
Mutter:	„Na, warum sagst du nicht, du willst tun, was er will? Du musst lernen, dich mit deinen kleinen Freunden zu vertragen."
Jan:	„Ich will nicht das tun, was er will, und außerdem will ich mich mit dem blöden Kerl nicht vertragen."
Mutter:	„Nun, dann geh und such dir jemand anderen zum Spielen, wenn du ein Spielverderber sein willst."
Jan:	„Er ist der Spielverderber, nicht ich. Und es ist niemand anders zum Spielen da."
Mutter:	„Du bist nur schlechter Laune, weil du müde bist. Morgen wirst du anders darüber denken."
Jan:	„Ich bin nicht müde, und morgen werde ich nicht anders darüber denken. Du begreifst einfach nicht, wie sehr ich diesen kleinen Angeber hasse."
Mutter:	„Nun hör aber auf, so zu reden! Wenn ich dich jemals wieder so über einen deiner Freunde sprechen höre, wird's dir Leid tun."
Jan (entfernt sich verdrießlich):	„Ich hasse diese Gegend. Ich wünschte, wir würden fortziehen."

> **Aufgaben**
> Versuchen Sie das Gespräch zwischen Thomas und seiner Mutter zu analysieren. Warum verläuft es so?
>
> Dann formulieren Sie es neu im Rollenspiel, indem Sie versuchen, einfühlsam aktives Zuhören zu praktizieren.

Eine Lösung im Sinne des „aktiven Zuhörens" finden Sie im folgenden Kapitel Kommunikation und Gesprächsführung, S. 83.

■ Akzeptieren und Grenzen setzen

Bedingungslose Akzeptanz heißt, dass ich mein Gegenüber als Mensch in seinem Sosein wertschätze und ihn nicht bewerte oder verurteile. Es geht darum, den anderen zu respektieren. Akzeptanz heißt aber nicht, dass ich jede seiner Bestrebungen billige. Es wäre ein Missverständnis, das Prinzip der Akzeptanz als Aufforderung zu einer Laissez-faire-Erziehung, also einer keinerlei Grenzen ziehenden Erziehung zu verstehen. Ganz im Gegenteil schafft die bedingungslose Akzeptanz der Person des Kindes erst die Vorraussetzung für eine wirksame und vernünftig begründete Erziehung. Wenn ich, um ein Beispiel zu geben, das Rülpsen unseres kleinen Max aus dem Lernfeld „Persönlichkeit fördern" ablehne, so kann ich ihn doch trotzdem als Person schätzen. Ich kann ihm freundlich, aber bestimmt signalisieren, dass ich das Rülpsen missbillige und ich kann auch zu angemessenen Sanktionen greifen, ohne etwas an meiner grundlegenden Akzeptanz seiner Person zu ändern. *Diese Unterscheidung ist schwierig und wichtig zugleich*: Grenzen setzen kann gerade ein Zeichen von Achtung der Person sein, während die Haltung des Alles-Durchgehen-Lassens oft Ausdruck einer Missachtung unserer eigenen Bedürfnisse und damit auch der des Kindes ist.

Das Prinzip der Akzeptanz erfordert also in diesem Fall, die schwierige Herausforderung, Max deutlich zu machen, dass er als Person geschätzt ist, auch wenn ich sein konkretes Verhalten in der Situation missbillige. Die Konfrontation mit meiner Missbilligung seines Verhaltens kann ein wichtiges erzieherisches Moment in der Begegnung sein: Max erfährt, dass er als Person respektiert wird. Dieser Respekt macht es aber auch notwendig, dass ich seine Handlungen ernst nehme und ihn mit Wirkungen und Konsequenzen konfrontiere. Als Erzieher kann ich ihm die Verantwortung für die Wirkungen seines Verhaltens nicht abnehmen. Akzeptanz gegenüber dem Kind ist an die Bedingung gebunden, dass auch das Kind Akzeptanz gegenüber dem Erzieher erlernt. Indem ich das Kind als Person bedingungslos akzeptiere, wird es ermutigt, selbst herauszufinden, welches Verhalten sowohl für es wie für seine Mitwelt tragbar ist. In diesem Sinne konfrontiert Akzeptanz des Erziehers das Kind mit seiner subjektiven Wirklichkeit. Indem der Erzieher mich durch seine akzeptierende Haltung ernst nimmt, erhalte ich auch Aufschluss über mich selbst. Ich lerne es, mich so wie ich bin wahr- und anzunehmen. Das Prinzip der Akzeptanz hat somit eine doppelte Wirkung: Einerseits erlaubt es dem Erzieher mehr von der Wirklichkeit des Kindes zu sehen, andererseits sieht das Kind mehr von sich selbst. Zwischen beiden entsteht eine echte Begegnung.

HEDI FRIEDRICH gibt in ihrem Buch „Beziehungen zu Kindern gestalten"[1] ein Beispiel für gemeinsames Lernen mit klar begründeten Erklärungen und begleitenden Anweisungen in wertschätzender Atmosphäre:

Die Erzieherin setzt sich mit einem Bilderbuch in die Leseecke, um den Kindern vorzulesen und um mit ihnen über die Bilder zu sprechen, eine Situation, die sie sehr schätzt und für wichtig hält. Während einige Kinder mitmachen, läuft Joscha umher, schaut kurz auf die Bilder, sagt etwas und geht wieder ohne eine Antwort oder eine Reaktion abzuwarten. So verhält er sich stets in dieser Situation. Er kennt sie nicht. Sie ist ihm fremd. Bisher hat er keine Erfahrung mit Erwachsenen, die sich setzen und mit ihm Bilder anschauen, die Interesse an seiner Meinung zeigen und ihm geduldig zuhören, sodass sich ein Gespräch entwickeln kann. Ihn zu bestrafen z. B. („Du darfst nicht mehr mitlesen.") oder sich als Erzieherin zu ärgern, wäre hier völlig fehl am Platz. Wenn die Erzieherin und die anderen Kinder mit Joscha zusammen lesen und reden wollen, müssen sie ihm dies vermitteln.

Erz.: „Komm, Joscha, beim Lesen und Bilder betrachten setzen wir uns zusammen und bleiben sitzen, damit du alles siehst und hörst, setz dich mal zu uns, Heike will dir was sagen … sie hat noch etwas auf dem Bild entdeckt…"

oder einige Zeit später:

Erz.: „Bilder anschauen ist zusammensitzen, reden und zuhören, das ist anders als spielen."

Das Psychologen-Ehepaar A. und R. TAUSCH die Pioniere auf dem Forschungsgebiet der Erziehungspsychologie und der Erziehungsstile fassen die Verhaltensmerkmale der Wertschätzung wie folgt zusammen:

> **Achtung – Wärme – Rücksichtnahme**
> - Am anderen interessiert teilnehmen.
> - Ihm Beachtung schenken.
> - Ihn anerkennen.
> - Ihn willkommen heißen und wohlwollend behandeln.
> - Ihm zugeneigt sein.

[1] Friedrich, H., 2003

- Mit ihm freundlich und herzlich umgehen.
- Ihn rücksichtsvoll, zärtlich, liebevoll behandeln.
- Ihn ermutigen.
- Ihm Vertrauen schenken.
- Sich ihm öffnen und nahe sein.
- Zu ihm halten, ihm beistehen, ihn beschützen, ihn umsorgen, ihm helfen, ihn trösten.

Aufgabe Reflexion

Wie steht es um Ihre Selbst-Akzeptanz?

Was schätzen Sie an sich?

Was mögen Sie an sich weniger?

Was lehnen Sie an sich ab?

Was schätzen Sie an Kindern?

Was finden Sie an Kindern weniger gut?

Was lehnen Sie an Kindern ab?

Sehen Sie einen Zusammenhang zwischen eigener Einschätzung und der Bewertungen der Kinder?

Woher, glauben Sie, kommen diese Bewertungen?

Wie können Sie „Ihren Kindern" bedingungslose Wertschätzung vermitteln?

Empathie/ Einfühlungsvermögen

Mit Wertschätzung eng verbunden ist das Sich Einfühlen in die innere Welt des Anderen.

Auf die wesentliche Bedeutung des einfühlenden Verstehens für die persönliche Förderung hat C. ROGERS schon früh hingewiesen. In der Behandlung seelischer Störungen ist das einfühlende Verstehen, also die Empathie, die zweite wirksame Größe neben der Wertschätzung. Beide Merkmale hängen eng miteinander zusammen.

Empathie

Empathie bedeutet das sich Einfühlen in eine andere Person, die Wahrnehmung und das Verstehen der subjektiven Welt des Gegenübers.

Kinder brauchen einfühlendes Verständnis. Sie erinnern sich an die Erkenntnisse der Babyforschung, die die Bedeutung des Einfühlungsvermögens der Mutter in den Säugling, die Entstehung des Urvertrauens untersucht hat. Im intimen Moment der Mutter-Kind Beziehung, indem sich das Baby verstanden fühlt, wird ein Grundbedürfnis befriedigt, dem schon zu Beginn des Lebens eine besondere Bedeutung zukommt. Eine sichere Bindung entsteht durch die früheste Erfahrung des Kindes, dass seine Gefühle richtig verstanden werden, besonders sein Schreien. Die Bindungsforschung hat belegt: Je besser eine Mutter sich in ihr Kind einfühlen kann, seine Signale versteht, mit denen es seine Gefühle mitteilt, desto eher lernt das Kind ihr zu vertrauen. Somit lernt es auch sich selbst zu vertrauen. Dieser Prozess setzt sich im Kindergarten fort.

Im Kindergartenalltag ereignen sich häufig Situationen, in denen Kinder Gelegenheit haben, mitzufühlen.

Ein Beispiel aus H. FRIEDRICH: „Beziehungen zu Kindern gestalten":

„Esra ist von der Schaukel gestürzt, hat sich verletzt und weint. William geht zu ihr, streichelt sie und sitzt neben ihr.

Erz.: „Das tut Esra gut, wenn du sie streichelst!"

Dennis rennt wie häufig umher und stösst den zwei Jahre jüngeren Emil um. Dieser liegt am Boden und weint. Dennis bleibt stehen und lacht. Die Erzieherin geht zu Emil hin und streichelt ihn am Rücken.

Erz.: „Hast du dir wehgetan?"

Emil schluchzt und schüttelt den Kopf.

Erz.: „Dennis komm mal, Emil liegt hier und weint. Bleibe einen Moment hier sitzen, vielleicht braucht er deine Hilfe noch."

Dennis schaut ratlos: „Mir doch egal!"

Erz.: „Wenn du weinst, brauchst du auch jemand, der dich tröstet. Jetzt braucht Emil dich zum Trösten." Dennis kommt und streichelt Emil zaghaft am Bein.

Erz.: „Das tut ihm gut, wenn du das machst…"

Die Erzieherin ermuntert Dennis zu mitfühlendem Verhalten ohne Vorhaltungen oder Strafe. Sie gibt ihm Begleitung, sie hilft ihm neues Verhalten auszuprobieren. Möglicherweise kann Dennis das nächste Mal schon aus eigenem Antrieb heraus Verstehen zeigen.

Nicht immer sind die Signale so deutlich, wie in dem Falle, indem jemand weint.

Schauen wir uns ein anderes Beispiel an:

Paul kommt von der Schule nach Hause zu seiner Mutter und wirkt irgendwie belastet, er druckst herum.

Da sagt die Mutter:

„Du willst mir etwas sagen, aber es fällt dir schwer damit rauszurücken."

Paul fühlt sich verstanden und sagt daraufhin: „Ja, schon, aber ich weiß nicht ob ich es sagen kann."

Mutter: „Du hast Angst vor meiner Reaktion. Es ist etwas Unangenehmes."

„Ja", sagt Paul. „Ich glaube, ich bleibe sitzen."

Mutter: „Die Angelegenheit belastet dich und du hast Angst, dass ich dir Ärger mache.[1]

An diesem Beispiel zeigt sich wie die Mutter die nonverbalen Signale ihres Kindes wahrnimmt und anspricht, ihn und seine Sorgen, seine Empfindungen ernstnimmt.

Das nicht wertende, einfühlende Verstehen ermutig Paul dazu sein Problem offen anzusprechen. Die Mutter verurteilt ihn nicht, sondern versucht ihn zu verstehen. Er fühlt sich angenommen und unterstützt.

Wir können an diesem Beispiel erkennen, dass Menschen selten ihre Gefühle gleich in Worte fassen können. Meistens drücken sie sie auf andere Weise aus. Um die Gefühle eines anderen Menschen zu erfassen, muss man also nonverbale Zeichen zu deuten wissen:

• Den Klang der Stimme,
• eine Geste,
• den Gesichtsausdruck,
• die Körpersprache.

Menschen können im Gesichtsausdruck anderer Menschen Gefühle lesen. Wenn es auch nicht immer einfach ist, gerade wenn die Betreffenden ihre Empfindungen zu verheimlichen suchen, oder wenn die Gefühle nur schwach ausgeprägt sind. Dazu möchte ich eine Übung von HERBERT GUDJONS: „Spielbuch Interaktions-Erziehung"[2] vorschlagen und anschließend wollen wir Ihre Fähigkeit zum Erkennen bestimmter Gefühle einem kleinen Test unterziehen.

---

[1] Friedrich, H., 2003

[2] Gudjons, H., 1995

Können Sie in der Mimik anderer Menschen Gefühle lesen?

Betrachten Sie jedes der obigen Gesichter einzeln und ordnen Sie ihm eine Emotion wie Ärger, Angst, Trauer, Abscheu, Überraschung, Freude, usw. zu. Viel Erfolg.

Auflösung Mienenspiel

1 **Leichte Traurigkeit** – das entscheidende Indiz sind die hängenden oberen Augenlider.

2 **Abscheu** – typisch ist die leichte Anspannung der Muskeln, mit denen die Nase gerümpft und die Augen verengt werden.

3 **Wieder leichte Traurigkeit** – diesmal ist sie an den herabgezogenen Mundwinkeln zu erkennen. In Bild 1 waren die Lippen entspannt. Traurigkeit kann somit durch die Lippen, die Augenlider oder beides ausgedrückt werden.

4 **Heiterkeit** – die Mundwinkel weisen nach oben.

5 **Entschlossenheit oder Verärgerung** – die etwas zusammengepressten, schmalen Lippen können auch ein erstes Anzeichen für aufkeimenden Zorn sein. Der Betrachter erkennt ihn manchmal schon, bevor er der betreffenden Person bewusst ist.

6 **Leichte Furcht** – die gestreckten Lippen sind ein typischer Anhaltspunkt. Der Gesichtsausdruck wird oft fälschlich als Zeichen von Abscheu interpretiert.

7 **Überraschung oder Aufmerksamkeit** – die Unterscheidung fällt schwer, wenn wie in diesem Fall nur die oberen Augenlider angehoben sind.

8 **Niedergeschlagenheit** – die Mimik ist typisch für eine Situation, in der ein Hindernis den eigenen Absichten im Wege steht.

9 **Aufkommender Ärger** – wenn die unteren Augenlider der einzige Hinweis sind, braucht man zusätzliche Informationen, um die Gefühle der Person zu deuten.

10 **Sorge, Ängstlichkeit** – die Stellung der Augenbrauen ist ein unfehlbarer Hinweis auf diese Emotionen.

11 **Verärgerung** – der vorgeschobene Unterkiefer und die angespannten unteren Augenlider sprechen eine deutliche Sprache.

12 **Verachtung** – das signalisiert der hochgezogene Mundwinkel.

Wundern Sie sich nicht, wenn Sie mehrfach daneben lagen. Es ist wirklich nicht sehr einfach, weil sich auch in einigen Aufnahmen mehrere Gefühle mischen, oder nur andeutungsweise zutage treten.

Im normalen Alltag stehen uns zur Interpretation der Gefühle anderer Menschen ja auch noch weitere Informationsquellen zur Verfügung.

Konkrete Lernsituation – Pantomime der Gefühle

1. Ziel
Kontaktaufnehmen mit eigenen Gefühlen im Hier und Jetzt. Nonverbales Darstellen dieser Gefühle in der Gruppe. Sensibilisierung für nonverbalen Gefühlsausdruck.

2. Durchführung
Die Gesamtgruppe wird in Vierergruppen aufgeteilt. Die Teilnehmer schließen zur besseren Konzentration die Augen und werden sich bewusst, wie sie sich jetzt im Augenblick gerade fühlen. Nach einigen Minuten werden die Augen wieder geöffnet und einer der Teilnehmer beginnt, sein Gefühl ohne Worte durch eine bestimmte Sitz- oder Körperhaltung oder Bewegung auszudrücken. (Wenn sich z. B. einer unsicher fühlt, kann er auf dem Stuhl hin und her rutschen und die andern Teilnehmer ängstlich anschauen usw.). Die anderen Teilnehmer sollen sehr sensibel für diese Darstellung sein und durch Einfühlung herauszufinden suchen, was mitgeteilt werden soll. Jeder der anderen Teilnehmer soll kurz schildern, was er wahrnimmt und wie er es deutet und versteht. Abschließend erläutert der Teilnehmer, der sich dargestellt hat, was er ausdrücken wollte. In dieser Art schließen sich die übrigen Teilnehmer an.

Zeit: ca. 10 Minuten. Gruppengröße bei Unterteilung in Vierergruppen beliebig.

3. Auswertungshilfen
Ein kurzes anschließendes Gespräch in den Vierergruppen kann folgende Fragen aufnehmen:
- Wie weit gelang es mir, Kontakt zu meinen eigenen Gefühlen aufzunehmen?
- Wie weit war ich ehrlich?
- Fühlte ich mich von den anderen verstanden?
- Wie weit gelang mir die Einfühlung in das, was die andern ausdrücken wollten?
- Welche Gefühle drücke ich in der Regel offen aus, welche suche ich für mich zu behalten?

4. Materialien
Keine

5. Hinweise
Auch als Paarübung möglich.[2]

---

[2] Gudjons, H., 1995

Exkurs: Grundemotionen des Menschen

Eine dazu hilfreiche Übung:

Sechs bis acht Schüler und Schülerinnen suchen sich je eine Grundemotion aus und stellen sie ohne Worte einzeln vor der Klasse dar. Die anderen Mitschüler versuchen die nonverbal dargestellte Emotion zu erraten. Anschließend wird das Darstellen und Erkennen ausgewertet.

- Freude
- Trauer
- Liebe
- Ekel
- Erschrecken
- Zorn
- Hass
- Genuss
- Scham

Das Erkennen der Gefühle in dieser Übung dürfte leichter fallen, weil wir mehr Informationen erhalten, und weil diese Grundemotionen auch einen biologischen Ursprung haben. Deshalb werden sie auch in verschiedenen Kulturen nahezu auf die gleiche Art und Weise zum Ausdruck gebracht.

PAUL EKMAN, ein Experte auf dem Gebiet der Emotionen und der Körpersprache ist der Auffassung, dass man durch Übung das „Gesichter lesen" und „Körper lesen" verbessern kann. Durch „aktives Zusehen" kann der aufmerksame Erzieher Muskelverspannungen, Verkrampfungen, aber auch Entspanntheit wahrnehmen. Voraussetzung dieses „einfühlenden Sehens" ist aber auch hier, dass wir nicht interpretieren und bewerten, sondern neutral unsere Wahrnehmung dem Kind oder Partner mitteilen, der dann selber entscheiden muss, was sie bedeuten. Im Alltag praktizieren wir in der Regel schon immer mehr oder weniger bewusst dieses Körpersignale lesen, indem wir Rückschlüsse auf die Befindlichkeit unseres Gegenübers ziehen. Selten aber machen wir uns dies bewusst. Wir sollten es bewusster tun, um mehr über die persönliche Wirklichkeit unserer Kinder zu erfahren.

Das einfühlende Verstehen – die Empathie – lässt sich im Sinne des Ehepaars TAUSCH & TAUSCH[3] auch als Merkmalsbündel darstellen:

Einfühlendes Verstehen	
Kein einfühlendes Verstehen	**Vollständiges einfühlendes Verstehen**
• eine Person geht auf die Äußerungen des anderen nicht ein	• eine Person erfasst vollständig die vom anderen geäußerten gefühlsmäßigen Erlebnisinhalte und gefühlten Bedeutungen
• sie geht auf die vom anderen ausgedrückten oder hinter seinem Verhalten stehenden gefühlsmäßigen Erlebnisinhalte nicht ein	• sie wird gewahr, was die Äußerungen oder das Verhalten für das Selbst des anderen bedeuten
• sie versteht den anderen deutlich anders, als dieser sich selbst sieht	• sie versteht den anderen so, wie dieser sich im Augenblick selbst sieht
• sie geht von einem vorgefassten Bezugspunkt aus, der den des anderen völlig ausschließt	• sie teilt dem anderen das mit, was sie von seiner inneren Welt verstanden hat
• sie zeigt nicht einmal, dass ihr die vom anderen offen ausgedrückten Oberflächengefühle bewusst sind	• sie hilft dem anderen, die von ihm gefühlte Bedeutung dessen zu sehen, was er geäußert hat
• sie ist entfernt von dem, was der andere fühlt, denkt oder sagt	• sie ist dem anderen in dem nahe, was dieser fühlt, denkt und sagt
• sie bemüht sich nicht, die Welt mit den Augen des anderen zu sehen	• sie zeigt in Ihren Äußerungen und Verhalten das Ausmaß an, inwieweit sie die Welt des anderen mit seinen Augen sieht
• sie befasst sich nicht mit den vom anderen geäußerten gefühlsmäßigen Erlebnissen oder schmälert diese, indem sie bedeutsam geringere gefühlsmäßige Erlebnisinhalte des anderen anspricht	• sie drückt die vom anderen gefühlten Inhalte und Bedeutungen in tiefgreifenderer Weise aus als dieser es selbst konnte
• ihre Handlungen und Maßnahmen sind nicht der inneren Welt des anderen angemessen, sie gehen an dem Fühlen und den inneren Bedürfnissen des anderen vorbei	• ihre Handlungen und Maßnahmen sind dem persönlichen Erleben des anderen angemessen

Kein Verstehen | 1 | 2 | 3 | 4 | 5 | Vollständiges Verstehen

[3] Tausch, A-M, Tausch, R., 1971

Kongruenz/Echtheit

Das Ehepaar TAUSCH betont in ihrer Erziehungsstilforschung neben Wertschätzung und einfühlendem Verständnis auch noch eine dritte wichtige Grundhaltung des Erziehers: Die **Echtheit**. Der Erzieher gibt sich so, wie er wirklich ist, ohne künstliches Getue, ohne Vortäuschung falscher Tatsachen, auch ohne Lügen. Er ist dem Kind gegenüber ehrlich und zeigt aufrichtig seine Gefühle.

Echtheit/Kongruenz

Unter Echtheit/Kongruenz versteht man eine pädagogische Grundhaltung gegenüber dem Kind, in der der Erzieher er selbst ist. Das Verhalten des Erziehers ist mit seinen Einstellungen und Gefühlen übereinstimmend.

Was bedeutet das Prinzip der Echtheit für unser Eingangsbeispiel der musikalischen Früherziehung? Die Erzieherin kann akzeptierend und einfühlend reagieren, genauso wichtig ist aber auch, dass das Kind ihre Gefühle erfährt.

Besser als Anklage, Druck oder Gleichgültigkeit wäre, wenn die Erzieherin ihre Empfindungen ausdrückt:

Erzieherin: „Ich finde es schade, dass du nicht teilnehmen willst."

Es handelt sich hier um eine selbstenthüllende Ich-Botschaft, die bereits Max Eltern eingesetzt haben. Entscheidend ist aber hier, dass diese Botschaft nicht taktisch gegeben wird, um das Kind emotional unter Druck zu setzen, sondern dass sie echtem Empfinden entspricht. Das Kind bekommt so mit, dass der Erzieherin sehr viel an seinem Musizieren liegt – eine Information, die seine Entscheidung beeinflussen kann. Gerade die Freiheit, die die Erzieherin dem Kind lässt – bei gleichzeitigem Signalisieren eines deutlichen Interesses – erhöht die Wahrscheinlichkeit, dass das Kind seine Ablehnung überdenkt.

Wie wir bei Max im Lernfeld „Persönlichkeit fördern" nachlesen können, fordern Kinder selbst das Prinzip der Echtheit ein. „Es stört mich aber doch, verdammt!" ruft der Vater sichtlich entnervt in Hackes Geschichte und lässt nun alle pädagogische Betulichkeit fahren, um zum Kern seines Empfindens durch-

zudringen. Kinder provozieren uns solange, bis wir unsere echten Gefühle zeigen. Wie der kleine Max uns und seinen Eltern in unserem Beispiel drastisch vor Augen geführt hat, reichen Akzeptanz und einfühlendes Verstehen nicht aus, um eine für alle Beteiligten hilfreiche Beziehung zu entwickeln. Bei allem Verständnis gibt es irgendwann eine Grenze, in der die Bedürfnisse des Erziehers so stark werden, dass er den Heranwachsenden mit seinen eigenen Gefühlen konfrontieren muss.

Wie kommt es, dass es uns als Erzieher häufig so schwer fällt, in angemessener und einsehbarer Weise zu unseren Gefühlen zu stehen und Grenzen zu setzen?

Gerade bei sich als fortschrittlich begreifenden Erzieherinnen trifft man häufig eine Verherrlichung des Kindes an. Diese Verherrlichung des Kindes führt dann zur Zurückstellung der eigenen Bedürfnisse.

Die Kinder sind alles, man selbst kommt erst in zweiter Linie. Dies führt zu einer Überbewertung des Kindes und einer Unterbewertung der Bedürfnisse der Erzieher. Gerade angesichts gestresster und überforderter Erzieher, scheint dies verhängnisvoll, da sich die Kinder zu „kleinen Tyrannen" entwickeln können, wenn die Erzieher überzeugt sind sich ganz in den Dienst der Kinder stellen zu müssen.

Erfolgreiche Erziehung in unserem Sinne, zielt jedoch immer auf die Entwicklung eines dialogischen Verhältnisses ab. In einer dialogischen Beziehung ist es selbstverständlich, dass sich die Partner gegenseitig als vollwertige Personen respektieren. In einer solchen Beziehung ist es natürlich, dass man die Bedürfnisse beider Seiten angemessen berücksichtigt. Die Voraussetzung dafür ist aber, dass der Erzieher im Kontakt mit sich und seinen Bedürfnissen steht.

■ Erfolgreiche Erzieher stehen zu ihren Bedürfnissen

Erfolgreiche Erzieher sind Personen, die zu ihren Bedürfnissen stehen, die mit sich in Übereinstimmung, oder wie Rogers sagt, die „kongruent" sind, bei denen also das Verhalten mit den Bedürfnissen übereinstimmt. Ein kongruenter, bzw. echter Erzieher ist nicht außengeleitet, macht sich nicht einseitig von äu-

Echtheit – Aufrichtigkeit	
Fassadenhaftigkeit – Nichtübereinstimmung – Unechtheit	**Echtheit – Übereinstimmung – Aufrichtigkeit**
• eine Person sagt Gegensätzliches zu dem, was sie denkt und fühlt	• eine Person sagt das, was sie denkt und fühlt
• sie gibt sich anders, als sie wirklich ist	• sie gibt sich so, wie sie wirklich ist
• sie verhält sich gekünstelt, mechanisch, spielt eine Rolle	• sie verhält sich ungekünstelt, natürlich, spielt keine Rolle
• sie gibt sich amtlich, professionell, routinemäßig	• sie ist ohne professionelles, routinemäßiges Gehabe
• sie lebt hinter einer Fassade, hinter einem Panzer	• sie ist sie selbst, sie lebt ohne Fassade und Panzer
• sie zeigt häufig ein stereotypes Verhalten in Gesten und Worten	• sie verhält sich in individueller, origineller, vielfältiger Weise
• ihr ist nicht vertraut, was in ihr vorgeht	• sie ist vertraut mit dem, was in ihr vorgeht
• sie täuscht andere und will sie manipulieren, sie heuchelt	• sie ist aufrichtig und heuchelt nicht
• sie ist unehrlich sich selbst gegenüber, macht sich etwas vor, vermeidet sie selbst zu sein	• sie ist ehrlich sich selbst gegenüber, macht sich nichts vor, ist bereit, das zu sein, was sie ist
• Äußerungen, Handlungen, Mimik und Gestik dienen der Verteidigung, der Fassade, damit der andere ihr wirkliches Ich nicht kennenlernt	• sie offenbart sich anderen und gibt sich mit ihrem Ich zu erkennen, sie verleugnet sich nicht
• sie ist undurchsichtig	• sie ist durchsichtig
• die drückt keine tiefen gefühlsmäßigen Erlebnisse aus	• sie drückt tiefe gefühlsmäßige Erlebnisse aus

Fassadenhaftigkeit | 1 | 2 | 3 | 4 | 5 | Echtheit

Auch mit dieser Auflistung von Merkmalsbündeln ist es möglich, die Ausprägung dieses Erzieherverhaltens einzuschätzen.

ßerlichen Normen einer „guten Erziehung" abhängig, sondern ist mit sich selbst in Kontakt und verwirklicht das Erziehungskonzept, das zu seiner Person passt. Er ist nicht an die jeweilige Erziehungsmode angepasst, sondern verwirklicht authentisch die Prinzipien und Haltungen, die seiner Persönlichkeit entsprechen. Insofern kann es auch kein eindeutig festlegbares Rezept für erfolgreiche Erziehung geben, weil die Rezepte auf die jeweilige Person des Erziehers abgestimmt werden müssen, bzw. der Erzieher sein eigenes Rezept finden muss.

■ **Kinder führen uns zu uns selbst**

In dem Moment, wo sich der Erzieher echt einbringt, steigt die Chance das sich Kind und Erzieher als ganze Personen begegnen und akzeptieren, in dem Maße, wie der Erzieher zu seiner eigenen Wirklichkeit vordringt, wird es ihm auch leichter fallen, zur Wirklichkeit der Kinder vorzudringen. Ja, immer wieder erleben wir, wie Kinder es geradezu darauf abge-

sehen zu haben scheinen, uns aufrichtig zu erleben. Das haben wir auch bei Max gesehen. Er beharrt auf seinem Verhalten so eindringlich, dass sein Vater endlich seine Zurückhaltung aufgeben muss – und wenn auch gebremst – explodiert. Das richtige Maß der Authentizität will also gelernt sein. Diese Fähigkeit ist für Erzieher von zentraler Wichtigkeit, denn das unverstellte Einbringen der eigenen Person ist eine unabdingbare Bedingung wirklicher Begegnung.

Die Einheit von Akzeptanz, Einfühlung und Echtheit

Zunächst in seiner therapeutischen, später aber auch pädagogischen Arbeit ist Rogers darauf gestoßen, dass Kongruenz neben Akzeptanz und Empathie die dritte wirksame Variable für eine hilfreiche Begegnung ist. Der unlösbare Zusammenhang dieser drei Variablen zeigt sich darin, dass Akzeptanz und

Einfühlung erst überzeugend wirken, wenn ich mit meiner ganzen Person dahinterstehe. Geheucheltes Interesse bemerken Kinder wie Erwachsene sehr schnell und reagieren mit großer Enttäuschung. Insofern sind die drei Variablen nicht nur gültig für die Kindererziehung, sondern weisen uns auch einen Weg wie wir insgesamt erfolgreich miteinander kommunizieren können. In der Variable Echtheit bestätigt sich die Erkenntnis, *dass das wirksamste Mittel der Erziehung die Person des Erziehers selbst ist.* Leider findet diese Einsicht in den meisten Ausbildungen von Erziehern und Lehrern noch viel zu wenig Berücksichtigung. Ein erfolgreicher Erzieher wird man eben nicht durch theoretisches Buchwissen allein, sondern nur durch eine Verschränkung der Erarbeitung wissenschaftlicher Erkenntnisse mit der ergänzenden Arbeit an sich selbst. Von allen bisher besprochenen Prinzipien ist wahrscheinlich das der Echtheit bzw. Authentizität am schwierigsten zu verwirklichen. Seine Verwirklichung erfordert, wie Martin BUBER gesagt hat, dass der Erzieher wirklich da ist. Er darf und soll auch

zu seinen Begrenzungen und Schwächen stehen. Er schreibt:

„Auf die Ganzheit des Zöglings wirkt nur die Ganzheit des Erziehers wahrhaft ein, seine ganze unwillkürliche Existenz. Der Erzieher braucht kein sittliches Genie zu sein, um Charakter zu erziehen; aber er muss ein ganz lebendiger Mensch sein, der sich seinen Mitmenschen unmittelbar mitteilt."[4]

Der Erzieher kann also nur die Werte glaubhaft vermitteln, die er selbst – auch in seinen unwillkürlichen Äußerungen – lebt. Wenn Akzeptanz und Empathie auch wichtige Variablen in der Begegnung sind, so ist doch die gelebte Authentizität die entscheidende. Es hilft Ihnen nichts, wenn Sie sich Erziehungskonzepte aus der Literatur aneignen, die nicht zu ihrer Person passen. Auch mit Training können Sie nicht Ihre grundlegenden Haltungen verändern. Das Prinzip der Echtheit weist Ihnen den Erfolgsweg: Sie müssen Ihren eigenen Stil entwickeln – einen Stil, mit dem Sie übereinstimmen.

3. Kommunikation und Gesprächsführung

Was ist Kommunikation?

„Hallo! Wer bist denn du?"

Auch wenn sich zwei so unterschiedliche Wesen wie das kleine Mädchen und der Delphin an einem Strand in Australien zufällig begegnen, kommt es sofort zur Kommunikation: Die Fähigkeit, Botschaften mit ihrer Umwelt auszutauschen, wohnt allen Organismen inne. Selten ist sie allerdings so hoch entwickelt wie bei den Meeressäugern.

[4] Buber, M., 1992

Kein Lebewesen kann es jedoch mit den kommunikativen Fähigkeiten des Menschen aufnehmen, Sprache erst verbindet uns, macht Bewusstsein möglich, begleitet unser Denken und macht uns zu einsichtsfähigen und reflektierten Wesen.

Vor allem aber macht es uns eine soziale Verbindung zu anderen Menschen möglich. Kommunikation ist also in erster Linie Verständigung, Austausch von Informationen zwischen Menschen.

Damit ist Kommunikation Grundlage jeden menschlichen Zusammenlebens.

Soziale Kommunikation

Unter sozialer Kommunikation verstehen wir die Aufnahme, die Vermittlung und den Austausch von Informationen zwischen zwei oder mehreren Personen. Dies kann man auch im weiteren Sinn als Interaktion bezeichnen.

Verstehen ohne Worte

Im Zusammenhang mit der pädagogischen Grundhaltung sind wir der Erkenntnis bereits begegnet, dass persönliche Äußerungen nicht nur sprachlich vermittelt werden. Persönliche Mitteilungen umfassen also weit mehr kommunikative Elemente als nur das Sprechen. Da sind zunächst die sogenannten **nonverbalen Äußerungen** zu nennen, womit in erster Linie Körpersprache wie *Mimik, Gestik, Blickkontakt und Haltung,* aber auch *Bewegungsabläufe* gemeint sind.

Gerade Kinder orientieren sich an Gesten, Mimik und Ton, lange bevor sie sprechen lernen, Worte verstehen und sich durch Worte mitteilen. So ist es bereits im Säuglingsalter möglich, lange bevor das erste verständliche Wort fällt, sich miteinander zu verständigen.

■ Körpersprache

Körpersprache untergliedert verschiedene Teilbereiche nonverbaler Kommunikation:

- Haltung
- Mimik
- Gestik

- Blickkontakt
- räumliches Verhalten

Zu jeder sprachlichen Mitteilung gehören nicht-sprachliche Signale. Dies ist so selbstverständlich, dass kaum jemand bewusst darauf achtet, obwohl eine Beziehung zu einer anderen Person ganz wesentlich davon mitbestimmt wird. Tonfall, Gesten, Gesichtsausdruck, Bewegungen und Körperhaltung sind besonders geeignet, Gefühle und Einstellungen mitzuteilen.

In der Regel sind die nonverbalen Botschaften wichtiger als die gesprochenen Worte. Jede Bewegung, die wir machen, ist und bleibt einmalig. Sie sagt aus, was wir mit unserer Sprache häufig nur umschreiben oder gar verschweigen. Der Körper lügt nicht, er ist der Spiegel unserer Seele.

Kinder sind in ihrer Bewegung, in ihrer Körpersprache noch am wenigsten verfälscht. Sie sagen, was sie denken, verbal wie nonverbal.

■ Haltung

Die Körperhaltung dieses Jungen (s. rechts) bringt das Bedürfnis zum Ausdruck, dazugehören zu wollen. Er würde sich gerne anschließen, wird aber von der Gruppe übersehen.

Bei der Haltung eines Menschen kommt dem Muskeltonus, also dem Grad der körperlichen Gespanntheit eine zentrale Rolle zu.

Rund um Körperhaltung gibt es interessanterweise sehr viele sprachliche Metaphern und Volksweisheiten wie beispielsweise:

- „mit beiden Beinen auf der Erde stehen" bedeutet Realitätssinn haben;
- „einen festen Standpunkt haben" dokumentiert klare und eigentlich unverrückbare Ansichten;
- „vor jemandem kriechen" heißt eine widerspruchslose, unterwürfige Haltung einnehmen.

Das erste, worauf man sein Augenmerk richten sollte, ist die Gewichtsverlagerung. Steht ein Mensch aufrecht oder ist sein Gewicht vor bzw. hinter das Becken verlagert? Hier kann man die Körperhaltung mit den Aussagen aus dem Volksmund gleichsetzen: Je gerader jemand steht, desto aufrechter ist seine innere Haltung. So ein Mensch ist weder unsicher (Neigung nach vorne) noch überheblich (Neigung nach hinten). Ein weiterer – sprachlich übertragbarer – Aspekt ist die Offenheit bzw. Geschlossenheit einer Haltung. Damit ist der Hals- und Brustraum gemeint. Weiterhin ist bedeutungsvoll, ob ein Mensch frei steht oder ob er irgendwo eine Stütze sucht. Es gibt Menschen, die sich immer irgendwo anlehnen müssen.

Die Körperhaltung ist also ein Ausdruck von Gefühlen und persönlichen Befindlichkeiten. Sie liefert Interpretationshilfen dafür, wie sicher, souverän, überlegen sich jemand fühlt. So spiegelt sich Fröhlichkeit in einer aufrechten, offenen Haltung oder Resignation in einer leicht gebeugten, in sich gekehrten,

also optisch eher geschlossenen Haltung wider. Auch die Konzentration auf einen anderen, schlichte Neugier, Irritation oder auch nur Nachdenklichkeit lassen sich leicht ablesen.

Ein sehr einprägsames Kennzeichen ist die plötzliche Veränderung der äußeren Haltung – sie spiegelt immer eine plötzliche Veränderung der inneren Haltung wider.

Auch die Körperbewegungen spielen bei der Gesamtinterpretation eine Rolle. Ein vorgeneigter Oberkörper in einem Gespräch signalisiert Aufmerksamkeit oder den Hinweis, dass jemand etwas sagen möchte, er kann aber auch Skepsis ausdrücken. Mit einem demonstrativen Zurücklehnen wird meist Desinteresse oder Missfallen am Thema angedeutet.

Die Sitzhaltung und wie viel Raum in Anspruch genommen wird liefert weitere Anhaltspunkte für die Wahrnehmung. Es gibt Menschen, die sich in Sitzgelegenheiten werfen, um dort im wahrsten Sinne des Wortes (ihren) Platz einzunehmen. Jugendliche wollen z. B. oft deutlich machen, dass sie „gutem Benehmen" keine Beachtung schenken (wollen) und hiermit ihre Unabhängigkeit und Selbstständigkeit für alle sichtbar dokumentieren.

Dabei ist häufig zu erkennen, dass das Ignorieren des mit Erziehung erworbenen Verhaltens einige Überwindung kostet. Andere tun genau das Gegenteil: Sie beschränken sich auf die Sitzkante, lehnen sich nicht gemütlich zurück und setzen ihren Körper damit einer physischen Belastung aus, die eine psychische Anspannung zwangsläufig noch verstärkt und dem Beobachter Unsicherheit, mangelndes Selbstbewusstsein oder Nervosität signalisiert.

Je mehr jemand dafür sorgt, dass er bequem sitzen kann, desto souveräner gibt er sich. Meistens kommt dieses Selbstbewusstsein bei Zuhörern und Beobachtern an. Eine angespannte Sitzhaltung kann jedoch in Kombination mit krampfhaften Fußbewegungen auch bedeuten, dass jemand weg möchte, weil ihn die Unterhaltung eigentlich nicht interessiert.

Pure Freude spiegelt sich im strahlenden Gesicht dieses Mädchens aus Somalia.

■ Mimik

Der Gesichtsausdruck spiegelt die persönliche Verfassung wieder. Er zeigt Emotionen und Befindlichkeiten recht eindeutig.

Nehmen wir als Beispiel doch einmal das Lachen. Bekanntlich ist das Lachen die kürzeste Verbindung zwischen zwei Menschen. Um sich hierin zu verständigen bedarf es dann eigentlich keiner Worte mehr. Es „spricht für sich".

Mimik umfasst Gesichtszüge, Augenkontakt und Blickrichtung sowie Kopfbewegungen. Einzelne Ausdrucksformen sind als psychosomatische Auswirkungen des Nervensystems jedoch nicht zu beherrschen, diese Reaktionen erfolgen unwillkürlich. Dazu gehören

das Blasswerden und besonders die Erweiterung der Pupillen bei starken emotionalen Erregungen.

Die Mimik eines Menschen ist ein sehr ausdrucksstarkes Element der Körpersprache. Meist wird ihr aber ein zu hoher Stellenwert in der tatsächlichen Aussagekraft beigemessen. Die Mimik unterliegt in einem außerordentlichen Umfang der persönlichen Kontrolle, da insbesondere das Gesicht während der Kommunikation genau beobachtet wird. Weil das so ist, versucht man, diesen Gefühlsausdruck so stark wie möglich unter Kontrolle zu halten: „Gute Mine zum bösen Spiel machen".

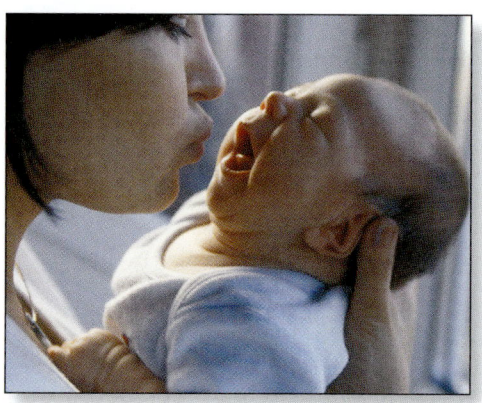

Mimik ist ein Medium der Kommunikation, das schon im Säuglingsalter deutlich verstanden wird. Babies können frühzeitig vertraute Gesichter erkennen und auf sichtbare Stimmungen reagieren.

Dies offenbart sich deutlich in der Entwicklungsphase, während derer das Kind schreit, wenn sich ein fremdes Gesicht zum Baby beugt, egal wie freundlich dieses Gesicht ist (siehe Kapitel Bindungsverhalten, S. 136).

■ Gestik

Die Art das gesprochene Wort mit den Bewegungen der Hände zu unterstützen ist ein typisches Merkmal der Gestik. Das Gebärdenspiel als Ganzes wird auch als Gestik beschrieben. Der Junge am Strand (S. 85) spricht Bände mit seinen Händen. Die Finger sind gestreckt, die Handfläche zeigt nach oben, es ist die klassische Geste der Bettler.

Die Gestik ist, obwohl mit der Mimik vergleichbar, eigentlich ein vergleichsweise aussageschwächeres Element der Körpersprache. Es gibt bekanntermaßen Menschen, die aufgrund ihres Temperaments viel und intensiv „mit den Händen reden". Andere sind in dieser Hinsicht eher sparsam, wieder andere setzen Gestik sehr gezielt zum Unterstreichen ihrer Aussagen ein. Natürlich gibt es auch in diesem Bereich Hinweise, die relativ klar interpretierbar sind, wie das Fingerklopfen auf der Tischplatte für Ungeduld, Langeweile und/oder zunehmenden Ärger. Keineswegs bedeutet jedoch das Arme-Übereinander-Verschränken grundsätzlich „Mauern" (oder Zurückhaltung).

Gestik kann ähnlich monoton wirken, wie ein schlechter Redner. Es gibt Menschen, die während eines zweistündigen Gespräches immer wieder die gleichen Gesten machen, was ebenso nervt wie die ständige Wiederholung eines Lieblingsbegriffes oder einer Redewendung oder wenn der Satz jedes Mal mit einem „Ääh" beginnt.

Gestik wird vor allem zur Untermalung des verbalen Inhaltes benutzt. Je stärker die Gefühle angesprochen werden, desto akzentuierter wird auch die Gestik.

Aufgabe

Betrachten Sie das folgende Bild des sechsjährigen Mädchens und versuchen Sie die Sprache der Hände und die Mimik zu entschlüsseln, bevor Sie weiterlesen:

Dieses sechsjährige Mädchen hat gerade entdeckt, dass mit ihrer schwierigen Rechenaufgabe irgendetwas nicht stimmt. Die Hand geht zum Kopf und beginnt ihn zu kratzen, was ihr Bemühen, das Problem zu lösen ausdrückt. Die Stirn ist gerunzelt, die Mundwinkel hängen herab. Es ist offensichtlich, dass sie die richtige Antwort noch nicht gefunden hat.

Mit Händen und Armen kann man: ablehnen, abwarten, abwehren, angreifen, auf etwas zeigen, Aufregung ausdrücken, beeindrucken, Begeisterung äußern, bremsen, demonstrieren, einladen, Freude zeigen, konkretisieren, Nachdenklichkeit signalisieren, Nervosität verraten, Schlussstriche ziehen, Sympathie bekunden, übereinstimmen, ungeduldig sein, untermauern, werben, Zufriedenheit bekunden, zurückhalten und so weiter.

Eindrucksvoll ist auch die Gestik der Weigerung bei dem kleinen Kind das nicht mehr weiter essen möchte.

Dieser anderthalb Jahre alte Junge weicht vor seinem Teller und dem angebotenen Löffel zurück, wirft die Hände in die Höhe und schürzt die Lippen. Es scheint, der Versuch, ein neues Gemüse auszuprobieren, ist misslungen.

Viele Gesten, die der Kommunikation dienen sind überall auf der Welt gleich. Wenn Menschen glücklich sind, lächeln sie. Wenn sie traurig oder ärgerlich sind, runzeln sie die Stirn oder blicken finster. Aber es gibt auch Gesten, die von Kultur zu Kultur unterschiedlich verstanden werden. Dazu gehören beispielsweise verschiedene Gesten der Hand. Wichtig bleibt die Erkenntnis, dass man die Gesten immer nur im Zusammenhang der ganzen Situation richtig verstehen kann, und dass sie auch unbeabsichtigt Gefühlszustände zum Ausdruck bringen. Beispiele dafür:

- Fingerspiele oder das Spielen an Gegenständen als Ausdruck von Nervosität,
- das Umklammern von Dingen als Ausdruck verhaltener Wut,
- das Streicheln von fühlbar angenehmen Gegenständen als Zeichen von Einsamkeit,
- das Ballen der Faust als Ausdruck von Aggression,
- das Pressen der Augen über der Nasenwurzel als Signal von Müdigkeit und Erschöpfung,
- das Kratzen am Kopf für Ratlosigkeit oder
- das Hochwerfen der Arme für Begeisterung.

■ Blickkontakt

Der Blickkontakt ist unser wichtigstes Gefühls- und Stimmungsbarometer für andere, was selbstverständlich auch Informationen wie Überraschung oder Erschrecken, Staunen, Ängste oder Verlegenheit beinhaltet. Mit den Augen nimmt man in der Regel zuerst wahr, wenn notwendig alarmieren sie unmittelbar unseren Verstand.

Auch eine gewisse Anspannung im Sinne von Unsicherheit oder dem Bewusstsein einer heiklen Situation schlägt sich in wesentlich häufigeren Blickkontakten mit kurzer Blickdauer nieder. Bei kaum einem anderen Element der Körpersprache gibt es so viele feststehende Redewendungen wie: „Das war Liebe auf den ersten Blick!" oder: „Wenn Blicke töten könnten."

Die Interaktion zwischen zwei Menschen beginnt in der Regel mit einem längeren Augen-

kontakt, der prüft, ob der andere überhaupt zu einem Kontakt bereit ist. Die erste Phase ist dadurch gekennzeichnet, dass man sich und dem anderen die Option offen hält, den Kontakt weiterzuführen beziehungsweise eine Unterhaltung zu beginnen. Diese Möglichkeit wird überprüft, indem derjenige, der die Unterredung wünscht, beispielsweise fragt, ob er stört. Während dieser ersten Momentaufnahmen lässt sich der Kontakt dann noch weitgehend problemlos und ohne Verärgerung abbrechen, während dies zu einem späteren Zeitpunkt nur noch mit glaubhaften Erklärungen möglich sein wird.

Die meisten Menschen sehen deswegen, wenn sie ein Gespräch beginnen, zunächst noch einmal weg, um die Chance zur Kontaktverweigerung zu unterstreichen. Augenkontakt im Sinne von Kontrollblicken stellt einen wesentlichen Aspekt der erfolgreichen Gesprächsführung dar.

Blickkontakt fällt auch auf, wenn er nicht vorhanden ist, dann signalisiert er in der Regel Desinteresse am anderen. Findet er statt, so zeigt er Nähe und verdeutlicht durch seine Dauer den Grad an Interesse oder Intimität. Eine Verlängerung des Blickkontakts kann Intimität steigern, das Blicke senken oder vorbei schauen am anderen die Vertrautheit wieder schwinden lassen.

Wie sich empirisch feststellen lässt, spielt außerdem die räumliche Distanz eine wichtige Rolle. Je geringer die Entfernung zwischen einander fremden Personen ist, umso peinlicher ist der Blickkontakt. In einer Wartesituation, zum Beispiel beim Fahrstuhlfahren, lässt sich diese Erfahrung immer wieder machen: Man schaut am anderen vorbei, geht mit dem Blick zu Boden oder stiert die Decke an.

Konkrete Lernsituation – Double

1. Ziel

Wahrnehmung nonverbaler Signale eines Partners, Einfühlung in eine durch Körperhaltung ausgedrückte Stimmungslage. Nachempfinden von ausgedrückten Gefühlen durch Imitation und Identifikation.

2. Durchführung

Jeweils zwei Partner einer Gruppe setzen sich gegenüber, alle Paare verteilen sich frei im Raum. Der eine Partner beginnt. Er soll sich einige Augenblicke auf sich selbst konzentrieren und sich seine augenblickliche Gefühlslage bewusst machen. Dann setzt er sich so auf seinen Stuhl, dass die Haltung seines Körpers, seiner Arme, Füße, Beine, Hände, des Kopfes usw. möglichst genau ausdrückt, wie er sich fühlt. Um dies zu erreichen, ist es nötig, dass sich der Teilnehmer viel Zeit lässt, wiederholt seinen Körper überprüft, ob wirklich das ausgedrückt wird, was er fühlt, ggf. seine Haltung korrigiert und zwar so lange, bis er eine angemessene Übereinstimmung zwischen Gefühlslage und Körperhaltung feststellt.

Der zweite Partner nimmt sich nun Zeit und Ruhe dafür, sein Gegenüber bewusst wahrzunehmen und auf sich wirken zu lassen. Er soll sich keine „Gedanken" darüber machen, was der andere wohl ausdrücken will.

Nach einiger Zeit beginnt er seinen eigenen Körper in eine Kopie seines Gegenübers zu formen, und zwar so exakt wie möglich, bis er genauso dasitzt wie sein Gegenüber. Nun versucht er, sich in seine eigene Körperposition einzufühlen, wahrzunehmen, was diese Körperhaltung aussagt. Auch dafür soll er sich Zeit nehmen und nicht zu oberflächlich sein.

Wenn er genügend Klarheit in dieser Nachempfindung hat, beginnt er, seinem Partner mitzuteilen, was er in sich wahrnimmt und wie er sein Gegenüber verstanden hat. Der andere Partner hört zunächst nur zu und nimmt dann Stellung. Dabei kann er besonders auf einzelne Körperteile (z. B. verkrampfte Hände, angezogene Schultern usw.) bei sich hinweisen.

Anschließend werden die Rollen gewechselt.

Zeit: 10 – 15 Minuten. Gruppengröße beliebig. Variante: Der Moderator gibt einige Gefühlslagen an, die vom einen Partner dargestellt werden sollen und vom andern imitiert werden (z. B. Gelassenheit, Schüchternheit, Wut, Ärger, Teilnahmslosigkeit ...).

3. Auswertungshilfen

- Welche Signale senden die Partner normalerweise aus?
- Wie „anschaulich" war der körperliche Ausdruck?
- Gelang das Einfühlen über die Identifikation/Imitation der Körperhaltung oder wirkten eigene andere Gefühle stark ein?
- Welche Signale konnten leicht verstanden werden, welche blieben unklar?

4. Materialien

keine

Räumliches Verhalten

Der Oberbegriff „räumliches Verhalten" beinhaltet neben der Bewegung innerhalb einer räumlichen Anordnung das persönliche Orientierungsverhalten und das sogenannte Territorialverhalten. Bewegungen in einem Raum sind in erster Linie Interaktionssignale. Man geht auf jemanden zu, weil man sich mit ihm unterhalten oder sich neben jemanden setzen will. Man steht auf oder geht weg und beendet so eine Interaktion.

Man schafft also mit dem persönlichen räumlichen Verhalten Rahmenbedingungen für verschiedene Formen der Kommunikation. Hierbei die richtigen Akzente zu setzen, gehört unbedingt zum Repertoire der sozialen Fertigkeiten. Nehmen wir die Situation, dass sich jemand einen Sitzplatz an einem Tisch aussucht. In einem Restaurant wird sich zum Beispiel derjenige, der abgesehen von der Bedienung von niemandem angesprochen zu werden wünscht, so hinsetzen, dass er keinen unmittelbaren Blickkontakt hat.

Sucht er dagegen Gesellschaft wird er – ob bewusst oder unbewusst – dafür sorgen, dass er den größten Teil des Raumes einschließlich der Eingangstür im Gesichtsfeld hat.

Weil sich verbale Kommunikation oft im Sitzen abspielt, wird der Begriff Orientierungsverhalten am Beispiel einer Sitzordnung am rechteckigen Tisch sehr deutlich. Ist an einem Tisch keine konkrete Sitzordnung vorgegeben und für einen Neuankömmling nur noch ein Platz frei, dann wählen die meisten Menschen, die Ziel und Zweck der bevorstehenden Kommunikation kennen, übereinstimmend die gleichen Sitzpositionen: Für eine lockere, durchaus intensive, aber angenehme Konversation setzen sich die Gesprächspartner jeweils an der kurzen und langen Seite über Eck. Dabei wird in etwa die Hälfte des Tisches für sich selbst in Anspruch genommen (Intimzone).

Die Persönlichkeitsstruktur beeinflusst das Verhalten in diesem Punkt ebenfalls. Introvertierte Menschen halten größere Zonen aufrecht und grenzen sich mehr ab als extrovertierte.

Das gesamte zwischenmenschliche Leben spielt sich in vier Kreisen rund um das Individuum ab:

- Intimzone,
- persönliche Zone,
- gesellschaftliche Zone,
- öffentliche Zone.

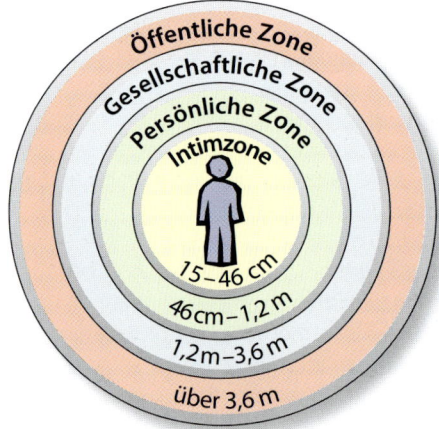

Je nachdem, wie gut man jemanden kennt und wie nahe er einem steht, umso näher lässt man ihn äußerlich an sich heran. Unterläuft jemand in einer bestimmten Gesprächssituation die ihm zugeordnete Zone, führt das zu Irritationen und wirkt sich damit auf die gesamte Kommunikationssituation negativ aus.

Das Territorial- oder Revierverhalten ist ein weiterer wichtiger Aspekt des räumlichen Verhal-

tens. In der Regel brauchen Menschen für die Regulierung ihres seelischen Gleichgewichts Rückzugsmöglichkeiten. Dies ist zuallererst die eigene Wohnung. In der Wohnung gibt es normalerweise Räume, die Besuchern zugänglich gemacht werden, und andere, die man nur selbst betreten darf. Welche Räume also zum „persönlichen Territorium" gehören, sagt zum einen vieles über den Gastgeber aus, lässt aber auch für einen selbst Interpretationsspielräume, welche Räume ich als Besucher oder ständiger Gast betreten darf, ja, welche mir vertraut sind. Außerdem weiß sicherlich jeder aus unmittelbarer eigener Erfahrung, dass dieses persönliche Territorium eine optimale Spielwiese der Selbstdarstellung ist.

Das, was unter der Überschrift „Räumliches Verhalten" als Territorialverhalten beschrieben ist, ist insofern weitgehend identisch mit diesen Zonen rund um das Individuum.

■ Intimzone

Die Intimzone ist die sensibelste Zone, sie reicht normalerweise etwa eine halbe Armeslänge von uns. Die Bedingung, unter der wir jemanden freiwillig in unsere Intimzone eintreten lassen, ist Vertrauen. Jemand, der die unsichtbare Grenze überschreitet, löst Unlustgefühle bei uns aus.

Diese Zone schließt selbstverständlich den eigenen Körper als Tabuzone ein. Diese große Nähe hat die Besonderheit, dass man einen Menschen mit allen zur Verfügung stehenden Sinnen wahrnehmen kann. Sie können ihn berühren, im wahrsten Sinne des Wortes spüren, beispielsweise seine Körperwärme, und sogar – mit positiven oder negativen Auswirkungen – riechen.

Im Kindergarten kommt es zwischen Erzieherinnen und Kindern häufig bei vertrauensvollen Beziehungen zu solchen Kontakten. Zum Beispiel beim auf den Schoß nehmen, beim Trösten, bei Hilfestellungen im motorischen Bereich…

Darüber hinaus gibt es in der Intimzone intensiven Blickkontakt. Außerdem darf und muss man gegebenenfalls leise reden, was wiederum die Intimität erhöht. Auch und gerade in Situationen der Unsicherheit suchen Kinder die körperliche Nähe zu vertrauten Personen.

■ Persönliche Zone

Die persönliche Zone hat einen Radius zwischen ungefähr einem halben und anderthalb Metern. In diese Zone werden in der Regel Menschen gelassen, die man sehr gut kennt, z. B. Freunde, Verwandte. Die normale Lautstärke ist geboten, und Sie können jemanden auch noch berühren, beispielsweise, um Übereinstimmung oder Zugewandtheit zu dokumentieren. Der Gegenüber wird in einem größeren Spektrum wahrgenommen, als das in der Intimzone möglich ist. Je weniger jemand vertraut ist, desto mehr kann dieses Spektrum zur Meinungsbildung beitragen.

In seine persönliche Zone lässt man freiwillig all jene Personen hinein, mit denen man nicht so intim ist, dass sie die Intimzone betreten dürfen, die aber auch nicht so fremd sind, dass sie in der nächstweiteren (sozialen) Zone verbleiben müssen.

■ Soziale oder gesellschaftliche Zone

Die soziale Zone (ungefähr zwischen anderthalb und vier Metern Radius) dokumentiert eine unpersönliche Beziehung zueinander. Sie ist für soziale Kontakte oberflächlicherer Art reserviert, z. B. Kollegen, Vorgesetzte. Obwohl man jemanden in der Regel optisch noch ganz gut wahrnehmen kann, muss man doch in der Lautstärke schon ein Phon zulegen, um sich noch verständigen zu können, und damit verbieten sich auch zwangsläufig ganz bestimmte Inhalte. In der sozialen Zone kann man durch diese Entfernung Macht und Differenzen zwischen Personen gut zum Ausdruck bringen, indem man jemanden zwingt, eine Aussage entsprechend laut zu machen oder eine Antwort zu wiederholen, damit sie alle verstehen können.

Diese Entfernung ist häufig damit verbunden, dass noch zusätzlich Gegenstände wie Tische oder Stühle zwischen den kommunizierenden Personen stehen und die Sachlichkeit im Umgang miteinander zusätzlich untermauern.

■ Öffentliche Zone

Hinter der sozialen Zone beginnt die öffentliche Zone. Ab einer Entfernung über acht Metern ist die verbale Kommunikation ohne technische Unterstützung deutlich eingeschränkt und deshalb kann man in dieser Zone ohne großes Risiko körpersprachlich lügen.

Konkrete Lernsituation – Distanz und Nähe im Raum

1. Ziel

Erfahrung von räumlich-physischer Distanz und Nähe im Gespräch. Erproben, welche Bedeutung eine Sitzordnung für die Kommunikationsstruktur und für die Beziehungen hat.

2. Durchführung

2.1 Jeweils zwei Partner einer Gruppe setzen sich in einem Abstand von zwei bis drei Metern gegenüber und führen eine Unterhaltung über ein vorher festgelegtes Thema (z. B. Urlaubspläne, Ferienerlebnisse, Schwierigkeiten bei Hausaufgaben, Veränderungswünsche für die Schule usw.). Allmählich rücken die Gesprächspartner immer enger zusammen, bis sie einander dicht gegenübersitzen. Nach etwa fünf Minuten wird das Gespräch beendet und die ganze Gruppe tauscht Erfahrungen, Eindrücke und Gefühle während des Gespräches mit Veränderung der räumlichen Distanz aus.

Variante:

Anfangs sollen die Partner aneinander vorbeisehen, wenn sie sich ca. einen Meter gegenüber sitzen, den Blickkontakt aufnehmen.

Zeit: ca. 10–15 Minuten. Gruppengröße beliebig.

2.2 Die Gruppe probt verschiedene Sitzordnungen, die jeweils einige Augenblicke schweigend eingenommen werden. Die Teilnehmer sollen die Sitzordnung auf sich wirken lassen, sich ihre Gefühle dabei bewusst machen und nachempfinden, welche Beziehung zu den anderen Gruppenmitgliedern dabei jeweils ausgedrückt wird.

a) Die Stühle werden in zwei langen geraden Reihen einander gegenübergestellt, Abstand ca. zwei Meter.
b) Die Stühle werden in einem geschlossenen Kreis aufgestellt.
c) Die Stühle werden in Reihen zu sechs bis acht hintereinander aufgestellt, alle sehen nach vorne.
d) Ein Hufeisen wird geformt.
e) Die Stühle werden wahllos im Raum aufgestellt, einmal sehr eng beieinander, zum andern sehr verstreut.
f) Es werden zwei lange Reihen gebildet, die voneinander wegschauen.
g) Die Stühle werden in zwei langen Reihen aufgestellt, so dass alle an eine Wand schauen.

Zeit: 20–30 Minuten

Anschließend werden in der Gruppe die Empfindungen bei den verschiedenen Sitzordnungen besprochen:

- Welche Beziehung wird dabei zueinander ausgedrückt?
- Empfinden alle die Sitzordnung gleich?[1]

Nonverbale Kommunikation im Kindergarten

Selten gelingt es, die wirkliche Einstellung oder den momentanen Gefühlszustand zu verheimlichen, zum Beispiel freundlich zu jemandem zu sein, wenn man wütend ist. Es wirkt dann unecht und gezwungen. Kinder bemerken solche Ungereimtheiten meist sehr sensibel.

Die Kindergartenkinder im Alter zwischen drei und sechs sind noch ganz besonders stark auf eindeutige Mitteilungen angewiesen. Und da sie in diesem Alter die Sprache noch nicht perfekt beherrschen, müssen wir auch darauf achten, sehr genau mit unseren nichtsprachlichen Mitteilungen zu verfahren.

Das Anschauen, der Blickkontakt, das freundliche Anlächeln, das Handgeben bei der Begrüßung, bei einem kurzen Dialog oder einem längeren Gespräch, schenken dem Kind Aufmerksamkeit und Zuwendung. Es kann sich wahrgenommen und in seiner Existenz beachtet fühlen.

Eine Botschaft auch ohne Worte: *„Ich nehme dich wahr …"*

Diese kleinen Momente können unendlich kostbar für eine Beziehung und die Entwicklung des Kindes sein.

---

[1] In Anlehnung an Gudjons, H., 1995

Dort, wo Kinder für Sprache nicht zugänglich sind oder sie nicht verstehen oder eine direkte Kontaktaufnahme aus verschiedenen Gründen ablehnen bzw. meiden, besteht eine Möglichkeit, sich einfach in die Nähe des Kindes zu begeben. Durch eine wortlose Anpassung an die kindliche Körperhaltung kann man Kontakt und Kommunikation aufnehmen. Diese Momente können bei dem Aufbau einer vertrauensvollen Beziehung helfen und Kinder einladen, sich angenommen und verstanden zu fühlen. Auch bei der Kommunikation mit Erwachsenen kann Achtsamkeit auf diese nicht-sprachlichen Seiten der Beziehung den Kontakt erleichtern.

Bei Kindergartenkindern gibt es spielerische Begegnungen ohne viel zu sprechen. Sie fördern den Kontakt miteinander und lassen Beziehungen entstehen und wachsen. Besonders hilfreich sind sie, wenn Kinder neu in den Kindergarten oder in die Gruppe kommen, aber auch einfach zwischendurch im Kindergartenalltag.

HEDI FRIEDRICH gibt in ihrem Buch: „Beziehungen zu Kindern gestalten" einige wertvolle Anregungen:

- Guten Tag
  - Sich mit den Füßen begrüßen,
  - Mit dem Rücken (wie die Wildschweine) oder
  - Mit den Köpfen ... ohne Worte, mit viel Zeit.
- Ich bin...
  - Den Namen nennen und sich mit einer besonderen Geste, Bewegung vorstellen.
- Wiegen in einer Decke
  - Ein Kind legt sich auf eine Decke und zwei Erwachsene heben die Decke an den Enden so, dass sie das Kind wiegen können.
  - Auch eine ganze Gruppe kann so ein Kind wiegen.
- Vertrauensspaziergang
  - Ein Kind schließt die Augen (wenn Verbinden zu viel Angst hervorruft) und lässt sich von einem Erwachsenen oder einem anderen Kind führen. Dabei ist wichtig, den „Blinden" vorsichtig zu geleiten, auf Hindernisse aufmerksam zu machen, ihn/sie riechen, tasten, hören zu lassen und ihm/ihr die Umgebung zu beschreiben. Für jemand anderen zu sehen und ihm

interessante Eindrücke zu schenken, erfordert Einfühlung. Es ist eine besondere Erfahrung, sowohl sich anzuvertrauen und führen zu lassen als auch jemand anderen zu begleiten.
- Massage
  - Die Kinder massieren sich gegenseitig den Rücken oder die Hände oder die Füße (auch mit Creme oder Öl). Mit viel Spaß lernen die Kinder hier sehr schnell und massieren gerne oder lassen sich „behandeln".
- Wer bist du?
  - Mit geschlossenen oder verbundenen Augen einen Spielfreund (Kind) ertasten und raten, wer es ist.
- Spiegelbild
  - Zwei Kinder stehen sich gegenüber und versuchen, sich in ihren Bewegungen anzugleichen oder
  - Ein Kind beginnt und das andere ahmt es nach. Klassische Musik zur Untermalung ist hier ganz reizvoll.
- Pantomime
  - Pantomimen und So-tun-als-ob kommen den spielerischen Aktivitäten der Kinder sehr entgegen.
  - Nachahmen und darstellen lassen sich Tätigkeiten, Gefühle, Personen, Tiere, Gegenstände, Fantasien...[2]

Unsere eigenen Kommunikationserfahrungen sind es, die die Art und Weise bestimmen, wie wir Kindern begegnen. Davon hängt auch ab, ob wir in der Lage sind, die Bedürfnisse der Kinder richtig wahrzunehmen und sie zu erfüllen.

Aufgabe/Reflexion

Welche Einstellung habe ich zum Thema Körperkontakt?

Welche Erfahrung habe ich mit Getröstetwerden?

Verhalte ich mich ähnlich wie ich es erlebt habe oder verhalte ich mich anders?

Schenke ich anderen Menschen Anerkennung mit Worten oder auch ohne Worte?

Was verbinde ich mit Berührungen?

Wie gehe ich mit Bedürfnissen nach Berührung um?

Gibt es etwas, was ich gerne ändern will im Bereich der nicht-verbalen Kommunikation?

---

[2] Friedrich, H., 2003

Das sind keine leichten Fragen. Manchmal ist es auch unangenehm, sich selbst solche Fragen zu stellen.

Aber denken wir noch einmal an die *pädagogische Grundhaltung* zurück. Dort haben wir gesehen, dass der Weg zur erfolgreichen Erziehung weniger über pädagogische Techniken und Übungen führt, sondern stärker über *Selbstreflexion* und die *persönliche Weiterentwicklung des Erziehers*.

Eine erfolgreiche Beziehung zu Kindern und Jugendlichen unterscheidet sich in ihrem Kern bzw. den zu beachtenden Prinzipien nicht wesentlich von einer Beziehung zu Erwachsenen. Auch wir wollen *anerkannt* und *akzeptiert* werden. Jeder von uns wünscht sich eine Beziehung, die auf *Echtheit* und *Empathie*, auf *Freiwilligkeit*, *Verantwortlichkeit und Wertschätzung* gründet. Eine Beziehung in der wir zu uns selbst finden können.

Sicher ist aufgrund der besonderen Situation von Kindern und Jugendlichen entwicklungspsychologisches und pädagogisches Wissen wichtig. Aber mindestens ebenso wichtig sind die Bereitschaft und die Fähigkeit, sich nicht bewertend auf die Wirklichkeit des Gegenübers einzulassen.

Die Herausforderung, Kinder beim Aufwachsen zu begleiten, stellt nur eine besonders fruchtbare Gelegenheit dar, über sich selbst nachzudenken und sich zu entwickeln. Indem wir uns auf das Kind einlassen, unterstützen wir nicht nur seine Identitätsbildung, sondern erweitern zugleich unsere eigene Persönlichkeit. Und das tun wir natürlich auch ganz stark durch unser konkretes Sprachverhalten.

Verbale Kommunikation im Kindergarten: Sprachverhalten

„Von allem, was ein Kind lernt, ist der Erwerb der Sprache wohl das größte Wunder. Besonders, wenn man im Ausland Kinder sprechen hört, muss man oft denken: Wie können die Kleinen mühelos eine Sprache sprechen, mit der ich mich selbst jahrelang abgemüht habe?"

Dieses Zitat von Rita Kohnstamm, der renommierten Herausgeberin einer Buchreihe mit dem Titel „Erziehen als Beruf", bringt es auf den Punkt: Der Spracherwerb ist eine der erstaunlichsten Entwicklungsleistungen die Kinder vollbringen. In kurzer Zeit ist es ihnen möglich, dieses hochkomplexe Zeichensystem der zwischenmenschlichen Verständigung mit all seinen komplizierten Aspekten zu erwerben.

Die biologischen Voraussetzungen helfen ganz wesentlich mit beim gelingenden Spracherwerb, aber es bedarf auch des sozialen Kontextes, also der Gelegenheit mit anderen in Kontakt zu treten. Die angeborene Sprachlernfähigkeit bringt das Kind mit auf die Welt. Zudem hat es einen ausgeprägten Wunsch, mit den Mitmenschen zu interagieren, die ihm Sprachanregungen bieten und kann so die Funktionen und Regelmäßigkeiten der menschlichen Sprache für sich entdecken. Zuerst sind die natürlichen Bezugspersonen, die Eltern, die unmittelbaren Sprachvorbilder an denen sich Kinder orientieren. Hier in der Familie beginnt der Spracherwerbsprozess, der jetzt in der Kindertageseinrichtung fortgesetzt wird, sobald das Kind dort aufgenommen ist.

Bereits in der Eingewöhnungsphase sind die Erzieherinnen wichtige Begleiterinnen bei der Erkundung dieser noch unbekannten Welt, die einerseits bedrohlich, andererseits auch interessant erscheinen mag. Sie zeigen den Kindern (und Eltern) am Anfang die Räume der Einrichtung, sie erklären, warten ab, versuchen die Bedürfnisse der Kinder zu verstehen – und werden auf diese Weise zu wichtigen Bezugspersonen und damit zu Vorbildern für die verbale und nonverbale Kommunikation. Die pädagogischen Fachkräfte helfen den Kindern von Anfang an sich zu orientieren. Denn sie wissen: Je eher sich ein Kind angstfrei öffnen kann, desto früher wird auch ein sprachlicher Zugang möglich sein.

Am Anfang des Sprachaustausches der Erzieherinnen mit den Kindern steht also der Aufbau der Beziehung und die Unterstützung der Kontaktaufnahme der Kinder untereinander, sowie das Bemühen, die Freude am Sprechen zu wecken.

Die Grundlagen eines förderlichen Sprachverhaltens in Einrichtungen der Sozialpädagogik:

- Aufbau einer Beziehung
- Unterstützung der Kontaktaufnahme der Kinder untereinander
- Freude am Sprechen wecken
- Förderung des Dialogs

Die Freude am Sprechen kultiviert sich am besten im Dialog. Im Dialog haben die Kinder ihre ersten Erfahrungen mit der Muttersprache gemacht. In Dialog treten die Kinder, wenn sie in den Kindergarten kommen. Sie lernen Neues und erweitern ihre sprachlichen Fähigkeiten durch aktive Beteiligung. Das ist die tiefere Bedeutung des Dialogs. Dialog bedeutet abwechselnd geführte Rede. Er beinhaltet Sprecherwechsel. Das Miteinander im Wechsel ist das Herzstück der Entwicklung der Sprachkompetenz beim Kind.

Am besten werden Kinder im Aufbau ihrer Sprachkompetenz unterstützt, indem man sie zum Sprechen bringt, nicht indem man ihnen möglichst viel verbal erklärt.

Wenn Erzieher und Erzieherinnen die Sprachförderung sinnvoll betreiben, so fordern sie die Kinder gezielt zu sprachlichen Aktivitäten heraus, motivieren sie möglichst selbst zu sprechen.

■ Wie können die sozialpädagogischen Fachkräfte ihr Sprachverhalten gestalten um die Dialoge zu fördern?

Gerade für Kinder, die noch ein Sprachverständnis aufbauen und Begriffe noch neu erschließen müssen, ist es eine große Hilfe, wenn Erzieherinnen die gesprochenen Worte und Sätze durch intensive Körpersprache begleiten. Gerade die kleineren Kinder orientieren sich stark an der Körpersprache und setzen sie auch selbst verstärkt ein. Eine einladende Geste, ein ermutigendes Lächeln oder

eine unterstützende Berührung kann den Kindern helfen, sich an der Kommunikation zu beteiligen. Dabei ist es wichtig auf die Übereinstimmung von verbaler und nonverbaler Kommunikation zu achten. Ein freundlicher Satz und gleichzeitig ein abweisender Gesichtsausdruck passen nicht zusammen und verwirren die Kinder.

Blickkontakt herstellen

Mit meinem Blickkontakt zeige ich am deutlichsten mein Interesse am Gesprächspartner:

- „Ich nehme dich wahr."
- „Ich möchte dir etwas sagen."
- „Ich höre dir zu."

Der Blickkontakt ist wie eine Brücke, auf der zwei Menschen aufeinander zugehen.

Konzentriertes Zuhören

Gerade im hektischen Kindergartenalltag ist das konzentrierte Zuhören gar nicht so leicht zu bewerkstelligen. Es ist im Rahmen eines förderlichen Sprachverhaltens aber wichtig. Dazu muss die Erzieherin Nebentätigkeiten einstellen, sich dem Gesprächspartner körperlich zuwenden und Blickkontakt herstellen, mit Geduld dem Kind die Möglichkeit zum Sprechen lassen, ohne ihm die Worte „aus dem Mund zu nehmen." Zum Thema Zuhören werden wir weiter unten noch weitergehende Ausführungen machen.

Fragen stellen

Fragen sollten dem Kind zeigen, dass man Interesse hat, mit ihm in einen Dialog zu treten. Fragen sollten am Mitteilungsbedürfnis des Kindes anknüpfen und dazu beitragen herauszufinden, was es noch erzählen will. Mit einer Frage kann man auch ein Zwiegespräch auslösen. Die Erzieherin kann mit Hilfe von Fragen überprüfen, ob ein Kind Begriffe oder Sachverhalte richtig verstanden hat und wie weit das Sprachverständnis entwickelt ist.

Geschlossene Fragen. Sinnvoll erscheint es in diesem Zusammenhang, geschlossene Fragen zu stellen. Diese können nur mit einer Aussage beantwortet werden. Beispielsweise wird nach dem gemeinsamen Besuch des Freizeitparks nicht gefragt: „Hast du die Tiere gesehen?", sondern: „Welche Tiere hast du gesehen?" Es bieten sich hierbei vor allem die berühmten „W-Fragen" an:

- „Was hat der große braune Bär mit den Karotten gemacht?
- Wen hat der Tierpfleger mit Fischen gefüttert?
- Wie heißt das Tier, das so toll klettern kann?
- Wohin lief der Damhirsch?
- Welche Spielgeräte hast du besonders gerne benutzt?"

Wenn Kinder in der Sprachbeherrschung noch nicht so weit fortgeschritten sind, kann man ihnen mit Alternativfragen entgegenkommen:

„Möchtest du lieber den gelben oder den roten Buntstift zum Malen?"

Inhalt geht vor Form. Zuallererst kommt es bei kindlichen Äußerungen auf den Inhalt des Gesprochenen an. Gerade bei sensiblen Kindern besteht die Gefahr, dass die Sprechmotivation beeinträchtigt wird, wenn man sie formal korrigiert. Die Erzieherinnen sind deshalb gut beraten, den Inhalt in den Mittelpunkt zu stellen um den Dialog aufrecht zu erhalten. Doch wie soll die Erzieherin auf Fehler reagieren?

Verbessernde Wiederholung und Erweiterung. Hierbei greift die Erzieherin die unzulängliche Äußerung des Kindes auf und wiederholt sie in richtiger Form.

Kind: „Der Christian hat mit Bauklötze spielen."
Erzieherin: „Ja, der Christian hat mit den Bauklötzen gespielt."

Die verbessernde Wiederholung sollte in den Gesprächsverlauf passen und ihn auch möglichst weiterführen:

Erzieherin: „Ja, der Christian hat mit den Bauklötzen gespielt. Was hat er denn gebaut?"

Dadurch ist das Kind herausgefordert den Dialog weiterzuführen.

Verständnissicherung. Die sprachlichen Möglichkeiten des Kindes sind der Maßstab, an dem sich die Erzieherinnen orientieren müssen. Immer muss sie bemüht sein herauszufinden, ob das Kind sie verstanden hat, indem sie auf seine Reaktion achtet und unter Umständen ihre Äußerungen mit anderen Worten wiederholt. Genauso wichtig ist es natürlich sich zu vergewissern, ob man auch das Kind richtig verstanden hat. Hierfür kann die Erzieherin die Äußerungen des Kindes wiederholen, oder stellt Fragen, wenn sie sich nicht sicher ist.

Kontinuität und Wiederholung

Die förderliche Wirkung dieses erzieherischen Sprachverhaltens kommt umso besser zur Wirkung je öfter es praktiziert wird. Und was besonders wichtig ist: Die Erzieherin ist ja ein ständiges Sprachvorbild. Erzieherinnen sind daher immer wieder gefordert, auf ihr Kommunikationsverhalten und auf ihr sprachliches Angebot zu achten.

Die Reflexion des eigenen Sprachverhaltens ist deshalb ein wesentliches Element der sozialpädagogischen Arbeit.

> Das Sprachverhalten der Erzieherin hat für Kinder Modellcharakter.

■ Grundsätze zum Modellverhalten

In der Rolle als „Kommunikationsexpertin" und Sprachvorbild hat die pädagogische Fachkraft die Verantwortung dafür, ihr eigenes Sprachverhalten kritisch zu prüfen. Dabei sind ihr die oben beschriebenen methodischen Prinzipien der Sprachförderung behilflich.

Wie Rita Sander und Rita Spanier im „kindergarten heute spezial zur Sprachentwicklung und Sprachförderung (2004)" deutlich machen, sollte die Erzieherin außerdem:

- selbst Kommunikationsfreude zeigen und Sprechanlässe zeigen,
- in Gesprächen angemessene Pausen lassen, um die Reaktion der Kinder wahrnehmen zu können,
- Kindern mit Aufmerksamkeit und echtem Interesse zuhören,
- neugierig sein auf das, was Kinder denken und zu sagen haben,
- Kindern Zeit geben, Worte zu finden und auszusprechen,
- Stärken, Interessen und Bedürfnisse der Kinder wahrnehmen,
- selbst in vollständigen, grammatikalisch richtigen Sätzen sprechen,
- angemessen langsam und deutlich sprechen und dabei in Blickkontakt sein,
- das eigene Handeln sprachlich begleiten,
- über Wünsche, Gefühle und Erlebnisse der Kinder sprechen,
- das jeweilige Sprachniveau der Kinder beachten und dabei sprachlich immer ein kleines Stück über diesem Niveau liegen,
- auf ihre Lautstärke achten und Kinder nicht übertönen,
- auf den Stimmklang und die Betonung beim Sprechen achten.

Soziale Kommunikation: Ein Regelkreis

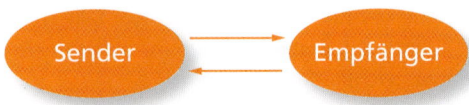

Nur durch den Austausch von Informationen und die wechselseitige Beeinflussung erfährt der einzelne Mensch, was von ihm erwartet wird, und teilt er seinerseits Bedürfnisse und Erwartungen anderen Menschen mit. Nur so können Beziehungen aufgebaut und gepflegt werden. Wir wären also ohne Kommunikation und Interaktion gar nicht lebensfähig. Es gäbe auch ohne Kommunikation keine Kultur und kein gesellschaftliches Zusammenleben.

In seiner überragenden Bedeutung als Wesensmerkmal des Menschen wollen wir jetzt einmal den Grundvorgang der zwischenmenschlichen Kommunikation genauer betrachten.

Da gibt es zunächst einen *Sender*, der eine *Information* mitteilen möchte.

Zum Beispiel fragt Jan (Sender) seinen Freund Stefan (Empfänger) ob er mit ihm spielen will (Information), weil er heute Mittag sonst allein wäre (Absicht).

Er verschlüsselt *(codiert)* seine *Absicht* in erkennbare Zeichen und schickt sie einem *Empfänger*.

Jan benutzt zur Übermittlung dieser Information die Sprache (Codierung in bestimmte Zeichen: Worte, Sätze, Mimik, Gestik, Tonfall).

Der Empfänger muss dann die übermittelte *Nachricht* entschlüsseln *(decodieren)*.

So sieht der Empfänger beispielsweise die Gestik und Mimik des Senders und hört die gesprochenen Worte. Dazu benutzt er einen oder mehrere *Kanäle* (Sinnesorgane).

Wenn die gesendete Information entschlüsselt bzw. decodiert wurde, vorausgesetzt Sender und Empfänger verwenden die gleichen Zeichen, wird die Botschaft verstanden. Jetzt wird der Empfänger seinerseits zum Sender und verschickt eine bestimmte Reaktion, auch *Feedback* genannt. So entsteht ein so genannter *Regelkreis* (siehe Schaubild Seite 98).

> **Aufgabe**
> Betrachten Sie dieses Schaubild genau. Finden Sie Beispiele aus Ihrem Kommunikationsalltag, die Sie mit dem Schaubild analysieren.

Leider verläuft Kommunikation nicht immer störungsfrei und erfolgreich ab.

Sie erinnern sich:

Menschen kommunizieren miteinander, weil sie eine Absicht verfolgen, ein bestimmtes Ziel erreichen möchten.

Wir sprechen deshalb von einer **erfolgreichen Kommunikation**, wenn die an einer Kommunikation beteiligten Personen ihr Ziel erreichen und die gewünschte Wirkung eintritt.

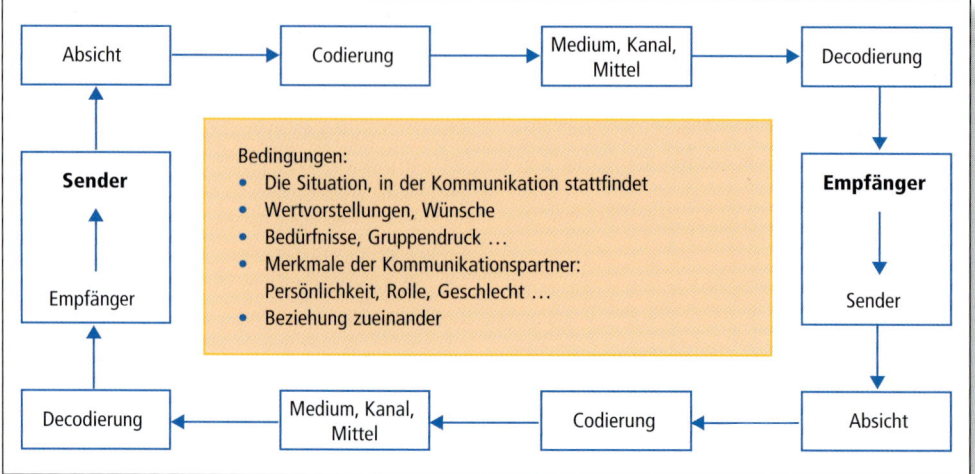

Zu einer sozialen Kommunikation gehören also immer zwei Personen, die wechselweise aufeinander einwirken.

Zwischenmenschliche Verhaltensweisen sind in diesem kommunikationspsychologischen Verständnis nicht mehr in erster Linie Eigenheiten von Menschen, sondern das Ergebnis eines Wechselspiels der an einer Kommunikation beteiligten Personen:

- Ein Kindergartenkind wendet sich hilfesuchend und weinend an eine Erzieherin. Diese versteht das Kind, tröstet es und hilft ihm bei seinem Problem.

Wenn die beteiligten Personen ihre Ziele nicht erreichen und die beabsichtigte Wirkung ausbleibt, sprechen wir von einer **gestörten Kommunikation**:

- Zwei Partner beginnen miteinander ein Gespräch, weil sie eine Spannung beheben wollen. Das Gespräch aber endet in einem heftigen Streit, ohne dass sie eine Lösung gefunden hätten.

Gestörte Kommunikation führt oft zu weitreichenden Problemen. Zum Beispiel zu Schwierigkeiten im Umgang mit anderen, zu Konflikten, Streit, Auseinanderbrechen von Beziehungen. Natürlich auch zu Erziehungsschwierigkeiten, Ärger, Zorn, Isolation, Einsamkeit, Aggression, bis hin zu psychischen Störungen und gar Suizid.

Aufgabe

Reflektieren Sie bitte Ihre Erfahrungen und vergleichen Sie sie mit denen Ihrer Tischnachbarin.

1. In Gesprächen mit Lehrerinnen oder Lehrern habe ich mich nicht verstanden gefühlt, weil…
2. In Gesprächen mit Lehrerinnen oder Lehrern habe ich mich verstanden gefühlt, weil…
3. Wenn ich an ein bevorstehendes Gespräch mit Lehrerinnen oder Lehrern denke, dann…
4. Beschreiben Sie bitte Situationen, in denen es Ihnen leicht bzw. schwer fällt, mit anderen zu reden:
   a) leicht…
   b) schwer…
   c) Mögliche Gründe…

Grundlegende Erkenntnisse über Kommunikation: Paul Watzlawick

PAUL WATZLAWICK, ein in die USA emigrierter Professor für Psychologie aus Österreich, und seine Mitarbeiter haben unser Verständnis der zwischenmenschlichen Kommunikation ganz wesentlich bereichert.

Die wichtigsten Erkenntnisse formulierten WATZLAWICK und seine Mitarbeiter in sogenannten **Axiomen der Kommunikation**.

Paul
Watzlawick

Axiome

Axiome sind grundlegende Lehrsätze, die ohne Beweis einleuchten.

■ 1. Axiom

Bei der nonverbalen Kommunikation haben wir gesehen, dass wir auch ohne Worte Mitteilungen machen. Diese Tatsache führt uns ins Herz des ersten Axioms. Dieses lautet:

> Man kann nicht nicht kommunizieren.

Ich muss also gar nicht unbedingt etwas sagen um zu kommunizieren. Jedes Verhalten hat Mitteilungscharakter!

Jedes Schweigen ist „beredt" und stellt eine Nachricht dar. Auch wenn ich mich in Gegenwart anderer Menschen abwende, oder zum Beispiel den Blickkontakt vermeide, teile ich dem anderen etwas mit.

„Verhalten hat vor allem eine Eigenschaft, die so grundlegend ist, dass sie oft übersehen wird: Verhalten hat kein Gegenteil, oder um dieselbe Tatsache noch simpler auszudrücken: Man kann sich nicht nicht verhalten. Wenn man also akzeptiert, dass alles Verhalten in einer zwischenpersönlichen Situation Mitteilungscharakter hat, d. h. Kommunikation ist, so folgt daraus, dass man, wie immer man es auch versuchen mag, nicht nicht kommunizieren kann. Handeln oder Nichthandeln, Worte oder Schweigen haben alle Mitteilungscharakter: Sie beeinflussen andere, und die-

se anderen können ihrerseits nicht nicht auf diese Kommunikationen reagieren und kommunizieren damit selbst. Es muss betont werden, dass Nichtbeachtung oder Schweigen seitens des anderen dem eben Gesagten nicht widerspricht. Der Mann im überfüllten Wartesaal, der vor sich auf den Boden starrt oder mit geschlossenen Augen dasitzt, teilt den anderen mit, dass er weder sprechen noch angesprochen werden will, und gewöhnlich reagieren seine Nachbarn richtig darauf, indem sie ihn in Ruhe lassen. Dies ist nicht weniger ein Kommunikationsaustausch als ein angeregtes Gespräch"[3]

Wenn der Grundsatz des nicht nicht Kommunizierenkönnens in sozialen Situationen beherzigt wird, so ist eine erfolgreiche Verständigung zu erwarten.

Wenn gegen diesen Grundsatz verstoßen wird, so kann es zu Störungen kommen. Beispielsweise:

- Das Ignorieren der körpersprachlichen Mitteilung.
- Eine einseitige Beendigung eines Gesprächs wie: „Ich will davon nichts hören" oder „mir reicht es jetzt", oder einfach aus dem Raum gehen.
- Etwas zu verharmlosen: „Das war nicht so wichtig."
- Flucht aus dem Gespräch durch Vorgeben von Müdigkeit, Kopfschmerzen, Unwohlsein…

Eine klassische Störung ist die sogenannte **Doppelbindung**. Sie liegt vor, wenn ein Sender in einer Kommunikation einem Empfänger gegenüber gleichzeitig zwei Aussagen macht, die sich widersprechen oder nicht übereinstimmen:

- Ein Kindergartenkind zeigt sein frisch fertiggestelltes Bild der Erzieherin, die gerade damit beschäftigt ist, einen Stuhlkreis vorzubereiten. Die Erzieherin schaut nur flüchtig auf die Zeichnung, nimmt sie also kaum wirklich wahr, aber lobt es überschwänglich. „Oh ist das aber schön…"

Die Doppelbindung wird besonders dann zur Störung, wenn ein Abhängigkeitsverhältnis besteht, und man sich nicht so einfach aus der Situation davon machen kann:

---

[3] Watzlawik, P., 1982

• Die sechzehnjährige Tochter möchte am Abend mit Freunden weggehen und fragt die Mutter, ob sie gehen darf. Jene hat sehr viel im Haushalt zu erledigen und erwartet eigentlich die Hilfe der Tochter. Ihre Antwort aber lautet: „Du weißt ja, dass es dir freisteht zu gehen, kümmere dich nicht, wenn ich sehr traurig bin, und es gibt ja auch noch so viel zu tun…"

Aufgabe
Versuchen Sie sich in diese Beispiele hineinzuversetzen und sprechen Sie mit Ihren Mitschülern über die Mitteilungen und über die dabei entstehenden Gefühle.

■ 2. Axiom

„Wenn man untersucht, was jede Mitteilung enthält, so erweist sich ihr Inhalt vor allem als Information. Dabei ist es gleichgültig, ob diese Information wahr oder falsch, gültig oder ungültig oder unentscheidbar ist. Gleichzeitig aber enthält jede Mitteilung einen weiteren Aspekt, der viel weniger augenfällig, doch ebenso wichtig ist – nämlich einen Hinweis darauf, wie ihr Sender sie vom Empfänger verstanden haben möchte. Sie definiert also, wie der Sender die Beziehung zwischen sich und dem Empfänger sieht und ist in diesem Sinn seine persönliche Stellungnahme zum anderen. Wir finden somit in jeder Kommunikation einen **Inhalts- und einen Beziehungsaspekt**."[3]

Es kommt in einem Gespräch nicht nur darauf an, was man sagt, sondern auch wie man es sagt. Das *Was* der Mitteilung ist der Inhaltsaspekt, das *Wie* ist der Beziehungsaspekt:

• Die Erzieherin zum Beispiel, die zum Kind sagt: „Hast Du das Bild gemalt?" drückt je nach der Art und Weise des Fragens aus, ob darin Bewunderung oder Misstrauen steckt.

_____
[3] Watzlawik, P., 1982

> Jede Kommunikation hat einen Inhalts- und einen Beziehungsaspekt.

Der Inhalt ist das *Was* einer Mitteilung, der Beziehungsaspekt sagt darüber etwas aus, *wie* der Sender diese Mitteilung vom Empfänger verstanden haben will.

Der Beziehungsaspekt bringt die emotionale Beziehung der Gesprächspartner zum Ausdruck. Somit enthält jede Botschaft eine Auskunft über die Art der Beziehung der Kommunikationsteilnehmer zueinander.

Ist die Beziehung nicht gestört, gelingt in der Regel auch die Kommunikation in den Inhalten. Ist die Beziehung hingegen gestört, kann auch die inhaltliche Auseinandersetzung nicht gelingen.

• In einer Dienstbesprechung wertet die Erzieherin Claudia die Argumente ihrer Kollegin Petra ab, weil sie sie nicht leiden kann.
• Auch in umgekehrter Richtung kann es problematisch werden, wenn ein guter Bekannter eine andere Meinung vertritt, möglicherweise findet man ihn dann unsympathischer als zuvor.
• Ungleiche Gefühle in einer Beziehung führen meist zu Problemen: Der Junge liebt das Mädchen, sie aber findet ihn lediglich sympathisch.
• Auch eine unklare Beziehung verursacht Spannungen, z.B. wenn einer innerhalb einer Partnerschaft nicht weiß „woran er ist".

Aufgabe
Suchen Sie passende Beispiele zu diesem Axiom aus Ihren eigenen Erfahrungen und diskutieren Sie sie mit Ihren Mitschülern.

■ 3. Axiom

Wir haben Kommunikation als einen Regelkreis kennengelernt. Das Verhalten des einen Senders löst eine Reaktion des Empfängers aus, der sendet seinerseits und macht damit den Sender zum Empfänger und so weiter. Daraus leitet sich das nächste Axiom ab:

In einem Kommunikationsablauf ist das Verhalten des einzelnen Teilnehmers sowohl Reaktion *auf* das Verhalten des anderen, gleichzeitig aber auch Reiz und Verstärkung *für* das Verhalten des anderen (Interpunktion).

Wir neigen innerhalb einer Kommunikation dazu, den Ablauf aus unserer Perspektive zu gliedern und genau zu bestimmen wo Aktion und Reaktion liegen. Dabei legt jeder Kommunikationsteilnehmer die Ursache-Wirkungsfolge auf seine Art und Weise fest. Wenn ich also mein Verhalten als Reaktion auf das Verhalten meines Gesprächspartners zurückführe, nehme ich eine Interpunktion vor:

- „Angefangen hast du und wie man in den Wald hineinruft so hallt es heraus".

Gerne wird auch bei kindlichen Auseinandersetzungen danach gefragt, wer denn den Streit angefangen hat. Genaugenommen verstößt bereits diese Frage gegen das 3. Axiom. Zum Streit gehören immer mindestens zwei. Und wenn es zutrifft, dass Kommunikation immer kreisförmig verläuft und nicht linear, dann ist jedes Verhalten sowohl Ursache als auch Wirkung.

- „Die Schüler einer Klasse benehmen sich bei einem bestimmten Lehrer flegelhaft, sie sind albern, frech und widerspenstig. In einem Gespräch mit dem Verbindungslehrer begründen sie ihr Verhalten damit, dass dieser Lehrer so „doof" sei, dauernd herummeckere usw. Der Lehrer hält dagegen, dass er wegen des kindischen Verhaltens der Schüler so autoritär auftreten müsse. „Ihr wollt ja offenbar wie Kleinkinder behandelt werden."

Wer von beiden hat angefangen? Hier stellt sich also die alte unlösbare Frage: Was war zuerst, die Henne oder das Ei?

Als Beobachter einer solchen Kommunikation ist uns klar, dass diese Frage nicht zu klären ist. Als Beteiligte gehen wir aber davon aus, dass wir doch nur reagieren. Die Kommunikationspartner haben die gemeinsame Kommunikation auf ihre subjektive Weise *interpunktiert* und erhalten so völlig unterschiedliche „Wahrheiten" über die Wirklichkeit.

Frau und Mann interpunktieren ihre Interaktion verschieden.

- Eine Störung dieses Axioms erkennen wir, wenn das eigene Verhalten als Entschuldigung oder Rechtfertigung für das Verhalten des anderen gesehen wird.
- Eine erfolglose Kommunikation ist sehr wahrscheinlich, wenn Ursache und Wirkung von den jeweiligen Gesprächspartnern unterschiedlich festgelegt werden. Sie nörgelt, weil er sich zurückzieht, er zieht sich zurück, weil sie nörgelt.
- Sogenannte *sich selbst erfüllende Prophezeiungen* verstoßen gegen dieses Axiom: „Du wirst es im Leben zu nichts bringen...."

Selbst erfüllende Prophezeiung

Eine sich selbst erfüllende Prophezeiung ist ein psychischer Mechanismus, durch den eine bestimmte Erwartungshaltung an den Kommunikationspartner indirekt zum Ausdruck gebracht wird, die die Wahrscheinlichkeit, dass sich dann der Kommunikationspartner auch so verhält wie erwartet, erhöht.

Ein anschauliches Beispiel für die Wirkung von sich selbst erfüllenden Prophezeiungen stammt aus dem Buch von Paul Watzlawick: „Anleitungen zum Unglücklichsein".[4]

Die Geschichte mit dem Hammer. Ein Mann will ein Bild aufhängen. Den Nagel hat er, nicht aber den Hammer. Der Nachbar hat einen. Also beschließt unser Mann, hinüberzugehen und ihn auszuborgen. Doch da kommt ihm ein Zweifel: Was, wenn der Nachbar mir den Hammer nicht leihen will? Gestern schon grüßte er

---
[4] Watzlawick, P., 1983

mich nur so flüchtig. Vielleicht war er in Eile. Aber vielleicht war die Eile nur vorgeschützt, und er hat etwas gegen mich. Und was? Ich habe ihm nichts angetan; der bildet sich da etwas ein. Wenn jemand von mir ein Werkzeug borgen wollte, ich gäbe es ihm sofort. Und warum er nicht? Wie kann man einem Mitmenschen einen so einfachen Gefallen abschlagen? Leute wie dieser Kerl vergiften einem das Leben. Und dann bildet er sich noch ein, ich sei auf ihn angewiesen. Bloß weil er einen Hammer hat. Jetzt reicht's mir wirklich. – Und so stürmt er hinüber, läutet, der Nachbar öffnet, doch bevor er „Guten Tag" sagen kann, schreit ihn unser Mann an: „Behalten Sie Ihren Hammer, Sie Rüpel!"

Aufgabe

Analysieren Sie das Beispiel vor dem Hintergrund der Erkenntnisse über das 3. Axiom und suchen Sie Beispiele ähnlicher Art aus Ihrem Erfahrungsschatz.

Eine Metakommunikation, also die Art und Weise, wie die Kommunikation geführt wurde, ist wichtig. Sie sollte darauf aus sein, das gemeinsame Spiel zu erkennen und eine Neuverabredung zu treffen: „So und so treiben wir es miteinander, jeder reagiert auf den anderen und beeinflusst ihn dadurch. Wie können wir uns ändern, damit die Zusammenarbeit befriedigender wird?"

■ 4. Axiom

Es gibt in der menschlichen Kommunikation immer verschiedene Weisen, wie man sich mitteilen kann. Durch Worte, dies nennt WATZLAWICK digital, und durch Ausdrucksverhalten, dies nennt er analog.

Menschliche Kommunikation bedient sich digitaler und analoger Modalitäten.

Möchte beispielsweise ein Kind seiner Erzieherin seine Zuneigung bekunden, so kann es digital geschehen, in Form eines Satzes wie: „Ich mag dich." Oder es kann analog geschehen in Form eines Geschenkes, eines selbstgemalten Bildes oder durch eine Umarmung.

Mit der Sprache, also digital, können wir uns über Sachverhalte sehr genau austauschen. Hierin sind wir dann sehr genau und differenziert, vorausgesetzt man beherrscht die Sprache. Aber die digitale Kommunikation kommt an ihre Grenzen, wenn es um die Definition von Beziehungen geht. Deshalb bedienen wir uns im Bereich der Beziehungen zu anderen Menschen oft der analogen Kommunikation. Dies dürfte bereits bei der Darstellung der *nonverbalen Kommunikation* sehr deutlich geworden sein. Hier haben wir gesehen, dass die analoge Kommunikation eine weitaus allgemeingültigere und vielseitigere Aussagekraft besitzt, als die in der Geschichte der Menschheit viel jüngere und abstraktere digitale Kommunikation. Wir sind in der Lage, uns über Zeichen- und Körpersprache mit Menschen zu verständigen, von deren Sprache wir kein Wort verstehen. Gestik und Mimik sagen wesentlich mehr darüber aus, wie jemand zu uns steht und über uns denkt, als noch so viele Worte.

„Ein Blick sagt mehr als tausend Worte."
„Der Körper lügt nicht."

Erfolgreich ist unsere Kommunikation dann, wenn sowohl digitale und analoge Elemente eindeutig sind und miteinander übereinstimmen. Dies erinnert uns auch wieder an die pädagogische Grundhaltung der Echtheit.

Störungen, die sich aus diesem Axiom ableiten lassen:

- Analoge Kommunikation kann mehrdeutig sein. Je nach Kontext kann ein Küsschen auf die Wange Zuneigung zum Ausdruck bringen oder bedeuten: „Lass uns jetzt in Ruhe." Es kommt auch immer wieder zu Fehlern in der Interpretation der analogen Botschaft (siehe: Die Geschichte mit dem Hammer, S. 101).
- Auch digitale Botschaften können mehrdeutig sein, je nach Betonung kann ein Satz unterschiedliches bedeuten. „Ist die Perlenkette echt?" kann Neid oder Bewunderung zum Ausdruck bringen, je nach Betonung, Gesichtsausdruck usw.
- Wenn digitale und analoge Kommunikation nicht übereinstimmen, kommt es in der Regel zu Störungen. Wenn zum Beispiel A zu B sagt: „Ich freue mich bei dir zu sein" und dabei unruhig auf die Uhr schaut.

- Auch die oben bei Axiom 1 beschriebene Doppelbindung gehört hierzu.

Gleichzeitig wird auch deutlich, dass die Axiome alle sehr eng zusammengehören. Auch der Bezug von Axiom 4 zu Axiom 2 wird hier deutlich.

PAUL WATZLAWICK sagt dazu:
„Wenn wir uns nun erinnern, dass jede Kommunikation einen Inhalts- und einen Beziehungsaspekt hat, so wird deutlich, dass die digitalen und die analogen Kommunikationsweisen nicht nur nebeneinander bestehen, sondern sich in jeder Mitteilung gegenseitig ergänzen. Wir dürfen ferner vermuten, dass der Inhaltsaspekt digital übermittelt wird, der Beziehungsaspekt dagegen vorwiegend analoger Natur ist." [3]

Aufgabe

Versuchen Sie in einem kleinen Rollenspiel widersprüchliche Botschaften zu schicken, indem Sie digital das „Eine" sagen, analog aber das „Andere" tun.

Wo sind Ihnen solche Widersprüche schon im Alltag begegnet? Besprechen Sie Beispiele in Ihrer Klasse.

■ **5. Axiom**

Eine Beziehung zwischen zwei Menschen kann auf Gleichheit oder auf Unterschiedlichkeit beruhen. Wenn wir versuchen uns einander gleich zu sein, sprechen wir von einer **symmetrischen Beziehung**.

Ist die Grundlage einer Beziehung die Unterschiedlichkeit der Kommunikationspartner, so sprechen wir von einer **komplementären Beziehung**.

Zwischenmenschliche Kommunikationsabläufe sind entweder symmetrisch oder komplementär.

Bei einer **symmetrischen Beziehung** gehen beide Partner von einem ebenbürtigen Verhältnis zueinander aus, das kann sich z. B. darin zeigen, dass beide etwa gleich viel reden.

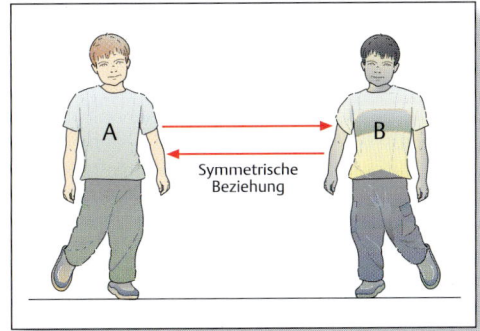

Im Falle der **komplementären Kommunikation**, stehen die Partner in einer unterschiedlichen, sich ergänzenden Position, das kann sich z. B. darin zeigen, dass der eine viel redet, der andere viel schweigt. Oder in natürlichen Beziehungsformen zwischen Kind und Erzieherin, zwischen Lehrer und Schüler oder Arzt und Patient. Das sieht dann so aus:

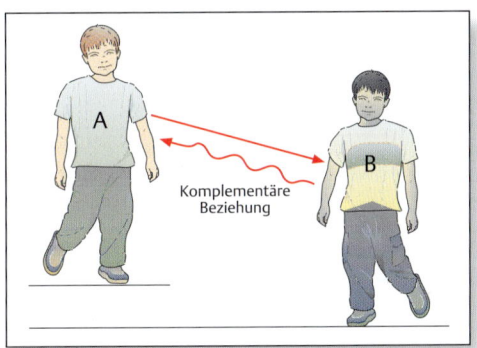

Symmetrische wie komplementäre Verhaltensweisen können ein Gleichgewicht zwischen den Kommunikationspartnern ausdrücken.

So kann das Verhältnis zwischen einer Erzieherin und einer Mutter auf der Inhaltsebene **komplementär** und auf der Beziehungsebene **symmetrisch** sein:

- Eine Mutter fragt die Erzieherin in Erziehungsfragen um Rat. Wenn die Beratung erfolgreich sein soll, verhält sich die Erzieherin bezüglich der Beziehungsebene symmetrisch, sie akzeptiert die Mutter; auf der Inhaltsebene ist ihr Verhältnis komplementär, die Erzieherin ist die Wissende, die Mutter die Ratsuchende.

Deshalb muss die Erzieherin wissen, wie sie auf ihre verschiedenen Gesprächspartner reagiert, wie auf eine viel erzählende Mutter, wie auf ein zurückgezogenes Kind, wie auf einen autoritär auftretenden Chef.

---

[3] Watzlawik, P., 1982

Eine gesunde Kommunikation ist dann zu erwarten, wenn beide Kommunikationsabläufe vorhanden sind.

Störungen ergeben sich dann, wenn eine Kommunikation entweder nur symmetrisch oder komplementär verläuft.

Störungen sind beispielsweise zu erwarten wenn:

- jeder „etwas gleicher" sein will als der andere. Dadurch entsteht bei den „Ungleichen" die Bemühung, die vorherige Symmetrie wieder herzustellen: Dies können wir häufig bei Kindern beobachten, die befreundet sind. „Was sie hat, will ich auch haben", das kann sich dann immer weiter aufschaukeln. Dies nennt man eine symmetrische Eskalation.
- starre Komplementarität vorliegt. Bei einer starren Komplementarität besteht die Gefahr, dass ein anfänglich normales und gesundes Abhängigkeitsverhältnis auf Dauer aufrechterhalten bleibt. Das Kind wird dann unselbstständig und bleibt unmündig und kann sich nicht in die Selbstbestimmung entwickeln.

Fallbeschreibung „Anita und Walter"

Anita und Walter sind seit etwa einem halben Jahr enger miteinander befreundet. Seit einigen Wochen kriselt es in ihrer Beziehung. Am Sonntagnachmittag, als Walter Anita aufsucht, kommt es zwischen den beiden zu folgendem Dialog:

Walter: Warum warst du eigentlich gestern Abend auf der Party so aggressiv zu mir?
Anita: Ich war gar nicht aggressiv!
Walter: So? (lacht etwas).
Anita: Ich habe jetzt keine Lust, mit dir zu streiten!
Walter: Aha, du machst es dir aber leicht!
Anita: Lass mich doch in Ruhe! (Geht aus dem Zimmer. Nach ca. 15 Minuten kommt sie wieder zurück.)
Walter (nach einer Pause): Na, hast du dich wieder gefangen?
Anita: Vielleicht wollte ich gestern Abend etwas ... etwas, das mir fehlte – Zärtlichkeit. Ja, vielleicht war es Hunger nach Zärtlichkeit.

Walter: Du willst doch nichts damit zu tun haben. Du sagst doch immer, das sei sentimental.
Anita: Wann warst du je zärtlich zu mir?
Walter: Wenn ich dich zum Beispiel küssen will, dann sagst du: „Sei nicht sentimental!"
Anita: Aber wann hast du mich jemals küssen wollen?
Walter: Früher schon, aber jetzt ...
Anita: Ach, lass mich in Frieden und verschwinde!
(Rennt weinend aus dem Zimmer).
Walter: (bleibt noch kurze Zeit sitzen und sagt dann vor sich hin): Damit ist ja wohl der Nachmittag wieder gelaufen (steht dann auf und geht).

Aufgabe

Verdeutlichen Sie mit Hilfe der Axiome der Kommunikation, warum es im obigen Beispiel zu Kommunikationsstörungen gekommen ist.

Grundregeln für die Verschlüsselung und Entschlüsselung einer Nachricht – Das Modell von F. Schulz von Thun

FRIEDEMANN SCHULZ VON THUN, ein Professor für Psychologie aus Hamburg, hat die Erkenntnisse von Paul Watzlawick erweitert.

Bei der Analyse zahlreicher Gespräche entdeckten er und seine Mitarbeiter, dass ein und dieselbe Nachricht stets mindestens vier Botschaften gleichzeitig enthält.

Eine Nachricht lautet zum Beispiel: „Sie haben aber komische pädagogische Ansichten."

- Was steckt alles drin in dieser Nachricht?
- Was hat der Sender bewusst oder unbewusst alles hineingesteckt?
- Was kann der Empfänger ihr entnehmen?

Friedemann
Schulz
von Thun

Da ist zunächst einmal ein **Sachinhalt** (Worüber ich informiere). Die Nachricht enthält eine Sachinformation, sie enthält Informationen über die mitzuteilenden Geschehnisse und Dinge: „Es geht hier um pädagogische Ansichten".

Des Weiteren sagt die Person über die Sache hinaus auch etwas über sich selbst: **Selbstoffenbarung oder Selbstkundgabe** (Was ich von mir selbst mitteile). Darin steckt eine gewollte Selbstdarstellung und auch eine unfreiwillige Selbstenthüllung: „Ich habe da ganz andere Ansichten".

Aus der Nachricht geht auch hervor, wie der Sender zum Empfänger steht, was er von ihm hält. Oft zeigt sich dies in nonverbalen Begleitsignalen. Eine Nachricht senden heißt dann immer, zu dem Angesprochenen eine bestimmte Art von Beziehung auszudrücken: **Beziehungsseite** einer Nachricht. (Was ich von dir halte und wie wir zueinander stehen).
„Genau genommen sind auf der Beziehungsseite der Nachricht zwei Arten von Botschaften versammelt. Zum einen solche, aus

denen hervorgeht, was der Sender vom Empfänger hält, wie er ihn sieht… Zum anderen enthält die Beziehungsseite aber auch eine Botschaft darüber, wie der Sender die Beziehung zwischen sich und dem Empfänger sieht (so stehen wir zueinander)."[5]

In unserem Beispiel lautet die Beziehungsbotschaft etwa: „Ich bin Ihnen gegenüber skeptisch eingestellt".

Zu guter Letzt stellt Schulz von Thun fest, dass kaum etwas „nur einfach so" gesagt wird; fast alle Nachrichten haben auch die Funktion auf den Empfänger Einfluss zu nehmen: Die **Appellseite** (wozu ich dich veranlassen möchte): „Bitte erklären Sie mir Ihre Ansichten doch genauer!"

Wir können also zusammenfassend festhalten: Ein und dieselbe Nachricht enthält viele Botschaften. Ob der Sender will oder nicht, er sendet immer gleichzeitig auf allen vier Seiten. Diese Vielfalt an Botschaften lässt sich mit Hilfe des Kommunikationsquadrats nach Schulz von Thun ordnen:

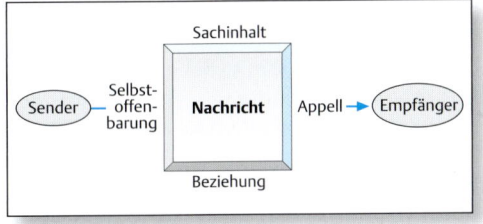

Die vier Seiten einer Nachricht – ein psychologisches Modell der zwischenmenschlichen Kommunikation nach F. Schulz von Thun

Versuchen Sie die folgenden Nachrichten mit dem Vier-Seiten-Modell zu analysieren.

a) Ein Lehrer geht den Flur entlang, um in seiner Klasse Unterricht zu halten. Da kommt ihm die sechzehnjährige Angela entgegen und sagt aufgebracht: „Herr Weber, die Susanne hat ihr Pädagogik-Buch einfach in die Ecke gepfeffert."
b) Die Erzieherin kommt in den Gruppenraum und sagt zur Vorpraktikantin: „Da liegen immer noch die Puzzleteile auf dem Boden herum."
c) Die Erzieherin sagt während der Mittagspause zu ihrer Kollegin: „Immer muss ich die ganze Arbeit alleine machen."

---

[5] Schulz v. Thun, F., 1995

d) Die Erzieherin sagt zu einem Kind: „Da hast du dir ja eine tolle Räuberhöhle gebaut."

e) Während eines Bastelangebots sagt die Erzieherin zu einem Kind: „Wer am lautesten schreit, bekommt zuletzt."

f) Eine Erzieherin schaut sich den Aushang an der Pinnwand ihrer Kollegin an und sagt zu ihr: „Du könntest dir mal wieder was Neues einfallen lassen."

Auch auf „nicht verbale Nachrichten" lässt sich das Modell von SCHULZ VON THUN anwenden.

Normalerweise ist es uns im Alltag leichter möglich, die Nachrichten richtig zu entschlüsseln, weil wir noch zum gesprochenen Wort wichtige Begleitinformationen erhalten. Diese Begleitinformationen haben wir teilweise im Kapitel Körpersprache bereits kennengelernt. An dieser Stelle erweitern wir nur noch ein wenig den Blickwinkel auf die sogenannten **paraverbalen Signale**. Dazu zählen die Art der Formulierung und natürlich der Tonfall.

Insgesamt spricht man in der Kommunikationspsychologie von der Qualifizierung der Botschaft auf viererlei Weise:

- *Qualifizierung durch den Kontext*: Wenn eine Erzieherin angesichts eines eingestürzten Holzklötzchenturms zum Kind sagt: „Du bist aber ein großartiger Baumeister!", dann qualifiziert der Kontext das Gesagte in ironischer Weise.
- *Qualifizierung durch die Art der Formulierung*: Die Art und Weise wie jemand einen

Sachverhalt formuliert, qualifiziert das Gesagte: Die Erzieherin, die nach einem Krankheitstag wegen einer Magenverstimmung wieder im Kindergarten erscheint und gefragt wird, wie es ihr geht, sagt: „Ich bin todkrank!" Die übertreibende Formulierung qualifiziert den Inhalt der Aussage als Widerspruch.

- *Die Qualifizierung durch die Körperbewegung*: Die Bedeutung der Körpersprache haben wir zu Beginn dieses Lernfeldes ausführlich beschrieben. Hier noch ein Beispiel von SCHULZ VON THUN aus dem Bereich der Mimik und Gestik, das widersprüchliche also **inkongruente Botschaften** beinhaltet.

Sie erinnern sich sicher noch an das 1. Axiom: Man kann nicht nicht kommunizieren, jedes Verhalten hat Mitteilungscharakter. Dies lässt sich auch mit dem Vier-Seiten-Modell grafisch ausdrücken:

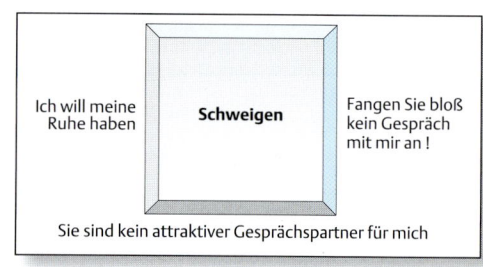

- *Die Qualifizierung durch den Tonfall*: „Das hast du ja wieder ganz prima hingekriegt" sagt die Erzieherin zum Kind, das soeben versehentlich eine Blumenvase vom Fensterbrett heruntergestoßen hat. Die eigentlich echte Botschaft (die Verärgerung) ist hier auch dem Tonfall zu entnehmen.

■ Die Entschlüsselung von Nachrichten (Decodierung)

Betrachten wir das Quadrat aus der Sicht des Empfängers. Je nachdem, auf welche Seite er besonders hört, ist seine Empfangstätigkeit eine andere:

Den *Sachinhalt* sucht er zu verstehen. Sobald er die Nachricht auf die *Selbstoffenbarungsseite* hin „abklopft", ist er personaldiagnostisch tätig: „Was ist das für eine(r)?" bzw. „Was ist im Augenblick los mit ihm/ihr?"

Durch die *Beziehungsseite* ist der Empfänger persönlich besonders betroffen: „Wie steht

Interpretieren Sie die beiden Bilder!

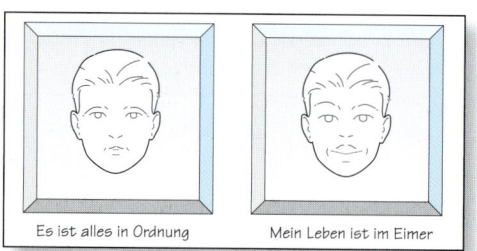

der Sender zu mir, was hält er von mir, wen glaubt er vor sich zu haben, wie fühle ich mich behandelt?"

Die Auswertung der *Appellseite* schließlich geschieht unter der Fragestellung „Wo will er mich hin haben?" bzw. im Hinblick auf die Informationsnutzung: „Was sollte ich am besten tun, nachdem ich dies nun weiß?"

Der Empfänger ist mit seinen zwei Ohren eigentlich biologisch schlecht ausgerüstet: Psychologisch betrachtet braucht er „vier Ohren" – ein Ohr für jede Seite.

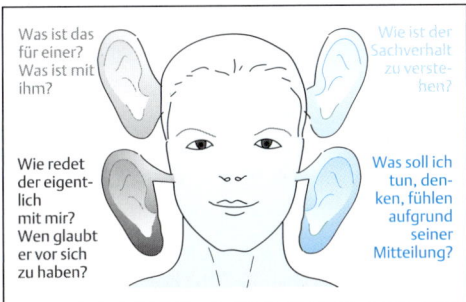

Je nachdem, welches seiner vier Ohren der Empfänger gerade vorrangig auf Empfang geschaltet hat, nimmt das Gespräch einen sehr unterschiedlichen Verlauf. Oft ist dem Empfänger gar nicht bewusst, dass er einige seiner Ohren abgeschaltet hat und dadurch die Weichen für das zwischenmenschliche Geschehen stellt. Was also die zwischenmenschliche Kommunikation so schwierig macht, ist:

„Der Empfänger hat grundsätzlich die freie Auswahl, auf welche Seite er reagieren will.

Diese freie Auswahl des Empfängers führt zu manchen Störungen – etwa dann, wenn der Empfänger auf eine Seite Bezug nimmt, auf die der Sender das Gewicht nicht legen wollte, oder wenn der Empfänger überwiegend nur mit einem Ohr hört und damit taub ist (oder sich taub stellt) für alle Botschaften, die sonst noch ankommen. Die ausgewogene „Vierohrigkeit" sollte zur kommunikationspsychologischen Grundausrüstung des Empfängers gehören. Von Situation zu Situation ist dann zu entscheiden, auf welche Seite(n) zu reagieren ist."

Ein Alltagsbeispiel für verschiedene Empfangsgewohnheiten aus Schulz von Thuns Buch:

„Der Vater kommt gereizt nach Hause, sieht Spielzeug herumliegen und schnauzt sein Kind an: „Was ist das hier für ein Saustall, und der Dreck hier – was bist du für ein Schmierfink!"

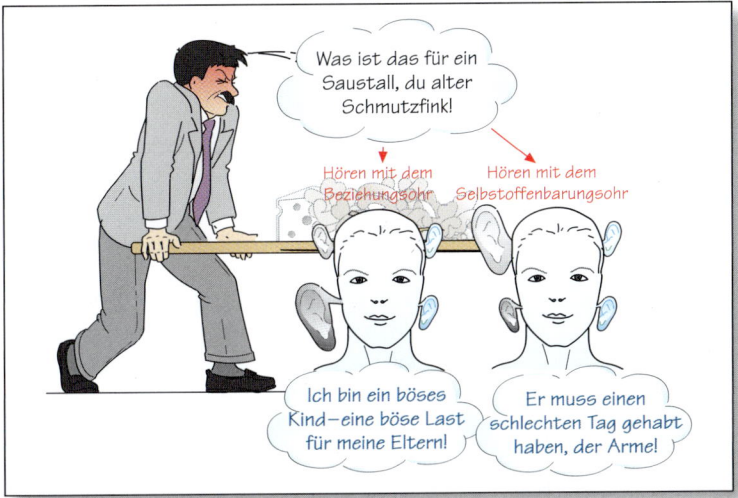

Kinder im Kindergartenalter werden diese Nachricht eher auf dem Beziehungsohr hören müssen, sich wahrscheinlich schlecht und schuldig fühlen und traurig schlussfolgern: „So einer bin ich also!"[5]

Ein Schulkind hat unter Umständen die Fähigkeit, mit dem Selbstoffenbarungsohr zu hören: „Er muss einen schlechten Tag bei der Arbeit gehabt haben, so dass er seine Wut an mir auslässt." Dieses Kind nimmt die Nachricht nicht auf sich, sondern bucht sie auf der Seite des Papas ab: „So einer bist du also."

Bei der Kompliziertheit der zwischenmenschlichen Kommunikation dürfte es nicht verwundern, wenn es zu Missverständnissen kommt. Missverständnisse sind daher das Natürlichste von der Welt, sie ergeben sich fast zwangsläufig schon aus der Quadratur der Nachricht.

„Sender und Empfänger sollten daher beim Aufdecken und Besprechen von Missverständnissen nicht davon ausgehen, dass sich eine peinliche Panne ereignet hat, für die man den Nachweis der eigenen Schuldlosigkeit erbringen sollte. Wer „Recht hat", ist weder eine entscheidbare noch eine wichtige Frage. Es stimmt eben beides: „Der eine hat dieses gesagt, der andere jenes gehört."[6]

---

[5] Schulz v. Thun, F., 1995
[6] Schulz v. Thun, F., 1989

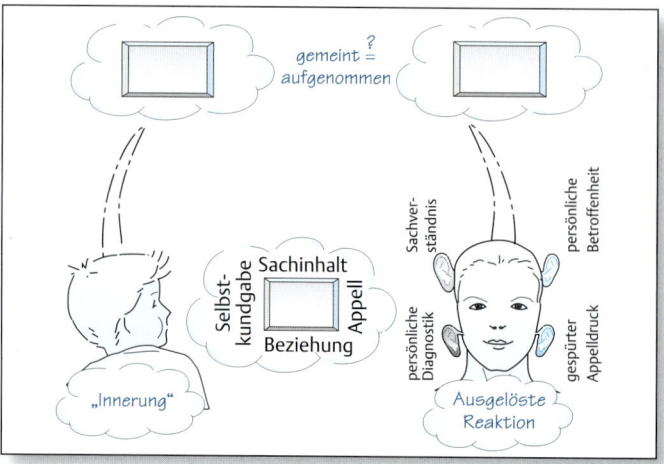

Deshalb ist dann auch ein angemessenes *Feedback* (also eine Rückmeldung) die beste Möglichkeit, Verstehen zu verbessern, allerdings auch auf vier Seiten:

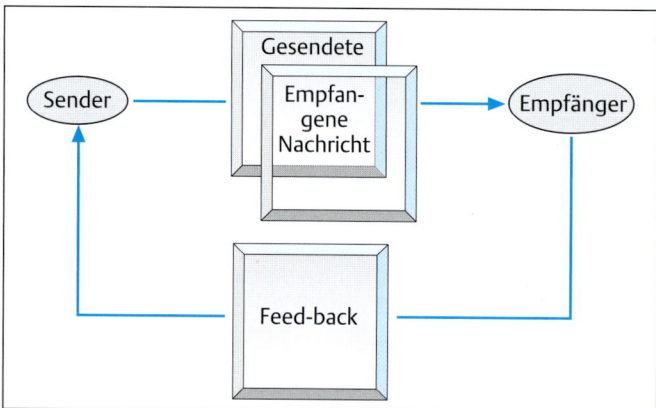

Der Empfänger (= Feedback-Spender) weist auf Sachverhalte hin, gibt etwas von sich selbst kund, nämlich wie er auf die Nachricht reagiert, was er hineinlegt und was sie bei ihm auslöst *(Selbstoffenbarung)*. Er drückt aus, wie er zum Sender steht *(Beziehung)* und formuliert auch einen deutlichen *Appell*, etwas zu ändern oder beizubehalten.

Konkrete Lernsituation

Nach den Ausführungen von Schulz von Thun gibt es vier Sendemöglichkeiten und vier Empfangsohren. Teilen Sie sich in zwei Gruppen auf:

a) die Sender-Gruppe,
b) die Empfänger-Gruppe.

zu a) Die Sender-Gruppe baut aus DIN A3-Tonpapier vier verschiedene Sendertröten entsprechend den Informationen des Textes und beschriftet/gestaltet diese Tröten entsprechend, sodass die Charakteristik eines jeweiligen Senders deutlich wird (arbeitsteilige Gruppenarbeit für die vier Sender).

zu b) Die Empfängergruppe baut aus DIN A3-Karton vier große Ohren entsprechend den vorhergehenden Informationen und gestaltet diese Ohren so aus, dass die spezifische Empfangscharakteristik deutlich wird (arbeitsteilige Gruppenarbeit für die vier Empfangsohren).

• Der Satz: „Hallo, wie geht es dir?" wird der Charakteristik einer jeweiligen Sendertröte entsprechend (unter Benutzung der Tröte) ausgesprochen.
• Die Sender-Gruppe erklärt die Bedeutung und Charakteristik der vier Sender.

Der Satz: „Hallo, wie geht es dir?" wird an einen Empfänger mit vier Ohren (die gebastelten Ohren werden symbolisch an den Kopf einer Person gehalten) gerichtet. Jedes Ohr erläutert sein spezifisches Verständnis des Satzes.

• Diskutieren Sie das Spektrum von Sende- und Empfangsmöglichkeiten.
• Wählen Sie typische Sätze aus dem erzieherischen Alltag aus und wenden Sie die Übung darauf an.
• Stellen Sie Forderungen für eine gelungene Kommunikation auf.
• Welche Ratschläge würden Sie aufgrund Ihrer bisherigen Diskussion einer Erzieherin/einem Erzieher geben?

Feedback, eine goldene Regel der Verständigung

Wenn ich in einer sozialen Interaktion und Kommunikation zurückmelde, was ich von der Nachricht verstanden habe, so ist das eine Art Rückmeldung des Empfangsergebnisses. Wenn diese Rückmeldung nicht nur über das Empfangsergebnis Auskunft gibt, sondern auch noch eine Information darüber enthält, welche Wirkung der Sender auf den Empfänger hat, nennen wir diesen Vorgang **Feedback** bekommen. Und das ist ein Vorgang, den Sie in Ihrem Alltag als Sender ständig erleben. Andere Menschen teilen Ihnen mit, dass sie

• Ihre Äußerungen nicht verstanden haben: „Wie meinst du das?"

- nicht einverstanden sind mit dem, was Sie tun: „Hör bloß auf damit!"
- Ihr Verhalten positiv bewerten: „Das hast du gut gemacht!"

Aus diesen Informationen können Sie ersehen, inwieweit die Auswirkung Ihres Verhaltens Ihren Absichten entspricht. Feedback kann also für Sie ein Kontrollinstrument im sozialen Bereich sein. Sie prüfen, ob etwas auch „so ankommt", wie Sie es beabsichtigt haben. LUTZ SCHWÄBISCH und MARTIN SIEMS beschreiben in ihrem Buch „Anleitung zum sozialen Lernen" den Feedback-Vorgang in seiner grundlegenden Bedeutung sehr anschaulich:

„Wenn Sie also im Umgang mit einem Freund erleben, dass Ihre Vorträge ihn langweilen, so können Sie sich entscheiden, ob Sie dieses Verhalten aufgeben oder ändern wollen. Sie können ferner nachfragen und gemeinsam herausfinden, woran es liegt, dass Sie mit Ihrem Gesprächsbeitrag eine solche unliebsame Wirkung erzielen. Haben Sie sich zu oft wiederholt? Interessiert Ihren Freund das Thema nicht? Beschäftigt er sich gerade mit einem anderen brennenden Problem?

Feedback gibt Ihnen die Möglichkeit, in einer Beziehung „Störungen" herauszufinden, die durch Ihr Verhalten ausgelöst werden. Sie bekommen dadurch Informationen, die für die Entwicklung der Beziehung und für die Entwicklung Ihrer Persönlichkeit wichtig und hilfreich sein können.

Stellen Sie sich vor, Sie erleben es häufiger, dass Menschen sich von Ihnen abwenden und desinteressiert scheinen, wenn Sie zu reden beginnen. Stellen Sie sich weiter vor, dass der Grund dafür Ihre ständigen Wiederholungen sind. Nur ein *offenes Feedback* kann Ihnen solche Informationen geben. Wenn Ihnen keiner die Wirkung Ihres Verhaltens auf sich mitteilt, beziehen Sie die Reaktionen der anderen vielleicht auf Ihr Aussehen, Ihre mangelnden Kenntnisse, oder Sie interpretieren diese Reaktionen nur als „die anderen mögen mich nicht". Sie haben ohne offenes, *konkretes Feedback* keine Möglichkeit, Ihre sozialen Erfahrungen realitätsgerecht zu verarbeiten.

Feedback hilft uns, uns selbst und die Umwelt realistisch wahrzunehmen. Ob das Feedback hilfreich ist oder schadet, hängt aber von der sprachlichen Form ab, von der Art und Weise, wie wir es ausdrücken."

Im Umgang mit anderen Menschen erfolgt das Feedback meist in einer indirekten Form. Sozialpartner sagen nicht: „Das, was du tust, macht mich ärgerlich", sondern sie werden ärgerlich und verhalten sich so, wie ärgerliche Menschen sich verhalten (*indirekter Ausdruck von Gefühlen durch das Verhalten*). Uns bleibt es nun überlassen, ihre indirekte Mitteilung zu übersetzen und herauszufinden, dass sie ärgerlich sind, warum sie ärgerlich sind und ob und wie wir diesen Ärger vermeiden können. Die Missverständnisse in einem solchen Prozess der Kommunikation sind vielfältig:

- Wir interpretieren ihr Gefühl falsch. Sie sind vielleicht nicht ärgerlich, sondern traurig oder verletzt.
- Wir beziehen die Reaktionen der anderen auf unser Verhalten, obwohl das in keinem Zusammenhang mit ihren Gefühlen steht. Ein anderer Mensch ist vielleicht gar nicht ärgerlich unseretwegen, sondern wegen eines Erlebnisses mit seinem Chef bei der Arbeit.
- Wir beziehen die Reaktionen der anderen auf bestimmte unserer Verhaltensweisen, die diese Reaktionen gar nicht ausgelöst haben. Ein anderer Mensch ist nicht deswegen ärgerlich, weil wir Behauptungen aufstellen, die er für unvernünftig hält (unsere Interpretation), sondern vielleicht, weil wir so viel reden und ihn nicht zu Wort kommen lassen."[7]

Im nächsten Abschnitt werden wir sehen, wie die Art der Botschaft als „Ich-Botschaft" den Prozess des Feedbacks günstig gestalten hilft.

Konkrete Lernsituation:
„Heißer Stuhl" in der Klasse

Wir sitzen im Kreis und ein Stuhl steht in der Mitte.

Eine Mitschülerin setzt sich auf den Stuhl in der Mitte und bittet um Feedback von 2 oder 3 Mitschülerinnen.

Die Feedbackgeber beginnen ihre Rückmeldung an die Schülerin auf dem heißen Stuhl mit:

---

[7] Schwäbisch, L.; Siems, M., 1988

- „Was mir an dir gefällt..."
- „Was mich an dir stört..."

oder ähnlichen Formulierungen

Andere Schülerinnen können per Handzeichen, wenn der Feedback-Empfänger einverstanden ist, noch etwas dazufügen.

Die Schülerin setzt sich in den Kreis zurück, und die nächste Schülerin setzt sich auf den heißen Stuhl.

Alle Schülerinnen sind aufgefordert. Es gibt bis zum Ende der Übung keine Erklärungen, keine Diskussionen, keine Nebengespräche.

Nachdem alle auf dem heißen Stuhl Feedback bekommen haben, gibt es eine allgemeine Aussprache.

Wichtig
- Wir sind uns zugewandt,
- wir beleidigen nicht,
- wir überlegen bevor wir sprechen,
- wir halten die Feedback-Regeln ein.

■ Feedback-Regeln

Feedback besteht aus 2 Komponenten
a) Feedback geben
b) Feedback nehmen

Es gibt 3 Zielsetzungen:

- Ich will den anderen darauf aufmerksam machen, wie ich sein Verhalten erlebe und was es für mich bedeutet (positiv/negativ).
- Ich will den anderen über meine Bedürfnisse und Gefühle informieren, damit er darüber informiert ist, worauf er besser Rücksicht nehmen könnte. So muss er sich nicht auf Vermutungen stützen.
- Ich will den anderen darüber aufklären, welche Veränderungen in seinem Verhalten mir gegenüber die Zusammenarbeit mit ihm erleichtern würden.

Gutes Feedback bezieht sich immer auf hilfreiche Verhaltensweisen, aber auch auf störende. Die positiven Wirkungen von Feedback liegen darin, eigene störende Verhaltensweisen zu korrigieren und die Zusammenarbeit effektiver zu gestalten.

Es ist keine einfache Angelegenheit, Feedback zu geben oder zu nehmen. Es kann manchmal weh tun, peinlich sein, Abwehr auslösen oder neue Schwierigkeiten heraufbeschwören, da niemand leichten Herzens akzeptiert, in seinem Selbstbild korrigiert zu werden.

Feedbackgeber und Feedbacknehmer sollten daher bestimmte Regeln einhalten:

Regeln für den Feedbackgeber:
Wichtig! Ihr Feedback muss erwünscht sein.

- Seien Sie konstruktiv, beschreibend, konkret, subjektiv, positiv und nicht zu negativ.
- Werten Sie nicht, sprechen Sie nicht Unabänderliches an.
- Fordern Sie keine Änderungen.
- Seien Sie angemessen, berücksichtigen Sie die Bedürfnisse beteiligter Personen – zwingen Sie niemandem etwas auf.
- Seien Sie klar in Ihren Formulierungen. Geben Sie zeitnah Feedback (keine Rabattmarken kleben!).

Regeln für den Feedbacknehmer:
Wichtig! Sie sind in einer passiven Rolle.

- Lassen Sie den anderen ausreden – rechtfertigen Sie sich nicht, verteidigen Sie sich nicht.
- Vergewissern Sie sich, ob Sie alles verstanden haben.
- Seien Sie dankbar für das Feedback, auch wenn es nicht in der richtigen Form gegeben wurde.
- Es hilft Ihnen selbst, sich und die Wirkung auf andere kennenzulernen und dadurch sicherer und kompetenter im Auftreten zu werden.
- Akzeptieren Sie nicht unkritisch und prüfen Sie nach: Haben Sie ähnliches schon einmal gesagt bekommen, fragen Sie bei anderen Gruppenmitgliedern nach deren Eindrücken, können Sie das Feedback modifizieren, korrigieren, bestätigen?
- Bleiben Sie aber auch sich selbst gegenüber kritisch: Neigen Sie zu Widersprüchen? Neigen Sie zu Gegenangriffen? Neigen Sie dazu, misszuverstehen oder falsch zu deuten?

Schlafen Sie über das gegebene Feedback und geben Sie zu einem späteren Zeitpunkt Rückmeldung an Ihren Feedbackgeber.

Verschiedene Botschaften und förderliches Sprachverhalten

Bei PAUL WATZLAWICK und SCHULZ VON THUN haben wir gelernt, dass die Art und Weise wie man Botschaften verschlüsselt, sehr viel zum erfolgreichen oder erfolglosen Verlauf einer Kommunikation beiträgt. Auch wenn das Ergebnis einer Mitteilung stark vom Empfänger mitbestimmt wird, *kommt es darauf an, wie klar und eindeutig Botschaften formuliert werden.*

In vielen Alltagsgesprächen kommen Bedürfnisse, Wünsche und Gefühle häufig nur verschleiert, verborgen oder geleugnet zum Ausdruck:

- Ein Kind beispielsweise boxt andere Kinder an, weil es Kontakt haben möchte.
- Eine Mutter sagt zu ihrer siebzehnjährigen Tochter: „Was ich dazu meine, weißt du ja, aber du kannst ja tun, was du willst!"
- Eltern sagen zu ihrem Kind: „Du brauchst nicht zu lernen, aber die nächsten Ferien kannst du vergessen, wenn deine Noten in der Schule nicht besser werden."

Solche Äußerungen werden als *versteckte Botschaften* bezeichnet. Das Problem für eine gelingende Kommunikation besteht nun aber darin, dass die wahren Empfindungen, Wünsche und Bedürfnisse unklar bleiben. Auch in der indirekten Ausdrucksweise finden wir meist versteckte Botschaften.

- So sagt zum Beispiel die Erzieherin zu einem Kind: „Findest du es gut, dass du dich heute so aufgeführt hast?" Durch eine solche Äußerung werden die eigenen Empfindungen nicht bewusst, das Kind kann sie nur sehr schwer erkennen und wird in eine Verteidigungsposition gebracht. Offen gesprochen müsste die Erzieherin sagen: „Mir hat nicht gefallen, dass…. weil…"

Eine Erzieherin, die sagt: „Das tut man nicht!" versteckt darin eine Botschaft. Derjenige der dies so sagt, versteckt sich hinter einer vielleicht sinnvollen Verhaltensregel ohne sich dazu zu bekennen, dass er es ist, den etwas stört.

Ein direkter freimütiger Ausdruck von Wünschen, Bedürfnissen und vor allem von Gefühlen würde eine befriedigende Beziehung ermöglichen.

Th. Gordon

Besonders deutlich wird die *Bedeutung direkter und indirekter Botschaften* bei pädagogischen Problemen.

In vielen erzieherischen Situationen plagen, stören und frustrieren uns Kinder. Kinder können rücksichtslos und unbedacht sein, gerade dann, wenn die Erwachsenen versuchen, ihre eigenen Bedürfnisse zu befriedigen.

Ähnlich jungen Hunden können Kinder ungestüm und destruktiv, laut und anspruchsvoll sein, und wie auch alle Eltern bestätigen können, können Kinder Extraarbeit verursachen, einen aufhalten, wenn man in Eile ist, reden, wenn man möchte, dass sie ruhig sind, einen mit Nutella beschmieren, wenn man eine gute Hose anhat, und so weiter.

Eine sinnvolle Methode mit diesem kindlichen Verhalten fertig zu werden und dabei die Selbstachtung aller Beteiligten zu bewahren und die gegenseitigen Bedürfnisse zu respektieren, ist der direkte sprachliche Ausdruck von Gefühlen und Bedürfnissen ohne den anderen zu verletzen. THOMAS GORDON, einer der weltweit erfolgreichsten Autoren pädagogischer Literatur, den wir schon einige Male erwähnt haben, unterscheidet deshalb zwischen sogenannten *„Du-Botschaften"* und *„Ich-Botschaften".*

Dazu eine **konkrete Situation** aus der „Familienkonferenz" von TH. GORDON:

1. „Sie sind nach einem langen Arbeitstag sehr müde. Sie haben es nötig, sich eine Weile hinzusetzen und auszuruhen. Die-

se Zeit würden Sie gerne dazu benutzen, die Abendzeitung zu lesen. Aber Ihr fünfjähriger Sohn bestürmt Sie unaufhörlich, mit ihm zu spielen. Er hört nicht auf, Sie am Arm zu ziehen, klettert auf Ihren Schoß und zerknittert die Zeitung. Mit ihm spielen ist das letzte, was Sie tun möchten."

2. „Ihr vierjähriges Kind hat ein paar Töpfe und Pfannen aus dem Regal genommen und beginnt, damit auf dem Fußboden zu spielen. Das stört Sie beim Zubereiten der Mahlzeit für Ihre Gäste. Sie sind bereits spät dran."

3. „Ihr zwölfjähriges Kind kam aus der Schule nach Hause, machte sich selbst ein Brot und hinterließ in der Küche ein Schlachtfeld, nachdem Sie eine Stunde lang geputzt hatten, damit sie sauber sein würde, wenn Sie mit dem Abendbrot anfangen."

Aufgabe

Schreiben Sie für alle drei Situationen auf, was Sie zu Ihrem Kind sagen würden.
Wenn Sie dies getan haben, vergleichen Sie Ihre „Lösungen" mit den nun folgenden:

1. Anordnen, Befehlen, Kommandieren
„Geh und such dir etwas zum Spielen."
„Hör auf, die Zeitung zu zerknittern."
„Räum die Töpfe und Pfannen wieder fort."

2. Warnen, Ermahnen, Drohen
„Wenn du nicht aufhörst, schreie ich."
„Mutter wird böse, wenn du nicht aus dem Weg gehst."
„Wenn du nicht machst, dass du rauskommst, und die Küche wieder in ihren alten Zustand versetzt, wird es dir Leid tun."

3. Zureden, Predigen, Moralisieren
„Stör niemals jemanden beim Lesen."
„Spiel bitte anderswo."
„Du musst nicht herumspielen, wenn Mutter es eilig hat."
„Räum immer auf, wenn du fertig bist."

4. Raten, Vorschläge machen oder Lösungen geben
„Warum gehst du nicht nach draußen und spielst?"
„Lass mich mal etwas anderes vorschlagen, was du tun könntest."

„Kannst du die Sachen denn nicht wegräumen, nachdem du sie gebraucht hast?"

Diese Arten von verbalen Erwiderungen teilen dem Kind die Lösung mit, die Sie für es haben – genau das, was es Ihrer Meinung nach tun sollte.

Was ist daran so problematisch, werden Sie vielleicht fragen?

Wenn Sie dem Kind eine Lösung für ihr Problem vorgeben, dann kann das nach der umfangreichen pädagogischen Erfahrung vieler Fachleute folgende Auswirkungen haben, die TH. GORDON formuliert:

1. Kinder wehren sich dagegen, gesagt zu bekommen, was sie tun sollen. Ihre Lösung mag ihnen auch nicht zusagen. Jedenfalls wehren Kinder sich dagegen, ihr Verhalten ändern zu müssen, wenn ihnen genau gesagt wird, wie sie sich ändern „müssten", „sollten" oder dass sie „besser daran täten sich zu ändern".

2. Das Senden der Lösung übermittelt auch noch eine andere Botschaft: „Ich traue dir nicht zu, dich für eine Lösung zu entscheiden" oder „Ich halte dich nicht für feinfühlig genug, einen Weg zu finden, um mir bei meinem Problem zu helfen."

3. Das Senden der Lösung sagt dem Kind, dass Ihre Bedürfnisse wichtiger als seine sind, dass es genau das tun muss, was es, ungeachtet seiner Bedürfnisse, Ihrer Meinung nach tun sollte. („Du tust etwas für mich Unannehmbares, darum ist die einzige Lösung das, was ich sage.")

Dies sind alles sogenannte **„Du-Botschaften"**, Äußerungen, in denen über den anderen eine Mitteilung gemacht wird, und die sich in schlimmeren Fällen bis zu *herabsetzenden Botschaften* ausbilden können. Wie zum Beispiel die von THOMAS GORDON gesammelten:

1. Urteilen, Kritisieren, Beschuldigen
„Du müsstest es besser wissen."
„Du bist sehr gedankenlos."
„Du bist sehr ungezogen."
„Du wirst noch einmal der Nagel zu meinem Sarg sein."

2. Beschimpfen, Verhöhnen, Beschämen
„Du bist ein verzogenes Gör."
„Schon gut, Herr Naseweis."
„Schäm dich."

3. Interpretieren, Diagnostizieren, Psychoanalysieren

„Du willst nur Aufmerksamkeit erregen."

„Du willst mich nur auf die Palme bringen."

„Du siehst nur zu gern, wie weit du es treiben kannst, bevor ich wütend werde."

„Du willst immer da spielen, wo ich arbeite."

4. Belehren, Anleiten

„Es gehört sich nicht, jemanden zu unterbrechen."

„Artige Kinder tun das nicht."

„Was würdest du sagen, wenn ich das dir antäte?"

„Warum bist du zur Abwechslung nicht einmal artig?"

Das sind alles Herabsetzungen – sie ziehen den Charakter des Kindes in Zweifel, lehnen es als Mensch ab, zerstören seine Selbstachtung, betonen seine Unzulänglichkeiten, fällen ein Urteil über seine Persönlichkeit. Sie geben dem Kind die Schuld.

Welche Wirkungen rufen diese Botschaften wahrscheinlich hervor?

1. Kinder fühlen sich oft schuldbewusst und voll Reue, wenn sie verurteilt oder beschuldigt werden.
2. Kinder haben das Gefühl, dass der Elternteil nicht fair ist – sie empfinden Ungerechtigkeit: „Ich habe nichts Böses getan" oder „Ich wollte nicht unartig sein."
3. Kinder fühlen sich oft ungeliebt, zurückgestoßen: „Sie mag mich nicht, weil ich etwas Böses getan habe."
4. Kinder reagieren oft sehr widerspenstig auf derartige Botschaften – sie stellen sich auf die Hinterbeine. Das die Eltern störende Verhalten aufzugeben, würde ein Eingeständnis der Stichhaltigkeit des elterlichen Vorwurfs oder Urteils sein. Die typische Reaktion eines Kindes würde sein: „Ich störe dich nicht" oder „Die Töpfe sind niemandem im Weg".
5. Kinder zahlen oft mit gleicher Münze heim: „Du bist auch nicht immer so ordentlich" oder „Du bist ständig müde", „Du bist ein schrecklicher Miesepeter, wenn Besuch kommt" oder „Warum kann das Haus nicht so sein, dass wir darin leben können?".

6. Herabsetzungen geben dem Kind das Gefühl der Unzulänglichkeit. Sie reduzieren seine Selbstachtung."[8]

Zusammenfassend können wir also festhalten: Zu den Du-Botschaften gehören Mitteilungen, die urteilen, verurteilen, werten, nörgeln, beschimpfen, verhöhnen, beschämen, herabsetzen, demütigen, Lösungen senden, polemisieren, beschuldigen, warnen, ermahnen, drohen, predigen, moralisieren usw., sie alle verbergen die eigenen Bedürfnisse, das eigene innere Erleben, fällen ein Urteil über den anderen und bringen ihn in Bedrängnis.

Von der „Du-Botschaft" zur „Ich-Botschaft"

Eine Möglichkeit den Unterschied zwischen unwirksamen und wirksamen Botschaften zu verdeutlichen, ist es „Du-Botschaften" in „Ich-Botschaften" zu verwandeln. Der Erfinder dieser Botschaften, THOMAS GORDON, hat dafür in seiner „Familienkonferenz" ein anschauliches Beispiel:

Stellen Sie sich ein Elternteil vor, das müde ist und keine Lust hat mit seinem vierjährigen Kind zu spielen. Eine unmissverständliche Botschaft für das Müdigkeitsgefühl des Elternteils müsste also eine „Ich-Botschaft" sein:

- „Ich bin müde", oder
- „Ich fühle mich jetzt gerade nicht in der Lage zu spielen", oder
- „Ich möchte mich jetzt erst etwas ausruhen."

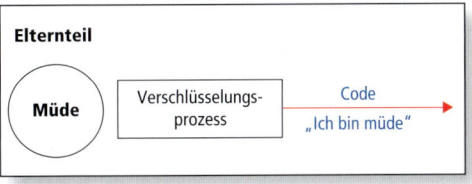

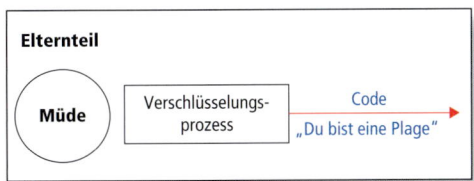

---

[8] Gordon, T., 1989

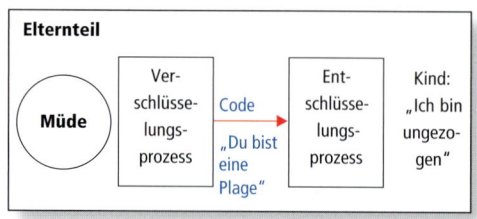

Dies wäre dann im Sinne unseres Vier-Seiten-Kommunikationsmodells von SCHULZ VON THUN auch eine Selbstkundgabe, wohingegen die „Du-Botschaft" auf der Appellseite oder auf der Beziehungsseite der Nachricht sendet.

Diese Botschaft wird vom Kind eher als eine Bewertung seiner selbst entschlüsselt. Wohingegen die erste Botschaft als Feststellung einer geäußerten Tatsache in Bezug auf einen Elternteil verstanden werden kann.

Auf diese Weise lassen sich jetzt auch die vorherigen Beispiele übersetzen:

Du-Botschaft — wird zu →	Ich-Botschaft
„Du bist ungezogen"	„Ich kann nicht ausruhen, wenn mir jemand auf den Schoß krabbelt."
„Du bist eine Plage"	„Ich bin zu müde um zu spielen."
„Räum die Töpfe und Pfannen wieder fort"	„Ich kann nicht kochen, wenn ich über Töpfe und Pfannen auf dem Fußboden steigen muss."
„Musst du eigentlich immer dazwischenreden?"	„Ich bin sauer, wenn ich unterbrochen werde"

■ Warum „Ich-Botschaften" wirksamer sind

„Ich-Botschaften" sind wirksamer, um ein Kind zu beeinflussen, ein Verhalten zu modifizieren, das für den Elternteil unannehmbar ist und dessen Modifizierung für das Kind und die Eltern-Kind-Beziehung gesünder ist. Die „Ich-Botschaft" ist viel weniger geeignet, Widerstand und Rebellion zu provozieren. Es ist weitaus weniger bedrohlich, einem Kind aufrichtig die Wirkung seines Verhaltens auf Sie zu übermitteln, als anzudeuten, dass irgendetwas an ihm böse ist, weil es sich diesem Verhalten hingibt. Denken Sie an den signifikanten Unterschied in der kindlichen Reaktion auf diese zwei Botschaften, die ein Elternteil sendete, nachdem ihn ein Kind vor das Schienbein tritt:

„Au! Das hat mir wirklich weh getan – ich mag nicht, wenn man mich tritt."

„Du bist ein sehr unartiger Junge. Untersteh dich, jemanden so zu treten."

Die erste Botschaft sagt dem Kind nur, was Sie durch seinen Tritt fühlten, eine Tatsache, die es kaum bestreiten kann. Die zweite sagt ihm, dass es „unartig" war, und warnt es davor, das wieder zu tun. Gegen beides kann es Einwände erheben und sich wahrscheinlich heftig sträuben.

„Ich-Botschaften" sind auch viel wirksamer, weil sie die Verantwortung für die Modifizierung seines Verhaltens in die Hände des Kindes legen. „Au! Das hat mir wirklich weh getan" und „Ich mag nicht, wenn man mich tritt" sagen dem Kind, wie Sie fühlen, überlassen es jedoch ihm, etwas zu tun.

Folglich helfen „Ich-Botschaften" dem Kind, voranzukommen, helfen ihm, Verantwortung für sein eigenes Verhalten zu übernehmen. Eine „Ich-Botschaft" sagt dem Kind, dass Sie ihm die Verantwortung überlassen, ihm zutrauen, auf konstruktive Weise mit der Situation fertig zu werden, ihm zutrauen, dass es Ihre Bedürfnisse respektiert, ihm eine Chance geben, damit zu beginnen, sich konstruktiv zu verhalten.

Weil „Ich-Botschaften" aufrichtig sind, neigen sie dazu, das Kind zu beeinflussen, ähnlich aufrichtige Botschaften zu senden, wann immer es eine Empfindung hat. „Ich-Botschaften" des einen Menschen in einer Beziehung fördern „Ich-Botschaften" des anderen. Das ist der Grund, warum in sich verschlechternden Beziehungen Konflikte häufig in gegenseitige Beschimpfungen und wechselseitige Beschuldigungen ausarten.[8]

Konkrete Lernsituation – Unwirksame Botschaften erkennen und in „Ich-Botschaften" übersetzen.

Anleitung

Lesen Sie jede der unten aufgeführten Situationen und die vom Elternteil gesendete Botschaft. Auf einem Blatt Papier schreiben Sie die Gründe dafür auf, warum die Botschaft des Elternteils als Sendung nicht wirksam war, indem Sie die folgende Liste von „Sendefehlern" verwenden:

- Untertreiben
- Beschuldigen, verurteilen
- Indirekte Botschaft, Sarkasmus
- Lösungen, Befehle senden
- Sekundären Empfindungen Luft machen
- Beschimpfungen
- Antippen und weglaufen

1. Die Kinder streiten sich darüber, welches Fernsehprogramm sie sehen. Darauf sagt die Mutter:
   „Hört mit dem Streiten auf und stellt augenblicklich den Apparat ab."
2. Die Tochter kommt um 1:30 Uhr nachts nach Hause, nachdem sie zugestimmt hat, um 24:00 Uhr zurück zu sein. Der Elternteil ist sehr besorgt gewesen, dass ihr etwas geschehen sein könnte, der Elternteil ist erleichtert, als sie schließlich kommt.
   „Man kann dir also nicht vertrauen, das sehe ich. Ich bin so böse auf dich. Du wirst einen Monat lang Hausarrest haben."
3. Ein Zwölfjähriger ließ die Tür zum Schwimmbecken offen stehen und brachte damit Zweijährigen in Gefahr.
   „Was wolltest du? Deinen kleinen Bruder ertrinken lassen? Ich bin wütend auf dich."
4. Der Lehrer schickt den Eltern einen Brief, in dem er erklärt, der Elfjährige führe zu viele laute und „schmutzige" Reden in der Klasse.
   „Komm mal her und erkläre mir, warum du deine Eltern mit deinem ungewaschenen Mundwerk in Verlegenheit bringen willst?"

5. Die Mutter ist böse und sehr frustriert, weil das Kind trödelt und sie zu einer Verabredung zu spät kommen lässt.
   „Mutter wäre es lieb, wenn du ihr gegenüber rücksichtsvoller wärst."
6. Die Mutter kommt nach Hause und findet das Wohnzimmer in großer Unordnung vor, nachdem sie die Kinder gebeten hatte, es in Anbetracht zu erwartenden Besuchs sauber zu halten.
   „Ich hoffe, ihr beiden hattet auf meine Kosten viel Spaß heute Nachmittag."
7. Der Vater fühlt sich vom Anblick und Geruch der schmutzigen Füße seiner Tochter abgestoßen.
   „Wäschst du dir denn niemals wie andere Leute die Füße? Marsch, unter die Dusche."
8. Das Kind stört sie, weil es durch Purzelbaumschlagen die Aufmerksamkeit ihres Besuchs auf sich lenkt. Mutter sagt:
   „Du kleiner Angeber".

Vergleichen Sie Ihre Antworten mit diesen:

1. Lösungen senden.
2. Beschuldigen, verurteilen, sekundären Empfindungen Luft machen, Lösungen senden.
3. Beschuldigen, verurteilen, sekundären Empfindungen Luft machen.
4. Beschuldigen, verurteilen.
5. Beschuldigen, verurteilen, untertreiben.
6. Indirekte Botschaft.
7. Indirekte Botschaft, Lösung senden, beschuldigen, verurteilen.
8. Beschimpfen.
9. Antippen und weglaufen.

Jetzt schreiben Sie bitte unter Vermeidung der „Sendefehler" für jede der oben aufgeführten Situationen passende „Ich-Botschaften".

---

[8] Gordon, T., 1989

Die Rolle des Empfängers in der Kommunikation

Als Erzieherin befindet man sich häufig in der Rolle des Zuhörenden oder, im Sinne der Kommunikationspsychologie, in der Rolle des Empfängers einer kindlichen Botschaft. Aus den Erkenntnissen über die „Vierohrigkeit" des Empfängers ist uns deutlich geworden, dass die ankommende Nachricht immer ein „Machwerk" des Empfängers ist! Es kommt also ganz entscheidend auf mein *Zuhören* an. Dieses Zuhören ist ein kompliziertes Gemisch aus mindestens drei Empfangsvorgängen, die wir auseinanderhalten sollten:

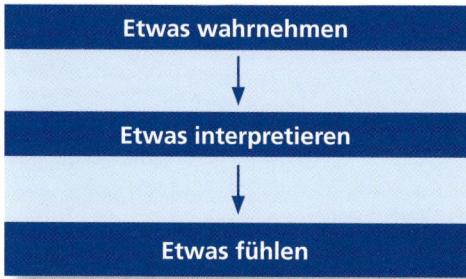

Für die innere Klarheit des Empfängers und vor allem für seine Reaktion ist diese Unterscheidung sehr wichtig.

- **Wahrnehmen** heißt: etwas sehen (einen Blick) oder etwas hören oder riechen.
- **Interpretieren** heißt: Das Wahrgenommene mit einer Bedeutung versehen (z. B. den Blick als abfällig deuten oder eine Frage nach dem neuen Kleid als Kritik hören).
  Die Interpretation kann richtig oder falsch sein. Vermeiden können wir Interpretationen nicht, aber wir sollen uns bewusst sein, dass es sich um Interpretationen handelt, die richtig oder falsch sein können.
- **Fühlen:** Hierbei antworten wir auf das Wahrgenommene mit einer Empfindung (z. B. mit Wut auf den „abfälligen Blick"). Dieses Gefühl ist nicht richtig oder falsch, sondern eine Tatsache!

Der Kommunikationswissenschaftler Schulz von Thun stellt fest, dass wir in der Regel wenig geübt darin sind, diese drei Vorgänge in uns auseinander zu halten: Sie verschmelzen zu einem „Kuddelmuddel-Produkt".

Beispiel: Eine Frau berichtet über ihren Plan, einen Tanzkurs zu machen. Als der Mann dar-

aufhin die Stirn runzelt, reagiert sie verärgert: „Nun mach doch nicht gleich wieder so ein angewidertes Gesicht!"

Ihre Reaktion ist ein Verschmelzungsprodukt aus Wahrnehmung, Interpretation und eigenem Gefühl.

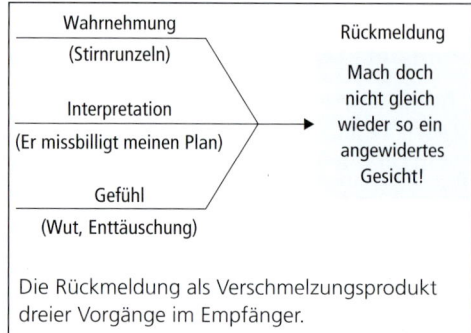

Die Rückmeldung als Verschmelzungsprodukt dreier Vorgänge im Empfänger.

Es ist sicher eine hilfreiche Übung sich den inneren „Dreischritt" öfter einmal bewusst zu machen, um sich als Empfänger darüber klar zu werden, dass das Verstehen eine Reaktion mit starken eigenen Anteilen ist. Wenn sich der Empfänger dies klar macht, kann er seine Fantasien mit Feedback überprüfen:

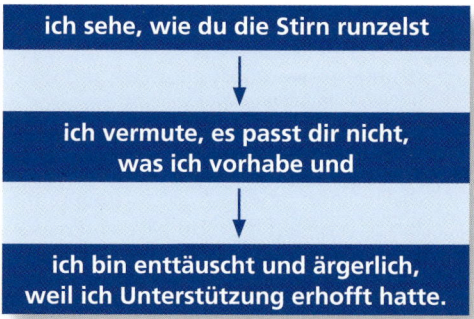

Dann hat der stirnrunzelnde Mann die Möglichkeit unter Umständen ein Missverständnis auszuräumen. „Ich dachte nur gerade an meine Knieprobleme, da wird das Tanzen sicher schwierig, obwohl ich auch Lust hätte, einen Kurs mit dir zu machen."

Konkrete Lernsituation

(Zu zweit): A und B sitzen einander gegenüber. In der ersten Runde äußert A eine Minute lang nur Wahrnehmungen von B (z. B. „Ich sehe, wie deine Augen nach unten gerichtet sind" – Nicht aber: „Ich sehe, wie du traurig guckst") – Danach kommt B dran, ebenfalls eine Minute.

In der zweiten Runde äußert A Wahrnehmungen und Interpretationen (z. B. „Ich sehe, du lachst – und ich vermute, du bist ein bisschen verlegen"); danach B, beide jeweils wieder etwa eine Minute.

In der dritten Runde folgt der Dreierschritt: Wahrnehmung – Interpretation – eigene Reaktion darauf (z. B. „Ich sehe deinen geraden Scheitel, ich vermute, du legst viel Wert auf äußere Korrektheit – und ich merke, dass mich das etwas abstößt bzw. anzieht"). Wieder jeweils A und B, ein bis zwei Minuten. Anschließend Erfahrungsaustausch.[5]

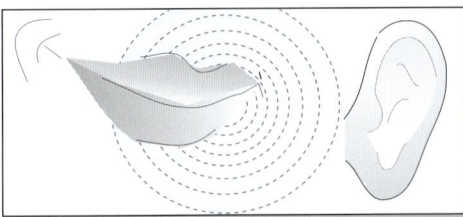

Gelingende Gespräche beginnen beim Zuhören

Bei der genauen Untersuchung von Gesprächen der verschiedensten Art kann man mindestens vier Formen des Zuhörens unterscheiden:

- das „Ich-verstehe"-Zuhören
- das aufnehmende Zuhören
- das umschreibende Zuhören und
- das aktive Zuhören.

■ Das „Ich-verstehe"-Zuhören

Hierbei handelt es sich im Grunde genommen gar nicht um Zuhören, sondern um den Auftakt zum eigenen Sprechen. Weil es jedoch als unhöflich gilt, dem anderen direkt ins Wort zu fallen, hat es sich eingebürgert, ihn mit einer „netten Floskel" zum Schweigen zu bringen, wie das „Ich verstehe" oder auch das „Ja, da haben Sie recht, aber…" oder das beliebte „Ja, da bin ich ganz deiner Meinung, weißt du, ich…" und ähnliche Formulierungen.

Auch wenn Kinder mit einem Anliegen den gerade beschäftigten Erwachsenen stören,

kann man solche abweisenden, vertröstenden Worte hören: „Ja ist ja toll, aber ich…"

■ Das aufnehmende Zuhören

Im Duden heißt es: „Seine Aufmerksamkeit auf Worte oder Töne richten". Diese Aufmerksamkeit gilt es, hör- und sichtbar zu zeigen, damit der Gesprächspartner wahrnimmt, dass ihm aufnehmend zugehört wird. Dazu gehört zunächst einmal das Schweigen. Das aufmerksame Schweigen, denn auch ohne zu sprechen sind wir in der Lage,

- einen Kommentar zum Gehörten abzugeben, z. B. durch hörbar lautes Ausatmen oder leichtes Kopfwiegen oder gar Kopfschütteln,
- unsere Ungeduld zum Ausdruck zu bringen, z. B. durch rasches Luftholen und Nach-vorn-Beugen,
- unser Desinteresse kundzutun, indem wir uns mit etwas anderem beschäftigen oder interessiert woanders hinschauen.

Nein, dieses Schweigen ist beim aufnehmenden Zuhören nicht gemeint, sondern das „echte Schweigen", bei dem wir unsere ganze Aufmerksamkeit auf den Gesprächspartner richten. Wie stark diese Aufmerksamkeit tatsächlich ist, wird an unserem Blickkontakt sichtbar. Dem Sprechenden in die Augen zu schauen, ohne ihn jedoch anzustarren, gekoppelt mit einem leichten Kopfnicken drückt unmissverständlich aus, dass wir aufnehmend zuhören und gedanklich mitgehen.

Schauen wir uns doch einmal ein Beispiel davon an, wie das schweigende Zuhören einem das Gefühl der Annahme geben kann:

Kind:	Ich bin heute zum Direktor ins Büro geschickt worden.
Elternteil:	Oh?
Kind:	Ja, Herr Meier sagte, ich rede in der Stunde zu viel.
Elternteil:	Aha.
Kind:	Ich kann das alte Fossil nicht ausstehen. Er sitzt an seinem Pult und redet über seine Sorgen oder über seine Enkel und erwartet, dass uns das interessiert. Du würdest nicht glauben, wie langweilig das ist.
Elternteil:	Hm-hmhm.
Kind:	Man kann einfach nicht in der Stunde sitzen und nichts tun! Man wird verrückt. Janne und ich sit-

---

[5] Schulz von Thun, F., 1995

zen da und machen Unsinn, während er spricht. Ach, er ist einfach der schlimmste Lehrer, den man sich denken kann. Er macht mich rasend.

Elternteil: (Schweigen).

Kind: Bei einem guten Lehrer lerne ich gut, aber wenn ich jemanden wie Herrn Meier kriege, habe ich keine Lust zum Lernen. Warum lassen sie so einen Kerl Lehrer sein?

Elternteil: (Achselzucken).

Kind: Vermutlich gewöhne ich mich besser daran, denn ich werde nicht immer gute Lehrer kriegen. Es gibt mehr schlechte als gute, und wenn ich zulasse, dass die schlechten mich unterkriegen, werde ich nicht die Zensuren bekommen, die ich brauche, um auf einem Gymnasium zu bleiben. Wahrscheinlich schneide ich mir ins eigene Fleisch.[8]

Diese kurze Episode aus Thomas Gordons Familienkonferenz demonstriert deutlich den Wert des Schweigens. Das passive Zuhören des Elternteils ermöglichte es dem Kind, über den ursprünglichen Tatsachenbericht, zum Direktor geschickt worden zu sein, hinauszugehen. Es erlaubte ihm zuzugeben, warum es bestraft wurde, den zornigen und hasserfüllten Gefühlen gegenüber seinem Lehrer Luft zu machen und schließlich zu seiner eigenen, unabhängigen Schlussfolgerung zu kommen. In der kurzen Zeitspanne, in der das Kind angenommen wurde, wuchs es. Es durfte seinen Gefühlen Ausdruck geben und entwickelte eine eigene Lösung, so zaghaft sie auch gewesen sein mag.

Das Gegenteil ist leider allzu oft im pädagogischen Alltag anzutreffen. Versuchen Sie selbst einmal zu beobachten, wie oft Menschen Zuhörfloskeln einsetzen, aber kaum Blickkontakt halten. Häufig treffen Sie derartiges Pseudo-Zuhören an, wenn Eltern oder Erzieher einem Kind zuhören (sollen). Da wird mit einer Kollegin weitergesprochen, oder mit jemandem telefoniert, oder einer anderen Tätigkeit nachgegangen. Trotzdem wird durch „Mhm", „Nein, wie interessant", „so so", das Kind am Sprechen gehalten.

---

[8] Gordon, T., 1989

Ob wir also tatsächlich mitgehen und aufnehmen, drückt unser Körper sichtbar aus. Nicht nur unsere Gestik, auch unsere Mimik verrät, wie aufmerksam wir bei der Sache sind. Sei es die Stirn, die wir runzeln, weil uns eine Äußerung gegen den Strich geht, seien es unsere Lippen, die wir zusammenpressen, weil wir genug haben, die hochgezogenen Augenbrauen, wenn wir erstaunt sind, oder die gerümpfte Nase, wenn uns etwas missfällt. Ob wir uns langweilen oder schon innerlich widersprechen und an einer Erwiderung basteln, immer drücken wir unserem Gesprächspartner gegenüber – meist unbewusst – aus, ob wir aufnehmend zuhören.

■ Das umschreibende Zuhören

Im Gegensatz zum wörtlichen Wiederholen wird beim Umschreiben das soeben Gehörte mit eigenen Worten wiedergegeben.

Umschreibendes Zuhören ist die einfachste und sicherste Möglichkeit, Missverständnisse bereits von Anfang an zu vermeiden. Manch einer mag einwenden, dass eine derartige Erwiderung ja nichts Neues ins Gespräch bringt und darum weitgehend überflüssig sei. Wer jedoch einmal als Betroffener erlebt hat, wie wohltuend umschreibendes Zuhören sein kann, lässt diesen Einwand nicht mehr gelten. Wenn Sie das Gehörte mit eigenen Worten wiederholen, fördern Sie das Gespräch aktiv. Durch Ihr Umschreiben geben Sie zu verstehen, dass Sie nicht nur zugehört, sondern auch das Wesentliche der Aussage erfasst haben und bereit sind, weiterhin über das begonnene Thema zu sprechen.

Folgende Einstiegsformulierungen eignen sich für das umschreibende Zuhören:

- „Erzähl mir die ganze Geschichte."
- „Möchtest du darüber sprechen?"
- „Interessant."
- „Was du nicht sagst."
- „Dir ist wichtig, dass..."
- „Verstehe ich dich richtig, dass..."
- „Du meinst, wenn..."
- „Ich habe jetzt verstanden, dass du..."
- „Was du sagst, fasse ich so auf..."
- „Das scheint etwas zu sein, das dir sehr wichtig ist."

Diese umschreibenden Formulierungen sind Äußerungen, die sich ganz und gar auf das beziehen, was Ihr Gesprächspartner bislang gesagt hat. Und Sie zeigen damit deutlich, was Sie gehört haben, betonen dabei noch eine der Seiten im Sinne unseres „vierseitigen" Hörens.

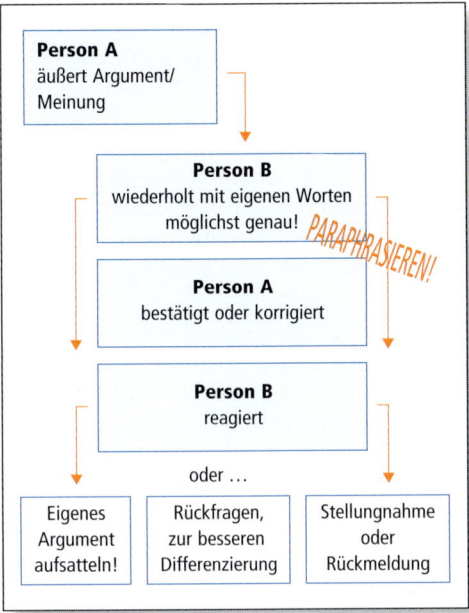

Das umschreibende Zuhören ist somit auch im Sinne von SCHULZ VON THUN eine Möglichkeit zu verdeutlichen, dass man den Inhalt verstanden hat.

Die größte Schwierigkeit beim umschreibenden Zuhören liegt aber wohl darin, für einen Moment die eigene Meinung, Ansicht, Bewertung oder Fragen und Ratschläge zurückzuhalten und sich wirklich auf den Gesprächspartner einzulassen.

Dazu versuchen Sie bitte doch einmal nachfolgende Übung:

Konkrete Lernsituation
Die Übung bezieht sich wesentlich darauf, an der Realität zu lernen, wie man einerseits sich präzise ausdrückt, andererseits aber auch genau zuhört.

Zweck dieser Übung:

- Die Teilnehmer sollen einüben, anderen genau zuzuhören, um an dem Gehörten ihre eigene Zusammenfassung kontrollieren zu können.
- Die Teilnehmer sollen einüben, sich selbst genau auszudrücken.

- Das Verständnis für die Komplexität und die Schwierigkeiten, die mit jeder Kommunikation schlechthin verbunden sind, soll erweitert werden.

Material und Aufbau:

- Tafel und Kreide
- bequeme Sitzmöglichkeiten in einem ausreichend großen Raum, der es ermöglicht, durch Verschiebung der Stühle Dreiergruppen zu bilden.

Praktisches Vorgehen
Der Lehrer beginnt eine Diskussion über die Probleme des Verstehens anderer und des Verstandenwerdens durch andere. Es empfiehlt sich, hierzu ein lebensnahes, dringliches Alltagsthema zu wählen. Zwei Mitglieder der Gesamtgruppe werden zunächst zur Demonstration aufgrund ihrer freiwilligen Meldung ausgewählt. Sie sollen sich in eine offene Diskussion über das Thema begeben. Die Bedingung der Übung ist jedoch, dass jeder eine den anderen jeweils befriedigende Zusammenfassung des Gehörten gibt, bevor er antwortet. Nach einer kurzen Analyse dieser Demonstration wird die restliche Gruppe in Untergruppen von je drei Mitgliedern aufgeteilt. In jeder Gruppe dient ein Mitglied als Beobachter, während die beiden anderen die Übung durchführen. Diese Rollen werden so lange gewechselt, bis jedes Mitglied in der Beobachterrolle war. Nach Beendigung der Übung beginnt eine allgemeine Diskussion und Auswertung der Beobachtungen.

■ Das aktive Zuhören

Die hohe Kunst des Zuhörens bildet das *aktive Zuhören*. Hierbei wird nicht nur auf das geachtet, was der andere sagt, sondern wie der andere spricht und sich verhält. Gefühle, Hoffnungen und Wünsche werden meist nicht direkt formuliert, doch schwingen sie in fast jeder Äußerung mit. Beim aktiven Zuhören fragen Sie sich im Stillen:

- „Was empfindet mein Gesprächspartner?"
- „Was ist ihm an dem, was er gerade äußert, so wichtig?"
- „Was beschäftigt ihn daran so sehr?"

- „Welches Interesse will er damit verfolgen?"
- „Wie ist ihm zumute?"

Um Antwort auf diese Fragen zu erhalten, werden Sie sich bemühen, sich in den anderen hineinzudenken, ja hineinzufühlen.

Wenn jemand interessiert, aufmerksam und aktiv zuhört, werden Kinder ermuntert, sich zu äußern, sich zu entfalten, Probleme lösen zu lernen und schöpferische Ideen zu entwickeln. Wenn zuhören in unserem Alltag zu kurz kommt liegt das oft daran, dass

- wir glauben schon zu wissen, was der andere sagen will,
- wir uns die Zeit dafür nicht nehmen,
- wir einseitig wahrnehmen, das heißt nur das hören, was zu unserer eigenen Meinung passt,
- wir nur mangelndes Interesse aufbringen.

Anders als beim umschreibenden Zuhören geben Sie beim aktiven Zuhören nicht die ganze Aussage wieder, sondern versuchen knapp, das in Worte zu fassen, was gefühlsmäßig mitschwingt. Durch Ihr aktives Zuhören signalisieren Sie, wie Sie die Empfindungen Ihres Gesprächspartners mitbekommen haben. Mit derartigen Formulierungen zeigen Sie, dass Sie sich ganz und gar auf den anderen Menschen einzustellen bemüht sind. Sie machen deutlich, dass Sie versuchen, ihn, seinen Standpunkt und seine Situation zu verstehen.

Die aktiv zuhörende Erzieherin versucht zu verstehen, was das Kind sagen will und empfindet. Sie fasst das, was sie hört, nochmals in eigene Worte und teilt dies dem Kind mit, nicht ihre eigene Meinung, oder eine Antwort, einen Rat oder eine Frage.

Die Erzieherin versucht, sich in das Kind hineinzuversetzen, etwas aus seiner Sicht zu sehen und sich einzufühlen. Ihre verständnisvolle Widerspiegelung ermuntert zum Weitersprechen und lässt Raum, sich genau auszudrücken oder etwas richtig zu stellen. Aktiv zuhören bedeutet empathisch zu sein, sich einzufühlen in Freude, Trauer, Enttäuschung, Wut… Dies fällt vielen Erwachsenen nicht leicht, sie fürchten sich oft selbst vor diesen Empfindungen, sie so intensiv wie Kinder wahrzunehmen, haben sie doch selbst inzwischen viele Formen der Beschwichtigung erlernt. Einfühlendes Verständnis hilft jedoch Kindern, aus dem Alleinsein herauszukommen und mir einer Bezugsperson ihr Anliegen zu besprechen.

Aktiv zuhören ist ein ausgezeichneter Weg, Vertrauen zu gewinnen, als Basis für eine tragfähige Beziehung. Mit jemandem über Gefühle und Gedanken sprechen zu können, der nicht gleich wertet oder Ratschläge erteilt, sondern einfach da ist und versucht zu verstehen, wirkt erleichternd und stärkt die seelische Stabilität.

Dass aktiv zuhören auch heißt, sich in die Gedankenwelt von Kindern einzudenken, in ihre ganz besondere eigene Logik und Sicht der Dinge, zeigt Hedi Friedrich sehr schön in ihrem Buch „Beziehungen zu Kindern gestalten".

Kinder ziehen andere Schlüsse, auch auf Grund dessen, dass ihnen viele Zusammenhänge der Erwachsenen noch nicht bekannt oder vertraut sind.

Sven: „Ich kaufe mir ein Auto!"
Erz. :   „Du willst ein Auto haben?" (hört zu und spiegelt).
Sven: „Ja, dann kann ich auch nach Berlin fahren!"
Erz.:   „Wenn du ein Auto hast, kannst du nach Berlin fahren?" (hört zu und spiegelt)
Sven: „Ja, ich schenke meiner Oma das Auto, die kann nicht laufen."
Erz..   „Ihr willst du dein Auto schenken?"
Sven: „Ich kann sie ja fahren."
Erz.:   „Du fährst dann…"
Sven: „Mach ich, manchmal sie… dann kann ich sie sehen."
Erz.:   „Du willst deine Oma wieder mal sehen?"
Sven: „Ja, mein Vater sagt, wenn er ein Auto hätte, könnten wir sie besuchen…"

Hier findet ein Gespräch statt, bei dem allmählich die Sehnsucht nach der Großmutter deutlich wird, die der Junge vermisst. Hätte die Erzieherin von Anfang an, statt den Gedanken und Gefühlen des Kindes zu folgen, z. B. mit einer Richtigstellung reagiert, so wäre sie nie an diese Ebene herangekommen:

Sven: „Ich kaufe mir ein Auto!"
Erz.:   „Kinder können keine Autos kaufen, nur Erwachsene."
Sven: „Warum?"
Erz.:   „Es ist halt so, erst ab 18 Jahren."

Hier hat Sven zwar eine korrekte Information, aber zu seinem Wunsch, die Großmutter zu sehen, hat er sich nicht geäußert. Vermutlich ist er auch enttäuscht, dass seine Idee nicht in die Tat umgesetzt werden kann. Dies ist keine Gegenrede, Kindern klare Informationen zu geben, die sie benötigen, um in die Welt der Erwachsenen hineinzuwachsen und sich zurechtzufinden, sondern nur ein Hinweis auf die Reihenfolge. Durch das aktive Zuhören kann Sven seinen Wunsch äußern, der hinter der Aussage steht, sich ein Auto zu kaufen. Sein Bedürfnis, sein eigentliches Anliegen wird allmählich deutlich. Jetzt kann der Zeitpunkt günstig sein, ihn zu unterstützen, Wege zu suchen, wie er der Erfüllung seines Wunsches näher kommt, z. B.

Erz.: „Du willst so gerne deine Oma sehen, und dafür brauchst du ein Auto. Lass uns mal überlegen, wie das gelingen kann, denn Kinder können noch kein Auto kaufen und fahren."
Sven: „Warum?"
Erz.: „Das ist erst ab 18 erlaubt... aber welche Möglichkeiten gibt es denn ?"
Sven: „Weiß nicht, U-Bahn vielleicht?"
Erz.: „Wo wohnt sie denn?"
Sven: „In Berlin, da gibt es Busse..."

Beide überlegen zusammen wie die Großmutter erreichbar ist.

Sven: „Ich frage mal zu Hause."
Erz.: „Gute Idee, dann reden wir weiter..."[2]

Vorschnelle Informationen, Ratschläge und Hinweise von Erwachsenen gehen häufig an den eigentlichen Bedürfnissen von Kindern vorbei. Diese können durch aktives Zuhören erst langsam gemeinsam herausgefunden werden – und dann ist noch Zeit für Lösungswege. Noch so gut gemeinte Hinweise brechen ein Gespräch, eine Beziehung eher ab. Aktives Zuhören bringt einen wahren Dialog erst in Gang, und die hinter den Aussagen verborgenen Mitteilungen, Wünsche und Gefühle können sich erst entwickeln.

Erinnern Sie sich noch an das Fallbeispiel aus dem Lernfeld der pädagogischen Grundhaltung (S. 74)? Das können wir jetzt noch einmal aktualisieren.

_____
[2] Friedrich, H., 2003

Version 1

Jan: „Thomas will nicht mit mir spielen. Er will nie, was ich will."
Mutter: „Na, warum sagst du nicht, du willst tun, was er will? Du musst lernen, dich mit deinem kleinen Freunden zu vertragen." (Raten, moralisieren).
Jan: „Ich will nicht das tun, was er will, und außerdem will ich mich mit dem blöden Kerl nicht vertragen."
Mutter: „Nun, dann geh und such dir jemand anderen zum Spielen, wenn du ein Spielverderber sein willst." (Eine Lösung vorschlagen, beschimpfen.)
Jan: „Er ist der Spielverderber, nicht ich. Und es ist niemand anders zum Spielen da."
Mutter: „Du bist nur schlechter Laune, weil du müde bist. Morgen wirst du anders darüber denken." (Interpretieren, beruhigen.)
Jan: „Ich bin nicht müde, und morgen werde ich nicht anders darüber denken. Du begreifst einfach nicht, wie sehr ich diesen kleinen Angeber hasse."
Mutter: „Nun hör aber auf, so zu reden! Wenn ich dich jemals wieder so über einen deiner Freunde sprechen höre, wird es dir Leid tun." (Befehlen, drohen.)
Jan (entfernt sich verdrießlich): „Ich hasse diese Gegend. Ich wünschte, wir würden fortziehen."

Aufgabe
Untersuchen Sie diesen Gesprächsverlauf mit Ihrem kommunikationspsychologischen Wissen des Vier-Seiten-Modells.

Sie sollten bei der pädagogischen Grundhaltung als Rollenspielaufgabe versuchen, dieses misslungene Gespräch mit aktivem Zuhören umzuformulieren. Ist es geglückt? Jetzt haben Sie die Gelegenheit es zu überprüfen!

Version 2

Jan: „Thomas will heute nicht mit mir spielen. Er will nie tun, was ich will."
Mutter: „Du scheinst böse mit Thomas zu sein." (Aktives Zuhören.)
Jan: „Und wie. Ich will nie wieder mit ihm spielen. Ich will ihn nicht als Freund."

Mutter: „Du bist so böse, dass du das Gefühl hast, ihn nie wiedersehen zu wollen." (Aktives Zuhören.)

Jan: „Stimmt. Aber wenn er nicht mein Freund ist, werde ich niemanden zum Spielen haben."

Mutter: „Du würdest ungern ohne Freund sein." (Aktives Zuhören.)

Jan: „Ja. Ich glaube, ich muss mich irgendwie mit ihm vertragen. Aber es fällt mir so schwer, nicht mehr wütend auf ihn zu sein."

Mutter: „Du möchtest dich lieber mit ihm vertragen, aber es fällt dir schwer, nicht wütend auf Thomas zu werden." (Aktives Zuhören.)

Jan: „Früher kam das nie vor – aber das war, als er immer bereit war, das zu tun, was ich wollte. Er will sich von mir nicht mehr herumkommandieren lassen."

Mutter: „Thomas ist jetzt nicht so leicht zu beeinflussen." (Aktives Zuhören.)

Jan: „Bestimmt nicht. Er ist kein solches Baby mehr. Es macht aber auch mehr Spaß mit ihm."

Mutter: „Eigentlich gefällt er dir so besser." (Aktives Zuhören.)

Jan: „Ja. Aber es ist schwer, ihn nicht mehr herumzukommandieren – ich bin so daran gewöhnt. Vielleicht würden wir uns nicht so oft streiten, wenn ich ihm ab und zu seinen Willen lasse. Glaubst du, das würde gehen?"

Mutter: „Du meinst, es könnte helfen, wenn du gelegentlich nachgeben würdest?" (Aktives Zuhören.)

Jan: „Ja, vielleicht. Ich versuch's mal."[8]

THOMAS GORDON beschreibt in beiden Fallbeispielen wie der kommunikationspsychologische Hintergrund aussieht: In der ersten Version wendet die Mutter acht der sogenannten *typischen zwölf* Erwiderungen an, die THOMAS GORDON in der pädagogischen Praxis beobachtet hat.

In der ersten Version „übernahm" die Mutter das Problem. In der zweiten praktizierte die Mutter fortwährend *aktives Zuhören*. Dabei ließ ihr aktives Zuhören Jan im Besitz des Problems.

---

[8] Gordon, T., 1989

In der ersten Version sträubte sich Jan gegen die Vorschläge seiner Mutter: Sein Zorn und seine Frustration verminderten sich keinen Augenblick, das Problem blieb ungelöst, und es gab auf Jans Seite keine Weiterentwicklung.

In der zweiten verging sein Zorn, er begann mit der Problemlösung und warf einen genaueren Blick auf sich selbst. Er kam zu einer eigenen Lösung und entwickelte sich offensichtlich einen Schritt weiter auf einen selbstverantwortlichen Problemlöser zu.

■ Ungünstige Botschaften: Die „typischen Zwölf"

Die häufigsten Kategorien von *Gesprächsblockierern*, auf die TH. GORDON bei seinen Untersuchungen gestoßen ist:

1. Befehlen, anordnen, kommandieren: Dem Kind sagen, dass es etwas tun soll, ihm eine Anordnung oder einen Befehl geben:

- „Es ist mir gleich, was andere Eltern tun, du musst die Hausarbeit erledigen."
- „Sprich nicht so mit deiner Mutter!"
- „Nun geh zurück und spiel mit Tina und Julia!"
- „Hör damit auf, dich zu beklagen!"

2. Warnen, ermahnen, drohen: Dem Kind sagen, welche Folgen eintreten werden, wenn es etwas tut:

- „Wenn du das machst, wird es dir Leid tun!"
- „Noch eine solche Bemerkung wie diese, und du verlässt das Zimmer!"
- „Das wirst du bleiben lassen, wenn du weißt, was gut für dich ist!"

3. Zureden, moralisieren, predigen: Dem Kind sagen, was es tun müsste oder sollte:

- „Du solltest dich nicht so aufführen."
- „Du musst Erwachsenen gegenüber immer respektvoll sein."

4. Beraten, Lösungen geben oder Vorschläge machen: Dem Kind sagen, wie es ein Problem löst, ihm raten oder Vorschläge machen, ihm Antworten oder Lösungen liefern:

- „Warum bittest du nicht Tina und Julia zusammen, hier zu spielen?"
- „Warte noch ein paar Jahre, bevor du im Hinblick auf die Universität eine Entscheidung triffst."
- „Ich schlage vor, du besprichst das mit deinen Lehrern."

- „Geh und freunde dich mit ein paar anderen Mädchen an."

5. Vorhaltungen machen, belehren, logische Argumente anführen: Das Kind mit Fakten, Gegenargumenten, Logik, Information oder Ihrer eigenen Meinung zu beeinflussen versuchen:

- „Das Studium kann zum schönsten Erlebnis werden, das du jemals haben wirst."
- „Wir wollen uns mal mit den Fakten über Berufsaussichten befassen."
- „Kinder müssen lernen, wie sie sich miteinander vertragen."
- „Wenn Kinder lernen, zu Hause Verantwortung zu übernehmen, werden aus ihnen verantwortungsbewusste Erwachsene."
- „Betrachte es einmal so – deine Mutter braucht Hilfe im Haus."
- „Als ich in deinem Alter war, musste ich doppelt so viel tun wie du."

6. Urteilen, kritisieren, widersprechen, beschudigen: Zu einer negativen Beurteilung oder Bewertung des Kindes kommen:

- „Du denkst nicht logisch."
- „Das ist ein unreifer Standpunkt."
- „Da bist du ganz im Unrecht."
- „Ich bin vollkommen anderer Meinung als du."

7. Lobend zustimmen: Eine positive Beurteilung oder Bewertung des Kindes äußern, zustimmen:

- „Nun, ich finde dich hübsch."
- „Du hast die Fähigkeit, etwas zu leisten."
- „Ich finde, du hast recht."
- „Ich bin deiner Meinung."

8. Beschimpfen, lächerlich machen, beschämen: Dem Kind das Gefühl geben, dumm zu sein, das Kind in eine Kategorie einordnen, es beschämen:

- „Du bist ein verzogenes Gör."
- „Hör mal zu, Herr Neunmalklug."
- „Du benimmst dich wie ein Baby."

9. Interpretieren, analysieren, diagnostizieren: Dem Kind sagen, welche Motive es hat, oder analysieren, warum es etwas tut oder sagt; es wissen lassen, dass Sie es durchschauen oder zu einer Diagnose gekommen sind:

- „Du bist nur eifersüchtig auf Tina."
- „Du sagst das, um mir einen Schreck einzujagen."

- „In Wirklichkeit glaubst du das alles selber nicht."
- „Du hast dieses Gefühl, weil du in der Schule nichts leistest."

10. Beruhigen, bemitleiden, trösten, unterstützen: Das Kind dahin zu bringen versuchen, sich besser zu fühlen, ihm seine Empfindungen ausreden, seine Empfindungen zu zerstreuen versuchen, die Heftigkeit seiner Empfindungen leugnen:

- „Morgen denkst du anders darüber."
- „Alle Kinder machen das gelegentlich durch."
- „Mach dir keine Sorgen, das wird schon wieder."
- „Bei deiner Begabung könntest du ein ausgezeichneter Schüler sein."
- „Das habe ich früher auch gedacht."
- „Ich weiß, die Schule kann manchmal ziemlich langweilig sein."
- „Mit anderen Kindern verträgst du dich doch sonst sehr gut."

11. Forschen, fragen, verhören: Gründe, Motive, Ursachen zu finden versuchen, nach weiteren Informationen suchen, die Ihnen helfen, das Problem zu lösen:

- „Wann hattest du dieses Gefühl zum ersten Mal?"
- „Warum glaubst du, die Schule zu hassen?"
- „Erzählen dir die Kinder jemals, warum sie nicht mit dir spielen wollen?"
- „Mit wie vielen Kindern hast du über die Arbeit, die sie zu tun haben, gesprochen?"
- „Wer hat dir diesen Gedanken in den Kopf gesetzt?"
- „Was willst du tun, wenn du nicht auf die Uni gehst?"

12. Zurückziehen, ablenken, aufheitern, zerstreuen: Das Kind von dem Problem abzubringen versuchen; sich selbst von dem Problem zurückziehen; das Kind ablenken; die Sache scherzhaft behandeln, das Problem beiseite schieben:

- „Denk einfach nicht mehr daran."
- „Lass uns bei Tisch nicht darüber sprechen."
- „Komm – lass uns über angenehmere Dinge reden."
- „Wie steht's eigentlich mit deinem Korbballspiel?"

- „Warum versuchst du nicht, die Schule niederzubrennen?"
- „Das habe ich früher auch alles durchgemacht."

Aufgabe
1. Unterziehen Sie die „typischen Zwölf" einer kommunikationspsychologischen Analyse, indem Sie die verborgenen Botschaften herausarbeiten.
2. Wie wirken sich die verborgenen Botschaften auf die Erzieher-Kind-Beziehung aus?

Fassen wir die Vorteile des „aktiven Zuhörens" zusammen:

> Aktives Zuhören hilft den Kindern, sich vor negativen Empfindungen weniger zu fürchten.

Wenn ein Erzieher durch aktives Zuhören zeigt, dass er die Empfindungen des Kindes annimmt, die angenehmen wie die unangenehmen, wird auch dem Kind geholfen, sie anzunehmen. Aus der Reaktion des Erziehers lernt es: Meine Gefühle sind in Ordnung.

> Aktives Zuhören fördert eine herzliche Beziehung zwischen Erzieher und Kind.

Das Erlebnis, von einem anderen Menschen gehört und verstanden zu werden, ist so befriedigend, dass es den Sender stets veranlasst, dem Zuhörer gegenüber herzlich zu empfinden, ohne dass dies etwa ein bewusstes Ziel sein muss. Insbesondere Kinder reagieren mit liebevollen Gedanken und Gefühlen. Ähnliche Gefühle werden im Zuhörer hervorgerufen. Er beginnt, für den Sender herzlicher und inniger zu empfinden. Wenn jemand einem anderen einfühlsam und genau zuhört, kommt er dazu, diesen Menschen zu verstehen, seine Art der Weltbetrachtung anzuerkennen. Indem man sich in den anderen Menschen „hineinversetzt", ruft man stets Gefühle der Verbundenheit und der Zuneigung hervor. Es bedeutet, ihm für eine kurze Spanne Zeit auf dieser Lebensreise ein „Gefährte zu werden". Eltern und Erzieher, die einfühlsames, aktives Zuhören lernen, entdecken eine neue Art von Verständnis und Achtung, ein tieferes Gefühl der Zuneigung; umgekehrt reagiert das Kind auf die Eltern und die Erzieher mit ähnlichen Empfindungen.

> Aktives Zuhören ermöglicht das Problemlösen durch das Kind.

Wir wissen, dass Menschen ein Problem besser durchdenken und einer Lösung näher bringen, wenn sie es „durchsprechen" können, anstatt nur darüber nachzudenken. Weil aktives Zuhören das Sprechen so wirksam erleichtert, hilft es einem Menschen bei der Suche nach Lösungen seiner Probleme.

> Aktives Zuhören beeinflusst das Kind, den Gedanken und Ideen der Erzieher mit größerer Bereitwilligkeit zuzuhören.

Es ist eine allgemeine Erfahrung: Wenn jemand gewillt ist, sich meinen Standpunkt anzuhören, ist es leichter, seinem zuzuhören.

Kinder sind eher geneigt, die Botschaften ihrer Erzieher zu empfangen, wenn ihre Eltern sie zuerst bis zu Ende anhören. Wenn Eltern sich beklagen, dass ihre Kinder nicht auf sie hören, kann man wetten, dass die Eltern ihren Kindern nicht sehr gut zuhören.

> Aktives Zuhören „überlässt dem Kind den Ball".

Wenn Erzieher durch aktives Zuhören auf die Probleme ihrer Kinder reagieren, werden sie beobachten, wie oft die Kinder selbst zu denken beginnen. Ein Kind wird anfangen, sein Problem selbst zu analysieren, und schließlich zu irgendwelchen konstruktiven Lösungen kommen. Aktives Zuhören regt das Kind dazu an, selbst nachzudenken, zu einer eigenen Diagnose des Problems zu kommen, seine eigenen Lösungen zu finden. Aktives Zuhören drückt Vertrauen aus, während ratende, logische, belehrende Botschaften Misstrauen ausdrücken, indem sie dem Kind die Verantwortung für die Lösung des Problems abnehmen. Aktives Zuhören ist daher eine der wirksamsten Methoden, einem Kind zu helfen, *selbstbestimmender, selbstverantwortlicher und unabhängiger* zu werden.

Das genau war es auch, was wir zu Beginn des Lernfeldes Erziehung als Ziel erzieherischer Bemühungen definiert hatten.

4. Das Bild vom Kind

Mein Bild vom Kind

„Kinder sind etwas Wunderbares, Einzigartiges. Jedes Kind hat einen besonderen Wert und eine eigene Persönlichkeit. Kinder sind glücklich und unbeschwert. Für mich sind Kinder sehr wertvoll. Sie sind eigenständige Persönlichkeiten, die Hilfe von Erwachsenen brauchen, um eigenverantwortliche Persönlichkeiten zu werden. Für mich hat jedes Kind den gleichen Wert, egal wie das Kind ist. Seit ich das Praktikum im Kindergarten mache, wird mir immer mehr bewusst, wie wertvoll Kinder sind. Ich habe auch ein einjähriges Patenkind. Ich mochte Kinder schon immer, sie sind so herrlich fröhlich, glücklich und unbeschwert. Sie geben einem sehr viel. Ein Kinderlächeln genügt und es wird einem warm ums Herz."

Beatrice, Schülerin

So wie Beatrice hat wohl jeder sein Bild vom Kind und es muss keineswegs immer so positiv ausfallen. Für die pädagogische Arbeit greift ein nur persönliches Bild vom Kind allerdings zu kurz.

Philosophen, Pädagogen, Psychologen haben im Wesentlichen drei Grundannahmen vom Wesen des Kindes herausgefiltert.

Verschiedene Sichtweisen vom Kind

Aufgabe
1. Was sehen Sie auf dem oben stehenden Bild? Beschreiben Sie es kurz in seinen Einzelheiten.
2. Notieren Sie alles, was Ihnen zu dem Bild einfällt.

■ Das Kind als unbehauener Stein, als leere unbeschriebene Tafel

Das Kind wird zu dem, was der Erzieher und die Gesellschaft aus ihm machen. Von Natur aus ist das Kind unreif und muss durch Erzie-

hung vollkommen gemacht werden. Was aus dem Kind wird, ist also im Wesentlichen das Ergebnis seiner Erfahrungen, seines Lernens.

Diese Auffassung wird oder besser wurde von den sogenannten *Milieutheoretikern* gespeist und vom sogenannten *Behaviorismus* vertreten. Erziehung vermochte also nahezu alles. Dies wird auch der *pädagogische Optimismus* genannt.

■ Das Kind als Samenkorn

Diese Auffassung geht auf den französischen Philosophen J. J. Rousseau zurück, der meinte, das Kind sei von Natur aus gut und entwickle sich am besten aus sich selbst heraus.

Je weniger Bildungshilfe und Erziehung wir leisten, je weniger wir auf das Kind einwirken, desto sicherer fände es seinen Sinn und käme zu seiner Selbstverwirklichung. Die Entwicklung sei weitgehend genetisch vorprogrammiert. Dies nennt man auch den *pädagogischen Pessimismus*, andere sprechen von der *Ohnmacht der Erziehung*.

Bestenfalls kann dann der Erzieher als Gärtner fungieren, und der Pflanze „Kind" reichlich Wasser und Licht verschaffen.

■ Das kompetente Kind

Eine dritte Auffassung vom Kind begreift Kindheit als eine spezielle Stufe des Menschseins. Das Kind besitzt bereits alle Grundanlagen des Menschen, aber je nach Alter und

Metaphern vom Erzieher: der Bildhauer und der Gärtner

Reife werden diese Wesenheiten verschieden ausgebildet.

Das Kind braucht Vorbilder und Hilfen, damit es seine Anlagen ausbilden kann. Und was wichtig ist, es spielt dabei eine *aktive Rolle*.

Das Kind ist, wie jeder Mensch, ausgezeichnet durch Offenheit, Freiheit, Dialogbereitschaft und es strebt nach Eigenaktivität und Selbstverwirklichung. Das Kind sozialisiert sich selbst. In diesem Prozess der Selbstwerdung spielen die genetischen Bedingungen, also die Anlagen, eine Rolle, aber natürlich auch die Erfahrungen, also das Lernen.

Mitbeeinflusst wird diese komplizierte Wechselwirkung durch das aktive, selbststeuernde Individuum. Der Wechsel zu dieser Perspektive über das Kind ist das Ergebnis neuester psychologischer Forschung. Sie zeigt, dass Babys aktiv ihr Wissen über die Welt erweitern, Kleinkinder suchen in der gehörten Sprache eigenständig nach grammatischen Regeln; Jungen und Mädchen finden autonom zu ihren Geschlechterrollen; Schüler steuern selbstständig den eigenen Lernkurs…

Dem Erzieher kommt hier die Aufgabe für das Kind zu:

> Hilf ihm, sich zu entwickeln.

Das Bild vom Kind hat sich im Laufe der Jahrtausende natürlich gewandelt. Aussagen über Kinder sind abhängig von der Zeit, in der sie gemacht wurden und welches Weltbild die Menschen damals hatten. Wir geben hier einen Einblick ab dem Mittelalter.

Das Bild des Kindes in der Geschichte

■ Das Bild vom Kind im Mittelalter

Im Mittelalter lebten die Kinder unmittelbar in der Erwachsenenwelt, d.h. Kinder ab 7–8 Jahren wurden in die Ernstbezüge des Lebens (fast) wie Erwachsene einbezogen. Es gab keine Privatsphäre, keine Scham und keine Erziehung zu gutem Benehmen. Rülpsen und andere Körperfunktionen wurden offen erledigt.

Kinder wurden vor nichts geschützt, sie sahen das Sexualleben Erwachsener, nahmen als Zuschauer daran teil, wenn einem Dieb zur Strafe die Hand abgehackt wurde oder waren auch bei Hinrichtungen zugegen.

Arme wie reiche Kinder wurden ihrem Stand entsprechend wie Erwachsene gekleidet.

Häufig erhielten mehrere Kinder einer Familie denselben Vornamen. In Sterberegistern von Ämtern und der Kirche wurden weder der Name noch das Geschlecht eines früh verstorbenen Kindes registriert.

Die „Kindheit" im Mittelalter endete praktisch mit der Arbeitsfähigkeit.

■ Bedeutungswandel des Bildes von Kind

Die Erfindung des Buchdrucks (1450) eröffnete die Möglichkeit, die Bibel und Bücher über das Wissen der damaligen Zeit zu verbreiten. Allerdings musste man dazu erst Lesen lernen.

Kaufleute der vornehmlich nordischen Länder gehörten zu den ersten, die Wert darauf legten, dass ihre Kinder Lesen, Schreiben und Rechnen lernten. In England gab es bereits 1660 Schulen, die man im Einzugsbereich von bis zu 20 Kilometern erreichen konnte, um diese Kulturtechniken zu erlernen. Diese Schulen besuchten mit wenigen Ausnahmen Bürgerkinder und ausschließlich Knaben zwischen dem 6. und 10. Lebensjahr.

Damit

- „verlängerte" sich Kindheit allmählich.
- wurde die Schule zur typischen Institution für die Kindheit und das Lernen und zur Aufgabe des Kindes erklärt.

■ Kindheit entwickelt sich als Lebensphase

Im 18. Jahrhundert kristallisiert sich Kindheit langsam als eigene Lebensphase heraus.

- Jedes Kind bekommt einen eigenen Namen.
- Der Unterschied zwischen Kinder- und Erwachsenenkleidung entsteht.

- Das erste Lehrbuch zur Kinderheilkunde erscheint.
- 1774 kommt das erste Kinderbuch mit dem Titel „Geschichten vom Jack, dem Riesentöter" heraus.
- Pädagogen stellen Überlegungen darüber an, ob Kinder von Natur aus „gut" sind.
- In dieser Zeit erscheinen bereits einige Erziehungsratgeber.

Einen kurzen Einblick gibt der von FÉNELON 1687 erschienene Erziehungsratgeber mit dem Titel: „Über Mädchenerziehung". Darin wird das „Bild vom Mädchen" aus adeligen, bestenfalls bürgerlichen Kreisen, dargestellt. Es ist das erste geschlechterspezifisch ausgerichtete Buch, aus dem wir hier einen kleinen Auszug abdrucken:

Typische Fehler bei Mädchen

„Wir haben von den Maßnahmen zur Verhütung verschiedener Fehler bei Mädchen zu sprechen, welche gerade diesem Geschlechte eigentümlich sind. Man erzieht oft Mädchen in einer Weichlichkeit und Ängstlichkeit, welche sie einer festen und konsequenten Lebensführung unfähig machen. In jenen grundlosen Ängstigungen und in jenen Tränen, die sie so leichthin vergießen, ist der Anfang viel Ziererei, später aber viel Gewohnheit. Die Verachtung dieser Empfindlichkeiten würde zu ihrer Besserung wesentlich beitragen, weil die Eitelkeit daran einen so großen Anteil hat.

Man muss auch die allzu zärtlichen Freundschaften, die kleinen Eifersüchteleien, übertriebene Höflichkeit, Schmeichelei und Dienstbeflissenheit bei ihnen zurückdrängen. Das verdirbt sie und gewöhnt sie daran, alles Ernste und Bedeutsame öde und streng zu finden. Man muss es sogar dahin bringen, sich zur Aufgabe zu machen, kurz und bestimmt zu reden. Der feine Verstand zeigt sich darin, dass er jede unnütze Rede unterlässt und viel mit wenig Worten sagt, während die meisten Frauen mit vielen Worten wenig sagen. Die Leichtigkeit im Reden und die Lebhaftigkeit der Phantasie erscheinen ihnen geistreich. Sie wählen nicht zwischen dem, was ihnen einfällt, sie ordnen ihre Gedanken nicht nach der Beziehung zu den Dingen, welche sie darzulegen haben, sie machen aus allem, was sie sagen, einen Gegenstand der Leidenschaft, und Leidenschaft braucht viele Worte. Man kann von einer Frau keine rechte Tüchtigkeit erwarten, wenn man sie nicht dazu bringt, zusammenhängend zu denken, ihre Gedanken zu prüfen, sie in bündiger Art darzulegen und dann zu schweigen."[1]

■ Bild des Kindes zu Beginn der Neuzeit

Die Französische Revolution (1789) hat nicht nur Könige gestürzt, sondern das Denken der Menschen bis in die Gegenwart gravierend verändert.

Die Unfreien lebten damals im Dienst und zum Zwecke des Adels, der Kirche und des „Hausherrn". Die Devise der Französischen Revolution: *„Freiheit, Gleichheit, Brüderlichkeit"* war dem Gedankengut der Aufklärung und des Humanismus entnommen:

- Jeder Mensch ist um seiner selbst willen etwas wert, ist kein Werkzeug oder Sklave.
- Alle Menschen sind gleich viel wert, Arme wie Reiche.
- Ablehnung aller Autoritäten, die dem eigenen Denken Grenzen setzen.
- Nur Vernunft und selbstständiges Denken können Unwissenheit und Abhängigkeit überwinden.
- Jeder trägt für sein eigenes Verhalten Verantwortung.

[1] Fénelon, F.

Die Kinder

- bringen gleichwertige Anlagen mit (adelige Kinder sind nicht anders als Bauernkinder),
- entwickeln sich nach den Gesetzen der Natur (natürlicher Entwicklungsverlauf),
- sind hilfs- und liebesbedürftig, sie brauchen die Liebe der Eltern und Erzieher bei der Deutung der Welt,
- haben ein Recht auf Erziehung.

Vor dem Hintergrund des „aufklärenden" Denkens erhalten Eltern eine neue Verantwortung für die Erziehung ihrer Kinder. Zu dieser Zeit wurden viele Erziehungsratgeber mit z. T. „vernünftigen", praktischen Ratschlägen verfasst, es erschienen aber auch Schriften, die vor all diesen Neuerungen warnen.

PESTALOZZI (1746–1827) war als Sozialreformer ein bedeutender Vertreter der Aufklärung. Für ihn ist der Sinn aller Erziehung der Dienst an Menschen, besonders an den Armen. Jeder Mensch, gleich welchen Standes, soll zum allseitig entwickelten Menschen erzogen werden.

PESTALOZZI gilt als „Erfinder" der Familienerziehung. Die Wohnstube war für ihn der geeignete Ort, Kindern z. B. Werteorientierungen und Normen lebensnah durch detailreiche Gespräche zu vermitteln. PESTALOZZIS „Wohnstubenpädagogik" prägte das neue Bild vom Kind entscheidend mit.

Johann Heinrich Pestalozzi

Der folgende Auszug aus „Lienhard und Gertrud" lässt uns in die „Wohnstube" hineinschauen.

■ Das Andenken an eine Großmutter

In des Rudi Stube sinneten die guten Kinder, da sie ihre Geiß unter den Händen hatten, an die liebe Großmutter selig. Da der Vater und alle Kinder so um sie herum standen, sagte das Männeli: Weißt du auch noch, Vater, die Großmutter hat noch gesagt, wir müssen noch eine Geiß haben?"

„Ja freilich, weiß ich es noch," sagte der Vater.

Und das Kind: „Es ist doch auch, wie wenn sie gewusst hätte, wie es gehen werde, so hat sie noch allerlei gesagt, wie es da gekommen."

„Vergesset es einmal euer Lebtag nicht, was sie zu euch gesagt hat," sagte da der Vater.

Und „ich will's mein Lebtag nicht vergessen, was sie zu mir gesaget hat!" erwiderte ihm Rudeli.

Und dann alle Kinder: „Und wir auch nicht! Und wir auch nicht!" Vater: „Wisset ihr was, Kinder? Wir wollen nach dem Nachtessen zu einander sitzen und dann alle Worte zusammentragen, die sie zu einem jeden gesagt hat. Dann will ich's auf einen Bogen Papier aufschreiben, dass ihr's euer Lebtag behalten und lesen könnet."

Das freute die Kinder gar, dass der Vater ihnen alle Worte aufschreiben wolle, die die liebe Großmutter noch geredet, da sie bald von ihnen weg und in den Himmel gegangen. Sie vergaßen darob fast ihre Geiß im Stall und redten das ganze Essen über von nichts, als wie sie alle Worte zusammentragen wollen, die sie von ihrer lieben Großmutter noch wissen.

Der Rudeli sagte da: „Gelt Vater, es ist dann, wie es die Imbli (Bienchen) in ihrem Korb zusammentragen?"

„Ja, Lieber, es ist dann, wie es die Imbli machen, wenn wir so zusammentragen," sagte der Vater.

Und der Rudeli: „Gelt, Vater, das Papier ist dann der Imblikorb?"

„Ja, wir wollen ihm dann so sagen, wenn du es darauf geschrieben hast," sagte das Männli.

„Aber können wir dann auch Honig daraus essen?" sagte das Liseli.

„Ja freilich können wir Honig daraus essen", sagten das Männli und der Rudeli.

Und der Vater: „Ich hoff' es zum lieben Gott, der Großmutter Abschied dünk' euch besser als Honig und alles, was ihr essen könnt."

„Ja, Vater," sagte der Rudeli, „sie ist jetzt im Himmel, und dann ist das wie Himmelsbrot."

So redten sie bei ihrer Erdäpfelsuppe, und da sie ausgegessen, ging dann der Rudeli zum Baumwollen-Mareili und entlehnte bei ihm Tinte, Federn und einen Bogen Papier.[2]

Aufgabe

... für Kreative

Übersetzen Sie das Andenken an die Großmutter in die heutige Sprache. Der letzte Teilsatz könnte heißen: *„Rudi ging zu Maria und schnorrte mal wieder ihren Laptop, um eine Message zu schreiben."*

■ Kindheit als eigenständige Lebensphase

Zu Ende des 19. Jahrhunderts setzte sich das Bild vom Kind deutlich von dem des Erwachsenen ab. ELLEN KEY nannte ihr viel beachtetes Buch das „Jahrhundert des Kindes", in dem sie das Recht des Kindes auf Persönlichkeit hervorhebt.

In dieser neuen Phase der Wertschätzung des Kindes, sind einige Punkte besonders hervorzuheben:

- Kinderarbeit wird strafbar.
- Eine Kinderkultur entsteht in den Bereichen Kleidung, Spiel und Spielzeug (mit heutigen Maßstäben nicht zu vergleichen).
- Kinder erfahren in immer höherem Maße einen Schonraum vor bestimmten Themen (z. B. Tod, Sexualität).
- Mehrere Wissenschaften entdecken die Kinder als „Forschungsgegenstand", z. B. Pädagogik, Psychologie, Medizin.
- Viele Berufe sind rund um die Kinder entstanden, bzw. haben sich weiter ausdifferenziert, z. B. Kindergärtnerin, Hortnerin, Kinderarzt.

---

[2] Mann, F., 1891

Aus den Kindern werden „Kids"

Als Kids werden sie bezeichnet, die Kinder in der westlichen Informationsgesellschaft. Kids entwickeln heute in altersnahen Subkulturen eigene Lebensstile und suchen sehr stark ihre Identität in der Gruppe. Der erzieherische Einfluss der Eltern nimmt heute zugunsten der Peergroup merklich früher ab, und dies nimmt nach dem Grundschulalter einen rasanten Verlauf. Was die Gleichaltrigen sagen, zählt, was die Eltern sagen „nicht wirklich".

Erwachsene erleben Kinder, und in verstärktem Maße Jugendliche, als Konstrukteure ihrer Lebensphase, d. h. als sehr eigenaktiv handelnd.

Kindheit wird heute als eigenständiger sozialer Status zu den anderen Altersklassen angesehen.

Kids:

- haben ihre eigene Mode mit bevorzugten Labels,
- sind Freizeit- und konsumorientiert,
- verfügen z. T. über eine hohe Kaufkraft (durch Taschengeld, Jobs),
- besitzen schon sehr früh ein Handy, erklären den Großeltern wie sie z. B. eine SMS verschicken, polieren somit deren technisches Verständnis auf.

In der Gegenwart wird das Bild vom und über das Kind sehr unterschiedlich gese-

hen. In Deutschland entscheiden sich immer mehr Paare aus verschiedenen Gründen gegen Kinder:

- **Hohe Kosten** gelten als einer der wesentlichen Punkte für den Verzicht auf ein Kind oder gar auf ein zweites oder drittes. Die Befürchtung, in einer wirtschaftlich instabilen Zeit den Arbeitsplatz zu verlieren und mit der Familie in eine Kostenfalle zu stolpern, ist groß.
- **Karriereplanung** und die Anschaffung von teuren Konsumgütern zögern die Familiengründung hinaus. So wird eine Frau in Deutschland im Durchschnitt mit 30 Jahren zum ersten Mal Mutter. Ein Drittel bekommt – aus welchen Gründen auch immer – keine Kinder.
- **Extrem kinderunfreundlich** sei Deutschland, so der Präsident des Deutschen Kinderhilfswerkes im ersten „Kinderreport Deutschland".

Bild des Kindes in den Einrichtungen

Die Bedeutung des Bildes vom Kind in familienergänzenden Einrichtungen hängt weitgehend vom favorisierten pädagogischen Ansatz ab.

Ein pädagogischer Ansatz

- bevorzugt ein bestimmtes Menschenbild und das dazu passende Bündel von Prinzipien der pädagogischen Arbeit (Leitziel, Erziehungsziele, Stellenwert des Lernens, Methoden und Lernmaterial, Rolle und Aufgaben der Erzieherin) und folgt auch einem bestimmten didaktischen Modell;
- ist überregional verbreitet.

Grundsätzlich argumentieren die Vertreter aller Ansätze mit einer pädagogischen Verantwortung und haben weitgehend den Anspruch, das Kind als Ausgangs- und Mittelpunkt des pädagogischen Handelns zu sehen, d. h. kindzentriert zu arbeiten.

Wir stellen in diesem Kontext zwei Ansätze kurz vor:

■ Offener Kindergarten

Das Kind wird als kompetentes Wesen, das sich eigeninitiativ und handelnd durch Selbststeuerung und Reifung weiterentwickelt, angesehen.

Die besondere Akzentsetzung:

- offenes Raumkonzept: offene Türen, Funktionsräume statt -ecken, Bewegungsraum bzw. Bewegungsbaustelle,
- offene Gruppen: Auflösung der traditionellen Bezugsgruppe zugunsten spontaner Kleingruppenbildung und gruppenübergreifender Aktionen,
- die Erzieherin ist vorrangig Begleiterin, Moderatorin; organisiertes Lernen wird eher abgelehnt.

Der offene Kindergarten wurde seit Beginn der 80er Jahre insbesondere in Tageseinrichtungen wegen der langen täglichen Verweildauer der Kinder und deren starken Bewegungsdranges entwickelt. Das Deutsche Jugendinstitut hat entsprechende Projekte begleitet, dokumentiert und damit zur Verbreitung beigetragen (Projekt: Orte für Kinder).

■ Der Waldorfkindergarten

Im Waldorfkindergarten wird im Sinne von Rudolf Steiner eine auf, wie er meint, Menschenerkenntnis beruhende, ganzheitliche Sichtweise von Erziehung praktiziert. Die Entwicklung des Kindes verläuft in Phasen und beginnt mit der „physischen Geburt". Im ersten Lebensjahrsiebt lernt es durch Nachahmung und orientiert sich am Vorbild Erwachsener. Feste Tagesstrukturen helfen dem Kind, seinen Lebensrhythmus zu finden. Durch Spielzeuge (Naturmaterialien) werden die „Bildekräfte" des Kindes angeregt, ebenso im fantasievoll-künstlerischen Malen.

Die Aufgabe der Erzieherin ist primär, dem Kind eine Nachahmungswelt anzubieten, um sinnliche und nicht kognitive Erfahrungen zu machen.

■ Das Bild vom Kind mit besonderen Bedürfnissen

Kinder mit Behinderungen haben besondere Bedürfnisse, die durch individuelle Hilfen von Erzieherinnen, Kinderkrankenschwestern,

Heilpädagogen etc. in integrativen Gruppen befriedigt werden. Dazu einige Leitgedanken, die in Bremen formuliert wurden:

- „Dass jedes Kind gleich viel wert ist und deshalb jedem Kind die gleiche Aufmerksamkeit entgegenzubringen ist.
- Dass die Verpflichtung zur Förderung aller Kinder unteilbar ist.
- Dass alle Kinder in der nahe gelegenen Einrichtung vor Ort aufgenommen werden sollen und kein Kind davon ausgeschlossen wird, unabhängig von Art und Grad seiner Behinderung.
- Dass es für die gemeinsame Förderung behinderter und nicht behinderter Kinder keine Auswahlkriterien geben darf, weil dadurch eine zusätzliche Form der Behinderung geschaffen würde, nämlich die der Nichtintegrierbaren.
- Dass die Kinder dort die nötige Hilfe bekommen sollen, wo sie leben und betreut werden.
- Dass ein gemeinsames Angebot für die Gruppe möglich ist, dass aber die individuellen Bedürfnisse und Fähigkeiten der Kinder führen müssen.
- Dass alle Kinder auf ein soziales Miteinander angewiesen sind und deshalb in isolierten Sondergruppen nicht sinnvoll aufgehoben sind."[3]

Nach über zwanzig Jahren erfolgreicher Arbeit in Bremen gibt es kaum mehr eine Kindergruppe ohne integrative Maßnahmen.

Die Voraussetzung zur Integration ist ein Menschenbild, ein Bild vom Kind, das nicht die Behinderung als vorstechendes Merkmal sieht, sondern von besonderen Bedürfnissen und vom individuellen Lernvermögen eines Kindes ausgeht.

Konkrete Lernsituation

Nicht alle Ausbildungskindergärten arbeiten integrativ. In der Klasse wird festgestellt, dass es nur in den Einrichtungen von Lena, Jana, Melanie und Volker integrative Gruppen gibt.

Alle Leiterinnen haben bereits signalisiert, dass sie mit einem Besuch der Fachschule Sozialpädagogik Kamp-Lintfort einverstanden sind.

1. Bereiten Sie eine Exkursion vor, oder sollten Sie sich in Gruppen aufteilen? Welche(s) Angebot(e) nehmen Sie an?
2. Entwickeln Sie Vorstellungen über Behinderung oder sollten Sie besser von Kindern mit besonderen Bedürfnissen sprechen?
3. Klären Sie wichtige Fachbegriffe, z. B. Integration, integrative Gruppe, Integrationsquote.
4. Planen Sie, wie Sie die Exkursion inhaltlich vor- und nachbereiten. Schriftliche/mündliche Befragung der Fachkräfte?
5. Entscheiden Sie, welche Dokumentation über Ihre Exkursion besonders geeignet ist.

Kleiner Tipp:
Die Einrichtungen sind in der Regel dankbar darüber, wenn Sie ein „Dokumentationsexemplar" bekommen. Von daher sind Sie in der Wahl hier etwas eingeschränkt.

5. Kindheit als Lebensphase

Neulich herrschte eine junge Frau zwei Jungen im Alter von etwa 10 Jahren an: „Ihr benehmt euch ja wie die Kinder." Daraufhin antwortete der eine keck aber wahrheitsgetreu: „Wir sind ja auch noch Kinder". Es dauerte kaum eine Sekunde, da sagte die Frau: „Wenn ich daran denke, was ich als Kind alles so angestellt habe..."

Ganz offensichtlich hat sich die Frau an eine Lebensphase erinnert, die als Kindheit bezeichnet wird. Die meisten Menschen assoziieren Kindheit mit der Lebensphase, die sie individuell er- und durchlebt haben. Dabei wird sie sehr widersprüchlich erlebt: als unbeschwert und glücklich, aber auch als belastend und angstbesetzt.

---

[3] Haase-Bruns, W., 2003

Abgeliebte Spielzeuge sind stumme Zeugen dieser Zeit, vielleicht können wir sie im Unterricht zum Sprechen bringen…

Kindheit ist in unserer Vorstellung eine Phase im Leben des Menschen, die in früheren Zeiten weitgehend unbekannt war.

Biografische Reflexion

Auf dem Weg zur Erzieherin müssen Sie die eigene Kindheit reflektieren. Das macht es leichter, sich in die Kinder hinein zu versetzen, um sie besser verstehen zu können.

Wir können uns Kindheit gut als Projekt vorstellen. Dazu hier einige Anregungen:

Übung: Zeitreise
Zurück in die eigene Kindheit
Zeitbedarf: ca. 20 Minuten plus Auswertungszeit

Vorbereitung: Für eine Fantasiereise braucht man Zeit und möglichst viel Ruhe und Entspannung. Also kann man den Klassenraum abdunkeln oder in einen anderen Raum ausweichen. Günstig für das Gelingen ist auch Meditationsmusik im Hintergrund. Vielleicht auch ein Schild an der Klassenzimmertür: „Bitte nicht stören!"

Eine Fantasiereise kann man im Sitzen oder Liegen machen. Im Sitzen sollte man eine möglichst entspannte Haltung einnehmen, die Augen schließen oder einen bestimmten Punkt fixieren.

Jeder kann jederzeit aus der Fantasiereise aussteigen, wenn ihm danach ist.
Durchführung: Die Lehrerin liest den folgenden Text sehr langsam und mit Pausen vor:

„Stell dir vor, du reist jetzt Schritt für Schritt zurück in deine Kindheit. Wie mit einem sanften Fahrstuhl fährst du hinab in deine Erinnerung: Du bist zwölf… elf… zehn… neun Jahre alt. Du bist acht … sieben … sechs Jahre alt… Reise so weit zurück, wie deine Erinnerungen reichen. Die Tür des Fahrstuhls deiner Zeitreise öffnet sich geräuschlos… Und du bist auf einmal an einem Ort, der ein Lieblingsplatz deines Kindseins war.

Du blickst dich um…

Was siehst du?

Was hörst du?

Was riechst du?

Wie sieht dieser Ort aus?

Welche Stimmung hat dieser Ort?

Nimm dir die Zeit und fühle dich in diesen Platz ein… (ca. zwei, drei Minuten Pause).

Nun triffst du auf einen Menschen deiner Kindheit, mit dem du viel zusammen erlebt und gemacht hast… Wie sieht er aus? …

Erinnerst du dich an sein Gesicht, seine Gesten,… die Stimme, den Körper? …

Was erzählst du diesem Menschen? …

Was erzählt diese Person dir? (zwei, drei Minuten Pause, während die Musik immer weiter läuft) …

Nun kommen wir langsam zum Ende unserer Reise. … Verabschiede dich von diesem Ort … Verabschiede dich von dem oder den Menschen, die du hier gesehen und erlebt hast (Pause).

Jetzt steigst du wieder in den Fahrstuhl, dessen Tür sich vor dir geräuschlos öffnet…

Du fährst Zug um Zug zurück in deine Gegenwart … bist nach einer Weile hier und jetzt angelangt …

Spanne auf einmal alle deine Muskeln an … öffne die Augen. … Während die Musik weiter läuft, suchst du dir Papier und Stift …

Bevor du mit anderen sprichst, schreibe alles auf, was du auf deiner Reise erlebt hast."[1]

Auswertung: Zunächst sollte jede/jeder mit einem selbst gewählten Partner/Partnerin die gemachten Erfahrungen austauschen. Versuchen Sie, Ihren Partner/Ihre Partnerin zu verstehen, aber kommentieren oder bewerten Sie seine/ihre Erlebnisse nicht. Sammeln Sie dann in Vierergruppen Gemeinsamkeiten und Unterschiede. Diese können Sie anschließend im Gesamtkurs austauschen. Achten Sie dann darauf, was für angehende Erzieherinnen von Bedeutung sein könnte.

Meine Erinnerungsliste der….

1. innigsten Wünsche als Kind: …
2. größten Ängste als Kind: …
3. schönsten Erlebnisse als Kind: …
4. häufigsten Streitgründe mit den Eltern: …
5. häufigsten Streitgründe mit anderen Kindern: …
6. …

---

[1] Kaleidoskop, o. J.

Arbeitende Kinder in New York (1910): *Jeder musste zum Familienunterhalt beitragen.*

Geschichten, die das Leben schrieb:

1. Ich war sehr enttäuscht, als…
2. Ich habe mich riesig gefreut, als…
3. Ich wollte immer…
4. Geärgert habe ich mich….

Die Kindheit unserer Urgroßeltern

Wie war die Kindheit unserer Urgroßeltern?

Wer die Gelegenheit hat, soll die Kindheitserinnerungen seiner Eltern oder Großeltern einfangen und davon erzählen.

Was hat sich seit damals für Kinder geändert?

Der Kinderkoffer:

Versuchen Sie einen alten Koffer zu besorgen. In diesen Koffer packen Sie dann die Dinge, die sie ganz besonders an die eigene Kindheit erinnern: zum Beispiel das Lieblingsspielzeug, das Lieblingsbuch, Fotos, Schmusedecke, Lieblingsmusikkassette, Kuscheltier, Poesiealbum.

Zu einem vereinbarten Zeitpunkt werden die Koffer mitgebracht. Sie haben dann die Gelegenheit, die Erinnerungsstücke den anderen zu zeigen und etwas dazu zu erzählen.

Falls Sie alle oder einige der von uns vorgeschlagenen Reflexionsübungen durchgeführt haben, ist Ihnen der Zugriff auf die eigene Kindheit wahrscheinlich erleichtert worden.

Die Aussagen über die Anthropologie des Kindes bzw. der Kindheit sind in der Pädagogik auf Grund ihrer Komplexität und der unterschiedlichen Sichtweisen und Standpunkte in der Gegenwart nicht einheitlich. Wegen der hohen Praxisrelevanz für Erzieherinnen geht unsere Sichtweise von Kindheit als Grundlage späterer Lebensphasen aus.

Bilderrätsel: Wie sahst Du denn als Kind aus!!!

Zu einer vereinbarten Stunde bringen alle Kleinkindfotos von sich mit. Sie werden auf einem Plakat befestigt und nummeriert. Anschließend sollen dann die Mitschüler erraten werden.

Kindheit als Grundlage späterer Lebensphasen

Unter Kindheit verstehen wir die Alterstufen, die ein Kind von der Geburt bis zum Beginn der Pubertät durchläuft, in denen es viel zu lernen und zu entdecken gibt. Nach diesem Konzept wird Kindheit auch als Phase zur Bewältigung von Entwicklungsaufgaben angesehen, wie aus der Übersicht hervorgeht.

Phasen der Kindheit[2]		Vorrangige Entwicklungs-aufgaben	Soziale Beziehungs-systeme
Frühe Kindheit	Säugling (0 – 1 Jahr)	Urvertrauen; sensomotorische Intelligenz; emotionale Bindung	Überwiegend Mutter
	Kleinkind (1 – 3 Jahre)	Geschlechtszugehörigkeit; sensomotorische Intelligenz; symbolisches Denken	Familie: Mutter, Vater, Geschwister
Späte Kindheit	Vorschulkind (4 – 5 Jahre)	Soziale Kooperation mit Gleichaltrigen; anschauliches Denken	Familie; Gleichaltrige; Kindergarten
	Grundschulkind (6 – 11 Jahre)	Kognitive Konzepte; Lesen, Schreiben und Rechnen; begriffliches Denken; Werte und Moralvorstellungen	Schule; Gleichaltrige; Familie; Erwachsene

Kindheit wird hier als wichtige Phase im gesamten Lebenslauf eines Menschen verstanden, da alles, was dort geschieht oder nicht geschieht, sich auf das weitere Leben auswirkt. Aus der Übersicht ist abzulesen, dass der Aufbau kognitiver Strukturen primär in der Kindheit verortet ist.

Jeder neue Lernvorgang verändert das Gehirn, verändert also nach und nach die kognitive Struktur des Kindes, die den Bildungsverlauf im Kindergarten und in der Schule maßgeblich beeinflusst.

[2] Bründel, H., Hurrelmann, K., 1996

Der Universalgelehrte Wilhelm von Humboldt kam bereits zu der Erkenntnis, dass jeder Mensch eine Energie, eine „Unruhe", in sich spürt, die Umwelt zu verstehen und sie mit zu gestalten. Bereits in der frühen Kindheit hat die Umwelt mit all ihren Reizen einen hohen Aufforderungscharakter. Das Vorschulkind erlebt und interpretiert seine Umwelt, z. B. künstlerisch in einem Bild.

Martin 5;7 „ Der Zug fährt am Haus vorbei"

Zum Malen des Bildes reicht Martins kognitive Struktur allein nicht aus. Er muss dazu noch andere Entwicklungsaufgaben leisten, z.B. grobmotorisch, feinmotorisch, sowie ausdauernd und konzentriert zu arbeiten. Wenn er seiner Oma das Bild schenkt, so zeigt er damit auch eine altersgemäße soziale Kompetenz, weil er weiß, dass sie sich darüber freut.

In dem Beispiel wird auch der Wert „Schenken", etwas selbst Produziertes hergeben, deutlich. Dieses pro-soziale Verhalten kann unter geeigneten Umständen in weiteren Lebensphasen zur sozialen Kooperation führen, etwa unter dem Motto: „Wir kämpfen gemeinsam gegen die Kinderarmut".

In Martins Beispiel sind bereits viele Entwicklungsaufgaben eines Kindes vereint. Bevor sie jedoch leistbar sind, müssen Entwicklungen des Körpers, der Motorik und Feinmotorik, von Sprache, Intelligenz und Denken, Moral, Sexualität – um die wichtigsten zu nennen – ein bestimmtes Entwicklungsniveau erreicht haben.

In unserem Kapitel „Erziehungs-, Entwicklungs- und Bildungsprozesse anregen und unterstützen" (S. 199), werden wir darauf ausführlich zu sprechen kommen.

Zu den weiteren vorrangigen Entwicklungsaufgaben zählen Bründel und Hurrelmann auch die emotionale Bindung. Im Kapitel „Bindungsverhalten" wird vorgeschlagen, wie sichere Bindung von Kindern verschiedener Altersstufen durch *Entwicklungsbegleitung* der Erzieherin in Tageseinrichtungen aussehen kann.

Kindheit und Lebenswelten heute

Nicht nur in der breiten Öffentlichkeit, sondern auch unter Profis wird die veränderte Lebenswelt von Kindern meist an einzelnen Merkmalen festgemacht und beschrieben.

Schlagwörter wie „Medienkindheit", „Konsumkindheit", „Stadtkindheit" usw. sind nur einige gängige Zuschreibungen von Kindheit, die zwar zu Recht auf eine Problematik hinweisen können, aber unterschwellig suggerieren, dass Kindheit z. B. mit Medienkindheit gleich zu setzen ist.

Unbestritten ist der in den letzten Jahrzehnten stark anwachsende und z. T. unkontrollierte Medienkonsum von Kindern im Vor- und Grundschulalter. Neben der zeitlichen Dauer der Mediennutzung ist es die Wirklichkeit, die dabei „aus zweiter Hand" erfahren wird, entscheidend. Fehlen darüber hinaus noch erklärungs- und gesprächsbereite Bezugspersonen, bleiben die Kinder mit ihren oft unverarbeiteten Gedanken und Erlebnissen allein. An die Stelle von Eltern, Erzieherinnen oder Lehrerinnen treten somit Medien, die sich in ihrer Biografie stark verankern und das in diesem Alter noch nicht fest gefügte Werte- und Normensystem leicht ins Wanken bringen können.

■ Veränderte Kindheit – wie entstehen Kindheitsmuster?

Zahlreiche empirische Untersuchungen belegen, dass sich Kindheit in den vergangenen 20–30 Jahren sehr stark verändert hat.

Kinder, die heute einen Kindergarten besuchen, wurden bereits in diesem Jahrtausend geboren. Bei diesen Kindern bilden sich Muster, die sich von denen ihrer Eltern deutlich und von ihren Großeltern noch deutlicher unterscheiden, weil sie zu anderen Zeiten erzogen und sozialisiert wurden. Jede Generation erzeugt somit auch seine eigenen Kindheitsmuster. In Anlehnung an den Gedankengang von Maria Fölling-Albers[3] gibt es ergänzend besonders relevante Veränderungsaspekte:

[3] Fölling-Albers, M., 2001

- Der Rückgang der Geburtenrate hat auch das Beziehungsgeflecht innerhalb der Familien beeinflusst, die Eltern-Kind-Beziehungen sind enger geworden.
- Erziehungsnormen und -ziele von Eltern, Erzieherinnen und Lehrerinnen lassen sich nicht mehr wie noch in den 50er oder 60er Jahren mit Disziplin, Gehorsam und Ordnung beschreiben, sondern eher mit Selbstständigkeit, Kooperationsfähigkeit und Kreativität.
- Die Bildungserwartungen der Eltern an ihre Kinder sind gestiegen (Abitur, Fachhochschulreife, Berufsausbildung...).
- Kinder und Jugendliche besitzen oder verfügen über einen großen elektronischen Medienpark (z. B. PC oder Laptop, DVD, Handy, Fernseher), die Medienkompetenz ist oft höher einzustufen als die ihrer Eltern.
- Anders als noch die Nachkriegskinder spielen die Kinder heute weniger in altersgemischten Spielgruppen auf der Straße oder im Hof zusammen, sondern meist nach telefonischer Verabredung im Haus in kleinen Gruppen oder Paaren.
- Im Gegensatz zu früher ist die Freizeit von Kindern und Jugendlichen „verplanter" durch attraktive Angebote aus nahezu allen Bereichen (Sport, musisch-kreatives Tun, Fun-Bereiche, wie z. B. Skaten, Hip Hop).
- Der gestiegene Wohlstand brachte den Kindern eigene Bereiche. Ein gut ausgestattetes Kinderzimmer finden heute die meisten Kinder vor.
- Nach Angaben des DJI erhält die Mehrzahl der Kinder Taschengeld von den Eltern, daneben tauchen zusätzlich oft noch Oma oder Opa als Sponsoren auf. Damit verfügen Kinder über eine Kaufkraft die vom Markt längst erkannt wurde. Kinder sind inzwischen ganz selbstverständlich Empfänger von Werbebotschaften und interessanter als die Konsumenten der über 49-Jährigen! Kinder kaufen CD's, Spielkonsolen, sportiv ausgerichtete Markenkleidung, aber auch schrillbunte Süßigkeiten, die an kleine Plastikteile erinnern. Selbst wenn nicht alles nur vom Taschengeld bezahlt wird, so hat sich die Kaufentscheidung im Verhältnis zu früher in Richtung Kind verlagert. König Kunde heißt heute auch König Kundenkind.
- Durch Migration wachsen Kinder heute in einer multikulturellen Gesellschaft auf und werden bereits im Kindergartenalter mit ver-

schiedenen Kulturen, Sprachen und Religionen konfrontiert.
- Kindheit wird heute als eigenständiger sozialer Status zu den anderen Altersklassen angesehen.

Auswirkungen veränderter Kindheit

Der rasche gesellschaftliche Wandel, als „Modernisierungsschub" bezeichnet, beeinflusst die Kinder in ihren verschiedenen Lebensumständen (Milieus) unterschiedlich. Einigkeit besteht heute darüber, dass Kinder, die während ihrer Entwicklung die Lern-, Bildungs- und Freizeitangebote aktiv angehen und für sich selbst gut nutzen, eine gute Ausgangslage für ihr späteres Leben haben.

Aber nicht alle Kinder können an Bildung und Wohlstand teilhaben, ca. 1,8 Millionen Kinder und Jugendliche bekommen in Deutschland Sozialhilfe. Diese Kinder erleben soziale Ungleichheiten sehr früh und z.T. intensiv. Sie bekommen es hautnah mit, wie schwer es ist, für die Familie zu sorgen und wenn das Geld für

Miete, Lebensunterhalt etc. kaum oder nicht mehr reicht. Einige Kinder haben offensichtlich nicht ausreichend zu essen. In Berlin beispielsweise kocht die sogenannte „Gelbe Tafel" für sie.

Kinder erleben auch, wie sie in der altersnahen Gruppe ausgegrenzt und gemobbt werden, wenn das T-Shirt nicht das angesagte Label schmückt. Gegenwärtig wird deshalb über eine einheitliche Schulkleidung diskutiert, einige Schulen haben sie inzwischen.

Über die beschriebenen Beispiele hinaus kann Kindheit auch eine Phase unsagbaren Leids mit traumatischen Erfahrungen sein, die den weiteren Lebensweg empfindlich beeinflusst. Eine nicht näher zu beziffernde Anzahl von Eltern wird heute als erziehungsuntüchtig eingestuft, da sie kaum die notwendigen Pflege- und Betreuungsaufgaben ihrer Kinder garantieren können.

Kinder werden aber auch Opfer, u. a. durch körperliche Gewalt, Drogenkonsum, Missbrauch im Hochleistungssport, lebensbedrohende Unfälle, Krankheiten und sexuelle Gewalt (S. 362). An diesem Beispiel wollen wir Schattenkinder aufzeigen.

6. Bindungsverhalten

Bindung

> **Bindung**
>
> Bindung wird definiert als anhaltende emotionale Beziehung zu einer Person, bei der das Kind Körperkontakt, Schutz und Geborgenheit sucht, vor allem in Situationen, in denen es sich unsicher, unbehaglich oder überfordert fühlt, wie in fremden Situationen oder vor fremden Leuten.

Die Bedeutung von dauerhaften und verlässlichen Bezugspersonen in den ersten Lebensjahren kann nicht hoch genug eingeschätzt werden. Das gilt selbstverständlich auch für das Familienleben. Das deutsche Wissenschaftlerehepaar KARIN und KLAUS GROSSMANN hat das Bindungsverhalten in Eltern-Kind-Beziehungen untersucht und festgestellt:

> Kleinkinder brauchen feste Bindungen zu Erwachsenen um eine positive Entwicklung zu durchlaufen.

Die Art und Weise der frühkindlichen Bindung wirkt sich auch nachhaltig auf das Verhalten im Erwachsenenalter aus.

In der Psychologie spricht man in diesem Zusammenhang von der **Bindungstheorie**. Begründer dieser Theorie waren in den 60er Jahren des letzten Jahrhunderts in erster Linie MARY AINSWORTH und JOHN BOWLBY. Ergebnis ihrer Untersuchungen ist die Aussage, dass das Bindungsbedürfnis bei Menschen biologisch tief verankert ist. Bindung entsteht dadurch, dass die Signale des Säuglings, mit denen er seine Bedürfnisse kundgibt, von der Pflegeperson richtig verstanden, also aufgenommen, und entsprechend beantwortet werden. Dabei handelt es sich nicht nur um Signale, die seine körperlichen Bedürfnisse betreffen, sondern auch um solche, mit denen das Kind seine Wünsche nach Zuwendung, Spiel, Zärtlichkeit, „Ansprache", nach Schutz, Trost und Sicherheit zum Ausdruck bringt. Die Pflegepersonen reagieren unterschiedlich auf diese Bedürfnisse.

Daraus entstehen Unterschiede im Charakter der Bindung.

Die Bindung an Personen ist eine Voraussetzung für die seelische Gesundheit des Menschen. Kinder mit gelungenem Bindungsverhalten haben es im späteren Leben leichter, neue Bindungen einzugehen.

Bindungsverhalten: Sucht das Kind nach Bindung, kann folgendes beobachtet werden: zur Mutter krabbeln oder laufen, sich an ihr festklammern, weinen, rufen, lächeln. Das Bindungsverhalten wird aktiviert, wenn das Kind sich unsicher fühlt, z. B. die Mutter sich plötzlich entfernt oder sie den Raum verlässt.

Bindungsentwicklung

1. In den ersten 2 Monaten ist das Kind an keine Person fest gebunden. Es reagiert weitgehend gleichartig auf Personen, die seine Bedürfnisse befriedigen.
2. Ab dem 3.–4. Lebensmonat lernt das Kind, Personen zu bevorzugen, die es an der Stimme, am Geruch oder anderen Signalen erkennt.
3. Die Bindung an bestimmte Personen zeigt sich ab dem 7.–8. Lebensmonat, wenn ein Kind bekannte und unbekannte Personen unterscheiden kann. Es erkennt beispielsweise das Gesicht der Mutter wieder, da es immerwährend im Gedächtnis eingelagert ist (Objektpermanenz).

> **Angie fremdelt**
> Angie sitzt im Kinderwagen und schaut fröhlich und aufmerksam die Mutter an. Eine Freundin der Mutter nähert sich Angie und streckt die Hände aus, als wolle sie das Kind aufnehmen. Angies Stimmung ändert sich schlagartig: Sie gestikuliert heftig mit den Armen und weint. Offensichtlich gibt sie kund, dass sie mit der ihr fremden Person nichts zu tun haben möchte.

Angie zeigt durch ihr Verhalten, dass sie zwischen der primären Bezugsperson und einer fremden Person unterscheiden kann. Im Durchschnitt tritt das Fremdeln mit acht Monaten auf, daher auch der Name *Achtmonatsangst*.

Verhalten von Kindern, deren Beziehung zu ihren Müttern oder Vätern psychisch unsicher ist (AINSWORTH 1977)

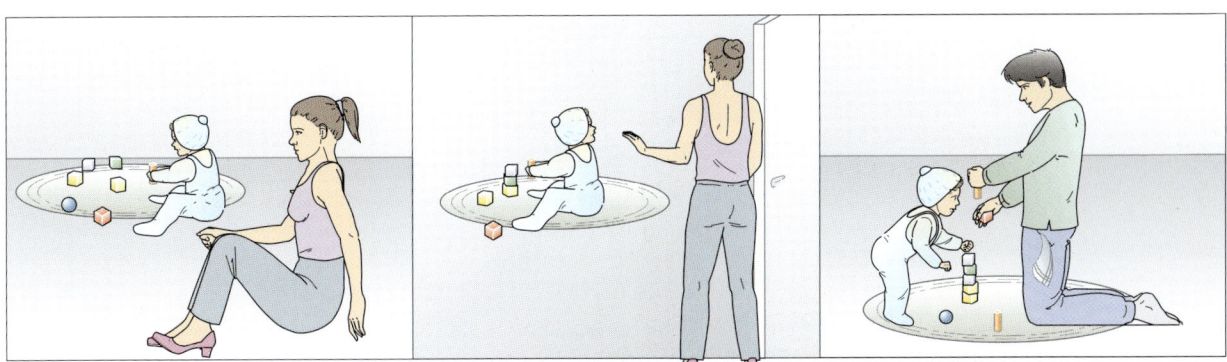

Das Kind spielt allein und schaut die Mutter nur selten, und wenn, dann ohne jeglichen Ausdruck an.

Die Mutter verlässt den Raum ... das Kind setzt sein Spiel fort.

Das Zusammenspiel mit einer freundlichen, aber fremden Person ist oft lebendiger als mit der Mutter oder dem Vater.

Wenn die Mutter nach 3-minütiger Abwesenheit zurückkommt, vermeidet es das Kind, sie anzuschauen oder irgendeinen anderen direkten Kontakt herzustellen.

Kommunikation wird indirekt aufgenommen; Körperkontakt wird vermieden. Mutter und Kind schauen beide teilnahmslos auf denselben Gegenstand.

Verhalten von Kindern, deren Beziehung zu ihren Müttern oder Vätern psychisch sicher ist (AINSWORTH 1977)

Das Kind spielt und schaut die Mutter freundlich an.

Die Mutter verabschiedet sich von dem Kind, bevor sie den Raum für 3 Minuten verlässt.

Das Kind hört auf zu spielen und sucht lebhaft nach der Mutter, oft unglücklich, manchmal weinend.

Eine freundliche, aber fremde Person kann das Kind nicht besänftigen, das versucht, sich von ihr zu entfernen.

Wenn die Mutter zurück kommt, begrüßen sich beide freudig.

Nach einer kurzen Weile spielen Mutter und Kind wieder glücklich miteinander; sie schauen sich freundlich an und unterhalten sich mit lebhaftem Blickkontakt!

1)

---

1) nach Schenk-Danzinger, L.

Die Angstreaktionen, gestikulieren, weinen, wie sie Angie zeigt, sind nicht bei allen Kindern gleich ausgeprägt.

■ Bindungstypen im Kleinkindalter

Aus dem Verhalten von Kindern leitet AINSWORTH drei Bindungstypen im Kleinkindalter ab:

- Typ A: Unsichere, meidende Bindung, Kinder zeigen kaum Gefühle, suchen nicht die Nähe der Bezugsperson, sind eher misstrauisch und abwehrend.
- Typ B: Sichere Bindung und Kontakt, Nähe der Bezugsperson wird gesucht, Kinder fühlen sich geborgen.
- Typ C: Unsichere ambivalente Bindung. Unbekannte Personen lösen Ängste und Wut aus. Der Mutter gegenüber verhalten sie sich ambivalent, weil sie sich von ihr allein gelassen fühlen.

> Wie würden Sie die Abbildungen den Bindungstypen zuordnen? Begründen Sie bitte.

Wie können sich Trennungen auswirken?

■ Kleinkinder im Krankenhaus

Bei Klinikaufenthalten von Kleinkindern (ca. 15–30 Monate) beobachtete BOWLBY die Reaktionen auf die Trennung von der Mutter und beschrieb sie in drei Phasen als

- **Protest:** Das Kind ist durch den Mutterverlust beunruhigt, weint oft laut, die Pflegerin wird abgelehnt, es ist sich aber sicher, dass die Mutter wieder kommt.
- **Verzweiflung:** Das Kind glaubt nicht mehr, das die Mutter kommt, es will sich damit allerdings nicht abfinden. Es weint, ist verstimmt und will nicht viel von seiner Umwelt wissen.
- **Gleichgültigkeit:** In dieser Phase der „Mutterverlegnung" zeigt das Kind wieder mehr Umweltinteresse. Nahrung und Spielsachen werden angenommen. Beim Besuch der Mutter ist von einer natürlichen Bindung kaum noch etwas zu spüren.

Frühe Bindungserfahrungen wirken sich nicht nur auf das soziale Verhalten von Menschen aus sondern auch auf Tiere, wie die zwei Untersuchungen von HARLOWS Rhesusaffen und BRAUNS Strauchratten (Degus) eindrucksvoll belegen.

■ Wie verhalten sich Rhesusäffchen und Degus bei Mutterentbehrung?

Versuchstiere:
neugeborene Rhesusäffchen, die sofort nach der Geburt von der Mutter getrennt wurden.

Versuchsziele:
1. Was ist für die Affensäuglinge wichtiger, die Nahrung oder die Mutterliebe („Nestwärme")?

2. Wie zeigen sich Angst- und Bindungsreaktionen der kleinen Äffchen?

Versuchsdurchführung:
Die Affenkinder wachsen bei „Mutterattrappen" auf, die sich stark unterscheiden. Die eine ist ein Drahtgestell mit einer Flasche als Nahrungsquelle, die andere ist ein Drahtgestell mit einem weichem Stoffüberzug.

Ergebnisse der Versuche:
Die „Stoffmutter" erhält eindeutig den Vorzug vor der „Nahrungsmutter". Um die Angst- und Bindereaktionen zu überprüfen ließ Harlow Monate später einen lärmenden Roboterbär in den Käfig der Jungtiere bringen. Die

bei den „Stoffmüttern" aufwachsenden Äffchen suchten sofort bei ihr Schutz und Trost. Die bei der Nahrungsmutter aufwachsenden verkrochen sich erschreckt in eine Ecke oder erstarrten.

Ohne Liebe verkümmert das Gehirn

Die Neurobiologin KATHARINA BRAUN konnte an Strauchratten (Degus) nachweisen, „dass ein Mangel an gefühlvoller Zuwendung auch deutliche Spuren in den fein gesponnenen Nervennetzen des Gehirns hinterlässt". Die Botenstoffe Dopamin und Serotonin verändern sich stark und dadurch kommt das Erregungsniveau im Vorderhirn durcheinander. „Die den Eltern entrissenen Degus laufen, so haben die Neuroforscher beobachtet, in einer fremden Umgebung aufgeregt umher, wie verwahrloste Menschen wirken sie hyperaktiv. Und wenn über Lautsprecher die Rufe der Mutter ertönen ignorieren die Tiere die vertraute Stimme. Ungestört im Schoß der Familie groß gewordene Strauchratten beruhigen sich dagegen, wenn sie die Mutter hören."[2]

Beiden Tierversuchen ist eines gemeinsam: Die Tierkinder wurden nach der Geburt ganz oder teilweise von der Mutter getrennt, sodass Bindung sich nicht natürlich entwickeln konnte. Nicht zuletzt aufgrund solcher und ähnlicher Erkenntnisse bleiben unsere kleinen Artgenossen heute nach der Geburt im Krankenhaus bei der Mutter („rooming-in"). Die Geburt und die Zeit danach ist für Eltern und Kind ein bewegendes, ein wichtiges Erlebnis. Dies auch, obwohl die Bindung zwischen Eltern und Kind sich aus den unzähligen kleinen und großen Erfahrungen entwickelt, die sie über Monate und Jahre hinweg miteinander machen werden.

Bedeutung der Bindung

Über Blickkontakt, vertraute Zwiegespräche, Streicheln, Halten und Trösten entwickelt das Kind eine Beziehung zu einer erwachsenen Person und über Vertrauen in die Verlässlichkeit und Verfügbarkeit dieser Bezugsperson eine sichere Bindung zu ihr. Mit dieser Sicherheit kann ein Kind sich wagen, neugierig und aktiv auf die Welt zuzugehen.

Eine gute Beziehungsqualität fördert die kindliche Entscheidungsfähigkeit, stärkt die Selbstbeherrschung, die geistige Beweglichkeit, die soziale Kompetenz und die Angstfreiheit. Diese Kinder sind meist freundlich und tolerant und emotional stabil (K. GROSSMANN).

Ohne diese Grundsicherheit in einer Beziehung ziehen Kinder sich in sich zurück, wirken selbstständig, sind jedoch innerlich unsicher. Meist versuchen sie alleine mit ihren Gefühlen fertig zu werden. So entwickeln sie häufig Verhaltensweisen, die von ihrer Umgebung als auffällig wahrgenommen werden. Sie fallen im Kindergarten durch geringe Frustrationstoleranz, Aggressivität, Unselbstständigkeit und geringes Selbstwertgefühl auf. Erfahren sie dann negative Reaktionen von anderen Personen, so wird ein Kreislauf in Gang gesetzt, der sich immer wieder selbst verstärkt. Der Ursprung sehr vieler Probleme ist in unbefriedigenden Beziehungserfahrungen und unsicheren Bindungen zu suchen.

■ Bedeutung der Bindung im Kindergarten

Die meisten Untersuchungen gibt es zur Mutter-Kind-Beziehung, denn die Mutter ist in der Regel die wichtigste Bezugsperson. Aber auch andere erwachsene Personen können eine wesentliche Bezugsperson sein, wenn sie regelmäßig und verlässlich für das Kind da sind, wenn sie die Signale, die es sendet, wahrnehmen, verstehen und beantworten, also eine sichere Beziehung aufbauen. Dies ist auch noch im Kindergartenalter möglich.

Damit gewinnen die Erzieher und Erzieherinnen eine große Bedeutung.

Wie Kinder sich und andere Menschen erleben, hängt wesentlich davon ab, welche Erfahrungen sie in den ersten Beziehungen gemacht haben.

Sind die ersten Bezugspersonen auf die Bedürfnisse und Möglichkeiten des Kindes eingegangen, haben sie es angeregt und gefördert, ihm Schutz und Begleitung gegeben, dann hat es eine gute Voraussetzung, sich seelisch, geistig und körperlich gesund zu entwickeln.

Dieser Prozess ist noch im Gange, wenn das Kind in den Kindergarten kommt. Seine bishe-

---

Rooming-in

1. Neugeborene bleiben im Krankenhaus im Zimmer der Mutter.

2. Stationäre Aufnahme der Mutter zum akut erkrankten Kind.

---

[2] Geo 11/03

rigen Erfahrungen mit Beziehungen zu Erwachsenen bringt es mit. Diese Erfahrungen bestimmen seine Erwartungen und Einstellungen

- „Ich bin willkommen",
- „Für mich interessiert sich ja doch keiner",
- „Nur wenn ich schreie...",

mit denen es den Erzieherinnen und den anderen Kindern begegnet.

Wenn Kinder zum ersten Mal in den Kindergarten kommen, müssen sie sich aus der vertrauten Beziehung mit der Mutter lösen. Sie müssen sich trennen von ihren Bezugspersonen und werden diese zunächst vermissen. Kinder mit sicherer Bindung werden sich anders verhalten als unsicher gebundene Kinder. Viele Kinder brauchen eine Übergangszeit, in der die Mutter zunächst noch anwesend und erreichbar ist (z. B. mit dem Kind zusammen die Räume besichtigt oder mit anderen Müttern in der Elternecke sitzt o. ä.), wobei in dieser Situation auch die Mutter ihrerseits das Kind loslassen muss, um es vertrauensvoll den Erzieherinnen für einige Stunden zu überlassen. Die Zeit, die Kinder alleine in der Einrichtung verbringen, kann allmählich ausgedehnt werden (beginnend mit ein bis zwei Stunden in den ersten Tagen), sodass ausreichend Zeit vorhanden ist, mit der Erzieherin, den anderen Kindern und den Räumlichkeiten bekannt und vertraut zu werden. Abrupte Trennungen können dazu führen, dass Kinder sich verlassen fühlen und trauern.

Die Erzieherin benötigt ebenfalls Zeit, sich auf ein Kind einzustellen, um zu verstehen, was es braucht und will.

Sicher gebundene Kinder werden ihre Beziehungserfahrungen und Erwartungen allmählich auf die Erzieherin übertragen und sie, wenn sie sich angenommen fühlen, als Sicherheitsbasis für ihre aufregenden Entdeckungen und Begegnungen im Alltag annehmen können.

Unsicher gebundene Kinder haben es schwerer sich zu lösen, obwohl sie das selten direkt äußern, aber die Mutter loslassen bedeutet, den letzten Rest an Sicherheit aufzugeben. Da sie von den Erzieherinnen zunächst das erwarten, was sie kennen, gehen sie selten vertrauensvoll auf diese zu. Sie werden eher vorsichtig reagieren oder forsch aggressiv, da sie Kritik und Ablehnung fürchten oder aus Gewohnheit provozieren. Hier braucht die Erzieherin ihr Einfühlungsvermögen, um dem Kind Schutz, Geborgenheit und Verlässlichkeit anzubieten, nur so kann sie allmählich sein Vertrauen gewinnen, es zum Erforschen und Erkunden seiner Umgebung ermuntern und dabei begleiten. Je mehr Vertrauen ein Kind gewinnt und sich der Hilfe und Unterstützung seiner Bezugsperson gewiss ist, desto eher wird es seine Bedürfnisse mitteilen und unternehmungslustig sich trauen, Beziehungen zu den anderen Kindern aufzunehmen, eigene Spielideen zu entwickeln und sich im Spiel zu vertiefen.

Eine sichere vertrauensvolle Beziehung ist das Fundament für Selbstständigkeit. Sicher gebundene Kinder bringen die Erwartung mit, dass ihnen die Erzieherin so hilfreich und freundlich begegnet, wie sie es gewohnt sind. Sie teilen ihre Gefühle mit, nehmen leichter Kontakt auf mit anderen Kindern und lösen ihre Konflikte eher selbst. Diese Ausführungen orientieren sich an den Erkenntnissen, die in Langzeitstudien zu dem Thema „Entstehung von Bindungen" gewonnen wurden.

Sichere Bindung durch Entwicklungsbegleitung in Tageseinrichtungen

Betreuungsangebote für Kinder unter drei Jahren werden – aus verschiedenen Gründen – zunehmend nachgefragt. Die Entwicklungsbegleitung, die eine Erzieherin zu leisten hat, ergibt sich aus ihrem Arbeitsschwerpunkt und dem Alter der Kinder.

Welche Verhaltensweisen einer Erzieherin in Tageseinrichtungen können helfen, eine gute Beziehung und eine sichere Bindung aufzubauen?

■ Im Säuglingsalter

Beziehung baut sich primär im Säuglingsalter auf. Ein Kind spürt sehr bald, ob sich jemand um es kümmert, wenn es Durst, Hunger oder Schmerzen hat. Vertrauen – und damit Bindung – wird aufgebaut, wenn diese Grundbedürfnisse befriedigt werden. Nähe und Zärtlichkeit vermitteln darüber hinaus den Bezug zu einer Person, die durch solche Aktivitäten zur primären Bezugsperson wird.

- Befriedigen Sie die Grundbedürfnisse des Säuglings (Nahrung, Körperpflege, Schutz ...).
- Sorgen Sie nach Möglichkeit für verlässliche Anwesenheit (z. B. immer die gleiche Schicht).
- Stellen Sie Körperkontakt her beim Wickeln, Baden; sprechen, singen Sie dabei.
- Aktivieren Sie das Neugierverhalten durch Anlächeln, Blickkontakt und Gestik.
- Unterstützen Sie das Beziehungsstreben zu anderen Kindern.

Urvertrauen

Das in den ersten Lebensmonaten entstandene Vertrauen bezeichnet ERIKSON als Urvertrauen.

Das Urvertrauen begünstigt u. a.
- den Verlauf der Persönlichkeitsentwicklung,
- die Bindung an Personen im späteren Leben,
- das Lernen.

Fehlendes oder mangelndes Urvertrauen kann zu Urmisstrauen führen und die Entwicklung des Kindes negativ beeinflussen.

■ Im Kleinkindalter

Kinder dieser Altersstufe haben bereits vielfache Erfahrungen gesammelt. Die Synapsen im Gehirn bilden und verstärken sich, Kinder erinnern sich an bestimmte Situationen, die das episodische Gedächtnis ermöglicht:

- Verrichten Sie mit dem Kind zusammen täglich wiederkehrende Aktivitäten (Blumen gießen, Aufräumen, Post holen...).
- Sprechen Sie mit dem Kind über kurzfristige Trennungen.
- Erkunden Sie mit dem Kind das nahe Umfeld: Spielplatz, Supermarkt...
- Geben Sie dem Kind Rückmeldung über sein Verhalten.
- Bieten Sie sich dem Kind als verlässliche Bezugsperson an (Körperkontakt: auf den Arm, Schoß nehmen).

■ Im Vorschulalter

Kinder können sich bereits sprachlich differenziert ausdrücken, sind in z. T. vielfältige soziale Felder eingetaucht und besitzen ein Inventar an Erfahrungen.

- Fördern Sie Freundschaften innerhalb der Kindergruppe.
- Bindungen an weitere Bezugspersonen ermöglichen und fördern (z. B. Praktikantin).
- Unterstützen Sie die Eigenständigkeit des Kindes (Bindung heißt nicht Abhängigkeit).
- Über Erlebnisse mit den Kindern sprechen, sie einbeziehen.
- Pädagogische Arrangements wie im Kapitel Förderung von Entwicklung und Bildung S. 365 ff. beschrieben.

Manche Kinder kommen allerdings mit sehr unzureichender Bindung in den Kindergarten, wie das nachfolgende Fallbeispiel von Kevin zeigt:

■ Distanzlosigkeit

„Irgend etwas ist mit Kevin, hab ich mir gedacht", erzählt mir Annegret Classens, eine Erzieherin, „ganz normal ist der nicht. Der war den ersten Tag im Kindergarten, saß schon bei mir auf dem Schoß, küsste mich, fummelte an mir rum. Und als er mittags ging, sagte er mir, er würde mich lieben. Ich sei die beste Frau auf der ganzen Welt."

Nun hatte Kevin nicht allein eine Erzieherin umgarnt, zu anderen hatte er auch schon intimen Kontakt gefunden.

Zwei Kolleginnen von Annegret Classens fanden Kevin „richtig süß. Einen Tag da und schon aufgetaut. Der hatte überhaupt keine Berührungsängste."

Doch allmählich wurde es dem gesamten Kindergartenteam unheimlich: Er machte morgens mit seinen Liebkosungen die ganze Belegschaft durch, kämpfte sich von Schoß zu Schoß, und wenn es einer Erzieherin zuviel wurde und sie ihn abschüttelte, kletterte er schon zu einer anderen.[3]

> **Partnerarbeit**
> 1. Stellen Sie Vermutungen über Kevins Verhalten an!
> 2. Erstellen Sie einen Plan, wie Kevin im Kindergarten Nähe und Distanz lernen kann!

Das Fallbeispiel von Kevin rührt wahrscheinlich an. Der Knirps ist für sein schlichtes Bindungsverhalten natürlich nicht verantwortlich. Erzieherinnen müssen sich allerdings fragen, ob derzeitig favorisierte Erziehungskonzepte tauglich sind, denn manchen Kindern fällt Bindung im Kindergarten schwer.

Der „offene" Kindergarten

In offenen Kindergärten gibt es keine Gruppenräume, sondern nur noch Funktionsräume. In diesem System gilt der Grundsatz, dass sich die Kinder selbstständig und ohne ständige Betreuung und Beaufsichtigung in den Räumen orientieren und aufhalten können: im Ruheraum, dem Bewegungs- und Rollenspielraum, dem Atelier oder der Cafeteria. Das einzelne Kind ist irgendwo im Haus, genauso wie auch seine Erzieherin. Dies soll die Selbstständigkeit der Kinder fördern und ihnen insbesondere in Tageseinrichtungen mit langer Öffnungszeit genügend Bewegungsraum und vielfältige Sozialkontakte ermöglichen.

„Eine derartige sogenannte offene Arbeit führt zur Beziehungslosigkeit, statt Kinder beziehungsfähig werden zu lassen. In den ersten sechs Lebensjahren wird von einem Kind vieles gelernt, u. a. die Beziehungsfähigkeit. Dazu braucht das Kind, besonders das Kindergartenkind, verlässliche, d. h. möglichst geschätzte und geliebte Erzieherinnen, die es jeden Morgen trifft und an die es sich wenden und halten kann. Es ist keine anerkannte Pädagogik bekannt, die nicht das pädagogische Verhältnis, also die warmherzige und tragfähige Beziehung zwischen Kind und Erzieher, als die Basis allen Gelingens der sonstigen pädagogischen Anstrengung betrachtet. Alles andere führt zur Desorientierung und womöglich zu Verhaltensstörungen der betroffenen Kinder.

Dies ist umso schwerwiegender, wenn wir uns vor Augen halten, aus welch beziehungsgestörten Familien ein immer größerer Teil der Kinder kommt. Diesem Beziehungsdefizit muss durch ein verlässliches und geregeltes Kindergartenangebot entgegengewirkt, nicht aber durch negative Komplettierung des Chaos weiter Vorschub geleistet werden." So der Freiburger Erziehungswissenschaftler NORBERT HUPPERTZ.[4]

> **Aufgabe**
> 1. Diskutieren Sie in der Klasse das Statement von HUPPERTZ.
> 2. Beobachten Sie insbesondere die Beziehungsfähigkeit jüngere Kinder im offenen Kindergarten.

---

[3] Rogge, J. U.,1997

[4] Huppertz, N., 1992

7. Die Gruppe als Grundlage der sozialen Entwicklung des Menschen

Anregungen:
Überlegen Sie zunächst einmal, was ihnen zum Begriff „Gruppe" einfällt.
– Welchen Gruppen gehören Sie an?
– Wie würden Sie diese Gruppen beschreiben?
– Wie wurden Sie Mitglied einer bestimmten Gruppe?
– Was machen die einzelnen Gruppen?
– Welche Rolle spielen Sie in der jeweiligen Gruppe?
– Welche der einzelnen Gruppen ist für Sie die wichtigste und warum?

Überall auf der Welt leben die Menschen in Gruppen. Eremiten gibt es nur wenige. Kinder wachsen in Gruppen auf, sie lernen und spielen in Gruppen. Die Keimzelle des Lebens, die Familie, ist eine Gruppe. Jugendliche gesellen sich in der Gruppe der Gleichaltrigen, der sogenannten Peer-Group. Erwachsene arbeiten mit Kollegen zusammen und verbringen mit Freunden und Bekannten ihre Freizeit. *Gruppen sind das Lebenselement des Menschen.*

Gruppe

Eine Gruppe besteht aus zwei oder mehreren Menschen, die deshalb zu einer Einheit zusammengefasst werden, weil sie durch direkte Kommunikation und Interaktion miteinander in Wechselbeziehung stehen. Die Mitglieder einer Gruppe beeinflussen sich also gegenseitig in ihren Bedürfnissen und Zielen.

Einige Voraussetzungen müssen erfüllt sein, um mehrere Menschen als Gruppe bezeichnen zu können:

- **Interaktion:** Die Mitglieder einer Gruppe kennen sich persönlich. Sie interagieren und entwickeln gefühlsmäßige Beziehungen zueinander. Jedes Verhalten und Handeln eines Gruppenmitgliedes beeinflusst direkt oder indirekt das Verhalten und Handeln der anderen. Dabei ist es einerlei, ob jemand schweigt, spricht oder handelt; immer vollzieht sich Verhalten.
- **Zeitliche Stabilität**: Eine Gruppe zeichnet sich dadurch aus, dass ihre Mitglieder über eine gewisse Zeit hinweg miteinander interagieren.
- **Normen und Ziele:** Die Mitglieder einer Gruppe haben Gemeinsamkeiten hinsicht-

lich Zielen, Normen und Werten; dadurch wird das Zusammenwirken innerhalb der Gruppe reguliert.
- **Wir-Gefühl:** Die Mitglieder nehmen sich als Gruppe wahr. Ein Wir-Gefühl bildet sich heraus; das Gruppengefühl und die Gefühle der Einzelnen stehen ebenfalls in einer Wechselbeziehung.
- **Organisation und Struktur**: Eine Gruppe organisiert und strukturiert sich, indem die Mitglieder aufgrund ihrer wahrgenommenen Eigenarten und Fähigkeiten verschiedene Positionen mit verschiedenem Ansehen und verschiedene Rollen einnehmen.

Die Gruppe „trägt" auch.

Arten von Gruppen

■ Primärgruppen

Primärgruppen sind die Gruppen, die zeitlich zuerst im Leben des Menschen auftauchen, wie die Familie oder die Spielgruppe (Haus, Spielplatz).

Merkmale:

- Häufiger Kontakt
- Kontakt auf verschiedene Arten (verbal, taktil, optisch)
- vorwiegend direkter Kontakt (von Angesicht zu Angesicht)
- häufig emotionaler Kontakt, z.T. auch gegenseitige Abhängigkeiten
- kleine, überschaubare Zahl der Gruppenmitglieder (meist 2 bis 6 Mitglieder)

■ Sekundärgruppen

Sekundärgruppen sind die Gruppen, die zeitlich erst später im Leben des Menschen auftauchen wie die Kindergartengruppe oder die Schülergruppe.

Merkmale:

- geringerer Kontakt
- häufig indirekter Kontakt
- vorwiegend verbaler Kontakt
- Verfolgen gemeinsamer Ziele nur in Teilbereichen
- größere Anzahl von Mitgliedern

■ Formelle und informelle Gruppen

Die Einteilung in formelle und informelle Gruppen bezeichnet meistens eine Unterscheidung im Grad der Formalität, mit der Ziele, Normen, Rollen usw. festgelegt sind.

Formelle Gruppen

Formell bedeutet hier ausdrücklich festgelegt und formuliert, entweder schriftlich oder mündlich, und zwar in einer Satzung, Verordnung oder Vereinbarung.

Beispiele dafür sind:

- das Leitungsteam eines Kindergartens,
- ein Jugendverein,
- eine Schulklasse.

Informelle Gruppen

Informelle Gruppen sind solche, deren Ziele, Normen und Rollen usw. nicht ausdrücklich formuliert sind. Sie haben keine Satzung, sie entstehen spontan, sie sind an keine von außen auferlegte Ordnung oder Struktur gebunden.

Beispiele dafür sind:

- eine Spielgruppe von Kindern,
- eine Freundesgruppe,
- eine Clique in einer Schulklasse.

Die Unterscheidung ist allerdings nicht exakt festzulegen. Eine Gruppe kann mehr oder weniger formell oder informell sein.

In einer Schulklasse – die eine formelle Gruppe darstellt, da Normen, Rollen, Ziele ausdrücklich festgelegt sind – können mehrere informelle Gruppen entstehen. Diese wiederum können einen großen Einfluss auf die formelle Gruppe, die Klasse insgesamt, haben.

Neben der formellen Rangordnung von Lehrer – Schüler – Klassensprecher kann eine informelle Rangordnung entstehen: heimlicher Führer, Clique, Mitläufer.

■ Mitgliedsgruppen

Mitgliedsgruppen sind Gruppierungen oder Vereine, in denen man aktives oder passives Mitglied ist.

■ Bezugsgruppen

Bezugsgruppen sind Gruppen, nach denen man sich richtet, mit deren Auffassungen, Verhaltensweisen, Einstellungen man sich identifiziert und die von Christiane F. so verstanden wurden: „Wir fanden die Jungs dämlich, die in der Klasse mit Papierkugeln rumschnippten oder mit Apfelresten warfen. Das waren dieselben, die in der Pause auf dem Hof Milch tranken und mit einem Fußball rumbolzten. Stark waren die Jungs, die in der Pause gleich in der Raucherecke verschwanden. Und Bier trinken mussten sie. Ich weiß noch, wie beeindruckt ich war, als Kessi mir erzählte, der Milan habe unheimlich einen in der Krone gehabt."[1]

■ Eigen- und Fremdgruppe

Eigengruppe

Die Eigengruppe ist diejenige, mit der man sich identifiziert, der man sich zugehörig fühlt und deshalb starke Sympathiegefühle entgegenbringt.

Die Eigengruppe wird oft positiv im Sinne eines Vorurteils bewertet: Sie wird als gut, gerecht und „cool" beurteilt, ohne dass objektive Gründe für diese positivere Bewertung der eigenen Gruppe im Vergleich zu anderen Gruppen vorhanden sind.

Fremdgruppe

Die Fremdgruppe wird nicht nur objektiv als die Gruppe der anderen gesehen, sondern auch in bewertendem Sinne.

Ihre Mitglieder sind anders, fremd, und teilweise ist ihr Verhalten unverständlich. Man grenzt sich von ihr ab und bringt ihr eher Gefühle der Ablehnung entgegen. Gerne wird sie mit negativen Vorurteilen belegt. Eher als gelinde einzustufen sind hier die Rivalitäten, die mit Parallelklassen in Schulen ausgetragen werden und sich oft auf Aussagen wie „die Blöden aus der Parallel" reduzieren.

Im Extremfall entstehen aber *Diskriminierungen* und *Feindseligkeiten*, vor allem dann, wenn es um verschiedene nationale und ras-

---

[1] Christiane F., Hermann, K., Riek, H., 2004

sische Gruppen geht oder um Mehrheiten und Minderheiten.

Die Tatsache, dass man geneigt ist, die Gruppe, zu der man gehört, zu überschätzen und die Gruppe, zu der man nicht gehört, zu unterschätzen, führt somit leider oft zu Problemen.

Gruppenstrukturen

Gruppen als soziale Gebilde beginnen schon nach kurzer Zeit ihre Beziehungen zu strukturieren. Aus dem Nebeneinander wird ein gegliedertes Zueinander: Es entsteht eine Struktur.

So werden Jugendliche, die gemeinsam an einer Schule in einer Klasse arbeiten, bestimmte Erfahrungen machen. Es etablieren sich gruppenspezifische *Normvorstellungen*, die Jugendlichen werden innerhalb der Gruppe mit bestimmten *Rollen* und den damit verbundenen Erwartungen konfrontiert. Jeder erhält bei den anderen einen gewissen *Status*, also Ansehen, und es entwickelt sich ein *Zusammenhalt (Kohäsion)*. Genau diese vier Merkmale bestimmen die interne Struktur von Gruppen und haben großen Einfluss auf Funktionalität und Produktivität einer Gruppe.

■ Normen

Wenn Menschen längere Zeit miteinander kommunizieren, gleichen sie sich in vielen Ansichten und Verhaltensweisen einander an. Dieses wachsende Wir-Bewusstsein beruht weitgehend auf gemeinsamen Normen, erleichtert die Kommunikation und gibt Sicherheit: „Wir sind der Meinung…; wir sehen das so…"

Die Mitglieder von Gruppen halten bestimmte Spielregeln ein, wobei diese Spielregeln nicht unbedingt bewusst sein müssen. Sogenannte Selbstverständlichkeiten spielen sich ein und zählen zu den wirksamsten Gruppennormen. In einer Schulklasse beispielsweise können folgende Regeln bestehen:

- In der Klasse darf man einen Mitschüler nicht verpetzen.
- Im Unterricht mitzumachen ist ganz in Ordnung, wer aber dauernd streckt, ist ein „Streber".

- Wer häufig mit dem Lehrer redet ist ein „Schleimer" und will sich Vorteile verschaffen.

Wie auch immer entwickeln Gruppen Vorstellungen über richtiges und angemessenes Verhalten ihrer Mitglieder. Diese Vorstellungen werden als Normen bezeichnet. Wenn ein Mitglied der Gruppe gegen Normen verstößt, muss er mit Reaktionen der Gruppe rechnen. Diese nennt man *negative Sanktionen*. Es gibt zahlreiche Sanktionsmöglichkeiten der Gruppe, die fein abgestuft sein können. Vom Grinsen oder Auslachen über abfällige Bemerkungen, direkte Missbilligung, harsche Kritik bis zum Ausschluss aus der Gruppe…

Für das Wohlverhalten in der Gruppe gibt es allerdings auch *positive Sanktionen* wie Anerkennung und Respekt, Auszeichnungen, Belohnungen…

Normen können sich natürlich auch verändern. Dies passiert beispielsweise dann, wenn sie von der Mehrheit in der Gruppe kaum noch beachtet werden oder sich die Bedürfnisse der Gruppenmitglieder verändern.

Anregungen und Aufgaben:

1. Diskutieren sie in der Klasse über die Frage: Gibt es im Kindergarten genügend, zu viele oder zu wenig Normen?
2. Welche ausgesprochenen und unausgesprochenen Regeln gibt es in ihrer Klasse?
3. Was geschieht, wenn jemand gegen diese Spielregeln verstößt?
4. Wodurch könnten sich die Regeln verändern?

Soziale Rolle

Alena, eine 17-jährige Fachschülerin für Sozialpädagogik aus Villingen-Schwenningen, ist bisher mit ihren reisefreudigen Eltern jedes Jahr mehrmals in den Ferien ins Ausland gefahren. Als in diesem Jahr wieder eine Reiseplanung ansteht, rechnen die Eltern fest damit, die drei Wochen mit ihrer Tochter zu verbringen. Sie aber verkündet den erstaunten Eltern nicht mehr mitfahren zu wollen, weil ihre Clique andere Pläne hat. Vater und Mutter haben einige Mühe die neue Situation zu akzeptieren. Auch die jüngere Schwester ist darüber nicht sehr erbaut. Nun muss sie allein mit den Eltern … oh, je! Sie hatte sich schon insgeheim ausgemalt, mit Alena abends auch einmal auszubüchsen, so ganz ohne Eltern.

An diesem Beispiel können Sie sehr schön erkennen, dass einzelne oder mehrere Personen ganz bestimmte *Erwartungen, Wünsche* an das Verhalten einer anderen Person haben. Das ist der Inhalt einer Rolle.

Rollen sind – ähnlich wie Normen – Erwartungen der Gruppe an das Verhalten des Einzelnen. Während Normen für alle Gruppenmitglieder gültig sind, richten sich Rollenvorschriften nur an die Inhaber einer bestimmten *sozialen Position*.

Der Begriff Position wird auch in der Alltagssprache verwendet, besonders in Bezug auf berufliche Stellungen und die daraus resultierenden Rangunterschiede. Viele Positionen sind begrifflich klar gekennzeichnet und offensichtlich aufeinander bezogen, wie z. B.:

- Erzieherin - Kind
- Käufer - Verkäufer
- Arzt - Patient.

Personen oder Gruppen haben normative Erwartungen an das Verhalten, aber auch an das Auftreten eines Positionsinhabers: Der Chef wird zuerst gegrüßt, Lehrer sollen Schülerinnen Vorbild sein, der Arzt ordiniert nicht in Shorts.

> Erwartungen von Gruppen oder Personen an Positionsträger bezeichnet man als Rolle.

■ Rollenvielfalt

Da wir nun aber verschiedenen Gruppen angehören und unterschiedliche Rollen einnehmen, kommt es auch regelmäßig zu kleineren und größeren Problemen.

Kathrin, Schülerin der Fachschule für Sozialpädagogik in Walsrode nimmt u. a. folgende Rollen ein (siehe Abbildung „Kathrins Rollenset" auf der folgenden Seite).

Rollenkonflikte

Die Vielfalt der sozialen Rollen kann kaum konfliktfrei verlaufen, deshalb sprechen wir von einem Rollenkonflikt, wenn die Normen und Erwartungen an das Verhalten eines Menschen so gegensätzlich sind, dass sie für den Rolleninhaber nicht zu vereinbaren sind.

Inter-Rollenkonflikt: Am Beispiel von Alena haben wir es mit zwei nicht miteinander in Einklang zu bringenden, unterschiedlichen Rollen zu tun: Mit der Rolle der Tochter und mit der Rolle des Cliquenmitglieds. Hierbei sprechen wir von einem *Inter-Rollenkonflikt*.

Ein **Intra-Rollenkonflikt** liegt vor, wenn die Erwartungen an ein und dieselbe Rolle nicht in Einklang zu bringen sind, beispielsweise die Rolle der Klassensprecherin. Aus Sicht der Mitschülerinnen soll sie für einen schulfreien Nachmittag sorgen, der Lehrer erwartet hingegen Unterstützung in der Vorbereitung eines Projektes an diesem Nachmittag.

Person-Rolle-Konflikt: Es gibt auch noch die Möglichkeit, dass die persönliche Einstellung und die Bedürfnisse eines Rollenträgers nicht mit den Rollenerwartungen übereinstimmen. Beispiel:

Der Träger einer Kinderkrippe erwartet, dass die Leiterin bei der Aufnahme der Kinder nur das Alter und das Anmeldedatum berücksichtigt; die Leiterin selbst meint, auch die jeweilige soziale Lage der Familie berücksichtigen zu müssen. Hier sprechen wir von einem *Person-Rolle-Konflikt*.

Häufig sind Inter- oder Intra-Rollenkonflikt mit einem Person-Rolle-Konflikt verbunden.
Ein solcher liegt wohl in dem Beispiel von Alena vor, weil es ihr Wunsch ist mit der Clique etwas zu unternehmen, die Erwartungen der Eltern aber im gemeinsamen Urlaub liegen.

> **Aufgaben und Problemstellungen**
> 1. Durch die vielen Rollen, die Kathrin einnehmen (muss), tritt sie manchmal in einige Fettnäpfchen. Wie sieht es bei Ihnen aus?
> Erstellen Sie ihr eigenes Rollenset und reflektieren schriftlich darüber, welche Bereicherung aber auch welchen Zündstoff ein differenziertes Rollenset darstellt.
> 2. Vergleichen Sie ihr Rollenset mit einem fiktiven Rollenset eines vierjährigen Kindes. Was fällt Ihnen auf und warum?

3. Als Erzieherin sind Sie einer Vielzahl von unterschiedlichen Rollenerwartungen ausgesetzt. Denken Sie nur daran, was erwarten

– die Eltern,
– die Kinder,
– die Träger der Einrichtung,
– die Politik

von Ihnen. Sammeln Sie die verschiedenen Erwartungen und überprüfen Sie die Übereinstimmungen aber auch die Unterschiede. Versuchen Sie, die möglichen Konflikte zu lösen.

4. Zurück in die Schulklasse:
Versuchen Sie, die verschiedenen Rollen der Mitschülerinnen durch die jeweiligen Verhaltensmerkmale zu unterscheiden.

■ **Bewältigungsmöglichkeiten**

Rollendistanz: Der Mensch kann die an ihn gerichteten Erwartungen kritisch überprüfen. Er kann sich fragen was genau erwartet wird, ob die Erwartungen berechtigt sind, was geschieht, wenn man die Erwartungen nicht erfüllt, was für einen persönlich am wichtigsten ist usw. Aufgrund dieser Überlegungen kann der Mensch eine Entscheidung treffen, welche der Erwartungen er erfüllen will und welche nicht. Auf diese Weise entsteht im Laufe der Entwicklung eine persönliche Identität.

Kathrins Rollenset

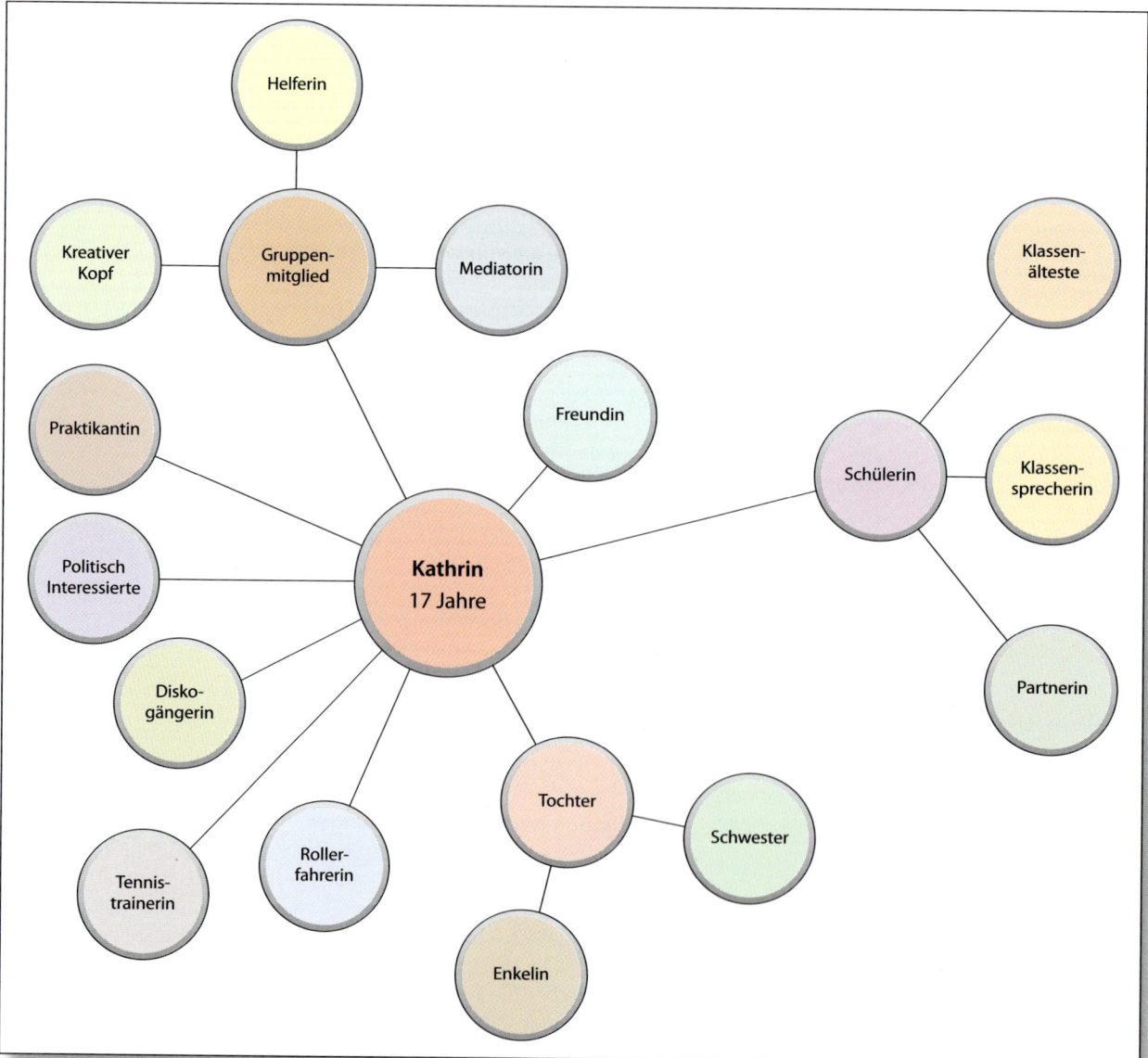

Tricks: Auf diese Weise erfüllen wir die unterschiedlichen Erwartungen in der jeweiligen Situation, müssen aber die Widersprüche irgendwie verheimlichen, weshalb dies keine gute Lösung darstellt.

Beispiel: Die Klassensprecherin vertritt in der Klassenkonferenz die Belange der Lehrer, in der Verfügungsstunde die Belange der Klasse.

Kompromisse schließen: Die Menschen können Abstriche bei den unterschiedlichen Rollenerwartungen machen.

Rollenaufgabe: Eine belastende Rolle kann aufgegeben werden.

Rollenabweichung: Man kann sich bestimmten Rollenerwartungen verweigern, und auf diese Weise zu Veränderungen beitragen.

Denken sie an die Frauenbewegung und die Rolle der Frau in unserer Gesellschaft in den letzten dreißig Jahren.

Äußerliche Erfüllung mit innerem Protest: Ein Rollenkonflikt kann zu einem Gewissenskonflikt werden, wenn ich etwas tun soll, was mir innerlich widerstrebt, z. B. einen Befehl ausführen, obwohl ich innerlich dagegen bin.

Aushalten von Spannungen und Konflikten: Letztlich können wir Rollendruck und Konflikte auch aushalten und müssen lernen, mindestens zeitweise mit Spannungen und Konflikten zu leben. Psychohygienische Maßnahmen, hier nur angedeutet, können uns helfen, damit besser umzugehen: lustvoll erlebte Freizeitgestaltung, Freundinnen, die zuhören können, Supervision…

Exkurs: Gruppen im Vorschulalter

Die Spielregeln des sozialen Miteinanders zu internalisieren oder gar einzuhalten scheint für Vorschulkinder häufig schwieriger zu sein, als Perlen aufzureihen oder die „8" im Zahlenland zu identifizieren. Kinder in diesem Alter können – entwicklungsbedingt - nicht wirklich sozial und kooperativ sein. Sie sammeln noch Erfahrungen mit Gruppen, besser mit einzelnen Mitgliedern, und lernen dabei, warum sich z. B. Jens in vergleichbaren Situationen ganz anders als Michael verhält. Dadurch kann eine kleine Erfahrungswelt, die gerade erst aufgebaut wurde wieder ins Wanken geraten, denn die weiter oben beschriebenen Bewältigungsstrategien greifen im Vorschulalter noch nicht oder nur unzureichend.

Kindergartenanfänger in Einrichtungen mit offenem Konzept sollten deshalb die Stammgruppe erst verlassen, wenn sie emotional und sozial dazu in der Lage sind.

Stammgruppe: für eine begrenzte Zeit festgelegte Gruppenzusammensetzung mit konstanten Erzieherinnen, wobei die Stammgruppe nur einen kleinen Teil des Tages verbindlich miteinander verbringt.

Gruppenübergreifend: Alle Aktivitäten, die über die Stammgruppe hinausgehen.

Homogene Gruppe: Gruppenmitglieder haben Gemeinsamkeiten, z. B. das Alter, auch als *altersgleiche Gruppe* bezeichnet.

Heterogene Gruppe: Gruppenmitglieder unterscheiden sich, z. B. im Alter, auch als *altersgemischte Gruppe* bezeichnet.

Untergruppen oder Binnengliederung meint die „Grüppchenbildung" in Kleingruppen.

Sie finden in Kleingruppen aber auch Paarbeziehungen, abgelehnte Kinder oder Außenseiter.

Bedeutung der Untergruppenbildung für die Kinder:

• Aufbau eigener emotionaler Stabilität
• Positionsausrichtung (Rangordnung)
• Rollenfindung
• personale Bindung an Kinder

Probleme aus Sicht der Erzieherin damit:

• Abkapselung einer Untergruppe, z. B. mit Migrationshintergrund, die bevorzugt in ihrer Landessprache kommuniziert
• Starrolle (Anführer, Chef…)
• Außenseiter
• Abgelehntes Kind

Rollen in Kleingruppen

In jeder Gruppe gibt es verschiedene Rollen im eigentlichen Sinne. Sie finden sich in der Familie, der Schulklasse, in der Kindergartengruppe, in der Clique usw. Wichtig dabei ist, dass

• sie geschlechterspezifisch wahrgenommen werden (zugeschriebene Rolle),
• sie als altersadäquat erlebt werden (… wie kann man als Fünfjähriger…),
• die Rollen erst allmählich im Gruppenentwicklungsprozess entstehen,
• die Rollen sich verändern können,
  – von der Eigenart der Gruppe abhängen,
  – auch von der Eigenart der Persönlichkeit geprägt sind.

Aufgaben und Problemstellungen:
1. Analysieren Sie Gemeinsamkeiten und Unterschiede von Rollen in Schulklassen bzw. Tageseinrichtungen.
2. Überlegen Sie, was Sie als Erzieherin tun können, um eine starre Rollenfestschreibung zu vermeiden.

Tipps für Internet Recherchen:
www.manndat.de
Deutscher Bildungsserver, Gender Mainstreaming in der Kita unter:
www.bildungsserver.de/zeigen.html?seite=4740

■ Gruppenführung und Beeinflussung der Rollenverteilung

Oft genügen kleine Einfälle der Erzieherin, die Rollenverteilung, wenn sie als ungünstig eingeschätzt wird, zu beeinflussen. So kann durch geschickte Gruppenführung, unter Berücksichtigung individueller Eigenheiten, folgendes gemacht werden:

• Eine Gruppe spielt Familie; einem Kind wird das Mitspielen verwehrt. Dieses Kind bekommt von der Erzieherin die Rolle des Briefträgers, und so bahnt sich das Mitspielen durch „Türöffner" an.
• Ein wegen seiner Ungeschicklichkeit oft ausgelachtes Kind, bekommt die Aufgabe, einem Neuling etwas zu zeigen.
• Ein Raufbold wird gebeten, einem behinderten Kind zu helfen.
• Ein schüchternes Kind bekommt zusammen mit einem kontaktfreudigen ein Amt.

Durch gut überlegte Gruppierungen kann also erreicht werden, dass ein Kind, das sonst benachteiligt ist, zum Beschützer oder Helfer werden kann, dass ein „Diktator" einen gleichwertigen Gegner findet usw.

Bei allen Gruppierungen ist es wichtig, dass die Erzieherin für kurze Zeit an den Aktivitäten der Kinder teilnimmt, sonst würden die Gruppen schnell auseinanderfallen.

■ Sozialer Status

Bei den oben erwähnten zahlreichen Rollen wird ihnen aufgefallen sein, dass nicht alle gleich angesehen oder bewertet werden. Den unterschiedlichen Rollen werden unterschiedliche Rangpositionen zuerkannt. Sie werden also bewertet nach höher oder niedriger. Abhängig vom Einfluss, den ein Gruppenmitglied ausüben kann, besitzt es einen hohen oder niedrigen Status.

Bei soziometrischen Tests hat sich gezeigt, dass prosoziales und initiatives Verhalten das wichtigste Kriterium für die Beliebtheit der Kinder in der Gruppe ist. Asoziales Verhalten ist der wichtigste Maßstab für die Ablehnung. Kinder, die zum positiven sozialen Kontakt mit anderen Kindern beitragen, sind beliebt und werden am meisten geschätzt. Besondere Fähigkeiten und Fertigkeiten, die meist im Leistungsbereich zum Ausdruck kommen, sind auch bedeutsam, kommen aber erst an zweiter Stelle. Spiel- und Sprachfähigkeit zählen zum Beispiel hierzu. Eine eher untergeordnete Rolle spielen Kleidung und Aussehen für den Status des Kindes in der Kindergartengruppe. In der Grundschule konkretisieren sich die Vorstellungen darüber allerdings schon merklich und Statussymbole gewinnen Bedeutung.

Aufgabe:
1. Überlegen Sie, welchen Rang Sie in folgenden Gruppen einnehmen:

– in der eigenen Familie
– in Ihrer Klasse
– in der Kindergartengruppe
– im Kindergarten
– im Verein
– im Freundeskreis

2. Welche Kriterien sind maßgebend für Ihre Entscheidung?
3. Wer oder was bestimmt den Status in den verschiedenen Gruppen?

Gruppenkohäsion

Die Gruppenkohäsion beschreibt den Zusammenhalt oder das Wir-Gefühl einer Gruppe. Sie beschreibt die Kräfte, welche die Gruppe zusammenhalten. Sie ist ein Maß für den Zusammenhalt der Gruppe.

Die Kohäsion ist hoch, wenn die Gruppe für die Mitglieder attraktiv ist und somit die Zugehörigkeit Stolz erweckt.

Die Kohäsion ist auch hoch, wenn die Gruppe von außen unter Druck gerät, oder eine gemeinsame Aufgabe als wichtig empfunden wird.

■ **Erfassung und Analyse der Gruppenstrukturen durch ein Soziogramm**

Ausgewählte Kinder	Anne +	Anne –	Bernd +	Bernd –	Kati +	Kati –	Max +	Max –	Jenne +	Jenne –	Sabi +	Sabi –	Summe +	Summe –
Anne					+					–			1	1
Bernd							+				+		2	0
Kati	+							–					1	1
Max	+		+		+				+		+		5	0
Jenne		–		–								–	0	4
Sabi			+				+		+				3	0

Soziomatrix

Für den pädagogischen Umgang mit Gruppen ist es hilfreich, die Gruppenstrukturen hinsichtlich der Rollenverteilung und des Status zu betrachten, um das Gruppenklima positiv zu beeinflussen. Um festzustellen, wie Sympathie und Antipathie in einer Gruppe verteilt sind, kann man das sogenannte soziometrische Verfahren wählen: Hierbei wird mit einem soziometrischen Test gezielt erfragt, welchen Status einzelne Kinder in der Gruppe einnehmen. Die gängigsten Fragestellungen sind:

- „Wen würdest du aus deiner Gruppe am liebsten zu deiner Geburtstagsparty einladen?" oder
- „Neben wem möchtest du sitzen?"
- „Wen würdest du lieber nicht einladen?" oder
- „Neben wem möchtest du nicht sitzen?"

Diese Untersuchung wird meist schriftlich durchgeführt. In Kindergartengruppen können auch gezielte Beobachtungen in Spielsituationen durchgeführt werden. Dabei wird die Wahl der Spielpartner in Beobachtungssituationen festgehalten und aus diesen Ergebnissen die Gruppenstruktur bestimmt.

Verarbeitung einer Soziomatrix
Nehmen wir als Beispiel eine Untergruppe von sechs Schülern in einer Schulklasse. Als erstes werden die positiven und negativen Nen-

nungen in eine Soziomatrix als Plus- und Minuszeichen eingetragen:

+ ist gleich Zuneigung (gewünscht)
– ist gleich Abneigung (abgelehnt)

In der rechten äußeren Spalte werden die Summen der Positiv- und der Negativnennungen berechnet, um einen Überblick zu gewinnen.
    Die Ergebnisse können anschließend grafisch in Form eines Soziogramms dargestellt werden. Ein Soziogramm verdeutlicht durch Pfeile von einer Person zu einer anderen, wer mit wem zusammen sein möchte und mit wem nicht. Zu der abgebildeten Soziomatrix ergibt sich folgendes Soziogramm:

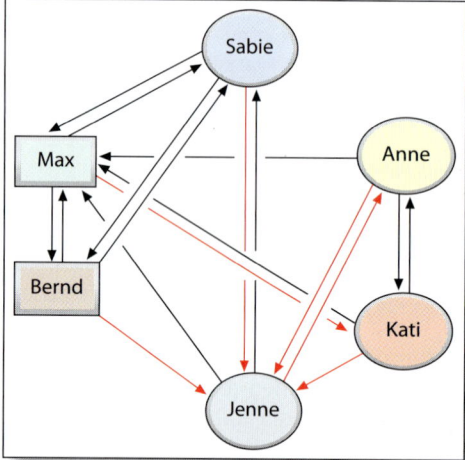

Mit den Vierecken kann man die Jungen kennzeichnen mit den Kreisen die Mädchen. Die durchgezogenen schwarzen Linien bedeuten die Positivwahlen, die Negativwahlen, also die Ablehnungen, werden durch gestrichelte oder durch rote Pfeile gekennzeichnet.

Das fertiggestellte Soziogramm kann dann analysiert werden. Im vorliegenden Fallbeispiel kann man erkennen, dass die Gruppe von sechs Kindern nochmals in eine kleinere Gruppe unterteilt werden kann. Eine kleine Gruppe von drei Kindern ist offensichtlich eng miteinander verbunden (Max, Bernd und Sabi). Dies zeigt sich in der gegenseitigen Wahl. Diese Untergruppe bildet ein sogenanntes Dreieck. Anne und Kati wählen sich gegenseitig und bilden somit ein festes Paar. Dies zeigt sich auch in der übereinstimmenden Ablehnung von Jenne. Jenne wird von keinem anderen Kind als attraktiver Partner gewählt und erhält zahlreiche Ablehnungen. Hier kann man

pädagogischen Handlungsbedarf erkennen. Offensichtlich versucht die abgelehnte Person (Jenne) mit den gut gewählten Personen Max und Sabi in Kontakt zu kommen. Max ist zugleich der sogenannte Star der Gruppe. Er ist für alle Kinder sehr attraktiv, obwohl auch ein Kind (Kati) von ihm abgelehnt wird.

Das Soziogramm bietet noch weitere Möglichkeiten, die an dieser Stelle nicht vertieft werden. Dies kann anhand der einschlägigen Literatur für diejenigen, die dies vertiefen wollen, geschehen.

Anregungen und Aufgaben
1. Vergleichen Sie die ersten vier Wochen aus diesem Exkurs mit den folgenden Gruppenentwicklungsphasen.
Wie könnten hilfreiche Vorgehensweisen der Erzieherinnen in Bezug auf die jeweilige Phase der Gruppenentwicklung aussehen?
2. Sprechen Sie die Erzieherinnen in Ihrer Einrichtung auf Vorschläge zur Herstellung guter Beziehungen an.

Phasen der Gruppenentwicklung

Erzieherinnen können immer wieder feststellen, dass Kindergartengruppen vor dem Sommerfest grundlegend anders sind als zu Beginn des Jahres oder um Weihnachten herum. Trotz vieler Unterschiede in Zusammensetzung und Charakter der Gruppen kann man immer wieder ein bestimmtes Muster der Gruppenentwicklung beobachten:

1. Fremdheits- oder Orientierungsphase
2. Machtkampf- oder Rollenklärungsphase
3. Vertrautheits- oder Wir-Phase
4. Differenzierungsphase
5. Ablösungs- oder Trennungsphase

Das Modell, auf das man sich in der Pädagogik am häufigsten bezieht stammt von BERNSTEIN und LOWY. Sie fanden schon in den 70er Jahren fünf Phasen der Gruppenentwicklung unabhängig von der Art der Gruppe.[2]

---

[2] nach Bernstein, S., Lowy, L., 1978

■ Die Fremdheits- oder Orientierungsphase

In der Anfangsphase sind sich alle noch fremd. Man tastet sich meist vorsichtig ab. Motivationen und Erwartungen sind noch nicht oder nur zum Teil geäußert. Unsicherheit und vorsichtiges Taktieren bestimmen die Situation. Die Mitglieder versuchen sich zu orientieren. Wer ist wer? Teilweise angstbesetzte Fragen spielen eine Rolle. Werde ich von den anderen geachtet? Wer wird mich vielleicht tadeln?

Die Tendenz ist aufeinander zu, voneinander weg. Eine Art Schaukeleffekt zwischen Distanz und Nähe. Der Wunsch nach Nähe, Kontakt und Angenommensein ist da, die konkrete Umsetzung jedoch bereitet Schwierigkeiten.

In der *Kindergartengruppe* kommen zu Beginn des Jahres neue Kinder in die Gruppe. Das ist für die neuen Kinder einerseits spannend, andererseits sind sie aber auch unsicher und ängstlich: Sie müssen sich von der Sicherheit im Elternhaus wegbewegen. Ohne Mama und Papa erscheint ihnen die Gruppe im Kindergarten unüberschaubar, sie kennen den Tagesablauf noch nicht und müssen sich an die anderen Kinder herantasten. Auch die Erzieherinnen in der Gruppe sind noch ganz fremde Menschen für sie, von denen die Kinder allerdings viel erwarten. All dies ruft das Gefühl von Ausgeliefertsein hervor. Das Bedürfnis der Kinder nach Anerkennung und Sicherheit ist entsprechend hoch.

■ Die Machtkampf- oder Rollenklärungsphase

In dieser Phase wird die Gruppenstruktur, also die soziale Organisation der Gruppe (Normen, Rollen, Status) in ihren Anfängen erkennbar: Beziehungen entwickeln sich jetzt deutlich, im positiven wie im negativen Sinn. Sympathie und Antipathie, Spannungen und Unbehagen sind kennzeichnend. Manchmal wird hart „zur Sache" gegangen, Meinungen, Rollen, Ziele und Positionen der Gruppenmitglieder werden in Frage gestellt. Die Viel- und Lautredner gewinnen an Oberwasser, Normen werden aufgestellt, diskutiert und wieder verworfen. Selbstständigkeit wird erprobt. Es gibt Sieger und Besiegte, auch Sündenböcke können jetzt entstehen.

Für *die Kindergartenkinder*, die ihre erste Unsicherheit nun überwunden haben, beginnt eine neue Phase. Jetzt geht es verstärkt darum, einen Platz in der Gruppe zu finden. REGINE BÖHM beschreibt sehr anschaulich wie diese Phase verläuft: „Plätze" werden zum einen von den Kindern gesucht und verteidigt, indem sie z. B. in der Bauecke klarmachen, dass sie und vielleicht noch zwei andere Kinder dort spielen, aber dass andere jetzt dort nichts zu suchen haben. Dadurch machen sie deutlich: Ich bin jemand, den oder die man nicht einfach vertreiben kann!

Auf der anderen Seite werden Rollen auch gegenseitig zugeschrieben, manche werden regelrecht in eine Rolle gedrängt. Wie schwer es ist, eine einmal gefundene oder zugeschriebene Rolle wieder loszuwerden, wird besonders an negativen Rollen wie „der/die Doofe", „der Kasper" oder „der/die Störer/in" sichtbar.

Manche „Plätze" oder Positionen möchten auch mehrere Gruppenmitglieder einnehmen. Dann kann es zu Spannungen oder zum „Machtkampf" kommen. Einen Platz in der Gruppe hat aber ebenso auch das Kind, das im Morgenkreis kaum etwas zu sagen wagt. Es wird dann von den anderen als schüchtern und still wahrgenommen: Das Kind hat vordergründig keine Rolle, aber es hat eine Position in der Gruppe. Entsprechend kann jetzt auch deutlich werden, wer von der Gruppe nicht anerkannt und zum Außenseiter gemacht wird. Es können sich Untergruppen bilden, die sich gegeneinander abgrenzen. In einer überschaubaren Gruppe von drei oder vier Mitgliedern ist es leichter, das Bedürfnis nach Anerkennung und Sicherheit zu befriedigen.

Auch die Gruppenleiterin ist in den Prozess einbezogen und das macht diese Phase auch besonders anstrengend. Sie erlebt eine Zeit, in der sie intensiv ausgetestet wird."[3]

■ Die Vertrautheits- oder Wir-Phase

Die Auseinandersetzungen aus der Machtkampfphase treten nun eher in den Hintergrund. Die Gruppenmitglieder beginnen sich in der Gruppe wohler zu fühlen. Es ist die Phase der positiven Beziehungen, die sich am Anfang zu einer regelrechten Euphorie entwickeln kann. Ein Harmoniebedürfnis wird spürbar, man sucht den positiven Kontakt zu einzelnen Gruppenmitgliedern. Das Zusammengehörigkeitsgefühl der Gruppe wächst, das Wir-Gefühl entwickelt sich. Alle Mitglieder sind richtig lieb und nett zueinander. Die Wirklichkeit wird bisweilen nur durch eine rosarote Brille wahrgenommen und die Beziehungsverhältnisse werden stabil. Neue Mitglieder haben es schwer, jetzt aufgenommen zu werden.

Auch in der Kindergartengruppe sind nun in der Regel die Rollen und Positionen zur Zufriedenheit ausgehandelt. Gruppeninterne Konflikte lassen deutlich nach. Die Kinder können sich und die Situationen besser einschätzen wodurch die Interaktionen regelhafter und ruhiger werden. Eine Identifikation mit der Eigengruppe ist jetzt geglückt. Dazu noch einmal R. Böhm:

„Nach den Aufregungen der Rollenklärungsphase erleben die Kinder eine Erleichterung im aufkeimenden Wir-Gefühl der Gruppe. Endlich können sie sich in der Gruppe geborgen fühlen. Untergruppen beginnen sich untereinander zu orientieren und gegen andere Untergruppen abzugrenzen. Abgrenzung nach außen macht innen noch stärker. „Die anderen sind blöd und ärgern uns" ist etwas, was Erzieherinnen jetzt häufiger hören. Bei (zukünftigen) Schulkindern kann es vorkommen, dass sie sich auch in der Kleidung einander angleichen. Unter Hortkindern oder in Gruppen mit erweiterter Altersmischung kann so etwas wie eine Gruppensprache entstehen. Befreundete Kinder wählen gemeinsame Symbole oder Abzeichen, um ihre Zusammengehörigkeit zu betonen.

Die Erzieherin ist für die Kinder jetzt nicht mehr in dem Maße wichtig wie am Anfang. Im Überschwang des Wir-Gefühls kann es aber auch passieren, dass einzelne Kinder sich nicht mehr trauen, eigenwillige Meinungen und Vorschläge zu äußern. Die Gruppe selbst hat die Tendenz, abweichende Ideen nicht zuzulassen, um das gerade gewonnene Zusammengehörigkeitsgefühl nicht in Frage zu stellen."[4]

■ Die Differenzierungsphase

Das ist die goldene Zeit für Aktivitäten und Programme. Es wird viel geplant und Initiative entwickelt. Die Gruppe wird selbstsicher und „reif"; ihre Mitglieder werden fähig, realistisch zu planen und dies auch umzusetzen. Die Bereitschaft, Konflikte wahrzunehmen und zu bearbeiten, ist besonders groß. Der Einzelne kann seine Individualität entfalten und gut in der Gruppe leben; die Gruppe erhält dadurch ihre Identität.

Die Gruppe hat es jetzt nicht mehr nötig, sich nach außen abzugrenzen und meistens können die Kinder ihre Konflikte unabhängig von der Erzieherin lösen. Jetzt wird niemand mehr auf eine bestimmte Rolle festgeschrieben. Neues Verhalten kann ausprobiert werden. Die Gruppenleitung tritt in den Hintergrund. Mehr noch als bei den vorhergehenden Phasen wird hier deutlich, dass es sich weniger um eine zeitlich festgelegte Entwicklung handelt, sondern um Möglichkeiten, das Zusammensein in der Gruppe zu erfahren.

■ Die Ablösungs- oder Trennungsphase

In dieser Phase erfolgt die Auflösung der Gruppe. Kindergartenkinder kommen in die Grundschule, Viertklässler in weiterführende Schulen. Und regelmäßig berichten Eltern, dass ihr Kind z. B. die Realschule besuchen möchte, weil die Freundinnen auch dort hingehen. Plötzlich ist die ehemals heiß begehrte Empfehlung für das Gymnasium nicht mehr interessant. Gewachsene Gruppen bilden ein Gerüst, ein Stützkorselett für den Einzelnen um Aufgaben gemeinsam und damit weniger angstbesetzt anzugehen. Hier zeigt sich in unserem Beispiel das angesammelte „Wir-Gefühl": Gemeinsam schaffen wir die „Real". Eventuell werden in Freundinnenkreisen schon

---

[3] Böhm. R., 2000

[4] Böhm, R., 2000

Pläne geschmiedet, wer in der neuen Schule neben wem sitzt.

Diese Phase ist im weiteren Sinne dadurch gekennzeichnet, dass sich Verhaltensweisen anderer Phasen wiederholen. Abschiedsschmerz und Vorfreude auf Neues sind miteinander gepaart.

Erziehung in den Gruppenphasen

Welche Möglichkeiten hat eine Erzieherin, die Kinder pädagogisch in den verschiedenen Gruppenphasen zu begleiten?

■ Die Fremdheits- oder Orientierungsphase

Hier steht die Erzieherin im Mittelpunkt. Die Kinder sind in dieser Phase oft damit überfordert, selbstständig Kontakte untereinander zu knüpfen. Die Erzieherin hat jetzt noch eine größere Bedeutung als die anderen Kinder. Die neuen Kinder orientieren sich an ihr, sie brauchen sie, um in ein Spiel zu finden. In ihrer Nähe fühlen sich die Kinder sicher. Ihre spielerische Initiative ist gefragt um erste Kontakte zwischen den Kindern anzubahnen. Manche Kinder brauchen relativ lange Zeit um sich auf die neue Situation einlassen zu können. Die Kontakt- und Mitspielangebote sollten deshalb sehr individuell ausgerichtet sein. Außerdem ist auch die Erzieherin in einer Orientierungsphase und wird die Kinder sehr genau beobachten um zu erkennen welche Ansprache die Kinder brauchen.

„Kinder im Vor- und Grundschulalter haben ein starkes Bedürfnis, die Erzieherin oder die Lehrerin lieben zu dürfen. Sie hat daher große Einflussmöglichkeiten. Die Kinder werden sich so lange der Aufmerksamkeit der Erzieherin vergewissern, bis sie sich sicher fühlen und ständige Begleitung nicht mehr benötigen. Je besser die Bedürfnisse nach Zuwendung erfüllt werden, desto eher wagen sich die Kinder an ein neues Stück Selbstständigkeit heran.[5]

■ Die Machtkampf- oder Rollenklärungsphase

Es ist wichtig für die Erzieherin zu erkennen, dass das zum Teil anstrengende Verhalten der Kinder vom Bedürfnis nach Anerkennung und Sicherheit bestimmt ist. Rolle und Positionen zu suchen ist normal. Allerdings kann die Art der Auseinandersetzung problematisch werden. Deshalb muss die Erzieherin die Interaktionen der Kinder gut beobachten um herauszufinden:

- Wer spielt welche Rolle?
- Ist eine Rolle schädlich für ein Kind?
- Wie wird miteinander umgegangen?

Die Erzieherin sollte also mit den Kindern z. B. Streitregeln besprechen. Eventuell müssen zu dominante Kinder gebremst, ruhige Kinder ermutigt oder aggressiv erscheinende mehr in die Gruppe eingebunden werden. Hilfreich kann es sein, Angebote für wechselnde Kleingruppen zu machen, weil die Kinder so Gelegenheit haben, sich intensiver kennen zu lernen. Wichtig ist auch, das Austesten und die Angriffe auf die persönliche Autorität zuzulassen und eindeutig zu reagieren.

Die beste Möglichkeit für die Erzieherin, den Gruppenprozess zu beeinflussen, ist das eigene Vorbildverhalten. Sie dient den Kindern als Modell zum sozialen Lernen: Wie spricht die Erzieherin mit uns? Nimmt sie ernst, was wir sagen? Drückt sie eigene Gefühle aus? Sagt sie deutlich, was sie möchte und was nicht?

Häufiger Wechsel von Kindern oder Erzieherinnen kann dazu beitragen, dass diese Phase sehr lange dauert.

■ Die Vertrautheits- oder Wir-Phase

Weil die Erzieherin jetzt weniger auf die Beziehungsanbahnung achten muss, kann sie differenzierter aufgabenbezogen arbeiten:

- der Kindergruppe Freiräume zum selbstständigen und gemeinsamen Spiel zu ermöglichen,
- zu beobachten, ob alle Kinder die Möglichkeit haben, sich ihren Fähigkeiten entsprechend zu entfalten,
- herauszufinden, ob es ungelöste Konflikte gibt, die die Gruppe beeinträchtigen,
- zu erkennen, welche Themen Kinder favorisieren – sind es Dinos, Ufos oder Blattläuse – um daraus Bildungsangebote zu entwickeln, wie es G. E. Schäfer einfordert.

[5] Böhm, R., 2000

■ Die Differenzierungsphase

Die Gruppe kennt sich jetzt untereinander gut und ist mit den Vorlieben, Fähigkeiten und Persönlichkeitseigenschaften ihrer Mitglieder („…die Anna lassen wir heute besser in Ruhe…") vertraut. Ein ausgeprägtes Wir-Gefühl ist vorhanden und sorgt für tragfähige Beziehungen. Allerdings ist die Gruppe auch voller Dynamik und einige verhaltensoriginelle Kinder, die inzwischen Rollen und Positionen eingenommen haben, stellen die Erzieherin täglich vor neue Herausforderungen. Gruppenkonflikte sollten deshalb mit einzelnen Kindern sowie in Kinderkonferenzen thematisiert und nach Lösungsmöglichkeiten gemeinsam gesucht werden.

Ein weiterer wichtiger sozialer Lernprozess besteht darin, den Kindern zu helfen, akzeptieren zu können, dass es für Einzelne (behinderte Kinder, Muslime, etc.) auch Ausnahmen von bestimmten Gruppenregeln geben kann.

■ Die Ablösungs- oder Trennungsphase

In altersgemischten Gruppen im Kindergarten löst sich die Gruppe nie vollständig auf aber sie bröckelt ab. Für einige Kinder drohen Freundschaften zu zerbrechen. Hier nimmt die Erzieherin nicht nur die Rolle der Trösterin ein, sondern macht den scheidenden Kindern Besuchsangebote. Kinder in diesem Alter wissen sehr genau, wie sie sich auf gern gesehenen Besuch freuen und haben somit eine Perspektive.

Auch das ist eine wichtige Erfahrung für alle Kinder: Trennungen müssen er- und durchlebt, aber emotional durch die Erzieherin begleitet werden.

Aufgaben und Anregungen in Gruppen

1. Konstruieren Sie konkrete Beispiele, wie Sie Kinder in der Trennungsphase emotional begleiten können.
2. Abschied tut häufig weh. Planen Sie deshalb ein kleines „Wiedersehensfest" im Kindergarten nach ca. 4–8 Monaten.
3. Trennungserfahrungen werden in der Regel negativ diskutiert. Berichten Sie aus Ihrer Sicht über Chancen und Neubeginn.
4. Informieren Sie sich über den Begriff Trennungstrauma. Unter welchen Umständen können – ganz allgemein – Trennungen zum Trauma führen?

Kinder und Jugendliche wahrnehmen und beobachten

1. Der Prozess der Wahrnehmung
2. Irrtümer der Sinne oder geometrisch-optische Täuschungen
3. Organisation unserer Wahrnehmung
4. Individuelle Einflüsse auf die Wahrnehmung
5. Soziale Einflüsse auf die Wahrnehmung
6. Die Beobachtungsfehler in der Personenwahrnehmung
7. Selbstbild und Fremdbild
8. Wahrnehmungsstörungen bei Kindern
9. Von der Beobachtung zur Beurteilung und Dokumentation

1. Der Prozess der Wahrnehmung

Um uns die Welt, mit uns die Sinne.

Sehen, hören, riechen, schmecken, fühlen, tasten. Über diese Wege verbinden wir Innen und Außen. Ohne diese Sinne könnten wir uns nicht orientieren, nicht kommunizieren und wären wir uns auch nicht einmal unserer Selbst bewusst.

> Die Wahrnehmung ist unser Tor zur Welt und zu uns selbst.

Wenn wir Menschen uns unbefangen umschauen, so scheint es, als ob unsere Augen wie eine Art Fenster zur Welt seien. Öffnen wir die Vorhänge, die Lider, so ist da draußen die Welt der Dinge und der anderen Wesen. Nichts könnte den Verdacht erwecken, dass irgendeine der darin erkennbaren Eigenschaften ihren Ursprung im Betrachter hat oder von seiner Natur mitbestimmt sein könnte. Oder vielleicht doch?

Wenn Sie bisher davon überzeugt waren, dass Sie Ihren Augen trauen können, so muss spätestens jetzt mit der Betrachtung

Ein Wasserfall, der nach oben fließt.
Das kann doch gar nicht möglich sein.
Aber wir sehen es doch eindeutig.

des Bildes des genialen niederländischen Malers M. C. ESCHER, der von 1898 bis 1972 gelebt hat, Zweifel aufkommen. Kein Künstler hat überzeugender und schöner gezeigt, dass Wahrnehmung und Denken komplizierte und störanfällige Informationsverarbeitungsprozesse im Menschen sind, und keinesfalls ein einfaches Abbild der Wirklichkeit darstellen.

Was sehen Sie? Junge Braut oder Schwiegermutter?

Sehen, oder allgemeiner Wahrnehmen, verstehen wir im täglichen Leben als einen Vorgang oder Zustand, durch den wir mit der uns umgebenden Wirklichkeit in unmittelbaren Kontakt treten oder stehen. Nach dieser allgemein immer noch weit verbreiteten Überzeugung sind die Inhalte unserer Wahrnehmung mit den Bestandteilen der Umgebung identisch. Viele Menschen glauben, die Dinge so zu sehen wie sie sind.

Auch ist das Sehen nach dieser Ansicht keineswegs eine aktive Tätigkeit des Beobachters, sondern ein passives Hinnehmen des jeweiligen Ausschnitts der Wirklichkeit.

Mittlerweile hat sich aber herumgesprochen, dass dieses Verständnis der Wahrnehmung unzulänglich ist.

Der Betrachter des eben gesehenen weltberühmten Bildes kann einen ganz unterschiedlichen Eindruck der abgebildeten Frau gewinnen. Er kann entweder eine nach links hinten blickende junge Frau oder eine nach links vorne blickende alte Frau wahrnehmen. Dabei wird z. B. die „Halskette" der jungen Frau zum

Mund der alten Frau. Die Entscheidung für eine Sichtweise fällt meist auf den ersten Blick.

Aber wie kommt sie zustande? Hängt unsere Wahrnehmung davon ab, auf welchen Bildausschnitt wir zuerst sehen? Haben wir vielleicht draußen eine junge Frau vorbeilaufen sehen? Oder arbeitet der Betrachter als Altenpfleger mit alten Menschen? Und so weiter…

Dieses Beispiel weißt darauf hin, dass *Erfahrungen*, die wir im Gehirn in unserem Gedächtnis gespeichert haben oder unsere *augenblickliche Befindlichkeit* auf den Prozess der Wahrnehmung Einfluss nehmen.

> Wahrnehmung geschieht nicht einfach, sondern sie ist ein aktiver Prozess und das Ergebnis einer Informationsverarbeitung von Sinneseindrücken.

Diese Informationen können aus unserer Umwelt stammen, indem wir Menschen, Tiere und Gegenstände wahrnehmen. Hierbei sprechen wir von *äußeren Reizen oder Umweltreizen*.

Informationen aus unserem Körperinneren, wie z. B. die Wahrnehmung eines Gefühls oder eines Schmerzes bezeichnen wir als *innere Reize oder Körperreize*.

Wahrnehmung

Die Psychologie definiert den Begriff der **Wahrnehmung** als Prozess und Ergebnis der Informationsgewinnung und -verarbeitung von Sinneseindrücken.

Schauen wir uns einen Wahrnehmungsvorgang einmal genauer an

Sie machen einen Spaziergang entlang einer Landstraße. Sie genießen die leicht verschneite Winterlandschaft, als ein Zugpfiff die Idylle durchbricht. Da erblicken Sie eine restaurierte Dampflokomotive, die sich rasch nähert.

Sie spüren wie der Boden bebt, bemerken das Rattern der Räder, sehen die vorbeihuschenden Fenster und hören den Lärm einer Pfeife. Der Zug entfernt sich, das Rattern der

Räder wird schwächer, bis Ihnen nur noch die Erinnerung an den Zug, ein paar Dampfschwaden und ein leicht vernehmbarer Rußgeruch in der Luft bleiben.

Welche Prozesse bewirken diese starken Sinneseindrücke? Es sind physikalische und chemische *Reizsignale*, aufgenommen und verarbeitet in unseren verschiedenen, spezialisierten Wahrnehmungssystemen:

Unsere **visuellen Empfindungen** sind Antworten auf Licht (elektromagnetische Strahlung). Wir sehen Form, Farbe und Bewegung des Zuges, weil dieser Licht in unsere Augen reflektiert und dort von Photorezeptoren aufgenommen wird.

Unsere **auditiven Empfindungen** sind Antworten auf Schall (Druckschwankungen in der Luft), sie werden von Mechanorezeptoren aufgenommen. Wir hören das Pfeifen und das Rattern der Räder, weil Schall vom Zug zu unseren Ohren gelangte.

Die **Bewegungsempfindungen** sind auch gefühlte Vibrationen, weil mechanische Schwingungen durch den Boden zu unseren Füßen gelangen.

Unsere **Geruchsempfindungen** sind Antworten auf chemische Substanzen in der Luft. Wir riechen den Rauch, weil chemische Bestandteile des Rauchs unsere Nase erreichen und von Chemorezeptoren aufgenommen werden.

Empfindungen entstehen also durch die Reizung der Sinnesorgane, werden zur Wahrnehmung organisiert, und hängen in ihrer Intensität von der Reizstärke und in ihrer Qualität von der Art des Sinnesorgans ab.

Der Wahrnehmungsprozess im obigen Beispiel kann uns eine etwaige Vorstellung davon geben, wie verschiedene Reize zu einer Wahrnehmung führen:

1. „Auf den Zug fällt Licht und wird in Ihre Augen reflektiert. Dieses Licht überträgt die optischen Eigenschaften des Zuges zu Ihren Augen, weil die Form des Zuges und seine Oberflächenbeschaffenheit ein strukturiertes Lichtwellenmuster erzeugen.
2. Auf Ihrer Netzhaut oder Retina, einem Netz aus Zellen, das die Rückseite Ihres Auges auskleidet, wird durch das einfallende Licht ein Abbild des Zuges und seiner Umgebung projiziert, wobei sich dieses Abbild infolge Ihrer Augen- und Kopfbewegung oder infolge von Bewegung in der Umwelt ständig ändert.
3. Zellen in der Netzhaut, so genannte Rezeptoren, wandeln das Licht photoelektrisch um und erzeugen bioelektrische Signale.
4. Diese bioelektrischen Signale werden von den Rezeptoren der Retina über ein Netzwerk aus Zellen weitergeleitet, die man als Neuronen bezeichnet.
5. Neuronen des visuellen Systems leiten die bioelektrischen Signale vom Auge heraus über verschiedene Zwischenstufen zu den Sehrealen des Gehirns weiter.
6. Die in den verschiedenen Stufen bereits vorverarbeiteten bioelektrischen Signale erreichen schließlich Neuronen in der Sehrinde und in anderen Gehirnregionen, in denen sie weiter „verarbeitet" oder „analysiert" werden.
7. Sie nehmen den Zug wahr."[1]

Diese Darstellung ist eine Vereinfachung des gesamten Vorgangs auf der physiologischen Seite. Der wirklichen Komplexität des Wahrnehmungsprozesses nähern wir uns dadurch nur an, denn psychologische Einflüsse wie Denken, Fühlen, Bewerten und Erinnern beeinflussen das Wahrnehmungsgeschehen ebenfalls.

Der Wahrnehmungsvorgang ist leichter zu verstehen, wenn er in drei Stufen gegliedert wird:

1. In sensorische Empfindung,
2. in die Organisation der Wahrnehmung im engeren Sinne,
3. und in Identifizieren und Einordnen.

---

[1] Goldstein, E., 1997

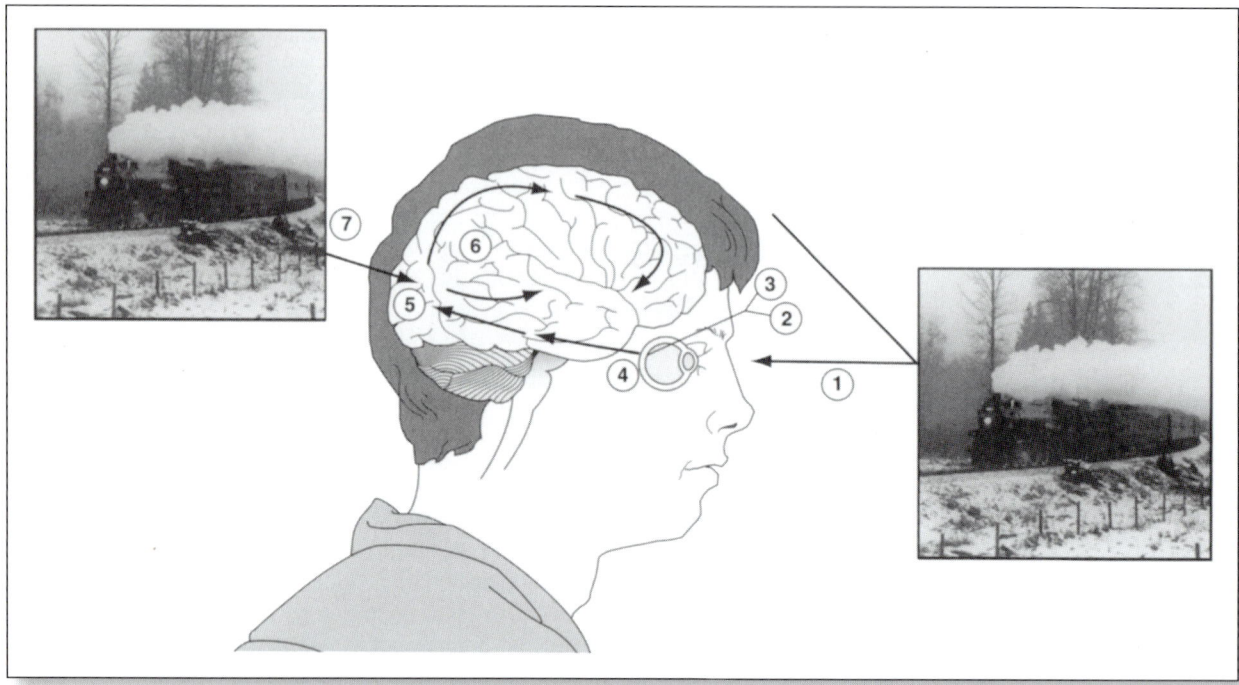

Eine sehr schematische Darstellung einiger Schritte des Wahrnehmungsprozesses. Licht fällt auf den Zug (1) und wird in die Augen des Beobachters reflektiert, wo es ein Abbild auf die Netzhaut projiziert (2) und elektrische Signale in den Rezeptoren erzeugt (3). Die Nervenimpulse werden vorverarbeitet und durchlaufen die Nervenfasern (4) im Gehirn bis zur Großhirnrinde (5), wo sie „weiter verarbeitet" werden (6). Schließlich „sieht" der Beobachter den Zug (7).

1. Sensorische Empfindung: In der ersten Stufe wird die physikalische Energie, wie Licht- und Schallwellen, in Information für die Neuronen umgewandelt, die vom Gehirn weiterverarbeitet wird.

2. Organisation der Wahrnehmung: Hierbei wird eine innere Repräsentation eines Gegenstandes aufgebaut und ein Abbild des äußeren Reizes hergestellt. Diese Organisation verarbeitet abgespeichertes Wissen und verrechnet es mit neu eingehenden Informationen zu einem Ganzen. Hierbei kommt es zu Schätzungen der Größe, der Form, der Bewegung, der Entfernung und Ortung von Dingen. Auch wenn wir etwas wiedererkennen, liegt der Organisationsvorgang zugrunde.

3. Beim **Identifizieren und Einordnen (Klassifikation)** dem dritten Schritt der Wahrnehmungssequenz, wird dem erlebten Ergebnis des Vorgangs eine Bedeutung zugewiesen. Runde Dinge werden zu Fußbällen, Münzen, Orangen oder Monden. Personen werden als männlich oder weiblich, Vater oder Mutter, Freund oder Feind, Filmstar oder Schlagersänger identifiziert. Hierbei sind Denkprozesse von höherem Niveau erforderlich, sodass Wertvorstellungen, Überzeugungen, Interessen, Bedürfnisse und Einstellungen eine Rolle spielen.

Beschränkte Leistungsfähigkeit der Sinne

Zur weiteren Annäherung an die Komplexität der Wahrnehmung gehört auch die Erkenntnis der beschränkten Leistungsfähigkeit unserer Sinne. Diese begrenzte Leistungsfähigkeit stellt neben der vorhin festgestellten Bedeutung der Erfahrung eine weitere Bedingung der Wahrnehmung dar. Reize müssen eine bestimmte „Stärke" haben, damit wir sie empfinden können. Nur diejenigen Reize, die die Wahrnehmungsschwelle überschreiten, werden bewusst wahrgenommen:

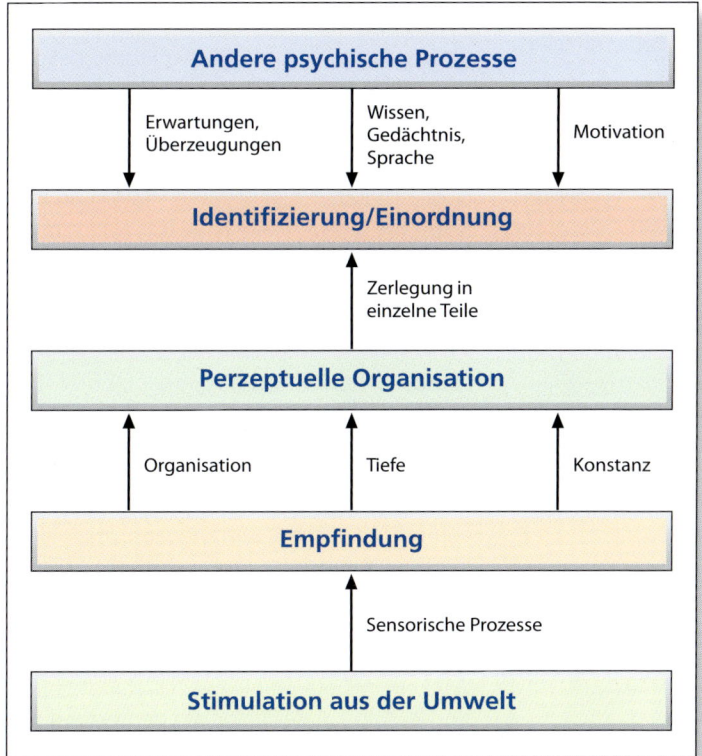

Skizze der Stufen des Wahrnehmungsvorgangs

WERNER HERKNER (1992) gibt dafür Beispiele:

- **Sehen:** Kerzenlicht in klarer dunkler Nacht in ca. 45 km Entfernung.
- **Hören:** Ticken einer Armbanduhr in ca. 6 m Entfernung.
- **Schmecken:** Ein Teelöffel Zucker in ca. sieben Liter Wasser.
- **Riechen:** Ein Parfümtropfen in einer Sechs-Zimmer-Wohnung verteilt.
- **Berührung:** Ein Sandkorn aus 1 cm Höhe auf die Wange fallend.[2]

Weil unsere Sinne begrenzt leistungsfähig sind, nehmen wir nur einen Teil der Wirklichkeit, die uns umgibt, bewusst auf. Dieser Teil ist allerdings nicht zufällig. Es werden die Reize ausgewählt, welche interessant und uns persönlich wichtig sind, jene Reize also, die unsere Aufmerksamkeit erregen, für uns eine bestimmte Bedeutung haben. Andere Reizinformationen, die uns umgeben, nehmen wir gleich gar nicht auf, dies würde uns hoffnungslos überfordern.

Der Verdacht, dass das was wir sehen, hören, riechen oder schmecken und spüren keine einfachen Abbildungen der Wirklichkeit sind, erhärtet sich immer mehr.

Gehen wir dazu noch einmal zum Prozess zwischen Empfindung und wahrnehmender Organisation zurück.

Größenkonstanz

Wenn man einen anderen Menschen betrachtet, dann entsteht von diesem ein umso kleineres Abbild auf der Netzhaut, je größer der Abstand von ihm ist. Dem Wahrnehmenden erscheint der beobachtete Mensch jedoch keineswegs als klein. Unabhängig von seinem Standort gewinnt man den Eindruck, dass er stets gleich groß ist. Diese Größenkonstanz ist das Ergebnis von Organisationsprozessen in der Wahrnehmung. Das Gehirn, das über die Durchschnittsgröße eines Menschen informiert ist, schließt zunächst aus der Größe des Abbildes auf die Entfernung, um anschließend eine Korrektur vorzunehmen. Unter extremen Bedingungen bricht die Konstanzwahrnehmung jedoch zusammen. Zum Beispiel sehen Menschen, wenn man sie vom obersten Stockwerk eines Wolkenkratzers aus betrachtet, winzig klein wie Ameisen aus.

[2] Herkner, W., 1992

Kleine Kinder, die das zum ersten Mal erfahren, sind äußerst beeindruckt. Pobieren Sie es doch einmal aus.

„Die Wahrnehmung von Konstanz in der Umwelt ist eine unserer wichtigsten Fähigkeiten. Ohne Konstanz würden unsere Augen uns nicht viel nützen, denn die Welt „da draußen" könnten wir dann gar nicht sehen, sondern lediglich die wechselnden Bilder auf den Netzhäuten im Augenhintergrund. Anders gesagt liegt die Aufgabe der Wahrnehmung darin, trotz der Veränderungen auf den Netzhautbildern die invarianten Eigenschaften in der Umwelt zu entdecken."[3]

Dass dieser Vorgang der Konstanzwahrnehmung aber auch störanfällig ist, zeigt nachfolgendes Bild:

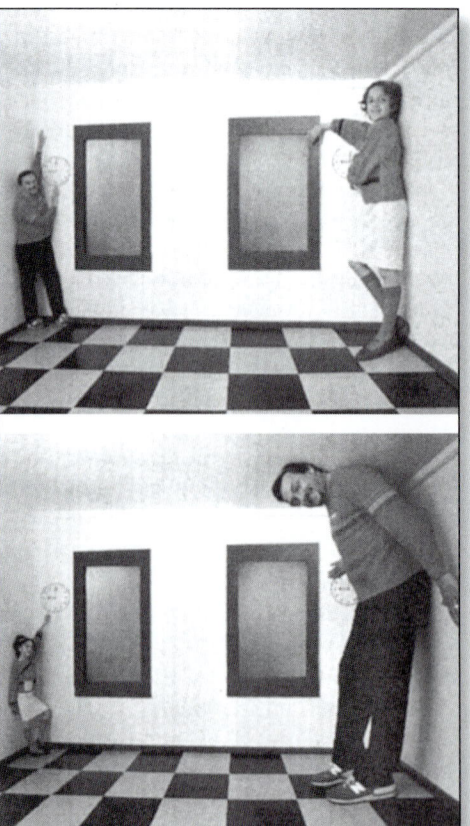

Was ist denn hier passiert? Ein durchschnittlich großer Mann sieht in der linken hinteren Ecke des Raumes wie ein Zwerg, in der rechten hingegen wie ein Riese aus.

[3] Zirnbardo/Gerrig, 1999

> **Aufgabe**
> Diskutieren Sie Ihre Überlegungen, bevor Sie weiterlesen.

Haben Sie dafür eine Erklärung? Der Grund dieser Täuschung liegt darin, dass man den Raum wie gewohnt als rechteckig wahrnimmt, mit zwei hinteren Ecken, die gleich weit vom Betrachter entfernt liegen. Die Größe der Person in dem Raum wird somit in beiden Fällen als gleichbleibend mit der Größe der Netzhautbilder beider Augen wahrgenommen. Das größere Bild, so nimmt man an, entspricht einer größeren Person. Tatsächlich jedoch befindet sich die Person nicht in beiden Fällen in der gleichen Entfernung, denn der so genannte Amessche Raum (benannt nach dem Wahrnehmungsforscher AMES) schafft eine raffinierte Täuschung. Er sieht aus wie ein rechteckiger Raum, in Wirklichkeit aber besteht er aus nicht rechtwinkligen Flächen, die in schiefen Winkeln in Tiefe und Höhe zusammengefügt sind (s. Abb.). Jede Person auf der rechten Seite wird ein größeres Bild auf die Netzhaut projizieren, denn sie steht näher beim Betrachter. Dieses größere Netzhautbild aber wird als größer „wahrgenommen", weil der Raum – also der Bezugsrahmen – als „normal" gesehen wird und die Dinge, die er enthält, in Beziehung zu diesem Raum gesehen werden.

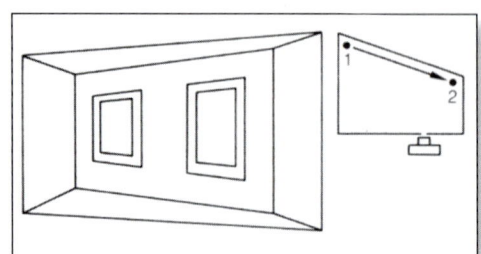

Also eigentlich so etwas wie ein Rechenfehler des Gehirns, auf das wir uns sonst recht gut verlassen können, wenn wir an die normalen Bedingungen des Alltags denken.

Formenkonstanz und Farbkonstanz

Zu den normalen Dingen des Alltags zählt zum Beispiel der Umgang mit Geld: Wenn wir die gute alte Deutsche Mark von verschiedenen Blickwinkeln aus betrachten, sehen wir, dass man sich auf die „Rechenleistung" unseres Gehirns bei der Formenkonstanz normalerweise verlassen kann. Man kann sich diese Formenkonstanz selbst vorführen, indem man eine Münze senkrecht zwischen Daumen und Zeigefinger hält.

Das Geldstück entwirft auf der Netzhaut ein rundes Bild. Durch Drehung der Münze wird aus der runden Form eine Ellipse, die sich zunehmend abflacht, bis sie, wie in der Bildmitte gezeigt, als schmales Rechteck erscheint. Trotz dieser Formveränderung, die von der Netzhaut registriert wird, erscheint die Münze dem Wahrnehmenden stets als rund.

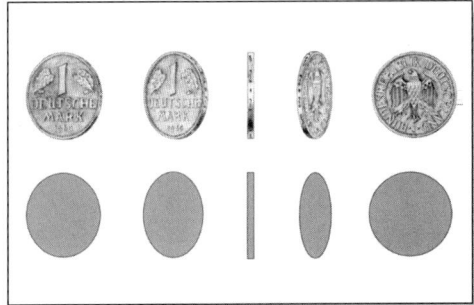

Beispiel für Formenkonstanz

Eine ähnliche Konstanz gibt es auch in der Farbwahrnehmung: Die Farbe eines roten Gegenstandes scheint stets die gleiche zu sein, wenn man sie bei Sonnenlicht, in der Dämmerung oder bei künstlichem Licht betrachtet. Somit offenbart sich auch in der Farbenkonstanz, dass der Wahrnehmungseindruck das Ergebnis aktiver Prozesse darstellt.

Durch die vom Gehirn vorgenommenen Korrekturprozesse werden die Merkmale eines Gegenstandes (also Größe, Form und Farbe) unter verschiedenen Bedingungen also „relativiert", und daher erscheinen dem Wahrnehmenden Größe, Farbe oder Form von bekannten Gegenständen konstant. Das Zurechtfinden in unserer Welt wird durch diese Organisationsleistung erleichtert.

Es gibt aber auch Situationen, in denen ein genaues Bild der Wirklichkeit erschwert ist, nämlich dann, wenn der Reiz mehrdeutig ist, wie wir dies im Falle der jungen Frau/alten Frau schon gesehen haben. Die nachfolgenden Figuren zeigen den Sachverhalt der Mehrdeutigkeit sehr deutlich.

Der berühmte Rubin-Kelch: Sehen Sie hier eine Vase oder zwei einander anblickende Gesichter? Beides ist möglich.

Bei diesem so genannten **Figur-Hintergrund-Bild** handelt es sich um eine flächige Zeichnung, bei der der Betrachter die verschiedenen Flächen sowohl als Vordergrund als auch als Hintergrund erkennen kann. Dadurch gerät unser Wahrnehmungssystem in einen unlösbaren Konflikt: Die verschiedenen Sehmöglichkeiten schließen sich im Normalfall aus. Entweder sehen wir eine Vase oder die zwei Gesichter. Nachdem wir die Mehrdeutigkeit erkannt haben, ist es uns möglich hin und her zu wechseln.

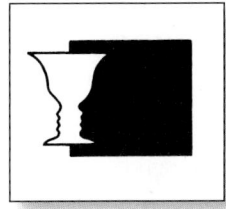 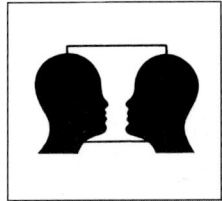

Das folgende Bild ist die Gitterzeichnung eines dreidimensionalen Würfels nach dem Mathematiker L. A. NECKER. Wahrscheinlich vermuten Sie hinter dieser Zeichnung nichts Besonderes: ein dreidimensionaler Würfel mit Vorderfront und Hinterfront. Na und?

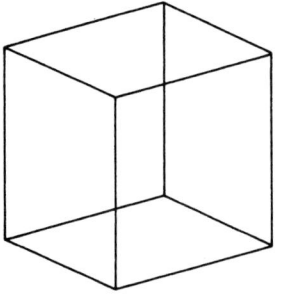

Der Necker-Würfel: Oben oder unten?

Nehmen Sie sich die Zeit, den Necker-Würfel etwas länger zu betrachten – es lohnt sich! Ziemlich schnell kommt Ihnen dann wahrscheinlich eine räumliche Wahrnehmungsalternative ins Bewusstsein. Nun blicken Sie einfach weiter auf den Würfel!

Das Umspringen des Würfels kommt dann wie von selbst und völlig unerwartet! Lassen

Sie sich von diesem Trick verzaubern, bei dem Sie selbst gleichzeitig Zauberer und Publikum sind. Wieder einmal hat unser Gehirn ein unlösbar scheinendes Problem auf eine zunächst völlig überraschende Art und Weise gelöst. Ein einfaches, ruhendes Bild wie der Necker-Würfel versetzt unseren Wahrnehmungsapparat in Bewegung!

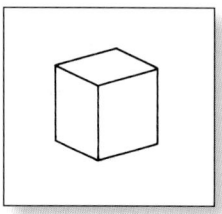 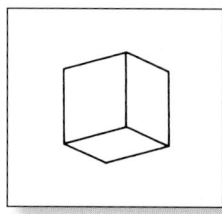

Manche Menschen erschrecken beim ersten Betrachten dieses Phänomens und werden durch den Wechsel der Wahrnehmung verunsichert. Dafür besteht aber kein Grund, denn wir erleben einen weiteren Trick der Natur, mit scheinbar ausweglosen Situationen umzugehen und einen Kompromiss zu schließen. Dieser Vorgang kommt in unserer normalen Welt beinahe ununterbrochen vor. Alles ist in Bewegung, dauernd strömen neue Umweltreize auf uns ein. Wir stehen also vor der Aufgabe zwischen diesen verschiedenen Reizen zu vermitteln, das Interessante herauszufiltern, und zwischen Alternativen zu wechseln und zu entscheiden. Schauen Sie genau:

Ente oder Kaninchen. Ob sich hier ein Meinungsstreit zwischen Schülern entwickeln könnte? Und wer hat Recht?

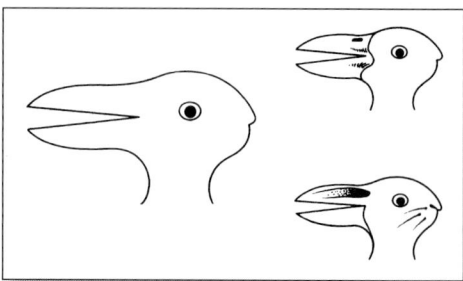

Diese Mehrdeutigkeiten verstecken sich übrigens nicht nur im Visuellen, und bieten uns reichlich Anlass uns zu streiten, sondern auch im Sprachlichen:

Stellen Sie sich vor, Sie machen eine Klassenfahrt nach Winterthur in die Schweiz. Dort machen Sie am ersten Tag eine Stadtbesichtigung, und gehen am zweiten Tag ins „Technorama", ein faszinierendes Technikmuseum mit einer Vielzahl an Experimentiermöglichkeiten auch im Bereich Wahrnehmung und Sinnestäuschung. Am Eingangstor klebt ein Zettel mit der Frage:

„Wie haben Sie Winterthur gefunden?"

„Mit der Landkarte natürlich", wird einer von den Schülern sagen.

„Es hat mir sehr gut gefallen", sagt zur gleichen Zeit ein anderer.

Zwei vollkommen verschiedene Antworten auf ein und dieselbe Frage! Beide Antworten sind durchaus logisch und lediglich davon abhängig, wie man die Frage deutet.

Oder ein anderes Beispiel: Ihre Freundin erzählt nach einem Landschulheimaufenthalt in Freiburg: „Ich habe mich in Freiburg verliebt."

Ja, wie darf ich denn das verstehen?

Eine inhaltliche Deutung ist ohne irgendeine Vorabinformation durchaus ziemlich schnell möglich. Bis man jedoch mögliche weitere inhaltliche Deutungsmöglichkeiten erkennt, sofern man sie überhaupt bemerkt, kann es bisweilen eine ganze Zeit dauern. Je länger es dauert, umso schöner ist danach das Aha-Erlebnis.

Auf einem derartigen überraschenden Aha-Erlebnis beim Begreifen zweier Deutungsmöglichkeiten bauen viele Scherzfragen oder Witze auf:

Kommt ein ostdeutscher Trabifahrer in eine westdeutsche Autowerkstatt: „Ich möchte gerne ein Radio für mein Auto." Darauf der Mechaniker: "Da machen Sie aber einen guten Tausch." Ha ha ha …

2. Irrtümer der Sinne oder geometrisch-optische Täuschungen

Von der Mehrdeutigkeit können wir uns noch zur richtigen Täuschung steigern.

Von einer Wahrnehmungstäuschung sprechen wir dann, wenn uns unsere Sinne auf nachweislich fehlerhafte Art die Erfahrung eines Reizmusters vortäuschen. Wenn diese Täuschungen auftreten, sind in der Regel alle Menschen gleichermaßen betroffen, weil sie sich aus der besonderen Wechselwirkung unseres Wahrnehmungsapparates mit ganz bestimmten Reizmerkmalen ergeben.

Diese Wahrnehmungstäuschungen gibt es für alle Sinnesmodalitäten, wir können in einem Buch aber natürlich nur die visuellen Täuschungen verdeutlichen.

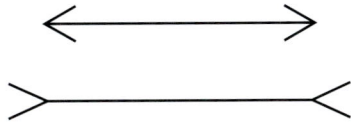

Betrachten Sie bitte aufmerksam die berühmte Müller-Lyer'sche Täuschung. Was sehen Sie?

Ist die obere Linie kürzer als die untere Linie? Es sieht so aus. Aber die beiden Linien sind absolut gleich lang! Der Auslöser für die Täuschung ist offenbar der Abschluss der Linien an ihren Enden. Die obere Linie wird durch Striche in spitzen Winkeln beendet, während die untere Linie durch stumpfe Winkel beendet wird.

Wie ist eine solche Täuschung zu erklären?

Es sind nach Lage der Forschung unterschiedliche Erklärungen möglich. Die vielleicht einfachste Erklärung ist, dass unsere Wahrnehmung von Natur aus darauf eingerichtet ist, allen Sinneseindrücken eine dreidimensionale Deutung zu geben. Durch die unterschiedlichen Abschlüsse wird den beiden Kanten eine unterschiedliche räumliche Tiefe zugeordnet. Dabei wird die obere Kante näher zum Betrachter liegend wahrgenommen als die untere Kante. Die nachfolgende Abbildung zeigt die Dreidimensionalität und wir gewinnen den

entsprechenden Eindruck. Unser Gehirn erzeugt also diesen Wahrnehmungsfehler.

Wie unsere Sinne genarrt werden können, wollen wir in den nachfolgenden bekannten geometrisch – optischen Täuschungen abrundend betrachten.

Sie sehen die so genannte Hering'sche Täuschung (1861). Die beiden querliegenden Linien sehen so aus, als ob sie vom Strahlenzentrum weg gebogen wären. In Wirklichkeit sind sie parallel und gerade. Wenn Sie das nicht glauben wollen, dann legen Sie das Buch flach und schauen Sie von rechts entlang der Geraden!

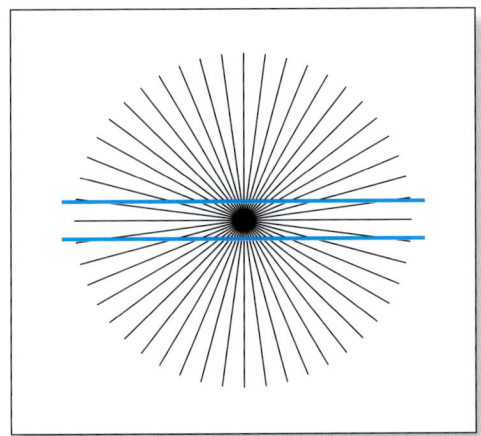

Bei der so genannten Ehrenstein'schen Täuschung ist es ähnlich. Das Quadrat scheint durch die Linien zum Trapez verzerrt. Legen Sie auch hierbei das Buch wieder flach und schauen Sie von rechts auf die Abbildung, jetzt verschwindet die Täuschung.

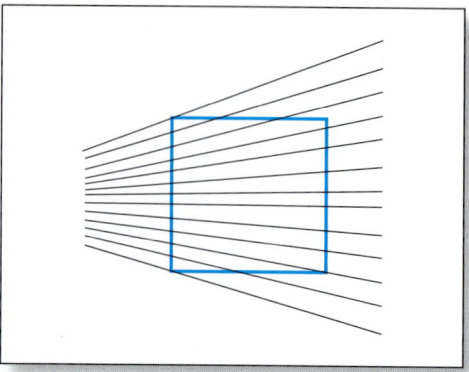

HERING hat auch endeckt, was wir sehen, wenn ein Quadrat über einer Ansammlung konzentrischer Kreise liegt: Die Kanten des Quadrats werden vom Mittelpunkt scheinbar nach innen gekrümmt.

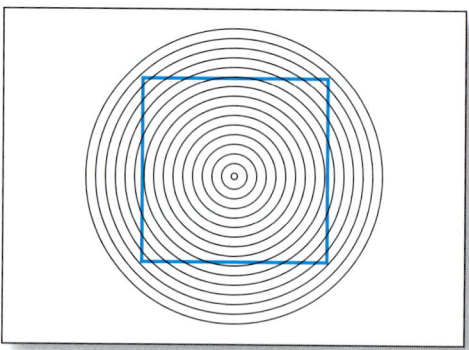

FRIEDRICH SANDER (1889–1971) war Professor für Psychologie in der ehemaligen DDR. Nach ihm ist das folgende Sander'sche Parallelogramm benannt. Die Diagonale C zu B im größeren Parallelogramm erscheint länger als die Diagonale A zu C im kleineren. In Wirklichkeit sind die Diagonalen aber genau gleich lang. Eine mögliche Erklärung ergibt sich wiederum aus der Eigenschaft der beteiligten Winkel, die Linienlängen scheinbar zu verändern (wie bei der Müller-Lyer'schen Täuschung). Die Diagonale des großen Parallelogramms bildet in beiden Schnittpunkten eindeutig einen stumpferen Winkel als die Diagonale des kleinen Parallelogramms.

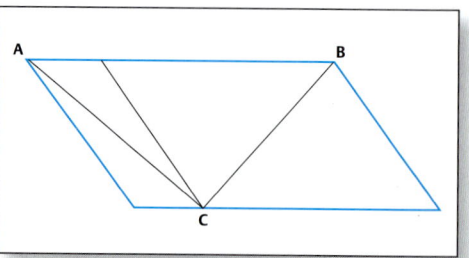

Diese optische Täuschung kann man sich in einer sehr praktischen Hinsicht zu Nutze machen. Stellen Sie sich vor, Sie haben einen Kindergeburtstag auszurichten. Sie wissen um einen kleinen Gast, der immer die größten Stücke aussucht und wollen für ausgleichende Gerechtigkeit sorgen. Deshalb bieten Sie im Rahmen eines kleinen Spiels die Kuchenstücke wie folgt an: „Suche Dir das größte Kuchenstück aus, wähle aber nur unter den beiden mittleren Stücken."

Vermutlich entscheidet sich das Kind für das linke mittlere Stück. Das hat unsere Mutter sich auch so gewünscht, denn damit hat sich das Kind für das kleinere entschieden.

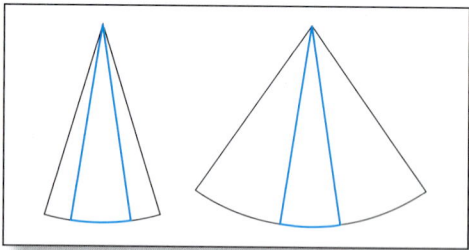

Bei diesen beiden Kuchenblechen handelt es sich um ein Beispiel der Größenkontrastverstärkung, die Ebbinghaus'sche Täuschung genannt wird. Das mittlere Kuchenstück auf dem linken Tablett erscheint zwischen zwei schmalen Kuchenstücken erheblich größer als das in Wirklichkeit größere Kuchenmittelstück auf dem rechten Blech.

Das Ganze funktioniert natürlich auch mit runden Schokoladenplätzchen, wie EBBINGHAUS nachweisen konnte. Die Kreise a und b in der Mitte sind gleich groß, obwohl es nicht so aussieht.

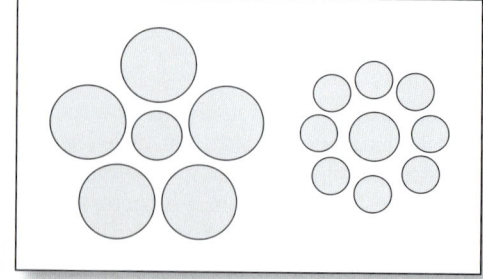

Die Umgebung eines optischen Reizes bestimmt also das Wahrnehmungsergebnis erheblich mit. Das lässt sich sogar in der Natur beobachten bei der so genannten Mondtäuschung:

Mond am Horizont

Mond am Himmelszenit

Vielleicht ist Ihnen schon einmal aufgefallen, dass der Mond deutlich größer aussieht, wenn er am Horizont steht (siehe Bild oben), als wenn er direkt über Ihnen am Himmel steht (siehe Bild oben rechts). Der Eindruck des Größenunterschiedes ergibt sich aus dem Vergleich mit dem Horizont.

Der im Zenit stehende Mond besitzt keinerlei Vergleichspunkte zur Entfernungsabschätzung. Der leere Raum um ihn sorgt dafür, dass seine Größe stark unterschätzt wird. Dagegen sorgt ein weit entfernter Horizont dafür, dass der Mond weiter entfernt erscheint.

Das ist also ein Phänomen der Missdeutung der Größenkonstanz. Gibt es denn nicht eine übergreifende Erklärung für all diese absonderlichen Dinge? Oder anders gefragt, drängt sich uns nicht der Eindruck auf, dass ganz bestimmte Gesetzmäßigkeiten am Werke sind, wenn wir die Welt um uns herum wahrnehmen? Irgendwelche Organisationsprinzipien in unserem Gehirn vielleicht? Der Verdacht ist berechtigt. Schauen wir etwas genauer hin:

3. Organisation unserer Wahrnehmung

Bei der Betrachtung der meisten optischen Reize, die zu Täuschungen wurden, haben wir die Dinge organisiert zu Gegenständen, die für uns eine Bedeutung haben. Einfaches Grundprinzip dieser Organisation durch unser Gehirn ist ein gewisses Ordnungsstreben. Wir versuchen, mit Hilfe der Wahrnehmung Sinn und Ordnung in die Vielfalt der uns umgebenden Reize aus der Umwelt zu bringen.

Das lässt sich am folgenden Bildbeispiel sehr gut demonstrieren:

Die meisten Menschen sehen zuerst einmal eine Ansammlung schwarzer und weißer Flecken. Wenn Sie allerdings die Hunderasse Dalmatiner kennen, gelingt es Ihnen aus dieser Ansammlung von Flecken eben einen Dalmatiner zu „organisieren"! Warum?

Was sehen Sie?

Wir versuchen, für uns vollkommene, bedeutungsvolle Gestalten herzustellen, deshalb gibt es auch die Erkenntnis im Volksmund, dass das Ganze mehr ist als die Summe seiner Teile.

Ein weiteres schönes Anschauungsbeispiel aus dem Bereich der Sprache:

DIE GUTE NACHRICHT

Alels vesdaretn?

Nachfolgende Meldung über eine Studie zum Thema Lesen kursiert zurzeit im Internet. Ob es die Untersuchung wirklich gibt oder ob sie nur gut erfunden ist, lässt sich nicht sagen. Wir fanden den Text aber so überzeugend, dass wir ihn abdrucken:

„Afugrnud enier Sduite an enier elingshcen Unvirestiät ist es eagl, in wlehcer Rienhnelfoge die Bcuhtsbaen in eniem Wrot sethen, das enizg wcihitge dbaei ist, dsas der estre und lzte Bcuhtsbae am rcihgiten Paltz snid. Der Rset knan ttolaer Bölsdinn sien, und du knasnt es torzdem onhe Porbelme lseen. Das ghet dseahlb, wiel wir nciht Bcuhtsbae für Bcuhtsbae enizln lseen, snodren Wröetr als Gnaezs."

Um diesen Prozess der ganzheitlichen Wahrnehmung zu verstehen, müssen wir uns mit den so genannten Gestaltgesetzen beschäftigen.

Die Gestaltgesetze der Wahrnehmung

Als meine Töchter noch im Kindergartenalter waren, so etwa fünf bis sechs Jahre alt, lieferten sie regelmäßig Beispiele für den Vorgang der Wahrnehmungsorganisation. Sie teilten uns mit, dass sie jetzt gerade ein Krokodil oder Hund, oder gar ein kleines Haus essen würden, das in ihrem Schokoladenpudding erschienen sei.

Dass unsere Kinder derlei Gestalten in ihrem Essen fanden, bedeutet, dass sie die Bestandteile auf ihren Tellern so organisierten, dass Krokodil oder Hund oder Haus herauskamen. Zugegeben, manchmal sahen die Essensreste auch für uns Erwachsene wirklich krokodilähnlich oder hundeähnlich aus.

Diese Bedeutungsverleihung hat schon in den zwanziger Jahren des vorigen Jahrhunderts eine Gruppe von Psychologen um Prof. MAX WERTHEIMER, ERNST KOFFKA, WOLFGANG KÖHLER und WOLFGANG METZGER untersucht, und eine Richtung gegründet, die man als Gestaltpsychologie bezeichnet. Gefunden haben diese Psychologen die so genannten **Gestaltgesetze**.

Unter Gestaltgesetzen versteht man einen Satz von Regeln, die beschreiben, welche Wahrnehmungen entstehen, wenn bestimm-

te Reizbedingungen gegeben sind. Die sechs wichtigsten Regeln stellen wir im Folgenden kurz vor.

1. Das Prägnanzgesetz
2. Das Gesetz der Ähnlichkeit
3. Das Gesetz der Nähe
4. Das Gesetz der guten Fortsetzung
5. Das Gesetz der Geschlossenheit
6. Das Gesetz der Erfahrung bzw. Vertrautheit oder Bedeutung

■ 1. Das Prägnanzgesetz

Das Prägnanzgesetz oder auch das Gesetz der guten Gestalt oder das Gesetz der Einfachheit ist das zentrale Gesetz der Gestaltpsychologie. Jedes Reizmuster wird so gesehen, dass das Ergebnis so einfach wie möglich ist.

Deshalb erkennen wir in der ersten Anordnung deutlich das Quadrat und die Ellipse. Diese beiden Muster zeichnen sich durch ihre Einfachheit gegenüber anderen möglichen Mustern aus, wie Sie sie zum Beispiel rechts in der Abbildung sehen.

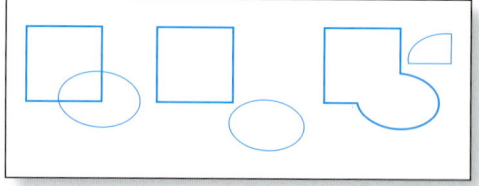

Ebenso ergeht es uns bei der Betrachtung der nächsten Figur.

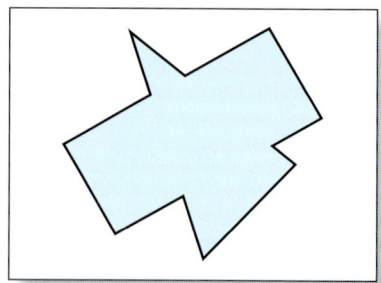

Sicher sehen Sie anstelle eines komplexen elfeckigen Gebildes hierin einfach im Sinne der Prägnanz ein Rechteck und ein Dreieck übereinander gelegt.

Sehr gute Formen im Sinne der Prägnanz sind erfahrungsgemäß Kreise, rechte Winkel und Geraden.

Auch in der Erinnerung spielt das Prägnanzgesetz eine große Rolle: Wir merken uns auf Dauer nur solche Inhalte, die sich besonders von den anderen abheben. Prägnantes prägt sich eben besonders gut ein. Denken Sie zum Beispiel an Werbeslogans: Welche fallen Ihnen ein?

■ 2. Das Gesetz der Ähnlichkeit

Betrachten Sie die Kreise im folgenden Bild a). Sie haben senkrecht wie waagrecht den gleichen Abstand zueinander. Diese Anordnung lässt uns die Wahl: Wir sehen die Kreise entweder senkrecht oder waagrecht oder auch beides zugleich.

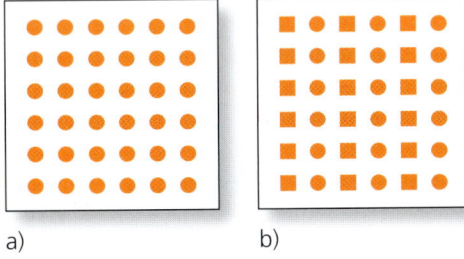

a) b)

Diese Wahlmöglichkeit verschwindet alsbald, wenn wir wie in Bild b) jede Kreisspalte mit einer Quadratspalte wechseln lassen. Wir nehmen eindeutig sofort eine senkrechte Anordnung von Kreisen und Quadraten wahr.

Das Gesetz der Ähnlichkeit besagt, dass die einzelnen Elemente eines Bildes bevorzugt als Gruppe wahrgenommen werden, wenn sie sich ähnlich sind. Diese Ähnlichkeit kann sich auf Farbe, Helligkeit, Größe, Orientierung oder Form beziehen. Achten Sie einmal bei der Eröffnung großer Sportveranstaltungen wie den olympischen Spielen auf die Eröffnungszeremonien, wenn bunte Tücher oder gleiche Trikots sich zu großen Bildern formieren.

Dieses Gesetz funktioniert übrigens auch bei der Wahrnehmung von Personen. Angehörigen bestimmter Gruppen werden allzu gerne übereinstimmende Eigenschaften zugeschrieben. Kennen Sie den Satz: „Sage mir, mit wem du gehst, und ich sage dir, wer du bist!"?

■ 3. Das Gesetz der Nähe

Reize oder Bildelemente, die nahe beieinander liegen, werden leicht als zusammengehörig wahrgenommen.

Die Nähe kann Dinge einander ähnlicher machen. Die gleiche Figur ist unter „Antilopen" eine Antilope und in der Gesellschaft von „Vögeln" ein Vogel.

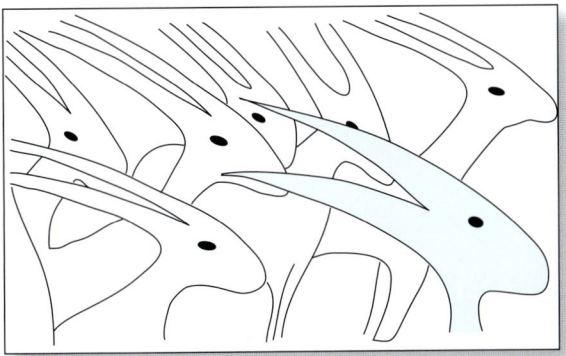

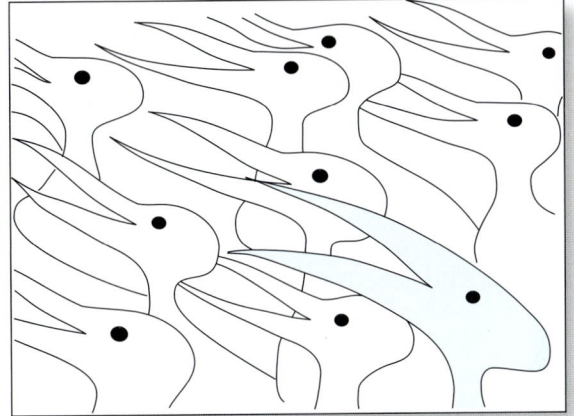

■ 4. Das Gesetz der guten Fortsetzung oder Kontinuitätsgesetz

Reize, die eine Fortsetzung vorausgehender Reize zu sein scheinen, werden als zusammengehörig wahrgenommen. Je nachdem ob Sie im folgenden Bild Zahlen von rechts nach links lesen, oder Buchstaben von oben nach unten, verändert sich die Wahrnehmung des in der Mitte befindlichen Zeichens: Im ersten Fall lesen Sie eine Dreizehn, im zweiten Fall den Buchstaben B: Stimmt's? So setzt sich der begonnene Verstehensprozess fort.

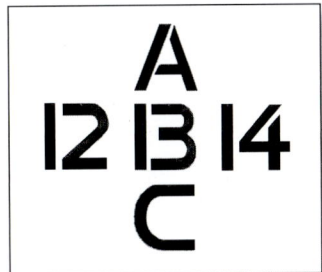

Die große Brücke
von Rouen

Im Gemälde von Camille Pissarro: „Die große Brücke von Rouen" kann man das Prinzip der gestaltgerechten Fortsetzung gut beobachten: Obwohl der Rauch sowohl Brücke als auch Schornstein in Stücke teilt, nehmen wir sie als fortlaufend wahr, und sie stürzen auch nicht ein.

■ 5. Das Gesetz der Geschlossenheit

Unvollendete Reize werden als vollendet wahrgenommen. Wir dichten gewissermaßen die Zwischenräume ab. Sehen Sie nebenstehend verschiedene Punkte oder nehmen Sie einen Kreis wahr?

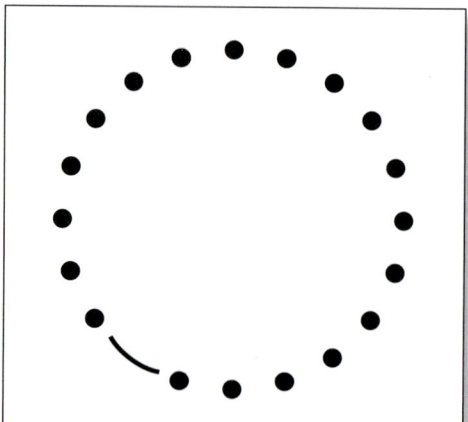

Oder was machen Sie bei der Betrachtung der vielen schwarzen Papierschnitzel im nächsten Bild? Irgendwie sehen Sie darin einen Hund; oder?

In diesem Bild wird uns auch sehr schön gezeigt, was der bekannte Satz der Gestaltpsychologie bedeutet:

„Das Ganze ist mehr als die Summe seiner Teile." Wir sind immer auf der Suche nach einer „guten Gestalt."

■ 6. Das Gesetz der Erfahrung

Vorwissen, Erfahrung und Vertrautheit spielen bei der Anordnung von Bildelementen eine bedeutende Rolle. Dieses Gesetz lässt sich illustrieren an dem „Felsen und Gesichter"-Bild der Künstlerin Bev Doolittle (1985): „Der Wald hat Augen" (siehe rechts).

Wenn Sie statt Felsen in einem Bach oder Bäumen in einem Wald die Bestandteile von Gesichtern wahrnehmen, dann verändert sich auch die Wahrnehmungsorganisation der Felsen und der Bäume. Zwei Felsen, die ursprünglich als zwei einzelne Steine im Bach wahrgenommen wurden, gehören plötzlich zusammen, wenn man sie als das linke und das rechte Auge eines Gesichtes sieht. Wenn sie eine bestimmte Gruppe von Felsen als Gesicht wahrgenommen haben, fällt es sogar schwer, sie nicht mehr so wahrzunehmen. Die Felsen wurden dauerhaft durch Vertrautheit zu einem Gesicht organisiert.

Diese Wahrnehmungsorganisation läuft automatisch ab, weil sie eine der grundlegenden Verfahren ist, der Welt Bedeutung zu verleihen.

So langsam müssen wir den Bereich der Objektwahrnehmung verlassen und zu dem noch spannenderen Bereich der persönlichen und sozialen Besonderheiten der Wahrnehmung kommen.

Bev Doolittle (1985): „Der Wald hat Augen"
Können Sie im Bild 13 Gesichter finden? Kleiner Tipp: Es hilft, wenn man den Abstand zum Bild etwas vergrößert.

4. Individuelle Einflüsse auf die Wahrnehmung

Machen wir dazu doch einmal eine kleine Wahrnehmungsübung

Wahrnehmungsrundgang
Wir bilden innerhalb der Klasse Vierergruppen. Jede Gruppe schlüpft dann in eine Rolle als

- neue Schüler der Schule
- Austauschschüler
- Eltern
- neue Lehrer
- Putzfrauen
- potenzielle Diebe
- Innenarchitekten
- …

Dann gehen die Schüler in diesen verschiedenen Rollen durch das Schulhaus mit Fragen wie diesen:

- Wie sieht die Schule aus?
- Was haben wir gesehen?
- Was ist uns besonders aufgefallen?

Die Ergebnisse werden anschließend in der Klasse ausgetauscht. Was kommt heraus?

Welche Umweltreize ein Mensch wahrnimmt, das dürfte nach dieser Übung deutlich werden, ist offenbar von persönlichen Bedingungen abhängig: Je nachdem, in welcher Rolle sich der Betrachter befindet, kommt er zu unterschiedlichen Wahrnehmungsergebnissen.

Die „Putzfrauen" nehmen den achtlos liegengelassenen Unrat sehr deutlich wahr, übersehen aber beispielsweise die Veranstaltungsplakate an der Pinnwand, die von den „Austauschschülern" sehr genau bemerkt wurden.

Die „neuen Schüler" erkennen die Schwierigkeit, die verschiedenen Räumlichkeiten zu finden, wohingegen die „Innenarchitekten" die Lichtverhältnisse in den Klassenzimmern problematisieren, usw.

Was werden wohl die „potenziellen Diebe" so alles wahrnehmen?

Es wird also deutlich, dass unsere Wahrnehmung von individuellen Faktoren mitbestimmt wird. Je nach meiner persönlichen Rolle habe ich bestimmte *Motive, Bedürfnisse und Interessen*, die mich auf meinem Wahrnehmungsrundgang beeinflussen.

Auch die *Erfahrung* eines Menschen ist beteiligt, wenn er die Welt sieht.

Wenn Sie einen Kindergarten sehen, dann nehmen Sie nicht nur ein Haus und Kinder wahr, sondern verbinden damit zugleich die Erfahrung, die Sie in Kindergärten gemacht haben. Sie nehmen es als einen Ort der Freude und Selbstbestätigung, einen Ort voll Stress oder einen Ort der Geborgenheit oder gar als Ausbildungsstätte wahr.

Die *körperliche und seelische Verfassung, die Gefühle und Stimmungen* wirken sich sehr stark darauf aus, wie wir die Welt um uns herum wahrnehmen. So ist uns allen geläufig, wie unterschiedlich wir Nahrungsmittel wahrnehmen, je nach dem, ob wir hungrig sind oder nicht.

Ein Kind, das Angst hat, deutet Geräusche, die es nachts hört, wenn es alleine zu Hause ist, anders als ein furchtloses Kind.

Wer glücklich und zufrieden ist, nimmt seine Umwelt anders wahr als der Enttäuschte und Unglückliche.

Berühmt ist mittlerweile auch die Wirkung der *Erwartungen* eines Individuums auf die Sicht der Dinge. Schon 1968 fand ein deutschstämmiger nach den USA ausgewanderter Sozialpsychologe namens Robert Rosenthal den so genannten *Rosenthal-Effekt* der Wahrnehmung. In einer Aufsehen erregenden Studie konnte er nachweisen, dass Lehrererwartungen Einfluss auf Schüler haben können.

Zusammen mit einer Mitarbeiterin besuchte Rosenthal eine Grundschule, um in mehreren Klassenstufen einen Test durchzuführen (Rosenthal und Jacobson, 1968). Den Lehrern gegenüber wurde erklärt, dass die Ergebnisse Auskunft über das zukünftige Leistungsverhalten der Schüler geben würden. Kurz darauf kehrten die Forscher zurück, um den jeweiligen Lehrern mitzuteilen, dass einzelne *(tatsächlich nach dem Zufall ausgewählte)* Schüler aufgrund der Testergebnisse gute Lernfortschritte für die nächste Zeit erwarten ließen.

Am Ende des Schuljahres wiederholte Rosenthal seine Testprüfung. Dabei fand er, dass die ursprünglich zufällig ausgewählten Schüler –

vor allem in den untersten Klassenstufen – im Vergleich zu den übrigen Klassenkameraden verhältnismäßig große Leistungsfortschritte erzielt hatten.

Es darf heute als gesichert gelten, dass Lehrer und natürlich auch Erzieher und Erzieherinnen bereits zu Beginn eines Jahres Erwartungen über die Leistungen und Verhaltensweisen ihrer Kinder entwickeln und dass viele Kinder diese Erwartungen erfüllen:

> Lernende, die von ihren Lehrern für fähig gehalten werden, zeigen bessere Leistungen als andere, denen die Lehrer weniger zutrauen.

Wie ist es zu erklären, dass die meisten Schüler mit ihren Leistungen die **Erwartungen** ihrer Lehrer im Verlauf des Schuljahres erfüllen? Menschen neigen dazu, andere so wahrzunehmen, wie sie nach ihren Erwartungen sein müssten. Wenn sie darüber hinaus – eventuell ohne sich dessen bewusst zu sein – auf soziale Ereignisse oder Persönlichkeitsmerkmale ihrer Adressaten so einwirken, dass diese sich an die Erwartungen anpassen, liegt eine **sich selbst erfüllende Prophezeiung** vor. Die Wahrscheinlichkeit, dass es so kommt, wie ich denke, dass es kommen wird, ist sehr hoch.

Den Einfluss, den **Einstellungen und Vorurteile** auf die Wahrnehmung haben, bezeichnet man auch gerne als Voreingenommenheit. Für die Voreingenommenheit als Überzeugung wie etwas ist oder wie jemand ist, z. B. Ausländerkinder, gilt das gleiche, wie wir bei dem Rosenthal-Effekt festgestellt haben. Wenn wir von etwas überzeugt sind, entsteht eine Erwartung. Diese Erwartung hat dann die fatale Tendenz sich zu bestätigen. Dies wollen wir mit einem einfachen Interaktionsspiel einmal deutlich machen.

„Die Rosarote Brille."
Zeit
Sie benötigen ca. 45 Minuten
Material
Man braucht acht Brillengestelle ohne Gläser (notfalls Pappbrillen)
Anleitung
„Wir wollen heute ein Spiel ausprobieren, das „Rosarote Brille" heißt. Dazu habe ich

eine ganze Reihe von Spezialbrillen mitgebracht. Sie können uns helfen, besser zu verstehen, dass wir dieselben Dinge manchmal ganz unterschiedlich sehen und erleben.

Sie wissen, wenn Sie manchmal ganz glücklich sind, dann sagt der eine oder andere vielleicht zu Ihnen: „Du siehst alles durch eine rosarote Brille". Alles scheint dann schön und wunderbar zu sein.

Ich möchte Ihnen mit den verschiedenen Brillen einmal zeigen, wie unterschiedlich wir das Leben betrachten können.

1. Hier habe ich eine Brille, die ich einmal die VERTRAUENSBRILLE nennen möchte. Wenn ich diese Brille trage, bin ich sehr vertrauensvoll. Hat jemand von Ihnen Lust, die Vertrauensbrille aufzusetzen und uns zu sagen, was er dann hier sieht? Wie er über uns und über die Welt denkt?
   Einige Schüler sollten die Gelegenheit wahrnehmen.
   Kennen Sie Menschen, die meistens eine VERTRAUENSBRILLE tragen?
   Wann tragen Sie eine?
   Wie fühlen Sie sich, wenn Sie eine VERTRAUENSBRILLE tragen?
   Lassen Sie uns fünf Minuten miteinander über diese Frage sprechen.
   Jetzt geben die Schüler die Brille bitte wieder zurück, damit der Lehrer eine andere Brille ausprobieren kann.

2. Die MISSTRAUENSBRILLE
   Möchten wieder einige von den Schülern mit der Brille experimentieren? Was sehen Sie nun? Was denken Sie, wenn Sie diese Brille tragen?
   Geben Sie wieder einigen Schülern Gelegenheit, mit der MISSTRAUENSBRILLE Ihre Umgebung zu betrachten, um festzustellen, wie die Welt damit aussieht.
   Kennen die Schüler Menschen, die meistens eine MISSTRAUENSBRILLE tragen?
   Wann tragen die Schüler eine?
   Wie fühlen die Schüler sich, wenn sie eine MISSTRAUENSBRILLE tragen?
   Lassen Sie uns wieder fünf Minuten über diese Fragen sprechen.

Geben Sie dem Lehrer jetzt die MISSTRAUENSBRILLE zurück, sodass er Ihnen eine neue Brille geben kann.

3. Die RECHTHABERBRILLE ist jetzt dran. Verfahren Sie nun in gleicher Weise wie mit der vorherigen Brille…

4. Danach kommt die ICH-MACHE-ALLES-FALSCH-BRILLE.
   (Wenn Sie diese Brille tragen, gehen Sie davon aus, dass Sie niemals etwas richtig machen, sondern immer die Schuld haben und immer alles falsch machen.)

5. Die ICH-BIN-BELIEBT-BRILLE
   (Wenn Sie diese Brille tragen, gehen Sie davon aus, dass die anderen Sie mögen und gerne mit Ihnen zusammen sind.)

6. Die ICH-BIN-ÜBERHAUPT-NICHT-BELIEBT-BRILLE
   (Wenn Sie diese Brille tragen, gehen Sie davon aus, dass niemand Sie mag und Sie keinem etwas bedeuten.)

7. Die SCHWÄCHE-BRILLE
   (Wenn Sie diese tragen, fühlen Sie sich schwach und unfähig… Es wäre sinnvoll wenn jeder von den Schülern diese Brille einmal aufsetzt und mitteilt, was er dann denkt, fühlt und sieht…)

8. Die STÄRKE-BRILLE
   (Wenn Sie diese Brille tragen, sind Sie sich bewusst, dass Sie eine ganze Menge können, dass Sie wichtig sind, dass Sie zählen, dass Sie sich auf sich selbst verlassen können… Der Lehrer sollte auffordern, dass jeder von den Schülern auch diese Brille einmal aufsetzt und mitteilt, was er dann denkt, fühlt und sieht).[4]

Die Auswertung dieser Übung ist wichtig, denn die Bedeutung der Verfälschung der Wahrnehmung durch Vorurteile kann verhängnisvolle Auswirkungen gerade für Kinder haben.

[4] Vopel, K., 1996

5. Soziale Einflüsse auf die Wahrnehmung

Stellen Sie sich vor, Sie sind eine freiwillige Versuchsperson zusammen mit sieben anderen in einem Experiment. Sie kommen dazu in einen Raum mit acht Stühlen, die in einer Reihe vor einer Leinwand stehen. Alle setzen sich, Sie ganz außen links.

Der Versuchsleiter erklärt, er sei daran interessiert, herauszufinden, wie gut Sie die Länge verschiedener Linien einschätzen können. Er zeigt Ihnen eine gerade Linie X (siehe untere Abbildung). Dies ist die Standardlinie. Dann zeigt er drei Vergleichslinien (A, B und C) und bittet Sie diejenige auszuwählen, die der Standardlinie am nächsten kommt.

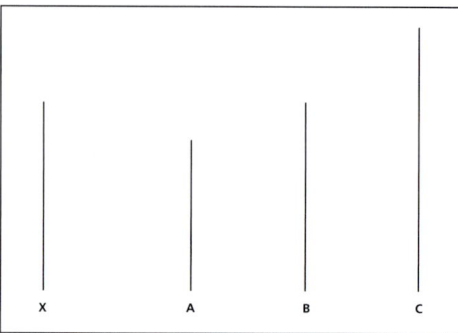

Die Aufgabe ist eigentlich recht einfach. Es ist offensichtlich, dass die ähnlichste Vergleichslinie die Linie B ist. Bei der rechts sitzenden Versuchsperson geht es los. Aber seltsam, sie antwortet mit A, offensichtlich falsch. Nun ja, wahrscheinlich hat sie sich einfach nur geirrt. Doch dann gibt auch die neben ihr sitzende Versuchsperson dieselbe falsche Antwort. Sie denken mittlerweile, dass die wohl einen Knick in der Optik zu haben scheinen, doch nachdem die dritte, vierte, fünfte, sechste und siebte Versuchsperson genau dieselbe falsche Antwort gegeben hat, sind Sie an der Reihe.

Und was passiert nun? Verlassen Sie sich auf Ihr Augenmaß oder richten Sie sich nach der Gruppe? Ihre Handflächen beginnen zu schwitzen und Sie bekommen Herzklopfen, während Sie nachdenken. Zu guter Letzt werden Sie unsicher und geben auf. Sie sagen dasselbe wie die anderen aus der Gruppe.

Dies war die Nachstellung eines berühmten Experimentes des amerikanischen Sozialpsychologen Solomon E. ASCH zum Einfluss *anderer Personen oder einer Gruppe* auf die Wahrnehmungs- und Urteilsfähigkeit des Einzelnen.

In diesem Experiment führte ASCH einen Konflikt herbei zwischen dem Wissen seiner Versuchspersonen um die physikalische Realität und der „sozialen Realität", wie sie durch die Gruppe repräsentiert wird. Diese Konfliktsituation erreichte er durch eine recht einfache Manipulation. Die Person, die ganz links in der Reihe sitzt (so wie Sie), ist zwar immer eine echte Versuchsperson, doch alle anderen Teilnehmer sind in Wirklichkeit Verbündete des Versuchsleiters. Diese wissen zwar, dass die von ihnen abgegebenen Urteile falsch sind, sie richten sich aber ausschließlich nach den Vorgaben des Versuchsleiters, der damit erreichen möchte, dass die Gruppe einen sanften Druck auf die einzelne „echte" Versuchsperson ausübt. Und das gelingt auch. Insgesamt richteten sich 35 % der echten Versuchspersonen nach den falschen Beurteilungen der Gruppe – das ist zwar nicht die Mehrheit, doch eine beträchtliche Minderheit. Wenn die Versuchspersonen keinen objektiven physikalischen Reiz haben, nimmt die Prozentzahl der Anpassungen noch deutlich zu. In einer Befragung der echten Versuchspersonen nach dem Experiment stellte sich heraus, dass manche sich der Gruppe angepasst haben, manche aber auch wirklich ihrer Wahrnehmung misstrauten.

Die Gruppe hat also Einfluss auf die Wahrnehmung des Einzelnen.

Darüber hinaus werden so natürlich auch *Einstellungen* erzeugt. Wie diese dann wirken können, dazu gibt es eine interessante, immer wieder zu machende Beobachtung:

Wenn Erzieherinnen und Erzieher gerade an einer Fortbildungsveranstaltung über Verhaltensstörungen von Kindern teilgenommen haben, steigt für sie die Zahl verhaltensgestörter Kinder in ihrer Gruppe mit großer Wahrscheinlichkeit. Das bedeutet, sie nehmen bei ihren Kindern mehr Verhaltensweisen wahr, die von der Norm abweichen, als vorher.

Untersuchungen haben sogar ergeben, dass sie auch Verhaltensweisen als von der Norm abweichend wahrnehmen, obwohl dies gar nicht zutrifft. Es zeigt sich hierin der Einfluss der sozial bedingten Einstellungen auf die Wahrnehmung, und der kann so weit gehen, dass man Dinge wahrnimmt, die es ohne diese Einstellung gar nicht gegeben hätte! So konstruiert man Wirklichkeit.

Wert- und Normvorstellungen einer Gemeinschaft können sich auch auf die Gestaltung der Wahrnehmung erheblich auswirken.

Legen Sie zu Demonstrationszwecken eine Ein-Euromünze und eine Zwei-Euromünze auf den Overhead-Projektor. Lassen Sie dann die Größe schätzen.

Eigentlich müssten Sie dabei herausbekommen, dass die Größe überschätzt wird. Warum? Denken Sie bitte erst einmal darüber nach:

Die Psychologen JEROME BRUNER und C. GOODMAN teilten in einem Experiment in Amerika zehnjährige Kinder entsprechend ihrer Herkunft in zwei Gruppen ein, in eine „arme" und in eine „reiche" Gruppe. Auch ihnen wurden verschiedene Geldmünzen zur Größenschätzung vorgelegt. Alle Kinder überschätzten die Größe der Geldmünzen, die Kinder aus „armen" Verhältnissen allerdings deutlich stärker als die Kinder aus „reichen" Elternhäusern. Die *Wertigkeit* des Geldes hat sich offenbar auf die Größenschätzung ausgewirkt. Wir überschätzen, was wir begehren. Begünstigt wird dieser Einfluss vor allem aber auch durch die Orientierung unserer Gesellschaft an Geld und Konsum.

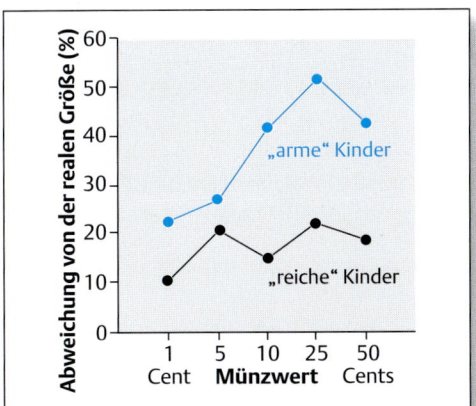

Unsere bisherigen Ausführungen zur Psychologie der Wahrnehmung kommen jetzt zu ihrem eigentlich wichtigsten Anliegen. Wir suchen nach einem besseren Verständnis des Verhaltens der Menschen in sozialen Situationen. Wir wollen wissen, wie Menschen einander wahrnehmen, und was dabei „schief gehen" kann. Denn eine der Hauptaufgaben von Erziehern und Erzieherinnen ist es Kinder wahrzunehmen, ja zu beobachten und zu beurteilen. Die Fähigkeit zum Beobachten und Beurteilen gehört somit zu den unverzichtbaren Grundkompetenzen von Erzieherinnen. Wie schwierig diese Aufgabe der Erzieherinnen ist, lässt sich durch eine Zusammenfassung aller Faktoren, die die Wahrnehmung beeinflussen, noch einmal unterstreichen.

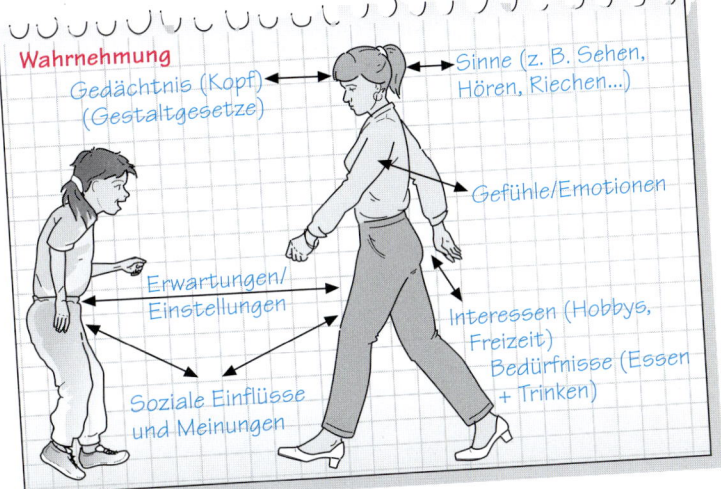

Es wirken ein:

- Die Sinnesphysiologie, d.h. die Funktionsweise, die Beschaffenheit und Leistungsfähigkeit unserer Sinne.
- Die Aufmerksamkeit, das Gedächtnis, die Erfahrungen, die Lerngeschichte und das Wissen.
- Organisationsprinzipien im Gehirn: Konstanzphänomene, die Gestaltgesetze.
- Zahlreiche individuelle Einflüsse: Motive, Bedürfnisse, Interessen.
- Die körperliche und seelische Verfassung, Gefühle und Stimmungen.
- Erwartungen und Einstellungen.
- Soziale Einflüsse wie andere Personen, Wert- und Normvorstellungen, Meinungen, Anschauungen.

6. Die Beobachtungsfehler in der Personenwahrnehmung

Personenwahrnehmung

Wir wissen jetzt: Was wir sehen, hören, riechen und fühlen, gestalten wir zu einem Eindruck. Wir registrieren etwas nicht einfach nur als Abbild in unserem Gehirn, sondern wir konstruieren Bilder von uns und von der Welt. Insbesondere, wenn wir Personen wahrnehmen und beurteilen, machen wir uns ein Bild. Die Personenwahrnehmung wird noch stärker von subjektiven Prozessen beeinflusst als die Objektwahrnehmung und ist deshalb mit Fehlern behaftet.

Auch Erzieherinnen verschaffen sich in der Begegnung mit Kindern einen Eindruck. Ebenso bilden wir uns im Alltagsleben, wo wir fremden Menschen begegnen, einen Eindruck und oft steht wenig Zeit zur Verfügung.

Worauf achtet man vor allem bei solchen ersten Eindrücken? Kann man sich überhaupt darauf verlassen? Ist man bereit, sein Bild von einem anderen Menschen zu verändern, wenn sich bei weiteren Begegnungen Einblicke eröffnen, die anfänglich verborgen blieben?

Erster Eindruck

Es ist für Menschen offenbar sehr bedeutsam, sich in der Begegnung mit einem anderen möglichst rasch ein Bild zu machen, damit man sein Verhalten vorhersagen kann und weiß, wie auf ihn am besten zu reagieren ist. Dieser Prozess der Eindrucksbildung beginnt bereits in den ersten Augenblicken einer Begegnung. Worauf achten wir beim ersten Eindruck am meisten?

Unsere Aufmerksamkeit richtet sich zuerst auf das äußere Erscheinungsbild:

- Körperliche Merkmale: Geschlecht, großer oder kleiner Körperwuchs, dick oder dünn, Hautfarbe…
- Körperhaltung und Bewegung
- Grad an Gepflegtheit: Kleidung, Haare…
- Gesicht: Gesichtsausdruck freundlich oder unfreundlich, ernst oder lächelnd…

- Augen und Blick: Augenabstand, offener oder geschlossener Blick, …
- Mund: herabgezogene Mundwinkel

Aufgabe

Um sich einmal selbst zu testen, schauen Sie sich bitte folgende Gesichter an und entscheiden, welches Ihnen sympathisch ist.

Bringen Sie die Gesichter in eine „Sympathiereihenfolge" beginnend mit dem sympathischsten.

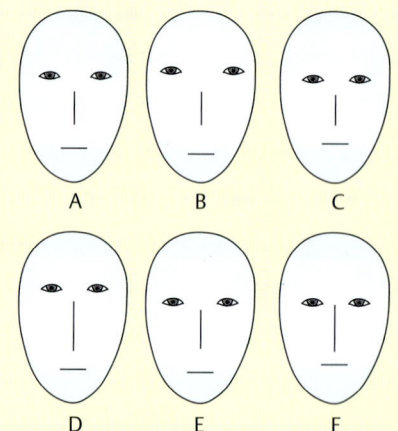

Wenn Sie die Bilder in eine Rangfolge der Beliebtheit gebracht haben, überlegen Sie, was Sie geleitet hat.

Denken Sie in Ruhe nach, bevor Sie weiter lesen.

Wenn man diesen Test mit vielen Versuchspersonen durchführt, kommt nach einer statistischen Auswertung folgendes Ergebnis heraus:

C – A – F – E – B – D .

Mit großer Wahrscheinlichkeit ist Ihr persönlicher Eindruck ähnlich ausgefallen.

Warum?

Beim ersten Eindruck wirken ganz bestimmte so genannte „Schlüsselreize" auf den Betrachter:

- Augenabstand
- Stirnhöhe
- Nasenlänge
- Abstand der Augen von der Haarwurzel
- Höhe der Augen über der Nasenwurzel
- Abstand des Mundes zur Nasenspitze
- Länge des Kinns

Äußerlichkeiten sind also beim Urteil über andere Menschen relativ wichtig, und unsere Biologie spielt stark mit.

Da wir aber gar nicht in der Lage sind, auf alle Merkmale, die einen Menschen kennzeichnen, zu achten, treffen wir eine Auswahl, die uns durch den sozialen Rahmen vorgegeben wird. Dieser soziale Rahmen wird durch so genannte Stereotype bzw. Vorurteile gebildet. Stereotype und Vorurteile stellen ein Vorwissen bereit, das über das Beobachtete hinausgeht. Man schreibt einem anderen Menschen Merkmale zu, die dieser keineswegs besitzen muss, die aber in Einklang mit dem jeweiligen Stereotyp des Wahrnehmenden stehen, und stark von Äußerlichkeiten bestimmt sind.

Der Stereotype-Effekt bzw. soziale Wahrnehmung der Rolle

Aufgabe

Stellen Sie sich vor, Ihnen wird ein Baby vorgestellt mit dem Namen „Jan". Sie werden dann aufgefordert, Ihre Eindrücke von diesem Baby zu schildern und dabei körperliche Merkmale, Verhaltenseigenschaften und Persönlichkeitseigenschaften zu berücksichtigen. So sieht das Baby aus:

Andere, die auch mit Ihnen im Raum anwesend sind, bekommen die gleiche Aufgabe

nur mit dem kleinen Unterschied, dass das Baby „Eva" heisst.

Wenn man dann die Einschätzungen der Beurteiler vergleicht, fällt etwas auf. Haben Sie eine Idee, was es sein könnte?

Bei der tatsächlichen Durchführung eines solchen Experiments gab es bezüglich der körperlichen Merkmale und des Verhaltens keine Unterschiede. Aber bei der Persönlichkeitseinschätzung, die man nicht beobachten sondern nur erschließen kann. Das war ein Bereich, in dem sich so genannte *Geschlechtsstereotype* zu erkennen gaben. Stereotype sind eingewurzelte Vorurteile, meist Eigenschaften, die bestimmten Gruppen und Menschen in bestimmten Rollen zugesprochen werden. So haben wir offenbar auch bestimmte festgefügte Vorstellungen von typisch männlichen und typisch weiblichen Persönlichkeitseigenschaften. Hieß das Baby „Jan" so wurde es als sportlicher, lauter, aktiver und rauher eingeschäzt als „Eva".

Überlegen Sie sich, wie sich dieser Beobachtungs- und Beurteilungsfehler auf die Kindergartenarbeit auswirken könnte.

Bilden Sie als angehende Erzieherinnen im Umgang mit Kindern auch Stereotype, die die Entwicklung der Kinder beeinflussen könnten?

Welche Stereotype kennen Sie?

Wie gerne hätten Sie diesen Mann zum Lehrer? Oder ist Ihnen der nächste Kandidat lieber? ➡

Haben Sie diesen beiden Herren unterschiedliche Eigenschaften zugeschrieben? Wenn ja, welche?

Natürlich haben Sie jetzt aber festgestellt, dass es sich um ein und denselben Typen handelt, nicht wahr?

Durch Prozesse der sozialen Wahrnehmung geht man also über das Beobachtbare hinaus und erschließt sich Merkmale der Persönlichkeit.

Konkrete Lernsituation

1. Finden Sie im Rollenspiel heraus, wie sich Ihr Verhalten verändert, wenn alle anderen Sozialpartner eine Persönlichkeitstheorie vertreten, der zufolge Sie dumm und hinterlistig sind.
2. Welche Eigenschaften schreiben Sie automatisch einem Mädchen oder einer Krankenschwester, einer Erzieherin, einem Politiker, oder einem Lehrer zu?
3. Überlegen Sie sich, wie sich Ihre Wahrnehmung eines Klassenkollegen verändern würde, wenn Sie erführen,

   - dass er Mitglied einer radikalen, gewalttätigen Partei ist oder
   - dass er homosexuell ist oder
   - dass er im Vorstand eines Wohltätigkeitsvereins tätig ist.

Dies führt uns zum nächsten Beobachtungsfehler.

Implizite Persönlichkeitstheorie

Machen wir dazu ein Experiment:

Stellen Sie sich vor, Sie erfahren, dass Sie in Ihrer Erzieherausbildung einen neuen Lehrer bekommen sollen. Eine Mitschülerin kennt diesen Lehrer und beschreibt ihn als warmherzig und beliebt. Sind Sie jetzt in der Lage, sich ein Bild von diesem Lehrer zu machen?

Würden Sie ihm weitere Eigenschaften zusprechen? Welche?

Notieren Sie diese doch bitte einmal auf, bevor Sie weiterlesen.

Versuchspersonen, die dieses Experiment gemacht haben, folgerten, dass der Lehrer dann auch großzügig, klug, glücklich und gut aussehend sein müsse. Wenn man vielleicht einigermaßen überrascht nachfragt, erhält man ungefähr folgende Antwort: „Warmherzigkeit" geht mit anderen Qualitäten einher. Eine Person, die warmherzig ist, ist zugleich freundlich und folglich auch fröhlich. Wie gelingt es einem Menschen, nach Kenntnis eines Persönlichkeitsmerkmals weitere zu erschließen?

Wir nehmen dabei Vorwissen in Anspruch, das aus einer so genannten impliziten Persönlichkeitstheorie abgeleitet wird. Jeder Mensch betrachtet bestimmte Eigenschaften seiner Mitmenschen als besonders charakteristisch. Diese Vorannahmen sind aus vielen Erfahrungen entstanden und führen zu unterschiedlichen Urteilen. Unsere Vermutungen über Zusammenhänge von Eigenschaften und Verhaltensweisen beeinflussen uns meist unbewusst in der Wahrnehmung der Person, deshalb nennt man sie implizit.

In Sprichwörtern kommt es deutlicher zum Ausdruck: „Wer einmal lügt, dem glaubt man nicht …", „Wer lügt, der stiehlt auch.", „Dicke sind gemütlich."

Anfangseffekte in der Personenwahrnehmung

Dem psychologischen Alltagswissen entstammt die Aussage, dass die ersten Eindrücke die wichtigsten sind. Wovon sie abhängen haben wir bereits gesehen. Dass sie sich hartnäckig halten und dass man nur widerwillig bereit ist, seinen ersten Eindruck zu korrigieren, wenn spätere Beobachtungen ihm widersprechen, wird immer wieder behauptet. SOLOMON ASCH (1946) untersuchte diese Frage, indem er zwei verschiedenen Gruppen von Versuchspersonen zwei Eigenschaftslisten darbot und die Versuchspersonen anschließend bat, Personen, die Träger dieser Eigenschaften waren, näher zu kennzeichnen:

- Liste A Intelligent, fleißig, impulsiv, kritisch, halsstarrig, neidisch
- Liste B Neidisch, halsstarrig, kritisch, impulsiv, fleißig, intelligent

Beide Listen enthalten offenkundig die gleichen Begriffe; es wurde lediglich die Reihenfolge umgedreht. Dennoch entstanden bei den Mitgliedern der beiden Gruppen unterschiedliche Eindrücke.

Hörer der Liste A dachten an eine befähigte Person, die einige Schwächen besaß.

Die Begriffe der Liste B ließen dagegen an einen Menschen denken, der erhebliche menschliche Schwächen aufwies. Wenn man sich von einem anderen Menschen einen Eindruck verschafft und dabei anfänglichen Informationen mehr Gewicht als nachfolgenden gibt, spricht man von einem *Anfangseffekt (engl.: primacy effect)*.

Asch erklärte Anfangseffekte damit, dass die zuerst gewonnen Eindrücke einen Verständnisrahmen schaffen, in den nachfolgende Informationen eingeordnet werden. Sicherlich ist dieser Effekt auch auf die Aufmerksamkeitszuwendung zurückzuführen. Was zuerst kommt ist wohl auch wichtiger, das Nachfolgende wird dann nicht mehr so beachtet.

Der Halo-Effekt

Konkrete Lernsituation
Petra und Natalie

1. Ziel
Demonstration des Halo-Effektes

2. Durchführung
Die Gesamtklasse wird in zwei Untergruppen aufgeteilt.

Gruppe A erhält den Bogen „Petra". Gruppe B den Bogen „Natalie" (s. u.).

Auf beiden Bögen steht die Charakterisierung einer Jugendlichen, außerdem finden sich einige Fragen zur Einschätzung dieser Jugendlichen. Die Teilnehmer beider Gruppen erhalten den Hinweis, dass dort zwei Personen charakterisiert sind, und sie werden gebeten, die Fragen auf den Bögen schriftlich zu beantworten (ca. 3–5 Minuten).

Anschließend wird an einer Wandzeitung oder Tafel jeweils zu Frage 1. bis 4. das Ergebnis jeder Gruppe aufgeschrieben. (Dazu werden einfach die Ja- und Nein-Stimmen ausgezählt, bei Frage 4 wird für jede Kategorie einfach die Zahl der Meldungen notiert).

1. Bogen: Petra
Eine Jugendliche, nennen wir sie Petra, ist neidisch – hartnäckig – kritisch – impulsiv – fleißig – intelligent.

1. Würden Sie sie gern zur Freundin haben?
2. Würden Sie sie gern zur Mitschülerin haben?
3. Handelt es sich um eine eher „angenehme" oder „unangenehme" Zeitgenossin?
4. Stufen Sie sie auf Ihrer Beliebtheitsskala ein:

1 = sehr beliebt, 2 = ziemlich beliebt, 3 = weder beliebt noch unbeliebt, 4 = ziemlich unbeliebt, 5 = sehr unbeliebt.

2. Bogen: Natalie
Eine Jugendliche, nennen wir sie Natalie ist intelligent – fleißig – impulsiv – kritisch hartnäckig – neidisch.

1. Würden Sie sie gerne zur Freundin haben?
2. Würden Sie sie gerne zur Mitschülerin haben?
3. Handelt es sich um eine mehr „angenehme" oder „unangenehme" Zeitgenossin?
4. Stufen Sie sie auf ihrer Beliebtheitsskala ein:

1 = sehr beliebt, 2 = ziemlich beliebt, 3 = weder beliebt noch unbeliebt, 4 = ziemlich unbeliebt, 5 = sehr unbeliebt.

3. Auswertungshilfen
Siehe oben.

Wie wirkte sich der Halo-Effekt in der Dimension der emotionalen Einstellung aus (Freundschaft), wie auf die Dimension der Sacharbeit (Mitschülerin)?

Welches war die heimliche Bewertung jeder Eigenschaft bei den verschiedenen Lesarten?

Welche Eingangsinformationen über Menschen bewertet jeder Teilnehmer persönlich ziemlich hoch?

4. Materialien
Arbeitsbögen (s.o.)

5. Hinweise
Die Teilnehmer wissen allerdings nicht, dass beide Bögen die gleichen Eigenschaftswörter enthalten, nur in verschiedener Reihenfolge.

Das Ergebnis ist in der Regel eine schlechtere Beurteilung von „Petra", obwohl sie die gleichen Bezeichnungen hat wie Natalie, beginnend nur mit einer sozial negativ bewerteten Eigenschaft. Im anschließenden Gespräch werden die Eigenschaften jetzt einmal von vorn nach hinten und einmal von hinten nach vorne gelesen, und es kann herausgearbeitet werden, wie jede Eigenschaft eine andere Nuance gewinnt, je nachdem ob mit **„intelligent"** oder mit **„neidisch"** begonnen wird.

Mit dieser Übung ist es also möglich zu erfahren, wie die Art einer Charakterisierung eines Menschen durch Hervorheben einer Eigenschaft zu entsprechenden sozialen Wertungen führt, die man Halo-Effekt nennt.

Die Beurteilung einer Person orientiert sich häufig an einer hervorstechenden Einzeleigenschaft, die immer wieder gesehen, und für besonders charakteristisch gehalten wird. Sie strahlt gewissermaßen aus auf andere Eigenschaften, die wir für passend halten. Daher kommt auch der Name: Halo (Überstrahlung einer als dominant wahrgenommenen Eigenschaft auf andere Eigenschaften). Der Ausdruck Halo stammt aus der Himmelsbeobachtung. Wenn Sie beispielsweise den Vollmond beobachten, können Sie an manchen Tagen sehen, wie er einen milchigen Rand, einen so genannten Hof besitzt. Auch hier strahlt eine Kerneigenschaft auf die Umgebung ab, so dass andere Merkmale in den Hintergrund gedrängt werden. Der Effekt der körperlichen Attraktivität ist besonders häufig belegt worden.

Personen, die gut aussehen, werden demzufolge meist auch als intelligent, gesellig oder dominant beurteilt.

Aufgabe
Denken Sie an ein schwieriges Kind an Ihrem Praktikumsplatz.

Welches sind die Verhaltensweisen, die bei diesem Kind hervorstechend sind, und die von Ihnen immer wieder wahrgenommen werden?

Überlegen Sie, wie verhält sich das Kind, wenn es nicht die problematische Verhaltensweise zeigt?

Wie wird nicht problematisches Verhalten wahrgenommen?

Der Pygmalion-Effekt, auch Rosenthal-Effekt

Bei den individuellen Einflüssen auf die Wahrnehmung sind wir der Wirkung von Erwartungen im Klassenzimmer bereits begegnet und konnten feststellen, dass eine Reihe von Verhaltensweisen den Lehrern gestattete, ihre eigenen Erwartungen zu bestätigen.

Die Erwartungen gegenüber einer anderen Person oder Situation kann diese so stark beeinflussen, dass die ursprünglichen Annahmen bestätigt werden.

Nehmen wir zum Beispiel an, Sie gingen auf eine Party und erwarteten, dass Sie sich dort prächtig amüsieren würden. Nehmen wir weiterhin an, dass Sie von einer Freundin begleitet würden, die die Erwartung hätte, dass es total langweilig werden würde. Können Sie sich vorstellen, wie unterschiedlich Sie sich möglicherweise verhalten werden? Wer von Ihnen beiden wird wahrscheinlich auf der Party mehr Spaß haben?

Lesen Sie noch einmal das Rosenthal-Experiment im Kapitel „Individuelle Einflüsse auf die Wahrnehmung" (S. 172). Für den Erzieher zeigt sich hierin deutlich, dass aufgrund seiner Wahrnehmung des Kindes bestimmte Erwartungen an dieses Kind entstehen. Diese

Erwartungen beeinflussen das Verhalten des Kindes, sodass die erwartete Situation wahrscheinlicher wird.

Konkrete Lernsituation

1. Spielen Sie einen Schüler und einen Lehrer, der überzeugt ist, der Schüler sei dumm, faul, hinterlistig und verlogen. Im anderen Fall ist der Schüler in den Augen des Lehrers fleißig, klug, hilfsbereit, ehrlich und sympathisch. Spielen Sie die Reiz-Reaktions-Situationen durch. Wie entwickelt sich der Schüler in Abhängigkeit der Lehrereinschätzung?
2. Sie haben erfahren, Ihre zukünftige Kollegin hatte an ihrer letzten Arbeitsstelle Schwierigkeiten mit anderen Kollegen. Was für ein Bild machen Sie sich aufgrund dieser Information von ihr? Was für eine Person erwarten Sie?
3. Wie ist es, wenn Sie erfahren, dass die Eltern der Gruppe, die diese Kollegin geleitet hatte, lange Zeit versucht hatten, die Entlassung dieser Erzieherin zu verhindern. Es wurde ein schönes Abschiedsfest für sie organisiert.

Der logische Fehler

Der logische Fehler unterläuft uns, wenn wir als Beobachter und Beurteiler annehmen, dass bestimmte Eigenschaften immer zusammen auftreten. Ein „lauter" Junge ist gleichzeitig auch „aggressiv." Oder ein „stilles" Mädchen ist gleichzeitig „schüchtern". „Wer lügt, der stiehlt auch". Sie sehen, hier kommt auch die implizite Persönlichkeitstheorie zum tragen, die wir weiter oben schon kennen gelernt haben.

Der Kontrastfehler und der Ähnlichkeitsfehler

Ein Kontrastfehler liegt vor, wenn man an Anderen Verhaltensweisen wahrnimmt, die man von sich selber nicht kennt. Bevorzugt nimmt man an anderen Menschen auch Merkmale wahr, die einem sehr vertaut sind, dann spricht man von einem *Ähnlichkeitsfehler*.

Der Projektionsfehler

Die *Projektion* ist ursprünglich ein so genannter Abwehrmechanismus und kommt aus der Tiefenpsychologie. Ein Abwehrmechanismus ist so etwas wie ein seelisches Ausweichmanöver, um Ängste zu vermeiden oder Gefahren aus dem Weg zu gehen. Die Projektion bewirkt, dass der betreffende Mensch einen eigenen Wunsch oder Verhaltensimpuls, der ihm Angst macht, einer anderen Person oder auch einem nicht persönlichen Objekt der Außenwelt zuschreibt. Der Mensch projiziert also wie ein Dia-Projektor das eigene innere Bild nach außen. Die Bilder bestehen z. B. aus Problemen, Bedürfnissen, Erwartungen und Enttäuschungen. Gerade in der ersten Lebenszeit spielt dieser Mechanismus seine größte Rolle. Das ganz kleine Kind schreibt anderen Personen, Tieren oder unbelebten Objekten die Gefühle und Reaktionen zu, die es selbst erlebt.

Es kommt oft vor, dass ein Kind, wenn es wegen eines Vergehens geschimpft oder dafür verantwortlich gemacht wird, dies einem anderen Kind „in die Schuhe schiebt." Als Erwachsene neigen wir dazu, eine solche Entschuldigung als bewusste Täuschung des Kindes anzusehen, aber die Psychologie lehrt uns, dass kleine Kinder das durchaus als Wahrheit ansehen.

Oder denken Sie daran, wie Kinder Gegenstände vermenschlichen, indem der Stuhl als böse bezeichnet wird, weil sich das Kind an ihm wehgetan hat. Auch Märchengestalten eignen sich als Projektionsfläche unterschiedlichster kindlicher Phantasien. Oft hilft auch ein starker, mächtiger Kuscheltierlöwe um Ängste vor der Dunkelheit zu bewältigen.

Aufgabe
Suchen Sie Beispiele aus dem Kindergartenalltag, in denen kindliche Projektionen erkennbar werden.

Das Fazit, das wir aus diesen Erkenntnissen der Wahrnehmungspsychologie ziehen können, ist recht eindeutig:

- Niemand kann in seiner Personenwahrnehmung und Personenbeurteilung sicher sein.

- Die vermeintliche Fähigkeit, andere Menschen treffend zu erkennen und zu beurteilen, ist trügerisch!
- Den „diagnostischen Blick" gibt es nicht.

Dennoch kann man seine Beobachtungsfähigkeit schulen und seine Menschenkenntnis und die Beurteilung anderer auch verbessern. Ein Weg dorthin besteht in der ständigen Überprüfung und Reflexion der beschriebenen Beurteilungsfehler. Ein anderer Weg besteht darin, auf wissenschaftliche Methoden der Verhaltensbeobachtung zurückzugreifen.

Gerade für Angehörige sozialer Berufe, also für Erzieherinnen und Erzieher, sind Kenntnisse darüber, wie wir zu einer Einschätzung und Beurteilung anderer Menschen kommen und welche Rolle das Selbstbild dabei spielt, besonders wichtig. Nur wenn Sie als Erzieherinnen und Erzieher Ihre eigenen Verhaltensweisen besser verstehen und auch kontrollieren lernen, werden Sie sich in die Ihnen anvertrauten Menschen einfühlen und auf deren Bedürfnisse einstellen können.

7. Selbstbild und Fremdbild

Der unmittelbarste Weg zu einer Verhaltensbeobachtung ist die Selbstbeobachtung, denn Wahrnehmung richtet sich zuallererst auf unsere eigene Person. Wir meinen uns recht gut zu kennen, wir haben somit ein bestimmtes Bild von uns selbst. Ein Bild, das sich nicht so gut von außen beobachten lässt, und das auch der Selbsttäuschung unterliegen kann.

Jeder hat ein mehr oder weniger klares Bild von sich selbst – von den eigenen Bedürfnissen, Gefühlen, Einstellungen und Fähigkeiten. Dieses Selbstbild hat sich im Laufe unseres Lebens weitgehend durch den Einfluss wichtiger Bezugspersonen wie Eltern, Geschwister, Erzieher, Lehrer, Kollegen, Freunde u. a. m. gebildet, und es stellt die Summe aller Wahrnehmungen über uns selbst dar. Auch die Meinung, die wir über uns selbst haben. Ist meine Meinung über mich weitgehend positiv, ist es mit großer Wahrscheinlichkeit auch mein Selbstwertgefühl. Hat es sich im Laufe der jungen Jahre herausgebildet, kann das Selbstbild nur noch schwer verändert werden. Es entwickelt sich durch Erfahrungen mit unserem sozialen Umfeld, und wir sind insofern auch aktiv daran beteiligt, als wir sehr häufig die Erfahrungen auswählen, die uns unsere Auffassung von uns selbst bestätigen. Machen wir Erfahrungen, die unserem Selbstbild widersprechen, so neigen wir dazu sie zu verzerren, sie umzudeuten oder auch abzuwehren.

Selten haben wir die Gelegenheit, uns dieses Selbstbild richtig bewusst zu machen und vor allem es an der Beurteilung von Menschen, die uns auch kennen, zu überprüfen.

Auch wenn die Selbstbeobachtung als wissenschaftliche Methode kritisch betrachtet wird, weil ihre Ergebnisse schwer zu überprüfen sind, leistet sie doch unschätzbare Dienste auf vielen Gebieten der Psychologie und der sozialpädagogischen Praxis. Besonders wichtig erscheint die Selbstbeobachtung, wenn es darum geht, das eigene pädagogische Handeln zu reflektieren.

Erst wenn wir durch die Fremdbeobachtung auf bestimmte Verhaltensweisen, vielleicht auch Wesenszüge und Einstellungen aufmerksam gemacht wurden, können wir in Zukunft selbst genauer darauf achten, oder auch gegebenenfalls daran arbeiten.

Die Wirkung des eigenen Verhaltens auf Andere ist erst recht von besonderer Bedeutung, wenn es um den Umgang mit Kindern geht. Sie erinnern sich sicher noch an den *Rosenthal-Effekt*. Nicht selten sind Verhaltensweisen von Kindern die Folge unseres erzieherischen Verhaltens. Deshalb müssen Erzieher und Erzieherinnen ihre Wirkung auf andere beobachten.

Darüber wollen wir uns jetzt auch erst einmal etwas bewusster werden, indem wir einen Test durchführen. Für diesen Test benötigen wir ein so genanntes Polaritätsprofil. Dieses Polaritätsprofil enthält gegensätzliche Adjektive, die zur Beschreibung einer Person geeignet sind.

Um den Test durchführen zu können, müssen sich die Schüler in Zweiergruppen aufteilen, und beide Partner müssen ihn unabhängig voneinander nach drei verschiedenen Anweisungen ausfüllen.

1. Beurteilen Sie sich selbst auf der Liste, indem Sie bei jedem Gegensatzpaar ankreuzen, welches Adjektiv mehr auf Sie zutrifft (Selbstbild).
2. Beurteilen Sie ebenso Ihren Partner (Fremdbild).
3. Versuchen Sie dann noch zu beurteilen, wie Sie glauben, dass Sie Ihr Partner sieht (Metabild).

Interessant wird dann die Auswertung. Die vergleichbaren Bewertungen sollten gesichtet und besprochen werden.

Vergleichbar sind *Selbstbild und Fremdbild*, sowie *Fremdbild und Metabild*. Unterschiede in der Beurteilung sollten nicht in den Wind geschlagen werden, sondern es lohnt sich gerade über diese Einschätzungen miteinander zu sprechen.

Interessant ist auch die Frage, welche Beobachtungs-, bzw. Beurteilungsfehler Ihnen in dem Selbstbild-Fremdbildtest unterlaufen sind.

Für die Berufsanfänger können die eigenen Verhaltensweisen bewusster werden, und es liegt auch eine große Chance darin, vielleicht sein erzieherisches Verhaltensrepertoire zu erweitern.

Bevor wir uns mit den anspruchsvollen Beobachtungsaufgaben der Erzieher und Erzieherinnen beschäftigen, können Sie sich mit einer Wahrnehmungs-Konzentrationsübung auf dieses Lernfeld einstimmen.

freundlich	3 2 1 0 1 2 3	unfreundlich
humorvoll	3 2 1 0 1 2 3	humorlos
ehrlich	3 2 1 0 1 2 3	unehrlich
passiv	3 2 1 0 1 2 3	aktiv
langsam	3 2 1 0 1 2 3	schnell
verschwommen	3 2 1 0 1 2 3	klar
stark	3 2 1 0 1 2 3	schwach
großzügig	3 2 1 0 1 2 3	sparsam
verspielt	3 2 1 0 1 2 3	ernst
kontaktfreudig	3 2 1 0 1 2 3	distanziert
offen	3 2 1 0 1 2 3	verschlossen
geduldig	3 2 1 0 1 2 3	ungeduldig
dominant	3 2 1 0 1 2 3	unterwürfig
einfühlend	3 2 1 0 1 2 3	kühl
leise	3 2 1 0 1 2 3	laut
angespannt	3 2 1 0 1 2 3	gelöst
zurückgezogen	3 2 1 0 1 2 3	gesellig
zerfahren	3 2 1 0 1 2 3	geordnet
redselig	3 2 1 0 1 2 3	verschwiegen
schüchtern	3 2 1 0 1 2 3	forsch
ordentlich	3 2 1 0 1 2 3	unordentlich
fleißig	3 2 1 0 1 2 3	faul
ängstlich	3 2 1 0 1 2 3	mutig
sympathisch	3 2 1 0 1 2 3	unsympathisch
zuverlässig	3 2 1 0 1 2 3	unzuverlässig

Konkrete Lernsituation
Ich nehme wahr …

1. Ziel
Konzentration der Wahrnehmung auf das Hier-und-Jetzt. Sich *selbst* bewusst werden über den Vorgang der Wahrnehmung. Training in der Steuerung der Wahrnehmung. Unterscheiden lernen zwischen Wahrnehmung äußerer und innerer Realität.

2. Durchführung
a) Jeder Gruppenteilnehmer sucht sich einen beliebigen Platz im Raum. Der Lehrer bittet jeden, sich jetzt für eine Weile ganz auf sich selbst zu konzentrieren.

Nach etwa einer Minute gibt er folgende Anweisungen: „Lass jetzt deine Aufmerksamkeit durch den Raum schweifen. Beobachte dich selbst dabei, was du wahrnimmst: Gegenstände, Menschen, Geräusche, dich selbst.
Sprich bitte für dich selbst in Gedanken mehrmals den Satz:
„Jetzt nehme ich wahr…" und beobachte, wohin dich deine Wahrnehmung führt. Ist es etwas Äußeres, etwas in dir selbst, eine Phantasie?" (Etwa drei Minuten Zeit geben). Die Wahrnehmungen sollen dabei den Teilnehmern in Ruhe bewusst werden.

b) Der Lehrer bittet jetzt die Teilnehmer, sich vorzustellen, ihre Wahrnehmung wäre ein Scheinwerfer. Sie soll sich jetzt auf bestimmte Dinge richten, auch auf innere Vorgänge. Die Teilnehmer machen sich dabei bewusst, wie gleichzeitig andere Dinge in der Wahrnehmung verblassen. Die Aufmerksamkeit soll bewusst gesteuert werden und kann mehrfach wechseln zwischen Dingen der Außenwelt oder der Innenwelt. Wichtig ist aber, die Wahrnehmung auf einen Aspekt jeweils scharf einzustellen. (Etwa drei Minuten Zeit geben).

c) Die Teilnehmer werden jetzt gebeten, sich bewusst zu machen, welche Art von Gegenständen und Vorgängen sie wahrnehmen. Die Moderationsanweisung des Lehrers kann etwa so lauten: „Bitte beachtet jetzt, welche Art von Dingen und Vorgängen in das Wahrnehmungsfeld treten. Aus der Unzahl möglicher Eindrücke wählt jeder aus. Was sind das für Wahlen?" (Etwa drei Minuten Zeit geben). Eine Hilfe kann sein, für sich mehrmals den Satz zu sprechen: „Meine (selektive) Wahrnehmung wählt jetzt aus…"
Abschließend werden die Teilnehmer gebeten, sich klarzumachen, welche Vorgänge und Dinge nicht in ihr Wahrnehmungsfeld gelangt sind. (Etwa zwei Minuten Zeit geben).

d) Der Lehrer bittet jetzt die Teilnehmer, sich Wahrnehmung, Auswahl (Selektion) und Übergangenes zugleich bewusst zu machen. Dazu gibt er etwa folgende Anweisung: „Bitte sprecht jetzt für euch selbst mehrfach hintereinander den Satz:
„Ich nehme jetzt wahr…
Und übergangen habe ich…"
Verweilt bitte einen Augenblick bei dem, was ihr übergangen habt. Wiederholt diesen Vorgang jetzt mehrmals!" (Etwa drei Minuten Zeit geben).
„Nun sagt ganz bewusst den Satz: „In diesem Moment vermeide ich…" und nehmt bewusst wahr, was ihr vorher ausgeklammert habt. Bleibt eine Wei-

le dabei stehen und achtet darauf, ob ihr etwas darüber erfahrt, was ihr vermieden habt." (Etwa drei Minuten Zeit geben).

e) Abschließend bittet der Lehrer die Teilnehmer, die Wahrnehmung noch einmal schweifen zu lassen und dabei im eigenen Körper zu spüren, ob die Wahrnehmung eher Behagen oder Unbehagen, angenehme oder unangenehme Empfindungen verursacht. Er bittet die Teilnehmer auch, eine Weile bei den unangenehmen Reaktionen zu bleiben.
Was löst das unangenehme Empfinden aus? Was soll mit dem schnellen „Weitergehen" vermieden werden? (Etwa drei bis vier Minuten Zeit geben).

f) Die Teilnehmer tauschen ihre Erfahrungen mit einem Partner aus.
Gesamtzeit: ca. 30–50 Minuten. Gruppengröße beliebig.

3. Auswertungshilfen
Siehe oben.
Wie genau konnten die Teilnehmer unterscheiden zwischen Wahrnehmung (was sehe, höre, fühle ich) und Phantasien (was hoffe, befürchte, erwarte, wünsche ich)?

5. Hinweise
Variante: Zwei Partner betrachten einander ohne zu sprechen, wobei jeder wiederum unterscheiden soll, was er sieht, hört etc. und was er dazu „phantasiert", vermutet, befürchtet, hofft etc.

Anschließend tauschen sich beide aus, wobei die sich laufend verändernde Wahrnehmung während des Gespräches zusätzlich mit eingebracht werden soll. Wichtig ist dabei auch das Achten auf die eigenen Körperempfindungen.

Diese Übungen erfordern eine gewisse Konzentrationsfähigkeit, die evtl. durch Vorübungen wie Bilderbetrachten, Geräuscheraten etc. angebahnt werden kann.
Erst wenn diese Übungen mehrfach wiederholt werden, kann man ihren sensibilisierenden Effekt spüren.

8. Wahrnehmungsstörungen bei Kindern

Verlauf und Entwicklung der sinnlichen Wahrnehmung

Wir erinnern uns. Zu Beginn des Lernfeldes Wahrnehmung erfuhren wir, dass Wahrnehmung das Ergebnis eines komplexen Informationsverarbeitungsprozesses ist, der sich aus verschiedenen Teilschritten zusammensetzt.

Innerhalb eines jeden Teilschrittes können Störungen auftreten. Wir sprechen erst dann von einer *Wahrnehmungsstörung* im eigentlichen Sinne, wenn in den Teilschritten sensorische Empfindung (Reizverarbeitung), Organisation der Wahrnehmung, Identifikation und Einordnung im Gehirn (Denkprozesse) Störungen auftreten. Wie sieht das konkret aus?

Wir erinnern uns an den Wahrnehmungsvorgang:

Durch die jeweiligen Sinnesorgane wird Information aus der Umwelt mit Aufmerksamkeit aufgenommen. Geräusche über das Ohr, Bilder über die Augen, Temperaturen, Berührungen, Zärtlichkeit über die Haut usw. Dann wird die Information an das Gehirn weitergeleitet. Jedem Sinnesorgan sind bestimmte Bereiche im Gehirn zugeordnet. Hier werden die weitergeleiteten Informationen entsprechend verarbeitet, d. h. aufgenommen und gespeichert. In der oben stehenden Abbildung sind die Bereiche zu sehen.
Dadurch werden diese Informationen für die einzelne Person erfahrbar, bewusst und erinnerungsfähig gemacht.
Bei Bedarf kann diese Information immer wieder abgerufen werden. Das Ergebnis der Aufnahme, Verarbeitung und Wahrnehmung wird dann als Reaktion nach außen als Verhalten sichtbar.

Ein Beispiel:
Die Mutter sagt dem Kind: „Heute Mittag essen wir Suppe. Bitte decke den Tisch!" Um der Aufforderung der Mutter nachzukommen, müssen folgende Voraussetzungen erfüllt sein:

- Das Kind muss die Information der Mutter richtig hören, das heißt das Sinnesorgan „Ohr" muss einwandfrei funktionieren.

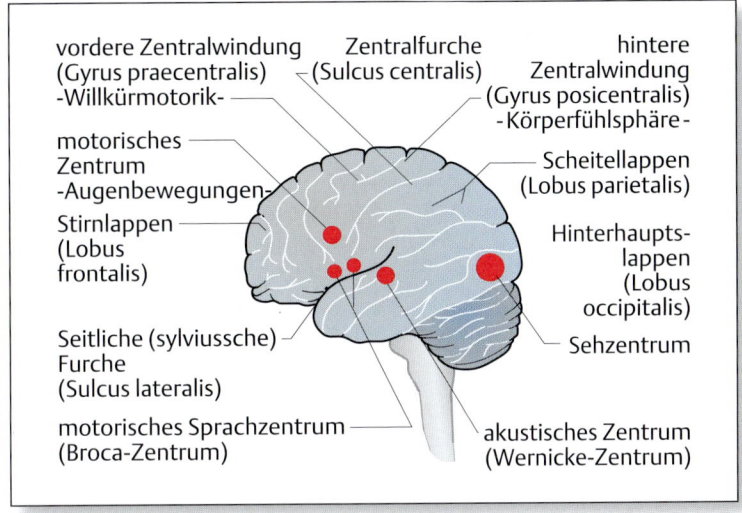

vordere Zentralwindung (Gyrus praecentralis) -Willkürmotorik-

Zentralfurche (Sulcus centralis)

hintere Zentralwindung (Gyrus posicentralis) -Körperfühlsphäre-

motorisches Zentrum -Augenbewegungen-

Scheitellappen (Lobus parietalis)

Stirnlappen (Lobus frontalis)

Hinterhauptslappen (Lobus occipitalis)

Sehzentrum

Seitliche (sylviussche) Furche (Sulcus lateralis)

motorisches Sprachzentrum (Broca-Zentrum)

akustisches Zentrum (Wernicke-Zentrum)

- Die Information muss vom Gehirn aufgenommen, verarbeitet und bewusst wahrgenommen werden (die Hörwahrnehmung muss funktionieren). Zur bewussten Wahrnehmung gehört auch der Abgleich mit bereits zuvor gespeicherten Informationen (in unserem Beispiel wäre dieser Abgleich: Tisch decken bedeutet: Teller und Besteck auf den Tisch legen; es gibt Suppe bedeutet: wir brauchen Suppenteller und Suppenlöffel).
- Durch die Verarbeitung der Information zur adäquaten Reaktion zeigt das Kind die von ihm erwartete Handlung: Es holt Suppenteller und Suppenlöffel aus dem Schrank und legt diese auf den Tisch.

Wenn der „normale" Prozess

1. der Informationsaufnahme über die Sinnesorgane (u. a. Auge, Ohr, Haut, Nase) und/oder
2. der Aufnahme, Verarbeitung und Wahrnehmung der Informationen im Gehirn und/oder
3. der (Verarbeitung zur) adäquaten Reaktion auf Informationen

in einzelnen oder mehreren Bestandteilen nicht immer richtig funktioniert, haben wir es mit einer *zentralen Wahrnehmungsstörung* zu tun.

Der normale Prozess der Wahrnehmung beginnt bereits in der embryonalen Hirnentwicklung. Zu den frühesten aufnahmefähigen Sinnessystemen zu vorgeburtlicher Zeit zählt man den

- Hautsinn,
- die Gleichgewichtssinne (Dreh- und Bewegungssinn) sowie den
- Muskel- und Stellungssinn.

Diese Sinnessysteme sind grundlegend für die *motorische, sensorische und geistig-seelische Entwicklung* des Neugeborenen. Sie werden unter dem Begriff *taktil-kinästhetische Wahrnehmung* zusammengefasst.

Etwas später entwickeln sich

- Geruchs- und Geschmackssinn,
- Gehörsinn und
- visueller Sinn.

Die berühmten sieben Sinne sind zum Zeitpunkt der Geburt schon recht funktionsfähig, müssen aber für ihre vollständige Entfaltung und Zusammenarbeit noch viele Entwicklungsreize erhalten.

Entscheidend für eine gesunde Weiterentwicklung der Wahrnehmungsleistungen ist eine Vielzahl von strukturierten Reizen in sozialen Kontakten. Dies passiert normalerweise in natürlichen Lebenssituationen zwischen Kind und Bezugsperson. In diesem Wechselwirkungsprozess ist das Kind aktiver Partner im Dialog.

Welche Bedingungen gegeben sein sollten, damit eine Wahrnehmungsentwicklung störungsfrei verlaufen kann, hat MARIA PFLUGER-JAKOB in einem „Kindergarten heute spezial" zum Thema Wahrnehmungsstörungen zusammengestellt:

Bedingungen einer störungsfreien Wahrnehmungsentwicklung

- „Ein intaktes Zentralnervensystem (keine Reifungsverzögerungen oder Schädigungen bestimmter Hirnregionen).
- Die genetisch vorgegebenen maximalen Entwicklungsmöglichkeiten der Gehirnstruktur (keine genetischen Defekte oder Aberrationen). Die genetische Disposition bestimmt, in Abhängigkeit von den ande-

ren Faktoren, über die Anzahl der Nervenzellen, Nervenbahnen und deren Verknüpfungsstellen (Synapsen). Die Gehirnstruktur stellt das Schaltnetz dar, innerhalb dessen die Sinnesreize verarbeitet werden.
- Die Qualität und Quantität der auf das Kind eintreffenden Reize. Wie oben erwähnt, kommt es besonders auf die ausreichende Anzahl so genannter „strukturierter Reize" an.
- Die Möglichkeit des Kindes zur Eigenaktivität. Es muss z. B. Augäpfel, Mund, Hände, Kopf gezielt bewegen können; später vor allem mit dem Mund, dann mit den Händen erkunden, betasten können; schließlich mit Gegenständen manipulieren und letztendlich auch handeln können.
- Die Qualität und Quantität sinnesspezifischer Reize im genetisch festgelegten Zeitraum (Prägungsphase) eines Entwicklungsabschnittes innerhalb einer Sinnesmodalität. Beispielsweise ist bekannt, dass die visuelle räumliche Wahrnehmung sich innerhalb der ersten drei Lebensjahre entwickelt, sofern von beiden Augen gleichermaßen Impulse an das Gehirn gesendet werden. Bei einem stark schielenden Kind wird die für das räumliche Wahrnehmen zuständige Gehirnstruktur nur mangelhaft aufgebaut.
- Die emotionale Grundstimmung des Kindes. Gefühle wie Geborgenheit, Sicherheit, Vertrauen und Bindung sind entwicklungsfördernd – während Unsicherheit, Misstrauen, Verwirrung, Angst sich entwicklungshemmend auswirken können."[5]

Zur Bedeutung von Wahrnehmung und Wahrnehmungsstörungen

Die Wahrnehmungsentwicklung und deren Störung hat eine wesentliche Bedeutung für die Gesamtentwicklung des Menschen. Wir brauchen unsere Wahrnehmungsleistung in praktisch jeder Lebenslage. Sie bestimmt jeglichen Lernprozess, das heißt das Sammeln, Auswerten und Speichern von Erfahrungen. Sie ist Grundlage unserer Intelligenz und solcher Teilleistungen wie Sprechen, Konzentrieren und Schreiben. Gleichzeitig ist die ge-

[5] Pfluger-Jacob, M., 2006

sunde Wahrnehmung auch die Grundlage für unsere seelische, körperliche und soziale Entwicklung.

Früher hat man gerne noch alle Formen der Sinnesschädigung und Sinnesbeeinträchtigung zu den Wahrnehmungsstörungen gezählt. Heute sprechen wir besser von **Sinnesbehinderungen**:

Als **blind** gelten Personen, die infolge einer Schädigung des Sehorgans so stark in ihrem Sehvermögen beeinträchtigt sind, dass sie sich in einer unbekannten Umgebung nur mit Hilfe orientieren und optisch keine Information aufnehmen können.

Als **sehbehindert** gelten Personen, deren Sehvermögen infolge einer Schädigung des Sehorgans oder einer Störung der Sehfunktion so stark herabgesetzt ist, dass Informationen über das Auge nur unvollkommen oder erheblich verzerrt aufgenommen werden können.

Als **gehörlos** gelten Personen, die taub sind und deshalb die Lautsprache auf normalem Wege nicht entwickeln können.

Als **schwerhörig** gelten Personen, die aufgrund eines Defektes des Gehörs eine verminderte Hörfähigkeit besitzen. Sie sind aber noch in der Lage, Sprache (eventuell mit Hilfsmitteln) über das Ohr wahrzunehmen. Schwerhörigkeit führt in der Regel zu Sprachschädigungen, die häufig eine besondere pädagogische Betreuung erfordern.

Sinnesbehinderungen können mit Wahrnehmungsstörungen zusammenhängen.

Worin können sich Wahrnehmungsstörungen zeigen?

- In der Unfähigkeit, sich altersgemäß zu konzentrieren.
- In der Unfähigkeit, die Aufmerksamkeit auf das im Moment Wesentliche zu richten.
- In einer Ungeschicklichkeit in der Grob- und Feinmotorik, auch des Bewegungssehens, z. B. Geschwindigkeiten einschätzen beim Ballfangen usw.

- Oft in Verbindung mit einem gestörten Körperschema, das heißt eine Vorstellung vom eigenen Körper fehlt.
- In einer ungeschickten Bewegungsplanung, z. B. Auge-Hand-Koordination.
- In einer Beeinträchtigung des räumlichen Sehens, sodass Gegenstände nicht miteinander in Beziehung gesetzt werden können.
- In einer so genannten Agnosie (Seelenblindheit): Hier funktionieren die Sinnesorgane, aber bereits bekannte Objekte oder Personen werden nicht erkannt.
- In einer Teilleistungsschwäche z. B. Sprachentwicklungsstörung, Lese- und Rechtschreibschwäche, Rechenschwäche.
- In einer erhöhten Stimmungsanfälligkeit und Reizbarkeit.
- In auffälligem Sozialverhalten: Rückzug Aggressivität, Klammern, erhöhte Ängstlichkeit usw.
- In einer depressiven Stimmung, als Folge.

Manche Lehrbücher beschreiben auch noch die Halluzination und die Wahnvorstellung als Wahrnehmungsstörung, dies spielt aber in unserem Zusammenhang keine entscheidende Rolle, da wir damit in den Bereich der psychischen Erkrankungen der Erwachsenen vordringen.

Was das Erkennen einer dieser genannten Wahrnehmungsstörungen erschwert, ist die Tatsache, dass sie von sehr leicht bis stark ausgeprägt sein können. Falls etwas auffällt ist man geneigt noch abzuwarten, da sich die Sache bestimmt noch auswächst. Dies kann durchaus sein, sollte aber von Fachleuten diagnostisch abgeklärt werden, weil man dem Kind unter Umständen viel Leid erspart.

Meist machen es uns die leichter betroffenen Kinder nicht gerade einfach, die Störungen zu entdecken. Viele von ihnen haben gelernt, diese geschickt zu verbergen und mit anderen Leistungen auszugleichen. Sie kommen uns mit Ausreden und „klugen" Argumenten, versuchen uns „irrezuführen" und Situationen zu vermeiden, in denen die Auffälligkeiten bemerkt würden. Zudem sind die meisten dieser Kinder normal intelligent, liebenswürdig und zeigen oft hervorragende Leistungen in Teilgebieten wie Sprache oder Phantasie. Wer käme da auf den Gedanken, dass doch irgendetwas in der Entwicklung nicht stimmt und das Kind

Unterstützung oder sogar therapeutische Hilfe benötigt?

Maria Pfluger-Jakob macht in diesem Zusammenhang darauf aufmerksam, wie wichtig es ist folgende Punkte zu bedenken:

- „Schätzungsweise bei jedem sechsten bis achten Kind treten Störungen in den Hirnfunktionen auf.
- Spätestens im Kindergartenalter sind Entwicklungsauffälligkeiten, die Folge einer Hirnfunktionsstörung sind, erkennbar, wenn auch manchmal nur unter genauer Beobachtung. Sie zeigen sich beispielsweise im Spielverhalten, in Bewegungsabläufen, in der Sprache, im Kontaktverhalten, in der anhaltenden emotionalen Befindlichkeit, in den gemalten Bildern und vielem mehr.
- Jedes dieser Kinder benötigt besonderes Verständnis, verstärkt emotionale Unterstützung, spezielle Hilfestellungen und Ermunterungen. Viele der Kinder brauchen gezielte therapeutische Maßnahmen wie zum Beispiel heilpädagogische Behandlung, Ergotherapie, sensorische Integrationstherapie, Mototherapie, Psychomotorik, logopä-

dische oder Sprachheilbehandlung, Verhaltenstherapie, Spieltherapie oder therapeutisches Reiten.

Es sei aber ausdrücklich darauf verwiesen, dass in leichteren Fällen von Entwicklungsauffälligkeiten auch andere Hilfen ausreichen (oder die speziellen therapeutischen Maßnahmen zusätzlich unterstützen). Bei einem Kind, dessen Grobmotorik etwas plump und ungelenk wirkt, das leicht in erhöhte Muskelspannung gerät und sehr selbstunsicher ist, könnten gezielte sportliche Angebote wie z. B. Reiten, Schwimmen, Judo sowohl sein Selbstwertgefühl stärken als auch die Körperkoordination und den Bewegungsfluss verbessern…"[5]

Die Erzieherinnen sind im Erkennen einer Wahrnehmungsstörung natürlich keine Fachleute, aber sie sind am unmittelbarsten mit dem Kind in Kontakt. Sie erleben die Kinder in all ihren Alltagsaktivitäten und können mit entsprechenden Beobachtungen entscheidend dazu beitragen, einen möglichen Verdacht auf eine irgendwie geartete Wahrnehmungsstörung zu äußern. Das wäre dann unter Umständen der erste wichtige Schritt.

9. Von der Beobachtung zur Beurteilung und Dokumentation

Die Beobachtung ist mehr als die bisher beschriebene Wahrnehmung.

Beobachtung

Die Beobachtung ist die aufmerksame und planvolle Wahrnehmung und Registrierung von Vorgängen und Gegenständen, Ereignissen oder Mitmenschen in Abhängigkeit von bestimmten Situationen.

Die Beobachtung gehört somit zu den elementarsten Alltagsaufgaben der erzieherischen Berufe. Die Ergebnisse unserer Beobachtungen in Hort, Kindergarten, Heim, Schule usw. sind die Grundlage für unser erzieherisches Handeln und für all unsere Beurteilungen.

In der aktuellen Bildungsdiskussion wird die Unverzichtbarkeit regelmäßiger Beobachtung allerorts betont.

Der Tenor: Beobachtung und Dokumentation der Entwicklung, also des Lernens und Verhaltens des Kindes bilden eine wesentliche Grundlage für die Arbeit von pädagogischen Fachkräften in Kindertageseinrichtungen. Beobachtung und Dokumentation geben Einblick in Lern- und Entwicklungsprozesse und sind hilfreich um die Qualität der pädagogischen Arbeit festzustellen und weiterzuentwickeln.

Beobachtbare Verhaltensweisen sind Handlungen, die wir von außen her sinnlich über Sehen, Hören und körperliche Gefühle wahrnehmen können. Unsere Beobachtung soll nun eine möglichst objektive Datenerhebung sein, auf deren Grundlage sich sinnvolles pädagogisches Handeln aufbauen lässt. Nicht um Macht auszuüben beobachten wir, sondern um an Kindern und ihrer Entwicklung fördernd

[5] Pfluger-Jacob, M., 2006

teilnehmen zu können. Diese Grundhaltung ist wichtig. Wir stellen damit den Wunsch dar, teilhaben zu können am Leben, Denken und Fühlen der Kinder.

Von dieser Haltung auszugehen, hat dann ganz praktische Folgen: Sie sollten den Kindern sagen, was sie tun, wenn sie sich beobachtend mit Stift und Papier, in ihre Nähe setzen. Vermitteln Sie den Kindern, dass sie sie näher kennen lernen wollen, dass sie mit Staunen und Spannung sehen, was und wie sie es tun. Auch wenn unter Umständen dann erst einmal eine „Extravorstellung" gegeben wird.

Bei der Beobachtung sind folgende Fragen wichtig:

Was ist das Ziel der Beobachtung? Erzieherinnen beobachten in der Regel mit dem Ziel, festzustellen, welche Unterschiede zwischen dem tatsächlichen Verhalten eines Kindes einerseits und den eigenen Erwartungen (oder den Erwartungen anderer, z. B. denen der Eltern, oder anderer Erzieherinnen) an dieses Verhalten andererseits bestehen. Dahinter steht das Anliegen, Kinder besser zu verstehen und kennen zu lernen um mit ihnen eine *förderliche Beziehung* eingehen zu können. Wir beobachten u. a. um:

- die Ressourcen eines Kindes zu dokumentieren
- Interessen und Bedürfnisse zu verstehen
- individuelle Entwicklungsverläufe zu beschreiben
- Lernfortschritte zu erkennen
- das Interaktions- und Kommunikationsverhalten zu Erzieherinnen und Kindern der Gruppe zu beschreiben
- evtl. den Förderbedarf eines Kindes festzustellen
- Fehlentwicklungen vorzubeugen und Vorurteile abzubauen

Es ist in jedem Falle hilfreich, vor einer systematischen Verhaltensbeobachtung die eigenen Erwartungen an die Kinder zu reflektieren und in Gesprächen mit Kolleginnen kritisch zu hinterfragen, denn beobachten ist ein lebendiger Prozess.

Was wird beobachtet? Sobald die Gründe für eine systematische Beobachtung geklärt und umrissen sind, ist daraus abzuleiten, *was* im Einzelnen beobachtet werden soll. Bei der

Beobachtung ist ein lebendiger Prozess

Vielzahl von Eindrücken, die in einer Gruppe von zwanzig und mehr Kindern auf die Erzieherin einwirken, kann sie immer nur ein Kind in einem bestimmten Ausschnitt seines Tagesablaufs beobachten und auch hierbei meist nur einen Teil seines Verhaltens. Dabei müssen sich die Erzieherinnen bewusst sein, dass sie nur das äußerlich sichtbare Verhalten eines Menschen und nicht das dahinter liegende Erleben beobachten. Beobachtungsbereiche können z. B. sein:

- Äußeres Erscheinungsbild
- Denkverhalten
- Motorisches Verhalten
- Psychisches Verhalten
- Sozialverhalten
- Sprachverhalten
- Spielverhalten
- Lernverhalten
- Auffälliges Verhalten etc.

Reflexion und Aufgabe

1. Manche Schülerinnen überkommt beim Stichwort „Beobachtung" ein etwas mulmiges Gefühl. Falls es Ihnen auch so geht, berichten Sie in ein paar Sätzen darüber. Falls es Ihnen nicht so geht, vermuten Sie die Scheu anderer.

2. Die angeführten Beobachtungsbereiche sind inhaltlich nicht näher spezifiziert. Welche Kriterien bzw. Stichwörter würden Sie den einzelnen Bereichen zuordnen und warum?

Bilden Sie dazu – je nach Klassenstärke – Tandems oder Tridems.

Durch die Planung wird die Beobachtung aus der Alltagserfahrung auf eine wissenschaftlichere Ebene gehoben. Aber viel häufiger nimmt die Erzieherin Vorgänge wahr ohne systematisch zu beobachten. Bei den „zufälligen" Beobachtungen des Erzieheralltags muss oft spontan entschieden werden: Können zwei Streithähne ihren Konflikt alleine regeln oder muss die Erzieherin eingreifen? In dieser Entscheidungssituation spielt nicht nur die *Fremdbeobachtung* eine Rolle, sondern auch die *Selbstbeobachtung* ist wichtig. Die *Selbstreflexion* beantwortet die Frage, denn die Entscheidung der Erzieherin, ob sie in den Streit eingreift oder nicht, kann von verschiedenen Motiven bestimmt sein. Sie hat im Moment keine Zeit und vertraut auf die Fähigkeit der Kinder den Streit selber zu regulieren. Sie stört sich vielleicht an dem Lärm oder greift vielleicht deshalb ein, weil sie denkt, der schwächere Junge könnte in seinem Selbstwertgefühl Schaden nehmen. Selbstverständlich würde sie eingreifen, wenn sie Verletzungsgefahr befürchtet.

Wen will die Erzieherin beobachten? Beispielsweise ein konkretes Kind oder zwei bestimmte Kinder, die ganze Gruppe, die Praktikantin beim Spiel mit den Kindern, sich selbst bei der Anleitung einer Praktikantin…

Wie will die Erzieherin beobachten? Mit einem Beobachtungsbogen, einer Strichliste oder gar mit der Videokamera? Über kürzere oder längere Zeit, also Langzeitbeobachtung, oder systematische Kurzzeitbeobachtung?

Beobachtungsmethoden

■ Systematische Beobachtung oder Gelegenheitsbeobachtung?

Systematische Beobachtung

Die Systematische Beobachtung ist die aufmerksame und planmäßige Wahrnehmung bestimmter Ereignisse oder Verhaltensweisen, die mit dem Ziel verbunden ist, das Beobachtete möglichst genau zu erfassen.

Sie wird durch eine gezielte Aufmerksamkeit gesteuert und verfolgt ein ganz klar bestimmtes Ziel. Sie wird systematisch unter variierenden Bedingungen durchgeführt, und das beobachtete Verhalten wird beschrieben und registriert.

Bei der gezielten Verhaltensbeobachtung im Kindergarten geht es meist um die Gewinnung detailreicher Informationen über das Spiel-, Lern- und Sozialverhalten, die körperliche, seelische und kognitive Entwicklung des Kindes sowie um „auffällige" Verhaltensweisen, die es zu erkennen und abzuklären gilt, um entsprechend helfen zu können.

Die ungeplanten, manchmal unerwarteten Inhalte alltäglicher Beobachtungen sind oft zufälliger Art und nicht von Dauer. Deshalb fasst man sie in der Sozialpädagogik auch als *Gelegenheitsbeobachtung* zusammen.

Gelegenheits- bzw. Zufallsbeobachtungen werden immer in die Arbeit der Erzieherin einfließen. Sie „drängen" sich auf und finden automatisch statt. Sie regen aber auch zu weitergehenden Fragestellungen an, denen dann eingehender nachgegangen werden kann. So beobachten Erzieherinnen im Kindergarten beispielsweise alltäglich, und wahrscheinlich eher beiläufig, wie ein Kind sich bei der Ankunft im Kindergarten verhält, ob es ihm leicht oder schwer fällt sich von Vater oder Mutter zu trennen. Oder: wie verhält sich ein Kind in der Gruppe, im Freispiel, bei einem gezielten Angebot?

So kann die Gelegenheitsbeobachtung der Beginn einer Auseinandersetzung mit einem Thema sein, nicht selten ist sie somit Anlass für eine weitergehende so genannte *systematische Beobachtung.*

■ Unstrukturierte oder strukturierte Beobachtung?

Die unstrukturierte Beobachtung folgt allgemeinen Regeln und groben Kategorien, innerhalb derer der Beobachtungstätigkeit ein breiter, freier Spielraum bleibt. Das geringe Maß an konkreten Fragestellungen bzw. vorstrukturierten Beobachtungsschemata macht den Unterschied zur strukturierten Beobachtung.

Die strukturierte Beobachtung folgt einem sehr genauen, detaillierten Beobachtungsplan, der für den Beobachter verbindlich ist. Festgelegt sind vor allem:

• Beobachtungseinheiten (wer und/oder was?),

- Zeitintervalle (wann, wie oft und lange?),
- Hilfsmittel zur Dokumentation einer Beobachtung (Notizen, Video, Kassettenrecorder, strukturierter Beobachtungsbogen etc.)

Vorgefertigte strukturierte Beobachtungsbögen sind sinnvoll, wenn Sie nur an einem bestimmten Ausschnitt eines kindlichen Verhaltens interessiert sind, wie z. B. dem Spielverhalten. Sie erleichtern das Protokollieren und machen es möglich diese Beobachtung und andere Beobachtungen zu vergleichen. Häufigkeit oder die Komplexität der Sprachproduktion lässt sich mit vorstrukturierten Bögen (z. B. SISMIK 1)[6] gut erfassen, auswerten und mit anderen Erhebungen vergleichen

Ein Beobachtungsbogen von Michaela Ulich und Toni Mayr

langen (z. B.: Ist das Kind selbstständig: wenig – etwas – sehr). Dadurch wird ein zusammenfassendes Urteil über bestimmte Aspekte der Persönlichkeit oder das Verhalten des Kindes gebildet, ohne dies durch konkrete Beobachtungen belegen zu müssen. Etwaige Vorurteile können damit nicht revidiert werden, die Chance, das Kind neu zu entdecken, Veränderungen an ihm zu bemerken, wird vertan. Soll das Suchfeld noch für ein möglichst breites Spektrum an Eindrücken, die mehr qualitativ als quantitativ erfasst werden, offen bleiben, ist es sinnvoll, eine weniger strukturierte oder unstrukturierte Beobachtung durchzuführen."[7]

Die Übersicht „Beobachtungsebenen und ausgewählte Instrumente", S. 196, informiert Sie über häufig eingesetzte Beobachtungsinstrumente. Das Ausfüllen der Einschätzskalen sollte jedoch immer anhand konkreter, aktueller Beobachtungsergebnisse erfolgen.
Entscheidend bleibt dann im Anschluss immer noch die weiterführende Reflexion und Deutung im Team der Einrichtung über das Ergebnis der Beobachtung. Dies fließt ja meist in eine Dokumentationsmappe ein (Portfolio).

Auf einen wichtigen Punkt bei Einschätzbögen weisen BENSEL und HAUG-SCHNABEL hin: „Manche Einschätzbögen verführen dazu, den Beobachtungsaufwand zu umgehen und ohne konkrete Beobachtung des Kindes direkt zum Ausfüllen der vorformulierten Punkte zu ge-

Neben Verhaltensprotokollen setzen Erzieherinnen manchmal *Häufigkeitsauszählungen* ein. Nach dieser Methode steht von vornherein fest welche Kategorien oder Situationen beobachtet werden. Während eines bestimmten Zeitraumes wird das sichtbare Verhalten per Strichliste gezählt. So bekommt man genaue Daten zu einer bestimmten Fragestellung. Beispiel: „So könnte eine offene Einrichtung sich fragen, wie ihr neu gestaltetes Raumangebot von den Kindern genutzt wird. Besonders lohnend sind Beobachtungen, die wiedergeben, wo in der Einrichtung so genannte „Knallstellen" und wo „Tankstellen" zu finden sind.

An Knallstellen kommt es häufig zu Konflikten, die von den Kindern allein nicht befriedigend gelöst werden können. Eine zu kleine Bauecke, zu unübersichtliche Konstruktions-

---

[6] Ulich, M., Mayr, T., 2003

[7] Bensel, J.; Haug-Schnabel, G., 2006

bereiche oder Engstellen mit hoher Fluktuation im Flur können hierzu gehören und bedürfen entspannender Interventionen. Wo kann Kraft getankt werden, Ruhe erlebt und intensiv gearbeitet werden? Die Besonderheiten solcher „Tankstellen" müssen erkannt werden, um sie auf andere Bereiche zu übertragen."[8]

Nichtteilnehmende oder teilnehmende Beobachtung? Teilnehmend bedeutet, dass die Erzieherin im Geschehen mit den Kindern aktiv dabei ist und gleichzeitig ein bestimmtes Kind beobachtet. Diese Doppelrolle, die manchmal schwer zu erfüllen ist, macht eigentlich nur Sinn, wenn es sich um eine bestimmte „Testsituation" handelt, um konkrete Informationen zu erhalten. Das Protokoll muss dann anschließend aus dem Gedächtnis erstellt werden. Dabei führen Erinnerungslücken allerdings zu Fehlerquellen.

Bei einer nicht teilnehmenden Beobachtung ist die Beobachterin eine Außenstehende, die für eine begrenzte Zeit nicht in das Geschehen eingreift und auch nicht mehr für erzieherische Belange zuständig ist. So kann sie sich besser auf das Geschehen konzentrieren.

Offene oder verdeckte Beobachtung? Eine nicht teilnehmende Beobachtung kann offen oder „unsichtbar" hinter einer kaum noch vorhandenen Einwegscheibe oder über eine Kamera erfolgen. Aber wie zu Anfang betont, wollen wir keine unnötigen Geheimnisse schaffen, sondern die offene Beobachtung als Beachtung schenken begreifen. Das dadurch möglicherweise veränderte Verhalten der Kinder, die merken, dass sie beobachtet werden, verliert sich meist schnell im Grundrauschen des Alltags.

Wenn Sie beispielsweise die Stärken eines Kindes herausfinden oder wissen wollen, ob es sich bereits in den Kindergarten eingewöhnt hat, ist eine Beobachtung auf breiter Basis notwendig. Dazu eignet sich ein so genanntes **Verlaufsprotokoll**, das erst einmal alles umfasst, was die Beobachterin wahrnimmt und zu Papier bringen kann.

Am Beispiel von Anna, die in einem Kindergarten mit offenem Konzept beobachtet wurde, wird deutlich, wie ein Verlaufsprotokoll aussehen kann (siehe S. 193).

[8] Bensel, J.; Haug-Schnabel, G., 2006

Verarbeitungsstufen der Beobachtung

Grundlage

Beobachtung

1. Verarbeitungsstufe

Beschreibung

2. Verarbeitungsstufe

Deutung

3. Verarbeitungsstufe

Bewertung

■ Beschreibung

Die Nachbearbeitung einer Beobachtung, z. B. das Verlaufsprotokoll von Anna, ist für die Beobachterin oder das Team anschließend ein ganz wichtiger Anteil des ganzen Verfahrens. Fehler lassen sich eingrenzen, wenn Sie eine möglichst *wertneutrale Sprache zur Beschreibung* des beobachteten Verhaltens benutzen:

- sachlich bleiben, und
- die kleinste beobachtbare Verhaltensweise erfassen.

Sandra, Schülerin im 1. Ausbildungsjahr der Fachschule für Sozialpädagogik in Stralsund liest im Unterricht einen Ausschnitt aus ihrem Beobachtungsprotokoll vor:

„Jana sitzt am Maltisch und kaut an einem Stift. Saskia und Emil sitzen auch am Tisch und malen. Jana sieht aus dem Fenster und kaut weiter am Stift. Emil fragt Jana was sie sieht. Jana gibt keine Antwort, schaut aber jetzt Saskia und Emil beim Malen zu. Ich frage: „Möchtest du auch malen?" Jana nickt mit dem Kopf. Sie nimmt den Stift aus dem Mund und beginnt ein Auto zu malen. Serge kommt zum Maltisch und sagt sehr schnell: „Ich kann auch ein Auto malen". Jana hört auf zu malen und schaut Serge zu, der ein Auto, eine Straße und ein Haus malt. Plötzlich steht Jana auf und geht in die Bauecke, wo gerade kein Kind spielt. Sie setzt sich auf den Teppich, dreht an einer Haarlocke und schaut in den Gruppenraum…"

Name des Kindes (oder Kennzeichen): **Anna**	Beobachtungsdatum: **2.10.2007**
Alter und Geschlecht: **3 Jahre, weiblich**	Name der Beobachterin: **Gisela Kühnel**
Ort der Beobachtung (Drinnen/Draußen, Raum): **Flurbereich, Küche**	Beobachtungszeit (von – bis): **9:35 – 10:06**
Besonderheiten (Kind erst kurz in der Einrichtung, Lieb-lingserz. fehlt heute, Freund/Freundin heute nicht da …): **seit ca. 5 Wochen in der Einrichtung**	Gruppengröße (ca.): **3 – 12**
	Beobachtungssituation (Frühstück, Freispiel, Stuhlkreis …): **Freispielzeit**

Uhrzeit	sachliche Verhaltensbeschreibung	Deutung
9:35	Ein blondes Mädchen schaukelt auf einem Schaukelpferd im Flur zwischen der Küche, verschiedenen Gruppenräumen und der Treppe zum ersten Stock. Anna schaukelt zuerst normal auf dem Pferd, wechselt dann die Bewegung und wippt mit beiden Beinen auf einem Tritt des Schaukelpferds. Sie lächelt immer wieder. Sie steigt ab und bringt einen über ihr befindlichen Sandsack ins Pendeln und freut sich an dem Effekt, den sie erzeugt hat. Ein Junge kommt vorbei, mit dem sie keinen Blickkontakt aufnimmt. Sie lächelt die Beobachterin immer wieder an. Eine Erzieherin kommt zu Anna, redet mit ihr, Anna lächelt. Die Unterhaltung ist nicht genau zu verstehen, offensichtlich wird Anna aufgefordert, mit in die Küche zum Malen zu kommen. Anna geht in die Küche, wo schon andere Kinder malen, und malt mit. Sie setzt sich an den Tisch und malt sehr heftig mit allen Farben, d.h. sie wechselt ständig die Stifte. Nach etwa einer halben Minute ist sie fertig, schaut sich ihr Bild an und lächelt. Sie sucht mit dem Blick nach der Erzieherin, die sie zum Malen eingeladen hat, und nimmt die Finger in den Mund. Sie steht auf und sucht offensichtlich weiter nach der Erzieherin. Sie findet sie in der Küche nicht und verlässt daraufhin die Küche. Auch außerhalb der Küche ist ihre Suche erfolglos, daraufhin legt sie ihr Bild in ihr Fach.	Anna scheint sich wohl zu fühlen, sie lächelt und spielt variantenreich. Anna scheint die Beachtung durch das Beobachtetwerden zu genießen. Anna scheint sich über ihr Bild zu freuen. auf Kontaktsuche nach der Erzieherin (Finger lutschen zur Selbstberuhigung?)
9:40	Anna geht wieder zum Schaukelpferd und schaukelt kräftig. Sie beobachtet dabei die Kinder, die vorbeilaufen, z.B. einen Jungen, der stolpert.	Anna zeigt Interesse an anderen Kindern.
9:41	Sie steigt ab und beobachtet zwei Kinder, die an der Stirn zusammengestoßen sind und von einer Erzieherin mit kalten Kompressen versorgt werden.	
9:42	Sie klettert die Treppe hoch, schaut von oben auf den Flur und lächelt dabei die Erzieherin an. Anna bekommt einen Hinweis, dass sie sich abmelden soll, wenn sie woanders hin will. Sie geht zu der Stelle, wo der Sandsack oben an der Treppe befestigt ist, und beginnt, ihn zu erkunden. Sie zieht an der Kette, er bewegt sich.	
9:44	Anna ist wieder auf dem Schaukelpferd im Flur und lächelt dabei zu mir hin. Sie hat wieder die Finger im Mund.	Anna erkundet die Umgebung und ori-entiert sich.
9:45	Sie klettert wieder die Treppen hoch und fährt mit den Händen das Geländer entlang. Diesmal klettert sie nur ein Stück hoch, klettert dann wieder runter und wieder hoch.	Anna kann noch nicht auf das Kontaktangebot des Kindes eingehen.[9]
9:46	Anna wird von einem Mädchen angesprochen, ob sie in den Ruheraum oder den Computerraum möchte. Sie reagiert auf die Ansprache nicht, das andere Mädchen winkt ab.	

© FVM

Verhaltensprotokoll – Beispiel aus der Praxis

Ein zweites Beispiel zeigt die Vermengung von reiner Beobachtungsbeschreibung, Deutung und Bewertung, die hier verkürzt dargestellt, von Julias Mutter an die Erzieherin weitergegeben wurde:

„Mathias kommt aggressiv in die Gruppe und wirft wild mit Spielzeug um sich. Dann stört er Laura beim Spielen und schikaniert Julia beim Malen. Er ist richtig gemein zu den Kindern seiner Gruppe."

Wir halten fest: Die Beschreibung enthält nur das tatsächlich beobachtete Verhalten, wie z.B. „Mathias kratzt, beißt, schlägt oder schreit" und nicht „ist aggressiv".

■ Die Deutung oder Interpretation des beobachteten Verhaltens

Die Deutung von Verhalten ist das Bindeglied zwischen Beobachtung, Beschreibung und Beurteilung. Erzieherinnen deuten das Verhal-

---

[9] Bensel, J.; Haug-Schnabel, G., 2006

ten von Kindern um angemessen zu reagieren im Kontext des Geschehens. Dazu zählen Rahmenbedingungen, wie z. B. Anzahl der anwesenden Kinder, Tageszeit, körperliche Verfassung und vieles mehr. Wenn Bernd, der zum Abräumen des Geschirrs gebeten wurde, dies nur widerwillig und störrisch tut, eine Tasse herunterwirft, ist die Deutung ob dies absichtlich geschah, ausschlaggebend für die Reaktion der Erzieherin. Ein anderes Kind, welches freiwillig hilft und etwas fallen lässt, wird eine andere Reaktion der Erzieherin hervorrufen.

Eigentlich deuten wir ständig das Verhalten anderer, um angemessen reagieren zu können. Deshalb sollten auch angehende Erzieherinnen keine Scheu haben, denn im Rahmen der professionellen Beobachtung, Beschreibung und Deutung liegt hier die Chance, diesen psychischen Vorgang bewusst zu machen, zu benennen und mit anderen zusammen zu kontrollieren. Vor schnellen Etiketten wie „sozial", „nicht sozial", „kreativ" und „einfallslos", „geschickt" und „tollpatschig", „sprachbegabt" und „sprachgestört", „verhaltensauffällig" und „normal" sollten wir uns hüten. Wir sollten hingegen versuchen unsere Eindrücke in Worte zu fassen, und dies sollte im Unterricht und in der Ausbildungseinrichtung gezielt geübt und somit gelernt werden. Die Gefahren der Deutungsfehler sollten uns bewusst sein.

Wenn wir etwas deuten, versuchen wir uns Klarheit darüber zu verschaffen, was hinter dem was wir beobachtet haben, stecken könnte, welche Motive, Hoffnungen und Wünsche. Deutungen regen dabei immer zum Nachdenken über andere Menschen wie über uns selbst an. Sicher können wir uns dabei nicht sein, deshalb sollten wir im Team kommunizieren. Denn Deuten soll letztlich ein besseres Verstehen der Kinder ermöglichen. Um Kinder und ihr Verhalten wahrnehmen und deuten zu können, müssen wir also nicht nur hinsehen, hinhören und mitfühlen, sondern uns auf die Suche nach den Wahrnehmungen und Verarbeitungsmustern machen, die Kinder sehr unterschiedlich für sich entwickeln. Somit ist das Wahrnehmen und Deuten wesentlich auch eine *dialogische Gestaltungsarbeit*, sozusagen die Suche nach dem „Schlüssel", der die Tür zum Verstehen aufschließt und die verschiedenen Welten von Kindern und Erwachsenen zusammenführt.

■ Beurteilung oder Bewertung

Die abschließende Verarbeitungsstufe ist die *Bewertungsphase*. Sie sollte möglichst auf eine hoffentlich geglückte Interpretation folgen. Wir wollen auch die Beurteilung als eine dialogische Tätigkeit verstehen, mit Respekt und Achtung dem Kind begegnen, uns mit den Kolleginnen und Kollegen austauschen, dann verringern wir die Gefahr einer „irrigen Festlegung". Außerdem wollen wir die Beurteilung als Resultat unserer Beobachtungsbemühungen zu aller erst unter dem Gesichtspunkt der *Förderung von Kindern* verstehen.

Meistens ist es das Ziel der Verhaltensbeurteilung, auf konkrete Fragestellungen verwertbare Antworten zu finden.

Wir wollen die Kinder nicht ausspionieren, sondern Partner im Dialog sein. Hüten wir uns also vor *voreiligen* Schlüssen und seien wir uns der Vorläufigkeit der Beurteilung bewusst insbesondere wegen der raschen, z. B. sprachlichen, Entwicklung von jungen Kindern. Diese Feinheiten, Nuancen und Veränderungen von Entwicklungsprozessen zu erkennen und folgerichtig zu beurteilen gilt als hoch einzuschätzendes Qualitätsmerkmal einer Erzieherin. Wünschenswert wäre – und bis heute kaum ausreichend diskutiert – eine daraus abzuleitende Prognose, die allerdings nur dann zu leisten ist, wenn Erzieherinnen gute Kenntnisse vor allem in der Entwicklungspsychologie besitzen. (Siehe Erziehungs-, Entwicklungs- und Bildungsprozesse anregen und unterstützen, S. 199.)

Um einem Kind gerecht zu werden, fragt sich eine Erzieherin, welches Bild vom Kind sie favorisiert und mit welchen eigenen Normen und Werten sie an die Beurteilung eines Kindes herangeht.

In jeder Gesellschaft herrschen Verhaltensnormen und Werte, die von der erwachsenen Generation an die Nachkommen weitergegeben werden.

Diese Normen, wie auch die Erziehungsvorstellungen und Erziehungspraktiken, sind von vielen gesellschaftlichen Bedingungen abhängig und verändern sich immer wieder. Denken wir dabei zum Beispiel an die Vorstellungen davon, wie Jungen und Mädchen sich zu verhalten haben.

Paradigmenwechsel in der Beobachtung

In den letzten Jahren hat sich ein Paradigmenwechsel in der Beobachtung vollzogen. Was heißt das?

Wir beobachten in erster Linie nicht das, was stört, also die Schwächen der Kinder, sondern ihre Stärken. Wir gehen nicht defizitorientiert, sondern eher ressourcenorientiert vor und wollen Schätze heben anstatt nach Fehlern zu fahnden.

In der folgenden Übersicht[10] sind drei Beobachtungsebenen zu identifizieren:

Ebene A: *Entwicklung einer kindzentrierten Perspektive in der Pädagogik.*
Ebene B: *Kontrolle von Lernfortschritten im Rahmen klar definierter Altersnormen und Lernziele.*
Ebene C: *Frühzeitiges Erkennen von Entwicklungsstörungen.*

Die Tabelle auf der nächsten Seite zeigt Ihnen eine knappe Übersicht über verschiedene Instrumente der Beobachtung und Dokumentation, die zurzeit diskutiert werden.

Durch diese Strukturierung der verschiedenen Zielstellungen wird deutlich, dass es nicht genügt, nur ein Instrument anzuwenden. Pädagogische Arbeit beinhaltet das Erkennen der besonderen Persönlichkeit, die Überprüfung von Lernfortschritten und das Erkennen von Entwicklungsrückständen. Die verschiedenen Beobachtungsinstrumente gehören zum Handwerkszeug einer Erzieherin. Es ist wichtig, sie zu kennen und sie nach Beobachtungsziel auszuwählen und einzusetzen.

Die Normen an denen wir die Anderen messen sind immer relativ. Auch relativ zu den persönlichen Überzeugungen und *Werthaltungen der Erziehenden*. Was für die eine Erzieherin in den Bereich der Verhaltensauffälligkeit gehört, ist für die andere Erzieherin noch tolerabel. Auch hierin zeigt sich wieder die Notwendigkeit einer ständigen *Selbstbetrachtung* und der Rücksprache mit Kolleginnen. Gerade die Sinnhaftigkeit der Beurteilung als Bestandteil einer Methode hängt immer von der Person ab, die sie anwendet, und von der Haltung, aus der heraus sie handelt. Erwachsene, die sich selbst als „fertig" betrachten, ihre Perspektive für die einzig mögliche halten, somit ihre „Macht" ausspielen, solche Erwachsene nehmen nur ihre Wahrheiten wahr, und können sich nicht mehr auf den Weg zu Kindern begeben. Wachsamkeit bleibt somit eine Forderung gerade für die eigene Person.

Die Qualität einer Beurteilung hängt aber nicht nur von der Selbstreflexion ab, sondern auch von ihrer nachweislichen Genauigkeit. Da sie für die beurteilten Kinder unter Umständen weitreichende Konsequenzen hat, kann man die Ansprüche an größtmögliche Objektivität und Zuverlässigkeit der Beurteilung nicht hoch genug ansetzen. Daraus wollen wir Denkanstösse für Beurteilende ableiten.

[10] Nach Ministerium für Bildung und Frauen des Landes Schleswig-Holstein, 2006

Stufe 2
Bilden Sie mit ihrer Praxisanleiterin ein Tandem. Beobachten Sie unabhängig dieselbe Spielsituation von Kindern oder das Sprachverhalten eines Kindes nach dem Sismik Beobachtungsbogen oder…

Wichtig dabei ist, dass Sie ihre Beobachtungen bzw. Einschätzungen mit denen der Praxisanleiterin ausführlich reflek-

tieren. Dabei geht es vordergründig nicht darum, wer recht hat, sondern wie und warum zwei Beobachterinnen in derselben Beobachtungssituation zu evtl. divergierenden Einschätzungen, Bewertungen etc. kommen.

Um Sicherheit zu gewinnen, raten wir zu regelmäßigen Beobachtungen (auch in wechselnden Tandems).

Beobachtungsebenen und ausgewählte Instrumente

In vielen Einrichtungen kommen bereits verschiedene Beobachtungsinstrumente zum Einsatz. Taugliche Instrumente sind für verschiedene Ebenen zusammengestellt.

Ebene A: Entwicklung einer kindzentrierten Perspektive in der Pädagogik

Alle Beobachtungsinstrumente, die auf dieser Ebene einzuordnen sind, ermöglichen ein besseres Verstehen des Kindes, seiner individuellen Interessen und Bedürfnisse, sowie seiner ganz persönlichen Bildungs- und Lernwege.

Die Anwendung der Instrumente dieser Ebene helfen einen umfassenden und möglichst objektiven Blick für die Besonderheit eines Kindes zu erhalten. Daher wird die Zielsetzung dieser Ebene als die wichtigste für die pädagogische Arbeit angesehen.

Zur Ebene A möchten wir folgende Beobachtungsinstrumente empfehlen:

- Beobachtungsbogen Bundesrahmenhandbuch für ev. Tageseinrichtungen für Kinder
- Bildungs- und Lerngeschichten von Margaret Carr, bearbeitet von H. R. Leu
- Engagiertheitsskala nach F. Laevers
- Themen der Kinder nach H.-J. Laewen, B. Andres
- Sieben Intelligenzen nach H. Gardner bei H.-J. Laewen, B. Andres

Ebene B: Kontrolle von Lernfortschritten im Rahmen klar definierter Altersnormen und Lernziele

Zu dieser Ebene gehören Beobachtungsinstrumente, bei denen der Blick auf bestimmte Entwicklungsbereiche des Kindes fokussiert wird. Altersnormen sind durch empirische Forschungen erarbeitet worden. Durch den Vergleich mit vorhergehenden Beobachtungen des gleichen Instrumentes werden Lernfortschritte sichtbar.

Zur Ebene B möchten wir folgende Beobachtungsinstrumente empfehlen:

- Entwicklungstabelle nach K. Beller
- Diagnostische Einschätzskala DES zur Beurteilung des Entwicklungsstandes und der Schulfähigkeit nach Karlheinz Barth
- Baum der Erkenntnis

Ebene C: Frühzeitiges Erkennen von Entwicklungsstörungen

Instrumente dieser Ebene dienen als ein Alarmsystem für Erzieherinnen und Eltern. Sie signalisieren, ob ein Kind in einem oder mehreren Entwicklungsbereichen gravierend hinter anderen Kindern zurück steht. Dabei sind vergleichende Altersnormen im untersten Bereich angesiedelt.

Zur Ebene C möchten wir folgende Beobachtungsinstrumente empfehlen:

- Sensomotorisches Entwicklungsgitter nach E. Kiphard
- Validierte Grenzsteine der Entwicklung nach R. Michaelis, bearbeitet für die Praxis durch Infans
- BEK Beobachtungsbogen zu Erfassung von Entwicklungsrückständen und Verhaltensauffälligkeiten bei Kindergartenkindern (ifp bayern)

Das Portfolio:
Nach der Beobachtung
die Dokumentation

Nach der Beobachtung beginnt eine weitere unverzichtbare Nachbearbeitung. Dafür haben sich drei Schritte als sinnvoll herausgestellt:

1. Es ist die Frage zu klären, in welcher Form das Ursprungsprotokoll weiterverarbeitet werden soll. Komplett oder nur die aussagekräftigen Situationen? Dies hängt natürlich von der Fragestellung ab. Geht es um bestimmte kindliche Kompetenzen oder um die Darstellung eines Themas, welches ein Kind längere Zeit verfolgt hat? Das, was aufbewahrt werden soll, muss anderen so verständlich sein, dass es auch von Nichtbeteiligten (z. B. Eltern) nachvollzogen werden kann. Möglicherweise müssen die bedeutsamen Beobachtungen auch leserlich abgeschrieben oder getippt werden, um sie dann mit den Urprotokollen in einem Ordner zu sammeln. Dieser Ordner für jedes Kind kann als *Entwicklungsmappe* oder als *Portfolio-Dokumentation* geführt werden.

Der **Portfolio-Ordner** ist in erster Linie Arbeitsinstrument der pädagogischen Fachkräfte, denn es findet sich alles darin, was die kindlichen Aktivitäten ausmacht: Zeichnungen, Fotos von Bauwerken oder Spielsituationen, Soziogramme, Protokolle von Erlebnissen zu Hause, Geschichten, Berichte und Anekdoten etc. Das Erfassen der kindlichen Bildungsprozesse und entscheidende entwicklungspsychologische Veränderungen sind in der Regel von den Erzieherinnen dabei auch kommentiert. Für die Kinder selbst sind ihre Portfolios von großem Interesse, sie zeigen auch die Anteilnahme ihrer Bezugspersonen an ihrer persönlichen Entwicklung.

Zugleich ist das Portfolio auch ein Medium der Erziehungspartnerschaft von Eltern und Er-

zieherinnen und bildet die Grundlage für eine Zusammenarbeit zwischen Elternhaus und Kindertagesstätte.

2. Bei der Auswahl der wichtigen Beobachtungsausschnitte sind wir im zweiten Schritt, der Auswertung der Beobachtung. Die fachliche Deutung und Bewertung des gesammelten Materials ist ein sensibler Bereich. Die Erzieherin reflektiert ihre persönlichen Erfahrungen und ihre eigene Biographie um die Gefahr von Fehldeutungen, Übertragungen oder Überinterpretationen zu verringern.

3. Dazu kann auch der dritte Schritt der Beobachtungsverarbeitung beitragen: die Diskussion im Team. Unterschiedliche Sichtweisen ergänzen sich hier bestenfalls. Gleichzeitig kann man dann auch verschiedene Dokumentationen bündeln und einen Entwicklungsverlauf besprechen. Je nach Fragestellung kommt möglicherweise ein klareres Bild der Stärken und Kompetenzen eines Kindes zustande, oder wir erfahren etwas über aktuelle Bildungsinteressen oder seine soziale Eingebundenheit in der Gruppe.

Alles in allem ist die systematische Beobachtung und Dokumentation kein einfacher Weg zur Unterstützung der kindlichen Entwicklung, aber er lohnt sich.

Erziehungs-, Entwicklungs- und Bildungsprozesse anregen und unterstützen

1. Bedürfnisse von Menschen
2. Grundbedürfnisse von Kindern
3. Mögliche Folgen unzulänglicher Befriedigung der Bedürfnisse
4. Pädagogische Konsequenzen
5. Die Vielfältigkeit des Erziehungsbegriffs
6. Erziehungsvorstellungen: Auf der Suche nach dem richtigen Erziehungsverhalten
7. Die Subjektwerdung des Kindes
8. Sozialverhalten
9. Werteorientierung
10. Die Selbstbetrachtung des Erziehenden
11. Von der Selbstreflexion zur erfolgreichen pädagogischen Grundhaltung
12. Bildung, Bildungsprozess
13. Grundlagen der Entwicklung
14. Sprachentwicklung
15. Die Entwicklung des Denkens und der Wahrnehmung
16. Moralische Entwicklung
17. Motorische Entwicklung
18. Psychosexuelle Entwicklung und Sexualerziehung

1. Bedürfnisse von Menschen

Bedürfnisse

Der Begriff „Bedürfnis" ist ein Synonym des Begriffes „Motiv". Motive sind Beweggründe für Verhalten.

Ein Bedürfnis wird vom Individuum als Defizit- oder Mangelzustand wahrgenommen, den es zu beseitigen gilt. Hunger, Durst, Sauerstoff, Kleidung (gegen Kälte und Nässe) u. a. werden als angeborene, biophysische oder auch primäre Bedürfnisse bezeichnet. Verspüren Sie gerade Hunger, so möchten Sie dieses Bedürfnis sicher bald befriedigen. Nach dem Essen befinden Sie sich in einer „physiologischen Gleichlage", das Bedürfnis Hunger existiert für einige Zeit nicht mehr.

Die durch Erziehung und Sozialisation vermittelten Bedürfnisse werden als sekundär oder erworben bezeichnet, z. B. soziale Bedürfnisse wie Gruppenzugehörigkeit, Anerkennung oder kulturelle Bedürfnisse wie künstlerische, musische Tätigkeiten. Aus den wenigen Beispielen ist ersichtlich, dass wir Menschen uns in der sekundären Bedürfnisbefriedigung sehr stark unterscheiden können.

Bedürfnis aus der Sicht humanistischer Psychologie

Die humanistische Psychologie untersucht die Menschen in ihren realen Lebensbedingungen. Laborexperimente sind ihr fremd. Humanistische Psychologie ist „verstehende Psychologie", die den Menschen als hoch entwickeltes, frei handelndes und nach Selbstverwirklichung strebendes Lebewesen ansieht.

ABRAHAM MASLOW geht davon aus, dass die menschlichen Bedürfnisse in einer ganz bestimmten Hierarchie (Rangfolge) angeordnet sind und dass es zwei verschiedene Arten von Motiven gibt: tiefer liegende und höhere Bedürfnisse. Tiefer und höher deuten nur darauf hin, dass bestimmte Bedürfnisse früher im Entwicklungsprozess auftreten und grundlegend für die höheren sind.

Nach MASLOW beherrschen die Bedürfnisse auf den unteren Ebenen die Motivation eines Menschen so lange, wie sie hinreichend befriedigt werden. Sind sie jedoch in angemessener Weise erfüllt, so beschäftigen die höheren Bedürfnisse die Aufmerksamkeit und die Bestrebungen des Menschen.

Mit dem Begriff Bedürfnis wird somit einerseits ein physischer oder psychischer Defizitzustand bezeichnet. Das bedeutet, dass ein Bedarf vorhanden ist, beispielsweise nach Ruhe, Zuwendung, Wissen usw.

Defizitmotive veranlassen die Menschen, ihr physisches oder psychisches Gleichgewicht zu erneuern. Es handelt sich bei diesen (in erster Linie physiologischen und sozialen) Bedürfnissen somit um Mangel- oder Erhaltungsmotive, die stark und wiederkehrend sind und stärker werden bei Nichterfüllung, wie z. B. beim Hunger.

Andererseits gibt es nach MASLOW auch die so genannten „Wachstumsmotive": Sie veranlassen die Menschen, das zu überschreiten, was sie in der Vergangenheit getan haben und gewesen sind. Es handelt sich hierbei um so genannte Seins- und Werdensmotive (sie entsprechen den höheren Bedürfnissen), die aus dem Innern des Menschen entspringen, fortdauernd sind und stärker werden, wenn sie erfüllt werden (Beispiel: Selbstverwirklichung, die er als Axiom der humanistischen Psychologie bezeichnet).

Hierarchie der Bedürfnisse nach A. Maslow

Ein kurzes Beispiel soll Ihnen das Lesen der Tabelle erleichtern: Wir Menschen haben *physiologische Bedürfnisse*. Die *Defizitzustände* entstehen durch Hunger oder Durst. *Zustände der Erfüllung* zeigen sich in lustvollen sinnlichen Erfahrungen. So können Sie die einzelnen Spalten verfolgen.

Bedürfnishierarchie nach Maslow[1]			
	Defizitzustände entstehen durch...	**Zustände der Erfüllung** zeigen sich in...	**illustrierende Beispiele**
Physiologische Bedürfnisse	• Hunger, Durst • Sexuelle Frustration • Anspannung • Erschöpfung • Krankheit • Fehlen einer richtigen Unterkunft	• Lustvollen sinnlichen Erfahrungen • Spannungsreduktion • Entspannung • Körperlichem Wohl-befinden • Behaglichkeit	• Gefühl der Zufriedenheit nach einem guten Essen • körperlich fit sein
Sicherheits-bedürfnisse	• Unsicherheit • Sehnsucht • Gefühl des Verlorenseins • Angst • Zwangsdenken • Zwangshandlungen	• Sicherheit • Erfüllung • Ausgeglichenheit • Gelassenheit • Ruhe • Frieden	• einen sicheren Arbeitsplatz haben • meine Familie gibt mir Sicherheit
Liebesbedürfnisse/ soziale Bedürfnisse	• Befangenheit • Gefühl, nicht gemocht zu sein • Gefühl der Wertlosigkeit • Gefühl der Leere • Einsamkeit • Isolation • Unvollständigkeit	• Freier Gefühlsäußerung • Gefühl der Zusammen-gehörigkeit • Gefühl der Wärme • Neuem Kraft- und Lebensgefühl • Gefühl der Ganzheit	• die Erfahrung völliger Akzeptierung in einer Liebesbeziehung • einen Platz in einer Gruppe haben
Selbstachtungs-bedürfnisse	• Gefühl der Inkompetenz • Negativismus • Gefühle der Minderwer-tigkeit	• Selbstvertrauen • Gefühl der Bewältigung • Positiver Selbstwert-schätzung • Selbstachtung • Gefühl, über sich hin-auszuwachsen	• ein gutes Zeugnis bekommen • ich habe das Projekt im Kindergarten geschafft
Selbstverwirklichungs-bedürfnisse	• Entfremdung • Fehlenden Sinn des Lebens • beschränkte Aktivitäten • Langeweile, Lebens-routine	• Gesunder Neugier • Grenzerfahrungen • Selbstverwirklichung • Lustvoller und wertvoller Arbeit • Kreativem Leben	• das Erleben einer tiefen Einsicht • ich habe bei den Hip Hop Meisterschaften einen guten Platz erreicht

---

[1] nach Weiner, B., 1988

2. Grundbedürfnisse von Kindern

Tina und Anna, zwei Erzieherinnen einer Kindertagesstätte, unterhalten sich:

Tina: „Hast du eine Idee, was wir nächste Woche mit unserer Gruppe so machen könnten?"

Anna: „Hm, bis jetzt noch nicht. Aber es soll doch schönes Wetter geben, da können wir ja mit ihnen raus gehen."

Tina: „Ja, schon, aber das ist mir erstens etwas zu wenig für die ganze Woche und zweitens – was machen wir, wenn es mit dem Wetter doch nicht so klappt? Ich finde, wir sollten schon was planen und uns überlegen, was denn die Kinder gerne machen würden. Oder noch besser: wir könnten sie doch fragen, was sie gerne machen würden."

Anna: „Na ja, da werden sie dir bestimmt sagen, dass sie raus wollen um zu toben und zu rennen, denn das ist ja immer angesagt! Damit liegst du also nie falsch."

Tina: „Da gebe ich dir ja auch wirklich recht und das ist ja auch sehr wichtig. Nur, wie gesagt, ist mir das für die ganze Woche zu wenig. Wir könnten doch auch für draußen etwas planen – und den Kindern mehr Möglichkeiten anbieten, als den ganzen Tag zu toben und zu rennen. Zum Beispiel Experimente mit Wasser oder einen Waldtag einplanen oder so."

Anna: „Ja, ich glaube jetzt hast du recht. Kinder wollen und brauchen schon etwas mehr Anregung. Mir wäre es, ehrlich gesagt, auch irgendwann zu eintönig."

Tina: „Die Kinder haben doch so viele Bedürfnisse und vor allem so viel Phantasie und Kreativität, da müsste uns doch noch mehr einfallen."

Anna: „Lass uns mal überlegen und – fragen wir sie doch wirklich mal!"

Der Dialog zwischen den Erzieherinnen Tina und Anna ist sicher keine Seltenheit. Erkennbar wird, wie wichtig es ist, die Arbeit mit Kindern an deren Bedürfnissen und Fähigkeiten auszurichten.

Nach BISCHOF werden einerseits das Streben nach Autonomie und andererseits die Verbundenheit zu einer Bezugsperson als biologisch verankerte Grundbedürfnisse des Kindes verstanden. Ein Kind mit geglücktem Bindungsverhalten ist neugierig auf seine Welt und will sie erkunden, was Psychologen als Explorationsverhalten bezeichnen. Bindung und Erkundung stehen somit in einer Art Wechselbeziehung zueinander. Sicher gebundene Kinder zeigen sich explorativer und neugieriger.

Im Folgenden werden exemplarisch wesentliche körperliche, sozial-emotionale sowie kognitive Bedürfnisse von Kindern verschiedenen Alters näher betrachtet:

Welche Bedürfnisse müssen wie befriedigt werden und worin unterscheiden sie sich altersspezifisch?

Jedes Bedürfnis wird der besseren Übersichtlichkeit wegen einzeln beschrieben obwohl sie z. T. sehr stark miteinander vernetzt sind (z. B. Geborgenheit und Zugehörigkeit).

Wir gehen von folgender Alterseinteilung aus:

- Neugeborenes (bis zur Abheilung des Nabels)
- Säugling (bis 12 Monate)
- Kleinkind (12 Monate–3 Jahre)
- Vorschulkind/Kindergartenkind (3–6 Jahre)
- Grundschulkind (6–10/11 Jahre)

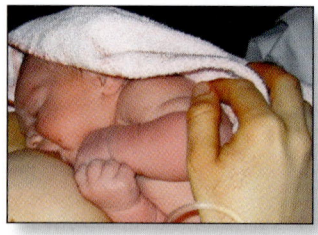

Saugreflex unmittelbar nach der Geburt

Es muss bei der Betrachtung der Grundbedürfnisse der Kinder immer die Ganzheitlichkeit im Mittelpunkt stehen, um den Kindern – und ihren Bedürfnissen – auch wirklich gerecht werden zu können, um sie optimal in ihrer Entwicklung zu unterstützen und zu fördern und ihnen damit eine gesunde Entwicklung zu ermöglichen.

Körperliche Bedürfnisse

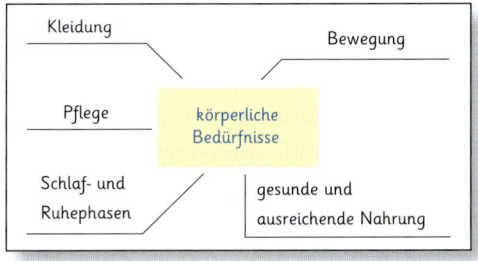

■ Bewegung

Bereits im Mutterleib sind Bewegungen des Ungeborenen zu spüren und im Ultraschall zu beobachten. Auch ein Neugeborenes zeigt von Anfang an verschiedene Reaktionen, die zunächst zu einem Großteil aus Reflexen sowie aus unwillkürlichen Bewegungen wie Strampeln oder dem Bewegen der Arme bestehen. Im Säuglings- und Kleinkindalter werden diese unwillkürlichen Bewegungen immer gezielter und koordinierter, bis das Kind schließlich – nach einigen Entwicklungsschritten – laufen kann. Diese Form der selbstständigen Fortbewegung ermöglicht ihm, seine Umwelt noch besser zu erkunden, als ihm dies beispielsweise durch das Krabbeln möglich war. Spätestens jetzt ist kaum ein Kind mehr zu bremsen, wenn es um die Erkundung und Entdeckung der Umwelt geht.

Das Bedürfnis nach Bewegung ist bei einem Kindergartenkind geprägt durch die Zunahme vor allem an Kraft und Ausdauer. Bewegung erhält in dieser Zeit eine neue Qualität: sie wird geschickter und sicherer. Die Kinder wollen ihre Fähigkeiten, ihre körperliche Leistung austesten und sich ausprobieren.

Kraft und Ausdauer kennzeichnen auch die Bewegung des Schulkindes. Allerdings spielt hier schon mehr der Leistungsgedanke eine Rolle: die Kinder wollen immer schneller, besser, stärker werden und sich mit anderen messen.

Kinder jeglichen Alters brauchen Zeit und Spielräume, um ihre Bedürfnisse nach Bewegung ausleben zu können. Auch die Möglichkeit, sich und seine Fähigkeiten austesten zu können und eigene Grenzen zu spüren, muss ihnen gegeben werden. Dazu gehört auch, ihnen nicht alles zu verbieten, was aus der Sicht

von uns Erwachsenen möglicherweise gefährlich sein könnte. Kinder lernen sehr bald, sich und ihre Fähigkeiten einzuschätzen und wissen rasch, was sie sich zutrauen können und was nicht – wenn man sie nur lässt.

■ Gesunde und ausreichende Nahrung

Jedes Kind ist auf eine gesunde und ausreichende Ernährung – ohne die keine gesunde Entwicklung möglich wäre – durch seine Bezugspersonen angewiesen.

Dies gilt in besonderem Maße für Neugeborene und Säuglinge, die noch keine feste Nahrung vertragen sondern spezielle Säuglingsnahrung – oder Muttermilch – brauchen. Die beste Form der Ernährung ist in diesem Alter die Muttermilch, da sie alles enthält, was ein Kind für seine gesunde Entwicklung braucht. Die Mutter sollte in dieser Zeit auf den Konsum schädlicher Stoffe wie z. B. Nikotin oder Alkohol verzichten, da das Kind diese durch die Muttermilch in hoher Konzentration zu sich nehmen würde.

Grundsätzlich sind die Kinder unabhängig vom Alter darauf angewiesen, gesunde und ausgewogene Nahrung zu erhalten.

Kein Kind ist in der Lage, sich wirklich selbst zu versorgen. Je älter Kinder werden, um so eher können sie sich zwar selbst eine kleine Mahlzeit zubereiten, z. B. ein Brot richten. Sie brauchen jedoch Anleitung und Lernanlässe. Auch müssen sie lernen, entsprechend gesunde Lebensmittel auszuwählen und nicht nur, wie es heute leider vielmals der Fall ist, Fast-Food-Essen zu sich zu nehmen.

■ Schlaf- und Ruhephasen

Die Schlaf- und Ruhephasen eines Neugeborenen und Säuglings sind im Vergleich zu den anderen Altersstufen – und in der Relation zu den Wachzeiten – recht lang, etwa 16 bis 19 Stunden am Tag.

Je älter die Kinder werden, um so länger sind die Wachphasen. Doch auch ein Klein- und Kindergartenkind hat noch das Bedürfnis nach längeren Schlaf- und Ruhephasen. So gehört bei vielen Kindern dieser Altersstufen ein Mittagschlaf zum gewohnten Tagesablauf.

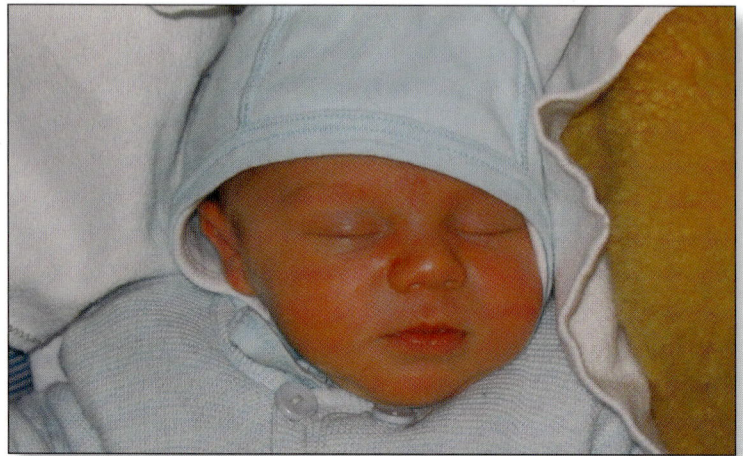

Oft wird das Bedürfnis nach Ruhe auch deutlich, indem sich die Kinder zurückziehen, sich z. B. gemütlich in eine Ecke setzen und ein Buch betrachten oder eine Kassette hören oder sich einfach nur auf ein Sofa legen und sich ausruhen. Im Schulkindalter haben die Kinder recht häufig für sich erkannt, welche Art der Ruhe ihnen gut tut und wie sie sich am besten erholen können. Die Schlafphasen werden mit zunehmendem Alter etwas weniger, so dass auf den Mittagschlaf recht bald verzichtet wird und sich die Uhrzeit abends, um ins Bett zu gehen, weiter nach hinten verschiebt.

■ Pflege

Jedes Kind ist auf die Pflege durch seine Bezugspersonen angewiesen. Dies gilt vor allem für die Neugeborenen, Säuglinge und Kleinkinder. Pflege beinhaltet in diesen Altersstufen unter anderem das Waschen, Baden und Wickeln der Kinder, aber auch Zahnpflege, gesundheitliche Vorsorge sowie Versorgung in Zeiten der Krankheit gehören dazu. Damit verbunden ist somit ein großes Maß an körperlicher Nähe und Zuwendung, welche Kinder jeder Altersstufe auch unbedingt brauchen.

Mit zunehmendem Alter werden die Kinder immer selbstständiger und somit in der Befriedigung dieses Bedürfnisses unabhängiger von Erwachsenen.

Doch das Bedürfnis nach Pflege durch die Bezugspersonen bleibt durchaus erhalten: so ist es beispielsweise bei einem Schulkind vor allem dann noch zu erkennen, wenn es krank ist. In solchen Fällen wird der Wunsch nach Fürsorge und Pflege – und somit nach Nähe und Zuwendung – besonders groß.

■ Kleidung

Jedes Kind ist auch auf Kleidung angewiesen. Auch hier gilt, wie schon bei Nahrung und Pflege, je jünger die Kinder sind – und somit hilfloser und unselbstständiger – um so mehr brauchen sie die Fürsorge der Bezugspersonen. Sie müssen sich darum kümmern, dass ausreichend Kleidung in der passenden Größe, entsprechender Qualität und Sauberkeit sowie dem Wetter/ der Temperatur, angemessen vorhanden ist.

Um die Bewegungsfreiheit bzw. den Bewegungsdrang der Kinder (gleich welchen Alters) nicht einzuschränken, sollte darauf geachtet werden, dass die Kleidung genügend Spielraum lässt, also groß genug und bequem ist.

Auch sollte sie unbedingt zum Spielen und Toben geeignet sein und somit auch schmutzig werden dürfen.

Sozial-emotionale Bedürfnisse

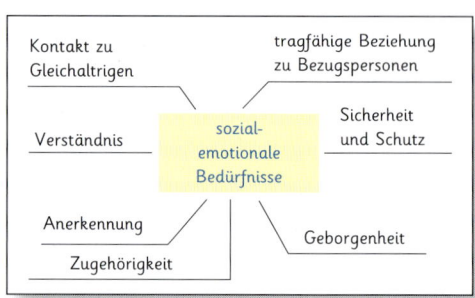

■ Tragfähige Beziehung zu Bezugspersonen

Grundvoraussetzung für eine gesunde Entwicklung des Kindes ist die sichere Bindung zu einer oder mehreren Bezugspersonen. Bereits das Neugeborene muss sich von Anfang an darauf verlassen können, dass jemand da ist, der sich um es kümmert, sich ihm zuwendet und ihm seine Bedürfnisse erfüllt.

Mit zunehmendem Alter verändert sich die enge Beziehung zu den Bezugspersonen und wird etwas offener. Je mehr Selbstständigkeit ein Kind gewinnt, um so mehr werden die Bezugspersonen zu einer Art „sicherer Hafen", in den es sich immer wieder „retten" kann, wenn es sich unsicher fühlt.

Eine tragfähige Beziehung ist geprägt von Wertschätzung, Liebe, Respekt und Akzeptanz der kindlichen Eigenarten. Klare und deutliche sowie vor allem logische Erklärungen und Begründungen machen Erzieherverhalten verständlich und einschätzbar und vermitteln dem Kind Orientierung. Einfühlendes Verständnis, aktives Zuhören bei allen Sorgen, Nöten und Ängsten des Kindes sind Variablen dieser Beziehung. Nur so kann das Kind Vertrauen finden und sich verstanden fühlen, nur so kann es sich öffnen und selbst Einfühlungsvermögen lernen – und damit selbst fähig werden, tragfähige Beziehungen einzugehen bzw. aufzubauen.

■ Sicherheit und Schutz

Kinder sind auf Sicherheit und Schutz durch Eltern und Erzieher angewiesen. Dabei beziehen sich Sicherheit und Schutz von Anfang an auf Gefahren an Leib und Seele. Besonders im Säuglings- und Kleinkindalter handelt ein Kind so, wie sein Entwicklungsstand es ihm vorschreibt: es kann Gefahren nicht realistisch einschätzen.

Ein Kind muss nicht nur davor geschützt werden, sich beispielsweise an Gegenständen zu verletzen, es braucht auch Schutz für seine Seele. Und dies gilt auch hier für alle Alterstufen ohne Ausnahme.

Aufgabe der Eltern ist es, die Wohnung „kindersicher" zu machen, solange die Kinder klein und noch unsicher auf den Beinen sind und ihre Umgebung erforschen. Steckdosen, Tischdecken, Herdplatten beispielsweise – alles, was für die Kinder gefährlich werden könnte, muss gesichert werden. Die Neugierde der Kinder, ihr Bewegungs- und Untersuchungsdrang machen auch vor gefährlichen Dingen, durch die sie sich verletzen könnten, keinen Halt.

Auch im fortgeschrittenen Alter brauchen Kinder Schutz und Sicherheit vor körperlichen und seelischen Verletzungen – angefangen auch hier bei Gegenständen und Spielzeug bis hin zu Gefahren, die von ihnen selbst oder von anderen Menschen ausgehen.

Auch wenn die Kinder immer weniger unter der tatsächlichen „Beobachtung" bzw. Aufsicht der Bezugspersonen stehen, so brauchen sie doch die Gewissheit, dass für ihre Sicherheit und ihren Schutz gesorgt ist und sie sich ihren Bezugspersonen mit allen Ängsten und Nöten anvertrauen können. Basis hierfür ist die sichere tragfähige Beziehung.

Damit ist ein weiterer sehr wichtiger Aspekt verbunden, dem Kind Schutz und Sicherheit zu geben: die Prävention vor Gefahren jeglicher Art. Dies meint eine Erzieherhaltung, die eine Art „Schutzerziehung" für die Kinder ist, die sie stark macht, sie lehrt, Nein zu sagen und sie selbstbewusst und selbstsicher werden lässt. Ziel ist, sie zu schützen vor Übergriffen auf Leib und Seele (z. B. sexueller Gewalt), aber auch vor eigener Flucht in Angst, Gewalt und Sucht.

■ Geborgenheit

Geborgenheit ist für jedes Kind ein Grundbedürfnis. Zunächst besteht die Erfahrung von Geborgenheit vor allem im Körperkontakt. Die Kinder suchen sehr intensiv diese körperliche Nähe und brauchen sie, um sich gesund zu entwickeln. Diese Nestwärme, die sie spüren, gibt ihnen Sicherheit, der Herzschlag und der Hautkontakt wirken beruhigend.

Martin fühlt sich bei seiner Mutter geborgen

Generell hängt das Bedürfnis nach Geborgenheit sehr stark mit dem Bedürfnis nach Sicherheit und Schutz zusammen.

So erfährt ein Kind – gleich welchen Alters – auch durch die Zeit und die Zuwendung jeder Art, die ihm geschenkt werden, Geborgenheit von seinen Bezugspersonen.

Vorschulkinder „flüchten" noch recht häufig auf den Schoß ihrer Erzieherin. Grundschulkinder suchen immer häufiger auch andere Formen, um Geborgenheit zu erfahren. So haben sie in diesem Alter beispielsweise immer mehr das Bedürfnis nach längeren Gesprächen mit den Bezugspersonen, danach, ihnen erzählen zu dürfen und angehört zu werden.

■ Zugehörigkeit

Jedes Kind benötigt das Gefühl der Zugehörigkeit, das ihm anfangs vor allem seine Eltern geben.

Schon ein Neugeborenes/ein Säugling möchte die Zugehörigkeit zu seiner Familie spüren, er braucht die Nähe zu bekannten Personen – und damit deren Sicherheit, Schutz und Geborgenheit.

Im Kleinkind- und Kindergartenalter bezieht sich das Bedürfnis nach Zugehörigkeit ebenfalls sehr stark auf die Familie. Sobald sich die Kinder jedoch von der engen Bindung an ihre Mutter durch den Besuch des Kindergartens etwas lösen, werden andere Kinder und die Erzieherin wichtig und damit auch die Zugehörigkeit zu anderen Personen und Gruppen außerhalb der Familie.

Spätestens im Grundschulalter brauchen die Kinder das Gefühl der Zugehörigkeit zu einem oder mehreren Freunden, zu einer Klasse oder Gruppe, mit der sie langsam beginnen, sich zu identifizieren und sich damit immer mehr, auch emotional, von den Eltern lösen.

■ Anerkennung

Anerkennung bedeutet vor allem Lob und Zuspruch für alles, was ein Kind bereits kann, was es macht und was es versucht, auch wenn es ihm vielleicht nicht immer ganz gelingt. Anerkennung bedeutet aber auch, das Kind so anzunehmen, es *anzuerkennen*, wie es ist, mit allen seinen Eigenarten. Zeichen der Anerkennung sind beispielsweise, dem Kind etwas zuzutrauen, es spüren zu lassen, dass es eigene Fähigkeiten hat und etwas bewirken kann, dass es eine eigenständige Person – und einzigartige Persönlichkeit ist.

Auch dies ist somit ein Bedürfnis, das für alle Altersstufen gilt und dessen Erfüllung das Selbstbewusstsein und Selbstvertrauen der Kinder fördert.

Während dem Säugling und auch dem Kleinkind in der Regel die Anerkennung seiner Bezugspersonen genügt, braucht ein Kindergarten- und Schulkind immer mehr Anerkennung von außen, von der Erzieherin, der Lehrerin und von Freunden. Je mehr sich somit auch hier die enge Bindung an die Bezugspersonen lockert, um so wichtiger werden die Einflüsse von außen.

■ Verständnis

Kindliche Sorgen, Ängste, Nöte und Anliegen jeder Art müssen ernst genommen werden, auch wenn sie uns Erwachsenen banal oder sogar lächerlich erscheinen mögen.

Grundvoraussetzung für dieses Verständnis ist somit auch hier die tragfähige Beziehung, verbunden besonders mit Einfühlungsvermögen, Wertschätzung und Akzeptanz der kindlichen Eigenarten und Denkweisen.

Für Kinder ist lange Zeit die Angst z. B. vor dem Monster in der Toilette oder vor der Dunkelheit sehr real und damit ernst und bedrohlich. Bis weit ins Kindergartenalter hinein (und manchmal noch etwas länger...) haben Kinder eine ganz eigene Denkweise und können beispielsweise nicht zwischen Phantasie und Wirklichkeit unterscheiden. Für sie ist einfach alles real, auch ihre Träume und Phantasie.

Um so wichtiger ist es, sich Zeit zu nehmen für die Kinder, ihnen zuzuhören, ihre Ängste, Sorgen und Nöte nicht herunterzuspielen oder sich sogar lustig darüber zu machen. Alle ihre Anliegen müssen ernst genommen werden. Dies gilt selbstverständlich für alle Altersstufen. Auch wenn sich die Ängste, Sorgen, Nöte oder Anliegen der Kinder sowie ihre typisch kindlichen Eigenarten und Denkweisen verändern – Verständnis brauchen sie alle.

■ Kontakt zu Gleichaltrigen

Kontakt zu Gleichaltrigen ist bereits im Säuglingsalter sehr sinnvoll und auch wichtig, da er das Sozialverhalten fördert. Die Kinder wissen jedoch noch nicht wirklich, was sie miteinander anfangen sollen. Sie liegen vielleicht nebeneinander, schauen sich an oder berühren sich leicht und können damit erste sanfte Kontakte knüpfen und erste kleine Erfahrungen mit anderen Kindern machen.

Sobald die Kinder im Kleinkindalter in der Lage sind, nebeneinander zu spielen, entstehen etwas ausgeprägtere Kontakte, meist durch die Spielsituation, den Austausch von Spielmaterial oder ebenso durch neugieriges gegenseitiges Anschauen und Anfassen. Die Kontakte zu Gleichaltrigen sind noch nicht von langer Dauer oder stärkerer Intensität, sondern eher kurz und oberflächlich. Je mehr Erfahrungen Kinder jedoch von Anfang an mit Gleichaltrigen machen können, um so mehr und um so früher wird ihr Sozialverhalten gestärkt.

Vor allem im Kindergarten- und spätestens im Grundschulalter ist das Bedürfnis nach Kontakt zu Gleichaltrigen besonders groß.

Erste Freundschaften bilden sich, die im Kindergartenalter allerdings noch stark wechselhaft sind. Die Kinder suchen sich jedoch ihre Spielkameraden und Freunde mittlerweile selbst aus und mit zunehmendem Alter werden die Beziehungen zu Gleichaltrigen auch immer wichtiger und fester. Sie erfüllen nun verschiedenste Aufgaben: Sich messen mit anderen um sich selbst einzuschätzen, gleichberechtigte (Spiel-) Partner zu haben, ähnliche Situationen vorzufinden und damit unbedingtes Verständnis für die eigene Situation und mögliche Probleme erwarten zu können. Je älter die Kinder werden, um so intensiver werden die Kontakte zu Freunden und Gleichaltrigen.

Kognitive Bedürfnisse

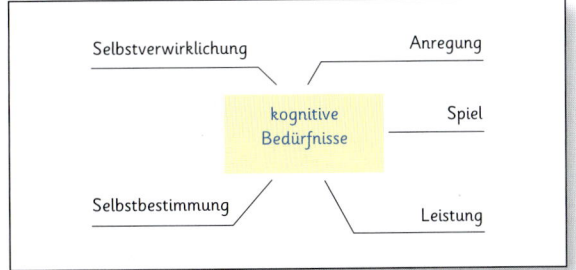

■ Anregung

Jedes Kind braucht für seine gesunde Entwicklung vielfältige Anregungen.

Dies beginnt bereits bei einem Neugeborenen, das auf zärtliche Ansprache, auf Anregung durch Körperkontakt aber auch auf Reizvermittlung durch Mobiles, Bilder und altersgerechte Spielsachen reagiert. Nur so kann das Kind von Anfang an seine Umwelt mit allen Sinnen kennen lernen.

Kinder erschließen sich die Welt über Handlungen, sie *begreifen* die Welt.

Durch die Wahrnehmung erfährt das Kind die Beschaffenheit der Dinge: es berührt Dinge, ergreift sie und steckt sie in den Mund, es fühlt, was hart und was weich ist, es erkennt Unterschiede in Farben, Formen und Größen usw. Auf diese Weise wird von Anfang an spielerisch die kognitive Entwicklung des Kindes angeregt und gefördert.

Würden einem Kind diese Anregungen und die entsprechenden Erfahrungen fehlen, so wäre es nicht in der Lage, sich gesund zu entwickeln.

Auch in den anderen Altersstufen brauchen die Kinder Anregungen von ihren Eltern den Erzieherinnen und Lehrerinnen.

Wichtig ist, dass sich diese Anregungen und Anreize verändern – alters- und entwicklungsentsprechend. So sind bei einem Klein- und Kindergartenkind beispielsweise eher Bilderbücher, einfachere Bewegungsspiele oder kleine Experimente in und mit der Umwelt gefragt, während ein Schulkind in der Regel vor weitaus größere Herausforderungen gestellt sein möchte.

Lukas
mit „Lernanreizen"
in den ersten Tagen

Je älter die Kinder werden, um so mehr suchen sie sich aber auch selbst ihre Beschäftigungen – und somit ihre Anregungen und Anreize, je nach ihren Vorlieben und Fähigkeiten. Unterstützt werden können sie hierbei, indem ihnen entsprechendes Material zur Verfügung steht bzw. ihnen ermöglicht wird, zu spielen.

■ Spiel

Eng verbunden mit dem Bedürfnis nach Anregung ist das kindliche Bedürfnis nach Spiel. Auch hier gilt, dass sich mit zunehmendem Alter der Kinder ihr Spiel und ihr bevorzugtes Spielmaterial – und damit ihre Interessen – verändern. Es sollte somit auch hier bei der Auswahl von Spielen bzw. Spielmaterial auf Alter und Entwicklungsstand der Kinder geachtet werden.

Das Spiel selbst ist eine zweckfreie Betätigung, aus der das Kind Freude und Befriedigung zieht. Im Spiel setzt es sich intensiv mit sich und seiner Umwelt auseinander, es lernt dabei auf natürliche und kindgerechte Art vieles, was es zum Leben braucht. So unterstützt und fördert das Spiel die kindliche Entwicklung in allen Bereichen.

Anfangs spielen Kinder mit sich selbst, mit ihren Händen, Füßen, ihrer Stimme. Sie erkunden ihren Körper und was sich alles mit ihm bewegen lässt, sie be*greifen* sich und ihre Umwelt und fördern damit unbewusst unter anderem ihre kognitiven Fähigkeiten.

Es dauert nicht lange, dann ist bis weit ins Kleinkindalter die nähere Umgebung Objekt des kindlichen Spiels: Schränke und Schubladen werden ausgeräumt, Dinge genauestens untersucht. Alltagsgegenstände wie Töpfe aus der Küche werden zu bevorzugten Spielmitteln und auch als Trommeln umgedeutet.

Je älter die Kinder werden, desto größer wird ihr Interesse an speziellen Spielsachen und besonders auch an Spielpartnern.

Die eigene Kreativität und Phantasie darf jedoch durch Spielzeug nicht eingeschränkt werden. Vielmehr muss es vielseitig verwendbar, entsprechend ausbaufähig und lange benutzbar sein. So ist es beispielsweise wichtiger, dass Spielmaterial in ausreichender Menge vorhanden ist, als viele verschiedene Spielsachen zu besitzen.

Spätestens im Schulkindalter sind Spielpartner unabdingbar für ein Kind. Häufig benötigen die Kinder hier weniger Spielsachen als zuvor – ihre Kreativität und Phantasie lässt sie oft gemeinsam Spiele erfinden. In diesem Alter sind besonders Bewegungsspiele und Wettkampfspiele gefragt, bei denen sich die Kinder aneinander messen und so ihre eigenen Fähigkeiten einschätzen können.

Kinder jeder Altersstufe brauchen genügend Zeit und Raum – und somit möglichst wenig Einschränkungen und Vorgaben von außen – um wirklich spielen zu können und die Freude am Spiel nicht zu verlieren.

Generell gilt für das kindliche Spiel, dass es den Kindern vielfältige Informationen über ihre Umwelt ermöglicht, die sich zu Wissen ansammeln und dass es ihnen hilft, die Wirklichkeit – und somit auch Alltagssituationen und Probleme – zu verarbeiten.

Ohne Spiel – wie auch ohne Anregung – wäre demnach eine gesunde Entwicklung nicht möglich.

■ Leistung

Schon Kleinkinder wollen gefordert sein, sich auch mal anstrengen und vor allem aber etwas bewirken können, bis sie schließlich den lautstarken Wunsch äußern, alles alleine machen zu wollen. Dieses Autonomiestreben führt im dritten/vierten Lebensjahr zur Leistungsmotivation. Das Kind entdeckt Wettbewerbssituationen und erkennt, dass es eine Aufgabe besser oder schlechter bewältigt als andere Kinder. Auch entstehen beim Kind Hoffnung auf Erfolg und Angst vor Misserfolg, es entwickelt Anstrengung, um etwas zu erreichen und zeigt Stolz, wenn es etwas geschafft hat.

So lernen die Kinder allmählich, ihre Leistungsfähigkeit selbst einzuschätzen, was sie sich selbst zutrauen können und was noch nicht. Dadurch wird ihr Selbstwertgefühl und Selbstbewusstsein stark beeinflusst – positiv wie negativ.

Spätestens für ein Schulkind ist dies eine wichtige Fähigkeit, da hier die Leistungen des Kindes immer mehr in erster Linie von außen – durch die Lehrer – bewertet werden. Je besser sie sich selbst kennen, um so weniger ist ihr Selbstbewusstsein von der Bewertung anderer Personen abhängig.

Generell gilt, dass jedes Kind Anregung braucht und gefordert sein will – jedes Kind will Leistung bringen. Allerdings besteht die Gefahr der Über- oder Unterforderung des Kindes und beides hätte fatale Folgen.

Bei einer Überforderung kann beispielsweise das Selbstbewusstsein des Kindes leiden, da es sich womöglich als Versager erlebt, sich nichts mehr zutraut und sich zurückzieht.

Unterforderung kann Langeweile bedingen und birgt damit die Gefahr, dass sich das Kind nicht mehr anstrengt, es keinen Sinn mehr in bestimmten Aufgaben sieht und das Interesse an Leistung verliert.

In beiden Fällen können unter anderem Ängste entstehen und das Kind somit in seiner Leistungsbereitschaft – und dadurch wieder in seiner gesunden Entwicklung – hemmen.

Von außen gesetzter Leistungsdruck, unter dem die Kinder heute immer mehr stehen, kann Folgen haben.

■ Selbstbestimmung

Auch die Selbstbestimmung ist ein Bedürfnis, das sich recht früh bei Kindern äußert und eng mit dem Bedürfnis nach Leistung verbunden ist.

Mit ca. 1 1/2 Jahren entdeckt und erkennt sich das Kind allmählich als eigenständige Person. Es versucht herauszufinden, was es alles be-

wirken kann und wo seine Grenzen liegen und erprobt seine Selbstständigkeit.

Es ist jedoch immer noch hin und her gerissen zwischen seinen Wünschen, der Bezugsperson nahe zu sein, sie an sich zu binden und gleichzeitig Selbstständigkeit aufzubauen.

Charakteristisch für Kinder in dieser Zeit sind rasche Stimmungsschwankungen, die Neigungen zu Wutausbrüchen und Unzufriedenheit. Im Volksmund wird dieses Alter als das „Trotzalter" bezeichnet.

Der Trotz ist hier jedoch der notwendige persönliche Kampf des Kindes um Loslösung und Selbstständigkeit (= Autonomie). Aus diesem Grund spricht man hier vom so genannten Autonomiealter.

Besonders deutlich wird das Bedürfnis nach Selbstbestimmung in dem Wort „alleine", das immer häufiger auftaucht: Das Kind möchte irgendwann nahezu alles alleine machen – und seine Selbstständigkeit unter Beweis stellen.

Das Gefühl, etwas selbst zu können, groß zu werden bzw. zu sein und immer weniger abhängig von anderen Personen stärkt die Kinder in ihrer Autonomie.

Somit brauchen alle Kinder Unterstützung auf ihrem Weg in die Selbstbestimmung, das heißt, dass auch die Bezugspersonen die Ablösung zulassen und die Autonomie fördern müssen.

Dies kann beispielsweise dann gelingen, wenn den Kindern etwas zugetraut wird und sie möglichst viel alleine/selbst machen bzw. ausprobieren können; wenn die Erwachsenen nicht für sie sprechen, wenn sie etwas gefragt werden; wenn ihnen nicht alle „Arbeit" und Mühe abgenommen wird, sie aber Hilfe und Unterstützung erfahren, wenn etwas noch nicht so klappt bzw. sie etwas noch nicht richtig können.

Geduld, Zeit, Ruhe und Ausdauer sind Fähigkeiten, die von den jeweiligen Bezugspersonen (also auch von Erzieherinnen und Lehrerinnen) dazu benötigt werden.

■ Selbstverwirklichung

Eines der höchsten Bedürfnisse von uns Menschen ist die Selbstverwirklichung, verbunden mit dem Wunsch, das eigene Potenzial auszuschöpfen sowie bedeutende Ziele zu haben. So streben wir Menschen danach etwas zu schaffen, zu kreieren, das Ausdruck der eigenen Person ist.

Bei Kindern zeigt sich dieses Bedürfnis in erster Linie – und von Anfang an – im Spiel:

Sie verleihen ihren Gedanken, Wünschen, Sorgen, Problemen und ihren Erfahrungen Ausdruck im Spiel, sie schaffen, erfinden, gestalten voller Phantasie und Kreativität. Dies trifft auf jede der Altersstufen zu, wobei natürlich auch hier mit zunehmendem Alter und zunehmenden Fähigkeiten eine Veränderung im Spiel bzw. im Charakter des kindlichen Spiels zu erkennen ist.

Auch künstlerische Elemente zeugen von schaffender Phantasie und Kreativität der Kinder, in denen sie sich selbst verwirklichen: sie sind stolz, wenn sie etwas er- bzw. geschaffen haben, beispielsweise ein Bild gemalt, etwas gebastelt oder gebaut haben.

So verleihen Kinder tagtäglich ihrer eigenen Person Ausdruck und verwirklichen sich selbst – mehr als mancher Erwachsene.

Aus diesem Grund ist es notwendig, Kindern die Möglichkeiten dieser Selbstverwirklichung durch Spiel und künstlerisches Schaffen nicht zu verschließen, sondern sie vielmehr – von Anfang an und entsprechend alters- und entwicklungsgemäß – darin zu unterstützen und zu fördern.

In unserem Lernfeld Entwicklungs- und Bildungsprozesse fördern finden Sie konkrete pädagogische Konzepte, welche die Bedürfnisse von Kindern aufgreifen.

3. Mögliche Folgen unzulänglicher Befriedigung der Bedürfnisse

Bedürfnisse müssen erkannt und verstanden werden, um sie befriedigen zu können.

Erkennbar sind Bedürfnisse beim *Neugeborenen/Säugling* am Schreien – dies ist seine einzige Möglichkeit, sich bemerkbar zu machen. Eltern erkennen jedoch recht bald am Schreien (z. B. an der Tonlage und Lautstärke) und am Verhalten ihres Kindes, was es gerade braucht bzw. was im fehlt.

Sobald ein Kind anfängt zu sprechen, lernt es, seine Bedürfnisse auch in Worten auszudrücken. Hierzu bedarf es jedoch der Anregung durch die Umwelt und somit dem Vorbild der Bezugspersonen. In der Regel ist ein *Kleinkind* mit drei Jahren jedoch in der Lage, sich in dieser Hinsicht verbal zu äußern, wenn auch teilweise noch etwas undifferenziert.

Auch beim *Vorschulkind* lassen sich viele Bedürfnisse am Verhalten des Kindes erkennen – doch ist es immer mehr in der Lage, sich auch verbal zu äußern. Mit zunehmendem Alter und größer werdendem Wortschatz bzw. umfang-

reicherem Sprechvermögen wachsen auch die Artikulationsmöglichkeiten. So kann man von einem Kindergartenkind mit 6 Jahren (das ja schließlich auch bald in die Schule kommt) beispielsweise durchaus erwarten, dass es sich nicht schreiend auf den Boden wirft, um sein Bedürfnis nach Essen kund zu tun, sondern dass es sagt, dass es Hunger hat.

Bei einem *Grundschulkind* würde man ein solches Verhalten sicher nicht mehr zulassen – abgesehen davon, dass es in diesem Alter nahezu keine solchen Verhaltensweisen mehr zeigt.

Die Artikulationsmöglichkeiten nehmen immer mehr zu und lösen die nonverbalen Bedürfnisäußerungen immer mehr ab. Diese „verschwinden" jedoch nicht, sie bleiben erkennbar im Verhalten, der Gestik und Mimik eines Menschen – und begleiten bzw. unterstreichen die verbalen Äußerungen.

Generell – und dies gilt für jede Altersstufe – lassen sich durch sensible Wahrnehmung und gute bzw. genaue Beobachtung am Verhalten, der Gestik und Mimik sowie an den verbalen Äußerungen eines Kindes seine Bedürfnisse erkennen.

Sind die Bedürfnisse erkannt, müssen sie auch richtig verstanden, interpretiert und gehört werden. Erst dann ist gewährleistet, dass sie auch wirklich befriedigt werden können.

Grundvoraussetzung für eine gesunde Entwicklung des Kindes ist die sichere Bindung im Säuglings- und Kleinkindalter zu einer oder mehreren Bezugspersonen.

Diese sichere Bindung bedeutet vor allem zuverlässige Bedürfnisbefriedigung und legt wichtige Grundlagen für das weitere Leben eines Menschen. Vor allem die Erfahrungen von emotionaler Zuwendung, Körperkontakt, Sicherheit, Schutz, Geborgenheit und Zuverlässigkeit im ersten Lebensjahr eines Kindes sind hierbei von wesentlicher Bedeutung.

Je früher somit die Bedürfnisse eines Kindes unzulänglich befriedigt werden und es einen Mangel erlebt, desto mehr ist seine gesunde Entwicklung gefährdet.

Mögliche kurz- und längerfristige Auswirkungen

Es kommt immer wieder vor, dass die Bedürfnisse von Kindern zwar wahrgenommen aber dennoch nicht erfüllt werden oder erfüllt werden können.

Mögliche Gründe hierfür gibt es viele, so z. B. eigene Lebenserfahrungen der Eltern, Stress oder bestimmte Lebensumstände, um nur wenige zu nennen.

Gleich welche Ursache zugrunde liegt, in jedem Fall sind die Auswirkungen dieser Mangelerlebnisse fatal – und zwar sowohl kurzfristig als auch längerfristig gesehen.

Diese Mangelerlebnisse vor allem von Kindern im Säuglings- und Kleinkindalter nennt man Hospitalismus – heute meist als *Deprivation* bezeichnet: ein seelischer Mangelzustand infolge unzulänglicher oder fehlender emotionaler Zuwendung.

Je öfter und intensiver ein Kind diese Erfahrungen macht, um so mehr wird sein Urvertrauen erschüttert, es hat kaum eine Chance, Urvertrauen aufzubauen.

Im Gegenteil: Es entsteht unter Umständen vielmehr Urmisstrauen, das Kind entwickelt eine negative Einstellung zu sich, zu anderen Personen und zu seiner Umwelt, seine emotionale und soziale Entwicklung werden negativ beeinflusst.

Deprivation zeigt sich unter anderem in starker motorischer Unruhe des Kindes sowie als depressive Verstimmung.

Die natürliche kindliche Neugierde, seine Motivation und Aktivität werden ver- bzw. behindert, es zieht sich in sich zurück und wird passiv.

Oftmals entwickelt es Ängste, vor allem die Angst des Verlassenwerdens und Angst vor Zurückweisung können in diesem Zusammenhang genannt werden.

Auch Aggressionen können entstehen, die gegen sich selbst (Autoaggression) oder andere Personen, gegen Tiere oder Dinge gerichtet sein können.

Die Kinder zeigen Verhaltensweisen, die sowohl für sie selbst als auch für ihre Umwelt problematisch sind bzw. werden können, sie entwickeln Verhaltensauffälligkeiten, die unter Umständen ihr ganzes weiteres Leben prägen. Auch ist eine Entwicklungsverzögerung in allen oder in einzelnen Bereichen bei Kindern, die Deprivation erfahren, zu erkennen. Dies gilt dementsprechend sowohl für die physische als auch die psychische und soziale Entwicklung dieser Kinder.

Kinder, die früh solche Mangelerlebnisse haben, werden somit durch diese Erfahrungen für ihr ganzes Leben geprägt. Viele der Auswirkungen sind auch im fortschreitenden Alter zu erkennen bzw. treten unter Umständen sogar erst im weiteren Leben auf.

So wird ein Kind mit diesen Erlebnissen auch noch als Erwachsener beispielsweise mit seinem Selbstwertgefühl, seinem Selbstvertrauen sowie mit der Fähigkeit, Beziehungen einzugehen und soziale Kontakte aufzubauen, Probleme haben. Rückzug, Isolation und Vereinsamung können mögliche Folgen auch im Erwachsenenalter sein.

> Physische und psychische Entwicklungsverzögerungen sowie Verhaltensauffälligkeiten sind mögliche kurz- und längerfristige Folgen von unzulänglich erfüllten Bedürfnissen in den ersten Lebensjahren eines Menschen.

4. Pädagogische Konsequenzen

Neben der Grundhaltung Kindern gegenüber und damit der Gestaltung der Beziehung zu ihnen ergeben sich weitere Konsequenzen für Erzieherinnen, die sowohl die Struktur bzw. Organisation als auch die inhaltliche Arbeit einer Einrichtung betreffen. Diese werden im Folgenden dargestellt:

1. Die Bedeutung des institutionellen Rahmens (wobei hierzu auch die Gestaltung der Beziehung zu den Kindern gezählt wird),
2. die Schaffung von Lerngelegenheiten für Kinder,
3. die Beteiligung von Kindern und
4. die Grenzen, die gesetzt werden müssen.

Bedeutung des institutionellen Rahmens

■ Lebensraum Tageseinrichtung gestalten

Raumgestaltung

Kinder *begreifen* die Welt mit allen ihren Sinnen, das heißt, dass sie sich die Welt durch Selbsttätigkeit aneignen und sich durch ihr eigenes Tun, Erforschen und Experimentieren selbst bilden. Sie erlangen dabei vielfache Fähigkeiten, Fertigkeiten und umfangreiches Wissen, entwickeln körperliche, sozial-emotionale sowie kognitive Kompetenzen und erschließen sich auf diese Weise die Welt und gewinnen ein Bild von ihr und von sich selbst.

Unterstützt werden die Kinder hierbei auf verschiedenste Art und Weise. Ein grundlegender Aspekt ist, ihnen diese Selbsttätigkeit zuzutrauen und sie herauszufordern. Hierzu gehört beispielsweise das Umfeld von Kindern so anregend und interessant zu gestalten, dass sie in der Lage sind, auf viele ihrer Fragen selbst eine Antwort zu finden.

Nicht nur zu Hause, sondern auch in Tageseinrichtungen für Kinder spielt demnach eine Raumgestaltung, die Möglichkeiten für eigene Erfahrungen bietet, eine wichtige Rolle. Je ansprechender und anregender die Räume sind, um so intensiver können die Kinder eigene Erfahrungen machen – und um so größer sind ihre persönlichen Entwicklungsmöglichkeiten.

Ein wesentlicher Aspekt ist eine lebendige Raumgestaltung, das heißt zum Beispiel für viel Licht (Sonne und Schatten/Lampen), Farben, Spiegel, Objekte jeder Art (z. B. Mobiles, Gegenstände zum Befühlen/Betasten) usw. in den Räumen zu sorgen.

Auch ein Ruheraum bzw. Orte/Ecken und Nischen, um sich zurückzuziehen sowie genügend Platz zum Toben und Bewegen oder eine Werkstatt gehören zu einer anregend gestalteten räumlichen Umgebung.

Insgesamt sollten sowohl die Räume als auch ihre Einrichtung dementsprechend geplant und gestaltet sein, um den Bedürfnissen der Kinder gerecht werden zu können und sie in ihrer Eigenaktivität – und somit ihrer gesamten Entwicklung – anzuregen, zu unterstützen und zu fördern.

Tagesstruktur

Den Lebensraum Tageseinrichtung gestalten heißt neben der Raumgestaltung auch eine gewisse Tagesstruktur – und somit Sicherheit und Orientierung – zu bieten. Die Tagesstruktur sorgt für einen bestimmten wiederkehrenden Tagesrhythmus/Tagesablauf mit festen Zeiten (z. B. für einen Stuhlkreis, für ein – mögliches – Mittagessen), den die Kinder bald verinnerlichen und an dem sie sich orientieren.

Immer weniger Kinder erfahren in ihren Familien Strukturen; feste gemeinsame Essenszeiten beispielsweise gibt es längst nicht mehr überall. Um so wichtiger ist es, den Kindern in den Tageseinrichtungen diese (oft fehlenden) Erfahrungen zu ermöglichen.

■ Beziehungen gestalten

Für den (beruflichen) Umgang mit Kindern spielt die eigene Grundhaltung eine gewichtige Rolle. Das heißt, das eigene Bild vom Kind, Einstellungen und Verhaltensweisen den Kindern gegenüber, Variablen wie Wertschätzung, Empathie und Akzeptanz sind Grundlagen für eine positive Beziehung zu Kindern und somit auch für die Wahrnehmung und Befriedigung ihrer Bedürfnisse. Die Kinder und ihre Anliegen müssen ernst genommen werden, um eine positive Beziehung zu ihnen aufbauen zu können.

Einfühlsame und respektvolle Begleitung der Kinder bei ihrer aktiven Entwicklung ist wertvoller bzw. wichtiger als Vorgaben und Fremdsteuerung durch Erzieherinnen – Kinder sind von Anfang an aktive, neugierige Wesen, die vertrauensvolle, unterstützende Begleitpersonen brauchen.

Schaffung von Lerngelegenheiten für Kinder

Aufgabe der Erzieherinnen ist es, den Kindern Lerngelegenheiten bzw. vielfältige Möglichkeiten zur Eigenaktivität zu eröffnen und sie bei der Auseinandersetzung mit ihrer Umwelt zu unterstützen. Sie tragen Verantwortung dafür, wie groß die Möglichkeiten zur Selbsttätigkeit der Kinder – und somit zu ihrer eigenständigen Entwicklung – sind. Die Förderung von Eigeninitiative und Eigenaktivität der Kinder stellt die Erzieherin in den Mittelpunkt ihrer didaktischen Überlegungen. Durch gezielte Angebote, Projekte, Exkursionen, Ausflüge, Erkundungen wird somit an unterschiedlichen Lernorten lebendiges und wirklichkeitsnahes Lernen möglich.

Ein weiterer Aspekt der Schaffung von Lerngelegenheiten ist die Raumgestaltung. Einrichtungen der Räume, sowie das Spiel- und Experimentiermaterial, sollten mit Bedacht ausgewählt und sortiert sowie in Sichthöhe und frei zugänglich untergebracht sein. Zudem sind Orte notwendig, an denen auch „Sauerei" gemacht werden darf und die Kinder somit ohne Einschränkungen „arbeiten" und experimentieren können.

Oft entdecken Kinder selbst, was sie mit den verschiedensten Materialien machen können und entwickeln viel Phantasie im Umgang damit. Entsprechende Anleitung ist sinnvoll, gerade wenn es beispielsweise um arrangierte Experimente zu einem bestimmten Thema (z. B. Wasser) geht.

Somit sollten auch die gezielten und vorbereiteten Lerngelegenheiten mit Sorgfalt ausgewählt und geplant werden – um auch hier eine möglichst große Eigenaktivität der Kinder zu gewährleisten.

Beteiligung von Kindern

Sowohl bei der Raumgestaltung als auch der Tagesstruktur und der Schaffung von Lerngelegenheiten ist es wichtig, die kindlichen Bedürfnisse und Willensäußerungen zu berücksichtigen. Denn nur dann werden die Kinder und ihre Belange wirklich ernst genommen, optimal in ihrer Entwicklung gefördert und in den Mittelpunkt der pädagogischen Arbeit gestellt.

Somit sollte es Grundsatz sein, die Kinder in Bezug auf ihre Bedürfnisse und Wünsche genauer zu beobachten bzw. zu befragen und dementsprechend die Tageseinrichtung sowie den Alltag zu gestalten.

Damit eng verbunden ist ein weiterer Aspekt der Beteiligung von Kindern: die Übernahme von Verantwortung im Tagesgeschehen.

Dies beinhaltet beispielsweise ein Mitspracherecht der Kinder oder auch kleine Aufgaben, die verteilt werden (z. B. Blumen gießen), wodurch sowohl die Erzieherinnen aber auch die Kinder altersentsprechende Rechte und Pflichten haben. Die Kinder werden dadurch unter anderem unterstützt in der Entwicklung der Fähigkeit der eigenen Meinungsbildung sowie in selbstständigem Handeln, sie werden an Entscheidungen beteiligt und ernst genommen.

Ein Weg, diese Beteiligung der Kinder an Entscheidungen zu realisieren, ist die Kinderkonferenz. Die Kinder werden angehört, sie haben die Möglichkeit, Vorschläge einzubringen und Entscheidungen zu treffen – kurz: sie werden ernst genommen und respektiert.

Grenzen

Ein Kind ernst zu nehmen, es zu respektieren und in seiner Person zu akzeptieren heißt nicht, mit allen seinen Verhaltensweisen einverstanden zu sein oder sie tolerieren zu müssen. Das Zusammenleben von uns Menschen braucht vielmehr Regeln und Grenzen, die Struktur und somit Sicherheit geben – gleich ob in der Familie oder in einer Tageseinrichtung. Grenzen setzen und Regeln aufstellen ermöglicht damit unter anderem Klarheit und Berechenbarkeit von (Erzieher-) Verhalten, beinhaltet aber auch allgemein gültige Richtlinien, an denen sich jeder orientieren muss.

Regeln setzen klare Rahmenbedingungen fest (Öffnungszeiten, Essenszeiten, Benutzung von Räumen...), sie betreffen den Umgang mit der Einrichtung (Beschädigen von Einrichtung und Spielsachen) oder es handelt sich um soziale und personenbezogene Regeln (Umgang miteinander).

Diese Regeln stecken damit unter anderem einen Rahmen für erwünschtes bzw. unerwünschtes Verhalten ab und bilden somit klare Grenzen.

Generell müssen diese Regeln und Grenzen jedoch erklärt, das heißt transparent und somit nachvollziehbar sein, damit die Kinder deren Sinn und Zweck verstehen können. Kinder brauchen Grenzen und testen sie immer wieder aus. Sie verhalten sich oftmals nicht so, wie es von den Erwachsenen gewünscht ist bzw. wie es bestimmte Regeln besagen. Reaktionen darauf sind häufig Strafen, die jedoch überwiegend negative Auswirkung haben.

Für manche Kinder ist die negative Zuwendung, die sie aufgrund von Grenzüberschreitung erfahren, jedoch nahezu die einzige Form von Zuwendung – und damit erträglicher, als keine Zuwendung zu erhalten. So verbirgt sich hinter Grenzüberschreitungen oftmals der Wunsch nach Halt, Klarheit und Zuwendung.

Es ist deshalb sinnvoller, gemeinsam mit dem Kind auf Verhaltensänderung – und damit Einhaltung von Regeln und Grenzen – hinzuarbeiten und ihm positive Aufmerksamkeit zu schenken, statt es zu bestrafen.

Eine noch bessere und sehr sinnvolle Möglichkeit, Grenzen zu setzen und Regeln aufzustellen ist es, gemeinsam mit den Kindern Vereinbarungen zu treffen, welche Regeln und Grenzen für das Zusammensein in der Tageseinrichtung aufgestellt werden und welche Folgen Grenzüberschreitungen haben (z. B. Kinderkonferenz!). Dadurch ist die Chance, dass sich möglichst viele Kinder an diese Regeln und Grenzen halten, recht groß, da sie selbst an ihrer Setzung beteiligt waren. Auch ist hierin eine große soziale Lerngelegenheit zu sehen, die die Eigenaktivität und Persönlichkeitsbildung der Kinder fördert sowie ihre Beteiligung gewährleistet.

> Es ist notwendig, den Kindergarten zu einem Lebensraum zu gestalten, der den kindlichen Bedürfnissen entspricht, in dem die Kinder ernst genommen, respektiert und in ihrer Person akzeptiert werden.
>
> Besonders wenn Kinder über mehrere Jahre für viele Stunden am Tag die Einrichtung besuchen, ist dieser Anspruch im Hinblick auf eine gesunde kindliche Entwicklung unverzichtbar.

Konkrete Lernsituation

1. Versuchen Sie sich in einen Säugling hineinzuversetzen: Wenn er sprechen könnte, was würde er wohl sagen? Wie würde er beispielsweise einen Tag in seinem Leben beschreiben? Notieren Sie Ihre Gedanken aus der Sicht des Kindes.
2. Beobachten Sie in Ihrer Einrichtung die Kinder und versuchen Sie anhand des Verhaltens, der Gestik, Mimik und den verbalen Äußerungen ihre Bedürfnisse bewusst wahrzunehmen. Machen Sie sich Notizen und vergleichen Sie in der Klasse.
3. Verdeutlichen Sie die körperlichen, sozial-emotionalen und kognitiven Grundbedürfnisse von Kindern aller Altersstufen anhand von geeigneten Beispielen.

4. Entwickeln Sie Ideen für einen „Traum-kindergarten" – d.h. einen Kindergarten, der in Ihren Augen perfekt ist, um die Bedürfnisse der Kinder zu erfüllen.

Berücksichtigen Sie dabei folgende Punkte:

- Raum/Räumlichkeiten
- Einrichtung/Ausstattung (Spiel-/Beschäftigungsmaterial)
- Tagesrhythmus/Tagesablauf
- örtliche Lage
- Mitarbeiter und Mitarbeiterinnen (Erzieher und Erzieherinnen und ihre Einstellung, ihr Verhalten...)

5. Fallbeispiel
Lara und Simon sind Kinder einer Kindergartengruppe. Lara ist gerade drei Jahre alt geworden und seit ein paar Tagen im Kindergarten. Sie ist sehr interessiert und geht aktiv auf alles Neue zu. Im Laufe eines Vormittages zieht sie sich jedoch immer wieder einmal neben die große Kiste mit Bausteinen zurück.

Simon ist mittlerweile sechs Jahre alt und kommt demnächst in die Schule. Ihn interessieren besonders technische Dinge. Jedes Gerät, das ihm in die Finger kommt, wird genauestens untersucht. Die Spiele mit den „Kleinen" findet er dagegen „Pipifax", so dass er sich kaum an gemeinsamen Aktionen beteiligt.

5.1 Welche Bedürfnisse haben die Kinder und woran ist das jeweils zu erkennen?

5.2 Was können Sie als Erzieherin tun, um diesen unterschiedlichen Bedürfnissen – gerade auch innerhalb einer Gruppe – gerecht zu werden?

5. Die Vielfältigkeit des Erziehungsbegriffs

„Erziehung ist doch die natürlichste und selbstverständlichste Sache der Welt, und ich verstehe gar nicht, warum so viele Menschen heute damit große Schwierigkeiten haben!"

Diese Aussage einer Bauersfrau war Anlass für eine sehr interessante Diskussion bei einem Elternabend eines Kindergartens einer süddeutschen Kleinstadt. Das Thema des Abends lautete. „Erziehung ohne Gewalt, geht das?"

„Erziehung sei doch gar nicht so schwierig, wie dies in der Öffentlichkeit gerne dargestellt wird", so die Bauersfrau weiter. „Man muss hierbei vor allem nur auf seinen gesunden Menschenverstand hören, seine innere Stimme gebrauchen. Und außerdem muss man auf die Signale der Kinder achten, wie sie auf das, was man erzieherisch tut, reagieren. Dann kann doch kaum etwas schiefgehen, oder? Sehen Sie", fuhr die Frau weiter fort, „mein Mann und ich haben fünf Kinder aufgezogen. Darauf sind wir stolz. Wir sind einfache Bauersleute. Um Erziehung haben wir uns nie solche Gedanken gemacht, wie man das heute tut. Wir wussten auch nicht immer, ob alles richtig war. Und sicher haben wir manche Fehler gemacht. Aber das ist weiter nicht schlimm. Denn das Leben besteht nun mal auch aus Fehlern. Sei es, wie es ist, wir haben nicht immer alles zerredet und in Frage gestellt. Wir haben ein natürliches Vertrauen in uns und unsere Kinder.

Vor allem taten wir eines: Wir lebten ihnen nur das vor, von dem wir im Herzen überzeugt waren. Es stand mit uns und unserer Welt im Einklang, egal, ob es richtig oder falsch war. Unsere Kinder bedanken sich noch heute für diese Erziehung, obwohl jedes andere Anlagen mit auf die Welt gebracht hat, verschiedene Wege gegangen ist und die eine und andere Sache ganz anders gemacht hat, wie wir das getan hätten. Aber das ist ja ganz selbstverständlich. Wir haben uns in der Erziehung, wie bei unserer täglichen Arbeit an das Gesetz des nicht Zuviel und nicht Zuwenig gehalten. Als Bauersleute haben wir von der Natur gelernt. Scheint die Sonne zu viel und regnet es zu wenig, wird die Ernte schlecht. Gibt es hier einen harmonischen Wechsel von Sonne und Regen, so ist die Ernte ertragreich. Genauso ist es bei der Erziehung auch, wobei die menschlichen Anlagen immer ein wichtiges Wort mitzureden haben..."

Vielleicht ist es ja wirklich wahr, dass Erziehung eigentlich eine Sache des gesunden Menschenverstandes ist. Beim Wort „Erziehung" geistern ohnehin die unterschiedlichsten Ausdrücke, Bilder und Ideen durch unsere Köpfe. Hier eine kleine Auswahl, von der der eine oder andere Ausspruch möglicherweise auch ihre Einstellung wiedergibt:

- Erziehung ist die Hilfe zum Selbstwerden in Freiheit (K. JASPERS).
- Erziehung ist Entwicklungshilfe, sie ist Anpassung an die Gesellschaft, sie ist lehrende Einführung in die Kultur und sie ist Erweckung zum sinnvollen Leben (W. BREZINKA).
- Erziehung ist Einführung in die Gesellschaft, Einführung in die Kultur und Mithilfe zur Personalisation (E. WEBER).
- Erziehung heißt, ein Kind so weit bringen, dass es uns nicht mehr braucht (L. A. BÄTSCH).
- Erziehung ist die organisierte Verteidigung der Erwachsenen gegen die Jugend (M. TWAIN).

Aufgabe
Formulieren Sie ihre eigene Definition von Erziehung und schreiben Sie sie in ihr Arbeitsheft.

Auf die Nachfrage, was aus den fünf Kindern geworden sei, antwortet die Bäuerin:

„Von den drei Jungen wurde einer Facharbeiter, der andere Lehrer und der dritte bewirtschaftet mit meinem Mann und mir den Hof. Von meinen beiden Töchtern hat die erste den Erzieherberuf gewählt und die zweite studiert zurzeit noch Medizin. Glauben Sie mir, alle Kinder sind mit ihren Berufen und dem Leben insgesamt mehr als zufrieden! Bis heute sind sie nicht auf die Idee gekommen, uns vorzuwerfen, wir hätten in ihrer Erziehung etwas grundlegend Falsches gemacht."

Am Ende des Gespräches bat ich die Bauersfrau noch, mir zu erklären, was sie unter dem Wort „Erziehung" verstehe. Ohne lange zu überlegen, gab sie zur Antwort:

„Erziehung ist, wenn ich das Kind so liebe, wie es ist, ihm Vertrauen und Geborgenheit schenke, es auch in seinen Begabungen fördere. Ein sinnerfüllter, lebenstüchtiger und zufriedener Mensch soll es werden. Ein Mensch, der sich selbst mag. Ebenso muss ich das Kind mit den Werten seiner Gemeinschaft vertraut machen, was auch immer mit Anpassung, Ver-

zicht und Respekt anderen gegenüber zu tun hat. Lebe ich selbst diese Dinge dem Kind echt und stimmig vor, dann kann es sich an mir verlässlich ausrichten, und ich bin der beste Vermittler einer solchen Erziehung. Dann wird es in mir auch so etwas wie eine gute Autorität erfahren. Besonders in diesen Punkten liegen für mich die Grundwahrheiten jeder fruchtbaren Erziehung. Und überhaupt: Macht es auf diese Weise nicht Spaß und Sinn, das Leben in seinen hellen wie dunklen Stunden zusammen zu erleben und dabei auch über sich selbst und die Welt lachen und weinen zu können? Wer so oder ähnlich die Erziehung mit den jungen Menschen gemeinsam gestaltet, der kann doch letztlich nie mit ihr scheitern. Da müsste schon ganz viel dazwischenkommen, wenn sie schief gehen sollte."

In Kreisen der Fachleute lässt sich nur mit Mühe eine Einigung darüber herstellen, was Erziehung denn nun eigentlich ist.

Erziehung ist die soziale Interaktion zwischen Menschen, bei der ein Erwachsener planvoll und zielgerichtet versucht, bei einem Kind unter Berücksichtigung der Bedürfnisse und der persönlichen Eigenart des Kindes erwünschtes Verhalten zu entfalten oder zu stärken. Erziehung ist ein Bestandteil des umfassenden Sozialisationsprozesses; der Bestandteil nämlich, bei dem von Erwachsenen versucht wird, bewusst in den Prozess der Persönlichkeitsentwicklung von Kindern einzugreifen – mit dem Ziel, sie zu selbstständigen, leistungsfähigen und verantwortungsvollen Menschen zu bilden.

KLAUS HURRELMANN[1]

Aufgabe
1. Vergleichen Sie ihre Definition mit den Aussagen der Bauersfrau und der Definition des Erziehungswissenschaftlers KLAUS HURRELMANN.
2. Gibt es Unterschiede, gibt es Gemeinsamkeiten. Welche Schwerpunkte setzen Sie?

---

[1] Hurrelmann, K., 1994

6. Erziehungsvorstellungen: Auf der Suche nach dem richtigen Erziehungsverhalten

Wenn wir die fast unüberschaubar große Anzahl an Erziehungsratgebern betrachten, dann befallen uns leise Zweifel über die natürliche Selbstverständlichkeit des Erziehungsgeschehens wie es bei der Bauersfrau anklingt.

Wer Kinder hat oder mit Kindern umgeht, der kann gerade in der heutigen Zeit auch bestätigen, dass Erziehung ein schwieriges Geschäft ist oder geworden ist.

Jeder von uns hat auch schon allzu oft die frustrierende Erfahrung gemacht, dass die besten Bemühungen am Eigensinn der Sprösslinge scheitern, dass Kinder gut gemeinte erzieherische Anstrengungen ins Leere laufen lassen, obwohl wir doch nur in ihrem Interesse handeln. Warum scheitern bisweilen selbst „Profis" an einer erzieherischen Aufgabe, für die sie in langjähriger Ausbildung geschult wurden?

Für den gelingenden Umgang mit Kindern suchen Betroffene all zu oft noch immer nach einer Rezeptur. Was mache ich am besten wenn…?

Die Erziehungsliteratur bedient auch die Öffentlichkeit mit Titeln wie: „Kinder können durchschlafen" oder „Kinder können fernsehen", „Wie erziehe ich richtig" und so weiter und sofort.

Viele dieser Bücher sind wie Betriebsanleitungen für technische Geräte geschrieben, geben oft methodische Hinweise, konkrete Tipps, wie wir als Erziehende das gewünschte Verhalten erreichen können.

Diese Ratschläge und Tricks können hilfreich sein, aber sie haben einen entscheidenden Nachteil: Was, wenn sich die Kinder nicht nach den Tipps ausrichten, wenn sie sich nicht entsprechend verhalten, wie es in den Ratgebern beschrieben ist? Was ist, wenn die Tricks nicht helfen, wenn die kleine Persönlichkeit nicht mitspielt?

Möglicherweise verhindern die Ratschläge und Rezepte auch, sich Gedanken darüber zu machen, worin der Kern erfolgreicher Erziehung eigentlich besteht: Aus Unterstützen, Fördern und Begleiten einer kompetenten kleinen Persönlichkeit.

> Erfolgreiche Erziehung ergibt sich deshalb vor allem aus der Überprüfung und Verbesserung unserer Selbstwahrnehmung und der Wahrnehmung unserer Kinder.

Auf der Suche nach dem richtigen Erziehungsverhalten

■ Exkurs in den Erziehungsalltag einer Familie

Am Familientisch

Max rülpst. Fünf Jahre alt und rülpst ständig. Er kann es noch nicht richtig, das Geräusch hat keine Tiefe und ist ein wenig blass, das liegt wohl am fehlenden Resonanzboden bei Fünfjährigen. Aber er übt ständig – bei Tisch, bei den Großeltern, gern auch, wenn Besuch kommt.

Die Eltern: „Max kannst du das mal bitte lassen. Man rülpst nicht, wenn andere Leute da sind, es stört sie."

Max rülpst.

Die Eltern: „Du Max, das finden wir jetzt echt nicht so gut. Lässt du das mal bitte?"

Max rülpst.

Die Eltern (Versuch einer paradoxen Intervention des dreifachen Axels der Kindererziehung): „Max, wir hören es gerne, wenn du rülpst, das Geräusch gefällt uns so, bitte rülpse noch mehr."

Kurzes Nachdenken.

Max rülpst.

Die Eltern unter sich: „Wir müssen das Rülpsen ignorieren. Es geht ihm nur darum, auf sich aufmerksam zu machen. Er ist der Zweitgeborene, vergessen wir es nicht."

Sie ignorieren das Rülpsen.

Max rülpst.

Die Eltern denken darüber nach, ob es sinnvoll wäre, das Kind einem Arzt vorzustellen. Es könnte einfach Verdauungsprobleme haben. Sie verwerfen den Gedanken; der Stuhlgang des Knaben ist normal.

Max rülpst.

Die Eltern fragen sich: Ist Rülpsen schlimm? Sind wir nicht Spießer, dass wir uns am Rülpsen eines Fünfjährigen stören? Der Vater ruft: „Es stört mich aber doch, verdammt!"

Max rülpst.

Die Eltern laut: „Max, es langt jetzt endlich, verdammt noch mal, wenn du nicht aufhörst müssen wir dich ins Zimmer schicken, denn du störst alle anderen am Tisch."

Max rülpst.

Die Eltern bringen Max in sein Zimmer. Das Kind schreit, klagt, weint, öffnet die Zimmertüre und schlägt sie wieder zu, bejammert sein Schicksal, schreit seine Wut hinaus, bricht heulend auf dem Ziegenhaarteppichboden seiner Behausung zusammen.

Die Eltern werden mitleidig, gehen nach oben: „Du darfst jetzt wieder herunterkommen, wenn du nicht mehr rülpst."

Max kommt wieder an den Esstisch, setzt sich mit versteinertem Gesicht auf seinen Platz. Die Eltern (denkend): „Es war hart, aber nun haben wir es geschafft." Die Familie isst schweigend. Es kehrt Ruhe ein im Haus. Stille senkt sich über den Tisch, Frieden in die Herzen der Erziehenden.

Man hängt seinen Gedanken nach.

Da rülpst Max.[1]

---

[1] Hacke, A., 1992

Aufgabe
Max rülpst

Spielen Sie die Szene in einem Rollenspiel nach, und tauschen Sie in der Klasse anschließend ihre Einsichten aus:

- Warum scheitern die Eltern?
- Was ist der Grund für Maxens merkwürdiges Verhalten?
- Versuchen Sie herauszufinden, welche erzieherischen Grundsätze die Eltern vertreten.
- Notieren Sie diese Grundsätze.
- Überlegen Sie, wie Sie gehandelt hätten!
- Welches sind ihre persönlichen erzieherischen Grundsätze?
- Machen Sie sich diese im Gespräch mit ihren Mitschülern klar.
- Machen die Eltern irgendetwas falsch?

Diese amüsante Szene aus dem Bestseller von Axel Hacke beschreibt wie kaum ein anderes Beispiel die Probleme der erzieherischen Vorstellungen und des erzieherischen Handelns in sehr dichter Form.

Von der Erziehungsvorstellung zur Methode

Es verbergen sich in dieser Tischszene einige pädagogische und psychologische Vorstellungen und dazugehörige *handlungsleitende Prinzipien*, die man als erzieherische *Maßnahmen* und *Methoden* herausarbeiten kann

Erziehungsmaßnahme, Methode

Unter Erziehungsmaßnahme und Methode versteht man eine Handlung des Erziehers, mit der er versucht, das Verhalten des zu Erziehenden relativ dauerhaft auf ein bestimmtes Ziel hin zu verändern.

Wir wollen uns im Folgenden nur exemplarisch mit häufig vorkommenden Maßnahmen kurz beschäftigen, um die wichtige Frage nach der erzieherischen Grundhaltung vorzubereiten und ein Nachdenken über mögliche eigene Erziehungsmaßnahmen und Methoden anzuregen.

Verschiedene Erziehungsvorstellungen und Methoden im Überblick:

- *Das Kind ist ein einsichtiges Wesen. Ich muss nur immer alles ganz genau erklären, dann wird das Kind zur Einsicht kommen.*
- Aus der psychologischen Trickkiste – Die „paradoxe Intervention": Vom Kind das wünschen, was es sowieso tun wollte, dann verliert das Tun seinen Reiz!
- *Das Kind ist ein lernendes Wesen. Die Anwendung der Lernpsychologie: Ignoriere was du nicht willst und lobe das Gewünschte.*
- Ein Experte muss das Problem lösen!
- Sind unsere Erziehungswünsche richtig? Müssen die Eltern ihre Erziehungswerte überprüfen? Ist Rülpsen so schlimm?
- Die Eltern sollen ihre echten Gefühle zeigen.
- *Zu guter Letzt: Der Einsatz von Strafen.*

Mit den kursiv hervorgehobenen Methoden werden wir uns kurz auseinandersetzen.

■ Methode: Erklären Sie alles genau!

„Max, kannst du das mal bitte lassen. Man rülpst nicht, wenn andere Leute da sind, es stört sie".

Die Grundregel lautet hierbei: Erkläre Deinem Kind, was es falsch gemacht hat und dann wird es *Einsicht* zeigen und sich zukünftig bessern.

Eine wohlformulierte Bitte an den fünfjährigen Jungen verbunden mir einer genauen Begründung wird ihn an die Regeln der Gemeinschaft heranführen und er wird sich künftig so verhalten, wie die Erwachsenen sich dies vorstellen.

Ein Fehler? Natürlich ist diese Vorgehensweise sinnvoll. Die Eltern wollen mit Hilfe von Erklärungen die allmähliche Ausbildung einer sozial verantwortlichen Haltung anbahnen. Problematisch ist allerdings ihre Erwartung, sofort ihr Ziel zu erreichen. Wer ein erzieherisches Fernziel anstrebt, muss dies mit sehr viel Geduld über längere Zeit verfolgen. Falsch ist auch die Vorstellung, man könnte sein Kind allein mit Hilfe genauer Erklärungen zur Einsicht bringen. Offenbar erwarten sie, dass Max wie ein Erwachsener reagiert. Aber Max ist ein Fünfjähriger, der noch dabei ist, seine soziale Rolle zu finden, der mit seinen Möglichkeiten spielerisch experimentiert.

Außerdem wissen wir aufgrund von Untersuchungen des berühmten Schweizer Entwicklungspsychologen J. Piaget zur kognitiven Entwicklung des Kindes, dass Fünfjährige nur sehr begrenzt in der Lage sind, komplexe Regeln und soziale Normen zu verarbeiten. Ein erfolgreicher Erzieher müsste sich also mit *Entwicklungspsychologie* beschäftigen. Nur dann kann er sich auch einigermaßen sicher sein, dass seine Bemühungen auf die altersspezifischen Voraussetzungen abgestimmt sind. Allerdings klingt das einfacher als es ist. So hat man herausgefunden, dass altersbezogene Stufenlehren, die genau angeben, in welchem Stadium der kognitiven Entwicklung sich ein Kind befindet, mit Vorsicht zu genießen sind, da sich Kinder individuell sehr unterschiedlich entwickeln können. Aber sie geben eine Orientierung.

Aber auch wenn Kinder mit fünf Jahren noch nicht in der Lage sind, abstrakte soziale Regeln „einzusehen" und daraus bewusst Verhaltenskonsequenzen zu ziehen, so kann es doch sein, dass sie trotzdem etwas lernen. Denn Kinder achten – ebenso wie Erwachsene – weniger auf den gesprochenen Inhalt, sondern eher auf die *implizite Botschaft*, die Eltern durch ihre Köperhaltung, durch Mimik und Gestik, durch den Tonfall usw. ausdrücken.

> Botschaften in einer Nachricht können explizit oder implizit enthalten sein. Explizit heißt: ausdrücklich formuliert. Implizit heißt: ohne dass es direkt gesagt wird, steckt es doch drin, oder kann „hineingelegt werden". Für implizite Botschaften werden oft die nicht-sprachlichen Wege eingesetzt: Körpersprache, Mimik, Gestik, Tonfall.

Erziehung ist ein ganzheitlicher Prozess, in dem – wie wir weiter unten sehen werden – ein komplexes Feld auf das Kind einwirkt, von dem bewusste erzieherische Maßnahmen nur einen kleinen Teil ausmachen.

Vielleicht macht es Max aber auch einfach nur Spaß gegen Regeln zu verstoßen. Die Eltern versuchen ihre Verhaltensnorm durchzusetzen und das Kind beharrt auf seinem Willen. Und vielleicht spürt Max auch, dass seine Eltern etwas verunsichert sind und nach erzieherischer Orientierung suchen. Sie sind sich als moderne Eltern mit aufklärerischer Haltung offenbar auch nicht ganz sicher, welche Normen sie denn nun mit welchen Mitteln durchsetzen wollen. Er merkt auch, dass es seine Eltern sind, die das Rülpsen stört, aber er testet den Spielraum und rülpst weiter.

Reflexion

- Was wissen Sie über den Entwicklungsstand von Kindern im Alter zwischen zwei und sechs Jahren?
- Welche Verhaltensnormen sind ihnen wichtig?
- Wie begründen Sie Verbote?
- Woher kommen ihre eigenen Verhaltensnormen?
- Inwiefern leben Sie selbst die Normen, die Sie von ihren Kindern erwarten?

■ Methode: Wir nutzen die Lernpsychologie!

Weil die Eltern mit ihrem bisherigen Vorgehen die beabsichtigte Wirkung nicht erreichen, hinterfragen sie die Situation nun etwas genauer:

Sie bilden eine Hypothese (Annahme) über mögliche Ursachen:

„Wir müssen das Rülpsen ignorieren. Es geht ihm nur darum, auf sich aufmerksam zu machen. Er ist der Zweitgeborene, vergessen wir es nicht."

Möglicherweise haben sie irgendwann einmal in einer Zeitschrift etwas über die Einflüsse der Stellung in der Geschwisterreihe auf das Verhalten gelesen.

Es gibt psychologische Untersuchungen, die kommen zu der These, dass die jüngsten Kinder, häufig kreativer und innovativer sind als die Erstgeborenen, weil sie in eine besetzte Nische geboren werden und sich einen eigenen Ausdrucksraum schaffen müssen. In der Tat gibt es hier komplexe Zusammenhänge. Man kann sie aber nicht einfach kausal deuten, wie es die Eltern tun. Weil er der Zweitgeborene ist, so vermuten sie, fühlt er sich zurückgesetzt und muss besondere Anstrengungen unternehmen, um genügend Zuwendung zu bekommen. Da er sein Bedürfnis nach Beachtung noch nicht angemessen ausdrücken kann, greift er zu einer wirksamen *indirekten Botschaft*, die hohen Aufmerksamkeitswert hat: Er rülpst.

Die Lernpsychologie, genauer das so genannte *Operante Konditionieren*, legt nahe, dass gelerntes Verhalten wieder verschwindet, wenn es länger nicht beachtet wird. Aber es funktioniert nur, wenn stattdessen ein anderes Verhalten verstärkt wird. Nämlich ein Verhalten, dass Max auch das Gefühl vermittelt *akzeptiert zu sein, so wie er ist.* Häufig nehmen Erzieher erwünschtes Verhalten als selbstverständlich und verstärken dieses deshalb nicht. Hierbei wird die erzieherische Bedeutung des *Lobes* bzw. der *Belohnung* verkannt.

Lob und Belohnung

Lob und Belohnung sind vom Erzieher eingesetzte Verhaltenskonsequenzen, die eine angenehme Wirkung haben und deshalb wird das gewünschte Verhalten häufiger gezeigt.

Aus Carl Rogers und Thomas Gordons Perspektive setzt gelingende Erziehung eine *bedingungslose Akzeptanz* des Gegenübers voraus. Max wird sein Rülpsen – falls es Ausdruck einer gestörten Beziehung sein sollte – erst dann einstellen, *wenn er sich als Person angenommen fühlt.* Die Eltern sollen vor dem Hintergrund dieser bedingungslosen Akzeptanz durchaus ihre Missbilligung ausdrücken. Aber in Form von *echten Ich-Botschaften*, weil sie damit deutlich machen, dass sie ein Problem haben. Auch, wenn die Eltern so tun, als nähmen sie das Rülpsen nicht mehr wahr, senden sie doch sehr wahrscheinlich subtile Botschaften aus, die dem Kind nonverbal das Gegenteil signalisieren. So wie sich die Eltern bisher verhalten haben, wird das Ignorieren scheitern.

Denn auch die abstrakte Überlegung, dass das Rülpsen an Max vermeintlicher Benachteiligung in der Geschwisterreihe liege, ändert nichts daran, dass sie dieses Rülpsen massiv stört. Wie man es auch dreht und wendet: Sie wollen Max Verhalten grundlegend ändern und scheuen die Konsequenzen. Max ist kein Kenner der Erziehungstheorien, aber er kennt seine Eltern. Und er weiß, was er sich leisten kann. Und so erteilt er seinen Eltern eine weitere Lektion darin, wie Erziehung nicht funktioniert: *Max rülpst.*

Die Lernpsychologie hätte übrigens eher empfohlen das *gewünschte Verhalten* zu verstärken, also zu loben. Und außerdem:

„Man kann erziehen wie man will, die Kinder machen einem doch alles nach."

Anregungen und Aufgaben
- Überprüfen Sie im Kindergarten einmal, welches Verhalten Sie wirklich ignorieren können, weil es ihnen nicht so wichtig ist, und was Sie auf keinen Fall tolerieren können.
- Beobachten Sie: Inwiefern könnte das Verhalten von Kindergartenkindern mit auf die Stellung in der Geschwisterreihe zurückzuführen sein?

■ Methode: Konsequente Durchführung einer Strafe

Die Eltern bringen Max in sein Zimmer. Die Androhung der Strafe hat nicht gefruchtet, sodass jetzt dieselbe durchgeführt wird. Der Erzieher sieht sich gezwungen, die Sanktion (Strafe) durchzuführen, weil er meint, ansonsten seine Glaubwürdigkeit und seinen erzieherischen Einfluss zu verspielen. Er tut dies in der Regel widerwillig, weil die Durchführung einer Sanktion stets auch das Eingeständnis eigenen Versagens bedeutet und weil vergleichsweise primitive Strafen seinen Vorstellungen humaner Erziehung zutiefst widersprechen.

Denn obwohl wir alle aus eigener Erfahrung mitunter auch schmerzhaft erfahren haben, dass Erziehung bisweilen auch ein grobes Geschäft ist, so träumen wir doch vom Bild des einfühlsamen, konfliktfreien Erziehers, der seine Schäfchen allein mit Liebe auf den rechten Weg führt.

Reflexion
- Welche Erfahrung haben Sie mit der Androhung und Durchführung von Sanktionen gemacht?
- Wo wirkten sie, wo nicht, und was könnten die Gründe dafür gewesen sein?
- Wie ist grundsätzlich ihre Einstellung zu Strafen?

Bei PHILIPPE ARIES und LLOYD DE MAUSE können wir aus unterschiedlicher Perspektive die Geschichte der Kindheit verfolgen und sehen, mit welchen teilweise brutalen Maßnahmen man in vergangenen Jahrhunderten Kinder zu disziplinieren suchte. Auch wenn wir uns weit entfernt von den dort beschriebenen Erziehungspraktiken wähnen, scheint uns unsere Erfahrung zu lehren, dass die Vorstellung einer Erziehung ohne Sanktionen ein unrealistisches Bild ist und so gibt es trotz aller einfühlsamen Anfangsbemühungen noch immer all zu oft am Ende statt Liebe die scheinbar so bewährten Hiebe. Eine vom Spiegel Special durchgeführte Befragung im September 1997 ergab, dass noch immer ca. 80% der Eltern auf die Wirkung „schlagkräftiger Argumente" von der Sorte „Klaps auf den Hintern", setzten.

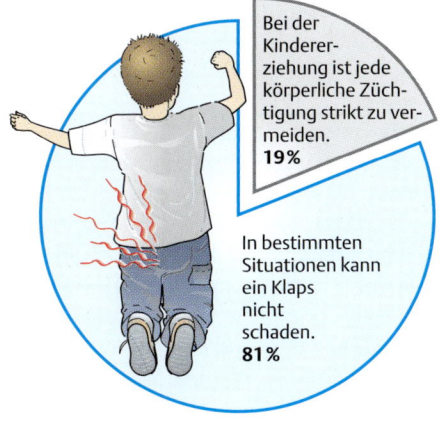

Bei der Kindererziehung ist jede körperliche Züchtigung strikt zu vermeiden. **19%**

In bestimmten Situationen kann ein Klaps nicht schaden. **81%**

Welcher der beiden nebenstehenden Meinungen stimmen Sie zu?

Sind es wirklich das Kind bzw. die Situation, die uns zu diesem Handeln zwingen, oder ist es nur unser mangelndes Verständnis vom Wesen der Erziehung? Oft wiederholen wir nur erlebte Gewaltmuster, die aus unserer eigenen Erziehung stammen. Untersuchungen zeigen, dass besonders solche Erzieher gefährdet sind, die selbst Gewalt ausgesetzt waren.

Wirksame Erziehung setzt immer auch die Selbsterziehung des Erziehers voraus. Nur, wenn wir die nicht hinterfragten Muster kennen, die unser Handeln leiten und uns selbst Freiheit gestatten, können wir andere in und durch Freiheit erziehen.

Zwischenruf

Der Einsatz von Strafe im pädagogischen Alltag ist nicht unproblematisch:

Meist führt Strafe nur zur Unterdrückung des unerwünschten Verhaltens und nicht zur erwünschten Verhaltensweise.

Andere Nebenwirkungen:

- Strafe kann die Beziehung des Erziehers zum Kind belasten.
- Häufiges Strafen kann zu aggressivem Verhalten, auch zum Lügen aus Angst vor Strafe, führen.
- Strafe trägt meist nicht zur Einsicht bei und zeigt keine Alternative.
- Der Erzieher bleibt auch beim Strafen Vorbild für das Kind. Strafende sind oft Modelle, die zeigen, mit welchen Mitteln man sich gegen andere durchsetzt und Macht über sie gewinnt.
- Ständiges Strafen kann das Selbstvertrauen des Kindes nachhaltig beeinträchtigen.
- Strafen bergen die Gefahr, sich unangemessen auszuweiten.

Anregungen und Aufgaben

- Erinnern Sie sich an Situationen aus ihrer Kindheit, in denen Sie nach erfolgter Strafe wieder in die Gruppe intergriert wurden?
- Wie war das für Sie?
- Wie schätzen Sie solche Maßnahmen ein?
- Überlegen Sie: Wie kann man mit Kindern zusammen Erziehungsnormen entwickeln, gemeinsam für ihre Einhaltung sorgen, und dabei einen respektvollen Umgang miteinander pflegen?
- Diskutieren Sie darüber auch mit ihren Mitschülern.
- Was sind die Erfahrungen der Mentoren im Kindergarten?

Auf jeden Fall ist – wie wir alle wissen – die Standardmethode des Stubenarrests nur wenig geeignet, um das erwünschte Resultat zu erbringen. Sie erweist sich bei genauerer Betrachtung als aggressiver Machtkampf. Deshalb das Rätsel zum Schluss: Warum nur ignoriert Max alle Erziehungsbemühungen?

■ Das Kind als kompetenter Gestalter eigener Entwicklungsprozesse

Man hängt seinen Gedanken nach. Max rülpst. Und so kommt es, wie es in vielen Erziehungssituationen kommen muss: Die Anwendung des mühsam angelesenen pädagogisch-psychologischen Fachwissens, der Einsatz des versammelten erzieherischen Sachverstandes, die Verausgabung der geballten emotionalen Energie, die Überzeugungsversuche und Appelle, das Drohen und Fluchen – alles umsonst. Max ist zwar erst fünf, aber beweist sich als eigenwillige, hartnäckig-dickköpfige, quicklebendige, rätselhafte, ja eben kompetente Persönlichkeit. Und so tut er, was freie Individuen tun, wenn es ihnen in den Sinn kommt und sie es intuitiv für nötig halten: Sie lassen sich nicht unterdrücken und zeigen Erziehern ihre Grenzen. Jeder Erzieher sollte sich klar machen: *Vitale Bedürfnisse der Kinder lassen sich nicht unterdrücken. Früher oder später bricht das Unterdrückte hervor: Max rülpst.*

Macht und Ohnmacht der Erziehung

Wir haben nun am Beispiel von Max und seinen Eltern einige der Gründe durchgespielt, die erklären können, warum Erzieher scheitern. Natürlich gibt es noch sehr viel mehr Gründe und es ist bisher nur unzureichend gelungen, alle Faktoren, welche die Erziehungssituation beeinflussen, in ein handhabbares System zu bringen. Wahrscheinlich wird es uns nie gelingen, alle Faktoren in ihrem komplizierten Zusammenspiel so eindeutig aufzuklären, dass wir daraus einfache Handlungsanleitungen ableiten können. Betrachtet man die Kontroversen in dieser Frage über einen längeren Zeitraum, so entdeckt man wiederkehrende Themen. So dauert z. B. schon seit Jahrzehnten der Streit darüber an, inwieweit genetische Anlagen und soziale Umwelten das Erziehungsgeschehen beeinflussen. Mal

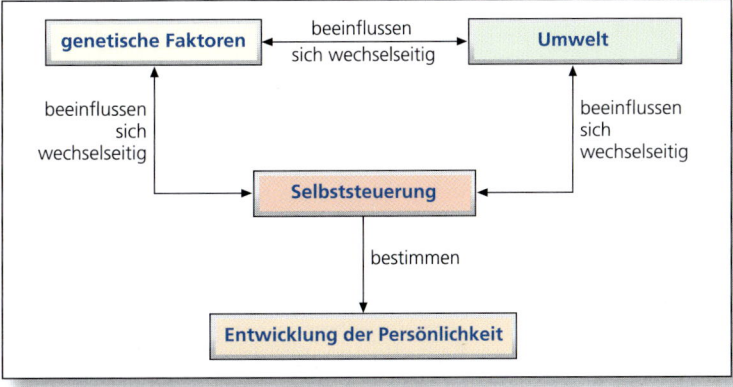

wird die Bedeutung der Anlagen, dann wieder die Bedeutung der Erziehung hervorgehoben. Dies liegt daran, dass Erziehung ein sehr komplexer und individueller Vorgang ist. Viele Untersuchungen favorisieren zwangsläufig eine Blickrichtung, die von ihrer jeweiligen theoretischen Hintergrundperspektive gefärbt ist. Im Bewusstsein dieser Problematik sollte man allerdings neue Thesen nicht einfach abtun, sondern dazu nutzen, seinen kritischen Blick für den Raum der Möglichkeiten zu schärfen und noch genauer wahrzunehmen, was im Umgang mit Kindern *wirklich* passiert. Ohne Zweifel haben genetische Anlagen einen größeren Einfluss auf die Entwicklung des Kindes, als wir etwa in den siebziger Jahren annahmen. Andererseits bleibt die Erkenntnis, die Psychoanalyse, Humanistische Psychologie und Behaviorismus eint, gültig, dass die Entfaltung von Anlagen auf günstige Umfeldbedingungen angewiesen ist.

Die meisten Wissenschaftler stellen heute nicht mehr die Frage nach den verschiedenen Anteilen von Anlage, Umwelt und Person. Es gehört mittlerweile zum Grundbestand der Humanwissenschaften: Die Entwicklung des Menschen wird von *Erbanlagen, Umweltfaktoren und Selbststeuerung* des Menschen in ständiger Wechselwirkung bestimmt (siehe Grafik rechts).

Gerade in der modernen Psychologie wird der Gedanke, dass Mensch und Umwelt in engem Austausch stehen und sich gegenseitig beeinflussen, wieder sehr stark betont, so die führenden Entwicklungspsychologen in Deutschland R. OERTER und L. MONTADA. Der Mensch und seine Umwelt bilden ein Gesamtsystem und sind aktiv und in Veränderung begriffen. Die Aktivitäten beider Systemteile sind verschränkt. Die Veränderung eines Teiles führt zu Veränderungen anderer Teile und/ oder des Gesamtsystems.

Was unter „günstigen Umfeldbedingungen" zu verstehen ist und wie man sie beeinflussen oder gar schaffen kann, da gehen die Ansichten der unterschiedlichen Schulen auseinander. Allem Zuwachs unseres Wissens über die kindliche Entwicklung zum Trotz stehen Erzieherinnen umso stärker vor der Herausforderung, sich sachkundig zu machen und eine eigene, begründete Position zu entwickeln.

Es bleibt die Frage: Was können wir als Eltern, Erzieher und Pädagogen tun, damit es wahrscheinlicher wird, dass Kinder ihre Potenziale optimal entfalten können?

Das Kind als kompetenten Gestalter eigener Entwicklungsprozesse zu betrachten ist ein guter Anfang.

7. Die Subjektwerdung des Kindes

Aus der Bindungsforschung und der Anthropologie wissen wir, dass ein Kind lange Zeit davon abhängig ist, dass Erwachsene es beschützen und versorgen. Die Psychologie und die Verhaltensbiologie sind sich in der Bedeutung der Früherfahrung des Säuglings und Kleinkindes einig. Was in den ersten Wochen und Monaten geschieht, hat weitreichende Auswirkungen auf die psychische Entwicklung des Kindes. (Kapitel Bindungsverhalten, S. 136)

Aber die frühkindlichen Erfahrungen sind nicht alles. Bringt ein Kind beispielsweise die Anlage zu Übergewicht mit auf die Welt, so wird diese Anlage durch das Nahrungsangebot und die Essgewohnheiten über die Jahre hinweg in einer Familie erst zur vollen Geltung kommen, oder aber auch teilweise ausgeglichen werden.

Intellektuelle *Hochbegabung* kann in einem bestimmten Milieu, etwa einer versagenden, anregungsarmen Umwelt, behindert werden oder unter günstigen Bedingungen, etwa durch ein frühes Erkennen und geeignete Maßnahmen, angemessen gefördert werden. Einige Auswirkungen von Anlagen werden erst durch die Bewertung, die die Umwelt vornimmt, produziert. Zugleich aber kennen wir auch Kinder, die frühzeitig bestimmte Eigenarten zeigen und diese auch über Jahre beibehalten. In diesem Zusammenhang sprechen wir dann auch gerne von kleinen Persönlichkeiten.

Persönlichkeit

Die Persönlichkeit des Menschen umfasst die Gesamtheit seines Wesens, seine Würde, die Mannigfaltigkeit aller Eigenschaften, die seine Einmaligkeit ausmachen: seine Gefühle, seine Gedanken, sein Wille, seine Moral, seine Intelligenz und seine Handlungen.

In der neueren entwicklungspsychologischen Forschung wird daher unter der Berücksichtigung des Subjekts Kind stets von einer *dynamischen Wechselwirkung* zwischen Sozialisationseinflüssen und dem aktuellen Entwicklungsstand eines Kindes ausgegangen.

So wurde z. B. nachgewiesen, dass die unmittelbaren und langfristigen Wirkungen verschiedener Erziehungsstile sich in Abhängigkeit vom Alter des Kindes und dessen aktuellem Entwicklungsstand äußerst unterschiedlich auswirken. Aus der Forschung zur Sozialisation der Moral ist bekannt, dass mit zunehmendem Alter argumentative Begründungen von Verboten und Geboten immer wichtiger werden und eine nur über Strafe und Strafandrohungen angestrebte Kontrolle immer unwirksamer wird. Auch Identifikation und Nachahmung gibt es auf allen Altersstufen, aber während Autoritätspersonen in der frühen Kindheit generell noch als Vorbild dienen und Orientierung bieten können, wird mit wachsender Selbstständigkeit und gefestigtem Selbstbild das Kind bei seinen Identifikationen immer wählerischer werden. Daran wird deutlich, wie kompliziert die Wechselwirkung von Anlage, Umwelt und Selbststeuerung bei der Persönlichkeitsentwicklung tatsächlich ist.

Wichtig hervorzuheben bleibt aber, dass schon von früh an die Kinder in diesem Prozess eine tragende Rolle spielen, bereits als Säuglinge eine Persönlichkeit besitzen, die durch ganz bestimmte Fähigkeiten und Eigenschaften definiert werden kann. In der Tat lassen sich auch wissenschaftliche Beweise für die Eigenart der Kinder finden.

Zahlreiche Untersuchungen treffen sich bei den so genannten „big five", den großen fünf Merkmalen, mit denen man eine Persönlichkeit am besten beschreiben kann.

1. Emotionale Ansprechbarkeit

(mehr oder weniger):
- Ängstlichkeit
- Depression
- Befangenheit
- Impulsivität
- Verletzlichkeit

2. Extraversion

(mehr oder weniger):
- Herzlichkeit
- Geselligkeit
- Durchsetzungsfähigkeit
- Aktivität
- Erlebnishunger
- Frohsinn

3. Offenheit für Erfahrungen

(mehr oder weniger):
- Fantasie
- Ästhetik
- Gefühle
- Handlungen
- Ideen
- Werte und Normen

4. Verträglichkeit

(mehr oder weniger):
- Vertrauen
- Freimütigkeit
- Altruismus (Selbstlosigkeit)
- Entgegenkommen
- Bescheidenheit
- Gutherzigkeit

5. Gewissenhaftigkeit

(mehr oder weniger):
- Kompetenz
- Ordnungsliebe
- Pflichtbewusstsein
- Leistungsstreben
- Selbstdisziplin
- Besonnenheit

Diese Grundmerkmale der Persönlichkeit sind in mehr oder weniger starker Ausprägung bei den verschiedenen Menschen vorhanden.

Wenn Sie versuchen, Kinder auf dieser Skala zu verorten und ihre Einschätzung zutrifft, dann besteht eine große Wahrscheinlichkeit, dass diese Grundzüge des Subjekts überdauern.

Exkurs: Mädchen sein – Junge sein

Im Folgenden finden Sie verschiedene Adjektive zur Beschreibung von Menschen durcheinander aufgelistet.

häuslich **geduldig**
modebewusst **resolut**
energisch entschlossen gelassen
fleißig klug clever nachdenklich **beherrscht**
sozial **selbstbewusst** intelligent
schwatzhaft neugierig **ängstlich** emotional
ehrgeizig hart hilfsbereit **lustig**
freundlich **attraktiv** zurückhaltend **gutmütig**
zärtlich selbstsicher **hysterisch** *dumm*
überlegen sachlich kühl *mutig* cool
sportlich *aggressiv* **aktiv** positiv
kinderlieb **musisch** *computer*
süchtig sorgend **blöd**

Versuchen Sie jetzt die genannten Eigenschaften Frauen und Männern zuzuordnen:

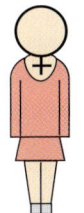

typisch Mädchen/Frau

typisch Junge/Mann

■ Wie Geschlechtsrollen entstehen

Zuallererst gibt es natürlich, wie aus dem Biologieunterricht bekannt, die biologischen Unterschiede zwischen Mann und Frau, die über den Hormonhaushalt vermittelt auch für Verhaltensunterschiede sorgen.

Eine erziehungswissenschaftliche Sichtweise ergänzt diesen wichtigen Aspekt durch das so genannte „soziale" Geschlecht, d. h. für die Geschlechterrollen und die geschlechtsspezifischen Verhaltensweisen ist die unterschiedliche Erziehung der Geschlechter, auch „geschlechtsspezifische Sozialisation" genannt, verantwortlich. Für Jungen und Mädchen sind die sozialen und kulturellen Bedingungen für die Persönlichkeitsentwicklung in unserer Gesellschaft seit Jahrtausenden sehr verschieden. Bereits vor der Geburt sind bestimmte Umweltbedingungen vorgegeben. So werden Jungen/Mädchen manchmal noch mit unterschiedlichen Farben (blau/rosa) bedacht, die Reaktionen der Eltern/Verwandten usw. auf die Geburt eines Jungen oder Mädchens sind oft sehr unterschiedlich.

Der Junge wird oft als „Stammhalter", das Mädchen als „süßer Engel" usw. bezeichnet. Damit schafft die Zugehörigkeit zu einem der beiden Geschlechter schon beim Start ins Leben unterschiedliche Voraussetzungen, aus denen sich dann über die ganze Lebensspanne hinweg geschlechtsspezifische Persönlichkeitsmerkmale entwickeln.

Man muss sich allerdings vor zu starkem Schwarz-Weiß-Denken hüten. Letztlich greifen biologische und soziale Prozesse wieder ineinander: Die biologischen Unterschiede, der unterschiedliche Organismus von Mädchen und Jungen macht das Erlernen des einen Verhaltens leichter als das des anderen. Die meisten Kulturen, auch die unsere, gehen bei ihren Erwartungen an Jungen und Mädchen, Männer und Frauen davon aus, was ihnen in biologischer Hinsicht am leichtesten fällt. Im Zusammenhang mit der Emanzipation der Frau ist es ein interessanter Gedanke, dass es prinzipiell möglich ist, dass das Verhalten der Geschlechter einander ähnlicher wird.

Der Erziehungswissenschaftler KLAUS HURRELMANN stellt dazu Folgendes fest:

„Bis in die Gegenwart hinein sind in breiten Schichten der Bevölkerung feste Vorstellungen darüber vorhanden, welche Verhaltensweisen und Persönlichkeitsmerkmale als typisch „männlich" und typisch „weiblich" gelten können. So wird männlichen Kindern, Jugendlichen und Erwachsenen ein großes Ausmaß von aktivem und durchsetzungsbezogenem Verhalten zugestanden, zugleich wird von ihnen wie selbstverständlich die Aufnahme einer Berufstätigkeit und das Durchlaufen einer Berufskarriere erwartet. Demgegenüber werden weiblichen Kindern, Jugendlichen und Erwachsenen stärker gefühlsbetonte und auf Unterstützung anderer ausgerichtete Verhaltensmerkmale zugeschrieben, zugleich verbunden mit der Erwartung, dass sie sich intensiv um Belange der Familie und vor allem auch der Kindererziehung zu kümmern haben. […]

Die Rollenmuster werden auch schon früh in der familiären und schulischen Erziehung zugrunde gelegt. Die Konsequenz ist, dass Männer mehrheitlich aggressive und auf Vorherrschaft ausgerichtete Verhaltensweisen zeigen, Frauen dagegen mehrheitlich gefühlsbezogene und zurückgezogene.[…]

Der Prozess der Identifizierung mit der eigenen Geschlechtsrolle lässt sich vermutlich nicht in genetische, biologische und psychische Komponenten zerlegen, sondern diese beiden Komponenten bauen aufeinander auf und beziehen sich aufeinander. Die biologisch angelegten Unterschiede werden sozial interpretiert und überformt, so dass es für einen jungen Mann oder eine junge Frau gar nicht möglich ist, zwischen den eigenen Anlagen und Merkmalen und den oft sehr fest gefügten, stereotypen Erwartungen der Um-

welt an die eigenen Merkmale und Verhaltensweisen zu unterscheiden."[1]

Anregungen und Aufgaben
1. Arbeiten Sie bitte die geschlechtstypischen Verhaltensmerkmale, die der Text nennt, heraus.
2. Wie erklärt Klaus Hurrelmann die Entstehung der unterschiedlichen Verhaltensmerkmale?
3. Was können Sie über unterschiedliche Erziehung von Jungen und Mädchen in anderen Ländern herausfinden? (Internet, multikultureller Hintergrund im KiGa)

Das Kind als Gestalter seiner Entwicklung

Zwei amerikanische Entwicklungspsychologen fanden einen Zusammenhang zwischen feindseliger Kritikbereitschaft der Mutter und Aggressionshäufigkeit der Kinder gegen die Mutter (im Alter von sechs bis zehn Jahren erhoben). Sie errechneten Korrelationskoeffizienten (Maß für den Zusammenhang zweier Variablen) von $r = .70$ für Jungen und $r = .68$ für Mädchen zwischen beiden Variablen.

Was bedeutet das?

Verursacht die Feindseligkeit der Mutter diejenige der Kinder? Dies war die traditionelle Interpretation. Oder ist es gerade umgekehrt, d.h. haben sich die Kinder die Feindseligkeit der Mutter selbst zuzuschreiben? Oder bedingen sich beide gegenseitig? Sehen wir einmal von dem Fall ab, dass beides von einer dritten Ursache abhängt (einer Erbanlage für Feindseligkeit).

So gibt es auch Hinweise auf einen Zusammenhang zwischen Veränderungen des Intelligenzquotienten und Variablen des häuslichen Milieus, derart, dass ein stetiger Anstieg des IQ im Alter von sechs bis zehn Jahren in Familien zu erwarten ist, die großen Wert auf schulische Leistungen legen und diese unterstützen, während ein kontinuierlicher Abfall in Familien zu erwarten ist, die diesbezüglich we-

[1] Hurrelmann, K., 1998

nig Interesse und Unterstützung aufbringen. Sind diese IQ-Veränderungen verursacht durch das häusliche Milieu oder haben die interessierten, lernmotivierten Kinder sich selbst diese Umwelt durch ihre Fragen, ihre Wissbegierde, ihre Resonanz auf Bemühungen der Eltern geschaffen? Wer erlebt, wie häufig Eltern sich vergeblich bemühen (vielleicht auf die falsche Weise), ihren Kindern etwas nahezubringen, wird nicht alle Verantwortung den Eltern zuschreiben. Sind hingegen besondere Interessen und Begabungen (Musikalität, handwerkliche Geschicklichkeit, sportliche Leistungsfähigkeit, Witz usw.) erkannt, werden die Familien bereitwillig zu fördern versuchen, wenn sie können.

Fasst man die vorhandenen Forschungsergebnisse grob zusammen, so ergeben sich wenigstens drei Wege, auf denen Kinder Einfluss auf ihre eigene Entwicklung nehmen:

a) In fast jedem Zeitpunkt des Lebens gibt es Wahlen bezüglich der sozialen und materiellen Umwelt in der man sich befindet. Jeder Mensch sucht sich passende Umwelten und wählt solche aus. So kann man schon bei kleinen Kindern Bevorzugungen von Kontakten zu einzelnen Familienmitgliedern beobachten, die Neigung zu bestimmten Spielgefährten und Freunden, das Selbstständigwerden im Sinne der Lösung von der Elternfamilie, die Wahl von Vereinen nach der eigenen Interessenlage. Später dann die Wahl von Lebenspartnern oder die Trennung von solchen. Ja selbst die Wahl von Fersehprogrammen und Urlaubsorten, die Wahl von Wohnung und Beruf, alles dieses hat Folgen für die weitere Entwicklung.

b) Wenn Sie sich bereits mit dem Lernfeld Wahrnehmung beschäftigt haben, werden Sie wissen, dass der Mensch seine Wahlen auf der Basis subjektiver Definitionen oder Kodierungen seiner Umwelt trifft. Er entscheidet dabei, was wichtig ist und was nicht und was es für ihn bedeutet. Für das eine Kleinkind ist der fremde Mensch, der die Wohnung betritt, eine Bedrohung, für ein anderes eine interessante Abwechslung. Für gute Schüler sind die Lehrer positive Partner, für schlechte eher gefürchtete Kritiker, denen man nach Möglichkeit aus dem Wege geht. Für den einen ist ein Museumsbesuch eine Belohnung, für den anderen eine Strafe. Selbstverständlich mit unterschiedlichen Folgen.

c) Jeder Mensch verändert seine Umwelt, und zwar nicht nur die materielle Umwelt (Zimmer, Wohnung, Arbeitsplatz), sondern auf vielfältige Weise das Selbstbild, die Einstellungen, die Werthaltungen und die Zielsetzungen seiner Sozialpartner. Das Bild von sich selbst, das Bild von anderen, das Ausfüllen einer Rolle werden gestaltet in der sozialen Interaktion. Insofern ist diese nie einseitig, sondern hat Auswirkungen auf alle Beteiligten (vergleichen Sie den Test „Selbstbild und Fremdbild", S. 182).

Der unleidliche nervöse Säugling verursacht Frustrationen, Ängste, Ablehnung bei der Mutter. Der anschmiegsame, freundlichere Säugling vermittelt der Mutter Befriedigung, Sicherheit und Stolz. Entwicklungspsychologen stoßen immer wieder auf den Zusammenhang zwischen negativen Temperamentsmerkmalen in der frühen Kindheit und einer ungünstigen Persönlichkeitsentwicklung. Eine Erklärung könnte sein, dass gewisse Temperamentsmerkmale des Kindes wie etwa Hyperaktivität oder Hypersensibilität von Bezugspersonen als unangenehm erlebt werden. Kinder mit solchen Merkmalen werden daher eher abgelehnt oder gemieden, was sich ungünstig auf die Persönlichkeitsentwicklung auswirken kann.

Wie geschickt Kinder unter Umständen vorgehen und ihre Umgebung mitgestalten, mag folgende Geschichte zeigen:
Es ist Adventszeit. Der Vater sitzt lesend im Wohnzimmer, als schwere Schritte im Flur Besuch ankündigen. Es klopft. Herein kommt Sohn Martin „als Nikolaus", verkleidet mit einem Säckchen voller Nüsse über der Schulter und einem großen Buch in der Hand. Er erklärt: „Ich bin jetzt der Nikolaus", geht auf seinen Vater zu, macht eine bedenkliche Miene, schüttelt gewichtig den Kopf und sagt: „Du schimpfst immer so viel!" Entsprechend spärlich fällt dann auch die Belohnung aus: eine einzige Erdnuss. Dann entfernt sich das Kind, schon nicht mehr würdig, sondern wie üblich hampelnd den Sack schlenkernd, und wirft dabei eine Vase mit Blumen um. Keine Scherben, aber Wasser auf Tisch, Wand und Boden. Weil Papa gerade ermahnt worden war, besinnt er sich, schimpft nicht und räumt die Sachen auf. Kaum sitzt er wieder am Tisch

hört man erneut gewichtige Schritte. Klopfen. Herein kommt Martin: „Es wäre jetzt nächstes Jahr" und mit freundlicher Miene: „Es ist schon viel besser geworden mit dem Schimpfen", und entsprechend reichlicher fällt dann auch die Belohnung aus…

Aufgaben

1. Diskutieren Sie in der Klasse wie diese Geschichte den Einfluss der Selbststeuerung in der Entwicklung des Kindes zeigen kann.
2. Haben Sie solche oder ähnliche Erfahrungen mit Kindern auch schon gemacht? Suchen Sie Beispiele aus dem Kindergartenalltag.

Wie stark endogene (innengesteuert) und exogene (umweltgesteuert) Einflüsse wirksam werden, hängt also auch und im Besonderen von der jeweils individuellen Konstellation ab, wobei die aktive Auseinandersetzung mit Entwicklungsaufgaben einer bestimmten Lebensphase und ihrer Bewältigung eine entscheidende Rolle spielen. Die Ergebnisse der persönlichen Entwicklung werden also auch von der jeweiligen individuellen und aktiven Auseinandersetzung eines Kindes mit seiner Welt mitbestimmt. Heute dominiert daher in der Psychologie ganz allgemein die Perspektive auf die *Selbstgestaltung* eines aktiven Subjekts.

Was ergibt sich daraus für die Förderung der Persönlichkeitsentwicklung des Kindes im Kindergarten?

Die Erzieherinnen fördern:

- Die Selbstständigkeit des Kindes.
- Neugier, Entdeckungsfreude und Fantasie, gerade im Spiel.
- Die Lernfreude des Kindes.
- Die emotionalen Kräfte des Kindes.
- Die Entscheidungsfähigkeit.
- Die Fähigkeit der Kinder, Probleme und Konflikte selber zu lösen.
- Das soziale Lernen.
- Die Einsicht in Lebensweltzusammenhänge.
- Die Beteiligung an alltäglichen Tätigkeiten.
- Den Sinn für Ästhetik.
- Die musisch-künstlerischen Fähigkeiten und Fertigkeiten.
- Die sinnliche Wahrnehmung.
- Die körperliche Kompetenz und Geschicklichkeit.
- Die Sprache und Kommunikationsfähigkeit usw.

Unsere pädagogischen Bemühungen müssen aber natürlich auch und gerade die Persönlichkeitsentwicklung in der Gruppe bedenken, sodass wir an dieser Stelle den Blickwinkel von der Person zur Gemeinschaft erweitern wollen.

8. Sozialverhalten

Die menschliche Entwicklung ist eine soziale Entwicklung

Obwohl das Kind einige individuelle Merkmale besitzt, ist es doch in vielerlei Hinsicht nicht von den anderen zu unterscheiden. Es spricht dieselbe Sprache, hat in groben Zügen dieselben Auffassungen von Gut und Böse und äußert Gefühle wie Liebe und Abscheu so, dass andere Menschen es sofort erkennen. Es gehört zu ihnen.

Die sogenannte Sozialisation, die Angleichung an andere Menschen, durchzieht alle anderen Entwicklungen. Ob es um die Entwicklung der Sprache geht, oder um die Entwicklung der Gefühle und des Denkens, der Wahrnehmung, der Gewissensbildung, oder auch um die körperliche Entwicklung, immer sind auf irgendeine Weise andere Menschen beteiligt. Die soziale Entwicklung ist also allgegenwärtig. Sie hängt nicht nur mit anderen Entwicklungen zusammen, sie ist deren Bestandteil.

Der Mensch ist ein soziales Wesen

Der gesellschaftliche Kontakt und das gesellschaftliche Lernen sind für den Menschen unerlässlich. Er ist auf eine gesellschaftliche Lebensweise hin angelegt und von Geburt an auf Mitmenschen und soziale Beziehungen angewiesen.

Die Sozialisation findet in allen Formen des Zusammenlebens statt: in der Familie, in verschiedenen Gruppen, im Kindergarten, in Schule, Betrieb, Vereinen usw., ein ganzes Leben hindurch.

Der jüdische Religions- und Sozialphilosoph MARTIN BUBER (1878–1965) sagte in diesem Zusammenhang:

„Der Mensch wird am „Du" zum „Ich".

Aufgabe
Interpretieren Sie diesen Satz für ihre Arbeit im Kindergarten.

Die soziale Entwicklung des Menschen ist also eine umfassende Erscheinung, die man in einer Dreiteilung übersichtlich machen kann:

- An erster Stelle orientiert sich ein Menschenkind an Menschen, ihnen gilt sein Interesse.
- In der Folge übernimmt ein Kind eine Vielzahl von Ideen, Werten und Verhaltensweisen von Menschen.
- Dann gewinnt es Fertigkeiten und Fähigkeiten im Umgang mit anderen Menschen, das ist das Sozialverhalten im engeren Sinne.

Orientierung am Menschen

Junge Säuglinge werden beim Schauen vor allem durch das menschliche Gesicht gefesselt, mehr als durch Gegenstände. Dabei geht es sogar mehr um Menschenähnliches als Maske, als um Lebendiges. Am Anfang ist es eine passive Reaktion des Säuglings, aber schon sehr viel früher als bisher angenommen werden die Kleinen aktiv, und zeigen dabei auch ihre Kompetenz: Mit Weinen, Kreischen, Festhalten oder intensivem Nachahmen versuchen sie sozialen Kontakt zu halten. Am intensivsten reagiert ein Neugeborenes auf die menschliche Stimme. Als erste Hörleistung kann es die Mutterstimme von anderen Frauenstimmen unterscheiden. Mutters Geruch kann es von dem anderer Frauen unterscheiden, nicht aber den Unterschied zwischen sauberer und schmutziger Windel. Das erste Lachen gilt einem Menschen. Das erste Wort ist in der Regel „Mama". Die erste Zeichnung zeigt ein Menschengesicht. Zu den heftigsten Ängsten, die ein Kind empfindet, gehört die Angst vor dem Verlassenwerden. Bevor ein Kind selbstständig werden kann, muss es sicher gebunden sein. Das Spielen, die Hauptbeschäftigung des Kindes, hat seine Wurzeln in den ersten Bewegungsspielen mit anderen Menschen.

■ Übernahme menschlichen Verhaltens

Die Fähigkeit zur Nachahmung scheint schon sehr früh vorhanden zu sein. Schon wenige Stunden alte Babys sind dazu in der Lage, Gesichtsausdrücke von Erwachsenen nachzuahmen: Sie strecken die Zunge heraus, sperren den Mund auf und stülpen die Lippen vor.

Laufen, Sprechen, Essen, Singen, Handeln – beim Allermeisten, was ein Mensch macht, spielt die Nachahmung eine große Rolle. Erwachsene machen es mehr oder weniger absichtlich vor, und das Kind macht es nach.

Wichtiger noch als Imitation ist das Lernen am Modell, das unwillkürliche Übernehmen von Handlungsweisen. Dies ist schon in den frühesten Rollenspielchen zu beobachten, die Haarbürste wird so über den Puppenkopf bewegt, wie auch das Kind gebürstet wird. Wenn es später Vater und Mutter, Kindergarten und Krankenhaus spielt, kann man dabei getreue Kopien der erlebten menschlichen Wirklichkeit erkennen. Hierbei wird auch schon viel fürs Leben geübt.

Aber auch außerhalb des Spieles übernimmt es unwillkürlich charakteristische Verhaltensweisen, anfangs vor allem von Mutter und Vater. *Was die Eltern tun, ist für die Persönlichkeitsentwicklung offenbar viel wichtiger als das, was sie sagen.* Der Prozess der Identifikation mit den Eltern ist eine langwährende Nachahmung menschlichen Verhaltens. Ein wichtiger Aspekt dabei ist die Übernahme der Geschlechtsrolle in der jeweils gebräuchlichen Form der verschiedenen Kulturen.

Bei der Gewissensbildung macht es sich die Regeln der Menschen seiner Umwelt zu Eigen. Erst versucht es, sich um des lieben Friedens willen daran zu halten. Später glaubt es dann selbst daran – die Regeln entsprechen nun seiner eigenen Überzeugung von Gut und Böse. Das Gewissen baut sich auf dem auf, was andere Menschen für notwendig erachten und was ein Kind nun selbst für notwendig hält. Im Laufe des Älterwerdens, werden Altersgenossen immer mehr zum Vorbild genommen, auch der Einfluss der Medien ist nicht zu unterschätzen. Im Schulalter wollen Kinder dann meist um jeden Preis genauso sein wie die anderen.

■ Umgang mit Menschen

Schon beim Bindungsverhalten haben wir eine Ahnung davon bekommen wie wichtig es ist, dass die Mutter auf das eingeht, was das Kind macht, ihm also auch die Initiative überlässt,

denn dies lässt in ihm ein Gefühl des Selbstvertrauens im Umgang mit anderen Menschen keimen. Etwas übertrieben kann man sagen, dass das Kind die Beziehung selbst formt.

Dasselbe begegnete uns bei der Entwicklung von Selbstbewusstsein und Selbsterkenntnis: Das Kind ist fasziniert von seiner Macht, wenn es entdeckt, dass es in der Beziehung mit seiner Mutter selbst Dinge geschehen lassen oder verhindern kann, wenn es herausbekommt, dass sein Kontakt mit ihr durch sein Verhalten mit geprägt wird. Mit vier Jahren, wenn es seinen Einfluss genau kennt, kann es dem Raum geben, was für andere angenehm ist. Im Vorschulalter lernt es, sich beim Spielen an Spielregeln zu halten.

Die Stelle in der Geschwisterreihe beeinflusst seine Ideen über den eigenen Einfluss auf andere Menschen, je nachdem, ob es Macht über andere hat oder nicht, ob es folgsam gehorcht oder nicht. Man kann die Familie auch als Miniatur-Gesellschaft auffassen, in der ein Kind in Abhängigkeit von seiner Position lernt, im Umgang mit anderen anpassungsfähig oder starr, kooperativ oder eigensinnig zu sein, ob es alles selbst will, oder ob es teilen kann. Aus diesen Beispielen der Übung im sozialen Umgang entwickelt das Kind Eigenschaften, die dafür verantwortlich sind, dass es mehr oder weniger gut mit Menschen umgehen kann. Der Kindergarten kann an diesem Prozess aktiv mitwirken durch die Förderung spezifisch sozialer Eigenschaften, so genannter *sozialer Kompetenzen*. Obwohl die soziale Entwicklung, wie aus dem Obigen hervorgeht, keine selbstständige Entwicklung ist, sondern mit allen anderen Entwicklungsprozessen zusammenfällt, die ein Kind durchlebt, kann doch das Soziale im Vordergrund stehen, gerade wenn wir daran denken, dass von sozialer Kompetenz als Erziehungsziel im Kindergartenalter die Rede ist. Unter sozialer Kompetenz finden sich spezifische Fertigkeiten im Umgang mit anderen Menschen, die man auch als Voraussetzungen für gelingendes Zusammenleben betrachten kann. Diese Formen des Zusammenlebens erwerben wir auf der Grundlage der gesellschaftlichen Lebensweise. Wir erlernen die Werte und Normen einer Gesellschaft. Diesen Vorgang des Erlernens der sozialen Verhaltensweisen, den Prozess, in welchem der Mensch in der Gemeinschaft handlungsfähig wird, bezeichnet man als *Sozialisation*.

Wie nun lässt sich das Sozialverhalten im Kindergarten beschreiben?

Im Folgenden bieten wir einige Fragen an, mit denen es möglich ist soziale Beziehungen in der Kindergruppe zu erfassen und gegebenenfalls darauf einzuwirken:[1]

Wie spielt das Kind?
- Spielt es viel alleine?
- Spielt es nur bei bestimmten Beschäftigungen alleine?
- Spielt es vorwiegend mit bestimmten Kindern?
- Wechselt es die Spielpartner häufig?
- Geht es aktiv auf neue Beschäftigungen bzw. Situationen zu?
- Spielt es konzentriert oder ist es leicht ablenkbar?
- Zeigt es im Spiel eigene Gefühle (Ärger, Wut, Freude, Trauer)?

Wie sehen seine Kontakte zu anderen Kindern aus? Das Kind in der Gemeinschaft.

- Geht es selbst auf andere Kinder aktiv zu?
- Kann es sich auf Interaktionen mit anderen einlassen?
- Schaut es häufig beim Spiel anderer zu ohne mitzumachen?
- Ist es Auslöser von Auseinandersetzungen?
- Findet es die Beachtung anderer Kinder?
- Gibt es anderen gelegentlich oder häufig Hilfestellungen?
- Lehnt es bestimmte Kinder ab (mit oder ohne Begründung)?
- Hat es viele oder eher wenige Freunde in der Gruppe?

Wie reagiert es auf Nichtachtung oder Ablehnung durch bestimmte andere Kinder?

- Äußert es Gefühle wie Wut, Trauer oder Verletztheit?
- Geht es auf andere Kinder zu?
- Zieht es sich häufig zurück?

- Wendet es sich an den Erzieher?
- Betont es persönliche Fähigkeiten?

Wie ist die Stellung des Kindes innerhalb der Gruppe?

- Hat das Kind eine bestimmte Rolle?
- Findet es Beachtung und Aufmerksamkeit anderer Kinder?
- Ist es für bestimmte Tätigkeiten oder Situationen zuständig?
- Kann es seine Rechte verteidigen?
- Kann es seine Ideen und Befindlichkeiten aktiv einbringen?
- Lässt es sich von Gruppenmeinungen beeinflussen?

Wie ist die Beziehung des Kindes zu den Pädagogen in der Gruppe und zu anderen Erwachsenen?

- Geht es auf bestimmte Personen besonders zu?
- Sucht es häufig die Nähe eines bestimmten Pädagogen?
- Sucht es die Anerkennung der Erwachsenen?
- Ist es abhängig von der Zuwendung oder Hilfestellung der Pädagogen?
- Spricht es seine Meinung über die Erwachsenen offen aus?
- Zeigt es autonomes Verhalten gegenüber Erwachsenen?
- Kann es auf partnerschaftliches Verhalten eingehen?
- etc.

In der Natur des Menschen also liegt es: Wir müssen sozialisiert werden und in dieser Sozialisation erwirbt der Mensch die *Werte und Normen* der betreffenden Gesellschaft und – wir erinnern uns – das ist die aktive Aufgabe von Erziehung.

---

[1] In Anlehnung an Rosenberg, Susanne

9. Wertorientierung

Jede Gesellschaft besitzt *Werte* ohne die Zusammenleben nicht möglich ist. Das Verhalten von Menschen in einer Gesellschaft oder Gruppe, ihr Tun und Lassen wird durch Werte bestimmt und geregelt. Werte sind somit die Grundlage des menschlichen Zusammenlebens. Da sie allerdings unterschiedlich auslegbar sind müssen Werte in konkretere Ausführungsbestimmungen übersetzt werden, das sind die *Normen.*

Werte

Werte sind in einer Gesellschaft oder in einer Gruppe vorherrschende, verbindliche Vorstellungen über das Wünschens- und Erstrebenswerte und bilden allgemeine Orientierungsmaßstäbe für das Verhalten von Menschen.

Beispielsweise Werte wie Ehrfurcht vor dem Leben, Toleranz, Gerechtigkeit usw.

Normen

Normen sind Auffassungen darüber, wie man sich verhalten soll. Somit sind sie Verhaltensvorschriften, wie die Werte einer Gesellschaft oder Gruppe zu erfüllen sind. Beispielsweise Gewohnheiten und Gebräuche, staatliche Gesetze, moralische Auffassungen usw.

BRIGITTE BEIL beschreibt in ihrem Buch: „Gutes Kind, böses Kind: Warum brauchen Kinder Werte?" anschaulich die Notwendigkeit der Wertevermittlung an Kinder:

„Für kleine Elefanten ist die Sache ganz einfach: Sie kommen auf die Welt und wissen sofort instinktiv, was sie tun müssen, um in ihrer Herde als gute Dickhäuter zu gelten. Kleine Menschen haben es da entschieden schwerer: Die Natur stattet sie zwar mit der Fähigkeit aus, sich zu ersprießlichen Mitgliedern der Gesellschaft zu entwickeln, aber dass sie das auch tatsächlich werden, ist keineswegs genetisch vorprogrammiert. Sie haben keine Ahnung, warum sie dieses tun und jenes lassen sollen, warum man wohl auf die Trommel, nicht aber auf den Kopf der kleinen Schwester hauen darf. Kinder müssen erst lernen und erfah-

ren, welches Verhalten in ihrer Gruppe als gut und richtig oder böse und falsch angesehen wird und wie man es lebt".[1]

Anregungen und Aufgaben
- Überlegen Sie für sich: Was sind die grundlegenden Werte, die Sie vertreten?
- Überlegen Sie, woher diese Werte kommen.
- Welche Werte sind ihnen wirklich wichtig?
- Inwiefern leben Sie diese Werte selbst?
- Wie vermitteln Sie diese Werte an ihre Kinder?

Über unsere gesellschaftlichen Regeln, die Überlieferungen und Sitten lernen wir zwischen „gut" und „böse", zwischen „richtig" und „falsch" zu unterscheiden und daraus Maßstäbe für unsere eigenen moralischen Prinzipien zu gewinnen. Diese Regeln verändern sich natürlich im Laufe der Zeit, weil sich auch die Lebensbedingungen verändern. Trotz des stetigen Wandels und einer gewissen Vielfalt der Werte hat sich ein Grundbestand erhalten, der deshalb sogar den ersten Artikel unseres Grundgesetzes bildet: Die Unantastbarkeit der Würde des Menschen. Dazu gehören aufbauend auch Sicherheit, Freiheit, Gerechtigkeit, Gleichheit, Frieden und Wahrhaftigkeit. Diese Werte helfen nicht nur ein demokratisches Gemeinwesen zu untermauern, sondern sie geben den Kindern auch ein Rüstzeug mit, in persönlichen kritischen Situationen sicher zu entscheiden, wie sie sich verhalten sollen.

Werte, die in Frage kommen:
- Achtung vor Anderen
- Bescheidenheit
- Dankbarkeit
- Ehrlichkeit
- Freundschaft
- Friedfertigkeit
- Gehorsam und Ungehorsam
- Gelassenheit
- Gerechtigkeit

---
[1] Beil, B., 1996

- Hilfsbereitschaft
- Höflichkeit
- Konfliktfähigkeit
- Liebe
- Mitgefühl
- Ordnung
- Rücksichtnahme
- Selbstständigkeit
- Selbstvertrauen
- Starke Mädchen
- Toleranz
- Umweltbewusstsein
- Verantwortung
- Vertrauen
- Zivilcourage

Aufgaben
1. Prüfen Sie für sich, welche dieser Werte auch für Sie in Frage kommen.
2. Erläutern Sie an möglichst konkreten Beispielen, wie eine Wertevermittlung im Kindergarten gestaltet werden könnte, und welche Probleme dabei auftreten können.

Doch wie kann man als Erzieherin die Kinder dazu anregen, diese Werte zu akzeptieren und sich nach ihnen zu richten? Man kann nicht anordnen was man für richtig hält, denn das Kind soll es ja verinnerlichen. Also bleibt nur ein vernünftiger Weg:

Vorleben statt predigen oder die Rolle der Erzieherpersönlichkeit

„Laufen, Sprechen, Essen, Singen – Menschen lernen das Allermeiste durch Nachahmung. Auch und vor allem die Art, miteinander umzugehen. Ob sie es wissen und wollen oder nicht: Eltern und Erzieher können gar nicht anders, als ihre Kinder zu einer bestimmten Einschätzung von Werten zu „erziehen". Sie tun es in jedem Fall, einfach durch die Weise, wie sie sind und reagieren –- wie sie sich zueinander verhalten, wie sie ihr Kind lieben und respektieren, wie sie etwa Vertrauen und Hilfsbereitschaft zeigen oder Ärger und Ablehnung, Gleichgültigkeit oder Anteilnahme. Aus allem lernt ein Kind schon von klein auf, was ihnen „gut" und „richtig" erscheint oder „falsch" und „böse", und daran hangelt es sich hoch."[1]

Die wenigsten Eltern und Erzieherinnen machen sich klar, dass selbst ihr unreflektiertes Handeln ihre Kinder mehr beeinflusst als alle Mahnungen, Drohungen und Sanktionen. Machen Sie sich bewusst: Sie bringen als Erzieherinnen den Kindern ihre Wertvorstellungen in erster Linie durch ihr Vorleben bei und nicht durch Überredung und Druck.

Weil Kinder von Anfang an bemüht sind, sich zugehörig zu fühlen und den Verhaltensweisen ihrer Gruppe anzupassen, beobachten sie scharf, was in ihrem Umfeld vorgeht. Sie haben ausgezeichnete Antennen und merken schnell, wenn ihnen etwas abverlangt werden soll, was die Großen selbst nicht machen. Kinder merken sehr bald, was wir mit dem Begriff der Doppelmoral beschreiben, wenn wir also beispielsweise Ehrlichkeit und Bescheidenheit predigen, aber gleichsam darum bemüht sind andere „übers Ohr" zu hauen, um unsere Schäfchen ins Trockene zu bringen. Das Problem ist nicht neu, deshalb wurde schon vor Jahrtausenden eine heute noch gültige Lösung erfunden, die die Rolle der Erzieherinnen und Erzieher in der Frage der Wertevermittlung deutlich herausstellt: „Was du nicht willst, das man dir tu', das füg auch keinem andern zu."

[1] Beil, B., 1996

10. Die Selbstbetrachtung des Erziehenden

Wie wir anhand der Analyse des Verhaltens von Max Eltern gesehen haben, besteht ein grundlegender Fehler scheiternder Erzieher darin, dass sie glauben, erfolgreiche Erziehung bestände aus einer Trickkiste von Methoden, die man sich nur aneignen müsse, um mit deren Hilfe Kinder formen zu können. Sie haben nicht verstanden:

> Das wirksamste Erziehungsinstrument ist unsere eigene Person.
> Wir vermitteln eher das, was wir tun, als das, was wir sagen oder wünschen.

Wie wir in unserem einführenden Beispiel gesehen haben, erzielen Techniken, wie das Verwenden von Erklärungen, Drohungen, Strafen, usw. nur selten die Ergebnisse, die wir uns wünschen. Da wir uns nicht klar gemacht haben, dass die Ausstrahlung unserer Persönlichkeit, unsere innersten Motive und Wahrnehmungen sowie Einflüsse der Umgebung einen weitaus mächtigeren Einfluss auf das Verhalten des Kindes nehmen als oberflächlich angeeignete Sozialtechniken.

> Techniken sind nur dann wirksam, wenn Sie einer überzeugenden Haltung entspringen, die der Erzieher nicht nur predigt, sondern auch lebt.

Wenn Sie also erfolgreich erziehen wollen, dann müssen Sie zunächst damit beginnen, ihre eigene Haltung zu überprüfen:

> **Reflexion**
> - Was sind die Werte, ihre Einstellungen, die Sie nicht nur vertreten, sondern auch leben?
> - Welche Widersprüche strahlen Sie aus? Denken sie an die Kinder, sie sind aufmerksame Beobachter und richten sich weniger nach dem was sie sagen, als was Sie leben!
> - Wie können wir einen überzeugenden Erziehungsstil entwickeln?

Persönliche Erziehungsvorstellungen und Prinzipien

Jeder von uns sieht die Welt durch einen Filter, der durch

- genetische Grundierung,
- unsere Erziehung,
- unsere biographischen Erfahrungen,
- einschneidende Erlebnisse,
- unsere Ausbildung,
- die Gesellschaft in der wir leben,
- unsere Werte
- und vieles mehr geprägt ist.

Wir alle entwickeln im Laufe unseres Lebens einen solchen Filter, der dazu beiträgt, dass wir die Welt in weiten Teilen auf unsere persönliche Weise sehen. Diesen Filter bezeichnen wir in Anlehnung an O. A. BUROW als „persönliches Paradigma". Ein Paradigma ist eine Art Landkarte im Kopf, mit deren Hilfe wir versuchen uns in einem Umfeld zu Recht zufinden. Paradigmen können in diesem Sinne sehr hilfreich sein und uns das Leben erleichtern, wenn wir nicht vergessen, dass die Landkarte nicht das Umfeld ist. Sie ist nur ein besonders akzentuiertes Abbild und sie kann Fehler enthalten. Unser Bild der Wirklichkeit, unsere „mentale Landkarte", kann fehlerhaft sein. Alles was wir erleben, interpretieren wir mithilfe dieser Karten und gehen in der Regel davon aus, dass sie uns ein getreues Abbild liefern. Oft stimmen diese Karten aber nur mit der Wirklichkeit überein, die wir persönlich erleben, und weichen stark von der Wirklichkeit ab, die unsere Kinder sehen. Dann haben wir ein Problem. Denn wir erreichen nur dann unser Ziel, wenn wir gemeinsam eine Karte benutzen, die die Wirklichkeit aus beiden Blickwinkeln hinreichend genau wiedergibt.

Die häufigste Situation, in der wir trotz bester Absichten scheitern, besteht darin, dass wir feste Vorstellungen davon haben, wie unser Kind sein sollte (unsere Werte) und uns zu wenig darum kümmern, wie unser Kind die Wirklichkeit sieht und welche Wünsche es hat (das Bild von der Wirklichkeit, das unser Kind hat).

Kinderblicke: Wie Vierjährige die Welt
der Erwachsenen erleben

„Ich will aber
keine Wurst mit
roten Punkten drin. Ich
mag lieber die
andere Fleischwurst."

Wenn wir unser Paradigma für die Wirklichkeit
nehmen, werden wir uns verfahren und nicht
am Ziel ankommen, denn unser Kind benutzt
eine andere Karte. Es wird unseren gut ge-
meinten Ratschlägen und Anweisungen ausweichen und sich tiefer in seine eigene Wirklichkeit zurückziehen. Der Kontakt zwischen
uns wird abbrechen. Einen wirkungsvollen Einfluss werden wir erst ausüben können, wenn
wir davon Abstand nehmen, das Kind nach unserem Bild formen zu wollen und uns auf den
Versuch einlassen, seine subjektive Konstruktion der Wirklichkeit zu verstehen. Hierzu werden wir aber erst in der Lage sein, wenn wir
die grundlegende Haltung zu unserem Kind
überdenken:

> Wollen wir das Kind beherrschen oder wol-
> len wir einen wechselseitigen Prozess der
> Partnerschaft und des Verstehens?

Dabei müssen wir uns klarmachen: Unsere
persönlichen Paradigmen, unsere Wahrnehmungen also, bestimmen unser Erleben und
Handeln. Auch unser erzieherisches Handeln ist
letztlich Ausdruck unserer Wahrnehmungen.

> Erfolgreiche Erziehung ergibt sich deshalb
> vor allem aus der Überprüfung und Verbes-
> serung unserer Selbstwahrnehmung und der
> Wahrnehmung unserer Kinder.

Konkrete Lernsituation
Große und kleine Menschen

Alle Mitschüler suchen sich einen Partner/
eine Partnerin. Einer setzt sich auf den Boden, der andere bleibt stehen.

Fünf Minuten lang erzählt der Stehende
dem Sitzenden, was er gestern den ganzen
Tag so gemacht hat, der andere hört zu.

Anschließend werden die Positionen getauscht.

Achten Sie dabei genau darauf, wie Sie sich
als Sitzende bzw. Stehende gefühlt haben.
In welcher Position ging es Ihnen besser?

Welche Gedanken gingen Ihnen durch den
Kopf.

Welche Erinnerungen wurden hervorgerufen?

Mögliche Schritte zum Erkennen des persönlichen Paradigmas.

- Versuchen Sie ihre persönliche Weltsicht
  (Paradigma), ihr System von Werten, ihre
  Einstellungen, ihre Empfindungen usw.
  in einfachen Sätzen auszudrücken.
- Welche Folgen hat dies für ihr erziehe-
  risches Handeln?
- Woher kommt ihre Weltsicht? Welche
  Einflüsse spielen hinein: welche Per-
  sonen, Erfahrungen, Theorien, Zeitgeist
  usw.
- Welche ihrer Erziehungsvorstellungen
  stammen aus ihrer eigenen Erziehung?
- Können Sie ihr persönliches Paradigma,
  das Sie anstreben, in wenigen Sätzen be-
  schreiben?
- Was müssen Sie lernen, um dieses Paradigma auch leben zu können?
- Wer kann Sie darin unterstützen?

11. Von der Selbstreflexion zur erfolgreichen pädagogischen Grundhaltung

Erziehung ist ein wechselseitiger Prozess, und es gehören immer mindestens zwei Personen dazu: Ein Erzieher und ein Zu-Erziehender.

Beide stehen zueinander in einer bestimmten Beziehung und sind voneinander abhängig.

> Das wechselseitig aufeinander bezogene Verhalten zwischen Menschen nennt man soziale Interaktion.

Erziehung ist stets soziale Interaktion. Erzieher und zu Erziehender reagieren ständig aufeinander, beeinflussen und steuern sich gegenseitig. Und gerade von der Art und Weise wie sich die Beziehung zwischen Erzieher und Kind gestaltet, hängt in hohem Maße der Erfolg der Erziehung bzw. die Persönlichkeitsentfaltung des Kindes ab.

In der älteren pädagogischen Fachliteratur wird diese besondere Beziehung das pädagogische Verhältnis genannt. HERRMANN NOHL, ein Erziehungswissenschaftler, hat schon in den dreißiger Jahren des letzten Jahrhunderts sechs Merkmale bestimmt.

1. **Erziehung geschieht um des zu Erziehenden willen.**
   Es soll dem Wohle des Kindes dienen und zu Selbstbestimmung und Autonomie führen.
2. **Erziehung unterliegt einem historischen Wandel.**
   Was als Wohl des Kindes angesehen wird, muss immer wieder neu diskutiert werden, weil die Wert- und Normvorstellungen sich im Laufe der Zeit verändern.

3. **Das pädagogische Verhältnis ist ein Verhältnis der Wechselwirkung.**
   Der Einfluss findet nicht einseitig nur vom Erzieher aufs Kind statt, sondern auch umgekehrt.
4. **Das pädagogische Verhältnis kann nicht erzwungen werden.**
   Die Beziehung zwischen Erzieher und Kind sollte auf Freiwilligkeit beruhen. Zwang und Gewalt zerstören diese Beziehung.
5. **Das pädagogische Verhältnis strebt danach, sich überflüssig zu machen.**
   Erziehung ist vom ersten Tag an darauf ausgerichtet das Kind selbstständig zu machen. Die Beziehung muss also so gestaltet werden, dass das Kind schrittweise selbstständig und mündig wird.
6. **Im pädagogischen Verhältnis akzeptiert der Erzieher den zu Erziehenden und fördert ihn nach seinen Möglichkeiten.**
   Der Erzieher soll das Kind so annehmen, wie es ist. Gleichzeitig ist er bemüht, dem Kind bei der Entfaltung seiner Möglichkeiten jegliche Unterstützung zu geben.

> **Aufgabe**
> Unterziehen Sie den Ansatz von H. NOHL einer kritischen Betrachtung. Bedenken Sie dabei, dass er vor über 70 Jahren formuliert wurde. Vergleichen Sie ihn mit modernen Begriffen wie z. B. Dialog, Interaktion, Kommunikation, Ich-Du-Verhältnis.

12. Bildung, Bildungsprozess

Bildung – ein schillernder Begriff

Der Begriff Bildung „versteckt" sich bereits in unzähligen Alltagsgesprächen. Wir hören vom Nachbarkind, dass es im nächsten Schuljahr ein allgemeinbildendes Gymnasium besuchen wird, sprechen mit einem Freund über seine Ausbildung zum Schreiner, erinnern uns an Großvaters Ausspruch „Reisen bildet" und denken beim Wort Pisa heute eher an Bildung als an den schiefen Turm.

Der Begriff Bildung wird eben in sehr unterschiedlichen Bedeutungen verwendet und zielt nicht unbedingt auf Klarheit. So sprechen wir ganz selbstverständlich von der Erziehung von Kindern und Jugendlichen, nicht aber von Erwachsenenerziehung oder gar Seniorenerziehung. Hier bemühen wir den eher unscharfen Bildungsbegriff und sagen Erwachsenbildung bzw. Seniorenbildung.

Im englischsprachigen Raum geht es salopper zu. Hier wird zwischen Bildung und Erziehung nicht unterschieden: education steht für beide Begriffe.

■ Bildung – der wechselnde Blick auf ein und denselben Begriff?

Bildung ist ein Menschenrecht, dessen Verwirklichung von der UN durch seinen Menschenrechtsbeauftragten global beobachtet wird. Dabei gibt es bis heute keine allgemein gültige Definition von Bildung und diese wird vermutlich zukünftig auch nicht parat sein.

Warum das so ist, ist rasch erklärt. Jeder von uns lebt in seiner eigenen Welt und interpretiert sie anders, selbst wenn es sich nur um Nuancen handelt. Aber auch Wissenschaftler verschiedenster Richtungen und Forschungsgebiete argumentieren aus ihrer Sicht- und Denkweise heraus, indem sie z. B. pädagogische, politische, philosophische oder wirtschaftliche Aspekte stärker betonen und damit einem bestimmten Menschenbild folgen.

Was Bildung nicht ist: Bildung ist keine Ware, kein Handelsgut. Lernende sind auch keine Kunden, die den Gesetzen des Warenmarktes von Angebot und Nachfrage unterliegen. Wie passt es wohl mit dem Bildungsbegriff zusammen, wenn keine oder eine nur schwache „Kundennachfrage" bei Normen oder Werten besteht. Werden sie dann nicht mehr angeboten um es hier etwas überspitzt zu formulieren? Bildung ist auf diese – heute sagt man „postmoderne" – Sichtweise nicht zu reduzieren. Bildung hat Tradition, Anspruch und Vision. Aufgrund ihrer Bildung haben kulturschaffende Menschen in jeder Epoche unserer Geschichte Bedeutendes hinterlassen. Ein früher Beitrag ästhetischer Kultur führt uns beispielsweise zu den Höhlenmalereien in Lascaux, Frankreich.

Der Bildungsbegriff erreicht die Pädagogik, obwohl es sie damals als wissenschaftliche Disziplin noch gar nicht gab. Zur Zeit Wilhelm von Humboldts (1769–1859), des wohl bedeutendsten Vertreters des sogenannten Neuhumanismus, umfasste der Bildungsbegriff nicht nur die Bildung des Menschen, sondern die gesamte organische Natur. Bildung wurde als Gestaltungsprozess des Wachsens und Werdens aufgefasst. Die lateinischen Begriffe *formatio* als Bildung, Gestaltung und *cultura* als Anbau, Ausbildung, Bearbeitung, Landwirtschaft wurden in die deutsche Sprache übernommen. Auf Menschen bezogen verstand man darunter die Formung des individuellen Geistes, das Streben nach Weisheit und Urteilsfähigkeit, die Erkenntnisse der Geschichte sowie die Fähigkeit sich individuell zu Vervollkommnen.

Es ist weitgehend in Vergessenheit geraten, dass es PESTALOZZI war, der das neuhumanistische Gedankengut in der damaligen Gesellschaft verankern wollte. Bereits im „Schwanengesang" schrieb er, das „Leben bildet" und „Menschenbildung" war ihm ein Anliegen, das er in seinem Buch „Lienhard und Gertrud" sehr einfühlsam und engagiert ausführte.[*]

■ Ein zeitgemäßes Bildungskonzept

Bildung lässt sich nicht allgemeingültig beschreiben. Es lassen sich aber diskutierbare Kriterien identifizieren, die nach GUDJONS fünf unterschiedliche Dimensionen ausmachen:

1. Die *sachliche Dimension*: Bildung braucht bestimmte Bildungsinhalte, „Stoffe";
2. die *temporäre Dimension*: Der Zeitverlauf der Menschheitsgeschichte hat einen Sinn, der immer wieder ausgehandelt werden muss, Bildung braucht „Geschichte";
3. die *soziale Dimension*: Mit Bildung sind normative Zusammenhänge der menschlichen Gesellschaft verbunden, Bildung braucht „Zustimmung", „kommunikative Sozialität";
4. die *wissenschaftliche Dimension*: Die Wissenschaft möchte, dass Bildung Wissenschaft - nicht Dogmatismus – braucht;
5. die *autobiographische Dimension*: Der einzelne braucht Bildung für sein Selbstverständnis.[1]

Keine leichte – aber lösbare – Aufgabe:
Bilden Sie Vierergruppen.

1. Übersetzen Sie die Aussagen der Dimensionen in ihre Sprache, begründen Sie, fügen Sie Beispiele an.
2. Jede Gruppe bearbeitet drei Dimensionen.
3. Vergleichen Sie die aufgabengleichen Ergebnisse.
4. Überlegen Sie sich dazu eine angemessene Präsentation.

Tipp: Internetrecherche, Wörterbuch …

Wir wollen den Bildungsbegriff präzisieren, wobei wir im weiteren Verlauf auf die frühkindliche Bildung fokussieren.

Bildung bezieht sich grundsätzlich auf die persönliche Art und Weise, wie sich ein Mensch die Welt, in die er hinein geboren wird, erschließt und sich zu Eigen macht. Es ist eine subjektive Auseinandersetzung mit objektiv vorgefundenen geistigen, kulturellen Errungenschaften sowie der ihm umgebenden Umwelt.

Bildung bezieht sich auch immer auf die Person und den Erfahrungshintergrund eines Menschen. Die Entwicklung und Sensibilisierung äußerer und innerer Wahrnehmung führen schon im Säuglings- und Kleinkindalter zum Aufbau eines „Weltbildes", selbst wenn die Welt in diesem Alter noch sehr klein ist. Die Familie, der Nahraum des Gemeinwesens, sowie andere dem Kind vertraute Räume, repräsentieren für das Kind zunächst die Welt.

Schon im Vorschulalter setzt sich das Kind mit Symbolen wie Bild, Schrift, Zahl auseinander um sein Weltbild zu erweitern und zu erfassen. Nahezu alle Kinder malen das Haus als Symbol für Geborgenheit, Zugehörigkeit und Vertrautheit.

Vor fast 200 Jahren wies der Bildungstheoretiker Wilhelm von Humboldt schon darauf hin, dass jeder Mensch eine Energie, eine „Unruhe" in sich spürt, die Umwelt zu verstehen und sie mit zu gestalten, obwohl er dabei nicht primär an Vorschulkinder dachte. Die aktuelle Auffassung vom Kind als aktives, forschendes, entdeckendes und neugieriges Wesen hat hier seinen Ursprung und wird heute durch die neueren Ergebnisse der Hirnforschung bestätigt.

Die eigenaktive Auseinandersetzung des Kindes mit Materialien, Symbolen oder der Umwelt wird als Selbstbildung bezeichnet, weil sie nicht durch äußere Motivation gelenkt wird, sondern auch auf Grund der Faszination, die von ihnen selbst ausgehen. Schauen wir uns an einem Beispiel an, welche Aufgabe sich Kathrin gestellt hat.

Kathrin, 6;1 J. Das Dorf, in dem ich wohne

---

[*] Vergleiche hierzu den Text von Pestalozzi „Das Andenken an eine Großmutter" S. 128
[1] Gudjons, H., 2003

Das Bild zeigt uns Kathrins Nahraum, so wie sie ihn sieht und wie es ihr zeichnerisches Können zulässt. Obwohl sie die Schule noch nicht besucht, hat sie offensichtlich den Ehrgeiz, den einzigen Dorfladen mit dem Namen „SPAR" zu beschriften. Noch ist es ihr nicht ganz geglückt, das „S" ist in der Zeichnung spiegelverkehrt.

Sie erkennen an diesem Beispiel, dass sich ein Kind Schriftsymbole (Buchstaben) aus der Umwelt aneignet und in einem Bild gestalterisch einsetzt.

Kinder verleihen Gegenständen durch Symbole verschiedenster Art einen ganz anderen Bedeutungsgehalt, sobald sie zu ihrer Erfahrungswelt gehören. So wird durch ein rotes Kreuz und grellem Blinklicht aus einem simplen Lastwagen plötzlich ein Krankenwagen (siehe nebenstehendende Abbildung).

Dinge des täglichen Lebens, Menschen, Tiere, Pflanzen, Straßen, Spielplätze, Supermärkte, Autos u. a. sind für Kinder willkommene Bildungsanlässe, sie möchten näheres darüber erfahren und, wie in unseren Beispielen, es zeichnerisch umsetzen. In solchen Prozessen entdeckt das Kind „seine Welt" und wird durch die Auseinandersetzung stetig vertrauter und entwickelt, weil es auch darüber nachdenkt, seine kleine Lebensphilosophie.

Erst dann sprechen wir im eigentlichen Sinne von Bildung: Wenn Gelerntes, Erfahrenes, erworbene Kompetenzen, die Verinnerlichung von Werten und Normen etc. uns dazu befähigen, autonom und sozial zu handeln, indem wir uns ein eigenes, möglichst differenziertes „Bild" darüber machen können um beispielsweise auch gegen dumpfe Stammtischparolen gefeit zu sein.

Bildung „wächst" lebenslang, und zwar nicht einfach linear, wie das Lernen von Rechenfähigkeiten – erst addieren, subtrahieren, dann multiplizieren – sondern neues Wissen, neue persönliche Einstellungen, ein anderes Denken wird genutzt um ein eigenes *Weltbild* aufzubauen.

Wir halten den wichtigsten Aspekt des Bildungsbegriffes fest:

Peter, 5;4 J.

Selbstbildung ist der wesentliche Aspekt des Bildungsprozesses eines Menschen. Damit ist der Prozess allerdings nicht vollständig beschrieben. Wir sind auch auf die Vermittlung und Unterstützung, auf Erziehung durch die Bildungsinstitutionen wie Schulen, Hochschulen und Kindertagesstätten, die zurzeit eine starke Aufwertung erfahren, angewiesen. Sie vermitteln u. a. Wissen, dass der Konstanzer Philosoph MITTELSTRAß als Verfügungswissen bezeichnet, es ist das Wissen, um Ursachen, Wirkungen und Mittel, das Wissenschaft und Technik unter gegebenen Zwecken zur Verfügung stellen. In diesem Kontext ist auch das durch Befragungen ermittelte Material von DONATA ELSCHENBROICH zu sehen, das sie in ihrem Buch „Weltwissen der Siebenjährigen" nannte.

Bildungsauftrag der Kindertageseinrichtungen

Besonders in Industriegesellschaften treffen wir heute Bildungssysteme mit sehr differenzierten Bildungsinstitutionen (Kindertagesstätten, Schulen, Fachschulen, Hochschulen etc.) an.

In den meisten europäischen Nachbarländern kommen Kinder unter sechs Jahren bereits verpflichtend in entsprechende Bildungsinstitutionen. In Deutschland kam vor allem durch die Pisa-Studien frischer Wind in die vorschulische Bildungsdiskussion, die nicht nur Fachleute und Politiker, sondern eine breite Öffentlichkeit führte. Konsens besteht weitgehend darüber, dass es im Vorschulbereich noch wesentliche Bildungsressourcen gibt.

> **Bildung**
>
> Bildung bezeichnet den Vorgang: Der Mensch (das Kind) bildet sich (= Selbstbildung).

In den Bundesländern ist die frühkindliche Betreuung, Bildung und Erziehung als Auftrag des SGB VIII (1991) inzwischen erkannt worden. Zur Qualitätsentwicklung und -sicherung in den Tageseinrichtungen wird der Bildungs- und Erziehungsauftrag der jeweiligen Bundesländer in Bildungsplänen dokumentiert (siehe Bildungsauftrag und Bildungspläne der Kindertageseinrichtungen, S. 366).

■ Frühkindliche Bildung als Minigeschichte

Frühkindliche Bildung ist heute das erste – und nach Aussagen vieler Forscher – wichtigste Glied einer langen Bildungskette. Sie reicht von der frühkindlichen oder Elementarbildung bis zur Seniorenbildung. Es ist erst ein paar Jahrzehnte her, da hießen unsere Kindergärten noch „Bewahranstalten" und der Name war Programm. Ohne das persönliche Engagement damaliger Kindergärtnerinnen zu schmälern, wurden die Kinder versorgt, beschäftigt und diszipliniert. Seit den siebziger Jahren hat sich eine rasche, seit einigen Jahren eine rasante Entwicklung in zwei Richtungen gezeigt, denen wir hier die Namen Forschungs- bzw. Biotoprichtung geben.

Forschungsrichtung

Wesentliche Forschungsimpulse kamen – wenn man es geographisch sieht – aus Amerika. Nur sehr schleppend nahm die pädagogische Forschung in Deutschland diese Ergebnisse auf. Woran lag es?

Deutschland hatte keinen Lehrstuhl für Frühpädagogik und der Kindergarten, der seinerzeit nicht zum Bildungsbereich gehörte, war für Professoren wenig attraktiv, denn damit konnte man damals als Wissenschaftler wenig glänzen. Es ist hauptsächlich das Verdienst von JÜRGEN ZIMMER und Mitarbeiterinnen, ein umfassendes curriculares Konzept des Situationsansatzes erarbeitet zu haben, das seinerzeit in den meisten Kindergärten mehr oder weniger konsequent umgesetzt wurde.

Andere geniale Konzepte der damaligen Zeit, so z. B. die „Schlüsselbegriffe in der Vorschulerziehung" von H. Retter u. a. wurden auch von den Lehrerinnen und Lehrern, die an den Fachschulen für Sozialpädagogik unterrichteten, kaum aufgegriffen. Die Gründe dafür und weitere Stolpersteine, die sich auf unterschiedlichen Ebenen zeigten, können hier nicht weiter verfolgt werden.

Seit etwa einem Vierteljahrhundert gibt es auch in Deutschland kaum eine Wissenschaft oder Teildisziplin, die nichts zur frühen Kindheit beizutragen hat. In der aktuellen pädagogischen Literatur sowie in den Bildungsplänen der Bundesländer werden die Erkenntnisse aus den verschiedenen Wissenschaften in die Konstruktion frühkindlicher Bildungsbereiche einbezogen.

Biotopenrichtung

Darunter verstehen wir sehr engagierte Erzieherinnen, die in „ihrem" Kindergarten, also ihrem „Biotop", vor allem didaktisch-methodisch Beeindruckendes geleistet haben.

Unter den flotten und erneuerungswilligen gab es nicht wenige, die sehr viel Zeit, Fleiß und Energie in Fort- und Weiterbildung investierten und damit Impulse und neue Ideen in die Einrichtungen brachten.

■ Fazit

Frühkindliche Bildung geht von der Selbstbildung des Kindes aus. Säuglinge setzen bereits ihr Verfügungswissen beim Steuern von Handlungen ein. Dabei geht das Kind sowohl aktiv wie selektiv vor. Aktiv, weil es offensichtlich etwas tun will, heute sagt man „einen Drang zum Forschen entdeckt", selektiv deshalb, weil es sich Dinge aus der Umwelt aussucht, die interessanter sind als andere. (Differenzierte, beispielhafte Ausführungen dazu siehe Tageseinrichtungen für Kinder, S. 365 ff.)

Dabei stehen Kinder in ständiger Interaktion mit der Umwelt und kommunizieren zunächst nonverbal, später auch verbal, mit ihren Bezugspersonen und anderen Kindern, z. B. während dem Spiel im Kindergarten. Für Gerd E. Schäfer ist Spiel ein Bildungsbereich, wo Bildungsprozesse ansetzen. „Eine Bildungstheorie für das frühe Kindesalter, die von der Eigenaktivität des Kindes ausgeht, wird also damit beginnen müssen, ein Verständnis für die Bildungsprozesse zu entwickeln, die im kindlichen Spiel wie selbstverständlich ablaufen."[2]

In unserem Kapitel Spiel und Spielen (S. 409 ff.) beschreiben wir am Beispiel des Spiels auch die Hirnentwicklung des Kindes als Voraussetzung für den Bildungserwerb.

---

[2] Schäfer, G. E.; 2003

13. Grundlagen der Entwicklung

In diesem Kapitel befassen wir uns mit sehr unterschiedlichen Veränderungen im Laufe des menschlichen Lebens.

Stellen Sie sich vor, Sie hielten ein Neugeborenes in den Armen. Können Sie voraussagen, zu welcher Person sich dieses Kind mit einem Jahr entwickelt haben wird? Mit 5 Jahren? Oder mit 10, 20, vielleicht sogar mit 50 oder 70 Jahren?

Ihre möglichen Vorhersagen werden sowohl allgemeine als auch besondere Merkmale betreffen. Aller Wahrscheinlichkeit nach wird das Kind sprechen lernen; aber ob es einmal ein begabter Musiker, Schriftsteller, Arzt, Lehrer oder Handwerker wird, ist ungewiss. Bei Ihren Voraussagen werden Sie sich Gedanken über Erbanlagen und Umwelt machen – sind die Eltern begabte Musiker, Schriftsteller, Ärzte, Lehrer oder Handwerker werden Sie eher vermuten, dass auch das Kind über ein entsprechendes Talent verfügt. Wächst das Kind in einer anregenden Umgebung auf, sagen Sie ihm möglicherweise voraus, dass es in seinen Leistungen sogar den Eltern überlegen sein wird. Wächst es in einem eher armen Milieu auf, entfaltet es seine Talente möglicherweise nur unvollständig.

Stellen Sie sich Folgendes vor: Sie verlassen Ihr Elternhaus für einige Monate, vielleicht, um auf eine entlegenere Schule zu gehen, und als Sie wieder zurückkommen, sagen die Leute: „ Du hast Dich aber verändert!" Diese Be-

„Altersstufen", eine Chromo-Lithographie der Fa. May (Dresden) um 1900, illustriert den menschlichen Lebenslauf von der Geburt bis zum Tod.

hauptung wird fast über Ihr gesamtes Leben hinweg zutreffen.

Entwicklungspsychologie ist ein Teilgebiet der Psychologie, das sich mit körperlichen, psychischen und geistigen Veränderungen befasst, die sich von der Empfängnis über die gesamte Lebensspanne hinweg bis zum Tod ereignen. Entwicklungspsychologen wollen und sollen herausfinden, wie und warum sich Organismen im Laufe der Zeit verändern, Entwicklung erfassen und erklären. Die Forscher untersuchen die Zeitperioden, in denen unterschiedliche Fähigkeiten und Funktionen erstmalig auftauchen, und beobachten, wie sich diese Fähigkeiten verändern. Die Grundannahme ist hierbei, dass sich geistige Fähigkeiten, soziale Beziehungen und andere biologisch lebenswichtige Aspekte der menschlichen Natur im Laufe des gesamten Lebens entwickeln und verändern.

Im Unterschied zu der Darstellung des Künstlers, der den Lebenslauf mit der Wiege, also

Das Wiedersehen
Ein Mann, der Herrn K. lange nicht gesehen hatte, begrüßte ihn mit den Worten:
„Sie haben sich gar nicht verändert."
„Oh!" sagte Herr K. und erbleichte.

Bertolt Brecht: Geschichten vom Herrn Keuner.

In den ersten Lebensjahren ergeben sich die einschneidenden, weitreichenden Veränderungen des Lebens, für die wir in besonderer Weise pädagogische Verantwortung tragen.

nachgeburtlich beginnen ließ, wie es der damaligen Auffassung entsprach, wissen wir es inzwischen besser. Ein heutiger Entwicklungspsychologe weist darauf hin, dass bereits im vorgeburtlichen Zeitraum Ereignisse auftreten, die für das weitere Leben eines Menschen von erheblicher Bedeutung sein können; entsprechend beginnt für ihn die Entwicklung unmittelbar mit der Verschmelzung männlicher und weiblicher Geschlechtszellen, also mit der Empfängnis und endet mit dem Tod des Individuums.

Die Tabelle gibt einen Überblick über die heute unterschiedenen Entwicklungsphasen. Hierbei zeigt sich, dass die frühen Entwicklungszeiträume viel differenzierter erfasst werden, als die späteren. Darin drückt sich aus, was allgemeine Übereinkunft in der Entwicklungspsychologie ist:

Phasen der Entwicklung über die Lebensspanne	
Phase	**Lebensabschnitt**
Pränatal	Empfängnis bis Geburt
Neugeborene	Von der Geburt bis etwa zum zehnten Lebenstag
Säuglingsalter	Das erste Lebensjahr
Kleinkindalter	Das zweite Lebensjahr
Vorschulalter	Drittes bis sechstes Lebensjahr
Späte Kindheit oder Schulkindalter	Von etwa sechs bis etwa dreizehn Jahre
Adoleszenz	Von etwa dreizehn bis etwa zwanzig Jahre
Frühes Erwachsenenalter	Von etwa zwanzig bis etwa dreißig Jahre
Mittleres Erwachsenenalter	Von etwa dreißig bis etwa fünfundsechzig Jahre
Spätes Erwachsenenalter	Etwa fünfundsechzig Jahre und älter

Entwicklung ganz persönlich

Wie sich Kinder entwickeln, wie ihre Persönlichkeit Form annimmt, sich einerseits verändert und doch „irgendwie" erhalten bleibt, lässt sich eindrucksvoll in Kinder- oder Familienalben beobachten. Auf dem ersten Bild sehen Sie einen Winzling, der sich auf den folgenden Bildern bis hin zum Teenager streckt. „Na und", werden Sie vielleicht sagen, „größer werden wir alle, ist doch nichts Besonderes."

Wenn Sie die Bilder emphatisch „lesen", bemerken Sie, dass Entwicklung mehr ist als nur Körperwachstum. Die Bilder drücken durch Körperhaltungen wie Gestik, Mimik, Pantomimik, unverwechselbare Persönlichkeitszüge aus. Sie „erzählen" von Freude, Erstaunen, Ich-will-groß-sein, Fürsorge, Ich-setze–mich-durch, Grübel-Grübel, bis hin zu Ich-gehe-meinen-Weg. Schauen Sie bitte genau hin. Erinnerungen an Ihre Kindheit sollen dabei wach werden und sind von uns beabsichtigt.

Eine Bilderbuchkarriere von A.

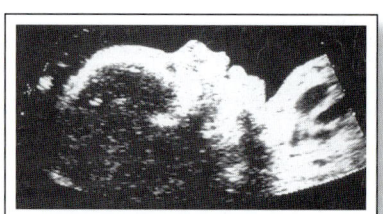

ca. 7. Monat Ultraschallaufnahme

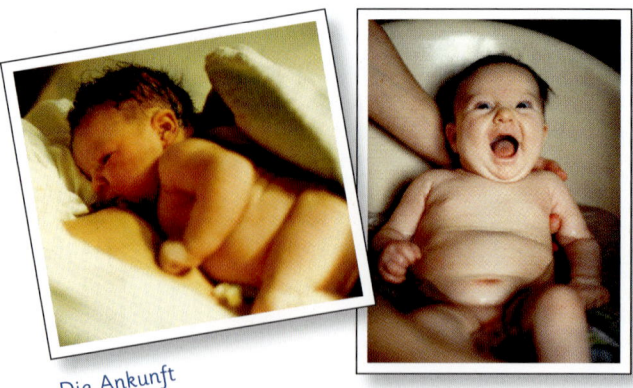

Die Ankunft

3 Monate alt

6 Monate

10 Monate

18 Monate

4 Jahre

2 Jahre

3 Jahre

5 Jahre

6 Jahre

7 Jahre

10 Jahre

8 Jahre

11 Jahre

13 Jahre

15 Jahre

16 Jahre

Sechzehn Jahre Entwicklung. 9 Monate im Mutterleib zuerst als Embryo (dritte bis achte Schwangerschaftswoche), dann als Fötus (neunte Schwangerschaftswoche bis zur Geburt). Von der Geburt als Säugling bis zur jungen Frau. In diesen 16 Jahren hat sich viel verändert, der Körper ist gewachsen, eine Muttersprache wurde erworben, vielen verschiedenen Menschen ist man begegnet, die dingliche Welt wurde erfahrbar, ein individuelles Wesen gewann Konturen, doch trotz eines erkennbaren Wandels bleibt sich der Mensch in gewisser Weise auch treu, bildet sich etwas Charakteristisches heraus.

> **Reflexion**
> 1. Bringen Sie ein frühes Kinderfoto von sich mit und legen Sie ein aktuelles daneben. Beschreiben Sie jetzt wie Sie sich heute sehen, indem Sie z. B. Ihr Aussehen, bestimmte Fähigkeiten, Wesenszüge, Verhaltensweisen, Vorlieben, Einstellungen und Wertvorstellungen formulieren.
> 2. Denken Sie einen Augenblick darüber nach, wie Sie zu dem Menschen geworden sind, der Sie heute sind.
> 3. Sie befinden sich wahrscheinlich gerade in der Phase der Adoleszenz. Überlegen Sie doch einmal kurz, welche Entwicklung Sie im letzten Jahr durchgemacht haben.
>
> - Haben Sie ein neues Hobby entwickelt?
> - Haben Sie vielleicht das Rauchen aufgegeben?
> - Haben Sie beschlossen, sich auf ein neues Aufgabenfeld zu konzentrieren?
> - Haben Sie einen neuen Freundeskreis gewonnen?
> - Haben Sie eine enge Beziehung zu einer einzelnen Person entwickelt?
> - Haben Sie eine Krankheit ausgeheilt?
> - Haben Sie begonnen mehr Sport für ihre körperliche Fitness zu betreiben?

Wegmarken der Entwicklung

Bei allen individuellen Entwicklungsverläufen gibt es *allgemeingültige* Orientierungsmarken der kindlichen Entwicklung im körperlich-biologischen, geistigen, sprachlichen und sozialen Bereich. Auf den folgenden Seiten finden Sie die typischen Entwicklungsverläufe in den einzelnen Bereichen.

> Haben Sie Erklärungen für die Gemeinsamkeiten aber auch die Unterschiede in der Entwicklung des Menschen? Diskutieren sie innerhalb der Klasse.

Die (auf den folgenden Seiten) enthaltenen Altersangaben sind Medianwerte. Sie geben das Alter an, bis zu dem die Hälfte aller Kinder eine bestimmte Fähigkeit, Fertigkeit oder Erkenntnis erworben hat. Wenn z. B. im Bereich der Sprachentwicklung um den 11. Monat herum die Aussage gemacht wird, dass Kinder vorgesprochene Wörter nachzuahmen beginnen, so erreicht der Anteil von Babys, die dies tun, zu diesem Zeitpunkt die 50-Prozent-Marke. Oder etwa um den zwölften Lebensmonat herum erwirbt das Kind im Schnitt die Fähigkeit selbstständig zu laufen, Mädchen ein wenig früher als die Jungen.

Wann allerdings einzelne Kinder eine Fähigkeit erwerben, variiert mehr oder weniger stark: „Schnellentwickler" sagen vielleicht schon mit sieben Monaten „Mama", während „Nachzügler" damit bis nach dem ersten Geburtstag warten, ohne dass sich die Eltern Sorgen machen müssten.

Vom vierten Lebensjahr an wird die Streuung größer, so dass eine genaue Einordnung noch schwieriger wird.

Die befruchtete Eizelle, anfangs nur ein Zellklumpen, nistet sich innerhalb von zehn Tagen vollständig in der Gebärmutterschleimhaut ein. Nach drei Wochen schlägt das Herz des zwei Millimeter kleinen Embryos

Am **zwei Monate** alten Embryo beginnen sich die Geschlechtsmerkmale zu differenzieren. Er **zeigt erste Bewegungen**. Einen Monat später gähnt, räkelt und streckt sich der Fötus bereits

Der **sechs Monate** alte Fötus hat tägliche Wach- und Ruhephasen. Sein Gehirn verschaltet sich mit den Sinnesorganen. Er **erkennt erste Geräusche** wie Herzschlag und Stimme seiner Mutter

Um den **neunten Lebensmonat** erprobt das **Kind** erste Formen der Fortbewegung, um sich einem Gegenstand zu nähern. Es rutscht im Sitzen, rollt sich über den Boden und **krabbelt**

Mit **sechs Monaten** lernt das **Baby**, ohne fremde Hilfe zu sitzen. Die beginnende Kooperation der beiden Gehirnhälften ermöglicht ihm unter anderem das **beidhändige Greifen**

Im Alter von **drei Monaten** entwickelt der **Säugling** wichtige Funktionen im Zentralnervensystem und bildet einen eigenen Tag- und Nachtrhythmus aus. Dank wachsender Kraft im Oberkörper beginnt er den **Kopf aufrecht zu halten**

GEBURT Das **Neugeborene** ist mit vielen Aufgaben konfrontiert: Es muss **eigenständig atmen**, Kreislauf und Verdauung regulieren sowie die Körperwärme stabilisieren. Trotz schwacher Muskeln zeigt es reflexartige Bewegungen

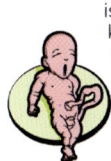

KÖRPER

	bis 1 Monat	bis 2 Monate	bis 3 Monate	bis 4 Monate	bis 5 Monate	bis 6 Monate	bis 7 Monate	bis 8 Monate	bis 9 Monate	bis 10 Monate
GEIST	Erkennt bereits nach wenigen Stunden **Stimme und Geruch der Mutter** **»Intuitive Mathematik«:** kann zwischen zwei und drei gleichen Objekten unterscheiden	**Unterscheidet** das Gesicht der Mutter von anderen Gewinnt Vorstellungen durch **Tastsinn:** erkennt seinen im Mund gefühlten Schnuller optisch wieder	Verfolgt zunehmend **Details und Bewegungen** Versteht **Objektpermanenz:** weiß, dass Objekte nicht verschwinden, wenn sie verdeckt werden	Merkt sich Gelerntes eine Woche **Erkundet** die Umgebung mit den Augen Nutzt verstärkt **die Hand zur Wahrnehmung**	Zeigt vermehrt Interesse an seinem **Spiegelbild** Hat dasselbe **Farbspektrum** wie ein Erwachsener	Untersucht gezielt Gegenstände **mit beiden Händen** Versteht einfache **Rechenaufgaben** mit wenigen Objekten: reagiert erstaunt auf falsche Ergebnisse	Beginnt, der **Blickrichtung** eines Erwachsenen zu folgen	Erste Anzeichen für **Nachdenken** über Ursache und Wirkung	**Sucht jetzt aktiv** nach verstecktem Spielzeug Beginnt Funktionen von Gegenständen zu begreifen: versucht, sie **»richtig«** zu nutzen	Kann noch nach 24 Stunden einfache, bei Erwachsenen beobachtete **Handlungen nachahmen**
SPRACHE	Kommuniziert durch **Schreien** Zieht Laute der **Muttersprache** denen anderer Sprachen vor	Beginnt zu gurren **Erster Austausch:** reagiert mit Lauten auf Ansprache	**Artikuliert Bedürfnisse** durch verschiedenartige Schreie Beginn des **Lippenlesens:** Bringt Lippenbewegung mit Vokalen in Zusammenhang	**Reagiert** unterschiedlich auf freundliche und ärgerliche Stimmen Kann lächeln, ahmt lallend vorgesprochene Vokale nach	Laute nehmen **muttersprachliche Färbung** an	Experimentiert mit verschiedenen **Betonungen und Tonhöhen** **Unterscheidet Laute** fremder Sprachen besser als Erwachsene	Beginnt zu lallen, verdoppelt Silben zu **»dada«** oder **»baba«** Reagiert auf seinen **Namen**	Begreift einfache **grammatikalische Regeln:** zieht Sätze mit sinnvollen Pausen vor	**Brabbeln** beginnt sprachliche Züge anzunehmen, Laute ähneln denen der Muttersprache Versteht **»Nein«**	Reagiert auf **einfache Aufforderungen** Kann **»Mama«** und **»Papa«** sagen
SOZIALVERHALTEN	Zeigt **Interesse** an Gesichtern Imitiert Augenblinzeln und **Zungeherausstrecken** Beruhigt sich, wenn es **auf den Arm** genommen wird	Entwickelt **soziales Lächeln:** reagiert auf menschliche Stimmen und Gesichter	Sucht oder meidet den **Blick des Gegenübers** **Erwartet Interaktion:** Kommuniziert über Mimik, Gestik und Laute	Kann durch **Mimik** Entzücken, Traurigkeit und Überraschung zeigen	**Begrüßt** **Betreuer** durch Strampeln und Zappeln Drückt Freude durch lautes **Lachen und Quietschen** aus	Beginnt, fröhliche oder ärgerliche **Stimmen** dem entsprechenden **Gesichtsausdruck** zuzuordnen	**Emotionale Bindungen** zu einer Person oder mehreren beginnen sich zu verstärken	**Fremdelt:** verhält sich unterschiedlich gegenüber vertrauten und unbekannten Menschen	**»Affektverstärkung«:** blickt in ungewohnten Situationen zur Vertrauensperson, um in deren Mimik zu lesen, wie es reagieren soll	Liebt **Versteckspiele** Erkennt, worauf eine Person **emotional reagiert** Zeigt **Zuneigung**

Quellen und weitere Literaturhinweise unter www.geo.de/lernen

Stufen der Entwicklung

Die hier gezeigten Stufen der körperlichen, geistigen und sozialen Reifung des Menschen dienen als Orientierungshilfe. Fachleute erstellen damit ein Profil des aktuellen Könnens und Wissens eines Kindes und können auch Hinweise finden, ob dieses Kind in irgendeinem Bereich besondere Unterstützung braucht. Laien müssen dazu wissen: Es ist völlig normal, dass ein Kind mal mehr oder auch weniger kann, als die Tabelle vorgibt. Und je älter es wird, desto vielfältiger sind seine Entwicklungsvarianten. Sie spiegeln die Individualität des Kindes wider, seine Lebensgeschichte und seine Kultur

Von **Martin Paetsch** (TEXT) und **Siegmar Münk** (ILLUSTRATION)

KÖRPER

Etwa im Alter von **zwölf Monaten** verfügt das Kind über die nötige Gelenkigkeit, Muskelkraft und Balance für einen wichtigen Entwicklungsschritt: Es erlernt das selbstständige Laufen

Dreijährige sind motorisch bereits so geschickt, dass sie Dreirad fahren können, springen, auf einem Bein hüpfen und Treppen steigen

Mit **sechs Jahren**, zur Zeit des Schuleintritts, meistert das Kind bereits schwierige Bewegungsabläufe. Es **fährt Fahrrad ohne Stützräder**, läuft Rollschuh und spielt Fußball

	bis 11 Monate	bis 12 Monate	bis 18 Monate	bis 2 Jahre	bis 3 Jahre	bis 4 Jahre	bis 5 Jahre	bis 6 Jahre	bis 7 Jahre
GEIST	Schaut Bilder an und weist mit dem **Finger** auf Gegenstände	**Sehqualität** entspricht der eines Erwachsenen — Kann einen **Gegenstand identifizieren**, wenn dessen Name genannt wird	Entwickelt **Symbolspiel:** deutet Gegenstände und Personen zu Spielfiguren um	**Ich-Bewusstsein** ist entwickelt: erkennt sich selbst im Spiegel	Kann **Puzzlespiele** mit drei oder vier Teilen lösen — Interessiert sich für **mechanisches Spielzeug**, Lichtschalter und Geräte	Entwickelt Zeitverständnis und **autobiografisches Gedächtnis** — Begreift, dass verschiedene Menschen ein Objekt aus **verschiedenen Perspektiven** sehen	Versteht, dass sich **eigene Gedanken und Gefühle** von denen anderer Personen unterscheiden — Kann bewusst **lügen**	Kann zunehmend **Schein und Wirklichkeit** besser trennen: versteht etwa Verkleidung — **Merkfähigkeit** wächst nun langsamer	Hohe **Kreativität** — Entwickelt **Metagedächtnis:** ist sich bewusst, dass Erlerntes auch wieder vergessen werden kann
SPRACHE	Beginnt, vorgesprochene **Wörter** nachzuahmen	Beginnt, erste klare **Wörter** zu sprechen	Vokabular: **bis zu 20 Wörter**	**Benennungsexplosion:** Erreicht 50-Wörter-Marke, danach rapide Aneignung neuen Vokabulars — Bildet **Sätze aus zwei Wörtern**	Erfreut sich zunehmend an **Reimen und Liedern** — Formuliert einfache, grammatikalisch **korrekte Aussagesätze** — Vokabular: etwa **300 Wörter**	Kann grammatikalisch korrekte **Fragen** stellen und Sätze aus fünf bis sechs **Wörtern** bilden — Entwickelt **Kritzelschrift**	Erzählt komplexere **Geschichten** — Vokabular: **bis zu 8000 Wörter**	Gebraucht Sprache weitgehend korrekt — **Kommuniziert erfolgreich,** ohne über Sprache zu reflektieren	Korrigiert **Fehler** spontan während des Sprechens — Setzt Buchstaben und Laute in Beziehung: **schreibt, wie man spricht**
SOZIALVERHALTEN	Reagiert mit lebhaftem **Protest**, wenn ihm ein Lieblingsspielzeug weggenommen wird	Lernt durch Nachahmung neue Verhaltensweisen wie Klatschen und Winken	**Begrüßt** und umarmt vertraute Personen — Erste **Anteilnahme,** aber auch Verstellung — Beginn des **Trotzverhaltens**	**Spielt** mit anderen Kindern — Zunehmende **Unabhängigkeit** von den Eltern	Entwickelt Schuldgefühle, **zeigt Zuneigung** zu vertrauten Spielpartnern — Eigensinnigkeit lässt nach: kann **beim Spielen kooperieren**	Spielt gern **Rollenspiele** — Kann kooperieren, **teilen** und schenken — Spiel wird zum **Wettbewerb** — Erste **Freundschaften**	Möchte Freunden gefallen, lernt andere Ansichten kennen — Konzept von »Gut« und »Böse« ausgebildet	Organisiert **Gruppenspiele,** versucht, Konflikte zu lösen — **Identifizierung** mit dem eigenen Geschlecht: zeigt zunehmend typisches Verhalten	Lehrer und Mitschüler werden neue **Bezugspersonen**

Mit **etwa zehn bis zwölf Jahren** setzt bei Mädchen die Pubertät ein: Durch die hormonelle Umstellung **wachsen Brüste und Hüften,** kurz darauf die Geschlechtsorgane. Die Menstruation setzt im Schnitt mit 12,2 Jahren ein

Ab etwa **zwölf Jahren** wachsen beim Jungen Muskelmasse und Geschlechtsorgane; mit durchschnittlich 12,5 Jahren hat er den **ersten Samenerguss.** Gegen Ende der Pubertät ist der Stimmbruch erfolgt

Im Alter zwischen 16 und 19 Jahren ist das Längenwachstum abgeschlossen. Mädchen erreichen die **Erwachsenengröße** etwa zwei Jahre früher als Jungen

bis 8 Jahre	bis 9 Jahre	bis 10 Jahre	bis 11 Jahre	bis 12 Jahre	bis 13 Jahre	bis 14 Jahre	bis 15 Jahre	bis 16 Jahre	bis 17 Jahre	bis 18 Jahre	danach
Komplexes Denken: erwägt mehrere Herangehensweisen an ein Problem; kann eine Handlung im Geist umkehren	**Metakognition** ist weit entwickelt: Nachdenken über die eigenen Gedanken	Zeichnet perspektivisch und **dreidimensional**	Kann Aufmerksamkeit **besser fokussieren** und irrelevante Informationen ausblenden Beginnt, **Lernstrategien** zu entwickeln und anzuwenden	Anfänge des **formalen Denkens:** kann systematisch Hypothesen aufstellen und überprüfen, versteht abstrakte Konzepte, bewertet und erläutert eigene Denkprozesse Mit der Pubertät beginnt die **Identitätssuche:** entwickelt differenziertes Selbstbild, entdeckt persönliche Vorlieben und Hobbys, zeigt vermehrt Selbstzweifel (vor allem Mädchen) und destruktives Verhalten (vor allem Jungen)				Zunehmende **geistige Flexibilität** und Fortschritte im abstrakten Denken, betrachtet Probleme aus vielen Perspektiven, beschäftigt sich intensiv mit politischen, sozialen und religiösen Themen Ausgeprägte Identitätssuche: hinterfragt Meinungen und Konventionen, entwickelt **eigene Vorstellungen und Werte**			**Identität** beginnt sich zu festigen Plant und trifft Entscheidungen für die **Zukunft**
Wendet erste Rechtschreibregeln an	Beherrscht grundlegende Rechtschreibregeln wie **Großschreibung** am Satzanfang Kann grammatikalische Fehler erklären	Entwickelt Verständnis für **Metaphern,** Doppeldeutigkeiten und Sprachwitz	Beherrscht, **Geschichten** auf einen Höhepunkt hin zu erzählen	Lernt, sein **Sprachverhalten** verschiedenen Situationen besser anzupassen Eignet sich **Jugendsprache** an				**Verfeinertes Sprachverhalten:** Schilderung abstrakter Sachverhalte, gegliedertes **Argumentieren,** um eigene Standpunkte darzulegen Deutscher Wortschatz von etwa **80 000 Wörtern**			
Vergleicht seine Leistungen mit denen anderer **Zunehmende Gruppenaktivität:** verstärktes Interesse an organisierten Spielen und Ausflügen Entwickelt tiefere Freundschaften, hat aber wenig Kontakt zu Gleichaltrigen anderen Geschlechts				Konflikte mit den Eltern nehmen zu, Entfremdung gegenüber Zärtlichkeiten in der Familie Wachsendes **Interesse am anderen Geschlecht** **Cliquenbildung:** bemüht sich um Anerkennung in der Gruppe				**Ausgeprägtes Sozialleben:** besucht mit Freunden Partys, Clubs und Konzerte Zunehmend **eigenständige Tagesplanung** und verantwortliches Handeln Hat im Durchschnitt ab 15 Jahren **zum ersten Mal Sex** Beginnende **Loslösung vom Elternhaus**			

Gehen Sie in die Darstellung der Stufen der Entwicklung hinein und vergleichen Sie die Beschreibungen mit ihren eigenen Erfahrungen.

Entwicklungstabellen gehen in der Regel von durchschnittlichen Entwicklungsverläufen aus. Natürlich gibt es das idealtypische „Durchschnittskind", dessen Entwicklung dieser Darstellungen genau entspricht in der Regel so nicht. Jedes Kind entwickelt sich individuell auf seine ganz persönliche Weise und meist auch unterschiedlich schnell im einen oder anderen Bereich.

Diese individuellen Unterschiede sind in der Tabelle mitgedacht und die Beschreibungen jeweils als Durchschnittswerte zu verstehen. Es soll also nicht als Katalog von Einzelleistungen verstanden werden, die Kinder zu einem bestimmten Alter erbringen müssen, sondern als locker umrissene Entwicklungsabfolgen, die persönliche Abweichungen in Grenzen tolerieren.

Was macht Entwicklung aus?
Die Anlage-Umwelt-Diskussion

Warum werden Kinder größer, nehmen an Umfang und Gewicht zu, können zunächst nicht sprechen, erwerben die Sprache aber dann sehr bald, wechseln vom Liegen und Getragenwerden übers Rutschen zum Krabbeln zum Laufen?

Da ist auch die Beobachtung, dass sich die Kinder offenbar, je älter sie werden, desto unterschiedlicher „entwickeln". So zeigen manche im Kindergarten ein stark aggressives Ver-

halten, während andere eher friedlich sind oder in Konfliktsituationen den Rückzug wählen. Es gibt „lebhafte" Kinder, „besonders neugierige" Kinder, oder „stille zurückgezogene", großgewachsene und zarte, kleinwüchsige…, eine große Vielfalt, die es ermöglicht, trotz gemeinsamer Entwicklungslinien ein jedes Kind vom anderen zu unterscheiden, also eine eindeutige Unverwechselbarkeit. Entwicklung scheint also keiner Automatik zu folgen, sondern ist auch von besonderen Umweltbedingungen und Umweltreizen abhängig, so entsteht Vielfalt.

Wir wollen diejenigen Bedingungen kennen lernen und auch praktizieren, die eine möglichst umfassende, positive Entwicklung des Kindes möglich machen, und diejenigen vermeiden, die dies nicht tun.

Die unterschiedlichsten Sichtweisen prägten jahrzehntelang die Vorstellungen über menschliche Entwicklung. Vor allem war es die Frage ob die Entwicklung eher durch genetische Anlagen oder durch die unter bestimmten Umweltbedingungen gemachten Erfahrungen beeinflusst wird. Diese so genannte Anlage-Umwelt-Diskussion kommt auch an anderen Stellen in diesem Lehrbuch zur Sprache, so z. B. beim Bild vom Kind und bei der Frage nach der Macht und Ohnmacht von Erziehung.

Nach unserem heutigen Wissensstand ist die Frage nach dem Einfluss von Erbe und Umwelt auf die Entwicklung des Menschen recht gut zu beantworten. Auf dem Weg zu dieser Antwort werfen wir zuerst einen Blick in die Pflanzenwelt.

Amerikanische Forscher konnten in einem sehr anschaulichen Experiment bei einer kalifornischen Hügelpflanze die Zusammenhänge sehr deutlich darstellen. Sie nahmen Ableger mit der gleichen Gen-Ausstattung. Der in der Abbildung zu sehende erste Ableger wurde an einem sonnigen, trockenen Platz eingepflanzt. Der zweite Ableger befindet sich an einer trockenen und schattigen Stelle. Der dritte Ableger bekommt an einem feuchten Standort viel Sonne, und er vierte Ableger kann sich bei hoher Feuchtigkeit und viel Schatten entwickeln. Sie sehen was dabei herauskommt: Trotz gleicher Ausstattung entwickeln die vier Pflanzen unter verschiedenen Umweltbedingungen jeweils ein anderes Aussehen.

trocken sonnig

trocken schattig

feucht sonnig

feucht schattig

Wir haben im Klassenzimmer das Experiment mit den Schülerinnen nachgestellt.
Urteilen Sie selbst:

Zum gleichen Zeitpunkt von genetisch identischen Ablegern eingepflanzte Setzlinge. Der eine stand schattig und kühl und der andere sonnig und warm.

Auch bei Pflanzen legen die Gene also nicht starr fest, welche Merkmale wie Größe, Form, Blätterausstattung, Farbe usw. entstehen. Es entwickeln sich bei jeweils identischen Genen und unter ungleichen Umweltbedingungen die Merkmale Pflanzengröße und Blätterausstattung unterschiedlich. Offenbar legen Gene Reaktionsweiten, also Bereiche fest, innerhalb derer sich der Ausprägungsgrad eines Merkmals in Reaktion auf verschiedene Umwelten ändern kann. Beim Menschen liegen aus der Zwillingsforschung vergleichbare Beobachtungen vor.

■ Unterschiedliche Ansätze zur Entwicklungstheorie

Reifungstheorie oder endogenetische Theorie

Die Reifungstheorie geht davon aus, dass Veränderungen fast ausschließlich auf Reifungsprozesse zurückgeführt werden können. Der frühe Hauptvertreter dieser Auffassung ist J. J. ROUSSEAU (1712–1778). Seine Forderung, Kinder sollen ihren Wachstums- und Reifungskräften überlassen werden, damit sie sich gut entwickeln, ist in dem berühmten Erziehungsroman „Emile" dargelegt.

Aber auch modernere, meist verhaltensbiologisch orientierte Wissenschaftler betonen, dass Reifungsprozesse für die verschiedenen Lebensabschnitte der kleinen Kinder mit ihren wichtigsten Merkmalen gleich seien, unabhängig von historischem Wandel und kulturellen Lebensbedingungen, weil sie einer anlagebedingten Programmatik folgen. Die Umwelt kann den programmierten Entwick-

lungsstufen höchstens unterstützend oder hemmend zur Seite stehen. Solche Theorien warnen deshalb vor „Verfrühung", wenn ein Kind bestimmte Reifungsstufen noch nicht erreicht hat, oder sie warnen vor Versäumnissen, wenn eine altersgemäße Unterstützung für ein Kind ausbleibt. Mittlerweile kann als gesichert gelten, dass diese Theorien nur von eingeschränkter Brauchbarkeit sind. Ein Beispiel dafür liefert BAAKE:

„In unserer Kultur gehen wir von der Meinung aus, eine bestimmte Leistung, wie das Lesen können, sei nicht vor dem sechsten Lebensjahr möglich; ein „normal" entwickeltes Kind wird demnach vom sechsten Lebensjahr an lesefähig sein, und entsprechend erfolgt dann ja auch die Einschulung. Inzwischen wissen wir, dass bereits Drei- und Vierjährige bei geeigneter Unterstützung durchaus in der Lage sind, das Lesen zu erlernen. Offenbar ist es also nichts als eine kulturelle Übereinkunft, die uns davon ausgehen lässt, Kinder sollten vom sechsten Lebensjahr ab Lesen lernen. Wenn wir freilich das Aufwachsen der Kinder so organisieren und die Lernangebote so auswählen, dass sie tatsächlich erst mit sechs Jahren lesen und schreiben können, dann werden sie dies auch in diesem Alter tun. Zwar gibt es ganz offensichtliche Prozesse, die sich nur mäßig oder gar nicht beschleunigen lassen (etwa motorische Reflexe wie das Umgreifen eines Daumens mit der Hand, aber auch das Krabbeln und Sich-Aufrichten), aber im Ganzen scheinen gerade für kleine Menschenkinder die Umweltbedingungen so entscheidend zu sein, dass bestimmte Reifungsprozesse nur die Voraussetzung für Entwicklung sind, diese aber keineswegs selbst darstellen."[1]

Milieutheorien oder exogenetische Theorien

Milieutheorien gehen nicht von inneren Prozessen (endogen), sondern von äußeren Bedingungen (exogen) aus, die eine aktive Umwelt auf ein eher passives Individuum ausübt. Der Mensch entwickelt sich also durch Erfahrungen, die durch Lernprozesse zustande kommen. Auch hier gibt es einen sehr frühen Vertreter J. LOCKE (1632–1704), nach dessen Ansicht ist das Kind oder der Organismus eine „Tabula rasa", ein unbeschriebenes Blatt , auf das die Außenwelt ihre Inhalte schreibt.

---

[1] Baacke, D., 1999

Dieses Grundmodell findet sich heute in den Lerntheorien von Pawlow bis Skinner, den so genannten *Konditionierungstheorien*. Danach lernt der Mensch, dass auf ein Signal hin ein bestimmtes Ereignis folgt (Pawlows klassisches Konditionieren). So lernt ein Kind Angst vor dem Keller zu haben, wenn es darin einmal erschreckt wurde.

Im Sinne des *Operanten Konditionierens* lernt es, dass in einer bestimmten Situation ein konkretes Verhalten ein positives oder negatives Ereignis nach sich zieht (Lernen am Erfolg bzw. Misserfolg), in einer etwas anderen Situation aber nicht (Unterscheidungslernen).

Diese Lerntheorien sind zweifellos sehr wichtig, dennoch kann auch dieser theoretische Zugang das Phänomen der Entwicklung nicht hinreichend erklären. Zum einen geben diese Theorien nicht an, welche Kinder in verschiedenen Entwicklungsstufen Konditionierung benötigen, zum anderen reagieren Kinder teilweise unterschiedlich auf gleiche Umweltbedingungen. Es ist unbestreitbar, dass die Umwelt Entwicklung beeinflusst, aber nicht im Sinne der Beschriftung eines leeren Blattes. Die Gründe für bestimmte Verhaltensweisen von Kindern sind vielfältiger. Ein Beispiel von D. Baake:

„Zum Ersten kann der Reiz oder die Situation eine Rolle spielen, die dem gezeigten Verhalten direkt vorausgingen und es provozierten. Sehen wir ein schluchzendes Kind, kann der unmittelbare Grund für seinen Kummer ein leichter Klaps wegen einer Lüge sein. Beschränken wir uns auf diese Interpretation, könnte das Weinen tatsächlich Resultat eines Konditionierungsprozesses sein: Das Kind hat durch „leichtes Klapsen“ gelernt, dass Lügen diese Konsequenz haben, und es wird wegen dieser nun von ihm selbst erzeugten unangenehmen Folge weinen. Es könnte aber auch einen lebensbiographisch-historischen Grund für das Weinen geben, der in der häuslichen Erfahrungsgeschichte des Kindes beschlossen liegt. Es weinen ja längst nicht alle Kinder, wenn sie einen „leichten Klaps“ von der Mutter bekommen, so dass es andere Faktoren geben muss, die ausgerechnet dieses Kind zum Weinen gebracht haben. Vielleicht weint das Kind, weil es aufgrund früherer Erfahrungen argwöhnt, ihm werde nun die Liebe der Mutter entzogen (das hat es schon öfter beobachtet). Oder es weint, weil die Mutter bisher noch nie in dieser Weise reagiert hat, so dass das Kind die

gar nicht so böse gemeinte Reaktion auf eine Unart als herbe Bestrafung erlebt, die für das Kind ungewohnt ist, und ist darum erheblich erschreckt"[2]

Konstruktivistische Stadientheorien

Die konstruktivistischen Stadientheorien heben sich deutlich von der rein umweltbestimmten Sicht ab. „Diese Theorien sehen den Menschen, in einem **aktiven** Austausch mit seiner Umwelt, auf die er handelnd einwirkt, die er erkennt und interpretiert. Die Umwelt bietet ihm Anregungen und Herausforderungen, die seine Entwicklung beeinflussen, aber nicht mechanisch, sondern immer vermittelt durch die Sicht der Umwelt, die der Mensch auf sie hat. Es ist der Mensch, der durch eigenes Erkennen und eigene Interpretationsleistungen der Umweltverhältnisse seine Lebenswirklichkeit »konstruiert«. Der Mensch braucht eine Umwelt, aber die Umwelt determiniert seine Entwicklung nicht, sie wird vielmehr durch den wahrnehmenden Organismus als inneres Modell konstruiert."[3]

J. Piaget (1896-1980) ist der Hauptvertreter dieser Theorie. Er betrachtet das Kind als sich entwickelndes Individuum, welches aktiv und selbstgesteuert die Umwelt sich denkend einverleibt. Das Kind verarbeitet, je nach Entwicklungsstadium, die Angebote der Umgebung. Es sind also die persönlichen Erkenntnis- und Handlungsmöglichkeiten, die festlegen, wie die Umwelt begriffen wird.

Auf Piagets Theorie der Entwicklung des Denkens werden wir noch zurückkommen.

Interaktionistische Entwicklungstheorien

Diese Theorieansätze sind in der Pädagogischen Psychologie sehr bedeutsam und für die Erzieherinnen wichtig, weil *pädagogisches Handeln ja gerade in der Zuwendung zu Kindern besteht und sich über Kommunikation verwirklicht.*

Kommunikation und Interaktion stehen im Mittelpunkt dieser Theorien. Mensch und Umwelt bilden ein Gesamtsystem und stehen in ständiger Wechselbeziehung. Durch diesen Interaktionsprozess werden die sich entwickelnden Menschen angeregt, in ihm beeinflussen sie sich gegenseitig. Auch auf die materielle Umwelt gibt es Einwirkungen. Dadurch wer-

---

[2] Baacke, D., 1999
[3] Baacke, D., 1999

den wieder neue Prozesse der Veränderung in Gang gesetzt.

Kindliche Entwicklung und menschliches Wachstum erfolgen also dadurch, dass Eltern sich schon sehr früh, am besten schon vor der Geburt, „interaktionistisch" auf ihre Kinder einstellen. Dazu noch einmal Baacke:

„Dies bedeutet, dass Eltern auch dann zu den Kindern sprechen sollten, wenn diese das Gesprochene in grammatischer und semantischer Hinsicht noch gar nicht verstehen können. Sehr wohl aber erreicht sie das Sprechen in pragmatischer Hinsicht: Kinder erleben sprechende Eltern als ihnen zugewendet und werden dadurch ermuntert, auch diese Zuwendung zu erwidern (z. B. durch Lächeln oder, wenn sie die Zuwendung als lästig empfinden oder nicht verstehen, auch durch Sich abwenden oder Weinen)."[4]

■ Zusammenschau der Anlage-Umwelt Diskussion

Entwicklungstheoretische Annahmen können in ihrer reinen Form sehr unterschiedlich sein, wie sich gezeigt hat. Heute werden sie aber aufeinander bezogen gesehen, in einem Ergänzungsverhältnis. Wir sehen Entwicklung jetzt multiperspektivisch. Dies bringt die folgende Abbildung zum Ausdruck.

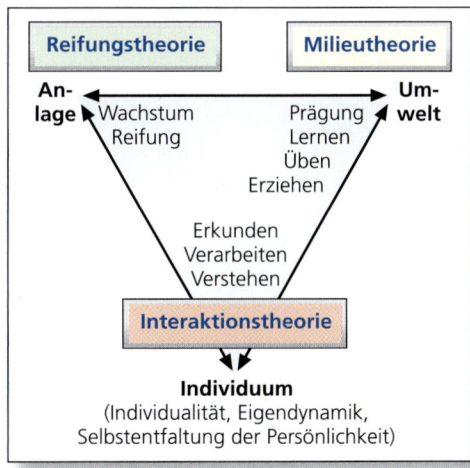

Es ist unbestreitbar, dass es bestimmte Reifungsprozesse gibt, die dazu beitragen, den Säugling vom Kleinkind in bestimmten, mehr oder weniger entwickelten, Fähigkeiten zu unterscheiden, wie zum Beispiel in der mo-

torischen Entwicklung. Ohne Zweifel gibt es Umweltfaktoren, die das Aufwachsen von Kindern beeinflussen, und die überwiegend über das Lernen ihren Einfluss ausüben. Es besteht auch kein Zweifel darüber, dass Kinder sich in allmählicher Abfolge ihre eigene Welt und die objektive Welt durch Konstruktionen über sie erschließen und in der Wechselbeziehung von Anpassung und Veränderung ein funktionierendes Weltbild konstruieren. Wir wissen heute, dass die Interaktionen zwischen Erziehenden und Kindern, aber auch Kindern untereinander und Erwachsenen untereinander eine entscheidende Grundlage dafür sind, wie Kinder in die soziale Welt eingelassen werden, und sich auch aktiv einlassen. Also das Kind selbst, wie auch seine Umwelt, bestimmen den Entwicklungsverlauf aktiv mit.

Die wissenschaftlichen Erklärungsversuche und Theorien und die daraus ableitbaren Modelle erleichtern es uns, die komplexen Wirkungszusammenhänge des Entwicklungsgeschehens immer besser zu verstehen.

Wie die komplexen, für die Erziehung von Kindern wichtigen Entwicklungszusammenhänge aussehen, wollen wir hier aufzeigen:

„Ein Beispiel hierfür sind die aktuellen Untersuchungen über interaktive Erziehungsstile gegenüber Jungen und Mädchen. Jungen und Mädchen provozieren ihre Eltern durch ihr unterschiedliches Verhaltensangebot zu unterschiedlichem Verhalten und reagieren auch wiederum unterschiedlich auf das elterliche Verhaltensangebot. Malatesta und Haviland konnten bereits 1985 durch die Auswertung vieler Untersuchungen eine Anzahl unterschiedlicher Dispositionen auflisten, in denen sich die Geschlechter von Geburt an unterscheiden. Bereits im nonverbalen Kontaktverhalten von Säuglingen gibt es geschlechtstypische Prädispositionen. Diese „Vorgaben" stoßen einen interaktiven Prozess bei den Bezugspersonen an und lenken ihn in eine bestimmte Richtung. Elterliches Verhalten ist intuitiv und sicherlich auch bewusst durch den Wunsch gesteuert, die Interaktion mit dem Kind zu optimieren. Und da eben alles dafür spricht, dass Jungen und Mädchen von vornherein unterschiedliche Verhaltensangebote machen und in je eigener Weise auf soziale Einflüsse reagieren, ist die nach Geschlechtern differenzierende Sozialisation von Anfang an

---

[4] Baacke, D., 1999

nicht nur Ausdruck elterlichen Gestaltungswillens, sondern auch Reaktion auf den Eigencharakter des zu gestaltenden Materials. Eine optimale Interaktion erfordert bei jungen offensichtlich einen erhöhten Aufwand, jedenfalls aber sicher ein qualitativ anderes Verhalten als bei Mädchen.

Eltern behandeln ihre weiblichen und männlichen Babys nicht allein deshalb unterschiedlich, weil sie aus ihnen – bewusst oder unbewusst- eine typische Frau oder einen richtigen Mann machen wollen. Die Entwicklungsverläufe beider Geschlechter im ersten Lebenshalbjahr machen unterschiedliche Elternantworten auf Mädchen und Jungen auch aus dem jeweiligen Kindverhalten heraus erklärbar und differierende Entwicklungsanregungen vor diesem Hintergrund verständlich.

Jungen sind in den ersten Wochen unausgeglichener und schwieriger zu beruhigen als Mädchen, sie schlafen auch weniger. Dadurch fordern sie generell mehr Aufmerksamkeit, ohne den Müttern aber immer zurückzumelden, dass sich ihre Anstrengungen gelohnt und ihre Interventionen das Richtige getroffen haben. Die Belohnung bleibt aus, was eine Verhaltensänderung der Mütter von Jungen für die nächste Zeit voraussagen lässt. Die emotionale Labilität der männlichen Babys ruft zwar mehr Startaufmerksamkeit hervor, aber Interaktionen mit ihnen verlaufen nicht selten kritisch und stellen damit wahrscheinlich höhere Anforderungen an die Bezugspersonen.

Mädchen verhalten sich dagegen „belohnender", schlafen mehr, lassen sich schneller beruhigen, sind „lieb" und lächeln die Mütter öfter an.

Mädchen geben öfter ein positives Feedback und bekräftigen die Bemühungen der Mütter. Die schnellen Interaktionserfolge machen keine Kursänderung nötig und erlauben eine Intensivierung des Kontakts sowie eine Variation der Ausdrucksformen."[5]

Was können wir daraus für die Erzieherausbildung ableiten?

- Ein Kind ist aktiv und entwickelt sich aus sich heraus.
- Ein Kind ist auch selektiv, es sucht nach bestimmten Erfahrungen gemäß seinen Interessen und Neigungen, immer abhängig von seinem Entwicklungsstand.

- Die Umwelt stellt das Angebot an Erfahrungen bereit, die das Kind machen kann.
- Das Kind seinerseits bestimmt, was es annimmt.
- Ein Kind kann quantitativ und qualitativ nur so viel an Umweltangeboten annehmen, wie es ihm von seinem Entwicklungsstand her möglich ist.

Ein Angebot jenseits seiner Bedürfnisse bleibt bestenfalls ungenutzt, kann aber schlimmstenfalls auch seine Entwicklung beeinträchtigen.[6]

Wie alles anfängt: Die pränatale Entwicklung

Das komplizierte Zusammenspiel zwischen Anlage, Umwelt und Selbststeuerung, das die Entwicklung eines Menschen bestimmt, beginnt nicht erst mit der Geburt. Lange Zeit haben Psychologen und Mediziner die Bedeutung der ersten neun Monate des Lebens unterschätzt. Neuere Forschungen bestätigen nun, was schwangere Frauen schon lange zu wissen glaubten: Schon der ungeborene Mensch nimmt am Leben seiner Umwelt teil. Der vorgeburtliche Zeitraum ist in vielfacher Hinsicht grundlegend und wichtig, weil bestimmte Ereignisse und Bedingungen über den mütterlichen Organismus Einfluss auf das werdende Kind nehmen. Dies beeinflusst nicht nur den intrauterinen Verlauf der Entwicklung, sondern kann auch das nachgeburtliche Leben des Menschen beeinträchtigen.

Wenn ein Kind auf die Welt kommt, hat es bereits rund vierzig Wochen im Mutterleib zugebracht und in dieser Zeit vor der Geburt wesentliche und sichtbare Entwicklungsfortschritte in seiner anatomischen, physiologischen und Verhaltensentwicklung durchlaufen.

Die nachfolgende Abbildung soll einen Überblick über diese Entwicklung geben und betont zugleich die kritischen Phasen in der vorgeburtlichen Entwicklung, in denen die Verwundbarkeit der Organe besonders hoch ist.

Offensichtlich beeinträchtigen ungünstige Einflüsse das sich entwickelnde Leben im Mutter-

---

[5] Haug-Schnabel, G.; Bensel, J., 2005

[6] Haug-Schnabel, G.; Bensel, J., 2005

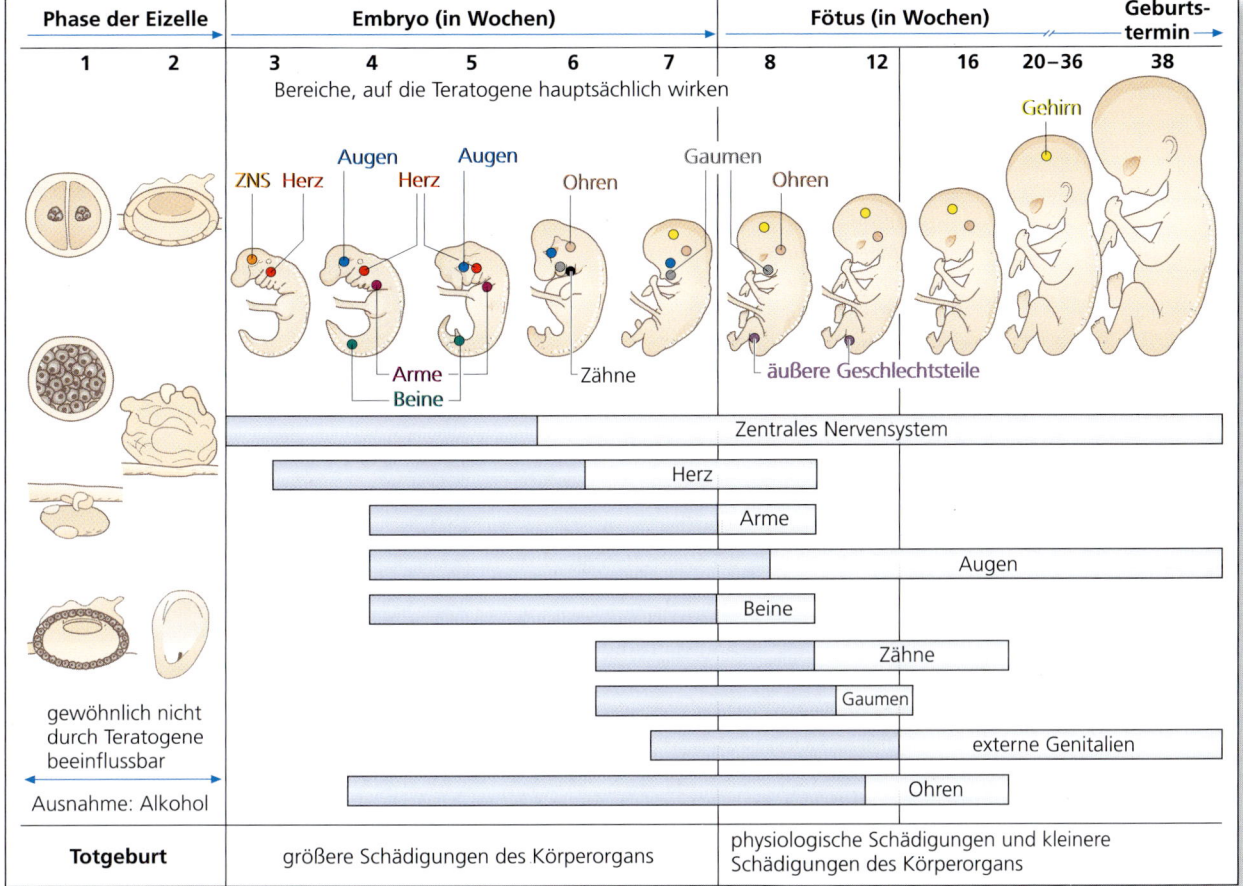

Phase der Eizelle		Embryo (in Wochen)					Fötus (in Wochen)				Geburts-termin
1	2	3	4	5	6	7	8	12	16	20–36	38

Bereiche, auf die Teratogene hauptsächlich wirken

Zentrales Nervensystem

Herz

Arme

Augen

Beine

Zähne

Gaumen

externe Genitalien

Ohren

gewöhnlich nicht durch Teratogene beeinflussbar

Ausnahme: Alkohol

| Totgeburt | größere Schädigungen des Körperorgans | physiologische Schädigungen und kleinere Schädigungen des Körperorgans |

leib nicht in allen Abschnitten der Schwangerschaft in gleicher Weise.

Die blauen Balken zeigen diejenigen Zeitabschnitte, in denen schädliche Einflüsse die biologische Entwicklung bestimmter Organe besonders beeinträchtigen (überwiegend in der Embryonalzeit: Es sind zugleich die Hauptentwicklungszeiten der Organe.) Mit zunehmendem Alter des Fötus werden bei ungünstigen Umwelteinwirkungen eher physiologische Funktionen und die spätere psychische Entwicklung betroffen.

■ Probleme der vorgeburtlichen Entwicklung

Es gibt eine Vielzahl unterschiedlicher Faktoren, die das Ungeborene in seiner Entwicklung gefährden können. Insgesamt kommt ungefähr ein Viertel aller befruchteten Eizellen bis zur Geburt. Die meisten sterben bereits vor der Einnistung in den Uterus ab. Die Ursache für die meisten spontanen Fehlgeburten sind Entwicklungsfehler mit Todesfolgen.

In Deutschland kommen etwa drei Prozent der Kinder mit Missbildungen zur Welt und die Teratologie (Lehre von den Missbildungen der Lebewesen) versucht die Ursachen für Fehlentwicklungen und Missbildungen zu finden. Viele Probleme könnten durch verantwortliches Handeln der Umgebung nämlich vermieden werden.

Ein paar Zahlen zu den Ursachen von Fehlentwicklungen:

- 28 Prozent sind eindeutig genetischen Ursprungs;
- sechs Prozent sind unzweifelhaft dem Umwelteinfluss zuzuschreiben;
- etwa 23 Prozent entstehen aufgrund von Wechselwirkungen zwischen genetischen Einflüssen und Umwelteinflüssen;
- bei rund 43 Prozent der Anomalien bleibt die Ursache unbekannt.

Zu den häufigsten Ursachen, die die Teratologie gefunden hat, und die je nach Zeitpunkt, Dauer und Intensität die Entwicklung des Un geborenen beeinflussen und schwere Spätfolgen haben können, gehören:

- Unter- und/oder Fehlernährung der Mutter
- Stoffwechselstörung der Mutter
- Hohes Alter der Eltern
- Infektionskrankheiten
- Strahlung
- Umweltbelastungen
- Alkohol
- Drogen, Schmerz- und Rauschmittel
- Rauchen und Passivrauchen
- Stress
- ablehnende Einstellung zum Kind

■ Die rasante vorgeburtliche Entwicklung

Die Entwicklung des so wichtigen Zentralnervensystems beginnt bereits in den ersten Wochen nach der Empfängnis. So unglaublich es uns scheint: Wenn der Embryo noch nicht einmal zwei Millimeter groß ist, funktioniert bereits sein Gehirn – es steuert seine weitere Entwicklung. Und wenn er dreieinhalb Millimeter groß ist, das heißt etwa 25 Tage alt, dann sind schon alle seine Organe angelegt: Sein Herz, die Haut, das Zentralnervensystem, die Leber, die Lunge, der Darm und die Geschlechtsorgane.

Der Embryo in der Abbildung ist sechs Wochen alt. Man sieht deutlich das sogenannte Neuralrohr (später die Wirbelsäule mit dem Rückenmark) und das Gehirn mit einer Einkerbung am Nacken.

Herz und Hirn „arbeiten" zuerst: Der Ablauf der Entwicklung vom Embryo zum Fötus zeigt in den ersten Wochen den Vorrang des Zentralnervensystems.

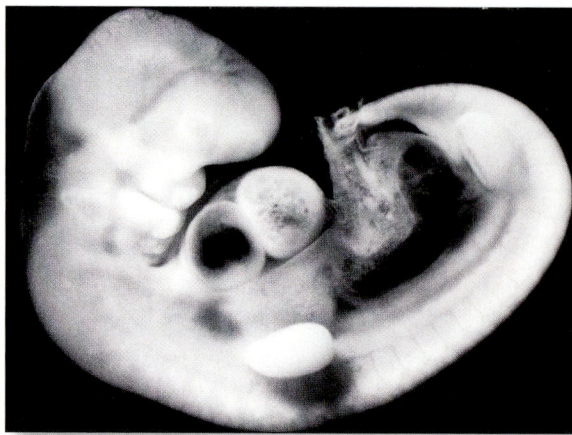

Embryo,
6 Wochen alt

In der achten bis neunten Woche füllen Herz und Leber den ganzen Brustraum aus. Das Herz sorgt für die gute Durchblutung des Gehirns, das von einem besonders dichten Adernetz versorgt wird. In diesem Stadium beginnt der Embryo (Fötus), der im Schutz seiner Fruchtblase schwebt, schon für Berührungsreize empfindsam zu werden.

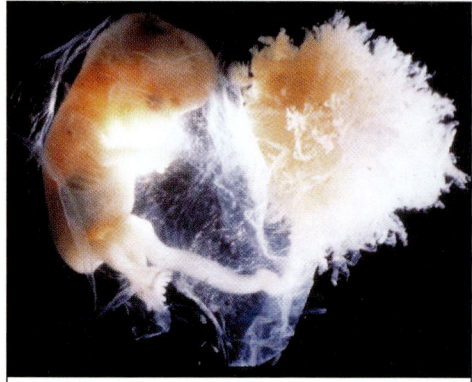

Embryo, ca. 8. Woche

Mit ca. elf bis zwölf Wochen sieht der Fötus dann schon wie ein Baby aus, und sein Geschlecht ist deutlich zu erkennen.

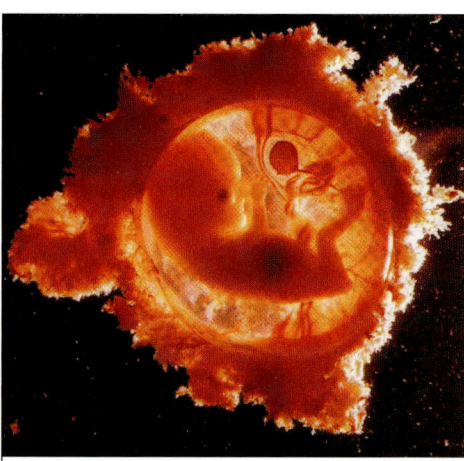

Embryo, ca. 11. Woche

Die starke Versorgung des Gehirns mit Blut ist notwendig, damit die Zellen sich dort besonders schnell vermehren können. Das kleine Herz hilft ab dem 21. Tag durch eigene Pumpleistung bereits mit. Relativ neue Untersuchungen haben eine ganz erstaunliche Erkenntnis hervorgebracht: Das Gehirn, so zeigen Beobachtungen mit dem Elektronenmikroskop, bildet schon in der siebten Woche unseres vorgeburtlichen Lebens Kontaktstellen, sogenannte Synapsen, die Nachrichten zwischen feinen Nervenfasern übermitteln. Man glaubte lange, sie bildeten sich erst nach der Geburt aus.

Gleichzeitig mit diesen Kontaktstellen entstehen vielfältige netzartige Verbindungen im Gehirn. So werden bereits sehr früh Informationen übermittelt, die der Embryo aus seiner kleinen Umwelt erhält: über seine Lage im Mutterleib, über einen Druck auf seinen Körper, über Temperaturunterschiede. Mit der gleichzeitigen Entwicklung der Sinnesorgane ist damit die Vorraussetzung für Wahrnehmung und Erfahrung geschaffen.

Nach ca. acht Wochen beginnt sich der Geruchs- und Geschmackssinn zu bilden. Das vorgeburtliche Kind kann das Fruchtwasser probieren und trinkt davon ab der zwölften Woche, denn es kann schon schlucken. Sein Gleichgewichtssinn beginnt schon zu „funktionieren", und auch sein Gehör entwickelt sich, so dass er einige Wochen später schon die Stimme seiner Eltern hören kann.

Der Körper kann dann auch überall Berührung empfinden, die häufig stattfindet, weil das Ungeborene schon ein Meister der Bewegung ist. Der Gebärmutterraum ist in dieser Zeit groß genug, dass es im Fruchtwasser Drehungen, Purzelbäume, Streckungen und Beugungen machen kann. Es kann seine Lage verändern, es wird berührt, wenn die Mutter sich bewegt. Es kann zu einer Hand, die über den Bauch streicht, sich hinbewegen und diese Berührung schon fühlen.

Auf diese Weise bekommt seine Haut immer wieder von neuem Signale, die ans Gehirn weitergeleitet werden. Diese Stimulation braucht wiederum das Gehirn, um sich gut weiterzuentwickeln, auch für die Zeit nach der Geburt.

Kinder brauchen viel Körperkontakt. Werden sie gestreichelt, sanft berührt und können sie durchs Getragenwerden Kontakt über ihre Haut erleben, entwickeln sie leichter ein harmonisches Nervensystem als Kinder, die diese Möglichkeit nicht haben. In Kursen für Babymassage, die viele Mütter heutzutage besuchen, macht man sich dieses Wissen zunutze. Babys und ihre Mütter genießen dies oft in vollen Zügen.

In der vorgeburtlichen Lebenszeit arbeiten schon viele unserer Sinne. Die körperlichen An-

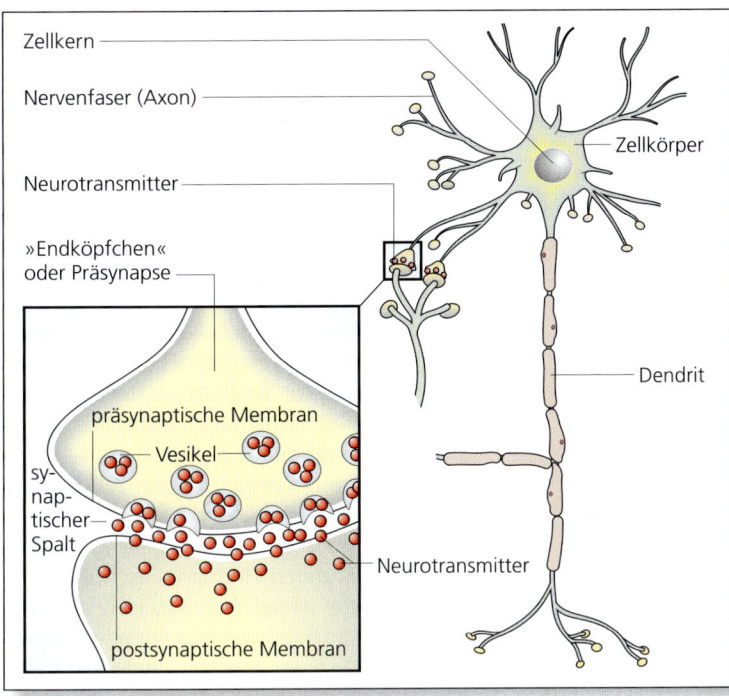

lagen sind nach acht Wochen bei einer Größe von etwa drei Zentimetern alle ausgebildet.

Bei Ultraschalluntersuchungen kann man beobachten, wie der Kopf gedreht wird bei einer Berührung. Die Stirn kann sich bei Missempfinden schon in Falten legen und die Augenbrauen können sich heben. Ab der zwölften Woche kann das vorgeburtliche Kind bei Berührung die Oberlippe kräuseln, was wie ein Lächeln wirkt. Dies ist der Beginn des Saugreflexes. Relativ bald beginnt es dann, zunächst unwillkürlich, dann auch gesteuert, am Daumen zu lutschen.

Von Bedeutung für eine eventuell belastete vorgeburtliche Lebenszeit ist folgende Fähigkeit: Ab dem vierten Monat verfügt das vorgeburtliche Kind über ein geschlossenes eigenes Kreislaufsystem. Das Herz pumpt etwa 30 Liter Blut pro Tag durch den Körper. Es ist zwar vom mütterlichen Organismus abhängig, aber sein Kreislauf funktioniert eigenständig. Es kann auftretende Probleme schon ein wenig selbst regulieren: Durch Veränderung der Blutzufuhr in bestimmte Körperregionen und innerhalb gewisser Grenzen Stoffwechselprobleme mit ausgleichen, zum Beispiel wenn die Mutter krank ist. Eine beeindruckende Leistung dieses winzigen Organismus. Der wichtigsten Gefahr für die Entwicklung, dem Sauer-

Grundaufbau
einer Nervenzelle
und Struktur
einer Synapse

stoffmangel, kann es wenig entgegensetzen. Wenn die Versorgung durch die Plazenta (Mutterkuchen) nicht ausreicht, kann es sich allerdings anpassen. Das Blut wird dann vor allem in dass lebenswichtige Gehirn gepumpt, andere Organe werden eher vernachlässigt. Hierin liegt jetzt auch die körperliche Voraussetzung für die empfindsame Seele des Ungeborenen, wie es BETTINA ALBERTINI einfühlsam beschreibt:

„Das vorgeburtliche Kind kann also schon reagieren. Es nimmt vegetative und damit auch gefühlsmäßige Zustände der Mutter wahr. Anspannung und Entspannung, Stress und Wohlbehagen können ihm vermittelt werden. Die Reaktionen des eigenen und des Körpers der Mutter schaffen Signale, die das sich entwickelnde Gehirn verarbeitet. Dies geschieht zum Beispiel durch Hormonausschüttungen und durch die Schnelligkeit des Herzschlags.

All dies wird erlebt, aufgenommen und gespeichert. Das vorgeburtliche Kind hat ein körperliches, ein zelluläres Gedächtnis. Unsere bisherige Vorstellung des Erinnerns ändert sich an dieser Stelle. Erinnerung ist nicht mehr abhängig von einem ausgereiften Gedächtnis, sondern von Nervenzellen, die über den ganzen Körper verteilt sind."[7]

Die Sinnesleistungen des Ungeborenen

Wenn ein Kind beispielsweise in der 27. Schwangerschaftswoche zur Welt kommt, kann es alle Sinne bereits einsetzen. Das Kind spürt Berührungen, empfindet Wärme, Kälte und auch Schmerz, es kann seine Lage verändern, es schmeckt, riecht, hört und kann zwischen hellem und dunklem Licht unterscheiden.

Motorik: Ab der zwölften Schwangerschaftswoche bewegt sich der Fötus lebhaft. Selbst Räkeln, Strecken und Gähnen gehören dazu. Diese Aktivitäten des Fötus nehmen bis kurz vor dem Geburtstermin zu. Pränatalpsychologen erkennen darin ein Kommunikationsverhalten des Ungeborenen. Ab der zwanzigsten Woche werden die Bewegungen auch von der Mutter wahrgenommen. Der schon existierende Rhythmus des Ungeborenen, also der Wechsel von Aktivität und Ruhephasen, wird aber auch durch eine Vielzahl von Außenreizen mitbeeinflusst. So wirkt sich beispielsweise der Tagesablauf der Mutter auch auf den Rhythmus des Kindes aus. Das Kind nimmt den Herzschlag der Mutter, das Ein- und Ausatmen, ihren Gang oder andere Bewegungen wahr.

Hören und Erinnern: Die Gebärmutter ist keineswegs ein stiller Ort. Ein Ungeborenes ist dort allen möglichen Geräuschen ausgesetzt, die durch die Stimme, die Organe und den Kreislauf seiner Mutter entstehen. Ab der 16. Schwangerschaftswoche kann der Fötus akustische Veränderungen hören und reagiert mit der Veränderung seines Herzschlages darauf. In den letzten drei Monaten vor der Geburt ist die Hörfähigkeit dann voll ausgebildet und es reagiert deutlich mit Bewegung auf Geräusche von außen wie von innen. Immer wieder gibt es Berichte von Müttern, die Rockkonzerte vorzeitig verlassen müssen, weil sie den Protest ihres Kindes durch heftige Tritte spüren. Besser geeignet sind wohl Klassikkonzerte von Vivaldi und Mozart, weil sie den Fötus nachweislich beruhigen.

Nach der Geburt erkennen Neugeborene die Stimme von Mutter und Vater wieder und reagieren stark auf Melodien, die sie in der vorgeburtlichen Zeit immer wieder gehört haben. Frühgeborene lassen sich leichter beruhigen, wenn man ihnen den Herzschlag oder die Stimme der Mutter von einem Tonträger vorspielt. Dies ist zugleich noch ein Beleg für frühestes Lernen und für die Existenz eines Erinnerungsvermögens und die Anfänge eines Gedächtnisses. Übrigens auch die beruhigende Wirkung des Schaukelns und Wiegens kann als Erinnerung an die Bewegung des mütterlichen Körpers verstanden werden. Manche Pränatalpsychologen vermuten, dass wir in der späteren Faszination für rhythmische Musik diese Urerfahrung des empfundenen Herzschlages der pränatalen Lebenszeit wiederfinden.

Dank der Reaktionsbereitschaft des Fötus konnte das klassische Konditionieren bestätigt werden. Ein Pränatalpsychologe konditionierte eine Gruppe von Föten auf das Fagottthema aus Prokofieffs „Peter und der Wolf". Nach der Geburt hörten die Babys auf zu schreien und wurden ruhiger, wenn sie diese Musik hörten.

Bei einem neuen Experiment zum intrauterinen Lernen wurde ein Kinderreim benutzt, der zwischen der 33. und 37. Woche

---

[7] Albertini, B., 2005

täglich wiederholt wurde. Die Ungeborenen reagierten mit verlangsamtem Herzschlag, wenn sie vom Tonband den entsprechenden Reim hörten.

Sehen: Im Mutterleib gibt es nicht viel zu sehen, deswegen bleibt der Gesichtssinn vorerst wenig entwickelt. Dennoch können Lichtreize vom Ungeborenen wahrgenommen werden, was man daran ablesen kann, dass sich die Herztätigkeit verändert, wenn in einem späten Stadium der Schwangerschaft ein Blinklicht auf die Bauchdecke gerichtet wird.

Schmecken: Das Ungeborene ist auch schon ein Feinschmecker. Wird dem Fruchtwasser Sacharin (Süßstoff) zugeführt, schluckt der Fötus mehr und schneller. Setzt man schlecht schmeckende Stoffe zu, verzieht er das Gesicht und macht keine Schluckbewegungen.

Das Seelenleben des Ungeborenen

Was wir bisher über die verschiedenen Sinnesleistungen des Ungeborenen erfahren haben, weist bereits auf ein frühes Seelenleben hin. Wir wissen nun, dass der Uterus kein abgeschirmter Raum ist, sondern ein Lebensraum voller Impulse und vitaler Geschehnisse. Beständige Eindrücke aus dem eigenen Körper und der körperlichen und seelischen Welt der Mutter, bedingt durch Eindrücke aus der Außenwelt, erreichen das Ungeborene und fordern es zum Reagieren auf.

Vielleicht erlebt es dabei vor allem Freude und Geborgenheit, vielleicht fühlt es zeitweise aber auch Angst und Ablehnung.

Immer mehr Wissenschaftler schließen sich der Auffassung von VERNY und KELLY an, die davon ausgehen, dass es außer der Kommunikation mit der Mutter über Nabelschnur und Plazenta und über die Einwirkung von chemischen Wirkstoffen und Hormonen auch eine „empathische Kommunikation" gibt: das Ungeborene spürt die Liebe oder die Abneigung der Mutter. Sicher ist, dass der Fötus schon Träume hat. Sie sind zwar anders beschaffen als unsere, denn sein Leben ist es auch. Seine Erfahrungen sind noch ohne Zusammenhang, der ihnen einen Sinn in einem größeren Erfahrungshorizont geben könnte.

„Darum müssen wir uns auch seine Träume sehr bruchstückhaft und sicher noch viel ungeordneter als die eines älteren Kindes vorstellen. Muskelzuckungen, ein Schluckauf (den der Fötus bereits haben kann!), eine Berührung der Nabelschnur mit den Händen, die Stimme der Mutter, ein Geräusch, laut oder leise, angenehm oder unangenehm, ein Stoß an den mütterlichen Bauch, alle diese Wahrnehmungen werden, sofern sie ihn nicht wecken, seine Träume mit kleinen Erlebnissen bevölkern. Wahrscheinlich träumt er auch – vor allem im Gleichklang mit den Erlebnissen der Mutter – so etwas wie »ganz geborgen sein« oder »Angst haben«. Man muss Gefühle nicht benennen können, um sie zu erleben.

In dieser Entwicklungsphase lebhafter Gehirntätigkeit beginnt das Kind seine Aktivitäten in gewisser Weise auch schon zu überprüfen und zu ordnen. Bestimmte Handlungen und Erfahrungen werden schon willkürlich wiederholt, bestimmte Reize wie Daumenlutschen sucht das Kind geradezu, sie bekommen etwas Lustvolles, andere werden vermieden."[8]

Viele Menschen berichten, dass sie im Schlaf vorgeburtliche Situationen wiedererleben. „Ich habe das Gefühl, mit rundem Rücken und eingezogenen Armen im braunroten Halbdunkel des Mutterleibs zu sein. Merkwürdigerweise herrscht dort ein ziemlicher Lärm." Der Traum eines erwachsenen Menschen. Gibt er nur wieder, wie sich jemand die Situation vor der Geburt vorstellt, oder schildert er eine Art Erinnerung an eine reale Erfahrung?

Die Gefühle spielen aber nicht nur zwischen Ungeborenem und seiner Mutter eine wichtige Rolle, einige Beobachtungen weisen auch auf Gefühle zwischen Ungeborenen untereinander hin:

Die wohl überzeugendste Dokumentation interaktiven Verhaltens in utero stammt aus der systematischen Ultraschallbeobachtung von Zwillingen.[9]

ALESSANDRA PIONTELLI (1992) hat stundenlang die Begegnung von Luca und Alicia beobachtet, die sich durch die Eihülle hindurch sanft berührten. In der 20. Schwangerschaftswoche war der Junge sehr aktiv und wach, das Mädchen still und verschlafen. In regelmäßigen Abständen bewegte er sich zu der trennenden Ei-

---

[8] Zimmer, K., 1989
[9] Alberti, B., 2005

hülle und weckte die Schwester, die jedes Mal reagierte. Die beiden rieben Köpfe und Wangen aneinander, küssten sich, streichelten ihre Gesichter und berührten sich mit den Füßen, bevor sie sich wieder ihren jeweiligen Aktivitäten zuwandten. Dr. Piontelli und die ebenfalls zuschauenden Eltern nannten sie die „freundlichen Zwillinge".

Die Qualität ihrer Beziehung aus der 20. Woche hielt auch nach der Geburt an. Mit einem Jahr konnten sie laufen, begannen zu sprechen und spielten sehr gern zusammen. Am liebsten versteckten sie sich hinter einem Vorhang, den sie dann genauso benutzten wie früher die trennende Eihülle. Luca schob den Vorhang mit der Hand vor, Alicia, die dahinter stand, streckte ihren Kopf danach aus, und es begann unter Krähen und Lachen wieder das gegenseitige Streicheln.

Solche Aufzeichnungen fötaler Interaktion sind selten, aber nicht einzigartig. Timothy Johnson (1993) hat ein Video von Zwillingen aufgenommen, die sich, wie er sagt, „eine Schlägerei liefern". Ein Kinderarzt an einem Zentrum für Zwillingsforschung hat beobachtet, wie ein Zwilling den anderen in utero „boxte".

Birgit Arabin (1994), international bekannt durch ihre Ultraschallforschungen, besitzt ein Video, auf dem sich Zwillinge küssen; das Kind, das den Kuss empfing, soll einen glückseligen Gesichtsausdruck gehabt haben.

Diese Ultraschallaufnahmen von Zwillingen dokumentieren sowohl Emotionen als auch soziale Interaktion. Niemand hat je angenommen, dass so etwas schon in der 20. Schwangerschaftswoche möglich wäre.

Es gibt zahlreiche Untersuchungen, die darauf hinweisen, dass Mütter, die ihr Baby freudig erwarteten, überwiegend störungsfreie Geburten erlebten und die Kinder sich später häufiger als seelisch ausgeglichen erweisen, wohingegen zwiespältige oder gar ablehnende Schwangere öfter komplizierte oder zu frühe Geburten hatten und ihre Kinder später nervös und überaktiv waren. Aber Vorsicht, das ist nicht zwangsläufig so! Es zeigt nur, wie wichtig bereits die Beziehung der Eltern zum Ungeborenen ist. Insbesondere die Beziehung der Mutter zu ihrem Kind spielt eine wichtige Rolle.

Darin sind sich alle Entwicklungspsychologen einig: *Ohne das Gefühl geliebt zu werden, kann ein Baby nicht gedeihen. Es leidet an seelischer Vereinsamung, Deprivation, und wird in seiner Entwicklung gehemmt – im Mutterleib ebenso wie später nach der Geburt.*

Aber auch die Rolle des Vaters ist nicht zu unterschätzen. Er hat ja auch Einfluss auf das psychische Wohlbefinden der Schwangeren und damit natürlich auch auf den Verlauf des vorgeburtlichen Lebens, der Geburt und auf die Zeit danach. Eine verlässliche, fürsorgliche Beziehung zum Partner ist die wichtigste Stütze der Schwangeren, sie bietet Sicherheit, Geborgenheit und Selbstvertrauen. Dies ist eine wichtige Grundlage für die Umsetzung der hier dargestellten Erkenntnisse, nämlich den Fötus und auch schon den Embryo als fühlenden, erfahrungssammelnden und liebesbedürftigen Menschen ernst zu nehmen.

Zusammenfassende Schlussfolgerungen

1. Die Beobachtung des Verhaltens in den gesamten 266 Tagen der vorgeburtlichen Entwicklung ist heute auf verschiedenen Ebenen möglich: mikroskopisch, photographisch und dreidimensional sonographisch.

Dadurch wissen wir, dass der Fötus in der Lage ist zu hören, zu schmecken, zu sehen und sich zu bewegen. Frühgeborene Babys auf Intensivstationen geben darüber hinaus Aufschluss über das Verhalten in den letzten Schwangerschaftsmonaten.

2. Bewegungen und Aktivitäten des Fötus, die während der ersten drei Monate ausdrucksvoll werden, sind eine klare Kommunikationsform weit vor der Entwicklung formaler Sprache, eine allgemein menschliche Form der Kommunikation, die in der gesamten Lebenszeit erhalten bleibt.

3. Die moderne Pränatale Forschung zeigt, dass es schon vor der Geburt Schmerz, Vorlieben, Interessen, Lernen, Erinnerung, aggressives Verhalten, Furcht, Weinen, Lächeln und Zuneigung gibt.

4. Bewegungen sprechen für sich selbst. Selbstinitiierte Bewegungen zeugen von individuellen Bedürfnissen, Interessen und Temperamenten.

5. Reaktionsbewegungen des Ungeborenen zeigen Bewusstheit, Sensibilität, Emotionen und defensive Bewältigung von Umweltbelastungen.

6. Wechselseitige Bewegungen zeigen die Fähigkeit zu intimen und sozialen Beziehungen wie auch zu Gedächtnis und Lernen.

7. Beobachtungen von der Empfängnis bis zur Geburt zeigen ein Kontinuum pränatalen und postnatalen Verhaltens, in dem sensorische, motorische, emotionale und kognitive Merkmale stets miteinander verbunden sind.

8. Und schließlich zeigen die gegenwärtigen Forschungsergebnisse, dass das Ungeborene ein ganzheitliches Wesen ist, das in seinem pränatalen Schulzimmer ein ganzes Spektrum von Erfahrungen macht.

14. Sprachentwicklung

Im Abschnitt über das Sprachverhalten im Kindergarten hatten wir bereits festgestellt, dass der Spracherwerb des Kindes eines der größten Wunder der menschlichen Entwicklung darstellt. Besonders die Mühelosigkeit, mit der der Sprachzuwachs verläuft, stellt uns immer wieder vor Rätsel. Insbesondere im Ausland stoßen wir auf die Frage: „Wie können die Kleinen mühelos eine Sprache sprechen, mit der wir uns in der Schule jahrelang abgemüht haben?"

In kurzer Zeit und spielerisch gelingt es Kindern in den ersten sechs Jahren eine hoch komplizierte Sprache wie die deutsche in ihren Grundzügen zu beherrschen. Deshalb haben auch gerade Psychologen immer wieder ein starkes Interesse an der Sprachentwicklung gezeigt. Viele haben über den Spracherwerb ihrer eigenen Kinder täglich Buch geführt. Ihre Aufzeichnungen waren das erste Material, das man einer Theorie der Sprachentwicklung zu Grunde legte.

Komponenten der Sprache: Was muss das Kind erwerben?

Bei der menschlichen Sprache unterscheidet man sechs Komponenten, denen ein Kind bei seiner Sprachentwicklung Rechnung tragen muss.

Die Komponenten:

- Die **prosodische Strukturierung**, also die Sprachmelodie und der Sprachrhythmus.
- Die **phonetische** Entwicklung bezieht sich auf die Laute, die ein Kind bilden kann.
- Die **semantische** Entwicklung betrifft die Bedeutung dessen, was es sagt.
- Die **syntaktische** Entwicklung bezeichnet die Entwicklung des kindlichen Satzbaus.
- Die **morphologische** Entwicklung, die unter anderem das Konjugieren der Verben und Deklinieren der Substantive betrifft.
- Die **pragmatische Kompetenz**. Zu guter Letzt müssen Kinder noch lernen was man unter welchen Umständen wie sagt: Die *pragmatische Kompetenz* – womit die Situationsangemessenheit der sprachlichen Aussage gemeint ist.

Eltern interessiert vor allem, welche Worte ihr Kind zuerst äußert, in welchem Umfang der Wortschatz zunimmt und wann die ersten Worte in einer sinnvollen Verbindung auftreten. Entwicklungspsychologen und Sprachwissenschaftler haben jedoch darauf hingewiesen, dass zum Spracherwerb noch viel mehr gehört.

■ Die prosodische Strukturierung

Kinder erwerben die kulturtypische Sprachmelodie und den Sprachrhythmus ihrer Sprache. Hierin gibt es typische Betonungs- und Dehnungsmuster sowie Höhenkonturen sprachlicher Einheiten. Achten Sie einmal auf ihre eigene Rede, was machen Sie zum Beispiel mit dem letzten Vokal vor einer Satzgrenze? Sie dehnen ihn! (In der Regel geschieht dies unbewusst). Eine Frage kennzeichnen Sie durch eine ansteigende Sprachmelodie! Oder etwa nicht? Lesen Sie diesen letzten Satz bitte laut.

■ Die phonetische Entwicklung

Phonologie

Mit der phonologischen Komponente ist die Lautstruktur einer Sprache gemeint. Jede Sprache ist zunächst einmal durch ein bestimmtes Lautsystem gekennzeichnet. Die kleinste sinnvolle Lauteinheit, die in der gesprochenen Sprache vorkommt, bezeichnet man als Phonem. Mit der Veränderung dieser Einheiten erhält das Wort eine neue Bedeutung. Bei den folgenden Wörtern stellen jeweils die ersten Buchstaben Phoneme dar. Durch Austausch der Konsonanten lässt sich die Bedeutung wie folgt ändern: Fang, Gang, Hang, lang, Rang, Tang etc. Gleiches lässt sich durch Änderung von Vokalen erreichen: Gras, Grieß, groß, Gruß etc. Ein Kind hat also zu lernen, zwischen verschiedenen Phonemen zu unterscheiden. So muss in der deutschen Sprache herausgehört werden, ob ein stimmhaftes s (wie in Seile) oder ein z (wie in Zeile) gesprochen wird, wenn Missdeutungen vermieden werden sollen.[1]

Die schwierigsten Mitlaute sind:

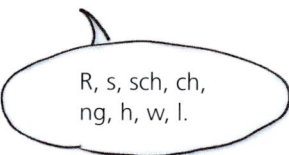

R, s, sch, ch, ng, h, w, l.

Die meisten Kinder sprechen anfangs nur wenige Wörter richtig aus. Einsilbige Wörter werden auf einen Selbstlaut und einen Mitlaut reduziert: Stuhl wird Uhl und Tür wird Tü. Manche Wörter werden zu Anfang durch Wiederholung eines Bruchstückes vereinfacht: Milch wird Mimi, Apfel wird Apap. Die Kombination zweier Mitlaute ist ein schwieriges Problem: Pferd wird Fed. Oft werden Worte auch gedehnt: Helm wird Hemel. Drei Mitlaute hintereinander gestalten sich für ein Kind überaus schwierig: Ein zweieinhalbjähriges Mädchen machte aus Luftmatratze Ruseras. Erst mit sechs Jahren werden Verbindungen von drei Mitlauten mühelos bewältigt.

Manchmal entstehen Fehler in der Aussprache auch deshalb, weil ein Kind Bedeutungszusammenhänge sieht, die einem Erwachsenen entgehen.

Morphologie

„Jede Sprache legt durch Regeln fest, wie Phoneme zu sinnvollen Einheiten, Morpheme genannt, kombiniert werden dürfen. Das Wort „Kind" stellt ein Morphem dar, denn es würde seine Bedeutung verlieren, wenn man es weiter zerlegte. Die Mehrzahlform besteht aus zwei Morphemen, denn dem Wort „Kind" wird noch die Einheit „er" angehängt".[2]

Konjugieren und Deklinieren tritt erst bei Drei- und Mehrwortsätzen auf. Ein Wort ändert seine Form nach dem Verhältnis, in dem es zu den anderen Wörtern eines Satzes steht, zum Beispiel bei der Mehrzahlbildung. Anfänglich wird die Mehrzahlform meist nach „zwei", „viele" oder „alle" verwendet. Ein Junge von 2 ½ Jahren sagt vielleicht:

„alle viele Schuhe."

Auch die Verkleinerungsformen (Hauptworte, an die -chen oder -lein angehängt wird) sind schon früh festzustellen. Der Gebrauch der Verkleinerungsform tritt plötzlich auf und wird dann überall ausprobiert, als wolle das Kind die neue Entdeckung möglichst oft anwenden. Dabei geht es nicht um gedankenloses Nachplappern dessen, was Erwachsene sagen. Das Kind beschäftigt sich schöpferisch mit der Sprache. Als die dreijährige Alena ihre Mutter sagen hörte: „Ich bin ein Mädchen", antwortete sie:

„Du ist doch nicht klein, du ist doch eine große Mäd."

---

[1] nach G. Mietzel, 2002

[2] Mietzel, G.; 2002

Bei den Tätigkeitswörtern wird offenbar eher die Vergangenheitsform konjugiert als die Form der Zukunft. Wenn die Zukunft gebildet werden soll, geschieht das anfangs eher mit „wollen" als mit „werden".

Dank des Unterschiedes zwischen schwachen und starken Tätigkeitswörtern kann man sehr gut beobachten, wie Kinder die Regeln der Sprache entdecken und anwenden. Nachdem sie zunächst (wahrscheinlich aufgrund von Imitation) richtig konjugiert haben, wenden sie die neuentdeckten Regeln überall an und machen dadurch Fehler:

„Ich rufte, ich fällte, ich habe geschlaft, gelauft…"

Das alles sind Wörter, die das Kind niemals gehört hat, die es aber nach eigener Einsicht in die Sprache bildet.

■ Semantische Entwicklung

Bevor ein Kind sich mit anderen unterhalten und sie verstehen kann, muss es die Bedeutung – man spricht auch von der Semantik – der verwendeten Wörter gelernt haben. Wörter stehen für Gegenstände, Handlungen und Beziehungen.

Die symbolische Funktion der Sprache ist ihr wichtigstes Kennzeichen: Man kann über etwas sprechen, das nicht anwesend ist. Sprache ist also eine abstraktere Form der Kommunikation, als beispielsweise Zeichen und Gebärden es sind.

Die ersten Wörter des Kindes bleiben noch ganz im Konkreten: Es benennt irgendetwas, das es gerade wahrnimmt. Es kann nicht über etwas sprechen, das nicht da ist. Die ersten Wörter sind Hauptworte wie z. B.: Katze, Ball, Auto. Das Kind verbindet mit dem Wort Katze, dass sie miaut, dass sie gestreichelt werden kann. Das sind substantivische Wörter, sie bezeichnen wahrnehmbare Gegenstände und Ereignisse. Es ist für ein Kind eine eindrucksvolle Erkenntnis, wenn es merkt, dass man auch über etwas, das nicht da ist, sprechen kann.

Es beginnt, den Symbolcharakter der Sprache zu begreifen. Wenn es eine Jacke angezogen bekommt, ruft es „aus" oder „Auto". Es stellt eine Verbindung zu etwas her, das noch geschehen soll. Das Kind spricht über Abwesendes. Dass die Wirklichkeit noch eine wichtige Stütze beim Verstehen und Anwenden der Sprache bleibt, wird aus der Tatsache deutlich, dass es ziemlich schwierig ist, Kleinkindern eine Geschichte zu erzählen, ohne ihnen die dazugehörenden Bilder zu zeigen. Im Kindergarten tun sich die Kleinen schwer zu erzählen, was sie am Vortag gemacht haben. Ein normal entwickeltes Kind kann seine ersten, nicht an die Situation gebundenen Sätze mit drei Jahren bilden.

■ Syntax

Mit einem einzigen Wort ist das Mitteilen von Nachrichten nur in einem sehr eingeschränkten Umfang möglich. In allen Sprachen dieser Welt ist deshalb die Möglichkeit vorgesehen, Wörter zu kombinieren. Dabei sind allerdings stets *bestimmte* Regeln zu beachten: Die Syntax einer Sprache benennt die Regeln, nach denen Wörter zu verändern und aneinanderzureihen sind, damit ein bestimmter Sinn zum Ausdruck gebracht wird. Wie sich an dem folgenden Beispiel ablesen lässt, erfüllt jedes Wort in einem Satz eine bestimmte Funktion.
  „Till fragt Sebastian."
  „Sebastian fragt Till."
Beide Sätze enthalten die gleichen Wörter; durch die Reihenfolge wird zum Ausdruck gebracht, wer wen gefragt hat. Die Regeln der Syntax in der deutschen Sprache besagen z. B., dass die Abfolge „Till (den) Sebastian fragt" nicht möglich ist. In den Sätzen „Ich esse" und „Ich habe gegessen" wird mit einer kleinen Änderung auch die Bedeutung verändert.

Die Sprachforscher beobachten, dass Kinder beim Sprechen die Atempausen so zwischen die Elemente eines Satzes legen, dass eine grammatische Einheit gebildet wird:

„Ich möchte … meinen roten Anorak … anziehen." *Es sagt nicht:* „Ich möchte meinen … roten …Anorak anziehen."

Die Punkte geben hier die Atempausen an. Dies kann man als intuitives Fühlen des Verhältnisses zwischen den Teilen eines Satzes betrachten. Weiterhin ist geregelt, wie Fragen im Unterschied zu Aufforderungen oder einfachen Feststellungen zu formulieren sind.

■ Pragmatische Kompetenz

Hierbei geht es um die Verständigungsfähigkeit, also um das Wissen darüber, in welchem sozialen Zusammenhang und in welcher Weise ich wem etwas zu sagen oder zu verschweigen habe. In wie weit ist meine sprachliche Aussage der Situation angemessen. Ein Mensch, der die Regeln der Phonologie, der Semantik und der Syntax gelernt hat, kann zwar einwandfreie Sätze bilden. Dennoch besteht die Gefahr, dass er mit der Sprache nicht seine beabsichtigten Ziele erreicht. „Ein Kind, das sich vielleicht an seine Mutter mit der Aufforderung wendet, es wolle sofort etwas zu essen haben, könnte eine schroffe Ablehnung erhalten, weil es gegen Regeln der Höflichkeit verstoßen hat. Auch wenn eine Mutter vom Satzaufbau her folgende Frage formuliert: „Räumst du bitte dein Zimmer auf(?)", würde sie sich ärgern, wenn das Kind mit „Nein" antworten sollte, denn die vermeintliche Frage ist natürlich als Aufforderung zu verstehen. Vielfach lässt sich der Sinn einer Äußerung nämlich nur dann angemessen erschließen, wenn man die gesamte Situation, in die sie eingebettet ist, mit berücksichtigt. Während des dritten und vierten Lebensjahres beginnen Kinder zu lernen, was man unter welchen Umständen wie sagt, das heißt, sie lernen die Regeln der Situationsangemessenheit einer sprachlichen Aussage." [3]

Genereller Sprachverlauf

Der Erwerb der Sprache beginnt lange vor den ersten produktiven Wortäußerungen der Kinder, nach neuesten Befunden sogar vor der Geburt. Gleichzeitig darf festgestellt werden, dass die Entwicklung in allen Sprachen der Welt in der Regel gleich verläuft.

- **Es beginnt mit der vorsprachlichen Kommunikation ab der 30. Woche der Schwangerschaft.**

---

[3] Mietzel, G., 2002

Das Abenteuer des Hörens, Zuhörens und Hinhörens beginnt. Hier zeigen sich die genetischen Grundlagen in der Architektur des Gehirns. *Im Gehirn haben die Babys ein verankertes Vorwissen von Sprache und Welt.* Sie sind, wie wir aus dem Abschnitt über die vorgeburtliche Entwicklung wissen, keine leeren Wachstafeln, in die sich die Welt erst einschreibt. Sie interagieren bereits im Mutterleib mit der Außenwelt über Bewegungen. Das dürfen wir als die Grundlage der Körpersprache interpretieren. Sie sind auch mit besonderen Lernfähigkeiten und zugleich mit der Lust zum Lernen ausgestattet. Außerdem kommen Babys als passionierte Problemlöser auf die Welt, und somit ist auch der Spracherwerb genetisch abgesichert.

- **Kaum in der Welt angekommen, gibt es den ersten Schrei.**

Der Säugling nutzt das Schreien um die Personen, die sich um ihn kümmern, oder kümmern sollten, seine Bedürfnisse und Wünsche mitzuteilen. Mütter, Hebammen und Kinderkrankenschwestern können in der Regel zwischen Geburtsschrei, dem Schmerzschrei und dem Hungerschrei unterscheiden. Außerdem lässt sich beobachten, dass ein kleiner Säugling mit Bewegungen darauf reagiert, dass man ihn anspricht. Es sind Bewegungen, die er nicht ausführt, wenn er Ticken oder Klopfen hört, selbst wenn es eine vergleichbare Lautstärke und den gleichen Rhythmus wie das Sprechen hat. Wenn man ein zwei Tage altes Neugeborenes menschlicher Sprache aussetzt und dabei seine Bewegungen filmt, macht man diese Entdeckung: Die Bewegung des Kopfes, der Hände, Arme und Beine weisen eine systematische Beziehung zur gesprochenen Sprache auf.

- **Einige Wochen nach der Geburt treten die ersten Ehe- und Uhu-Laute auf.**

Sie werden *Vokalisationen* genannt. Dabei braucht das Kind seine Stimme mit entspanntem und geöffnetem Mund: die Vokale a, e, i, o, u, entstehen dann wie von selbst.

- **Im Alter von zwei bis drei Monaten beginnen alle Säuglinge zu schnalzen und Gurrlaute zu entwickeln.**

Dabei produzieren sie alle Laute, die ein Mensch mit dem Mund erzeugen kann, auch solche, die in ihrer eigenen Muttersprache nicht vorkommen. Mit einer Dauer von etwa

10 bis 15 Sekunden kommen „uuuuuuu" – oder „aaaaaaa" – Folgen zum Vorschein, die wahrscheinlich Ausdruck einer gewissen Zufriedenheit sind.

Es gibt dabei auch keinen Unterschied ob die Kinder von gehörlosen oder hörenden Eltern betreut werden. Auch gehörlose Kinder schnalzen und gurren anfänglich. Allerdings nehmen nach drei Monaten die Vokalisierungen bei Kindern, die sich selbst oder ihre Eltern nicht sprechen hören, ab. Es sind also nicht in erster Linie Laute, die nachgeahmt werden. Offenbar wirkt es „ansteckend" auf das Kind, wenn mit ihm gesprochen wird.

- **In der Zeit des sechsten Lebensmonats ändern sich die Lautäußerungen in auffallender Weise, es kommt zum Lallen.**

Das Kind beginnt mit dem Lallen, dem vermutlich kein echtes Mitteilungsbedürfnis zugrunde liegt. Es kombiniert dabei jeweils einen Konsonanten mit einem Vokal. Ein

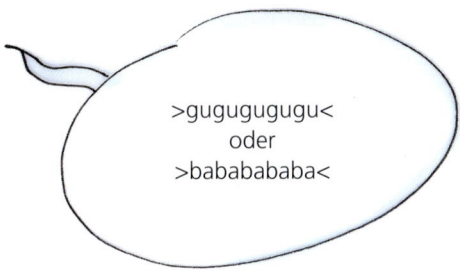

>gugugugugu<
oder
>babababab a<

hört man bei Babys in aller Welt. Auch gehörlose Babys tun dies, allerdings später als gesunde. Sie produzieren dabei auch Laute, die in der Sprache der jeweiligen Umgebung gar nicht vorkommen. Wahrscheinlich stellen die Lallmonologe eine Übergangsstufe zur aktiven Sprachäußerung dar. Das Kind hört sich selbst und ahmt sich selbst nach. Dieser Vorgang wird *Echolalie* genannt. Das Kind hört sein eigenes Lallen und wiederholt das Gehörte.

- **Zwischen dem siebten und dem zehnten Monat verlieren sich allmählich die Laute, die ein Kind in der Muttersprache niemals hört.**

Es brabbelt nun mit den Lauten, die zu ihr gehören. Hier ist die Rolle der Nachahmung nicht zu verkennen. Es werden aber nicht nur Laute imitiert, sondern es werden auch Intonation und Melodie der Muttersprache nachgeahmt.

- **Um den ersten Geburtstag erzählt dann ein Kind „Geschichten" mit unverständlichen Worten, aber im Tonfall der Muttersprache. So etwas wie soziales Lallen.**

Das erste Wort, das wohl in allen Sprachen gelernt wird, heißt „Mama". Das liegt nicht daran, dass die Mutter überall Mama heißt, sondern eher daran, dass die erste deutliche Lautkombination, die ein Baby hervorbringt, zum Symbol für Mutter geworden ist. Es ist der nasale Laut, den Babys während des Stillens, aber auch davor und danach produzieren. Er wird darum zum Symbol von etwas Angenehmem, wohl auch zur Bitte um etwas Angenehmes. Da die Mutter bei der Befriedigung dieses Bedürfnisses im Mittelpunkt steht, überträgt sich das Wort auf sie. Die Periode von den ersten Vokalisationen bis zur Bildung des ersten Wortes nennt man *vorsprachliche Phase*.

- **Die Einwortsätze**

Etwa zur Zeit des ersten Geburtstages erscheint neben „Mama" ein anderes Wort. Es handelt sich dabei um eine erkennbare und konsequente Lautgruppe, die phonetisch nicht exakt zu sein braucht. Etwas aus der Umgebung wird von dem Kind mit dieser Lautgruppe deutlich in Verbindung gebracht. *Das ist der erste Schritt zur Entdeckung der Sprache als Symbol.* Da wir annehmen dürfen, dass ein Kind mit einem Wort nicht lediglich ein Ding benennen, sondern in bestimmtem Sinne eine Geschichte erzählen will, nennt man diese Phase auch die *Einwortsätze*.

Das Wort „nane" steht beispielsweise für sämtliche Früchte, die das Kind erkennt. Kann aber je nach Zusammenhang „bitte gib mir die Banane!", „wo ist der Apfel?" oder „da liegt die Birne" bedeuten.

Die ersten Worte eines Kindes konfrontieren die Sprachpsychologie sogleich mit einer wichtigen Frage: Wie merkt ein Kind eigentlich, welche Bedeutung ein bestimmtes Wort, das es hört, hat? Es sieht ein Fahrzeug vorbeifahren und hört das Wort ‚Auto'. Wie erkennt das Kind aber, dass dieses Wort sich nicht auf die Farbe, die Räder, die Lampen usw. bezieht? Es wird vermutet, dass ein Kind über angeborene, grundlegende Strukturierungsprinzipien verfügt, durch die die ersten Worte an ein bestimmtes Ganzes gekoppelt werden. Aber wie dies vor sich geht, ist noch nicht klar. Die einzelnen Worte gewinnen ihre Bedeutung also häufig allein durch den Kontext.

- **Mit ungefähr 18 Monaten treten *Zweiwortsätze* auf, die eine ganze Skala von Ausdrucksmöglichkeiten beinhalten.**

Jetzt kommt es zu einem rasanten Zuwachs an Wörtern. Manche Kinder verfügen schon über etwa 50 Wörter aktiv, verstehen aber bereits 200 bis 300 Wörter. Der große Umkreis des Verstehens um das Sprechen herum ist ein wichtiges Entwicklungsprinzip. Gleichlaufend in dieser Zeit beobachten wir die Entwicklung des kindlichen Fragens. Es fragt ständig nach den Namen der Dinge. Diese Zeit nennen wir das „Benennungsalter" mit den sogenannten „Was-Fragen."

- **Mit ungefähr zwei Jahren beobachten wir den Beginn des Grammatikerwerbs.**

Dies ist auch die Periode der fruchtbaren Fehler. Das Kind übernimmt nicht nur, sondern riskiert etwas. Es produziert zum Beispiel Mehrzahlformen wie „Eimers", „Räubers", „Teleföne"; Adjektive wie „noch raufer" = noch weiter rauf", „noch reiner" = noch tiefer rein"; Verbformen wie „gebringt", „gegeht", „klavieren"; Satzformen wie „Stupsi, wo ist?" usw. Auch Wortneuschöpfungen tragen zur Belustigung der Zuhörer bei: „Zugziehtive" für Lokomotive oder „beschoßen" für auf den Schoß sitzen.

Auf diese Art und Weise kommt das Kind grammatikalischen Bildungsprinzipien auf die Spur. Die richtigen Formen werden über solche Zwischenformen angepeilt, die das Kind von selbst wieder aufgibt. Eltern brauchen keinen grammatikalischen Lehrplan, – darüber sind die meisten froh –, weil die Kinder ihren Lehrplan schon mitbringen.

- **Im dritten Lebensjahr werden die Sätze länger. Das Kind gebraucht nun auch immer mehr Wortarten.**

Dreijährige sprechen gut tausend Wörter und verstehen bereits bis zu 3000 Begriffe. Gleichsam mühelos meistern nun die Kleinkinder das Sprechen, diese ungeheuer komplexe Verknüpfung von Leib und Seele, dieses riesige Zusammenspiel von Milliarden von Nervenzellen mit einigen Muskeln im Kehlkopf sowie rund zweihundert in Hals und Brustkorb. Einmalig in der Natur.

Verblüffend ist ebenso wie die kindliche Sprache in dieser Zeit geradezu explodiert. Innerhalb weniger Wochen kann sich aus dem Gestammel eine komplexe Sprache herausbilden. Jetzt benutzen ungefähr 50 Prozent der Kleinen bereits Subjekt, Prädikat und Objekt.

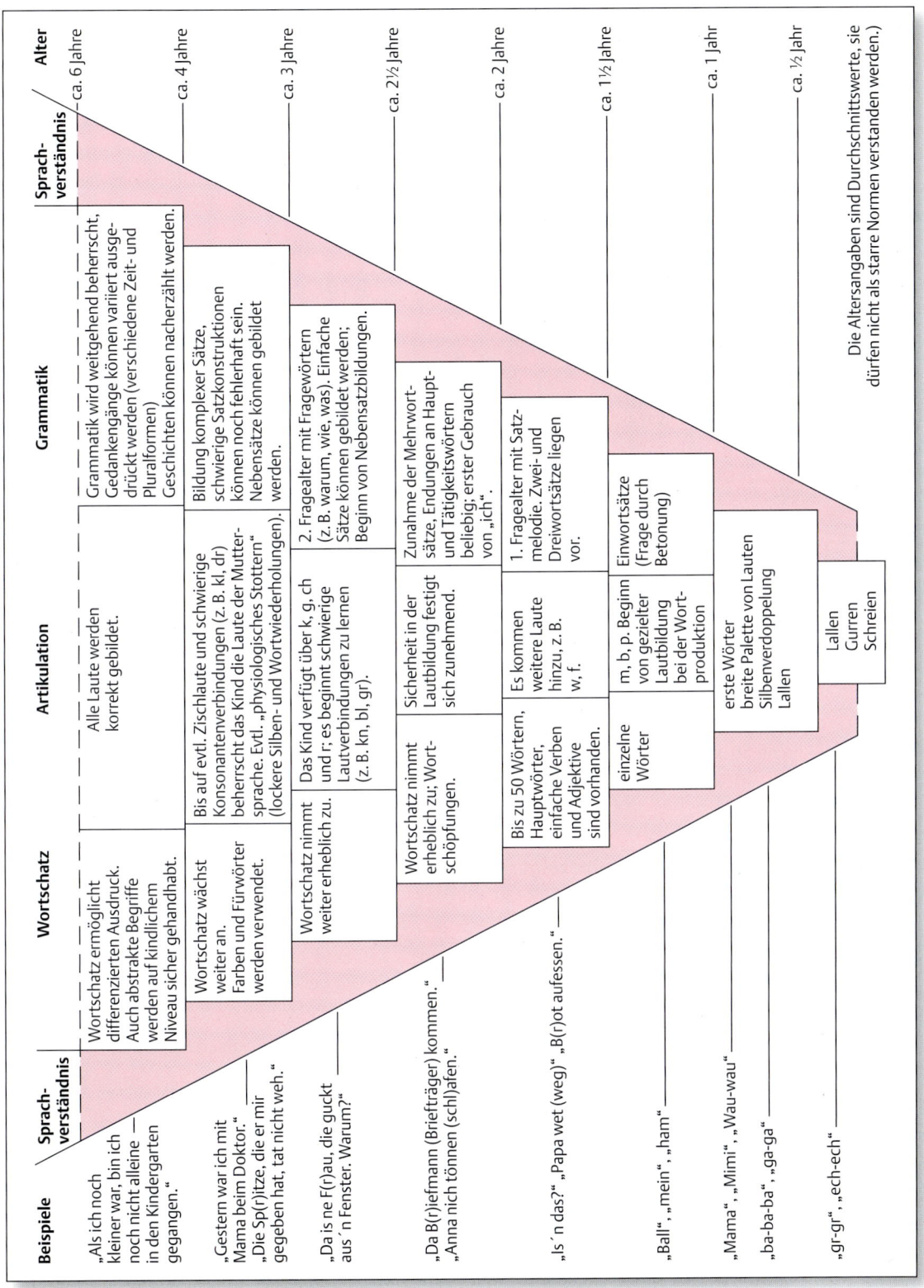

Die Abbildung gibt einen Überblick über den zeitlichen Ablauf der sprachlichen Fähigkeiten eines Kindes.[4]

---

[4] Wendlandt, 1998

Die Altersangaben sind wie immer Durchschnittswerte und dürfen nicht als Norm verstanden werden.

Unterhaltungen mit anderen Kindern werden deutlich sinnvoller in dieser Zeit.

Bevor sie vier werden verfügen Kinder schon über 10 bis 15 Baupläne, nach denen sie die Stellung der Satzbestandteile einsetzen können. Ganz nebenbei lernen sie grammatikalische Strukturen wie Prädispositionen, Mehrzahl, unregelmäßige Verbformen und und und..., scheinbar spielerisch! In dieser Zeit überwiegen die *„Wo-Fragen"*.

- **Im 4. und 5. Lebensjahr zeigt sich das so genannte Fragealter mit den berühmten „Warum-Fragen".**

Die Kinder suchen für alles eine sinnvolle und gültige Antwort. Sie wollen wissen, woher die Dinge kommen und warum sie da sind. Es entstehen Frageketten:

„Wie is das: Unkraut? Warum heißt das Unkraut? Warum ist denn das Unkraut so un?"

Kinder denken jetzt auch über die Sprache selbst nach und entwickeln ein Sprachbewusstsein.

- **Zwischen dem fünften und dem sechsten Lebensjahr können die meisten Kinder ihre Muttersprache ziemlich perfekt sprechen.**

Die Sprache ist nun bereits strukturiert und differenziert. Die fundamentale Sprachentwicklung ist nun abgeschlossen.

Theorien des kindlichen Spracherwerbs

Worauf ist es zurückzuführen, dass ein Kind innerhalb eines vergleichsweise kurzen Zeitraums ein so kompliziertes System wie die menschliche Sprache erlernt?

Buchstäblich seit Jahrtausenden stehen Forscher in Ehrfurcht vor der Sprache, dieser herausragenden Fähigkeit von uns Menschen. Schon im siebten Jahrhundert vor Christus, berichtet der griechische Dichter Herodot, ließ Pharao Psammetichos zwei Säuglinge in einer Hirtenhütte aussetzten, wo sie ohne jede sprachliche Zuwendung aufgepäppelt wurden. Er wollte unter anderem wissen, welche Sprache die Kinder entwickeln würden. Die bedauernswerten Geschöpfe äußerten schließlich nur etwas, das wie „bekos" klang – das Wort für Brot in der phrygischen Sprache. Daraufhin erklärte der Ägypterkönig kurzerhand das Phrygische zur Ursprache aller Menschen.

Die Grundfrage hinter dem Menschenversuch des Pharaos beschäftigte die Forscher auch noch im 20. Jahrhundert. Ist Sprache angeboren oder angeeignet, bewirken Erbe oder Umwelt die Fortschritte in der Sprachbeherrschung?

■ Lernpsychologische Erklärung

Eine viel beachtete Antwort auf die Frage gab zunächst der Behaviorismus. Ein Hauptvertreter, der amerikanische Psychologe B. F. Skinner, war davon überzeugt, dass der Spracherwerb ausschließlich lernpsychologisch zu erklären sei. Die Kinder würden die Sprache durch die Verbindung von Wörtern mit handelnden Personen, Objekten und Tätigkeiten lernen. Für richtige Bezeichnungen werden die Kinder verstärkt und so kommt die Wortbildung voran. Von Wörtern zu ganzen Sätzen kommen die Kinder durch Imitation. Die Nachahmung als sehr bedeutsames Moment der menschlichen

Entwicklung hatte A. Bandura nachgewiesen. Demnach braucht das Kind im einfachsten Fall die Sätze, die es in seiner Umwelt hört nur im Gedächtnis zu speichern, um sie in geeigneten Situationen wieder abzurufen.

Es steht außer Frage, dass Kinder ihren Wortschatz durch Imitation erweitern, und je ausgiebiger sie das tun, desto schneller entwickelt sich ihre Sprache. Wenn allerdings der gesamte Spracherwerb tatsächlich auf diese Weise erfolgen würde, dann müsste das Kind eine ungeheuer große Zahl an Wörtern in kurzer Zeit lernen um die Sprache verstehen zu können. Das schafft kein Mensch.

Die Lerntheorien können also die Zunahme des Wortschatzes in begrenzter Weise erklären, nicht aber den Vorgang selbst, der es einem Kind erlaubt, grundlegende Sprachregeln zu abstrahieren und mühelos schon bekannte Wörter zu kombinieren, um eine endlose Kette von neuen Sätzen zu konstruieren.

Wie es in einem normalen Elternhaus aussieht, in dem Personen dem Kind handelnd und sprechend gegenübertreten zeigt Mietzel (2002): „Die Beobachtung solcher Situationen ergab, dass Sprachäußerungen zwar imitiert werden, allerdings in einer Weise, die nicht mit den Auffassungen der Behavioristen übereinstimmt. Wenn die Mutter etwa auf den Vater zeigt und dazu sagt; „Sieh mal, da kommt dein Papa!", dann antwortet das Kind womöglich „da Papa!". In solchen abgekürzten Sprechweisen wiederholt das Kind hauptsächlich das Substantiv, das Verb und gelegentlich auch ein verwendetes Adjektiv. Präpositionen (*auf, unter, über*), Konjunktionen (*aber, und, oder*), Artikel (bestimmte und unbestimmte) sowie Pluralformen fehlen praktisch völlig. Das Kind wiederholt wie in einem Telegramm offensichtlich nur Wörter mit hohem Informationswert. Es wählt somit aktiv aus und imitiert nicht mechanisch (allerdings ist anzunehmen, dass die Mutter durch die Betonung bestimmter Wörter den Auswahlprozess etwas unterstützt).

Im Übrigen finden sich in Sprachäußerungen von Kindern häufig Formulierungen, die sie niemals zuvor in ihrer Umgebung gehört haben dürften. Das gilt auch für typische Fehler, die mit hoher Wahrscheinlichkeit keine Imitationen darstellen. Das Kind bildet etwa von Hund fälschlich die Mehrzahlform „Hün-

der" oder spricht von „gingte" statt von „ging". Solche Fehler lassen den Schluss zu, dass den ersten Sprachäußerungen eines Kindes Regeln zugrunde liegen, die das Kind – in den genannten Beispielen grammatikalisch falsch – verallgemeinert."[5]

Die Bedingungen, unter denen das Kind seine Sprache lernt, sind auf jeden Fall komplizierter, als Skinner zunächst angenommen hatte.

■ Biologische Erklärung

Die Auffassung, dass der Spracherwerb weitgehend biologisch gesteuert wird, wurde nachdrücklich von Noam Chomsky (1975) vertreten. Er erkannte die engen Grenzen, die der behavioristische Erklärungsansatz insbesondere für den Spracherwerb anbot. Kinder lernen die Grammatik einer Sprache, so erklärte Chomsky, weil sie dafür bestimmte genetische Voraussetzungen mitbringen. Er stützte seine Behauptung mit dem Hinweis, dass außer dem Menschen kein Lebewesen über eine annähernd vergleichbare Sprachfähigkeit verfüge und meinte, das menschliche Gehirn sei speziell für den Spracherwerb geschaffen. Dies lässt sich am Grammatikgebrauch festmachen. Zahlreiche Untersuchungen weisen darauf hin, dass in unserem Gehirn eine Art „Grammatikmaschine" arbeitet, die Artikel, Endungen und dergleichen den Inhaltswörtern hinzufügt und dadurch einen grammatisch korrekten Satz zimmert. Diese grammatischen Regeln lernen wir nicht von unseren Eltern, sondern sie sind uns angeboren, eine Art Spracherkennungssystem, dem Chomsky den englischen Namen Language Aquisition Device (LAD) gegeben hat. Dieses System ermöglicht es dem Kind, die allgemeingültigen grammatikalischen Prin-

---

[5] Mietzel, 2002

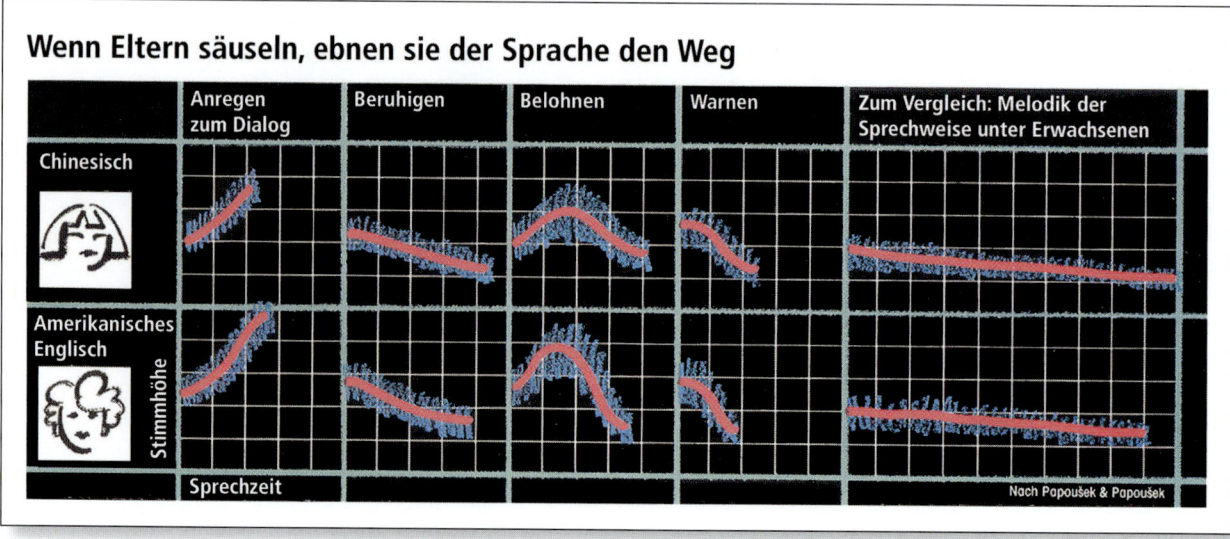

Wenn Eltern säuseln, ebnen sie der Sprache den Weg

	Anregen zum Dialog	Beruhigen	Belohnen	Warnen	Zum Vergleich: Melodik der Sprechweise unter Erwachsenen
Chinesisch					
Amerikanisches Englisch (Stimmhöhe)					
Sprechzeit					Nach Papoušek & Papoušek

Im „Gespräch" mit ihrem Säugling fallen Eltern automatisch in die Ammensprache. Selbst bei so unterschiedlichen Idiomen wie Chinesisch und Englisch gleicht sich die Melodik ihrer Sätze.

zipien aus der Sprache seiner Umwelt zu abstrahieren und herzuleiten. Im Übrigen weist die Sprachentwicklung bei Kindern in der ganzen Welt auffallende Gemeinsamkeiten auf. Mütter und Väter verwenden überall auf der Erde die gleichen Sprechmelodien, um ihre Babys anzuregen, zu beruhigen oder zu belohnen. Wenn sie in die „Ammensprache" fallen, erhöhen sie ihre Stimmlage und erweitern den Stimmumfang von sechs bis sieben Halbtönen, wie beim Gespräch unter Erwachsenen üblich, auf zwei Oktaven. Sobald Kinder auf das Gesäusel ihrer Eltern antworten, beginnt das subtile Wechselspiel vorsprachlicher Kommunikation. Somit scheint klar: Wäre keine biologische Grundlage vorhanden, könnte die Sprache wegen ihrer hohen Komplexität gar nicht erworben werden.

Anzeichen für die biologischen Einflüsse auf den Spracherwerb

Es lässt sich also nicht ernsthaft in Zweifel ziehen, dass der Mensch über ererbte biologische Voraussetzungen zum Erlernen der Sprache verfügt. Allerdings weiß man gegenwärtig noch nicht genau, wie sich dieser angeborene Mechanismus zum Spracherwerb genauer kennzeichnen lässt. Auf das Vorhandensein starker biologischer Einflüsse weisen einige Beobachtungen hin, die wir nach MIETZEL (2002) zusammenfassen:

- Kinder reagieren bereits sehr früh auf die menschliche Stimme,
- sie zeigen verstärktes Interesse für Ammensprache,
- sie verfügen über Voreinstellungen beim Bedeutungslernen,
- und bereits im Alter von sieben Monaten entdecken sie Regelhaftigkeiten in erfundenen Wortfolgen, und etwa mit acht Monaten erkennen sie Wörter, die beim fortlaufenden Sprechen vorkommen.[6]

Darüber hinaus gibt es noch weitere Beobachtungen, die biologische Einflüsse auf das Erlernen der Sprache sehr nahe legen. So entdeckten zwei kanadische Wissenschaftler, dass sogar taub geborene Babys, deren Eltern selbst gehörlos waren und sich mit einer speziellen Zeichensprache verständigten, mit ihren Händen „brabbelten" und dabei auch Gebär-

---

[6] nach Mietzel, 2002

den erzeugten, die die Eltern nicht kannten. Diese Entdeckung werten die Wissenschaftler als Beleg dafür, dass sich die natürliche Anlage zur Sprache eine „Ausdrucksmöglichkeit" sucht, und dabei nicht auf den Sprechapparat angewiesen ist.

Plastizität des Gehirns

Was passiert zum Beispiel, wenn aus irgendwelchen Gründen Teile des Gehirns entfernt werden müssen? Je jünger das Gehirn ist, desto besser kann es die Funktion bestimmter zerstörter Teile ausgleichen. MIETZEL schildert den Fall eines Kindes, dem im Alter von fünf Jahren die gesamte linke Hirnrinde entfernt werden musste: „Es dauerte mehrere Jahre, bis diesem Patienten normales Sprechen möglich wurde. Im Alter von 26 waren ihm jedoch eine überdurchschnittliche Intelligenz und sehr gute Sprachfähigkeit zu bescheinigen. Wenn die übrigen Hirnteile gesund sind, kann eine Aphasie, also der Verlust der normalen Sprachfähigkeit, z.B. aufgrund einer Hirnschädigung, vor dem Alter von acht Jahren demnach wieder überwunden werden. Tritt diese Sprachstörung nach dem achten Lebensjahr auf, lässt sie sich vielfach nicht mehr voll beseitigen."[7]

Sprachverständnis und Sprachausdruck finden in zwei Regionen der Hirnrinde (die äußere Schicht des Großhirns) statt: dem Wernicke- und dem Broca-Zentrum. Beide befinden sich in der dominanten Hirnhälfte, die bei den meisten Menschen die linke Hälfte ist.

- Im Wernicke-Zentrum werden die ankommenden Botschaften, gehörte und gelesene, überprüft und mit Informationen verglichen, die im Gedächtnis gespeichert sind. Dort wird auch die Bedeutung entschlüsselt.
- Im Broca-Zentrum werden Worte und Sätze aus dem Vokabular und Grammatikregeln, die im Gedächtnis gespeichert sind, zusammengesetzt.

Nach Eintritt der Reifezeit verschwindet die „Plastizität" des Gehirns völlig. Wenn also bei einem Kind vor der Pubertät die Sprachzentren geschädigt werden, dann kann die rech-

---

Vom Hören zum Sprechen

Scheitellappen (Bewegungskoordination)

motorischer Cortex (Artikulation)

Wernicke-Areal (Lexikon, Wortbedeutung)

Hinterhauptslappen (Erinnerung, Zuordnung)

Stirnlappen (produktives Denken)

Broca-Areal (Grammatik)

Hörrinde

Schläfenlappen (Wort- und Satzverständnis)

Sehrinde

Kleinhirn

Frage von Alena an Leonie: „Wie fandest du Bibi Blocksberg im Kino?" In Millisekunden läuft im Gehirn jetzt eine komplexe Kette von Reaktionen ab: Die Frage wird aufgenommen (1) und ihr Sinn entschlüsselt (2). Die gesamte bisherige Lebenserfahrung wird abgerufen, um ein Urteil fällen zu können (3). Dann sucht das Gehirn nach dem geeigneten Wort (4), entscheidet sich für die Form der Antwort (5) und setzt die Lippen in Bewegung (6): „Toll, spannend."

---

te Seite des Gehirns die ausgefallenen Funktionen wenigstens noch bis zu einem gewissen Grade ersetzen. Demgegenüber müssen Erwachsene damit rechnen, dass sie sich von einer Schädigung ihrer Sprachzentren nicht wieder erholen.

Wie lässt sich dieser Verlust an Plastizität, spätestens während der Pubertät, erklären? Neurologen verweisen in ihrer Antwort darauf, dass sich die beiden Hirnhälften jeweils im Verlauf der Kindheit zunehmend spezialisieren, und dieser Prozess ist mit der Adoleszenz weitgehend abgeschlossen.

Es ist kaum möglich zu prüfen, ob die erste Sprache auch noch nach Beginn der Reifezeit erlernt werden kann, weil man dafür Bedingun-

---

[7] Mietzel, 2002

gen benötigt, die in der Regel nicht vorliegen. Eine Ausnahme sind Kinder, die unter extrem ungünstigen Bedingungen aufwachsen muss-ten. Ein Beispiel liefert das Mädchen Genie, eine sehr dramatische Geschichte.

Kann ein Mensch nach Einsetzen der Reifezeit noch seine Muttersprache erwerben?

„Im November 1970 gelang es in Los Angeles einer fast blinden Mutter, mit ihrer Tochter aus dem Haus eines völlig gestörten Mannes zu entfliehen. Er hatte die beiden mehr als ein Jahrzehnt lang tyrannisiert und auf grausamste Weise misshandelt. Die Geburt der Tochter im Jahre 1957 war ohne Komplikationen und die Entwicklung während der ersten sechs Lebensmonate normal verlaufen. Allerdings wurde das Mädchen während der ersten 20 Lebensmonate unzureichend ernährt und wenig beachtet. Danach begannen die eigentlichen Torturen. Einer Bemerkung des Kinderarztes entnahm der Vater fälschlich, das Kind werde fortan intellektuell weit hinter seiner Altersgruppe zurückbleiben. Der Vater beschloss daraufhin, seine Tochter von allen Mitmenschen zu isolieren. SUSAN CURTISS (1977) schildert das Leben des Kindes, das in der Fachwelt unter dem Namen Genie bekannt ist, wie folgt:

„… Genie war eingesperrt in einem kleinen Schlafraum, auf einem Kinderstühlchen angegurtet.... im unbekleideten Zustand … blieb Genie nichts anderes übrig... als zu sitzen, festgebunden, Stunde für Stunde, oft bis in die Nacht, Tag für Tag, Monat für Monat, Jahr für Jahr. Zur Nacht wurde sie, sofern man sie nicht vergaß, aus dem Gurt befreit, allerdings nur, um sie abermals einzupferchen – sie kam in einen Schlafsack, den der Vater so zuband, dass sich die Arme nicht bewegen ließen.... So eingezwängt wurde sie in eine Kinderkrippe gelegt, in der sie von oben und von der Seite von Maschendraht umgeben war."

Während der gesamten Zeit der Misshandlung durfte niemand mit dem Mädchen sprechen. Die Mutter hielt sich bei ihrem Kind täglich nur wenige Minuten auf, um es mit einer breiartigen Kindernahrung zu füttern. Genie hatte auch keine Gelegenheit, Sprache über Rundfunk oder Fernsehen zu hö-ren. Wenn sie irgendwelche Laute von sich gab, kam der geräuschempfindliche Vater zu ihr, um sie mit Schlägen zu bestrafen. Dabei gebärdete er sich wie ein wilder Hund, der seine Zähne zeigte, bellte und heulte. Unmittelbar nach ihrer Befreiung wog das emotional stark gestörte Mädchen etwa 27 kg. Genie konnte nicht gehen oder aufrecht stehen. Sie sprach kein Wort und schien auch nichts zu verstehen. Sofort wurden medizinische Maßnahmen ergriffen. Ihre Körpergröße und ihr Gewicht nahmen daraufhin zu. Sehr bald setzte ihre sexuelle Reife ein.

Ergebnisse des Sprachtrainings. Besonderes Interesse verdienen die Ergebnisse des Sprachtrainings, das im Alter von 13 Jahren und 7 Monaten einsetzte. Innerhalb von acht Monaten erlernte das Mädchen alle englischen Phoneme. Genie erwarb einen Sprachschatz von etwa 200 Wörtern. Ebenso wie Zweijährige äußerte sie sich in einem Telegramm-Stil, d. h. sie benutzte zumeist keine Hilfsverben (wie in „ich habe gegessen"), vielfach ließ sie persönliche Fürwörter aus (z. B. „nicht Frühstück essen"). Wörter wie *dies* und *das* kamen praktisch nicht vor. Man hörte von ihr auch keine Sätze, die – wie bei Fragen – eine Umstellung erforderten. Nach etwa sieben Jahren glich die sprachliche Ausdrucksweise des inzwischen 21 Jahre alten Mädchens etwa der einer Drei- bis Vierjährigen. Genie war aber in der Lage, sich selbstständig in der Nachbarschaft zurechtzufinden und den Bus zu ihrer Schule zu benutzen. Ihren Pflegeeltern brachte sie emotionale Zuwendung entgegen, und gelegentlich berichtete sie ihnen, woran sie sich aus ihrer Kindheit erinnerte. Ihr Vater wurde wegen Kindesmisshandlung vor Gericht gestellt. Er erschoss sich jedoch an dem Tag, als er zum ersten Mal vor seinen Richter treten sollte."[8]

---

[8] Mietzel, G., 2002

Sensible Phase für den Erwerb der ersten Sprache

Genie war nach den vorliegenden Unterlagen vor Beginn ihrer Misshandlung intellektuell nicht auffällig. Dem Mädchen gab man nach seiner Befreiung im Alter von 13 ½ Jahren vielleicht das intensivste Sprachtraining, das jemals ein Mensch erhalten hat. Genie konnte die englische Sprache nur bis zu einem gewissen Grade erlernen. Sie sprach im Alter von 19 Jahren trotz der günstigen Bedingungen noch nicht einmal wie eine typische Fünfjährige. Ihr Fall stärkt die Vermutung, dass es eine *sensible Phase* für den Erwerb der ersten Sprache gibt, die nach Meinung einiger Autoren etwa im Alter von fünf Jahren endet. Nach Abschluss dieser Phase sind dem Erwerb einer ersten Sprache offenbar unüberwindbare Grenzen gesetzt.

■ Interaktionistische Erklärung

Biologische Voraussetzungen und sozialer Kontext

Das Beispiel von Genie macht auf dramatische Weise deutlich, dass Kinder über einzigartige Voraussetzungen für den Erwerb von Sprache verfügen. Ihre Fähigkeiten entfalten sich jedoch nur, wenn die Umwelt jene besonderen Voraussetzungen bietet, die das Kind in optimaler Weise im Zwiegespräch mit seinen Eltern findet. Von Anfang an ist die Kommunikation untrennbar in die Entwicklung der ersten sozialen Beziehungen integriert. Fehlen diese frühen Beziehungen, so ist der Spracherwerb nachhaltig gefährdet oder wird gar unmöglich.

Nach dem heutigen Stand der Wissenschaft verfügt ein Kind über biologische Voraussetzungen, die menschliche Sprache zu erlernen. Es braucht aber zusätzlich einen sozialen Kontext, also die Gelegenheit, mit anderen in Kontakt zu treten. *Nach dieser Sichtweise bringt das Kind eine angeborene Sprachlernfähigkeit mit auf die Welt.* Es hat zudem einen ausgeprägten Wunsch, mit denjenigen Mitmenschen zu interagieren, die ihm Sprachanregungen bieten, damit es die Funktionen und Regelmäßigkeiten der menschlichen Sprache für sich selbst entdecken und erlernen kann. Das Gehirn – so erkennen die Interaktionisten an – schreitet langsam in seiner Reifungsentwicklung voran und bestimmt folglich entscheidend mit, welche Wünsche zur Sprachäußerung weltweit in einem

annäherungsweise gleichen Alter entstehen. Es waren vor allem die Forscher, die die Wechselwirkung betonen, die bedeutsame Beiträge zur Klärung der Frage geliefert haben, wie Eltern, Erzieherinnen oder andere Pflegepersonen förderlich auf die Sprachentwicklung von Kindern einwirken. (Siehe Methoden der Spracherziehung, S. 402).

Der „Sprachbaum" von WENDLANDT verdeutlicht die Zusammenhänge grafisch in eindrucksvoller Weise auf einen Blick.[9]

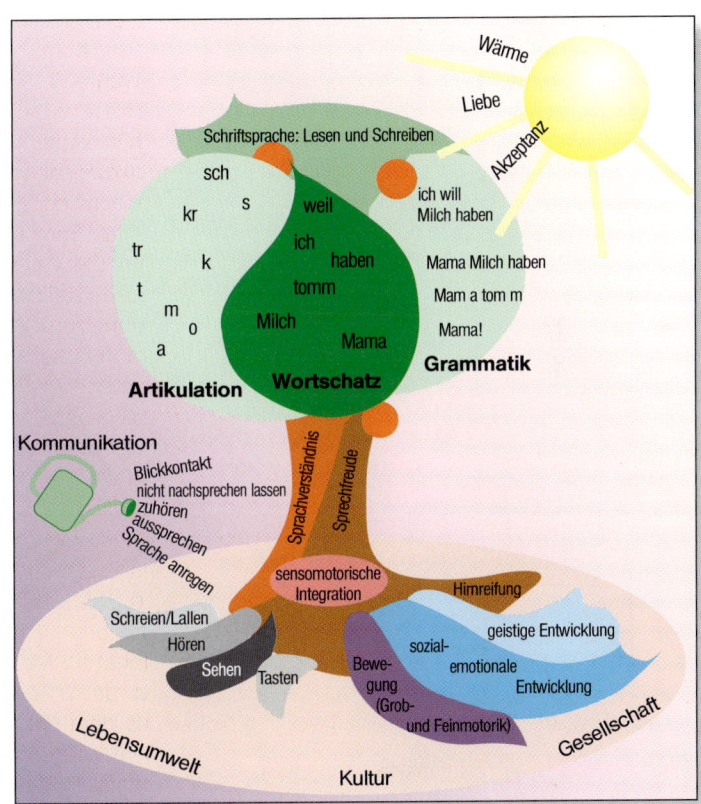

Sprachentwicklungsstörungen

In den letzten Jahren hat sich die Zahl der Kinder mit Sprachentwicklungsstörungen deutlich erhöht. In den ersten sechs Jahren, der sensiblen Zeit für die Sprachentwicklung, begleiten die Erzieherinnen in den Elementareinrichtungen also eine sehr wichtige Zeit und sollten deshalb über die wichtigsten Ursachen von Sprachentwicklungsstörungen informiert sein.

---

[9] modifiziert nach Wendtland, W., 1998

■ Ursachen von Sprachentwicklungsstörungen

- **Motorik**. Bereits im Kapitel über die motorische Entwicklung wurde deutlich wie eng die motorische und sprachliche Entwicklung zusammenhängen. Sprache ist ein Teil der Gesamtmotorik. Eine verzögerte motorische Entwicklung wird häufig von einer verzögerten Sprachentwicklung begleitet. Aus diesem Grunde kommt der motorischen Förderung im Kindergarten eine elementare Bedeutung zu.
- **Psycho-soziale Faktoren.** Manche Sprach- und Sprechdefizite sind auf psychosoziale Faktoren zurückzuführen. In vielen Familien werden die Kinder immer weniger zum Sprechen angeregt. Offenbar bringen aber auch viele Eltern nicht mehr genügend Zeit auf, um mit ihren Kindern eingehende Gespräche zu führen und die Medien verführen nicht zum Reden. Durch Konflikte in den Familien sind die Erwachsenen auch zu sehr mit sich selbst beschäftigt, so dass auf diesem Wege die Bedürfnisse der Kinder zu kurz kommen.
- **Organische Ursachen.** Sprachentwicklungsstörungen können auch organische Ursachen haben, z.B. Hörstörungen oder Anomalien der Sprechorgane (Lippen-Kiefer-Gaumenspalte).
- **Geistige Behinderung.** Sprachstörungen können Ausdruck einer geistigen Behinderung sein: frühkindliche Hirnschädigung.
- **Genetische Disposition.** Oft sind Sprachentwicklungsstörungen mit anderen Entwicklungsstörungen gekoppelt und in diesen anderen Bereichen sind zum Teil auch erhebliche Defizite zu beobachten.

In Anlehnung an C. PRANG[10] führe ich die einzelnen Sprachentwicklungsstörungen aus:

■ Dyslalie und Dysgrammatismus

„Mama gleich wieder tommt." Die so genannte Dyslalie (Stammeln) ist eine Artikulationsstörung. Laute werden weggelassen *(Blume = Lume)* und/oder durch andere ersetzt *(Gabel = Dabel)* oder falsch gebildet *(Schule = Lule)*. Diese Artikulationsstörung ist bei Kindern bis zu circa drei Jahren völlig normal und entwicklungsbedingt. Würde diesen Satz ein vier- oder fünfjähriges Kind äußern, sprechen wir von einer Sprachentwicklungsstörung.

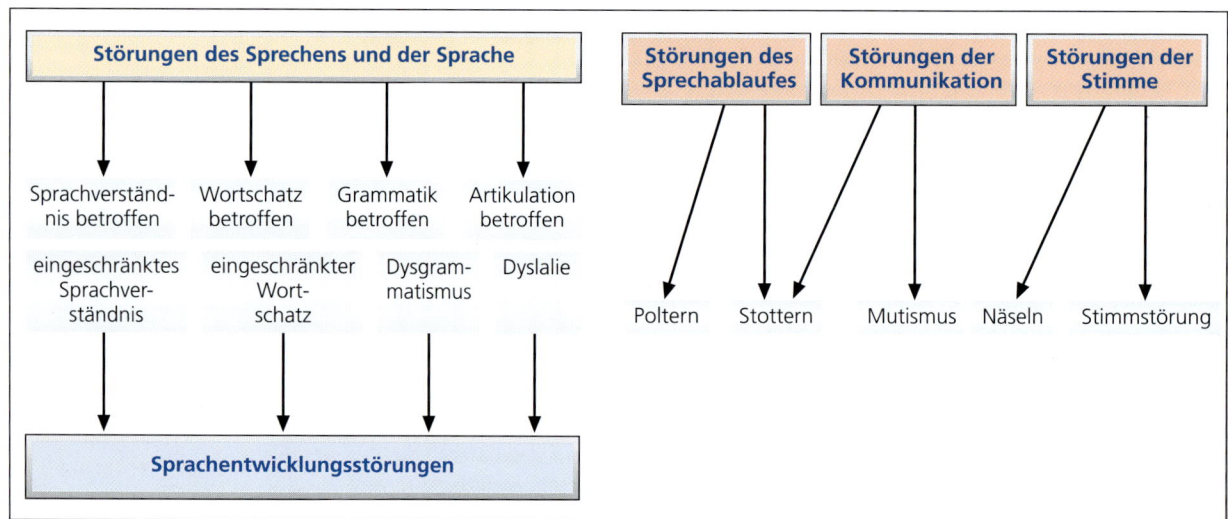

[10] Prang, C., 2000

Das gilt auch für Störungen im Gebrauch der Grammatik, dem so genannten Dysgrammatismus, für den oft ein niedriges Anregungsmilieu neben einer häufig hochgradigen Wahrnehmungsstörung verantwortlich ist. Grammatikalisch unkorrekte Sätze, fehlende „Ich"-Form, geringer Wortschatz und mangelnde Redefreude sind Ausdruck von unzureichender Sprachanregung. In schweren Fällen spricht ein Kind nur im „Telegrammstil" („Jens Ball im Tor").

Bei fremdsprachigen Kindern äußert sich die Unsicherheit zu Beginn des deutschen Sprachprozesses ebenfalls in einem Dysgrammatismus, der sich jedoch nach einiger Zeit der Übung gibt.

■ Störungen der Aussprache und der Artikulation

Markus möchte „den loten Ball haben" und Tina berichtet: „Destern waren wir im Tierpart. Da waren auch Fafe wie bei Opa. Da wollte ich noch lande bleiben." Hier zeigen sich unterschiedliche Formen der Dyslalie. Wenn die Störung nicht entwicklungsbedingt ist, und nicht mit der Zeit verschwindet, und die Eltern nicht selbst entsprechende Schritte unternehmen, sollte die Erzieherin sie zunächst an den Kinderarzt verweisen, der in der Regel das Kind schon länger kennt, um es dann mit einer Verordnung zur Diagnostik und Therapie an eine Logopädin zu überweisen. Artikulationsstörungen können sehr unterschiedliche Ursachen haben, denn am Vorgang des Sprechens sind Lippen, Zunge, Zähne und Gaumen als Sprechwerkzeuge in perfekter Koordination beteiligt. Neben organischen Ursachen (Zahnfehlstellungen, Gebissanomalien, schwache Muskulatur der Zunge und des Mundes, eingeschränkte Nasenatmung usw.) können schlechte Sprachvorbilder oder genetische Dispositionen eine Rolle spielen. Auch psychische Ursachen kommen als Auslöser in Frage. Die sprachtherapeutische Betreuung setzt hier, nach einer differenzierten Diagnose, gezielt an, das heißt Übungen werden auf die jeweilige Beeinträchtigung abgestimmt (Zischlaute, mundmotorische Übungen usw.).

■ Poltern, Stottern und Mutismus

Poltern

Beim so genannten *Poltern* verschlucken Kinder ganze Wörter, Laute und besonders die Endsilben. Es kommt zu einer Überstürzung der Rede: *„Ers fah mi mei Zu, da lau wi"* (Erst fahren wir mit dem Zug, dann laufen wir). Ein Kind, das poltert, muss durch Techniken lernen, langsamer und geordneter zu sprechen. In der Kooperation mit einer Logopädin ergeben sich Hinweise für einen sinnvollen Umgang mit einem „polternden" Kind im Kindergartenalltag.

Stottern

Dieses Erscheinungsbild unterscheidet sich wesentlich von dem des Polterns. 80 Prozent aller Kinder im Alter zwischen zwei und sechs Jahren durchlaufen eine Phase unflüssigen Sprechens, des physiologisch bedingten Stotterns. Dies kann möglicherweise in unterschiedlichen Reifeprozessen von Hirnleistung und Motorik begründet sein. Ein Kind denkt dann schon schneller als es sprechen kann und seine Sprechmotorik beherrscht. Hält diese entwicklungsbedingte Phase länger als drei bis vier Monate an, so entwickelt sich bei etwa 5 Prozent der Kinder ein Stottern. Die *Sprechbehinderung Stottern ist eine Störung des Redeflusses,* äußert sich individuell verschieden und ist unterschiedlich ausgeprägt. Manche wiederholen Worte, Silben oder Laute, andere machen Sprechpausen und/oder dehnen die Laute oder haben Blockaden im Sprechfluss. Es kann auch sein, dass Tonhöhe und Lautstärke des Lautes ansteigen, bevor das Kind ein Wort beendet. Dabei zittern manchmal die Muskeln um den Mund und den Kiefer. Je nach Situation und Anspannung strengt sich ein Kind unheimlich an. Dadurch wird das Sprechmuster verzerrt. Das Zittern, der Anstieg von Tonhöhe und -lautstärke, Anstrengung, Anspannung und Furcht führen zu einer Unterbrechung des Redeflusses.

Als Ursachen für nicht entwicklungsbedingtes Stottern werden im Wesentlichen psychische Vorgänge angenommen, beispielsweise traumatische Kindheitserlebnisse oder familiäre Einflüsse (nicht was ein Kind sagt, sondern wie es etwas sagt, gibt mögliche Hinweise auf systemische Zusammenhänge). Deshalb macht es gerade bei stotternden Kindern wenig Sinn, am Symptom zu arbeiten. Unabhängig davon, ob das Stottern entwicklungsbedingt ist oder eine Störung darstellt, ist es wichtig, dass die Erzieherin geduldig und den Kindern zugewandt ist und ihnen Sicherheit vermittelt. Die Kinder sollten sich akzeptiert fühlen.

> Hören Sie einem stotternden Kind geduldig zu und vermeiden Sie diesbezüglich jegliche Kritik.

Mutismus

Der so genannte Mutismus ist eine Sprech- und Sprachhemmung. Kinder schweigen gegenüber bestimmten Menschen. Die Kommunikation mit der Mutter kann dabei durchaus recht rege ablaufen.

Die ängstlichen, empfindsamen, scheuen und verschlossenen Kinder reagieren mit diesem Verhalten aber manchmal auf mütterliche Überfürsorge (Overprotection). Es ist aussichtslos, sie zum Sprechen zwingen zu wollen oder sie in anderer Form zu beeinflussen. Viel eher sollte ihnen mit viel Geduld, Ausdauer und Einfühlungsvermögen, Sicherheit und Stabilität begegnet werden, um ihr Vertrauen zu gewinnen. Die Zusammenarbeit mit Fachdiensten (z. B. Erziehungsberatungsstelle) sollte in jedem Fall in Anspruch genommen werden.

■ Störungen des Stimmklanges

Zu Störungen des Stimmklanges zählt man sowohl *Näseln* (Rhinophonie) als auch eine *Stimmstörung* (kindliche Dysphonie), das heißt, der Stimmklang verändert sich in Lautstärke und Tonhöhe. Das Näseln unterscheidet man in offenes und geschlossenes. Beim offenen werden bis auf die Zischlaute alle Laute durch die Nase gesprochen. Diese so genannte Schonhaltung entsteht häufig nach der Entfernung der Gaumenmandeln und sollte sich nach zwei bis drei Wochen geben. Für das geschlossene Näseln („Stockschnupfensprache") ist meist eine zu enge Nasenöffnung verantwortlich, die sich operativ beheben lässt. Eine fachärztliche Abklärung ist daher notwendig.

■ Beeinträchtigung des Hörens

„Meine Tochter hört einfach nicht zu! Alles muss ich ihr dreimal sagen!" So beschwert sich eine Mutter bei der Erzieherin über ihr scheinbar ungehorsames Kind. Auch ihr fiel bereits auf, dass Verena manche Vorgänge im Gruppengeschehen nicht immer registriert, sonst aber recht aufmerksam ist. Vielleicht kann sie nicht richtig hören? Ein intaktes Gehör, eine ausreichende akustische Aufmerksamkeit und die Diskriminierung bestimmter Geräusche sind grundlegende Voraussetzungen, um mit der Umwelt adäquat zu kommunizieren.

Der Mensch spricht so, wie er hört, denn zwischen Gehör und Stimme besteht ein enger Zusammenhang. Entscheidend für die Qualität der Lautäußerung ist, wie sich ein Kind selbst hört. Viele Kinder lernen nur deshalb nicht oder nicht deutlich sprechen, weil sie nicht oder nicht richtig hören können oder aber in bestimmten Frequenzbereichen (Hoch- oder Tieftonbereich) beeinträchtigt sind und deshalb manche Buchstaben nicht klar identifizieren, bzw. Geräusche nicht filtern können. Häufig sind dafür wiederholte schwere Mittelohrentzündungen verantwortlich oder aber auch Anomalien des Ohres. Folglich ist zunächst der kinderärztliche und dann der fachärztliche Rat (HNO-Arzt) unerlässlich sowie eine Audiometrie (akustische Höruntersuchung) dringend angezeigt. Selbst eine vorübergehende Schädigung oder Beeinträchtigung des Gehörs kann eine Verzögerung des Sprechens nach sich ziehen.

Neben organischen Ursachen spielen bei Hörstörungen auch soziale Ursachen eine Rolle. So schützen sich Kinder beispielsweise vor ständiger Berieselung, einer Reizüberflutung durch Radio, Fernsehen und Kassette indem sie einfach „abschalten", nichts mehr hören (wollen). Die gleiche Reaktion ist zu beobachten, wenn Erwachsene ständig auf ihre Kinder einreden: *„Tu dies und jenes nicht, aber mach dies und das kannst du nicht."* Diese Bevormundung, ein totales Zudecken des Kindes mit dem gesprochenen Wort, führt dazu, dass Kinder resignieren, sich zurückziehen oder nur unverständliche Worte gebrauchen. Unter anderem hat dies zur Folge, dass Kinder das selektive Hören nicht erlernen, was Voraussetzung für schulisches Lernen im Klassenverband und das Lesenlernen im Besonderen darstellt. Ein Zuviel hat also ebensolche Folgen wie ein Zuwenig!

In einer Reihe von Spielen lässt sich gezielt und systematisch die Hörfähigkeit von Kindern im Kindergarten trainieren, beispielsweise durch Kimspiele, bei denen bestimmte Sinne angeregt werden und die Wahrnehmung gefördert wird.

Sprache ist eine Sache des Vertrauens

„Hast du auch manchmal Angst?", fragt Ingo seine Erzieherin. Die muss einen Augenblick nachdenken, denn ihre Antwort wird vielleicht nicht nur den Verlauf des Dialogs beeinflussen, sondern möglicherweise auch das Verhalten

> Ein Kind, das nicht oder nur beeinträchtigt hören kann, lernt in der Regel auch nicht richtig sprechen.

des Kindes in bestimmten Lebenssituationen. Mit dem, was sie sagen und wie sie es sagen, beeinflussen Erzieherinnen die ihnen anvertrauten Kinder. Und je nach Reaktion kann ein Kind verletzt oder bestärkt werden. Sprachliche Förderung ist also nicht nur auf das vorbildliche sprachliche Verhalten eines Erwachsenen zu reduzieren, sondern berücksichtigt das gesamte kommunikative Verhalten zwischen Erzieherin und Kind.

Grundlage einer erfolgreichen Kommunikation ist also zunächst die konstruktive Auseinandersetzung mit der eigenen Person, die Reflexion des eigenen Verhaltens und die Offenheit für neue Erfahrungen. Wird ein Kind als gleichberechtigter Kommunikationspartner anerkannt, so wird ein Gespräch für beide Parteien eher zufriedenstellend verlaufen.

Eine optimale Sprachförderung muss genauso Ziel des Kindergartens sein wie die Verhütung von drohenden Manifestationen und Fehlentwicklungen. Die sprachlichen Voraussetzungen für den Besuch der Grundschule sollten noch innerhalb der Kindergartenzeit geschaffen werden. Und unter dem Aspekt, dass Spracherwerb in den ersten fünf bis sechs Jahren erfolgt, ist der Sprachförderung als pädagogischem Auftrag des Kindergartens eine besondere Bedeutung beizumessen, um schulisches Lernen und Sprachverhalten grundlegend positiv zu beeinflussen, um dem Kind ein Stück Welt zu eröffnen. (Siehe: Sprache und Sprechen, S. 397 ff.).

15. Die Entwicklung des Denkens und der Wahrnehmung

Das Denkvermögen des Menschen

Der Mensch ist mit der Fähigkeit zur Vernunft ausgestattet. Dies ermöglicht ihm sich auf eine ganz bestimmte Art und Weise mit der Wirklichkeit zu beschäftigen. Er kann sich gedanklich mit etwas auseinandersetzen. Er kann das, ohne etwas zu berühren oder es praktisch auszuprobieren, ja selbst ohne die anschauliche Gegenwart eines Gegenstandes. Es genügen ihm dazu Vorstellungen der Wirklichkeit in Form von Worten oder Bildern.

Die Worte oder Bilder vertreten in seinem Geist symbolisch die Wirklichkeit in all ihrer Vielfalt. Dazu kommen Begriffe und Regeln mit denen wir die Zusammenhänge der Wirklichkeit in unserem Gehirn speichern. In Gedanken beschäftigt man sich niemals isoliert mit einem Element der Wirklichkeit, sondern jedes Element steht immer im Zusammenhang mit anderen Elementen. Bilder, Worte und Begriffe stellen das Wissen des Menschen von der Wirklichkeit dar. Zum Teil ist diese Kenntnis durch konkrete Erfahrungen entstanden. Diese haben in der Form von Bildern, Worten und Ideen Spuren im Gehirn hinterlassen. Um uns mit der Wirklichkeit zu beschäftigen, ist es nicht notwendig, diese konkreten Erfah-

rungen erneut zu machen. Wir können sie gedanklich wiederholen. Ein Teil der Kenntnisse, über die ein Mensch verfügt, ist in Gedanken gewonnen, ohne dass die konkrete Wirklichkeit gegenwärtig war. Mit Vernunft begabt sein bedeutet auch, dass man Schlüsse darüber ziehen kann, wie etwas in der Wirklichkeit aussieht oder wie sich etwas in der Wirklichkeit abspielt, indem man das, was man schon darüber weiß, neu verbindet und ordnet. Außerdem ist die Vernunft damit auch die Grundlage für planendes Handeln und für den Blick in die Zukunft.

Der Gewinn von Einsicht aufgrund gedanklicher Auseinandersetzung mit Gedächtnisinhalten wird als die höchste Form des Lernens betrachtet. Es handelt sich dabei um das problemlösende Lernen, das denkende Lernen. Dies muss sich allerdings erst entwickeln.

Die Entwicklung des Denkens

Die Untersuchung des Kindergartenkindes in Bezug auf die Entwicklung des Denkens lohnt sich nicht nur vom wissenschaftlichen, sondern auch vom persönlichen Standpunkt aus. Es ist eine Freude – Erzieherinnen können dies wahrscheinlich bestätigen – mit Kindern dieses Alters zu arbeiten und sie kennen zu lernen. Der Charme dieses Alters wird sogar den geplagten Eltern auffallen. Wer beruflich mit ihm zu tun hat, sieht das gesunde, normale Vorschulkind als einen Menschen, der noch nicht Doppelzüngigkeit und Arglist, Masken, Verkleidungen und Ausflüchte späterer Jahre kennt und seine Persönlichkeit offen zur Schau trägt. Seine Gefühle, Gedanken und Leidenschaften werden sofort in Worte und Taten umgesetzt. Sein Verhalten und Erleben ist oft bunt gefärbt, manchmal gewalttätig, manchmal sehr zärtlich und aufgrund seiner Durchsichtigkeit leicht zu beobachten. Seine wachsende Beherrschung der Sprache und der Dinge macht die Kommunikation mit ihm weniger anstrengend als beim Kleinkind. Aber gerade hierbei treten seine Grenzen, Lücken, unvollständigen Wahrnehmungen, Missverständnisse und falschen Annahmen klar zu Tage, und die Verfolgung seiner Gedankengänge ist daher faszinierend, wenn auch manchmal etwas verwirrend. Da seine Gedanken aber noch nicht durch die logischen Überlegungen des Erwachsenen eingeschliffen sind, können seine Äußerungen von lebhafter Phantasie, ergreifender Einfalt oder erfrischend scharfer Einsicht getragen sein.

Ein Mann, der das denkende Lernen und mithin die kindliche Gedankenwelt wie kein zweiter in einer umfassenden und differenzierten Art und Weise untersucht und erforscht hat, war der Schweizer Entwicklungspsychologe Jean Piaget.

Piaget, 1896 in Neuchâtel geboren, 1980 in Genf gestorben, gehört neben Sigmund Freud nach wie vor zu den zwei herausragenden, am meisten zitierten Psychologen des 20. Jahrhunderts.

Er ging der zentralen Frage nach, wie wir Menschen zu Wissen über die Welt gelangen. Hauptgegenstand seiner jahrzehntelangen Forschung war die Frage nach der Entwicklung und dem Verlauf der kindlichen Intelligenz.

Piaget hat bis zu seinem Tode mit 84 Jahren geforscht, hat mit seinen Mitarbeiterinnen und Mitarbeitern als Professor für Psychologie in unzähligen Studien und Tausenden von Gesprächen mit Kindern Beobachtungen gesammelt und in vielen Büchern veröffentlicht.

Interessant ist, dass er schon als Kind von der Biologie fasziniert war: Er sammelte Vögel, Fossilien und Muscheln. Mit zehn Jahren veröffentlichte der „frühreife" Junge einen kurzen wissenschaftlichen Text über einen Albino-Spatzen, den er in einem Park beobachtete. Als Jugendlicher arbeitete er ehrenamtlich als Laborassistent im örtlichen naturwissenschaftlichen Museum. Er spezialisierte sich auf Weichtiere und veröffentlichte schon vor seinem 22. Lebensjahr einige Aufsätze. Dieses früh erwachte Interesse an der Biologie bleibt in seiner späteren Theorie der kognitiven Entwicklung des Kindes noch deutlich erkennbar. Eine Schlussfolgerung PIAGETS aus seinen zahlreichen Gesprächen und Untersuchungen mit Kindern lässt sich vereinfacht so zusammenfassen: *Kinder denken anders als Erwachsene.*

> ### Kinder denken anders
>
> „Einmal ereignete sich folgendes: Eine Mutter von zwei Kindern war wegen des ständigen Quengelns ihres Sohnes am Ende ihrer Geduld angelangt. Diesmal ging es um die Verteilung des Nachtischs. Die Mutter hatte ihrem Zehnjährigen zwei Stückchen Kuchen gegeben, ihrem Vierjährigen nur eines. Dem betrübten jüngeren Sohn hatte sie erklärt, er bekäme nur eins, weil er kleiner sei; wenn er größer sei, würde er auch zwei bekommen. Wie man sich vorstellen kann, war der Kleine mit dieser Logik nicht einverstanden und fuhr fort, sein Schicksal zu beklagen. Die Mutter verlor die Geduld. In einem Anflug von Sarkasmus griff sie seinen Teller und sagte: „Du willst zwei Stücke? Gut, du sollst zwei Stücke haben. Hier!" – wobei sie seinen Kuchen in der Mitte durchschnitt. Sofort war Ruhe; der kleine Junge dankte seiner Mutter ernsthaft und machte sich zufrieden an seinen Nachtisch. Die Mutter und der ältere Bruder waren beide überrascht. Sie schauten den Kleinen an, als hätten sie einen Geist vor sich. Dann schauten sie sich gegenseitig an; in diesem Augenblick teilten sie eine eben gewonnene Einsicht in die Realität des Sohnes und Bruders, eine Realität, die von der ihren recht verschieden war."[1]
>
> Was fällt Ihnen an diesem Beispiel auf? Diskutieren Sie in der Klasse.

PIAGET erkannte, dass die seltsame Art, wie Kinder die Dinge sehen, nicht das Ergebnis zufälliger Phantasien oder einer unvollständigen oder undeutlichen Wahrnehmung der Wirklichkeit ist, wie *wir* sie sehen. Vielmehr offenbart sich im Denken der Kinder eine ganz bestimmte andere Wirklichkeit, die eine eigene Logik, eine eigene Beständigkeit und Ordnung besitzt. ALBERT EINSTEIN nannte diese Entdeckung PIAGETS „so einfach, dass nur ein Genie darauf kommen konnte."

[1] Kegan, R., 1991.

Auch wenn in Teilen die Theorie PIAGETS heute im Lichte neuer Erkenntnisse erweitert und korrigiert werden muss – was wir am Ende dieses Kapitels auch tun werden – stellen wir sie vollständig dar, denn in ihrer Geschlossenheit ist sie einmalig. Schließlich hat sie weitere Forschung angeregt und PIAGET hat seine Erkenntnisse immer wieder weiterentwickelt.

Die Theorie der kognitiven Entwicklung

Die Lehre von PIAGET, der Konstruktivismus, betrachtet das Kind als sich entwickelndes Individuum, welches aktiv und selbstgesteuert die Umwelt sich denkend einverleibt. Das Kind verarbeitet, je nach Entwicklungsstadium, die Angebote der Umgebung. Es sind also die persönlichen Erkenntnis- und Handlungsmöglichkeiten, die festlegen, wie die Umwelt begriffen wird. Und was besonders wichtig ist: *das Kind ist dabei aktiv, neugierig und erfindungsreich.* Es konstruiert sich seine Welt, sein Denken und Wissen selbst. Für PIAGET war es sehr wichtig, dass das Kind aktiv sein und sich der Umwelt anpassen muss. Gesunde Kinder suchen spontan Kontakt und Interaktion mit der Umwelt und suchen aktiv nach Herausforderungen. Kinder, die man sich selbst überlässt, denen etwas zugetraut wird, forschen, lernen und entdecken weitgehend autonom.

■ Organisation, Adaptation und kognitive Strukturen

Die beiden Grundprinzipien der menschlichen Entwicklung sind laut PIAGET die *Organisation* und die *Anpassung (Adaptation).* Jeder lebende Organismus hat die angeborene Tendenz zur Organisation, das heißt die Erfahrungen im Umgang mit der Umwelt zu strukturieren, sie zu ordnen und zu systematisieren, um so aus einzelnen Teilen Ganzheiten zu bilden. Dies geschieht in einem ständigen Anpassungsprozess (Adaptation) des Organismus durch die Bildung von so genannten kognitiven Schemata. Das sind psychische Strukturen, die die Verarbeitung von Umwelteindrücken speichern und einordnen.

Bereits zum Zeitpunkt der Geburt ist der Mensch mit einem Grundwissen ausgestattet, ohne das ein Überleben kaum vorstellbar

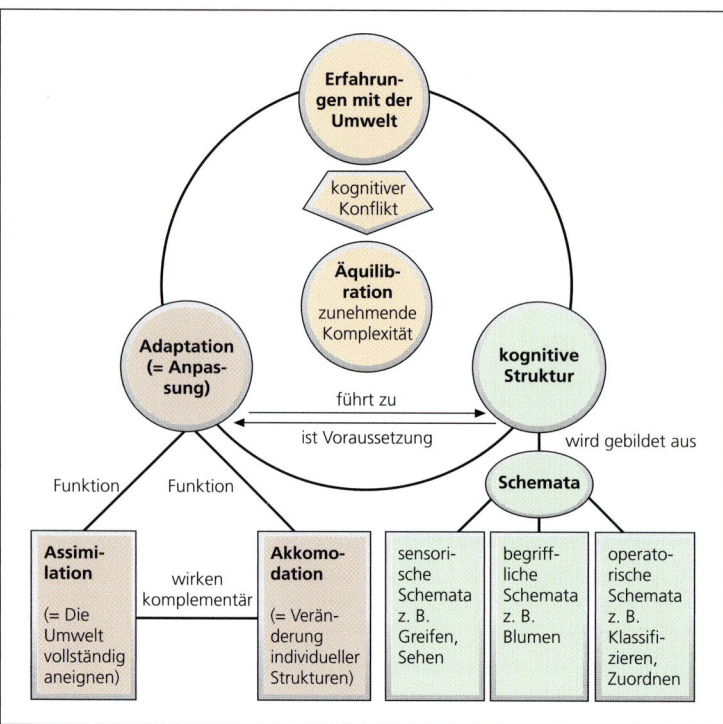

3)

Schon innerhalb der ersten Monate wissen Babys was man mit Gegenständen machen kann, und haben so ihre *kognitiven Schemata* erweitert und miteinander zu *kognitiven Strukturen* verbunden. Handlungen, die zu interessanten Ergebnissen geführt haben, werden wiederholt. Erste Gewohnheiten bilden sich aus und festigen die kognitiven Schemata. Der Schnuller oder der Beißring lassen sich greifen, festhalten und fallen. In der Regel gibt es Erwachsene, die sie wieder aufheben. Die Rassel macht interessante Geräusche. Spielsachen werden auf vielfältige Art und Weise betrachtet, in den Mund genommen und gegen die Gitterstäbe des Bettchens geschlagen. Diese Operationen werden bis zur Erschöpfung erprobt und geprüft. Experimente in Sachen Welterfahrung. Durch diese Aktivitäten sammeln Kinder Erfahrungen, d. h. bilden kognitive Schemata, die entweder mehr oder weniger im Einklang mit dem bereits verfügbaren Wissen stehen, oder auch in Widerspruch zu ihm treten können.

■ Adaptation durch Assimilation und Akkommodation

Die Interaktion mit der Umgebung führt zur Formung, Erweiterung und Veränderung der kognitiven Struktur und dieser ständige Anpassungsprozess geschieht über *Assimilation* und *Akkommodation*, dem Herzstück der kognitiven Entwicklung. Während der Assimilation benutzen wir unsere gegenwärtigen Schemata um die äußere Welt zu interpretieren. So werden Informationen vom Kind verarbeitet oder abgeändert, um sie mit dem in Einklang zu bringen, was es schon von der Welt weiß. Zum Beispiel „kennt" ein Säugling Gegenstände wohl hauptsächlich daher, dass er an ihnen saugt, und nimmt daher an, alle Gegenstände seien „zum Saugen". Wenn ihm ein neuer Gegenstand begegnet, assimiliert der Säugling diesen Gegenstand in sein Saugschema (oder seine kognitive Struktur), indem er den Gegenstand in den Mund steckt. Der komplementäre Vorgang der *Akkommodation* verändert die innere Struktur, bis sie mit den Anforderungen der Realität in Einklang steht. Wenn das neue Objekt, dem der Säugling begegnet, ein spitzer und bitter schmeckender Bleistift ist, entdeckt er somit, dass er nicht an allen Dingen saugen kann. Das Saugschema wird dann der Wirklichkeit angepasst, indem es um den Begriff „Gegenstände, die nicht zum Saugen da

wäre. PIAGET nahm an, dass das Neugeborene mit ein paar angeborenen Schemata auf die Welt kommt, zum Beispiel Reflexen. Wenn eine leichte Reizung der kindlichen Wangen erfolgt, „weiß" das Kind, dass es seinen Kopf zu drehen hat, um die mütterliche Brust zu finden. Bei der Berührung der Lippen „weiß" das Kind, dass es Saugbewegungen ausführen muss. Dieses „Wissen", aus dem folgt, welche Aktivitäten bei welchen Reizen auszulösen sind, wird nach den Vorstellungen PIAGETS in kognitiven Einheiten geordnet und gespeichert, die er als „Schemata" bezeichnet. So berichtet MIETZEL: „PIAGET beobachtete beispielsweise seinen zwei Tage alten Sohn Laurent dabei, wie er auch ohne erkennbare natürliche Reizung Saugbewegungen zeigte. PIAGET gewann nach solchen Beobachtungen die Überzeugung, dass ein Schema eine aktive Komponente besitzt; diese rege das Kind dazu an, das damit verbundene Wissen anzuwenden. Infolge der von PIAGET behaupteten natürlichen Tendenz, vorhandene Schemata zu praktizieren, sammelt das Kind Erfahrungen, die zu einer Veränderung des bereits verfügbaren Wissens bzw. dem diesem jeweils entsprechenden Schema führen können."[2]

[2] Mietzel, G., 2002
[3] Psychologie Onlinekurs der PH Freiburg

sind" erweitert wird. Durch Assimilation ist das Kind imstande, neue Informationen mit Hilfe alter Vorstellungen zu begreifen, durch Akkomodation kann es seine Vorstellungen, wenn nötig, ändern. Die Akkomodation verschafft dem Kind vorübergehend einen Zustand des Gleichgewichts oder der kognitiven Balance, bei dem Schema und Erfahrung einigermaßen in Einklang sind. PIAGET hat angenommen dass jeder Organismus ein Gleichgewicht anstrebt. Wird das kognitive Gleichgewicht gestört, zum Beispiel durch die Begegnung mit etwas Neuem, stellen die Prozesse von *Assimilation und Akkommodation* es wieder her. Dieses erneute Herstellen des Gleichgewichts wird *Äquilibration* genannt. Assimilation und Akkomodation kommen fast immer gemeinsam vor. Kinder versuchen, eine neue Erfahrung zunächst mit Hilfe vorhandener Gedanken und Lösungen zu begreifen (Assimilation). Wenn das nicht funktioniert, müssen sie ihre Struktur oder ihr Verständnis ändern (Akkommodation). Jedes adaptive Verhalten enthält Elemente von Assimilation und Akkommodation, wobei deren jeweiliger Anteil entsprechend der Aktivität variiert.

Nehmen wir als Beispiel die dreijährige Maria. Durch zahlreiche Erfahrungen mit Hunden (in der Nachbarschaft gibt es einen gutmütigen „Wauwau", in verschiedenen Bilderbüchern waren wir auf liebe „Wauwaus" gestoßen, im letzten Urlaub am Strand konnte man einen zutraulichen Hund streicheln) hat sie ein kognitives Schema „Wauwau" entwickelt. Dieses kognitive Schema „Wauwau" beinhaltet beispielsweise wahrnehmbare und erschlossene Eigenschaften des Hundes (in der Abbildung links) und Marias Handlungsmöglichkeiten dem Hund gegenüber (in der Abbildung rechts oben). Wenn Maria jetzt im Urlaub auf dem Campingplatz einen neuen gutmütigen Hund kennen lernt, wird sie ihre bisherigen Erfahrungen auf diesen Hund übertragen, kann sie an ihr bisheriges kognitives Schema Hund also assimilieren. Wenn jetzt nach einigen Tagen ein neuer Hund auftaucht, wird Maria ihn behandeln wie sie bisher Hunde behandelt hat. Sie assimiliert wieder. Dieser Hund ist aber leider nicht so gutmütig und kneift in die Hand, was weh tut. Die kluge Maria wird nun ihr kognitives Schema „Wauwau" durch Akkommodation so verändern, dass sich ihr Verhalten gegenüber Hunden differenziert. Manche Hunde streichelt man besser nicht oder geht ihnen

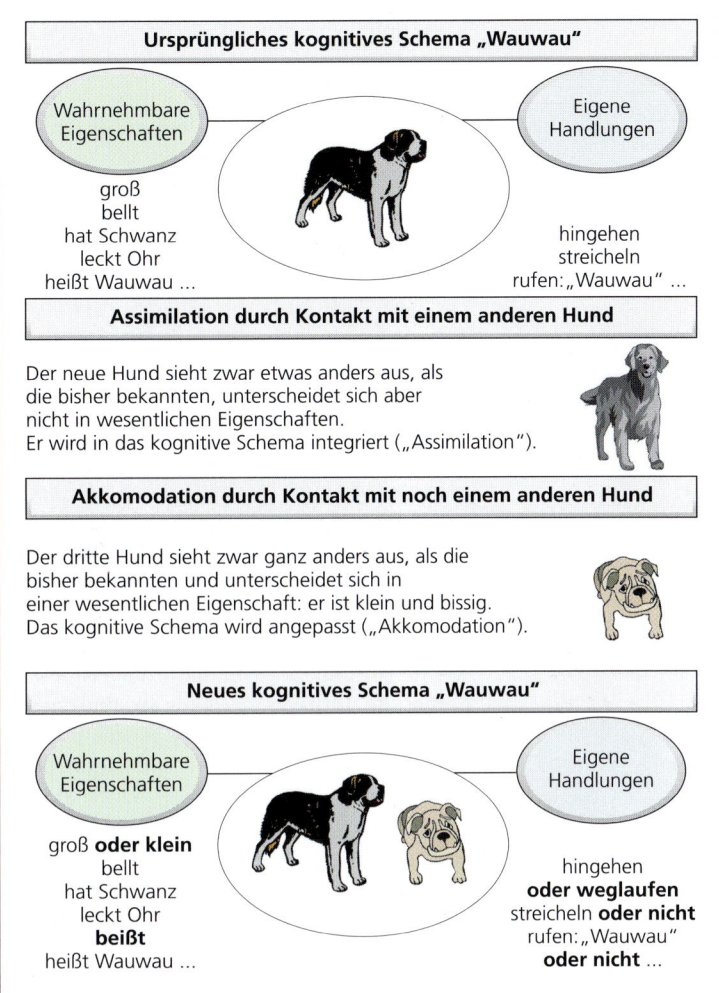

4)

vielleicht aus dem Weg. Auch das neue kognitive Schema verändert sich wieder, wenn entsprechende Erfahrungen dazu kommen.

Das Hundebeispiel zeigt ein einfaches, wenn auch mühsames „entdeckendes Lernen" durch eigene Erfahrungen. Effektiver kann die Anpassung kognitiver Schemata verlaufen, wenn ein kundiger Erwachsener notwendige Informationen geben kann, oder als Modell zur Nachahmung anregt. Nachahmung ist eine besonders wirksame Art der Akkommodation. Im Kindergarten ergeben sich täglich zahlreiche Gelegenheiten zur Erweiterung der kindlichen kognitiven Schemata im Spiel, beim Lesen, beim Experimentieren, besonders wichtig in der Spracherziehung.

---

4) nach Tücke, M., 1999

Die Prozesse der Äquilibration und Anpassung sind aber nicht auf das Vorschulalter beschränkt, sondern sind das ganze Leben hindurch wirksam, sobald man sein Verhalten an sich verändernde Umstände anpasst. Schüler zum Beispiel, die Spanisch lernen, assimilieren im allgemeinen die Wörter und Regeln des Spanischen in die Wörter und Regeln der Muttersprache. Anders ausgedrückt, sie übersetzen. Im Spanischen gibt es aber zwei Wörter für „sein": *ser* und *estar,* die auf unterschiedliche Weise benutzt werden. Die Regeln für diese Wörter werden durch Akkommodation erlernt, weil man sie bisher so nicht kannte.

Die Adaptation ist nun besonders für die Elementarpädagogik wichtig, denn sie bedeutet, dass das Streben nach Wiederherstellung des Gleichgewichts zwischen der Denkstruktur eines Kindes und den Anforderungen der Außenwelt das Kind anspornt sich weiter zu entwickeln. Hier begründet sich der pädagogische Auftrag der Erzieherin durch Impulse, Angebote, Lernarrangements Akzente zu setzen. Anregungen und Vorschläge dazu finden Sie im Kapitel Entwicklungs- und Bildungsprozesse fördern, S. 365 ff.

Wir teilen PIAGETS Meinung, wenn er eindringlich sagt: „Sinn der Erziehung ist nicht, so viel wie möglich zu lernen, die Lernziele immer höher zu stecken, sondern vor allem Lernen zu lernen; zu lernen, sich zu entfalten und sich auch nach der Schulzeit weiterzuentwickeln." [5]

Übersicht zu den Stadien der kognitiven Entwicklung nach Piaget:

1. Periode der sensumotorischen Intelligenz: ca. 0–2 Jahre
2. Periode des voroperationalen Denkens: ca. 2–7 Jahre, mit den beiden Unterperioden
  – Entwicklung der Symbolfunktion, der Sprache des vorbegrifflichen Denkens (ca. 2–4 Jahre)
  – Anschauliches, noch stark der Wahrnehmung verhaftetes, irreversibles Denken (ca. 4–7 Jahre)
3. Periode der konkreten Operationen:
  Operationen können in der Vorstellung durchgeführt werden, Reversibilität, Gruppierung und Klassenbildung, aber noch stark konkret-anschaulich (ca. 7–11 Jahre)
4. Periode der formalen Operationen:
  formales, abstraktes Denken

Die Stadien der kognitiven Entwicklung

Die Abfolge der Perioden ist unveränderlich, das heißt, alle gesunden Kinder durchlaufen sie in derselben Reihenfolge. Kein Kind springt von der Periode des voroperationalen Denkens in die Periode der formalen Operationen, ohne die konkret-operatorische Stufe durchlaufen zu haben, weil jede Stufe auf den Leistungen der vorangegangenen aufbaut und sich daraus ableitet. In jeder Periode kommen neue, adaptivere kognitive Fähigkeiten zu den bisher erworbenen hinzu. Die Reihenfolge der Perioden ist also immer dieselbe, aber bei der Geschwindigkeit, in der sie durchlaufen werden, gibt es recht große individuelle Unterschiede. Von daher sind die an Genfer Kindern ermittelten Altersangaben für die unterschiedlichen Stufen nur Annäherungs- oder Durchschnittswerte. Manche Kinder erreichen eine bestimmte Periode sehr früh, andere sehr spät. Das hängt von verschiedenen Faktoren ab, z. B. von der Intelligenz, den Erfahrungen mit Erkenntnisgegenständen und auch von den Sozialisationsbedingungen. Beim Übergang von einer Periode zur anderen kommt es zur grundlegenden Neuorganisation der bisherigen Konstruktion und Interpretation der Welt. Die Kinder erwerben also beim Übergang von einer Periode zur anderen qualitativ neue Möglichkeiten, die Welt zu begreifen.

■ Periode der sensumotorischen Intelligenz

Der Unterschied zwischen einem Neugeborenen und einem zweijährigen Kind ist so groß, dass die sensumotorische Stufe in sechs Stadien aufgeteilt ist.

Im **ersten Stadium,** zu Beginn des Lebens, ist ein Säugling mit *Reflexen* wie Schreien, Saugen und Orientierung auf Geräusche ausgestattet.

Im **zweiten Stadium** entwickelt er bald *primäre Kreisreaktionen*, das heißt, ursprünglich zufällige Handlungen, die zu einem angenehmen Ergebnis geführt haben, werden wiederholt. Wenn ein hungriger Säugling zum Beispiel zufällig mit seinen Fingern über die

[5] Piaget, J., 1972

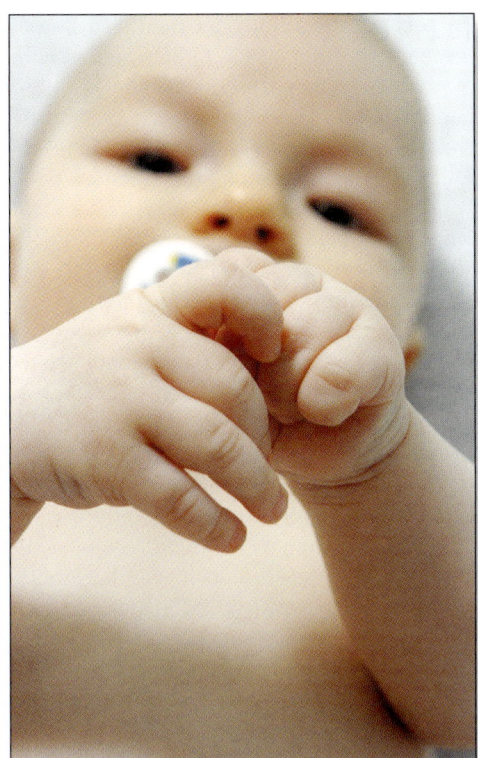

Während Piagets zweitem Stadium sind die Adaptionen der Säuglinge auf ihren eigenen Körper gerichtet. Dieses Baby beobachtet sorgfältig die Bewegungen seiner Hände, eine primäre Zirkulärreaktion, die ihm hilft, spontane Kontrolle über sein Verhalten zu gewinnen.[6]

Lippen streicht und diese Aktion dann wiederholt, ist ein Muster entstanden, das kein angeborener Reflex mehr ist.

Im dritten Stadium, mit ungefähr sechs Monaten entwickeln Säuglinge sekundäre Kreisreaktionen, bei denen sie Handlungen wiederholen, die zu interessanten Bildern oder Geräuschen führen, und setzen zum Beispiel ein Glöckchen am Kinderbett in Bewegung. Jetzt interessieren sie sich mehr für die Auswirkungen ihrer Handlungen auf ihre Umwelt, nicht mehr ausschließlich für die eigenen Körperreaktionen.

Im vierten Stadium gegen Ende des ersten Lebensjahres zeigt sich die wachsende Fähigkeit, *sensumotorische Schemata zu koordinieren*, um ein Ziel zu erreichen. Um zum Beispiel einen bestimmten Gegenstand zu erreichen, räumen Kinder jetzt Hindernisse beiseite und

greifen nicht mehr einfach nur nach dem, was ihnen als erstes in den Weg kommt. Kinder von acht bis zwölf Monaten können sich auf intentionales oder zielgerichtetes Verhalten einlassen und Schemata überlegt koordinieren, um einfache Probleme zu lösen. Das deutlichste Beispiel wird durch PIAGETS berühmte Aufgabe des Versteckens eines Gegenstandes erbracht. Hierbei zeigt er dem Baby ein attraktives Spielzeug und versteckt es unter einer Decke. Kinder dieses Stadiums können den Gegenstand finden. Damit koordinieren sie zwei Schemata: Das Spielzeug unter dem Hindernis zu suchen und es zu ergreifen. Diese Handlungsfolge sieht PIAGET als die Grundlage jeglichen Problemlösens an.

Die Fähigkeit, nach versteckten Gegenständen zu suchen und sie zu finden, im Alter zwischen acht und zwölf Monaten, bedeutet einen wichtigen Fortschritt in der kognitiven Entwicklung. Dieses Kleinkind zeigt intentionales oder zielgerichtetes Verhalten und koordiniert Schemata beim Finden eines Spielzeuges – Fähigkeiten, welche die Grundlage für jegliches Problemlösen sind.[7]

[6] Berk, L. E., 2005

[7] Berk, L. E., 2005

Zugleich ist es ein Markstein der Entwicklung: Etwa zwischen dem sechsten und dem achten Monat begreifen Kinder also, dass ein Gegenstand auch dann noch weiter existiert, wenn man ihn nicht mehr sieht. Zeigt man dem jüngeren Kind einen interessanten Gegenstand, so schaut es ihn an und greift danach. Versteckt man ihn dann unter einem Kissen, so scheint er seine Existenz zu verlieren. „Aus den Augen, aus dem Sinn". Meist erst zwischen dem sechsten und siebten Lebensmonat beginnen Kinder danach zu suchen. Das zeigt nach PIAGET an, dass die Kinder eine innere Repräsentation dieses Gegenstandes haben, und sie „wissen", dass er weiter existiert. Das nennen wir *Objektpermanenz*.

L. E. BERK weist allerdings auf das noch unvollständige Konzept auf dieser Entwicklungsstufe hin: „Versteckte Gegenstände wieder hervorzuholen zeigt, dass die Kinder begonnen haben, Objektkonstanz zu meistern, d. h. das Verständnis dafür, dass Gegenstände weiter existieren, auch wenn sie außerhalb der Sichtweite liegen. Aber das Bewusstsein für die Objektkonstanz ist noch nicht vollständig. Wenn das Baby mehrfach nach einem Gegenstand in einem ersten Versteck greift (A) und sieht, wie er zu einem zweiten Versteck bewegt wird (B), wird es ihn dennoch im ersten Versteck suchen (A). Weil Babys diesen *A-nicht-B Suchfehler* machen, so schloss PIAGET, können sie noch keine deutliche Vorstellung von der andauernden Existenz des Gegenstandes haben, wenn er versteckt ist."[8]

Im fünften Stadium, etwa vom ersten Lebensjahr an, entwickeln sich *tertiäre Kreisreaktionen:* Die Kinder wiederholen nicht mehr einfach bestimmte Handlungen, sondern wandeln sie ab und beobachten die Wirkungen auf die Umwelt, fast so, als ob sie systematisch die Eigenschaften von Objekten erkunden wollten. 15 Monate alte Kinder, die mit einem Ball spielen, werfen ihn, drücken darauf, schlagen ihn gegen eine Oberfläche und achten dabei immer darauf, welche Geräusche dabei entstehen, wie weich er ist, usw. Zuweilen entstehen so originelle Mittel, um Ziele zu erreichen. Vielleicht zieht das Kind an einer Decke um an ein Spielzeug heran zu kommen, welches außerhalb seiner Reichweite liegt.

Im sechsten Stadium der mentalen Repräsentationen erfinden die Kinder neue sensumotorische Schemata durch eine Art geistiger Erkundung, bei der sie sich bestimmte Ereignisse und Ergebnisse bildlich vorstellen. Anderthalbjährige Kinder, die einen zu hoch angebrachten Lichtschalter erreichen möchten, blicken zwischen dem Schalter und dem Stuhl hin und her, ziehen dann plötzlich den Stuhl zum Lichtschalter, klettern darauf und schalten das Licht an. Dieses Verhalten gegen Ende des zweiten Lebensjahres bildet die letzte Stufe der sensumotorischen Entwicklung. Für PIAGET ist das wichtigste Merkmal dieser Entwicklungsstufe die Entwicklung einer *Vorstellungsfähigkeit*, mit deren Hilfe Probleme gelöst oder Ziele erreicht werden können, für das ein Kind kein habituelles Verhaltensrepertoire besitzt. In diesem Stadium werden Probleme nicht durch Versuch und Irrtum, sondern durch „inneres Experimentieren, eine innere Erkundung der Mittel und Wege" gelöst. PIAGET hat ein eindrückliches Beispiel dafür gegeben: „Mit einem Jahr und sechs Monaten spielt Lucienne zum ersten Mal mit einem Puppenwagen, dessen Griffe sich für sie in Kopfhöhe befinden. Sie schiebt ihn über den Teppich. Als sie an die Wand stößt, zieht sie ihn. Dazu muss sie aber rückwärts gehen. Das ist unbequem, und deshalb hält sie an und geht dann ohne Zögern auf die andere Seite, um den Wagen wieder schieben zu können. Sie hat also beim ersten Versuch die richtige Methode gefunden, offensichtlich analog zu anderen Situationen, aber ohne Anleitung oder Übung und auch nicht durch Zufall".[9]

Fassen wir diese ersten zwei Jahre des Kindes mit P. H. MUSSEN, einem der berühmtesten Entwicklungspsychologen zusammen: „PIAGETS Konzept der sensumotorischen Stufe der intellektuellen Entwicklung enthält vier wichtige Annahmen:

Erstens die (relativ unumstrittene) Annahme, dass Interaktion mit der Umwelt die Entwicklung wesentlich fördert, auch wenn reifebedingte Veränderungen einen Einfluss darauf haben, *wie* das Kind diese Erfahrung zur Konstruktion neuen Wissens nutzt. PIAGET sieht hier den zentralen Entwicklungsfaktor in der Aktion der Kinder mit und an Objekten. Werfen, Schieben, Ziehen und Saugen an Bällen, Fin-

---

8) Berk, L. E., 2005

9) Piaget, J., 1989

Zusammenfassung der sensumotorischen Stadien	
Sensumotorische Stadien	**Adaptive Verhaltensweisen**
1. Angeborene Reflexe (Geburt – 1 Monat)	Reflexe des Neugeborenen, Übung angeborener Mechanismen.
2. Primäre Kreisreaktionen (1 – 4 Monate)	Einfache motorische Gewohnheiten, die sich um den Körper des Säuglings drehen; begrenztes Vorwegnehmen von Ereignissen. „Einverleibung" von Objekten.
3. Sekundäre Kreisreaktionen (4 – 8 Monate)	Differenzierung von Mittel und Zweck. Handlungen, die interessante Effekte in der Umgebung erzeugen werden wiederholt. Nachahmung vertrauter Verhaltensweisen.
4. Koordination sekundärer Kreisreaktionen (8 – 12 Monate)	Zielgerichtetes Verhalten, Objektpermanenz. Verbessertes Antizipieren von Ereignissen. Anwendung mehrerer Handlungsschemata auf den gleichen Gegenstand. Probierverhalten. Nachahmung von Verhaltensweisen, die komplexer sind.
5. Tertiäre Kreisreaktionen (12 – 18 Monate)	Entdecken neuer Handlungsschemata durch aktives Experimentieren. Untersuchung der Eigenschaften von Gegenständen. Fähigkeit nach einem Gegenstand an verschiedenen Orten zu suchen.
6. Entwicklung der Vorstellungsfähigkeit (18 – 24 Monaten)	Kind kann die Ergebnisse einer Handlung antizipieren. Innere Beschreibung von Gegenständen und Ereignissen, hinausgeschobene Nachahmung und „als-ob" Spiele.

gern und Tassen verändern die sensumotorischen Schemata und schaffen neue, komplexere Möglichkeiten, damit umzugehen.

Die zweite Annahme besagt, dass die psychische Entwicklung in der Säuglingszeit kontinuierlich verläuft und nicht diskontinuierlich. Die Fähigkeit des Kindes zur Objektpermanenz z. B. nimmt von den ersten Lebenstagen an allmählich zu. In den späteren wichtigen Lebensphasen gibt es nach Piaget eher qualitative oder diskontinuierliche Veränderungen. Diese These ist umstritten, weil viele Wissenschaftler auch in der Säuglingszeit qualitative Veränderungen feststellen, zum Beispiel bei der Entwicklung des Kurzzeitgedächtnisses.

Die dritte Annahme nimmt eine Verbindung zwischen einzelnen Entwicklungsstufen an. Verbindung bedeutet, dass jeder Fortschritt in den kognitiven Funktionen auf der vorangegangenen Stufe aufbaut und einige der früheren Fähigkeiten mit einschließt. Das Klavierspiel ist ein gutes Beispiel, weil sich hier die Fähigkeiten graduell und kumulativ verbessern und jede Verbesserung auf der früheren Leistung aufbaut. Die meisten Entwicklungspsychologen sehen die Entwicklung der psychischen Strukturen in den ersten Lebensjahren analog dazu, und diese Analogie trifft wohl auch für viele, wenn auch nicht zwangsläufig für alle Aspekte zu.

Piagets vierte Annahme besagt, dass wachsende Intentionalität eine der wichtigsten Fähigkeiten ist, die in den ersten beiden Lebensjahren entwickelt werden müssen. Zweijährige Kinder können einen Plan machen, die dazu notwendigen Objekte auswählen und ihren Plan so unbehelligt von Ablenkungen durchführen, wie es in den ersten Lebenswochen unmöglich gewesen wäre. Intentionalität entsteht für PIAGET schrittweise aus der Wiederholung von Handlungen, welche die Welt des Säuglings verändern. Diese Auffassung ist nicht unumstritten, weil manche Wissenschaftler der Meinung sind, die Reifung von Teilen des Gehirns gegen Ende des ersten Lebensjahres sei zumindest zum Teil die Ursache dafür, dass Intentionalität im Verhaltensrepertoire auftaucht."[10]

■ Periode des voroperationalen Denkens

Das Denken, welches für das Vorschulalter, also etwa für den Zeitraum zwischen zwei und sechs Jahren, kennzeichnend ist, nennt PIAGET voroperational. Damit wollte er sagen, dass dem Kind noch keine logischen Operationen möglich sind. Dennoch, das Vorschulkind hat jetzt die Fähigkeit über Dinge nachzudenken, indem es sie in Bildern, Klängen, Vorstellungen, Wörtern usw. geistig repräsentiert, es kann auch zeitverzögert nachahmen. Ein weiteres Kennzeichen der voroperationalen Phase ist die beginnende Fähigkeit, Symbole zu benutzen und zu verändern. Die Kinder begreifen jetzt, dass ein geistiges Bild oder ein Gedanke Symbol für ein Objekt oder eine Erfahrung sein kann. Diese Fähigkeit zeigt sich im Spielalltag der Kinder besonders deutlich. Eine Duplostein kann als Bett, Stuhl, Schrank, Auto, Hubschrauber, Kinderwagen oder auch als Fingerschmuck benutzt werden. Letzteres kann dann auch zu Heiterkeit beitragen, was eine gewisse kognitive Leistung darstellt.

___
[10] Mussen, P. H., et. al., 1998

Spielzeuge können auch vertraute Personen symbolisieren und Rollen in Rollenspielen übernehmen. Der folgende Spieldialog meiner vierjährigen Tochter mit ihrer Freundin zeigt den symbolischen Gebrauch von Wörtern und Gegenständen: Leonie (stellt einen Hartschalenkoffer mitten in ihr Zimmer): „So das ist jetzt unser Pferd." Freundin: „Darf ich auch mitreiten?" Leonie: „Ja, aber du musst dich gut festhalten, damit du nicht herunterfällst. Setz dich hier nach hinten (zeigt auf das hintere Ende des Koffers). Ich setzte mich nach vorne und nehme die Zügel (legt ein Springseil an den Koffergriff). Hü." Freundin: „Gut jetzt reiten wir los zum Einkaufen."

Obwohl Wörter, also Sprache, eine wichtige Form symbolischer Repräsentation darstellen, hat PIAGET die Auffassung vertreten, dass Kinder das Verständnis eines Begriffs oder eines Gedankens häufig auf nichtsprachlicher Ebene, also durch Operationen, erwerben und dann erst eine Verbindung zur Sprache herstellen. Genau dies hat sich aber durch neuere Forschung nicht halten lassen. Kinder können sehr wohl auch sprachlich, wenn es kindgerecht erklärt wird, zu neuen Erkenntnissen gelangen. Denken vollzieht sich in Sprache. Je klarer die Sprache ist, die einem Kind zur Verfügung steht, desto klarer ist sein Denken. Bei PIAGET lautet die Reihenfolge: Denken führt zu Sprache. Bedingt durch neue Forschungsresultate muss ergänzt werden: Neue Sprache kann ihrerseits zu neuem Denken führen. Hierbei ist auch eindringlich die Bedeutung der Spracherziehung im Kindergarten betont. Zu Beginn der voroperationalen Periode zeigt sich gerade im Spracherwerb ein bemerkenswerter Fortschritt. Das Kind bildet „Zwei-Wortsätze", die es vermutlich nie in seiner Umwelt gehört hat. Die Fortschritte bis zum Schuleintritt sind eindrucksvoll. Erinnern wir uns: Bereits mit fünf Jahren beherrscht das Kind praktisch seine Muttersprache.

Die geistige Welt des Vorschulkindes lässt sich am besten anhand einiger Beispiele darstellen.

■ Die geistige Welt des Vorschulkindes

Der Egozentrismus
Eine zentrale Tendenz dieser Zeit ist der Egozentrismus. In seiner Beziehung zur Umwelt hat das Kind nur sich selbst, seine Wünsche,

Gefühle und Bedürfnisse als Bezugspunkt. Deshalb ist der kindliche Egozentrismus ein Blickwinkel, eine Denkperspektive, die davon ausgeht, dass die Welt so ist, wie man sie selbst sieht. Das zwei- und dreijährige Kind hebt sich zwar als Person von der Umwelt ab, kann aber noch nicht aus sich heraustreten, die Dinge „objektiv" sehen. Vorerst bezieht das Vorschulkind alles auf sich, schließt von sich auf seine Umgebung. Die Welt ist nur seinetwegen geschaffen. Aufgrund seines *Egozentrismus* ist das Kind nicht fähig, sich in andere Menschen hineinzudenken. Alle teilen vermeintlich seinen Standpunkt. Es kennt nur seine Perspektive. Das Kind glaubt, dass alles, was es für real hält (Worte, Namen, Bilder, Träume, Gefühle), auch wirklich existiert. Das ist der so genannte *kindliche Realismus*. Auch auf der sprach-

lichen Ebene zeigt sich diese Egozentrizität, da es nicht in der Lage ist, eine Geschichte so zu erzählen, dass sie für einen Zuhörer, der die Geschichte nicht kennt, verständlich wird. Das egozentrische Kind schreibt seiner Umwelt seine Fähigkeiten zu und kann auch noch nicht zwischen Lebendigem und Leblosem unterscheiden. Daraus ergibt sich auch die Tendenz die Dinge der Umgebung mit den gleichen Fähigkeiten auszustatten wie man sie selbst besitzt. Sie also zu „verlebendigen". Dies nennt PIAGET den Anthropomorphismus, die Tendenz zur Vermenschlichung: Der Stuhl, an dem das Kind sich gestoßen hat, ist böse, weil er mit Absicht wehgetan hat. Der Teddybär will heute nicht spielen, weil er Bauchweh hat. Der Tautropfen auf dem Gänseblümchen ist eine Träne, weil man sie gepflückt hat.

Eine sehr bekannte Demonstration egozentrischer Wahrnehmung ist der „Drei- Berge-Versuch" von Piaget. Hier nach OERTER/MONTADA dargestellt, und zur Nachahmung im Kindergarten empfohlen.

Der Drei-Berge-Versuch

Legen Sie vierjährigen Kindern ein dreidimensionales Modell mit drei Bergen vor, die sich deutlich unterscheiden. Setzen Sie jedes Kind vor das Modell in Position 1 und lassen Sie es die Ansicht bestimmen, die es von den drei Bergen hat. Es wird vermutlich aus mehreren Zeichnungen oder Fotografien diejenige auswählen, die seiner Sicht entspricht. Nun fragen Sie die Kinder, wie die Berge aus der Sicht eines Betrachters aussehen, der in Position 2 oder in Position 3 sitzt. Die Mehrzahl der Kinder wird die eigene Ansicht der drei Berge auswählen. Daraufhin führen Sie die Kinder in die Position 2 bzw. Position 3 und lassen Sie sie von hier aus die Berge betrachten und die jeweilige Ansicht auswählen; eine Aufgabe, die wiederum geleistet wird. Schließlich führen Sie die Kinder wieder in Position 1 und lassen Sie sie erneut diejenige Ansicht auswählen, die ein Betrachter aus der Position 2 oder 3 hat, die sie gerade vorher selbst auch bestimmt haben. Die meisten werden als Lösung wiederum die aktuelle eigene Ansicht aus Position 1 anbieten.[11]

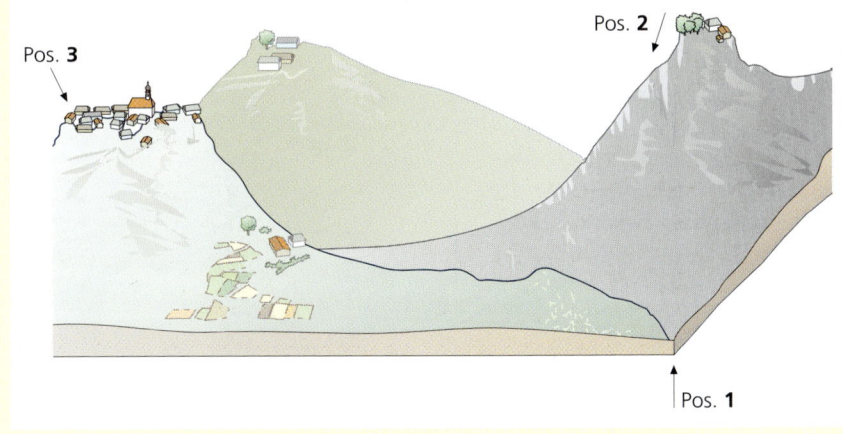

[11] Oerter, R., Montada, L., 2002

Animismus und Artifizialismus oder das Magische im Denken des Vorschulkindes

PIAGET macht auch den Egozentrismus für das *animistische Denken* der Kinder verantwortlich. Das animistische Denken ist eine Form des Anthropomorphismus und beinhaltet die Annahme, dass unbelebte Dinge beseelt sind mit Gedanken, Wünschen, Gefühlen und Absichten. Ein Beispiel dafür ist der fünfjährige Alexander, der gefragt wird: „Was macht die Sonne, wenn es Wolken hat und wenn es regnet?" Alexander antwortet: „Sie geht weg, weil das Wetter schlecht ist." Warum? „Weil sie nicht in den Regen kommen will."

Von PIAGET selbst stammen folgende Beispiele:

„Ken hat offensichtlich die Tendenz, den Bewusstseinsgrad an der Mühe zu messen, welche die Dinge bereiten: Ein Schiff spürt seine Passagiere, aber ein leichter Tisch spürt nicht, dass man ihn trägt; ein Kraut spürt, wenn man an ihm reißt usw.

Jüill (7,6):
Ein Stein spürt weder die Wärme noch die Kälte.
„Wenn er zu Boden fällt, spürt er das?"
„Ja".
„Warum?"
„Weil er zerbrochen ist."
„Kann ein Tisch etwas spüren?"
„Nein."
„Spürt er es, wenn man ihn zertrümmert?"
„Oh ja!"
„Spürt der Wind etwas, wenn er gegen ein Haus bläst?"
„Ja."
„Spürt er es, oder spürt er es nicht?"
„Er spürt es."
„Warum?"
„Weil es ihn behindert. Er kommt nicht hindurch. Er kann nicht weiter gehen."
„Nenne mir Dinge, die nichts spüren können.
-... Können die Mauern etwas spüren?"
„Nein."
„Warum nicht?"
„Weil sie nicht gehen können" (dieses Antwort kündigt das zweite Stadium an).
„Spüren sie es, wenn man sie umstürzt?"
„Ja."
„Weiß die Mauer, dass sie in einem Haus ist?"
„Nein."

„Weiß sie, dass sie hoch ist?"
„Ja."
„Warum?"
„Weil sie ganz oben ist, sie weiß, dass sie oben ist!"

Reyb (8,7):
„Spürt das Wasser etwas?"
„Nein."
„Warum nicht?"
„Weil das Wasser auseinandergeht" (= weil es flüssig ist).
„Wenn man es auf den Ofen stellt, spürt es dann die Wärme?"
„Ja."
„Warum?"
„Weil das Wasser kalt ist, und das Feuer ist wärmer."
„Spürt das Holz etwas?"
„Nein."
„Wenn es brennt, spürt es dann etwas oder spürt es nichts?"
„Ja, denn das Holz kann sich nicht verteidigen" (!).
„Spürt es also etwas oder nichts?"
„Es spürt etwas."[12]

Das Kind schreibt zwar allem Bewusstsein zu, aber es schreibt nicht allem das Bewusstsein

---

[12] Piaget, J., 1978

von allem und jedem zu. Es ist zum Beispiel nicht bereit zu akzeptieren, dass ein Stein einen Stich spürt, dass die Sonne weiß, wie viele Menschen in einem Zimmer sind, dass Knöpfe oder Brillen wissen, wo sie sind usw. Sobald hingegen irgendeine Aktivität und insbesondere ein Widerstand festzustellen ist, gibt es Bewusstsein: Für Ken weiß ein Schiff, dass es eine Ladung trägt, aber ein Tisch weiß nicht, dass man ihn trägt, für Juill spürt der Wind ein Hindernis, aber ein Tisch weiß nichts, außer wenn man ihn zertrümmert, für Reyb spürt das Holz, dass man es verbrennt, „weil es sich nicht verteidigen kann" usw.[13]

Mit dem *Animismus* eng verbunden ist der kindliche *Artifizialismus* der zum magischen Denken verschmilzt. Beim Artifizialismus deutet das Kind die Natur als wäre sie von Menschen oder anderen Wesen geschaffen. Gleichsam *magische Kräfte* stecken hinter den Dingen. Gerade das *Magische Denken* dominiert die Phantasiewelt der Vorschulkinder. Die meisten Drei- und Vierjährigen glauben an übernatürliche Kräfte von Feen, Zwergen und Zauberwesen. Die Erwachsenen nähren diesen Glauben allerdings auch mit Osterhasen, Nikoläusen und Christkindern, die „wahre Wunder" vollbringen.

Beispiele für den kindlichen Artifizialismus wieder von PIAGET selbst:

Mit 3,6 fragt J. ihre Großmutter, indem sie ihre Augen, ihre Nase usw. berührt:

„Wie wird das gemacht, die Großmutter? Hast du dich selbst gemacht?"

Danach: „Hat sie sich selbst gemacht? Wer hat sie gemacht?"

Einige Tage später: „Wie haben sich die Babys gemacht?"

Später: „Wie werden die Kinder gemacht?"

Mit 4,3: „Das sind kleine Steine, die Berge, die sehr groß geworden sind. Sie sind lange klein geblieben, dann sind sie sehr groß geworden, immer größer. Da war vielleicht einer, der einen kleinen Stein hier hin geworfen hat,

und der ist dann zum Saleve geworden." (Der Saleve ist ein Berg in der Nähe von Genf.)[14]

Zum Beispiel könnten Menschen Sterne, Berge und Flüsse erschaffen. Das Denken des Kindes in dieser Zeit beruht nicht auf Logik. Objekte und Vorgänge, die in einem raumzeitlichen Zusammenhang auftreten, werden in kausaler Beziehung gesehen, beispielsweise der Donner macht den Regen. Meine eigene Tochter fragte mich während eines Gewitters als etwa Dreijährige: „Wer hat denn jetzt den Donner eingeschaltet?"

Der Finalismus
Die ersten Sinnzusammenhänge, die ein Kind erlebt, sind die Zweckhandlungen des Erwachsenen in Bezug auf seine eigene Person. Daher ist alles in der Welt zweckbestimmt und Naturgegebenheiten werden aus ihrem Zweck wie menschliche Handlungen erklärt. Das nennt PIAGET finalistische Erklärungen: Steine sind da, damit Häuser gebaut werden können. Bäume sind dazu da, damit sie uns Schatten spenden. Der Vollmond macht hell, damit wir auch in der Nacht sehen können.

Grenzen des Voroperationalen
Es gibt noch einige Eigentümlichkeiten des voroperatorischen Denkens, die PIAGET mit erstaunlichem Ideenreichtum herausfand. Seine Experimente zur Invarianz von Mengen gehören dazu. Invarianz bedeutet, dass bestimmte physikalische Merkmale von Gegenständen die gleichen bleiben, auch wenn sich ihre äußere Erscheinung verändert. Beim Eingangsbeispiel musste die genervte Mutter den Nachtischkuchen zur Vermehrung nur in zwei Teile schneiden und das voroperatorische Kind war zufrieden. Einen der berühmtesten Versuche PIAGETS zur Invarianz von Mengen können Sie im Kindergarten am besten selbst ausprobieren (s. folgende Seite).

Diese Unfähigkeit der Vorschulkinder, die veränderten Dimensionen Höhe und Umfang gleichzeitig ins Auge zu fassen zeigt einige aufeinander bezogene Aspekte ihres Denkens:

Erstens eine *Zentrierung auf einen Aspekt*. Vorschulkinder konzentrieren sich auf *einen* Aspekt einer Situation und vernachlässigen andere wichtige Merkmale. Die meisten kon-

---

[13] Piaget, J., 1978

[14] Piaget, J., 1969

zentrieren sich auf die Höhe des Wassers und lassen die Breite unberücksichtigt.

Versuch zur Mengeninvarianz

Kleines Experiment im Kindergarten: Nehmen Sie zwei gleich große Trinkgläser A und B und gießen sie die gleiche Menge farbigen Wassers hinein, am besten vor den Augen der Kinder. Dann lassen Sie vier- bis fünf-jährige Kinder feststellen, dass in A und B gleich viel „Saft" ist. Jetzt gießen Sie den Inhalt von B in ein schmaleres Gefäß B' und fragen das Kind, ob B' mehr, weniger oder gleich viel „Saft" enthalte wie A.

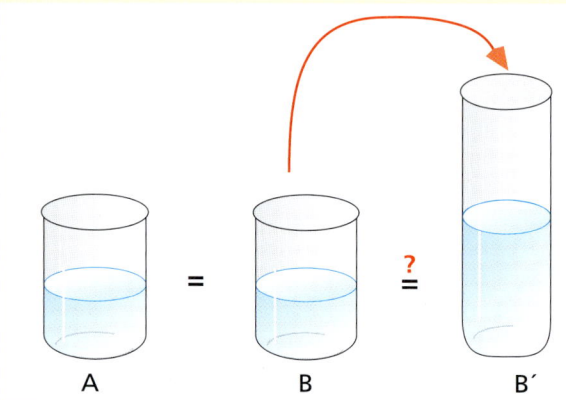

Die meisten Kinder werden sagen, es sei nicht gleich viel. Viele werden sagen, es sei mehr „Saft" in B', weil der Flüssigkeitspegel hier höher ist. Manche werden sagen, es sei weniger, weil das Gefäß schmaler ist. Die Flüssigkeitsmenge wird also nicht als unverändert bei Formveränderung gesehen.

Zweitens konzentrieren sich die Vorschulkinder auf die *wahrnehmungsmäßige Erscheinung* der Gegenstände. Es sieht so aus, als sei weniger Wasser in dem breiteren Glas.

Drittens erkennt man eine *fehlende Beweglichkeit* des kindlichen Denkens. Wenn ein Kind beim Umschütten nur auf die Höhe des Glases B achtet und auf den geringeren Umfang von Glas B aufmerksam gemacht wird, verliert es die größere Höhe aus dem Sinn. Das Gedächtnis scheint noch eine zu kleine Kapazität im Arbeitsspeicher zu haben um beweglicheres Denken zu ermöglichen.

Viertens eine *Zentrierung auf den Zustand:* Das Vorschulkind beurteilt nur den jeweiligen Zustand. Das Umschütten einer Flüssigkeit von einem Glas in ein anderes scheint keine Bedeutung für das Mengenurteil zu haben. Sie ignorieren die dynamische Veränderung. Nur der aktuelle Zustand bildet die Basis des Urteils.

Dies lässt sich auch gut am Verständnis der Zeitdauer beobachten. Hierzu wieder ein mögliches Experiment im Kindergarten:

Aufgabe – Versuch zum Konzept der Zeitdauer

Nehmen Sie zwei Spielzeugautos A und B, markieren Sie eine Startlinie und vereinbaren Sie mit vierjährigen Kindern, sie mögen sowohl das Startzeichen („Los") als auch das Signal zum Halten („Stopp") geben. Auf „Los" starten Sie beide Autos gleichzeitig, auf „Stopp" halten Sie diese gleichzeitig an. Sie lassen A aber schneller, also in der gleichen Zeit weiter fahren. Sie fragen nun die Kinder, ob beide Autos eine gleich lange Zeit unterwegs gewesen sind oder nicht.

Viele werden antworten, dass A länger unterwegs gewesen sei, weil A weiter gefahren sei.[17]

Ein weiteres wichtiges unlogisches Merkmal dieser Zeit ist die *Irreversibilität*. Darunter versteht man die Unfähigkeit, geistig in einem Problem eine Reihe von Schritten zu vollziehen und dann die Richtung umzudrehen um zum Ausgangspunkt zurückzukehren. Dieser Mangel an logischen Operationen wird bei der hierarchischen Klassifikation, der Organisation von Gegenständen in Klassen und Unterklassen deutlich.

■ Das konkret-operationale Denken

Im Alter zwischen sechs und sieben Jahren beobachtete PIAGET den Beginn der Periode der konkreten Operationen. Schon meist im fünften Lebensjahr beginnen bei einigen Kindern die Märchenfiguren ihren Wirklichkeitscharakter einzubüßen. Zweifel treten auf an den magischen Figuren wie Osterhase, Nikolaus und Christkind.

- Egozentrismus
- Kindlicher Realismus
- Anthropomorphismus
- Animismus
- Artifizialismus
- Magisches Denken
- und Finalismus

---

[17] Piaget, 1946. In: Oerter/Montada, 2002

Einige Aufgaben von Piaget zur Invarianz im Überblick: Kinder in der voroperationalen Periode können noch keine Erhaltung von Mengen erkennen.[16]

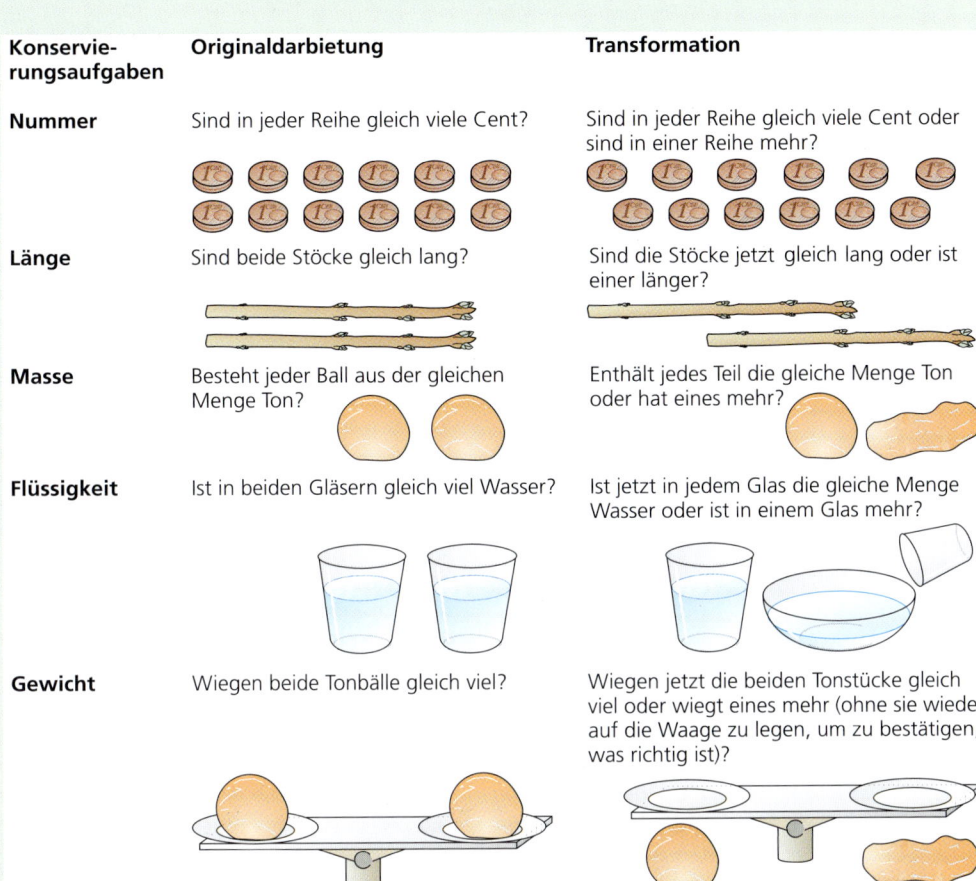

Konservie-rungsaufgaben	Originaldarbietung	Transformation
Nummer	Sind in jeder Reihe gleich viele Cent?	Sind in jeder Reihe gleich viele Cent oder sind in einer Reihe mehr?
Länge	Sind beide Stöcke gleich lang?	Sind die Stöcke jetzt gleich lang oder ist einer länger?
Masse	Besteht jeder Ball aus der gleichen Menge Ton?	Enthält jedes Teil die gleiche Menge Ton oder hat eines mehr?
Flüssigkeit	Ist in beiden Gläsern gleich viel Wasser?	Ist jetzt in jedem Glas die gleiche Menge Wasser oder ist in einem Glas mehr?
Gewicht	Wiegen beide Tonbälle gleich viel?	Wiegen jetzt die beiden Tonstücke gleich viel oder wiegt eines mehr (ohne sie wieder auf die Waage zu legen, um zu bestätigen, was richtig ist)?

Bei der Nummernaufgabe sagen die meisten Kinder, in der oberen Reihe seien mehr Cent.
Bei der Stöckchenaufgabe sagen die meisten Kinder der untere sei länger.
Bei der Aufgabe mit Ton glauben die meisten Kinder das längliche sei mehr.
Bei der Frage nach den Flüssigkeiten denken die meisten Kinder das höhere Glas enthalte mehr Flüssigkeit.
Bei der Wiegeaufgabe sagen die meisten Kinder, das längliche Stück Ton wiege mehr.

verschwinden am Ende der voroperatorischen Periode, bei manchen schneller, bei anderen langsamer, es bleibt individuell. Als Richtschnur gilt: Bis zur Einschulung haben fast alle Kinder die voroperationale Periode überwunden.

Kausallogische Erklärungen für die Phänomene des Alltags fallen jetzt auf fruchtbaren Boden. Das Denken des Siebenjährigen ist zwar immer noch sehr stark an die dingliche Gegenstandswelt gebunden, aber das Kind ist nun zu mehreren Operationen fähig. Diese lassen sich erschließen, wenn man die Kinder auffordert, ihre Urteile zu erklären. MIETZEL gibt Beispiele für die Begründung der Antwort der Achtjährigen, die Flüssigkeitsmenge habe sich durch das Umschütten nicht verändert:

„Wenn man das Wasser wieder in den ursprünglichen Behälter zurückgießt, dann wird dieser wieder genauso voll wie vorher." (Reversibilität des Vorgangs).

Aufgabe
Probieren sie es in ihrer Einrichtung mit den drei, vier- und fünfjährigen Kindern aus.

Welche Ergebnisse finden Sie bei „ihren Kindergartenkindern" heraus?

[16] in Anlehnung an Berk, L. E., 2005

Piagets Problem der Klasseninklusion. Kindern werden 16 Blumen gezeigt, von denen 4 blau und 12 gelb sind. Befragt „Sind dort mehr gelbe Blumen als Blumen überhaupt?" antwortet das voroperationale Kind „Mehr gelbe Blumen" und geht fehl in der Realisierung, dass sowohl gelbe wie blaue Blumen der Kategorie „Blumen" zugeordnet sind. (Siehe Bild)[18]

blaue Blumen   gelbe Blumen

Blumen

„Das Wasser ist hier zwar höher, aber das Glas ist dafür nicht so breit." (Kompensation).

„Es wurde beim Umgießen nichts weggenommen und es ist nichts hinzugekommen" (Identität).[19]

Insgesamt kann man in dieser Periode feststellen, dass die kognitiven Unzulänglichkeiten der präoperationalen Periode langsam unter dem Einfluss der konkreten Erfahrungen verschwinden und einer realistischen, zur Logik fähigen Betrachtungsweise der Welt Platz machen. MIETZEL gibt für die Veränderungen des Invarianzbegriffs auch hier die passenden Beispiele im Überblick[20]:

Klassifikation

Im Alter zwischen sieben und zehn Jahren lösen die Kinder Aufgaben der Einordnung in Klassen. Jetzt sind sie also in der Lage die „Blumenaufgabe" zu lösen, da sie sich auf die Beziehung zwischen einer allgemeinen Kategorie und zwei spezifischen Kategorien gleichzeitig konzentrieren können. Klassifikation bedeutet also die Fähigkeit, eine Gruppe von Objekten entsprechend ihres Aussehens, ihrer Größe oder eines anderen Merkmals zu benennen oder zu identifizieren. Dies schließt die Idee ein, dass eine Klasse eine andere Klasse beinhalten kann. Kinder fangen jetzt auch gerne

an zu Sammeln. Zum Beispiel gruppieren Kinder ihre Briefmarken nach Länderzugehörigkeit, Wert oder Gebrauchsspuren.

Reihenbildung

Die Fähigkeit, Gegenstände nach Größe oder Zugehörigkeit zu ordnen wird jetzt sichtbar. Wenn PIAGET *Vorschulkinder* aufforderte, Stöcke verschiedener Länge vom kürzesten zum längsten anzuordnen, so taten sie dies planlos. Sie legten die Stöcke in eine Reihe, machten aber viele Fehler. Sechs- bis siebenjährige hingegen gehen nach einem Plan vor. Sie stellen die Serie systematisch her, indem sie beim kleinsten beginnen, dann zum nächst größeren gehen, usw.

Räumliches Urteil

Zwischen sieben und acht Jahren sind die Kinder nach PIAGET in der Lage *geistige Rotationen* zu machen. Rechts und links aus der Perspektive des Gegenübers richtig zu bezeichnen wird jetzt möglich. Mit etwa acht bis zehn Jahren können Kinder deutliche, gut organisierte Anweisungen geben, wie man von einem Ort zum anderen gelangt. Die kognitiven Landkarten der Kinder werden immer organisierter. Nun lesen und zeichnen sie Landkarten und können sich darin orientieren.

Das Denken des Kindes in der Stufe der konkreten Operationen findet schon auf sehr hohem Niveau statt, denn es bleibt nicht an irgendwelchen hervorstechenden, wahrnehmbaren Merkmalen haften, sondern kann ei-

---

[18] Beispiel nach Berk, L. E., 2005
[19] Mietzel, G., 2002
[20] Mietzel, G., 2002

nige Probleme unabhängig von ihren Wahrnehmungsdimensionen durchdenken. Eine Einschränkung des Denkvermögens liegt lediglich darin, dass es noch konkrete Darstellungen braucht.

■ Periode des formal-operationalen Denkens

Besonders eindrucksvoll zeigt sich die körperliche Veränderung des Pubertierenden ab ca. dem zwölften Lebensjahr. Aber auch geistig zeigt sich nun eine neue Qualität. Der junge Mensch im Alter von etwa 12 Jahren kann nun „mit Operationen operieren", das heißt, er kann nicht nur über konkrete Dinge, sondern auch über Gedanken nachdenken. Die Periode ist charakterisiert durch abstraktes Denken und das Ziehen von logischen Schlussfolgerungen aus vorhandenen Informationen.

Hypothetisch-deduktives Denken

In der Adoleszenz werden junge Menschen erstmals fähig zum *hypothetisch-deduktiven Denken*. Wenn sie sich einem Problem gegenübersehen, beginnen sie mit einer allgemeinen Theorie aller möglichen Faktoren, die das Ergebnis beeinflussen könnten, und leiten davon spezifische Hypothesen (Vorhersagen) darüber ab, was geschehen könnte. Dann testen sie diese Annahmen systematisch, um zu sehen, ob es für die Annahme stützende Befunde gibt. Diese Art des formal-logischen Problemlösens beginnt mit einer Möglichkeit und schreitet dann zur Wirklichkeit fort. Es ist somit systematisch. Im Gegensatz dazu beginnen konkret-operationale Kinder mit der Wirklichkeit, nämlich mit der augenfälligsten Vorhersage über eine Situation. Wenn diese nicht bestätigt wird, fallen ihnen keine Alter-

nativen ein und sie scheitern an der Lösung des Problems.

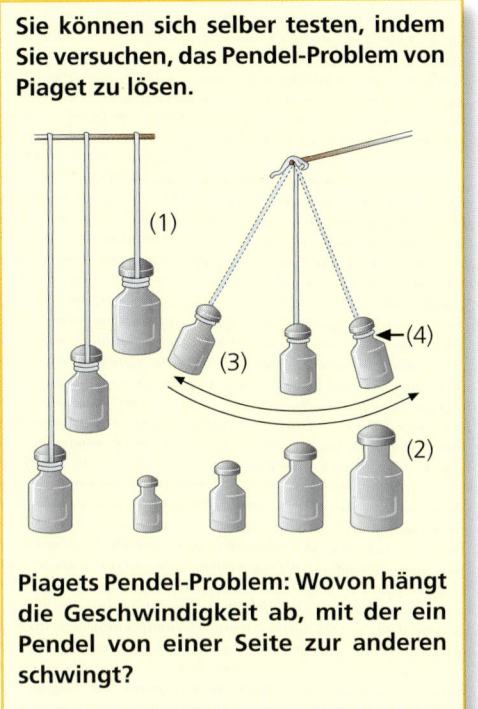

Sie können sich selber testen, indem Sie versuchen, das Pendel-Problem von Piaget zu lösen.

Piagets Pendel-Problem: Wovon hängt die Geschwindigkeit ab, mit der ein Pendel von einer Seite zur anderen schwingt?

MIETZEL (2002) analysiert das Pendel-Problem: „Ein Mensch, der sich mit dem Pendel-Problem auseinandersetzen soll, hat grundsätzlich vier Möglichkeiten beim Experimentieren: Er kann

(1) den Faden verkürzen oder verlängern, an dem das Pendel hängt;
(2) das Gewicht am Pendel verändern;
(3) das Pendel aus unterschiedlichen Höhen starten und
(4) das Pendel beim Start mehr oder weniger stark anstoßen.[21]

Wer sich mit der Pendel-Aufgabe auseinandersetzt, steht vor der Schwierigkeit, dass keine Einflussgröße losgelöst von den anderen betrachtet werden kann. Wird eine Einflussgröße näher untersucht, so haben die anderen drei Größen ebenfalls einen bestimmten Wert, der mitberücksichtigt werden muss. Das konkret-operational denkende Kind ist jedoch nicht in der Lage, alle vier Einflussgrößen gleichzeitig zu bedenken. Wenn eine Versuchsperson eine Einflussgröße verändert, die verblei-

---

[21] nach Inhelder, B. & Piaget, J., 1980

benden drei jedoch nicht konstant hält, kommt es zu falschen Antworten, weil der Lösungsweg nicht von einem hypothesengeleiteten Untersuchungsplan bestimmt wurde. Von welchem Alter an findet ein junger Mensch nun durch planmäßiges Experimentieren die richtige Lösung? Wann kann er frühestens entdecken, dass nur die Länge des Fadens die Geschwindigkeit der Pendelschwingungen bestimmt, während Gewicht, Starthöhe und Startschwung ohne Wirkung bleiben?"[22] Haben Sie dies auch herausgebracht?

Größere Beweglichkeit des Denkens

Weiterhin erhält das Denken des Adoleszenten eine immer größere Beweglichkeit und es werden komplexere Strukturen aufgebaut. Beispielsweise verstehen die Jugendlichen nun abstrakte Formeln in Mathematik aus Algebra und Geometrie oder Physik (Beziehungen zwischen Raum/Zeit und Materie) und können sie auf konkrete Probleme anwenden. Die Beurteilung von menschlichen Verhaltensweisen profitiert auch von der größeren Beweglichkeit des Denkens. So erschließen sich dem formal-operational Denkenden mögliche Bedingungen und Hintergründe von menschlichem Handeln viel differenzierter.

Verständnis von Proportionen

Ein letztes zentrales Kennzeichen des formal-operatorischen Niveaus ist für PIAGET das Verständnis von Proportionen. Dazu ein Beispiel:

Versuch zum Verständnis von Proportionen

Einem Kind werden drei Holzfische A, B, C von 5, 10 und 15 cm Länge vorgelegt, die es füttern soll. Als „Futter" dienen Perlen. Man erklärt ihm, dass der 10 cm lange Fisch doppelt so viel frisst wie der 5 cm lange und dass der 15 cm lange Fisch dreimal so viel frisst wie der 5 cm lange. Man stellt dem Kind dann folgende Fragen:

- Wie viel Futter sollen wir den Fischen A und C geben, wenn wir wissen, dass Fisch B vier Perlen frisst?
- Wie viele Perlen sollen wir den Fischen A und B geben, wenn wir dem Fisch C neun Perlen geben?"[23]

Etappen der Quantifikation: An diesem Beispiel lassen sich die drei Etappen der Quantifikation erkennen. Zuerst wird nur eine Ordnungsrelation (Seriation) erkannt ohne Quantifizierung der Abstände: Fisch B muss nur mehr erhalten als A, und C mehr als B. Später gelingt dem Kind eine Quantifikation im Sinne gleicher Differenzen: Lösungen sind hier z. B. 3 für A, 4 für B, 5 für C. Erst ab dem neunten Lebensjahr gelingt eine proportionale Qualifikation.

Es wird deutlich, dass die Sequenz der Strategien eine Logik hat, dass jede Strategie eine leistungsfähigere Version der vorhergehenden darstellt. Jede neue Strategie schließt die Elemente der vorhergehenden ein, ist aber differenzierter als diese. Das entspricht PIAGETS genetischer Erklärungsweise."

Das Denkvermögen des Jugendlichen ist regelrecht wissenschaftlich, seine Sprache gedanklich und verbal differenziert. „Wenn-dann" Formulierungen werden benutzt. Diese Art wissenschaftlichen Denkens kann nach PIAGET von Grundschulkindern nicht durchgeführt werden. Erfahrung und Reifung sind nötig, damit sich diese Art des Denkens entwickelt.

Zu guter Letzt sind die Jugendlichen nun auch in der Lage über das Denken selbst nachzudenken. Aber auch wenn Heranwachsende wissenschaftliche Prinzipien besser begreifen als jüngere Schulkinder ist es immer wieder zu beobachten, dass auch Hochschüler und Erwachsene nur in den Situationen abstrakt denken, in denen sie ausgedehnte Erfahrungen besitzen. Formales Denken erscheint in manchen Kulturen nur bedingt, was darauf hinweist, dass PIAGETS letzte Stufe von kulturspe-

---

1. Wenn Sie sich Piagets Stufen noch einmal vergegenwärtigen, wodurch können die Übergänge von einer Stufe zur nächsten ausgelöst werden?
2. Welche Beobachtungen zu den einzelnen Stufen können Sie selbst beisteuern?
3. Fragen Sie ihre Eltern und/oder Geschwister nach entsprechenden Ereignissen ihrer eigenen Biographie.
4. Nehmen Sie zu folgender Aussage Stellung: „Die seltsame Art, wie Kinder die Dinge sehen, ist auf mangelnde Intelligenz zurückzuführen. Erwachsene sind einfach klüger als Kinder!"

---

[22] Mietzel, G., 2002
[23] Oerter, R., Montada, L., 2002

zifischen, meist schulischen Lernmöglichkeiten beeinflusst ist.

Kritik an PIAGET

Zuerst ist natürlich zu betonen, wie verdienstvoll die Arbeit PIAGETS für die gesamte Entwicklungspsychologie ist. Seine Theorie zur kognitiven Entwicklung des Kindes ist die systematischste und in ihrer Differenziertheit weitest reichende Theorie, die existiert. Gleichzeitig war er es, der nimmermüde Unruhegeist, der zur Weiterentwicklung und Veränderung von Theoriegebäuden aufgefordert hat. Wir nehmen ihn beim Wort, und ergänzen die in den letzten Jahren laut gewordene, durch neue Forschungsergebnisse bedingte, Kritik.

1. Es fällt auf, dass bei PIAGET der Prozess der kindlichen Wissensaneignung und die Art, in der diese Kenntnisse schrittweise verwertet werden, eigentlich zusammenfallen: Ein Kind sieht und lernt also nur das, was in sein Denkschema passt, und handelt entsprechend. Das bedeutet, dass ihm zahllose Dinge entgehen. *Neuere entwicklungspsychologische Forschung kommt zu der Einschätzung, dass man einem Kind in jedem Alter dann alles einigermaßen begreifbar und zugänglich machen kann, wenn man die Problemstellung und die Erklärung seinem Verstandesniveau anpasst.* (Siehe Exkurs Naturwissenschaft, Seite 313). Die kindliche Art zu denken bestimmt in einer bestimmten Phase nicht automatisch, wie bei PIAGET, welche Kenntnisse erworben werden können. Stellt man vierjährigen Kindern Aufgaben, die mit wenig inhaltlichen Vorkenntnissen lösbar sind, so zeigt sich, dass sie keine Schwierigkeiten haben, Ursache – Wirkungszusammenhänge zu erkennen.

2. PIAGET verdanken wir die Erkenntnis, dass die geistige Entwicklung nicht in der passiven Übernahme von Wissen besteht, sondern in der aktiven Konstruktion von Bedeutung. Dieser Gesichtspunkt ist nach wie vor aktuell, aber die Vorstellung der stufenförmigen Entwicklung der Abstraktionsfähigkeit muss wohl als überholt gelten.[24] Wie im Kapitel Sprachentwicklung bereits verdeutlicht vernachlässigt PIAGET die Rolle der Sprache. Sobald ein Kind sprechen kann, kann man ihm das feine Netzwerk der Wortbedeutungen näher bringen. Hat ein Kind die Zusammenhänge zwischen der Realität und dem sie bezeichnenden Begriff als Symbol erfasst, kann man Kindern durch Erklärungen mit Wörtern neue Denkschemata vermitteln. Einer ähnlichen Auffassung begegnet man in der sowjetischen Psychologie, zum Beispiel bei LURIA: „Denken vollzieht sich in Sprache. Je klarer die Sprache ist, die einem Kind zur Verfügung steht, desto klarer ist sein Denken. Bei Piaget lautet die Reihenfolge: Denken führt zur Sprache. Bruner und Luria fügen dem die Umkehrung hinzu: Neue Sprache kann ihrerseits zu neuem Denken führen."[25]

3. Ein dritter Punkt der Kritik an PIAGET ist grundsätzlicher Art. Sie bezieht sich darauf, dass er der Umwelt einen so geringen Einfluss beimisst. Wie wir gesehen haben, macht das kindliche Denken nach Piaget eine gesetzmäßige Entwicklung durch. Die Umwelt liefert das Material, mit dessen Hilfe die Entwicklung stattfinden kann. Die Reifung der Denkprozesse bestimmt, was aus den Umweltangeboten genutzt werden kann. Die Umwelt selbst kann ein Kind nicht auf andere neue Gedanken bringen, wenn die kognitive Struktur dies nicht zulässt. Moderne Untersuchungen hingegen zeigen, dass ein Kind ein erreichtes Niveau der geistigen Entwicklung mit Hilfe eines Erwachsenen überschreiten kann (siehe weiter unten). „Was ein Kind heute mit Hilfe eines Erwachsenen kann, wird es morgen selbstständig können." Und bei dieser Hilfe der Erwachsenen ist die Sprache natürlich ein unentbehrliches Instrument.

4. Bei der Denkentwicklung des Kindes spielen laut Piaget die Erwachsenen kaum eine Rolle. Diese Vernachlässigung des Zwischenmenschlichen ist als vierter Kritikpunkt zu nennen. Heute wissen wir um die überragende Bedeutung der emotionalen und sozialen Bindung des Kindes zu seinen unmittelbaren Bezugspersonen. Deshalb ist auch die Auffassung von Piaget, es bestände kein Unterschied in der Art, in der ein Kind Kenntnisse über Menschen und über Dinge erwirbt, nicht zu halten. Für Kinder haben Menschen von Anfang an eine andere Bedeutung als Dinge. Vor allem der frühere Piaget-Schüler Flavelli hat sich mit

---

[24] nach Stern, E., 2004

[25] nach Kohnstamm, R., 1990

dieser Frage auseinandergesetzt. „Er sagt zum einen, dass zwar derselbe Kopf, der über die soziale Welt nachdenkt, auch über die nicht-soziale Welt nachdenkt, und es also überraschend wäre, wenn keine der Entwicklungscharakteristika des Denkens über die nicht-soziale Welt im sozialen Denken wiederzufinden wären. Zum anderen sind für die meisten Menschen andere Menschen und ihr Tun die interessantesten Objekte, die das tägliche Leben dem Denken bietet, und deswegen wird ihre umfassendste und reichste Kenntnis auch das soziale Wissen sein."[26]

5. Aus dem berühmten Drei-Berge-Experiment schloss Piaget, dass Kindern im Stadium des prälogischen oder präoperativen Denkens der Begriff der Perspektive fehle. Ebenso war dies ein weiterer Beleg für die Allgegenwart der eigenen Weltsicht, des Egozentrismus. Nun zeigen aber neuere Studien, wie schon Kleinkinder im Alter von zwei bis drei Jahren unterschiedliche Perspektiven verstehen. Kinder sind mit vier Jahren auch in der Lage sich in andere hineinzuversetzen. Sie besitzen in diesem Alter auch ein Grundwissen über Gefühle, dies erkennt man daran, dass sie Emotionen vom Gesichtsausdruck richtig ablesen können.

6. Es gibt auch Kritik an seiner Vorstellung von den stark auf die physische Umwelt gerichteten Denkoperationen. Die soziale Wahrnehmung wird nicht direkt, sondern vom Körperlichen her untersucht. Es werden Schlussfolgerungen über den Umgang mit Menschen aus Tests mit leblosen Dingen gezogen (Perspektivwechsel im Drei-Berge-Experiment). Möglicherweise ist die geistige Einsicht in einen anderen Menschen aber beim Einfühlungsvermögen in Gefühle anderer gar nicht nötig, weil das dem Verstand vorausgeht. Wir wissen, wie stark ein Kind auf seine Mitmenschen ausgerichtet ist, sodass es mehr mit Gefühlen zu tun hat, zu verstehen, wie es um das Gegenüber bestellt ist, als um das sich hineindenken können. In dem eindrucksvollen Buch der praktischen Kinderpsychologie berichtet R. Kohnstamm von einer Untersuchung, in der 24 Kinder bis zum Alter von drei Jahren über neun Monate mit Hilfe täglicher Berichte ihrer Eltern beobachtet wurden und wo es Anzeichen von Mitgefühl gab: „Ein 15

Monate altes Kleinkind, dessen Mutter sich erschöpft auf einen Stuhl fallen ließ, kam mit seinem Fläschchen herbei und steckte es ihr streichelnd in den Mund. Ein Junge tröstete ein weinendes Kind auf einem Bild mit den Worten: „Ach, Papa kommt doch gleich nach Hause." Ein eineinhalbjähriges Mädchen unternahm alles Mögliche, um ein weinendes Mädchen zu beruhigen, auf das seine Mutter aufpassen sollte."[27]

7. Piaget hat auch den Einfluss der Anregung von außen unterschätzt, wie wir gleich noch bei den naturwissenschaftlichen Experimenten im Kindergarten sehen werden. Das hat Folgen für die Auffassung über die Motivation zu Denken: Warum will ein Kind denken? Nach Piaget braucht es dazu keine Ermunterung von außen, denn ein Kind ist „intrinsisch motiviert", also von innen gesteuert, ohne dass Ermunterungen und Belohnungen von außen wirklich nötig wären. Die eigene Neugierde des Kindes und die Veranlagung zum denkenden Umgang mit der Umwelt reichen aus. Wir können allerdings heute nachweisen, dass viele Kinder mit auf ihr Denken abgestimmter Hilfe, Ermunterung und Belohnung viel weiter als ohne diese soziale Unterstützung kommen. Säuglingsforscher haben in Untersuchungen feststellen können, „dass schon bei Babys die Art, in der eine Mutter reagiert, dafür entscheidend ist, wie viel sie beim Spielen lernen. Sie lernen am meisten, wenn sie das Gefühl bekommen, dass sie selbst das Spiel bestimmen."[28]

8. Die neuere entwicklungspsychologische Forschung betont die Ausbildung von Wissensdomänen. Elsbeth Stern[29] betont, dass sich Erwachsene Lernstoff besser einprägen, wenn sie bestimmtes Vorwissen haben, als wenn der Bereich neu ist. Das gilt auch für Kinder. Mehr noch: Kinder, die „Experten" in einem Wissensgebiet sind, sei es Schach oder Dinosaurier, schneiden in Gedächtnistests aus ihrem Wissensbereich besser ab als Erwachsene, die Laien auf diesem Gebiet sind. Durch hohes bereichsspezifisches Vorwissen können schon Grundschüler Defizite in allgemeinen Lernfähigkeiten bis zu einem gewissen Grad kompensieren. Entwicklungsveränderungen sind also nicht

---

[26] Kohnstamm, R., 1990

[27] Kohnstamm, R., 1990
[28] Kohnstamm, R., 1990
[29] nach Stern, E., 2004

immer globale, bereichsübergreifende Veränderungen, wie sie etwa in PIAGETS Stadientheorie angenommen wurden, sondern vollziehen sich häufig auf der *Ebene spezifischer Wissensdomänen* in Abhängigkeit von schulischen und außerschulischen Bildungsangeboten.

9. Hinsichtlich einer Frühförderung von Kindern sieht PIAGET keine bedeutsamen Fördermöglichkeiten im Unterschied zur Hirnforschung, die gerade für die frühe Entwicklungszeit große Lernmöglichkeiten sieht, wie wir noch sehen werden.

Die ersten beiden Jahre aus der Sicht anderer Forscher

Andere Entwicklungsforscher, wie zum Beispiel BRUNER[30] teilen die Auffassung von PIAGET, dass die ersten inneren Bilder durch Handlungen entstehen. Er unterscheidet folgende Phasen:

- **Die enaktive Phase:** Das ist das reine Denken in Handlungen der ersten eineinhalb Jahre.
- **Die ikonische Phase:** Das ist das Denken in Bildern, in denen Menschen und Dinge von den Handlungen losgelöst betrachtet werden.
- **Die symbolische Phase:** Sie beginnt mit etwa zwei Jahren und meint das Denken in Worten.

Alle drei Denkweisen bleiben weiter bestehen, aber die symbolische Phase überwiegt.

Im Unterschied zu PIAGET können laut BRUNER neue Erkenntnisse nach der enaktiven Phase auch ohne verinnerlichte Handlungen entstehen, zum Beispiel nur durch Worte, sodass die Sprachentwicklung und die Sprachverwendung für fortschreitendes Denkvermögen besonders wichtig werden. Bei PIAGET spielt sich Denken letztlich immer parallel zu nach innen gerichteten Handlungen ab.

Ein schönes Beispiel hierfür von R. KOHNSTAMM: „Ein Kleinkind spricht kaum. Aber sollten nicht doch diese wenigen Worte Denkhandlungen möglich machen, die ansonsten außerhalb des kindlichen Bereiches gelegen hätten? Nehmen wir einmal die Denkhandlung (das Schema) „was gleicht wem?", die ohne Worte nicht ausgeführt werden kann. Van Geert führt ein eindrucksvolles Beispiel anhand seines 22 Monate alten Sohnes an: Ein flaches, vierkantiges Holzstück mit einer Einkerbung auf einer Seite wurde von ihm «Kaninchen» genannt. Wenn der Junge das Wort nicht gekannt hätte, hätte er den Vergleich nicht anstellen können. Viel interessanter und wichtiger ist aber, dass ihm wahrscheinlich ohne das Wort die Übereinstimmung entgangen wäre! Man kann die Benennung „Kaninchen" natürlich als Übergeneralisierung und somit als Fehler betrachten. Man kann sie aber auch als Zeichen für die Beweglichkeit des Geistes auffassen. Ein anderer zweieinhalbjähriger Junge bekam ein Phantasiespieltier und nannte es sogleich „Hasenhündchen". Durch dieses Wort wurde vielfältige Kommunikation über das Tierchen möglich, die gewiss das Denken und Entdecken um das Hasenhündchen vergrößerte, wie zum Beispiel die Frage: Was ist an ihm hasenhaft und was hündisch?[31]

Ein weiterer Unterschied besteht darin, dass ein Baby laut BRUNER nur zu neuen Erfahrungen kommt und somit neue Dinge lernt, wenn es sich in einer liebevollen Umgebung geborgen fühlt. Dies finden wir auch bei zahlreichen modernen Entwicklungspsychologen: *Nur ein Kind, das sich geborgen fühlt, traut sich, die Welt zu erkunden.* Nun würde PIAGET darauf vielleicht antworten, das Kind erkunde die Welt nicht so sehr, die Reifung sei entscheidend und ein Minimum an Erfahrung reiche aus. Aber niemand, der für die Unterschiede in der kognitiven Entwicklung zwischen Kindern aus lieblosen oder liebevollen Milieus Augen hat, wird hier mit ihm einer Meinung sein können. Auch FLAVELL hält menschliche Wesen für soziale Wesen, deren geistige Entwicklung soziale Bindungen voraussetzt. WYGOTZKI, ein bedeutender russischer Psychologe, hält die soziale Umgebung für die wichtigste Einflussgröße bei der kognitiven Entwicklung des Kindes. Er stellt fest, dass Kinder als Erstes von den sie umgebenden Menschen lernen. Die soziale Umwelt eines Kindes vermittelt ihm alle seine Konzepte, Ideen, Tatsachen, Fertigkeiten und Einstellungen. Alle persönlichen psychologischen Entwicklungen beginnen als soziale zwischenmenschliche Prozesse,

---

[30] Bruner, J., 1973

[31] Kohnstamm, R., 1990

an denen Erwachsene und Kinder gleichermaßen teilhaben.

Ob deshalb in diesem frühen Stadium der geistigen Entwicklung tatsächlich Menschen und leblose Gegenstände im kindlichen Denken denselben Rang einnehmen, muss auch kritisch hinterfragt werden. In diesem Zusammenhang muss sicher erwähnt werden, dass Menschen weniger berechenbar sind als Dinge. Mit Dingen kann ein Baby im Rhythmus der zirkulären Wiederholung umgehen; denn eine bestimmte Wiederholung führt zu einer bestimmten Wirkung. Aber bei Menschen gelingt das nicht. Menschen haben ihr eigenes Leben mit eigenen Stimmungen und reagieren wechselhaft. Deshalb kann die Beschaffenheit der menschlichen Umwelt für die Entwicklung des Denkens erleichternd oder erschwerend wirken, was laut PIAGET eigentlich nicht wichtig ist.

Die Multiplen Intelligenzen oder eine neue Perspektive für die Elementarpädagogik

Wenn Kinder sehen, hören, tasten, schmecken, riechen und fühlen, kurzum wenn sie spielen, erkunden sie die Welt und machen sich so ein Bild von ihr. Dabei bilden sie sich selbst, indem sie über ihre Sinnesorgane einen Zugang zur Welt und zu sich selbst finden. PIAGETS Ausführungen über die kognitive Entwicklung erweckten den Eindruck, als ob Kinder auf dieselbe Art und Weise lernen würden und die gleichen Auffassungen oder Fehlauffassungen, Verständnisse oder Missverständnisse hervorbringen.

In einem viel beachteten Buch hat HOWARD GARDNER, Psychologe an der Harvard Universität in Boston USA (1983), die neuere kognitive Forschung im Bereich der menschlichen Intelligenz auf das Lernen bezogen. Er fand heraus, dass Vorschulkinder und Schüler verschiedene „Typen" von Intelligenzen besitzen und deshalb auf unterschiedliche Arten lernen, sich erinnern, Dinge ausführen und verstehen.
Er spricht von „multiplen Intelligenzen", über die jeder Mensch in unterschiedlicher Weise verfüge.

Insgesamt sieben „Intelligenzen" – inzwischen ist noch eine achte hinzugekommen und an einer neunten wird überlegt – hatte GARDNER identifizieren können und hat daraus für die Elementarpädagogik eine neue Perspektive eröffnet.
Diese neue Herangehensweise besteht darin, Kinder nicht nur nach ihren allgemeinen Fähigkeiten zu beurteilen, sondern genauer hinzusehen. Es geht darum, auf die unterschiedlichen Wege zu achten, auf denen Kinder ihren Zugang zur Welt herstellen und ordnen. Diese Wirklichkeitszugänge treten umso klarer hervor, je älter die Kinder werden. Eine wichtige Beobachtungsaufgabe für gute Erzieherinnen, die die nötige Aufmerksamkeit aufbringen müssen um die Kinder in ihrer Art zu erkennen und entsprechend zu fördern.

So argumentiert GARDNER in Bezug auf ältere Kinder:
„Es liegen ausreichende Belege dafür vor, dass einige Menschen einen vorwiegend sprachlichen Lernansatz wählen, während andere einen räumlichen oder quantitativen Weg bevorzugen. Aus demselben Grund erbringen einige Schüler die besten Leistungen, wenn sie mit Symbolen gleich welcher Art umgehen, während sich das Verständnis anderer eher anhand einer praktischen Demonstration oder im Umgang mit anderen Menschen zeigt.
Ich habe behauptet, dass alle Menschen auf mindestens sieben verschiedene Arten fähig sind, die Welt zu erfahren – Arten, die ich an anderer Stelle die sieben menschlichen Intelligenzen genannt habe. Dieser Analyse zufolge können wir alle die Welt mit Hilfe der Sprache, des logisch-mathematischen Denkens, der räumlichen Vorstellung, des musikalischen Denkens, der Verwendung des Körpers bei der Lösung von Problemen oder der Herstellung von Gegenständen, mit Hilfe des Verstehens anderer Menschen oder des Verständnisses für uns selbst begreifen. Die Unterschiede zwischen den Menschen bestehen in der relativen Ausprägung dieser Intelligenzen – dem so genannten Profil der Intelligenzen – und der Art, in der diese Intelligenzen herangezogen und kombiniert werden, um unterschiedliche Aufgaben auszuführen, Probleme zu lösen und Wissensbereiche zu erschließen."[32]

---

[32] Gardner, H., 1996

Die sieben Intelligenzen nach GARDNER

- Linguistische oder sprachliche Intelligenz
- Logisch-mathematische Intelligenz
- Räumliche Intelligenz
- Musikalische Intelligenz
- Körperlich-kinästhetische Intelligenz
- Interpersonale Intelligenz (emotionale und soziale Intelligenz)
- Intrapersonale Intelligenz (Selbsterkenntnis)

Aufgabe

Überlegen Sie wie sich die unterschiedlichen Intelligenzformen bei den Kindergartenkindern zeigen könnten und wie sie darauf reagieren.

In jedem Menschen sind diese sieben Intelligenzen höchstwahrscheinlich unterschiedlich stark ausgeprägt und können relativ unabhängig voneinander sein. Es ist eine wichtige und fruchtbare Erkenntnis, dass Menschen auf viele unterschiedliche Arten Wissen erwerben, in ihrem Kopf repräsentieren und anwenden. Vor allem stellen diese Unterschiede zwischen den Menschen ein einheitliches Vorgehen im pädagogischen Alltag in Frage. Die Erkenntnisse kritisieren ebenfalls ein Schulsystem, welches davon ausgeht, dass alle Menschen Stoff auf eine bestimmte einheitliche Art und Weise lernen müssen.

Ebenfalls stellt diese Auffassung von GARDNER in Frage, dass ein einheitliches Maß ausreiche um zu bestimmen, was ein Schüler gelernt hat.

Wenn ein Bildungssystem stark auf sprachliche und logisch-mathematische Lehr- und Beurteilungsmethoden ausgerichtet ist, so scheint ihre pädagogische Wirksamkeit begrenzt. Mögliche Folgerungen aus den multiplen Intelligenzen für den schulischen Unterricht zeigen wir in der folgenden Tabelle auf S. 298, wobei die in jüngster Zeit hinzugekommene achte Intelligenz, die sogenannte *„Naturalistische Intelligenz"*, mitberücksichtigt ist.

■ Die konkreten Konsequenzen für den Unterricht

Die Kritik an der Schule trifft wahrscheinlich auf viele Tagestätten nicht zu, die schon lange ganzheitliche Bildung und Erziehung von Kindern anstreben, und sie deshalb in vielen Intelligenzbereichen fördern.

Eine gute Förderung umfasst beispielsweise bei der mathematisch-logischen Intelligenz Aktivitäten wie Experimentieren, Nachdenken, Rechnen und Lösen von Problemen, bei der interpersonalen Intelligenz Aktivitäten wie Kleingruppen- und Projektarbeit, Organisieren, Leiten und Lösen von Konflikten. Bei der Interpersonellen Intelligenz geht es vor allem um die Förderung der *emotionalen Intelligenz*, die für Schul-, Berufs- und Lebenserfolg genauso wichtig ist, wie die kognitiven Fähigkeiten. Hierunter fallen dann Aktivitäten, die Kommunikationsfähigkeit, Menschenkenntnis, Neugier, Frustrationstoleranz, Kooperationsbereitschaft, Selbstbeherrschung und Sensibilität fördern.

Je besser Kinder die eigenen Empfindungen und Gefühle erkennen, umso leichter fällt es ihnen, mit diesen umzugehen. Durch die Sinnesschulung kann die Fremdwahrnehmung gefördert werden. Je genauer die nonverbalen Reaktionen anderer Menschen erfasst werden, umso besser kann ein Kind auf sie reagieren. Günstig ist es dabei, Anlässe herzustellen, bei denen Kinder sich in andere Personen hineinversetzen und deren Perspektive erschließen können. Außerdem ist wichtig, dass Erzieherinnen Gefühle der Kinder erkennen, ansprechen und erwidern, also auf diese Weise Empathie „vormachen".

Bei der intrapersonalen Intelligenz geht es um Einzel-Aktivitäten, bei denen das jeweilige Kind eigene Interessen, Ziele, Vorstellungen und Fantasien verfolgen kann.

H. J. LAEWEN und B. ANDRES haben in ihrem Buch „Forscher, Künstler, Konstrukteure" Arbeitsblätter als Beobachtungshilfen entworfen, mit deren Hilfe Erzieherinnen im Kindergartenalltag die sieben Herangehensweisen an die Welt bei einem Kind entdecken können (siehe Lernfeld Wahrnehmen und Beobachten, S. 157).

Auf der Basis der Theorie der vielfachen Intelligenzen ist inzwischen ein über viele Jahre in der Praxis erprobtes Konzept entstanden, das in und außerhalb der USA Beachtung findet. LAEWEN und ANDRES weisen darauf hin:

„Die beobachtbaren Verhaltensweisen von Kindern aber sind reale Möglichkeiten, den Blick von Erzieherinnen dafür zu schärfen, dass

Ein Schüler mit überwiegend	denkt	mag	benötigt
Sprachlicher Intelligenz	in Wörtern und Begriffen	lesen, schreiben, Geschichten erzählen, Wortspiele…	Bücher, Tonband, Diskussion, Dialoge, Debatten…
Logisch-mathematischer Intelligenz	in Prinzipien, in Vernunftkategorien, Bewertungen	experimentieren, logische Probleme lösen, rechnen…	Wissenschaftliche Materialien, Dinge auch abstrakt erforschen, Nachdenken
Musikalischer Intelligenz	über Rhythmen und Melodien	singen, Musik, pfeifen, Intervalle benutzen...	Musikinstrumente, Konzerte, Musik im Unterricht…
Räumlicher Intelligenz	in Vorstellungen und Bildern	entwerfen, zeichnen, visualisieren, kritzeln	Kunst, Filme, Videos, Imaginationsspiele, Bilder,…
Körperlich-kinästhetischer Intelligenz	durch körperliche Empfindungen und vielfältige Bewegungen, subtile Gesten	tanzen, rennen, springen, bauen, bewegen…	Rollenspiele, Drama, Bewegung, Dinge bauen, körperbetonte Spiele, taktile Experimente…
Interpersonaler Intelligenz	indem er sich in Andere einfühlt, ist sensibel, fasst Ideen zusammen	mit anderen Menschen umgehen, organisieren, moderieren, führen, vermitteln,…	Freunde, Gruppenaktivitäten, Versammlungen, soziale Ereignisse,..
Intrapersonaler Intelligenz	vertieft in sich, mit einem guten Zugang zur eigenen Gefühlswelt	still sein, in Ruhe überlegen, träumen, planen, Ziele setzen,…	einen sicheren Platz, Zeit für sich, Selbstbestimmung, Selbstauswählen,…
Naturalistischer Intelligenz	in Kategorien	systematisieren, Erkenntnisse klassifizieren, einordnen,…	natürliche Beobachtungen, Exkursionen, Experimente in der Natur, selbstgesteuertes Forschen,…

Kinder in unterschiedlichen Bereichen fast immer unterschiedliche Kompetenzen entwickeln. In einer solchen differenzierten Wahrnehmung kindlicher Kompetenzen sehen wir eine der wichtigsten Voraussetzungen für eine Vorschulpädagogik, die den neuen Kenntnissen über frühkindliche Bildungsprozesse gerecht werden will.

Das Verhältnis dieser Kompetenzen der Kinder zueinander kann sich im Laufe der Zeit verändern, so dass der einmal gewonnene Eindruck immer wieder überprüft werden muss, zumindest zweimal im Jahr. Die Erzieherinnen werden feststellen, dass sich auch ohne eine weitere Anleitung für die Auswertung ihrer Beobachtungen ein vertieftes Verständnis für die Situation der Kinder und ihren Zugang zur Welt einstellen wird. Darauf basierend werden fast von selbst naheliegende Ideen entstehen, auf welche Weise die Kinder darin unterstützt werden können, bei ihnen beobachtete Kompetenzen weiter auszubauen und sie mit anderen Kompetenzbereichen zu verknüpfen. Eine Anwendung dieses Wissens könnte darin bestehen, die in den meisten Kindertageseinrichtungen existierenden Funktionsecken auf der Grundlage der Vorstellung von den sieben Intelligenzen zu „Bildungsinseln" weiter zu entwickeln, wo die Kinder ihre jeweiligen Vorlieben für einen oder mehrere dieser Bereiche ausbauen können."[33]

---

[33] Laewen, H., Andres, B., 2002

Das Kleinkind- und Vorschulalter aus der Sicht der modernen Entwicklungspsychologie und der Hirnforschung

Die neusten Erkenntnisse der Säuglingsforschung und der Hirnforschung, die in den letzten zehn Jahren für Aufsehen gesorgt haben, sprechen den Kleinsten noch weitergehende Fähigkeiten zu:

„Paula etwa, die sieben Monate alte Nachwuchsforscherin, quiekt vor Vergnügen. Die blaue Lampe leuchtet, der Kasten brummt: So sieht sie aus, die erste spielerische Lust auf Technik. Andere, neun Monate alte Kinder hatten in dem Institut, in dem die Psychologin PETRA HAUF arbeitet, vor kurzem auch grundlegende physikalische Erkenntnisse gewonnen: beim Spielen mit zwei äußerlich gleichen Holzwürfeln. Einer davon war zwei Kilogramm schwer, die Kinder konnten ihn kaum bewegen und zogen das 300 Gramm leichte Modell vor. Die Forscher ließen die Kinder dann eine dicke Schicht Watte betatschen und deren nachgiebige Natur erkunden. Schließlich präsentierten sie ihnen die Würfel erneut – gebettet auf die Watte. Nach welchem würden die Babys greifen? Die jungen Talente entschieden sich systematisch für den leichten. Sie erkannten ihn daran, dass er die Watte kaum zusammendrückte, während der schwere tief eingesunken war.

Kinder von einem halben Jahr bewiesen im Labor von Elisabeth Spelke an der Harvard University unlängst sogar, dass Säuglinge eine Beziehung zu Zahlen haben. Die Psychologen ließen eine Puppe immer wieder viermal in die Höhe hüpfen. Als die Kinder sich zu langweilen begannen, sprang das Spielzeug plötzlich achtmal – sofort merkten die angehenden Mathematiker auf. In einem weiteren Experiment versuchten sich sieben Monate alte Babys als Biologen: Die Harvard-Forscher zeigten den Kindern zwei rosafarbene Tiere, ein Nilpferd, das sich bewegte, und eine regungslose Schlange. Später bekamen die Kinder die gleichen Tiere in grün zu sehen – und beobachteten mit besonderer Aufmerksamkeit das grüne Hippo: Offenbar erwarteten sie, es werde sich bewegen wie der rosafarbene Artgenosse." [34]

Die genauen Beobachtungen der Säuglingsforscher bringen Verblüffendes zu Tage: Schon mit etwa sieben Monaten denkt der Mensch über Ursache und Wirkung nach. Dabei verfährt er nach dem Prinzip von Versuch und Irrtum. „Learning by doing" lautet das Prinzip der ersten Lebensjahre. Das Baby hört, sieht, schmeckt oder fühlt und ordnet die Eindrücke nach Wahrscheinlichkeit, und es behält nur, was das Gehirn als sinnvoll bewertet.

„Wie ein Fernsehstudio sehen Labore aus, in denen Psychologen das Können von Babys ausloten. Sie zeichnen zum Beispiel im Münchner Max-Planck-Institut auf, wie Kinder einen Kasten erkunden, der blau aufleuchtet, wenn man die rote Taste drückt. Schon im Alter von sieben Monaten erkennt Paula, sicher gehalten von ihrem Vater, nach einigem Experimentieren den Zusammenhang. Bei einem anderen Versuch soll sie zeigen, ob sie die Gesten der Frau im Fernseher deuten kann. Diese lächelt stets die rosafarbene Kuh an. Messgeräte am Bildschirm erfassen, ob auch Paula das Tier nun intensiver anschaut." [35]

Um dies herauszubekommen verwenden die Forscher normalerweise drei verschiedene Methoden:

1) Die Neurowissenschaftler messen mit feinen Sensoren die Hirnströme und interpretieren so die Verarbeitungsprozesse im Gehirn.
2) Die Psychologen arbeiten mit der Blickpräferenz der Kleinsten, das heißt was länger und

---

[34] Schrader, C., 2005

[35] Schrader, C., 2005

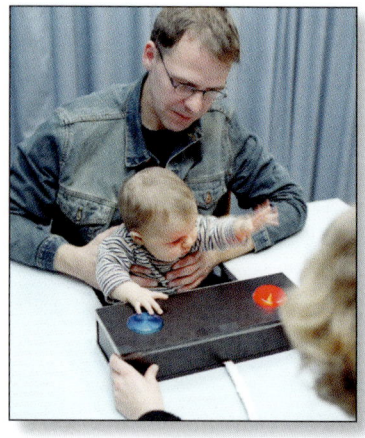

ihr beharrliches Forschen. Ihre Fähigkeit sich zu wundern, ihre kognitive Energie. Babys muss man nicht zum Lernen motivieren. Sie können gar nicht anders. Ihr Gehirn fragt sozusagen ständig: „Was gibt es neues auf der Welt?"

Offenbar sind sie schon in den ersten Tagen fähig zu wählen, was sie interessiert. Was sie langweilt lassen sie außer Acht. Es ist nachgewiesen, dass ihre Erinnerungen bis in die pränatale Zeit zurückreichen: Sie erkennen die Stimme ihrer Mutter. Sie sind nicht ihren Reflexen ausgeliefert, sondern schlussfolgernde Denker, die hinter die Dinge schauen wollen. Wahrscheinlich sind ihnen bereits zu Beginn des Lebens elementare Konzepte des Weltverstehens angeboren. Das macht sie zu leidenschaftlichen Forschern ihres Lebens.[36]

intensiver betrachtet wird, fällt irgendwie auf. Man bietet dem Kind gleichzeitig zwei verschiedene Reize an – Töne, Lichtsignale, Bilder – und schließt aus seiner Kopfbewegung, was stärker fesselt.

3) Auch die so genannte Habituation ist für die Psychologen interessant: Sie gewöhnen das Baby erst an eine Situation und zeigen ihm dann etwas anderes. Nuckelt es daraufhin stärker an einem dafür präparierten Schnuller lässt sich schließen, dass das Kind unterscheidet. Es kann Bekanntes von Unbekanntem trennen, es lernt.

Mit knapp sieben Monaten unterscheiden Babys drei von zwei Kreisen, oder drei von vier Punkten auf einer Tafel.

> „**Drei Wochen lang** hängten Forscher über die Bettchen von Säuglingen jeden Tag für zehn Minuten Mobiles. Ein Teil der Kleinen erhielt gewöhnliche Mobiles, die sich bewegten oder auch nicht. Ein anderer Teil bekam Mobiles, die sich jede Minute fünf Sekunden lang drehten. Eine dritte Gruppe schließlich konnte über Drucksensoren, die in die Kopfkissen eingenäht waren, die Gebilde selbst zum Tanzen bringen. Das Resultat: Diese Säuglinge hatten in wenigen Tagen gelernt, dass sie mit ihren Kopfbewegungen das bunte Ding beeinflussen konnten, Ihr Interesse daran wurde von Tag zu Tag größer, während die Kinder der beiden ersten Gruppen ihre Mobiles immer weniger beachteten.
>
> Das Experiment hatte aber noch andere, völlig unerwartete Wirkungen auf das Verhalten der aktiven Säuglinge. Anders als die zur Passivität Verdammten zeigten sie einen lebhafteren Gesichtsausdruck, lächelten mehr, vor allem aber versuchten sie immer wieder, durch Artikulation von Tönen ihrem Behagen und ihrer Freude Ausdruck zu verleihen."[37]

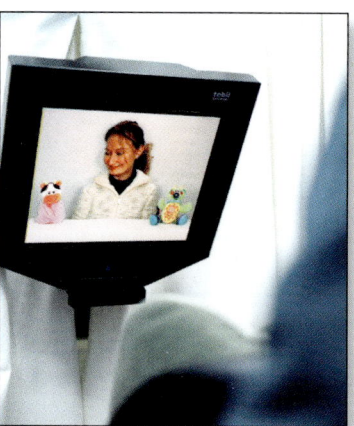

Als Kurzcharakterisierung für diese neue Sicht auf das Baby hat sich die Rede vom „kompetenten Säugling" (M. DORNES) eingebürgert. Das Forschungsinteresse des „kompetenten Säuglings" ist allgegenwärtig und nahezu unstillbar, von Anfang an. Umschrieben sind damit die kognitiven Leistungen der Kleinsten,

---

[36] nach Dornes, M., 1995
[37] Herrmann, U., 2004

Architektur des Gehirns als Grundlage des Lernens

Neurobiologen beschreiben das Gehirn als aktives System, das mit einem gewissen Grundstock an Vorwissen auf die Welt kommt und dann sofort beginnt, Fragen an die Umwelt zu stellen. (Siehe Spiel und Hirnentwicklung, S. 410)

Kaum ein Prozess läuft so vielschichtig ab wie die Reifung des menschlichen Gehirns. Schon etwa sechs Wochen nach der Empfängnis bilden sich im Mutterleib die ersten Hirnnervenzellen. Dieses Wachstum geht dann rasend schnell weiter bis zur Geburt. Dann besitzt jeder Mensch etwa 120 Milliarden Nervenzellen. In den ersten beiden Lebensjahren wachsen vor allem die Fortsätze, Verbindungen über die jede Nervenzelle Signale zu über tausend weiteren schickt. Spezielle Kontaktstellen, die Synapsen, übermitteln die Informationen zwischen den einzelnen Zellen. Über

hundert Billionen solcher synaptischer Verbindungen schließen sich die Neurone zu Netzwerken zusammen, die auch über größere Entfernungen kommunizieren können.

Zunächst entstehen gleichmäßig verteilt zwischen den Nervenzellen Synapsen in großer Zahl, sogar im Überfluss. Wenn aber bestimmte Neurone häufig beansprucht werden, verstärken sich die Verbindungen und die Synapsen zwischen diesen Nervenzellen und bleiben langfristig erhalten. Der Säugling lernt und sein Gehirn entwickelt sich. „Ein heißer Kakao beispielsweise besitzt mehrere Eigenschaften, die ganz verschiedene Sinne stimulieren: Er ist flüssig, braun, hat einen typischen Geruch, schmeckt ungezuckert ein wenig bitter, man kann sich daran die Zunge verbrennen. Jede Tasse, die ein Kind trinkt, fördert die synaptische Vernetzung zwischen den in diesem Moment aktiven Neuronengruppen. Nach einigen Tassen hat das Gehirn die Einzelinformationen auf diese Weise zu einem Gesamtbild verknüpft. Der Sprössling weiß jetzt, was einen

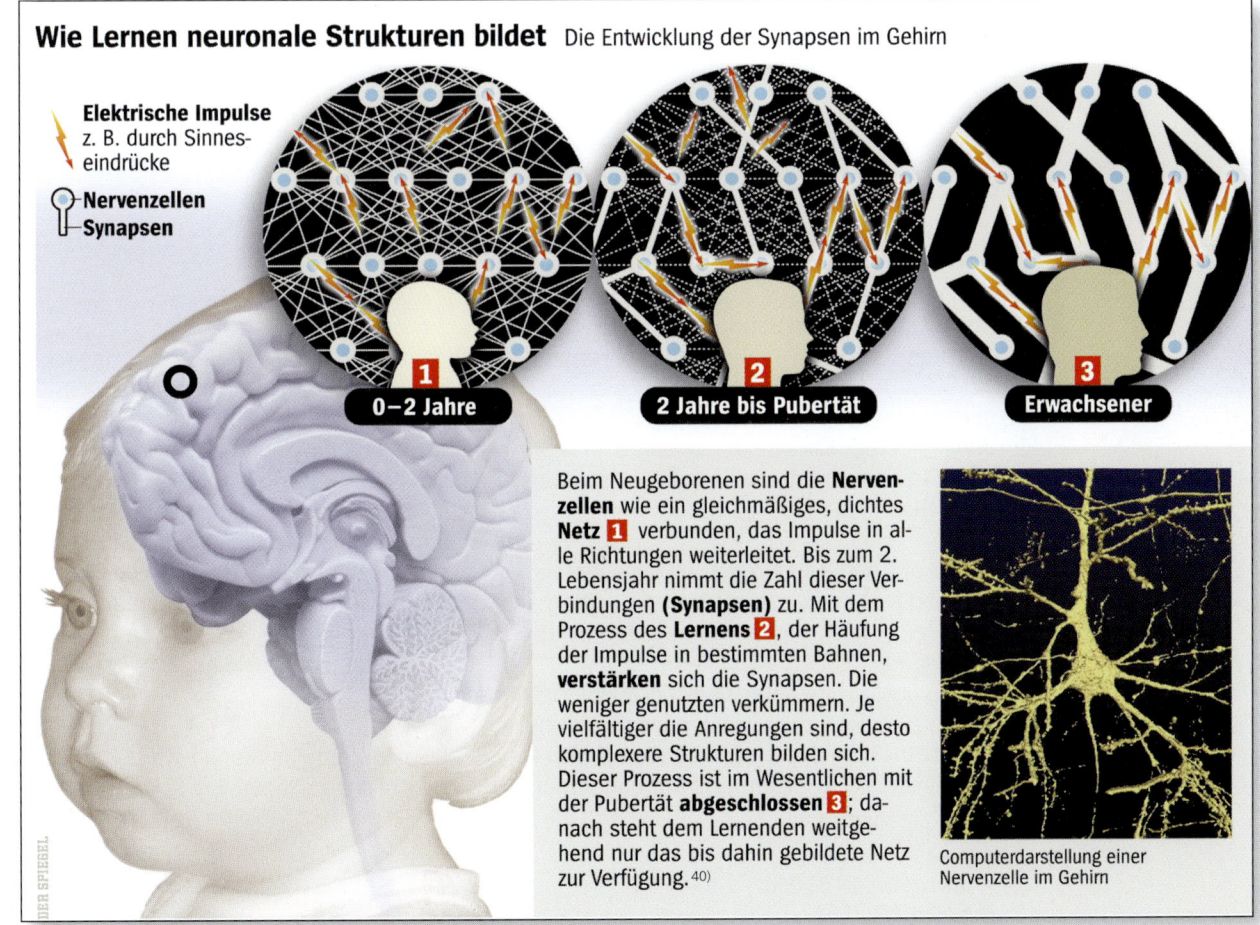

Wie Lernen neuronale Strukturen bildet Die Entwicklung der Synapsen im Gehirn

Elektrische Impulse z. B. durch Sinneseindrücke

Nervenzellen
Synapsen

1 0–2 Jahre

2 2 Jahre bis Pubertät

3 Erwachsener

Beim Neugeborenen sind die **Nervenzellen** wie ein gleichmäßiges, dichtes **Netz 1** verbunden, das Impulse in alle Richtungen weiterleitet. Bis zum 2. Lebensjahr nimmt die Zahl dieser Verbindungen **(Synapsen)** zu. Mit dem Prozess des **Lernens 2**, der Häufung der Impulse in bestimmten Bahnen, **verstärken** sich die Synapsen. Die weniger genutzten verkümmern. Je vielfältiger die Anregungen sind, desto komplexere Strukturen bilden sich. Dieser Prozess ist im Wesentlichen mit der Pubertät **abgeschlossen 3**; danach steht dem Lernenden weitgehend nur das bis dahin gebildete Netz zur Verfügung.[40]

Computerdarstellung einer Nervenzelle im Gehirn

guten Kakao ausmacht, und kann dieses Wissen auch jederzeit wieder abrufen."[38] [39]

Bestehende Verbindungen zwischen Nervenzellen, die nicht beansprucht werden lösen sich wieder auf.

Jede Erfahrung also, der das Baby ausgesetzt ist, stärkt oder schwächt diese Netze. Das Gehirn benötigt in dieser Phase vor allem verlässlich wiederkehrende Informationen, am besten von echten Menschen. Insbesondere der emotionale Kontakt ist für die geistige Entwicklung wichtig, und dies hat PIAGET vernachlässigt.

Aus der Sprachentwicklungsforschung sind Befunde bekannt, dass Kinder Wörter schneller lernen, wenn ein vertrauter Erwachsener ihre Sprachexperimente begeistert kommentiert. Sie verbinden dann mit den neuen Vokabeln ein positives Gefühl und behalten sie deshalb besser.

Alles was den Entdecker- und Erfindergeist der Kleinen speist ist von Vorteil für die Entwicklung des noch wachsenden Gehirns. Denn Kinder lernen das am besten, was sie selbst ausprobieren und unmittelbar erfahren.

Das Kind wählt aus der chaotischen Welt aus, was es dringend braucht und in sein bestehendes Wissen integrieren kann. Die Freiheit bei dieser Auswahl, die eigene Initiative des Kindes, so betont der Hirnforscher M. SPITZER, ist ein Grundprinzip des Lernens. „Kann 'leine" ist für Zweijährige ein entscheidender Satz. Denn sobald Kinder selbst Zahnpasta auf die Bürste drücken oder Bilder malen, läuft die Lernmaschine unter der Schädeldecke auf Hochtouren: „*Verarbeitung hinterlässt Spuren im Gehirn*"[41] betont MANFRED SPITZER und das heißt, dies lässt nachhaltige neuronale Netzwerke entstehen.

Wenn aus dem Überschuss der synaptischen Kontakte nur diejenigen bleiben, die gebraucht werden, dann tickt eine Zeituhr für jedes Kind.
    Dies lässt sich beispielsweise bei den einzelnen Sinnen des Kindes nachweisen. Wird eine Hornhaut- oder Linsentrübung nicht frühzeitig behandelt, so bleibt die Informationsauf-

[38] Friedrich, G., Preiss, G., 2005
[39] Preiß, G., 1998
[40] Spiegel Spezial 03/2002, S. 91
[41] Spitzer, M., 2002

Zwei Jahre Knüpfarbeit
Während direkt nach der Geburt (a) die Nervenzellen in der menschlichen Großhirnrinde nur wenige Kontakte untereinander besitzen, beginnen sich schon nach ein (b) bis zwei (c) Monaten deutlich mehr Verbindungen auszubilden. Bei sechs Monate alten Kindern ist die Vernetzung bereits sehr stark ausgeprägt (d) und nimmt bis zum zweiten Geburtstag noch weiter zu (e: 15 Monate; f: 24 Monate).[43]

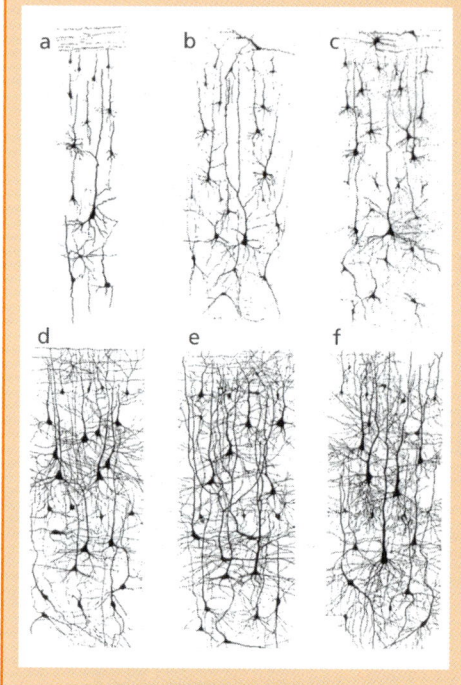

nahme zeitlebens gestört. Der Hirnforscher W. SINGER „Das Auge erhält dann keine strukturierten Signale, die Netzhaut ist nur spontan aktiv, und die neuronalen Verbindungen, die das Sehen ermöglichen, verstärken sich nicht."[42] Nach einigen Tagen werden sie vernichtet und wachsen nie wieder nach. Das Kind bleibt ein Leben lang blind. Schielende Babys entwickeln, wenn sie keine Brille tragen, für immer zwei parallele Sehsysteme: „Sie werden nie mit beiden Augen synchron sehen."

Bei elementaren Funktionen wie Sehen und Hören schließen sich die Entwicklungsfenster früher als bei komplexeren Entwicklungsvor-

[43] Friedrich, G., Preiss, G., 2005
[42] Singer, W., 2002

gängen wie dem Spracherwerb und der Gefühlsentwicklung. Insgesamt aber, so die Ergebnisse der Säuglingsforscher, enden die optimalen Lernphasen sehr früh.

Mit etwa zwei Jahren klappt das Fenster auf, das dem Menschen ermöglicht, ein soziales Wesen zu werden: Im Frontalhirn und im Hippocampus formen sich die Strukturen, an denen das Ich-Bewusstsein hängt. Die Kleinen grenzen sich von ihrer Umgebung ab, werden zu eigenwilligen Zweijährigen. *„Spätestens dann bedürfen Kinder unbedingt Erwachsener, die sich nach wiederkehrenden Regeln verhalten, sonst wachsen sie mit falschen Annahmen über die Welt auf."*[44]

Kurz vor der Pubertät folgt dann ein zweiter Entwicklungsschub, jetzt festigen sich in der präfrontalen Rinde Verbindungen, mit deren Hilfe der Mensch planen und Handlungen aufschieben kann. Er erlernt moralische Werte und soziale Routinen.

Obwohl die Menschen grundsätzlich nie auslernen, hat der volkstümliche Satz: „Was Hänschen nicht lernt, lernt Hans nimmermehr" eine neurobiologische Basis und sagt aus, dass die Grundlagen des späteren Wissens zu einem großen Teil in der Kindheit gelegt werden.

„Neurodidaktik
Die „Neurodidaktik" geht von der Lernfähigkeit des Menschen aus und sucht nach Bedingungen, unter denen sich Lernen am besten entfaltet. Sie schlägt eine Brücke zwischen Pädagogik und Hirnforschung, da uns die Erkenntnisse aus der Hirnforschung helfen können, menschliches Lernen zu verstehen und in manchen Bereichen besser zu gestalten… Die Schlüsselidee dieses Ansatzes ist, dass Lernprozesse und die Plastizität des Gehirns, also seine materielle Veränder- oder Formbarkeit, in unlöslicher Beziehung zueinander stehen. Lernen verändert stets gewisse Strukturen in unserem Gehirn und gerade diese Plastizität ist in der frühen Kindheit besonders stark ausgeprägt. Sie erreicht im Schulalter und später niemals mehr das ungeheure Ausmaß der frühen Kindheit. Auch gibt es in die-

ser Zeitspanne sensible und kritische Phasen, nach deren Ablauf sich gewisse Fähigkeiten nur noch schwer oder kaum noch entwickeln können. Blicken wir in der neurodidaktischen Sichtweise auf den Erziehungs- und Bildungsauftrag unserer pädagogischen Einrichtungen, so gilt als Maß für deren Effektivität, wie weit es gelingt, die individuelle Begabung jedes Kindes zu entdecken und zu entwickeln. Dazu gehört auch, mathematische Interessen früh zu wecken und entsprechende Begabungen zu fördern. Es stehen dabei jedoch nicht der zu lernende Stoff oder das konkrete Wissen an erster Stelle, sondern die Fähigkeiten und Möglichkeiten der Kinder. Es geht also darum, für jedes Kind optimale Bedingungen für die Entwicklung seiner geistigen Kräfte zu schaffen."[45]

Welche Neuronen sich miteinander verbinden, entscheidet sich vor allem in den ersten 15 Lebensjahren. Bis dahin entsteht der grundsätzliche Schaltplan der Nervenzellen. Dann ist die Gehirnreifung weitgehend abgeschlossen und die Bahnen, in denen der Erwachsene später denkt, sind zumindest grob vorgegeben. Aber auch danach verfügen die neuronalen Netzwerke noch über eine gewisse Formbarkeit: Vorhandene Synapsen werden bis ins hohe Alter durch neue Reize, Erlebnisse, Gedanken und Tätigkeiten gestärkt oder geschwächt, was uns lebenslanges Lernen ermöglicht. Doch nach der Pubertät ist das Hirn weniger leicht formbar und neue synaptische Verbindungen bilden sich deutlich seltener. Deshalb haftet Neues umso schlechter in unserem Gedächtnis, je später wir es uns aneignen wollen. Wer eine Fremdsprache erst mit zehn oder elf Jahren erlernt, muss sich demzufolge sehr viel mehr Mühe geben, ja regelrecht pauken; Kleinkinder hingegen können spielend zwei Sprachen gleichzeitig lernen.

Ähnliches gilt für das Beherrschen von Musikinstrumenten. Nur wer früh anfängt, Geige zu üben, kann erreichen, dass die Aktivitäten der linken Hand, welche die Saiten greift, sich in der Großhirnrinde abbilden und dort sogar mehr Platz eingeräumt bekommen als bei spät

[44] Singer, W. 2002

[45] Friedrich, G., 2003

Berufenen. Voraussetzung ist intensives Training, denn die Zahl der Kontakte zwischen Nervenzellen nimmt zu, die für die geübten Funktionen zuständigen Gebiete vergrößern sich und spezialisieren sich auf die trainierten Inhalte. In gleicher Weise führt natürlich mangelnde Förderung der Sinnesorgane auch zur Verkümmerung der entsprechenden Bereiche im Gehirn.

So könnte es durchaus sinnvoll sein, schreiben die beiden Neurodidaktiker G. Friedrich und G. Preiss „dem Nachwuchs bereits im Krabbelalter englische Hörspielkassetten vorzuspielen. Auch wenn die Kleinen kaum ein Wort verstehen – allein das Hören entwickelt bereits in verschiedenen Arealen des Gehirns die für den späteren Erwerb dieser Sprache zuständigen Neuronenbahnen."[46]

Diese Erkenntnisse der Hirnforschung machen nun den Sachverhalt deutlich, den die Elementarpädagogik beherzigen muss, wenn sie erfolgreich einen soliden Grundstock sprachlicher, mathematischer, sozialer und motorischer Fähigkeiten legen will.

Wenn die Erziehung und Bildung im Kindergarten die intellektuellen Anregungen geben, die das Gehirn braucht, können sich die kognitiven Fähigkeiten entwickeln und das Lernen fällt relativ leicht und macht Spaß.

Konsequenzen aus der Hirn- und Kognitionsforschung für das kindliche Lernen in Kindergarten und Grundschule

Wenn wir die *Neuropädagogik* über gehirngerechtes Lernen und Lehren zusammenfassend zu Wort kommen lassen, werden mindestens zehn Schlussfolgerungen möglich:

- Erstens: Kinder sind von Natur aus neugierig und haben Freude an Herausforderungen. Sie wird am meisten geweckt und bleibt am längsten erhalten, wenn sich das Kind aktiv betätigen kann.

Selbst wenn Schulkinder zunächst mit – ungefährlichen – Substanzen und Lösungen nur „pantschen" mögen, beginnen sie einiges über Chemie zu lernen. Maxime: Den Schüler handeln lassen, ihm motivierende Erlebnisse und seine Neugier ansprechende Herausforderungen bieten.[49]

- Zweitens: Die Neugier leitet das Kind beim Lernen. Sie wird festgelegt durch diejenigen Fähigkeiten, die heranreifen und durch Erfahrungen gefestigt werden sollen. Sie bringt das Kind dazu, die notwendigen Erfahrungen in seiner Umwelt zu suchen und auch zu machen.
- Drittens: Die Eltern brauchen die Neugier und die Aktivität ihres Kindes nicht zu wecken oder gar zu steuern. Beides bringt das Kind mit. Es ist ausreichend, wenn die Eltern dem Kind Erfahrungsmöglichkeiten anbieten. Das Kind soll selbst bestimmen können, wie und in welchem Ausmaß es diese nutzen will.
- Viertens: Kinder sind geborene Lerner, sagen die Kognitionsforscher: Das Kind lernt offensichtlich „von sich aus", „von selbst", ziemlich rasch, wenn genügend Gelegenheiten gegeben werden. Der Säugling mit dem Mobile über seinem Bettchen erfasst die Regel von Ursache und Wirkung, ohne dass ihm diese Regel als solche erklärt worden wäre (was bei Säuglingen ja auch praktisch unmöglich ist).
- Fünftens: Kinder lernen immer, und sie lernen immer indem sie sich zu dem, was sie erfahren und was es in der Welt zu entdecken gibt, in Beziehung setzen. Was ein Kind „von selbst" gelernt hat, wie zum Beispiel die Grammatik der gesprochenen Spra-

[46] Friedrich, G.; Preiss, G., 2005

[49] Herrmann, U., 2004

che, das hat tatsächlich das Gehirn selbst erzeugt.[47) 48)]

- Eine sechste Schlussfolgerung der Kognitionsforschung weist auf die Dauer von Lernprozessen hin: Lernprozesse für das Langzeitgedächtnis verlaufen sehr langsam und müssen durch vielfaches Üben und Wiederholen unterstützt werden. Wird nicht geübt und wiederholt, bleibt das Aufgenommene nur als Episode im Kurzzeitgedächtnis und wird bald wieder vergessen. Die Aufnahme und Verarbeitung von Informationen, also die Bildung von haltbaren neuronalen Verknüpfungen im Langzeitgedächtnis benötigt Zeit zur Festigung und braucht Erholungsphasen. Das spricht für Projektunterricht und kritisiert die herkömmliche Situation an unseren Schulen, in denen sechs Stunden durch den Unterrichtsvormittag hindurchgehetzt wird, und somit keine Chance für nachhaltiges Lernen bleibt. Wir kennen das aus unserer eigenen Unterrichtserfahrung: Das Gehirn lernt eine Regel, speichert Wissen bis zum nächsten Test, und danach ist fast alles wieder weg. Nicht nur Erholungsphasen sind wichtig, sondern auch ausreichend Schlaf. Im Schlaf kann unser Gehirn die neuronalen Veränderungen festigen.

- Daraus ergibt sich die siebte Schlussfolgerung: „Das Gehirn erzeugt Wissen sowie die zugehörige Bedeutung auf eine Weise, die sich unserem Bewusstsein und damit auch unserer willentlichen Beeinflussung entzieht. Dieser Befund der Hirnforschung steht in scharfem Gegensatz zur herkömmlichen Auffassung von Lernen als reiner Informationsverarbeitung, die meint, das Gehörte oder Gelesene müsse nur auf geeignete Weise präsentiert und abgespeichert werden, damit es im Bedarfsfall wieder abgerufen werden könne. Nichts ist falscher als die Vorstellung, das Gehirn funktioniere wie ein Datenspeicher, denn in Wahrheit ist es ein Datenerzeuger. Genau dies hat auch das Experiment mit den Säuglingen bestätigt: Die Gehirne der agierenden Gruppe schalteten sich so, dass der Zusammenhang von Kopf- und Drehbewegung des Mobiles als „bedeutungsvoll" erlebt wurde. Die Bedeutung zeigte sich dabei als lustvolle Neugier und als ein Zustand von Wohlbefinden,

der durch Eigentätigkeit stimuliert worden war."[51)]

- Die achte Schlussfolgerung ergibt sich aus der Biochemie der zellulären Prozesse im Gehirn. Gelernt wird nicht nur dann am besten, wenn mit einer leistungsgerechten Herausforderung eine Aktivität des Lernenden einhergeht, er sich also anstrengen muss, sondern wenn sie auch Spaß macht; denn das hirneigene „Belohnungssystem" setzt Botenstoffe, insbesondere Dopamin und Acetylcholin, frei. Das sind körpereigene Opiate, die erfolgreiche Lernprozesse begleiten. Das gelingt am besten, wenn man an etwas anknüpfen kann, was man schon weiß. Lernende können etwas, weil sie etwas getan haben: untersucht, geprüft, geplant, experimentiert, ausgeführt, vorgeführt. „Das Gehirn „sagt": Ich tue und kann und bewirke etwas und lerne, dass ich noch mehr kann – wenn man mich lässt. So haben auch die Säuglinge mit den Mobiles, die sie in Bewegung setzen konnten, mehr Wohlbefinden erlebt, ihre Neugier gesteigert und durch das Lernen einen auffälligen Entwicklungsimpuls erhalten. Die Schule der Selbsttätigkeit ist die Schule des selbstorganisierten Lernens."[52)]

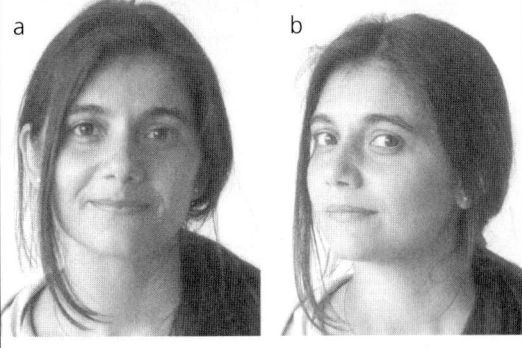

Ein freundlicher direkter Blick der Lehrerin (a und b) wirkt aufmunternd. Einen ernsten Blick fühlt man hingegen nicht gerne auf sich lasten. Was diese und ähnliche Situationen im Gehirn bewirken, zeigen bildgebende Verfahren (folgende Seite)[53)].

- Eine neunte Schlussfolgerung betont der Hirnforscher Manfred Spitzer besonders: Genussvolles und ängstliches Studieren verlaufen tiefgreifend unterschiedlich. Die unter-

[47)] Schlussfolgerung eins bis vier in Anlehnung an Largo, R. H., 2004
[48)] Herrmann, U., 2004

[51)] Herrmann, U., 2004
[52)] Herrmann, U., 2004
[53)] Spitzer, M., 2002

schiedlichen Emotionen Freude und Angst entsprechen jeweils unterschiedlichen neuronalen Systemen. Angst wird vor allem in den sogenannten Mandelkernen verarbeitet, Freude im Bereich des sog. Hippokampus. Dazu SPITZER: „Große Angst bewirkt zwar rasches Lernen, ist jedoch kognitiven Prozessen insgesamt nicht förderlich und verhindert zudem genau das, was beim Lernen erreicht werden soll: Es geht nicht um ein einzelnes Faktum, sondern um die Verknüpfung des neu zu Lernenden mit bereits bekannten Inhalten und um die Anwendung des Gelernten auf viele Situationen und Beispiele."…[54)]

„Wenn der untere Streifenkörper tief im Gehirn anspringt (orange), tritt das hirneigene Belohnungssystem in Aktion. Wie die Arbeitsgruppe um Manfred Spitzer in Ulm feststellte, stimuliert ein freundlicher Blickkontakt oder ein aufmunterndes Wort den Bereich in jeder Hirnhälfte."[55)]

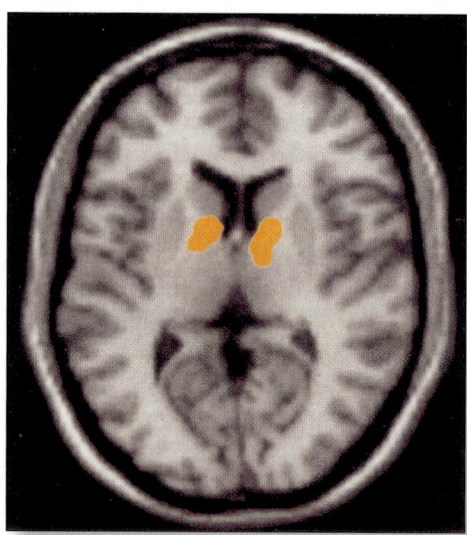

Angst und Schrecken müssen aus allen Lernprozessen verbannt werden. Sie machen unkreativ. Wer unter Angst lebt und lernt, kommt aus seinem gedanklichen Käfig nicht heraus. So konnte SPITZER in zahlreichen Untersuchungen nachweisen, dass Informationen besser eingespeichert werden, auch vielseitiger verwendbar sind, wenn sie in einem positiven emotionalen Kontext gelernt wurden. Auch die Angst Fehler zu machen ist Gift für effektives Lernen. Insgesamt zeigen die Forschungsergebnisse sehr deutlich, wie eng Emotion und Kognition, also Gefühl und Denken, miteinander verbunden sind. Sie bestätigen, was in der Reformpädagogik schon lange praktiziert wird: Lernen bei guter Laune funktioniert am besten. Nur jetzt haben wir auch noch einen hirnorganischen Beweis dafür, können sogar

mit moderner Technik dem denkenden Gehirn bei seiner Arbeit zuschauen.

● Die zehnte Schlussfolgerung lautet: Unser Gehirn ist ein Regelgenerator. Also brauchen Kinder zu erfolgreichem Lernen gut ausgewählte Beispiele, aus denen unser Gehirn sich dann die Regeln selber konstruiert. Das ist die Macht des Impliziten. Lehrer und Erzieher, die sich für ihre Sache und die Kinder nicht interessieren, können auch die Kinder nicht begeistern. Lehrer und Erzieherinnen, die selbst keine Vorbilder sind, werden Regeln vergeblich einfordern. Implizites lernen findet entweder in lieblos oder liebevoll eingerichteten Räumen statt. Ein von Kindern möglicherweise mitgestalteter Raum signalisiert implizit: Hier werde ich ernst genommen, hier bin ich wichtig, hier in diesem Ambiente lerne ich gerne. Und natürlich vermittelt die Lehrperson selbst mit ihren Arbeits- und Umgangsformen eine entscheidende unterschwellige Wirkung.

● Die elfte und letzte Erkenntnis der modernen Entwicklungspsychologie: Es sind schon im Vorschulalter wichtige kognitive und soziale Kompetenzen vorhanden, die die Basis für Entwicklungsfortschritte bilden. Zu den grundlegenden Veränderungen, die solche Fortschritte bewirken gehören:

– Die Erhöhung der Geschwindigkeit und Wirksamkeit der Informationsverarbeitung im Gedächtnis,
– das Wachstum des Arbeitsgedächtnisses,
– die wachsende Fähigkeit zur Hemmung von störenden Handlungsimpulsen,
– die Entwicklung von Gedächtnisstrategien,
– der Zuwachs an Wissen und
– die Entwicklung der Fähigkeit zur Steuerung und Überwachung eigener Denkprozesse.

„Das Wachstum des Gehirns im Bereich der Frontallappen zwischen fünf und sieben Jahren ist wichtig für die zunehmende Fähigkeit zur Handlungsplanung und -organisation. Instruiert man Kinder z. B. einen Gummiball zusammenzudrücken, wenn ein grünes Licht angeht, und ihn nicht zu drücken, wenn ein rotes Licht angeht, so werden Vierjährige den Ball stets drücken, wenn ein Licht angeht, unabhängig davon, welche Farbe es hat. Ihnen

---

[54)] Spitzer, M., 2002
[55)] Spitzer, M., 2002

fällt es schwer, einen Handlungsimpuls, der durch eine Instruktion aktiviert wurde, in Abhängigkeit von einer zweiten Instruktion zu unterdrücken. Die meisten Siebenjährigen haben hingegen keine Schwierigkeiten mehr mit solchen Instruktionen. Auch in alltagsnahen Situationen, die Planung und Handlungskontrolle erfordern, zeigt sich ein markanter Entwicklungsfortschritt zwischen vier und sieben Jahren. Ein gewisses Maß an Verhaltenskontrolle gilt dementsprechend auch als ein Kriterium für Schulfähigkeit."[56]

Exkurs:
Wie funktioniert das menschliche Gedächtnis?

Ohne Gedächtnis könnten wir uns gar nichts merken: Weder unseren Namen noch unser Alter oder unsere Handynummer, weder unser Lieblingsessen noch wo wir gestern Abend gewesen sind. Wir könnten uns nicht einmal in unserer eigenen Wohnung zu Recht finden, geschweige denn komplizierte geistige Aufgaben lösen wie Kopfrechnen, ein Gedicht schreiben oder eine Sprache lernen. All diese Leistungen – das Verarbeiten und einspeichern von Information – haben wir dem wachsenden und sich verschaltenden Gehirn zu verdanken. Das Gedächtnis in ihm bietet uns die Gewähr, dass wir uns möglichst ideal an die Umwelt, in der wir leben, anpassen und uns in ihr bewähren können. Dies hat viel mit Schule und schulischem Lernen zu tun. Die vielen verschiedenen Erziehungs- und Bildungsinstitutionen, die wir in unserem Leben durchlaufen: Vom Kindergarten über die Grundschule zur weiterführenden Schule, vielleicht über ein Studium zu unserem Arbeitsplatz erfordern täglich neue Anpassung und Einspeicherung von Informationen. Dabei reagiert unser Gehirn sehr empfindlich und flexibel darauf, was um uns herum geschieht, welche Verknüpfungen von welchen Neuronengruppen sich als besonders vorteilhaft erweisen und verarbeitet die Informationen in bestimmbaren Regionen auf der Großhirnrinde (siehe Grafik).

Je nach Anforderung ist unser Gehirn nämlich durchaus dazu fähig, dass in bestimmten Hirnregionen Schaltkreise deutlich ausgeprägter

„Die Oberfläche des Großhirns wird in vier Gebiete unterteilt: Stirnlappen, Scheitellappen, Hinterhauptslappen und die seitlich liegenden Schläfenlappen, Ihnen lassen sich verschiedene Funktionen zuordnen. Der Hinterhauptslappen enthält Sehzentren, die Schläfenlappen Hörzentren. Der Stirnlappen steht in Zusammenhang mit Persönlichkeitsmerkmalen. Im Scheitellappen werden Sinneseindrücke aus dem Tastsinn verarbeitet."[58]

als in anderen wachsen. Das Ausmaß der Anregung von außen, die umweltbedingte Stimulation, entscheidet darüber, wie die Verbindungen zwischen den Neuronen geknüpft werden, und damit wird auch über unseren Gedächtnisinhalt entschieden, über unsere individuelle Erinnerung und unsere Persönlichkeit. Weniger eine Vielzahl von Ablageschubladen ist die Stärke unseres Gehirns, sondern *seine Flexibilität* und *Veränderbarkeit*. Erfahrungen, die nicht gemacht werden – etwa wenn wir keine Fremdsprache erlernen durften – spielen bei der Formung unserer Persönlichkeit keine Rolle; und Erinnerungen, die wir nicht in unserem Gedächtnis verankern, stehen uns später auch nicht zur Verfügung, in keiner Prüfungssituation, in keinem Gespräch und in keiner Quizshow. Wie gelingt es nun, neue Erfahrungen und Erinnerungen einzuspeichern? Eine Modellvorstellung, die eine große Bekanntheit erreicht hat, ist das Drei-Speicher-Modell des Gedächtnisses. Obwohl mittlerweile unzulänglich, ist es für den groben Überblick immer noch gut brauchbar.

Dieses Modell nimmt drei verschiedene „Arten" von Gedächtnissen als unterscheidbare Speicher an. Zwischen diesen Speichern finden Kontrollprozesse statt, die dafür sorgen, dass

---

[56] Sodian, B., 2004

[58] Rößiger, M., 1999

Der Mensch behält von dem,

... was er liest 10%
... was er hört 20%
... was er sieht 30%
... was er sieht und hört 50%
... worüber er selbst spricht 70%
... was er selbst ausführt 90%

Informationen von einem Speicher zum anderen weitergegeben werden – je nachdem, ob man sich eine Information merken oder sich wieder an sie erinnern möchte.

In jedem Augenblick strömt eine Unmenge an Eindrücken und Wahrnehmungen aus dem Körper und über die Sinne zum Gehirn, zuerst in das limbische System, indem emotional bewertet wird. Die Impulse werden bewertet, in viele kleine Einzelteile zerlegt, und in spezialisierten Teilregionen des Gehirns verarbeitet. Die von dort ausgehenden „Botschaften" werden in größeren Bereichen des Gehirns interpretiert und miteinander verknüpft. Das **sensorische Gedächtnis** (SG) verarbeitet alle Reize, die der Mensch durch seine Sinnesorgane wahrnimmt. Die Leistungsfähigkeit ist dabei je nach Sinnesorgan unterschiedlich.

Diese Reizregistrierung oder Informationsaufnahme ist bioelektrischer Art. Blitzschnell wird hier durch unbewusste Kontrollprozesse entschieden, was weiterverarbeitet und ins Kurzzeitgedächtnis geleitet wird.

Die Kontrollprozesse darf man sich dabei als Wahlprozesse vorstellen, weil nicht alle einströmenden Informationen gespeichert werden können. Das Gehirn ignoriert bereits Bekanntes, unterscheidet Wichtiges von Unwichtigem, bewertet emotional, bildet Kategorien, Muster und Hierarchien, ordnet Ereignisse in sinnvollen Sequenzen, stellt Beziehungen zu anderen Daten her, fügt neu Gelerntes in bereits abgespeichertes Wissen ein. Dies geht alles blitzschnell, gleichzeitig wird aber sehr viel und in Bruchteilen von Sekunden auch nicht verarbeitet, sprich vergessen.

Beim Lesen hält das sensorische Gedächtnis die Buchstaben fest, so dass wir sie zusammenhängend als Wörter wahrnehmen und verstehen.

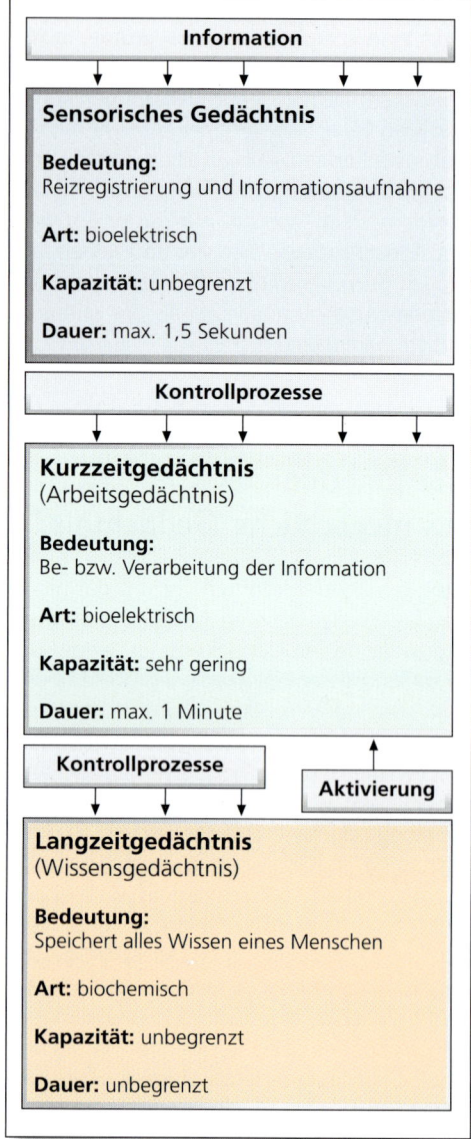

Das **Kurzzeitgedächtnis** (KZG) verarbeitet die Informationen, die es vom sensorischen Gedächtnis bekommt, und zwar ebenfalls bioelektrisch. Hier werden die Informationen bis zu

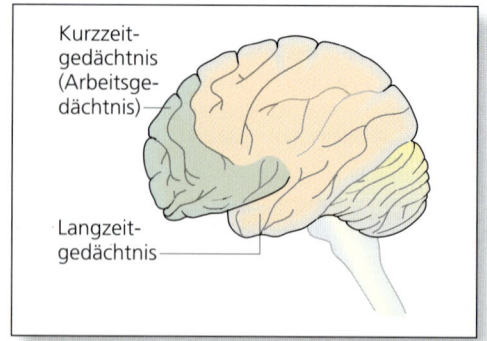

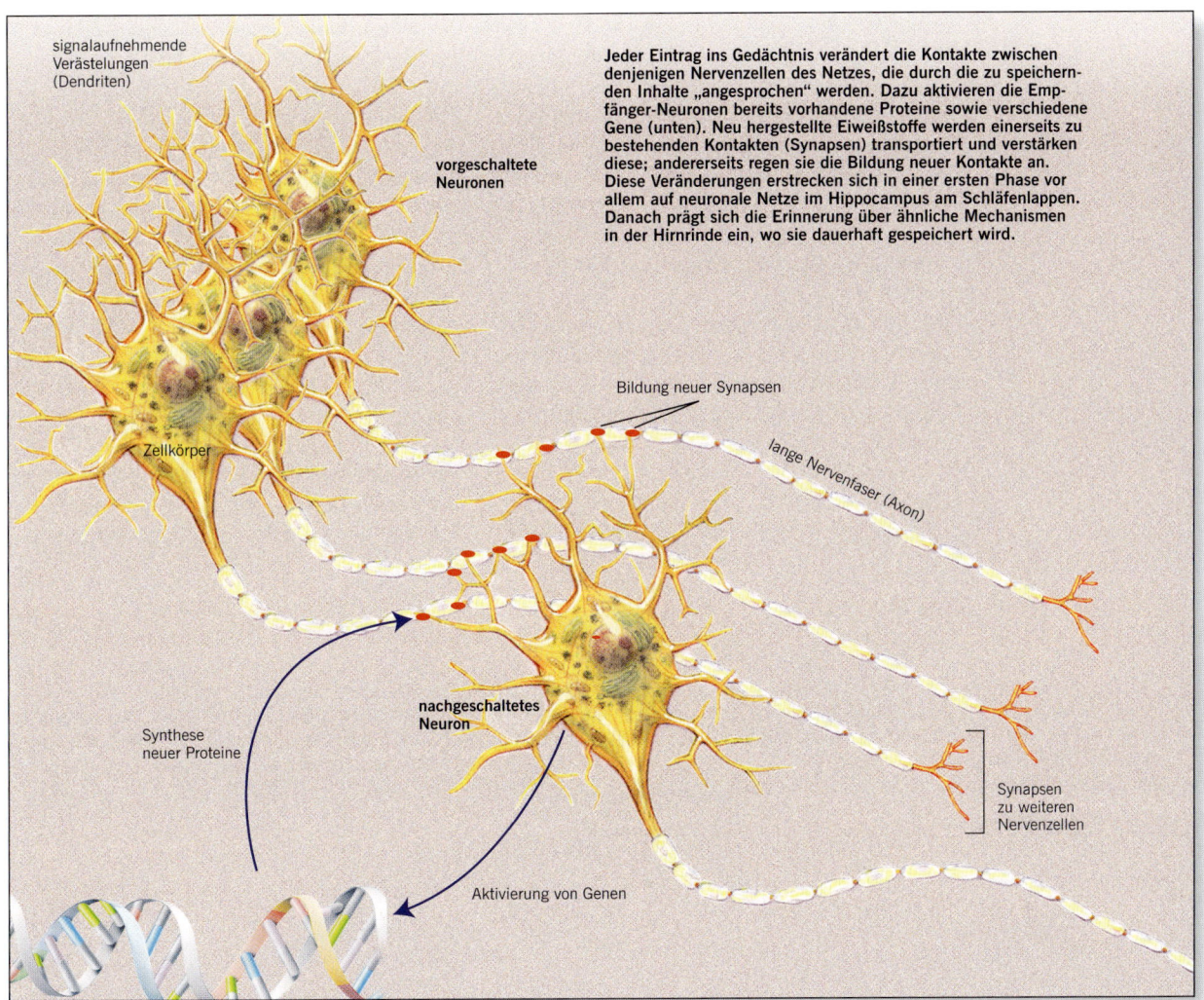

signalaufnehmende
Verästelungen
(Dendriten)

vorgeschaltete
Neuronen

Zellkörper

Jeder Eintrag ins Gedächtnis verändert die Kontakte zwischen denjenigen Nervenzellen des Netzes, die durch die zu speichernden Inhalte „angesprochen" werden. Dazu aktivieren die Empfänger-Neuronen bereits vorhandene Proteine sowie verschiedene Gene (unten). Neu hergestellte Eiweißstoffe werden einerseits zu bestehenden Kontakten (Synapsen) transportiert und verstärken diese; andererseits regen sie die Bildung neuer Kontakte an. Diese Veränderungen erstrecken sich in einer ersten Phase vor allem auf neuronale Netze im Hippocampus am Schläfenlappen. Danach prägt sich die Erinnerung über ähnliche Mechanismen in der Hirnrinde ein, wo sie dauerhaft gespeichert wird.

Bildung neuer Synapsen

lange Nervenfaser (Axon)

Synthese
neuer Proteine

nachgeschaltetes
Neuron

Synapsen
zu weiteren
Nervenzellen

Aktivierung von Genen

ungefähr einer Minute parat gehalten, können jedoch, wenn sie bewusst wiederholt werden, auch beliebig lange behalten werden.

In dieser Zeit wird die Information verarbeitet, weshalb es auch als **Arbeitsgedächtnis** bezeichnet wird. Das Arbeitsgedächtnis sitzt gleich hinter der Stirn. Die Stirnlappen der Großhirnrinde sind wichtig für das Erinnerungsvermögen. Kontrollprozesse entscheiden wiederum, ob Informationen an den *Langzeitspeicher* weitergeleitet oder aber vergessen werden.

Das Kurzzeitgedächtnis ermöglicht uns zum Beispiel, dem Inhalt eines Gespräches kontinuierlich zu folgen und die Sätze zu verstehen, weil wir beim Hören des Satzendes den Satzanfang noch wissen. Eine Telefonnummer, die wir uns vom Nachschlagen im Telefonbuch bis zum Wählen merken wollen, verdanken wir dem KZG.

Die Aufnahmekapazität des Kurzzeitgedächtnisses ist gering, es kann nur wenige Informationen speichern.

Das Langzeitgedächtnis (LZG) hingegen speichert die Informationen aus dem Kurzzeitgedächtnis dauerhaft durch die Schaffung neuer chemischer Verbindungen zu *neuronalen Netzwerken.*

Die parallel und gleichzeitig arbeitenden Milliarden von Nervenzellen organisieren sich selbst im Sinne einer Mustererkennung in Nervengruppen von Hunderten von Neuronen, die miteinander in intensivem Kontakt stehen. Eine neue Erinnerung einspeichern ist gleichbedeutend damit, dass sich die Verbindungsstärken zwischen den Neuronen wechselseitig einstellen. Es wird regelrecht ein Reizmuster der Neuronengruppe eintrainiert, zu dessen Verstärkung und Sicherung sich zudem die Zellen selbst, etwa die Synapsen verändern. Jede Information wird damit von einer Gruppe von Neuronen repräsentiert, die sich als Informationsnetzwerk selbst organisieren, und jedes Neuron kann an einer großen Anzahl verschiedener Neuronengruppen und damit an einer großen Anzahl von Informationseinheiten teilhaben. Erinnern ist nicht mehr und nicht weniger als ein Verschalten von Nervenzellen.

Deshalb gilt das Langzeitgedächtnis als das eigentliche Gedächtnis, das alles Wissen eines Menschen enthält und nahezu unbegrenzt ist. Es wird daher auch Wissensgedächtnis genannt.

Das meiste hier gespeicherte Wissen ist jedoch nicht ständig parat, sondern muss im Bedarfsfall erst hervorgeholt, aktiviert werden.

Zwischen dem Kurzzeitgedächtnis und dem Langzeitgedächtnis besteht dafür ein reger Informationsaustausch: Informationen, die zur dauerhaften Speicherung gedacht sind, von uns als wichtig erachtet, werden vom Kurzzeitgedächtnis an das Langzeitgedächtnis weitergeleitet, und dort biochemisch verarbeitet. Wenn wir die Informationen dann wieder als Gedächtnisinhalte aus dem Langzeitgedächtnis abrufen wollen, arbeitet der Arbeitsspeicher als Teil des Kurzzeitgedächtnisses auf Hochtouren. Das Arbeitsgedächtnis vermittelt also zwischen Erinnerung und Handlung.

Wie aus der Abbildung gut zu erkennen ist, befinden sich nun im Langzeitgedächtnis wieder mehrere Systeme, die auch vernetzt zusam-

Organigramm des Langzeitgedächtnisses

So strikt getrennt wie in diesem Schema sind die einzelnen Formen von Lernen und langfristigem Gedächtnis nicht. Den Bewegungsablauf etwa beim Radfahren übt man zunächst unter bewusster Kontrolle ein. Schließlich geht es wie von selbst; der Ablauf ist im „prozeduralen" Gedächtnis verankert. Man weiß dann implizit, wie es geht, ohne explizit sagen zu können, was man genau zu tun hat. Die Hirnregionen, die für einzelne Formen des Lernens und des Gedächtnisses unerlässlich sind, sind unten orange hervorgehoben.

59) Jaffard, R., 2002

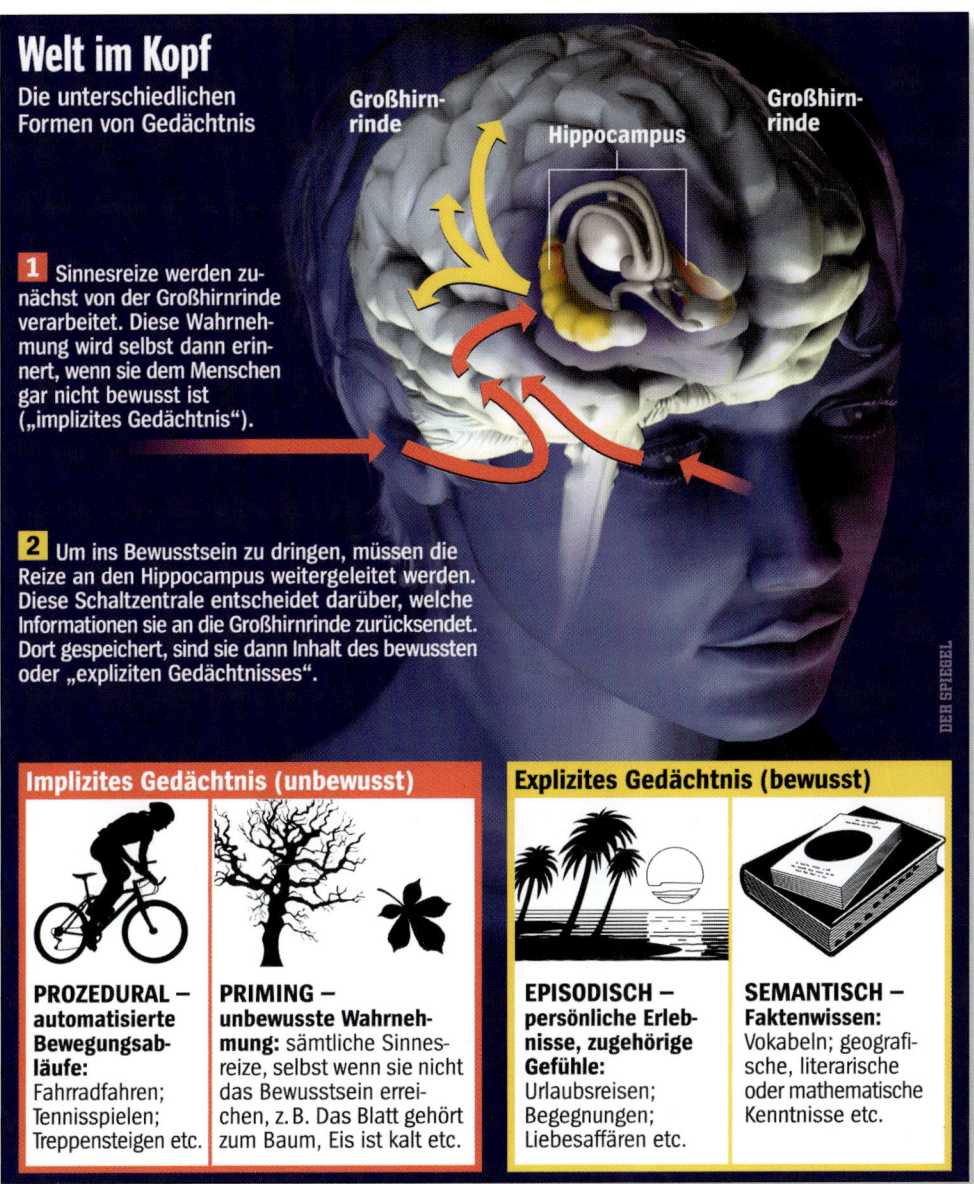

Welt im Kopf
Die unterschiedlichen Formen von Gedächtnis

Großhirn-rinde

Hippocampus

Großhirn-rinde

1 Sinnesreize werden zunächst von der Großhirnrinde verarbeitet. Diese Wahrnehmung wird selbst dann erinnert, wenn sie dem Menschen gar nicht bewusst ist („implizites Gedächtnis").

2 Um ins Bewusstsein zu dringen, müssen die Reize an den Hippocampus weitergeleitet werden. Diese Schaltzentrale entscheidet darüber, welche Informationen sie an die Großhirnrinde zurücksendet. Dort gespeichert, sind sie dann Inhalt des bewussten oder „expliziten Gedächtnisses".

DER SPIEGEL

Implizites Gedächtnis (unbewusst)

**PROZEDURAL —
automatisierte Bewegungsabläufe:**
Fahrradfahren;
Tennisspielen;
Treppensteigen etc.

**PRIMING —
unbewusste Wahrnehmung:** sämtliche Sinnesreize, selbst wenn sie nicht das Bewusstsein erreichen, z. B. Das Blatt gehört zum Baum, Eis ist kalt etc.

Explizites Gedächtnis (bewusst)

**EPISODISCH —
persönliche Erlebnisse, zugehörige Gefühle:**
Urlaubsreisen;
Begegnungen;
Liebesaffären etc.

**SEMANTISCH —
Faktenwissen:**
Vokabeln; geografische, literarische oder mathematische Kenntnisse etc.

60)

menarbeiten. Die beiden Hauptarchive werden deklaratives (explizites) und nicht-deklaratives (implizites) Gedächtnis genannt. Das *explizite Gedächtnis* gliedert sich in zwei Funktionsbereiche. Der eine speichert Fakten und allgemeine Kenntnisse (semantisch), der andere verwahrt individuell Erlebtes, also Episoden aus der persönlichen Vergangenheit. Erinnert man sich zum Beispiel an den ersten Schultag in der Fachschule für Sozialpädagogik bedient man sich des semantischen Gedächtnisses. Denkt man hingegen an die Umstände unter denen man die Mitschüler und Mitschülerinnen zum ersten Mal gesehen hat – wie sah das Klassenzimmer aus, wen fand man

sympathisch, wie war das Wetter, was tat man danach – dann bedient man sich des „episodischen" oder auch „autobiographischen Gedächtnisses".

Das implizite Gedächtnis spielt sich meist mühelos auf, wir müssen dabei nicht überlegen. Wir brauchen es für motorische, verbale und auch kognitive Routinen. Ein Beispiel aus der Motorik wäre das Treppensteigen. Hat man es einmal gelernt, funktioniert es wie von selbst; wir müssen nicht mehr überlegen. Unser

60) Traufetter, G., 2003

implizites Gedächtnis erlaubt uns so bekannte Situationen leicht und locker zu bewältigen, ohne dass wir auf bewusste Erinnerungen zurückgreifen müssen. Stellen Sie sich vor, sie müssten vor jeder neuen Treppenstufe überlegen, wie sie die Muskeln koordinieren, den Fuß setzen und das Körpergleichgewicht verändern müssen um weiterzukommen… Dem impliziten Gedächtnis wird auch das „**Priming**" zugeschrieben, das sich mit Bahnung übersetzen lässt. „Priming" meint ein „Vorbereiten" auf die Erinnerung. Dieses System nimmt eine große Zahl von Reizen auf, Gerüche, Farben, Formen, einzelne Wörter bis hin zu eigenen und fremden Ideen und Gedankengebäuden. Diese Inhalte bleiben vorbewusst, d.h., wir können sie nicht aktiv abrufen. Werden wir jedoch mit einem ähnlichen Reiz konfrontiert, kommen sie uns in den Sinn. Allerdings ist uns dabei oft nicht klar, dass die scheinbar aus dem Nichts auftauchenden Bilder und Gedanken unsere eigenen Ideen und Gedächtnisinhalte sind.

Über den Geruchssinn kommt es häufig zum affektiven Priming. Bestimmte unbewusst gespeicherte Gerüche werden dann zu Hinweisreizen und Erinnerungshelfern. Waren Sie einmal als Kind am Wattenmeer, auf Streuobstwiesen im badischen Land oder in einer Tierhandlung in Neustrelitz? Riechen Sie mal.

■ Die beiden Gehirnhälften

Im Normalfall sind bei nahezu jeder eingespeicherten oder einzuspeichernden Information immer mehrere Gehirnregionen aktiv und arbeiten gleichzeitig zusammen. Auch Einspeichern von Erinnerungen bedeutet damit immer eine Mehrfachverarbeitung von Informationen, bei der immer beide *Hirnhälften,* die *linke* ist eher für eine sprachliche Einordnung und Kategorisierung zuständig, die *rechte* für das Gefühlhafte und Bildhafte, zusammenwirken. Das ist typisch menschlich: Sprachliche Informationen werden im linken Schläfenlappen abgelegt, im rechten bildhaft-räumliche. Zudem ist der Stirnhirnbereich im Vergleich zu den Schimpansen, besonders ausgeprägt und ermöglicht eine zeitlich und örtlich richtige Zuordnung von Erinnerungen. Damit ist er im entscheidenden Maße für unsere Individualität verantwortlich. Und die Art und Weise wie wir Informationen aufnehmen, also wie wir lernen, prägt auch die Art und Weise wie das Ge-

hirn organisiert wird. Je nachdem, für welche Arten von Lernprozessen Neuronen und Nervenbahnen besonders oft aktiviert werden. Bei kleineren Kindern ist die Gehirnstruktur noch so prägbar, dass sogar der Verlust einer Hemisphäre ausgeglichen werden kann.[61]

Um eine Gedächtnisleistung zu verbessern ist die Schlussfolgerung zwingend: Je mehr Speichersysteme angesprochen und eingesetzt werden, umso besser ist die Leistung. Weiterhin werden Eindrücke und Informationen leichter behalten, wenn sie mit Emotionen verknüpft sind, wenn sie neuartig, ungewöhnlich und besonders interessant wirken, wenn sie leicht in die vorhandenen Gedächtnisinhalte integriert werden können und wenn ein Lebens- bzw. Alltagsbezug gegeben ist. Sind Informationen, Lernprozesse, Erinnerungen emotional bedeutsam, reizvoll und spannend, werden Botenstoffe wie Dopamin und Acetylcholin ausgeschüttet, verstärken die Aufmerksamkeit und intensivieren die Gedächtnisleistung. Emotional bedeutsames Wissen wird (bei Rechtshändern) in der rechten Gehirnhälfte, neutrales Fakten- und Weltwissen in der linken Hemisphäre gespeichert.

■ Das Gedächtnis in der Kindergartenzeit

Bis das menschliche Gedächtnis voll funktionsfähig ist, dauert es vier, fünf, sechs Jahre. Erst im Alter von drei Jahren kann ansatzweise auf das Gedächtnis zurückgegriffen werden. Erfahrungen und Erlebnisse aus den ersten Lebensjahren können noch nicht so in das Langzeitgedächtnis abgespeichert werden, dass sie auch wieder aufgerufen werden können („infantile Amnesie"). Die meisten von uns können sich an die ersten drei Lebensjahre nicht mehr erinnern.

Vorschulkinder zeigen noch kaum bewusstes Memorierverhalten, z. B. wiederholen sie nicht etwas absichtlich, um es zu behalten und machen meist noch keine konzentrierten Erinnerungsversuche.

Allerdings fällt das Lernen während der ersten sechs Lebensjahre leicht; es erfolgt ohne bewusste Anstrengung nahezu „automatisch". Trotzdem können Erzieherinnen, wie MARTIN TEXTOR beschreibt, einiges dazu beitra-

---

[61] Spitzer, M., 2002

gen, dass Informationen besser behalten werden, indem

- „mehrfach über dasselbe Thema gesprochen wird,
- ähnliche Phänomene untersucht werden (Ähnliches kann leichter in die vorhandenen Gedächtnisinhalte integriert werden),
- Aktivitäten persönlich relevant bzw. emotional bedeutsam sind,
- ein Lebens- bzw. Alltagsbezug gegeben ist,
- Informationen neuartig, ungewöhnlich und besonders interessant wirken.

Auch können Erzieher/innen viele Aktivitäten anbieten, die mit einer Gedächtnisleistung verbunden sind:

- Die Kinder können etwas auswendig lernen – z. B. Lieder, Gedichte, Reime, Regeln, Wörter einer Fremdsprache, Redewendungen usw.
- Bei Fortsetzungsgeschichten muss das jeweilige Kind wiederholen, was die anderen vor ihm gesagt haben.
- Bei Lückengeschichten erzählt die Erzieherin eine den Kindern bekannte Geschichte und lässt etwas aus – die Kinder werden den Text aus dem Gedächtnis ergänzen…
- Viel Spaß machen Memories und KIM-Spiele (z. B. viele Dinge liegen auf dem Tisch, Kinder schauen weg, Erzieherin nimmt ein Teil weg – welches?).
- Nach Exkursionen beschreiben oder malen Kinder etwas aus dem Gedächtnis. Oder sie malen z. B. Bilder aus einem vor einiger Zeit angeschauten Bilderbuch nach – anschließend wird überprüft, was wirklich auf dem Bild war.
- Im Rahmen der Bewegungserziehung, beim Tanzen usw. prägen sich die Kinder längere motorische Sequenzen ein."[62]

Exkurs: Naturwissenschaft im Kindergarten

Manche Entwicklungspsychologen beobachten bei kindgerechter Selbsttätigkeit und spielerischem Tun, das es möglich ist ein Verständnis nicht nur für die Einschluss- und Erhaltungsexperimente, wie sie bei PIAGET gemacht wurden, zu bekommen. Der Kritik, dass

derartige Experimente so weit von der Realität des Kinderlebens entfernt sind, dass sie in der Regel derartige Probleme nicht lösen können wurde deshalb in jüngster Zeit dadurch Rechnung getragen, dass in den Kindertageseinrichtungen auf kindgemäße Weise „Naturwissenschaft" vermittelt wird.

Grundsätzlich sind sich Pädagogen, Psychologen und Hirnforscher einig: Der Weg, Kindern die Welt des Wissens zu öffnen, hat nichts mit Pauken und Lehren zu tun, sondern mit Spielen *und eigenständigem Handeln.* Deshalb sollen Erzieher bei Drei- bis Sechsjährigen vor allem auf Neugier und Spaß setzen, um ihnen Naturwissenschaften nahe zu bringen. Kinder sind ganz begierig auf solche Experimente:

Die Erzieherin sitzt mit den Sechsjährigen an einem Tisch und stellt merkwürdige Aufgaben:

Sie sollen Wasser in ein Glas füllen, ohne zu gießen oder einen Luftballon aufblasen, ohne zu pusten. Und das geht so:

Das Kind setzt ein Teelicht in eine flache Schale mit grün gefärbtem Wasser. Dann entzündet man es mit einem langen Feuerzeug und stülpt anschließend ein hohes Glas darüber. Nach kurzer Zeit hat die Kerze den Sauerstoff unter dem Glas aufgebraucht und erlischt. In diesem Moment steigt das grüne Wasser im Inneren des Glases nach oben. Verblüffend, und wenn der Versuch ein paar Mal über die Bühne gegangen ist, kann die Erzieherin, wenn die Kinder es wissen wollen, erklären was da wohl passiert ist: Die Kerze verbraucht einen

---

[62] Textor, M.R., 2005

auf, denn es entsteht ein Gas bei dieser chemischen Reaktion.

Teil der Luft, und der wird durch das Wasser ersetzt. Später in der Schule kommt dann die wissenschaftliche Erklärung: Das Wasser steigt, weil bei der Verbrennung Kohlendioxidgas entsteht, das sich im Wasser löst, und weil die Luft unter dem Glas beim Erlöschen der Kerze erkaltet. Beides lässt den Druck im Glas sinken.

Was ist nun mit dem Luftballon los? Die Kinder wollen natürlich auch das wissen. Ein Kind füllt unter der Anleitung der Erzieherin Essig in eine Flasche, schüttet dann Backpulver in den Ballon, stülpt diesen dann über den Flaschenhals und lässt das weiße Pulver in die Flüssigkeit rieseln. Sofort beginnt der Essig zu schäumen und der Ballon bläht sich

Kinder sind in der Regel neugierig und „arbeitswillig", weil sie sich in diesen oder ähnlichen Experimenten als Handelnde erleben: Sie können etwas bewirken. Welche Rolle nehmen Sie dabei ein, welchen Auftrag haben Sie als Erzieherin? In einer fruchtbaren sozialen Beziehung und in einer kindgerechten Sprache lernen die Kinder, Probleme zu lösen. Nicht das Wissen steht dabei im Vordergrund, sondern „metakognitive Fähigkeiten" oder die „lernmethodische Kompetenz, das berühmte „Gewusst wie". Diese Fähigkeiten werden nur erworben, wenn die Erwachsenen mit den Kindern über ihr neu erworbenes Wissen auf kindgerechte Weise sprechen. Denn, denken wir wieder an PIAGETS Versuche: Auch die Sprache kann Verwirrung stiften. Werden die Knöpfe, die weiter auseinander gelegt werden, nicht „mehr" in dem Sinne, dass sie „mehr" Platz in Anspruch nehmen? Man kann auch versuchen, den Kindern die logischen Regeln zu erklären, die einer solchen Aufgabe zugrunde liegen.

PIAGETS Theorie hat viele Forscher beeindruckt. Manche meinen aber, dass er sich zu sehr an die exakten Gesetze der Physik anlehnt. Das normale Menschenleben verläuft weniger exakt und weniger logisch. Deswegen verläuft die geistige Entwicklung vielleicht auch weniger geordnet, als PIAGET es sich vorstellte. Neuere Forschungen legen die Betonung deshalb auch mehr auf Flexibilität und Kreativität in Verbindung mit Logik. Dachte PIAGET noch, dass Kindergartenkinder zwischen drei und sechs Jahren in der präoperationalen Phase bei der Erfassung der Welt nicht mehrere Informationen gleichzeitig berücksichtigen

und sinnvoll kombinieren könnten, so wackelt mittlerweile auch diese Überzeugung, was am Umgang mit der Welt der Zahlen gezeigt werden kann.

Exkurs Mathematik im Kindergarten: „Komm mit ins Zahlenland."

Dazu gab es im Februar 2003 ein interessantes Projekt zur mathematischen Frühförderung in Kindergärten in Lahr bei Freiburg, welches auf dem Konzept der **Neurodidaktik** gründet. G. FRIEDRICH führte dabei Kindergartenkinder spielerisch in die Welt der Mathematik ein und berücksichtigte dabei die oben dargestellten Erkenntnisse der Hirnforschung.

In einem Lernabschnitt von zehn Stunden wurde den Kleinen der Zahlenraum von eins bis zehn sinnlich erfahrbar gemacht: mit Bewegungsspielen, Puppen, Geschichten, Liedern, Abzählreimen, Malen und Schreiben. So lernten sie jede Woche eine Stunde lang eine neue Zahl kennen. Wichtig für die Neurodidaktik ist dabei, dass die Zahlen zu Ereignissen gemacht werden, die mit Emotionen verbunden sind. Um dies zu erreichen wird in jeder Stunde eine Zahl zu etwas ganz Besonderem gemacht. Sie wird zur „Zahl des Tages", um die sich alles dreht. Zu diesem Zweck hat FRIEDRICH spezielle Puppen entwickelt, die neu in den Kindergarten gehen oder ein Geschwisterchen bekommen.

Nicht nur Emotionen sind beim Lernen förderlich, sondern auch Orte. Deshalb ist das Herzstück der mathematischen Frühförderung die „Zahlenstadt". In der „Zahlenstadt" hat jede Zahl ihr eigenes „Zahlenhaus" mit „Zahlengarten", auch „Zahlenpuppen" mit entsprechendem Aussehen bevölkern die Häuser. Die Zahlenpuppen sind in ihrem Aussehen den einzelnen Ziffern nachgebildet und zeigen diese durch markante Zeichen. Die Eins kann eine Zipfelmütze tragen, die zwei trägt einen Hut mit zwei Federn, die fünf hat fünf Knöpfe an ihrem Pullover usw.

Die Kinder bewohnen dann abwechselnd während der zehn Stunden jedes Mal ein anderes Haus mit Garten und identifizieren sich mit der entsprechenden Zahl. Diese Zahl ist auf den Häusern sowohl durch die entsprechende Anzahl der Fenster als auch in Form von Hausnummern auf einem Ziffernfähnchen zu sehen. Auf dem Gebiet der Eins gibt es alle Dinge nur einmal, bei der Zwei zweimal, bei der drei dreimal, und so fort.

Der Zahlenkobold Kuddelmuddel treibt sein Unwesen und bringt das Zahlenland durcheinander!

„Im Verlauf des Projekts wird die Gartengestaltung allmählich immer reichhaltiger. Steine, Bälle, Türme aus Zahlenwürfeln und Tiere ziehen ein – immer passend zur Zahl. So darf eine achtbeinige Spinne nur in den Garten mit der Nummer Acht und ein Käfer nur in den mit der Sechs. Dreiecke, Fünfecke und verschiedene Gegenstände des täglichen Lebens ordnen die Kinder nach der Anzahl ihrer Ecken den Zahlen zu. Einen Höhepunkt der Trainingsstunde stellt immer der Auftritt des Zahlenkobolds dar. Geht er umher, müssen die Kinder höllisch aufpassen, denn er bringt die mathematische Ordnung durcheinander. Er stellt die Zahlenhäuser in den falschen Garten, vertauscht die Ziffernfähnchen oder wechselt Einrichtungsgegenstände aus. Die Kinder müssen dann alles wieder in den ursprünglichen Zustand bringen, was ihnen großen Spaß bereitet.

In den Zahlenwegen zwischen den einzelnen Häusern schlägt sich eine weitere Erkenntnis der Hirnforscher nieder. Jeder Pfad besteht aus vorgefertigten Fliesen mit den Zahlen von eins bis zehn. Wenn die Kinder darauf spazieren gehen, zählen sie dabei laut oder still

mit. Das aktive Herumlaufen macht die für das Zahlenverständnis wichtige Ordnung erlebbar. Dadurch, dass sich die Zahlen mit aktiven Handlungen verknüpfen, speichert das Gehirn sie auf eine solche Art und Weise ab, dass sie später leichter wieder abgerufen werden können."[63]

Auf diese Weise bauen die vier- und fünfjährigen ein Zahlenverständnis auf, eine kognitive Repräsentation der Zahlenfolge im Gehirn, wie sie bisher erst in der Schule vermittelt wird. Dadurch können die Kleinen Fragen beantworten wie: „Wo stehe ich gerade?" oder „Welche Zahl kommt vor mir und welche direkt hinter mir?" Einfache Rechenaufgaben werden so auf anschauliche Art und Weise gelöst: Eine Zahl plus zwei bedeutet zwei Schritte weiter zu gehen, „minus drei" bedeutet drei Schritte rückwärts zu gehen. Und zur Freude und Aufregung der Knirpse treibt auch hier wieder der Zahlenkobold sein Unwesen und bringt die Zahlenfliesen durcheinander, die es dann zu ordnen gilt.

Hierbei wird PIAGET mit seiner entwicklungspsychologischen Erkenntnis über das magische Weltbild des „voroperanten Kindes" dann aber doch wieder erkennbar bestätigt: Im Vorschulalter denken Kinder egozentrisch und schreiben Dingen gerne magische Eigenschaften zu. Die Kinder freuen sich nämlich besonders auf die erfundenen Geschichten zur Zahl des Tages. So etwa die Erzählung von der »Zwei«, die alles zweimal sagt und in ihre Wohnung nur hineinlässt, wer zwei gleiche Dinge vorweisen kann. „Oder die Geschichte von der »Fünf« als Bürgermeisterin der Zahlenstadt. Um ins Rathaus zu kommen, muss die Eins die Vier (1+4=5) und die Drei die Zwei

[63] Hanser, H., 2005

(2+3=5) an der Hand nehmen."[64] So werden Zahlen personalisiert, die dann als lebendige Wesen ihre mathematischen Eigenschaften vermitteln können. Gleichzeitig können auf diesem Weg auch sprachliche Fähigkeiten trainiert werden.

Beispielgeschichte „Vier ist krank"

„Vier hat sich auf einer ihrer vier Reisen im Jahr eine dicke Erkältung zugezogen und liegt jetzt mit Kopfverband und Thermometer auf dem Sofa. Der Zahlenkobold Kuddelmuddel hat das ausgenutzt und alle Viererdinge in Viers Haus und Garten durcheinander gebracht. Zum Beispiel steht der Küchentisch jetzt wackelig auf drei Beinen. Wir kochen Vier einen Gesundheitstee, der besteht aus vier mal vier Zutaten aus Viers viereckigem Kräutergarten und vier Löffeln Honig, zieht vier Minuten und wird viermal umgerührt. Nachdem wir auch noch gemeinsam den Zauberspruch für die Zahlenfee Vergissmeinnicht gesprochen haben, fängt der Tee an zu leuchten und macht Vier sofort wieder gesund. Dann erzählt sie uns, wie sie zu der Erkältung kam, zusätzlich etwas über die vier Himmelsrichtungen und über die vier Jahreszeiten, bevor sie sich mit einem vierblättrigen Kleeblatt für die Heilung bedankt".[65]

An diesem Projekt „Komm mit ins Zahlenland" wird ein weiterer wichtiger Grundsatz der Neurodidaktik erkennbar: Effektives Lernen nutzt möglichst viele unterschiedliche Eingangskanäle gleichzeitig. „Entsprechend malen, schreiben, singen und tanzen die Kinder passend zur aktuellen Tageszahl. Sie lösen einfache Zahlenrätsel oder lernen Abzählreime. Gezielte Fragen regen sie an, die Welt einmal mit den Augen der Mathematik zu betrachten, etwa: „Was gibt es auf der ganzen Welt nur einmal?" (meinen Vater, meine Mutter, die Sonne und mich); „Wie viele Räder besitzt ein Fahrrad und wie viele ein Auto?" oder auch: „Kann ein Stuhl auf zwei Beinen stehen?" All diese einzelnen Elemente sollen letztlich die gewonnenen Erfahrungen zu einer ganzheitlichen, positiv gefärbten Ideenwelt verknüpfen."[66]

Das Projekt hatte Erfolg. Die derart geförderten Kinder verbesserten die im Schulreifetest ermittelten Fähigkeiten sehr deutlich, und das

nach zehn Stunden Frühförderung am Beispiel der Mathematik. Wir können davon ausgehen, dass dies auch in anderen Wissensgebieten funktioniert.

> ### Aufgabe
> Versuchen Sie aus den gesamten Erkenntnissen über die Entwicklung des kindlichen Weltverstehens Konsequenzen für die Erziehungs- und Bildungsaufgabe im Kindergarten zu formulieren. Bilden Sie dazu kleine Gruppen zu viert und finden Sie mindestens sechs verschiedene praktische Folgerungen.

Konsequenzen für das Lernen im Vor- und Grundschulalter

PIAGETS, BRUNERS und WYGOTSKIS Arbeiten über die kognitive Entwicklung haben wesentliche Implikationen für die pädagogische Arbeit in den Tageseinrichtungen und den Unterricht in der Schule zur Folge:

- Verstehen, wie Kinder denken
- Konkretes Material verwenden
- Unterricht sequenziell anordnen
- Neue Erfahrungen genau einpassen
- Das Lerntempo selbst festlegen lassen
- Soziale Lernaspekte
- Fehler analysieren

Verstehen, wie die Kinder denken bedeutet, sich als Erzieherin/Lehrerin klar zu machen, welche Denkoperationen Kinder vollführen.

---

[64] Friedrich, G., de Galoczy, V., 2004
[65] Friedrich, G., de Galgoczy, V., 2004
[66] Hanser, H., 2005

Sie sollten versuchen sich in die Gedankenwelt der Kinder nicht nur intellektuell einzufühlen. Durch genaues Beobachten und geschicktes Fragen kann eine Lehrerin Verständnis für die kindlichen „Denkfehler" entwickeln.

Konkretes Material verwenden. Kinder in den ersten Grundschuljahren lernen besonders gut, wenn sie mit konkreten Objekten, Materialien und Phänomenen umgehen. Mit Worten können in dieser Altersstufe Einsichten in die Welt der Dinge nur sehr begrenzt erzeugt werden. Die Kinder sollen Gegenstände sehen, berühren, fühlen, manipulieren, etwas mit ihnen tun. Dadurch entstehen innere Konzepte und Grundlagen für das Verstehen abstrakter Prinzipien. Für dieses Vorgehen hat sich der Begriff des „entdeckenden Lernens" oder auch „induktiven Lernens" eingebürgert. Eigene Entdeckungen, Handlungen sind nach PIAGET, BRUNER und WYGOTSKI die beste Methode sich in Kindergarten und Grundschule „Weltwissen" anzueignen, wie es DONATA ELSCHENBROICH formulierte.

Unterricht sequenziell anordnen. Wenn es zutrifft, dass kognitive Prozesse eine Entwicklung durchlaufen, macht es Sinn im Unterricht ebenfalls verschiedene Sequenzen zu gestalten. Zum Beispiel sollten Schüler zuerst einmal frei herumprobieren können, wodurch sich enaktive Repräsentanzen bilden können, danach sollte man sich auf die Wahrnehmungsgenauigkeit konzentrieren, wozu sich Bilder und bildliche Darstellungen bestimmter Merkmale gut eignen. Dadurch entstehen ikonische Repräsentationen, am besten im sozialen Zusammenhang. Filme eignen sich hier gut, oder beispielsweise Modelle in verschiedenen Farben. Abschließend ist dann die verbale Erläuterung der Ereignisse auf der abstrakteren symbolischen Stufe sinnvoll.

Neue Erfahrungen genau einpassen. Das Kunststück guter Pädagogen besteht darin die neuen Erfahrungen in die vorhandene kognitive Struktur des Kindes so einzupassen, dass es nicht zuviel Neues aber auch nicht zu wenig Neues beinhaltet. Ein zu hohes Maß an Neuigkeit überfordert, zu wenig langweilt.

Das Lerntempo selbst festlegen lassen. Ganze Schülergruppen in gleichem Tempo Lernen zu lassen ist nicht sinnvoll. Jeder Schüler sollte in einem weitgehend individualisierten Unterricht sein individuelles Lerntempo gehen können. Manche Kinder brauchen mehr Hilfe, andere spezielle Hilfen und wieder andere brauchen mehr oder weniger Zeit um ihr Wissen zu strukturieren. Kinder benötigen also „Lerngelegenheiten" mehr als formalisierten Unterricht.

Soziale Lernaspekte. Alles Lernen vollzieht sich in sozialer Interaktion. Durch sie lernt ein junger Mensch, sich in der Gemeinschaft, in die er hineinwächst, zurechtzufinden. Wie er dabei angehalten, ermutigt oder auch gezwungen wird, bestimmte Fähigkeiten und Fertigkeiten stärker zu entwickeln als andere, auf bestimmte Dinge stärker zu achten als auf andere, bestimmte Gefühle eher zuzulassen als andere, prägt seine Entwicklung. Insgesamt vollzieht sich alles Lernen im sozialen Kontext. Vorbildern kommt dabei besondere Bedeutung zu. Innerhalb der sozialen Interaktion zwischen Lehrern und Schülern und Schülern untereinander sind kognitive und affektive Aspekte nicht zu trennen.

Fehler analysieren. Erzieherinnen und Lehrerinnen sollten sich die Zeit nehmen, die Denkfehler der Kinder zu analysieren und zu interpretieren und ihnen nicht nur mitteilen was falsch und was richtig ist. Die Denkfähigkeit lässt sich meist an den gemachten Fehlern genauer erkennen, und dies kann dann zum Ausgangspunkt einer Erweiterung der kognitiven Struktur werden. Nach dem Motto: „Das Kind da abholen, wo es steht."

Aufgabe

Vergleichen Sie die Schlussfolgerungen für das kindliche Lernen aus der Hirnforschung mit den Konsequenzen aus den Theorien zur kognitiven Entwicklung. Finden sie große Unterschiede?

---

16. Moralische Entwicklung

Entwicklung des moralischen Urteils oder die Gewissensbildung

Menschen entwickeln sich in sozialen Zusammenhängen: In Familien, Kindergärten, Peergruppen, Betrieben, Vereinen, Nachbarschaften, Kirchen, Gemeinden… In jeder Gesellschaft gibt es Werte und Normen ohne die der Bestand der Gemeinschaft nicht möglich wäre: Gebote und Verbote, Pflichten und Rechte, Freiheiten und Einschränkungen, Verbindlichkeiten und Verantwortlichkeiten. Allesamt Regeln, die das menschliche Zusammenleben erst möglich machen. Kinder die in die Gemeinschaft hineinwachsen durchlaufen einen schwierigen Lernprozess über viele Jahre hinweg, indem sie zwischen „gut" und „böse" zu unterscheiden lernen, um zu einem selbstständigen Menschen zu werden. Der selbstständige Mensch zeichnet sich nicht nur dadurch aus, dass er aus eigener Kraft etwas tun kann, sondern besonders dadurch, dass er in bestimmten Situationen beurteilen kann, was in moralischer Hinsicht richtig und was falsch ist. Dieses innere Bewusstsein nennt man das Gewissen.

Das Gewissen wird auch als „innere Richtschnur" oder als „Kompass" beschrieben. Es ist ein System von verinnerlichten Normen und Werten, an das man glaubt und auf das man sein Verhalten abzustimmen sucht.

Gewissen

Das **Gewissen** ist diejenige persönliche Instanz eines Menschen, die aus den verinnerlichten Normen und Werten einer Gesellschaft entsteht. Es reguliert als „innere Stimme" das Verhalten des Menschen.

Moral

Unter **Moral** begreifen wir ein System von verbindlichen Sitten und Regeln, die auf Werten und Normen der in einer Gesellschaft zusammenlebenden Menschen begründet sind.

Wie entsteht in einem Kind diese Stimme des Gewissens, die es an Stelle der Eltern darauf hinweist, was richtig und falsch, gut und böse ist?

In der Psychologie lassen sich auch hier wieder mindestens vier verschiedene Blickwinkel aufzeigen, die die Frage nach der Entstehung des Gewissens beantworten.

■ Gewissensbildung als Lernprozess

In der Perspektive der Lerntheorien, genauer des Verstärkungslernens, entsteht die Auffassung über Moral durch Belohnung und Bestrafung. Kinder entwickeln ihr Gewissen, indem sie die gesellschaftlichen Regeln zuerst in der Familie, später in Kindergarten, Nachbarschaft, Schule usw. durch Belohnung und Bestrafung verinnerlichen. Wenn Kinder sich im Sinne der Gemeinschaft richtig verhalten, bekommen sie lobenden Zuspruch, der stärkt; verhalten sie sich nicht wunschgemäß gibt es Unannehmlichkeiten, die dazu führen, dass sie es lassen.

Nicht nur Lob und Strafe sind wirksame Lernprinzipien, die die Gewissensbildung begleiten sondern natürlich auch das Lernen am Verhaltensvorbild. Kinder nehmen zuerst noch ohne Vorbehalt das Verhalten von Menschen an, mit denen sie zusammenleben. Entscheidend ist also am Anfang des Lebens die Familie, wobei zu betonen ist, dass die Kinder das übernehmen, was die Eltern tun, nicht, was sie sagen!

> „Sie können ihre Kinder erziehen wie sie wollen, sie machen ihnen doch alles nach."

„Nichts verraten": Die Feinabstimmung der Moral erfolgt bei Kindern auch unter ihresgleichen.

Predigen hilft nicht, entscheidend ist, was vorgelebt wird. Kinder übernehmen im Laufe der Zeit die Werte und Normen, die sie bei den Erwachsenen sehen und erleben.

Zahlreiche Beobachtungen aus der modernen Entwicklungspsychologie bestätigen die Bedeutung von Lernprozessen für die Gewissensbildung. Eine der möglichen Schlussfolgerungen aus dem Verstärkungslernen und dem Lernen am Modell hingegen ist Anlass für Kritik. Nach den Lerntheorien ist es völlig willkürlich, was ein Kind als gut oder schlecht zu empfinden lernt. Es hängt nur von der jeweiligen Kultur ab, in der das Kind aufwächst. Damit wäre Moral nur soziale Anpassung und die Frage ob es so etwas wie das Gute und das Böse gibt, nicht beantwortet.

■ Die tiefenpsychologische Perspektive der Gewissensbildung

Für FREUD war das Kind ebenfalls neutral in Fragen von Gut und Böse. Kinder übernehmen die Werte von ihren Eltern, egal wie sie beschaffen sind, weil sie von den Eltern kommen, die sie lieben. Die Übernahme der Normen der Eltern ist in der Tiefenpsychologie der Ausweg aus einem emotionalen Konflikt (siehe Psychosexuelle Entwicklung, S. 349). Das triebgesteuerte Kind wird bei seinem Wunsch, Gefühle hemmungslos auszuleben, durch die Eltern „gezügelt", und muss aus Angst vor dem gleichgeschlechtlichen Elternteil in der ödipalen Phase seine Bedürfnisse zurückstellen. Die Angst vor den Eltern wird dadurch gedämpft, dass das Kind ihnen gleich sein will, sich mit ihnen identifiziert. Indem man sich mit den Eltern identifiziert, sich ihre Normen und Werte durch Verinnerlichung zu eigen macht, entsteht das Gewissen. Das Gewissen, die verinnerlichten Werte und Normen der Eltern werden in der Tiefenpsychologie *Über-Ich* genannt. Es ist stärker oder schwächer ausgeprägt in Abhängigkeit von der Erziehung der Eltern.

Eine strenge autoritäre Erziehung bringt demzufolge ein strenges Gewissen zum Vorschein; ein Erzieherverhalten, welches mit Überzeugung und Erklärungen Regeln liebevoll begründet führt zu einem Gewissen der persönlichen Verantwortung.

■ Die Perspektive des Sozialen – Interaktionismus

Unter diesem Blickwinkel kommt das Kind nicht voraussetzungslos mit der Umgebung in Berührung. Das Kind ist hier von seiner biologischen Veranlagung her sozial eingestellt und neigt dazu, sich seiner Umgebung entsprechend zu verhalten. Kein Kind beginnt seine Moralentwicklung aus dem Nichts, denn jedes verfügt als Voraussetzung für ethisches Verhalten über eine Reihe angeborener Reaktionen. Dazu gehört beispielsweise Empathie: die Fähigkeit, sich in die Freude oder den Schmerz eines anderen Menschen hineinzuversetzen, sich einzufühlen. Neugeborene weinen ebenfalls, wenn sie jemanden weinen hören, und sie freuen sich sichtlich mit, falls fröhliche Laute und Lachen ertönen. Schon im zweiten Lebensjahr trösten Kinder traurige Spielkameraden oder ihre Eltern. Die Aneignung der Werte und Normen geschieht nicht aus Angst vor Strafe oder Freude an einer Belohnung (lerntheoretisch), auch nicht aus Angst vor eigenen Wünschen (tiefenpsychologisch), sondern *weil man dazu gehören will* (sozialpsychologisch).

Auch in diesem Prozess, in dem gelernt wird, spielen die Eltern die Hauptrolle. Das Kind bekommt das Gefühl etwas wert zu sein, weil die Eltern es lieben. Die Liebe der Eltern führt zu Selbstliebe und Selbstachtung und Selbstwertgefühl. Die Selbstachtung wird zur Motivation für das richtige Handeln, was in der Regel dem Handeln der Eltern oder später auch der Bezugsgruppe entspricht. Passt dies nicht, kommt es zum „schlechten Gewissen".

■ Gewissensbildung als geistiger Reifungsprozess

Dieser Ansatz hebt die intellektuell-kognitive Entwicklung hervor. Die Pioniere der kognitiven Sichtweise, JEAN PIAGET UND LAWRENCE KOHLBERG haben die Forschung über die Moralentwicklung am deutlichsten bestimmt und führten zu einer heute weithin akzeptierten Auffassung über das moralische Urteil beim Kinde.

Nach PIAGET ist die Entwicklung des Gewissens an die geistige Entwicklung des Kindes gebunden. Für das Verständnis von Gut und Böse muss demzufolge eine bestimmte geistige Reife erreicht sein. Die Gesetzmäßigkeiten der Entwicklung, die wir bei der Denkentwicklung kennen gelernt haben, gelten auch für die Entwicklung des Gewissens. Die Umwelt, vor allem die Eltern, treten in ihrer Rolle in den Hintergrund. Sie bilden nur den Erfahrungsrahmen, den sich die Kinder für ihren Weg, der bestimmten Gesetzen gehorcht, suchen. Die Einsicht in die Welt der Werte und Normen reift entsprechend der geistigen Entwicklung. Diese Entwicklung vollzieht sich nach Piaget als Trennung von einem egozentrischen Weltbild des Kindes. Diese Trennung vollzieht sich in Phasen, in denen das Kind immer höhere geistige Ordnungsprinzipien verwendet um seine Erlebnisse zu verstehen.

Wenn Piaget in seiner Heimatstadt Spaziergänge unternahm, weckten immer wieder spielende Kinder sein Interesse. Indem er sie beobachtete und befragte, erhoffte er sich Aufschlüsse über Spielregeln und den kindlichen Sinn für soziale Gerechtigkeit.

„Bei Kindern im Alter von fünf Jahren und darunter ließ sich kein Interesse an Regeln feststellen. Sie spielten mit den Murmeln so, wie es ihnen Spaß machte. Das änderte sich allmählich nach Schulbeginn. »Woher kommen die Spielregeln?« fragte Piaget die Kinder, und er erfuhr von ihnen, dass sie von Gott oder vom Vater stammten. »Darf man diese Regeln einfach ändern?« Wenn Piaget sich das Spielverhalten der Kinder genau ansah, dann hielten sie sich nämlich keineswegs immer exakt an die Regeln. Auf die ausdrückliche Frage Piagets beharrten die Befragten aber darauf, dass man eine Spielregel nicht ändern dürfe. Wenn man es dennoch versucht, hat man mit Bestrafung zu rechnen; Spielerfolge, die durch Regelverstoß zustande kommen, seien im Übrigen auch gar nicht gültig.

Solche Auffassungen, die noch stark vom Gehorsam des Kindes geprägt sind, schienen für Piaget eine »äußere« (»heteronome«) Moral zum Ausdruck zu bringen, d. h. die Überzeugung, dass es Regeln gibt, die von Autoritäten »verordnet«, von außen bestimmt worden sind. Wer sich in Einklang mit diesen Regeln verhält, ist »lieb«, wer sie missachtet, ist »böse«. Erst im Alter von zehn oder elf Jahren stimmten Kinder zu, dass Regeln geändert werden können, sofern sämtliche Spielteilnehmer dem zustimmen. Damit setzt sich allmählich die autonome Überzeugung durch, dass Regeln das Ergebnis sozialer Vereinbarungen darstellen. Damit beginnt das Stadium »innerer« (»autonomer«) Moral. Nunmehr er-

kennen Kinder, dass Moral in Beziehung zur Situation gesehen werden muss. Um festzustellen, ob ein Verhalten richtig oder falsch ist, werden von ihnen Absichten und Folgen beachtet.“[1]

„Gemeinsames Spielen fördert die Einsicht, dass Regeln für alle gelten“

Piaget konnte schnell feststellen, dass mit zunehmendem Fortschritt der kognitiven Entwicklung auch die angewandten Regeln komplizierter wurden, und die Kinder sie auch immer besser befolgten.

Zwei hauptsächliche Stufen der Moralentwicklung beim Kind definierte Piaget:

1. Die Stufe der heteronomen Moral. Heteronom bedeutet „von fremden Gesetzen abhängig“. Meist glauben die Kinder im schulfähigen Alter, dass Regeln in verschiedenen Bereichen von bestimmten höheren Autoritäten (Gott, Eltern, Lehrer) aufgestellt sind. Was diese Personen für richtig oder falsch halten, das ist auch richtig oder falsch und darf nicht angezweifelt werden. Es ist unveränderlich und erfordert strikten Gehorsam. In ihrem Urteil ob etwas richtig oder falsch ist, richten

---

[1] Mietzel, G., 2002

sich Kinder auf das Ergebnis einer Handlung ohne die Absicht zu berücksichtigen.

2. Die Stufe der autonomen Moral: Mit zehn, elf Jahren, also am Ende des Stadiums der konkreten Operationen, ändert sich das Moralverständnis der Kinder grundlegend: Sie betrachten Regeln nicht mehr als etwas Festgelegtes, sondern als Prinzipien, als wechselseitige Übereinkunft, die im sozialen Umgang miteinander festgelegt, und bei Bedarf auch geändert werden können. Die Bedeutung der Autorität nimmt ab, und je nach Übereinkunft sind auch Regelverletzungen unterschiedlich zu bewerten. Die *Absicht* spielt eine größere Rolle, als der angerichtete Schaden. PIAGET war der Auffassung, dass Fortschritte im Einnehmen der Perspektive eines anderen Menschen, die aus der kognitiven Entwicklung resultieren, und das Interagieren mit Gleichaltrigen dafür verantwortlich seien.

Zur Erforschung des moralischen Urteils konfrontierte PIAGET Kinder mit verzwickten Geschichten und ethischen Dilemmata um herauszufinden, wie weit das moralische Denken in verschiedenen Altersstufen gediehen ist.

Der kleine Robert war zuhause in seinem Zimmer. Seine Eltern riefen ihn zum Mittagessen.

Hinter der Zimmertür stand ein Stuhl. Auf diesem Stuhl war ein Tablett mit fünfzehn Tassen. Robert konnte nicht wissen, dass all diese Sachen hinter der Tür standen. Als er herein kam stieß die Tür an das Tablett und die Tassen polterten auf den Boden und gingen zu Bruch.

Der kleine Felix war zuhause in seinem Zimmer. Eines Tages wollte er Marmelade naschen, ohne die Eltern zu fragen. Dazu musste er in die Küche auf einen Stuhl steigen und die Marmelade vom Küchenregal herunterholen. Dabei stieß er an eine Tasse, die herunterfiel und zerbrach.

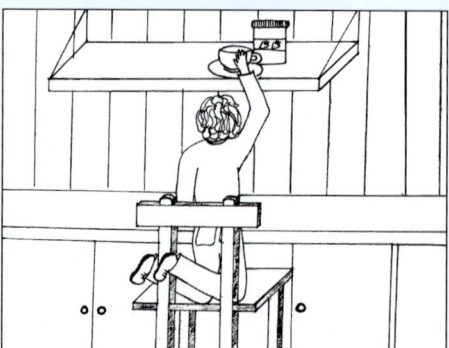 

Kinder mit etwa sechs Jahren, also in der heteronomen Moral, konzentrieren sich bei der Frage ob eine Handlung falsch ist auf das Ergebnis und nicht darauf, ob der Handelnde etwas Unrechtes tun wollte oder nicht. Im Fallbeispiel Robert und Felix hat Robert bei Sechs- bis Siebenjährigen mehr Unrecht getan.

Im Stadium der autonomen Moral wandelt sich auch die Auffassung von der *Lüge*. Erwachsene wundern sich manchmal wie stark Kinder übertreiben, wenn sie etwas erzählen oder wie sehr sie sich die Wirklichkeit zu ihren Gunsten zurechtbiegen.

Die Sorge während der Phase der heteronomen Moral ist aber unbegründet. Lügen in dieser Zeit verdeutlichen eher die Wünsche und Phantasien der Kinder. Erst in der autonomen Moral werden Lügen problematisch, weil sie dann einer wissentlichen Täuschung gleichkommen.

Beim Thema *Strafe* bevorzugen jüngere Kinder in der heteronomen Moral strenge Strafen, die in keinem Zusammenhang zur Tat stehen. Oft sind sie dabei auch sehr streng. Die älteren Kinder der autonomen Moral halten nur solche Strafen für gerecht, die in einem Zusammenhang mit der Tat stehen. Hier plädieren die kognitiv reiferen Kinder für Strafen als natürliche Folgen der Handlung oder für die Wiedergutmachung eines angerichteten Schadens.

Neuere psychologische Studien zeigen ein etwas differenzierteres Bild. So dürfen wir heute davon ausgehen, dass

- die Aussagen zum Altersverlauf nicht mehr zutreffen,
- Regelverständnis und Regelbeurteilung auch stark von der Situation abhängen. So machten Kinder Unterschiede in der Beurteilung von Fairness, je nachdem ob es um Leseübungen, Buchstabierwettbewerb oder um eine Klassenarbeit ging,
- die Bedeutung der Autorität sich verändert hat, und Kinder stärker zum Hinterfragen von Autoritäten ermuntert werden,
- moralisches Urteil und moralisches Verhalten auseinandergehen. Oft verhalten sich Kinder moralischer als in ihrem Urteil,
- moralische Konflikte oft differenzierter sind bis hin zur Doppelmoral: So legte eine Forscherin jungen Kindern eine Bildergeschichte vor, in der ein Kind einem anderen heim-

lich die gebrannten Mandeln wegnimmt. Kinder, die noch nicht vier Jahre alt waren beurteilten die Tat als falsch: „Stehlen darf man nicht!" Aber: bei der Frage, wie sich der Übeltäter jetzt fühle meinten die meisten, er müsse guter Dinge sein, schließlich schmecken die Süßigkeiten prima.

Die Entwicklung des moralischen Urteils nach Lawrence Kohlberg

In der Folge von PIAGET entwickelte KOHLBERG die bis heute einflussreichste und differenzierteste Theorie der Entwicklung des moralischen Urteils. KOHLBERG veränderte die moralischen Geschichten von PIAGET und entwickelte eine Reihe von „moralischen Dilemmata", in denen eine Konfliktsituation geschildert wird und eine Entscheidung zwischen zwei Alternativen getroffen werden muss. Die bekannteste Dilemma-Geschichte ist das „Heinz-Dilemma": Eine Wahlmöglichkeit zwischen Gehorsam gegenüber dem Gesetz (du sollst nicht stehlen) und des Wertes des menschlichen Lebens (eine sterbende Person retten).

Die Geschichte von Heinz

„Eine Frau war unheilbar an Krebs erkrankt. Es gab nur ein einziges Medikament, von dem die Ärzte vermuteten, dass es sie retten könnte. Das Medikament war schon in der Herstellung sehr teuer, aber der Apotheker verlangte trotzdem das Zehnfache dessen, was ihn die Herstellung selbst kostete. Er zahlte Euro 1.000 für das Radium und verlangte Euro 10.000 für das Medikament. Heinz, der Mann der kranken Frau, versuchte, sich das Geld zusammenzuborgen, bekam aber nur die Hälfte des Preises zusammen. Er machte dem Apotheker klar, dass seine Frau im Sterben liege, und bat ihn, das Medikament billiger abzugeben oder ihn den Rest später bezahlen zu lassen. Der Apotheker sagte jedoch: Nein! Ich habe das Medikament entdeckt. Ich will damit Geld verdienen! In seiner Verzweiflung brach Heinz in die Apotheke ein. Und stahl das Medikament für seine Frau" (nach Eckensberger & Reinshagen, 1980).[2]

---

[2] Mietzel, G., 2002

KOHLBERG schließt an diese Geschichte einige Fragen an, die sie in der Klasse diskutieren können. Sie selbst sind also die Versuchsperson:

1. Hätte Heinz das Medikament stehlen sollen? Warum?
2. Was ist schlimmer: Jemanden sterben lassen oder stehlen? Warum?
3. Hätte ein Ehemann einen triftigen Grund zu stehlen auch wenn er seine Frau nicht liebt?
4. Wäre es genau so gerechtfertigt für einen Freund wie für die eigene Frau zu stehlen? Warum?

Wie haben sie sich als Versuchsperson entschieden? Für KOHLBERG war es nicht so wichtig, ob sie sich für oder gegen das Stehlen entschieden haben. Interessant war vielmehr, wie eine jeweils getroffene Entscheidung gerechtfertigt wurde. Dies hat er bei zahlreichen Versuchspersonen verschiedenen Alters in unterschiedlichen Kulturen untersucht, und dabei insgesamt sechs verschiedene Stufen des moralischen Urteils gefunden.

Die sechs Stufen nach KOHLBERG:

Niveau I: Präkonventionelle Moral. Diese Stufe ist weitgehend mit dem „heteronomen Stadium" bei PIAGET identisch: Die Kinder akzeptieren von Autoritäten gesetzte Regeln, die Schwere eines Verstoßes hängt von dessen Folgen ab. Verhalten, das bestraft wird, ist schlecht, belohntes Verhalten ist gut.

- **Stufe 1: Orientierung an Strafe und Gehorsam.** Kinder in dieser Stufe haben Schwierigkeiten, die beiden Entscheidungsalternativen in den Dilemma-Geschichten zu unterscheiden. Sie unterwerfen sich Autoritäten („Mama hat gesagt…") um so Strafen zu vermeiden. Sie können die Absichten der Akteure noch nicht berücksichtigen.
Pro-Stehlen: „Wenn man seine Frau sterben lässt, ist das schlimm, und man wird dafür bestraft."
Contra-Stehlen: „Man darf nicht stehlen, denn dann wird man bestraft und kommt ins Gefängnis."
- **Stufe 2: Instrumentell relativistische Orientierung. Streben nach Lob.** Die eigenen Interessen sind das Maß für Gut und Böse:

Was den eigenen Bedürfnissen entgegenkommt, ist gut, was ihnen widerspricht, ist schlecht. Hierbei wird anerkannt, dass auch andere Menschen bestimmte Interessen haben. Gegenseitigkeit besteht: „Du tust das für mich und dafür tue ich das für dich." oder: Auge um Auge, Zahn um Zahn.
Pro-Stehlen: „Heinz kann tun, was er für richtig hält und der Apotheker kann tun, was er für richtig hält."
Contra-Stehlen: „Dass Heinz sein Leben riskiert, ist seine Frau nicht wert."

Niveau II: Konventionelle Moral. In dieser Stufe sehen Kinder ein, dass Regeln notwendige Konventionen sind. Ihr Ziel ist die Aufrechterhaltung der sozialen Rollen und Normen.

- **Stufe 3: Orientierung am „guten Jungen" bzw. „guten Mädchen". Streben nach sozialer Anerkennung.** Jetzt sind die Kinder daran interessiert, gute Beziehungen zu Freunden und Verwandten aufrechtzuerhalten. Sie möchten als „guter Junge" oder „nettes Mädchen" angesehen werden, und sich die Zuneigung und Wertschätzung ihrer Freunde und Verwandten erhalten. Kinder auf dieser Stufe können den Blickwinkel anderer Menschen schon berücksichtigen.
Pro-Stehlen: „Niemand hält es für schlecht, wenn man das Medikament stiehlt. Aber man bekommt Ärger mit den Freunden und der Familie, wenn man seine Frau sterben lässt".
Contra-Stehlen: „Wenn man das Medikament stiehlt, wird man von allen als Dieb angesehen und kann niemandem mehr ins Gesicht schauen, und fühlt sich deshalb schlecht."
- **Stufe 4: Orientierung an der Aufrechterhaltung der sozialen Ordnung.** Gültigkeit von Gesetzen wird anerkannt. Die Perspektive wird breiter. Regeln müssen befolgt werden, damit die soziale Ordnung erhalten bleibt, und Nichtbefolgung darf unter keinen Umständen geduldet werden.
Pro-Stehlen: „Er sollte es stehlen. Heinz hat die Pflicht, das Leben seiner Frau zu schützen. Er müsste es später bezahlen und die Strafe für den Gesetzesbruch hinnehmen."
Contra-Stehlen: „Stehlen ist verboten, und es liegt nicht in der Gewalt von Heinz, die Gesetze zu ändern. Es ist seine Pflicht die

Gesetze zu achten. Wenn jeder Gesetze brechen würde, gäbe es nur noch Verbrechen und Gewalt."

Niveau III: Postkonventionelle Moral. In dieser Stufe erkennen Kinder, dass Regeln Übereinkünfte sind, die man je nach Situation und Notwendigkeit auch ändern kann.

- *Stufe 5: Orientierung an sozialen Verträgen und Menschenrechten.* Auf Stufe fünf werden Gesellschaftsformen und die zugrunde liegenden Regeln als Über-

einkunft erkannt. Alternative Regelungen sind möglich, wenn eine Mehrheit das will. Wenn Gesetze in Übereinkunft mit den Interessen der Menschen sind, werden sie befolgt. Grundlegende Werte, wie Menschenwürde und Menschenrechte, werden als unveränderbar anerkannt.

Pro-Stehlen: „Gesetze gegen das Stehlen wurden nicht erlassen um Menschenleben zu gefährden. Stehlen ist zwar gesetzeswidrig, aber ein solches Gesetz müsste geändert werden, wenn durch seine Vorschriften Menschenleben bedroht werden."

Die sechs Stufen moralischen Urteilens

Der Psychologe LAWRENCE KOHLBERG folgerte in den späten fünfziger Jahren unter anderem aus einer Studie an 58 Jungen – beziehungsweise dann jungen Männern –, die über 20 Jahre lief, dass sich unser moralisches Urteilsvermögen in sechs Stufen und über drei Ebenen entwickelt: Die Begründungen für eine Entscheidung in einem moralischen Konflikt verändern sich, allerdings bei jedem verschieden rasch –, und die höchste Stufe eignen Menschen sich selten an. Nach diesem Modell wird die Orientierung auf Autoritäten von einer auf absolut gültige Normen abgelöst. Neuere Befunde zeigen, dass hiermit zwar das Verständnis von Moral, jedoch nicht unbedingt die Motivation für eigenes Verhalten erfasst ist.[3]

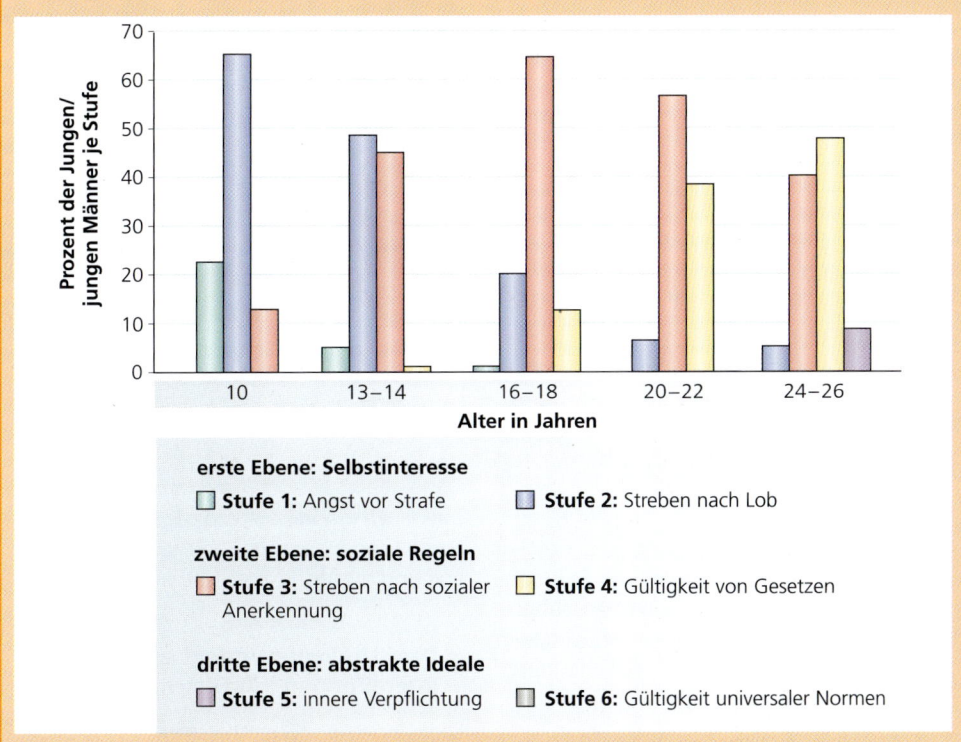

erste Ebene: Selbstinteresse
- **Stufe 1:** Angst vor Strafe
- **Stufe 2:** Streben nach Lob

zweite Ebene: soziale Regeln
- **Stufe 3:** Streben nach sozialer Anerkennung
- **Stufe 4:** Gültigkeit von Gesetzen

dritte Ebene: abstrakte Ideale
- **Stufe 5:** innere Verpflichtung
- **Stufe 6:** Gültigkeit universaler Normen

---

[3] aus: William Damon: Spektrum der Wissenschaft 4/2003 S.50

Contra-Stehlen: Auf dieser Stufe ist keine Argumentation gegen das Stehlen möglich.

- **Stufe 6: Orientierung an den Grundsätzen des eigenen Gewissens und allgemeingültiger ethischer Prinzipien.** Diese Stufe wird nach Kohlberg selten erreicht. Steuerungsinstanz für das eigene Verhalten ist das Gewissen, das ethischen Prinzipien folgt, die für alle Menschen verbindlich sind.
  Pro-Stehlen: „Achtung vor dem menschlichen Leben und Schutz der Person ist bedingungslos. Respekt vor Eigentum kann man nicht höher bewerten als Respekt vor dem Leben. Respekt vor dem Leben ist ein absoluter Wert."
  Contra-Stehlen: Auf dieser Stufe ist keine Argumentation gegen das Stehlen möglich.

Es gibt, durch zahlreiche Studien gestützt, überzeugende Beweise für das von Kohlberg gefundene Stufenmodell. Auffällig dabei ist, dass die Moralentwicklung ein relativ langsamer Prozess über viele Jahre hinweg ist.

Das Urteilen auf den Stufen 1 und 2 dominiert in den ersten zehn Lebensjahren, wie der obigen Tabelle zu entnehmen ist. Es nimmt in der frühen Adoleszenz ab und wird durch das rationale Urteilen auf Stufe 3, die auch in der mittleren und späten Adoleszenz vorherrscht, abgelöst. Die Stufe 3 und 4 dominieren dann auch im jungen Erwachsenenalter. Die postkonventionelle Moralität der Stufen 5 und 6 ist eher selten anzutreffen.

> Wie lässt sich ihrer Meinung nach das moralische Urteilsvermögen beeinflussen?

Wodurch lässt sich das moralische Denken beeinflussen?

Veränderungen in der moralischen Entwicklung sind von vielen Umweltfaktoren abhängig. Von Erziehungsformen, vom schulischen Umfeld, von dem Umgang mit Gleichaltrigen und natürlich dem kulturellen Umfeld.

■ Erziehungsformen

Rezepte für eine gelingende Moralerziehung gibt es nicht. Aber es lässt sich wissenschaftlich begründen, dass Eltern und Erzieher mit einem verständnisvollen, erklärenden, werteorientierten Erziehungsstil gute Voraussetzungen für eine gelingende Moralentwicklung der Kleinen legen.

Wer bei seinen Kindern die Empathie fördert, das Mitempfinden mit anderen, der schafft auch eine wichtige Grundlage für die Moralentwicklung. Die Fähigkeit zum Mitempfinden ist dem menschlichen Gehirn eingeschrieben, doch unterschiedlich ausgeprägt. Neben den Erbanlagen sind die Erlebnisse und Erfahrungen der frühen Kinderjahre bedeutsam, also auch die Kindergartenzeit. Ob sich ein Kind zu einem mitfühlenden Menschen entwickelt hängt stark von der Zuneigung, der Wertschätzung und der Aufmerksamkeit ab, die es durch die Erwachsenen erfährt. Eine verständnisvolle und warmherzige Erziehung in der auch Gespräche über moralische Fragen geführt werden, ist hilfreich und steigert das so wichtige Selbstvertrauen.

Wie löst sich der Streit um die Legosteine? Einfühlsame Erzieher helfen diese Streitfälle auf dem Verhandlungswege zu klären.

Dazu gehört es auch Grenzen zu setzen, diese aber auch kindgerecht zu begründen, auf ihre Einhaltung zu achten, aber auch wo es sinnvoll und möglich ist, zu verhandeln.

■ Das schulische Umfeld und die Interaktionen mit Gleichaltrigen

Die Länge der abgeschlossenen Schulbildung hilft bei der Weiterentwicklung des moralischen Verständnisses. Eine höhere Schulbildung ist dann besonders von Vorteil, wenn in der Schule eine Plattform für die Unterstützung der moralischen Entwicklung geboten wird. Nicht durch die Vermittlung der Werte und Normen wird dies erreicht, sondern durch die eigene Erfahrung, die verarbeitet wird, durch die Auseinandersetzung mit Werten und Wertkonflikten. Drei wichtige Elemente der Förderung der moralischen Entwicklung lassen sich feststellen:

- Einmal ist die Sicherung des Wohlbefindens der Schüler wichtig, also die sozial-emotionale Atmosphäre,
- zum Anderen die Möglichkeit der Schüler zur Teilhabe und Verantwortungsübernahme in der schulischen Gemeinschaft mit ihresgleichen,
- zum Dritten ist die Problematisierung moralischer Dilemmata nachweislich förderlich, wie sie von G. LIND von der Universität Konstanz vorgeschlagen und untersucht werden.

Das pädagogische Prinzip beim Angebot moralischer Dilemmata folgt dem Beispiel des Heinz-Dilemmas und lässt sich in viele Alltagssituationen übersetzen.

Gerade die Diskussion unter Gleichaltrigen kann den Aufbau von Kompetenz zur Lösung moralischer Probleme stärken.

■ Das kulturelle Umfeld

KOHLBERG hat in einer klassischen Untersuchung an 10-, 13- und 16-jährigen Kindern in den USA, Taiwan und Mexiko das Heinz-Dilemma untersucht und herausgefunden, dass die Abfolge der Entwicklungsstufen des moralischen Urteils dort gleich verlief. Sein Modell ist universell, allerdings gibt es kulturelle Unterschiede im zeitlichen Verlauf und teilweise in den Begründungen für eine moralische Entscheidung.

Andere Untersuchungen weisen darauf hin, dass es in unserer westlichen Kultur eine starke Betonung individueller Werte gibt, wohingegen in fernöstlichen Kulturen die Verantwortung und Sorge für andere stärker betont werden.

Susannes beste Freundin

Susanne ist mit Uli, ihrer besten Freundin, in ein Warenhaus gegangen, um Einkäufe zu machen. Sie schauen sich verschiedene Kleider an. Da sieht Uli eine Bluse, die ihr sehr gefällt. Sie sagt zu Susanne, dass sie die Bluse anprobieren wolle. Inzwischen schaut sich Susanne andere Sachen an. Susanne sieht, wie Uli aus der Umkleidekabine heraus kommt. Sie hat ihren Mantel an, winkt Susanne zu und zeigt kurz auf die Bluse unter ihrem Mantel. Dann dreht sie sich um und verlässt schnell das Geschäft. Wenig später kommen der Detektiv des Geschäfts und der Geschäftsleiter auf Susanne zu und wollen ihre Tasche sehen. Dann verlangt der Detektiv, dass sie sagt, wer das Mädchen war, mit dem sie die ganze Zeit zusammen gewesen ist. Er sagt: „Sie hat eine wertvolle Bluse gestohlen. Du musst uns den Namen nennen, sonst kannst Du wegen Mithilfe bei einer kriminellen Tat bestraft werden". Susanne beschließt, ihre Freundin nicht zu verraten.

Was meinst du? Hat Susanne richtig oder falsch gehandelt? Streiche bitte die Zahl an, die am besten deine Meinung wiedergibt.

Ich meine, das Verhalten von Susanne war...

völlig falsch   −3   −2   −1   0   +1   +2   +3   völlig richtig
Wie leicht oder schwer ist dir diese Entscheidung gefallen?

eher leicht   0   +1   +2   +3   +4   +5   +6   eher schwer
Gib bitte mit kurzen Sätzen oder Stichworten die Gründe für deine Meinung wieder.[4]

---

[4] Lind, G., 2003

Anregungen für Partnerarbeit oder Kleingruppen:
- Wie stehen Sie zu Tierversuchen in der Medizin?
- Was erscheint Ihnen wichtiger: Freundschaft oder Gesetzestreue?
- Ist eine kriegerische Intervention bei Menschenrechtsverletzungen in einem Staat gerechtfertigt?
- Sie beobachten ein ca. neunjähriges Kind beim Diebstahl im Kaufhaus. Wie verhalten Sie sich und warum verhalten Sie sich so?
- Wir würden gerne folgende Fragestellung bearbeiten …

Fazit

Wir können davon ausgehen, dass das vorherrschende Wertesystem einer Gesellschaft einen starken Einfluss auf das moralische Urteil des Menschen hat.

Abschließend bleibt die Erkenntnis: Moralische Identität wird gefestigt, wenn die sozialen Einflüsse trotz ihrer Vielfalt insgesamt in eine einheitliche Richtung weisen. Kinder müssen für die Entstehung einer moralischen Identität eine Botschaft oft genug hören und erleben, damit sie haften bleibt. Deshalb brauchen wir eine breite Basis von Wertevorstellungen, die wir an die jungen Menschen in Form von allgemein akzeptierten Normen vermitteln und leben.

17. Motorische Entwicklung

Schon ab dem dritten Monat der Schwangerschaft bewegt sich der Fötus lebhaft! Ebenso wie die Entwicklung der Sinnesorgane beginnt die motorische Entwicklung schon vor der Geburt. Daraus lässt sich auch ablesen, dass die Motorik ein grundlegender und zentraler Entwicklungsbereich des Menschen ist.

Die Geburt verlangt vom Kind eine große physiologische Umstellung und motorische Anpassungsleistung. Bedenken Sie: Es muss nun eigenständig atmen, Herz, Kreislauf und Blutdruck regulieren, Nahrung aufnehmen und verdauen und seine Motorik aus dem Fruchtwasser heraus in der neuen Umgebung organisieren, dazu noch die vielfältige Sinnesaufnahme im Nah- und Fernbereich leisten.

Die erste Prüfung der Lebenstüchtigkeit des Neugeborenen hat demzufolge stark mit der Motorik zu tun und wird APGAR-Index genannt.

APGAR
A wie Aussehen
P wie Puls
G wie Gesichtsbewegungen
A wie Aktivität
R wie Respiration (Atmung)

Der APGAR-Index: Das physiologische Umstellungsverhalten des Neugeborenen wird eine, fünf und zehn Minuten nach der Geburt nach drei Bewertungsstufen (0 bis 2) beurteilt. Beobachtet werden:

1. Hautfärbung,
2. Gleichmaß und Art der Atmung,
3. Muskeltonus,
4. Reflexauslösbarkeit,
5. Herzschlag/Pulsfrequenz (unter/über 100 bzw. fehlend).

Ein maximaler Wert von 10 Punkten bedeutet: gesundes Kind mit regelmäßigem Herzschlag, kräftigem Schrei, wohl entwickeltem Hustenreflex und rosa Hautfarbe. Ein Apgar-Wert von 7 bis 10 gilt als normal bzw. optimal, ein Apgar-Index von 4 bis 7 als nicht optimal und ein Wert von 3 und darunter als sehr bedenklich. Die Werte werden in den Geburtspass eingetragen, der das Kind auch durch die 9 Kontrolluntersuchungen bis zur Einschulung begleitet. Zusätzlich zur Apgar-Prüfung wird auch der Säuregrad im Nabelschnurblut gemessen.[1]

---

[1] Oerter. R.; Montada, L.; 2002

Reflexe

Das Neugeborene kommt also mit einer Reihe fertiger Verhaltensweisen zur Welt, die teilweise schon in der vorgeburtlichen Entwicklung zu beobachten sind und die sein unmittelbares Überleben in enger Beziehung zur Mutter sicherstellen oder zumindest erleichtern.

Die ersten Bewegungen des Neugeborenen sind Reflexbewegungen. Hier eine kleine Übersicht:

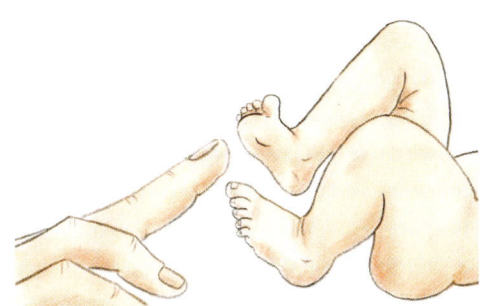

Rückziehreflex: Beim Kitzeln der Fußsohle werden die Beine angezogen.

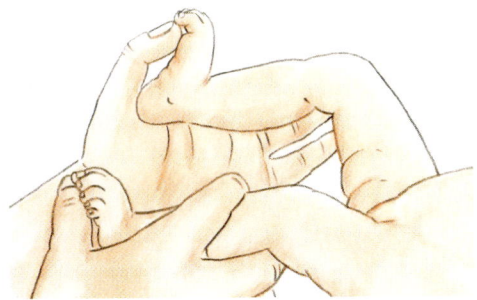

Babinski-Reflex: Bei Berührung der Fußsohle spreizen sich die Zehen und zeigen eine Art „greifen" (bildet sich zwischen 8. und 12. Monat zurück).

Saugreflex: Bei Berührung der Mundregion beginnt das Kind zu saugen.

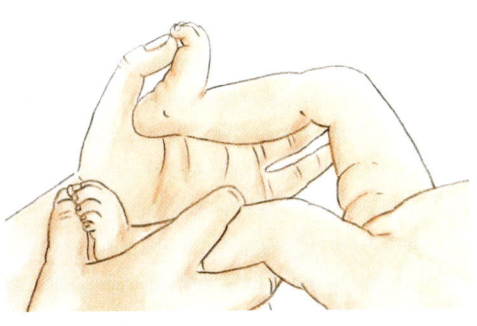

Greifreflex: Bei Berührung der Handinnenflächen schließt sich die Hand (schwächt sich nach 3 Monaten ab, und verschwindet um das erste Lebensjahr).

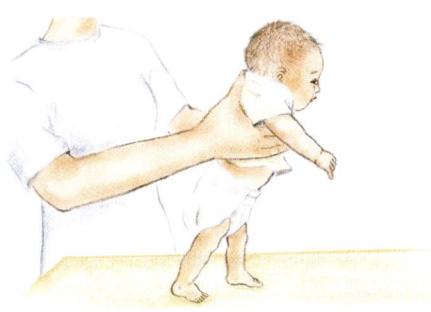

Schreitreflex: Wenn die Fußsohlen den Boden berühren zeigt das senkrecht gehaltene Kind „Gehbewegungen" (verschwindet nach ca. 3 Monaten).

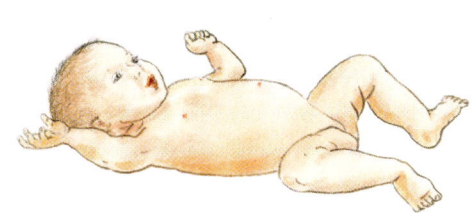

Moro-Reflex: Als Reaktion auf laute Geräusche oder ruckartige Bewegungen strecken sich Arme und Beine nach hinten.

Suchreflex: Bei Berührung der Wange dreht das Kind seinen Kopf in die Richtung (verschwindet nach ca. 3 bis 6 Monaten).

Mehr und mehr jedoch werden angeborene Verhaltensweisen ergänzt oder ersetzt durch erlernte, die dem Kind ermöglichen, eigene Erfahrungen zu sammeln und sich immer besser auf neue Herausforderungen der Umwelt einzustellen.

Schon kurz nach der Geburt beginnt das Kind mit der aktiven Erkundung seiner Umwelt und macht dabei sehr schnell neue Erfahrungen. Seine Fähigkeit, Reize wahrzunehmen, wiederzuerkennen, einzuordnen und in ihrer Bedeutung für das eigene Verhalten zu beurteilen, ermöglicht dem Baby eigene Lernerfahrungen.

Die rasante motorische Entwicklung der ersten zwei Jahre

Die motorische Entwicklung des Kindes ist in den ersten zwei Jahren geradezu spektakulär. Am Anfang ist es ein liegendes Wesen. Nach einem Jahr kann es gehen und stehen. Seine intellektuelle und soziale Entwicklung hält damit längst nicht Schritt. Ein Zweijähriges ist geistig noch lange nicht selbstständig, nicht wirklich sozial, aber körperlich besonders weit entwickelt.

Anfangs liegt das Kind auf dem Bauch oder auf dem Rücken. Der Kopf liegt jeweils seitlich. Das Kind hebt ihn zunächst nur so weit, dass es ihn auf die andere Seite legen kann. Etwa mit drei Monaten kann es den Kopf so weit anheben, dass es sich in Bauchlage umschauen kann. Meist stützt es sich dabei auf die Ellbogen oder Hände. In diesem Alter hält es in Rückenlage den Kopf schon in der Körpermitte, hat seine Arme gebeugt und lernt das, was in sein Gesichtsfeld kommt, kennen. Gleichzeitig beginnen die ersten Greifversuche, in die schnell die Füße einbezogen werden.

Die selbstständige Bewegungsentwicklung beginnt bei der Mehrzahl der Kinder zwischen dem fünften und siebten Monat, indem die Kinder sich zur Seite drehen, dann meist vom Bauch auf den Rücken und schließlich zurück auf den Bauch. Bald bildet sich ein breites Spektrum motorischer Möglichkeiten aus: Wälzen, Robben, Wippen, Kriechen auf dem Bauch bis hin zum Krabbeln auf Knien und Händen (Bären- oder Vierfüßlergang mit zehn bis dreizehn Monaten). Etwas später lernt das Kind, sich selbstständig aufzusetzen, sich hochzuziehen und aus dem typischen Kniestand aufzustehen, an der Hand zu gehen, bis es schließlich im zweiten Lebensjahr frei aufstehen und gehen kann.

Die Abbildung auf S. 331 gibt einen Überblick.

Reifung und Lernen

Die stets zunehmende Körperbeherrschung, die sich zum Beispiel in der Entwicklung vom Sitzen, Krabbeln, Stehen und Laufen zum Klettern vollzieht, ist nicht in erster Linie ein Ergebnis der Erfahrung, sondern der Reifung. Die Nervenbahnen, über die das Gehirn die Muskelbewegungen steuert, und Teile des Gehirns selbst, die daran beteiligt sind, sind bei der Geburt noch nicht vollständig ausgereift. Es ist demnach sinnlos, mit einem Kind Körperübungen zu machen, auf die sein Nervensystem noch nicht eingestellt ist. Es hat keinen Sinn, ein dreimonatiges Baby regelmäßig auf die Beine zu stellen – in der Hoffnung, dass es dann eher stehen kann. Es wird in dem Moment stehen können, in dem sein Nervensystem genügend entwickelt ist, um das dabei auftretende Impulsmuster zu empfangen und weiterzugeben.

Fortschreitende Körperbeherrschung bedeutet erstens eine Steuerung des Abwechselns zwischen links und rechts und zweitens die zunehmende Beherrschung des Körpergleichgewichts.

Der Links/Rechts-Wechsel, der beim Kriechen nötig ist, erfordert eine Koordination der beiden Gehirnhälften.

Beim späteren Laufen ist das Gleichgewicht von ausschlaggebender Bedeutung. Dazu ist erforderlich, dass das Gehirn mittels der Nervenbahnen von den Muskelnerven alle Informationen über die Stellung von zahlreichen Muskeln gleichzeitig auffängt. Es gibt eine Phase in der frühen Entwicklung des Kindes, in der sein Nervensystem durch ein so subtiles Informationssystem noch überfordert ist.

Hat dann Übung überhaupt einen Sinn? Ja: Übung von Körperbewegungen, die das Kind schon etwas beherrscht und für die es reif ist. Ein Kind, das sitzen kann, muss vor allem Gelegenheit zum Sitzen, ein Kind, das klettern kann, muss Gelegenheit zum Klettern bekom-

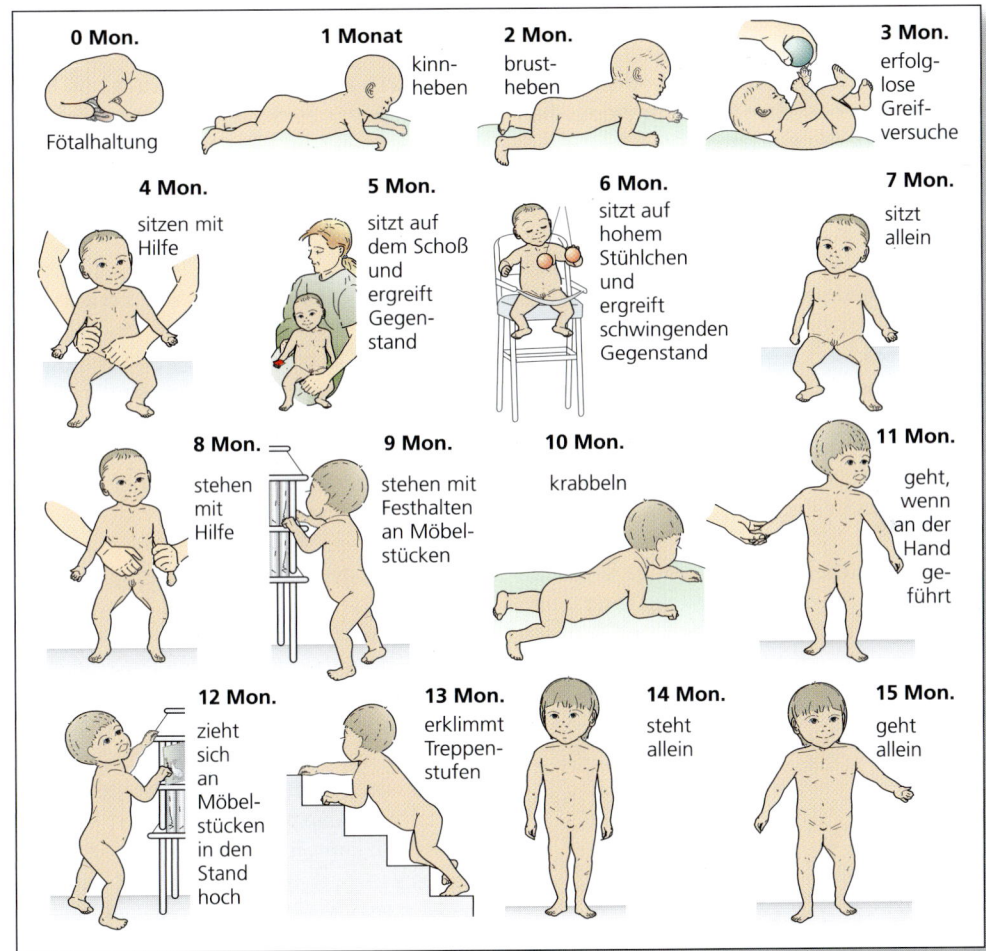

0 Mon. Fötalhaltung

1 Monat kinnheben

2 Mon. brustheben

3 Mon. erfolglose Greifversuche

4 Mon. sitzen mit Hilfe

5 Mon. sitzt auf dem Schoß und ergreift Gegenstand

6 Mon. sitzt auf hohem Stühlchen und ergreift schwingenden Gegenstand

7 Mon. sitzt allein

8 Mon. stehen mit Hilfe

9 Mon. stehen mit Festhalten an Möbelstücken

10 Mon. krabbeln

11 Mon. geht, wenn an der Hand geführt

12 Mon. zieht sich an Möbelstücken in den Stand hoch

13 Mon. erklimmt Treppenstufen

14 Mon. steht allein

15 Mon. geht allein

men. Denn Gehirn, Nervenbahnen und Muskeln, die benutzt werden, sind aktiv. Und die Aktivität reizt das Nerven- und das Muskelsystem zur weiteren Entwicklung. In gewissem Sinne sind sie ihr eigener Motor.

Auf diesem kleinen Gebiet kann die Umwelt ihren Einfluss geltend machen. Und hier ist wahrscheinlich auch der Einfluss von Milieuunterschieden zu suchen. Zwischen Familien und Kindertagesstätten können Unterschiede in Säuglingspflege und Erziehungsgewohnheiten bestehen, die einem Kind mehr oder weniger Gelegenheit geben, das, wozu es in der Lage ist, auch tatsächlich zu üben. Deshalb entwickeln sich Kinder in der einen Familie schneller als in der anderen. Der gleiche Unterschied besteht zwischen Kulturen. So entwickeln sich in Amerika schwarze Babys im Allgemeinen schneller als weiße Babys. Indianerbabys entwickeln sich jedoch im Allgemeinen langsamer als weiße Babys. Man nimmt an, dass dies zu einem großen Teil durch das

unterschiedliche Ausmaß der Bewegungsfreiheit zu erklären ist, die man in den unterschiedlichen Kulturen den Babys üblicherweise zugesteht. So liegen die Babys einiger Indianerstämme ziemlich lange gewickelt, so wie es in früheren Jahrhunderten auch in Westeuropa üblich war. Trotzdem lernen Indianerkinder ausgezeichnet laufen, genau wie unsere Vorfahren, vielleicht nur etwas später als Kinder, die nicht gewickelt liegen.

■ Unterschiede im Entwicklungsverlauf

Die meisten Eltern nehmen an, dass die Entwicklung der Verhaltensweisen bei allen Kindern so wie oben gezeigt gleich verläuft. Dies trifft für gewisse Entwicklungsbereiche, etwa die Sprache, auch zu. Die Meilensteine der Sprachentwicklung (verschiedene Laute, erste Wörter und Zwei-Wort-Sätze) treten wohl in sehr unterschiedlichem Alter, aber in der gleichen Reihenfolge auf.

Auf dem Gebiet der Motorik kann die Entwicklung je nach Kind aber anders verlaufen, was zu falschen Erwartungen und sogar unnötigen erzieherischen und therapeutischen Maßnahmen führen kann.

G. Haug-Schnabel und J. Bensel bringen in ihrem Buch „Grundlagen der Entwicklungspsychologie" die Variabilität des Entwicklungsverlaufs auf den Punkt:

„Wir wissen heute (angeregt durch den Züricher Entwicklungsforscher R. Largo, dass kein Entwicklungsmerkmal bei Kindern gleichen Alters gleich ausgeprägt ist, dass die ungeheure Entwicklungsvielfalt gleichaltriger Kinder dadurch zu Stande kommt, dass Eigenschaften und Fähigkeiten von Kind zu Kind unterschiedlich angelegt sind und unterschiedlich schnell ausreifen (interindividuelle Variabilität) und auch von der jeweiligen Umgebung unterschiedlich stark gefördert und somit in unterschiedlichem Maße zur Entfaltung gebracht werden (Realisierung vorhandener Potenzen).

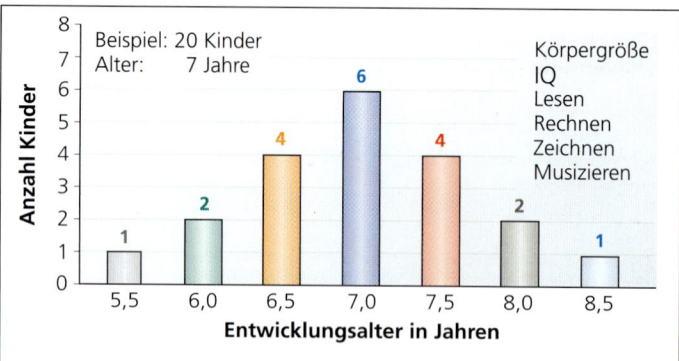

Das sogenannte Entwicklungsalter kann vom tatsächlichen Alter stark abweichen. Bei 20 untersuchten Kindern im Alter von 7 Jahren entsprach der Entwicklungsstand in den Bereichen Körpergröße, IQ, Lesen, Rechnen, Zeichnen und Musizieren nur bei ca. einem Drittel der Kinder ihrem chronologischen Alter. Die anderen zwei Drittel waren in ihrem Entwicklungsstand bis 1,5 Jahre voraus bzw. hinterher.[2]

Wir wissen auch, dass selbst bei einem Kind nicht von einem identischen Entwicklungsverlauf in verschiedenen Bereichen ausgegangen werden kann (intraindividuelle Variabilität), sondern Eigenschaften und Fähigkeiten aus verschiedenen Bereichen unterschiedlich angelegt sind und auch unterschiedlich schnell ausreifen (z. B. schnellere Fortschritte

beim Sprechen als in der motorischen Entwicklung). Zudem können bestimmte Fähigkeiten, wie z. B. das Laufen, beim einen Kind völlig andere Entwicklungsverläufe nehmen als beim anderen Kind. Die Variabilität des einzelnen Entwicklungsverlaufs ist so groß, dass alle einschränkenden Normvorstellungen nicht der Wirklichkeit entsprechen.

Heutige Entwicklungstabellen berücksichtigen diese inter- und intraindividuellen Unterschiede. Sie sind nicht mehr Auflistungen von isolierten Einzelleistungen, die Kinder in einem bestimmten Alter zu erbringen haben (z. B. frei sitzen mit 10 Monaten), sondern relativ locker umrissene Entwicklungsabfolgen, die persönliche Abweichungen in weiten Grenzen tolerieren. So hält man etwa klare Vorsprünge in der Sprachentwicklung und Verzögerungen in der motorischen Entwicklung für durchaus normal, und beide Werte gehen in die Gesamtbeurteilung des Entwicklungsstandes eines Kindes mit ein.

An ausgewählten Beispielen der Entwicklung vom Säugling zum Kleinkind kann man sehen, wie vielfältig und höchst unterschiedlich Entwicklungsprozesse ablaufen können. Manchmal kann man zur Veranschaulichung an das Bild einer Treppe denken: Ist eine Entwicklungsstufe erreicht, kommt die nächste Stufe und baut auf die vorangegangene auf, ohne dass diese im Verhalten weiterhin beobachtbar bleiben muss. Manche Kinder lassen eine Stufe aus, überspringen sie scheinbar und kommen trotzdem – ein Stück weiter – an derselben Stelle an wie Kinder, die jede Stufe durchlaufen haben. Die motorische Entwicklung läuft nach diesem Muster ab. Entwicklung kann aber auch in verschiedenen Bereichen gleichzeitig beginnen und nach und nach kommen immer wieder neue Fähigkeiten hinzu, ohne dass die vorangegangenen an Bedeutung verlieren oder gar verschwinden. So sind bereits von Geburt an die Nahrungsaufnahme und das frühkindliche Kontaktbedürfnis voll entwickelt. Etwas später folgen die individuelle Bindung an die Bezugspersonen, dann der Verhaltensbereich Erkunden, Spielen, Nachahmen und erst Jahre später ein merklicher Fortschritt bei der sexuellen Reifung."[2]

[2] Haug-Schnabel, G; Bensel, J., 2005

[2] Haug-Schnabel, G; Bensel, J., 2005

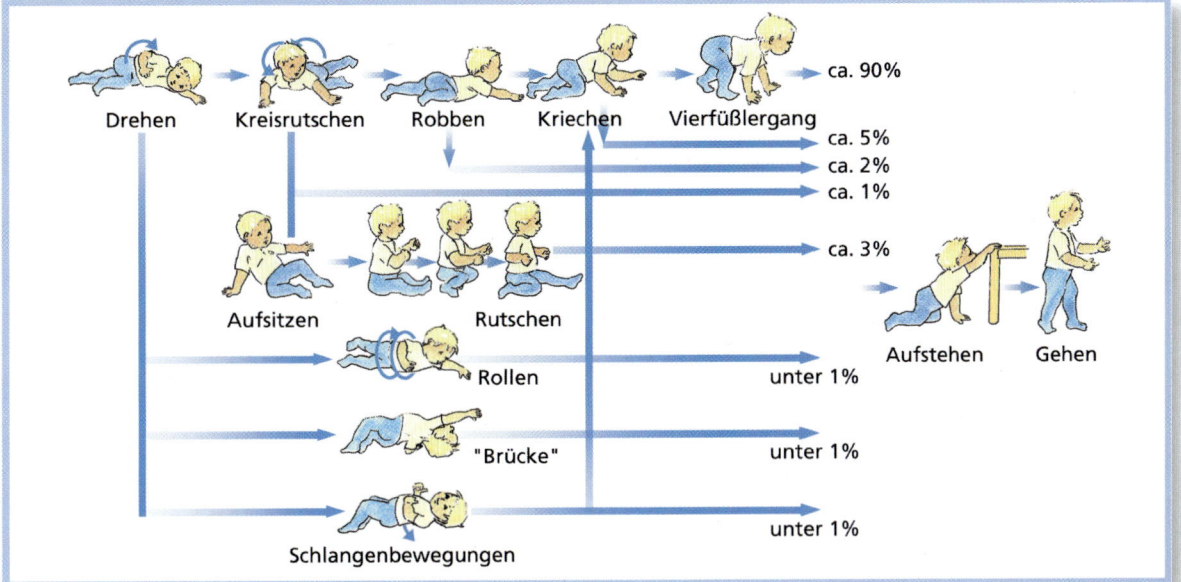

Viele Wege führen zum Gehen. Neue Untersuchungen zeigen, wie unterschiedlich „normale" Entwicklung verlaufen kann (Abb. modifiziert nach Largo, R. H., Kinderjahre, 1999).

Prinzipien der motorischen Entwicklung

Auch wenn es eine Vielfalt in der motorischen Entwicklung gibt können wir bestimmte Prinzipien formulieren, nach denen die Entwicklung des Bewegungsverhaltens abläuft.

- **Entwicklungsrichtung:** Die Entwicklung der Motorik verläuft von oben nach unten; sie fängt beim Kopf an und endet bei den Füßen (Prinzip der cephalo-caudalen Entwicklungsrichtung). Bewegungen im Kopfbereich sind damit eher möglich als im Fußbereich. Je näher die Muskeln am Gehirn liegen, desto eher reifen sie. Die Kontrolle der Muskeln, die dem Zentrum des Körpers näher liegen, gelingt eher als die Kontrolle der entfernteren, feineren Muskeln (Prinzip der zentral-peripheren Entwicklungsrichtung).
- **Wechselseitige Vorherrschaft:** Der Säugling bewegt zunächst beide Arme und beide Beine gemeinsam, erst viel später lassen sie sich einzeln und unabhängig voneinander bewegen.
- **Funktionelle Asymmetrie:** Beim Vorherrschen von bestimmten Muskelpartien dominiert immer eine bestimmte Körperseite. Ein Beispiel hierfür ist die stärkere Beachtung der rechten Körperseite, auf der die Rechtshändigkeit aufbaut.
- **Individuelle Reifung:** Die Geschwindigkeit der motorischen Entwicklung sowie die Ausprägung von Körpergliedern und Organen nach Größe und Stärke sind individuell unterschiedlich.
- **Selbstregulierende Fluktuation:** Der Organismus gestaltet aufgrund von eigenen Informationen über den Stand der Entwicklung selbst das weitere Reifungsgeschehen.

■ Fein- und Grobmotorik

Bei der zunehmenden Körperbeherrschung kann man zwischen grober und feiner Motorik unterscheiden.

Die **Grobmotorik** setzt sich aus größeren Bewegungen von rumpfnahen Muskeln und Muskelgruppen zusammen: Herumfuchteln, Bücken, Treppensteigen, Fahrradfahren, Purzelbäume schlagen.

Die **Feinmotorik** besteht aus kleinen Bewegungen von Händen und Fingern, wie sie zum Beispiel für das Ergreifen eines Spielzeuges, das Legen von Puzzleteilen, das Festhalten einer Rosine, das Bewegen eines Zeichenstiftes über ein Papier, das Stricken und das Zusammensetzen eines Modellflugzeuges erforderlich sind.

Ein Baby kann eher den Arm nach einem Spielzeug ausstrecken als es ergreifen. Ein Kleinkind kann mit einem Löffel essen, hält ihn aber noch so ungeschickt, dass es beim Essen kleckert. Ein Vorschulkind kann seine Hose anziehen, hat aber mitunter noch Probleme mit Knöpfen oder Reißverschlüssen. Es kann auch schon größere Zeichnungen anfertigen, aber noch kaum *kleine* Buchstaben malen. Es ist also nicht nur so, dass es vor seinem fünften Lebensjahr vom Verstand her nicht in der Lage ist, schreiben zu lernen; es ist auch motorisch noch nicht weit genug entwickelt. Es kann nämlich die Muskeln des Handgelenkes noch nicht geschmeidig bewegen. Die grobe Motorik ist der mit ihr in Verbindung stehenden feinen Motorik stets einen Schritt voraus, und innerhalb der Feinmotorik kann man wiederum von „fein" bis zu richtiger „Tüftelarbeit" unterscheiden, je nach Ausmaß der dafür erforderlichen Beherrschung der allerkleinsten Muskeln.

Ob und wieweit ein Kind diese allerkleinsten Muskeln zu beherrschen lernt, hängt zum größten Teil von seiner Veranlagung ab, davon, ob sein Nervensystem die Möglichkeit zu dieser Verfeinerung in sich hat. Dass die Anlage hier eine Rolle zu spielen scheint, geht schon aus der Tatsache hervor, dass Mädchen im allgemeinen eine feinere Motorik als Jungen erreichen, was nicht allein auf kulturell bestimmte Erfahrungsunterschiede zurückzuführen ist.

Die Entwicklung der Grobmotorik ist auch etwas früher abgeschlossen als die der Feinmotorik. Mit sechs, sieben Jahren beherrschen die meisten Kinder die grundlegenden Fertigkeiten. In den darauf folgenden Jahren lernen sie viele neue Bewegungsabläufe. Das verdanken sie aber nicht so sehr der fortschreitenden Reifung, sondern der zunehmenden Körperkraft, der zunehmenden Größe ihrer Gliedmaßen und der Veränderung ihrer Körperproportionen.

■ Spezialisierung

Die motorischen Fertigkeiten sind auf die Körperregionen ungleichmäßig verteilt. Es gibt Kinder und Erwachsene, die mit allen Körperteilen gleich geschickt sind. In der Regel beherrschen sie aber nur bestimmte Dinge gut. Es gibt im Allgemeinen wenig Verbindung zwischen der Geschicklichkeit verschiedener Muskelgruppen, weil sie von unterschiedlichen Teilen des Nervensystems gesteuert werden und die Nervengebiete ziemlich getrennt arbeiten. Ein Kind, das gut mit Bällen treffen kann, muss nicht unbedingt auch im Seilhüpfen gut sein. Das Training der einen Fähigkeit kommt der anderen nicht unbedingt zugute. Man kann von Spezialisierung sprechen.

Jedes Kind bringt für jede Körperregion unterschiedliche Anlagen mit. Das hängt mit den Möglichkeiten des dazugehörigen Nervengebietes zusammen. Damit diese Möglichkeiten auch realisiert werden, muss es Gelegenheit zur Übung dieser Fertigkeiten bekommen. Eine mäßige Anlage und viel Gelegenheit zum Üben können zu demselben Resultat führen wie eine gute Anlage und wenig Gelegenheit zum Üben. Die meisten hier angesprochenen Fertigkeiten betreffen willkürliche Bewegungen, also Handlungen, die von der Gehirnrinde gesteuert werden. Auch wenn – durch Routine bedingt – der Eindruck entsteht, als ob diese Handlungen wie von selbst ausgeführt werden, so spielt sich doch im Gehirn ein Informationsverarbeitungsprozess ab. Obwohl dies so schnell geschieht, dass ein Mensch sich nicht bewusst für die eine oder andere Bewegung entscheidet, wird diese Entscheidung im Gehirn dennoch getroffen. Hierbei sind, grob umrissen, vier Prozesse beteiligt:

1. Die Wahrnehmungsreize einer bestimmten Situation kommen im Gehirn an;
2. die Entscheidung für die beste Bewegung wird getroffen;
3. es werden Reize an die zuständigen Muskeln durchgegeben;
4. die Muskeln bewegen sich in einem „fließenden" Bewegungsschema hin und her.

Ein Kind kann hinsichtlich seiner Bewegungen sehr begabt und beispielsweise schon im frühen Alter für den Weitsprung talentiert sein. Es kann aber auch unbegabt sein und sich steif und ungelenk bewegen.

Im Hinblick auf die oben erwähnten vier Prozesse ist es sehr schwierig, die Ursache hierfür aufzuspüren.

Motorische Entwicklung im Vorschulalter

In der vier bis fünf Jahre dauernden Zeit des Klein- bzw. Vorschulkindes werden die Bewegungsmöglichkeiten variiert und gesteigert. Die Bewegungsabläufe gewinnen deutlich an Sicherheit, die Bewegungsvielfalt nimmt zu und kann in unterschiedlichen Situationen eingesetzt werden. Vor allem in der Grobkoordination zeigt sich eine zunehmende Steuerungsfähigkeit. Die Mitbewegungen werden abgebaut, die Bewegungselastizität nimmt zu, die Bewegungen sind ab dem fünften bis sechsten Lebensjahr auch kraftvoller, schneller und großräumiger. Das Kind kann jetzt nicht nur laufen, es beginnt zu rennen – mit vier bis fünf Jahren schon recht gut koordiniert. Die zunehmende Beinmuskulatur ermöglicht schon richtige Sprünge. Hüpfen (Landen auf dem Sprungbein) ist meist erst ab vier Jahren zu beobachten, da hier höhere Anforderungen an Kraft und Gleichgewicht gestellt werden (Mädchen toppen hier die Jungen). Vorstufe für das Klettern ist das Treppensteigen. Erst mit drei Jahren werden die Stufen im Wechselschritt genommen – leichter nach oben als nach unten. Der sukzessiv wachsende Gleichgewichtssinn ermöglicht es Kindern ab drei Jahren, drei bis vier Sekunden auf einem Bein zu stehen oder über einen genügend breiten Balken zu balancieren. Daraufhin gelingt es auch bald mit dem Fahrrad unterwegs zu sein. Auch hier sind die Mädchen wieder früher dran. Nicht jedoch beim Werfen. Hier entwickeln die Jungen mit sechs bis sieben Jahren die „Erwachsenenform", d. h. sie holen eindeutig nach hinten aus, unterstützen die Armbewegung durch den Oberkörper und verlagern dabei das Gewicht auf den Fuß der Gegenseite. Ebenso lang dauert es etwa auch, bis Kinder einen in Brusthöhe zugeworfenen Ball mit beiden Händen sicher fangen können.

- Hapert es bei der Wahrnehmung, so dass das Gehirn falsche Informationen empfängt?
- Bewegt sich das Abwägen der Möglichkeiten zu langsam durch ein neuronales Netzwerk, das nicht genug verfeinert ist?
- Oder liegt es an den Nervenbahnen, die die Reize zu den Muskeln schicken?
- Oder an den Muskeln selbst, die die Bewegungen ausführen müssen? Was genau es ist, wird noch erforscht.

Motorik im Rahmen der Gesamtentwicklung

Ein weiter Weg also, den Kinder gehen müssen, um ihren Alltag motorisch bewältigen zu können. Sie müssen ihre Möglichkeiten selbst entdecken und sich selbst entwickeln, brauchen dazu aber Begleiter, Unterstützer und Vorbilder. Eltern und Erzieherinnen sollten sich dabei jedoch nicht viele Gedanken oder Sorgen machen. Es reicht oft, wenn sie den Kindern Freiräume geben, die diese mit ihrer Neugierde und ihrem Bewegungsdrang ausfüllen können. Es motiviert Kinder aber besonders, wenn sie von Erwachsenen angeregt werden – durch gute Vorschläge, vor allem aber durch Mitspielen. Im Vorschulalter besteht bei Kindern ein starker Drang, sich auszutoben. Fang- und Versteckspiele sind daher sehr beliebt. Hoch im Kurs stehen auch Spiele mit Körperkontakt. Sich am Erwachsenen zu reiben und mit ihm zu toben, stärkt nicht nur die Kräfte und die Ausdauer der Kinder, es schafft auch eine besonders intensive Beziehung zum Erwachsenen. Balancieren über Mäuerchen, Baumstämme oder Ähnliches sollte in diesem Alter nicht – aus Angst – verboten, sondern gefördert werden. Es stärkt die Sinne und hilft, Selbstbewusstsein zu entwickeln. (Siehe Bewegungserziehung, S. 386 ff.).

Wie bewegungshungrig Kinder sind, zeigt eine Befragung zum Weltkindertag 2000, bei der 86 % der befragten Kinder angaben, gerne Sport zu treiben, aber nur 39 % ihrer Eltern dies tun. 78 % der Kinder wünschten, mehr Sport mit der Familie zu machen. Es liegt an den Eltern, dieses Verlangen zu fördern, auszubauen und zu pflegen. Kinder brauchen Bewegung. Nicht allein für ihre gesunde körperliche Entwicklung, sondern auch für ihre geistige, emotionale und soziale Entwicklung. Die Bedeutung der Bewegung für die Gesundheit und die körperliche (biologisch-motorische)

Entwicklung ist allgemein akzeptiert. Heute wissen wir, dass die Bewegung für *die Sprachentwicklung, die psychisch-emotionale Entwicklung, die Entwicklung der Wahrnehmung* und für die *kognitive*, und nicht zuletzt *soziale Entwicklung* von grundlegender Bedeutung ist. Diese Wechselwirkung lässt sich so darstellen:

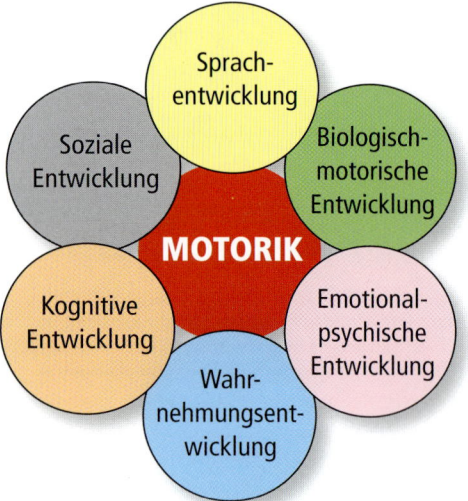

Finden Sie Beispiele für den Zusammenhang zwischen Bewegungsentwicklung des Kindes und der Entwicklung

- der Sprache
- des Biologisch-motorischen
- des Emotional-Psychischen
- der Wahrnehmung
- der Kognition
- und des Sozialen?

Gerade in der frühen Kindheit erfolgt die unmittelbare Erfahrung, das „Begreifen" der Umwelt, vorwiegend durch die Tätigkeit des Kindes, über seine körperlichen und seine sinnlichen Erfahrungen. Über die Verbindung von Sinneseindruck und darauf abgestimmte Bewegungen (Sensomotorik). Diese unmittelbare Auseinandersetzung mit der Umwelt gilt als wesentlich für die Entwicklung der geistigen Fähigkeiten und des Denkens. Dies hat insbesondere der Schweizer Entwicklungspsychologe JEAN PIAGET in seinem umfangreichen Werk nachgewiesen.

Schon frühe nonverbale Äußerungen des Kindes erfordern motorische Aktivitäten: Das erste Lächeln des Säuglings, das die Eltern entzückt, alle mimischen Ausdrucksformen sind Bewegung. Das Sprechen erfordert ein ausgeprägtes, fein abgestimmtes Zusammenspiel vielfältiger Bewegungen. Beim Zeichnen und Malen, beim Schreibkritzeln werden Bewegungen auf dem Papier festgehalten. Das Kleinkind, das lernt, sich selbstständig fortzubewegen, kann dadurch seinen Lebensraum beständig erweitern und erforschen, seine Unabhängigkeit steigern und neue Erfahrungen sammeln, die für seine weitere Entwicklung entscheidend sind. Bei dieser „Eroberung" der Umwelt können Sie dem Kind helfen.

> Bewegung für Kinder im Vorschulalter einzuschränken bedeutet, ihre Entwicklung zu gefährden.

Aufgrund des derzeitigen Erkenntnisstandes der Entwicklungsbiologie und -psychologie sind Bewegung und Sport unverzichtbare Bestandteile der Erziehung des Kindes. Für das Kind ist die Bewegung zunächst Ausdruck seiner natürlichen Lebensfreude, dient dem Wohlbefinden und der Förderung des Gesundheitszustandes. Dass dem Aspekt der Gesundheit eine erhebliche Bedeutung zukommt, belegen Untersuchungen, wonach ein erheblicher Prozentsatz der eingeschulten Kinder *Haltungs- und Organleistungsschwächen* aufweist. Auch auf eine Zunahme der Störungen der *Körperkoordination*, d. h. des aufeinander abgestimmten Zusammenwirkens verschiedener Muskeln und Muskelgruppen bei Bewegungen, wird verschiedentlich hingewiesen. Da eine gut entwickelte Körperkoordination eine Grundvoraussetzung für viele motorische Aktivitäten und Sportarten darstellt und bewegungsgeschickte Kinder in vielen kritischen Situationen weniger unfallgefährdet sind, lohnt es sich, der Körperkoordination besondere Beachtung zu schenken und Übungen, die diese Fähigkeit steigern, anzuregen. Es gibt aber auch noch einen anderen wichtigen Grund die motorische Entwicklung nach Kräften zu unterstützen: Die Selbstwerdung im psychologischen Sinne.

Bedeutung von Körper- und Bewegungserfahrungen für das Selbstwerden

Selbstständig sein heißt in diesem Kontext, selbst stehen zu können. Es ist kein Zufall, dass diese beiden Begriffe miteinander verwandt sind. RENATE ZIMMER verdeutlicht, dass positive körperliche Erfahrungen grundlegend für die Entwicklung des kindlichen Selbstkonzeptes sind. Erzieherinnen und Eltern können Kindern diese Erfahrungen ermöglichen.

„Ich bin schon groß, ich kann alleine klettern…"

„Schaffe ich den Sprung ins kühle Nass – oder schaffe ich ihn nicht?"

„Traue ich mich, die Rutsche hochzuklettern – oder bleibe ich lieber unten?"

Ob sich ein Kind für stark oder für schwach hält, ob es Vertrauen in seine Fähigkeiten hat, bei Schwierigkeiten schnell aufgibt oder sich durch sie geradezu herausgefordert fühlt – all das ist abhängig von dem Bild, das das Kind von sich selbst hat. In diesem Selbstbild spiegeln sich die Erfahrungen wider, die es in der Auseinandersetzung mit seiner sozialen und materialen Umwelt gewonnen hat, ebenso aber auch die Erwartungen, die von der Umwelt an das Kind herangetragen worden sind.

So entwickelt jeder Mensch im Laufe seines Lebens ein System von Annahmen über seine Person, er gibt sich gleichsam eine Antwort auf die Frage: „Wer bin ich?". In den ersten Lebensjahren gründen diese Annahmen vor allem auf Erfahrungen, die ein Kind über seinen Körper macht. Körpererfahrungen können als früheste Stufe der Selbstentwicklung angesehen werden. Sie sind das Wesen des Selbstkonzeptes.

Selbstkonzept

Unter Selbstkonzept wird die Gesamtheit der Annahmen verstanden, die ein Mensch von seiner Person hat.

Über die Erfahrungen, die das Kind mit seinem Körper gewinnt, entwickelt es ein Bild von den eigenen Fähigkeiten. Es erhält eine Vorstellung von seinem „Selbst" und macht die Erfahrung von Können und Nicht-Können, von Erfolg und Misserfolg, von seiner Leistungsfähigkeit und seinen Grenzen.

Renate Zimmer verdeutlicht die Entwicklung des „Selbst": „Kinder erleben durch ihre körperlichen Aktivitäten, dass sie selbst imstande sind, etwas zu leisten, ein Werk zu vollbringen, dass sie mit ihren Handlungen etwas bewirken können. Bereits im Kleinkindalter äußert sich das Bemühen um Selbstständigkeit am deutlichsten in körperlich-motorischen Handlungen. Sich allein anzuziehen, ohne fremde Hilfe zu laufen, auf eine Mauer zu klettern und wieder hinunterzuspringen – dies sind körperliche Errungenschaften, die dem Kind (und auch seinen Eltern und Bezugspersonen) schrittweise die zunehmende Unabhängigkeit beweisen. Selbstständigkeit heißt zunächst einmal „selber stehen können", im wörtlichen wie im übertragenen Sinne.

Der Aufbau des „Selbst" ist beim Kind also wesentlich geprägt von der Art und Weise, wie es sich über seinen Körper und seine Sinne die Umwelt aneignet und sich mit ihr auseinandersetzt. Die über Körper und Bewegung gemachten Erfahrungen können damit auch als Grundlage der kindlichen Identitätsentwicklung angesehen werden.

Entstehung des Selbstkonzepts
Um ein Bild über sich selbst zu erhalten, greift das Kind auf unterschiedliche Informationsquellen zurück. Hierzu zählen:

- Informationen über die Sinnessysteme (das „Körperselbst"),
- Erfahrungen der Wirksamkeit des eigenen Verhaltens,
- Folgerungen aus dem Sich -Vergleichen und Sich – Messen mit anderen;
- Zuordnung von Eigenschaften durch andere."[3]

■ Das „Körperselbst"

Die ersten Erfahrungen über die eigene Existenz macht das Kind über seine Sinnessysteme. Die ersten entscheidenden Eindrücke zur Differenzierung zwischen dem eigenen Körper als Gegenstand und den übrigen Gegenständen setzen schon sehr früh ein. Von besonderer Bedeutung ist dabei die beginnende Unterscheidung zwischen dem eigenen Körper und den übrigen Gegenständen, die Körperempfindungen hervorrufen (zum Beispiel Schmerz, Kälte, Wärme). Die Erfahrungen, die das Kind in den ersten Lebenswochen über seine sensorischen Systeme macht, führen zur ersten Stufe in der Entwicklung des Selbst, dem „Körperselbst". Das Kind lernt seinen Körper, seine

3) Zimmer, R.,1997

Stimme, seine Körpergrenzen und seine Lage im Raum kennen. Das Körperselbst bildet die Basis für das Bewusstsein der eigenen Identität. Durch die Wahrnehmung des Körpers ist dem Säugling wie dem Kleinkind die Unterscheidung von Ich und Umwelt möglich. Der Körper ist das Bindeglied zwischen dem Selbst und der Umwelt, er vermittelt zwischen „innen" und „außen".

Der Aufbau des „Selbst" ist beim Kind davon geprägt, wie es sich über seinen Körper und seine Sinne die Umwelt aneignet.

■ Erfahren der Wirksamkeit der eigenen Handlungen

Eine weitere Quelle, um Rückschlüsse auf seine Person zu ziehen, ist die Wahrnehmung der Wirksamkeit des eigenen Verhaltens und der eigenen Handlungen. Unter Selbstwirksamkeit verstehen wir die subjektive Überzeugung, selbst etwas bewirken und verändern zu können. Indem das Kind z. B. einen Gegenstand immer wieder aus seinem Hochstuhl auf den Boden fallen lässt, versucht es einerseits, die materialen Eigenschaften des Gegenstandes zu erkennen (welches Geräusch entsteht, wenn er auf dem Boden landet, wie verändert er sich, wenn er auf dem Boden aufkommt?), andererseits aber auch herauszufinden, welchen Einfluss es auf seine Umgebung nehmen kann. Findet sich jemand, der das Spielzeug immer wieder aufhebt?

Auf diese Weise erhält das Kind auch Informationen über seine Wirksamkeit, es erfährt, inwieweit es seine Welt unter Kontrolle hat, ob es sie steuern kann. Dazu gehört das Gefühl, kompetent zu sein und durch die eigenen Handlungen Einfluss auf die Umwelt nehmen zu können.

Wie geschickt ein Kind mit einem Spielzeug hantiert, wie es vorgegebene oder selbst gestellte Aufgaben bewältigt – das Ausschneiden einer Form aus Papier oder das Auffädeln einer Perlenkette – die hier gewonnenen Erfahrungen geben ihm Rückmeldung über seine Fähigkeiten und sein Können.

■ Sich-Vergleichen und Sich-Messen mit anderen

Die Vorstellung von den eigenen Fähigkeiten, Begabungen und dem jeweiligen Können muss nicht immer ein genaues Abbild der tatsächlichen Fähigkeiten des Menschen sein. Sie entsteht vielmehr aus der Bewertung der eigenen Handlungen und Leistungen und dem Sich-Messen mit anderen.

Mit einer Bewertung der eigenen Fähigkeiten durch andere wird das Kind außerhalb der Familie vor allem im Kindergarten und in der Schule konfrontiert. Hier bahnt sich ein Vergleich mit anderen Gruppenmitgliedern an: Das Kind sieht, ob es schneller oder langsamer als andere ist, ob es in seiner Geschicklichkeit mit anderen mithalten kann, und wie ausdauernd es ist. In solchen Situationen ist es wichtig, die Aufmerksamkeit des Kindes auf die eigenen Fähigkeiten und ihre Weiterentwicklung zu lenken. Anstelle eines Vergleichs mit anderen kann das Kind auch dazu veranlasst werden, eigene Leistungsfortschritte bewusster wahrzunehmen.

■ Zuordnung von Eigenschaften durch andere

Entscheidend für die Selbstbewertung ist auch das Bild, das sich andere nach ihren Vorstellungen von einem machen. So sieht das Kind sich selbst oft im Spiegel seiner Spielkameraden und Gruppenmitglieder. Obwohl es objektiv vielleicht gar nicht ungeschickt oder unbeholfen ist, schätzt es sich doch selbst so ein, wenn es von den Eltern, der Erzieherin oder anderen Kindern so beurteilt wird. So bestimmen nicht nur die objektiven Leistungen und körperlichen Fähigkeiten das kindliche Verhalten, sondern auch die Annahme, wie andere es einschätzen. Die unterschiedlichen Wertschätzungen, die das Kind wahrnimmt, können dazu führen, dass es fremde Wertmaßstäbe übernimmt und die eigene Bewertung des Selbst danach ausrichtet, ein Mechanismus, der auch als „Sich-selbst-erfüllende-Prophezeiung" bezeichnet wird.

Besonders wichtig ist das Bild und die Bewertung der eigenen Fähigkeiten bei Kindern, die körperliche und motorische Schwächen haben: Spiel und Bewegung stellen für sie bedeutsame Situationen dar, in denen Anerkennung und Prestige gerade über entsprechende Fähigkeiten erreicht werden. In einem Alter, in dem Geschicklichkeit, körperliche Leistung und motorische Fähigkeiten sehr hoch im Kurs stehen, wirkt sich die Erfahrung körperlicher Unterlegenheit, Ängstlichkeit und Unsicherheit schnell auf das Selbstbild des Kindes und ebenso auf den sozialen Status und die Position in der Gruppe aus.

Häufige Misserfolgserlebnisse bergen die Gefahr, dass – zum Teil unbewusst – ein negatives Selbstkonzept aufgebaut wird. Ein Kind, das von seinen Spielkameraden oder den Erwachsenen als „Tollpatsch" oder „Flasche" eingestuft wird, von dem also Leistungen und Fertigkeiten erst gar nicht erwartet werden, fühlt sich oft auch selbst als Versager. Einige dieser Kinder reagieren mit Resignation und Rückzug, andere wiederum versuchen, das Gefühl der eigenen Minderwertigkeit zu kompensieren, indem sie aggressiv werden und ihre motorische Unterlegenheit durch körperliche Angriffe auf andere zu verdecken suchen. Bewegungsaufgaben und -spiele werden aus Angst vor neuen Misserfolgserlebnissen gemieden. „Hab' keine Lust!" ist ein Ausweg, „Kann ich nicht!" ein anderer. Durch mangelnde Übung wird schließlich der Leistungsabstand zu den Gleichaltrigen noch größer, durch entsprechende Reaktionen der Gruppenmitglieder: „Der spielt sowieso nicht mit!", wird die Außenseiterposition erhärtet. Das Kind manövriert sich scheinbar selbst in eine ausweglose Situation – ein Teufelskreis, aus dem es ohne Hilfe meist kein Entrinnen gibt.

■ Auswirkungen des Selbstkonzeptes auf die Selbstwahrnehmung

Kinder – aber auch Erwachsene – werden in ihrem gesamten Verhalten sehr von ihrem Selbstkonzept beeinflusst. Ihre Zufriedenheit, ihre *Anstrengungsbereitschaft*, die Art und Weise, mit Problemen umzugehen oder sich mit neuen Situationen auseinander zu setzen, ist davon abhängig, wie sie sich selbst wahrnehmen, einschätzen und bewerten. So erleben Kinder mit einem eher negativen Selbstkonzept unbekannte Situationen und neue Anforderungen häufiger als bedrohlich, sie fühlen sich ihnen nicht gewachsen und geben leichter auf. Auf Kritik und Misserfolg reagieren sie unangemessen empfindlich und besitzen eine nur geringe Frustrationstoleranz. Kinder mit positivem Selbstkonzept gehen dagegen mit geringerer Ängstlichkeit und größerer Energie an neue Aufgaben heran und sind auch bei Misserfolgen nicht so leicht zu entmutigen. Das Selbstkonzept ist meist sehr stabil, aber nicht veränderungsresistent. Die meisten Menschen tendieren dazu, eine gewisse Grundeinstellung sich selbst gegenüber beizubehalten und spätere Erfahrungen so zu steuern, dass eine Übereinstimmung zwischen dem Selbstkonzept, dem eigenen Verhalten und den Erwartungen anderer besteht, sie versuchen also „mit sich selbst identisch zu bleiben."

Kindheitserfahrungen sind von besonderer Bedeutung, weil in frühen Lebensjahren die Gefahr besteht, dass Kinder unangemessene Verallgemeinerungen vornehmen. Negative Erfahrungen, die sie z. B. aufgrund ihrer körperlichen Fähigkeiten machen, übertragen sie leicht auch auf andere Gebiete. So befürchten sie schließlich nicht nur bei Bewegungsspielen von den anderen nicht anerkannt zu werden, sondern ziehen sich auch bei anderen Aktivitäten in der Gruppe zurück oder reagieren – wie oben beschrieben – mit Aggressivität und störendem Verhalten, um so die Anerkennung der anderen zu erhalten.

> Eine wesentliche Vorbedingung für die Entwicklung eines positiven Selbstwertgefühls ist das Bereitstellen von Situationen, in denen das Kind selbst aktiv werden kann.

Vor allem aber werden die Ursachen für Erfolg und Misserfolg unterschiedlich erklärt: Kinder mit positivem Selbstkonzept sehen Erfolge als Resultat ihrer eigenen Anstrengung und als Bestätigung ihrer Leistungsfähigkeit. Misserfolg erklären sie eher mit „Zufall" oder „Pech" und betrachten ihn nicht als repräsentativ für ihre Fähigkeiten.

Im Gegensatz dazu relativieren Kinder mit negativem Selbstkonzept, wenn sie tatsächlich einmal erfolgreich sind, die Schwierigkeit einer Aufgabe, machen Glück oder Zufall dafür verantwortlich und schreiben den Erfolg weniger sich selbst zu. Misserfolg interpretieren sie als Beweis für das eigene Unvermögen; sie führen ihn oft auf mangelnde Begabung („kann ich nicht") zurück. Bei niedrigem Selbstkonzept ist die Erfolgserwartung des Kindes in der Regel geringer als bei hohem Selbstkonzept, was wiederum Konsequenzen für die Erwartungshaltung von seiten der sozialen Umwelt hat: Wer sich selbst nichts zutraut, dem trauen auch andere nicht viel zu.

Eine wesentliche Vorbedingung für die Entwicklung eines positiven Selbstwertgefühls ist das Bereitstellen von Situationen, in denen das Kind selbst aktiv werden kann. Für ein Kind ist es wichtig zu erfahren, dass seine Motive und Handlungsimpulse in ein – aus seiner Sicht sinnvolles Verhalten – umgesetzt werden können. Selbstständigkeit, Entscheidungsfähigkeit und Planung des eigenen Verhaltens können von einem Kind nur dann gelernt werden, wenn ihm ein entsprechender Handlungsspielraum zur Verfügung steht. Dies heißt allerdings nicht, dass man das Kind im Sinne eines „Laisser-faire" einfach sich selbst überlassen sollte. Eine völlig offene Situation, die weder durch konkrete Aufgabenstellungen noch durch äußere Grenzen festgelegt ist, überfordert das Kind.

Ein möglichst großer Handlungsspielraum innerhalb einsichtiger und sinnvoller Grenzen, die zum Beispiel vom Material, von strukturierten Angeboten und den Anregungen des Erwachsenen und der anderen Kinder ausgehen, gibt ihm dagegen die Freiheit der Entscheidung, aber auch Hilfen für die selbstständige Bewältigung der Situation. Welcher Schwierigkeitsgrad gewählt wird, wie sich das Kind in ein Spiel einbringt, welche Rollen es übernimmt, diese Handlungen sind beeinflusst von der eigenen Erwartungshaltung, die sich bei

ihm durch die vorangegangenen Erfahrungen eingestellt hat.

Besonders günstige Voraussetzungen, um die eigene Selbstwirksamkeit zu erleben, bieten im Kindergartenalter Bewegungserlebnisse, da sie – abgestimmt auf die Fähigkeiten des Kindes – die direkte Erfahrung vermitteln, selbst für das Handlungsergebnis verantwortlich zu sein. Bewegungsspiele beinhalten immer auch ein Erproben der eigenen Fähigkeiten und Kräfte. Das Kind übt seine Geschicklichkeit, es lernt seine Leistungsgrenzen kennen, aber auch erweitern und macht so die Erfahrung des Selber-Ursache-Seins. Indem es die Wirkung seiner Handlungen unmittelbar erfährt, erlebt es sie als selbst bewirkt, Erfolg und Misserfolg können auf eigene Anstrengungen, auf die eigene Person zurückgeführt werden. Je häufiger ein Kind die Erfahrung macht, dass seine Handlungen etwas bewirken und Konsequenzen nach sich ziehen, um so eher wird es Vertrauen in sich selbst gewinnen und damit auch ein positives Bild von sich selbst entwickeln.[4]

Vor einer unreflektierten Idealisierung der Einflüsse von Spiel und Bewegung muss allerdings gewarnt werden: Spiel und Bewegung können Erfolgserlebnisse, eine Erhöhung des Selbstwertgefühls und des Selbstvertrauens bedeuten, aber auch genau das Gegenteil zur Folge haben, also Misserfolgserlebnisse mit sich bringen und zur Selbstwertverletzung, zum

---

[4] nach: Zimmer, R.,1997

Verlust des Vertrauens in die eigenen Fähigkeiten, führen.

Bei Spiel und Bewegung handelt es sich also um elementare kindliche Ausdrucksformen, die jedoch nicht automatisch pädagogisch wünschenswerte Wirkungen haben; diese erhalten sie vielmehr erst dann, wenn bestimmte Rahmenbedingungen eingehalten werden. Hinsichtlich der Erfahrung von Selbstwirksamkeit sollten Bewegungsangebote daher folgende Grundsätze berücksichtigen:

1. Freiwilligkeit der Entscheidung über die Teilnahme.
2. Handlungsimpulse, die vom Kind kommen, aufgreifen.
3. Vermeidung von Bewertung-Verstärken der Eigentätigkeit.
4. Vereinbaren von einsichtigen Grenzen.

Auf all diesen Überlegungen baut die *Psychomotorik* auf, als Hilfe zur Selbsthilfe und zur Entfaltung der kindlichen Persönlichkeit.

Motorische Entwicklungsstörungen

Störungen der motorischen Fertigkeiten engen nicht nur den Bewegungs- und Handlungsspielraum des Kindes ein, sie hemmen es meist auch in seinen sozialen Aktivitäten, beeinträchtigen sein Selbstwertgefühl und sein Selbstvertrauen und können weitere Persönlichkeitsbereiche negativ beeinflussen. Gravierende Abweichungen von der „normalen" Bewegungsentwicklung müssen daher stets beachtet werden und es sollte zumindest versucht werden, solchen Störungen entgegenzuwirken. Sonst besteht die Gefahr, dass das Kind in einen Teufelskreis gerät: Infolge seiner schwachen motorischen Leistungen erleidet das Kind Misserfolge, es vermeidet motorische Herausforderungen und fällt – in Folge mangelnder Übung – immer stärker hinter die Leistungen Gleichaltriger zurück.

Angesichts der Komplexität der menschlichen Motorik und der zusätzlichen Bedeutung emotionaler Einflüsse (z. B. Furcht) kann es kaum verwundern, dass fast alle Bewegungen von Störungen betroffen sein können und eine Vielzahl von Ursachen motorische Störungen auslösen können.

■ Körperliche Krankheiten

- Schädigungen oder Funktionsstörungen,
- zerebrale Störungen,
- spinale Störungen,
- Muskel- und Gelenkerkrankungen, aber auch
- Atmungs- und Kreislaufprobleme

betreffen die Motorik unmittelbar.

Besonders schwerwiegende Koordinationsstörungen treten im Rahmen *neurologischer Erkrankungen* und als Folge von Schädel-Hirn-Traumen auf.

Ebenfalls kann eine *eingeschränkte Sensorik* die Bewegungsentwicklung beeinträchtigen.

Dies gilt für blinde oder sehbehinderte und für schwerhörige oder taube Kinder. Auch *eine mangelnde Entwicklung der geistigen Fähigkeiten* geht in der Regel mit einer Verminderung motorischer Fertigkeiten einher.

Bei einigen Kindern sind allerdings Störungen des Bewegungsverhaltens oder Abweichungen von der „normalen" Entwicklung der Motorik zu beobachten, ohne dass somatische Ursachen, Einschränkungen der Sinnesleistungen oder der kognitiven Fähigkeiten nachgewiesen werden können. In diesem Falle spricht man von umschriebenen Entwicklungsstörungen der motorischen Funktionen.

■ Umschriebene Entwicklungsstörungen motorischer Funktionen

Kinder mit umschriebenen Entwicklungsstörungen der motorischen Funktionen zeigen ein nicht altersgemäßes Bewegungsverhalten und sind in ihrer motorischen Gesamtentwicklung verlangsamt. Die Bewegungsmuster sind zwar meist unauffällig, werden aber erst verspätet erworben. Diese Kinder erreichen die so genannten motorischen „Meilensteine" der Entwicklung nur mit erheblicher Verspätung, sie machen z. B. ihre ersten freien Schritte nicht vor ihrem 3. Lebensjahr. Es können alle motorischen Leistungen oder nur ein Teilbereich betroffen sein: Hat das Kind Schwierigkeiten mit der Feinmotorik oder der Auge-Hand-Koordination, so gelingt es ihm z. B. im Alter von dreieinhalb Jahren noch nicht, drei Bauklötzchen aufeinander zu stellen, wohingegen grobmotorische Leistungen (wie Sitzen, Krabbeln, sich Aufrichten und Gehen) nicht betroffen sind.

Im Kindergarten- oder Grundschulalter gelten Kinder mit motorischen Entwicklungsstörungen als ungeschickt und unbeholfen, sie haben Schwierigkeiten beim Anziehen und beim Malen. Sie lassen häufig Gegenstände fallen, haben Probleme beim Hüpfen, Balancieren, beim Werfen und besonders beim Fangen von Bällen, meiden daher Ballspiele und andere Spiele, bei denen es auf Schnelligkeit, Geschicklichkeit und Gewandtheit ankommt. Beim Erlernen des Fahrradfahrens, Schwimmens, Rollschuhfahrens fallen sie durch staksige, plumpe Bewegungen, fehlende Geschmeidigkeit auf und geraten leicht aus dem Gleichgewicht.

Durch gezielte Verhaltensbeobachtung sollte geklärt werden: Sind die Bewegungen des Kindes altersgemäß, zeigen sich auch „pathologische" Bewegungsmuster, die im normalen Entwicklungsverlauf nicht auftreten, oder versagt das Kind bei Bewegungsanforderungen aus Überängstlichkeit oder mangelndem Selbstvertrauen?

■ Häufigkeit motorischer Entwicklungsstörungen

Bei Schuleingangsuntersuchungen in Bayern und Nordrhein-Westfalen zeigt sich ein Anteil von Kindern mit motorischen Koordinationsstörungen von etwa 5 bis 10 Prozent. Jungen sind im Verhältnis 2:1 von motorischen Entwicklungsstörungen stärker betroffen als Mädchen.

Es überrascht nicht, dass motorische Entwicklungsstörungen und sensorische Störungen häufig gemeinsam auftreten. Kinder mit eingeschränkter Seh- oder Hörfähigkeit sind in ihrer Bewegungsentwicklung beeinträchtigt. Bei Hörbehinderten ist oft das Gleichgewicht gestört.

Umschriebene motorische Entwicklungsstörungen treten häufig zeitgleich mit anderen Entwicklungsstörungen und Verhaltensauffälligkeiten auf, z. B. mit Lernstörungen und sozialen Störungen.

■ Ursachen motorischer Entwicklungsstörungen

Störungen in der Entwicklung der Motorik sind sehr vielfältig und kommen – verglichen mit den Entwicklungsstörungen anderer Teilbereiche der menschlichen Persönlichkeit – vermehrt vor. Um sich einen Überblick zu verschaffen, ist es sinnvoll, die Störungen nach ihren Ursachen einzuteilen. Wir unterscheiden: organische, psychische sowie die psycho-sozial bedingten Störungen.

Organische Einflüsse

(vor allem Entzündungen, Traumen, Anfallsleiden, Chromosomenanomalien, Mangelernährung, Reifungsverzögerungen des ZNS)

Die häufigsten *organisch bedingten Störungen* sind:

- **verschiedene Behinderungsformen** wie z. B. **spastische Lähmungen**, die durch Schädigungen der Großhirnrinde und damit verbunden der Nervenbahnen hervorgerufen werden und sich in einer Lähmung beider Arme oder Beine oder einer ganzen Körperseite, oft verbunden mit einer Störung des Lageempfindens und der Koordination, äußern. Oftmals sind spastische Lähmungen mit einer Intelligenzminderung verbunden.
- **Epilepsie**, die sich zum einen in Krampfanfällen mit Bewusstlosigkeit, gefolgt von Zuckungen und Starre sowie Schaum vor dem Mund, zum anderen in kurzzeitiger geistiger Abwesenheit bei starrem Gesichtsausdruck und evtl. verschwommenem Blick äußert.
- Bis vor wenigen Jahren war die **Kinderlähmung** noch ein Problem als Folge einer Entzündung des Gehirns oder der Hirnhäute. Seit der flächendeckend eingeführten Schutzimpfung, die sehr wirksam ist, ist sie kaum mehr zu beobachten.
- **Das Hyperaktivitätssyndrom** oder „hyperkinetische Syndrom" hat in den letzten Jahren deutlich zugenommen. Ob es überwiegend hirnorganisch bedingt ist, ist umstritten. Momentan wird es noch zu den Körperbehinderungen gezählt. Das Verhalten hyperaktiver Kinder scheint ziel- und rastlos. Sie bewegen sich unablässig, laufen im Raum umher und verhalten sich auch in Situationen, die Ruhe verlangen, übermäßig aktiv. Es mangelt ihnen an der Fähigkeit, den Bewegungsdrang willentlich zu steuern. Andererseits zeigen diese Kinder bei einer starken individuellen Zuwendung über einen begrenzten Zeitraum (10-15 Minuten) ein ruhiges und konzentriertes Verhalten,

was bei den Erziehenden den Eindruck erweckt, das sich das Kind kontrollieren kann, wenn es nur will. Aber genau das ist eines der Hauptprobleme: Dem Kind gelingt in der Regel das Zurückstellen eines aktuellen Handlungsimpulses nicht, deshalb kommt es auch zu Unfällen und Verletzungen.

Psychisch bedingte Störungen

Deprivationsbedingungen, mangelnde Versorgung, bzw. Vernachlässigung, Misshandlung, Krankenhausaufenthalt in früher Kindheit, Erkrankungen der Eltern usw. führen zu:

- nervösen *Zuckungen* im Gesicht (Ticks) oder am ganzen Körper,
- psychisch bedingten *Lähmungen und Anfällen*,
- *Unruhe in den Bewegungen*…

Psychosoziale Einflüsse

Gestörte Familienverhältnisse, die durch Armut hervorgerufen werden, einengende Wohnverhältnisse, exzessiver Medienkonsum…

Die durch *soziale Gegebenheiten bedingten Störungen* in der Entwicklung der Motorik haben nach weitgehend übereinstimmenden Untersuchungen in den letzten zwei Jahrzehnten alarmierend zugenommen. Vor allem der Mangel an Bewegung. Dieser Mangel resultiert aus der Tatsache, dass Kinder heute eher im Haus bzw. in der Wohnung spielen als im Freien, weil dort das Spielen nicht erlaubt, zu gefährlich oder zu unattraktiv ist. Hinzu kommt der zunehmende Medienkonsum (Fernsehen, Video, Computer), der ebenfalls die Bewegungszeit reduziert. Die Folgen davon können sein:

- unzureichende Entwicklung der Körpermuskulatur,
- Kreislaufschwächen,
- Übergewicht,

- allgemeine körperliche Leistungsschwäche,
- Haltungsschäden,
- Verzögerungen (Retardierungen) der motorischen Entwicklung.

■ Möglichkeiten der Behandlung motorischer Entwicklungsstörungen

Leistungsrückstände in der motorischen Entwicklung sind durchaus therapierbar, auch wenn nicht in allen Fällen ein normales Entwicklungsniveau erreicht werden kann. Ein gezieltes, intensives und auf die besondere Situation dieser Kinder abgestimmtes Training verspricht auch Erfolge bei Kindern mit motorischen Rückständen infolge von Intelligenzminderung oder sensorischer Defizite.

Es liegen verschiedene Ansätze vor, die den Anspruch erheben, motorische Störungen zu mindern und darüber hinaus Lern- und Verhaltensstörungen zu beseitigen und die Gesamtentwicklung des Kindes positiv zu beeinflussen. Die bekanntesten dieser *Förderprogramme* sind im Anhang zu finden.[5]

In Deutschland wurde insbesondere die von KIPHARD entwickelte „Psychomotorische Übungsbehandlung" als Ansatz zur Bewegungsförderung für behinderte und nicht behinderte Kinder bekannt. Stand zunächst auch bei diesem Ansatz der therapeutische Aspekt im Vordergrund, so geht es seit einigen Jahren vermehrt um die *Prävention* von Verhaltensstörungen und die ganzheitliche Förderung der kindlichen Persönlichkeit. Kennzeichnend für diesen Ansatz ist: die Förderung der Entwicklung von Kindern durch das Zusammenspiel von Bewegen, Denken, Fühlen und Orientieren im Spiel oder einer anderen bedeutungsvollen sozialen Handlung zusammen mit anderen Kindern, aber auch mit Pädagogen und Therapeuten.

---

[5] s. Literaturverzeichnis S. 633

18. Psychosexuelle Entwicklung und Sexualerziehung

Liebesspiele

„Ja, ich denke schon, dass die Kinder heute immer früher reif werden, sexuell meine ich. Der Erziehungsberater erinnert sich, dass er mit acht Jahren zum erstenmal heiraten wollte, ein Mädchen namens Uta. Heute haben die Kinder solche Vorstellungen und noch ganz andere bereits mit sechs. Anne jedenfalls steht morgens eine Viertelstunde lang vor dem Spiegel, malt die Lippen grellrot an und die Augenlider hellblau und erzählt beim Frühstück von ihrer Beziehung zu Felix, dem Nachbarjungen, sechs Jahre alt auch er. Neulich hat Antje die Beiden nackt in Annes Bett erwischt. (So weit ist es zwischen Uta und mir überhaupt nie gekommen). »Wir spielen verliebt!« haben sie gebrüllt und sich die Decke über die Ohren gezogen, sodass man nur noch gedämpftes Kichern hörte.

»Ja, und wie reagiert man da in so einer Situation?« fragte besorgt eine kinderlose Kollegin. Gott, wie reagiert man? Man sagt: »Möchtet ihr noch etwas Kakao?« oder: »Vergesst nachher nicht, die Bauklötze aufzuräumen.« Und dann geht man eben wieder.

Soweit ist ja gegen diese Beziehung nichts einzuwenden. Der Felix ist ein netter Kerl, solange man ihm vom Obstsalat nicht die Maraschino-Kirsche wegisst – dann bekommt er ganz rote Haare und schmeißt mit Glas. Anne hat gesagt: »Ich finde, dass der Felix lieb ist. Wenn er mich haut, kommt er sofort und entschuldigt sich.«

»Sag' mal, Anne, wäre es dir nicht noch lieber, er würde dich gar nicht hauen?« Jaja, hat Anne geantwortet, sie habe das auch nur zum Spaß gesagt. »Neulich habe ich zum Beispiel die Augen zugemacht, und er hat mich gegen die Haustür geschubst, und es hat gar nicht wehgetan – sooo lieb ist er!« Der Felix.

Also, es ist eine überaus harmonische Beziehung, voller Rücksichtnahme und Zärtlichkeit und außerdem sehr praktisch, weil Felix, wie gesagt, gleich im Reihenhaus nebenan wohnt. Sollte übrigens eines von den anderen Reihenhäusern frei werden, weil jemand auszieht, hat Anne gesagt, »dann ziehe ich mit dem Felix da ein«. Ich nehme an, nächstes Jahr ist es soweit."[1]

Die Befangenheit der Erwachsenen im Umgang mit kindlichen Sexualäußerungen ist deutlich spürbar. Woher kommt diese Befangenheit?

Machen Sie sich zuerst einmal dazu Gedanken, auch in der Klasse, bevor Sie weiterlesen.

Schon während der Schwangerschaft, oder zumindest vom Tag der Geburt an, machen sich die meisten Eltern Gedanken darüber, dass es ihr Kind warm hat, dass es richtig ernährt wird, es genügend Schlaf hat, Geborgenheit und Zärtlichkeit empfängt, seine Bewegungsfreude geweckt wird, dass es kindgemäß angesprochen und auf diesem Weg dann auch in vielen Bereichen gefördert und erzogen wird.

Fragt man jedoch Eltern mit einem etwa halbjährigen Kind, ob und wann sie mit der *Sexualerziehung* ihres Kindes beginnen wollen, ist die erste Reaktion meist ein erstauntes Gesicht, dann folgt die Erklärung, dass das wohl zu früh und völlig unnötig sei. Wenn das Kind vier oder fünf Jahre alt wäre, würde man sich über dieses Thema Gedanken machen. Wichtig werde die ganze Sache dann sowieso erst mit Beginn der Pubertät.

Was meinen Sie dazu?

Sexualerziehung steht für viele Eltern erst zu einem späteren Zeitpunkt, wenn überhaupt, auf dem Programm, weit weg von der Geburt. Und auch dann wird sie meist nicht automatisch und spontan ablaufen, sondern viele Eltern werden sich erst einmal darüber Gedanken machen, wie man gerade in diesem heiklen Bereich vorzugehen habe. Sie möch-

---

[1] Hacke, A., 1992

ten vor allem nicht unvorbereitet sein, wenn die ersten Kinderfragen kommen.

Vielleicht schmunzeln Sie, aber viele wissenschaftliche Untersuchungen zeigen, dass trotz aller gewonnener Offenheit und Unverkrampftheit im Umgang mit Sexualität in den vergangenen vier Jahrzehnten immer noch eine gewisse Scheu herrscht sich über das Thema der kindlichen Sexualität zu verständigen. Wir wollen es hier tun.

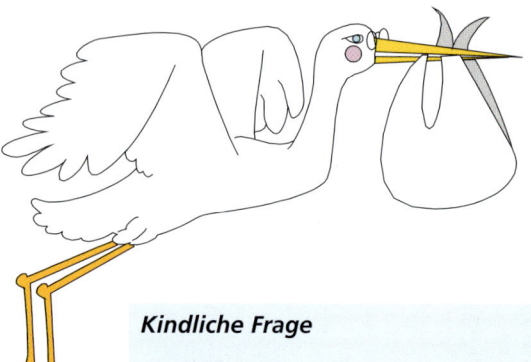

Kindliche Frage

„Mutti!"
„Ja, mein Kind?"
„Mutti, wer hat mich auf die Welt gebracht?"
„Auf die Welt, mein Kind, da…"
„Da…?"
„Da hat dich der Klapperstorch gebracht!"–

„Großmutter!"
„Ja, mein Kind?"
Großmutter, wer hat mich auf die Welt gebracht?"
„Auf die Welt…?"
„Ja, Großmutter!"
„Auf die Welt mein Kind da…"
„Da…?"
„Da hat dich eine gute Fee gebracht, die dich deinen Eltern schenkte!"–

„Urgroßmuter!"
„Ja, mein Kind?"
„Urgroßmutter, wer hat mich auf die Welt gebracht?"
„Auf die Welt…?"
„Ja, Urgroßmutter!"
„Auf die Welt mein Kind, da…"
„Da…?"
„Da hat dich ein Blumenbeet gebracht, in dem dich deine Eltern fanden!"–

„Vati"
„Ja, mein Kind?"
„Sag mal, Vati: Stimmt es, dass in unserer Familie seit drei Generationen keine normale Geburt mehr stattgefunden hat?"[2]

---
[2] Reisig, J.

Aus der Entwicklung der Motorik wissen wir, dass die ersten Erfahrungen des Kindes körperlicher Natur sind. Kinder nehmen Gegenstände in den Mund um sie zu entdecken, zu erfassen und zu erforschen, und wenn man genau hinsieht scheint es auch oft Lust zu bereiten.

Weiter hatten wir erfahren, wie *Selbstbild* und *Selbstkonzept* mit körperlichen Aktivitäten und dem Entdecken des eigenen Körpers zusammenhängen.

Die Entdeckung des eigenen Körpers

Es beginnt mit dem ersten Kontakt außerhalb des Mutterleibes nach der Geburt. Das ist ein wichtiger Schritt für das Wohlbefinden des Kindes. Körperliche Nähe und Hautkontakt zwischen Säugling und Eltern.

Kaum jemand wird sich Gedanken darüber machen, dass die ersten Pflegemaßnahmen und Liebkosungen, dass gerade der frühe *Hautkontakt* zwischen Eltern und Kind die Körperlichkeit des Kindes fördern, sein Wohlempfinden mehren und ihm helfen, ein gutes Gefühl für seinen Körper zu bekommen.

Dass Berührungen gut tun ist aus der medizinisch-psychologischen Forschung bei Frühge-

burten bekannt. Bei gleicher Nahrungsmenge nehmen diejenigen „Frühchen" deutlich schneller an Gewicht zu, die täglich massiert und gestreichelt werden. Physiologisch lässt sich messen, wie der Frühgeborenenkörper die Nahrung bei Berührungen biologisch besser verwerten kann. Sexualerziehung beginnt also genaugenommen bereits nach der Geburt.

„Körperliche Nähe und Hautkontakt zwischen Säugling und Eltern sind für das seelische und körperliche Wohlbefinden eines Kindes ausschlaggebend. Und sie sind erste wesentliche Erfahrungen in diesem für die kindliche Körperlichkeit und spätere Sexualität so wichtigen Bereich. Bleibt einem Kind eine warme, enge Eltern-Kind-Bindung mit Hautkontakt und körperlicher Zärtlichkeit in der frühen Kindheit versagt, kann es später Schwierigkeiten haben, intime zwischenmenschliche Beziehungen einzugehen oder sich mit seiner Sexualität zurecht zu finden, sie nicht nur zu akzep-

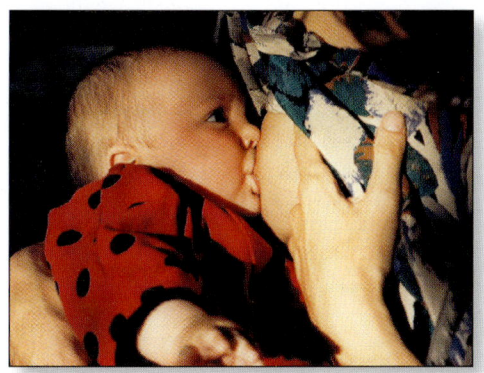

3) Gudjons, H. et.al., 1992

tieren, sondern auch als befriedigenden und bereichernden Bestandteil seines Lebens kennen zu lernen."[4]

> Sexualität ist nicht nur, wie meist im Erwachsenenverständnis, Geschlechtsverkehr.
>
> Sexualität umfasst körperliche, biologische, psychosoziale und emotionale Gesichtspunkte. Sie ist eine Lebensenergie, die sich schon von Anfang an im Körper entwickelt und bis ins hohe Alter wirksam ist. Sie zeigt sich auf vielfältigste Weise: Als Zärtlichkeit, Wärme und Geborgenheit, als Fürsorge, Nähe, Sinnlichkeit Lust, Leidenschaft, Erotik, und Liebe.

Wird Sexualität so verstanden, muss die gängige immer noch von Tabus behaftete Vorstellung, Sexualität sei nur etwas für Jugendliche und Erwachsene, aufgegeben werden.

Eine Trennung von Zärtlichkeit, Sinnlichkeit, Geborgenheit und Sexualität gibt es für Kinder nicht! Sowohl Schmusen, Kuscheln, Raufen, Matschen, Kitzeln, als auch die Berührung der Genitalien oder das Streicheln über den Rücken oder das Massieren der Zehen kann als lustvoll und sinnlich erlebt werden.

Aus diesem Grunde sind die Erfahrungen, die im zärtlichen Kontakt mit Eltern und anderen Menschen und mit sich selbst gemacht werden, sexuelle Erfahrungen. Es sind sexuelle Lernerfahrungen, sie schaffen ein bestimmtes Körpergefühl und bilden die Grundlage einer Beziehungs- und Liebesfähigkeit. In all seinen Sinnen angeregt erlebt sich das Kind zunehmend in seiner Rolle als Mädchen oder Junge und es entsteht allmählich ein Selbstbewusstsein und eine geschlechtliche Identität. Wo eine derartige liebevolle und anregende Atmosphäre nicht vorhanden ist, bleiben Lern- und Erfahrungsmöglichkeiten ungenutzt, die Sinnlichkeit und der Empfindungsreichtum können beeinträchtigt werden oder gar verkümmern.

Sexualität ist meist auf einen anderen Menschen bezogen und zeigt sich dann als Zuneigung oder Begehren. Sie ist aber auch auf sich selbst bezogen, sei es zum Lustgewinn in Form von Selbstbefriedigung oder zur Bestätigung der eigenen Person als Frau oder Mann. Sie kann in ihrer Bedeutung für das Kind und den

Erwachsenen im Laufe des Lebens schwanken. Manchmal ist sie außerordentlich wichtig, manchmal spielt sie gar keine Rolle. Das ist, wie in anderen Entwicklungsbereichen, individuell verschieden und variiert auch je nach Lebenssituation. Der Lernprozess in den ersten Jahren wird seit FREUD als ausschlaggebend angesehen. Zahlreiche Untersuchungen weisen seitdem darauf hin, dass dort, wo kindliche Sexualität wenig zugelassen wird, bzw. zahlreiche Verbote ausgesprochen und durchgesetzt werden, das Interesse für das Sexuelle besonders groß ist. Es zeigt dann seine Wichtigkeit eher im Verborgenen und kann sich in zotigen Witzen oder besonderem Interesse an pornografischen Darstellungen kundtun.

Kinder und Jugendliche, die partnerschaftlich erzogen und in ihrer sexuellen Neugier und Explorationsfreude wenig eingeschränkt wurden, verlieren ihr Interesse phasenweise wieder und bleiben nicht auf Verbotenes fixiert.

Es sind auch meist die strenger erzogenen Eltern und Erzieherinnen, die verunsichert sind und befangen reagieren. So wird oft beobachtet, dass bei der Kinderpflege die Hände, Arme, Nase, Zehen usw. spielerisch gestreichelt und auch benannt werden, die Genitalien hingegen aber nicht. Sie werden eher ausgespart bei der Benennung und Liebkosung. Dieser in der Regel auf eigene Erfahrungen zurückgehende und weitgehend unbewusste Vorgang hat aber Folgen: Das Kind merkt sich nicht nur, dass seine Nase seine Nase ist und sein Fuß sein Fuß, sondern dass es da auch einen namenlosen oder zumindest weniger freudig wahrgenommenen Bereich gibt.

Jeder von uns hat unterschiedliche sexuelle Erfahrungen gemacht und damit *seine Sexualbiografie*. Dazu gehört auch worüber man spricht, worüber man vor allem aber nicht spricht, wo man sich nicht anfasst, was sich nicht gehört, was als unanständig gilt, was man nicht macht. Das haben wir in frühen Jahren gelernt und diese Botschaften geben wir an die Kinder weiter. Darüber nachzudenken führt dazu, dass man die eigenen Grenzen bewusster wahrnimmt. Dies ist bereits der erste Schritt, die Grenzen zu verändern, weil man auch darüber nachdenken und sprechen kann, was einem schwer oder leicht fällt, was einem Mühe bereitet oder wofür man sich schämt. Hierin kann man sich dann auch bewusst werden über Grenzen, die man gerne überwinden

---

[4] Haug- Schnabel, G., 1997

möchte und Barrieren spüren, die persönlich unüberwindbar sind.

Meine Sexualität – ein Schilderwald

Ziel:

Gebote, Verbote, Vorbilder und Einflüsse, die in unserer sexuellen Entwicklung eine Rolle gespielt haben erkennen und ihrer heutigen Bedeutung nachgehen.

Durchführung:

Mit Hilfe von DIN-A4-Bögen, Farbstiften und ausgeschnittenen Bildern aus Illustrierten stellen die Teilnehmerinnen Schilder her, auf denen Tabus, Befehle, Verbote, Normen, Beispiele, Vorbilder und Einflüsse dargestellt werden (zum Beispiel: „Komm ja nicht mit einem Kind nach Hause!"), die ihnen im Laufe ihrer sexuellen Entwicklung vermittelt wurden von Eltern, Schule, Clique usw.

Diese Schilder baut jede Teilnehmerin zu einer „Schilderstraße" bzw. einem „Schilderwald" zusammen, und zwar so, dass sich der beabsichtigte Blick ergibt, wenn man ihre Position einnimmt. Auf diese Position wird ein Namensschild gelegt.

Die Gruppe halbiert sich. Die erste Hälfte bleibt neben dem eigenen Schilderwald stehen, während die anderen einzeln von einer zur anderen gehen, sich auf die bezeichnete Position stellen und ihre Eindrücke mit der Betreffenden kurz besprechen. Anschließend Wechsel. (Zeit: insgesamt 60 Min.)

Auswertung:

In einem Gruppengespräch werden Gemeinsamkeiten und bedeutende Unterschiede in der sexuellen Entwicklung der Teilnehmerinnen herausgearbeitet.

- Welches waren die bedeutsamsten Verbote/Gebote?
- Habe ich mich daran gehalten?
- Welche Auswirkungen haben sie noch heute auf meine Sexualität? Was macht mir heute Probleme, was hat das mit meinen früheren Erfahrungen zu tun?
- Gab es Vorbilder (Aufforderungen, Hilfen, Ermutigungen) im Bereich Sexualität (Freunde/Freundinnen, Eltern usw.)?

- Welche Normen/Verbote/Gebote usw. galten für ein bestimmtes Alter, welche für Jungen, für Mädchen?
- Welche Probleme/Verbote sind eventuell generationstypisch, welche schichtabhängig, gebunden an Stadt/Land, Landschaft?

Material:

Papier oder Pappen zum Aufstellen (DIN-A4-Bögen oder Tapetenrolle), Farbstifte, Scheren, Illustrierte zum Ausschneiden, Klebstoff.[5]

Die psychosexuelle Entwicklung

■ Säuglingsalter

Wenn ein Kind auf die Welt kommt, ist es mit allen Sinnen ausgestattet, um die Welt zu erkunden und zu erfassen. Die Haut des Babys ist am ganzen Körper ein Tast-Fühl-Organ, das jede Berührung sehr intensiv aufnimmt. Frühforscher beteuern die Wichtigkeit der Reizung der Hautoberfläche durch Streicheln, Halten, Drücken oder Küssen, weil das Baby ein angeborenes Bedürfnis nach Zärtlichkeit hat. Diese Reizung fördert auch die geistig-seelische sowie die körperliche Entwicklung und Gesundheit des Kindes nachweislich.

Von besonderer Bedeutung ist in den ersten Lebensmonaten auch der Mund: zunächst zum Saugen, also einerseits zur Nahrungsaufnahme, andererseits aber auch zum Erhalt von Wohlgefühl. Sie können beobachten, dass der Säugling nach der körperlichen Sättigung oft weiternuckelt und dabei großes Wohlbehagen zeigt. Sigmund Freud war der erste Arzt, der auf die Bedeutung der Mundregion als dem Organ hinwies, mit dem das Kind im ersten Lebensjahr am intensivsten mit seiner Umwelt in Beziehung tritt. Freud nannte dieses erste Jahr *die orale Phase*. (Sigmund Freud, S. 355).

Die Nervenenden im Mund verschaffen dem Kind verlässlichere Informationen über die Beschaffenheit der Gegenstände als die Hände. Im Vordergrund steht dabei die Nahrungsauf-

---

[5] Gudjons H. et. al., 1992

nahme an der Mutterbrust oder der Flasche. Es bleibt aber nicht allein beim Stillen des Hungers, es lässt sich auch der Genuss erkennen, den das Baby erfährt, wenn es an der warmen Mutterbrust Geborgenheit, Getragenwerden und Schmusen erlebt. Das Saugen und Nuckeln ist also für das Kind eine sinnliche Freude und überträgt sich bald auf andere Gegenstände wie z. B. Schmusetücher, Schnuller oder Daumen.

Zur förderlichen sinnlichen Atmosphäre gehört auch die Entdeckungsreise am eigenen Körper während oder nach dem Wickeln. Den Kindern gefällt es auch sehr sich eine Zeit lang nackt und uneingezwängt durch Windeln bewegen zu können oder in warmem weichem Wasser zu planschen.

Gerade auf dem Wickeltisch können die Eltern auf eine körperliche Reaktion des Babys stoßen, die sie meist verunsichert. Jungen haben manchmal eine Erektion und Mädchen machen Beckenbewegungen, die über die Reibung auf dem Untergrund lustvolle Gefühle entstehen lassen. Zufällige Berührungen an den Genitalien beim Untersuchen des eigenen nackten Körpers machen schon zu diesem frühen Zeitpunkt des Lebens deutlich, dass Kinder sexuelle Wesen sind. Für die Entwicklung des Kindes ist es günstig, wenn die Eltern hier gelassen auf die Neugier und Freude an der Entdeckungsreise reagieren können. Dem Kind hilft dieses experimentieren an sich selbst, ein besseres Gefühl für sich zu entwickeln. Es entsteht eine „Landkarte" über den eigenen Körper, die sich immer feiner ausdifferenziert.

Das Erkundungsverhalten des Kindes wird sich auch auf die Geschlechtsteile der Geschwister und Eltern ausdehnen, so wie Nase, Mund und Zehen interessant sind. Die Welt ist wirklich voller spannender Dinge.

■ **Kleinkindalter**

Das Entdecken der Genitalien und das Spielen damit wird immer mehr zur absichtsvollen Handlung der Zweijährigen. Geht es zuerst meist nur um das Interesse an der Beschaffenheit der Genitalien, entdecken einige Kinder später auch wie sie sich selbst lustvolle Gefühle verschaffen können. Jetzt werden die Genitalien zur Lustquelle. Im übrigen ist das Kind die ganze Zeit darauf bedacht positive, lustvolle Gefühle zu entwickeln, insofern ist Selbstbefriedigung ein Zeichen der gesunden Entwicklung. G. HAUG-SCHNABEL beschreibt in ihrem sehr lesenswerten Buch: „Sexualität ist kein Tabu", wie die *Kleinkindonanie* zu verstehen ist: „Jungen und Mädchen berühren ihre Geschlechtsteile wie alle anderen Bereiche ihres Körpers, sobald sie die dazu nötige motorische Koordinationsfähigkeit entwickelt haben. Ab dem dritten, vierten Lebensmonat kann ein versonnenes Lächeln oder Girren auftreten, wenn Säuglinge ihre Genitalien berühren – dieselben Reaktionen finden sich auch beim Spiel mit dem eigenen Fuß oder der eigenen Hand oder beim Berühren des nackten Bauches. Irgendwann entdecken die meisten Kinder, dass das gezielte Streicheln und Reiben der Geschlechtsorgane ein besonders schönes Körpergefühl verschafft. Ohne die rückmeldende Reaktion von Erwachsenen oder anderen Kindern stimulieren sich kleine Kinder ganz ungeniert. So kann man im Kindergarten oder auf Spielplätzen ab und zu beobachten, dass ein Kind inmitten der anderen sitzt und gedankenverloren sein Geschlechtsteil berührt oder an einer Tischecke reibt. Unter Kleinkindern stört sich keines daran. Ich habe schon mehrmals beobachtet, dass kleine Kinder ihre Spielaufforderung oder sonstige Bitte an ihren onanierenden Freund kurz zurückstellten und warteten, bis dieser fertig war, und dann ihr Anliegen vorbrachten, als wäre der andere eben durch Naseputzen oder intensives Nachdenken verhindert gewesen. Scham und Hänseleien kommen erst mit 5 oder 6 Jahren auf. Erst durch die Reaktionen „von außen" lernt ein Kind die Selbstbefriedigung als eine Aktivität kennen, die recht gegensätzlich bewertet werden kann und sich eher fürs stille Kämmerlein und Alleinsein eignet. Trotz unzähliger Nachweise, dass Kleinkindonanie weder gesundheitlich noch seelisch schädlich ist, haftet ihr immer noch der Geruch des Suspekten, aus medizinisch-pädagogisch dunklen Zeiten, an. Bis vor wenigen Jahrzehnten war deutlich vernehmbar, dass Onanie zu Verblödung und Rückenmarkserweichung führe.

So normal und häufig Selbstbefriedigung ist, sie gehört nicht notwendig zur Entwicklung eines Kindes. Manche Kinder onanieren nie und tun sich später mit dem Lustempfinden auch nicht schwerer. Die Onanie ist also kein nötiges Übungsmittel zum Kennenlernen der Möglichkeiten des körperlichen Lustgewinns. Beobachtungen deuten darauf hin, dass die sexuelle Selbstreizung für Kinder eine andere Bedeutung zu haben scheint als für Erwachsene: Vieles spricht dafür, dass Kinder sich durch Selbststimulation fast immer beruhigen – und nicht erregen, wie das Erwachsene in den meisten Fällen tun. Kleinkinder masturbieren nämlich oft nach Situationen, in denen sie aufgeregt, durcheinander oder überfordert waren und ganz typisch, wenn sie z. B. abends nicht einschlafen können. Sie setzen körperliche *Wohlgefühle* gezielt zur eigenen Beruhigung ein.

Andauernde, über längere Zeit mehrmals tägliche Onanie ist für ein verhaltensgesundes Kind untypisch. Die immer wieder gesuchte Körperlust kann dann ein Hinweis auf Beeinträchtigungen in anderen Verhaltensbereichen sein, ein Ersatz für fehlende andere befriedigende Erfahrungen. Mangel an Beschäftigungsmöglichkeiten, wenig zugewandte Bestätigung, überhaupt wenig erlebnisverschaffende Kontakte machen aus sexueller Selbstreizung statt *einer* Möglichkeit unter vielen *die einzige* Möglichkeit zur Befriedigung. Der ihr innewohnende Belohnungswert ist für ein Kind, dem seine Umwelt Möglichkeiten der eigenen Aktivität und Kontakterfahrungen vorenthält, künstlich überhöht.

Bei stark deprivierten oder geistig behinderten Kindern ist extreme Selbstbefriedigung nicht selten. Das Versunkensein in an-

genehme Beschäftigung lässt sie rauschartig andere Empfindungen aus dem Bewusstsein verdrängen."[6]

Im Alter von zwei bis drei Jahren entdecken die Kinder auch ihre Geschlechtszugehörigkeit. Sie bemerken den anatomischen Geschlechtsunterschied und begreifen jetzt langsam, dass in der Welt Frauen und Männer existieren.

Um die Geschlechtsunterschiede besser verstehen zu können zeigen die Kleinkinder in dieser Zeit gerne und stolz was sie haben. Nach Einschätzung der Erwachsenen in passenden wie unpassenden Momenten. Man spricht von der Phase der *Zeigelust*, die in der Regel bald vorüber geht. Da im zweiten Lebensjahr auch die sprachliche Entwicklung rasant voranschreitet, sollten die Eltern sich mit dem Kind zusammen auf die Bezeichnung der Genitalien einigen und sich dabei auch bewusst werden welche Begriffe sie gerne verwenden wollen.

In das zweite bis dritte Lebensjahr fällt auch die zunehmende Bewusstheit für die Ausscheidungen des Körpers und die dazugehörenden Körperöffnungen.

Mittlerweile sind die körperlichen Voraussetzungen für die Beherrschung des Schließmuskels ausgebildet und auch sprachlich kann das Kind ausdrücken ob es muss.

In dieser Zeitspanne der so genannten *Sauberkeitserziehung* zeigt das Kind seinen eigenen Willen und lotet gegenüber Mutter und Vater auch seine Widerstandskraft aus, indem es trotzt. Seine Wünsche und Vorstellungen will es durchsetzen und widersetzt sich deshalb. Früher wurde dieser kindliche Wille gerne gebrochen.

Heutzutage betonen Sexualpädagogen die Wichtigkeit des „Nein-sagen-Dürfens". Darin zeigt sich die Entwicklung der kindlichen Eigenständigkeit. Es übt seine Selbstbehauptung, eine wichtige Phase der Persönlichkeitsentwicklung. Es hilft dem Kind in dieser Zeit, wenn in vertretbarer Weise sein Wille von Vater und Mutter auch respektiert wird.

Das willentliche Beherrschen des Schließmuskels macht das Kind sehr stolz. Sie können es daran erkennen, dass das Ergebnis gerne gezeigt wird. Es ist außerdem sehr lustvoll die Exkremente herzustellen. Die Lust am „drücken" und die damit einhergehende Erre-

---

[6] Haug-Schnabel, G. 1997

gung in dieser Phase der Sexualentwicklung hat FREUD die *anale Phase* genannt (siehe Sigmund Freud, S. 356). Außerdem sind die eigenen Ausscheidungen sehr interessant und nicht eklig. Das Kind untersucht die Ausscheidungen mit denselben Methoden, die es bisher bei allen anderen Dingen angewendet hat, die es interessierten. Es fasst seine Exkremente ohne Scheu an, um ihr Wesen zu ergründen, es spielt mit ihnen um zu begreifen. Vielleicht wird die warme weiche Masse auch im Töpfchen oder auf dem Fußboden verschmiert, oder das Kind probiert, wie es schmeckt.

Kinder erforschen alles in ihrer Umwelt und stellen zunehmend mit der Beherrschung der Sprache auch immer mehr Fragen, sie machen sich Gedanken über Ursachen und Wirkungen. Meist gegen Ende des dritten Lebensjahres werden die Eltern auch mit der Frage konfrontiert wie ein Kind entsteht und wie es in den Bauch gekommen ist. Durch diese Fragen angestoßen beginnt die *Aufklärung*. Das ist für Kinder eine spannende Sache, aber nicht spannender und interessanter als Neuigkeiten aus der Welt der Tiere, dem Wald oder dem Wasser. All das, was die Sexualität für uns Erwachsene so prickelnd macht, ist Kindern noch fern:

Medienpaket zur Sexualaufklärung; Hrsg.: Bundeszentrale für gesundheitliche Aufklärung

Sexuelle Lust, Begierde, sexuelle Anziehung oder sexuelle Schlüsselreize. Erst unser Wissen, unsere Erfahrungen und unsere Gefühle machen aus diesem Thema etwas Besonderes.

Hilfreich ist es für Erwachsene in dieser Situation sich klar zu machen, dass es reine Interessefragen sind, und entsprechend sollte man sie auch beantworten. Emotional haben sie den gleichen Stellenwert wie: „Wohin geht der Apfelsaft, wenn ich ihn trinke?" oder „warum kann ich nicht so schnell laufen wie mein Papa?"

Sexualerziehung haben wir bisher vorrangig als die Förderung der emotionalen Entwicklung des Kindes verstanden und dabei seine soziale Integration im Blick gehabt. Aber natürlich ist Aufklärung über Zeugung, pränatales Leben, Geburt, über sexuelle Bedürfnisse, ihre Befriedigung und die Gefahren des sexuellen Missbrauchs auch ein wesentlicher Bestandteil der Sexualerziehung.

Wenn ein Kind alt genug für solche Fragen ist, dann ist es auch reif genug für entsprechende Antworten. „Es hilft dem Kind, wenn bei der Erläuterung des Vorgangs von Zeugung, Schwangerschaft und Geburt an seine eigenen Erfahrungen, Beobachtungen und seine bildliche Vorstellungskraft angeknüpft wird. Und es ist zudem wichtig, dass alle Erklärungen nicht nur das „Technische" im Blick haben, sondern auch die Gefühle beschreiben, die Frau und Mann beim Akt der Zeugung haben können. Die Vorstellung, dass der Mann sein – in den Augen des Kindes – großes Glied in die Scheide der Frau einführt, könnte das Kind beunruhigen. Es wird viel eher verstehen, warum das Paar die körperliche Vereinigung sucht, wenn es auch etwas von den *schönen Gefühlen erfährt*, die es ja auch selber vom Schmusen, Kitzeln und Krabbeln kennt. Kinder können aus eigenem Erleben von Zärtlichkeit nachvollziehen, dass nicht nur der Wunsch nach einem Kind, sondern auch die Lust am Zusammensein für die beiden eine Rolle spielt. Diese Tatsache macht dem Mädchen bzw. Jungen auch erklärlich, warum die Eltern öfter miteinander schlafen als sie Kinder bekommen. Sexualität findet statt, so versteht das Kind bei einer derartigen Beschreibung, weil sich Mutter und Vater lieb haben, weil der Geschlechtsverkehr Spaß macht oder weil sie noch ein Kind haben wollen. Und alle Motive sind in Ordnung." [7]

■ Vorschulalter

Ein deutlicher Zuwachs an körperlicher Kraft und Bewegungsfreude ist bei Mädchen wie Jungen zu erkennen und macht Lust, Grenzen zu erproben. Wie hoch kann ich klettern, wie weit kann ich springen, wie schnell bin ich… Die Freude am Toben und Raufen ist groß und es macht riesigen Spaß sich zu spüren, sich als kraftvoll und stark zu erleben. Aber auch die Grenzen des Bewegungs- und Erfahrungsspielraums werden erlebt. Man stürzt, tut sich weh, hat Angst…

Hierbei lernen Kinder sich einzuschätzen und ihre Körperbeherrschung zu verbessern. Zugleich erfahren Kinder in dieser Zeit vieles über ihre Geschlechtsrollen in unserer Gesellschaft. Medien vermitteln einflussreich bestimmte Bilder von dem was Mädchen und Jungen tun sollten. Und natürlich entscheidet sich zuhause wie viel Mädchen von ihren Eltern zugetraut wird und was Jungen tun dürfen! Ausschlaggebend für die Geschlechtsrollenentwicklung ist neben der Biologie also auch was das Kind über die Rollen von Frauen und Männern in seinem unmittelbaren Umfeld erlebt.

Zwischen drei und fünf Jahren drücken viele Mädchen ihre besondere Liebe für den Vater und die Jungen ihre Liebe zur Mutter aus. Diese besondere „erste Liebe" kann dann auch mit *Eifersuchtsgefühlen* gegenüber dem anderen Elternteil einhergehen. Bei manchen Kindern, bei denen dies zu beobachten ist, ist Verständnis und Rücksichtnahme angesagt. FREUD hat diese Zeit die *phallische Phase* genannt und daraus den Ödipuskonflikt herausgelesen (siehe S. 357), der allerdings von Entwicklungspsychologen in Frage gestellt wird.

Die Aufgabenverteilung innerhalb der Familie gibt das Rollenmuster vor, an dem sich das Kind anfänglich orientiert. Ist die Mama vorwiegend für den Haushalt zuständig, der Papa repariert die häusliche Elektrik und geht einem Beruf nach, dann wird dieses Muster zunächst fraglos übernommen. Analog gilt das auch für den Umgang mit Gefühlen und Zärtlichkeiten. Zeigt auch der Vater einmal dass er traurig ist, tröstet er den Sohn, wenn er sich weh-

[7] Philipps, I.-M., 2005

getan hat oder macht das ausschließlich die Mutter?

> Machen Sie in der Klasse doch einmal zu der Frage nach den Geschlechtsrollen einen kleinen Test. Teilen Sie die Tafel in zwei Hälften und schreiben Sie links all die Zurufe auf, die mit dem Satz starten: Frauen sind….
>
> Und auf der rechten Seite nehmen Sie die Zurufe auf für: Männer sind… Es wird sicher turbulent zugehen.
>
> Frauen sind: Männer sind:
> ….   ….

Zahlreiche Untersuchungen weisen darauf hin, dass Eltern geschlechterspezifisch erziehen. Zärtlichkeiten werden den Jungen beispielsweise seltener zuteil als Mädchen. Deshalb lohnt es sich darüber nachzudenken, in wieweit die Veränderung traditioneller Rollen in der Familie erstrebenswert ist, um das Verhaltensrepertoire der Kinder zu erweitern. Schließlich beobachten Kinder, wie Eltern den Bereich der Sexualität gestalten und orientieren sich daran. Sind die Eltern in Gegenwart des Kindes zärtlich zueinander und küssen sich? Wird das Badezimmer abgeschlossen, oder ist Nacktheit zuhause üblich? Je nachdem erhält das Kind wichtige Botschaften für sein eigenes Verhalten.

Innerhalb jeder Gesellschaft gibt es konventionelle und kulturspezifische Vorstellungen davon, wie ein Mann oder eine Frau sich verhalten sollte, welche Eigenschaften bei ihnen wünschenswert sind und welche Aufgaben ihnen in der arbeitsteiligen Gesellschaft bevorzugt zufallen. Alle diese Komponenten kommen in der Geschlechtsidentifikation zum Tragen und sind nicht mehr eindeutig voneinander zu trennen. Kinder werden als Jungen oder Mädchen geboren, aber auch zu Jungen oder Mädchen erzogen.

Wie die Geschlechtsrollen ausgefüllt werden, kann der aufmerksame Beobachter, und dies sind Erzieherinnen, in dieser Zeit im Kindergarten sehen. Viele Spiele kreisen um die Imitation des Erwachsenenverhaltens. In *Rollenspielen* beobachten wir die Puppenmütter, die ihre Kinder stillen, wickeln, anziehen, füttern, liebkosen aber auch mit ihnen schimpfen und sie in ihre Grenzen weisen. Unter Umständen werden dann auch Ehemänner gebraucht, die nachstellen müssen, was zu einem richtigen Familieleben gehört.

In den Rollenspielen spiegeln sich die Verhältnisse meist sehr klischeehaft, denn Väter sind seltener als Rollenvorbilder zuhause zu erleben, sodass gerade Jungen auf Medienvorbilder zurückgreifen.

Erzieherinnen können in den Tageseinrichtungen viel für die Entfaltungs- und Gestaltungsmöglichkeiten der kindlichen Geschlechterrollen tun. Egal ob Junge oder Mädchen, jedes Kind muss in seiner Wesensart erkannt und entsprechend behandelt werden. Dem Kind sollten – unabhängig von seinem Geschlecht – die ganze Breite seiner Lebensäußerungen ermöglicht werden. Das heißt auch einem Mädchen sollten Verhaltensweisen zugestanden werden, die man traditionell den Jungen zuschreibt. Und auch Jungen sollten sich in bestimmten Situationen „weiblicher" verhalten dürfen, als es gemeinhin erwartet wird. Dies könnte zu einer Bereicherung und Befreiung für alle Beteiligten werden.

■ Vorpubertät

FREUD nannte die der *phallischen Phase* folgenden etwa fünf Jahre die *Latenzphase*. In dieser Zeit schien ihm der sexuelle Antrieb zu schlummern um dann zur Pubertät in neuer Qualität aufzubrechen. Seit diesen Beobachtungen sind fast 100 Jahre verstrichen. Die sexuelle Reife tritt heute schon deutlich früher ein als vor hundert Jahren. Sexuelle Anreize

aus der Umwelt werden von sechs- bis elfjährigen Kindern auch schon aufgenommen und damit dürfte die Latenz-Phase als solche überholt sein.

Die Vorboten einer sehr frühen sexuellen Reife treffen dabei auf ein noch nicht voll entwickeltes Denken, und entladen sich in zum Teil derben Sprüchen. Die Sprüche lassen sich zu einer sogenannten „Kindervolkslyrik" zusammenfassen. E. BORNEMANN hat in einer Studie „Zur Befreiung des Kindes" eine Menge dieser Kindersprüche gesammelt. Dazu hat er die Wände von Schultoiletten inspiziert und Reime und Verse auf Kinderspielplätzen und auf offener Straße aufgenommen. Was hat er herausgefunden?

Interessant für unsere Kinder in der Vorpubertät ist der Gebrauch von eher derben Redensarten, Schimpfwörtern, anstößigen Witzen oder sexuellen Anzüglichkeiten.

Über einen Auftritt der Teeniegruppe Tokio Hotel schrieb J. LOTTMANN: „Die weiblichen Fans, obwohl erst an der Schwelle zur Pubertät oder mittendrin, werfen tatsächlich immer ihre BHs auf die Bühne. Zu Tausenden rufen sie „Wir wollen eure Schwänze sehen!" und singen dann umso lauter die Songs mit, was so klingt, als würden 10 000 Kinder aus voller unschuldiger Kehle „Alle Vöglein sind schon da" singen."[8]

Abzählreime und Schulbankkritzeleien, sind seit Generationen beliebte Ausdrucksformen.

„Heini Klausen,
lässt einen sausen.
Mit Getose
in die Hose.
Mit Gebraus-
Und du bist raus!"

Irgendwo aufgeschnappt und in kindlicher Unbefangenheit wiedergegeben führt dies nicht selten zu empörten Reaktionen der Erwachsenen. Wenn die Provokation gelingt, ist der Kinderwunsch meist schon erfüllt. Nicht selten verstehen die Kinder nicht genau was sie

[8] Lottmann, J., 2006

da von sich geben, aber sie bemerken eine interessante Wirkung. Meist geht es genau um dieses: Erwachsene zu provozieren und in Verlegenheit zu bringen.

„Hans, Hans,
Hast'n Ringelschwanz!
Hast'n Ding wie 'ne Bretzel!
Und wie du damit bumsen kannst
Das ist und bleibt 'n Rätsel"

Meist machen die schmutzigen Witze, Verse und Sprüche nur unter gleichgeschlechtlichen Kindern die Runde, denn Jungen und Mädchen rücken zu Schulbeginn erst einmal auseinander. Schon zum Ende der Kindergartenzeit ist eine soziale Konzentration auf das eigene Geschlecht zu beobachten, oft verbunden mit einer Abwertung des anderen Geschlechts. Jungen und Mädchen wollen nichts mehr voneinander wissen und finden sich gegenseitig blöd. Offenbar suchen die Kinder in dieser Phase eine Selbstvergewisserung als Mädchen oder Junge, und das ausschließliche Zusammensein mit ihresgleichen dient der Sicherung ihrer Identität. Dann zeigen die beiden Geschlechter oft auch ein überzogenes geschlechtstypisches Verhalten. Sind besonders „cool" oder „lässig".

Viele Schulanfänger sind von der „neuen Welt" fasziniert und das „Lernen" vereinnahmt einen großen Teil des kindlichen Denkens und Handelns. Deshalb hat nun sachliche Neugier häufig Vorrang und geschlechtsspezifische Unterschiede in Begabung und Neigung zeigen sich. Die Jungen und Mädchen bleiben eher unter sich und necken sich auf ihre Weise, wie die folgenden Sprüche belegen.

Florian, 8:

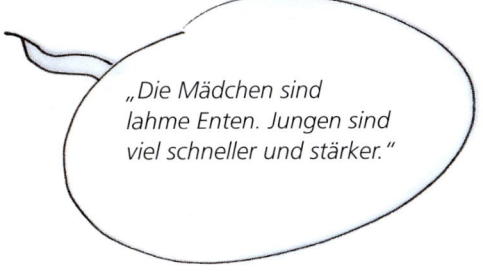

„Die Mädchen sind
lahme Enten. Jungen sind
viel schneller und stärker."

Ingo, 14:

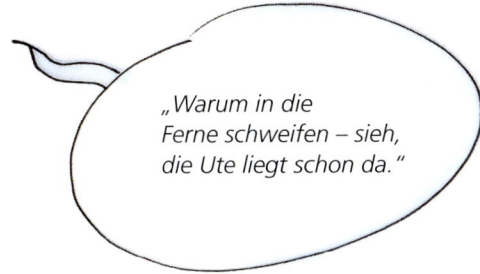

„Warum in die
Ferne schweifen – sieh,
die Ute liegt schon da."

Sebastian, 9:

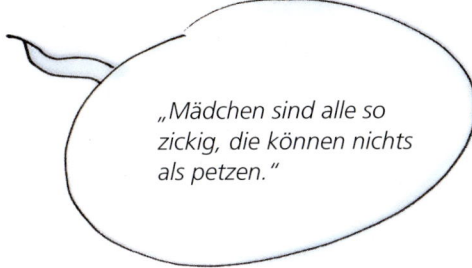

„Mädchen sind alle so
zickig, die können nichts
als petzen."

Anja, 9:

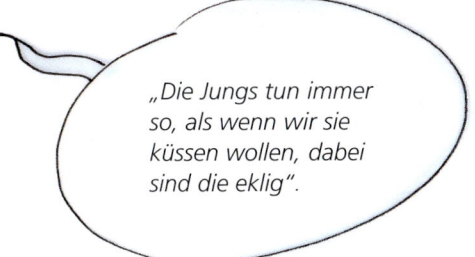

„Die Jungs tun immer
so, als wenn wir sie
küssen wollen, dabei
sind die eklig".

Trotzdem gibt es auch wenige Kinder die Freundschaften in dieser schwierigen Zeit aufrecht erhalten. Aber wo früher die zarten Bande im Kindergarten ausschlaggebend für Freundschaften waren, werden jetzt eher die gleichen Interessen zur Freundschaft mit dem anderen Geschlecht führen.

Exkurs: Sigmund Freud

SIGMUND FREUD (1856–1939) war praktizierender Nervenarzt in Wien. Er ist der Begründer der Psychoanalyse, einer der einflussreichsten psychologischen Theorien und Therapieformen des 20. Jahrhunderts. Die Psychoanalyse ist ein psychotherapeutisches Verfahren zur Behandlung seelischer und geistiger Störungen und zugleich ein Erklärungsmodell für das gestörte und das normale Seelenleben. FREUD entwickelte die Neurosenlehre und beschäftigte sich unter anderem mit Traumdeutung und der Psychologie des Alltagslebens. Seine Bedeutung liegt vor allem in der bahnbrechenden Weiterentwicklung der Psychologie des Seelenlebens und der Entdeckung des *Unbewussten*. Weiterhin gilt er auch als Entdecker der kindlichen Sexualität.

Sigmund Freud

■ Zu Freuds Theorie der psychosexuellen Entwicklung

Die Grundannahmen der Psychoanalytischen Theorie: Nur ein geringer Teil des Seelenlebens ist bewusst. Die meisten Vorgänge im Erleben und Verhalten des Menschen gehen im Inneren unter der Oberfläche des Bewusstseins vonstatten, sie sind unbewusst. Diese inneren Kräfte wirken sich nach ganz bestimmten Gesetzmäßigkeiten wesentlich auf das individuelle Verhalten und die Entwicklung der Persönlichkeit aus. Unter anderem geht die Psychoanalyse von zwei Trieben aus, die das menschliche Verhalten erzeugen und steuern. Das eine ist der Lebenstrieb, die Energie, die zur Selbst- und Arterhaltung dient. Sie wird *Libido* genannt. Diese *Libido* ist auf Lustgewinn gerichtet. Dem Lebenstrieb, der Libido entgegengerichtet, ist der Todestrieb. Die Antriebskraft wird *Destrudo* genannt und ist für

Destruktivität, Aggression und die Lust am Zerstören verantwortlich.

Die Quelle dieser Triebenergien ist dem Menschen angeboren, er strebt deshalb von Natur aus nach Abfuhr dieser Triebenergie. Diese Abfuhr an Triebenergie wird in der frühkindlichen Entwicklung sichtbar an dem Lustempfinden des Kindes, welches sich in einer bestimmten Abfolge an verschiedenen Körperteilen zeigt. Dies nennt Freud die *psychosexuelle Entwicklung* oder die Entwicklung der *Libido* in seinem 1905 erschienenen Buch: *Drei Abhandlungen zur Sexualtheorie.*

Wichtig für das Verständnis ist, dass sich die beschriebenen Phasen nicht so deutlich voneinander abheben, wie das nach der schematischen Darstellung der Fall zu sein scheint. In Wirklichkeit geht eine Phase langsam in die nächste über, und beide überschneiden sich, so dass der Übergang von einer zur anderen sich sehr allmählich vollzieht. Ebenso müssen auch die Zeitphasen als Durchschnittswerte verstanden werden.

Die orale Phase: Während des ersten Lebensjahres sind Mund, Lippen und Zunge die hauptsächlichen Sexualorgane des Kindes. Deshalb sind die früheste Form kindlichen Luststrebens das Saugen, Schlucken, Beißen, das Aufnehmen von Nahrung sowie das Lutschen.

In dieser Phase wird die Beziehung zur Umwelt aufgebaut. Positive Erfahrungen in dieser Phase führen zu einer positiven Lebenseinstellung, zu Optimismus und Urvertrauen, negative Erfahrungen hingegen begründen eine misstrauische, furchtsame Lebenseinstellung.

Die anale Phase: Im 2. und 3. Lebensjahr konzentrieren sich nun die Lust-Unlust-Erlebnisse des Kleinkindes auf die Ausscheidungsvorgänge und ihr Ergebnis. In dieser Zeit geht es um die Lust und Unlust des Zurückhaltens oder Hergebens der Exkremente. Vorherrschend sind auch Wünsche des Spielens mit Ausscheidungsorganen und den Produkten.

Je nachdem, welche Erfahrungen das Kind nun in der Sauberkeitserziehung macht, bilden sich auch in dieser Phase bestimmte charakteristische Lebenshaltungen aus. Darf das Kind das Hergeben des Stuhls als lustvoll erleben, so wird es auch im späteren Leben gerne geben und Freude an Leistung entwickeln. Wird es gezwungen sauber zu werden, entstehen eher Geiz und Verweigerung im Erwachsenenalter oder auch Angst vor Leistung. Auch sehen manche Psychoanalytiker einen Zusammenhang zwischen falscher Sauberkeitserziehung und starken Schuldgefühlen, Reinlichkeits- oder Waschzwang.

Die phallische Phase: Gegen Ende des dritten Lebensjahres beginnen die Genitalien die führende Rolle zu übernehmen und behalten sie normalerweise von da an. Lust gewinnt das Kind in dieser Zeit vornehmlich durch das Betätigen der Genitalien. Auch das Herzeigen der eigenen und das Betrachten der anderen Geschlechtsteile sind lustvoll. Da die Geschlechtsteile der Jungen deutlicher sichtbar sind als die der Mädchen kann es laut S. Freud beim Jungen zur *Kastrationsangst* kommen, d.h. der Junge hat Angst sein Glied zu verlieren. Beim Mädchen kann es zum *Penisneid* kommen, d.h. zu einem Gefühl der Minderwertigkeit oder Unterlegenheit gegenüber dem Jungen.

Triebwünsche in dieser Zeit zeigen sich im Begehren des gegengeschlechtlichen Elternteils. Der Junge verliebe sich in die Mutter und die Tochter verliebe sich in den Vater. Der gleichgeschlechtliche Elternteil wird dann zum Konkurrenten und wird abgelehnt. Das nennt Freud den *Ödipus-Konflikt*. Dieses Dilemma spielt sich übrigens ganz im Unbewussten ab, wie dies bei allen Triebregungen nach Freud der Fall ist. Oft sind nur sehr verschleierte Äußerungen davon zu bemerken, zum Beispiel, dass man nur von Mama ins Bett gebracht werden will oder erklärt: „Später heirate ich Mama, wenn Papa tot ist." Das Kind kann diesen Konflikt durch die Identifikation mit dem gleichgeschlechtlichen Elternteil lösen. Dabei kommt es im Normalfall zum Erwerb und zur Bejahung der eigenen Geschlechtsrolle. Bei einem ungünstigen Verlauf kann der so genannte Ödipus-Komplex entstehen. Zu ihm kommt es, wenn sich das Kind nicht vom geliebten Elternteil lösen kann. Folgen können dann die Nicht-Bejahung der eigenen Geschlechtsrolle sein, aber auch die Identifikation mit dem anderen Geschlecht oder gar Liebesunfähigkeit.

Die Latenzperiode: Etwa zwischen dem 6. und dem 12. Lebensjahr wird das Kind fähig auf unmittelbare Lustbefriedigung zu verzichten, sie auf andere Tätigkeiten zu verschieben. In der Regel werden jetzt eher sachliche Interessen, Gegenstände und Bereiche der Umwelt wichtig.

Die genitale Phase: Etwa ab dem 11./12. Lebensjahr, also mit der Pubertät, erwacht die Sexualität unter dem Einfluss der Geschlechtshormone zu neuer Macht. War das Interesse des Kindes in den vorherigen Phasen noch mehr oder weniger selbstbezogen, so werden jetzt Sexualpartner außerhalb der Familie interessant. Die Sexualität tritt in den Dienst der menschlichen Partnerschaft und wird zu einem wichtigen Bestandteil der zwischenmenschlichen Interaktion.

■ **Kritische Würdigung**

Sigmund Freud ist es zu danken, dass er das Thema Sexualität hoffähig gemacht hat. Einige wesentliche Erkenntnisse, wie die frühkindliche Sexualität und ihre Äußerungsformen, haben bis heute ihre Überzeugungskraft erhalten. Bezüglich des Ödipus-Konfliktes und seiner weitreichenden Folgen für das Erwachsenenleben sind allerdings erhebliche Zweifel ob der Gültigkeit berechtigt. Empirische Belege sind kaum erbracht. Zahlreiche Psychoanalytiker kritisieren auch die Ihrer Meinung nach „Überbetonung" des Sexuellen im Freudschen Werk.

Sexualerziehung ist Beziehungsaufgabe für die Eltern und Erzieherinnen

Reflexion:
1. Welche Erfahrungen haben sie im Umgang mit onanierenden Kindern?
2. Was ist daran verunsichernd?
3. Wie würden sie reagieren?

Mit etwa drei Jahren beginnt für die meisten Kinder ein neuer Lebensabschnitt, wenn sie den Kindergarten betreten. Die Trennung von der Mutter und der Aufenthalt in einer fremden Umgebung für einige Stunden können die Kleinen arg stressen. Es kommt dabei auch in eine größere Gruppe von anderen Kindern und ist dadurch gezwungen sich auf ein größeres Miteinander einzustellen.

Dazu muss es *soziale Kompetenzen* erwerben. Wenn es möglicherweise bisher in der Familie im Mittelpunkt des Geschehens stand, wird es jetzt lernen, sich in eine größere Gemeinschaft einzuordnen, es wird merken, dass es einige Kinder im Kindergarten lieber mag als andere. Das Gleiche wird ihm auch wiederfahren. Es wird vielleicht um seinen Platz kämpfen, wird ausprobieren womit es sich Anerkennung, Zuneigung und Respekt verschafft, und wird lernen womit es nicht gut ankommt. Es entstehen die ersten *Freundschaften*. Die Kinder werden dabei experimentieren wie sich das anfühlt, und wie auch Streit entstehen und vergehen kann. Sie gehen im Laufe ihrer Kindergartenzeit vielfältige Freundschaften ein. Es ist wichtig, dies ausprobieren zu können, denn so erleben sie im Kontakt mit Gleichaltrigen, von wem sie gemocht, geliebt oder auch abgelehnt werden. Diese Erfahrungen ermöglichen es, einen partnerschaftlichen Umgang miteinander zu erlernen. Hier deutet sich der Beziehungsaspekt von Sexualität an.

Für die Eltern und die Erzieherinnen wird es in dieser Zeit wichtig die Gefühle der Zuneigung, Eifersucht, Sehnsucht oder Enttäuschung bei den Jungen und Mädchen ernst zu nehmen und sie nicht zu verharmlosen. Es sind die ersten starken Gefühle außerhalb der Familie.

Auch die Körperlichkeit der anderen weckt die kindliche Neugier. Wie sehen die Freunde und Freundinnen nackt aus? „Es kann auch vorkommen, dass ein Kind, das seine Genitalien noch nicht als Lustquelle entdeckt hat, von einem anderen Kind lernt, sich selbst zu berühren und zu befriedigen. Gerade wenn es sich dabei um eine erstmalige Erfahrung handelt, ist es möglich, dass das Kind zunächst sehr häufig masturbiert, weil es ganz begeistert ist von der Möglichkeit, sich selber angenehme Gefühle zu verschaffen. Dabei fühlt es sich oft auch dann nicht gestört, wenn andere Kinder seines Alters oder Erwachsene in der Nähe sind. Es ist manchmal völlig in sich versunken und lässt sich überhaupt nicht ablenken! Für Erwachsene, die in der Regel für Sexualität einen geschützten Rahmen brauchen, mag es befremdlich sein, wenn sich ihr Kind so offensichtlich vor anderen liebkost."[9]

Der Erwerb eines *Schamgefühls* ist für das Kind ein längerer Lernprozess. Mit ungefähr acht Jahren hat ein großer Teil der Kinder die sozialen Regeln so weit verinnerlicht, dass sie aus sich selbst heraus bestimmte Verhaltensweisen zeigen. *Scham* ist einerseits ein Ergebnis der Erziehung und entsteht durch Gewohnheiten, entwickelt sich andererseits aber auch von innen heraus als emotional-kognitiver Prozess und ist individuell unterschiedlich. Kinder zeigen Schamgefühle gegenüber Nacktheit oder körperlicher Nähe durch Erröten oder Blickabwendung. Gefühle der Scham sind eine positive Reaktionsmöglichkeit, um die eigenen Intimgrenzen zu spüren. Sie verdeutlichen das Bedürfnis nach Schutz und Abgrenzung. Jedoch weisen sie auch auf Aspekte von Unsicherheit, Angst vor Herabsetzung und Versagen hin. Die Auseinandersetzung mit Körperscham ist mithin ein wichtiger Prozess der sexuellen Identitätsfindung, denn die Fähigkeit, mit Schamgefühlen umgehen zu können, weist auf den Zugang zur eigenen Körperlichkeit hin. Außerdem hilft die Scham den für die Sexualität so wichtigen Intimbereich aufzubauen.

Der Grad der Offenheit ist auch von der persönlichen Entwicklung in bestimmten Lebensphasen wie der Pubertät und von konkreten Situationen abhängig. Aufmerksame Eltern sehen dies, wenn Kinder sich plötzlich am Strand nicht mehr nackt zeigen wollen, die Badezimmertüre zuschließen oder sich vor den Geschwistern und den Eltern verbergen.

Die meisten Eltern und Erzieherinnen regt die Selbstbefriedigung der Kleinen nicht mehr sonderlich auf. Ihre Unsicherheit aber wird deutlich, wenn das Kind auch bei der Oma, im Kindergarten vor den anderen Kindern, oder in der Straßenbahn ohne Hemmungen die Hände ins Höschen steckt. Hier müssen es die Erziehenden fertig bringen, dem Kind zu verdeutlichen, dass in unserem Kulturkreis jede Art von sexueller Befriedigung in die Intimsphäre gehört. So erfährt das Kind, dass masturbieren prinzipiell akzeptiert ist, aber eben nicht jederzeit und überall.

Prinzipiell bewegt sich das Interesse der vier- bis fünfjährigen nun aber in Richtung des anderen Geschlechts. *Die Doktorspiele* geben dafür besonders gute Gelegenheit. Dabei geht es darum Gemeinsamkeiten und Unterschiede durch genaues Betrachten, Berühren und Vergleichen festzustellen. Diese Neugier und ihre Befriedigung werden zumeist in ein *Rollenspiel* eingebunden, in dessen Verlauf sich die Kinder allmählich zum eigentlichen Gegenstand ihres Interesses vortasten. Auch die Imitation des Geschlechtsverkehrs kann zu diesem Experimentierverhalten gehören. Dabei möchten die meisten Kinder unter sich sein, hierin

[9] Phillips, I.-M., 2005

zeigt sich auch schon eine aufkeimende Intimsphäre. Dies beschreibt GABRIELE HAUG-SCHNABEL sehr anschaulich: Doktorspiele, „miteinander schlafen, aber nicht richtig schlafen mit geschlossenen Augen, sondern so wie Große, die sich lieben", und Kinderkriegen, das sind Spiele, die eine Zeitlang in Mode sind wie Geheimsprache, auf Stelzen laufen, Räuberbanden gründen und Freundschaftsbänder knüpfen. Das Kinderkriegen macht übrigens in dieser Reihung der besonderen Spiele die wenigsten Zuschauschwierigkeiten: weil hier die sonst mit Skepsis vermutete erwachsene Lustkomponente mit Recht ausgeschlossen wird. Werden die besonderen Spiele gleich behandelt wie alle anderen und erhalten vergleichbare Aufmerksamkeit, bleibt ihr Schockiergewinn gering. Dann ist ihre große Zeit gar nicht so lange, ihre Attraktivität lässt recht schnell nach. Denn viele Szenarien sind für dieses Alter viel variationsreicher und ausbaufähiger zu spielen als „Lieben" und „Kinderkriegen".

Doktorspiele macht wohl jedes Kind im Kindergartenalter gern. Den eigenen Körper, aber auch den des Freundes oder der Freundin genau betrachten, überall befühlen und in aller Ruhe auskundschaften, ist genauso schön und spannend, wie eingecremt oder bandagiert zu werden, im Spiel eine Spritze zu bekommen oder Fieber zu messen. Mit seinem Körper oder dem der anderen kann man spielen wie mit einem Ball, wie im Sand oder mit Bausteinen. Sich mit Fingerfarben bemalen, sich nass auf Sand wälzen, um wie paniert auszusehen, sich mit Creme betupfen, all das macht Spaß. Und was ist die Aufgabe der Erwachsenen hierbei? Sie sollen sich zurückziehen, meinen zumindest die Kinder – und das meine ich auch. Häufig kommen diese Spiele im Kindergarten nicht vor, denn Doktorspiele macht man am liebsten im kleinen, auserwählten Kreis, keineswegs mit jedem, wenn möglich hinter verschlossenen Türen und ohne Störung zu Hause. Das ist soweit auch in Ordnung, vorausgesetzt,

- alle Auserwählten wollen mitspielen,
- es wird nur so lange gespielt, solange alle Spaß daran haben und niemand Angst bekommt,
- kein Kind wird zu irgendetwas gezwungen, was es nicht tun möchte (wieder die Sache mit dem Nein sagen!),
- es ist ein Spiel unter vielen verschiedenen Spielen, die gespielt werden.

Doktorspiele im Kindergarten sind kurz, die Rollen, Doktor und Patientin, wechseln in einer Spielszene häufig. Die potenziell recht große Zuschauermenge mindert den Spielgenuss, der offensichtlich zu seiner vollen Entfaltung eine gewisse Intimität braucht. Zumeist genügt ein kurzer Blick, ob sich alle wohlfühlen in ihrer nackten Haut. Wenn ja, ist alles o. k.; dann vielleicht noch ein Blick auf die Zuschauer, ob sich da auch keine Angst zeigt, die aufgefangen werden sollte. Fühlt sich ein Kind jedoch sichtlich unglücklich oder durch die Situation überlastet, sollte es möglichst schnell herausgelöst und das Spiel spielerisch abgebrochen werden, ohne dass schlechtes Gewissen unter den Akteuren aufkommt. Jetzt bietet es sich an, in absehbarer Zeit gemeinsam ein Kinderbuch zu Körperbauunterschieden anzuschauen oder Mädchen- und Jungenpuppen mitbringen zu lassen, um die Normalität der Unterschiede hervorzuheben. Sind die wichtigsten äußerlichen Unterschiede zwischen Jungen und Mädchen hinreichend bekannt, alle Körperbereiche in Ruhe angesehen und auch mal befühlt, werden Doktorspiele, so attraktiv sie auch kurzzeitig waren, wieder uninteressant."[10]

Schon vor dem Schuleintritt wächst das Interesse für *Geschriebenes*. Viele Kinder versuchen sich im Entziffern, betrachten Bilderbücher aufmerksamer als früher und manche Fernsehsendung, die eher für ältere gedacht ist, weckt Neugier. Bei Gesprächen unter Erwachsenen schnappen sie sexuelle Informationen auf, die sie oft noch nicht verstehen, aber sich ihre kindlichen Vorstellungen und Meinungen dazu bilden.

Die Medien sind außerdem voller Inhalte zum Thema Sexualität in allen denkbaren Facetten. Im Fernsehen: Kaum ein Spielfilm ohne Liebesszenen. In Zeitschriften: Das Liebes- und Sexleben der Prominenten und der Stars. In der Werbung: Sexualität in raffinierten Verpackungen als Lockmittel. Insofern sind Kinder einem Dauerbombardement von sexuellen Reizen ausgesetzt.

Hilfreich ist es, wenn die Erzieherin diese Reizeinwirkungen mit den Kindern gemeinsam thematisiert und kindgerechte Alternativen medienpädagogisch erarbeitet. Eigene Werte, die den Erziehenden im Sinne der Sexualerziehung wichtig sind lassen sich z. B. mit gu-

---

[10] Haug-Schnabel, G., 1997

ten Kinderbüchern vermitteln, die in keinem Kindergarten fehlen sollten. Ein prämiertes Angebot ist z. B. „Peter, Ida und Minimum". Ein Bilderbuch zum Vorlesen, in dem es um Aufklärung, aber auch um Gefühle der Betroffenen geht. (Siehe Medienwirkung, S. 472)

Wir fassen zusammen:

Kindliche Sexualität in den Tagesstätten und Grundschulen zeigt sich in unterschiedlicher Weise: direkt oder indirekt, offen oder versteckt ängstlich, irritierend oder klar, scheu fragend oder provozierend:

- **Frühkindliche Selbstbefriedigung:** Durch Selbstbefriedigung entdecken Kinder ihren Körper und entwickeln lustvolle Gefühle. Die Akzeptanz frühkindlicher Selbstbefriedigung hilft beim Aufbau einer gesunden Identität.
- **Sexuell intendierte Rollenspiele:** Rollenspiele mit sexuellem Inhalt sind ein wichtiges Übungsfeld im Kontakt mit Gleichaltrigen. Doktorspiele, Vater-Mutter-Kind-Spiele oder andere Rollenspiele ermöglichen eine Befriedigung der kindlichen Neugier. Das Sich-Ausprobieren-Dürfen fördert das selbstständig werden. Außerdem können auch mediale Erlebnisse verarbeitet werden.
- **Kinderfreundschaften:** Kinder gehen im Kindergarten- und Grundschulalter vielfältige Freundschaften ein. In diesem wichtigen Kontakt zu Gleichaltrigen erlernen sie partnerschaftlichen Umgang und erfahren auch, gemocht oder abgelehnt zu werden.
- **Körperscham:** Die Auseinandersetzung mit Körperscham ist ein wichtiger Lernprozess der sexuellen Identitätsfindung und schafft Zugang zur eigenen Körperlichkeit. Gefühle der Scham helfen eigene Intimgrenzen zu entwickeln und zeigen ein Bedürfnis nach Schutz und Abgrenzung. Jedoch weisen sie unter Umständen auch auf Unsicherheit und Angst hin.
- **Entwicklung der Geschlechtsidentität:** Im Bereich „Mädchen sein", „Junge sein", werden Kinder nicht passiv in unsere Gesellschaft hineinsozialisiert. Kinder setzen sich auch aktiv mit ihrer Rolle auseinander. Erzieherinnen können viel für die Entfaltungs- und Gestaltungsmöglichkeiten der kindlichen Geschlechterrollen tun. Egal ob Junge oder Mädchen. Jedes Kind muss in

seiner Wesensart erkannt und entsprechend behandelt werden.
- **Fragen zur Sexualität:** Fragen zur Sexualität werden umfassend beantwortet, um Kindern eine Sprache im Umgang mit Sexualität zu geben. Da die psychosexuelle Entwicklung nicht von der kognitiven Entwicklung zu trennen ist, brauchen die Kinder Wissen. Sie brauchen auch eine Begrifflichkeit um Bedürfnisse aussprechen zu können.
- **Sexuelles Vokabular:** Schon Kindergartenkinder und Grundschüler haben sexuelle Sprüche in ihrem Sprachrepertoire. Sie benutzen derbe Worte mit viel Spaß. Oft kennen die jüngeren die Bedeutung noch gar nicht, spitzen aber die Ohren, wie darauf reagiert wird.

■ Die Rolle der Erzieherinnen

Erzieherinnen sind der Schlüssel für eine sexualfreundliche Erziehung in den Tageseinrichtungen. Die sexuelle Neugier und die Entdeckungsreisen der Kinder bringen die Erzieherinnen mit ihren persönlichen Einstellungen, Vorerfahrungen und Werten in Berührung. Das ist nicht immer einfach. Eine gesunde kindliche Sexualität entwickelt sich, wenn die Erzieherinnen sie entsprechend begleiten. Deshalb ist das Nachdenken über die eigene Sexualbiographie Voraussetzung für sexualpädagogisches Handeln. Die eigene Lebensgeschichte kann die Arbeit dabei bereichern, auch wenn ihre Reflexion nur dazu beiträgt die Erzieherinnen zu befähigen, die eigene Betroffenheit von den sexuellen Ausdrucksformen der Kinder zu unterscheiden.

Arbeit im Team: Die Einrichtungen müssen sich auch in ihrer konzeptionellen Arbeit im Team um Sexualerziehung bemühen. Die Kommunikation im Team ist eine wichtige Voraussetzung für den gelingenden Umgang mit der kindlichen Sexualität und damit auch für eine gemeinsame Haltung. In klärenden Gesprächen können Rücksichtnahme, Unsicherheit und Angst thematisiert werden und dies schafft Entlastung und Sicherheit für alle Beteiligten.

Sexualpädagogisches Konzept: Jede Einrichtung benötigt ein sexualpädagogisches Konzept. Innerhalb der *Konzeption der Einrichtung* können Spiel- und Lernprozesse stattfinden und arrangiert werden, die die Themen aufgreifen, wenn Kinder entsprechende Bedürfnisse zeigen. Eine umfassende Sinnesschulung ermöglicht das Kennenlernen des Körpers.

Entsprechende Projekte sind hilfreich bestimmte Themen in den Horizont der Kinder zu rücken.

Die **Raumgestaltung** muss auch Rückzugsmöglichkeiten für die Kinder zur Verfügung stellen.

■ Zusammenarbeit mit den Eltern

Gelingen kann die Sexualerziehung als Persönlichkeitsbildung natürlich nur in enger Zusammenarbeit mit den Eltern. Wenn die Haltung der Einrichtung geklärt, die Teamarbeit geglückt ist, so steht in der Regel einer kooperativen Elternarbeit nichts mehr im Wege. Eine wichtige Voraussetzung für gute Zusammenarbeit zwischen der Einrichtung und den Eltern ist die Anerkennung der Tatsache, dass es unterschiedliche Erziehungsstile, Werte, Einstellungen und Sichtweisen gibt. Und gerade im Bereich der Sexualität kommen auch noch kulturelle Unterschiede hinzu. Viele Eltern benötigen deshalb Unterstützung und Begleitung. Meist nehmen die Eltern mit großem Interesse grundlegende Informationen über die psychosexuelle Entwicklung der Kinder auf, deshalb sind *Elternabende* mit dem Thema der kindlichen Sexualität gut besucht. Nicht selten führen die Elternabende dazu, dass sie befähigt werden zuhause dann auch mit ihren Kindern entsprechend umzugehen.

1. Stellen Sie sich vor, sie leiten einen Kindergarten und wollen einen Elternabend zum Thema: „Sexualerziehung im Kindergartenalter" veranstalten. Entwerfen sie einen Flyer als Einladung.
2. Suchen Sie Bücher zur Sexualerziehung. Vergleichen Sie die Bücher für verschiedene Altersstufen. Was fällt Ihnen auf?

Bei zahlreichen Elternabenden in süddeutschen Kleinstädten hinterließ ich folgendes Handout für die Eltern:

Hilfen für den Umgang mit der kindlichen Sexualität

- Sexualerziehung beginnt wie jede Erziehung bereits in den ersten Lebenstagen.
- Sexualerziehung spielt von Anfang an, wie alle anderen Erziehungsschwerpunkte, eine ständig wichtige Rolle im täglichen Leben.
- Sexualerziehung kann nicht aus dem Erziehungsprogramm heraus isoliert werden, da sie mitten in das zwischenmenschliche Verhalten eingebettet ist.
- Sexualerziehung ist, sobald sie aus ihrer künstlichen Isolation herauskommt und an die Entwicklung des Kindes angepasst abläuft, keine zu fürchtende Angelegenheit, sondern ein in vielen kleinen Schritten ablaufender wichtiger und befriedigender Teil unseres Lebens.

Der **1. Schritt** der Sexualerziehung beginnt nach der Geburt: Körperliche Nähe und Hautkontakt zwischen Säugling und Eltern sind für elementares Wohlbefinden ausschlaggebend. Erste sexuelle Reaktionen sind zu beobachten.

Den **2. Schritt** der Sexualerziehung bilden die Reaktionen der Eltern auf die frühkindlichen Sexualreflexe. Erschrecken oder Missbilligung führen zu Unbehagen beim Kind. Gelassenheit lässt es als selbstverständlich erscheinen. Das kindliche Interesse am eigenen und anderen Körper nimmt im 2./3. Lebensjahr zu.

Hierher fällt der **3. Schritt** der Sexualerziehung. Es gilt die Aufgabe zu bewältigen einerseits das sozial verträgliche Betragen in Sachen Sexualität beizubringen und andererseits die zwanglose Freude des Kindes an seinem Körper nicht zu zerstören.

Im **4. Schritt** der Sexualerziehung etwa um das 4. Lebensjahr beginnen die meisten Kinder mit Fragen. Sie sollten möglichst einfach und sachlich richtig, aber kindgemäß beantwortet werden. Die meisten sexuellen Zusammenhänge werden zwar mit viel Aufmerksamkeit aber ohne große Emotionen zur Kenntnis genommen.

Sexualerziehung ist ein Teil der Persönlichkeitsentwicklung. Dieser Entwicklungsprozess spielt von Anfang an, parallel zu den genannten Schritten eine bedeutende Rolle.

Es ist die Erziehung zu einer selbstbewussten Persönlichkeit mit positiver Geschlechtsidentifikation und somit auch die Erziehung zu einem oder einer einfühlsamen, verantwortungsbewussten, zugewandten, aber nicht abhängigen Partner oder Partnerin.

- Kinder sollten schon von klein auf eine positive Einstellung zu ihrem eigenen Körper gewinnen. Hierzu sind ganz bestimmte erzieherische Verhaltensweisen sinnvoll.
- Lustvolles Erleben von Sexualität setzt ein natürliches Erleben des eigenen Körpers voraus.
- Frühe Erfahrungen mit gefühlvoller Zuwendung und körperlichen Zärtlichkeiten sind für die Entwicklung der Liebesfähigkeit günstig.
- Eine natürliche Beziehung zum eigenen Körper entsteht auch dann, wenn das Kind erlebt, dass alle Teile seines Körpers gut, schön und liebenswert sind.

Das Spielen und Erkunden der Genitalien sollte daher nicht unterdrückt werden. So kann das Kind körperliche Lust an sich selbst als etwas schönes und angenehmes erleben.

- Sexuelle Fragen, Probleme und Ängste der Kinder sind ernst zu nehmen. Fragen zur Sexualität sollen ausführlich, nicht tabuisierend und sprachlich kindgerecht beantwortet werden.
- Die sexuellen Spiele der Kinder sind Bestandteil der normalen sexuellen Entwicklungen. In Aufregung geraten ist daher nicht angebracht.
- Man sollte sich immer bewusst machen: auch sexuelles, körperfreundliches Verhalten wird gelernt, durch das was wir persönlich sexuell erleben und erfahren.
- Sexuelle Vorbilder können Eltern nur sein, wenn sie selbst ihre eigene Sexualität bejahen.
- Sexualfreundliche Erziehung besteht darin, dass den Heranwachsenden Anreize, Beispiele und Vorbilder angeboten werden, die ihnen helfen, ihr zukünftiges Sexualleben zu kultivieren.
- Unsere Aufklärung darf sich nicht nur auf Sachwissen beschränken, sie muss die Gefühle, sie muss Lust und Leid der Sache, über die wir aufklären, umfassen.
- Sexualerziehung ist ein Prozess der beim Säugling beginnt und die gesamte sexuelle Entwicklung bis hin zum Erwachsenenalter begleitet.
- Zeigen Sie Verständnis und Toleranz, z. B. für die sexuellen Neugierspiele der Kinder. Machen Sie sich bewusst, dass dieses Verhalten natürlich ist.
- Akzeptieren Sie es, dass das Kind nur durch Begreifen lernt, also auch seinen eigenen Körper nicht anders als durch Betasten und spielerisches Berühren aller Körperteile begreift.
- Sie sollten nicht empört reagieren, wenn sich ein Kind aufgrund seines Zeigebedürfnisses nackt zeigt und auch Erwachsene nackt sehen möchte.
- Liebevolles Verhalten gegenüber anderen Menschen lernt das Kind durch unseren Umgang mit dem Kind. Sparen Sie nicht mit liebevoller Zuwendung, Zärtlichkeiten, Küssen, streicheln, Kinder in den Arm nehmen, Kinder zu sich ins Bett kriechen lassen…[11]

Ziel bleibt bei allem die Förderung der Lebenskompetenz unserer Kinder und dazu gehört die umfassende Sexualerziehung. Sie trägt dazu bei, dass Stärke, Selbstvertrauen und Selbstbewusstsein zu Lebensbegleitern unserer Kinder werden.

Sexuelle Gewalt an Kindern

Um leben und wachsen zu können brauchen Kinder die Unterstützung der Erwachsenen, sie brauchen Liebe, Geborgenheit, Zärtlichkeit, Hilfe, Schutz und Sicherheit. Darauf sind sie existenziell angewiesen und darauf vertrauen sie.

„Übt ein Erwachsener an einem Kind sexuelle Gewalt aus, so benutzt er die Liebe, die Abhängigkeit oder das Vertrauen für seine eigenen sexuellen Bedürfnisse – und setzt sein Verlangen nach Unterwerfung, Macht oder Nähe mit Gewalt durch. Er gefährdet die Lebens- und Entwicklungsgrundlage des Kindes und schädigt seine Seele."[12]

---

[11] Unter Verwendung von Mönkemaier, K.,1994
[12] Maeder-Berg, M., 2006

Sexuelle Gewalt äußert sich mannigfaltig: Einem Kind Küsse und Zungenküsse aufzudrängen, ein Kind zur eigenen sexuellen Befriedigung berühren oder sich berühren zu lassen, vaginaler, analer oder oraler Geschlechtsverkehr, der z. T. zu Körperverletzungen führt. Exhibitionismus, anzügliche Blicke und Worte aus sexuellem Interesse, das Zeigen pornografischer Filme, Zeitschriften und Bilder, sowie die Benutzung von Kindern und Jugendlichen zur Herstellung solcher Filme oder Bilder gehören dazu.

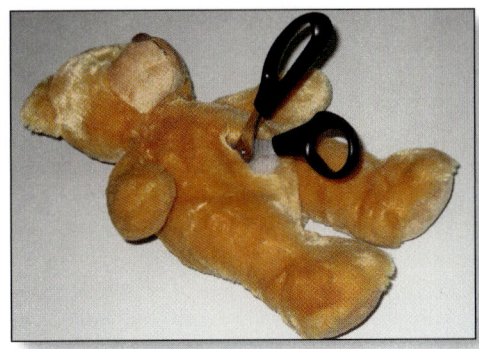

Sexuelle Gewalt ist in fast 90 % der Fälle geplant. Sie kommt in der Regel von männlichen Wiederholungstätern, die aus allen Milieus stammen. Es sind ganz normale Männer, denen man es nicht ansieht: Ärzte, Lehrer, Handwerksmeister, Hilfsarbeiter… Ausschlaggebend sind dabei nicht der soziale Status, sondern ihre sexuellen Präferenzen.

13-Jährige im Bad von Jungen sexuell belästigt

LÖRRACH (BZ). Vier Jungen von 11 bis 15 Jahren begrapschten am Dienstag eine 13-Jährige im Lörracher Parkschwimmbad. Die Bademeisterin kam laut Polizeibericht zu Hilfe, die Täter aus einer Mulhouser Freizeitgruppe wurden festgehalten, auf das Lörracher Polizeirevier gebracht und teilweise gegen Kaution freigelassen.[13]

---

[13] Badische Zeitung, v. 13.07.06

Sexuelle Gewalt geht überwiegend, jedoch nicht ausschließlich, von Erwachsenen aus.

Neben diesen eher spontanen Übergriffen sind Kinder unter Umständen über Jahre hinweg sexueller Gewalt ausgesetzt, selbst Säuglinge und Kleinkinder zählen zu den Opfern. Häufig ist der Ort des Missbrauchs die Familie. Dabei nutzen die Täter ihre Macht und die Abhängigkeit des Kindes aus. Dieses Machtgefälle und das Vertrauen des Kindes ermöglichen dem Täter das Kind zu sexuellen Handlungen zu zwingen und deshalb muss keine direkte *körperliche* Gewalt damit verbunden sein. Das Kind wird mit psychischen Drohungen und Einschüchterungen zur Geheimhaltung gezwungen oder oftmals auch mit Geschenken und Versprechungen gefügig gemacht. Nicht zuletzt deshalb gibt sich das Kind dann selbst die Schuld dafür und schämt sich. Die Scham von einer nahestehenden Person missbraucht zu werden macht es dem Kind fast unmöglich darüber zu sprechen, oder sich jemandem anzuvertrauen.

Sexuelle Gewalt hinterlässt tiefe Narben, die schlecht oder auch nie verheilen. Die gesunde Entwicklung zu einer Persönlichkeit wird empfindlich gestört, weil sich ein Kind durch die ihm zugefügte Gewalt als wehrloses Objekt des Handelns erlebt.

Denn: Sexuelle Gewalt ist körperliche und seelische Gewalt. Sie entzieht sich so lange der sozialen Kontrolle durch Eltern, Erzieherinnen und andere Bezugspersonen, bis sie bekannt wird.

Missbrauchte Kinder können Auffälligkeiten oder Störungen in allen Verhaltensbereichen entwickeln:

• wenn plötzlich die schulischen Leistungen nachlassen,
• sie zeigen oft auffällig sexualisiertes Verhalten,
• sie äußern sich in sprachlichen Andeutungen,
• oder es gibt auffällige wiederkehrende Inhalte in Kinderzeichnungen.
• Störungen im emotionalen, sozialen und seelischen zeigen sich häufig auch in starken Rückzugstendenzen.

Doch Vorsicht: Problematisches Verhalten des Kindes im psychisch-emotionalen oder sozialen Bereich kann auch durch andere Erlebnisse ausgelöst werden und weist nicht zwingend auf sexuelle Gewalt hin.

■ Kinder lernen, nein zu sagen

Eine früh einsetzende Erziehung mit dem Ziel zur körperlichen Selbstbestimmung wird heute von allen Sexualpädagogen als Grundlage der Prävention angesehen. „Dies gilt ganz allgemein für die Persönlichkeitsentwicklung, speziell aber auch für den Bereich der Sexualerziehung. So wird ein Kind, dessen Wünsche nicht gehört und berücksichtigt werden oder dessen Wahrnehmungen nicht ernst genommen werden, sich in späteren Jahren schwerer damit tun, Bedürfnisse zu äußern, als solche Kinder, die erfahren haben, dass sie ein Recht darauf haben, Ja und Nein zu sagen.

Dieses Nein-sagen-Dürfen ist auch eine wichtige Voraussetzung zur Vorbeugung von sexuellem Missbrauch, und die Prävention beginnt schon bei vermeintlichen Banalitäten. Denn wenn ein kleines Mädchen der Oma einen Kuss geben muss, obwohl ihm das unangenehm ist, und es dabei von den Eltern hört „Stell dich nicht so an!", dann lernt es, dass die eigenen Gefühle, in diesem Fall ein inneres Nein, nicht wichtig sind. Wie soll es sich dann selbstbewusst zur Wehr setzen, wenn jemand aus der Familie oder ein Fremder einen körperlichen oder seelischen Übergriff wagt?!

Aber auch die Aufmerksamkeit Ihrem eigenen Verhalten gegenüber ist gefordert: Es gibt Kinder, die wollen nicht auf den Schoß kommen oder mögen Umarmungen nicht, nicht einmal die von der Mutter. Wenn Sie dieses Nein nicht respektieren und das Kind gegen seinen Willen zu zärtlichen Gesten zwingen, hat es weniger Chancen zu lernen, dass es selbst bestimmen darf, ob und welche intimen Berührungen es bekommen und geben möchte.

Wie viele Erwachsene haben Schwierigkeiten damit, ihrer Partnerin, ihrem Partner zu sagen, was sie möchten. *Diese wertvolle Fähigkeit, die eigenen Bedürfnisse zu erkennen und anderen gegenüber ausdrücken zu können,* verlernen Kinder leider oft schon in frühen Jahren aufgrund einer entsprechenden Erziehung."[14]

Neben dem Mut, „Nein" zu sagen, gibt es noch andere Möglichkeiten Kinder zu stärken, ihr Selbstbewusstsein und die Entfaltung ihrer eigenen Persönlichkeit, sowie ihre Unabhän-

gigkeit zu fördern und zu unterstützen. Dazu einige ausgewählte Ziele zur Prävention:

- Altersgemäßes Wissen über Sexualität und sexuelle Gewalt, denn „wissende Kinder sind geschütztere Kinder".
- Eigene Stärken erkennen und sie in bedrohlichen Situationen einsetzen, um sich selbst zu schützen. Kinder haben bei einer Konfrontation mit sexueller Gewalt Kompetenz, Wissen und Handlungsmöglichkeiten, die bei Vierjährigen natürlich anders ausfallen als bei Zwölfjährigen.
- Seine Persönlichkeit und seine eigenen Fähigkeiten entfalten (Kinder können sich wehren, und müssen es nicht ertragen, z. B. an Festen von Schoß zu Schoß wie Plüschtiere weitergereicht zu werden).
- Sein Selbstbewusstsein und seine Selbstsicherheit stärken (sie unterscheiden z. B. zwischen guten und schlechten Berührungen, lassen sich nicht befummeln).
- Selbstbewusst handelnde Kinder holen sich eher Hilfe in ihrem sozialen Netzwerk (z. B. Kameraden, verlässliche Erwachsene).

Unter Prävention verstehen wir eben *nicht*, den Kindern Angst machende Warnungen vor Gefahren zu vermitteln, sondern ihnen Liebe und Sexualität zu erklären, aber mit ihnen auch über kranke Menschen zu sprechen.

■ Erzieherinnen und der Verdacht

Falls der Verdacht besteht, dass ein Kind sexuelle Gewalt erfährt oder über die Erfahrung berichtet, kann folgender „Leitfaden" als Orientierung dienen:

- Behutsam mit dem Verdacht umgehen, nicht unüberlegt handeln, kein „Rettungsaktionismus", wie es C. Wanzek-Sielert ausdrückt.
- Unterstützung suchen im Erzieherteam („zuerst abklären, sich austauschen").
- Professionelle Hilfe z. B. durch Fachdienste einholen.
- Wiederholte Beobachtung des Kindes in verschiedenen Aktionen und Situationen.
- Hinweise aufspüren (durch Gespräche, Kinderzeichnungen…).
- Das Kind nicht mit Fragen bedrängen, sondern den Kontakt zu ihm intensivieren, es ermutigen, über seine Geheimnisse zu sprechen.

---

[14] Philipps, I.-M.,2005

Entwicklungs- und Bildungsprozesse fördern

1. Planung, Durchführung, Dokumentation und Evaluation von Bildungsangeboten

2. Bewegung

3. Sprache und Sprechen

4. Spiel und Spielen

5. Soziales Lernen

6. Kreativität und Gestalten

7. Musik

8. Medien

9. Umwelt, Natur und gesunde Ernährung

10. Naturwissenschaften

11. Mathematik

12. Kulturelle Vielfalt

1. Planung, Durchführung, Dokumentation und Evaluation von Bildungsangeboten

Kindergarten „Im Vogelnest"

7:30 – 10:00 Uhr Freispiel: Um 7:30 Uhr kommen die ersten Kinder mehr oder weniger munter in das Frühbetreuungszimmer. Einige frühstücken zuerst, andere holen sich ein Bilderbuch. Zu kreativen Spielen sind sie noch nicht so recht bereit.

8:00 Uhr: Jetzt sind alle Räume geöffnet und die Erzieherinnen sind in ihren Zuständigkeitsbereichen. Sie begrüßen die Kinder und erinnern einzelne an ihre Sprachförderung. Die Mädchen und Jungen können sich nach Absprache frei im Haus bewegen. Einige zieht es in die Lernwerkstatt,

andere bevorzugen das Atelier, drei Schulanfänger drängen in den Garten, vier Kinder gehen zielgerichtet zur hauseigenen Bibliothek, da dort eine Praktikantin vorliest. Die Jüngsten jedoch bleiben am liebsten bei ihrer Erzieherin.

8:30 Uhr (montags): Aus dem Mehrzweckraum hört man Gitarrenklänge. Diese Woche ist die Meisengruppe an der Reihe. Kinder und Erzieherinnen stellen die neu gelernten Lieder vor und begleiten den Gesang mit Orff-Instrumenten. Es nehmen alle Mitarbeiter und Kinder der Einrichtung teil sowie 15 Mütter/Väter mit ihren Kleinkindern. Jeweils am Dienstag und Donnerstag arbeitet zu dieser Zeit die Spracherzieherin mit Kleingruppen im Mehrzweckraum.

10:00 Uhr Kinderversammlung: Die Erzieherinnen stellen die Angebote des Tages vor. Sie lauten Turnen für die 3 bis 4-Jährigen, Forschen zum Thema „Schall" und mehrere Gruppen arbeiten am Projektthema „Dinosaurier". In einer Gruppe wird der Geburtstag eines Kindes gefeiert. Die Kinderversammlung löst sich auf.

10:15 Uhr: Frau Spohn bereitet mit 6 Kindern einen Ausstellungstisch vor. Zuerst sortieren sie die Dinos. Dabei stellen sie fest, dass die Farben der Figuren anders sind als im Buch. Dann holen sie Pflanzen aus dem Garten. Im Vergleich dazu sind die Dinos klein. Martin und Kathrin suchen in Sachbüchern, was sie noch für die Landschaft brauchen. Kathrin schreibt Namensschildchen für die Dinosaurier.

Diese Beispiele geben einen Vorgeschmack auf die Vielfalt von Bildungsangeboten.

Bildungsauftrag und Bildungspläne der Kindertageseinrichtungen

Der Bildungsauftrag der Erzieherin und der Kindertageseinrichtung ist im Kinder- und Jugendhilfegesetz (KJHG) festgelegt. Das Gesetz selbst formuliert jedoch nur den Auftrag.

Für die konkrete Arbeit haben die 16 Bundesländer je eigene Bildungspläne für Kindertageseinrichtungen entwickelt.

■ Bildungspläne für den Elementarbereich

Der Leiter des Münchner Staatsinstitutes für Frühpädagogik W. Fthenakis legte bereits 2003 die erste Entwurfsfassung des bayerischen Bildungs- und Erziehungsplanes vor. Etwa zeitgleich arbeitete G. E. Schäfer an einem umfangreichen Gutachten, das Grundlage für die nordrhein-westfälischen „Vereinbarungen zu den Grundsätzen über die Bildungsarbeit in Kindertageseinrichtungen für Kinder" wurde. In den folgenden Jahren entwickelten sämtliche Bundesländer eigene Konzepte. Ein *nationaler Bildungsplan*, von Fthenakis schon vor Jahren eingefordert, scheiterte trotz der Bemühungen der Kultusministerkonferenz.

Nur in Bayern ist der Bildungsplan für alle Einrichtungen verbindlich. In den anderen Bundesländern haben die Pläne den Charakter von Rahmenrichtlinien, Empfehlungen oder Vereinbarungen.

Die Bildungspläne unterscheiden sich teilweise sehr stark voneinander. Wirft man aber einen Blick auf das Verständnis von Bildung (S. 237 f.), können Gemeinsamkeiten identifiziert werden.

1. Kinder sind kompetente, mit Selbstbildungskräften ausgestattete Wesen.
2. Wesentliche Bildungsressourcen liegen in der frühen Kindheit.
3. Bildung wird als lebenslanger, qualitativ fortschreitender Prozess verstanden.
4. Bildung ist sinn- und identitätsstiftend.
5. Bildung braucht Unterstützung, Begleitung durch Erzieherinnen.
6. Alle Bildungspläne betonen die Erziehungspartnerschaft von Erzieherinnen und Eltern.

■ Bildungsziele

Richtungsweisende Ziele sind Gemeinschaftsfähigkeit, Eigenverantwortlichkeit, die Fähigkeit, in seinem Lebensbereich kompetent und (selbst)bewusst zu denken und zu handeln, sowie die „Welt" aktiv mitzugestalten.

Daraus ergeben sich folgende Aufgaben für die Erzieherin: die Förderung der Wahrnehmung und Bewegung, des Ausdrucks und Denkens, des Gefühls und Mitgefühls und die Werteerziehung. Das Kind soll altersgemäß und schrittweise in unsere Kultur der Vielfalt hineinwachsen, Wissen über die Welt erlangen, Fähigkeiten und Fertigkeiten einüben, die es zum selbstständigen Handeln braucht und zukunftsoptimistische Einstellungen entwickeln, um Ziele zu finden und sich dafür einzusetzen.

■ Bildungsbereiche

Die Bundesländer benennen die Bildungsbereiche unterschiedlich. Der baden-württembergische Bildungsplan lässt sich von der Kindperspektive leiten: „Was will das Kind?" „Was braucht das Kind?" Entsprechend heißen die sechs Bildungsbereiche: 1. Körper, 2. Sinne, 3. Sprache, 4. Denken, 5. Gefühl und Mitgefühl und 6. Sinn, Werte und Religion.

Demgegenüber beschreibt Niedersachsen neun Bildungsfelder: 1. Emotionale Entwicklung und soziales Lernen, 2. Entwicklung kognitiver Fähigkeiten und der Freude am Lernen, 3. Körper – Bewegung – Gesundheit, 4. Sprache und Sprechen, 5. Lebenspraktische Kompetenzen, 6.Mathematisches Grundverständnis, 7. Ästhetische Bildung, 8.Natur und Lebenswelt, 9. Ethische und religiöse Fragen; Grunderfahrungen menschlicher Existenz.

Der baden-württembergische Bildungsplan enthält eigentlich Entwicklungsfelder (Ausnahme Bildungsfeld 6), während der niedersächsische sowohl Entwicklungsfelder als auch Wissens- und Könnensbereiche unserer Kultur nennt.

■ Methoden

Die methodischen Eckpunkte der Bildungsarbeit in Kindertageseinrichtungen sollen die lernanregend gestaltete, „vorbereitete Umgebung", die individuelle Lernbegleitung sowie vorstrukturierte Bildungsangebote, z.B. zur Sprachförderung und Projekte sein.

Insgesamt lässt sich feststellen, dass die Bildungspläne neben dem Bildungsverständnis mehr oder weniger konkrete Ziele, Inhalte und Methoden formulieren bzw. empfehlen.

Auf dieser Basis beginnt die konkrete Arbeit der Erzieherin. Jetzt braucht sie fundiertes Wissen darüber, wie Kinder lernen und wie man Lernprozesse anregen und begleiten kann. Auf wissenschaftlicher Ebene befasst sich die Didaktik, ein handlungsbezogenes Fachgebiet

der Pädagogik, mit Zielen, Bedingungen und Möglichkeiten des Lernens und Lehrens. Die Didaktik liegt an der Schnittstelle zwischen Lern- und Entwicklungspsychologie einerseits, der Erziehungsphilosophie und den Bildungsinhalten andererseits und richtet immer den Blick auf gesellschaftliche Veränderungen.

> **Aufgabe:**
> Verschaffen Sie sich eine Übersicht über den Bildungsplan Ihres Bundeslandes.
>
> 1. Können Sie einen allgemeinen und einen konkreten Teil erkennen? Welche Themen werden im allgemeinen Teil behandelt?
> 2. Suchen Sie nach Aussagen über die Rolle der Erzieherin im Bildungsgeschehen.
> 3. Wie sind die Bildungsbereiche benannt? Ähneln sie den baden-württembergischen oder den niedersächsischen?
> 4. Betrachten Sie die Bildungsbereiche genauer! Erkennen Sie ein Muster in der Art der Beschreibung? Gestalten Sie ein Organigramm.

Zwei didaktische Modelle, die der Erzieherin helfen, ihre „Bildungsarbeit" zu planen und zu reflektieren, werden im folgenden Unterkapitel vorgestellt, die Konstruktivistische Didaktik und das Berliner Modell.

Didaktische Modelle

■ Die Konstruktivistische Didaktik und die Bildungsdokumentation

Die Konstruktivistische Didaktik geht davon aus, dass das Kind die materielle, ideelle und soziale Welt in einem System von Bedingungen und Möglichkeiten wahrnimmt, sich sein Bild von der Welt konstruiert und handelnd lernt. Die Lernleistung muss es selbst erbringen. Keine Erzieherin, kein Lehrer kann für das Kind lernen. Das bedeutet auch, dass nur der lernt, der lernen will und sich aus eigener Initiative auf den Weg macht. Das ist ein „Muss" in einer Gesellschaft, die auf Fortschritt angelegt ist.

In der Konstruktivistischen Didaktik steht das Kind und sein Lernprozess im Mittelpunkt. Ob dieser voranschreitet, kann ich aber nur feststellen, wenn ich ihn dokumentiere. Deshalb hat die Bildungsdokumentation ihren festen Platz in der „Bildungsspirale".

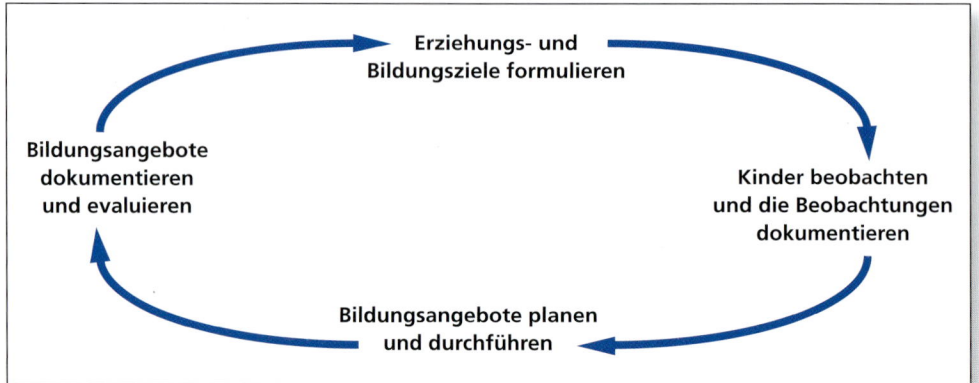

Die Funktion der Bildungsdokumentation in der Bildungsspirale.

Unter Bildungsdokumentation versteht man das „Festhalten" der Bildungsprozesse der Kinder in Schrift- und Bildform. Dazu legt die Erzieherin für jedes Kind eine Mappe an und sammelt darin:

- Fotos, die das Kind in Aktion und seine Werke zeigen,
- Übersicht über die Teilnahme an Projekten,
- Lerntagebuch über Entdeckungen, Anstrengungen und Äußerungen des Kindes,
- Beobachtungen zur Feststellung der bevorzugten Lernwege, zu Interessengebieten und Stärken, zum Entwicklungsstand, zu den Freundschaften des Kindes und zu seiner Stellung in der Gruppe (Siehe Kapitel Beobachtung , S. 188 sowie Kapitel Gruppe, S. 144).
- Mitschriften von Elterngesprächen bei der Aufnahme, bei Entwicklungsgesprächen sowie Vereinbarungen. Diese Mappe wird den Eltern ausgehändigt, wenn das Kind die Einrichtung verlässt.

Die meisten Einrichtungen führen ferner pro Kind ein *Lernportfolio* mit Fotos, Beschreibungen seiner bevorzugten Tätigkeiten, Lernwege, Freundschaften und Teilnahme an Projekten. Dieses Lernportfolio ohne Anmerkungen der Erzieherin gehört dem Kind und steht ihm auch jederzeit zu Verfügung.

Warum ist eine Bildungsdokumentation notwendig?

An erster Stelle steht das Kind. Es hat ein Recht darauf, in seiner ganzen Person wahrgenommen zu werden und Rückschau auf seinen Bildungsweg zu halten.

Ebenso wichtig ist die Bildungsdokumentation für die Erziehungspartnerschaft zwischen der Erzieherin und den Eltern. Diese haben ein Recht auf Information und Mitbestimmung von Zielen und Bildungsinhalten.

Auch für Fallbesprechungen, die Planungsarbeit und die Konzeptionsfortschreibungen bieten Bildungsdokumentationen wesentliche Grundlagen.

Schließlich nutzen wir sie auch, um unsere eigene Vorgehensweise zu reflektieren und die Qualität der Arbeit zu verbessern.

Der Fachhandel stellt Vorlagen zur Bildungsdokumentation zu Verfügung, z. B. Tabellen zur Ermittlung der vom Kind bevorzugten Bildungs- und Zugangsformen, hergeleitet von GARDENERS Theorie der acht Intelligenzen; ferner Formblätter für Eintragungen von Bildungsthemen und der Stärke der Engagiertheit nach LAEVERS, dazu Beobachtungsbögen zum Erfassen der Kompetenzen und Risikolagen nach BELLER oder MICHAELIS und zur Stellung des Kindes in der Gruppe (Soziogramm).

Desiree stellt ihr Portfolio vor.

Aus den Bildungsdokumentationen filtern die Erzieherinnen Bildungsangebote heraus. Sie

- bieten komplexe, lebensnahe, ganzheitliche Themen- oder Aufgabenbereiche auf der Grundlage intensiver Beobachtungen,
- wissen, dass kognitive Prozesse durch persönliche Identifikation und Betroffenheit stattfinden und bieten solche,
- bereiten den Raum vor für selbst gesteuertes Lernen anstelle von Instruktionsunterricht, begleiten und ermuntern die Kinder,
- bieten den Rahmen für das Lernen in der Gruppe. Dabei muss das Kind eigenes Wissen darstellen und zuhören. Indem Gruppenmitglieder weitere Aspekte einbringen, gerät der eigene Wissensstand ins Schwanken und muss neu strukturiert werden,
- sehen definitiv die bildende Funktion von Umwegen und Fehlern, da man weitere und bessere Lösungswege suchen muss,
- betonen individuelle Konstruktionsfortschritte stärker als das Ergebnis. Wichtig ist die Bewusstmachung und Verbesserung eigener Lernstrategien.[1]

Im Vorschulalter brauchen Kinder nach der Konstruktivistischen Didaktik sowohl viele Möglichkeiten der Selbstbildung als auch vorstrukturierte Lernangebote. Beide Formen des Lernens bergen eigene Werte, die in den nächsten Unterkapiteln beschrieben sind. Daraus ergeben sich als Organisationsformen für Bildung:

- Freispiel in einer vorbereiteten Umgebung
- Individuelle Förderung und Förderprogramme
- Selbstgesteuertes Lernen, z. B. in der Lernwerkstatt
- Gezielte Aktivitäten
- Projekte

(Siehe Spiel und Spielen, S. 409, Gestaltung von Innen- und Außenbereichen, S. 557 und die Abschnitte „Vorbereitete Umgebung" in den diversen Entwicklungs- und Bildungsfeldern).

Die Konstruktivistische Didaktik hat dem selbstbestimmten Lernen den Weg geebnet und Strukturen gefordert, die Entwicklung zu dokumentieren (Bildungsdokumentation), aber sie hat kein Modell zur Vorbereitung gezielter Aktivitäten geliefert. Hierzu bedienen

wir uns des Berliner- oder auch Lerntheoretischen Modells.

■ Das Berliner – oder auch Lerntheoretische Modell

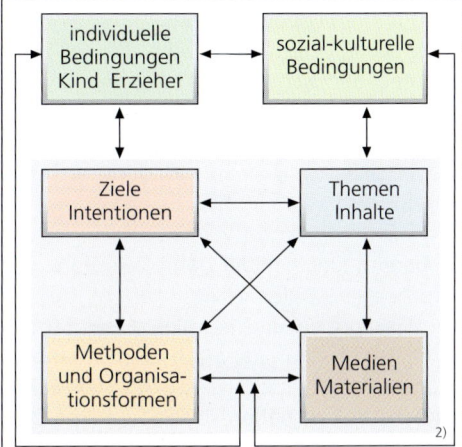

Kriterien für die Analyse und Planung von Bildungsangeboten
Erläuterungen:
Individuelle Bedingungen: Vorerfahrungen der Kinder, Entwicklungsstand, Interessen, Stärken, Schwächen, Stellung in der Gruppe, Herkunft, auch Interessen der Erzieherin.

Sozial-kulturelle Bedingungen: Schwerpunkte der Bildungsarbeit in der Einrichtung, Rahmenbedingungen, Traditionen, Regeln, Erwartungen des Trägers, der Eltern, gesellschaftliche Erwartungen; Gruppensituation.

Themen/Inhalte: Entscheidung für ein Thema, Begründung der Wahl, im Thema liegende Bildungschancen für das Kind in der Gegenwart und Zukunft, Übertragbarkeit des Erlernten auf neue Situationen.

Ziele: Einstellungen, Fertigkeiten, Fähigkeiten und Erkenntnisse, die das Kind gewinnen kann.

Methoden und Organisationsform: Wie gehe ich der Reihe nach vor? Was muss ich vereinfachen, erklären, zeigen; wo bieten sich Freiräume für Entscheidungen und Gestaltung durch die Kinder? Ferner: Raumvorbereitung, Materialarrangement, Zeitplanung, Absprache mit Mitarbeitern.

Medien/Materialien: Anschauungsmittel (z. B. Gegenstände, Bilder), Materialien (z. B. Papier, Ton oder Nahrungsmittel) und Geräte (z. B. Messer, Schere).

---

[1] in Anlehnung an Gudjons, 2003

[2] Ministerium für Arbeit, Gesundheit und Soziales des Landes Nordrhein-Westfalen, Köln, 1986.

Das Berliner Modell wurde in den 1960er Jahren in Berlin von einem Dreierteam von Hochschullehrern entwickelt: Paul Heimann, Gunter Otto und Wolfgang Schulz.

Es sollte Junglehrern in Ausbildung die Entscheidungs- und Bedingungsfaktoren von Unterricht bewusst machen und Planungsgrundlage für ihren Unterricht sein.

Der Name „Lerntheoretisches Modell" verpflichtet, den Schwerpunkt auf das Lernen zu legen und die Ausgangslage der Kinder zu beachten. Vor dieser Zeit standen das Thema selbst und dessen Bildungswert im Mittelpunkt.

Zu Beginn der 1980er Jahre empfahl das nordrhein-westfälische Ministerium für Arbeit, Gesundheit und Soziales dieses Modell allen Einrichtungen, die nach dem Situationsansatz arbeiteten. Viele Jahrgänge von Erzieherfachschülern haben danach gelernt, ihre gezielten Aktivitäten vorzubereiten und ihre Arbeit zu begründen. Das Modell hat bis heute Gültigkeit.

Kinder individuell fördern

Grundlage der bewussten, individuellen Förderung sind wöchentliche Fallbesprechungen. Hierzu stellt die Erzieherin die Bildungsdokumentation eines Kindes vor, zeigt seine bisherigen Fortschritte und Interessen in Form von Fotos, Beobachtungsprotokollen und Notizen. Der Entwicklungsbericht enthält je Entwicklungsbereich eine Kernaussage. Das Ziel der Besprechungen ist, für die einzelnen Kinder notwendige Förderschritte und Zuständigkeiten festzulegen. Die Förderschritte sind Vorhaben, die die Erzieherinnen im Alltag und auch in gezielten Aktivitäten umsetzen. Falls erforderlich, nehmen auch Vertreter der Fachdienste an Fallbesprechungen teil.

Beispiel: Gezielte Beobachtungen von Eiko haben ergeben, dass er den Maltisch meidet und auch kein Interesse hat, Schleife binden zu lernen, dass er aber sehr geschickt mit kleinen Legosteinen baut und schwierige Papierflieger faltet. Die Erzieherinnen vermuten eher ein Motivationsproblem als Schwierigkeiten mit der Feinmotorik.

Lars hingegen meidet feinmotorische Anforderungen, wo es nur geht. Die Entscheidung für eine gezielte Förderung ist schnell getroffen und nicht nur im Hinblick auf den baldigen Schuleintritt. Lars braucht feinmotorische Übungen, um besser wahrnehmen zu können, um sich selbst versorgen, sich ausdrücken und mit anderen behutsam umgehen zu können. Und er braucht Erfolge, damit er motiviert ist, sich auf Übung einzulassen.

Nachdem die Notwendigkeit der Förderung fest steht, befassen sich die Erzieherinnen mit Teilleistungen der Feinmotorik und dem natürlichen Entwicklungsverlauf. Sie tragen Tätigkeiten zusammen, die Lars aus dem Ellenbogen und dem Handgelenk heraus verrichten kann, die seine Handmuskulatur stärken und auch entspannen. Es ist ratsam, Lars langsam an die Feinmotorik heranzuführen und nicht auf dem zu bestehen, was er noch nicht kann.

Zur Planung konkreter Schritte beziehen die Erzieherinnen Tätigkeiten ein, die Lars gern und engagiert verrichtet:

• Im Alltag: Geschirr spülen, abtrocknen, Tisch abwischen, fegen, klettern, graben, rechen.

Feinmotorische Teilleistungen

Daumengriff

Breithandgriff

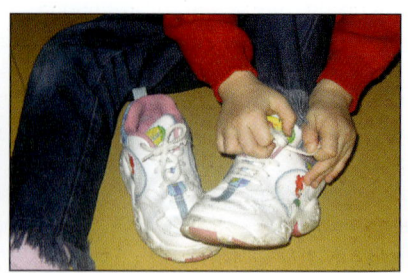

Pinzettengriff

- Im Freispiel: Kneten, Werken, Spiele am Wassertisch, Schneideübungen: abschneiden, einschneiden, ausschneiden.
- In der Kleingruppe: Malen nach Musik, Spachtelbild, Murmeltechnik, Spiel mit Handpuppen, Körpermassage.
- Mit der Gesamtgruppe: Mitmachgeschichten, Fingerspiele.
- Die Gruppenleiterin übernimmt die Dokumentation der Entwicklungsfortschritte und jede Erzieherin stützt das Vorhaben in ihrem Zuständigkeitsbereich.

Interaktion:

Was tun die Kinder miteinander bzw. mit dem pädagogischen Personal?

Hilfsmittel:

Welche Gegenstände brauche ich für die Interaktion (Spielfiguren, Bastelmaterial, Gebrauchsgegenstände, …)?

Sprachstrukturen:

Wie lauten die angestrebten Satzmuster, mit denen die Kinder die Interaktion versprachlichen können bzw. sollen?

Wortschatz:

Welche Wortarten werden bzw. sollen die Kinder bei der sprachlichen Begleitung ihrer Handlung verwenden?

[4]

■ Die Kleeblattmethode nach BERGHOFF

Diese Methode eignet sich zur bewussten Entwicklungsförderung eines Kindes im Alltag. Sie wurde von Wilfried BERGHOFF und Birgit MAYER-KOENIG 2003 als ein Baustein zur Sprach- und interkulturellen Erziehung entwickelt.[3] Die Grundidee ist jedoch auch in anderen Bereichen anwendbar.

Das Prinzip ist einfach. Die Erzieherin greift eine Handlung des Kindes auf, spielt oder verrichtet etwas ähnliches wie das Kind, je nach Förderschwerpunkt.

Balanciert es auf einem Seil, dann tut sie es ihm gleich, sie balanciert aber auch rückwärts oder seitwärts (Differenzierung), ferner schlägt sie vor, es auf der langen Bank zu probieren, vielleicht sogar mit einem Gegenstand in den Händen (Erweiterung).

Hat sie sich eine Sprachförderung vorgenommen, formuliert sie die Handlungen des Kindes. An dem Punkt werden viele Kinder gesprächig. Sie korrigieren die Erzieherin und zeigen/sagen, wie sie es meinen. Die Erzieherin fragt auch, warum das Kind seine Handlung so verrichtet und wozu. Sie flicht neue Worte ein, provoziert bestimmte Äußerungen und Satzkonstruktionen, z. B. in der Gegenwartsform oder der vollendeten Gegenwart zu sprechen. Im Sinne WYGOTZKYS macht sie ihm die „Zone seiner nächsten Entwicklung" schmackhaft.

Das Kleeblatt ist eigentlich nur eine Visualisierung des Vorgehens. Blatt eins und zwei zeigen den Rahmen der Förderung an einem bestimmten Ort, mit einer Interaktion und einem Gegenstand als „Brücke", Blatt drei und vier stehen für den Inhalt der Förderung.

Das Kleeblatt beinhaltet den fachlichen Anspruch und zeigt wie die verschiedenen Aspekte zusammenwirken.

In der Vorbereitung

- befasst die Erzieherin sich mit dem aktuellen Entwicklungsstand und den Interessen des zu fördernden Kindes,
- sowie mit dem typischen Entwicklungsverlauf im zu fördernden Bereich und mit Teilleistungen,
- sie formuliert Ziele und stellt eine Ideensammlung zusammen.

Sie fördert das Kind entweder im Rahmen einer der üblichen Aktivitäten oder auch im Freispiel. Um den Überblick zu behalten, notiert sie, was sie wem angeboten hat. Sie reflektiert ihre Vorgehensweise und überlegt, was sie beim nächsten Mal anders machen würde. Sie achtet auf Wiederholungen und schaut, ob das Kind Geübtes eigenständig anwendet.

Die Kleeblattmethode ist ziel- und dialogorientiert. Der Gegenstand oder die Spielhandlung sind die Brücke zum Ziel. Die Kommunikation ist digital, findet also auf der Sachebene statt und enthält vor allem Informationen, statt der analogen Kommunikation auf der Beziehungsebene. Die Methode gelingt der Erfahrung nach nur, wenn das Kind zur Kooperation bereit und neugierig ist und wenn der Gegenstand Gestaltungsmöglichkeiten bietet.

---

[3] nach Berghoff, W., 2003

[4] Berghoff, 2003

Was spricht für eine derart zielgerichtete Entwicklungsförderung, unabhängig von der hier dargestellten Kleeblattmethode?

WYGOTZKY (1896–1934), ein bekannter russischer Psychologe, war überzeugt, dass ein Kind ein Recht auf Anregungen hat.

„Was das Kind heute in Zusammenarbeit oder unter Anleitung vollbringt, wird es morgen selbstständig ausführen können. Und das bedeutet: Indem wir die Möglichkeiten eines Kindes in der Zusammenarbeit ermitteln, bestimmen wir das Gebiet der reifenden geistigen Funktionen, die im allernächsten Entwicklungsstadium sicherlich Früchte tragen und folglich zum realen geistigen Entwicklungsniveau des Kindes werden. Wenn wir also untersuchen, wozu das Kind selbst fähig ist, untersuchen wir den gestrigen Tag. Erkunden wir jedoch, was das Kind in Zusammenarbeit zu leisten vermag, dann ermitteln wir seine morgige Entwicklung".[5]

Selbstgesteuertes Lernen begleiten

■ Begriff und der Sinn selbstgesteuerten Lernens

Selbstgesteuertes Lernen bedeutet, sich einer selbst gewählten Aufgabe zuzuwenden, im eigenen Tempo vorzugehen und etwas so oft zu wiederholen, wie man will. Das können Spiel- oder Alltagshandlungen sein oder auch eine Forschungsaufgabe.

Am besten lernt, wer intrinsisch motiviert ist. Die intrinsische Motivation entsteht durch das Bedürfnis, etwas können oder wissen oder herstellen zu wollen. Auch ansprechendes Material und Freunde, die sich lustvoll einer Aufgabe hingeben, können ein Kind motivieren. Die Motivation bleibt erhalten, wenn die Anforderung den Punkt treffen zwischen dem, was das Kind kann und dem, was es lernen möchte. Selbstgesteuertes Lernen fördert Initiative, Aufmerksamkeit und das Denken und hat positiven Einfluss auf das Aufgabenbewusstsein und das Selbstbild des Lernenden.

■ Materialausstattung und die Aufgaben der Erzieherin

Damit ein Kind selbstständig ein Beet anlegen, eine Suppe kochen oder einen Roboter bauen kann, braucht es Alltagsmaterialien und funktionsfähige Geräte, die seiner Größe entsprechen.

Ferner ist didaktisches Material sinnvoll. Als didaktisches Material bezeichnet man zu Lernzwecken hergestellte Geräte (Bewegungsraum), Spiele und thematische Materialsets. Das Anliegen der didaktischen Materialien ist, dass Kinder sich konkret mit einem Wissensgebiet befassen, kognitive Fähigkeiten und auch Fertigkeiten üben. Die Lernabsicht wird besonders bei den Montessorimaterialien deutlich, für lebenspraktische und Sinnesübungen, für das mathematische Denken und die Sprache und zu den Wissensgebieten unserer Welt: zum Menschen, zu Tieren, Pflanzen, zur Geographie und Geschichte.

Durchgängig erkennbar ist das Handlungsprinzip: Die Kinder üben und wiederholen, sie sortieren, ordnen zu, unterscheiden, gradieren und notieren mit zunehmendem Alter wichtige Erkenntnisse.

Ausstattungsbeispiele

- Konstruktionsbaukästen mit Arbeitsanleitung.
- Farben-, Formen-, Buchstaben und Zahlenspiele.
- Bildrezepte zum selbstständigen Kochen.
- Memory: zur Wahrnehmung und Zuordnung gleicher Objekte, z. B. Schmetterlinge.
- Bildserien über einen Entwicklungs- oder Herstellungsprozess, z. B. den Hausbau.
- Würfelspiel: z. B. zu den heimischen Vögeln mit Vogelstimmen auf einer Hörkassette, sowie Knet-, Zähl- und Beobachtungsaufgaben.
- Malheftchen: Vergleich Foto und Schemazeichnung, Namen lernen, z. B. von Vögeln oder Wiesenblumen.
- Materialbox, Auftragskarten und Experimentierhefte, z. B. zum Thema „Magnetismus".

Beispiel: Sema steht vor einem Regal. Dort haben Magnete ihre Aufmerksamkeit geweckt. Sie wiegt einen in der Hand. „Ganz schön schwer", denkt sie. Sie sieht ferner

---

[5] Wygotzky, L. in Textor, M., 1999

6 Schachteln, Auftragskarten und ein visuelles Lexikon. Aus einer Schachtel blitzen goldene und silberne Objekte.

Sema nimmt die Auftragskarte Nr. 1, die dazugehörige Schachtel, einen Magneten und trägt alles mit einem Tablett zum Tisch. Die Erzieherin lädt Thomas, der schon interessiert zugeschaut hat ein, mitzumachen, denn Entdeckungen zu zweit machen mehr Spaß. Dann liest sie die Aufgabe vor, erarbeitet mit den Kindern ein Beispiel (3 Minuten) und die übrigen 9 Aufgaben erledigen diese alleine. Wenn die Kinder fertig sind, bespricht sie mit Sema und Thomas, was sie herausgefunden haben. Die Aufgabe fanden die beiden zu leicht. Sie versorgen ihr Material und holen sich Schachtel Nr. 2, die mit den glänzenden Gegenständen.

Jetzt entdecken sie die Experimentierheftchen. Da sind sechs Experimente beschrieben und es gibt noch Platz für eigene Erfindungen. Sie schaffen an diesem Morgen 5 Experimente. Das sechste wollen sie am nächsten Tag in Angriff nehmen. Dazu müssen sie Rennautos bauen und brauchen Muttern. Sema will schauen, ob sie diese im Keller haben.

Beispiel: Experimentierheftchen

Beispiel: Auftragskarte

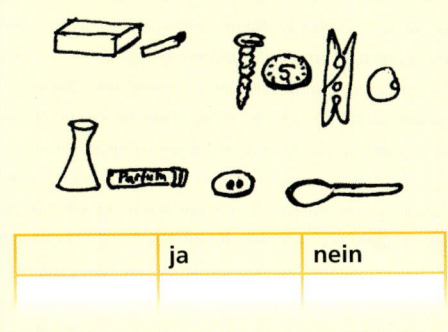

Gut präsentiertes Material fordert zum Anfassen heraus, vor allem dann, wenn man die Aufgabe schon ein bisschen sehen und einschätzen kann. Auch wird deutlich, dass man eine Aufgabe fortsetzen muss, sonst verflüchtigen sich die gewonnenen Erkenntnisse und das Interesse erlahmt.

Aufgabe der Erzieherin: Lernanregende Dialoggestaltung

Kinder sollen Initiative entwickeln. Deshalb wartet die Erzieherin, ob das Kind von selbst Ideen äußert, oder sie fragt. „Was hast du vor? Was brauchst du dazu? Wie könntest du beginnen?" Sie hilft ihm, ein Ziel für sein Tun zu finden, sein Vorhaben zu organisieren und wieder aufzuräumen. Im Sinne der Konstruktivistischen Didaktik ist sie aber nicht verantwortlich dafür, dass es sein Ziel erreicht (außer bei hauswirtschaftlichen Arbeiten). Gerade Umwege und Fehler sind lehrreich, um weitere und bessere Lösungswege zu suchen.

Sie kann auch die Aufmerksamkeit des Kindes wecken mit Fragen wie: „Hast du schon einmal mit diesen Magneten experimentiert?" oder „Kennst du solche Magnete?" Das Kind wird von Magnetbildern am Kühlschrank zu Hause erzählen, die dort ohne Uhu kleben. „Können Magnete alles festhalten?" Die Erzieherin motiviert, im Raum zu überprüfen, was alles magnetisch ist. Die Materialien kann man sammeln, sortieren und die Ergebnisse aufzeichnen. Sicher kommt irgendwann die Frage: „Woher hat der Magnet seine Kraft?" Jetzt ist die Erzieherin gefordert. Sie erklärt Zusammenhänge, die nicht sichtbar sind oder sie sucht mit dem Kind in einem Sachbilderbuch nach kindgemäß formulierten Informationen.

Sehr sinnvoll sind Aufforderungen, zu beobachten, was gleich passiert, oder Objekte zu vergleichen: Wie „Was ist an diesem Objekt anders als an jenem?" oder „Was ist jetzt anders als vorher?" sowie „Warum ist es anders?" Das Kind muss selbst schauen und nachdenken, aber es sieht die Objekte ja vor sich.

„Was könnte geschehen, wenn …?" Solche Fragen aktivieren Erfahrungen und Vorstellungen von Möglichem und Unmöglichem. Die Kinder stellen Vermutungen und Behauptungen, d.h. Hypothesen, auf.

„Wie könnte die Lösung aussehen?" Dies ist eher ein Appell an das realistische Denken. Er verlangt, mehrere Aspekte ins Denken einzubeziehen, braucht aber Zeit. Hier muss die Erzieherin ihre Lösung zurückhalten und die Kinder probieren lassen.

Beim selbstgesteuerten Lernen begleitet die Erzieherin die Kinder prozess- und lösungs-, aber nicht ergebnisorientiert.

Gezielte Aktivitäten planen und durchführen

■ Begriff und Notwendigkeit

Gezielte Aktivitäten haben folgende Merkmale: Sie

- richten sich an eine bestimmte Zielgruppe, meist eine Kleingruppe,
- haben eine zeitliche Begrenzung von 30 bis 60 Minuten,
- finden in einem eigenen Raum statt,
- sind inhaltlich und methodisch als bedeutsame Lernsituation vorstrukturiert.
- Die Erzieherin strebt bestimmte, auch individuell unterschiedliche Ziele an.

Wozu brauchen Kinder gezielte Aktivitäten?

- Kinder können sich ihren Lebensraum und ihre Kultur nicht wirklich allein erschließen. Auch leben wir von Anfang an in Gruppen. Deshalb sind Lernerlebnisse in Gruppen sinnvoll.
- Der Kindergarten soll die Kompetenzen der Kinder fördern. Hierzu sind konkrete Handlungen und Wiederholungen notwendig, die die Erzieherin in Bildungsangeboten organisiert.
- Manche Kinder suchen von sich aus Lernsituationen zu wenig auf und können sich in einer lebendigen Umgebung nicht gut konzentrieren. Sie brauchen eine überschaubare und ruhige Lernsituation, den Schutz der Erzieherin, Anregungen und Unterstützung.
- Viele Kinder schätzen strukturierte Lernsituationen, die Horizonte eröffnen, Zusammenhänge aufzeigen und Erfolge sichern. (Siehe Kapitel Gestaltung des Tages- und Wochenablaufs, S. 543 ff.)

Können Kinder gezielten Aktivitäten überhaupt folgen?

Wir müssen unterscheiden zwischen 0- bis 3-Jährigen und 3- bis 6-Jährigen.

Kinder bis zu drei Jahren folgen am liebsten eigenen Impulsen und einem eigenen „Programm". Sie konzentrieren sich auf ihre Wahrnehmungen und wiederholen ihre Tätigkeiten gern, z.B. im Umgang mit Wasser. Auf ein „Lehr-Lerngespräch" über etwas konkret nicht Vorhandenes lassen sie sich kaum ein. Demgegenüber bleiben Drei- bis Sechsjährige mit zunehmendem Alter gedanklich auch dann bei der Sache, wenn sie konkret nicht sehen, worüber gesprochen wird. Laut WYGOTZKY ist dann nicht mehr die Wahrnehmung wichtig, sondern die Bedeutung dessen, worüber gesprochen wird. Es ist eine erstaunliche Leistung, nur aufgrund von Begriffen eine Situation vor Augen entstehen zu lassen, diese im Gespräch zu verfolgen und eigene Gedanken mitzuteilen.

Der Gesprächsanteil in einer Aktivität ist ziemlich hoch. Die Erzieherin sorgt durch Impulsfragen dafür, dass die Kinder Wichtiges von Unwichtigem unterscheiden, und hält einen „roten Faden" ein. Sie formuliert Aussagen der Kinder um und führt neue Begriffe ein. Trotz der relativ starken Führung ist das Kind keineswegs passiv. Es nimmt auf, „rekonstruiert" Begriffe und holt im Dialog mit den Alterskameraden und der Erzieherin Szenen vor sein geistiges Auge.[6]

Notwendigkeit, Chancen und Grenzen der Planung

Gezielte Aktivitäten sind ihrem Wesen nach ziel- und ergebnisorientiert. Insofern ist Planung notwendig. Zunächst einmal sprechen fachliche Gründe für Planung. Eine Erzieherin ist wie ein Kapitän. Der Kapitän bietet ein sicheres Schiff. Er kennt die Route, die Bedürfnisse seiner Gäste, Erlebnis- und Bildungsmöglichkeiten, kennt die Häfen und die Ankunftszeit. Ohne Planung würde das Essen nicht reichen, müssten die Passagiere aussteigen, wo sie gar nicht hin wollen, und geriete das Schiff vielleicht in stürmische See.

Für jedes Kind ist jeder Tag eine Bildungsreise. Die Erzieherin bietet Bildungsmöglichkeiten und plant die Reise so, dass das Kind letztlich in seinem „Hafen" ankommt.

Planung ist auch notwendig aus Gründen der Transparenz Kindern, Eltern und dem Träger gegenüber. Die Erzieherin erläutert und begründet ihre (Bildungs)Entscheidungen. Im Zeichen der Qualitätsentwicklung schließlich kann man nur was vorher geplant war hinterher evaluieren.

Kontraproduktiv wirken Bildungsangebote, die an den Interessen der Kinder vorbeigehen, schematisch verlaufen, den Kindern jeden Schritt vorgeben. Das erzieht nebenbei auch zu einer Konsumhaltung.

---
[6] nach Textor, M.,1999 und nach: Heinze, S., 2006

Planung hilft, stressfrei ans Werk zu gehen. Häufig sind auch organisatorische Vorgaben zu beachten: Raumbelegung, Zeitplan, zu Verfügung stehendes Personal. Oft müssen Erzieherinnen ihre Angebote geschickt zwischen Sprachförderprogramm, Musikschulangeboten im Haus und Kooperationen mit der Grundschule platzieren.

■ Zielsetzung, Themenfindung und Sachanalyse

Für die Planung einer gezielten Aktivität stellt sich die Erzieherin folgende Fragen:
Wer nimmt teil? (Zielgruppe).
Wie lautet mein Ziel und **was** wähle ich aus, damit die Kinder das Ziel erreichen können (Ziele, Themenfindung und Sachanalyse)?
Wie gehe ich vor? (Organisation und Verlaufsplanung).

Zielsetzung

Ziele sind vorrangig für die Erzieherin wichtig. Sie helfen, das Vorhaben auf das Wesentliche zu richten, und sie verpflichten uns zum entsprechenden Handeln.

In gezielten Aktivitäten verfolgen wir Fertigkeits-, Fähigkeits-, Erkenntnis- und Einstellungsziele. Für diese Ziele entscheide ich mich, nachdem ich die Kinder beobachtet und einen entsprechenden Bedarf festgestellt habe. In der Zielhierarchie sind die Fertigkeits-, Fähigkeits-, Erkenntnis- und Einstellungsziele Feinziele.

Leit- oder Richtziel ↓	übergeordnetes Ziel/eine Kompetenz, z. B. Ich-Kompetenz
Grobziel ↓	Teilbereich der Kompetenz, z. B. differenzierte Wahrnehmungsfähigkeit
Feinziele ↓↓↓↓	Konkrete Fertigkeits-, Fähigkeits-, Erkenntnis- und Einstellungsziele

Kompetenzen und Ziele im Vergleich

Ich-Kompetenz: Hierzu gehören u. a. die Wahrnehmung und das Ausdrucksvermögen, das Wissen über sich selbst, Bewusstsein der eigenen Wirksamkeit, Entscheidungsfähigkeit, Aufgaben- und Verantwortungsbewusstsein, sich selbst organisieren können, Urteilsfähigkeit bezogen auf sich selbst.

Sozialkompetenz beinhaltet, soziale Beziehungen aufnehmen und sich in eine Gruppe einfügen können, Fähigkeit zu Empathie und Solidarität, Ausdrucksformen anderer wertzuschätzen, Handlungsfähigkeit im Umgang mit anderen in einer Gesellschaft der Vielfalt.

Sachkompetenz umfasst Sachkenntnisse, Handlungswissen und instrumentelle Fertigkeiten.

Lernkompetenz umfasst, sich gern und bewusst Wissen und Können anzueignen und von anderen zu lernen, nach Strukturen, Zusammenhängen, Werten und dem Sinn von etwas zu forschen, über das Lernen nachzudenken, Aufmerksamkeit, Konzentration, Gedächtnis.

Zum Kompetenzerwerb sind konkrete Handlungen nötig. Deshalb formuliert die Erzieherin Ziele für Angebote und gezielte Aktivitäten:

Fertigkeitsziele beziehen sich auf das Üben und Beherrschen von Handlungsabläufen.
Fähigkeitsziele richten sich auf die Wahrnehmung, die Sprache, das Denken und schließen Konzentration, Merkfähigkeit und Aufgabenbewusstsein mit ein.
Erkenntnisziele sind gerichtet auf Wissenserwerb und den Aufbau von (Denk)Strukturen, z. B. „Wenn-Dann-Beziehungen" herzustellen sowie die Bedeutung von etwas zu erkennen. Eine Erkenntnis drückt sich oft als „Aha-Erlebnis" aus.
Einstellungsziele richten sich auf sinnvolle Gewohnheiten und den entsprechenden Wissensaspekt, z. B. den Bio-Müll zum Komposter zu bringen, den Grund dafür zu kennen und als wichtig zu erachten.

Während man Kompetenzen aus der Position des Kindes formuliert, sind Lernziele zumindest teilweise von der Sache hergeleitet. Bei einer Liedeinführung geht es uns ja wirklich darum, dass die Kinder das Lied am Ende beherrschen, musikalisch und inhaltlich.

Fertigkeits-, Fähigkeits-, Erkenntnis- und Einstellungsziele benennen in einem Satz, was die Kinder lernen können. Allerdings können wir nicht erwarten, dass jedes Kind auch jedes Ziel erreicht. Was ein Kind als bedeutsam erfährt und letztendlich mitnimmt, hat niemand in der Hand.

Beispiel: Zielformulierung

Grobziel

Die Kinder entwickeln, schärfen und schulen ihre Sinne.[7]

Feinziel 1

Die Kinder können die Farben eines Deckmalkastens benennen.

Feinziel 2

Sie unterscheiden die Farbabstufungen einer Farbe entweder nach hell/dunkel oder bezeichnen sie mit Assoziationen, z. B. als zitronengelb.

Feinziel 3

Sie erkennen, dass der Farbname unabhängig ist vom konkreten Gegenstand, denn sie sehen, dass unterschiedliche Gegenstände die gleiche Farbe haben.

Themenfindung und Sachanalyse

Die Themensuche ist abhängig von den angestrebten Zielen und dem Entwicklungsniveau der Kinder. Die Erzieherin überlegt, welches Thema geeignet ist, die gewünschten Erkenntnisse, Einstellungen, Fertig- und Fähigkeiten zu erreichen. Wer Kinder für Sinneseindrücke sensibilisieren will, kann den Schwerpunkt Farben oder Geschmack wählen, kann Spiele zur auditiven oder visuellen Wahrnehmung anbieten oder die Kinder im Sport zu Körpererlebnissen führen.

In ihrer Auswahl richtet sie sich nach subjektiven und objektiven Interessen. Subjektive Interessen sind Interessen und Erwartungen Einzelner (Kinder, Erzieherin, Eltern). Objektive Interessen ergeben sich aus dem Bildungsauftrag der Einrichtung und der Konzeption, orientiert an der Lebenssituation der Kinder in ihrer sachlichen und sozialen Umwelt.

Sie beachtet, dass das Thema Schlüsselerfahrungen bietet. Schlüsselerfahrungen eröffnen neue Horizonte und bieten Fähig- und Fertigkeiten, die das Kind über die geplante Aktivität hinaus braucht.

---

[7] Ministerium für Kultus, Jugend und Sport, Baden-Württemberg, 2006

Aufgaben:
Erörtern Sie mögliche Schlüsselerfahrungen aus Elschenbroichs „Weltwissen der Siebenjährigen". Ein siebenjähriges Kind sollte:

- In einer Kirche/Moschee/Synagoge gewesen sein.
- Vier Ämter im Haushalt ausführen können, z. B. Treppe fegen.[8]

Nach der Entscheidung für ein Thema folgt die Auseinandersetzung mit der „Sache".

Die **Sachanalyse** umfasst das Befassen mit der Sache selbst und mit deren Bedeutung für das Kind. Zur Sachanalyse eines Bilderbuches gehören die bibliographischen Daten, Angaben zur Bilderbuchart und Illustration, eine Inhaltsangabe, die Einschätzung, ob die Thematik altersgemäß bearbeitet wird und das gewählte Ziel stützt.

Zum Kochen mit Kindern gehört, sich im Vorfeld mit wertvollen Stoffen in unserer Nahrung auseinander zu setzen. Die Erzieherin eignet sich Hintergrundwissen an und formuliert dies zielgruppenspezifisch z. B. zu der Frage, warum gesunde Ernährung für Kinder wichtig ist oder warum ein Künstler sein Bild so und nicht anders gemalt hat.

Sachanalysen sind die Grundlage jeder Gesprächsführung.

■ Verlaufsplanung: strukturieren und gestalten

Die Verlaufsplanung umfasst zwei Aufgaben:

1. das Vorhaben zu strukturieren,
2. das Vorhaben zu gestalten.

Zunächst sammelt die Erzieherin konkrete Ideen, dann bündelt sie diese. Womit fange ich an, was will ich im Hauptteil vertiefen und was soll am Ende der Aktivität erreicht sein?

Struktur
Den Kindern und der Erzieherin ist das Wesen einer gezielten Aktivität klar. Beide wissen, dass es eine vorstrukturierte Lernsituation ist. Die Kinder erwarten einen Einstieg, eine Arbeitsphase und einen eindeutigen Schluss, der sie wieder ins Freispiel entlässt. Die drei Phasen enthalten bestimmte Elemente und bilden die Struktur jeder Aktivität.

Einstieg: Die Erzieherin bittet die Kinder in den Kreis, stimmt auf das Kommende ein, teilt das Vorhaben und dessen Sinn mit, bespricht gegebenenfalls Regeln, lenkt die Wahrnehmung der Kinder mit Anschauungsmaterial auf das Wesentliche.

Hauptteil: Arbeits- und Vertiefungsphase. Die Neurodidaktik empfiehlt das Lernen in Sequenzen. Mögliche Sequenzen sind:

1. das Material besprechen, eine Aufgabe oder Technik zeigen, ein Bilderbuch vorstellen, wichtig ist die Wahrnehmungsgenauigkeit und dass die Kinder Ideen entwickeln,
2. das Vorhaben realisieren: Die Kinder stellen etwas her, sie experimentieren, ein Bilderbuch wird erarbeitet, in der Bewegungserziehung ist ein eindeutiger Bewegungsschwerpunkt erkennbar,
3. am Ende des Hauptteils sichern wir das Ergebnis, schmecken eine zubereitete Speise ab und decken den Tisch, oder wir besprechen die durchgeführten Experimente und deuten diese.

Schluss: Wir überlegen, ob wir erreicht haben, was wir uns vorgenommen haben, und weshalb es wichtig war, was wir heute getan, erlebt und gelernt haben. Es folgt ein positiver Ausblick. Die Erzieherin organisiert das Wiederherstellen der Anfangsordnung (Aufräumarbeiten namentlich verteilen).

Eine solche Struktur gibt den Kindern und der Erzieherin Halt. Auf dieser Basis kann man sich mit den Inhalten und dem Ausschmücken der Aktivität befassen.

Gestaltung: Didaktisch-methodische Prinzipien
Die Struktur der gezielten Aktivität ist nur das Gerüst. Der nächste Schritt ist, die Aktivität mit Leben zu füllen. Jetzt befasst sich die Erzieherin mit den Erfahrungen der Kinder und mit Methoden, um diese zum Handeln zu bringen. Hierbei helfen ihr die didaktisch-methodischen Prinzipien, die sie auch schon bei der Themenfindung berücksichtigt hat.

---

[8] nach Elschenbroich, D., 2001

Didaktisch-methodische Prinzipien sind:

- Kindgemäßheit
- Lebensnähe
- Teilschritte
- Mehrkanaliges Lernen und Handlungsorientierung
- Anschaulichkeit
- Individualisierung, Integration und Beteiligung
- Lernanregende Dialoggestaltung

Kindgemäß vorzugehen heißt:

- Alterstypische Themen zu wählen und solche, die die Kinder aktuell interessieren (Bildungsdokumentation).
- Entwicklungsverläufe zu kennen, um bei den Anforderung den Punkt zu treffen zwischen dem, was das Kind kann und dem, was es lernen möchte.

Kindgemäß sprechen bedeutet, sich klar und bildhaft auszudrücken. Sinnvollerweise notiert die Erzieherin bereits in der Verlaufsplanung entsprechende Impulse.

Lebensnähe: Dieses Prinzip beinhaltet Themen aus dem Erfahrungsbereich der Kinder zu wählen und diese so zu bearbeiten, dass sie ihre Eindrücke verarbeiten und dass sie gleich anwenden können, was sie gelernt haben, z. B. wie man ein Buch ausleiht oder mit dem Bus fährt.

Teilschritte: Teilschritte sind notwendig, um praktische Fertigkeiten zu erlernen.

Beispiel:
Schleife binden (siehe Bild S. 370)

- Schuhbänder überkreuzen
- Knoten knüpfen
- Schlaufe 1 bilden
- Band um Schlaufe 1 wickeln
- Schlaufe 2 bilden
- Schlaufe 1 und Schlaufe 2 festziehen

Doch das ist nicht alles.
Wir wenden Teilschritte an

a) aus Gründen der Sachlogik und um den Erfolg zu sichern und
b) um einen Ablauf zu organisieren, beim Turnen, Kochen, Werken und Experimentieren.

In der Turnhalle müssen die Kinder wissen, wo sie am Ende einer Übung sein sollen, sonst muss die Erzieherin immer wieder Energie aufwenden, um wieder eine Ordnung herzustellen.

Bespricht man die Eindrücke des letzten Ausflugs, dann ist es nicht wichtig, wann welcher Aspekt zur Sprache kommt.

Bei Experimenten, dem Schleife binden und bei Faltgängen geht man Schritt für Schritt vor oder man zeigt den Vorgang am Stück. Das Am-Stück-Zeigen erfordert mehr Aufmerksamkeit und das Kind muss sich erinnern, wenn es den Vorgang danach allein oder auch zu zweit (Experimente) durchführt. Das fördert die Selbstständigkeit.

Mehrkanaliges Lernen und Handlungsorientierung. Praktische Handlungen sind dem Vorschulkind am liebsten. Hierbei spürt es sich selbst und erfährt, was sich durch sein Tun verändert. Darüber hinaus enthalten praktische Handlungen visumotorische Anforderungen, die man erst durch Wiederholung automatisiert.

Die Erzieherin plant Sequenzen

- für die Sinne: anfassen, hören, sehen usw.,
- für das Gefühl (Betroffenheit wecken),
- für den Verstand (Gemeinsamkeiten, Ursachen, Folgen, Zusammenhänge erkennen),
- für das Handlungsbedürfnis (sich bewegen, etwas ausprobieren, zeigen, herstellen, wiederholen und üben).

Der Handlungsorientierung entspricht das *Vormachen (Demonstrieren)*. Tendenziell zeigen Erwachsene Handlungsabläufe zu schnell und sie zeigen sie heute anders als gestern. Auch reden sie zu viel.

Demgegenüber fragt eine Montessoripädagogin zunächst „Möchtest du, dass ich es dir zeige?" Damit weckt sie die Aufmerksamkeit des Kindes und es wird ihm klar, dass nun eine Lehr-Lernsituation folgt. Es hat auch die Freiheit, „Ja" oder „Nein" zu sagen.

Beispiel:
Karotte schälen (eine Möglichkeit):
Hände waschen,
Nägel bürsten,
Brettchen,
Küchenmesser,
Dünnschäler,
Karotte,
Teller,
Abfallbehälter bereitstellen.

- Karotte längs auf das Brettchen legen, das stärkere Ende liegt links, Karotte mit linker Hand festhalten (Rechtshänder).
- Stiel und Ende abschneiden, in den Abfallbehälter geben.
- Dünnschäler von links nach rechts auf der Karotte führen, diese dann etwas drehen und den Vorgang wiederholen.
- Schalen in den Abfallbehälter geben.
- Karotte waschen, in Scheiben schneiden, auf dem Teller anrichten.
- Messer, Brettchen, Dünnschäler versorgen, Tisch abwischen.

Die Karotte ist essbereit. Guten Appetit!

Danach möchte das Kind es in der Regel sofort ausprobieren. Der Erwachsene schaut interessiert zu.

Am besten lernt das Kind, wenn es in die offene Hand der Erzieherin hinein schauen kann, wenn die Bewegungsfolge als Ganzes gezeigt wird und wenn unsere Bewegungen langsam, aber flüssig sind. Wichtige Schritte lassen sich „einfrieren".

Jüngere Kinder speichern die Bewegungsabfolge besser, wenn wir nicht dazu sprechen, bei Kindern ab fünf Jahren kann man die einzelnen Handgriffe verbalisieren.

Anschaulichkeit. „Wisst ihr noch, was wir letzte Woche gemacht haben"? fragt die Prak-

tikantin und denkt an den Ausflug zum Reiterhof. „Jaaaa, wir haben im Sand gespielt" meint Mona .„Der Zahnarzt war da" sagt Jacob. Endlich zeigt die Praktikantin ein Foto. Jetzt sprudeln die Beiträge. „ Ich habe die Hufe ausgekratzt."„ Wir haben dem Rico Heu gegeben", „Mein Opa hat früher auch Pferde gehabt." Schließlich holt die Praktikantin mit einigem Aufwand einen Sattel in den Kreis. Sofort wollen die Kinder aufsitzen. Sie sind ganz aufgeregt und reden alle durcheinander."

Am Beispiel erkennen wir, dass Bilder und Gegenstände helfen, erlebte Situationen zu rekonstruieren, dass Vorschulkinder laut über das nachdenken, was sie sehen, sie denken assoziativ und erinnern sich v. a. an emotional besetzte Situationen.

Es gibt zwei Arten der Anschaulichkeit:

- Gegenständliche Anschaulichkeit bedeutet, einen realen Gegenstand zu zeigen, einen Stellvertreter des realen Gegenstandes, z. B. eine Feder statt eines Vogels, ein Modell oder schließlich eine Abbildung.
- Situationsanschaulichkeit bedeutet, eine echte Situation zu beobachten, eine Situation zu spielen, z. B. wie ein Indianer zu schleichen oder einen Film zu sehen.

Das unmittelbare Erleben und der konkrete Gegenstand wirken am intensivsten. Ein Bild oder das Beschreiben der Situation sind nur Ersatz für das Reale.

Individualisierung, Integration und Beteiligung. Beim Anlegen eines Beetes ist für das eine Kind das Graben wichtig, während andere sich für Käfer interessieren und wiederum andere hoffen, auf einen Schatz zu stoßen. Die unterschiedlichen Erfahrungen, Fertigkeiten und Erwartungen machen das Geschehen lebendig. Hier liegt die Kunst der Erzieherin darin, die verschiedenen Beiträge miteinander zu verknüpfen, Kinder, die abschweifen oder träumen zum Gruppengeschehen zurückzuholen. Was einzelne erkennen, wird der Gruppe erläutert. Das Prinzip der Beteiligung meint, Raum für Entscheidungen der Kinder zu lassen, sie jedoch auch in die Verantwortung zu nehmen für Absprachen und Aufgabenstellungen, z. B. beim Turnen.

Lernanregende Gesprächsführung. „Was seht ihr hier?" fragt eine Schülerin und deutet im Bilderbuch „Die kleine Raupe Nimmersatt" auf das Ei, das winzig auf einem sattgrünen Blatt liegt. „Schaut, wie klein es ist, so klein, wie ein Reiskorn". Sie bittet ein Kind, ein Reiskorn auf eines der Laubblätter zu legen, die sie mitgebracht hat. Es rutscht direkt weg. Ja, und wie ist es dann in der Natur? Wie ist es, wenn der Wind kommt? „Was würdet ihr tun, um ein solches Ei fest auf das Blatt zu bringen?" Es braucht keinen weiteren Impuls mehr, bis die Kinder feststellen, dass es am Blatt kleben muss. Würdet ihr es auf die Oberfläche oder an die Unterseite des Blattes kleben? Die Schmetterlingsmütter überlegen sich das auch. Wenn das „Raupenkind" schlüpft, braucht es jedenfalls keinen Futterplatz zu suchen. Das Blatt ist sozusagen sein gedeckter Tisch. Pech für das Blatt!

Voraussetzung für ein bedeutungsvolles Gespräch sind eine gute Atmosphäre, eine ruhige Umgebung und Zeit für die kleinen Denkschritte. Die Erzieherin gibt die Impulse so, dass die Kinder ihr Erfahrungswissen auf die neue Situation übertragen können. Sie gibt die Meinung eines Kindes auch in die Gruppe zurück und fragt, wie die anderen Kinder darüber denken. Ferner regt sie dazu an, etwas aus verschiedenen Perspektiven zu betrachten. Allerdings braucht sie eine gute Allgemeinbildung bzw. eine Sachanalyse, um sich Details zu einem Thema selbst zu erschließen. (Siehe Lernwerkstatt S. 514)

Bildungsarbeit in Projekten

■ Projekt: Begriff und Entstehung

Der Begriff Projekt kommt vom lateinischen projicere und bedeutet vorauswerfen, etwas mehr oder weniger Einmaliges zu entwerfen, zu planen und zusammen mit anderen durchzuführen.

Das Projekt als Unterrichtsmethode wurde in den USA in der zweiten Hälfte des 19. Jahrhunderts in der Ingenieursausbildung entwickelt. Dort bereitete man Studenten mit praxisbezogenen Arbeitsaufträgen auf ihre künftigen Anforderungen im Beruf vor.

Zeitgleich suchten Vertreter des „Pragmatismus" (Pragma = griech. Tat) neue Lehr- und Lernformen für die Volksbildung. Zu den Vertretern des Pragmatismus gehörten JOHN DEWEY und WILLIAM KILLPATRICK. DEWEY (1859–1952) sah in Projekten den Vorteil, dass die Kinder praktisch tätig sind und lebensbezogene, sinnvolle Aufgaben und Probleme zu lösen lernen.

KILPATRICK (1871–1965) erkannte darüber hinaus die charakterbildende Funktion und das erhöhte Engagement bei solcherart handlungsorientiertem Lernen und dass die Schule mit Institutionen in der Gemeinde vernetzt wird. Er war überzeugt, dass all dies auf das Leben in einer Demokratie vorbereite. Auf CHARLES RICHARDS Betreiben hin wurden ab ca. 1880 Projekte in den Primarschulen eingeführt. Eines der ersten war ein Indianerprojekt.

F. KARSEN (1885–1951) führte den Projektbegriff in Deutschland ein. Mit Lehrern und Schülern seiner Arbeitsschule (Berufsschule) entwickelte er einen Projektplan für das ganze Schuljahr inklusive der Präsentation am Ende des Schuljahres.

Danach spielten Projekte jahrzehntelang keine wesentliche Rolle im deutschen Schulwesen. Erst die Ereignisse rund um das Apollo-Programm der NASA in den USA weckten das Interesse an Projekten erneut. Was hat ein Weltraumprojekt mit schulischem Lernen zu tun?

In einem Zeitraum von neun Jahren, nämlich zwischen 1960 und 1969, hatte ein Stab von Ingenieuren, Technikern, Astrophysikern, Informatikern usw. es nicht nur geschafft, eine Rakete in die Mondumlaufbahn zu schicken, sondern sie erreichten, dass am 16. Juli 1969 Neil Armstrong als erster Mensch den Mond betrat. Das Apollo-Programm wird von vielen als Prototyp für Projekte angesehen, weil hier mehr als je zuvor in Zusammenarbeit aller Beteiligten das Unmögliche möglich gemacht wurde, und es steht für Projektmanagement generell, weil im Verlauf des Apolloprojekts ganz neue Technologien und Strategien des Informationsaustausches entwickelt wurden, um die Kommunikation des ungeheuer großen Expertenstabes zu koordinieren.[9] Über die Universitäten kam – fast 100 Jahre nach ihrem Einzug in amerikanische Schulen – die Projektmethode mit der Bildungsreform und dem Situationsansatz in den späten 1970er Jahren in die deutschen Kindergärten. Hierbei leistete das „Curriculum Soziales Lernen" von der Arbeitsgruppe Vorschulerziehung des DJI gute Dienste. Denn diese Mappen stellten sich bei näherem Betrachten als Medienpakete für lebensweltorientierte Projekte heraus und

---

[9] nach Günther, S., 2006

zeigten Alternativen zur traditionellen Kindergartenarbeit. Die Themen lauteten z. B. „Zusammenleben mit ausländischen Kindern", „Kind und Krankenhaus".

Die Reggianer allerdings führen die Wurzeln ihrer Projekte auf die Arbeitsweise der frühen Kunstschulen (spätes 16. Jahrhundert) zurück. Damals erhielten die Studenten (wahrscheinlich einzeln oder in Kleingruppen) Projektaufträge und lernten zweiphasig zu arbeiten:

1. gedanklicher und zeichnerischer Entwurf,
2. Herstellen des Objekts (auch Leonardo da Vinci hat so gearbeitet).

Aus dieser Tradition heraus gehören zu Projekten in Reggio immer Zeichnungen und Modelle als Dokumente der Suche nach Wahrheit und Ausdruck.[10]

■ Projekte: Merkmale

ARMIN KRENTZ (Vertreter des „situationsorientierten Ansatzes") und RENATE ZIMMER haben in den 1990er Jahren die Projektmethode für die Arbeit im Kindergarten schriftlich dargestellt.

Den besonderen Wert der Projekte sieht ZIMMER darin, dass Kinder die Welt in Zusammenhängen erleben, konkrete Aufgaben in Angriff nehmen und Entstehungsprozesse bis zum Ende verfolgen. Zu viele Kinder in der modernen Gesellschaft hätten einen Mangel an Primärerfahrungen und erlebten die Welt in Segmenten, beim TV in blitzschnellen Bildwechseln und auch im Kindergarten mit täglich wechselndem, vorgefertigtem Programm. Daraus ergeben sich hohe Erwartungen an Projekte.

Ziele und Merkmale von Projekten sind

- Lebensbezug,
- Orientierung an den Interessen der Beteiligten,
- Aktivierung vieler Sinne, Methodenvielfalt,
- Handlungsorientierung,
- ganzheitliches und spiralförmiges Lernen, so dass die Beteiligten immer tiefer in die Thematik eindringen,
- Selbstorganisation und Selbstverantwortung,
- Einbezug von Experten von außen,
- offene Planung.

Diese Merkmale sind gleichzeitig Kriterien, um ein Projekt einzuschätzen. (Siehe „Gezielte Aktivitäten: Themenfindung " und „Didaktischmethodische Prinzipien", S. 377).

Der zeitliche Rahmen für Projekte liegt zwischen einer und mehreren Wochen. Die Teilnehmerzahl bewegt sich zwischen einer Kleingruppe Interessierter (auch gruppenübergreifend) über die Gesamtgruppe bis hin zur Teilnahme aller Kinder und Erzieherinnen einer Einrichtung.

■ Projektverlauf

Ein Projekt in sozialpädagogischen Einrichtungen verläuft in vier Phasen: Planungsphase, Einstiegsphase, Hauptphase und Schluss.

Planungsphase. In der Planungsphase vergegenwärtigen sich die Erzieherinnen die Lebenssituationen der Kinder. Sie wählen eine Lebenssituation aus, analysieren diese, filtern die für die Kinder wichtigen Themen heraus, bündeln diese, entscheiden sich für eines, prüfen die Realisierbarkeit und visualisieren die Möglichkeiten.

Einstiegsphase. Die Einstiegsphase ist die Planungsphase zusammen mit den Kindern. Die Erzieherinnen stellen das Thema vor, fordern die Kinder auf, Fragen und Wünsche zu formulieren und zu überlegen, wer Antworten geben, wer etwas beitragen und wer welche Verantwortung übernehmen kann. Auch dieser Prozess wird dokumentiert. Ergebnisse werden im großen Kreis vorgetragen und ausgestellt.

---

[10] nach Knauf, T., 2004

Hauptphase. In der Hauptphase verwirklichen die Projektteilnehmer ihre Ideen. Manche Gruppen gehen auf Exkursionen, die man vorher planen musste, andere laden Experten in die Einrichtung ein und stellen mit diesen gemeinsam etwas her, weitere Gruppen bearbeiten das Thema musikalisch, handwerklich, künstlerisch oder sie forschen. Die Kinder zeichnen und fotografieren, um Erlebtes festzuhalten, gestalten ihre Lerntagebücher und eine Stellwand, um vom Fortlauf des Projektes zu berichten.

Abschlussphase: In der Abschlussphase tragen die Beteiligten ihre Erlebnisse zusammen und die Erzieherinnen helfen den Kindern, sich bewusst zu machen, was und wie sie gelernt haben.

Eine öffentliche Präsentation eignet sich, um ein Projekt abzurunden. Beteiligte und Interessenten sehen die Kindertageseinrichtungen als lernende Organisationen und bemerken, dass Projekte etwas Besonderes sind.

■ Weitere Besonderheiten

Große oder kleine Projekte?

Für die meisten steht der Begriff „Projekt" für ein großes Gemeinschaftserlebnis mit abschließender Präsentation in der Öffentlichkeit und man arbeitet dementsprechend ergebnisorientiert. Vom Grundgedanken her können Projekte jeden Tag beginnen, und Kinder können auch selbst Projekte in Angriff nehmen. Schon wenn sich drei Kinder vornehmen, eine Hütte im Garten zu bauen und die ganze Woche daran arbeiten bis sie steht, kann man das als Projekt bezeichnen. Aber man würde keine Öffentlichkeit einladen. Allerdings wäre es sinnvoll, den Dreien den Rahmen zu geben, ihr Projekt vorzustellen. Kinder müssen allerdings auch das Recht haben, bei erlahmendem Interesse, ein anderes Vorhaben in Angriff zu nehmen, obwohl wir sie natürlich motivieren, ihr Vorhaben zu beenden. Insbesondere Kinder im Vorschulalter müssen keine Arbeitsdisziplin wie Erwachsene aufbringen.

Themenwahl und Kompetenzen

Bei der Themenwahl kommen die Lebenswelten von Kindern wie Familie, Gemeinde, Verkehr, Kultur und Medien, Natur, Technik usw. zum Tragen, wie auch Entwicklungsaufgaben, z. B. Neu-Sein, Mädchen oder Junge sein. Bei Umweltthemen ist ein regionaler Bezug wichtig. Dann lauten Projekte z. B. „Wie kam die Schokolade ausgerechnet nach Lörrach?" (Suchard-Schokoladenfabrik) oder „Wie haben die Ritter ihre Burgen gebaut?" (Burg Lörrach-Rötteln).

Im Kindergarten treffen meist die Erzieherinnen die Vorentscheidung für ein Thema, lassen dann aber viel Raum, damit die Kinder ihre Interessen einbringen können. Die Themenwahl richtet sich auch nach den Kompetenzen, die die Kinder erwerben können.

Vorbereitung und offene Planung

Die Vorbereitung eines Projekts beinhaltet eine Sachanalyse, um den Kindern neue Erfahrungshorizonte zu eröffnen. Wenn die Erzieherin sich über Planeten und Sterne bei einem entsprechenden Projekt nicht sachkundig macht, dann wird es wenig zu entdecken geben und das Projekt bald fertig sein. Auch die diversen Besprechungen mit den Kindern, die Angebote und Aktivitäten brauchen Planung und Struktur.

Offene Planung bedeutet, Raum zu geben für Entscheidungen der Kinder und für das Verweilen an einer Tätigkeit. Die Erzieherin sorgt für Haltepunkte, um mit den Kindern zu besprechen, ob sie noch beim Thema sind, das sie sich vorgenommen haben. Bei größeren Vorhaben kann man nie alles im Voraus bedenken. Manche neue Situation erfordert, sich umzuentscheiden. Um den Überblick zu behalten, notiert die Erzieherin Absprachen, Ziele, Zuständigkeiten und Änderungen sowie die teilnehmenden Kinder an einzelnen Angeboten. So kann jeder den Verlauf nachvollziehen. Die Dokumentation enthält auch Ideen,

Kommentare und Notizen über Fortschritte der Kinder sowie Bilder, Plakate, Fotos, Videoaufnahmen, Elternbriefe, Rückmeldungen und die Endreflexion.

■ Allgemeine Lerneffekte

Der Lerneffekt von Projekten bezieht sich nicht nur auf das Thema. Teamarbeit, Entwicklung von Initiative werden ebenso gefördert wie die Fähigkeit, eigene Interessen darzustellen und Kompromisse einzugehen.

Projekte erfüllen auch Ansprüche der neueren Hirnforschung. Danach lernt der Mensch besser, wenn er etwas als sinnvoll empfindet, wenn all seine Sinne und sein Handeln gefordert sind, wenn er bewusst und situationsbezogen lernt, d. h. die erworbenen Fähig- und Fertigkeiten direkt im Lebensalltag anwenden kann. Insgesamt ist der Prozess, also der Weg, wichtiger als das Ergebnis.

Beispiel:

Der Unterricht einer Unterstufenklasse sollte nach den Sommerferien mit einem Projekt beginnen. Das Thema „Farben" lag bereits fest. Die Schülerinnen wunderten sich, sollte man bei einem Projekt nicht von ihren Interessen ausgehen? Vier Gründe sprachen dafür: 1. Der Herbst würde bald seine Farbenpracht entfalten. 2. Die Kunstlehrer wollten das Universalthema Farben endlich einmal richtig ausschöpfen. 3. Dem Praxislehrer war wichtig, Methoden der kreativen Erziehung im Kindergarten zu wiederholen und 4. Die Quereinsteiger würden durch ein Projekt schneller integriert. Als Zeitrahmen standen 5 Wochen mit 10 Unterrichtsstunden je Woche zur Verfügung. Das Ziel des Vorhabens sollte in der sechsten Woche ein Aktionstag zum Thema Farben in einem Kindergarten sein. Das Ziel gefiel den Schülern, solche Aktionen hatten sie schon mehrmals mit großem Erfolg durchgeführt.

Nun wollten die Schüler aber deutlich mitbestimmen. Den „Herbst" schmetterten sie ab. Stattdessen wollten sie Farbexperimente durchführen, etwas Großes herstellen z. B. mit Pfeilen auf farbgefüllte Luftballons schießen, und sie wollten ein Theaterstück einstudieren.

Ein Kindergarten war schnell gefunden. Die Organisation umfasste einen Zeitplan, Wunsch- und Materiallisten am Alter der Kinder orientiert, einen Raumplan usw. Mit dem Pfeile-Schießen war die Leiterin nicht einverstanden, aber alle anderen Vorhaben waren realisierbar. Und so berichtete die Zeitung:

Besuch einer Königin:
Sozialpädagogen gestalten Projekttage

„Im Kindergarten Salzert war hoher Besuch angekündigt, nämlich die Königin der Farben. Wer glaubt, dass das Regieren einfach sei, wurde durch ein Theaterstück eines Besseren belehrt. Die Königin hatte alle Hände voll zu tun mit ihren eigenwilligen Untertanen, dem wilden Rot, dem viel zu langsamen Blau und dem Gelb. Natürlich nahm die Geschichte ein gutes Ende.

Und dann gingen die Kinder in Workshops selbst ans Werk. Die kleinen Forscher prüften, ob Blau, Rot und Gelb wirklich Grau ergeben, andere meinten, dass in einem schwarzen Filzstift natürlich Schwarz stecke und staunten nicht schlecht, als sich eine ganze Farbpalette auf Filterpapier deutlich offenbarte.

Malen nach Musik, Papierbatik, Lieder und Spiele zum Farbnamen-Lernen waren ebenso Workshopthemen wie die „große" Kunst mit einem Gemälde von Kandinsky, ein großes Murmel-Spurenbild und die Farbschleuder. Abgerundet wurde der Projekttag mit einer Präsentation, bei der die kleinen Künstler ihre Werke und ihre Version des Theaterstücks von der Königin der Farben zeigten".[10]

Aufgabe:

1. Erstellen Sie auf der Textgrundlage eine Graphik über den Ablauf eines Projektes.
2. Bitten Sie in einer Praxiseinrichtung um eine Projektdokumentation. Analysieren Sie diese in der Gruppe und stellen Sie sie in der Klasse vor.
3. Erstellen Sie zu einem selbst gewählten Thema einen Projektentwurf.

Reflexion und Evaluation von Bildungsangeboten

Eine Schülerin *reflektiert* ihre Aktivität mit ihrer Praxisanleiterin. Zu Beginn schildert sie den Ablauf, greift auffällige Situationen heraus und äußert ihre Gedanken dazu. Danach stellt sie sich folgende Fragen:

- Habe ich gut organisiert?
- Habe ich eine gute Atmosphäre geschaffen?

---

[10] Badische Zeitung 8.12.06

- Wie war mein Verhältnis zu den Kindern? Habe ich ihr Engagement und ihre Anstrengung wahrgenommen und angemessen reagiert?
- Habe ich sie genügend beteiligt, motiviert?
- Wie war mein Sprachverhalten?
- Habe ich erreicht, was ich mir vorgenommen hatte? Waren meine Ziele sinnvoll/altersentsprechend?
- War die Methode abwechslungsreich?

Die Schülerin nimmt dabei eine Einschätzung vor, und die Praxisanleiterin äußert sich aus ihrer Sicht. Dabei erkennt die Schülerin ihre Stärken, und sie analysiert, was warum (nicht) geklappt hat.

Ziel ist, die eigene Arbeit fortwährend zu verbessern und ein Verhaltensrepertoire für künftige Situationen aufzubauen. Deshalb werden im letzten Abschnitt der Reflexion zwei Ziele festgelegt, an denen die Schülerin in den nächsten vier bis sechs Wochen arbeitet, um dann zu schauen, was sie erreicht hat.

■ Evaluation

Eine *Evaluation* bezieht sich demgegenüber nicht auf eine einzelne Person und ihr Handeln, sondern nimmt einen Aufgabenkomplex der Einrichtung unter die Lupe, z. B. ein Sprachförderprogramm. Die Erzieherinnen legen in diesem Fall fest, was genau sie evaluieren wollen; im Fall des Sprachförderprogramms z. B. die Organisation, den Erfolg, die Zufriedenheit der Betroffenen. Das ist abhängig vom Zweck. Soll die Qualität verbessert werden oder geht es um einen Antrag auf höhere Fördergelder?

Zum Erfassen der drei Aspekte Organisation, Erfolg, Zufriedenheit werden verschiedene Instrumente eingesetzt. Manches lässt sich in Form von Daten erfassen, z. B. wie viele Kinder wie viele Stunden gezielt gefördert wurden und wie sie in einem Test vor bzw. nach Abschluss der Förderung abgeschnitten haben. Nach der Zufriedenheit fragt man am besten in einem Fragebogen. Zum Sprachförderprogramm könnte man die Kinder, die Erzieherin, die Eltern, die Grundschullehrerin befragen, wie sie mit der Vorgehensweise, der Organisation, dem Programm selbst und dem Erfolg zufrieden sind.

Der ganze Vorgang – in unserem Beispiel von der ersten Sprachstandserhebung bis zum Abschluss der Maßnahme – muss dokumentiert werden, damit Entscheidungen, Bedingungen, Überlegungen nachvollziehbar sind.

Evaluationsarten

Zu unterscheiden ist zunächst zwischen einer **Selbstevaluation** – in Eigenregie der Erzieherinnen – und einer **Fremdevaluation,** durch unabhängige Fachleute von außen.

Prozessevaluation bedeutet, immer wieder Haltepunkte einzulegen, um festzustellen, was bisher erreicht wurde. Gegebenenfalls müssen Änderungen vorgenommen werden. Bei den Sprachförderprogrammen hat sich z. B. herausgestellt, dass längere Ferienperioden den Erfolg sehr einschränken. Eine Konsequenz war, die Eltern stärker in solche Programme einzubeziehen.

Bei einer **Strukturevaluation** werden die Rahmenbedingungen eines Programms oder einer Intervention analysiert.

Eine **Ergebnisevaluation** kann durchgeführt werden, um den Gewinn durch die Maßnahme zu ermitteln bzw. um zu entscheiden, ob die Maßnahme beibehalten werden soll.

Eine **Transferevaluation** überprüft, ob der erreichte Effekt in andere Bereiche hineinwirkt, z. B. ob das Sprachförderprogramm Auswirkungen hat auf das Konfliktlösungsverhalten.

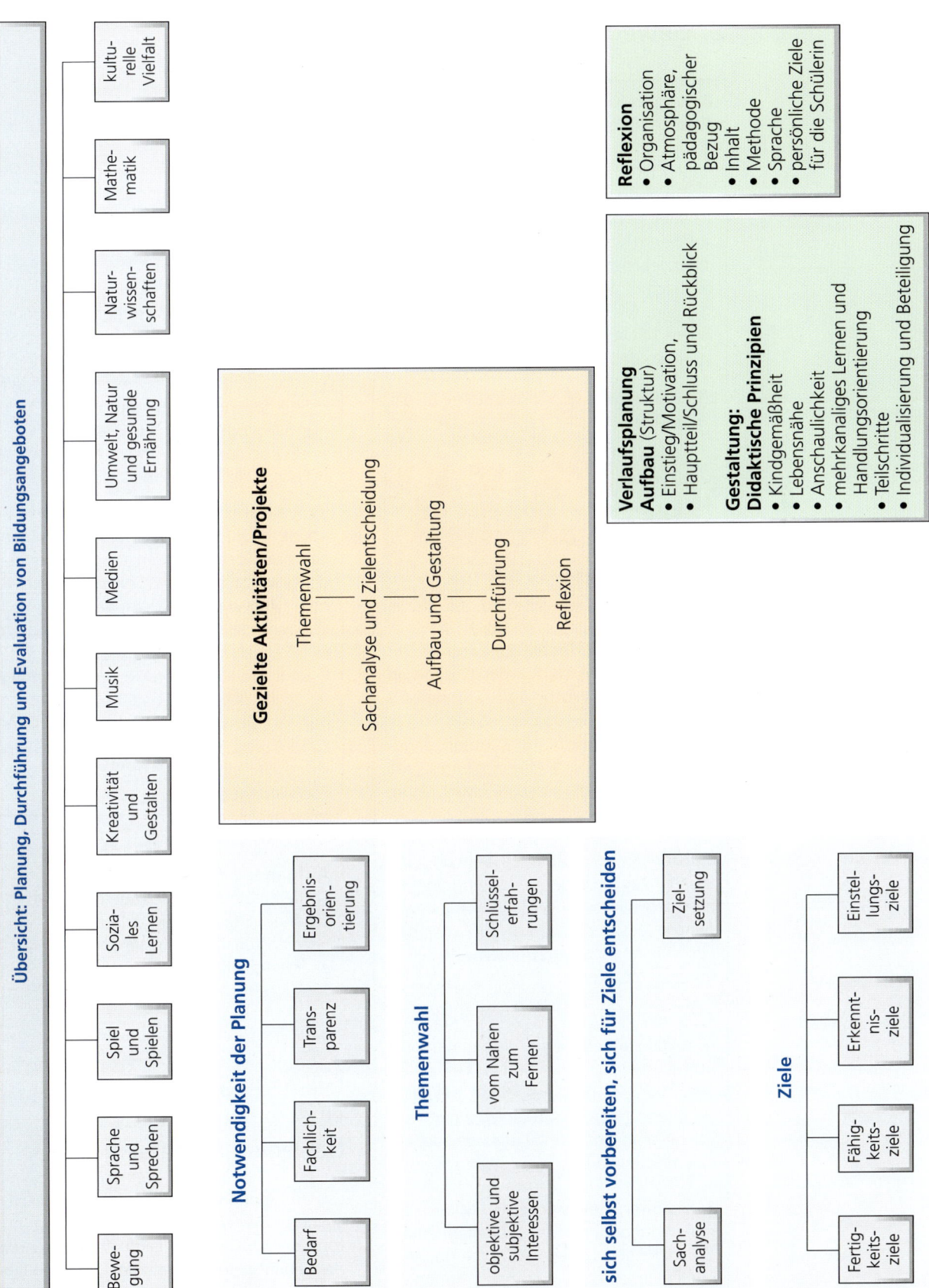

Übersicht: Planung, Durchführung und Evaluation von Bildungsangeboten

Bewegung · Sprache und Sprechen · Spiel und Spielen · Soziales Lernen · Kreativität und Gestalten · Musik · Medien · Umwelt, Natur und gesunde Ernährung · Naturwissenschaften · Mathematik · kulturelle Vielfalt

Gezielte Aktivitäten/Projekte

Themenwahl

Sachanalyse und Zielentscheidung

Aufbau und Gestaltung

Durchführung

Reflexion

Reflexion
- Organisation
- Atmosphäre, pädagogischer Bezug
- Inhalt
- Methode
- Sprache
- persönliche Ziele für die Schüler*in

Verlaufsplanung
Aufbau (Struktur)
- Einstieg/Motivation,
- Hauptteil/Schluss und Rückblick

Gestaltung:
Didaktische Prinzipien
- Kindgemäßheit
- Lebensnähe
- Anschaulichkeit
- mehrkanaliges Lernen und Handlungsorientierung
- Teilschritte
- Individualisierung und Beteiligung

Notwendigkeit der Planung

Bedarf · Fachlichkeit · Transparenz · Ergebnisorientierung

Themenwahl

objektive und subjektive Interessen · vom Nahen zum Fernen · Schlüsselerfahrungen

sich selbst vorbereiten, sich für Ziele entscheiden

Sachanalyse · Zielsetzung

Ziele

Fertigkeitsziele · Fähigkeitsziele · Erkenntnisziele · Einstellungsziele

2. Bewegung

Bewegter Kindergarten, Teil 1: Teamsitzung im Kindergarten. Eine Ärztin des Gesundheitsamtes hat die Erzieherinnen einer städtischen Einrichtung auf eine gravierende Zunahme von Haltungsschäden und Übergewicht bei den Schulanfängern hingewiesen. Inzwischen haben die Erzieherinnen auch die jüngeren Kinder beobachtet. Sie müssen diese Tendenz bestätigen. Allen ist klar, dass Bewegung zu einem Schwerpunkt für die nächsten drei Jahre werden muss.

1. Feststellung des Ist-Zustandes: Der Bewegungsraum steht jeder Gruppe an einem Tag pro Woche zwei Stunden für freies Spiel zu Verfügung, jedes Kind hat einmal wöchentlich 45 Minuten angeleitetes Turnen (nach Alter getrennt), jede Gruppe spielt täglich etwa 45 Minuten im Freien.

50 % der Kinder verbringen mehr als sechs Stunden täglich in der Einrichtung. Jungen besetzen Räume und Material für bewegungsintensives Spiel. Ca. 20 % der Kinder sind nur schwer zu intensiver Bewegung zu motivieren.

10 % der Eltern haben in einer Fragebogenaktion angegeben, täglich mindestens 30 Minuten mit dem Kind zu Fuß unterwegs zu sein, und doppelt so viele sind mit ihren Kindern mindestens 2 x wöchentlich mehr als eine Stunde draußen oder auf einem Spielplatz.

2. Visionen entwickeln: Mitarbeiterinnen, Kinder und Eltern sollen innerhalb der folgenden 14 Tage Wünsche und Vorschläge an einen Wunschbaum heften.

Nach 14 Tagen kann man lesen:
- Räubergarten (Kinder)
- Ruheraum
- Fußballprojekt
- mehr Geräteturnen
- Kooperation mit den benachbarten Sportvereinen
- Außengelände ganz neu gestalten, Bolzplatz
- öffentliche Spielplätze regelmäßig nutzen
- Waldwochen, Parktage
- Schwimmen
- Elternabend, Antiautoprogramm
- Ernährungsberaterin einladen
- ein Kochtag pro Woche pro Gruppe
- Fahrzeuge, Rollschuhe anschaffen

Im Team entsteht auch Skepsis: Wenn der Schwerpunkt auf Bewegung liegt, könnten all die anderen Aufgaben, die der Bildungsplan vorgibt, sowie das Spiel zu kurz kommen. Und was ist mit den ganzen Festen im Jahreskreis und mit der wöchentlichen Musikerziehung?

Bedenken haben die Erzieherinnen auch, ob sie genügend Fachkenntnisse haben über Bewegung, den Wald, über Fußball und Schwimmen. Sie wollen auf jeden Fall eine fachliche Beratung oder Fortbildungen.

Aufgabe:
Sortieren Sie die Vorschläge der Mitarbeiterinnen, Eltern, Kinder z. B. nach der Art, nach Kosten, ob kurzfristig umsetzbar oder eher langfristig.

Notwendigkeit einer bewussten Bewegungserziehung

Laufen, Rennen, Hüpfen, Kriechen, Treppensteigen usw. sind elementare Bewegungsformen, die Kinder im Laufe ihrer ersten beiden Lebensjahre einüben. Danach folgen Jahre der Bewegungsdifferenzierung und des Aufbaus von Bewegungsmechanismen. Die Bewegungen werden flüssiger, schneller, zielgerichteter, kräftiger, ökonomischer. Was muss das Kind doch alles beachten, nur um sich allein anzuziehen? Was kommt zuerst, was danach, wie schlüpfe ich in die Öffnungen der Kleidung? Und wie schaffe ich es, auf einem Bein zu stehen, die Hose festzuhalten und hineinzusteigen, vom Zuknöpfen und Schleifebinden ganz zu schweigen. Das Beispiel zeigt, dass im Vorschulalter Bewegungsplanungen und Bewegungskombinationen zu lernen sind.

Wir wissen, dass Bewegung ein Grundbedürfnis ist, Kinder zu unendlichen Wiederholungen bereit sind und neues Können auch beharrlich anwenden wollen. Wer wird sich noch die Knie beim Krabbeln schinden, wenn er laufen kann?

Wir gehen von Bewegungsfreude aus und erwarten eigenaktives Lernen. Einschulungsuntersuchungen und Berichte von Versicherungen bestätigen dies nicht. Nach WOLFF haben 60 % der Schulanfänger Haltungsschäden, 40 % Muskel- sowie Koordinationsprobleme und fast ein Drittel der Erstklässler haben Übergewicht. Weil Automatismen fehlen, sich mit den Händen abzustützen, fallen Kinder vermehrt auf den Kopf.[1]

70 % der Unfälle in Kindergärten sind Stürze wegen zu langsamer Reaktionszeit und fehlender Kraft.[2]

Nicht wenige Kinder haben auch Koordinationsprobleme: Das bedeutet, dass Auge und Hand, Hände und Beine, insgesamt Sinne, Verstand und Muskeln nicht gut miteinander arbeiten. Sichtbar wird dies beim Bauen, Zeichnen, Ankleiden. Tragen die Kinder etwas Schweres oder wollen sie klettern, können sie ihr Gleichgewicht nicht neu auspendeln und fallen hin. Grundschullehrer stellen schließlich Schreib- und Rechenprobleme parallel zu Bewegungsdefiziten bei Kindern fest. Bewegungsstörungen und Bewegungsmangel können auch gesundheitliche Folgeschäden nach sich ziehen wie Diabetes.

Das muss doch alles nicht sein, könnte man meinen. Es gibt Spielplätze genug und den Wald, wir haben immer mehr Freizeit und eine Vielfalt an organisierten Bewegungsangeboten.

Dem stehen gegenüber: Mangelnde Außenspielmöglichkeiten und Gefahren, mangelnde Spielkameraden, bewegungsfeindliche und träge Erwachsene, zu viel Fernsehkonsum, zu viele Reize, vor denen man in die Wohnung flüchtet, zu häufige Autonutzung und zu wenig Ideen zu „bewegter" Freizeitgestaltung. Solche Einschränkungen erklären Bewegungsdefizite, zeigen uns aber gleichzeitig, wie viele Kinder auch gute Bewegungsbedingungen haben.

In einer Hamburger Schule konnten Eltern und Kinder für einen Versuch gewonnen werden: Drei Monate lang gingen die Kinder täglich zu Fuß zur Schule bzw. nach Hause. Herausragende Ergebnisse dieses Versuches waren: deutlich verringerte Aggressionen und Rückgang von Fehlzeiten wegen Krankheit.[3]

Psychomotorik: bewegen, wahrnehmen, lernen

Eine reine Bewegungserziehung, die Kondition und Beweglichkeit trainieren möchte, ist überhaupt nicht möglich. Bei jeder Bewegung ist der ganze Mensch mit seinen Sinnen, seinem Wollen und Denken, seinem Gefühl, mit seiner Einstellung zum eigenen Körper dabei und mit Lust auf Selbstdarstellung – oder eben nicht. Diese Sichtweise kam in den 1970er Jahren aus den USA, Belgien und Frankreich nach Deutschland und verstärkte den Ansatz von ERNST JONNY KIPHARD. Er hatte bereits in den 1960er Jahren mit verhaltensauffälligen, entwicklungsverzögerten und behinderten Kindern erfahren, dass ein Training von Fertigkeiten wenig Erfolg hat, wenn die Kinder üben sollen, was ihnen schwerfällt. Er erkannte, dass experimentelles Spiel und großräumiges Rollenspiel demgegenüber viele natürliche Bewegungsreize bieten: Im Dschungel oder auf einem Piratenschiff muss man schräge Ebenen und Klüfte bewältigen, schwere und große Objekte bewegen und stapeln, Seile knüpfen, denken, planen und zusammen arbeiten. Vor allem RENATE ZIMMER erweiterte KIPHARDS Konzept für den Kindergartenbereich und wies auf die Bedeutung der sensorischen Integration hin. Psychomotorische Erziehung zeigt sich nach ZIMMER in einer besonderen Erziehungshaltung und in der Methodik.

[1] nach Wolff, D., 2000
[2] nach Zimmer, R., 1996
[3] nach Fthenakis, W., 2000

Chancen einer „psychomotorischen" Bewegungserziehung			
Sensorische Integration	Körpererfahrungen und Bewegungserfahrungen	Kognitive Erfahrungen	Selbst- und Sozialerfahrungen

■ Sensorische Integration

Als sensorische Integration bezeichnet man das neuronale Zusammenschließen von Wahrnehmung, Bewegung und Verhalten. Dies findet schon bei kleinsten Bewegungen statt. Die Wahrnehmungseindrücke sind schnell ans Gehirn weitergeleitet. Danach beginnt ein „Feuerwerk" neuronaler Aktionen zwischen verschiedenen Wahrnehmungs-, motorischen und Erinnerungsfeldern, dem Kleinhirn als Schaltzentrale für die Bewegung sowie den ausführenden Muskeln. Die ganze Kindheit ist notwendig zur Verschaltung und Feinabstimmung motorischer Abläufe im Zusammenhang mit Wahrnehmungen.

In der psychomotorischen Bewegungserziehung tragen wir zur Verfeinerung der Sinne bei (Gleichgewichtssinn, Tastsinn, Muskel- und Stellungssinn, Hör- und Sehsinn) und unterstützen die sensorische Integration.

■ Körper und Bewegungserfahrungen

Raum, Material, Gerätekombination und das Agieren in der Gruppe erfordern je spezifische Anpassungsleistungen. Dabei baut das Kind Bewegungsmechanismen auf. Mit jeder Wiederholung werden die Bewegungen zielgerich-

Bewegungsbaustelle

teter, flüssiger, schneller und ökonomischer. Beim Ziehen und Schieben spürt es die Muskelspannung, beim Klettern nimmt es sein Gewicht, beim Drehen und Schwingen die Fliehkraft wahr. Es entwickelt einen Körperbegriff (Körperschema). Das heißt, es erwirbt Wissen über die Größe seines Körpers, die Stellung und Länge seiner Gliedmaßen, über Muskeln und Organe. Dieses Wissen fließt unbewusst in die Bewegungsplanung ein.

Aufgabe:
Welches Rollenspiel könnte auf dem letzten Bild dargestellt sein?
Welche Ich-, Sozial- und Sachkompetenzen können Kinder in dieser Situation erwerben?
Was erfahren sie über die Welt?

■ Kognitive Erfahrungen

Die psychomotorische Bewegungserziehung fordert und fördert verschiedene kognitive Leistungen. Das Kind erfasst Materialeigenschaften und den Raum. Es erfährt körperlich die Bedeutung von Begriffen wie „Schräge", „Lücke". Schwierige Bewegungsaufgaben fordern Aufmerksamkeit und Konzentration und fördern sie gleichzeitig. Die Psychomotorik bevorzugt komplexe Aufgabenstellungen gegenüber kleinen Bewegungsaufträgen. Dabei werden verschiedene Arten des Denkens angeregt.

Aufgabe:
Angenommen, Ihre Arbeitsgruppe soll in Ihrer Turnhalle eine Hüpfburg aufbauen. Notieren Sie, wie Sie vorgehen würden. Betrachten Sie danach Ihre Notizen daraufhin, welche Arten des Denkens Sie angewandt haben.
Wie, denken Sie, nehmen Kinder eine solche Aufgabe in Angriff?

■ Selbst- und Sozialerfahrungen

Materialien und Geräte animieren zur Bewegung. Mit manchen hantiert man einfach und nutzt sie zum freien Ausdruck, z. B. Tücher. Da gibt es kein „Richtig" oder „Falsch". Andere erfordern Leistung oder Mut, z. B. hohe Aufbauten. Hier wird das Kind mit Gefühlen und dem eigenen Können konfrontiert. Wenn es eine neue Situation bewältigt hat, geht es gestärkt aus der Situation hervor und nimmt auch andere Herausforderungen an.

Psychomotorik bietet viele Gelegenheiten zur Selbstdarstellung. Beim Experimentieren mit einem neuen Material sagt ein Kind häufig: „Schau, was ich kann". Es möchte die Aufmerksamkeit des Erwachsenen und es möchte Handlungen zeigen, die es „neu" erfunden hat.

Die Gruppe fordert eine soziale Anpassung. Es sind weitere Kinder im Raum, auf die man sich bewegungsmäßig einstellen muss, und eine beschränkte Anzahl von Geräten fordert gemeinsame Absprachen und das Aufstellen von Regeln. Andererseits erweitert eine Gruppe die eigenen Spielmöglichkeiten. Das Pferd- und Kutscherspiel ist nur zu zweit möglich, und Zirkus- und Piratenspiele gehen überhaupt nur in der Gruppe. Allerdings muss man andere für die eigenen Ideen gewinnen bzw. ertragen, dass die eigene Idee keinen Beifall findet.

In Partneraufgaben üben Kinder, den Partner an der Handlung zu beteiligen (nicht den Ball für sich haben zu wollen) und auch behutsam miteinander umzugehen, z. B. bei Massagen.

> **Bewegter Kindergarten, Teil 2:**
> Das Team in unserem Beispiel möchte das Konzept der Psychomotorik übernehmen. Die Mitarbeiter haben erkannt, dass sie manches schon praktizieren, dass sie die Kinder jedoch mehr beteiligen müssen.
>
> Ferner haben sie erkannt, dass es ein Konzept ist, das den gesamten Alltag einbezieht. Sie entwickeln einen Plan für das erste Jahr:
>
> * Jede Gruppe verbringt einen Tag pro Woche entweder im Wald oder im Park
> * Jede Gruppe hat wöchentlich einen Turntag und den Bewegungsraum für eine Woche im Monat zum Freispiel
> * Arbeitsgruppe zur kurzfristigen Raumumgestaltung
> * Fortbildung in Waldpädagogik (3 Teilnehmerinnen) und Gartengestaltung (2)
> * Elternbeirat zur Mitarbeit gewinnen: Antiautoaktion, Planung der Gartenumgestaltung mit Fachleuten aus der Elternschaft
>
> 2. Jahr: Gartenumgestaltung
> 3. Jahr: Neues Raumkonzept

Klettergarten

Ganzheitliche Bewegungserziehung					
Tagesstruktur	Raumstruktur	Angeleitete Spielzeit	Außengelände	Öffentliche Räume	Zusammenarbeit mit Eltern
Wechsel zwischen frei gestalteter Bewegung, gemeinsamer Bewegung und ruhigem Tun	• für Bewegung ausgewiesene Räume • sonstige Räume sind nicht überfrachtet	z. B. • Bewegungsspiele • Sportspiele • Bewegungsgeschichte • Turnen • Schwimmen	Es ist modelliert (Hügel etc.) und bietet Geräte zum Klettern und Hangeln usw. sowie für Gruppen- und Großgruppenspiele	z. B. • Spielplatz • Spielstraße • Park • Wald • Wiese	z. B. • Themenabende • gemeinsame Aktionen wie Ausflüge • Sport- und Spielfeste

Methoden und Beispiele

■ Außengelände gestalten und nutzen

Am naheliegendsten ist es, natürliche Ressourcen zu nutzen. Ein naturnah angelegter Garten bietet verschiedene Bodenniveaus und schräge Ebenen, Hügel und Tunnel, Gräben und Kletterbäume. Bewegliche Elemente ergänzen das Angebot: Geeignet sind Fahr- und Balanciergeräte, aber auch Kisten, Bretter, Großbausteine und Kartons, Autoreifen, Röhren, Seile und Tücher. Diese fordern zum Experimentieren mit dem eigenen Bewegungskönnen, zum Transport, zu Rollenspielen und Konstruktionen heraus. Die Kinder entwickeln eigene Ideen, sprechen sich ab. Die beste Lernumgebung ist die selbst gestaltete.

Erzieher beobachten, was Kinder aktuell brauchen, gestalten Bereiche gezielt, wie das Bild vom Klettergarten zeigt, und animieren zu großzügigem Rollenspiel.

Das Außengelände ist zwar natürlich, aber doch didaktisch gestaltet. Es ist die Brücke zwischen dem geschützten Bewegungsraum (Matten etc.) und dem nicht abgesicherten Wald oder Feuchtgebiet.

■ Bewegungsraum, Bewegungsbaustelle und Bewegungslandschaft

Die Idee, Bewegungsräume in Bewegungsbaustellen umzuwidmen, ging 1982 von einer Frankfurter Arbeitsgruppe aus und ist an der Technischen Universität Braunschweig von GERD LANDAU und KLAUS MIEDZINSKI weiterentwickelt worden. Sie griffen auf FRÖBELS Kugel, Walze und Würfel zurück, vergrößerten und ergänzten diese.[4]

[4] nach Hamburger Forum Spielräume, 2006

Allein die Größe der Objekte übt eine ungeheure Anziehungskraft auf Kinder aus. Kästen, Bretter, Balken, Klötze, Rohre, Reifen, Lkw-Schläuche bieten unzählige Anwendungsmöglichkeiten. Wie auf einer richtigen Baustelle müssen die Kinder schieben und ziehen, klettern, schwere Güter tragen, mit ausladenden Objekten hantieren. Das Konzept der Bewegungsbaustelle fand schnell Verbreitung und wurde um die Idee der Bewegungslandschaft erweitert. Dabei werden die o. g. Geräte mit Kastenteilen, Matten und Bänken ergänzt. Schräge Ebenen, Höhlen, Wackelbrücken und Gräben bilden landschaftliche Gegebenheiten nach. Jetzt fehlt noch ein verbindender Spielgedanke, vielleicht stellt das Ganze einen Urwald dar oder die Kulisse für die Autorallye Paris-Dakar.

Ferner gehören zur Ausstattung verschiedene Mattenarten – denn Kinder müssen heute sogar das Fallen lernen – und Rollbretter, Pedalos, Therapiekreisel, Balancierscheiben, Teppichrollen und ein Boxsack.

Bei allem Eifer für die Bewegung muss man bei der Ausstattung auch an Ruhepunkte denken, zur Entspannung, um neue Kräfte zu sammeln und um Ideen zu entwickeln. Hier eignen sich z. B. Hängematten, eine Seccholiege, ein Sofa, selbstgebaute Hütten und ein mit bis zu 40 Ballons (erst stramm aufblasen, dann wieder etwas Luft entweichen lassen) gefüllter Bettbezug.

Kinder mit eingeschränkten Außen- und Bewegungsaktivitäten finden im Bewegungsraum viele Entwicklungsanreize. Sie können im eigenen Tempo ausprobieren, was ihnen bei angeleiteten Turnstunden noch nicht so recht gelungen war. Sie entwickeln Ideen und Initiative. Zu mehreren im Raum müssen sie kooperieren, Empathie zeigen, eigene Standpunkte verdeutlichen und Verantwortung tragen. Sie lernen, sich gegenseitig zu helfen, um z. B. etwas Schweres zu tragen, und sie sind immer wieder und immer wieder anders in Bewegung.

Aufgaben der Erzieherin im Bewegungsraum

Jüngere Kinder haben gerne die Erzieherin in der Nähe. Sie gibt Sicherheit und bereichert das Rollenspiel. Ihre vier Aufgabenschwerpunkte sind:

1. Sie bereitet den Raum vor unter Beachtung der Grundbewegungsarten: Sie setzt Bewegungsschwerpunkte, indem sie z. B. eine Raumecke zum Bauen, eine andere zum Klettern und Springen vorbereitet (mit einem Weichboden). Und sie lässt genug Raum für großflächiges Rennen oder Spiele mit dem Ball. Wenig Material fordert die Fantasie heraus, kann aber auch langweilig sein; zu viel Material fördert Atemlosigkeit und Oberflächlichkeit.
2. Sie führt Kinder in die Raum- und Materialnutzung ein, damit sie dort auch alleine spielen können. Versicherungen nehmen inzwischen eine gewisse Unfallgefahr in Kauf, sehen den positiven Effekt, nämlich die Zunahme der Bewegungssicherheit der Kinder.
3. Gegenüber dem vorstrukturierten Turnen folgt sie überwiegend den Ideen der Kinder. Sie greift das Balancieren eines Kindes auf dem Seil auf, animiert zum Verlängern des Seiles, zum Rückwärts- und Seitwärtsbalancieren und zum Balancieren mit geschlossenen Augen oder mit einem Gegenstand. Das entspricht dem Prinzip der Differenzierung. Sie kann auch Ideen der Kinder erweitern, zum Hüpfen über das liegende Seil anregen.
4. Anleitung von Spielen, z. B. Bewegungsspiele oder Spiele mit dem Rollbrett.

Spiele mit dem Rollbrett: Kinder lieben Fahrzeuge und Erfindungen. Auf zwei Rollbrettern kann ein Kastenteil fixiert werden. Das regt zu weiteren Konstruktionen an.

Wichtig ist, lange Haare zusammen zu binden und Regeln abzusprechen. Nicht stehend zu fahren, nicht zusammenzustoßen, unbenutzte Rollbretter am Rand zu parken, Räder zeigen nach oben.

Freies Fahren:

- Gelände präparieren: Pappe, Luftpolsterfolie, schräge Ebene, stehende Hindernisse zum Umfahren, hängende Hindernisse: Luftballons, Seile zum Hangeln und Ziehen
- Sitzend, liegend auf dem Bauch fahren
- ein Kind zieht oder schiebt den fahrenden Partner

- Zug bilden mit zwei oder drei Rollbrettern usw.

Rollenspiel – Formel 1-Testfahrt: Fahrpark in der Raummitte einrichten mit deutlicher Ein- und Ausfahrt. Je zwei Kinder haben ein Rollbrett, eines ist die Karosserie, das andere der Motor, nicht mehr als vier Paare.

- Motoren anlassen, Motorengeräusche
- Aufwärmrunde: Gleiches Tempo und Überholverbot, die Erzieherin kommentiert wie in einer Sportschau
- Freies Training, jeder fährt, so schnell er will
- Zeittraining: Ein Paar fährt die Strecke ab, die Zuschauer zählen die Zeit für eine Runde
- Verfolgungsrennen: An jeder Raumseite startet ein Paar; schafft eines der Paare es, das andere zu überholen?
- Vertrauensrennen: Zwei Paare, das fahrende Kind schließt die Augen, das andere schiebt oder zieht eine Runde[5]

Aufgabe:
Betrachten Sie das Außengelände einer Tageseinrichtung oder einen anderen Bereich für das „bewegte" Freispiel.
Beschreiben Sie

- die Raumnutzung
- das Bewegungs- und Spielverhalten von Jungen/Mädchen
- Was vermissen Sie dort?
- Machen Sie Vorschläge zur Umgestaltung.

[5] nach Bentele, P., 2004

■ Parktag, Waldtag

Jeden Dienstag Vormittag geht eine Gruppe des Kindergartens in den Park. Kein Kind jammert „Wie weit ist es noch?", denn alle 100 Meter kommt eine Stelle, an der sie einmal etwas gefunden oder gesehen haben und diese Stelle wird immer wieder inspiziert. Ob die Entenfamilie wieder am Teich ist, wollen sie wissen. Nein, diesmal ist es dort ganz still. Aber die große Wiese wird gerade gemäht. Die Kinder drehen dort mehrere Runden, fangen den Geruch mit der Nase ein, bevor sie zu ihrem Spielplatz rennen. Dort gibt es für jedes Alter

etwas: einen Sandkasten mit einer „Grabemaschine", eine Wasserpumpe, ein Fort mit Wackelbrücke und Kletternetz, eine schräge Drehscheibe und eine Seilbahn.

■ Angeleitetes Turnen

Grundsätzlich gilt: Die Kinder kennen die Regeln in diesem Raum, im Umgang miteinander und mit Material. Sie wissen, auf welches Signal hin sie zuhören sollen. Der Ablauf ist gut organisiert. Dem Aufwärmen mit mehreren Grundbewegungsarten in Variationen folgen anstrengende und weniger anstrenge Phasen und es gibt auch Ruhepole. Die Erzieherin betont individuelle Anstrengung und Fortschritte, vermeidet Bewertung.

Es gibt im wesentlichen drei Formen angeleiteten Turnens:

Übungsfolge: Die übliche Struktur einer Übungsfolge ist: Aufwärmen, Materialgabe, Experimentierteil, Hauptteil mit Bewegungsaufgaben von der Erzieherin und Schlussspiel.

Bewegungsgeschichten: Beliebte Themen sind Urwaldreise, Zirkus, Indianer. Die Erzieherin führt durch die Geschichte, baut die Bewegungen in die Handlung ein. Indianer z. B. müssen schleichen, Fährten suchen, gut hören und sich bei der Jagd mit Zeichen verständigen. Das schult die Wahrnehmung und Impulskontrolle. Das Zirkusspiel fördert interaktive Fähigkeiten zwischen Dompteur und Raubkatzen bzw. Zirkuspferd und Reiter.

Sicherheit:
Mit der Gruppe unterwegs sein
- geeignete Kleidung
- eindeutiges Ziel
- ca. ein Erwachsener pro acht Kinder
- abmelden bei der Leitung, Ziel mitteilen
- Handy und kleine Apotheke mitnehmen
- In Gegenden mit Straßenverkehr gehen die Kinder zu zweit, angefasst, eine Erzieherin geht vorn, eine hinten. Erzieherinnen gehen am Rand des Bürgersteigs, Kinder gehen innen
- Straßen werden nur gemeinsam überquert
- Straßenverkehrsbegriffe wiederholen: Ampel, Gehweg, Zebrastreifen, Fahrradweg...
- Im Park Fixpunkte absprechen, an denen die Kinder warten müssen.

Stationsbetrieb: Im Bewegungsraum sind Stationen aufgebaut zur gezielten Förderung, z. B. zum Klettern, zum Kriechen und zur Zielwurfübung. Die Stationen können sich aus einer Bewegungsgeschichte entwickeln. Man kann sie gemeinsam mit den Kindern aufbauen und eine Weile zur freien Nutzung stehen lassen.

Didaktische Prinzipien der Bewegungserziehung sind nach ZIMMER: Kindgemäßheit (Bedürfnisse und Fähigkeiten der Altersgruppe beachten), Offenheit (für Ideen der Kinder), Freiwilligkeit, Erlebnisorientierung, Entscheidungsmöglichkeiten und Selbsttätigkeit.[6]

---

[6] nach Zimmer, R., 1996

Entwicklungsspezifische Voraussetzungen der Kinder

Was 3- und 4-Jährige gern tun und gut können

- gehen, laufen, steigen, springen; alle Bewegungen in der Grundform
- kriechen (unter und über Hindernisse) balancieren und klettern
- sich selbst ziehen und schieben
- werfen über Hindernisse, in große Behältnisse und in die Höhe
- rollen um die Körperlängs- und Querachse
- schwingen an kopfhohen Geräten

Sie bewegen sich aus Freude am Körpererlebnis und ihrem Können. Manche zeigen noch unwillkürliche Mitbewegungen und eine Hypertonie der Muskulatur, d. h. der ganze Körper geht mit aller Kraft mit, wenn sie z. B. einen Ball werfen. Oft fallen sie dabei um.

Herausforderungen für 3- bis 4-Jährige:
- balancieren in etwa 50 cm Höhe
- balancieren, wenn die Balancierfläche Lücken hat
- Niedersprung aus mehr als 40 cm Höhe
- manche Begriffe in Handlung umsetzen
- sich auf einen Partner einstellen; sie wollen meist das Material für sich, wollen selbst aktiv sein
- Übebereitschaft und Ausdauer bei fremdgestellten Aufgaben sind gering

Sie möchten bildhafte Aufgabenstellungen und Übungen, bei denen alle zu gleicher Zeit dasselbe tun.

5 bis 6-Jährige können erfahrungsgemäß

- Bewegungskombinationen, z. B. mit Anlauf abspringen oder rennen und gleichzeitig abschlagen
- jede Grundbewegungsart in Variationen, z. B. Hüpfarten: Wechselschritt, Seitgalopp, Einbeinhüpfen ...
- Zielwerfen
- Sie mögen große Geräte, bevorzugen – wenn überhaupt – Wettkampfsituationen, in denen sich zwei Kinder messen. Bei Staffelspielen warten sie oft, bis der „Gegner" auch losläuft, und sie warten vor dem Ziel, um mit dem Gegner gemeinsam ins Ziel zu laufen.

Schulkinder

- Erste Teamspiele werden möglich. Mannschaftswahlen erfolgen zunächst noch nach Sympathie; später ist die Gewinnchance wichtiges Kriterium.
- Jüngere Schulkinder wollen mehrere Sportarten ausprobieren, ältere entscheiden sich für eine Sportart und sind trainingswillig. Sie erkennen, dass Übung zur Leistungssteigerung beiträgt. In diesem Alter sind Kinder bereit für Vereinssport und für Zirkustraining.
- Dritt- und Viertklässler können schon Spielstrategien absprechen, um ihre Siegchance zu erhöhen. Sie erleben auch den Teamsieg als neue Qualität.

■ Praktische Vorbereitungen einer Bewegungsstunde im Kindergarten

Raum:
- Der Fußboden sollte sauber, darf nicht kalt und nicht rutschig sein.
- Hindernisse absichern, zur Seite räumen.
- Übungsauswahl und Material entsprechend der Raumsituation, in einem kleinen Raum z. B. Luftballons einsetzen statt Bällen.

Kleidung:
- Möglichst Turnkleidung, nach dem Aufwärmen zum Ausziehen eines Teiles der Oberbekleidung auffordern.
- Turnschuhe, notfalls Hausschuhe (rutschfeste Sohle).
- Umziehen: in einem Vorraum ggf. abgetrenntem Teil des Bewegungsraumes, auf stapelweises Ablegen der Kleidung jedes Kindes achten, Ärmel nach rechts drehen.
- Die Erzieherin trägt selbst auch Turnkleidung.

Sicherheit:
- Haare zurückbinden (Purzelbaum),
- Schmuck und Spielzeug einsammeln,
- Pflaster/Binde (Eisbeutel) bereithalten,
- Hinweis auf Material und Raumgegebenheiten (Gefahrenpunkte).

Mögliche Schwierigkeiten: Manche Kinder

- wollen sich nicht ausziehen, sich nicht halb angezogen (Turnkleidung) vor anderen zeigen: Umkleideecke für die Gruppe abschirmen,
- sagen, sie wollen nicht mitmachen, ihnen sei langweilig oder sie äußern Angst vor einer Übung/vor dem Ball: Chance geben, zuzuschauen, nach einer Weile nochmals auffordern, aber nicht drängen,
- kennen die Experimentierphase noch nicht, verlieren die Lust, wenn keine Vorgaben kommen: „Probiert, was ihr im Stehen (Sitzen/Liegen) mit dem Ball machen könnt",
- halten sich nicht an Aufgabenstellungen: Spannung wecken und Aufgabe wiederholen.

■ Beispiel –
Bewegungserziehung mit Reifen

Material: Ein Reifen je Kind, Handtrommel, rotes und grünes Tuch, Triangel, Markierungspunkt im Raum verteilt

Einstimmung, Aufwärmen ohne Material:

- Kinder sitzen auf der Bank.
- Spielimpuls: „Denkt euch ein Auto aus, fahrt so lange, bis ihr meine rote Ampel seht. Wer macht es einmal vor?"
- Variationen: vorwärts, rückwärts fahren, zwischendurch rote Ampel zeigen, tanken, ein Fahrzeug muss zur Reparatur usw.
- Die Hälfte der Kinder bitten, auf einem Markierungspunkt (im Raum verteilt) zu parken.
- Die nicht sitzenden Kinder fahren jetzt Motorrad, auf einem Bein, sie hüpfen auf dem linken, dann dem rechten Bein im Slalom um die sitzenden Kinder herum, auch Seitgalopp links, dann rechts, danach wechseln die Kinder wieder.
- Fahrzeugwechsel, die Kinder experimentieren, bauen vielleicht zwei Tische als Tunnel ein, eine Bank als Brücke, Ideen der Kinder aufgreifen.
- Fahrt zum Parkplatz, die Kinder sitzen im Kreis, entspannen, ziehen ggf. zu warme Kleidungsstücke aus.

Hauptteil mit Reifen:

- „Schaut, was der Reifen kann": Einen Reifen in der Mitte tanzen lassen. „Wer kann das mit seinem Körper nachmachen?"
- Jedem Kind einzeln einen Reifen zurollen.
- Mit dem Reifen frei im Raum experimentieren: „Probiert Kunststücke mit eurem Reifen aus", beispielsweise kreiseln, hineinspringen, im Zick-Zack über die Kreislinie springen: hinein und hinaus, darauf balancieren, durchsteigen, Hula Hoop.
- Einzelne Kinder zeigen ihre Übungen vor und erklären die Handlung (Spracherziehung), die anderen machen sie nach. Die Erzieherin gibt Aufträge zur Differenzierung und Erweiterung der Bewegungen.

Es folgen Übungen wie:

- „Steigt mal nacheinander durch mein Tor (Reifen) und stellt euch dort (vor der Wand) nebeneinander auf." (Erzieherin hält den Reifen des Kindes fest.)
- Dem Reifen einen Schubs geben, erst loslaufen, wenn er stillliegt und ihn zurückbringen.
- Erst loslaufen, wenn der letzte Reifen stillliegt; „Wer weiß jetzt noch, welcher Reifen seiner war? Holt ihn!"
- Schlangenspiel: Die Kinder legen die Reifen in eine Reihe und gehen: vorwärts/rückwärts, laufen vorwärts, hüpfen mit zwei Beinen (Reifen brauchen einen Zwischenraum), laufen im Slalom um die Reifen, balancieren auf dem Reifenrand.

Abschlussspiel: „Zum Abschluss fahren wir mit unserem Raumschiff ins Weltall. Lasse den Reifen kreiseln. Wenn er noch ein bisschen dreht, springe in dein Raumschiff hinein. Du bist eingestiegen. Hebe mit den Armen langsam den Reifen an (Startgeräusche machen), hoch über deinen Kopf und schwebe! Wenn meine Triangel tönt, schwebt wieder jeder zu seinem Landeplatz und landet."

„Jetzt wollen die Reifen sich ein wenig ausruhen".

Die Erzieherin legt ihren Reifen als Beginn eines „Turmes" in die Raummitte, setzt sich in den Anfang eines markierten Kreises, und fordert die Kinder auf, es nacheinander ihr gleich zu tun. „Wer fühlt seinen Körper jetzt gut? Für welche Körperteile war es heute am anstrengendsten? Welche Übung war am leichtesten, schwersten, warum?" Kinder loben, dass sie heute viel für ihren Körper getan haben.

■ Beispiel – Stationsbetrieb „Im Urwald"

Einstimmung: Die Kinder sitzen auf der Bank. An den Wunsch vom Vortag erinnern, einen Urwald aufzubauen.

Ideensammlung	
Bäume	Stühle, Leitern, Tücher, Seile, Seidenbänder als Lianen
Wege	Mattenweg über Kastenteile oder Podeste (Höhenniveaus), Tastweg aus flachen Kartons/Kästen, gefüllt mit unterschiedlichen Materialien zum barfuß gehen
Brücke/ Wackelbrücke	Stuhlreihe mit Lücken/viele Gymnastikstäbe unter eine Matte legen
Fluss	2 x 2 Matten, dazwischen ist das „Flussbett"; darin: Steine, Balancierscheiben
Steiles Flussufer	Matte hälftig auf ein Kastenteil legen, Seil zum Ziehen anbringen

Danach: Die Erzieherin bittet die Kinder zur ersten (dann zweiten, dritten) Station. Jedes Kind zeigt sein Spezialkunststück und sie gibt ergänzende Aufträge, z. B. „Es ist Hochwasser am Fluss. Wie könnt ihr hinüber gelangen?"

- Waten, auf den Balancierscheiben balancieren, sich mit einem Seil/Tuch hinüberziehen.
- Von Ufer zu Ufer springen (Matten fixieren).

Oder: „Es ist stockdunkel im Urwald. Wie können wir uns orientieren?" Sie erarbeitet Regeln mit den Kindern für die anschließende Nutzung als Bewegungslandschaft.

Für einen Stationsbetrieb sind je nach Raumgröße etwa 4 Stationen sinnvoll. Die Kinder müssen sich also entscheiden und dann planvoll vorgehen. Jeweils zu zweit oder zu dritt übernehmen sie den Aufbau einer Station. Sie leisten schon einiges an Bewegungsarbeit. Sowieso gehen Aufbau und Spiel ineinander über.

Die Erzieherin hilft auch aus Sicherheitsgründen und gibt ein Zeitlimit.

Für 5 bis 6-Jährige kann man den Aufbau einer Station auf eine Karte aufzeichnen. Das fördert die Selbstständigkeit.

Angeleitetes Tun: Stationen der Reihe nach abgehen, die Kinder äußern Ideen, zeigen diese. Die Erzieherin weist auf Gefahrenpunkte hin. Freies Spiel für ca. 15 Minuten. Die Erzieherin beobachtet.

Mögliche Abschlussspiele:
Reaktionsspiel: Auf ein Signal hin als Schlange unter allen Stühlen durchkriechen, unter ein großes Tuch fliehen (Moskitoplage) usw.
Fangen: Ein Kind lauert als Krokodil in der Flussmitte, die Kinder stehen am Ufer; auf ein Zeichen hin schwimmen (rennen, hopsen) sie zum gegenüberliegenden Ufer, wen das Krokodil fängt, der wird ebenfalls zum Krokodil.
Heimflug: Kinder sitzen im Flugzeug (lange Bank) Flugzeug steigt, sinkt, alle rutschen nach rechts, links, sitzen ganz eng. Jetzt sind wir wieder daheim.

Abschlussrunde: Siehe Bewegungserziehung mit Reifen, S. 394

Bildungsziele

Anmerkung: Dies sind nur einige eher globale Beispiele. Jedes Thema, jedes Material, jede Bewegungsaufgabe, jedes „bewegte" Spiel birgt weitere Chancen zur Kompetenzerweiterung.

Leitziel: Bewegungsfreude, Bewegungsdifferenzierung, Gesundheit und das Bewegungserlebnis in der Gruppe haben in Kindertageseinrichtungen Vorrang vor dem Leistungsprinzip.

Ichkompetenz	Sozialkompetenz	Sachkompetenz	Lernkompetenz
Das Kind			
• erkennt und nennt die eigenen körperlichen Möglichkeiten und sein Bedürfnis nach Pause • schätzt ein, ob es sich die Bewegung zutraut oder nicht (z. B. an einem Gerät) • erlebt, wie sein Bewegungskönnen zunimmt, und ist stolz darauf • hat Vorstellungen von seinem Körper, den Ausmaßen und der Stellung der Körperglieder zueinander (Körperschema)	• bewegt sich gerne mit anderen • beachtet Bedürfnisse anderer • macht Vorschläge zu Bewegungsaufgaben • führt Vorschläge anderer aus • lernt das Ruhebedürfnis anderer zu achten • spricht Vorhaben mit anderen ab • hält Regeln ein	• differenziert und erweitert seine Bewegungsfähigkeiten, kann z. B. mit verschiedenen Ballarten und mit rechter und linker Hand nach einem Ziel werfen sowie auch prellen, schlagen • beherrscht Bewegungskombinationen, z. B. rennen und abspringen oder rennen und abschlagen • kann selbst ausgedachte Aufgaben erklären • experimentiert mit Material und geht kompetent damit um	• setzt verbale Aufgabenstellungen in Handlung um • kennt Regeln/Strukturen von Bewegungsspielen • passt sein Verhalten neuen Anforderungen an

---

Bewegter Kindergarten, Teil 3:

Rückblick: Was haben wir erreicht?
• Eine Waldwoche pro Jahreszeit und Gruppe.
• 2 Erzieherinnen haben eine Waldpädagogikfortbildung abgeschlossen.
• Der Bewegungsraum und die Turntage werden bewusster gestaltet.
• Statt des Außengeländes wurde zunächst einmal das Raumkonzept im Innenbereich in Angriff genommen, da acht Grundschüler dazu kamen; betriebsinterne Fortbildung über zwei Tage.

Nicht erreicht:
• Anti-Auto-Aktion, nur sehr vereinzelt waren Eltern dazu bereit. Und die Erzieherinnen selbst?

3. Sprache und Sprechen

Sprache und Denken arbeiten Hand in Hand

Aufgaben:
Betrachten Sie die drei Bilder.

1. Formulieren Sie mögliche Gedanken der abgebildeten Personen.
2. Ordnen Sie Ihre Beiträge nach der Art des Denkens.
3. Betrachten Sie nun die Formulierungen. Welche Satzkonstruktionen sehen Sie?

In diesem Kapitel geht es um die Frage, in welcher Beziehung die Sprach- und Denkentwicklung stehen.

Aus dem Kapitel „Entwicklung des Denkens" (S. 295) kennen Sie die drei Entwicklungsphasen nach Bruner[1]:

- Enaktive Phase: Das ist das reine Denken in Handlungen der ersten eineinhalb Jahre.
- Ikonische Phase: Das ist das Denken in Bildern, in denen Menschen und Dinge, losgelöst von den Handlungen, betrachtet werden.
- Symbolische Phase: Sie beginnt mit etwa zwei Jahren und meint das Denken in Worten.

Wichtig ist zu wissen, dass die Phasen sich nicht ablösen, sondern dass wir uns alle drei Arten des Denkens erhalten. Für die Sprachförderung sind die ikonische und die symbolische Phase von besonderer Bedeutung.

Die **ikonische Phase** erreicht ein Kind etwa mit 18 Monaten. Woher wissen wir, dass das Kind jetzt Vorstellungen hat? Es benennt Personen und Dinge, die konkret nicht vorhanden sind, und es stellt Handlungen aus der Erinnerung dar.

Genau in dieser Phase kommt es bei vielen Kindern zu einer buchstäblichen Wortexplosion. Sie beginnen auch, sich ihrer selbst bewusst zu werden. Das ist ein Meilenstein in der Entwicklung des Menschen.

In der **symbolischen Phase** denkt das Kind in Worten. Es stellt Beziehungen zwischen sich und Dingen, zwischen sich und anderen Personen und zwischen Objekten her. Zunächst kombiniert es einzelne Begriffe wie „Björn Blume". Es braucht neue Wörter, um eine eindeutige Bitte oder Mitteilung zu formulieren. „Ich möchte die Blume haben" oder „Ich habe die Blume gegossen."

Im Fragealter verlangt ein Kind nach Begründungen. „Warum gießt man Blumen?" Die Antwort: „Die Blumen brauchen Wasser, damit sie wachsen können" erweitert das Denken um den finalen Aspekt und fordert die Bildung von Haupt- und Nebensätzen heraus, um Abhängigkeiten oder zeitliche Abfolgen auszudrücken.

[1] Bruner, J., 1973

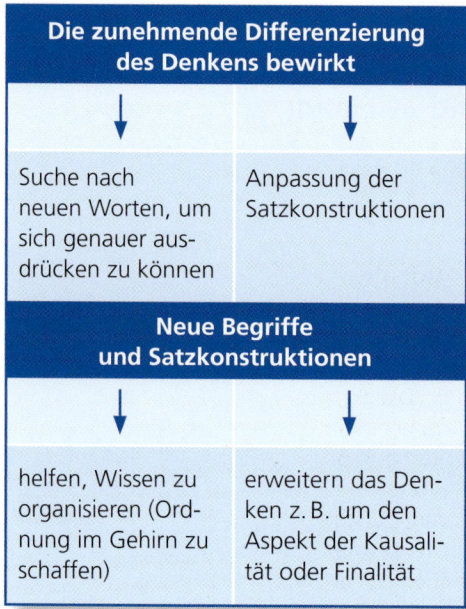

Die zunehmende Differenzierung des Denkens bewirkt	
Suche nach neuen Worten, um sich genauer ausdrücken zu können	Anpassung der Satzkonstruktionen
Neue Begriffe und Satzkonstruktionen	
helfen, Wissen zu organisieren (Ordnung im Gehirn zu schaffen)	erweitern das Denken z. B. um den Aspekt der Kausalität oder Finalität

Die Begriffsbildung nimmt während der ganzen Kindergartenzeit eine wichtige Rolle ein. Wenn die Erzieherin von St. Martin auf dem Pferd spricht, assoziieren Kinder alles, was sie über Pferde wissen, auch was der Opa ihnen über Pferde erzählt hat. Das führt zwar häufig vom Thema weg, trotzdem sollte die Erzieherin die Assoziationen der Kinder zulassen und das Allgemeingültige benennen.

Die drei Bilder im Eingangsbeispiel stehen für das Denken in Bildern, für das Denken in Handlungen, für vorausschauendes Denken und für das Denken in sozialen Bezügen.

Nehmen wir das rechte Bild der Bildleiste auf der vorigen Seite. Der Gedanke eines der Jungen auf dem Bauteppich, nennen wir ihn Nils, könnte lauten: „Knall, Boing, Knacks, Axt, Ast, gleich kracht der Ast." Nils monologisiert innerlich oder sogar laut.

Das bezeichnet PIAGET als egozentrische Phase des Sprachgebrauchs. Der daneben kauernde Jens denkt hingegen: „Er weiß doch, dass er nicht so wild sein soll. Gleich wird er sich wehtun". Jens denkt in einem sozialen Bezug, da er das Verhalten anderer in seine Gedanken einbezieht. Er stellt auch mehrere Begriffe in einen bewussten Zusammenhang und denkt voraus.

WYGOTZKI meint, die egozentrische Phase des Sprachgebrauchs sei die Vorstufe der inneren Sprache, d. h. des Denkens.[2]

Jens denkt weiter: „Nils könnte doch den Ast auf die Weide legen, damit die Ziege etwas zum Klettern hat, wie im Zoo" und sagt dann: „Nils, du könntest doch den Ast …"

Er zieht sein Wissen über Ziegen und den Zoo heran, überträgt es auf die jetzt aktuelle Situation, macht einen Vorschlag (Intention) und begründet ihn.

Jens hat seine Gedanken geordnet und den Satz entsprechend konstruiert. Er hat den erklärenden Nebensatz ans Ende, nicht in den Mittelpunkt gestellt. Er kommuniziert situationsgerecht und nutzt deshalb die Möglichkeitsform.

Wenn Erwachsene häufiger laut denken, fördern sie nicht nur das Sprechen, sondern auch das Denken des Kindes. Was mache ich, um …? (finales Denken). Womit fange ich am besten an? Was geschieht, wenn …? (antizipatorisches Denken). Warum ist die Tür zugeschlagen? (kausales Denken).

Notwendigkeit einer bewussten Spracherziehung

Die ersten sechs Jahre gelten als sensible Phase für den Spracherwerb. Dies allein begründet schon die Notwendigkeit bewusster Spracherziehung.

Darüber hinaus wissen wir, dass sprachliche Fortschritte Entwicklungsprozesse des Denkens, Fühlens und sozialen Verhaltens anstoßen und diese wiederum zur sprachlichen Differenzierung anregen. In diesem Zusammenhang erhalten Meldungen, dass etwa 25 % der Kinder im Kindergartenalter Sprachentwicklungsverzögerungen haben, ein noch stärkeres Gewicht. Diese Zahl schließt deutsche und ausländische Kinder ein.

Eine differenzierte Sprache ist wesentliche Voraussetzung zur Teilhabe an Bildung. 21 % der männlichen ausländischen Jugendlichen und 14 % der weiblichen verlassen die Hauptschule ohne Abschluss gegenüber 9 % der männlichen deutschen Jugendlichen und 5 % der weiblichen.[3] Familie und Kindergarten legen das Fundament sowohl für die Persönlichkeitsbildung als auch für Schulerfolg und die späteren beruflichen Chancen.

Gerade in Wissens- und Mediengesellschaften hat Sprache eine herausragende Be-

---

[2] nach Jäger, L., 2003

[3] nach: Statistisches Bundesamt, 2005/2006

deutung. Nur mit Sprache und Denken kann man mit der Informationsflut umgehen. Auch rücken andere Kulturen und Sprachen näher. Zweisprachigkeit könnte künftig ein „Muss" sein.

In der Phase des Spracherwerbs sind Kinder in besonderer Weise auf den Dialog mit Erwachsenen angewiesen. Erwachsene vermitteln kulturelle Wissensbestände, wecken Neugier, motivieren zum Lernen, unterstützen den Erkundungsdrang, fördern den sprachlichen Ausdruck und das Denken, z. B. um Probleme zu lösen.

Im Dialog übernimmt das Kind Begriffe und Informationen, verarbeitet diese und fügt sie in sein „inneres Lexikon" ein. Denken ist ein Konstruktionsvorgang zwischen den psychischen Vorgängen im Kind (Erinnerung, Denken) und der sozialen Außenwelt.[4]

Voraussetzungen bewusster Spracherziehung

Bevor die Erzieherin über Methoden der Spracherziehung nachdenkt, setzt sie sich mit folgenden Punkten auseinander:

- Was muss ich über Sprache und Sprachentwicklung wissen?
- Welche Voraussetzungen und Einschränkungen bringen Kinder mit?
- Welches Sprachverhalten lebt die Erzieherin vor?

■ **Wissen über Sprache:**
Die vier Komponenten von Sprache

Was wissen wir über Sprache? Die Assoziationen in der folgenden Aufgabe helfen, unsere Erfahrungen über Sprache ins Bewusstsein zu holen.

> **Aufgabe:**
> In einem Brainstorming zum Begriff „Sprache" nannten Fachschülerinnen folgende Assoziationen: Muttersprache, Grammatik, Dialekt, Fisch/Tisch, Cool, Wortschatz, Fischers Fritz fischt frische Fische, Fremdwörter, lispeln, „manchmal fehlen mir die Worte", „sie flötete in den höchsten Tönen", Schrift, Bandwurmsätze, sprachlich „ins Fettnäpfchen treten", Märchensprache, Gebärdensprache, „hättest du auf mich gehört, dann wärst du nicht in den Bach gefallen".
> Sie können eigene Assoziationen ergänzen.
>
> - Schreiben Sie die Begriffe und kurzen Sätze auf Kärtchen.
> - Ordnen Sie diese. Begründen Sie Ihre Zuordnung.
> - Versuchen Sie zuletzt die Kärtchen den 4 Kreisausschnitten der folgenden Grafik zuzuordnen.

Die prosodische Kompetenz beinhaltet aus Sicht des lernenden Kindes die Wahrnehmung der klanglichen und rhythmischen Eigenschaften der Sprache der Mutter/des Vaters/der Geschwister. Melodiekurven, Gestik und Mimik weisen auf grammatische Strukturen und auf die sozial-emotionale Bedeutung des Gehörten hin.

Die linguistische Kompetenz bezieht sich auf Laute, Lautverbindungen, Worte und ihre Bedeutung und auf die Grammatik. Beim Sprechen lernen erfasst das Kind phonologische Strukturen, z. B. mit Reimworten wie Haus/Maus. Das erleichtert das Erlernen neuer Wörter.

Das Kind legt ein „inneres Lexikon" an. Hier hinein gehören sein aktiver und passiver Wortschatz inklusive Satzformeln wie „Guten Morgen" und idiomatische Wendungen wie „zu Ende gehen". Dieses Lexikon wird le-

---

[4] nach Textor, M. R., 1999

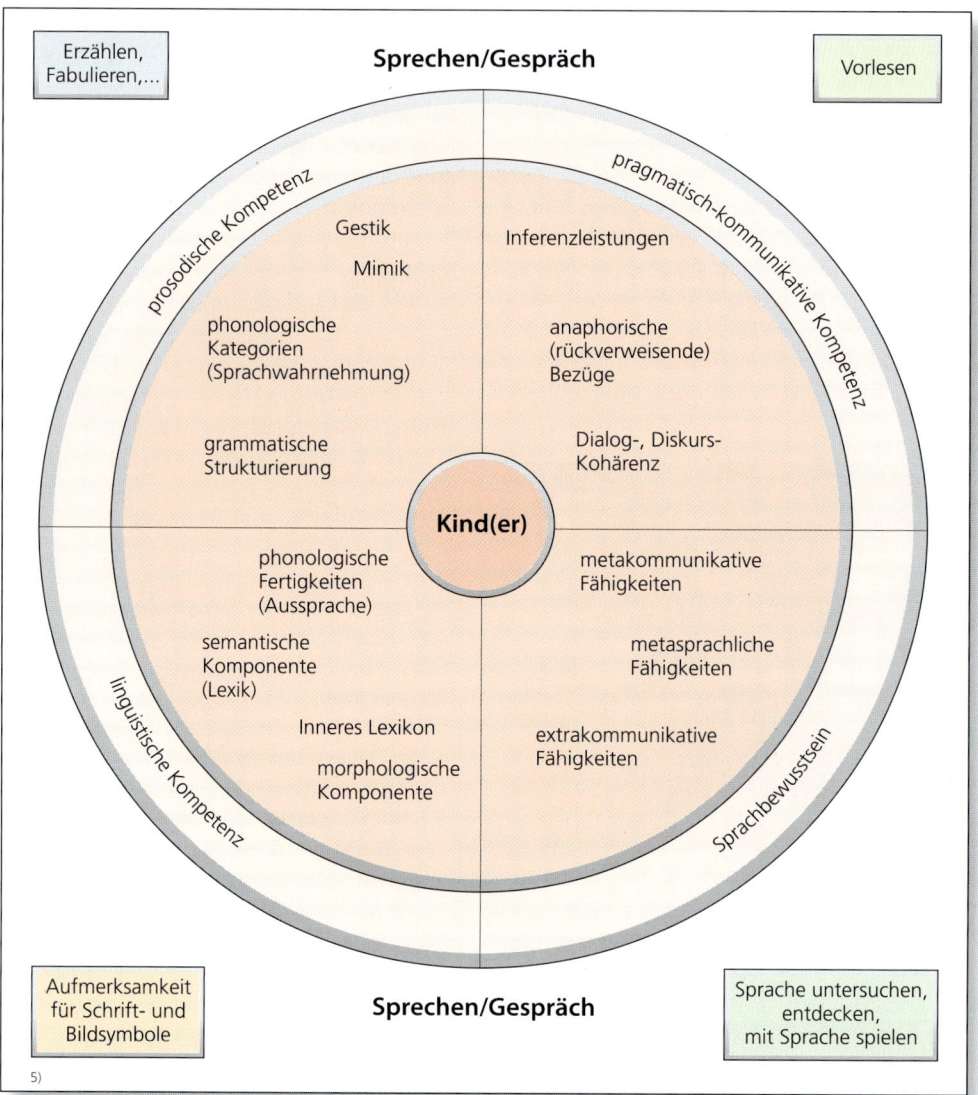

Komponenten von Spracherwerb und Sprachförderung

benslang erweitert um neue Worte und deren Bedeutung.

Unter der linguistischen Kompetenz versteht man auch die Anwendung des Sprachregelsystems, d. h. der Grammatik. Worte stehen ja kaum in der Grundform, sondern müssen umgebildet werden, je nach dem Geschlecht, der Zeit, ob Ein- oder Mehrzahl. Das nennt man auch *Morphologie*. Und wohin gehören die Wörter im Satz? Ihre Stellung unterliegt bestimmten Regeln je nach Satzart, Zeit usw. Das nennt man *Syntax*.

Die pragmatisch-kommunikative Kompetenz. Mit Sprache gestalten wir Dialoge, die

auch das Zuhören und Eingehen auf den Dialogpartner beinhalten. Mit Sprache können wir über uns selbst reflektieren. Sprachlich strukturieren wir unser Denken und Wissen, schaffen wir *anaphorische* (= rückverweisende) Bezüge, drücken wir Intentionen aus, entwickeln wir Fantasie.

Ein Satz muss kohärent sein, um verstanden zu werden: Der Satz „Der Mond liegt auf dem Dach" ist nicht kohärent. Zwar stimmt die Grammatik, aber die Information entspricht nicht unserem Wissen, weckt allenfalls die Fantasie.

Der Begriff *Inferenzleistung* schließlich bedeutet, etwas logisch herzuleiten. „Der Tim ist weit in die Wiese hinein gefahren, weil er noch nicht bremsen kann." Diesen Satz kann man nur formulieren, wenn man die Funktion der

5) Röbe, E., 2005

Bremsen kennt und Übung mit Satzkonstruktionen hat. Und was ist mit folgendem Satz: „Der Tim kann nicht bremsen, weil er weit in die Wiese hineingefahren ist"?

Zur pragmatischen Komponente von Sprache gehört auch die situationsgerechte Kommunikation, also das Bemühen, sprachlich nicht „ins Fettnäpfchen zu treten".

Die metakommunikative und metasprachliche Kompetenz. Metakommunikative Fähigkeit bedeutet, über Begriffe, Laute und Sprache nachzudenken.

Sätze hören Kinder bis ins Grundschulalter als lange „Sprachbänder". Sie halten sich eher an Begriffe und denken über diese nach: „Im Goldpapier ist Gold, bei der Wellpappe sieht man Wellen, sind im Tonpapier nun Töne oder ist Ton darin?"

Gegen Ende der Vorschulzeit werden Kinder auf bestimmte Laute und Lautkombinationen wie in Tisch/Fisch aufmerksam. Sie isolieren Phoneme im „Fluss" eines Wortes, sie achten bewusst auf den Anlaut und die Reihenfolge der Laute im Wort, segmentieren Silben im Wort, trennen zusammengesetzte Wörter und setzen sie neu zusammen. (Taschenlampe/Lampentasche).

Die Fähigkeit, Laute bewusst zu hören (Phoneme) nennt man *Lautdiskrimination bzw. phonologisches Bewusstsein.* So fragte Christoph, gerade 5 Jahre alt, ob nun im Wort Park ein R vorkäme oder nicht. Er hatte wohl manchmal ein R gehört, manchmal ein langes A und manchmal ein im Rachen gesprochenes Ch.

Unsere Sprache hat weitaus mehr Laute als Buchstaben, z. B. sprechen wir Ch, R, S, das A, und das E – um nur einige zu nennen – sehr unterschiedlich aus: Dach/Licht, Hecke/Besen, Wespe/Samen, Katze/tragen.[6]
(Zu Sprachentwicklung siehe S. 259 ff.)

Der Blick auf die vier Komponenten von Sprache macht deutlich, dass Sprachförderung ein großes Feld mit vielen Details ist.

■ **Welche Voraussetzungen und Einschränkungen bringen Kinder mit?**

Ein gutes *Hörvermögen* ist wichtig. Zu oft werden Hörprobleme bei Kindern nicht erkannt. Diese können angeboren oder erworben sein, z. B. im Verlauf einer Mittelohrentzündung. Es

ist auch eine Frage der Konzentration, sich bei einer Vielzahl von Geräuschen und Gesprächen auf eine Sache zu konzentrieren.

Nach dem Hören ist das *Verstehen* wichtig. Manche Kinder reagieren nicht auf einmalige Aufforderungen, brauchen Wiederholung und Zeit, um die Bedeutung des Gehörten zu erfassen. Bis dahin überlappt schon der nächste Reiz das soeben Gehörte.

Bei den *Sprachproblemen* können wir unterscheiden zwischen „hörbaren" und „nicht hörbaren". Die „hörbaren" sind die Artikulationsfehler, falsche Beugungen, falscher Satzbau.

Die „nicht hörbaren" Sprachprobleme betreffen Begriffe und Wortarten, die dem Kind im Sprachrepertoire fehlen. Sprachprotokolle zeigen auch bei viel redenden Kindern eine Häufung von Drei- und Vierwortsätzen.

Merkmale für einen wenig differenzierten Sprachgebrauch sind die häufige Nutzung von Wörtern wie „Ding", „machen" und „da" statt einen Gegenstand, eine Handlung und die Raumlage konkret zu benennen. Ein sparsamer Gebrauch von Adjektiven ist im Kindergartenalter jedoch durchaus noch normal.

Die Verwendung des Wortes „tun" erspart Beugungen (der tut schreien/der schreit).

■ **Welches Sprachverhalten lebt die Erzieherin vor?**

Zwar wissen wir, dass Körpersprache und Stimmklang wirkungsvoller als die Worte selbst sind, doch muss die Erzieherin ihre Sprache bewusst gestalten. Oft verschluckt sie Endungen, reiht Sätze aneinander oder beendet sie nicht, wie: „Aber ich hatte dich doch gebeten, Jens..." oder: „Ihr wolltet doch eigentlich nach draußen gehen, wenn es aufhört zu regnen."

Wie soll ein Kind gerade bei dem Satz aufmerksam werden, der es betrifft, wenn er in der dritten Person gebildet ist? Untersuchungen zeigen, dass viele Erzieher zu Aufforderungen in sehr kurzen Sätzen neigen: wie „Zieh dich an!" „Ihr könnt rausgehen" oder „Räumt auf!" Bei aller Eindeutigkeit bleiben es Zwei- bis Dreiwortsätze, an denen Kinder nicht direkt wachsen. Hier hilft eine Tonbandaufnahme, um sich selbst zu korrigieren.

---

[6] nach Röbe, E., 2006

Für Kinder, die zu Hause ausschließlich Dialekt sprechen, ist das Hochdeutsch der Erzieherin die erste Fremdsprache. Es erleichtert den Einstieg in die Schule, wenn sie bereits im Kindergarten daran gewöhnt werden. Im Hochdeutschen kommen andere Laute vor, andere Wörter und andere Satzkonstruktionen. Für Kinder mit geringen Deutschkenntnissen ist es jedoch fatal, wenn Erzieherinnen zwischen Dialekt und Hochdeutsch willkürlich hin und herspringen. Sie hören verschiedene Wörter für ein und dieselbe Sache; auch Artikel, Fallbildung und Satzbau können sich unterscheiden, so dass das Kind keine Systematik erkennt.

Verstehen und Sprechen lernen werden gefördert, wenn die Erzieherin u. a.

- deutlich spricht,
- mit der Stimme spielt,
- das Sprechtempo variiert,
- Sprechpausen zum Mitdenken gibt,
- bewusst einzelne Begriffe und Redewendungen wiederholt und erläutert.

Methoden der Spracherziehung

■ Ganzheitliche Spracherziehung im Alltag

In den Bildungs- und Orientierungsplänen der Länder für die Arbeit in Kindertageseinrichtungen herrscht relative Übereinstimmung über die Methode der Sprachförderung. Sie soll nicht funktional und in künstlich geschaffenen Situationen erfolgen, sondern in Alltagshandlungen eingebettet sein, in gezielten Aktivitäten stets mitbedacht und bei Bilderbuchbetrachtungen und Liedern gezielt praktiziert werden. Isoliertes Sprachtraining wird abgelehnt, ist aber in manchen Fällen unvermeidbar, wenn die Rückstände sehr groß sind.

Der Beziehungsaspekt spielt in der Sprachförderung eine wichtige Rolle. Verstanden zu werden und zu verstehen gibt emotionale Sicherheit. Deshalb bilden Kinder einer Herkunftssprache gerne Untergruppen bzw. halten sich neue Kinder zunächst in der Nähe der Erzieherin auf.

Der funktionale Aspekt (z. B. korrekter Satzbau) soll nicht überbewertet werden. Empfohlen wird eine indirekte Korrektur. Beispiel: Kind:

„Ich Frühstück geesst." Erzieherin: „Meinst du: Ich habe schon gefrühstückt?"

Sprachanregungen bei Alltagsverrichtungen. Das Gehirn von Klein- und Kindergartenkindern ist darauf eingestellt, eine Sprache und deren Strukturen ganzheitlich aufzunehmen.

Die Erzieherin nutzt den Dialog mit einzelnen Kindern, z. B. beim Begrüßen, Trösten, in Pflegesituationen, zur Sprachförderung. Sie benennt und zeigt:

- Gegenstände zusammen mit dem Artikel sowie deren Eigenschaften und Funktion,
- sagt, was das Kind mit den Gegenständen tun soll bzw. kann (Verben),
- wohin es den Gegenstand bringen, legen, stellen soll (Präpositionen) usw.

Auf diesem Weg erweitert das Kind seinen Wortschatz, übernimmt Artikulation, Prosodie und Satzbau vom Sprachvorbild.

Die täglichen Routinen bieten *Sprachformeln* („Guten Morgen") und feststehende Muster (wie „Frau Meier, ich möchte zur Toilette gehen"). Diese gehören mit zu den ersten Sprachäußerungen eines Kindes, das Deutsch lernt.

Gesprächsanlässe schaffen. Was regt Kinder zum Sprechen, zum Kommunizieren an?

Räume mit eindeutiger Funktion und entsprechender Ausstattung animieren zu Interaktionen und Kommunikation. Mit einem Kaufladen, einem Telefon, mit Tischspielen, dem Kasperltheater kann man nur spielen, wenn man miteinander spricht.

Eigentlich eignet sich jedes Material. Auch wenn ein Kind am Mikroskop eher allein tätig ist, gibt es doch wichtige Entdeckungen mitzuteilen. Und im Bewegungsraum zeigt das Kind einem anderen, z. B. wie es, ohne den Boden zu betreten, von einer Seite zur anderen gelangt.

Raumaufteilung und Materialausstattung sollen Möglichkeiten zur Kleingruppenbildung geben. Die Erzieherin fördert die Kommunikation der Kinder untereinander, versucht, Unentschlossene einer Spielgruppe zuzuführen, fragt, wenn nötig: „Hier ist ein Kind, das fragt: „Kann ich bei euch mitspielen?" (Muster für den Satzbau).

Im Schlusskreis bittet die Erzieherin die Kinder zu berichten, was sie erlebt oder getan haben. Die einen berichten, die anderen hören zu. Einige Kinder haben Plätzchen gebacken, andere einen Roboter gebaut und ein Kind hat Pflanzen gesetzt. Die Erzieherin kann fragen: „Was hast du nacheinander getan?" Das Kind muss den Ablauf rekapitulieren, Verben differenzieren, in der vollendeten Gegenwart sprechen. Das ist eine prima Gelegenheit für eine längere Sprachperformanz. Oder sie fordert zum Mitdenken auf: „Was brauchen wir, um ein großes Gruppenbeet zu bepflanzen?" (Materialliste erstellen, planvoll vorgehen). Im dritten Fall kann sie mit den Kindern Vorstellungen entwickeln: „Könnten wir einen großen Roboter bauen? Wie könnten wir ihn beweglich machen, zum Sprechen bringen?"

■ Individuelle Förderung im Freispiel: Die Kleeblattmethode

Die Kleeblattmethode eignet sich zur gezielten Sprachförderung einzelner Kinder im Freispiel.

Individuelle Sprachförderung:
Die Kleeblattmethode[7]

Interaktion:
Absprachen über das Aussehen der Brücke treffen und gemeinsam bauen

Hilfsmittel:
Bauklötze

Satzstrukturen:
"Ich lege den Stein *auf* den anderen."
"Die Brücke führt *über* die Straße."
"*Unter* der Brücke fährt ein Auto."

Wortarten:
Nomen: Stein, Brücke, Auto, ...
Verben: bauen, legen, fahren, führen, ...
Präpositionen: *auf, über, unter, neben, ...*

Die Methode ist einfach. Die Erzieherin eröffnet einen Dialog mit einem Kind (oder mit mehreren) über ein Thema, welches für das Kind von Interesse ist. Das Thema und das Material bieten den Inhalt. Ohne Inhalt ist Sprachförderung nicht möglich. Die Erzieherin motiviert das Kind zum Sprechen, führt bestimmte Begriffe ein, provoziert bestimmte Äußerungen und Satzkonstruktionen. Dies bereitet sie inhaltlich, aber nicht im Ablauf vor.

Unter inhaltlichem Aspekt betrachtet, erkennen wir drei der bereits von Röbe beschriebenen Sprachkomponenten: Es geht um die Förderung der pragmatisch-kommunikativen Kompetenz (Interaktion) und um die linguistische Kompetenz. Die prosodische Komponente ist immer mit enthalten.

Ein sprachfördernder Dialog könnte folgendermaßen beginnen:

> „Thanusia (T) aus Sri Lanka (7 Jahre) spielt mit der Erzieherin (E) Memory. Thanusia spricht meist nur Ein- und Zweiwortsätze und benutzt kaum Artikel. Sie hat den Wunsch geäußert, einmal mit der Erzieherin Memory zu spielen.
>
> E: Komm, Thanusia, wir beide spielen jetzt Memory.
> T: Ja.
> E: Kannst du schon einmal die Karten legen?
> T: Ja.
> E: Hast du schon einmal Memory gespielt?
> T: Ja.
> E: Mit wem hast du Memory gespielt?
> T: Sagana.
> E: Mit Sagana hast du schon einmal Memory gespielt. Wo ist Sagana denn jetzt?
> T: Abgeholt.
> E: Wer hat Sagana abgeholt?
> T: Weiß nicht.
> E: Du weißt es nicht? Hast du es nicht gesehen?
> T: Der Papa?
> E: Ich weiß nicht, ob der Papa Sagana abgeholt hat. Ich habe es nicht gesehen.
> T: Ich auch nicht. Ich guck nicht.
> E: Du guckst nicht? Aber du hast doch mit Sagana gespielt.
> T: Ja.
> E: Was habt ihr denn gespielt?"[8]

Angenommen, die Erzieherin bereitet sich für eine Förderung Tanusias in der Bauecke vor. Der Dialog könnte dann folgendermaßen verlaufen:

> E: Wir können heute etwas bauen. Was meinst du?
> T: Ja.
> E: Womit möchtest du anfangen?
> T: Ein Haus.
> E: Ich möchte auch mit einem Haus anfangen. Ich baue vier Mauern. Oh, ich habe die Tür vergessen. Hast du an eine Tür gedacht?
> T: Mein Haus hat zwei.
> E: Hat dein Haus zwei Mauern oder zwei Türen? usw.

---

[7] Berghoff, W.; Mayer-König, B., 2003

[8] Berghoff, W., Mayer-König, B., 2003

Aufgabe
Entwickeln Sie in einer Dreiergruppe den Dialog weiter, entweder mit dem Schwerpunkt auf Satzstrukturen oder auf Wortarten.

Die Erzieherin kann die Sprachförderung an jedem der vier Blätter des Kleeblattes beginnen, je nach Situation. Wenn sie merkt, dass dem Kind anderes wichtiger ist oder die Lernsituation künstlich wird, kann sie ohne weiteres ihr Vorhaben wieder zurücknehmen und in einer anderen Situation fortsetzen. Um den Überblick zu behalten, notiert sie, was sie wem angeboten hat. Sie achtet auf Wiederholungen und schaut, ob die Kinder Geübtes auch eigenständig anwenden.

(Zur Kleeblattmethode allgemein siehe Planung, Durchführung und Evaluation von Bildungsangeboten, S. 371).

■ Möglichkeiten der Sprachförderung in gezielten Aktivitäten

Körpersprache, Hören und Prosodie u. a:

- *Fingerspiele*[*)], Klatschverse, Sprechzeichnen, Zaubersprüche, Kugel- und Fadenspiele.
- Singen, Schwerpunkte im Takt mit einem Instrument begleiten.
- Spiele zur akustischen Wahrnehmungsdifferenzierung (z. B. „Hänschen, piep einmal"), zum Richtungshören, Tonhöhe hören, Instrumente raten. (Siehe Musik, S. 464).
- Rhythmus hören und (sprachlich) einhalten: Gehen zum Trommelschlag: schneller und langsamer werdend, Wanderverse wie: „Mein Hut, mein Stock, mein Regenschirm".
- Pantomime
- Gestisch-mimisches Sprechen (die Bedeutung von Wörtern mit Gestik und Mimik unterstreichen).

Artikulation und Wortschatz u. a.:

- Spiele zur Mundmotorik (Atemübung, Lippen, Kiefer, Zunge, Gaumensegel, Kehlkopfübungen, auch mit Gegenständen, Zungenakrobatik).
- Fingerspiele, Reime, *Lieder.*
- Ratespiele: *Rätsel,* Begriffe raten, Kimspiele, „Ich seh etwas..." (Siehe Spiel und Spielen, S. 426).
- Tischspiele, z. B. Lottospiele oder Domino, sind oft thematisch geordnet.
- Spiele zur Bildung von Adjektiven (groß/klein, hell/dunkel, groß, größer, am größten).
- Spiele zum Erlernen von Farben, Formen, Ziffern.
- Wandervers „Mein Hut, mein Stock, mein Regenschirm und vor, zurück, zur Seite, ran!".
- Fremdsprache hören und Wörter lernen, z. B. für Zahlen, Farben, Eigenschaften, Raum-Lagebegriffe.

Dabei soll man die ganze Palette der Wortarten beachten. Nomen, Verben, Adverbien, Adjektive, Präpositionen...

Grammatik, Kommunikation u. a.:

- Mitmachgeschichten und Kettenspiele wie: „Koffer packen".
- Jeder Name hat einen Begleiter: Artikel und Fall betonen. Farbkarten für „der, die, das" zuordnen.
- Spielregeln erklären und erfassen.
- Abläufe beschreiben. (Siehe Naturwissenschaften, S. 415)
- Dialogische Bilderbuchbetrachtungen. (Siehe Medien, S. 486)
- Rollen-, bzw. darstellendes Spiel. (Siehe Spiel und Spielen, S. 418)
- Etwas planen, berichten, Briefe schreiben, präsentieren.

Sprachbewusstsein u. a.:

- Reime: Ein Laut verändert die Bedeutung des Wortes.
- Lieder, bei denen jeweils ein Wort weggelassen und mit einer Geste ersetzt wird, wie „Mein Hut, der hat drei Ecken..."
- Sätze hin und wieder bewusst segmentiert sprechen: „Hast du den Blumen schon Wasser gegeben".
- Zeichenspiele wie: „Das ist das Haus vom Nikolaus".

[*)] (Anmerkung: Kursiv gedruckte Möglichkeiten werden näher erläutert.)

- Nonsenswörter erfinden, Nonsenssätze lernen.
- Spiele zur Lautdiskrimination: Ich sehe etwas, das beginnt mit „M" oder: Da ist ein „Sch" im Wort.
- Namen, Wörter, Geheimsprache erfinden.
- Zusammengesetzte Worte umkehren wie: Türschloss-Schlosstür. Das setzt Fantasien frei.

Finger-, Hand- und Körperspiele. Finger-, Hand- und Körperspiele fördern vor allem die prosodische Kompetenz. Das Kind beobachtet den Mund des Erwachsenen und fühlt den Takt. Es hört den Stimmklang, die Dynamik in Lautstärke und Sprachrhythmus und hört an der Sprachmelodie, ob es sich um eine Aussage oder eine Frage handelt.

Fingerspiele enthalten in Worten und Lautmalereien typische Lautverbindungen, z. B. vorrangig Lippenlaute: b, m, p, Gaumenlaute: g, k, ch, r oder Zischlaute z, s, sch, f. Das fördert die Artikulation. Fingerspiel und Lieder bieten auch Wort- und Satzwiederholungen, Frage und Antwort und verschiedene Reimformen, z. B. Paarreim aa, bb, Kreuzreim abab, umschlingenden Reim abba oder Stabreim (Zehn kleine Zappelmänner).

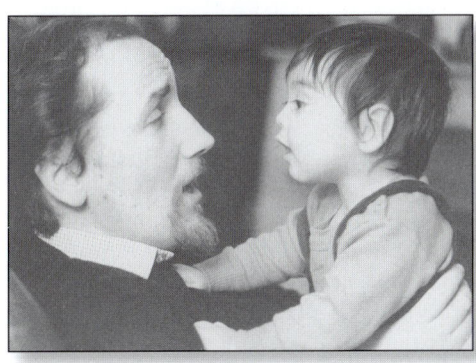

Das Aneignungsbedürfnis lässt die Kinder bereitwillig Lieder und Verse wiederholen, um sie selbst zu beherrschen. Dabei prägen sie sich Sprachstrukturen ein, Artikel, Beugungen, Endungen und die richtige Stellung der Worte im Satz.

Reime und Fingerspiele sind häufig die ersten längeren Sprachäußerungen von Kindern und begleiten sie bis in die Grundschule hinein (Abzählverse, Klatschspiele, Hüpfseilspringen oder Ballspiel gegen die Mauer).

Bei der Auswahl von Fingerspielen ist neben dem Inhalt auf Sprachrhythmus und guten Reim zu achten. Für den Anfang sind Vierzeiler

zu empfehlen, wie auch so genannte Aufzählfingerspiele (*Der* ist in den Wald gegangen, *der* hat einen Hasen gefangen usw.). Manche Fingerspiele erzählen kleine Geschichten oder geben sogar Sachinformationen. (Siehe Spiel und Spielen, S. 409).

Beispiel: Einführung eines Fingerspiels

In unserm Häuschen sind viele Mäuschen.	Dachform mit 2 Händen bilden
Sie trippeln und trappeln, sie zippeln und zappeln.	Fingerspitzen beider Hände klopfen auf den Tisch
Sie stehlen und naschen, und will man sie haschen,	Fingerspitzen zum Mund führen
husch – sind sie weg.	Hände hinter dem Rücken verstecken

Mögliche Vorgehensweise:

- Fingerspiel am Stück vorsprechen: eher langsam, gut artikuliert, mit Sprachmelodie,
- nochmals vorsprechen und Bewegungen dazu machen,
- zum Mitsprechen animieren.

Mögliche Gesprächsimpulse:

- „Hört meine Geschichte von den Mäuschen.
- Was ist in meiner Geschichte passiert?
- Warum stehlen und naschen die Mäuschen?
- Was heißt eigentlich trippeln und trappeln?
- Und warum sind sie – „husch" – weg?"

Diese Impulse tragen zum Textverständnis bei.

Aufgaben:

1. Analysieren Sie ein Fingerspiel aus einer Spielsammlung hinsichtlich Lautverbindungen, Thema, Inhalt, Länge, Altersangemessenheit. Manche Fingerspiele enthalten Verniedlichungen. Welchen Zweck könnte dies haben?
2. Ergänzen Sie Ihre Spielsammlung um 5 Fingerspiele entsprechend dem Alter der Kinder Ihrer Gruppe. Achten Sie u. a. auf Inhalt, Spielidee, Sprachrhythmus, Reim. Lernen Sie die Fingerspiele auswendig.
3. Was wird hier sprachlich geübt?

   Meine Hände sind verschwunden,
   ich habe keine Hände mehr,
   ei, da sind meine Hände wieder,
   tralalalalala.
   Mein Mund ist verschwunden usw.

Lieder. Die Melodie segmentiert Wörter und Silben. Jede Silbe hat einen Ton; das Kind hört an der Melodie, wann ein Wort zu Ende ist. Es hört und spricht die Endungen deutlich und das Sprechtempo ist herabgesetzt. Bei genauerem Betrachten führen manche Verse und Lieder sogar Wortarten ein:

„Jasmin und Jan, da kommen beide an.
Sie kaufen ein, packen alles in die Taschen rein:
Sein Buch – ihr Tuch
Sein Pferd – ihren Herd
Sein Haus- ihre Maus
Seinen Kamm – ihren Schwamm" usw.[9]

Rätsel sind eigentlich Definitionen. Dem Kind werden Merkmale, z. B. Farbe, Tätigkeit, Nutzen von etwas genannt, und es muss diese Merkmale zu einem Begriff kombinieren, ohne ein Bild zu sehen. Für jüngere Kinder sind Rätsel oft in Reimform gehalten. *Wer rupft das Gras und legt sich nieder, kaut und kaut es immer wieder?* Die Kuh.

Gesprächsführung in Aktivitäten. Hier geht es um das freie Sprechen, um das Miteinander-Sprechen und das Zuhören bei einer Bilderbuchbetrachtung, bei Experimenten, im Turnen, beim Gestalten und in der Kinderkonferenz.

Zur sprachfördernden Gestaltung solcher Situationen empfiehlt WYGOTZKI:

- Neue Begriffe konkret, d. h. unter Verwendung des konkreten Objekts, einzuführen, dieses detailliert beschreiben (lassen).
- Aussagen der Kinder umzuformulieren und dabei neue Worte einzuführen.
- Zu betonen, was bisher an Übereinstimmung besteht. (Wie nennen wir dies, was tun wir damit? Manchmal haben Kinder eine andere Auffassung von Begriffen, als wir denken. Deshalb ist das Rückversichern sinnvoll.)
- Zentrale Aussagen umzuformulieren und zu wiederholen.
- Eigene Handlungen zu verbalisieren, Sprache mit Verhalten zu verknüpfen.
- Eigene Denkprozesse zu verbalisieren. So können die Kinder mitverfolgen, wie ein Erwachsener an einer Problemlösung arbeitet, welche Strategien er verwendet. Das ermutigt Kinder, es ihnen gleich zu tun.

- Mediatoren einzusetzen: Finger zählen oder Symbole, um an Abläufe zu erinnern, z. B. je Liedstrophe ein Symbol.[10]

Deutsch als Zweitsprache

Das Verstehen. Ein neues, fremdsprachiges Kind achtet in besonderer Weise auf die Körpersprache und den Klang der Stimme der Erzieherin. Diese muss das Kind mit Mimik, Gestik und Zugewandtheit willkommen heißen. Fremdsprachige Kinder reagieren zunächst auf Schlüsselworte. Bei einer Aufforderung wie „Wartet auf der Bank, bis alle ihre Schuhe angezogen haben", werden viele Kinder zur Bank gehen und auf weitere Anweisungen warten.

Zur Bitte „Es wäre schön, wenn ihr es heute schaffen würdet, nicht loszurennen", werden viele Kinder gerade doch loslaufen, denn sie reagieren auf das zuletzt genannte Wort.

Schwierigkeiten bereiten Kindern mit anderer Erstsprache die W-Fragen wie „weshalb", „wozu", „wieso". Diese Wörter nutzen Erzieherinnen oft, wenn ein Konflikt besprochen wird. Es sind also unangenehme Wörter, die dann plötzlich auch bei Bilderbuchbetrachtungen auftauchen. Da ist Vorsicht geboten.

Was ist schwierig an der deutschen Sprache? Wenn Kinder mit zwei oder drei Wörtern eigene Sätze konstruieren, legen sie verständlicherweise die Struktur ihrer Erstsprache zugrunde und bilden „falsche" Sätze, häufig ohne Artikel. Empfohlen wird eine indirekte Korrektur, d. h. den vom Kind formulierten Satz richtig zu wiederholen.
Schwierig ist für ausländische Kinder

- die Konsonantenhäufung in der deutschen Sprache, z. B. in Durst, Herbst,
- dass die Vokallänge, die Bedeutung von Worten verändert (Beet/Bett)
- dass es viele zusammengesetzte Worte gibt, aus zwei Nomen, aus einem Nomen und einem Verb (Maltisch) oder aus einem Nomen und einem Adjektiv (Blaubeeren).

Ferner sind typisch für die deutsche Sprache die Vielzahl der Artikel, starke und schwache Verben, Vor- und Nachsilben, wie „ent" und „ver." Fremd klingt Ausländern die Substantivierung von Verben wie „das Singen", und

---

9) M. Fuchs, 2006

10) nach Textor, M. R., 1999

von Adjektiven wie das „Schöne". Lästig ist die Pluralbildung und die Deklination der Adjektive nach den Artikeln „ein schönes Mädchen", „des schönen Mädchens", „dem schönen Mädchen".

Systematische Sprachförderung. Mit Themenschwerpunkten wie „Freunde gewinnen", oder „Was ich alles kann" oder auch „Herbst" kann man systematisch einen Wortschatz aufbauen. Lieder, Reime, Bilderbücher, Gestaltungsarbeiten wiederholen und festigen die neu gelernten Begriffe. Die Erzieherin betont die Artikel, Beugungen und Endungen.

Fertige Sprachförderprogramme arbeiten ähnlich. Man erhält sie als Medienpaket mit Bildern, Liedern, Spielen und Impulsen für kleine Dialoge zu Kernthemen wie „Mein Körper". Die Übungen sollen spielerisch durchgeführt werden.

Es bietet sich sogar an, mit Symbolen zu arbeiten, mit Wortkarten für Gegenstände, Räume. Denn Visualisierung stützt Lernprozesse.

Zusammenarbeit mit der Schule und den Eltern. An der Sprachförderung ausländischer Kinder sind vier Kooperationspartner beteiligt: das Kind, die Erzieherin, die Lehrerin in der Grundschule, die in vielen Bundesländern zur Sprachförderung verpflichtet ist und die Eltern.

Die Eltern haben meist großes Interesse daran, dass ihr Kind richtig Deutsch lernt. Sie wollen wissen, ob es ihrem Kind helfen würde, wenn sie fortan Deutsch mit ihm sprächen. Fachleute raten heute eher dazu, die Muttersprache weiter zu pflegen, in der Muttersprache auch Bilderbücher zu lesen. Viele Projekte zur Förderung der Zweisprachigkeit beweisen, dass eine Differenzierung der Erstsprache positive Auswirkungen auf das Erlernen der Zweitsprache hat.

Gleichwohl ist es sinnvoll, Mütter mit ihren jungen Kindern zu einem Sprachkurs in der Einrichtung zu gewinnen, das käme allen Beteiligten zugute.

Bei der Kooperation zwischen Erzieherin und Lehrerin ist es günstig, sich auf ein Sprachförderprogramm zu einigen, das beide bejahen. Erzieherin und Lehrerin führen gemeinsam einen neuen Abschnitt ein, den die Erzieherin die Woche über im Kindergarten vertieft, denn Sprache erlernt sich nicht punktuell. Das wird jeder bestätigen, der schon einmal einen Sprachkurs an einer VHS belegt hat.

Die Sprachförderung ausländischer Kinder ist ein Baustein interkultureller Erziehung. Dabei zeugt es von kultureller Wertschätzung, wenn Fremdsprachen in der Einrichtung präsent sind, z. B. durch ein Plakat mit einem kleinen Repertoire an grundlegenden Begriffen in zwei oder drei stark vertretenen Fremdsprachen in der Einrichtung.

Erst- und Zweitsprache ergänzen sich. Es ist günstig, wenn eine Fachkraft mit einer anderen Muttersprache Kinder in der Eingewöhnungsphase begleiten kann. Sie gibt emotionale Sicherheit, kann übersetzen und hilft, die Erstsprache zu differenzieren. Obwohl sie ja nur eine Kulturgruppe „bedienen" kann, ist sie doch auch Vorbild für Kinder anderer kultureller Herkunft. Sie zeigt das Umschalten von einer Sprache zur anderen, die Suche nach Worten und lebt Interesse an anderen Sprachen vor.

Stärkung der Muttersprache. Manch eine Mutter anderer kultureller Herkunft ist bereit, mit Vorlesen, Erzählen und Singen einen Teil ihrer Kultur in die Einrichtung zu bringen. Das stärkt die Kinder gleicher Herkunft, und deutsche Kinder erfahren, was Fremdsprache bedeutet.

Mancherorts ist ein italienischer oder türkischer Kooperationslehrer in das Bildungsprogramm des Kindergartens eingebunden, z. B. an einem Nachmittag die Woche. Über die Differenzierung der Muttersprache hinaus ist dies auch sinnvoll für die Elternarbeit. Leider sind nicht an allen Orten Kooperationslehrer vorhanden.

Türkische Geschichten zum Kinderfest

LÖRRACH (BZ). Geschichten auf Türkisch liest die Sängerin und Mutter Sevinc Arda Wutte seit Ende Januar an jedem Freitag um 14:30 Uhr in der Stadtbibliothek Lörrach für Kinder von 5 bis 8 Jahren. „Hosgeldiniz/ Willkommen in der Stadtbibliothek", heißt es auch am Freitag, 21. April. Dieser Nachmittag steht im Zeichen des Internationalen Kinderfestes, und für alle Kinder gibt es Überraschungen und kleine Geschenke.[11]

Sprachförderung im Schulkindalter

In sozialpädagogischen Einrichtungen werden auch die Grundschüler vorrangig in Alltagssituationen gefördert. Bei Tisch erzählen sie von Erlebnissen in der Schule. Sie beginnen ihre Erzählung oft mitten im „Hauptteil". Die Erzieherin fragt nach und das Kind präzisiert seine Äußerung.

Die Hausaufgabenhilfe ist eine direkte Sprachförderung, auch wenn es Matheaufgaben sind. Bei einer Textaufgabe bittet die Erzieherin das Kind aufzulisten, was es weiß, und zu notieren, was es wissen will. In diesem Alter wollen Kinder auch oft selbstständig basteln oder kochen. Ältere Kinder oder die Erzieherin helfen, Bastelanleitungen und Rezepte zu lesen und zu verstehen. Zweit- und Drittklässler kann man zu Vorlesestunden im Kindergarten gewinnen. Das motiviert zum Üben, und die Kindergartenkinder erhalten einen Vorgeschmack auf die Schule.

Bei Schulkindern sind Shows oder Theaterstücke besonders beliebt. Der Lerneffekt beginnt schon beim Planen. Was soll wie gespielt werden, wer übernimmt welche Rolle oder Aufgabe? Was ist der Reihe nach erforderlich? All dies wird sprachlich ausgehandelt. Höhepunkt ist das Vorspiel vor einem größeren Zuschauerkreis.

Aufgabe:

Konzentrieren Sie sich auf eine Sprache, die in Ihrer Praxiseinrichtung häufig vorkommt.

- Lernen Sie ein Kinderlied in dieser Sprache.
- Gestalten Sie ein Plakat mit ca. 25 Wörtern, z. B. für Vater, Mutter, mit festen Wendungen z. B. für „Guten Morgen" oder Glückwünschen.
- Prägen Sie sich diese Worte über mehrere Wochen ein, bis sie diese wirklich auswendig können.

---

[11] Badische Zeitung vom 13. 4. 06

4. Spiel und Spielen

Spiel: Begriff und Bedeutung

- Die 4 Monate alte Sybille liegt auf einer Decke und schnauft. Auf einmal entstehen kleine, gurgelnde Töne. Sie lauscht den Geräuschen nach und schnauft und gurgelt im Wechsel.
- Der 4-jährige Christian sitzt in der Badewanne. Er drückt seine Plastikente unter Wasser und lässt sie los. Sie macht einen kleinen Satz aus dem Wasser heraus und landet auf der Seite. Das wiederholt er unzählige Male.
- Die 16-jährige Silvia meldet sich zum LARP (Life Action Role Playing) Wochenende an. Sie ist gespannt, welche Figur sie spielen wird, welche Abenteuer sie erwarten.

Diese drei Beispiele zeigen charakteristische Merkmale von Spiel. Es ist aktiv, selbstbestimmt, zweckfrei, lustbetont und fantasiegeleitet. Der Spielende entscheidet sich frei für ein Spiel, beginnt, gestaltet und beendet es nach seinen Wünschen.

Der Zweck des Spiels ist das Spiel selbst. Vertrautes wird lustvoll wiederholt. Bei „Hoppe, Hoppe, Reiter" liegt der Spielreiz im Fallen und Aufgefangen-Werden. Das Beispiel zeigt auch den für Spiele typischen Aktivierungszirkel von Spannung und Entspannung. Fantasie-

geleitet meint, dass die Spieler einen Spielrahmen und eine Spielwelt erfinden und hierfür Regeln und Rollen festlegen, die anders als die Realität sind.

■ Spiel: Bedeutung

Warum spielt der Mensch? Wissenschaftler verschiedener Richtungen äußern sich unterschiedlich zu dieser Frage. HALL (1906) sah im Spielverhalten von Kindern Parallelen zur Stammesgeschichte der Menschheit. Lauf- und Fangspiele, das Raufen, der Hüttenbau, scheinen tief im Menschen verankert zu sein. Tatsächlich ist die Zeit, in der der Mensch nicht mehr auf die Jagd gehen, flüchten oder Hütten bauen muss, nur eine minimale Zeitspanne seit Auftreten des ersten Menschen vor drei Millionen Jahren. HALLS These wird herangezogen zur Erklärung für Rauf- und Kampfspiele, für den Waffenbau und den Wunsch nach Kriegsspielzeug.

Nach SPENCER (1855) reagiert der Mensch im Spiel überschüssige Energien ab. Wir sehen dies, wenn Kinder Hügel bergauf und bergab rennen oder mit aller Kraft das Drehkarussell antreiben. Spiel dient auch der Erholung und Reaktivierung. Nach KARL BÜHLER (1922) führt die Funktionslust zum Spiel: Die Freude am Bewegungskönnen lässt das Kind ein Spiel immer und immer wiederholen.

Aus tiefenpsychologischer Sicht kann Spiel Macht- und Geltungsstreben (ADLER) sowie aggressive Bedürfnisse (CARR) in sozialakzeptierter Form (schein)befriedigen, z. B. bei Rollenspielen.

FREUD hat vornehmlich die „reinigende" Kraft des Spiels erkannt (Katharsistheorie). Das Kind inszeniert erlittene, nicht verarbeitete Alltagserfahrungen in Spielhandlungen, agiert in verschiedenen Rollen so lange, bis es Herr dieser Situationen ist. Verschiedene Spieltherapien nutzen dieses Phänomen.

Spiel hat nach GROOS auch eine zukunftsweisende Funktion. Er meinte bereits 1899, dass das Kind im Spiel psychische Funktionen entfalte (Sprache, Denken usw.) und wichtige Leistungen einübe.[1] Diese Ansicht ist bis heute unumstritten und vielfach bestätigt worden.

---

[1] nach Oerter, R., Montada, L., 2002

■ Spiel und Hirnentwicklung: Ausflug in die Verhaltensforschung mit Tieren

Dass Katzen und Hunde spielen, ist kein Zufall, denn Spiel ist ein typisches Verhalten von Säugetieren. Jungtiere spielen artspezifische Spiele nämlich Kampfhandlungen und Fluchtspiele und lange vor der Geschlechtsreife auch Aufreiten und Brutpflege. Dass es sich um Spiele handelt, wird beim Raufen an der Beißhemmung und dem raschen Rollenwechsel deutlich. Das Tier, welches gerade noch im Spielkampf überlegen war, spielt im Bruchteil von Sekunden den Unterlegenen.

Rollenwechsel im Spiel

Junge Primaten spielen darüber hinaus mit Gegenständen und prüfen deren Brauchbarkeit als Werkzeug. Andere beobachten dies und ahmen es nach.[2]

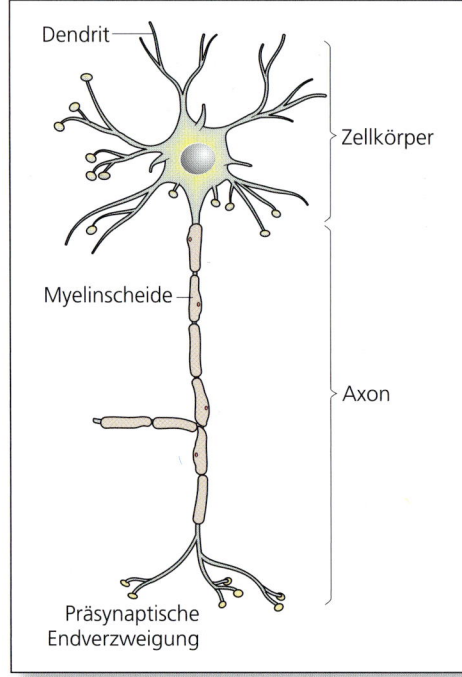

Dendrit

Zellkörper

Myelinscheide

Axon

Präsynaptische Endverzweigung

Nervenzelle eines Erwachsenen

---
[2] nach Frank, D., 1997

Verhaltensforscher meinen nun, dass das Spiel nicht nur dazu dient, Fähigkeiten einzuüben, sondern das es das neuronale Netz „knüpft". In einem Laborversuch wuchs eine Gruppe von Ratten zusammen mit Artgenossen auf und hatte Material zum Beschnuppern, zum Sehen und zum aktiven Tun. Sie hatten am Ende nicht nur größere Neuronen mit einem größeren Zellkern sondern auch eine dickere Großhirnrinde, mehr Dendriten, dendritische Verzweigungen und Synapsen als die Kontrollgruppe, die in einem kleinen Käfig ohne wesentliche Sinnesreize und soziale Kontakte aufwuchs. Die Ratten, die in der anregenden Umgebung heranwuchsen, waren deutlich intelligenter und fanden den Weg zum Futter schneller als ihre Artgenossen aus der reizarmen Umgebung.[3]

Beim Menschen ist dies nicht wesentlich anders. Das Kind selbst muss mit seinen Aktivitäten die Verknüpfungen leisten. Im Kapitel „Entwicklung des Denkens" (S. 276 f.) wurde auf die primären und sekundären Kreisreaktionen nach PIAGET hingewiesen. Während das Gehirn Handlungen viele Male wiederholt, baut es nicht nur Bewegungsschemata auf, sondern knüpft auch sein neuronales Netz.[4]

Das enorme Hirnwachstum im ersten Lebensjahr sorgt für eine Verdreifachung der Stärke der Großhirnrinde und von deren Gewicht.[5] Vor allem das Dendritenwachstum ist hierfür verantwortlich. Ca. 83 % des gesamten Dendritenwachstums findet nach der Geburt statt.

Dendriten wachsen als Ärmchen und Knospen von Zellkörpern und den Axonen aus. Reife Dendriten stellen die Verbindung zu Nachbarzellen her. Dabei docken Sie – jeweils mit ca. 1000 Endbläschen ausgestattet – an Dendriten anderer Nervenzellen an, wachsen aber nicht zusammen. Der Spalt zwischen den Dendriten zweier Nervenzellen wird als *Synapse* bezeichnet. Und all dies wird durch das Spiel vorangetrieben.

■ Spielen bedeutet Lernen

Im Spiel entwickelt das Kind seine „Werkzeuge", um die Welt zu erfassen. Aus dem

---
[3] nach Eliot, L., 2001
[4] nach Oerter, R., Montada, L., 2002
[5] nach Elliot, L., 2001

Reflexschrei wird das Spiel mit der Stimme und später das Sprechen. Aus dem Strampeln entwickelt sich das Krabbeln und Gehen, aus dem Klammerreflex das Greifen. Im Spiel differenziert es sein Sehvermögen, bis es etwa mit einem Jahr die Welt in bunten Farben und auch die Raumtiefe sieht. Es spielt beim Erwerb von Handlungsabläufen, imitiert die Erwachsenen (z. B. beim Zähneputzen) und eignet sich Wissen über die materiell-dingliche Welt an. Über das Spiel tritt es in Interaktion mit anderen und erkennt, dass es etwas auslösen kann, z. B. ein Lächeln der Mutter. Im Spiel macht es Selbsterfahrungen, spielt Rollen und gewinnt Freunde.

■ Spiel hat eine psychohygienische Funktion

Alles, was das Kind neu lernt, muss es üben. Jedes Objekt z. B. erfordert ein anderes Zupacken. So übt es monatelang das Greifen, bis es automatisch erfolgt: Greifen und wieder loslassen. Permanent kommen auch neue Erkenntnisse hinzu, z. B., dass es Kugeln gibt, die nicht in die Öffnung der Kugelbahn passen. Von der Erfahrung „geht" oder „geht nicht" an der Kugelbahn leitet das Kind die Kategorien groß-klein ab.

Die materielle Welt und die Regeln des sozialen Miteinanders verlangen, sich nach Gesetzmäßigkeiten von außen zu richten. Jede neue Erkenntnis erfordert, das Denkschema anzupassen. Piaget (1969), nennt diese Anpassungsleistung *Akkomodation*.

Als Gegenpol zu den Anpassungsanforderungen wendet das Kind *assimilative Bewältigungsstrategien* an. Es deutet im Rollenspiel Objekte und Situationen um. Im Puppenhaus oder auf dem Bauteppich ist es Herr seiner Welt, kann diese nach seinen Wünschen erschaffen, seine Puppe verdreschen, die Mutter in den Schrank sperren. Hier steht das persönliche Ziel im Vordergrund und die Umwelt wird den eigenen Wünschen angepasst. Davon geht eine enorme psychohygienische Wirkung aus, weshalb freies, lustbetontes, selbstbestimmtes Spiel viel Raum braucht.[6]

■ Im Spiel ein Bild von sich selbst entwerfen

Im Spiel spürt das Kind seine Sinne und seinen Körper. Es strebt nach Selbstdarstellung. Mit Aufforderungen wie: „Schaut, was ich kann, schaut, wer ich bin" bittet es viele Male am Tag um Aufmerksamkeit. Dabei erlebt es, wie andere auf es reagieren und was es tun muss, um andere für sich zu interessieren.

Im Spiel erfährt es Gefühle wie Angst, Mut und erlebt Selbstüberwindung. Dies mobilisiert Kräfte, Neues zu wagen. Und es wird mit den Gefühlen anderer konfrontiert, sieht, wie diese mit Angst, Mut und Wut umgehen.
Das Bild von sich selbst setzt sich aus dem zusammen, was der Mensch fühlt, was ihm die anderen über ihn mitteilen, ihn fühlen lassen und dem, was er weiß, was er kann. Das Spiel bietet hierfür unendliche Möglichkeiten.

---

[6] nach Oerter, R., Montada, L., 2002

Schwerpunkte der Entwicklung des Spielens

■ Geburt bis 1 Jahr

Von Anfang an interagieren Mutter und Kind. Die Mutter ahmt das Kind nach und dieses wiederum die Mutter. Es lernt zu fixieren. Dabei sieht es anfangs am Gesichtsfeldrand schärfer als geradeaus. Es horcht, spielt mit der Stimme und mit seinen Händen. Im Erkundungsspiel erforscht es das Verhalten von Objekten, wirft sie weg, dreht sie, lässt sie pendeln, steckt Dinge in Öffnungen, stapelt sie usw. Es braucht noch relativ wenig Spielzeug. Bunte Objekte und Schränke, die man öffnen und schließen kann, locken zum Krabbeln. Allmählich erobert es den Raum. Der Drang zum Tätigsein kommt vom Kind selbst. Der Erwachsene ermuntert zur Bewegung, macht das Kind auf etwas aufmerksam und sorgt für Sicherheit. Beliebte Spiele sind das „Guckuck-Spiel" oder das „Bitte"-„Danke" Spiel. Beide sind so genannte Kontakt-Spiele.

■ Ein bis zwei Jahre

Mit dem aufrechten Gang kann man sich bewegen und gleichzeitig etwas in der Hand halten, z.B. den Puppenwagen. Einfüllen und Ausleeren wird zum Lieblingsspiel in dessen Verlauf das Kind erforscht, was zusammengehört und wie die Dinge ineinander passen. Es folgt dem Erwachsenen auf Schritt und Tritt, beobachtet und imitiert dessen Handlungen, z.B. das Telefonieren. Es nimmt gern über Dinge Kontakt auf, holt und bringt etwas. Es braucht eine gewisse Grundausstattung an Spielzeug zum Bewegen, zum Lieb-

haben, zum Bauen und Ineinanderstecken, das erste Bilderbuch, Dinge aus dem Alltag, Sand und Wasser.

■ Zwei bis drei Jahre

Dies ist die Phase des Übergangs vom Erkunden zum Gestalten mit Papier und Stift, Sand, Knet und Bausteinen. Das Kind realisiert seine Wirksamkeit, z.B. seine Spuren auf dem Papier, und zeigt, was es schon kann. Es verbalisiert sein Tun und experimentiert mit seinem Körper in allerlei Lagen. Es balanciert und hängt sich überall an. In Rollenspielen ahmt es Erlebtes nach und spricht mit imaginären Spielgefährten. Es spielt gern in der Gesellschaft von Gleichaltrigen, nimmt aber eher nur kurz Kontakt auf.

■ Drei bis vier Jahre

Zwischen drei und vier Jahren ist der Höhepunkt des Rollenspiels. Im Spiel mit anderen überwiegt das Assoziationsspiel. Erkundungsspiele richten sich auf Werkzeuge, Fahrzeuge, größere Geräte. Das Kind beginnt bewusst zu bauen und zu malen, auch wenn der Erwachsene noch nicht unbedingt erkennt, was es darstellen soll. Es hat Freude an Sing- und Fingerspielen im Kreis.

■ Vier bis fünf Jahre

4 bis 5-Jährige sammeln und sortieren gern ihre Schätze wie Steine oder Federn.

Im Rollen- und Konstruktionsspiel gehen sie planvoller vor, zeigen mehr Ausdauer und kennen mehr Themen: Familie, Krankenhaus, Büro. Sie beginnen, sich über die Spielhandlung zu verständigen, halten sich aber noch nicht unbedingt daran. Der Erwachsene erkennt die Spielidee sowohl beim Rollenspiel als auch bei Bauwerken und Zeichnungen. Vier- bis Fünfjährige haben Freude an Handpuppenspielen und an Kreis- und Gesellschaftsspielen in einer größeren Gruppe.

■ Fünf bis sechs Jahre

5- bis 6-Jährige spielen erlebte und künftige Situationen, auch außerhäusliche Szenen, z.B. Schule. Insgesamt gehen sie planvoller vor, treffen Absprachen und sorgen dafür, dass das Spiel wie besprochen verläuft. Sie brauchen viel Zubehör und stellen sich auch solches her.

Sie haben Freude am darstellenden Spiel (Märchen nachspielen), am gemeinsamen Singen und Musizieren und an Regelspielen im größeren Kreis, drinnen und draußen, brauchen aber die Leitung des Erwachsenen.

■ Kinder im Grundschulalter

Schulkinder regeln ihre Spiele zunehmend selbst, wenn sie genügend Spielideen haben. Im konstruktiven Spiel gehen sie gern nach Anleitungen vor und wollen funktionsfähige Objekte wie Seifenkisten oder Baumhäuser herstellen. Schulkinder entwickeln Interesse am Vergleich in Geschicklichkeits- und Regelspielen mit Wettbewerbscharakter. Dem Abenteuerbedürfnis entsprechen Gelände- und Indianerspiele, die sich über mehrere Stunden erstrecken können. Häufige Themen im darstellenden Spiel sind „Zirkus" oder „Show". Beliebt sind auch Spielaktionen und Spielfeste besonders dann, wenn sie unter einem Thema stehen wie z. B. „Weltraumreise."

Spielräume, Spielzeit, Spielpartner, Spielzeug

Spiel findet über weite Strecken im Privatbereich statt, in der Wohnung. Spielpartner sind in der frühen Kindheit vor allem die Eltern. Dabei ist von Bedeutung, ob deren familiäre, berufliche und wirtschaftliche Lage Zeit und Muße zulassen und ob sie überhaupt wissen, was und wie man mit seinem Kind spielt. Die wachsende Zahl von Kursen zur Babymassage, zum elementaren Singen und von Mutter-Kind-Spielkreisen zeigt neben Kontakt- auch Lernbedarf von Seiten der Eltern.

Spielzeug und Kinderzimmer allein lassen das Kind noch nicht spielen. Das Kinderzimmer hat auch eine Kehrseite, nämlich die Distanz zum übrigen Geschehen, während das Kind in den ersten Jahren die unmittelbare Nähe des Erwachsenen zum Sprechen lernen braucht und um auf der Basis permanenter Rückversicherung die Welt zu erobern.

Spielverhalten wird in vielerlei Hinsicht gelenkt. Mütter, Väter und Verwandte schenken neben neutralen Gegenständen wie z. B. Teddys und Malstiften schon recht früh Jungen- oder Mädchenspielzeug und verstärken bewusst und unbewusst geschlechtsspezifisches Verhalten.

Der Spielzeugmarkt bietet vorgefertigte Szenarien, z. B. Piratenschiffe inklusive Zubehör. Vorgefertigte Erlebniswelten gehören zum Trend, der sich in Erlebnisschwimmbädern, Themenparks usw. fortsetzt und zeigt, wie Freizeit kommerzialisiert ist. Zwar werden die Nutzer zum Tun aktiviert, ihnen wird aber auch vieles vorenthalten: das Ausdenken der Spielidee, das Entwickeln der Szene, das Herstellen von Utensilien, das Planen, Organisieren und Improvisieren. All diese Tätigkeiten wären Teil des selbstbestimmten, fantasiegeleiteten Spiels, welches das Kind zur Entwicklung braucht wie das tägliche Brot.

Auch Eltern älterer Schulkinder sind übrigens noch wichtige Spielpartner. Die gemeinsam verbrachte Frei- und Spielzeit hat hohe Bedeutung für die Beziehungspflege und um Varianten von Freizeitverhalten kennen zu lernen.

■ Spiel im öffentlichen Raum

Wenn Kinder sich sicher und entspannt fühlen, können sie überall ihre eigene Spielwelt schaffen. Zur Erweiterung der Spielfähigkeit sind sie jedoch von der Qualität des Wohnumfelds und der Unternehmungslust ihrer Eltern abhängig. Bei gemeinsamen Park- und Zoobesuchen z. B. sammeln sie viele Eindrücke und bearbeiten diese im Spiel nach. Sie lernen eigenaktives Freizeitverhalten gleich mit.

Die Gemeinde hat die Aufgabe, eine kinderfreundliche Umgebung zu schaffen. Zu diesem Zweck ist in vielen Orten das Straßennetz in Wohnbezirken verkehrsberuhigt, und Innenstadtbereiche sind vom Autoverkehr befreit. Plätze und Straßen sind oft künstlerisch gestaltet und bieten Möglichkeiten für Spiel, Bewegung und Selbstdarstellung (Straßenmusik, Flohmarkt usw.).

Zur öffentlichen Aufgabe gehört auch die Bereitstellung und Pflege von Spielplätzen. Sie sind traditionell mit Rutschbahn und Wippe oder als Abenteuerspielplatz mit Westernfort ausgestattet, bzw. naturnah gehalten mit einem Wasserlauf und mit Hügeln. Hier findet jedes Kind motorische Herausforderungen und Spielkameraden, und auch die Erwachsenen knüpfen Kontakte.

Etwa ab sechs bis acht Jahren erobern Kinder den öffentlichen Raum in Zonen. Dazu müssen sie angemessenes Verkehrsverhalten einüben. Der Bewegungsradius von Jungen ist größer, sie nutzen Spiel- und Abenteuerspielplätze mehr als Mädchen, die übersichtliche Flächen und kleine Plätze bevorzugen und Parks meiden. Schulhof oder Einkaufszentren sind beliebte Treffpunkte. Der Aufenthalt draußen fördert das Orientierungsvermögen, bringt Kinder unterschiedlichen Alters zusammen und verlangt, sich ohne Schutz der Erwachsenen zu bewähren.

■ Spiel im halböffentlichen Raum/ organisierte Freizeit

Kindertages- und Freizeiteinrichtungen sowie Vereine sind halböffentliche Räume. Die Kinder üben eine gewisse Selbstständigkeit und Selbstorganisation jedoch unter dem Schutz ausgebildeter Fachkräfte. In diesen pädagogischen „Räumen" orientieren sich Kinder aneinander, sie beobachten und imitieren z. B. geschlechtsspezifisches Spielverhalten. Van Dieken und Rohrmann (2003) bemerken dazu, dass vorwiegend Jungen im Kindergarten über weite Strecken des Tages grobmotorisch tätig sind. Sie rennen, springen, klettern und spielen ziemlich „raumgreifend". Sie besetzen gern den Bewegungsraum oder stecken ein Territorium im Garten ab, jagen einander und führen Spiel- oder Schaukämpfe durch. Da sind Zuschauer so wichtig wie das Kämpfen selbst.[7]

Spiel wird auch in der Grundschule mehr beachtet. Dazu gehören Lese- und Rechenspiele, Bewegungsanreize z. B. durch Pedalos auf dem Pausenhof und Bewegungs- und soziale Spiele im Sportunterricht. Zu Festen studieren Kinder Tänze und Theaterstücke ein.

Kinder aus wirtschaftlich besser gestellten Familien besuchen überwiegend Ballett-, Yoga-, oder Malkurse an Privatinstituten. Kinder aus wirtschaftlich einfachen Verhältnissen nehmen Angebote von Kinder- und Jugendzentren wahr wie Koch-, Theater-, Trommel- und Malkurse.

Eine Ganztagsschule mit bewusster Freizeitpädagogik für alle hätte eine Integrativwirkung und würde praktische Talente solcher Kinder offenbaren, die mit schulischen Leistungen oft nicht so glänzen.

Außerschulische Kinder- und Jugendeinrichtungen führen Kinder in eine sinnvolle Freizeitgestaltung und in die Nutzung des öffentlichen Raums ein. Dazu gehören u. a. Gemeindeerkundung, Mitsprache, Mitgestaltung und Beteiligung an der Verbesserung von Spielplätzen. Hier zeigt sich eine politische Dimension: vom Spiel über bewusste Freizeitpädagogik zum Einsatz in und für die Gemeinde.

Das Freispiel im Kindergarten

■ Begriff: Freispiel

Als Freispiel bezeichnet man die Phase im Tagesablauf eines Kindergartens, in der die Kinder relativ selbstbestimmt tätig sind. Die Kinder werden begrüßt und suchen sich ein Spiel, sie frühstücken, verrichten hauswirtschaftliche Tätigkeiten und Körperpflege, sie räumen auf, gehen mit Konflikten um, erleben kleine und große Freuden.

---

[7] nach van Dieken, 2003

Das Freispiel hat in deutschen Kindertageseinrichtungen eine lange Tradition. Begründet wird es mit der bildenden Kraft des kindlichen Spiels. Seine volle Wirkung kann es nur in einem zeitlich angemessenen Rahmen entfalten. Etwa zwei bis drei Stunden Freispielzeit sind üblich an einem Kindergartenvormittag. Niemals mehr hat das Kind die Chance, so selbstbestimmt seinen Interessen nachzugehen und zu lernen wie in dieser Lebensphase.

Die Erzieherin organisiert das Freispiel als offene Lernsituation und auf der Basis entwicklungspsychologischer Kenntnisse. Sie bietet den Rahmen: Sicherheit, Materialien und Raumstruktur. Die Kinder wählen Spielpartner, Ort und Material, bestimmen den Spielverlauf, die Art und die Dauer ihres Tuns nach ihren Bedürfnissen.

Wo können Kinder spielen? Vergleiche dazu folgende Doppelseite.

■ Spielarten und Entwicklungsverläufe

Siehe S. 418

■ Soziale Interaktionen im Spiel

Fast von Geburt an finden spielerische Interaktionen zwischen Kind und Erwachsenem statt. Das Kind gestaltet diese Situationen mit.

Mit einem Jahr kann es versunken für sich allein spielen, beobachtet aber auch mit großem Interesse das Tun anderer Kinder, z. B. im Sandkasten. Es ist ein Spiel, wenn die Kleinen einander etwas zurufen, hintereinander herlaufen, Spielzeug geben und nehmen. Ob ein Kind allein, parallel oder assoziativ spielt, hängt davon ab, wie sicher es sich fühlt, wie aufgeweckt es ist, wie viel Spielzeug vorhanden ist und ob ein attraktiver Spielkamerad zur Verfügung steht.

Im Kindergarten können wir mithilfe der Tabelle erfassen, wie weit ein Kind bereits in die Gruppe integriert ist und welche Interaktionsformen es bevorzugt. Diese zeigen nicht den Entwicklungsverlauf. Auch 6-Jährige brauchen Phasen des Alleinspiels, sie müssen nicht permanent Kooperationsspiele gestalten.

Die folgende Tabelle differenziert das Spiel nach Art und Dauer des Kontakts, dem Grat der Engagiertheit und der gegenseitigen Beeinflussung der Spielpartner.

Alleinspiel	Spielmaterial unterscheidet sich von dem der anderen Kinder, kein wesentlicher Kontakt.
Beobachtungsspiel	Kind beobachtet, entwickelt aber keine eigene Spielaktivität.
Parallelspiel	Kind spielt neben den anderen Kindern, Spielmaterial ist gleich oder ähnlich; keine gegenseitige Beeinflussung der Spielhandlung.
Assoziationsspiel	Kind nimmt Spielideen anderer auf oder äußert Ideen, kurzfristiges gemeinsames Spiel ohne Plan und Ziel; Eigeninteresse wird nicht untergeordnet.
Kooperationsspiel	Die beteiligten Kinder entwickeln ein gemeinsames Vorhaben, beeinflussen sich in der Spielhandlung, ordnen ihre Interessen unter oder überzeugen andere von einer Idee; sie verteilen Aufgaben und Rollen.

■ Die Rechte des Kindes im Freispiel

Achtung seiner physiologischen Bedürfnisse und seines Bedürfnisses nach Sicherheit

Das Kind befriedigt seine körperlichen Bedürfnisse selbstständig, es fragt nicht, sondern teilt mit, dass es zur Toilette geht. Es isst am Frühstückstisch, wenn es Hunger verspürt (wenn freies Frühstück vereinbart ist). Sein Recht auf Sicherheit wird gewährleistet durch die kontinuierliche Präsenz der Erzieherin, die Schutz gewährt in einer Gruppe mit noch vielen unberechenbaren Verhaltensweisen der Alterskameraden. Zum Schutz vor Gefahren gehört auch zu beurteilen, ob ein Kind schon allein in den Garten gehen kann. Sein Besitz, nämlich sein Kindergartentäschchen, sein Briefkasten, sein Fach, sind tabu für andere. Sein Werk, z. B. eine Höhle oder eine Knetarbeit, ist so lange sein Besitz, wie es daran arbeitet, auch wenn das Material Gemeinschaftseigentum ist.

Achtung seiner Entscheidungen und Handlungen

Das Kind wählt aus dem gegebenen Material, auch wenn es zu schwierig ist, wiederholt sein Spiel so oft, wie es das will, und gestaltet es nach seiner Fantasie. Das Recht auf Selbstbestimmung wäre nicht ehrlich, würden wir sein Spiel kommentieren oder bestimmen, dass es jetzt lange genug „Hund" gespielt hat. Es entwickelt Sympathien für Kinder in der Gruppe und sucht selbst Freundschaft. Es darf auch „nein" sagen, wenn die Erzieherin allzu

weiter auf S. 419

Wau

Kind

Spielarten und Entwicklungsverläufe

Sensumotorisches Spiel und Erkundungsspiel	Konstruktives Spiel	Symbolspiel/Rollenspiel	Regelspiel
Funktionsspiel, Sensumotorisches Spiel **Merkmale:** Der Körper und die sich entfaltenden Bewegungen des Kindes stehen im Mittelpunkt. **Entwicklungsverlauf** • Schauen und horchen, Hinwenden, fixieren. • Das erste Spielzeug – die eigene Hand: nach Gegenständen schlagen, greifen und loslassen, Pinzettengriff. • Experimente mit dem eigenen Bewegungskönnen: sich anhängen, schaukeln, balancieren, Hügel hinabrollen, aus der Höhe hinabspringen, sich drehen, Erfahrungen mit Tempo auf der Rutschbahn. **Erkundungs- bzw. Explorationsspiel** *Unspezifisches Spiel:* Hantieren mit Gegenständen, in den Mund nehmen, fallen lassen, wegwerfen, Dinge zerlegen. *Beziehung der Dinge zueinander erforschen:* Objekte ein- und ausräumen, in andere Objekte hineinstecken, Objekte funktionsgerecht nutzen, mit Schere/Messer schneiden, Flüssigkeiten gießen, Weiches kneten.	**Merkmale:** Material umgestalten und etwas schaffen, z. B. malen, bauen, kneten. **Entwicklungsverlauf** • Rohmaterial mit Werkzeug bearbeiten (Sand, Schaufel, Förmchen), hantieren ohne Ziel. • nachträgliches Benennen aufgrund eines hervorsagenden Merkmals (Symbolstadium). • Stufe des werkschaffenden Spiels: vorgefasster Plan, Durchführung des Plans, Betrachter kann Ergebnis erkennen. **Entwicklung des Bauens:** Zwischen 15 und 24 Monaten – vertikales Bauen: Türme aufstapeln, Beobachtung der Bedingungen, die zum Kippen führen (Statik). *Ca. ab 2 Jahren – horizontales Bauen:* Reihen von Bausteinen, Schienen, Waggons; das Kind konzentriert sich vor allem auf seine Bewegungen. *Flächenbau:* Bausteine aufeinander legen und Objekte darauf stellen, erste (geschichtete) Mauern entstehen. *Ca. ab 3 Jahren:* Kombination von Flächen, Türmen und Reihenbau. *Ca. ab 4 Jahren:* Entdeckung, wie man eine leere Räume für Autos, Spielzeugtiere bauen kann. Duplo, Lego und Baufix: Konzentration auf das Zusammenfügen der Einzelteile. *Ca. ab 6 Jahren:* Großbauten mit Holzbausteinen, Interesse für das Bauen nach einem gezeichneten Bauplan; der Reiz von Lego und Fischertechnik liegt im Bau beweglicher Teile.	**Merkmale:** • Als-Ob-Handlungen, Umdeutung von Gegenständen und Personen im Zusammenhang mit einer Spielidee. • Das Kind schafft kraft seiner Vorstellung einen neuen Spielrahmen und füllt diesen fiktiv, aber doch logisch aus. • Der Höhepunkt des Rollenspiels liegt zwischen drei und vier Jahren. **Entwicklungsverlauf** • Stufe 1: Als-Ob-Handlung z. B. Kind schiebt ein Spielzeugauto. • Stufe 2: Nachspielen eigener Handlungsschemata: sich schlafend stellen, aus einer leeren Tasse trinken. • Stufe 3: Einbeziehung von Gegenständen in das Spiel, z. B. die Puppe herumtragen, Umdeutung von Gegenständen: Ein Baustein wird zum Auto, gleich darauf zum Schiff (Metamorphose). • Stufe 4: Selbst in andere Rollen schlüpfen: Katze, Hund, Baby, Mutter, Bauer. • Stufe 5: Kooperatives Rollenspiel mit Absprachen über den Spielverlauf und die Rollenverteilung, sprachliche Überbrückung fehlender Gegenstände und Handlungsabschnitte z. B. „Die Mutter hätte eingekauft". Im Verlauf des Rollenspiels kommt es oft zum Höhlenbau. Die Kinder stecken das Territorium ab, das für dieses Spiel ihnen gehört, das auch verteidigt werden muss.	**Merkmale:** • Spiele mit Regeln über den Ablauf und die Aufgaben der Mitspieler. • Wechselnder Spielvollzug. • Leistung und ggf. Gewinn. **Entwicklungsverlauf des Regelbewusstseins:** • Stufe 1: Individuelle Riten. • Das Kind erfindet Riten oder Schemata im Umgang mit einem Gegenstand. • Stufe 2: egozentrisches Regelverständnis Das Kind unterwirft sich Regeln, die von einer Autorität gesetzt sind und beharrt auf deren Einhaltung. • Stufe 3: Erkenntnis, dass Regeln in Absprache mit anderen verändert werden können. **Tischspiele** *Ca. ab 3 ½ Jahren:* Das Kind realisiert den Wettbewerb. Ein Spiel beginnen zu können befriedigt fast so sehr wie zu gewinnen; abwarten fällt noch schwer. Das Kind konzentriert sich, solange es selbst an der Reihe ist. *Ca. ab 5 Jahren:* Bewusste Spielwahl, die Aussicht auf Gewinn verspricht; Verlieren fasst das Kind oft als Versagen auf, auch wenn es sich um ein Glücksspiel handelt. 5-Jährige ändern in Absprache Regeln. Mit einem Freund gelingt das Spiel besser als zu dritt oder viert. Wenn es zu Unstimmigkeiten kommt, werden Spiele oft abgebrochen.

gern ein Kind in seine Spielgruppe integrieren möchte. Respekt vor seinen Handlungen zeigt sich auch darin, dass es seine Arbeit oder sein Spiel fertig stellen kann bzw. wenigstens nicht abrupt aufhören muss.

Achtung seiner Stimmungen und Gefühle

Auch das ist ein generelles Recht, aber welche Bedeutung hat es im Freispiel? Je nach Tagesverfassung gelingt es dem Kind besser oder schlechter ins Spiel zu kommen. Wir werden ein trauriges Kind natürlich versuchen aufzumuntern. Aber es sucht auch von sich aus ein Spiel, passend zu seiner Stimmung. Vielleicht spielt es in der Puppenecke das kranke Kind, lässt sich von den Alterskameraden versorgen, oder es malt ein Bild und kann noch eine Weile seinen Gedanken nachhängen. Vielleicht verdrischt es die Puppe und schreit sie an. Das Kind muss diese Freiheiten haben, sonst ist das freie Spiel nichts wert.

Recht auf freie Material- und Raumnutzung, gleiche Rechte für alle

Material und Räume sind im Rahmen der Absprachen für alle Kinder frei zugänglich. Es würde die Selbstbestimmung schmälern und die Erzieherin in eine sehr dominante Rolle bringen, müssten die Kinder um alles fragen.

Das Recht auf freie Raum- und Materialnutzung reicht jedoch nur soweit, wie die Rechte anderer dadurch nicht eingeschränkt werden. Deshalb dürfen z. B. die größeren Jungen den Bewegungsraum und die Bauecke und die Mädchen den Rollenspielbereich nicht zu ihrem Territorium erklären. Es ist sinnvoll, Gruppenbesprechungen durchzuführen, um die Bedürfnisse aller Kinder zu erfragen und ein rotierendes Recht zu ermöglichen. Zum Schutz vor Gefahren ist die Nutzung mancher Orte und Materialien auch an Bedingungen geknüpft, z. B. an einen „Werkraum- oder Gartenführerschein".

■ Aufgaben der Erzieherin im Freispiel

Die Erzieherin unterstützt die Kinder bei Ihren Alltagsverrichtungen, lenkt das Gruppengeschehen, fördert die Spielfähigkeit und gibt Entwicklungsanreize.

Alltag gestalten

Das Freispiel ist nicht nur Spielzeit, sondern gelebter Alltag. Damit alle sich wohlfühlen kön-nen, sorgt die Erzieherin für sichere Strukturen und eine gute Atmosphäre.

Fixpunkte im Freispiel sind die Begrüßung, das freie Frühstück, der kurze Morgenkreis, hauswirtschaftliche Tätigkeiten, das gemeinsame Aufräumen. Das Begrüßen ist in vielen Gruppen ein kleines Ritual. Die Erzieherin registriert das Befinden des Kindes und vermittelt ihm, dass es willkommen ist. Sie richtet den Tisch für das freie Frühstück und isst selbst auch mit. Sie fördert Gespräche. Hauswirtschaftliche Arbeiten schließen sich an: Abwaschen, Abtrocknen, Fegen, Blumen gießen. Jüngeren Kindern zeigt sie, wie es geht, ältere erinnert sie gegebenenfalls an ihr Amt. Im Morgenkreis führt sie die Kinder zur Ruhe, informiert über Aktuelles vom Tag. Auch die Kinder bringen Beiträge.

Sie unterstützt die Kinder bei der Körperpflege und organisiert das Aufräumen. Es verläuft positiver, wenn sie fröhlich mit aufräumt, wenn sie mitteilt, was danach kommt, wenn sie lobt, was man loben kann.

Beobachten

Die Erzieherin beobachtet die Raum- und Materialnutzung, das Befinden der Kinder und ihre Interaktionen. Sie wendet Störungen ab. Wenn sich Beobachtungen mehrfach bestätigen, erwägt sie Änderungen in der Raumaufteilung, der Zeit, der Materialausstattung. Diese bespricht sie mit den Kindern.

Die Erzieherin führt in der Freispielphase auch Entwicklungsbeobachtungen durch.

Gruppenpädagogische Aufgaben

Im Freispiel geschieht in einem Raum vieles gleichzeitig, und alles ist interessant. Neue Kinder beobachten wochenlang ihre Spielkameraden von einem sicheren Ort aus. Sie sehen Kinder, die allein und lange in ein Spiel vertieft sind, andere wechseln ihr Spiel schnell. Es bilden sich Kleingruppen, die nur kurz zusammen spielen oder den ganzen Vormittag miteinander verbringen. Manch neues Kind findet schon am ersten Tag Anschluss und ein anderes wartet tagelang auf eine Aufforderung. Die Erzieherin hilft, einen Partner zu finden, hilft, mit Enttäuschungen umzugehen, wenn der gewählte Partner ablehnt, der gewünschte Bereich besetzt ist.

Einige Wochen nach Beginn des Kindergartenjahres beginnt es in einigen Gruppen zu krieseln. Imponiergehabe, kleine und größere Attacken und die „Besetzung" von Spielbereichen machen deutlich, dass Kinder versuchen, ihre Position in der Gruppe zu klären. Fachkräfte überrascht das nicht. Es hilft weder „hart durchzugreifen" noch wegzuschauen. Wer einen solchen „Machtkampf" sieht, muss reagieren, zumal, wenn es zu Handgreiflichkeiten kommt. Die Chance liegt im Aushandeln von Regeln des Umgangs miteinander. Die zweite Chance ist, über das eigene Lernen nachzudenken, z. B. im Schlusskreis, wenn die Erzieherin die Kinder auffordert, über wichtige Erfahrungen am Morgen zu sprechen.

Die Erzieherin fördert Freundschaften und wirkt Abhängigkeiten entgegen. Freunde zeigen dem Kind, dass es gemocht wird und geben ihm die Chance, jemanden lieb zu haben. Kinder sind als Partner gleichwertig. Jeder kann sein, wie er ist, gibt direkte Rückmeldungen und nicht pädagogisch verpackte. Kinder teilen ihren Freunden Erfahrungen mit, stellen Vermutungen an, welche die anderen bestätigen oder auch nicht. So konstruieren sie gemeinsam ihr Bild von der Welt. Das geht nur in Freiheit, ohne Einmischung der Erzieherin.

In ihrer Sympathie entwickeln manche Kinder aber auch Abhängigkeiten voneinander. Das schränkt die Betroffenen in ihrer Entwicklung ein. In einem solchen Fall motiviert die Erzieherin ein „abhängiges" Kind dazu, mit einem anderen Kind ein Amt zu erledigen oder sie nimmt es ohne den Freund zu einer Aktivität mit, damit es andere Kinder kennen lernt. Das kann eine neue Dynamik in die Gruppe bringen.

Die Erzieherin hilft auch, Konflikte zu lösen. Das Zusammenspiel mit anderen bietet oft Konfliktstoff. Mehrere Kinder wollen z. B.:

- die gleiche Rolle,
- das gleiche Material,
- bestimmen, was geschehen soll.

Hilfreich ist, zu fragen, *was* passiert ist, Verständnisfragen zu stellen, jeden nach seinen Gefühlen zu fragen und danach, was jeder möchte und was die Folgen wären. Letztlich geht es um die Lösung des Problems und nicht darum, einen Schuldigen zu suchen. Die Kinder müssen sich einigen. Darin stecken Lernchancen, und am Ende des Tages können wir die Kinder auffordern zu bewerten, ob ihre Entscheidung gut war. Kinder sollen lernen, über ihr Handeln nachzudenken. (Phasen des Gruppenprozesses siehe Kapitel Gruppenpädagogik, S. 152)

Spielpädagogische Aufgaben

Die Erzieherin schafft durch eine bewusste Raumplanung, Materialauswahl und eine positive Atmosphäre die Voraussetzungen zum Spiel. (Raumgestaltung und Ausstattung siehe Kapitel Pädagogische Prinzipien zur Gestaltung von Innen- und Außenbereichen, S. 557 ff.) Sie kennt die Bedeutung des Spiels für die Entwicklung des Kindes, kennt Rollenspiel, konstruktives Spiel, Funktionsspiel und Regelspiel als typische Spielarten des Freispiels und sie kennt Entwicklungsverläufe.

Die konkreten spielpädagogischen Aufgaben bestehen in der Einführung des Spielmaterials, in der Förderung der Spielfantasie, der Ausdauer und des Zusammenspiels.

Neuen Kindern bietet die Erzieherin an, aus zwei Materialien eines zu wählen. Sie zeigt die Regeln für das Holen, Spielen, wieder Zurückbringen und baut über das Material eine Beziehung mit ihnen auf. Die „Neuen" genießen diese Form der Zuwendung, weil sie Sicherheit brauchen.

Ideen für die Ausstattung, das Mitspiel, die Einführung von Spielmaterial werden exemplarisch am Rollenspiel, am Bauen, an Konstruktionskästen und am Regelspiel gezeigt.

Rollenspiel

Rollenspiele brauchen Platz und einen Ort ohne permanente Beobachter. Ihren Platz möchten Kinder gerne markieren mit Tüchern, Tisch, Stühlen, Kästen, Seil und Klammern.

Die Erzieherin spielt mit: Wenn Kinder fantasievoll spielen, ist es nicht sinnvoll, sich in das

Spiel einzumischen. Manchmal jedoch bitten die Kinder darum, dass die Erzieherin mitspielt und manche Spiele stocken auch, brauchen neue „Nahrung". Die Erzieherin kann Impulse geben. Zum Beispiel das Friseurspiel:

- zur Erweiterung der Handlungen: Haare kämmen, bürsten, zusammenbinden, aufstecken, Puppenhaare waschen und fönen
- zur Erweiterung der Rollen: Chefin, Friseur, Kosmetiker, Nagelpfleger, Masseur
- zur Gestaltungsarbeit: Schild für den Salon, Preisliste, Frisuren aufmalen.

Verlässt sie die Spielszene zu früh, fällt das Spiel wieder auseinander.

Besuche der Eltern am Arbeitsplatz und Ausflüge in die Gemeinde bereichern das Rollenspiel der Kinder.

Rollenspiel – herrische Eltern: Kinder auf der ganzen Erde spielen Vater-, Mutter- und Kind-Spiele, aber nicht unbedingt harmonisches Familienleben. Oft werden die Rollen nicht nur traditionell, sondern überspitzt gespielt. Da gibt es überfürsorgliche, herrische Mütter, Väter und Lehrer. Eltern verdreschen ihre Kinder und sperren sie ein.

Spieltheorien sprechen von der „reinigenden" Kraft, d.h. der psychohygienischen Funktion des Spiels. Vielleicht spielen die Kinder Erfahrungen nach, vielleicht spielen sie ihre extremsten Vorstellungen oder übertreiben, so wie Erwachsene ihre Erlebnisse auch ausschmücken. Was tun? Zunächst einmal beobachten wir. Wie verhält sich das Kind in seiner Rolle, was soll der Spielpartner tun? Spielt er freiwillig mit? Daneben kann die Erzieherin andere Rollenspiele anbieten. Greift das Kind doch auf sein eigenes Thema zurück, dann braucht es das. Mitschriften helfen uns, im Bedarfsfall die Situation mit den Mitarbeitern zu besprechen und ggf. ein weiteres Vorgehen zu überlegen.

Waffen und Kriegsspiele: Eine Erzieherin klagte über einen Jungen, der kaum zum Spiel kam. Er baute immer wieder Waffen, obwohl dies verboten und Friedenserziehung ein Schwerpunkt der Einrichtung war.

Nach einigem Hin und Her stellte sich heraus, dass er Anschluss an eine Gruppe etwas älterer Jungen suchte, die an unbeaufsichtigten Orten ebenfalls heftig mit improvisierten Waffen agierten. Er war sich nicht sicher, ob sie ihn in ihrer Gruppe aufnehmen oder angreifen würden. So oder so brauchte er eine Waffe.

Es gibt viele Gründe für Waffenbau und Kriegsspiel. Zunächst ist wichtig zu wissen, dass Kinder dies nicht erfinden, sondern aus der Erwachsenenwelt übernehmen.

Täglich hört und sieht man Berichte aus Krisengebieten, Filme über Raub und Mord, und manche Kinder erleben Gewalt in der Familie. Sie spielen Gesehenes nach oder ihre Befürchtungen.

Jungen setzen Drohgebärden und Angriff ein, um eine ranghohe Position in der Gruppe zu erlangen und um sich gegen das Weibliche in sozialpädagogischen Einrichtungen abzusetzen. Dabei übernehmen sie Klischees, insbesondere, wenn ein reales Männervorbild fehlt. Es beeindruckt sie, wenn ein Held souverän aus der Hüfte schießt und alle Probleme beseitigt.

Auch das friedfertigste Kind kann zu Waffen greifen, wenn es Ohnmacht gegenüber der Erwachsenenwelt und Wut empfindet, z.B. in der Trennungssituation seiner Eltern. Waffenbau und Kriegsspiel sind externalisierte (d.h. nach außen gerichtete) Gefühle.

Schließlich scheint das Jagd- und Kampfspiel ein biologisches Erbe zu sein, das vor allem Jungen in sich tragen, während die Mädchen häusliche Rollenspiele bevorzugen.

Was tun? Zunächst ist wichtig zu beobachten, ob es sich um ein Raufspiel oder einen Schaukampf handelt. In dem Fall willigen die betroffenen Parteien ein und sind auch bereit aufzuhören, wenn ein Kind Stopp sagt.

Die Jagd auf Gangster- und Terroristen kann ein einfaches Fangspiel sein, mit modernem Namen.

Bei Kriegsspielen werden mehrere Kinder zu Angreifern, schleichen sich an, drohen mit Gebärden, schießen auserkorene Opfer tot, für Friedenspädagogen ein Horror. Sie wollen Waffen und Kriegsspiele am liebsten untersagen. In manchen Gruppen sind Jungen und Mädchen mit Kriegserfahrungen, während hier Kinder aus Abenteuerlust mit Leben und Tod spielen. Man könnte die Kinder mit der Realität konfrontieren oder auch ernsthaft spielen. Ott-Hackmann meinte einmal, dass „erschossene" Kinder mindestens einen Tag nicht weiterspielen dürfen, und wenn alle totgeschossen sind, dass dann auch das Kriegsspiel aufhören müsse.[8] Jedoch halten weder Verbote noch das Ernstnehmen Kinder vom Schießen ab. Es wird nur in Bereiche verlagert, die wir nicht mehr sehen. Wichtiger ist zu beobachten, wie Angreifer und Opfer sich verhalten, ob die Opfer Hilfe brauchen und die Angreifer Grenzen. Aber auch ein Angreifer kann in Wirklichkeit ein Opfer sein. Der Erzieher muss sich auf jeden Fall äußern, wenn Kinder andere angreifen. Diese experimentieren mit ihrem Verhalten und warten auf Reaktionen. Wenn keine kommt, gehen sie davon aus, dass es in Ordnung ist, was sie tun.

Mädchen tendieren weniger zu Kriegsspielen als Jungen. Auch in konkreten Auseinandersetzungen nutzen sie eher verbale Waffen als physische Gewalt.

Bauen

Der geeignete Ort zum Bauen hängt von der Größe des Baumaterials ab. Für große Bauelemente eignen sich der Bewegungsraum oder

[8] nach Ott-Hackmann, 2002

die Halle. Mit Feinmaterial, z. B. Legosteinen, bauen die Kinder am Tisch. Mit Holzsteinen und Belebungsmaterial können die Kinder am besten auf dem Boden der Bauecke oder dem Bauzimmer hantieren. Die Erzieherin gestaltet die Bauecke übersichtlich, jede Bausteinart ist in einem Korb und in weiteren Körben sind Holztiere, Zäune, Bäume, Tannenzapfen, Steine, Tücher.

Vorzugsweise sollen die Kinder das Bauen und Spielen voneinander lernen. Aber es hat auch Vorteile, gerade zu Beginn des Kindergartenjahres etwa jede Woche eine Materialart im Morgenkreis vorzustellen. Die Erzieherin kann die Kinder auffordern, die unterschiedlichen Materialien in der Kreismitte zuerst einmal zu sortieren, damit sichtbar wird, was alles vorhanden ist. Während des Sortierens benennen sie die Stangen, Würfel usw. So lernen die neuen Kinder die Namen der Materialien kennen. Die älteren Kinder zeigen, was man damit tun kann. Dies erhöht die Attraktivität des Materials, und es ist eine Gelegenheit, die Regeln für die Benutzung zu besprechen. Das gibt Sicherheit.

Wenn ein Kind klagt, „mir fällt nichts ein", kann die Erzieherin vorschlagen: „Schau, wo du anfangen magst zu bauen" oder „Komm, wir suchen die schönsten Steine aus" oder „Ist dein Weidezaun hoch genug, dass die Tiere nicht weglaufen können?"

Belebungsmaterialien (Bäume, Männchen, Autos usw.) erwecken das Gebaute zum Leben. Die Erzieherin: „Kommt, ihr Tiere, hier ist eine große Weide für euch" oder „Achtung, Achtung, hier ist der Pilot; welche Landebahn soll ich nehmen?"

Die Erzieherin weiß, dass 3 bis 4-Jährige jeweils für sich bauen, Interesse an ihrem eigenen Tun haben, während 5 bis 6-Jährige durchaus für ein Gemeinschaftsprojekt zu begeistern sind. „Wir haben so viel Platz, das reicht sicher für einen ...?". Erst wenn den Kindern gar nichts einfällt, bietet die Erzieherin an: Bauernhof, Flughafen, Schloss. Was soll auf unserem Bauernhof alles sein?" 5 bis 6-Jährige können Aufgaben aufteilen.

Wenn Kinder nur schematisch bauen, z. B. den Rundturm in Skelettbauweise, kann die Erzieherin Impulse geben, z. B. eine Autobahn zu bauen zwischen dem Turm und anderen Gebäuden. Jedoch soll sie nicht die Bauleitung übernehmen oder „reinbauen".

Die Jungen einer Gruppe entwickelten nach Weihnachten eine enorme Bautätigkeit. Allerdings war unübersehbar, dass sie die Bauecke geradezu besetzten. Auf den zweiten Blick bemerkte die Erzieherin, welch differenzierte Konstruktionen da entstanden und wie die Jungen planten, sogar Zeichnungen anfertigten, um ihre Baukollegen von ihren Ideen zu überzeugen. Sie äußerte sich nicht dazu, sondern wartete ab, ob jüngere Kinder/Mädchen klagten, dass sie in die Bauecke wollten. Das geschah nicht. Sie nutzte den Freitag – den Baueckenaufräumtag – und schlug eine Baustellenpräsentation vor.

Die Jungen präsentierten ihre Werke mit allerlei Dachkonstruktionen, Brücken, Treppen, Fenster- und Türöffnungen. Sie zeigten auch die Zeichnungen und konnten erklären, was schwierig war. Die Erzieherin hielt die Kamera bereit und machte Fotos. Jetzt äußerten einige Mädchen den Wunsch für ein Bauprojekt. Sie begannen in der folgenden Woche ähnlich wie die Jungen, aber das Bauen selbst war ihnen nicht so wichtig. Sie setzten mehr Belebungsmaterial ein, redeten und verhandelten mehr miteinander und ließen auch Jüngere mitspielen.

Es wurde übrigens beobachtet, dass Mädchen wesentlich intensiver in der Bauecke agieren, wenn die Jungen nicht im Raum sind.

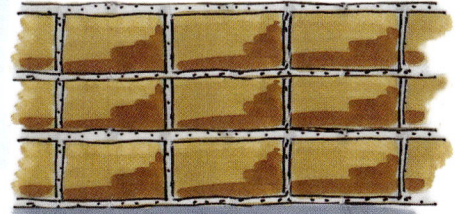

Mauer ohne Verband = schichten

Halbsteiniger Verband

Flugzeug und Schaukel, Fischertechnik

Spiel mit Konstruktionsbaukästen: Aus Freude an der Bewegung stecken und schrauben schon Dreijährige gern Elemente von Konstruktionsbaukästen zusammen. Die Teile sollten noch relativ groß sein, von Hand verbunden werden können und keine zu große Varietät von Verbindungen aufweisen. Über Zufallsergebnisse kommen die etwas Älteren zum Nachbauen realer Gegenstände. 5-Jährige können mit Werkzeug umgehen und einem einfachen Bauplan folgen oder selbst einen zeichnen. Das gemeinsame Konstruieren mit der Erzieherin ist von besonderem Wert für die Beziehungspflege. Über die Brücke des Tuns kommen insbesondere Jungen aus sich heraus, erzählen von sich wie sonst selten. Die Kinder machen technische Grunderfahrungen.

Tischspiele

Puzzle, Memory, Domino, Lotto, Würfel- und Kartenspiele sind Grundformen von Tischspielen generell.

Ein gemeinsames Merkmal ist die symbolhafte Abbildung. Memorys zeigen nur einen Gegenstand, Brettspiele manchmal ganze Szenen. Dabei steuert der Würfel Abenteuer, die fast so aufregend sind wie ein Rollenspiel. „Mensch ärgere dich nicht", Domino und Kartenspiele mit Zahlen sind deutlich reduzierter und abstrakter, sie wecken keine inneren Bilder mehr.

Am Beispiel des Puzzles zeigen sich die wachsenden Anforderungen. Konturenpuzzle für die Jüngsten bestehen aus Holz, haben ca. sechs Teile und einen Knopf für den Pinzettengriff. Der abgebildete Gegenstand ist nicht zerteilt. Das Kind fügt das Puzzleteil in der richtigen Raumlage in die Aussparung des Spielbretts und benennt den abgebildeten Gegenstand. Danach sind die abgebildeten Menschen, Gegenstände, Szenen, zerlegt, die Puzzleteile werden kleiner und zahlreicher und sind aus Pappe statt aus Holz. Das Kind lernt strategisch vorzugehen, sortiert nach der Farbe oder dem Bildzusammenhang bzw. sucht Rand- und Eckstücke.

Tischspiele gehören zur Gruppe der Regelspiele mit wechselndem Spielvollzug, meist mit Gewinnern und Verlierern. Sie festigen durch die vielen Wiederholungen den Wortschatz, regen das Denken an (gleich/ungleich), fördern Konzentration, Gedächtnis und das Reaktionsvermögen. Lottovorlagen liefern oft, aber nicht immer, Oberbegriffe, z. B. Fahrzeuge zu Land, zu Wasser oder in der Luft, Tierarten, Nahrungsmittel, Gegenstände im Haus.

Auf einem größeren Spielbrett haben Kindergartenkinder noch Mühe mit der Orientierung. Sie wissen z. B. lange nicht, wo begonnen wird, abzuzählen. Da sie noch relativ Ich-bezogen sind, beginnen sie dort zu zählen, wo sie stehen. Wenn sie dies automatisieren, werden sie auch in der Anfangsphase des Rechnens Schwierigkeiten haben, da sie die Ausgangszahl beim Addieren mitzählen, 7+5 wird dann 11.

Kartenspiele sind bei Kindern und Erzieherinnen oft deshalb beliebt, weil man ohne großen Aufbau sofort beginnen kann. Sie variieren von:

- gleiche Karten erkennen (z. B. Schnipp-Schnapp),
- einige Karten eines Spiels geben vor, z. B. zwei weitere zu ziehen, bestimmte Karten abzugeben oder auszusetzen (z. B. Uno),
- ein Quartett sammeln durch Ziehen oder Wünschen; noch im jüngeren Grundschulalter neigen Kinder dazu, Karten zu wünschen, die sie auf ihrer Hand sehen, statt der Karte, die ihnen fehlt.

Möglichkeit der Einführung eines Tischspiels: Memory kann man anfangs auf ca. acht Paare beschränken

- Schachteldeckel und Einzelteile betrachten und benennen.
- Die Erzieherin beginnt mit dem Aufbau, Kind übernimmt den weiteren Aufbau.
- Die Erzieherin macht ersten Spielzug, Kind macht seinen Spielzug.
- Die Erzieherin sagt, dass das ein Probedurchgang sei; Regel dann erklären, wenn die Situation eintritt.
- Geduldig und entspannt bis zu Ende spielen.
- Spiel aufräumen, gemeinsam zu seinem Platz bringen.

Gemeinschaftsspiele

Zur Tradition sozialpädagogischer Einrichtungen gehören angeleitete Spiele in der Gruppe im Begrüßungs- oder Abschlusskreis, an Geburtstagen und Feiern. Besondere Freude haben Kinder an Spielstunden, in denen mehrere Spiele in Folge gespielt werden, weshalb dies auch Spielfolge oder Spielkette heißt. Der Art nach sind es z. B. Fingerspiele, Ratespiele, Zungenbrecher, Neckspiele, Mitmachgeschichten und Spiellieder. Gemeinschaftsspiele können auch nach ihrem Zweck eingeteilt werden z. B. als Kennenlern-, Wahrnehmungs- oder Sprachspiele.

Werte: Ein Zweck von Gemeinschaftsspielen ist, Spielfreude zu wecken und zu pflegen. Der Lernwert erstreckt sich auf weit mehr: auf Selbsterfahrung, soziale Wahrnehmung, Kompromissbereitschaft, Einordnen, Sich-Behaupten, Regelbewusstsein, Hingabe an eine Aufgabe, Konzentration und Denken, Zuhören und Sprechfertigkeit, Ausdauer, aktive Spielhaltung, körperliche Geschicklichkeit, Impulskontrolle.

■ Kennenlernspiele und Spiele zur sozialen Wahrnehmung

Diese Spiele sind zum Namen lernen, zum genauen Hinschauen, sie sollen auflockern und Ängste nehmen. Für jüngere Kinder verzichten sie zum Teil sogar auf Sprache.

- „Ich bin Monika und mein Lieblingstier ist.."
- „Ich sehe ein Kind, das du nicht siehst, das hat blonde Haare"
- „Welches Kind ist verschwunden? (Unter der Decke)
- „Wem gehört was?" (Schuhsalat)
- „Armer schwarzer Kater"
- „Ich bin dein Schatten (dein Spiegel)"

■ Spiele zur auditiven und visuellen Wahrnehmung

Sie enthalten einen Hörauftrag oder sind Spiele zum genauen Schauen. Sie schulen die Figur-Grundwahrnehmung, da das Kind sich auf einen Reiz vor dem Hintergrund vieler Reize konzentrieren muss. Kimspiele fördern obendrein das Gedächtnis. Zur Gruppe der Wahrnehmungsspiele gehören auch solche mit verbunden Augen wie „Blinde-Kuh", oder „Topfschlagen". Der Sehsinn wird ausgeschaltet und ein anderer Sinn muss übernehmen. Der Spielreiz liegt in der Erfahrung: „Wer hilft mir?" oder „Wem helfe ich?" bzw.

„stopp" zu sagen, wenn das „blinde" Kind sich den Zuschauern nähert.

Beispiele:

- „Ich sehe etwas, was du nicht siehst, und das ist rot…"
- „Bello, dein Knochen ist weg". „Bello" sitzt mit verbunden Augen und einem Glöckchen in der Kreismitte. Ein Kind aus dem Kreis versucht, das Glöckchen wegzutragen. Hört Bello das, gibt er Laut und die beiden tauschen ihre Rollen.
- „Kim-Spiele": etwa vier (bis sieben) Gegenstände liegen auf einem Tischchen in der Kreismitte. Die Gegenstände werden betrachtet, benannt, dann breitet die Erzieherin ein Tuch darüber, nimmt einen Gegenstand weg, deckt die Gegenstände wieder auf: welcher fehlt?

Der Name *Kimspiele* stammt von Rudyard Kipling. Kim, die Hauptfigur in einem seiner Romane, erhielt die Aufgabe, im Wettbewerb mit dem Sohn eines Edelsteinhändlers eine Anzahl Edelsteine zuerst anzuschauen und dann aus dem Gedächtnis zu nennen und zu beschreiben. Kim unterlag in diesem Vergleich und begann daraufhin mit entsprechendem Gedächtnistraining.[9]

Spiele zum Schmecken und Riechen passen nicht so gut in eine Spielfolge, weil ihnen das spielerische Element fehlt.

■ Reaktionsspiele

Sie leben vom Tempo und einem guten Reaktionsvermögen, z. B. „Alle Vögel fliegen hoch" oder „Die Reise nach Jerusalem". Kinder bis zum Alter von vier Jahren haben Mühe, in einer Bewegung innezuhalten. Sie orientieren sich gerne am Verhalten der anderen und wissen oft nicht, was sie nun tun sollen. Zu den Reaktionsspielen gehört eine Pfandgabe, die im Anschluss an das Spiel wieder ausgelöst werden muss. Das ist besonders spannend, weil die Kinder spontan kleine Aufgaben bekommen, die aber jeder bewältigen kann, wie z. B. einmal zu hüpfen.

■ Gedächtnisspiele

Gedächtnisspiele fordern heraus, sich etwas bewusst zu merken, Strategien zu entwickeln,

---

[1] nach Glonnegger, E. 1974

sich zu konzentrieren, z. B. das Spiel „Koffer packen": „Ich reise nach Amerika und nehme mit …"; jeder Mitspieler zählt die vorgenannten Gegenstände auf und addiert seinen eigenen dazu.

■ Sprachspiele

Merkmal: Über das bloße Sprechen hinaus wird ein sprachlicher Aspekt hervorgehoben, z. B. Artikulation, bestimmte Begriffe oder das Sprechtempo bei Zungenbrechern. Manche Sprachspiele setzen eine gewisse Analysefähigkeit hinsichtlich Buchstaben voraus oder Abstraktionsvermögen wie beim Spiel „Teekesselchen".

Fingerspiele sind geeignet zur Kontaktaufnahme und Beziehungspflege. Kinder genießen die besondere Nähe zum Erwachsenen und das Gemeinschaftserlebnis beim Sprechen der Reime. Typisch sind Aufzählreime oder kleine Geschichten. (Sprachliche Aspekte siehe S. 405).

> *Das ist der Daumen,*
> *der schüttelt die Pflaumen,*
> *der hebt sie auf,*
> *der trägt sie heim,*
> *und der kleine Schlingel, isst sie alle ganz allein.*
>
> *Die Schnecke*
> *In unserem Garten kriecht die Schnecke.*
> *Sie kommt ganz langsam nur vom Flecke*
> *Sie hat die Fühler ausgestreckt!*
> *Oh weh, jetzt hat sie mich entdeckt.*
> *Sie zieht vor Schreck die Fühler ein*
> *Und kriecht ins Schneckenhaus hinein.*

Das Auswendiglernen hat gleich zwei positive Effekte: Kinder erhalten Muster für die Satzbildung und sie trainieren ihr Gedächtnis.

Fingerspiele bringen den Kindern ihre Finger ins Bewusstsein. Sie stärken die Handmuskulatur, fördern die Feinmotorik und die Auge-Handkoordination.

Zungenbrecher: Da erst Sechsjährige alle Lautverbindungen sicher beherrschen, sollten sie auch erst den Sechsjährigen angeboten werden. Kinder zeigen in diesem Alter gerne, was sie können. Zungenbrecher machen bewusst, dass Üben lohnt.

Wortketten sind ein beliebtes Spiel für Schulkinder. Sie legen zunächst einen Oberbegriff fest wie Vornamen, Tiernamen, Pflanzennamen. Der jeweils letzte Buchstabe wird Anfangsbuchstabe des neuen Wortes. Beispiel: Anemone, Erika, Alpenveilchen, Narzisse usw.

■ Ratespiele

Der Spielreiz von Ratespielen liegt darin, der Schnellste zu sein. Schlimm ist es, aufgerufen zu werden und nichts zu wissen.

Rätsel: Bei Rätseln wird ein Begriff umschrieben, manchmal richtiggehend definiert. Rätsel für die Jüngsten enthalten Reime oder Assoziationen als Hilfe, z. B. „Was hängt an der Wand und reicht jedem die Hand?" Rätsel für Ältere geben mehrere Informationen, die kombiniert werden müssen. Bei Scherzrätseln ist die Lösung auf jeden Fall anders als erwartet. Beispiel: „Jemand bläst von vier Kerzen eine aus, wie viele bleiben übrig?" Eine! Denn die anderen drei brennen ab.

Begriffe raten z. B. Berufe oder „Teekesselchen". Die Anforderung liegt darin, den Begriff auszusparen und den Gegenstand zu umschreiben mit dem entsprechenden Oberbegriff, dem Nutzen des Gegenstandes, dem Ort seines Vorkommens o. ä.

Das Teekesselchenspiel ist ganz und gar für Schulkinder. Da steht ein Begriff im Zentrum, der zweierlei Bedeutung hat wie Nagel oder Ball. Folglich beschreiben zwei Kinder ihren Begriff. Strategen lernen Teekesselwörter auswendig.

Personen raten aus dem öffentlichen Leben, von Sport, Film …

■ Neckspiele

Beispiel: „Flaschensteigen". Ein Kind erhält die Aufgabe, mit zugebundenen Augen eine Reihe von Flaschen zu übersteigen. Allerdings werden diese nach dem Augenverbinden zur Seite gestellt. Es macht zur Erheiterung der Zuschauer riesengroße Schritte und stellt schließlich fest, dass es hereingelegt wurde. Nicht jedem gefällt es, wenn andere auf seine Kosten lachen, aber dies mit Fassung oder Humor zu tragen, will gelernt sein. Neckspiele sind eher für Schulkinder.

■ Darstellende Spiele im Kreis

Schon das Spiel „Mein rechter, rechter Platz ist leer, ich wünsche mir die Beate als Katze her," gibt den Kindern Möglichkeiten, sich selbst darzustellen oder in eine andere Rolle zu schlüpfen. In der Mitmachgeschichte „Löwenjagd" wird eine ganze Szene pantomimisch gespielt. Den Kindern gefällt das mitmachende und nachahmende Lernen, das zunehmende Tempo und wenn der Verlauf rückwärts aufgerollt wird. Die Wiederholung gibt Halt und schult das Gedächtnis.

■ Spiellieder

Im weitesten Sinne steht dieser Begriff für alle Spiele, die Lied, Bewegung und Spiel verknüpfen, angefangen bei Kniereiterliedern über gesungene Fingerspiele bis zu Wander- und Darstellungsspielen. Dabei spricht die Melodie die Gefühlsebene an und Takt und Text animieren zum Bewegen. Beispiele und eine erste Theorie zu Wander- und Darstellungsspielen finden wir bei FRÖBEL.

> „Lina möchte wandern, von einem zu dem andern (...) Guten Tag, guten Tag, guten Tag ."
> Danach soll Lina je nach Alter a) zeigen, wem sie die Hand gegeben hat, oder b) die Namen nennen, oder c) die Augen schließen und die Namen aus dem Gedächtnis sagen.[10]

Heute haben Spiellieder andere Texte, aber es geht nach wie vor um das Wandern und um das Darstellen kleiner Geschichten. Ob alte oder neue Spiellieder: Inhaltlich werden universelle Ereignisse und Sehnsüchte angesprochen wie Partnersuche, das Hinausziehen in die Welt und wieder Heimkehren, Lebensfreude und im Mittelpunkt zu stehen als krankes Häschen, Pinguin, Prinzessin oder Jäger.
Die Spannung steigt bei der Rollenvergabe: „Darf ich wählen oder werde ich gewählt?".

Spiellieder befriedigen auch das Bedürfnis nach Struktur und Wiederholung. Ein Strukturmerkmal ist die Wahlvorgabe: Bei „Kettentanz-Spielen" wählt der Solist pro Durchgang ein Kind, das sich der Reihe anschließt. Bei der „Schneeball-Tanzform" verdoppelt sich je Durchgang die Anzahl der Mitspieler. Das und die Aufstellung und Bewegung in Kreis, Reihe, Viereck sind – nebenbei erwähnt – auch mathematische Grunderfahrungen.

Wir wollen eine Reise machen[11]
Text: Lore Kleikamp / Musik: Detlev Jöcker

Kreisaufstellung, Hände angefasst; nach links gehen.
Der „Reiseleiter" geht innen in entgegengesetzter Richtung. Bei „Du und du, ihr beiden…" tippt er genau diejenigen an, die er in diesem Augenblick erreicht hat. Er legt eine Hand auf deren Hände. Alle bleiben stehen. Die beiden Kinder (...) schließen sich dem Reiseleiter an. Das Spiel geht weiter.
Beim letzten Kind: „Dich hol' ich nicht mehr ab, denn du bleibst heute steh´n!"
Das letzte Kind wird im nächsten Durchgang der Reiseleiter.

■ Vorbereitung einer Spielstunde

Spielauswahl

Die Auswahl richtet sich nach dem Anlass, dem Alter der Kinder, dem Repertoire der Gruppe. Oft sind auch Rituale zu beachten. Am Geburtstag gelten andere Regeln als sonst, z. B. beginnt bei allen Spielen das Geburtstagskind.

---

[10] nach Heiland, H., 1974

[11] Jöcker, D., 2003

Lieblingsspiele der Gruppe sollten oft gespielt werden, denn es geht ja schließlich um die Spielfreude der Kinder. Spiele sollen Freude machen und das Zusammengehörigkeitsgefühl stärken. Didaktische Spiele, bei denen „Farben" oder „Zahlen" geübt werden, sehen Spielpädagogen eher skeptisch, da aus der Spielstunde leicht eine Lernstunde mit Können und Versagen wird. Andererseits lieben Kinder das spielerische Lernen.

Es ist günstig, die Spielstunde unter ein bestimmtes Thema zu stellen, z. B. zur Jahreszeit. Hierdurch erhält sie einen roten Faden, der Ablauf wird logisch für die Kinder und erleichtert der Spielleitung die Gesprächsführung zwischen den Spielen. Circa fünf Spiele bilden das Gerüst für eine Spielstunde von 30 – 45 Minuten.

Alter der Kinder

3- bis 4-Jährige brauchen eher Spiele, bei denen alle das Gleiche tun, z. B. Fingerspiele, Mitmachgeschichten. Sie haben nur eine kurze Konzentrationsspanne. Bei längeren Wartezeiten werden sie unruhig oder stehen auf, um z. B. in der Bauecke zu spielen. Sie lassen ihre Augen nicht gerne verbinden, was bei manchen Spielen dazugehört. Bei Solospielen melden sie sich zwar, aber wenn sie dran sind und etwas Bestimmtes allein sagen oder tun sollen, wissen sie oft nicht weiter.

5- und 6-Jährige lieben Spiellieder mit Solorollen. Einmal im Leben Prinzessin sein und alle anderen als Zuschauer zu haben, hebt das Selbstwertgefühl ungemein.

Allein vor die Türe zu gehen, auf sich allein gestellt vor der Gruppe zu stehen und etwas leisten, sagen, raten zu müssen ist für viele Kinder eine harte Bewährungsprobe und das Übungsfeld, um gelassen gewinnen oder verlieren zu lernen.

Eine Spielfolge soll dynamisch aufgebaut sein

Dynamik entsteht durch den Wechsel von bewegten und ruhigen Spielen. Spiele dürfen durchaus auch Übermut wecken und turbulent verlaufen, bis zum Beispiel alle Kinder übereinander purzeln. Die Erzieherin sollte dies eine Weile zulassen, sich dann aber Gehör verschaffen z. B. durch: „Lasst uns erst mal wieder hinsetzen und verschnaufen." Leise Spiele wie „Steinkönig" können die Kinder dann wieder zur Ruhe führen.

Dynamik entsteht auch durch den Wechsel der Spielart: Singspiel, Ratespiel, Wahrnehmungsspiel, Fingerspiel usw.

Einführung eines neuen Spieles

Lange Erklärungen ermüden. Stattdessen spielt die Erzieherin das Spiel vor. Während sie selbst z. B im Kreis herum geht und Mitspieler gezielt auffordert, wird den Kindern der Fortlauf klar.

Möglicher Aufbau einer Spielstunde

- Begrüßung, Ritual, Motivation, Spielatmosphäre schaffen, Lied
- Beginnspiel: z. B. Fingerspiel, Mitmachgeschichte, um alle in Bewegung zu versetzen, alle tun das Gleiche, keiner muss warten
- ruhiges Spiel/Konzentrationsspiel, bei dem nur einzelne Kinder dran kommen oder Einführung eines neuen Spieles
- lebendiges Spiel
- Spielwunsch der Kinder
- Aufräumspiel oder eines, bei dem wieder alle mitmachen können/Schlusslied

> **Beispiel – Märchenspielfolge:**
> - Märchenlied oder Mitmachgeschichte analog zum Spiel Löwenjagd
> - mehrere Märchenrätsel
> - Singspiel z. B. Hänsel und Gretel oder Dornröschen
> - Kimspiel mit Gegenständen aus Märchen
> - Aufräumspiel: Stuhltanz zu Schneewittchens Hochzeit

Bewegungsspiele

Bewegungsspiele sind Regelspiele mit relativ hohem Tempo, z. B. Lauf-, Fang- und Versteckspiele, Spiele mit dem Ball, dem Hüpfseil, mit Murmeln oder Hüpfkästchen in allerlei Variationen, entweder im Freien oder in der Halle.

Der Spielreiz von Bewegungsspielen besteht in bildhaften Namen wie „Königinnenball", im „Kick" des Jagens und Flüchtens oder in der Rolle als Solist, nämlich etwas bestimmen zu dürfen wie in „Fischer, wie tief ist das Wasser?".

Bei manchen Spielen werden nur einzelne aktiv, die anderen fungieren als Zuschauer, z.B. „Der Fuchs geht um"; bei anderen Spielen handelt zunächst einer gegen alle, die „Abgeschlagenen" werden zu Fängern und bei der dritten Form gibt es von Anfang an zwei gleichstarke Mannschaften, z.B. bei „Räuber und Gendarm".

Die Aufstellung der Spieler ist ein ordnendes Element. Bei „Der Fuchs geht um" findet die Verfolgungsjagd außerhalb des Kreises statt, aber auch mitten hindurch. Bei manchen Spielen stehen sich die gegnerischen Spieler gegenüber und müssen den Seitenwechsel überstehen, ohne gefangen oder zurückgeschickt zu werden.

Viele Bewegungsspiele eignen sich für spontane Angebote im Freien. Sie können die Lust am Spiel in der Gruppe wecken. Vorschulkinder brauchen die Leitung der Erwachsenen und genießen deren Mitspiel. Schulkinder brauchen eine Einführung und können dann selbst organisieren.

Bewegungsspiele bringen neben der motorischen Anforderung auch Dynamik ins Gruppengeschehen. Sie ermöglichen zufällige soziale Kontakte, auch Körperkontakt. Sie fordern Fairness, Selbstbeherrschung, Einsatz für die Mannschaft. Beim Versteckspiel erobern Kinder den Raum, suchen versteckte Ecken und Nischen auf, die sie ohne solche Spiele nicht kennen lernen würden.

> **Beispiel: „Kaiser, wie viele Schritte darf ich gehen?"** Alter ab 4 J. Anzahl Mitspieler: ca. 8–30.
>
> Ein Kind – der Kaiser – steht der Kindergruppe gegenüber etwa im Abstand von 15 Metern und mit dem Rücken zu den Kindern. Diese stehen in einer Reihe nebeneinander.
>
> Das erste Kind der Reihe ruft: „Kaiser, wie viele Schritte darf ich gehen?" Der Kaiser antwortet „drei große Schritte"

oder „vier Fußlängen" oder auch „drei Schritte zurück". Dann dreht er sich blitzschnell um – Kinder, die in ihrer Bewegung noch wackeln, müssen zurück zur Ausgangslinie.

■ Spiele mit Material

Merkmal: Anfangs geht es um die Aneignung der Fertigkeiten im Umgang mit Pedalos, Federballspiel, Hüpfseil, Hüpfkästchen und Ball, um die Freude am Tun und darum, Geschicklichkeit zu erwerben. Danach wird das Messen mit anderen wichtig.

Die Erzieherin zeigt, was und wie man die Spielmaterialien nutzen kann und weist auf geeignete Orte hin. Die Wiese ist kein Ort für Pedalos, und Federball und Ball spielt man nicht in Straßennähe. Auf dem Weg in den Park transportiert man einen Ball im Netz.

> **Beispiel Hüpfseil:** Etwa ab fünf Jahren, Material: ein langes Seil.
>
> Die Erzieherin schlägt ein langes Seil, das am anderen Ende fixiert ist. Anfangsaufstellung: ein Kind steht am ruhenden Seil, erst danach beginnt die Erzieherin mit dem Schwingen. Fortgeschrittene Könner springen ins schwingende Seil, auch zu mehreren.

> Viele Hüpfseilverse zählen die Anzahl der Sprünge.
> Teddybär, Teddybär, dreh' dich um
> Teddybär, Teddybär, mach' dich krumm,
> Teddybär, Teddybär, heb' ein Bein,'
> Teddybär, Teddybär, das ist fein.
> Teddybär – wie alt bist du?

Beispiel Zehnerprobe: Ab ca. sechs Jahren, ein Ball.

Die Kinder spielen einzeln und nacheinander gegen eine Wand. Jede fortlaufende Zahl gibt die Anzahl der Wiederholungen an.

Eins: einmal gegen die Wand werfen und fangen

Zwei: zweimal ...

Wer es bis 10 schafft, hat die erste Runde bestanden und das nächste Kind kommt an die Reihe. Wer den Ball verliert, gibt ihn ab und muss – wenn die Reihe wieder an ihm ist – die aktuelle Aufgabe von vorn beginnen.

Die Proben im Einzelnen:

Gegen die Wand werfen

– und fangen (bis 10 x)
– und auf dem Boden aufspringen lassen und fangen (bis 10 x)
– und auf dem Boden aufspringen lassen, sich einmal um die eigene Achse drehen und fangen

usw.

■ New Games contra Wettspiele

Eine wichtige Entwicklungsaufgabe für Schulkinder ist, den eigenen Platz in der Gruppe zu finden. Hierzu können Gewinnspiele beitragen. Ein Sieg stärkt das Selbstwertgefühl und vielleicht auch das Ansehen in der Gruppe. Aber was ist mit den Verlierern?

Kinder wollen sich nicht permanent messen. Hier setzen *New Games* an. Das sind Interaktionsspiele ohne Gewinner und Verlierer. An manchen Spielen können über 100 Teilnehmer mitspielen. Sie werden u. a. zum „warming up" oder als „Eisbrecher" benutzt.

Die Geburtsstunde der New Games war eine Veranstaltung an der San Francisco State University mit dem Namen „World War IV". STEWARD BRAND, der Erfinder dieser Spiele, hatte beobachtet, dass viele Jugendliche und Erwachsene keine gesunde Beziehung zu ihrem Körper haben. Er zählte die Kriegs- und Kampfgegner hierzu. So erfand er großräumige Wettkampfspiele, um über Körpereinsatz ein besseres Verhältnis zum eigenen Körper zu erreichen. Rahmenbedingungen waren ein abgestecktes Spielfeld, weicher Boden und die „Stopp-Regel", nach der jeder Gegner den sofortigen Abbruch der Attacke verlangen konnte. Allmählich kamen Vertrauensspiele hinzu, und das „Creative Play Movement" steuerte das Prinzip der Selbstgestaltung der Spiele bei, wobei es u. a. über eine Kärtchenmethode zu sehr originellen Spielszenarien kommt.

1974 wurde die gemeinnützige New Games Foundation gegründet, die über Hunderte von Trainingsworkshops in Nordamerika für eine rasche Verbreitung sorgte. Heute sind New Games weltweit bekannt und aus der Arbeit mit Kindern, Jugendlichen, Erwachsenen und Senioren nicht wegzudenken. Ein Vorteil dieser Spiele liegt darin, dass sie ohne weiteres mit Teilnehmern sehr verschiedenen Alters gespielt werden können.[12]

Beispiel – Gordischer Knoten: Alle Mitspieler stehen dicht zusammengedrängt und strecken ihre Hände in die Höhe. Sie schließen ihre Augen und packen eine beliebige Hand. Jetzt herrscht erst einmal ein Knäuel. Durch Übersteigen und sich Durchwinden wird der Knoten aufgelöst.

Beispiel – Fallschirmspiele: Die Größe, die Leichtigkeit des Stoffes und die leuchtenden Farben des Fallschirmes haben einen ungeheuren Aufforderungscharakter. Kein Kind, kein Erwachsener kann sich diesem entziehen. Bei aller Feinheit des Stoffes ist dieser doch erstaunlich strapazierfähig. Nur Schuhe und Nässe verträgt er nicht.

- Wellen schütteln, kleine und große, ein oder zwei Kinder liegen auf oder sitzen unter den Wellen.
- „Lotosblüte": Ein Kind sitzt auf der Fallschirmmitte, die anderen Kinder gehen mit dem Fallschirm im Kreis, wickeln das Kind ein, es wird bald umfallen.
- Den Fallschirm hochschwingen, zwei Kinder wechseln unter dem Fallschirm den Platz.
- „Höhlenschwung": Die sitzenden Kinder führen den Fallschirm auf ein Zeichen hin nach oben, sodass er sich wie eine Riesenkugel wölbt, und fixieren den äußeren Rand hinter ihrem Rücken unter dem Gesäß.
- Einen Softball mit dem Fallschirm in die Luft werfen und wieder auffangen.
- „Halt' den Ball": Er darf nicht vom Fallschirm herunterfallen
- Krokodil: Die Kinder sitzen mit ausgestreckten Beinen im Kreis und spannen den Fallschirm.

---

[12] nach Le Fevre, D., 2002

Ein Kind kriecht als Krokodil unter dem Fallschirm herum und zieht das eine oder andere sitzende Kind zu sich, welches ebenfalls zum Krokodil wird.

- Katze und Maus: Die Maus ist unter dem Fallschirm, die Katze krabbelt ohne Schuhe auf dem Fallschirm herum, der leicht bewegt wird. Die Katze fängt die Maus.
- Eine größere Anzahl von Tennisbällen ist auf dem Fallschirm verteilt, der leicht bewegt wird. Ein Kind (ohne Schuhe) sammelt die Bälle ein und wirft sie in einen Korb.

Einige Werte der Fallschirmspiele:

- Gleichberechtigung durch die Aufstellung rund um den Fallschirm.
- Bewegungskoordination und Zusammenarbeit beim Seitenwechsel unter dem Schirm, beim Spiel mit dem Softball, der nicht herunterfallen soll, beim Zusammenfalten.

- Absprache treffen über ein bestimmtes Spiel, ein Spiel erfinden und erklären.
- Ein Teilnehmer sagt den Spielbeginn und das Ende eines Spieles an.
- Freude ohne Leistungsanspruch.
- Körperkontakt.
- Lustvolle Interaktionen.

Aufgabe:
Vorbereitung eines Spielnachmittags für eine Kindertagesein-richtung mit ca. 25 Kindern von fünf bis sieben Jahren.
Anzahl Schülerinnen: 15; je drei Schülerinnen übernehmen eine Spielstation.
Anzahl Spielstationen: vier
Anzahl Spiele je Spielstation: Eines und eines im Vorrat, falls das erste nicht ankommt.

Vier Dreierteams wählen drei Spiele einer Art aus, erproben diese zunächst in ihrer Praxiseinrichtung und entscheiden sich danach für die zwei besten.

Ein Dreierteam bereitet die Begrüßung vor, die Organisation und eine Abschlussrunde.

Mögliche Spielarten: Murmelspiele, Hüpfkästchenspiele, Lauf- und Fangspiele, Spiele mit Seitenwechsel, Versteckspiele, New Games.

5. Soziales Lernen

Von der Familie in den Kindergarten

Wenn ein Kind mit drei Jahren in den Kindergarten kommt, bringt es drei wesentliche Voraussetzungen für das Leben in einer Gruppe mit.

1. Es hat in der Regel Bindung erfahren und auf dieser Basis ein Urvertrauen in soziale Beziehungen aufgebaut.
2. Das Kind hat bereits ein gewisses Maß an Selbstkontrolle erreicht, insofern, als es nicht mehr wie mit einem Jahr einem anderen einfach etwas wegnimmt. Auch in

anderen Bereichen weiß es in Grundzügen, was man darf und was nicht, und es hält sich daran, auch wenn die Mutter nicht da ist.

3. Es fühlt sich zu Gleichaltrigen hingezogen und ist fähig zu kurzen Kontakten, meist über das Medium Spielzeug.

Zur Vorbereitung des Kindergarteneintritts besichtigen Mutter/Vater und Kind die Einrichtung und knüpfen den ersten Kontakt mit der künftigen Erzieherin. Das Kind kommt vor dem Kindergarteneintritt zu „Schnuppertagen".

Am ersten richtigen Kindergartentag gibt die Mutter das Kind in die Obhut der Erzieherin, bleibt noch eine Weile auf Sichtkontakt und verabschiedet sich dann. Wenn es in den ersten Tagen beim Abschied weint, tröstet sie es, geht aber dennoch weg, sodass sich das Kind an das Weggehen und Wiederkommen gewöhnt. Ein Abschiedsritual hilft insbesondere in der Anfangszeit.

Für Kinder unter drei Jahren wird eine bis zu zweiwöchige Eingewöhnungsphase empfohlen. Die Hauptbezugsperson bleibt in den ersten Tagen im Gruppenraum. An ein oder zwei folgenden Tagen hält sie sich in einem Nebenraum auf, um im Bedarfsfall sofort für ihr Kind da zu sein, spätestens in der zweiten Woche verabschiedet sie sich, bleibt aber (telefonisch) erreichbar.

Wenn zehn Dreijährige neu in den Kindergarten kommen, dann wird man etwa zehn verschiedene Möglichkeiten beobachten, wie sie mit der neuen Situation umgehen.

Nehmen wir Marc: Er scheint wenig beunruhigt zu sein, dass seine Mutter weggeht. Er beobachtet zwei Mädchen in der Puppenecke, die Katze spielen und macht mit. Nachdem er ein Mädchen als Katze gekratzt hat, schicken diese ihn weg. Nach einer Weile kommt er als Hund zurück und darf wieder mitspielen. Er hat gelernt, dass sein Mitspiel akzeptiert wird, sein Kratzen aber nicht.

Anders ist es bei Sonja. Sie streift die ersten Wochen durch das Zimmer, frühstückt sehr lange und beobachtet viel. Aber was beobachtet sie? Sie beobachtet weder bestimmte Kinder noch bestimmte Spielarten. Jedoch schaut sie interessiert, wenn ein Kind weint oder andere ärgert. Wie reagiert die Erzieherin? Sonja lässt sich noch nicht auf das soziale Geschehen ein. Was lernt sie?

In Kindertageseinrichtungen mit offenem Konzept brauchen die neuen Dreijährigen in den ersten Wochen eine intensive Begleitung, bis sie mit den Hausgegebenheiten zurechtkommen.

Aufgabe:
Betrachten Sie jetzt das Doppelbild im Kapitel „Spiel und Spielen" (S. 416–417). Versetzen Sie sich in die Situation von Lukas, der mit den Händen vor den Augen zwischen dem Aquarium und dem Ausstellungstisch mit Dinosauriern hindurchgeht. Angenommen, er wäre das neue Kind. Was empfindet er, und was wird er in nächster Zeit lernen müssen?

Der Begriff der Sozialkompetenz

Ein Schwerpunkt der Kindergartenpädagogik ist zweifellos das soziale Lernen in einer Gruppe altersnaher Kinder. Soziales Lernen kann man sehr unterschiedlich definieren, z.B. als das Einordnen in eine Gruppe oder als das Erlernen von Normen und Werten unserer Gesellschaft.

Die Betonung der Kompetenz drückt aus, dass das Kind etwas Bestimmtes können soll. Es soll

Wissen und Handlungskompetenz erwerben, um mit anderen in Kontakt zu treten, Beziehungen zu gestalten, Konflikte altersangemessen zu lösen, sich prosozial zu verhalten, es soll ein Wir-Gefühl, Verantwortungsbewusstsein und Solidarität entwickeln.

Der Begriff Kompetenz betont auch den Konstruktionsaspekt. Die Kompetenz wird dem Kind nicht in den Schoss gelegt, es muss aktiv vorgehen, Situationen mitgestalten, über sein Verhalten nachdenken, Fähigkeiten üben, um sie zu beherrschen. Der Konstruktionsprozess fordert die ganze Person und formt gleichzeitig das Selbstbild mit.

Wer in einer Gruppe agiert, erhält Rückmeldung über sein Verhalten. Wer schlägt und zurückgeschlagen wird, wer sich nicht einbringt und auch nicht beachtet wird, erlebt zwar die Reaktion, sieht sich jedoch nicht unbedingt als Verursacher, zumal das „Feedback" meist nicht unmittelbar erfolgt. Die Rückmeldungen beeinflussen das Selbstbild. Sie vermitteln dem Betreffenden, ob er beliebt ist, abgelehnt oder vergessen wird, ob man ihm etwas zutraut oder nicht. Die Erzieherin hilft dem Kind, sein Verhalten zu reflektieren und sein Selbstbild positiv aufzubauen.

Kommunikation, soziale Interaktion und prosoziales Verhalten

Eine Voraussetzung der Sozialkompetenz ist, sich mitzuteilen. Ein- und Zweijährige zeigen, was sie möchten und wehren ab, was ihnen nicht gefällt z.B. wenn sie jetzt nicht gewickelt werden wollen. Sie können ja nicht sagen: „Warte, ich muss schnell noch mein Auto holen, bevor der Jan es nimmt". Im Umgang mit Gleichaltrigen, machen sie mit lauten Geräuschen und in die Hände-Klatschen auf sich aufmerksam.

Dreijährige können ihre Anliegen schon relativ klar vorbringen. Sie sagen, was ein anderes Kind tun soll oder dass sie ein bestimmtes Spiel möchten.

3- bis 4-Jährige erzählen und spielen Fragmente von dem, was sie gerade denken. 6-Jährige berichten darüber, was sie beschäftigt, aber die Worte für Gefühle fehlen ihnen oft noch. Sie sprechen dann z.B. von Bauchschmerzen, wenn sie traurig sind. Viele Bilderbücher thematisieren Gefühle, wie Einsamkeit, verliebt sein, Trauer, so dass Kinder sich wiedererkennen und Worte für das erhalten, was sie fühlen.

■ Soziale Interaktion mit Gleichrangigen

Dies bedeutet, Kontakt mit anderen aufzunehmen, auf andere zu reagieren und andere zu beeinflussen. Kinder unter drei Jahren zeigen oder geben sich gegenseitig Spielzeug oder Alltagsmaterial, machen lustige Bewegungen und fordern zu waghalsigen Aktionen auf. Aber die Kontakte sind oft noch recht kurz.

Was reizt ein Kind eigentlich, sich auf eine turbulente Kindergartengruppe einzulassen? Es sind nicht nur die Beobachtungsmöglichkeiten, das Spielzeug, das „Unterhaltungsprogramm", sondern eine ganz neue Erfahrung: Es sind die Interaktionen auf gleicher Ebene mit „Gleichrangigen"!

■ Jungen und Mädchen

Interaktionen werden wesentlich durch die Geschlechtszugehörigkeit bestimmt. Schon Kinder unter drei Jahren bevorzugen Spielpartner des eigenen Geschlechts, Jungen tendenziell stärker als Mädchen. Das wurde sowohl in geschlechtstypischen Situationen (Puppen- oder Autospiel) beobachtet wie auch bei geschlechtsneutralen Spielen. Dazu muss man wissen, dass Kinder ihre Geschlechtsgenossen nachahmen und dass sie ab vier bis fünf Jahren beginnen, sich gegenüber dem anderen Geschlecht abzugrenzen, um ihre eigene Geschlechtsidentität zu finden.

NIESEL führt an, dass Jungen sich im Spiel tendenziell wettbewerbsorientiert verhalten; fordern, drohen und prahlen, meinen, ihr Revier verteidigen zu müssen. Sie gehen rauer miteinander um, was Mädchen in gemeinsamen Spielsituationen stört. Mädchen wenden andere Strategien an. Sie versuchen, ihre Spielpartner freundlich zu überzeugen. Sie mögen das Spiel in der Gruppe, setzen sich für den Fortgang des Spiels ein und sind zu Kompromissen bereit.

Sie mögen nicht mit Kindern spielen, die nicht auf sie eingehen, und das sind eher Jungen als Mädchen.

Jungen entsprechen nicht gerne den Forderungen anderer, was viele Erzieherinnen auch beklagen. In Gesprächssituationen stören sie tendenziell den Redner, machen Bemerkungen, setzen noch „eins drauf". Mädchen lassen im Gespräch andere zu Wort kommen und bestätigen die Ausführungen anderer. Sie nutzen das Gespräch zur sozialen Einbindung.[1]

■ Konflikte

Im Zusammensein mit anderen entstehen Interessenskonflikte um Spielzeug, den Ort, an dem das Kind spielen möchte, um die Erzieherin oder um einen Freund, der anderes will als man selbst. Hierfür hat das neue Kindergartenkind noch kein Verhaltensrepertoire. Es verteidigt seine vermeintlichen Rechte. Wenn ihm die Worte noch fehlen, reißt es unter Umständen das Streitobjekt an sich, kratzt oder schlägt.

Abgeben und teilen müssen erlebt ein Kind bis zu drei Jahren erst einmal als ein Verlieren. Der Erwachsene fordert, und das Kind fühlt sich ohnmächtig. Es hat noch keine Einsicht in die Vorläufigkeit (was ich jetzt abgebe, kann ich nachher wieder haben) und in den Gemeinschaftsbesitz der Einrichtung und hinsichtlich der gleichberechtigten Interessen aller Kinder.

Allmählich erfährt es, dass es selbst davon profitiert. Beim Zeitteilen, wenn zuerst es selbst und dann ein anderes Kind den begehrten Ball haben kann, sieht es die Spielideen des anderen und kann vielleicht sogar eine Rolle in dessen Spiel übernehmen. Oft ist das Streitverhalten heftig, zum Glück meist aber auch schnell wieder vergessen.

Melissa, die neue Praktikantin, wundert sich. Für ihre Begriffe streiten die Kinder ihrer Gruppe relativ viel. Heute hat sie zwischen 8 und 14 Uhr eine Strichliste geführt. (Für nähere Beschreibungen hatte sie keine Zeit). Thorsten war 15-mal in Streitereien verwickelt, davon 6-mal handgreiflich, Werner 11-mal, Vanessa 5-mal und Yvonne 18-mal.

Zu wissen, dass Fünfjährige im Durchschnitt 20-mal am Tag mit anderen in Konflikt geraten (also 7 000-mal in einem Jahr)[2] beruhigt Melissa wenig. Das würde ja heißen, dass man es akzeptiert. Überhaupt stellt sich heraus, dass die eine Erzieherin als Meinungsverschiedenheit bezeichnet, was für eine andere schon ein Streit ist.

Das Team nimmt sich zweierlei vor. Zwei Erzieherinnen sollen zwei für sie typische Konfliktsituationen protokollieren. Davon könnten sie eine in der Kinderkonferenz besprechen, um zu hören, was die Kinder dazu sagen.

Melissa möchte lieber beobachten, wie die Kinder ihre Konflikte selbst lösen. Davon kann man ungemein viel lernen.

Aufgabe:

Melissas Praxisanleiterin hat schlechte Erfahrungen damit gemacht, das Problem-

---

[1] nach Niesel, R., 1999

[2] nach Mietzel, G., 2002

verhalten einzelner Kinder im großen Kreis zu behandeln.

Welche Vor- und Nachteile sehen Sie für die Erörterung im großen Kreis?

In Konflikten um Spielzeug u. Ä. hat es sich als günstig erwiesen, den Hergang schildern zu lassen, ohne den Schuldigen finden zu wollen. Das wird sowieso nicht gelingen. Die Schilderung lässt möglichen Zorn schon etwas abkühlen. Dann soll im Mittelpunkt stehen, wie das Problem zu lösen wäre. Problemlösung und Versöhnung sind ungemein wichtige Lernerfahrungen.

Hat sich ein Kind erkennbar unsozial verhalten, zeigt und erläutert ihm die Erzieherin, dass Kratzen und Schlagen dem anderen Kind wehtun und warum es etwas abgeben oder teilen muss. Statt mit dem „Täter" zu schimpfen, wollen Eltern/Erzieherinnen bewirken, dass es sich in die Rolle des Opfers versetzt. Das bezieht das Opfer nämlich gleich mit ein, was beim Schimpfen oft vergessen wird.

DLUGOKINSKI und FIRESTONE stellten fest, dass in Elternhäusern, die die Opferperspektive beachten, Kinder empathischer und sensibler auf Wünsche anderer eingehen und hilfsbereiter sind. Ein Wiedergutmachungsimpuls fordert nochmals auf, über die Folgen unsozialen Verhaltens nachzudenken.[3]

Aufgabe:
Bilderbücher konkretisieren soziale Themen in vielen Variationen. Sie haben den Vorteil, gruppenspezifische Probleme oder auch prosoziales Verhalten an einer neutralen Handlungsperson zu bearbeiten.

Sichten Sie Bilderbücher, filtern Sie das „sozialerzieherische Thema" heraus. Begründen Sie, warum Sie die Lösung im Buch schätzen oder nicht. Erstellen Sie eine Liste nach sozialen Themen, sodass Sie im Bedarfsfall schnell das passende Buch zur Hand haben.

■ Förderung prosozialen Verhaltens

Prosoziales Verhalten bedeutet, z. B. freiwillig etwas zum Wohle anderer zu tun. Im Vorschulalter geben sich Kinder Spielsachen und andere Dinge. Der Begriff „soziales Geben und Nehmen" bedeutet, sich anerkennend über Beiträge anderer zu äußern, anderen zu helfen, sie zu trösten. Zum Trösten sind Kinder bereits ab 1 ½ Jahren fähig, wobei sie den Trost geben, der ihnen selbst helfen würde, sie bringen z. B. den Teddy. Allerdings übersehen ebenso viele Kinder die Hilfsbedürftigkeit oder lachen gar und laufen weg, auch, weil sie nicht wissen, wie sie helfen könnten.[4]

Zum Aufbau prosozialen Verhaltens ist die Erfahrung emotionaler Sicherheit und Stabilität eine wichtige Grundlage. Wenn das Kind in einer liebevollen und freundlichen häuslichen Atmosphäre aufwächst und in belastenden Situationen körperliche Nähe und Zuwendung erhält, dann entwickelt es Kräfte, um selbst produktive Lösungsmöglichkeiten für seine Probleme zu finden.

Sieht es Eltern (Erzieherinnen), die sich zum Wohl anderer einsetzen, ist die Chance groß, ihr Verhalten zu übernehmen.

Gruppenfähigkeit

■ Freundschaft als Brücke zur Gesamtgruppe

Schon Kinder unter drei Jahren zeigen Vorlieben für bestimmte Kinder, vermutlich weil sie vertrauter und berechenbarer in ihrem Verhalten sind. Ältere Kinder äußern, dass sie das eine Kind für ruhige Spiele bevorzugen, und ein anderes für wilde oder „gefährliche Tätigkeiten". Beliebt sind Kinder mit prosozialem Verhalten.

[3] nach Mietzel, G., 2002
[4] nach Mietzel, G., 2002

Merkmale von Freundschaft sind: Interesse am Anderen, Mitgefühl und Gleichrangigkeit.

Ein Konzept von Freundschaft entwickeln Kinder nach KELLER und EDELSTEIN über vier Stufen:

Stufe 1: Die Kinder bezeichnen das Kind als Freund, mit dem sie gerade spielen. Das Konzept einer engen Freundschaft haben sie noch nicht.

Stufe 2: Es wird das Kind als Freund bezeichnet, mit dem sie am häufigsten spielen.

Stufe 3: Als Merkmal von Freundschaft nennen sie nun die wechselseitige Nähe und das Vertrauen (Teilen von Geheimnissen).

Stufe 4: Freundschaft wird jetzt verstanden als Vertrautheit und Verlässlichkeit, Verständnis der Lage und des Verhaltens des Freundes, Teilen von Erfahrungen und Gefühlen.[5]

Freundschaft kann auch zu emotionaler Abhängigkeit führen bzw. Kinder können Dominanzverhalten ihrem Freund gegenüber entwickeln. Erzieherinnen versuchen, Kinder immer wieder in andere Kleingruppen einzubeziehen, damit sie neue soziale Erfahrungen sammeln.

■ Kleingruppenbildung

Während 3- bis 4-Jährige vorwiegend mit einem Kind soziale Interaktionen unterhalten, kommt es bei über 4-Jährigen auch zur Kleingruppenbildung, d.h., dass drei und mehr Kinder gemeinsam aktiv sind. Kleingruppen entstehen aufgrund gemeinsamer Interessen oder einer gemeinsamen Sprache. Eine Kleingruppe bleibt zusammen, wenn es den Mitgliedern gelingt, sich über gemeinsame Vorhaben abzusprechen, die Interessen und Gefühlslage mehrerer Personen zu beachten, Regeln aufzustellen und Konflikte auszuhandeln. Triebfeder hierzu ist der Wunsch nach Zugehörigkeit und nach Freundschaft.

[5] nach R. Oerter, L., Montada, G., 2002

Die Dauer ist unterschiedlich: Kleingruppen bilden sich manchmal für eine halbe Stunde, können aber auch mehrere Tage/Wochen bestehen bleiben. Kindergartenkinder ordnen sich in der Regel wechselnden Kleingruppen zu. Ab dem Alter von fünf Jahren werden Kleingruppen konstanter, und je älter die Kinder sind, umso eher sind diese gleichgeschlechtlich.

Für bestimmte Tätigkeiten stellen Erzieherinnen auch Kleingruppen von sechs bis acht Kindern zusammen oder teilen die Gesamtgruppe, z.B. zum Turnen oder zur Arbeit an einem Projektthema. Gruppenpädagogisch besteht hier die Chance, mit Kindern in Kontakt zu kommen, die sie bisher noch gar nicht beachtet haben oder die bis dahin unerreichbar für sie waren.

(Siehe Kapitel Spiel und Spielen: Soziale Interaktionen im Spiel: Vom Alleinspiel zum Kooperationsspiel, S. 415)

Aufgaben:
1. Wählen Sie einen Ausschnitt aus dem großen Doppelbild im Kapitel „Spiel und Spielen" auf S.416/417. Welche Interaktionsformen vom Alleinspiel bis zum Kooperationsspiel sehen Sie in diesem Abschnitt?
2. Erstellen Sie eine Tabelle. Zählen Sie die Interaktionsformen des gesamten Bildes. Welche Form kommt am häufigsten vor?

■ Gesamtgruppe

Einen Freund in der Gruppe zu haben, bedeutet noch nicht unbedingt, sich in der Gesamtgruppe heimisch zu fühlen. Manche Kinder brauchen oft lange, bis sie es wagen, sich unbefangen zu äußern oder etwas vor anderen zu tun. Bis ins Grundschulalter brauchen sie Schutz und die deutliche Führung der Erzieherin oder des Lehrers. Gemeinsame Erlebnisse stützen diesen Prozess ebenso wie Rituale und Regeln, die Sicherheit geben und gleiches Recht für alle schaffen.

Mit zunehmendem Wir-Gefühl beginnen Kinder, Verantwortung für eine Aufgabe in der Gruppe zu übernehmen. Sie lernen auch die Interessen anderer zu berücksichtigen, z.B. bei der Planung eines gemeinsamen Vorhabens. Eine Kindergartengruppe kann als Mikrokosmos unserer Gesellschaft gesehen werden, in dem Kinder verschiedenster Herkunft gleichrangig und mit viel Unterstützung von Erwachsenen grundlegende Sozialkompetenzen für ein Leben in der Gemeinschaft erwerben.

Die Gruppe der Gleichaltrigen im Schulkindalter

Etwa ab dem 9. Lebensjahr wird das Gruppenleben für Kinder besonders wichtig. Sie können und müssen ihre Beziehungen selbstständiger regeln. In dieser Phase entsteht eine ausgesprochen informelle Ordnung mit Positionskämpfen, Provokationen, Beeinflussung und Kränkungen. Jetzt wird Freundschaft enorm wichtig. Manchen Kindern fällt es schwer, sich im Klassenzimmer, auf dem Schulhof und in der Freizeit zu behaupten. Sie suchen noch viel Anerkennung und Schutz beim Lehrer, was die Alterskameraden als Schwäche auslegen.

Der Gruppenführer ist sehr einflussreich. Er bestimmt in weiten Teilen die Gruppenmeinung. Wer dazu gehören möchte, muss sich damit identifizieren und Gruppengeheimnisse bewahren. Überhaupt ordnen Kinder sich gern wichtigen Personen in der Gruppe zu, um von deren Ruf oder Aura etwas abzubekommen. Das ist bei Kindern nicht anders als bei Erwachsenen.

Beliebt sind Kinder mit hoher sozialer Geschicklichkeit. Diese hören aufmerksam zu, bekunden Interesse, äußern sich anerkennend über das Verhalten und die Beiträge anderer und teilen ihren Besitz.[6] Kinder mit geringerer Beliebtheit werden in der Mehrheit von anderen abgelehnt. Sie sind eher unfreundlich, stören friedliche Kontakte und setzen ihre Wünsche mit aggressiven Mitteln um.

Manche Kinder versuchen gar nicht, beliebt zu werden und halten sich in vielen Situationen heraus. Sie sind nicht unbedingt sozial ungeschickt, aber meinen es oft von sich. Damit katapultieren sie sich selbst ins Abseits.

Kinder, die in der Auseinandersetzung um Einflussnahme und Rang unterliegen, werden oft zur Zielscheibe von Spott und Aggression. Nicht selten kommt es auch zu kollektiver Gewalt (mehrere gegen einen, Gruppe gegen Gruppe).

Erzieherinnen und Lehrer wissen oft wenig über psychische und physische Verletzungen der Kinder untereinander, da Kinder ja auch handeln, wenn wir sie nicht sehen.[7]

Wie kann man einem sozial ungeschickten Kind helfen, andere Strategien zu entwickeln?
  Die Erzieherin könnte mit ihm das Spielverhalten sozial geschickter Kinder beobachten (alternativ in einem Film oder Bilderbuch ansehen) und dieses mit ihm reflektieren.

> Erzieherin;: „Warum macht diesen Kindern das Spiel Spaß!"
> Kind: „Sie spielen zusammen"
> Erzieherin: „Was tun sie genau?"
> Kind: „Sie bauen zusammen."
> Erzieherin: „Was heißt zusammen?"
> Kind: „Das eine Kind sagt eine Idee und das andere Kind sagt gut oder probiere es doch so."
> Erzieherin: „Aha, man kann einem anderen Kind also etwas helfen. Siehst du noch etwas, was sie gemeinsam tun?"
> Kind: „Das eine hält dem anderen etwas hin."
> usw.

Zur Reflexion ist eine solche Situation wesentlich besser geeignet, als eine Konfliktsituation abzuwarten, da das Kind dann nicht aufnahmebereit ist.

---

[6] nach Mietzel, G., 2002

[7] nach Schenk-Danzinger, L., 2001 und Grossmann, U., 1996

■ **Einige Möglichkeiten der Erzieherin zur Unterstützung der Sozialkompetenz**

Gemeinschaft leben	Freunde finden, z. B.	Kleingruppenbildung ermöglichen, z. B.
• Wer ist heute da, wer fehlt? • Gruppenvorhaben planen, durchführen und nachbesprechen • Gemeinsam essen und spielen	• Übung: Führen und Folgen • Ballmassage • Gegenseitiges Schminken • Zwei Kinder erhalten zusammen ein Amt • Mütter anregen, Freunde ihrer Kinder einzuladen	• Kleine Spielbereiche schaffen • Zeit für selbstbestimmtes Tun geben • Frustration (z. B. Zurückweisung) ertragen helfen • Ausgliederung entgegenwirken • Gruppenbildung aufgrund gemeinsamer Sprache zulassen • gezielte Kleingruppenbildung
Kennenlern- und Wahrnehmungsspiele, z. B.	**Umgang mit Konflikten, z. B.**	**Werte vermitteln**
• Lieder wie: „Geht einer auf den andern zu…" • Spiele, in denen die Namen der Kinder vorkommen • Häschen in der Grube • Personen-Kimspiele wie „Stimmen raten" oder „Wer fehlt hier?" • Pantomime	• Folgen unangemessenen Verhaltens aufzeigen • Aufforderung, sich in die Lage und das Gefühl des anderen zu versetzen • Wiedergutmachung bevorzugen • Klare „Ich-Botschaften" geben	• Bilderbuchbetrachtung • Rituale pflegen • Gruppenregeln erörtern und gemeinsam festlegen, regelmäßige Reflexion des Einhaltens der Regeln • Erfahrungen austauschen u. a. über Begegnungen, vorbildliches Verhalten

Störungen des Sozialverhaltens

Manche Kinder fordern uns besonders heraus. Sie setzen sich Gefahren aus oder achten Rechte anderer nicht. Dann heißt es schnell, sie seien verhaltensgestört. Ein professioneller Umgang bedeutet, sich mit den Kolleginnen darüber auszutauschen, gezielte Beobachtungen durchzuführen und nach Ursachen in der Einrichtung zu suchen. Vielleicht müssen die Regeln neu besprochen, eine andere Tagesstruktur gefunden werden.

Reicht dies nicht aus, bittet die zuständige Erzieherin die Eltern zu einem Gespräch und schlägt gegebenenfalls vor, einen Fachdienst hinzuzuziehen. Das ist eine heikle Entscheidung, denn damit wird ein ganzer Apparat von Aktionen ausgelöst, möglicherweise „nur" für eine Krise, wie sie immer wieder im Leben vorkommt. Deshalb ist ein Kriterium, um offiziell von „Störungen des Sozialverhaltens" sprechen zu können, dass es über sechs Monate andauert. Auch ist das Verhalten in Bezug zum Alter zu setzen. Wenn ein

Dreijähriger einen Wutausbruch hat oder im Supermarkt Kekse mitnimmt, ist das noch keine Störung des Sozialverhaltens, obwohl die Rechte und Bedürfnisse anderer missachtet werden. Auch Jähzorn, ein übersteigertes Ich-Gefühl, Eifersucht, Missgunst erschweren zwar das Zusammenleben, reichen aber nicht aus, ein Verhalten als sozial gestört zu bezeichnen.

Die ICD-10-Klassifikation[8] nennt folgende Merkmale der Störung des Sozialverhalten:

Extremes Maß an Streitereien und Tyrannisieren, Grausamkeit gegenüber anderen Menschen oder Tieren, erhebliche Destruktivität gegen Eigentum; Feuerlegen, Stehlen, häufiges Lügen, Schulschwänzen und Weglaufen von zu Hause, ungewöhnlich häufige und schwere Wutausbrüche und Ungehorsam. Isolierte dissoziale Handlungen genügen nicht, ein Verhalten als sozial gestört zu bezeichnen. Davon spricht man erst, wenn das Verhalten ein Muster bildet, sich über einen längeren Zeitraum (ca. sechs Monate) hält, in mehreren Bezugssystemen auftritt und wenn es in besonderer Weise altersentsprechenden Erwartungen zuwider läuft.

---

[8] ICD-10 = International Classification of Deseases der Weltgesundheitsorganisation in der Fassung von 2006

6. Kreativität und Gestalten

Merle malt gern und ist eine leidenschaftliche Bastlerin. Sie töpfert und stellt Schmuck her. Ihre Mutter sagt, dass sie einen „goldenen Daumen" habe.

In der ersten Schulwoche hat sie in der Vorstellungsrunde von ihrem Hobby berichtet. Nach ihr kam Alexander an die Reihe. Er will eigentlich Künstler werden und hält von Basteln gar nichts.

Danach sollten sie zeichnerisch ausdrücken, warum sie den Erzieherberuf gewählt haben. Kaum hatte sie einen Blick aufs Nachbarblatt geworfen, schon hörte sie die Lehrerin: „Schließt die Augen und konzentriert euch auf euch selbst. Es soll von innen heraus kommen. Ihr seid hier, um eigene Kräfte zu entfalten." Nach zehn Minuten sollte jeder einen Gedanken zu seinem Bild äußern. Das war ganz interessant, aber insgesamt war sie enttäuscht. Sie dachte: Beim Basteln erhält man immer ein gutes Ergebnis, dank der Bastelanleitung.

Später haben sie folgendes Experiment gemacht:

Experiment: Material: Zeitungspapier, Tesa-Krepp, Schnur, Schere.

Auftrag: Eine Stadt aus Zeitungspapier herstellen.

Zuerst herrschte Schweigen. Wie sollte man mit dünnem Papier Häuser oder Türme bauen? Zaghaft kamen die ersten auf die Idee, die Zeitungen ineinander zu schieben und zu rollen.

Es bildeten sich Dreier- und Vierergruppen, die einen hielten fest, die anderen fixierten Verbindungen. So entstanden Gebäude u.a.m. in Skelettbauweise, eine halbe Stadt. Hätte es noch eine andere Möglichkeit gegeben?

Nach dem Experiment konnte man hören: „Das haben wir gut hingekriegt" oder „Anfangs fiel mir überhaupt nichts ein" und „Ich hatte 'zig Ideen im Kopf, aber hätte keine erklären können".

Die Kunst- und Werklehrerin lobte am Ende der Stunde die produktive Kreativität und die gute Zusammenarbeit! „Ihr könnt viel mehr als basteln. Ich bin gespannt, welches Potenzial in euch steckt."

Begriff: Kreativität

Im weitesten Sinne bezeichnet der Begriff Kreativität die Fähigkeit, Wissen, Erkenntnisse und Erfahrungen in einen neuen Zusammenhang zu stellen und etwas zu erfinden, was es noch nicht gibt oder was für den kreativen Menschen selbst neu ist.

Vier wesentliche Merkmale von Kreativität sind:

- *Problemsensitivität*, d.h. eine Aufgabe zu erkennen, die man in Angriff nehmen will.
- *Ideenflüssigkeit und Fantasie*: dazu gehört, viele, auch visionäre Ideen zu entwickeln.
- *Optimismus und Flexibilität*: d.h., man ist überzeugt, die selbstgewählte Aufgabe zu schaffen, und kann Ideen anderer oder neue Entwicklungen einbeziehen.
- *Sachlogik und Kombinationsgabe* bedeutet, analytische Fähigkeiten zu haben und viele Aspekte einzubeziehen.

Der Art nach unterscheidet man zwischen künstlerischer, zweckfreier Kreativität und produktiver Kreativität:

- Produktive Kreativität hilft z.B. Probleme im Team zu lösen oder bei sinkenden Kinderzahlen Ideen zu entwickeln, um die Gruppen und die Einrichtung zu erhalten.
- Produktive Kreativität ist eine Schlüsselqualifikation in der Politik, der Bildung, der Wirtschaft, in Wissenschaft und Technologie, im gesellschaftlichen Zusammenleben sowie im privaten Bereich. Sie hilft, Probleme nicht nur funktional zu lösen, sondern überraschende, vielleicht sogar bahnbrechende Lösungen zu finden.
- Künstlerische Kreativität setzt nicht unbedingt bei einem Problem ein, sondern bei

einer Aufgabe, die der Künstler sich selbst stellt. Er möchte etwas zum Ausdruck bringen. Hierzu sucht er neue Mittel und Wege oder kombiniert Bekannte neu.

Kreative Prozesse verlaufen in Phasen. Diese heißen

- Präparationsphase (Herausforderung, Problem oder selbstgestellte Aufgabe)
- Inkubationsphase (ausprobieren, neu kombinieren; man hat das Gefühl, man kommt nicht so recht weiter)
- Illuminationsphase (der plötzliche Gedankenblitz, die Lösung) und
- Verifikationsphase (Umsetzung, anderen die Bedeutung erklären)[1]

Aufgabe:
Überlegen Sie, in welchen Bereichen Sie Ihre kreativen Stärken haben.
  In welchem Zusammenhang haben Sie die beschriebenen Phasen schon einmal erlebt?

Kreativitätserziehung, ästhetische Bildung und Gestalten

Kreativitätserziehung hat beides im Blick. Sie fördert produktive Kreativität in sozialen Situationen, beim Forschen, bei der Planung eines Vorhabens, sogar im Umgang mit Sprache und beim Turnen. Kreativitätserziehung fördert auch die künstlerische Kreativität. Beides ist wichtig für die Persönlichkeitsbildung und das Zusammenleben.

Dieser Anspruch fordert Freiheiten (Raum, Zeit, Spielpartner, Material und Tätigkeiten) und Rohmaterial statt vorstrukturierter Spielzeugszenen und Bastelarbeiten.

Grundsätzlich bedarf es einer Erziehungshaltung, die ermuntert, Neues zu erproben, wieder von vorn zu beginnen, wenn etwas nicht gelingt und sich Hilfe zu holen. Mehr Köpfe bringen mehr Ideen zusammen.

Im pädagogischen Alltag steht der Begriff Kreativitätserziehung meist für Angebote gestalterischen Tuns. Dabei denken Erwachsene

[1] nach Benesch, H., 1997

vor allem an das Herstellen von Bildern oder Werkstücken.

Eine anspruchsvolle künstlerische Kreativitätserziehung setzt jedoch nicht beim Entwerfen und Herstellen eines Werkes an, sondern bei der Wahrnehmung. Jetzt kommt die ästhetische Bildung ins Spiel. Dem Ursprung nach bedeutet der Begriff „Ästhetik" empfinden, mit den Sinnen wahrnehmen, sowie „die Lehre von den Gesetzen und Grundlagen des Schönen insbesondere in Natur und Kunst."

Und genau das empfehlen Kunstpädagogen. Kinder brauchen Raum und Zeit, sich drinnen und draußen in sinnliche Erlebnisse, z. B. mit Wasser, Matsch, Farbe zu vertiefen, mit Wahrnehmungen zu spielen, sie umzugestalten. Wahrnehmung bedeutet ja Informationsverarbeitung. Die Erzieherin gibt Impulse, Wahrnehmungen zu differenzieren und zu verbalisieren, sodass man sie ausdrücken kann. Sie hilft, Gedanken, einer Erinnerung, einer Vorstellung Gestalt zu geben, etwas zu entwickeln, nämlich beim Gestalten. Hierfür schafft sie ein anregendes Klima, stellt einen Ort, Material, Werkzeuge zur Verfügung.

Sie hat und ermöglicht umfassende Materialerfahrungen, beherrscht bildnerische, plastische und handwerkliche Verfahren. Sie bietet verschiedene Gestaltungsmöglichkeiten an und ermuntert vor allem in der „Inkubationsphase". Dazu braucht sie Empathie und Methodenkenntnis. Im Schaffensprozess kommen Probleme auf, die man kreativ lösen muss, z. B. Teile zu verbinden und verschiedene Materialien zu kombinieren.

Im Bereich Gestalten finden sich übrigens geschlechtsspezifische Präferenzen. Frauen bevorzugen tendenziell bildnerisches Gestalten, Tonarbeiten und das so genannte „Basteln". Holz- oder gar Metallarbeiten kommen eher selten vor und sind in gemischten Teams oft Domäne der männlichen Kollegen.

■ Bedeutung kreativen Gestaltens für Kinder und Jugendliche

Kinder im Vorschulalter und darüber hinaus zeichnen nicht, um ein Kunstwerk zu produzieren. In den allerersten Anfängen wiederholen sie Handlungen aus Freude an der Bewegung und der sinnlichen Wahrnehmung. Sie entdecken Spuren, die sie im Sand, auf Papier, in Knete oder Ton hinterlassen und erproben Stöckchen und Stifte, Pinsel und Farbe, Papier und Klebstoff auf ihre Brauchbarkeit. Das tun alle Kinder dieser Welt.

Mit zunehmender motorischer und kognitiver Differenzierung zeichnen Kinder, um Erlebtes festzuhalten – vom Geburtstag, vom Krankenhausaufenthalt. Sie machen Erlebtes wieder lebendig, erkennbar an Geräuschen, die sie beim Malen produzieren, z. B. Motorgeräusche.

Das ist eine besondere Leistung, denn sie stellen etwas aus dem Gedächtnis dar, was sie konkret gar nicht mehr sehen.

Kinder bilden jedoch nicht die Wirklichkeit ab, sondern ihre Wahrnehmungen sowie deren subjektive Bedeutung, erkennbar etwa an einer übergroßen Spritze auf einem Krankenhausbild. Das Kind ergänzt seine Wahrnehmungen, zeichnet auch seine Befürchtungen und Vorstellungen so wie auch wir unsere Erzählungen ausschmücken. Letztendlich schafft es beim Zeichnen eine neue Wirklichkeit. In seiner Vorstellung wird diese groß und auch ein bisschen lebendig. Dazu macht es Geräusche, z. B. Traktortuckern, wenn es einen solchen malt. Es stellt sich selbst ins Bild hinein wie es gern wäre oder wie es sich empfindet. Davon geht eine enorme psychohygienische Wirkung aus, weshalb dieses freie, lustbetonte, selbstbestimmte Tun viel Raum braucht.

Aufgabe:

In Wirklichkeit erlebt das Kind beim Zeichnen viel mehr als das, was es auf Papier bringt. Fertigen Sie ein Zeichenprotokoll an, indem Sie notieren, was das Kind während des Zeichnens oder hinterher berichtet. Stellen Sie offene Fragen. Bieten Sie dem Kind an, ihm das Geschriebene vorzulesen.

Das kreative Gestalten bietet darüber hinaus unendliche Möglichkeiten, Wissen über die Welt zu konstruieren.

Jedes Material, ob Papier, Holz, Stein oder Metall hat spezifische Eigenschaften und bietet eine Fülle von Wahrnehmungen, u. a. der Struktur, der Temperatur, der Festigkeit, der Farbe. Man erkennt sie bei genauem Hinschauen und Anfassen und v. a. bei der Bearbeitung.

Materialien bieten auch Grenzen. Papier kann aufweichen und zerreißen und Gips ist im halbfesten Zustand so leicht zu bearbeiten wie Butter, aber erhärtet schnell und lässt sich auf keine Argumente ein.

Das Kind vergleicht Papier- oder Holzarten und die Werkzeuge, sortiert Bunt- und Wachsstifte sowie Pinsel nach Art und Farbe. Es klassifiziert sie.

Beim Experimentieren verändert es Bedingungen, sucht nach anderen rollenden Objekten für die Murmeltechnik, probiert verschiedene Pinsel für ein Klecksbild aus, mischt Farben. Es stellt Hypothesen auf, wie: „Der Tischtennisball wird breitere Spuren machen als die kleine Murmel". Es überprüft seine Thesen und erlebt dabei Effekte, an die es gar nicht gedacht hat.

Auch wenn es erst einmal über einen Effekt staunt, will es doch auch Ursache und Wirkung (also Kausalitäten) verstehen. Warum lösen sich von einem schwarzen Filzstiftstrich verschiedene Farben heraus? Ist es Zufall oder tritt beim zweiten und drittenmal derselbe Effekt auf? Und wie funktioniert es mit anderem Papier oder anderer Farbe? Ist es dasselbe Phänomen wie beim Herbstblatt, das auch zuerst grün, dann gelb oder rot und schließlich braun wird?

Im fortgeschrittenen Vorschulalter übt das Kind beim Gestalten auch Arbeitstugenden: sich etwas vornehmen, planen, nicht gleich aufgeben, Verantwortung für das Material, das Werkzeug, den Platz und das fertige Werk übernehmen.

Vorbereitete Umgebung

Zur vorbereiteten Umgebung gehören eine Erzieherin, ein ausgewiesener Ort mit guten Lichtbedingungen, Wasser und wischfester Boden und eine reichhaltige Ausstattung mit sehr unterschiedlichen Materialien. Die Werkstatt ist frei zugänglich für Kinder mit einem sogenannten „Werkstattdiplom".

Anregungen erhalten sie durch die sichtbaren Materialien in offenen Regalen, durch ausgestellte Werkstücke und Werkbücher, Farbspiele, Kunstdrucke, Kunstobjekte auf dem Kindergartengelände, durch Sachbilderbücher zum Thema Kunst und von der im Kreativbereich anwesenden Erzieherin.

Der **Sandtisch** enthält eine flache Wanne mit Sand oder Wasser und Abfluss. Die Kinder können darin matschen, formen, schöpfen, gießen und im Sand auch malen.

Knete und Ton stimulieren die Sinne und die Handmuskulatur und fördern das räumliche Sehen. Immer wiederkehrende Themen beim Kneten sind Backwaren, Obst und Tiere.

Legematerial: dazu gehören Muggelsteine, Legestäbchen, Legetäfelchen, Trapeze. Noch heute erfreuen sich Kinder an den leuchtenden Farben und griffigen Formen aus der frühen Kindergartengeschichte. Beliebt sind auch glänzende Glassteine.

Naturmaterial: Auf ein Tablett oder ein Tuch legen die Kinder Moos, Eicheln, Bucheckern, Kastanien, Steine, Schneckenhäuser, Stöckchen zu einem Muster oder einer „Märchenlandschaft".

Material zum Zeichnen, Malen, Kleben und Drucken: verschiedene Papierarten, -formate und Farben, Buntstifte, Wachskreiden, Wasser- und Fingerfarben, verschiedene Pinsel und Wasserbehälter, verschiedene Druckstöcke, Schachteln, Scheren, Klebstoff, Papierschnipsel, Stoffreste, Wolle, Glitzermaterial, Staffelei.

Auffädeln, weben, sticken: Perlen und bunte Wolle/Baumwolle reizen durch Farbe und Beschaffenheit zum Anfassen und Hantieren. Wolle ist ein Material aus der frühen Geschichte der Kleinkindbetreuung, war damals kein Spielzeug, sondern ein Arbeitsmittel. Heute gelten das Papier- oder Deckchen-Weben, das Sticken und die Arbeit mit der Strickliesel oft als Privileg der angehenden Schulkinder. Faden und Stoff sind für Kinderhände jedoch relativ schwer zu greifen und zu handhaben.

Das Auffädeln von Perlen auf eine Plastikschnur geht schon besser. Hier entdecken Kinder von selbst das Phänomen „Muster".

Schätze der Erwachsenenwelt: „Edelsteine", verzierte Döschen, Schmuck, Porzellanfigürchen, Fingerhüte, Gegenstände mit Perlmutt können angefasst, ausgelegt und im Spiel verkauft werden.

Kartons in allen Größen regen zum räumlichen Gestalten an und münden in der Regel ins Spiel, egal, ob Kinder aus kleinen Schachteln ein Flugzeug kombinieren oder aus einem Großkarton ein Spielhaus herstellen. Bei starken Kartons brauchen Kinder Hilfe zum Schneiden von Tür- und Fensteröffnungen.

Experiment

Verteilen Sie in Ihrer Klasse je Tischgruppe eine Legematerialart.

Bitten Sie die Teilnehmer, auf ein Quadrat aus Tonpapier ein Bild nach Wahl zu legen.

Sie werden Beispiele für Lebensformen, (z. B. Haus, Wiese, Blume), Schönheitsformen (gegenstandsfreie Muster mit Wiederholungen in der Farbe oder der Form) und Erkenntnisformen finden („enthalten Sein" kleinerer geometrischer Formen in größeren).

Schönheitsform mit Naturmaterial

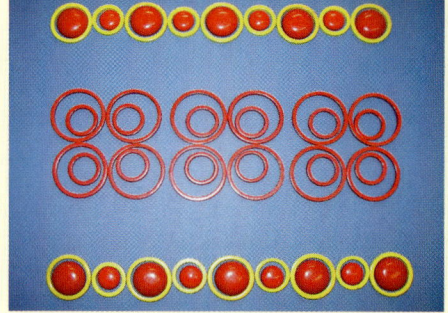

Schönheitsform mit Legematerial nach Fröbel

Restbestände von der Schreinerei, der Industrie, aus Geschäften, vom Recyclinghof: Spulen oder Zahnrädchen, fabrikneue, aber altmodische Schuhe, Kleiderbügel, Metallteile, Holzabschnitte usw. können für Collagen und zur Herstellungen von Kunstobjekten genutzt werden. Man kann Alltagsgegenstände verfremden, Möbel vom Sperrmüll wieder herrichten. Auch das handwerkliche Tun und das (wohnliche) Gestalten der Umgebung sind Teilbereiche kreativer Erziehung.

■ Aufgaben der Erzieherin beim freien Zeichnen und Malen

Maltisch, Staffelei vorbereiten: Der Mal- und Basteltisch sowie die Staffelei sollten in Fensternähe sein, zum einen wegen des Lichteinfalls, zum anderen wegen der Sicht nach draußen. Blumen auf dem Tisch, Kunstdrucke oder Poster an der Wand schaffen eine gute Atmosphäre und geben Anregungen.

Auf einer Holz- oder Resopalplatte malt es sich nicht gut. Die Erzieherin legt Malunterlagen und Kleiderschutz bereit für die Arbeit mit nassen Farben und Klebstoff. Lappen brauchen Kinder zum Fingerabstreifen, und Eimer stehen für Wasserwechsel und umgestoßene Wasserbecher bereit.

Während Kinder zeichnen/malen: Manche Kinder zögern lange. Sie wollen Erlebtes darstellen, haben dies jedoch als Gesamteindruck in ihrem Gedächtnis gespeichert.

Jetzt stehen sie vor der Aufgabe, Details aus dem Gedächtnis zu holen. Impulse wie „Wie seid ihr zum Zoo gekommen?" oder „War der Löwe im Löwenhaus oder in einem Freigehege?" helfen dem Kind, sich auf einzelne Situationen zu konzentrieren. Die Erzieherin kann auch vorschlagen, die Lieblingsfarbe auszusuchen oder zu überlegen, wo es anfangen möchte zu zeichnen.

Die meisten Kinder sprechen gern über das, was sie gerade tun. Einmal mehr zeigt sich, dass Zeichnen und Malen Ausdrucksformen des kindlichen Erlebens sind.

Falls ein Kind die ganze Fläche ausfüllt oder Gemaltes übermalt, deutet es darauf hin, dass es noch in der Phase der Materialerprobung ist.

Erzieher *zeichnen nichts vor* und zeichnen auch nicht in das Bild des Kindes hinein. Vielmehr gilt es, geduldig abzuwarten, was das Kind tatsächlich aus sich heraus zeichnet.

> **So könnte die Erzieherin am Ende einer Malarbeit vorgehen:**
> - Trockenplatz für das Bild zeigen,
> - Bild aufhängen: hinter Glas/mit einem Passepartout,
> - Dem Kind einen konkreten Auftrag zum Aufräumen geben,
> - Es auffordern, ein Bild von sich auszuwählen, um es in der Abschlussrunde vorzustellen.

Kinderzeichnungen: Entwicklungsstadien und Besonderheiten im Vorschulalter

■ Entwicklungsstadien

Kinderzeichnungen werden seit 1895 von Psychologen, Kunstwissenschaftlern und Pädagogen wissenschaftlich untersucht. In großem Maße haben COOKE, RICCI u. a. 1905 ca. 120 000 Kinderzeichnungen aus 17 Staaten analysiert und verglichen. Seitdem kennen wir folgende Entwicklungsstufen und Besonderheiten:

Kritzelstadium

Die ersten Zeichnungen des Kindes sind meist Fingerzeichnungen mit Essensresten auf dem Tisch. Im zweiten Lebensjahr entdeckt das Kind beim Spiel mit einem Stift, dass dieser Spuren hinterlässt. Mal mit rechts, mal mit links fabriziert es Hieb-, Schwung- und Kreiskritzel. Gegen Ende dieser Phase (zwischen zwei und drei Jahren) schafft es Bewegungen aus den Hand- und Fingergelenken. Beim Schreibkritzeln ahmt es den Erwachsenen nach, übt kleine Bewegungen und die Auge-Handkoordination.

Benennungs- oder Symbolstadium

Das eigentliche Zeichnen beginnt mit dem Produzieren von Basiszeichen: Strich, Zickzacklinie, Kreuz, Gitter, Spirale, Kreis, Quadrat.

Das Kind übt hierbei die richtungsbestimmte Linienführung. Bald assoziiert es zu einem seiner Zeichen eine Erinnerung: Zu zwei Kreisen wird es vielleicht Auto oder Motorrad sagen. Diese Phase der Entwicklung nennt man Symbolstadium, weil Symbole (hier zwei Räder) für das Ganze stehen. Der Erwachsene bestärkt das Kind darin, Objekte auf seinem Bild zu benennen. Das Symbol- oder Benennungsstadium ist der Übergang vom Tun im Augenblick zum Zeichnen aus der Vorstellung und mit einer Darstellungsabsicht.

Schemastufe

In der Schemastufe zeichnet das Kind zunächst einfache Gesichtsschemata. Diese erweitert es zu Kopffüßlern. Es kommen andere Schemata dazu: Haus, Baum, Blume, Vogel. Typisch für den Anfang der Schemastufe sind Streubilder. Sie zeigen viele einzelne Objekte auf dem Papier, jede freie Stelle ist genutzt. Das Kind ver-

meidet Überschneidungen. Ein Thema ist für den Betrachter meist nicht erkennbar.

Frontalschema

Ein gegliedertes Frontalschema zeigt ein ausgestaltetes Gesicht, doppellienig gezeichnete Gliedmaßen und einen Körper. Jedoch sind die Menschendarstellungen nicht unbedingt immer vollständig. Das Kind kann Hände oder Füße vergessen, wenn sie im Moment unwichtig oder noch nicht in seinem Körperschema enthalten sind (Vorstellungen darüber, wo sich was an seinem Körper befindet). Andererseits zeichnet es erstaunliche Details wie Wimpern oder Fingernägel.

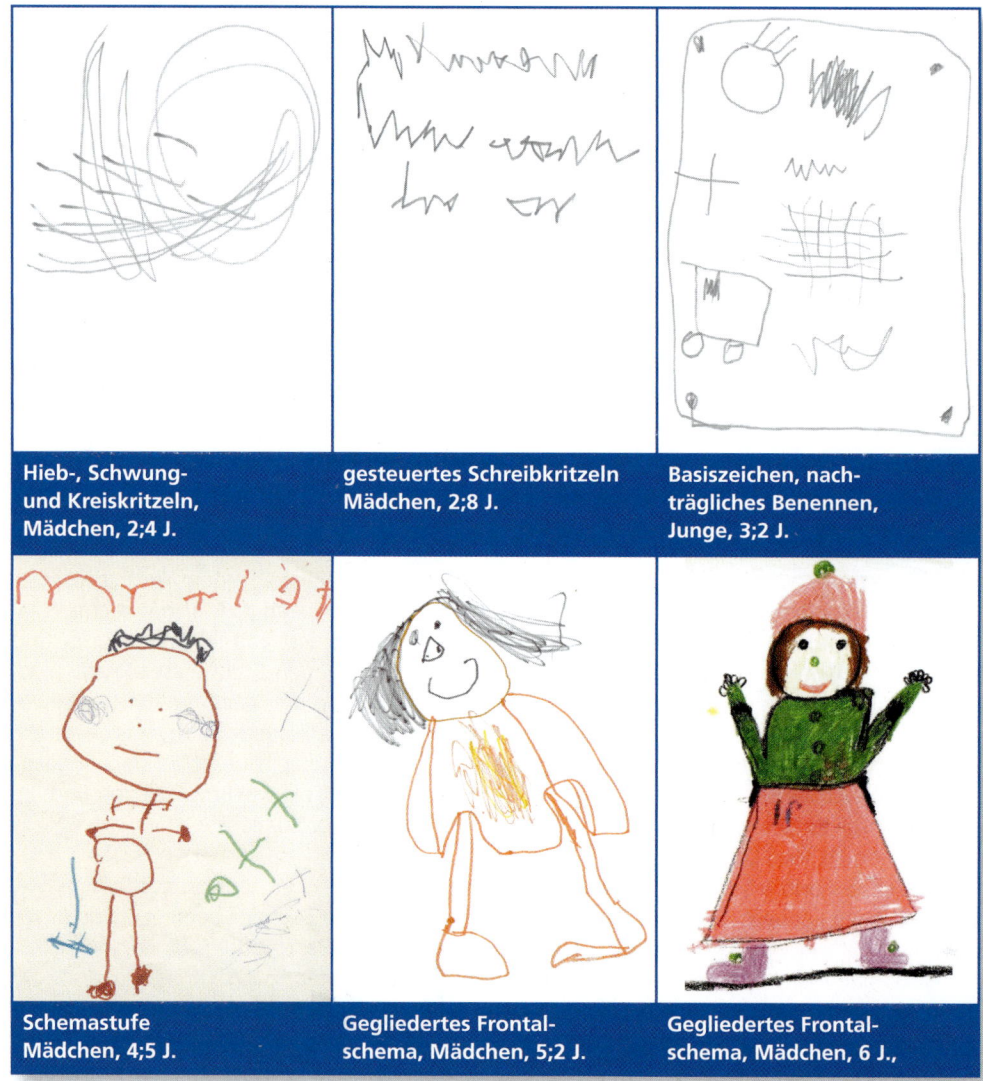

Hieb-, Schwung- und Kreiskritzeln, Mädchen, 2;4 J.	**gesteuertes Schreibkritzeln Mädchen, 2;8 J.**	**Basiszeichen, nachträgliches Benennen, Junge, 3;2 J.**
Schemastufe Mädchen, 4;5 J.	**Gegliedertes Frontalschema, Mädchen, 5;2 J.**	**Gegliedertes Frontalschema, Mädchen, 6 J.,**

Allmählich rutschen die zuvor über das Blatt fliegenden Objekte an den unteren Bildrand (*Standlinienbild*). Anfangs stehen die Objekte dort wie Ausstellungsstücke bzw. in einer Ruheposition. *Bewegung* darzustellen ist eine der schwierigsten Aufgaben in der darstellenden Kunst. Aber schon 4-Jährige finden originelle Lösungen.

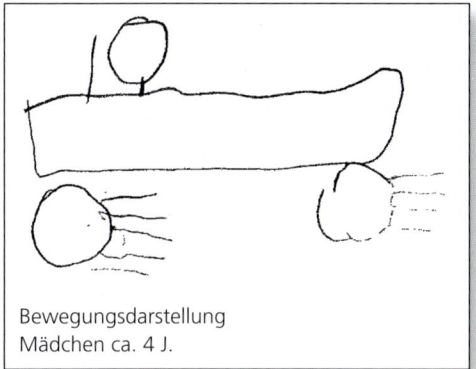

Bewegungsdarstellung
Mädchen ca. 4 J.

Zwischen vier und sechs Jahren erweitert das Kind sein Motivrepertoire (Fahrzeuge, Tiere) und setzt die dargestellten Objekte in Beziehung. Die *Erzählabsicht* und das Thema des Bildes werden deutlich. Jetzt kommt ein neues Problem auf das Kind zu. Wie kann es auf einem Bild eine Handlung darstellen? Die Lösung ist ein *Simultanbild*. Es zeichnet z. B. den Ausflug zum Zoo mit einzelnen Stationen an einem langen Weg: Bahnfahrt, Kartenschalter, Affenkäfig usw.

Bewegungsdarstellung
Mädchen ca. 8 J.

Schulkinder möchten möglichst realitätsgetreu zeichnen. Sie haben eigentlich gute Voraussetzungen: Sie können Vorstellungen entwickeln und abrufen, ihr Wissen und ihr Handgeschick nehmen zu. Sie können mechanische Vorgänge zeichnen.

Andererseits sind sie beim Schreiben und Rechnen soviel mit Papier und Stift tätig, dass manche Kinder in der unterrichtsfreien Zeit das Zeichnen vernachlässigen.

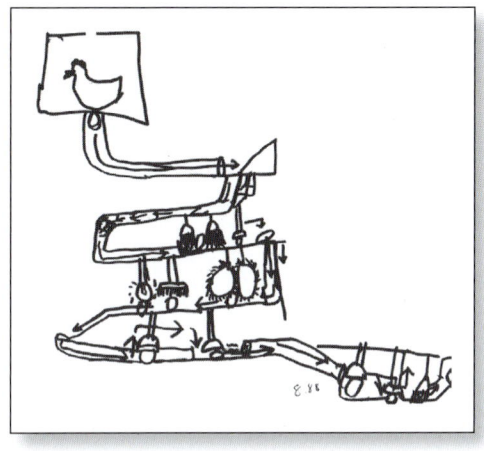

Simultanbild: 8;5 J.

Die Phase der quasi-künstlerischen Gestaltung

Zwischen acht und 12 Jahren zeichnen Kinder detailreicher und gestalten die ganze Fläche. Sie üben neu erworbene Techniken, z. B. die Profilzeichnung, um ihr Können zu verbessern.

Am Ende dieser Phase übernehmen sie Gestaltungsmittel aus den Medien, z. B. Karikatur und Comics und Techniken aus dem Kunstunterricht wie Collagen.

Profilzeichnung
Mädchen, ca. 9 J.

Jugendliche schließlich experimentieren mit Gestaltungsformen der aktuellen Jugendkultur und kopieren Bilder.

Mädchen 11 J.

■ Besonderheiten im Vorschulalter

Anthropomorphismus: Das Kind versieht Tiere, Dinge des täglichen Lebens mit menschlichen Zügen. In unserem Beispiel erhält die Sonne ein Gesicht.

Freude an der Farbe ist einem Kind wichtiger, als die Realität abzubilden. Es zeichnet blaue oder rosa Elefanten.

Mädchen, 5;2 J.

Der rechte Winkel: Vorschulkinder zeichnen, was sie wissen, u. a. Objekte im rechten Winkel zur Grundfläche. Sie halten dies konsequent durch und bringen im Bild ggf. neue

Standlinien an, um darauf wiederum etwas im 90 Grad Winkel aufzusetzen. Entsprechend setzen sie auch den Kamin auf das Dach, siehe Bild zu „Anthropomorphismus".

Bei Menschendarstellungen platzieren Kinder die Arme zunächst im 90°-Winkel zur Körperachse, dann nach oben und schließlich nach unten weisend.

Dreidimensionalität/Perspektive: Vorschulkinder vermeiden Überschneidungen und Überdeckungen. Sie zeichnen nebeneinander, was in Wirklichkeit hintereinander ist, weil sie alles zeigen wollen und weil sie eine Gestalt am besten als Ganzes darstellen können.

Mädchen, 6;4 J.

Mit dem Problem der *Raumtiefe* gehen sie relativ souverän um. Was weiter weg ist, setzen sie gerne in die obere Bildhälfte, passen die Größenverhältnisse aber nicht an.

Sie kombinieren auf ihren Zeichnungen *Grundriss (Draufsicht) und Aufriss (Frontalansicht)*. Die Zeichnerin des Bauernhofbildes klappt die Möhren und die Zäune in die Ebene um.

Kombination von Grund- und Aufriss. Mädchen, 9;8 J.

Verschobene Größenverhältnisse: Wichtiges wird groß gezeichnet und zeigt die individuelle Wertigkeit für das zeichnende Kind, wie das Eltern-Kind-Bild deutlich macht.

Mädchen, 5;4 J.

Ein Kind zeichnet, *was es weiß*, z. B. das Baby im Bauch der Mutter oder seine Vorstellungen des Verdauungsapparates oder des Blutkreislaufes. Solche Bilder werden als „Röntgenbilder" bezeichnet. Sie zeigen das Äußere und Innere gleichzeitig.[2]

■ Malen

Das Malen mit Pinsel und Farbe ist eine besondere Herausforderung. Zunächst ist zu sagen, dass Kinder die gleichen Entwicklungsphasen wie beim Zeichnen durchlaufen, vom funktionalen Umgang mit dem Material über Basiszeichen, Schemadarstellungen, die zunehmend differenzierter werden. Jedoch stellen sich Schwierigkeiten heraus. Ungewollte Kleckse und Farbmischungen frustrieren, wie auch die Tatsache, nicht so differenziert darstellen zu können, wie das Kind es möchte. Enttäuschung entsteht auch darüber, dass die leuchtenden Farben beim Trocknen matt werden. Einfaches Papier wellt sich, das Bild sieht nicht mehr so schön aus wie während des Tuns.

Allerdings finden Kinder mit Pinsel und Farbe zur gegenstandsfreien Malerei, setzen großzügig Farbflecken nebeneinander, kombinieren Striche und Punkte und spielen mit Farbkombinationen.

Aufgabe:
Führen Sie an Ihrem nächsten Praxistag Beobachtungen am Maltisch durch. Notieren Sie:
Name und Alter des Kindes.
Was und wie zeichnet es (Entwicklungsstadium)?
Welche Besonderheiten fallen auf?
Bitten Sie das Kind um Erklärung seines Bildes. Protokollieren Sie seine Aussagen.

Experiment: Zeichnen ist gar nicht so einfach

- Legen Sie ein DIN A 4-Blatt mit der schmalen Seite vor sich, falten Sie daraus ein Buch, falten Sie es wieder auf und fixieren Sie das Blatt. Zeichnen Sie auf die obere Hälfte des Blattes das Motiv, welches die Abbildung zeigt.

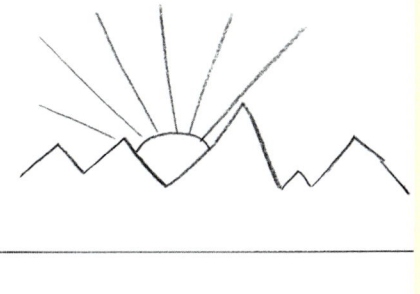

Junge 6;4 J.

---

[2] nach Schenk-Danzinger, L., 2001

- Stellen Sie nun hinter das DIN A 4 Blatt einen Spiegel und zwischen Blatt und sich selbst hochkant einen Sichtschutz, sodass Sie Ihre zeichnende Hand nur im Spiegel sehen.
- Fahren Sie das Motiv der oberen Hälfte nach, zeichnen Sie es danach frei auf die untere Hälfte Ihres Blattes, beides nur mit Blick auf den Spiegel.

Was haben Sie bei diesem Experiment erkannt? Welche Empfindungen hatten Sie, als sie ihre eigene Hand nur mit Mühe steuern konnten?

Die Richtungssteuerung fällt uns schwer, wenn wir unsere Hand nur im Spiegel sehen. Kinder mit Wahrnehmungs- und Koordinationsstörungen erleben genau das ohne Spiegel. Komplexe Bewegungsabläufe wie Zeichnen oder Schuhe binden werden für sie zum Problem. Sie meiden den Maltisch mit gravierenden Folgen: Es fehlt ihnen die zeichnerische Ausdrucksmöglichkeit und der Umgang mit Symbolen zwischen der Phase des Rollenspiels und dem Schreiben. Es mangelt ihnen auch an Übung der Auge-Hand-Koordination und der feinmotorischen Bewegungsmechanismen im Umgang mit Stift und Papier. So genannte „Zufallstechniken" können zum Umgang mit dem Material verlocken; der Effekt lenkt von der Anstrengung ab.

Angebote und gezielte Aktivitäten

Wozu brauchen Kinder Angebote und gezielte Aktivitäten im kreativ-gestalterischen Bereich? Von den möglichen Gründen sollen hier drei dargestellt werden:

Eigenaktives Tun braucht „Nahrung", nämlich Wahrnehmungs- und Materialerfahrungen, die allein nicht erschließbar sind.

Kinder brauchen Fertigkeiten im Umgang mit Material und Geräten.

Sie brauchen Gestaltungserfahrungen in der Gruppe.

Materialerfahrungen und Wahrnehmung: In Aktivitäten bietet die Erzieherin bewusst unterschiedliche Materialien und Werkzeuge an, benennt diese und gibt den Kindern Zeit für ihre Wahrnehmungen. Sie gibt entsprechende Impulse, damit die Kinder selbst Entdeckungen machen können.

Sie hilft, die Grenzen von Materialien zu akzeptieren bzw. durch einen Erfindungsakt oder entsprechende Lagerung (Ton) Probleme zu vermeiden oder zu umgehen (Ton, Gips...).

Woher kommen unsere Materialien, wie werden sie hergestellt? Dazu unternehmen Erzieherin und Kinder Exkursionen und holen sich Anregungen für eigene Gestaltungsarbeiten, wie z.B. Papier selbst zu schöpfen.

Fertigkeiten erwerben: Wer im Werkraum arbeiten will, braucht handwerkliche Fertigkeiten. Die Erzieherin führt in den Gebrauch von Werkzeugen ein, sie macht etwas vor und gibt Übungsmöglichkeiten. Sie erläutert Regeln hinsichtlich der Raumnutzung, des Tisch- und Kleiderschutzes (Haare zurückbinden) und des Umgangs mit Farben und Werkzeug. Kinder dürfen keinesfalls Maschinen alleine bedienen.

Gestaltungserfahrungen in der Gruppe: In einer Gruppe kann sich der Einzelne an anderen orientieren, kann assoziieren. Das geschäftige Treiben der anderen kann aber auch blockieren. Die Erzieherin ermutigt, sich Zeit zu nehmen, um eine Idee reifen zu lassen.

Der Vergleich der Leistungen der Kinder untereinander führt manchmal zu unliebsamen Kommentaren. Unser Ziel ist jedoch, ein Klima der Wertschätzung zu schaffen. Die Erzieherin achtet auf ihr eigenes Verhalten und darauf, dass sie selbst nicht wertet. Sie hat noch zwei andere Möglichkeiten, die Kinder zu gegenseitiger Wertschätzung zu führen.

Gruppenprojekte sind von vornherein auf Zusammenarbeit angelegt: Bei Theaterkulissen, einem Willkommensschild, dem Anstrich des Gruppenraumes geht es nicht um die Selbstverwirklichung einzelner, sondern um ein Gemeinschaftswerk. Das ist eine ganz andere Herausforderung, die manchem sogar leichter fällt als der eigene Ausdruck. Weitere Beispiele: Kindergartenzeitung; Schaufenster oder Ausstellungstisch in einem Geschäft, dem Museum, der Bibliothek dekorieren; Geburtstagsgeschenk für jemanden herstellen.

Auch die Beschäftigung mit einem Künstler trägt zum Verständnis der Ausdrucksformen anderer bei. Wie verlief seine Biographie? In welcher Zeit hat er gelebt, welche Trends in der Kunstwelt, der Architektur, der Literatur und der Musik haben ihn geprägt? Womit hat er sich auseinandergesetzt? Wie hat er in den verschiedenen Phasen seines Lebens gearbeitet? Was wollte er ausdrücken und welche Gestaltungsmittel hat er benutzt?

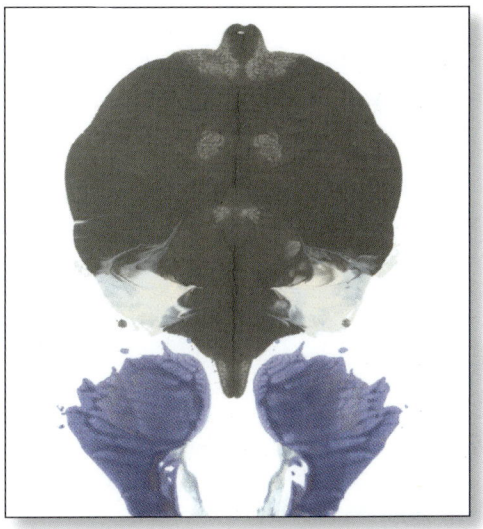

Klapptechnik

■ Überblick über Techniken der Bildgestaltung

Experimente mit Stiften

Bleistiftmine schmirgeln und mit dem Graphitstaub einen Fingerdruck anbringen.
Aquarellstifte: zunächst wie mit einem normalen Farbstift zeichnen, dann mit nassem Pinsel darüber malen, saugfähiges Papier verwenden.
Gänsefeder und Deckfarben.
Wachsmalstifte: die erste Schicht anbringen, mit schwarz übermalen, dann ein Bild heraus kratzen.

Experimente mit Farben

Bei der Bildgestaltung kommt den Farben eine besondere Bedeutung zu. Sie sind mehr als bunt, von ihnen geht eine Kraft aus. Wir wählen eine Farbe, die unserer Stimmung entspricht (um diese auszudrücken), oder wir entscheiden uns für eine Farbe, die uns gut tut, uns entspannt, wenn wir unruhig sind, oder aktiviert bei Unentschlossenheit.

Murmeltechnik: In einen Schuhkartondeckel ein Blatt legen, darauf einen Klecks pastöse Fingerfarbe geben, die Murmel auf dem Blatt herumrollen; die Murmel malt Farbspuren auf das Blatt.

Klapptechnik: Ein Papier in der Mitte falten, auf eine Hälfte Farbe (Wasser- oder Fingerfarbe) geben, das zusammengefaltete Bild in ein altes Telefonbuch legen, dieses zuklappen und verstreichen.

Abziehtechnik: Auf eine Glasplatte Farbe geben und walzen, darauf ein Blatt Papier leicht andrücken und abziehen; es entstehen sehr feine Strukturen.

Die drei vorgenannten Techniken gehören zu den *Zufallstechniken*, die eine schnelle Wirkung und mancherlei Effekte zeigen. Sie fordern zum genauen Hinschauen auf, was da passiert. Das Ergebnis ist nicht wesentlich beeinflussbar. Zufallstechniken entsprechen dem natürlichen Experimentierverhalten und der Freude an der Wiederholung v. a. des jüngeren Kindes. Doch auch Erwachsene können sich nicht der Wirkung entziehen. Eine Schülerin war von der Marmorierungstechnik so in Bann gezogen, dass sie die elterliche Badewanne zum Marmorieren großformatiger Papiere umfunktionierte. Ob die Badewanne hinterher noch brauchbar war?

Weitere Zufallstechniken sind u. a. die Pustetechnik, Bügeltechnik, Spritztechnik, Fadengraphik, Monotypie, Kleisterbild, Abperltechnik (Wachsfarbenbild mit Holzbeize übermalen), Spachteltechnik.

Nass-in-Nass-Malerei: Zeichenpapier mit einem breiten Pinsel voll Wasser einstreichen und darauf mit Deckfarbe großzügig und schnell malen.

Nass-in-Nass-Technik

Drucken: Material

- eine eingeschränkte Auswahl an Druckstöcken, z. B. Kork, eine Papröhre und Wellkartonstücke,
- verschiedene Papierformate, z. B. längere Streifen,
- Deck- oder Fingerfarben.

Die Erzieherin entdeckt mit den Kindern den Abdruck, die Struktur des Druckstempels. Das Kind sucht in der Umgebung nach anderen geeigneten Druckstöcken.

Fingerdruck ist eher etwas für gezielte Aktivitäten. Die Motivationsphase soll eine animierende Erklärung dafür bieten, dass wirklich mit den Fingern gedruckt werden soll (Schuppen eines Fisches, Blumen auf einer Wiese, fallendes Herbstlaub im Wind).

Reißbilder: Reißrichtung beachten, nur in eine Richtung lassen sich Streifen reißen. Diese eignen sich zur gegenstandsfreien Gestaltung. Gegenständliche Darstellungen sind schwieriger, jedenfalls gelingt es Kindern kaum, eine Gestalt als Ganzes zu reißen, aber es gibt ja die Möglichkeit des Ansetzens.

Falten: Auf den ersten Blick ist dies keine kreative Tätigkeit, da nach Vorlage gearbeitet wird und auch nur ein einziges richtiges Ergebnis entsteht. Der Reiz liegt im berechenbaren Ergebnis, in der Verwandlung von der Fläche zum Körper sowie darin, ein Repertoire von Tieren oder Flugzeugen zu erhalten. Immerhin entsteht ein selbsthergestelltes Spielzeug.

Methode: Schritt für Schritt vormachen mit kindgemäßen Aufgabenstellungen, wie „Falte ein Buch" (Kopftuch) oder „Lege die kurze Kante vor deinen Bauch".

Bild- und Textcollagen sind eher etwas für die Arbeit mit Schulkindern. Sie sammeln Bilder aus Illustrierten zu einem Thema, z. B. Buchstaben und Zahlen, Männer, Frauen, Autos, Tiere. Sie tragen sie auf einem Plakat zusammen. Die Wirkung entsteht durch unterschiedliche, Größenverhältnisse und ungewöhnliche Kombinationen.

■ Techniken plastischen Gestaltens

Geeignete Materialien sind z. B. Ton, Pappmaschee, Gips, Knetbienenwachs und Knete, Speckstein, Holz, Metall, Draht, Naturmaterial und Recyclingmaterial, z. B. aus Metall.

Formbares Material

Die ersten Erfahrungen machen Kinder mit Sand und Schnee, dann mit Kuchenteig und Knete. Alle vier Materialien eignen sich für zwei Grunderfahrungen, nämlich

1. die Grunderfahrung des Formens der Kugel,
2. die Erfahrung des Schmückens.

Dazu nehmen sie kleine Ästchen und Kiesel, im Fall des Kuchenteigs Rosinen und bei Knete andersfarbige Knete.

Holz

Für die Arbeit im Kindergarten eignen sich:

- verleimen von Holzresten aus der Schreinerei (Puppenhausmöbel, Tiere, Fahrzeuge)
- relativ weiches Holz, an dem Kinder ausprobieren können: sägen, bohren, schrauben, Nägel einschlagen, feilen, schmirgeln
- Äste: abschälen, einkerben und schnitzen.
- „Kleine Welt-Gestaltung" aus Naturmaterial, (Rinde, Ästchen, Moos)
- Montage vorgefertigter Teile wie Drachen, Weihnachtskrippe, Nistkasten
- Schulkinder wollen funktionsfähige Objekte herstellen und brauchen dabei Hilfe: Baumhaus, Stelzenbau, Laubsägearbeiten, Anfänge des Modellbaus (Flugzeuge u. a.)

Metallobjekte Grundschule

Metall

Die Grundmaterialen sind Draht, Blech und Metallgewebe. Draht lässt sich zu linearen Figuren formen, z. B. zu einem Gesicht. Allerdings wird mit Draht am Stück gearbeitet, es kann nichts angesetzt werden. Blech kann man schneiden und durch Drücken in Form bringen. Aus Metallgewebe und geknülltem Zeitungspapier (verkleistert) kann man Körper formen und nach dem Trocknen bemalen.

Schon Kindergartenkinder können metallene Fundsachen zu Kunstobjekten kombinieren. Die Arbeit und Schwierigkeit beginnt beim Verbinden der einzelnen Teile.

Spielfiguren

Der Herstellung von Spielfiguren kommt in der sozialpädagogischen Arbeit eine besondere Bedeutung zu. Zum einen legt der Puppenhersteller einen Teil von sich selbst in die Puppe hinein, zum anderen ist sie anschließend im Spiel einsetzbar. Es braucht allerdings einige Übung (und den Herstellungsprozess), um eine Puppe zum Leben zu erwecken.

Stabpuppen sind relativ schnell aus Kochlöffeln herzustellen. Man malt ein Gesicht auf, klebt Haare aus Wolle an und gibt der Puppe auch noch ein Gewand. Aber sie ist relativ starr im Ausdruck und in der Bewegung. Schattenspielfiguren sind ebenfalls Stabpuppen, sie zeigen das Gesicht im Profil und haben einen zweiten Stab, um den Arm beweglich zu machen.

Handpuppenköpfe aus Pappmaschee oder Balsaholz müssen innen hohl sein und brauchen Kleider, damit der Eindruck eines Körpers entsteht.

Einfache Marionetten bestehen aus einer Kugel, über die man ein Tuch bindet: Man bringt einen Nylonfaden an der Kugel an, oder wenn man es schöner haben möchte drei Nylonfäden, einen am Kopf und je einen an zwei Tuchzipfeln. Allerdings braucht man dann ein Spielkreuz. Die Länge der Nylonfäden muss der Körpergröße des Spielers entsprechen. Es ist schwierig, die Fäden auseinander zu halten.

■ Einige Praxisbeispiele

Einführung eines Materials – Ton:
Material: Tonkiste, in der der Ton feucht aufbewahrt wird; je Person ein Küchenbrett, Zeitungspapier für Hohlräume bei Plastiken, Modellierhölzer, Spachtel, Tonmesser, Tonabschneider (Draht an zwei Holzgriffen), Kittel, nasse Tücher.

Heranführung

- Kinder neugierig machen; z. B. eine Motivationsgeschichte erzählen,
- Vorhaben mitteilen,
- Material zum Platz holen, benennen,
- Eigenschaften des Werkstoffes erfassen und benennen (Wahrnehmungen benennen, ähnlich wie? Bestandteile, Herkunft des Tons).

Hauptteil:

- Ton schlagen, mit dem Material spielen: zu einer „Wurst", einer Kugel rollen, zu einer Fläche klopfen; ritzen, zupfen, herausziehen, ansetzen.
- Je nach Vorhaben zu einzelnen Techniken angefangene Exemplare zeigen: z. B. Kachel mit Relief, Schale, Schnecke mit Schneckenhaus.
- Die Kinder entscheiden sich, eine Tonfläche oder einen Tonkörper zu gestalten.
- Die Erzieherin hat einen festen Platz, sitzt zentral, steht aber zwischendurch auf, um Kindern ihre Hilfe anzubieten, z. B. bei einer Verbindung, sie lobt Anstrengungen.

Abschluss:

- Die Kinder zeigen ihr Werk, erläutern es.
- Zum Trocknen bringen (auf dem Brett), Arbeitsplatz aufräumen und säubern.

Anmerkung: Kinder wollen häufig sehr kleine Teile anbringen, die aber oft abbrechen. Figuren aus Ton zu gestalten ist eher schwierig. Sie müssen innen ausgehöhlt werden, da sie beim Brennen sonst zerspringen.

Spiele mit Farben, Strukturen und Formen – Ideensammlung:
Farben suchen: Ratespiel mit Gegenständen
- Gleichfarbige Gegenstände sammeln und ausstellen,
- Plakat gestalten,
- Farbstudien von Künstlern betrachten,
- Farben mischen,

- Farben selbst herstellen mit Farbpigmenten oder aus Naturmaterial,
- mit Farbschattierungen, Farbkombinationen, Kontrastfarben spielen (z. B. Farbtäfelchen des Montessorimaterials als Schlange, als Stern, legen),
- verschiedene Oberflächenbeschaffenheiten in der Umwelt suchen (z. B. Münzen, Holz), Papier drauflegen und mit schräg gehaltenem Wachsstift leicht darüber fahren,
- Glas als Untergrund zum Malen erproben,
- Bilder (Geschenkpapier) spachteln,
- Formen als Fläche und als Körper in der Umwelt finden und nachbilden, Blattformen, Legematerial, Hämmerchenspiel, mit Alltagsmaterial drucken,
- Geometrie und Symmetrien an Bau- und Kunstwerken suchen und darüber sprechen,
- Falten.

■ **Mit Kindern Kunst entdecken**

Aufgabe
Gehen Sie jeweils zu dritt von Ihrem Schulgebäude aus sternförmig in jede mögliche Richtung für die Dauer von fünf Gehminuten.
- Fotografieren Sie die von Ihnen gefundenen Objekte, die von Menschen für das Schönheitsempfinden geschaffen worden sind.
- Ordnen Sie Ihre Entdeckungen nach: Bild, Skulptur, Kunstobjekt...
- Formulieren Sie Fragen dazu.
- Welche Anregungen gibt Ihnen ein Kunstwerk Ihrer Wahl?
- Tragen Sie die Ergebnisse in der Klasse vor.

Bedeutung erfahren

Die Reggio-Pädagogik macht es vor. Dort erforschen Kinder die Sandsteinlöwen vor der Kirche. Sie besuchen sie, reiten auf ihnen, betrachten sie bei unterschiedlichem Licht, übernehmen ihre Schattenumrisse auf Packpapier, fotografieren sie und formen sie in Knete und Ton nach. Woher kommen sie; wer hat sie warum dorthin gestellt; wer hat sie wie gemacht? Das sind Fragen, die sich allmählich entwickeln, und wenn man die Antwort nicht findet, fragt man einen Experten.

Bildbetrachtung

Bilder sind das typische Medium für Kinder. Zum einen erzählen Bilder Geschichten, zum anderen drücken Kinder ihre Erlebnisse selbst in Bildern aus. Damit stehen sie Künstlern nahe. Sowohl gegenständliche als auch abstrakte Bilder eignen sich zur Bildbetrachtung, Bilder alter Meister wie auch moderne.

„Mona Lisa" war das Kunstwerk des Monats in einer Berliner Kindertageseinrichtung. Selbst in der Krippe war Mona Lisa täglich Thema, sie bekam einen eigenen Stuhl. Die Kinder wussten, sie kam aus Italien, hatte lange braune Haare und sprach italienisch.

Der Stil eines Künstlers kümmert Kinder nicht. Sie betrachten die Darstellung, geben dem Bild einen Titel. Die Assoziationen der Kinder können zu einer Geschichte zusammengefügt werden. So ist schon manches Gruppen-Gemäldebilderbuch entstanden. Kinder malen Kunstwerke auch nach.

Kunst wird von Menschen geschaffen. Bei der Bildbetrachtung sollte man den Namen des Künstlers nennen und auch etwas aus seiner Kindheit oder seinem Leben erzählen können.

Ein Erlebnis ist es, mit den Kindern einen Künstler in seinem Atelier zu besuchen und ihm bei seiner Arbeit zuzusehen. Man kann ihn zu einem Projekt in die Einrichtung einladen.

Aufgabe
Versuchen Sie es selbst. Erfinden Sie eine Geschichte zum erstfolgenden Bild von Miro.

Bild 1: Miro, Tete 1937 | Bild 2: Monet, C., „Seerosen" | Bild 3: Schwammtupftechnik

Auf einem Spaziergang im Park kommt die Gruppe an einem Teich vorbei. Eigentlich wollten sie die Enten füttern, stattdessen sehen sie Seerosen, Libellen und Goldfische. „Wie riechen Seerosen?" fragen sie. Duft lässt sich herstellen, indem viele Blüten einer Duftblumensorte mit dem Wiegemesser zerkleinert, mit Wasser aufgegossen, am nächsten Tag gesiebt und je Duftnote in ein Gefäß gefüllt werden (Rosen, auch Pfefferminz-, Zitronenmelisseblätter eignen sich).

Den Kindern fallen die schillernden Libellen auf, sie stellen aber auch fest, das diese keine Minute Ruhe haben.

Zurück im Kindergarten färben sie Papier einseitig mit Wachsstiften, falten es zu Seerosen, kleben diese auf kleine Bierdeckel, stellen Teelichter hinein, zünden sie an und lassen sie im Wassertisch treiben. Die gefalteten Seerosen öffnen sich mit zunehmender Feuchtigkeit des Papiers.

Welche Freude, als die Erzieherin anderntags einen Kunstdruck von Monets „Seerosengemälde" mitbringt. Sie wollen auch so malen, denn der Teich hat eine Bedeutung für sie bekommen.

Das „Forellenquintett" oder die „Moldau" können die visuellen Eindrücke der Kinder ergänzen.[3]

Wie haben die Menschen früher gemalt?

Eine Erzieherin erzählt den Kindern ihrer Gruppe von ihrem Besuch in der Höhle von Chauvet und zeigt ihnen Bilder von Höhlenzeichnungen.

Die Kinder fragen:

Steht das Pferd oder bäumt es sich auf?
Warum war es für den Maler wichtig?
Wie hat er Licht in die Höhle bekommen?
Woher nahm er die Farbe?

Die Kinder stellen Naturfarben selbst her und malen damit. Sie besuchen ein Pferd auf der Weide, studieren sein Aussehen, beobachten sein Verhalten. Sie malen ein Pferd auf eine Mauer oder Felswand.

---

[3] nach Wierz, J., 1999

Gestalten: Organisation

Materialtisch: Materialien, Geräte übersichtlich anordnen, Kleinmaterial in Materialschalen, Papier in verschiedenen Farben fächerförmig auslegen	**Platz:** Kinder brauchen Ellbogenfreiheit; manche Arbeiten lassen sich besser im Stehen verrichten, manche auf dem Boden, (zu langes Hocken oder Knien verkrampft jedoch)	**Arbeitstisch/Kleiderschutz:** Bei Arbeiten mit scharfen und spitzen Werkzeugen, mit Farbe, Wasser und Klebstoff Arbeitstisch abdecken sowie Kleiderschutz anlegen.
Materialschalen: Material und Werkzeuge (auch Scheren) liegen in Materialschalen und werden auch in solchen zum Arbeitsplatz gebracht	**Gefahren:** Schneidekante von Schere und Messer zeigen, mit dem Hammer schräg ausholen, nicht zur Stirn hin, lange Pinsel, Schere und Messer beim Gehen in einer Materialschale tragen	**Wanne mit Wasser,** um Hände vorzuwaschen, statt z. B. mit den Händen voll Fingerfarbe zum Waschraum zu laufen **Wischlappen,** um Pinsel abzustreifen, Hände abzuwischen
Material holen: Bei überschaubarem Vorhaben (wenige Arbeitsschritte) holt jedes Kind alles, was es braucht; jüngere Kinder holen nur das jeweils aktuelle Material vom Materialtisch	**Klebstoff:** In der Regel auf das aufzubringende Teil auftragen, nicht auf das zu gestaltende Bild	**Aufräumen:** jedem eine Arbeit zuteilen, Kinder räumen zum Materialtisch zurück **Trockenregal:** um gemalte Bilder platzsparend zu trocknen
Haare zurückbinden	**Übersicht:** Erzieherin sorgt während des Tuns für Übersicht auf dem Arbeitstisch, fordert Kinder auf, Abfall wegzubringen, ihren Platz abzuwischen, Wasser zu wechseln	

Bildungsziele

Leitziel: Wichtiger als das Ergebnis sind die Entfaltung der Sinne für das Schöne, das Befassen mit Kunst, der Umgang mit vielfältigem Material und der Prozess von einer Idee bis zur Ausführung.

Ich-Kompetenz u.a.	Sozialkompetenz u.a.	Sachkompetenz u.a.	Lernkompetenz u.a.
Die Kinder haben u.a.: • Freude am eigenen Bewegungs-, Gestaltungs- und Ausdruckskönnen • halten inne, verweilen; genießen Farben, Schönes, finden einen eigenen Geschmack • haben Fantasie und geben nicht gleich auf	Die Kinder • sehen Ausdrucksformen anderer, wertschätzen Werke anderer • akzeptieren Gruppenaufgaben z.B. etwas zur Raumgestaltung oder für ein Fest herzustellen und bringen sich ein • verschenken ein eigenes Werk • interessieren sich für Werke von Künstlern	Die Kinder • benennen Material, Materialeigenschaften und Geräte und gehen damit sachgerecht um • kennen Herstellungsprozesse alltäglicher Materialien wie Papier, Farbe, Knete, Ton • beherrschen Handlungsabläufe und kennen Gestaltungstechniken • kennen Kunstobjekte in der Gemeinde und kennen einen Künstler	Die Kinder • verfeinern ihre Aufmerksamkeit und Wahrnehmung • befassen sich mit Ursachen (z.B. Farbmischungen), oder mit den Effekten der Zufallstechniken • kennen den Geschichtsaspekt: Kunst früher/heute (z.B. von der Höhlenzeichnung bis zu Comics) • planen eine Ausstellung mit und dokumentieren ihre Werke

7. Musik

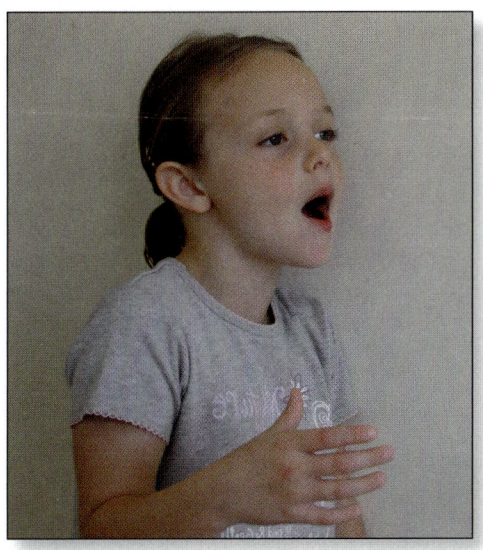

Frühkindliche musikalische Entwicklung

Stefan ist erst **wenige Wochen** alt und doch hat er bereits drei wichtige musikalische Fähigkeiten. Manchmal hält er seinen Körper ganz still und lauscht offensichtlich. Besonders reagiert er auf die Stimme der Mutter, die er seit dem 4. Schwangerschaftsmonat kennt. Sie drang durch die Knochenleitungen zu seinem bereits relativ gut entwickelten Ohr. Als zweites spielt er mit seiner Stimme, jauchzt in den höchsten Tönen, schreit schrill, weint singend. Eine zufällige Mundbewegung beim Ausatmen lässt einen neuen Ton entstehen. Das muss er gleich noch mal probieren. Stefan wird umso mitteilsamer, je mehr die Mutter seine Laute wiederholt, Handlungen mit ihrer Singstimme verbalisiert.

Etwa mit **vier Monaten** imitiert er bereits ihre Sprachmelodie. So „sprechen" die beiden miteinander beim Baden und Wickeln.

Nicht nur das: Stefan hat auch schon viele Erfahrungen mit Rhythmus gesammelt. Bereits im Mutterleib hat er monatelang die Peristaltik der mütterlichen Organe, Pulsschlag und Atmung gehört und gefühlt. Jetzt kommt der Rhythmus bei ihm selbst zum Tragen: Er strampelt mehr oder weniger rhythmisch, und wenn er einmal greifen kann, entwickelt er eine wahre Freude am „Löffel-Klopf-Spiel". Dabei setzt er anfangs vier bis fünf rhythmische Schläge später bis zu 20.

Puls, Takt, Metrum, Grundschlag sind der Motor des Krabbelns, Gehens, Treppensteigens, Hüpfens und jeder Musik.

Mit ein bis zwei Jahren freut sich Stefan über ein bekanntes Lied. Er wippt im Takt mit und erkundet seine Umwelt nach Klängen und Geräuschen. Er klopft Gegenstände ab, lauscht, wenn etwas fällt, wenn er krabbelt und läuft. Er freut sich an seiner Selbstwirksamkeit.

Mit zwei Jahren singt und plappert er in der Badewanne. Dort klingt seine Stimme lauter, voller. Er singt Laute, Fantasiewörter und auch sinnvolle Sätze vor sich hin. Wenn wir genau hinhören, stellen wir Text- und Tonwiederholungen fest, aber keine Struktur in der Melodie. Allerdings braucht er den singenden Erwachsenen als Stimulans für sein Tun.

Er singt herausragende Wörter oder Melodiemotive mit oder nach. Er trommelt und hopst im eigenen Takt, unbeeindruckt davon, dass die anderen Kinder in einem anderen, gemeinsamen Takt singen.

Als 3 bis 4-Jähriger lebt Stefan noch in seiner eigenen, magischen Welt. Er dichtet Kinderlieder mitsamt der Melodie um, konstruiert komplizierte Melodieverläufe mit einem größeren Tonumfang, als Kinderlieder sie aufweisen. Und immer singt er zu Bewegungen oder bewegt sich zur Musik, schwingt z. B. die Beine hin und her.

Mit vier Jahren passt er sich in der Gruppe hin und wieder dem Grundmuster an, d. h. er klatscht und bewegt sich wie die anderen. Schwer fällt es ihm noch, Vormachphasen abzuwarten. Das Mitsingen, auch ohne die Melodie zu kennen, ist wie ein Reflex. Gleichzeitiges Trommeln und Singen kann man von 4-Jährigen nicht erwarten.

Dafür entdeckt Stefan die Lust an Neckspielen mit anderen wie: „Moritz, Poritz!" Sofort stimmt er ein, zum Ärger der betroffenen Person. Musikalisch gesehen ist dies ein Meilenstein: ein Chorgesang, ein musikalisch-soziales Erlebnis.

Mit fünf bis sechs Jahren kann Stefan seine Aufmerksamkeit bewusst lenken, genau hinhören, Tonhöhen unterscheiden, die eigene Tonhöhe steuern. Er findet den gemeinsamen Grundschlag, bzw. schlägt den Sprechrhythmus (kurze Silbe- kurzer Ton, lange Silbe- langer Ton) oder das Metrum.

Diese Beobachtungen bestätigen Gordons Theorie der drei Stufen frühkindlicher musikalischer Entwicklung.

1. Akkulturation: Der Säugling absorbiert klangliche Eindrücke und speichert kulturell bedingte Laut- und Klangmuster. Diese sind dann in seinem Gehirn repräsentiert und anwendungsbereit. Allmählich wird er mehr oder weniger zufällig selbst aktiv, produziert Laute und bewegt sich zur Musik. Am Ende der ersten Stufe antwortet er auf musikalische Eindrücke mit einer singenden Stimme, ohne dass ein Bezug zur Melodie des Vorsängers erkennbar wäre.

2. Imitation: Eingeleitet wird die zweite Stufe mit der Überwindung des egozentrischen Denkens. Dem Kind wird bewusst, dass sein eigener Gesang sich unterscheidet von dem eines anderen. Es fällt in eine Art „Hörstarre", beobachtet den anderen Sänger genau.

Jetzt ist es bereit, Rhythmen und Melodien zu übernehmen, jedoch zeitlich versetzt. Es singt nicht mit, sondern nach, denn es muss die gehörten und gefühlten Klänge, Rhythmen, Takt und Worte innerlich nachbilden und dann wieder in Motorik und Artikulation umsetzen. Das nimmt Zeit in Anspruch.

3. Assimilation: Auf dieser Stufe versucht und übt das Kind, zeitgleich mit anderen zu agieren. Das gelingt noch nicht so ganz, da ihm der Bewegungsfluss fehlt, wie auch die mentalen musikalischen Repräsentationen wie weiter unten beschrieben. Mit wachsendem Repertoire und vielen Experimenten, z. B. in der Badewanne, synchronisiert das Kind zunächst seine eigenen Laut- und Klangproduktionen. Bei solchen Spontangesängen behält es Metrum und Tonart bei. In solchen kleinen Schritten erwirbt es die Fähigkeit, auch mit anderen gemeinsam zu singen.[1]

Aufgabe:
Protokollieren Sie den Sprechgesang eines Kindes. Versuchen Sie diesen zu analysieren.

■ **Musikalische Intelligenz**

Nachdem das Kind in seinem ersten Lebensjahr Laute und Klänge seiner Umgebung als erste mentale Laut- und Klangmuster gespeichert hat, erfasst es – natürlich nicht bewusst – Verse, Lieder und später Musikstücke als komplexe musikalisch-klangliche Eindrücke.

Das bedeutet, dass es von einem Lied wie „Heile, heile Gänschen" intuitiv das Tongeschlecht (Dur /Moll) erfasst sowie Charakter, Tempo, Harmonien, Wiederholungen, Metrum, Rhythmus (Tongruppierungen) und die Geschichte, die es erzählt. Das sind Strukturmerkmale von Musik überhaupt. Im Gehirn prägen sich Abbildungen des Gehörten ein. Das nennt Gruhn „mentale musikalische Repräsentationen". Sie wirken wie ein musikalisches „Vokabular" und sind Voraussetzung der „musikalischen Sprechfähigkeit".[2]

Wir brauchen sie, um uns innerlich den Melodieverlauf eines Liedes und den Anfangston vorzustellen. Und noch später können wir uns aufgrund einer Notation Melodieverlauf, Rhythmus und den Charakter eines Musikstückes vorstellen.

Grundsätzlich verschalten und festigen vor allem in den ersten beiden Lebensjahren Wahrnehmungen und Bewegungen das neuronale Netz. Musikalische Reize und mu-

---

[1] nach Gruhn, W., 2003
[2] nach Gruhn, W., 2003

sikalische Handlungen bieten genau diese Kombination.

Es heißt sogar, das Erlernen eines Instrumentes mache klug. Beim Musizieren arbeiten nämlich beide Hirnhälften zusammen: Die linke Hirnhälfte ist zuständig für das Wissen über Musik, das Notenlesen, die rechte Hirnhälfte dagegen für ganzheitliche Sinneswahrnehmungen, für Empfindungen und Kreativität. Bei der Zusammenarbeit beider Hirnhälften entsteht ein enormes neuronales Netzwerk. Kreusch-Jacob führt eine Reihe deutscher, schweizer, österreichischer und amerikanischer Untersuchungen an mit relativ übereinstimmenden Ergebnissen. Danach korrelieren aktives Musizieren und eine überproportionale Zunahme des Intelligenzquotienten, bzw. die Kinder bewältigten den Leselernprozess leichter als nicht musizierende Kinder der Kontrollgruppen und schnitten auch in anderen Fächern besser ab.[3]

Musikalische Sozialisation

Der Grundstein für musikalische Gewohnheiten und für ein musikalisches Repertoire wird in der Familie gelegt. Hier finden wir zwei Möglichkeiten. Eltern und/oder Geschwister spielen ein Instrument, erledigen ihre „Hausaufgaben" für die Musikschule, besuchen aus Interesse Konzerte. Sie erleben Musik als interaktives Mittel.

In anderen Familien spielt Musik jedoch vor allem eine Hintergrundrolle. Musik „läuft" beim Autofahren, bei Hausarbeiten und beim Essen.

Musik wird auch beim Fernsehschauen konsumiert, ohne dass diese dem Zuschauer direkt bewusst würde.

Wenn Eltern mit ihren Kindern singen möchten, stellen viele erstaunt fest, dass ihr gemeinsames Liedrepertoire begrenzt und ihre Stimme nicht mehr zu singen gewohnt ist. Deshalb bieten Musikschulen Singkurse für Mutter und Kind an. Woher kommt der Mangel an Liedkenntnis? Speziell in den 1970er Jahren aufgewachsene Eltern haben eine Ablehnung traditioneller Kinder- und Volkslieder erlebt, insbesondere Lieder von Königstöchtern, Handwerkern, von Arm und Reich und mit Rollenklischees. Zu jener Zeit bestimmten technischer Fortschritt und Emanzipation das Denken und Handeln der Menschen. Altes Liedgut wurde auch abgelehnt als späte Reaktion auf den Missbrauch von Musik und Liedern zur Massenbeeinflussung während des Nationalsozialismus.

Kassetten mit Kinderliedern gab es in den 1970er Jahren kaum. Ihr Siegeszug in die Kinderzimmer begann erst Anfang der 1980er Jahre. Heute hat nahezu jedes Kind einen eigenen Kassettenrekorder oder einen CD-Player mit einer Kinderliedersammlung.

Können Musikkassetten das Bedürfnis nach einem aktiven Musikerlebnis befriedigen?

Der Handel hält eine breite Palette traditioneller und neuer Kinderlieder bereit. Manche erzählen musikalische Geschichten (Karneval der Tiere), führen Instrumente ein (Peter und der Wolf) und berichten vom Leben großer Komponisten. Kinder anderer kultureller Herkunft besitzen oft auch Kassetten mit Volks- und Tanzmusik ihrer Herkunftsländer. Ihr Vorteil liegt in der unendlichen Wiederholung. Der Nachteil von Hörkassetten liegt in ihrer Bestimmung, nämlich dem passiven Musikkonsum.

Darüber hinaus haben Lieder von der Kassette häufig ein zu hohes Tempo. Es gelingt Kindern nur, Fragmente mitzusingen. Viele neue Lieder sind textüberfrachtet, schlecht lernbar. Auch die Instrumentalbegleitung hat ihre Tücken. Die Kinder singen mit, hören aber wegen der Instrumentalbegleitung ihre eigene Singstimme kaum. Oft klingt das Kassettenlied ohne Begleitung langweilig. Deshalb fördern Kassetten die Singfähigkeit der Kinder nur wenig.

An sich ist die physiologische Fähigkeit zum Singen dem Menschen angeboren und bei Kleinkindern besonders ausgeprägt. Sie sprechen von Natur aus sehr melodisch und überwiegend mit ihrer Kopf- statt der Bruststimme. Der Stimmumfang einer Kinderstimme bewegt sich zwischen e' und f ". Weniger geübte Kinder können etwas tiefer gesetzte Lieder (cirka ab c' oder d') leichter lernen.

Warum können manche Kinder nicht singen?

Unter günstigen Bedingungen experimentiert ein Kind mit seiner Stimme, schreit, jauchzt, spielt das „Löffel-Klopfspiel". Das kann in hellhörigen Wohnungen zu einem Problem werden und strapaziert die Nerven der Erwachsenen. Kinder, die diese Experimentiermöglichkeiten nicht haben, die sporadisch

---

[3] nach Kreusch-Jacob, D., 1999

oder gar nicht singen, können die Kraft des Luftstroms nicht zurücknehmen und nicht auf Singen mit den Stimmbändern umschalten. Sie singen zu tief oder „brüllen" auch beim Sprechen. Das kann zu Veränderungen an den Stimmbändern führen, was schon früh eine Stimmtherapie erforderlich macht.

Kinder, die das Singen in der Familie nicht kennen, haben ihr erstes, bewusstes, musikalisches Gemeinschaftserlebnis in Institutionen, vor allem im Kindergarten, in der Kirche, der Schule, dem Kulturverein. Dabei erfahren sie musikalisches Brauchtum und erhalten die Möglichkeit, tiefe Empfindungen auszudrücken, für die ein Kind noch gar keine Worte hat, wie Freude, Sehnsucht, Trauer.

Singen und Musizieren fördern die Sprechfähigkeit. Das Kind übt Atmung, Artikulation, Prosodie (Sprachmelodie und Sprechrhythmus) und koordiniert diese. Wiederholungen fördern Ausdauer, Disziplin und das Gedächtnis (Text- und Melodie). Wiederholungen festigen auch Sprachstrukturen und ermöglichen, musikalische Vorstellungen zu entwickeln.

Das gemeinsame Musizieren stärkt die sozialen Kompetenzen. Es gelingt nur, wenn man aufeinander hört und sich einfügt in das Tun der Gruppe.

Musik spielt auch im Jugendalter eine wichtige Rolle. Auf der Suche nach der eigenen Identität suchen Jugendliche Interessengebiete und Vorbilder in Abgrenzung zu den Eltern und Erwachsenen. Sie identifizieren sich mit Gruppen und Musikstilen. In der Phase großer Stimmungsschwankungen suchen sie nach

> **Aufgaben:**
> 1. Ermitteln Sie Ihr persönliches aktives (Kinder)Liedrepertoire. Sie sollten mindestens die erste Strophe eines Liedes auswendig können. Benutzen Sie alte und neue Kinderliederbücher.
>   Einigen Sie sich darüber, was Sie als geringes, mittleres und sehr umfassendes Liedrepertoire ansehen. Suchen Sie in der Fachliteratur Aussagen dazu.
> 2. In welchen Formen findet Musikerziehung in Ihrer Einrichtung statt?
> - Legen Sie einen Ordner an mit dem aktuellen Liedrepertoire Ihrer Gruppe.
> - Welche Instrumente kennen die Kinder und können sie handhaben?
> - Reagieren die Kinder auf Wechsel in Lautstärke, Rhythmus, Tempo, Tonhöhe?

kontrastreicher Musik, die die innere Unruhe übertönt oder vorhandene Stimmungen noch intensiviert.

Das Spiel in einer Musikgruppe fördert ungemein. Wer aktiv spielt, kann sich einerseits ausdrücken, muss sich andererseits einfügen.

Ziele der Musikerziehung

Musikerziehung hat zwei Schwerpunkte: die Förderung der musikalischen Kompetenzen der Kinder und die Persönlichkeitsbildung bzw. Förderung der Sozialkompetenz durch Musik. Die Kompetenzen im Einzelnen:

Ichkompetenz u. a.	Sozialkompetenz u. a.	Sachkompetenz u. a.	Lernkompetenz u. a.
Die Kinder...			
erkennen die eigene Stimme und den Körper als Instrument	haben Freude am gemeinsamen Musikerlebnis	können hören und hinhören	halten feste Abläufe beim Singen, Musizieren, Tanzen ein
finden eigene Ausdrucksformen	können anderen zuhören	singen Lieder richtig und haben ein Liedrepertoire	können ein Lied bewusst lernen: hinhören, nachsingen, sich merken
erfahren sich als Musiker	erkennen andere an ihrer Stimme	kennen Begriffe für Lautstärken und Klänge	erfassen musikalische Strukturen: z. B. Rhythmen (Taktarten) und typische Melodieverläufe
erleben sich als Dirigenten	können sich in einen „Chor" einfügen	spielen Instrumente, können ein einfaches Instrument herstellen	
erfahren sich selbst als still	wissen, was Alleinspiel und was Gruppenspiel bedeutet, und verhalten sich entsprechend	kennen Musik und Tanz im Zusammenhang mit Traditionen und Kulturen	kennen Liedarten
		haben ein Ensemblespiel erlebt	können den Charakter einer Melodie bestimmen

Trampolinvers

Januar, Februar, März, April
ich hüpfe so, wie ich es will,
wie ein Gummi-Gummiball
wie ein wilder Wasserfall,
wie ein flottes Känguru.
Ohne Strümpf' und ohne Schuh'
hüpfe ich im Kreis herum
und dann fall' ich um.

Von Zeile zu Zeile jeweils eine
Wendung um 45 Grad machen.

Abzählreime

Eins, zwei, drei vier, fünf;
der Bär hat rote Strümpf",
der Bär ist nicht zu Haus'
und du bist raus.

oder

Eins, zwei, drei, du bist frei.
Vier, fünf, sechs, du bist weg,
sieben, acht, neun,
du musst sein.

Hier eignen sich auch Verse einer
anderen Sprache.

Förderung im Alltag

Im Tagesablauf ergeben sich unzählige Möglichkeiten, das Hören und das Rhythmusgefühl zu sensibilisieren und Lieder zu singen. Das bewusste Hinhören, wenn Regentropfen auf das Dach klopfen, wenn ein Zug vorbeifährt, ein Hund im Straßenverkehr bellt, sind Beispiele für Teilleistungen der auditiven Wahrnehmung. Dazu gehören ferner: das Richtungshören, die Zuordnung eines Geräusches zu einer Quelle, die Figur-Grundwahrnehmung (ein Geräusch vor dem Hintergrund eines „Geräuschteppichs" zu hören), die Lautdiskrimination, die seriale auditive Wahrnehmung (z. B. der Silben im Wort), sowie das Rhythmus- und das Bewegungshören.

Das Singen ist in Kindertageseinrichtungen unverzichtbar. Die Jüngsten genießen z. B. Trostlieder und Lieder bei der Körperpflege, gesungene Kniereiter- und Fingerspiele. Dabei fühlen sie den Grundschlag körperlich. Lieder gehören zum Morgenkreis, zu Spielfolgen, zum Geburtstag. Das gemeinsame Singerlebnis wird verstärkt, wenn die Erzieherin zusätzlich Gitarre oder Klavier spielt.

Erst auf den zweiten Blick sieht man den besonderen Wert vom Treppensteigen, von Hüpfspielen und Abzählreimen für die Musikerziehung.

Ein- bis Zweijährige genießen z. B. das rhythmische Zählen beim Treppensteigen und sie hopsen an den ausgestreckten Händen der Erzieherin zu einem Vers. Dabei passt die Erzieherin ihr Sprechtempo dem Hopstempo des Kindes an, wie auch bei Hüpfseil- und Trampolinspielen der Vorschulkinder. Die Anforderung liegt im Bewegungsfluss. Wer den fortlaufenden Sprung beherrscht, fühlt den Grundschlag. Manche 5- bis 6-Jährigen schaffen bereits Synchronsprünge gemeinsam mit Freund oder Freundin.

Auch Abzählreime mit ihrer oft etwas „frechen" Sprache gehören zu den Rhythmusspielen. Die gereimten Zeilen, oft endlos aneinandergereiht, fördern den Sprach- und Bewegungsfluss sowie das Rhythmusgefühl.

Geeignet sind Verse und Lieder im 2/4 und 3/4 Takt (kein Taktwechsel). Die Erzieherin spricht den Vers in der Spielsituation am Stück rhythmisch und artikuliert vor. Die Kinder lernen durch fortwährende Wiederholung.

Auch musikalisch eher ungeübte Praktikantinnen und Erzieherinnen können hier wesentliche Grundlagen zur Musik- und Spracherziehung legen.

Vorbereitete Umgebung

Die Erzieherin stellt klingende Objekte zur Verfügung sowie didaktisches Material (mit Anleitung) und Musikkassetten. Damit können sich Kinder einzeln oder zu mehreren in die Welt der Klänge begeben.

Im Außenspielbereich kann man Blumentöpfe und Metallrohre an tief hängenden Ästen anbringen. Diverse Besen, Tonnen, Töpfe und Deckel sind Einstiegsinstrumente späterer „Hinterhof-Jazz-Bands".

Im Bewegungsraum bieten sich Hörkassetten mit Tanzmusik (Tango, Walzer, Hip-Hop) an sowie klassische Musik, Musik aus anderen Ländern und Verkleidungsmaterial. Kinder bis zu sechs Jahren bewegen sich gern mit Tüchern frei zur Musik. Schulkinder können durchaus schon selber Tänze entwickeln und in der Gruppe einüben. Sie brauchen genügend Platz und Spiegel, um sich und die anderen in Bewegung zu sehen.

Im Klangstudio laden eine Kugelbahn mit Klangelementen, klingende Gegenstände aus dem Alltag und Trommeln zum Spielen und Erkunden ein. Die Kinder forschen von selbst: Wie entsteht der Ton, wie kann ich ihn beeinflussen?

Arbeit mit didaktischem Material
Zur sachlogischen Arbeit mit didaktischem Material brauchen Kinder eine Einführung durch die Erzieherin. Das gilt auch für den Umgang mit einem Kassettenrekorder oder einem anderen Tonträger.

Ausstattung:

- Geräuschdosen, Glöckchen, Schellen (Bastelgeschäft oder Asienladen) oder Alltagsgegenstände kann man nach Lautstärke, Tonhöhe oder Klang ordnen.
- Spiel „Hör´ genau": Die Kinder ordnen Karten den Geräuschen und Klängen von einer Kassette zu.
- Flaschenklangspiel; auf einem Tablett stehen acht gleiche Flaschen, ein Krug, gefüllt mit Wasser, Messbecher, Trichter, Schlegel, (Lappen, Eimer).
  Aufgabe: Versuche eine Tonleiter zu erstellen/ein Lied zu spielen!
- Montessori-Glocken, Tastaturbretter und Schlegel: Glocken mit schwarzem und weißem Fuß stehen auf ihren jeweiligen Feldern (Farbpunkte anbringen); das Kind ordnet die Glocken mit braunem Fuß zu (Einführung ist notwendig).

Besondere Anziehungskraft üben Glockenspiele/Xylofone mit diatonischer und mit pentatonischer* Tonfolge aus. Mit einem entsprechenden „Führerschein" können Kinder darauf frei improvisieren oder das Lied der Woche lernen.

---

* Diatonik: Tonleiter mit Ganz- und Halbtonschritten (Durtonleiter),
Pentatonik: Aussparen von Halbtonschritten = c, d, e, g, a , oder c,d, f,g,a, alle Töne passen harmonisch zueinander.

Lied der Woche:
Im Klangstudio steht auch das Lied der Woche bereit. Die Kinder kennen das Auswechseln der einzelnen Klangstäbe, die Bedeutung der Farbmarkierungen. Das Lied der Vorwoche hatte die gleichen Töne oder einen Ton weniger. Die Erzieherin zeigt dem Kind, wie es mit Hilfe der Notation mit farbigen Notenköpfen das Lied spielen kann.

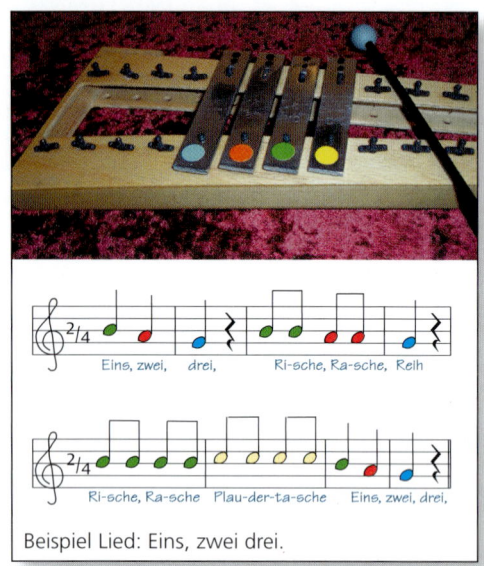

Beispiel Lied: Eins, zwei drei.

Gezielte Aktivitäten

Folgende Formen gezielter Musikerziehung findet man häufig in Kindertageseinrichtungen:

- Liedeinführung
- Spiele zur auditiven Wahrnehmungsförderung
- Musikhören
- Elementares Gruppenmusizieren

Damit diese Vorhaben gelingen, sind neben entwicklungspsychologischen Kenntnissen Sachanalysen notwendig, z. B. eine Liedanalyse oder das Befassen mit Instrumenten, Komponisten und musikalischen Werken. Die Erzieherin trifft generell eine Auswahl passend zu ihren eigenen musikalischen Fähigkeiten.

■ Liedeinführung

Vorbereitung
Um das richtige Lied auszuwählen, muss ich die entwicklungspsychologischen Besonderheiten meiner Zielgruppe kennen.

Geeignete Lieder für 3- bis 4-Jährige sind:

- zweiteilige Lieder: AB oder ABA-Form,
- deutliche Abschnitte (zum Atemholen),
- Wort- und Textwiederholungen sowie Motivwiederholungen,
- Melodieverlauf mit kleinen Sprüngen und je Silbe einem Ton,
- Lieder, in denen der eigene Körper, Tiere, Mutter und Kind, Tätigkeiten, das Wetter, Jahreszeiten vorkommen,
- einfache Spiellieder.

Für 5- bis 6-jährige Kinder werden empfohlen:

- zwei und dreiteilige Lieder: AB/ABC-Form
- Tonsprünge sind kein Problem mehr (vier Töne Abstand und mehr),
- Wiederholungen und Entsprechungen im Melodieverlauf sind immer noch angenehm,
- längere Spiellieder/kleine Geschichten,
- erweiterter Themenkreis,
- Lieder in einer Fremdsprache, auch Nonsenslieder,
- HOERBURGER/WIDMER empfehlen, auf Punktierungen, Synkopen, Triolen zu verzichten.

Mit diesen Voraussetzungen habe ich klare Kriterien für meine Liedauswahl. Zwei Fragestellungen leiten mich dabei:

1. Passt das Lied zu meiner Zielgruppe?
2. Welche musikalischen Besonderheiten hat das Lied? Wenn ich diese kenne, kann ich mir schon Umsetzungsmöglichkeiten überlegen.

Liedanalyse

Eine Liedanalyse umfasst Fragen nach der Tonart des Liedes, der Anzahl der Liedteile (Form), der Taktart (Auftakt?), dem Rhythmus (rhythmischen Überraschungen), dem Tonumfang, dem Melodieverlauf und den Intervallen, dem Liedcharakter und dem besonderen Reiz des Liedes.

Fachbegriffe für Liedanalysen sind:

- Schritte: steigende oder fallende Tonfolgen
- kleine Sprünge: Abstand bis zu drei Tönen
- große Sprünge: Abstand vier und mehr Töne
- Tonwiederholungen: zwei oder mehr gleiche Töne hintereinander
- Motivwiederholung: Ein kurzer Melodieteil wird wiederholt
- Entsprechung: Ein Motiv wird eine Stufe höher oder tiefer wiederholt

Aufgaben:
- Wie sind die Lieder in Ihrem Kinderliederbuch geordnet?
- Markieren Sie darin Lieder für die 3- bis 4-Jährigen bzw. für die 5- bis 6-Jährigen.
- Vergleichen Sie Ihre Einschätzungen in der **Arbeitsgruppe.**

Beispiel: Liedanalyse

1. Wisst ihr, was die Bienen träumen
in ihrem Bienenhaus?
Sie träumen von Bäumen und Honigduft
Und wie sie fliegen in warmer Luft,
summ, summ, summ

2. Wisst ihr, was die Vögel träumen
in ihrem weichen Nest?
Sie träumen von Sommer und Sonnenschein,
von Würmern und von Käferlein,
piep, piep piep.

3. Wisst ihr, was die Frösche träumen
im Mondenschein am See?
Sie träumen, dass jeder auf dieser Welt,
sie für die besten Sänger hält.
Quak, quak, quak

4. Wisst ihr, was die Eulen träumen,
wenn es dunkel ist?
Sie träumen am Tag, nicht in der Nacht,
wenn alle schlafen, dann rufen sie sacht.
U-hu-hu.[4]

Text: Lore Kleikamp
Musik: Detlev Jöcker
Aus: 1, 2, 3 im Sauseschritt
Copyright: Menschenkinder
Verlag u. Vertrieb GmbH,
Münster

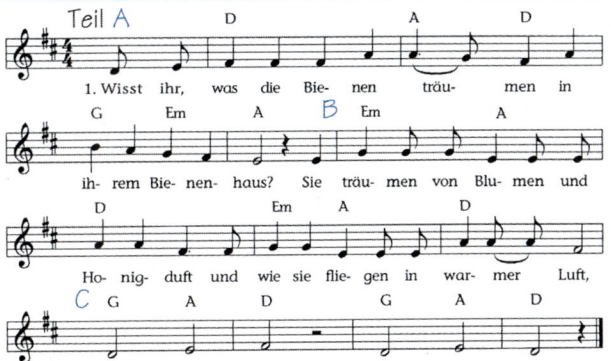

---

[4] Jöcker, 2002, Seite 13

Beispiel: Liedanalyse „Wisst ihr, was die Bienen träumen."

Form	ABC
Tonart	D-Dur, Tonumfang ist relativ klein, von d bis h = sechs Töne
Takt	4/4, Auftakt
Melodie	Beginn und Ende auf dem Grundton, steigende Tonfolge am Beginn, größter Tonsprung: vier Töne Tonwiederholungen: acht mal Motivwiederholung in Teil B, erinnert an „Maikäfer flieg" Teil C: lange Notenwerte, beruhigendes Ausklingen
Rhythmus:	Überraschung: zwei mal punktierte Noten; Takt 3 und 7. In Takt 3 erhält eine Silbe dadurch zwei gebundene Töne, das unterstreicht die Wortbedeutung „träumen".
Text	Teil A und B: jeweils gleiche Worte am Anfang in allen Strophen Teil C: jede Strophe enthält die entsprechenden Tierlaute Frösche, Eulen kennen Kinder aus Bilderbüchern, Bienen und Vögel aus eigener Erfahrung, notwendige Worterklärungen: „Bienenhaus", und „sie für die besten Sänger halten"
Charakter und Reiz des Liedes	Es ist ein Abendlied, das durch den ruhigen Melodieverlauf wirkt und durch die Bilder, die es hervorruft. Das Kind erkennt sich selbst darin wieder, muss sich aber auch in die Situation des angesprochenen Tieres versetzen, was 4-Jährigen auf dem Höhepunkt ihres Rollenspiels gut gelingen müsste. Die Melodie ist zwar dreiteilig, aber der Teil C ist ausgesprochen einfach.

Planung

Das folgende „Gerüst" zeigt eine von vielen Möglichkeiten, eine Liedeinführung zu planen. Allerdings ist nur die Technik der Liedeinführung behandelt. Die Atmosphäre, das Gemeinschaftserlebnis, die konkrete Gesprächsführung sind hier nicht enthalten.

Zum Einsingen werden Stimmspiele empfohlen. Stimmspiele und mundmotorische Übungen helfen, die Stimmbänder behutsam zu aktivieren, den Tonumfang zu erweitern und die 100 zum Singen nötigen Muskeln anzuregen. Es eignen sich das symbolische Auspusten einer Kerze und mitklingende Laute, wie „m" oder „w" in Wörtern, die zum Lied passen. Man muss sie bei jedem neuen Lied neu erfinden. Zugute kommt uns, dass Kinder in diesem Alter gern, z. B. Tierlaute, nachahmen. Durch Atemimpulse (Bauchatmung) wird auch der Tonumfang erweitert (leichte Stimme).

Liedeinführung/Durchführung

Einstieg:

- Begrüßung.
- Wir stehen auf, um den ganzen Körper als Resonanzkörper zu nutzen.
- Einstimmung, z. B. mit dem obligatorischen Morgen- oder Anfangslied (leichte Stimme).
- Gespräch, Motivation.
- Stimmspiel passend zum Lied (Einsingen, Mundmotorik).

Hauptteil: Vorsingen, Teilschritte:

- Sich Anfangston und erste Liedzeile innerlich vorstellen, bewusst mit dem Bauch einatmen, Spannung halten.
- Langsam und leicht zu singen beginnen (Kopfstimme).
- Erste Strophe einmal als Ganzes vorsingen, dann Anschauungsmaterial zeigen.

- Die erste Strophe wiederholen und Hörauftrag zum Inhalt/Text geben, Inhalt erarbeiten, Bedeutung schwieriger Worte klären.
- Text sehr deutlich sprechen, rhythmisch = entsprechend den Notenwerten.
- Zum Mitsingen auffordern: Melodieverlauf ggf. mitzeigen.
- Passende Bewegungen mit den Kindern zusammen überlegen.
- Gegebenenfalls Spielform vormachen (z.B. im Kreis herumlaufen); beim zweiten Durchgang übernimmt ein Kind die Rolle.
- Zweite Strophe einführen.

Schluss: Die Erzieherin kann die Kinder fragen, was ihnen an dem Lied gefallen hat, was für sie neu war, ob ihnen etwas Besonderes aufgefallen ist.

Zu viele gleiche Wiederholungen können einem das Lied verleiden. Deshalb sind Variationen notwendig. Schon beim Vorsingen kann ich im ersten Durchgang die erste Strophe singen, im zweiten Durchgang passende Bewegungen zeigen, im dritten Durchgang den Text rhythmisch sprechen. Weitere Möglichkeiten sind: die Melodie auf einem Instrument zu spielen, eine Strophe vorzusingen aber Lücken zu lassen, die die Kinder mit einem Reimwort ausfüllen.

Wir können sitzend, stehend, gehend singen, oder es singen nur die Jungen bzw. Mädchen. Wir singen eher leicht oder auch übertrieben deutlich, aber nie laut.

Liedbegleitung

Zur Liedbegleitungen bieten sich Körperperkussion und Instrumentalbegleitung an.

Körperperkussion bedeutet, ein Lied mit Klatschen, Patschen, Stampfen, Schnalzen zu begleiten. Das ist praktisch insofern, als körpereigene Instrumente immer zur Hand sind. Durch die Perkussion erfassen die Kinder Grundschlag und Rhythmus körperlich.

Vor allem im Kindergarten begleiten wir Formabschnitte, indem wir einem bestimmten Liedteil eine Begleitung zuordnen. So kann man zum Teil A klatschen, zum Teil B nicht klatschen. Dies kann man nicht erklären, sondern muss es langsam und deutlich vormachen.

Kinder erfassen damit die Struktur des Liedes.

Ein durchgängiges Begleitmuster ist eher erst im Grundschulalter realisierbar.

Beispiel: Zauberer Schrappelschrut[5]

Zauberer Schrappelschrut

Auftakt: 1x klatschen

Teil A:
3x überkreuz patschen, 1x klatschen, insgesamt 8x.

Teil B:
Je Fuß 1x die Ferse aufsetzen und zurücknehmen, insgesamt 2x,
danach 7x mit den Zeigefingern im Wechsel in die Luft zeigen.

[5] T: Lore Kleikamp; M: Detlev Jöcker. Aus: 1, 2, 3 im Sauseschritt. Copyright: Menschenkinder Verlag u. Vertrieb GmbH, Münster

Da es sich bei dem Beispiellied um ein Spiellied handelt, brennen die Kinder natürlich eher darauf, es zu spielen als es rhythmisch zu begleiten.

Zur Instrumentalbegleitung eignen sich Instrumente aus dem kleinen Orff-Schlagwerk oder auch selbst hergestellte Rasseln, Trommeln u.ä. Die Erzieherin setzt am Anfang nur ein Instrument ein, nennt dessen Namen, zeigt Handhabung und Anschlag. Sie selbst begleitet im ersten Durchgang das Lied (den Liedteil). Für den zweiten Durchgang reicht sie das Instrument einem der Kinder. Hat es eine passende Begleitung gefunden (nicht unbedingt die, die die Erzieherin vorgemacht hat), wird das Instrument in der Runde weitergegeben. Der Vorteil liegt darin, dass Begleitung und Lied gut zu hören sind. Eine Begleitung mit mehreren Instrumenten und unterschiedlichen Rhythmen gelingt nur mit sehr viel Übung.

Die harmonische Begleitung mit Akkorden auf Stabspielen braucht einen allmählichen Aufbau. Zunächst bieten sich pentatonische Lieder an, bei denen ein Kind das Vorspiel übernimmt oder ein Liedteil, z.B. mit einem Borduhn, begleitet.

Bei Liedern mit Harmoniewechsel spielen die Erzieherin und ein Kind jeweils ein Instrument gleicher Art. Das Kind schaut ab, was die Erzieherin tut. Musikalische Kinder hören den Harmoniewechsel bald selbst und reagieren automatisch.

■ Spiele zur Förderung auditiver Wahrnehmung

Das Hören bzw. Hinhören ist eine wesentliche Voraussetzung für Musikerlebnisse. Und es gelingt besser, aus der Stille heraus zu hören. Die Stille ist wichtig in der Musik. Manchmal wird sie sogar als Quelle der Musik bezeichnet. Stille finden wir auch in ganz kleinen Einheiten in Musikstücken, nämlich in den Pausen. Sie geben uns beim Singen Zeit zum Atmen und können sogar, richtig platziert, Spannung aufbauen.

Der Hörsinn durchläuft übrigens bis zum Schuleintritt Differenzierungsprozesse.

Verzaubern: Die Kinder bewegen sich frei im Raum. Die Erzieherin spielt eine freie Improvisation auf einem Musikinstrument. Stoppt sie, stoppen auch die Kinder ihre Bewegungen, frieren sie ein, bleiben stehen wie verzaubert.

Variante: Rattenfänger von Hameln. Die Erzieherin spielt mit dem Rücken zu den Kindern auf einem Instrument. Sie stoppt und dreht sich betont um. Wer sich jetzt noch bewegt, gibt ein Pfand ab und setzt sich auf die Bank.

Ein leiser Weg: In einem etwas abgedunkelten Raum steht in der Raummitte eine brennende Kerze. Jedes Kind sitzt auf einem markierten Platz. Auf ein Signal hin legen jeweils drei Kinder mit dem zur Verfügung stehenden Material einen geraden oder gewundenen Weg zur Kerze. Jedes Kind kehrt zu seinem Ausgangsort zurück. Sind alle Wege gelegt, geht das erste Kind zu leisem Triangelklang barfuss seinen Weg bis zur Kerze und wieder zurück, wo es sich hinsetzt und abwartet, bis jedes Kind an der Reihe war. Im zweiten Durchgang geht es bis zur Kerze und schlägt dann den Weg eines anderen Kindes ein. Erreicht es dessen Sitzplatz, tauschen die beiden ihre Rollen.

Katze: Die Kinder schlafen als Katze; der Spielleiter macht verschiedene Geräusche, die Kinder reagieren nur auf ein bestimmtes Geräusch, z.B. Nagelkratzen auf einem Buch. Dann springen sie auf, rennen einmal im Kreis und legen sich wieder hin (Figur-Grundwahrnehmung).

Kieselspiel: Ein Kind mit verbundenen Augen ist in der Kreismitte, jedes Kind im Kreis hat einen Kiesel in der Hand, auf ein Zeichen lässt ein Kind seinen Kiesel fallen. Das Kind in der Kreismitte zeigt in die Richtung (Richtungshören).

Wie eine Schnecke sehen, wie eine Muschel hören: Kinder und Erzieherin sitzen frei im Raum verteilt auf dem Boden. Heute sind wir zu Besuch auf dem Meeresgrund. Wir sind Seeschnecken. Unsere Augen sind geschlossen. Wir schwanken kaum merklich nach links, nach rechts. Die Erzieherin richtet den Lichtkegel einer Lampe in die Runde. Die Kinder wundern sich, denn sie können durch ihre geschlossenen Augenlider den Lichtschein wahrnehmen.

Wir können auch Muscheln sein. Jeder verschließt seine Ohren mit je einer gewölbten Hand. Was hören wir so?

Die Fantasiegeschichte geht weiter:

Jedes zweite Kind wächst zu einer Seerose, bleibt mit dem Fuß fest verankert, kann aber seine Arme frei schwingen. Die andern Kinder werden zu Fischen, sobald die Musik erklingt. Stoppt die Musik, sinken sie langsam zu Boden.

Schlangenbeschwörer: Die Kinder liegen im Kreis als Schlangen auf dem Boden. Die Spielleitung geht zu einem Kind und spielt z.B. mit der Flöte eine steigende/fallende Melodie. Das Schlangenkind bewegt seinen Oberkörper entsprechend (Melodielinie hören).

Froschhüpfen: Die Kinder sitzen an einer Raumseite, ein Kind springt als Frosch zur gegenüberliegenden Seite. Die Erzieherin übernimmt Tempo und Rhythmus auf ihrer Trommel. Wer von den Kindern möchte Frosch sein, wer übernimmt die Trommel?

Murmelkarussel: Die Kinder lassen eine Murmel in einer umgekehrten Handtrommel rollen. Sie soll möglichst gleichmäßig kreisen „Rolle, rolle hier im Kreis…" die Kinder dichten den Reim weiter (Akzent spüren).

Perlenschaukel: Man lässt eine Perle an einer Schnur schwingen. Dazu passt das Lied: „Ich schaukle auf den Wellen, links herum und rechts herum. Ich schaukle auf den Wellen usw.", erst mit der linken, dann mit der rechten Hand schwingen. Geht es auch mit dem Fuß, dem Mund? (Akzent spüren).

Instrumente raten: Die Erzieherin bringt hinter einem Tuch eines der vorher besprochenen Instrumente zum Klingen. Wer es zuerst mit Namen nennt, kommt hinter das Tuch und setzt das Spiel fort.

Vogelstimmen: Die Erzieherin kopiert ca. zehn Vogelstimmen von einer Kassette, z.B. Vogelstimmen der Heimat, welche im Garten der Einrichtung oft zu hören sind (Amsel, Meise, Spatz, Taube usw.). Zu jedem Vogelgesang erzählt sie eine kleine Geschichte, z.B. zur Frage, was der Vogel mit seinem Gesang sagt.

Intervalle von Vogelstimmen kann man auf dem Glockenspiel suchen. Meisen pfeifen oft kurze Sequenzen, die man nachsingen/pfeifen kann. Fortführung: Bilderbuch, Lotto- oder Memoryspiel anfertigen.

Instrumente herstellen: Bei der Herstellung eines Instruments, z.B. eines Gummiklingers mit Haushaltsgummis, forscht das Kind nach verschiedenen Möglichkeiten, die Töne zu beeinflussen. Es verändert die Bedingungen (anderer Resonanzkörper, andere Gummis) und hört die Unterschiede.

Geräuschjagd: Mit Kassettenrekorder und Mikrofon fangen „Reporter" Geräusche des Alltags ein. Dazu gestalten sie Bildkarten. Sie spielen die Hörproben den anderen Kindern vor und fordern sie auf, die passenden Karten zuzuordnen.

Effektklänge: sind erforderlich z.B. für eine Bilderbuchvertonung. Hier werden Kinder zu wahren Erfindern, um z.B. den Klang des Donners oder quietschender Türangeln zu erzeugen.

Eigene Stimme: Wir nehmen die Stimmen der Kinder einzeln auf und hören sie an. Warum klingt die eigene Stimme vom Band anders, als man sie selbst beim Sprechen oder Singen hört?

Ein ungewöhnliches Orchester: Besen, Eimer, Teppichklopfer, Handfeger und Blech machen zusammen Musik.

Jede Instrumentenart (zunächst nur zwei) hat ein eigenes rhythmisches Muster. Bei jeder Instrumentenart spielt eine Erzieherin mit (eher für Grundschulkinder und Jugendliche).

■ **Musik hören**

Wir spielen leise Musik im Ruheraum zur Einstimmung auf den Mittagsschlaf oder wir bitten die Kinder nach einer anstrengenden Bewegungsfolge zur Entspannung auf eine Matte. Sie nehmen das Angebot meist gern an, träumen ein wenig oder schlafen ein. Hinterher ist ihnen oft gar nicht mehr bewusst, welche Musik sie gehört haben.

Beim Musikhören im Stuhlkreis ist es anders. Hier richten wir unsere Aufmerksamkeit auf die Musik und schaffen ein bewusstes Hörerlebnis. Wichtig ist die Ankündigung, was jetzt kommt und dass wir gar nichts tun, nur hören. Mal sehen, wer das schafft! In der Regel weckt eine Musik Assoziationen. Wir fragen die Kinder, welche Bilder sie sich zur Musik vorgestellt haben oder ob die Musik sie an etwas erinnert.

Kinder fragen auch: „Wer hat sich diese Musik ausgedacht und warum?" Ich zeige ihnen ein Bild des Komponisten, und wir überlegen, warum das Thema ihm wohl wichtig war.

Man kann von einem Musikstück auch eine Geschichte erzählen, z. B. von Smetanas Moldau: von der Quelle, den Tieren im Wasser, den Blumen am Ufer bis hin zur Mündung. Erklingt das Musikstück dann wieder, hört man es mit ganz anderem Bewusstsein.

Besonders intensive Hörerlebnisse haben Kinder, wenn sie Musikstücke „live" hören. Wir besuchen einen Musikverein, beobachten Straßenmusikanten und erleben dabei das Zusammenspiel der Musiker. Im Musikverein können Kinder manchmal Musikinstrumente ausprobieren.

Solche Erlebnisse lösen Fragen und Recherchen aus. Welche Instrumente klingen da; woher kommen die Musikanten, was klingt besonders an dieser Musik?

Erstaunlich ist, wie ein Musikstück mit fremden Harmonien und Rhythmen durch Wiederholung Eingang in unser Bewusstsein findet, wir es wieder erkennen und mögen.

Malen nach Musik

Kinder setzen Musik gern in Handlung um. Beim Malen nach Musik wird ein DIN A 3 oder A 2 Blatt auf dem Tisch fixiert. Jedes Kind richtet zwei Stifte zu seinem Blatt oder streicht es mit Tapetenkleister ein und richtet ein Schälchen mit Farbe.

Zunächst stehen die Kinder im Kreis, nehmen mit geschlossenen Augen die Musik in sich auf. Sie schwingen die Bewegung der Musik mit Armen und Händen in der Luft, nehmen dann Farbe auf ihre Fingerspitzen und „schwingen" die Musik aufs Papier. Manche Kinder malen Taktschwünge, andere folgen der Melodiebewegung eines Instrumentes

oder tupfen den Rhythmus, z. B. von Schlaginstrumenten. Hier gibt es kein „Richtig" oder „Falsch". Beim zweiten Durchgang bietet sich ein Farbwechsel an. Nach dem Malen gehen die Erzieherin und die Kinder von Bild zu Bild. Mal bleiben sie länger, mal kürzer stehen. Einige Kinder werden interessante Äußerungen zu ihrem Bild machen.

Tanzen

Tanzen ist auch eine Form aktiven Musikhörens, insbesondere die Tanzimprovisation. Dies ist sowohl zu klassischer als auch zu moderner Musik möglich.

Vorschulkinder schwingen Tücher oder Bänder, drehen sich um die eigene Achse und passen ihre Bewegungen dem Tempo der Musik an. Fördern können wir sie durch Tanzgeschichten, in denen sie ein Geschehen ausdrücken.

Tanzimprovisation

Ältere Schulkinder ahmen gerne Tanzgruppen nach und können durchaus schon kleine Choreographien entwickeln. Geeignet sind Musikstücke mit klarer Gliederung, z. B. mit acht Zähleinheiten je Liedteil. Das ergibt meist eine vierer Schritt-Kombination mit Wiederholung pro Liedteil. Günstig sind Videoaufnahmen am Ende einer Übungseinheit als Gedächtnisstütze für das nächste Mal.

Neben der Tanzimprovisation finden wir feste Tanzformen. Zu Live-Liedern oder von der CD gibt es bestimmte Grundaufstellungen: im Kreis, als Gasse, als durchgefasste Reihe (Schlange) oder auch frei im Raum.

Lieder und Musikstücke für Kindertänze sind in der Regel zwei- oder dreiteilig. Zu jedem Teil gehört ein Tanzschritt oder auch eine typische Bewegung. Eine mögliche Grundform ist: Durchgefasst auf der Kreislinie gehen, stehen bleiben, einmal klatschen und dasselbe in die andere Richtung wiederholen.

In der Tanzliteratur werden Aufstellung und Schritte mit grafischen Zeichen notiert. Man braucht einen so genannten „Tanzschlüssel", um diese Zeichen zu verstehen.

■ Elementares Gruppenmusizieren

Elementares Gruppenmusizieren bedeutet, über Liedbegleitungen hinaus viele Möglichkeiten auszuprobieren, in der Gruppe mit Instrumenten zu spielen. Dabei üben Kinder den Umgang mit den Instrumenten und das Zusammenspiel mit anderen. Mögliche Formen sind:

- Experimentieren mit Klängen
- Klanggeschichten
- Klangspiel nach grafischer Notation
- Klangspiel zu einem Bild (Klee, Miro)
- Klangmalerisches Vor- Zwischen- und Schlussspiel zu einem Gedicht, einem Märchen
- Sprachrhythmusbegleitung eines Gedichts (Grundschulkinder)

Als Instrumente eignen sich selbst gebaute Instrumente, klingende Alltagsgeräte, Rhythmusinstrumente, Stabspiele.

Experimentieren

Bereits Einjährige erkunden Instrumente, zupfen an den Saiten der Gitarre, klopfen und schlagen auf den Resonanzkörper. Sie sind überrascht über die Töne, die auch bei Rasseln und Trommeln entstehen. Am liebsten spielt jedes Kind uneingeschränkt für sich. Etwa ab zwei bis drei Jahren werden Abwechslungsspiele möglich. „Jetzt spielt Karsten und dann spielt Brian und Karsten hört zu."

Auch 3- bis 4-Jährige möchten vor allem selbst aktiv sein. Sie sind noch mit der Funktion des Instruments beschäftigt und brauchen Hilfestellung für ihren Einsatz.

5- bis 6-Jährige kennen die Handhabung der Instrumente. Sie brauchen neue Impulse zum Experimentieren. Ihre kognitiven Fähigkeiten ermöglichen es, Erlebtes in ihre Vorstellung zu holen und in Klängen nachzubilden. Das ist eine Abstraktionsleistung, die nicht von allen erwartet werden kann. Es ist ein Unterschied, im Rollenspiel selbst Pferd zu sein oder den Galopp des Pferdes auf einem Instrument nachzubilden.

Das Experimentieren braucht eine Struktur, sonst kann der einzelne nicht einmal sich selbst hören.
Die Eckpunkte der Ordnung sind:

- Zeichen für den Anfang und das Ende des Experimentierens (z.B. grüne /rote Karte).
- Zeichen für viele oder wenige Töne, lautes oder leises, schnelles oder langsames Spiel.
- Zeichen für Instrumentengruppen (z.B. nur Trommeln, nur Rasseln…).

Klanggeschichten

Klanggeschichten sind Geschichten, in denen Klänge Informationen geben oder eine Atmosphäre hervorrufen.
Was kann man in Klänge „übersetzen"?

- Z.B., dass jemand eine Treppe hinaufgeht,
- Klänge und Geräusche aus der Umwelt, z.B. Regentropfen, die auf das Dach trommeln,
- das Rauschen des Windes oder einen Pferdegalopp,
- Bewegung, die man eigentlich nicht hört, z.B. einen Froschhüpfer,
- den Charakter von etwas (funkelnde Sterne, strahlender Sonnenaufgang).

Mit Klanggeschichten sensibilisieren wir Kinder für das bewusste Hören und Erzeugen von Klängen (Charakter, Klangfarbe, Rhythmus) und fordern sie auf, eine Vorstellung auszudrücken. Unter pädagogischem Aspekt lernt das Kind, seinen Platz im „Klangteppich" zu finden, sich einzufügen oder das Geschehen zu führen,

---

Beispiel Gruppenimprovisation

Thema. *Instrumente haben Familiennamen*

Ziele: „Instrumentenfamilien" kennen lernen, Liedschluss erfassen, verschiedene Klangfarben hören, sich Klänge vorstellen, Klänge bewusst erzeugen, den eigenen Einsatz und Pausen erkennen.

Vier Reifen liegen im Raum verteilt. In jedem Reifen befinden sich Instrumente einer Art: Stabspiele, oder Becken und Triangeln oder Trommeln...

Erzieherin: „Ihr seht, in jedem Haus (Reifen) wohnt eine andere Familie, z. B. die Familie „Trommel". Wir wechseln heute ab: Wenn meine Flöte spielt (freie Improvisation), gehen wir spazieren. Wenn die Flöte aufhört, setzt jedes Kind sich zu einer Instrumentenfamilie, egal zu welcher. Dort sage ich, wie es weitergeht." Die Aufträge dort lauten:

1. „Heute ist der *Hüpftag:* Probiert aus, wie ein Floh oder ein kleiner Frosch auf eurem Instrument hüpft. Geht jetzt wieder zu meiner Flöte spazieren."
2. „Heute ist *Wischtag/Putztag*. Was wird in einem Haus gewischt? Genauso wollen alle Instrumente gewischt werden. Wenn meine Flöte wieder anfängt, ist der Wischtag fertig."
3. „Heute ist *Kochtag:* Da wird in allen Töpfen gerührt. Rührt auf eurem Instrument."
4. „Heute ist G*eheimnistag:* Probiert, die leisesten Töne zu machen."
5. „Heute ist *Regentag:* Wie klingen Regentropfen auf eurem Instrument: dicke, feine, viele, wenige Regentropfen?"
6. „Heute ist *Ausflugstag:* Wir fahren mit dem Boot; das schaukelt hin und her; wir steigen auf einen Berg; wir rennen wieder hinunter, stolpern, fallen."
7. Zum letzten Mal wird das Flötenspiel für den Spaziergang durch den Raum eingesetzt. Am Ende: „Bringt bitte die ganze Trommelfamilie mit." Das Kind mit der größten Trommel soll links von der Erzieherin sitzen usw.
8. Namen der Instrumente wiederholen und besprechen, weshalb sie den gleichen Familiennamen haben.

Und jetzt kommt meine Geschichte:
In einem Haus lebt die Familie Floh: Papa Floh Mama Floh usw. Die Erzieherin gibt den Kindern ihre Rolle entsprechend den Instrumenten, die sie mit in den Kreis gebracht haben.

Am *Montag ist der Hüpftag:* Und so hüpfen sie (einzeln nacheinander): Papa Floh, Mama Floh, das erste Kind usw. Reihum spielt jedes Kind das Hüpfen auf seinem Instrument und einmal spielen alle zusammen.

Am *Dienstag ist der Wischtag:* Und so wischt Papa Floh usw.

Am *Mittwoch ist Kochtag*: Papa Floh rührt und nennt eine Speise.

Am *Donnerstag ist der Geheimnistag*: Nur der kleinste Floh hat ein Geheimnis. Wie klingt es? Geheimnisvoll! So sollen Geheimnisse sein usw.

Nach dem ersten Durchgang schlägt die Erzieherin das Trommelfell an verschiedenen Stellen an bzw. variiert ihre Schläge. Hörübung: „Wer hüpft jetzt, Papa, Mama oder Flohkind?"

Sie zeigt Haltung und Anschlag sparsam, aber deutlich.

An einem anderen Tag kommt eine andere Instrumentenfamilie an die Reihe.

---

8. Medien

Mediensozialisation

(Bilder-)Buch, Zeitschrift, Comic, Kassette/CD, Computer/Computerspiel, Game-Boy, Fernseher, Playstation, Video, DVD, Radio, Handy… Jeder Mensch hat seine eigenen Erfahrungen mit diesen Medien – mit manchen mehr, mit anderen weniger.

Zur besseren Übersicht teilt man sie ein in:

- Audio-visuelle Medien: z. B. Fernsehen, Video, Kinofilm, CD, Radio, Kassette, Schallplatte, MP3-Player
- Printmedien: z. B. Bücher, Zeitschriften, Comics
- Technische Medien: z. B. Computer, Spielkonsolen, Handy

Um Zugang zu der heutigen Medienwelt von Kindern und Jugendlichen zu erhalten, kann es spannend sein, sich in seine eigene Kindheit zurückzuversetzen.

Aufgabe: Eine kleine „Reise in die Kindheit"

Stellen Sie sich Ihr Kinderzimmer vor. Gab es darin einen Kassettenrekorder, Platten- oder CD-Spieler? Hatten Sie vielleicht sogar einen eigenen Fernseher (evtl. mit Spielekonsole) oder einen Computer? Wie alt waren Sie damals?

Lagen irgendwo ein Game-Boy, Zeitschriften oder Comics?

Hatten Sie Bücher – vielleicht erinnern Sie sich an bestimmte Bilder- oder Kinderbücher?

Gab es eine bestimmte Märchenfigur oder einen Protagonisten, einen Comichelden, der Sie als Kind besonders beeindruckt hat? Können Sie sich erinnern, ob und wie Sie mit dieser Figur „gelebt und gelitten" haben? Wissen Sie noch, aus welchem Grund?

Hatten Sie Fan-Produkte vom Aufkleber bis hin zum Kuscheltier dieser Figur?

Welche Medien haben Sie als Kind bevorzugt? Haben sich Ihre Vorlieben in der Kindheit verändert?

Gab es Vorgaben von den Eltern zu deren Nutzung?

Kommen wir wieder zum „Hier-und-Jetzt":

Welche Medien nutzen Sie heute? Wie lange läuft bei Ihnen beispielsweise der Fernseher oder das Radio am Tag? Wie viel Zeit verbringen Sie vor dem Computer?

Haben Sie ein „Lieblingsmedium"?

Gibt es bestimmte Situationen (Stimmungen, Tagesform, Tageszeit…), in denen Sie gehäuft Medien nutzen? Welche Wirkung schreiben Sie den Medien heute zu?

Aufgaben:

1. Bringen Sie eine Lieblingskassette/CD, ein Lieblingsbuch oder Märchen Ihrer Kindheit mit. Tauschen Sie sich in Kleingruppen darüber aus. Vielleicht stellen Sie Gemeinsamkeiten fest?
2. Kennen Sie Kinderreime, Verse, Lieder, Werbeslogans etc., die Sie bereits in Ihrer eigenen Kindheit gehört haben? Erstellen Sie eine kleine Sammlung.
3. Versuchen Sie nun, sich die Kinder von heute vor Augen zu führen: Wie erleben Sie deren Mediennutzung und Medienkonsum?

■ Medienbesitz und Mediennutzung

Fallbeispiel:
Luisa hat zu ihrem sechsten Geburtstag einen eigenen Fernseher mit DVD-Spieler bekommen, den sie stolz ihrer Oma zeigt: „Schau mal, Oma! Da kann ich selbst bestimmen, was geguckt wird! Nicht immer nur das, was der Timo will. Zum Einschlafen hab' ich am liebsten die Arielle!"

Ihr Bruder Timo, fünf Jahre alt, möchte andere Filme sehen als sie, sodass es oft zum Streit kommt. Abends gibt es regelmäßig einen Machtkampf mit den Eltern, wenn Luisa ins Bett soll. „Nur noch den Film, Mama, das darf ich nicht verpassen. Sonst weiß ich nicht, wie es ausgeht und dann kann ich nicht schlafen" war oft ihre Ausrede, um nicht ins Bett zu müssen. Um den Streitereien der Kinder und den Machtkämpfen mit Luisa ein Ende zu bereiten, haben die Eltern ihr den Fernseher geschenkt. Sie finden es sehr entspannend, dass es nun abends kein Theater mehr gibt. Wenn Luisa ins Bett geht, kann sie noch eine Weile in ihrem Zimmer fernsehen, bevor sie einschläft. Auch die Streitereien zwischen Timo und Luisa haben aufgehört.

	2–3 Jahre	4–5 Jahre	6–13 Jahre
Kassettenrekorder	28	50	52
CD-Spieler	2	2	29
Radio	11	24	51
Walkman	13	13	49
Fernseher	4	10	39
Spielekonsolen	6	5	29
Computer	0	6	6
MP3 Player			2

Tabelle 1: Medienbesitz im eigenen Zimmer von Kindern zwischen 2 und 13 Jahren in %.[1]

	2–5 Jahre	6–13 Jahre
Fernsehen	64	83
draußen spielen/etwas unternehmen	44	46
sich mit Freunden treffen	18	36
drinnen spielen	72	33
Radio hören	30	32
Musik hören (Schallplatte, CD, Kassette)	15	22
sich am Computer beschäftigen	0	20
Bücher anschauen/lesen	34	15
Hörspiele hören (Schallplatte, CD, Kassette)	16	8
malen, zeichnen, basteln	42	15
Internet nutzen	0	7
mit der Familie etwas unternehmen	11	3

Tabelle 2: Freizeitaktivitäten von 2- bis 13-Jährigen jeden oder fast jeden Tag in %.[2]

Ob dieses Beispiel realistisch ist und wie es um den Medienbesitz von Kindern steht, darüber gibt die nebenstehende Tabelle Auskunft.

Besitz audiovisueller Medien und Freizeitverhalten

In den gleichen Studien wurde auch nach der Mediennutzung im Vergleich zu sonstigen Freizeitaktivitäten gefragt.

Aufgaben:
a) Betrachten Sie die erste Tabelle. Welche Tendenzen stellen Sie fest? Erläutern Sie das an einem Beispiel.
b) Suchen Sie in Tabelle 2 die drei auffälligsten Unterschiede zwischen den 2- bis 5-Jährigen und den 6- bis 12-Jährigen. Wie erklären Sie sich die Unterschiede?

Leseverhalten

In der PISA-Studie von 2000 äußerten sich 15- bis 16-Jährige zur Frage, wie viel Zeit sie täglich zum Vergnügen lesen. Allerdings erfasst diese Tabelle nur die 15-Jährigen.

[1] nach Frey-Vor, G., Schumacher, G., 2006 und Feierabend, S., Mohr, I., 2004. Anzahl befragter Personen: 245 Erziehungsberechtigte von 3- bis 5-Jährigen sowie 2103 Kinder im Alter von 6–13 Jahren und ihre Eltern.
[2] nach Frey-Vor, G., Schumacher, G., 2006 und Feierabend, S., Mohr, I., 2004

	OECD Gesamt		Deutschland	
	Mädchen	Jungen	Mädchen	Jungen
Ich lese nicht zum Vergnügen	23,3	40,1	29,1	54,5
Bis 30 Minuten täglich	31,7	30,0	30,4	23,7
Zwischen 30 und 60 Minuten	26,1	18,2	23,0	12,7
1–2 Stunden täglich	13,8	8,3	11,6	5,8
Mehr als 2 Stunden täglich	5,1	3,4	5,9	3,3

Tabelle 3: Leseverhalten in %.[3]

Wovon ist die Mediennutzung abhängig?

An erster Stelle sind die Verfügbarkeit von Medien und die Medienvorlieben der Familienmitglieder zu nennen. Ferner spielt eine Rolle, ob die Eltern Anregungen geben und ob Gespräche über Gesehenes oder Gelesenes stattfinden. Gibt es im Freundeskreis der Familie Personen aus der Medienwelt, also konkrete Begegnungen?

Zur Frage des Lesevorbilds der Eltern meint THIELE, dass Männer tendenziell eher Zeitungen, Sach- und Fachbücher lesen, Romane werden dagegen von doppelt so viel Frauen wie von Männern als wichtig erachtet.[4]

Das deckt sich mit Alltagsbeobachtungen. Auch Jungen greifen eher zu Sachbüchern als zu erzählender Literatur. In einer 1999 durchgeführten Untersuchung des Instituts für angewandte Kindermedienforschung (ifak) gaben weniger als 10 % der Jungen gegenüber fast einem Viertel der befragten Mädchen an, häufig oder regelmäßig erzählende Literatur zu lesen.[5]

Es stellt sich die Frage, ob Jungen in Einrichtungen mit Erzieherinnen das richtige Bücherangebot finden.[*]

Die Mediennutzung wird noch an anderer Stelle interessant, nämlich wenn es um die Medienwirkung geht.

Aufgaben:
1. Lesen Sie das Fallbeispiel zu Beginn dieses Kapitels noch einmal. Beurteilen Sie das Verhalten der Eltern und begründen Sie Ihre Meinung.
2. Eine eigene kleine Umfrage in Ihrer Einrichtung wäre sinnvoll. Was würden Sie gerne ermitteln und warum? Besprechen Sie dies mit der Leitung, da es auch um Datenschutz geht. Vielleicht erklären sich die Eltern mit einer solchen Befragung einverstanden.
3. Verschaffen Sie sich in einem Spielwarengeschäft einen Überblick über das Medienangebot. Nach welchen Kriterien sind die Medien sortiert? Werden Kunden auf Wunsch fachkundig beraten? Was fällt Ihnen vielleicht besonders auf? Halten Sie Ihre Eindrücke schriftlich fest.

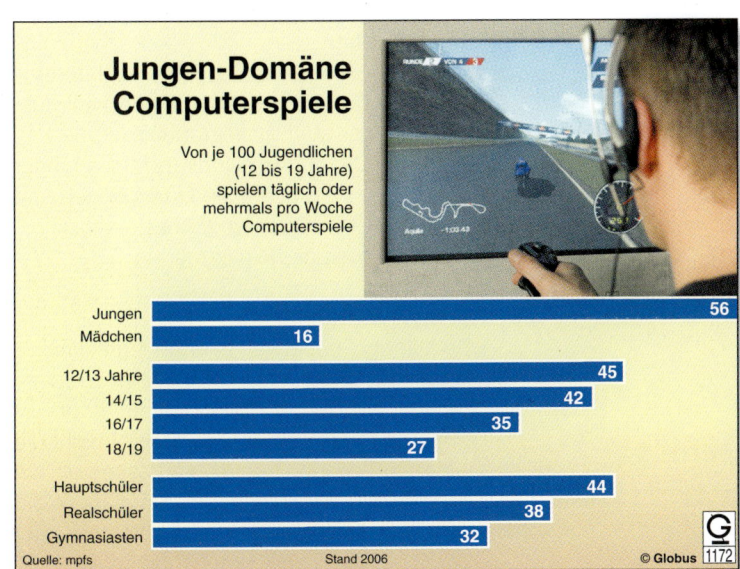

[3] Deutsches PISA Konsortium, 2001
[4] nach Thiele, J., Steitz-Kallenbach, J., 2003
[5] nach Bischof, U., Heidtmann, H., 2002
[*] s. Anmerkung auf S. 640 des Literaturverzeichnisses

Medienrezeption und Medienwirkung

In diesem Kapitel befassen wir uns mit folgenden Punkten:

- Medien und die kognitive Entwicklung des Kindes,
- Medien, Entwicklungsaufgaben und Identifikationsfiguren,
- Geschlechtsspezifische Wahrnehmung der Medieninhalte,
- Wissenserwerb und Unterhaltung,
- Problembereiche der Medienwirkung.

Lukas bei der Selbstbildung

■ Medien und die kognitive Entwicklung des Kindes

0- bis 2-Jährige

In den ersten beiden Lebensjahren ist das Kind darauf aus, seine Umwelt zu „begreifen". Es erwirbt Handlungsschemata, lernt Personen, Gegenstände und Handlungen zu benennen und forscht, in welcher Beziehung sie zueinander stehen.

Auch der Fernseher gehört zur Erlebniswelt des Kindes. Die bewegten Bilder und Lichtwechsel verlocken zum Hinschauen. Das Kind sucht auch die Nähe zum Erwachsenen und bleibt deshalb eine Weile mit ihm vor dem TV sitzen. Zum Begreifen der Handlung jedoch fehlen das Anfassen und der Dialog. Man kann *nicht* gleichzeitig über Gesehenes sprechen und den Fortlauf verfolgen. Filme sind für diese Altersgruppe generell zu flüchtig und Hörkassetten sind gänzlich uninteressant.

Ein- bis Zweijährige zeigen aber Interesse an Bilderbüchern, sobald sie entdecken, dass die Bilder die Wirklichkeit abbilden, wie z. B. Spielzeug, Tiere usw. Allerdings folgen Kinder dieses Alters momentanen Eingebungen und laufen z. B. vom Buch weg. Aber wenn sie zurückkehren, ist das Bild immer noch da.

2- bis 4-Jährige

Zweijährige haben eine ungeheure Freude daran, Bekanntes auf Bildern wieder zu erkennen, wie den Supermarkt, eine Arztpraxis, einen Spielplatz. Sie freuen sich, obwohl die Bilder im Bilderbuch anders aussehen als die Wirklichkeit. Wir erkennen daran, dass sie ein Konzept von Situationen haben. Szenen- oder Wimmelbilderbücher unterstützen dies.

Ein Kind zwischen zwei und vier Jahren entdeckt täglich Neues. Es unterscheidet wegen eingeschränkter Erfahrung und aufgrund egozentrischen und magischen Denkens noch nicht zwischen Realität und Fantasie. Für ein Kind sind visuelle Eindrücke, Vorstellungen und Träume gleichermaßen real. Fernsehfilme spielen mit diesem Phänomen. Da werden die Bäume im dunklen Wald zu Gestalten und die Äste drohen zuzugreifen und festzuhalten. Bei Bilderbüchern ist es nicht anders, jedoch ist die Geschichte zwischen zwei Buchdeckeln, die man zusammenklappen und wegstellen kann. Im Film bewegen sich die Gruselgestalten und Bewegung ist ein Merkmal für Lebendigkeit.

4- bis 7-Jährige

In dieser Phase beginnt das Kind zwischen Realität, Fantasie und Traum zu unterscheiden. Das ist ein Meilenstein. Es trennt in seiner Vorstellung das Mögliche vom Unmöglichen. Es lässt sich bewusst auf fantastische Gedankenabenteuer ein und erkennt, dass Gedanken beherrschbar sind. Bücher unterstützen diesen Prozess, weil Zeit zum Nachdenken ist und der Dialog mit Erwachsenen hilft, etwas richtig einzuschätzen. Filme lassen Kinder länger im Ungewissen, da die bewegten Bilder nicht nur Lebendigkeit, sondern auch Realität vortäuschen. So entwickelte noch ein 5-Jähriger Panik, als im Film „Nils Holgerson" die Figur von einem Denkmal herabstieg und zu Paukenschlägen durch die Stadt schritt.

Vom Handlungsaufbau her brauchen 4- bis 7-Jährige Geschichten, die aus einer Perspektive erzählen, mit eindeutig gezeichneten Figuren und in denen das Gute siegt. Im Film geschieht mehr gleichzeitig. Deshalb konzentrieren 4- bis 7-Jährige sich auf zentrale Personen und einzelne Szenen oder Handlungen. Dabei spielt ihre Erfahrung eine Rolle. Manche Ausschnitte des Films nehmen sie gar nicht wahr, was man beim Nachspielen oder Nacherzählen von Medieninhalten merkt.

7- bis 9-Jährige

In der Phase konkret-logischen Denkens können sie flexibler denken, Aspekte und Zustände kombinieren, können in gewissem Rahmen Perspektivenwechsel und Zeitsprünge erfassen. Damit werden Rückblenden und Parallelhandlungen verständlich. Es gelingt ihnen, die Beurteilung einer Figur von äußeren Merkmalen, z. B. einem unschönen Aussehen, zu lösen und stattdessen auf das Verhalten zu achten. Wesentlich für diese Phase ist auch, dass sie die unmittelbare Anschaulichkeit nicht mehr so stark brauchen. Vom Verständnis her gibt es keine Unterschiede mehr zwischen Film, Buch und Hörspiel.

10-Jährige

10-Jährige und ältere können sich in verschiedene Personen hineinversetzen, deren Handeln und Motive nachvollziehen und aufeinander beziehen. Sie gehen ferner über vorgefundene oder gegebene Informationen hinaus, äußern sich kritisch über Handlungsweisen von Personen oder über den Aufbau eines Buches. Manche Jugendliche beginnen in dieser Phase selbst zu schreiben.

■ Medien, Entwicklungsaufgaben und Identifikationsfiguren

Bücher und Filme thematisieren Bedürfnisse, Wünsche, Ängste und Entwicklungsaufgaben. Dabei bieten Identifikationsfiguren ein breites Spektrum von sorglosem Leben, gelegentlichen Enttäuschungen und tatsächlicher Not, sie zeigen kleine und große Wünsche, Ängste vor der Dunkelheit, vor Ungeheuern, vor Leistungsversagen, vor Naturgewalten und vor Verlust eines Familienmitglieds. Helden und Nichthelden zeigen, wie sie ihre Entwicklungsaufgaben in Angriff nehmen, Gewohntes aufgeben und Unsicherheiten in Kauf nehmen müssen, um eine neue Unabhängigkeit und neue Rechte zu gewinnen.

Bücher und Filme geben einerseits einen Blick in die eigene, mögliche Zukunft. Andererseits kann das Kind bereits gemachte Erfahrungen einordnen und relativieren. Es macht stellvertretende Erfahrungen, wird motiviert oder gewarnt.

Bevor wir uns den Identifikationsfiguren zuwenden, befassen wir uns zunächst einmal mit drei zentralen, psychosozialen Entwicklungsaufgaben:

Das Kind in der Familie: hineinwachsen, ablösen und Verantwortung übernehmen

Für die jüngeren Kinder sind Schutz, Anerkannt-Werden und die Orientierung für die moralische Entwicklung wichtig. Entsprechend erzählen Bücher und Filme von Kindern, die etwas anstellen, und von freudvollen und traurigen Familienereignissen, von Ausflügen, Geburt und Umzug, von Familienkrisen und dem Verlust eines Familienmitgliedes.

Kevin Brooks: Lucas

Mit jedem Lebensabschnitt ändert sich die Beziehung des Kindes zu den Eltern. 9- bis 12-Jährige betrachten diese zunehmend kritisch, sehen deren Unzulänglichkeiten und fragen sich, ob es wirklich ihre leiblichen Eltern sind. Vertauschung, Adoption oder der abrupte Wechsel in eine andere soziale Schicht sind häufige Themen in Medien.

In diesem Ablöseprozess suchen 9- bis 12-Jährige nach Identifikationspersonen außerhalb der Familie. Manche beginnen sich für Stars zu interessieren, und sie beobachten Erwachsene in ihrem Umfeld. Wiederkehrendes Motiv ist die Begegnung mit einem erwachsenen Außenseiter. Mit diesem schließen die Hauptfiguren im Buch (Kinder) Freundschaft, entdecken dessen wahre Werte und setzen alles daran, ihn wieder in die Gesellschaft zurückzuführen. In Detektivgeschichten beobachten Kinder Erwachsene bei Freveltaten und führen sie ihrer gerechten Strafe zu. Das entspricht der Entwicklungsaufgabe, eine autonome Moral aufzubauen.

Im Jugendalter schließlich distanzieren sich Jugendliche vorübergehend von den Eltern, von deren Traditionen und Werten. Geschichten schildern die inneren Kämpfe, bevor sie als junge Erwachsene eine reife Beziehung mit ihren Eltern eingehen können, die auf Partnerschaft und Verständnis für die Stärken und Schwächen des anderen beruht.

Bücher und Filme zeigen wie Handlungsträger sich von Abhängigkeiten lösen, Verantwortung für sich und schließlich auch wieder für die Familie übernehmen.

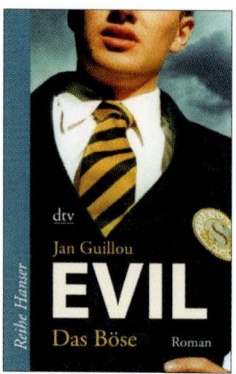

Jan Guillou: Evil.
Das Böse. Hanser, 2005.
Empfohlen ab 14 Jahren

Zusammenleben in der Gruppe der Gleichaltrigen

Geschichten für Kindergartenkinder und Kinder in den ersten beiden Grundschuljahren erzählen von der Suche nach Freunden, vom Teilen, Streiten und Versöhnen, von einem Ausflug oder Fest in der Einrichtung, von Aufführungen und Rollenbesetzungen, vom Petzen und dem Wunsch, endlich einmal richtig beachtet zu werden.

Die Erzieherin/Lehrerin hat für Kinder bis ins Grundschulalter hinein eine wichtige Rolle. Sie tröstet bei Enttäuschungen und schützt vor Attacken durch Gleichaltrige.

Geschichten für 9- bis 12-Jährige stellen das Freundschaftsthema in einen größeren Rahmen, in eine Kindergesellschaft, die nur noch wenig von Erwachsenen gelenkt ist. Es geht um Treue und Verrat, um Besitzansprüche an die Freundin, um Allianzbildung, Mobbing und Solidarität, um Leistung und Leistungsvergleich.

Wiederkehrendes Thema ist, wie ein Kind, das anders ist, Anschluss sucht und Anschluss findet. Das Anderssein kann eine Krankheit, eine Behinderung, eine Herkunft aus einem anderen Land oder eine besondere soziale Lage sein.

Der Aufbruch in „neue Welten"

Gewohnte Sicherheiten hinter sich zu lassen und sich auf neues Terrain zu wagen, ist eine Anforderung für alle Drei-, Sechs-, Zehn- und Sechzehnjährigen. Es ist der Eintritt in den Kindergarten, die Schule, die weiterführende Schule und – je nach Entscheidung – in den Beruf.

Eine „neue Welt" öffnet sich auch mit dem Beginn der Pubertät. Jetzt werden Themen wichtig wie die körperlichen und psychischen Veränderungen, die Geschlechtsrolle, das Cliquenleben, Partnerschaft, die Suche nach der eigenen Identität und dem Sinn des Lebens, schließlich die Berufswahl und die Zukunftschancen generell.

Entsprechend groß ist das Themenspektrum in den Medien. Es umfasst Geschichten und Berichte über:

- den Übergang in den Kindergarten, die Schule usw.,
- einen misslungenen Übergang (psychische Krankheit, Eintritt in eine Sekte, in rechtsradikale Kreise oder eine Jugendgang).

- das Leben in einer prekären oder besonders privilegierten Situation,
- das Leben in einem anderen Land (Highschool-Jahr, Auswandern) oder einer fantastischen Welt,
- Entdecker- und Abenteuerromane.

Der Aufbruch in „neue Welten" beinhaltet immer Ungewissheiten wie: Was erwartet mich dort, kann ich leisten, was man von mir verlangt, wer stützt mich, wem kann und will ich vertrauen?

Bücher und Filme bieten Identifikationsfiguren, die die neuen Herausforderungen annehmen. Sie wecken bei Lesern und Zuschauern den Wunsch, selbst groß, stark und sorgenfrei zu sein und Probleme mit Leichtigkeit zu bewältigen. Auf diese Weise be- und verarbeiten sie ihre Ängste oder Angriffe auf ihr Selbstwertgefühl: Dem Helden passiert nichts – also ist das Problem zu bewältigen.

Besonders Märchen haben einiges zu bieten. Die Märchenheldin „Goldmarie" in „Frau Holle" stellt sich den Gefahren und Schwierigkeiten, weicht ihnen nicht aus. Das ermutigt Kinder, eigene Wege zu gehen und Herausforderungen in Angriff zu nehmen.

Bücher über misslungene Krisenbewältigung ermöglichen Kindern stellvertretende Erfahrungen und regen an, über sich und die Welt nachzudenken.

Übrigens haben auch die Bösen, Monster und Schurken eine wichtige Funktion: Sie dienen als Projektionsfläche für Gefühle, die im realen Zusammenleben unerwünscht sind. Das hat eine psychohygienische Wirkung.

■ Geschlechtsspezifische Wahrnehmung der Medieninhalte

Wissenschaftliche Untersuchungen belegen tatsächlich geschlechtsspezifische Unterschiede in der Wahrnehmung und Verarbeitung von Gewaltdarstellungen. So verurteilen Mädchen sowohl physische als auch psychische Gewalt in den Medien, während Jungen eine Handlung meist erst dann als Gewalt werten, wenn Verletzungen die Folge sind oder Blut fließt.

Dies sollte man in der medienpädagogischen Arbeit und bei Gesprächen über Medieninhalte berücksichtigen, da solche Einstellungen auch im „wirklichen Leben" eine Rolle spielen. Beobachtet man Jungen und Mädchen in Konfliktsituationen, lassen sich deutlich unterschiedliche Formen der Konfliktbewältigung feststellen.

Kinder suchen nach Orientierung für ihr Mädchen- oder Junge-Sein. Und da ist es natürlich, über das familiäre Vorbild hinauszuschauen, zumal wenn ein Elternteil fehlt oder die Väter nur spät abends und am Wochenende anwesend sind. Auch in Kindertageseinrichtungen und Grundschulen sind männliche Vorbilder unterrepräsentiert. Deshalb liegt es nahe, dass sich besonders Jungen an den Männerbildern orientieren, die ihnen die Medien liefern. Hierbei spielt immer noch das Fernsehen die wichtigste Rolle.

Problematisch ist es, wenn Geschlechtsrollen einseitig und sehr traditionell gezeichnet sind. Denn Kinder suchen zur Orientierung das schnell Erkennbare und nicht – wie wir es wünschen – Vielfalt und Differenziertheit. Männer, die das Sagen haben und ihre Gefühle nicht zeigen dürfen und Frauen als Vertreterinnen des schwachen Geschlechts sind keine guten Vorbilder für Kinder unserer Zeit und in unserer Gesellschaft.

■ Wissenserwerb und Unterhaltung

Sachbilderbücher und Wissenssendungen im Fernsehen präsentieren dem Kind Ausschnitte aus der Welt, erklären gesellschaftliche und naturwissenschaftliche Phänomene, z. B. über die Entstehung des Lebens oder wie etwas hergestellt wird, um nur einige Beispiele zu nennen. Hier erfährt es gegebenenfalls mehr, als die Eltern ihm erklären könnten, aber ohne den Dialog mit Erwachsenen ist das neu erworbene Wissen meist nicht sehr nachhaltig. Deshalb versuchen die Medien auch, Kinder zu aktivieren. Sie bieten Anleitungen für Experimente v. a. aus der Welt der Chemie und Physik.

Neben dem Wissensdurst haben Kinder, ebenso wie Erwachsene, manchmal auch einfach nur das Bedürfnis nach Unterhaltung, die Spaß macht und weder anspruchsvoll, sinnvoll, lernorientiert noch fördernd ist. Dies muss man ihnen zugestehen.

■ Problembereiche der Medienwirkung

Hier sind der Spracherwerb, die schulische Leistungsfähigkeit und das seelische Befinden von Kindern im Zusammenhang mit Mediennutzung zu betrachten.

Uns muss klar sein, dass Sprache ausschließlich im aktiven Gebrauch erworben wird. Beim Filmeschauen bleiben Kinder jedoch sprachlich inaktiv, keine Medienfigur reagiert auf sie und beantwortet ihre Fragen. Auch wenn einzelne Sendungen wie „Die Sendung mit der Maus" zur Sprachdifferenzierung beitragen, findet keine direkte Sprachförderung statt.

Die Mediennutzung wirkt erst dann sprachfördernd, wenn Kinder über die Inhalte kommunizieren. Sie erzählen ja gerne, was sie gesehen und vielleicht auch gelernt haben, sie spielen Szenen, z. B. aus Filmen, nach.

Zur Frage der schulischen Leistungsfähigkeit stellte PFEIFFER zwei Entwicklungen in einen Zusammenhang. Er betrachtete einerseits die Übergangsquoten in weiterführende Schulen, Leistungen im Fach Deutsch und die Abgangsquoten von Jungen und Mädchen und ermittelte andererseits die Mediennutzung von Jungen und Mädchen.[6]

Seine Forschungsgruppe stellte einerseits überproportional hohe Übergangsquoten von Mädchen an weiterführende Schulen (Mädchen 62 %, Jungen 38 %) fest und überproportional hohe Abbrecherquoten der Jungen, die ohne Zeugnis die Schule verließen (Mädchen 37 %, Jungen 63 %). Gleichzeitig erfasste die Untersuchung die Verfügbarkeit von Spielkonsolen im Kinderzimmer (Mädchen 14 %, Jungen 50 %) von Computern (Mädchen 32 %, Jungen 50 %), von eigenen Fernsehern (Mädchen 30 %, Jungen 50 %). Unter den Grundschülern erhöhte sich die tägliche Nutzungsdauer bei eigenem Computer, Fernseher oder Spielkonsole bei Mädchen um fünf Minuten, bei Jungen um 40 Minuten. Eine Befragung von 2 600 12- bis 15-Jährigen ergab zwei Stunden mehr Nutzung, wenn die Geräte im Kinderzimmer standen, gegenüber dem Standplatz des Gerätes im Wohnzimmer. Insgesamt wiesen Jungen nach dieser Untersuchung täglich zwei Stunden mehr Medienkonsum auf als Mädchen. Hierbei ist die Wirkung von Computerspielen zu beachten, die unmittelbare Erfolgsmeldungen bieten und damit die Zufriedenheit des Nutzers erhöhen (siehe Grafik S. 471).

Zur schulischen Leistungsfähigkeit fand die Forschungsgruppe, dass „Vielseher" (3-4 Stunden am Tag) im Durchschnitt Deutschnoten von 3,3

---

[6] nach Pfeiffer, C., 2005

aufwiesen gegenüber 2,5 der „Wenigseher". In Mathematik zeigte sich eine Notendiskrepanz von sechs Zehnteln, und auch im Sport wiesen Vielseher schlechtere Noten auf.

Die Forschungsgruppe erfasste auch den Medienkonsum verbotener Spiele. Dabei äußerten zwei Drittel der befragten Jungen gegenüber 14 % der Mädchen, dass sie am Befragungstag Spiele spielten, die für ihr Alter oder generell verboten waren. PFEIFFER weist auf Ergebnisse der Hirnforschung hin, nach denen stark emotional besetzte Bilder Gelerntes aus dem Kurzzeitgedächtnis verdrängen. Es lässt sich leicht vorstellen, wie Filme und Computerspiele mit viel „Power" zur Verflüchtigung schulischer Inhalte führen, die am Folgetag – wenn überhaupt – nur mit Mühe ins Bewusstsein zurück geholt werden können.

Zur Frage der psychischen Gesamtbefindlichkeit im Zusammenhang mit Fernsehkonsum führt PFEIFFER Ergebnisse des Allensbacher Forschungsinstituts an. Danach bezeichneten sich 33 % der „Vielseher" als meistens fröhlich und sagen, dass es ihnen gut gehe, gegenüber 60 %, die sich als gelegentlich oder häufig traurig empfanden. Bei der Gruppe der „Wenigseher" war das Verhältnis umgekehrt. 30 % sagten, dass sie gelegentlich traurig seien, 61 %, dass es ihnen richtig gut gehe und sie fröhlich seien.

Ins Grübeln kommen Kinder im Anschluss an einen Film über den möglichen Verlust eines Elternteils oder sie entwickeln Vorstellungen, dass auch sie adoptiert seien. Das kann Kinder mehr verunsichern als Gewaltdarstellungen.

Und während es heißt, dass Kinder Märchen brauchen, muss man bei Filmen und Computerspielen beachten, dass sie alles zeigen, was Märchen nur andeuten und was Kinder beim Hören nur soweit zulassen, wie sie es verkraften können.

Insgesamt sind Aussagen über die Wirkung von Medienkonsum schwierig, da sich mehrere Faktoren gleichzeitig auswirken können. Scheidung und der Wertewandel können Kinder traurig oder aggressiv stimmen, den Medienkonsum steigern und die Gewaltbereitschaft erhöhen.

Tatsächlich haben Jugendliche 1999 im Columbine-High-School-Massaker Gewaltdarstellungen 1:1 übernommen, mit fatalen Folgen.[7] Dieser Fall hat auch in Deutschland Nachahmer gefunden, z. B. 2002 in Erfurt, 2006 in Emsdetten. Andererseits ist zu sagen, dass eine Liebesszene im Fernsehen nicht bei jedem Zuschauer romantische Gefühle auslöst, und die wenigsten Zuschauer werden ihren Nachbarn prügeln, wenn sie eine Prügelszene in einem Film gesehen haben.

JOACHIM BAUER, Medizinprofessor und Psychotherapeut an der Universitätsklinik Freiburg, warnt jedoch vor einer Verharmlosung. Alles hinterlasse eine Wirkung, meint er zu Gewaltvideospielen. In Deutschland gehören 700 000 junge Leute zu den Vielsehern, die mehr als 20 Stunden wöchentlich „Krieg" spielen. Gleichzeitig weiß man, dass über 15 Prozent schulpflichtiger Jugendlicher ernsthafte psychische Probleme haben. Das gleiche nach BAUER der Situation des entzündeten Streichholzes neben einem offenen Benzintank.[8]

Beispiel - Counterstrike

Counterstrike (= Gegenschlag) ist ein Egoshooter (Ego = ich), da der Spieler aus der Ich- Perspektive agiert. Im Laufe der letzten Jahre hat es sich jedoch gezeigt, dass die Spieler das gemeinsame Spiel dem Alleinspiel vorziehen. Spielergruppen (Clans) schließen sich als Terroristen bzw. Counterterroristen zusammen. Die Mitglieder eines Clans „helfen" einander, um in bestimmten Szenarien brutalste Aufträge taktisch und nach Absprache zu erledigen. Als Waffen werden Messer, Pistole, Schnellfeuergewehr und Granaten situationsbezogen (z. B. im Nahkampf) final, d. h. zur Tötung von Menschen, eingesetzt.

Für dieses Gewaltspiel werden bereits Weltmeisterschaften mit professionellen Spielern ausgetragen.

Welches Gefahrenpotenzial sehen die „Freiwillige Selbstkontrolle der Filmwirtschaft" bzw. die „Unterhaltungssoftware Selbstkontrolle"? Als gefährlich für Kinder und Jugendliche bis zu 12 Jahren werden Szenen eingestuft, die Gewaltdarstellungen in alltagsrelevanten Situationen zeigen. Gewaltanwendungen in

[7] nach Pfeiffer, C., 2005
[8] nach Badische Zeitung, Freiburg, 2006

künstlichen Welten werden demgegenüber als nicht gefährlich angesehen.[9]

Qualitätskriterien

■ Zensur

Eine Vorab-Zensur für Medien unter den Aspekten „pädagogisch wertvoll" oder „Geschmack" gibt es nicht. Die „Freiwillige Selbstkontrolle der Filmwirtschaft" bzw. die „Unterhaltungssoftware Selbstkontrolle" (USK) kennzeichnet allerdings Filme/Computerspiele mit den Angaben

- freigegeben ohne Altersbeschränkung
- freigegeben ab 6 Jahren
- freigegeben ab 12 Jahren
- freigegeben ab 16 Jahren
- keine Jugendfreigabe

Davon abgesehen kommen Medien zunächst einmal auf den Markt. Die Bundesprüfstelle für jugendgefährdende Medien wird erst dann aktiv, wenn einzelne Medien angezeigt oder zur Indizierung (Beurteilung) vorgeschlagen werden.

Kriterien, die die Bundesprüfstelle dann anlegt, beziehen sich auf die Gefährdung. Als jugendgefährdend gelten Medien mit Kriegsverherrlichung, mit Darstellungen, die die Menschenwürde verletzen, Darstellungen in geschlechtsbetonter Haltung. Schwer jugendgefährdend sind Medien, die Anleitung zu Straftaten wie Mord geben, menschliche Gewalttätigkeit darstellen, Pornographie.[10]

Aufgabe der Erzieherin ist es, selbst Medien mit Gewaltdarstellungen einzuschätzen. Sie achtet auf

- Ausmaß und Grad der Gewaltdarstellung,
- die Rechtfertigung von Gewalt und darauf folgende Konsequenzen für die Täter,
- die Darstellung der Auswirkungen auf das Opfer,
- die Darstellung von Waffen und den Realitätsgehalt,
- die Attraktivität des Gewalttäters,
- einen eventuell humorvollen Kontext,
- Kombination von Gewalt und Sexualität.

---

[9] nach Lau, J., 2006
[10] nach Bundesprüfstelle für jugendgefährdende Medien, Januar 2006

Aufgaben:
1. Recherchieren Sie im Internet unter www.bundespruefstelle.de die Zusammensetzung der zuständigen Gremien, die Konsequenzen, die auf das Verbot folgen, und weitere Aufgaben der Bundesprüfstelle.
2. Forschen Sie nach dem Zusammenhang der „Freiwilligen Selbstkontrolle der Filmwirtschaft" sowie der „Unterhaltungssoftware Selbstkontrolle" mit der Bundesprüfstelle für jugendgefährdende Medien.

Eine Liste aktuell verbotener Medien werden Sie allerdings kaum finden.

Quantität kann von geringerer Bedeutung sein als die Qualität von Gewaltdarstellungen. Des weiteren geht es darum, dies mit den Kindern zu thematisieren. Deren moralische Vorstellungen werden sehr früh geprägt. Sie äußern ihre Meinung, was an einem Verhalten gut oder auch inakzeptabel ist. Wir geben ihnen Orientierung aus der Erwachsensicht und helfen ihnen damit, in der moralischen Entwicklung weiterzukommen und Kriterien zur Einschätzung auch von Filmen zu erwerben.

■ Merkmale eines guten Buches/ eines guten Filmes

Inhalt

- Sorgen und Sehnsüchte der Leser werden ernst genommen und nicht verharmlost, übertrieben oder verkitscht.
- Ausschnitte aus der Welt sind differenziert dargestellt, z. B. gibt es nicht nur eine, sondern unterschiedliche Familienformen.
- Die Personen sind klar charakterisiert, jedoch werden sie mit ihren Stärken und Schwächen dargestellt, auch die Helden.
- Bücher/Filme zeigen Mädchen und Jungen, Männer und Frauen mit unterschiedlichen Auffassungen und Fähigkeiten und die Art und Weise, wie sie miteinander umgehen.
- Sie zeigen die Würde des Menschen und Achtung vor dem anderen und geben Orientierung, was gut ist und was nicht, ohne jedoch zu moralisieren.
- Sie fordern zu Vergleichen und zur Meinungsbildung auf, zur Identifikation oder

zur Distanzierung, bieten Entscheidungs- und Lebenshilfen, aber keine Rezepte.

- Das Thema und die Behandlung des Themas sind in sich stimmig und altersangemessen.
- Problemstellungen sind logisch dargelegt, und Lösungen sind nachvollziehbar.
- Bilder in Bilderbüchern stellen die Handlung dar, passen im Stil zur Geschichte und sind künstlerisch wertvoll.

Sogenannte „Massenbücher" und „-filme"

- moralisieren,
- schematisieren Menschen, Probleme, Themen wie Armut und Reichtum; stellen diese oberflächlich dar, sowohl im Inhalt als auch im Bild.
- Besonders Helden sind überzeichnet. Ihre Kräfte, Fähigkeiten und Wissen lassen sie immer und überall gewinnen.
- Insbesondere in Filmen findet sich so gut wie kein normaler Alltagsrahmen. Daher muss man mit Kindern immer wieder klären, dass die Realität nach anderen Regeln funktioniert.

Jährlich werden herausragende Bilder-, Kinder-, Jugend- und Kindersachbücher prämiert, z. B. mit dem deutschen Jugendliteraturpreis, finanziert aus einer Stiftung des Bundesministeriums für Familien, Senioren, Frauen und Kinder.

Layout
Bücher, Kassetten, Filme sollen Angaben über den Autor, den Produzenten, über Komponisten und Sprecher, Produktionsort und -jahr sowie eine Zusammenfassung des Inhalts und natürlich eine ansprechende Illustration enthalten. Bei Kassette und Film ist auch eine Angabe über die Spieldauer notwendig.

Dramaturgie/Inszenierung
Gibt es eine literarische Vorlage für die Kassette oder den Film, so ist zu prüfen, ob Kürzungen oder Veränderungen die Nachvollziehbarkeit für Kinder unter Umständen erschweren.

Gerade für Kinder im Kindergartenalter sollte die Geschichte keine größeren Zeitsprünge enthalten. Vor- und Rückblenden sind Stilmittel, die Kinder erst im Grundschulalter verstehen lernen.

Die Handlung sollte in einem Spannungsbogen aufgebaut sein, der die Kinder in Bann zieht. Verstärkend wirken hier Überraschungseffekte, Zuspitzungen oder Widerstände.

Filme nutzen oft schnelle Einstellungswechsel und düstere Bilder zum Spannungsaufbau sowie tiefe und plötzlich einsetzende, laute Musik. Diese filmischen Mittel können jüngere Kinder sehr ängstigen.

Spannung gilt es auch wieder zu lösen, z. B. durch musikalische Untermalung oder auch durch Komik in aufregenden Situationen.

Besonderheiten von Hörkassetten/Hörbüchern
Geräusche und Klänge bauen quasi eine Kulisse auf. Sie lassen den Ort der Handlung in unserer Vorstellung entstehen. Die Stimmen der Sprecher wirken wie deren Kostüm. Man muss an ihrem Klang merken, ob die Personen dick oder dünn, jung oder alt, quirlig oder behäbig, traurig oder gut gelaunt sind. Die Stimme strahlt den Charakter der Rolle aus. Gute Sprecher spielen mit ihrer Stimme, mit dem Klang, mit Betonungen und Dynamik in der Lautstärke.

Allerdings brauchen Kinder auch Raum für die eigene Vorstellungskraft. Der Sprecher soll nicht alles bis ins Detail ausmalen.

Die Aufmerksamkeit, mit der Kinder der altertümlichen Märchensprache lauschen, zeigt, dass sie in der Lage sind, ungewohnte Sprachstile zu verstehen. Wichtig für das Verständnis ist die Bildhaftigkeit der Sprache.

■ Qualitätskriterien: Das Bild im Bilderbuch

Siv Widerberg: Das Mädchen, das nicht in den Kindergarten wollte

Betrachten wir zunächst die Funktion der Bilder. Sie sollen einen Sachinhalt inklusive der Gefühlslage der Personen und deren Beziehung zueinander darstellen.

| Bild 1 | Bild 2 | Bild 3 |

Bild 4

Bilderbuchillustratoren lenken die Wahrnehmung des Betrachters, indem sie Wichtiges auf Schnittstellen bei der Dreiteilung des Bildes platzieren und Objekte und Personen auf einen ruhigen Hintergrund setzen, auch bei Wimmelbildern.

Manche Illustratoren zeichnen die Situation, als wären sie mit der Kamera dabei gewesen. Unwichtiges lassen sie weg.

Andere reduzieren auf das Wesentliche, erkennbar auf dem Titelbild des Buches „Der kleine Mondbär" (Bild 1 der oberen Bildleiste). Und doch drückt die Darstellung Gefühle und Beziehungen aus.

Auch für Cartoons ist Reduktion charakteristisch, so sind z. B. die Köpfe im Verhältnis zum Körper größer (Kindchenschema) oder viel kleiner, so wie das Kind sie in Wirklichkeit vielleicht wahrnimmt, wenn es an Erwachsenen hoch schaut (Bild 2).

Bilder vermitteln sinnliche Eindrücke. Je nach Farbe und Gestaltung kann der Betrachter förmlich die Kälte oder Wärme spüren oder sogar ins Bild hineinhören (Bild 3).

In fantastischen Bilderbüchern spielen Illustratoren mit den Farben, zeichnen rosarote Katzen, und sie drehen die Größenverhältnisse um, z. B. bei der Maus und dem Elefanten. Sie arbeiten auch mit filmischen Mitteln, wechseln zwischen Totale und Großaufnahme, um Spannung zu erzeugen (Bild 4). Bieger sieht Ausschnittvergrößerungen eher kritisch, zumindest für Kinder bis einschließlich vier Jahren. Sie werden eher verwirrt durch nur teilweise abgebildete Personen oder Tiere und durch extreme Wechsel zwischen Großaufnahme und Totale.[11]

Bei der Bilderbuchauswahl achtet die Erzieherin auf den Informationsgehalt des Bildes, auf die Harmonie der gewählten Farben, auf den Hintergrund und die Stimmung, die das Bild ausstrahlt. Sie betrachtet aufmerksam die Gestaltungstechnik (Zeichnung, Aquarell, Druck...). Diese soll innerhalb eines Buches nicht wechseln, jedoch soll das Kind unterschiedliche Stile kennen lernen. Im Bilderbuch hat das Kind die erste Begegnung mit Kunst. Verniedlichende und stereotype Darstellungen würden den Geschmack der Kinder in die falsche Richtung lenken; man muss auch damit rechnen, dass der Inhalt unserem pädagogischen Anspruch nicht genügt.

[11] nach Bieger, E., Grüner, K., von Lübtow, J., 1995

Wie „lesen" Kinder Bilder?

Erwachsene werfen einen kurzen Blick auf das Bild im Bilderbuch und suchen gleich darauf im Text nach mehr Informationen. Kinder im Vorschulalter sind allein auf das Bild angewiesen. Deshalb sucht ihr Blick nach Details, die sie kennen und die wichtig erscheinen. Im Prinzip setzen sie das Bild wie ein Puzzle zusammen. Dies erklärt auch, weshalb Kinder ihre Bilderbücher ein ums andere Mal „lesen" wollen, während wir selten ein Buch mehrmals lesen. Bilderbücher können mit ihrer Langsamkeit also flüchtigen Bildeindrücken von Filmen einiges entgegensetzen.

Wie ist es zu erklären, dass Kinder Filmen mit schnellen Bildwechseln folgen können?

Filme haben gegenüber dem Bilderbuch eine zweite Ebene. Geräusche und Stimmen unterstreichen das Handlungsgeschehen. Am Ende sind es vielleicht sogar die auditiven Mittel, die Geräusche und die Hintergrundmusik, die Emotionen auslösen und den Bedeutungsgehalt der Bilder im Film erschließen.

Aufgaben:

1. Erstellen Sie einen stichwortartigen Kriterienkatalog, um die Gütekriterien auf einen Blick vor sich zu haben. Hier bietet sich z. B. ein Mindmap an. (Siehe Kapitel Arbeitsmethoden, S. 46).
2. Beurteilen Sie ein Bilderbuch, einen Kinderfilm oder eine Hörkassette nach den besprochenen Kriterien. Wenn möglich, lassen Sie Ihre Beurteilung von Kindern überprüfen!

Printmedien

Bilderbücher sind die Brücke zur Gedankenwelt, zur Literatur und zur Malerei. Das Kind selbst greift nach Bilderbüchern wegen der bunten Bilder und weil es noch nicht lesen kann. Es freut sich, wenn es etwas wieder erkennt, und möchte dies auch mitteilen. Im Dialog mit dem Erwachsenen entwickelt es Vorstellungen und erlebt, dass man über Gedanken sprechen kann. Anders als im Film entdeckt es immer wieder Neues und setzt das Gespräch fort. Es übt auch, genau hinzuschauen und sich zu konzentrieren. Bücher bieten neben Unterhaltung Information, erweitern Wortschatz und Denkvermögen und geben Lebenshilfe. Jedoch sind Bilderbücher nur in wirt-

schaftlich besser gestellten Familien selbstverständlich vorhanden. Hier ist auch die Chance größer, ein inhaltlich und ästhetisch wertvolles Buch zu erhalten. In buchfernen Familien haben nur die Hälfte der Kinder Umgang mit Bilderbüchern.[12]

■ Verschiedene Genres

Wirklichkeitsnahe Bücher

Sie zeigen die Realität, wie sie ist oder sein könnte. Sie bieten überschaubare Ausschnitte aus dem Zusammenleben und von Geschehnissen, die jedem widerfahren könnten. Die Hauptperson ist etwa im gleichen Alter wie die Leser und hat wiedererkennbare Empfindungen, Bedürfnisse, Wünsche, Ängste, Gedanken und Fähigkeiten. Sie handelt wahrscheinlich anders als die Leser handeln würden, bleibt jedoch im Bereich des Möglichen. So macht das Kind „stellvertretende" Erfahrungen und lässt sich vielleicht zu eigenen Taten beflügeln.

Wirklichkeitsnahe Bücher können unterhaltsam sein oder auch deutlich problemorientiert. Dann geht es um Verlust eines geliebten Menschen, Armut und Reichtum, Krankheit, Behinderung und Tod, um Umweltkatastrophen, Dritte Welt, Krieg und Flucht. Problemorientierte Bücher von heute zeigen Helden und Nicht-Helden mit Stärken und Schwächen und verdeutlichen, wie sich Handlungsträger in schwierigen Situationen verhalten. Sie sollten ein eher optimistisches Bild zeichnen, statt Ängste zu schüren.

Fantastische Bücher

Janosch:
Ich bin ein
großer Zottelbär

Tendenziell sind fantastische Bücher eher unterhaltend und wecken in besonderer Weise die Leselust. Sie entsprechen dem Bedürfnis des Kindes, die Realität umzuformen und befriedigen stellvertretend Sehnsüchte und Geltungsstreben.

---

[12] nach 12. Kinder-und Jugendbericht, 2005

In JANOSCHS „Ich bin ein großer Zottelbär" teilt ein kleiner Junge eines Tages seiner Mutter mit, dass er genug habe von allen Forderungen und dass er deshalb in die Welt ziehe. Er fährt Auto, regelt den Verkehr und kehrt schließlich doch zur Mutter heim.

Fantastische Bücher für die Jüngsten enthalten oft Tiere als Handlungsträger. Dass sie menschliche Züge aufweisen, verwundert kein Kind, denkt es doch im Vorschulalter anthropomorph. Die Tiergestalt gibt der Geschichte die besondere „Note". Elefant und Maus als Freundespaar müssen Spiele ganz neu erfinden, soll die Maus nicht erdrückt werden. Tiere in fantastischen Geschichten verhalten sich oft menschlich und fordern dazu heraus, etwas aus einer anderen Perspektive zu sehen. Vielleicht fällt dies im jungen Alter mit Hilfe von Tieren leichter.

Sachbücher

Schon Bilderbücher mit einem Objekt pro Seite oder auch Szenen-, bzw. Wimmelbücher kann man als Sachbilderbücher bezeichnen. Die Abbildungen zu einem Thema vermitteln dem Kind eine erste Ordnung, wie die Menschen und Dinge zusammengehören.

Sachbücher für die Jüngsten sind auf das Wiedererkennen gerichtet, Bücher für etwas Ältere informieren, knüpfen aber an das Denken des Kindes aus seiner Perspektive an, z. B. Möller, A. „Nester bauen, Höhlen knabbern", Zürich 2004 oder Lionni, L. „Das kleine Blau und das kleine Gelb", Hamburg 1992. (Für ältere Schulkinder und Jugendliche siehe Abschnitt Kinder- und Jugendbücher, S. 481)

Anne Möller:
Nester bauen,
Höhlen knabbern

■ Literaturgattungen

Bilderbücher, Kinder- und Jugendbücher

In **Bilderbüchern** haben Bilder eine gewichtigere Rolle als der Text. Vorrangig sind sie für Kinder gedacht, die noch nicht oder noch nicht so gut lesen können, also für Ein- bis Achtjährige. Für die Jüngsten sind sie eher kleinformatig und müssen einiges aushalten. Es sind Stoff-, Plastik-, Karton- oder Fühlbücher.

In den ersten Büchern sind Objekte, Tiere oder Menschen in einer Ruheposition, danach in Bewegung abgebildet. Es folgen Szenen mit Handlungen in einem Sinnzusammenhang. Jetzt wird das Buchformat größer. Zum Bild kommen kurze Texte, oftmals in Reimform, welche die Kinder gerne auswendig lernen. Für 3- bis 4-Jährige nimmt der Text an Umfang zu und erzählt kleine Geschichten. In der nächsten Bilderbuchsparte sind Text und Bild etwa gleichrangig, die Handlung wäre ohne Text nicht mehr verständlich.

Meist haben Bilderbücher einen guten Schluss. WILHELM lässt in seinem Buch „Wie man einen Dino besiegt" den Schluss bewusst offen. Die kleinen Leser sollen selbst mögliche Lösungen finden.

Sachbilderbücher dieser Altersgruppe beantworten und stellen Fragen, z. B. über den eigenen Körper, über das Mädchen- und Junge-Sein, darüber, woher die Babys kommen, über Tiere, Pflanzen und das Wetter, über Fahrzeuge und Dinosaurier, Buchstaben und Zahlen und über den Alltag von Kindern in anderen Ländern. Bilderbücher bieten generell eine übersichtliche Szenerie und eine lineare Handlung ohne Rückblick oder Seitenstränge.

Kinderbücher richten sich an die Gruppe der 6- bis 8-Jährigen (Erstlesealter, größere Schrift, Bilder) sowie an die 9- bis 12-Jährigen. Erzählende Kinderbücher schildern Ereignisse in der Familie, der Schule und beim Spiel außer Haus. Sie erzählen von Freundschaft, beachten entwicklungsspezifische Ängste und Wünsche (siehe Medien: Entwicklungsaufgaben und Identifikationsfiguren, S. 473.

Sachbücher gehen über die unmittelbare Erfahrung der Leser hinaus. Sie beschreiben das Leben von Kindern in anderen Ländern, geben Anleitung zum Basteln, Kochen, zur Pflege eines Haustiers, für Zaubertricks und Experimente. Sie sind deutlich handlungsorientiert.

Sachbücher faszinieren, wenn sie von den Wundern der Erde, vom Weltall, von Entdeckungen und Erfindungen und großen Persönlichkeiten berichten. 9- bis 12-Jährige suchen nach Vorbildern und eignen sich gerne Wissen an, um dies dann kundzutun.

Hans Wilhelm:
Wie man einen
Dino besiegt

Jugendbücher richten sich an Jungen und Mädchen von ca. 12 bis 18 Jahren. In der Tendenz finden wir mehr realistische als fantastische Bücher.

Der „Aufbruch in neue Welten" bedeutet in der Sparte Sachbuch einen Aufbruch in neue Wissensbereiche wie Technik, Musik, Berufswelt und Geschichte. Entdeckungen und Erfindungen werden interessant wie auch Vorbilder in Geschichte und Gegenwart.

In problemorientierten Büchern werden u. a. Krieg, Flucht, Völkermord und Asylsuche, Lebens- und Arbeitsbedingungen in anderen Ländern thematisiert und der Einsatz für Gerechtigkeit. Jugendbücher helfen, Antworten zu finden auf Fragen nach Werten und dem Sinn des Lebens.

M. Reidel:
Grimm Märchen

Märchen

Märchen erzählen von Menschen in herausfordernden Situationen oft an der Schwelle zum Erwachsensein und vom „Übernatürlichen". Formal unterscheidet man zwischen Volks- und Kunstmärchen. Volksmärchen sind mündlich überliefert, wurden gesammelt und aufgeschrieben. Weit bekannt sind im deutschen Sprachraum die „Kinder- und Hausmärchen" der Brüder GRIMM, z. B. „Hänsel und Gretel". Kunstmärchen wurden demgegenüber von Märchenschreibern erdichtet, z. B. von WILHELM HAUFF (Der kleine Muck) und von HANS CHRISTIAN ANDERSEN (Die Prinzessin auf der Erbse).

Märchen haben eine Bild- und Symbolsprache, die von jedem unbewusst verstanden wird. Symbole stehen für die Bedeutung von etwas. Brot versinnbildlicht konkrete und geistige Nahrung, das Leben generell. Das Boot verbindet – wie die Brücke – zwei Seiten, zwei Welten. Der Bär ist das älteste Sinn-

bild für Mütterlichkeit. Im Märchen bewacht er oft den Eingang eines Zauberschlosses.[13]

Merkmale von Märchen sind:

- *Eindimensionalität:* Das Märchen unterscheidet nicht zwischen der Realität und einer „jenseitigen Welt" mit Hexen, Zwergen und sprechenden Spiegeln. Kinder wundern sich nicht weiter, denn für sie sind Traum, Realität und Fantasie eins, und ältere Kinder können bewusst umschalten.
- *Dreizahl*: In Märchen kommen Gegenstände und Ereignisse häufig dreifach vor, z. B. drei Wünsche. Das hat eine beschwörende Wirkung, gibt der Geschichte Struktur und der Erzähler kann sich den Fortlauf der Handlung gut merken.
- *Flächenhaftigkeit:* Märchen sind zeitlos und ortsunabhängig. Sie erzählen von guten und bösen Taten, ohne Nennung von Ursache und Zweck. Zur Flächenhaftigkeit gehört auch der Verzicht auf detailreiche Schilderungen, z. B. dass bei einem Kampf Blut fließt.
- *Formelhaftigkeit*: Märchen enthalten sprachliche Formeln wie „Es war einmal" oder „Und wenn sie nicht gestorben sind." Sie kündigen den Beginn einer Reise in die Fantasie bzw. die Rückkehr in die Realität an. Das Hinausziehen in die Welt und die Hochzeit am Schluss sind Strukturformeln.
- *Isolation, Achtergewicht:* Selbst, wenn drei Brüder zusammen in die Welt ziehen, muss doch jeder seine eigenen Aufgaben lösen. Der Letzte, der Jüngste in der Geschwisterreihe, wird meist sehr sympathisch gezeichnet. Er ist hilfsbereit und gutmütig und gewinnt damit Freunde, die ihn wiederum retten. Das bezeichnet man als „Achtergewicht".
- *Polarisation:* Persönlichkeiten wie auch Umstände sind kontrastierend beschrieben: fleißig/faul, schön/hässlich, Armut/Reichtum. Die Polarisation erleichtert Identifikation und Verständnis.[14]

Neue märchenhafte Geschichten und Märchenfilme beachten diese charakteristischen Merkmale und Symbole oft zu wenig. Deshalb haben sie nicht den Wert für die Entwicklung eines Kindes wie die überlieferten Märchen selbst.

---

[13] nach von Bonin, F., 2001
[14] nach Thiele, J., Steitz-Kallenbach, J., 2003

Märchen konkretisieren Bedürfnisse, Ängste. Aschenputtel erlebt den Tod der Mutter und Stiefmutter und Stiefkind akzeptieren einander nicht. Auch Geschwisterrivalität ist Thema in vielen Märchen. Hier kann das Kind stellvertretend Gefühle bewältigen und Lösungen erhalten. Es findet auch Orientierung durch die häufige Gegenüberstellung von Gut und Böse und durch die Auflösung im Märchen, bei der das Gute belohnt wird.

Kinderlyrik

Kinderlyrik ist ein Sammelbegriff für Kinderreime, Kinderlieder, Kindergedichte. Gemeinsames Merkmal ist die Reimform. Die ersten Verse für Kinder sind Krabbel- und Streichelspiele, Kniereiterlieder, Fingerspiele, Trost- und Schlaflieder. Die Kinder lauschen der Sprachmelodie und der Lautmalerei. Typisch sind ferner Wort- und Satzwiederholungen, Leiermelodien. Bald sprechen die Kinder Fragmente nach. Im Kindergartenalter folgen Abzählreime und Zaubersprüche, im Grundschulalter Poesiealbumverse und Gedichte. Manche Verse enthalten Sprachwitz, Spötteleien und Andeutungen, andere schildern Stimmungen (z. B. zur Jahreszeit) und Gefühle, für die unsere nüchterne Sprache kaum Worte hat.

Viele Kinderreime, Kinderlieder, Kindergedichte sind mündlich überlieferte Kindervolkslyrik. Kinderkunstlyrik ist von Erwachsenen erdacht und enthält auch aktuelle Themen.

Beispiel: Karussellfahrt

„Meine kleine Anna steigt ins Karussell.
Die Fahrt beginnt erst langsam,
wird dann aber schnell.
Oh, wie ist die Fahrt doch schön,
das Karussell wird jetzt gleich stehn.
Aussteigen!"[15)]

Der Erwachsene fasst von hinten unter die Achseln des Kindes und verschränkt die Hände vor dessen Brust. Dann schwingt er das Kind passend zum Text.

Comics

Charakteristisch für Comics sind die dichte Bildfolge und die Arbeit mit filmischen Mitteln. Das jeweils folgende Bild zeigt partielle Veränderung, Reduktion, Ergänzung. Spannung entsteht durch den schnellen Wechsel zwischen Totale und Großaufnahme, Vogel-

und Froschperspektive und von Handlungsorten. Formen und Farben sind klar, eher kräftig, für jüngere Mädchen auch pastellfarben.

Comics karikieren Mensch und Tier und sie enthalten häufig Slapstickszenen mit Verfolgungsjagden, Prügeleien und Explosionen. Im Zeichentrickfilm wirkt diese physische Situationskomik durch das Tempo der gezeigten Bilder. Dieser Effekt fällt beim Comic weg. Aber dass die Betroffenen unversehrt aus dem Chaos hervorgehen, ist in beiden Medien gleich.

Der Text in Sprechblasen ist „gesprochene" Sprache, ist häufig floskelhaft wie: „Na warte!", enthält deftige Ausdrücke wie „Ich habe Schiss" und Interjektionen wie „Ah".

In Wölkchen erscheinen Gedanken und Gefühle: Noten für „Musik" oder ein Herz für „Liebe".

Ergänzende Texte erläutern, was vorher oder zwischenzeitlich geschah.

Welche Herausforderung stellen Comics an Kinder? Leser müssen die Darstellungen erkennen, Körpersprache und Symbole deuten, den Fortgang der Handlung und den Sinn erschließen. Comic-Lesen ist also eine aktive Handlung.

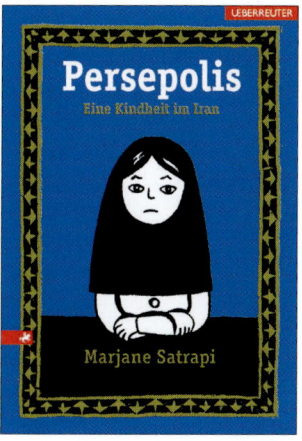

Marjane Satrapi: Persepolis

Die ersten Comics wurden nach Zeichentrickfilmen gezeichnet, z. B. Mickey Mouse, Fix und Foxy, die Biene Maja und Asterix und Obelix.

Es kamen Comics zu Spielzeugfiguren auf den Markt wie Lady Lockenlicht oder He-Man. Potenzielle Käufer werden durch Spielzeug- oder Schmuckbeigaben zum Kauf verführt.

Comics für über 10-Jährige bieten Action, Wildwest-, Dschungel- und Detektivgeschichten, Zauberwelten (Elfenwelt), Geister- und Horrorgeschichten, technische Sze-

---

[15)] Reuys, E., Viehoff, A., 1997

nerien, Reisen durch die Zeit und historische Abenteuer.

Comics sind vielseitiger geworden. Dichte Bildfolgen werden inzwischen auch in der Grundschule eingesetzt, z. B. die Papa Moll-Geschichten. Jugendliche finden „infotainmentartige" Bildgeschichten zur Geschichte, Literatur, Philosophie, Religion gut.

Selbst die Frankfurter Buchmesse widmet Comics eine eigene Abteilung. 2004 erhielt MARJANE SATRAPI für ihr Werk „Persepolis" die Auszeichnung COMIC DES JAHRES. Darin berichtet sie über ihre Kindheit im Iran zur Zeit des Übergangs vom Schah- zum Ayatollahregime.

Mangas

Der Begriff steht in Japan für Comics generell, im Westen für Comics aus Japan. Mangas sind eine Literaturform zwischen Zeitschrift und Buch. Der Deckel ist farbig und oft kartoniert, die Innenseiten sind dünn und in Schwarz-Weiß-Druck gehalten. In den Darstellungen fallen die übergroßen, runden Augen auf, die ja als Spiegel der Seele gelten. In den 1970er Jahren kamen mit den Zeichentrickfilmen „Biene Maja" und „Heidi" die ersten Manga-Vorboten nach Deutschland. Aber es sollte bis 1997 dauern, dass die ersten Mangas „Dragon Ball" und „Sailor Moon" in Deutschland erschienen. „Dragon Ball" erzählt die Abenteuer des kleinen Einsiedlers Son-Goku und des Stadtmädchens Bulma. Auf der Suche nach sieben verzauberten Drachenkugeln reisen sie durch die Welt und unterziehen sich Prüfungen zum Erwachsenwerden. „Dragon Ball" war mit sechs Millionen verkauften Exemplaren in Deutschland ein Bestseller.[16]

Es gibt unterschiedliche Arten von Mangas für unterschiedliche Altersgruppen.

Yonen-Mangas wenden sich an Grundschüler bis zu zehn Jahren, Shojo Mangas an Mädchen und Shonen-Mangas an Jungen von 10–18 Jahren. Die übrigen Manga-Reihen richten sich an Erwachsene.

Die Genres: Reality-Mangas schildern Alltagserlebnisse, z. B. aus der Schule. In Magical–Girl-Mangas haben Normalpersonen außergewöhnliche magische Kräfte; Mysteriemangas sind Detektivgeschichten mit mysteriösen Ereignissen; Phantasymangas handeln durchgängig in magischen Welten, in Actionmangas

A. Toriyama: Dragon Ball

kämpfen Männer zur Rettung der Welt; in Manga-Martial-Arts geht es um waffenlosen Kampf und in Sachmangas schließlich um Politik, Sport, Wissenschaft.[17]

Mangaverlage vermarkten neben ihren Heften auch Schreib- und Zeichenworkshops und richten Wettbewerbe aus.

Sowohl Inhalte als auch Darstellungen werden immer wieder kritisch betrachtet. Tatsächlich bieten Mangas nicht nur Blicke auf Mädchenslips unter gelupften Röckchen, sondern zeigen allerlei Stellungen und darüber hinaus homosexuelle Handlungen, Sado-Masochismus, Nekrophilie und Monster, die Schulmädchen penetrieren, sowie Inzest. Bereits in „Sailor Moon" tauschten junge Protagonistinnen intensive Küsse aus. Sexuelle Darstellungen haben in Japan eine lange Tradition, wobei Fotos von Genitalien Erwachsener und von Schamhaaren verboten sind, entsprechende Zeichnungen von Kindern und Fantasiegestalten jedoch nicht[18]. Sexuelle und gewalttätige Szenen in Comics sowie Hakenkreuze führen von Zeit zu Zeit zum Verkaufsverbot an Jugendliche unter 16 Jahren.

---

[16] nach Böckem, J., 2002

[17] nach Ossmann, A., 2004
[18] nach Böckem, J., 2002

Literacy-Erziehung

■ Voraussetzungen der Erzieherinnen und der Begriff „Literacy-Erziehung"

Tendenziell geben Erzieherinnen Printmedien den Vorzug, wahrscheinlich aufgrund eigener Erfahrungen und weil sie mehr Handlungsmöglichkeiten im Umgang mit ihnen kennen. Manche sind zutiefst von der negativen Wirkung audiovisueller Medien überzeugt und wollen am liebsten ihre Kindertageseinrichtung – von Bilderbüchern abgesehen – medienfrei halten, um dem TV-Konsum zu Hause etwas entgegen zu setzen. Das geht nicht, denn die Bildungspläne für Kindertageseinrichtungen sehen Medienerziehung als wichtige Bildungsaufgabe an, und dazu gehören sowohl Print- als auch audiovisuelle Medien.

Die Schnelllebigkeit und das Überangebot audiovisueller Medien machen es der Erzieherin jedoch schwer. Sie hat wenige Anhaltspunkte, deren Qualität einzuschätzen. Printmedien kommen wesentlich kontrollierter auf den Markt.

Zunächst befassen wir uns mit den Formen und Methoden der „Literacy", wie man heute das Heranführen der Kinder an die Literatur im Vorschulalter bezeichnet. Literacy bedeutet im engeren Sinne des Wortes Lese- und Schreibkompetenz. Lesekompetenz ist mehr als die Lesetechnik. Sie schließt das Verstehen der Schriftsprache und das sinnentnehmende Lesen mit ein, und das Ganze funktioniert nur mit Lust am Lesen. Was hat all das mit dem Kindergarten zu tun?

Lesekompetenz entsteht nicht schlagartig mit dem Eintritt in die Schule. Die Literacy-Erziehung bahnt die Lesekompetenz an. Bilderbücher, Märchen, Reime und Lieder wecken die Lust am Entdecken und Benennen, an Worten und der Sprachmelodie, an Vorstellungen, am Weiterfantasieren und am Erzählen. Es geht auch um das Zuhören, um das Verstehen der Schriftsprache und darum, Gehörtes (oder im Film Gesehenes) in der richtigen Reihenfolge zu erzählen, und zwar so, dass ein anderer es versteht. Was entgeht Kindern, die ohne Bilderbücher, Märchen, Reime und Lieder aufwachsen? Zunächst einmal entgeht ihnen die besondere Nähe zum Erwachsenen in der Lesesituation. Es fehlen ihnen auch die Abenteuer im Kopf und Wissen über die Welt. Und sie haben einen schwereren Schulstart, da ihnen Übung fehlt, über Gehörtes und über Vorstellungen zu sprechen. Ulich führt eine amerikanische Untersuchung an, nach der Kinder aus sozioökonomisch benachteiligten Familien durchschnittlich mit 25 Stunden intensiver Bilderbuchbetrachtung (mit einem Erwachsenen) in die Schule kommen, gegenüber Mittelschichtkindern mit 1.000 bis 1.700 Stunden.[19]

Literacy-Erziehung möchte auch die Schreibkompetenz anbahnen. Das bedeutet, das natürliche Interesse der Kinder an Zeichen und Schrift aufzugreifen und zu erweitern, mit Schriftzeichen zu spielen und der Frage nachzugehen, wer die Bücher schreibt, wie man sie herstellt und wie eine Bibliothek funktioniert. In den nächsten beiden Abschnitten befassen wir uns mit

- den Methoden der Bilderbuchbetrachtung, des Geschichten- und Märchenerzählens,
- dem Heranführen der Kinder an die Schrift.

Bilderbuchbetrachtung im Freispiel

■ Bilderbuchbetrachtung

Hier muss man grundsätzlich zwei Arten unterscheiden: die spontane Bilderbuchbetrachtung mit einem oder zwei Kindern im Freispiel und die Bilderbuchbetrachtung in gezielten Aktivitäten.

Bei der *spontanen Bilderbuchbetrachtung* folgt die Erzieherin dem Buchwunsch des Kin-

---

[19] nach Ulich, M., Oberhuemer, P., Soltendieck, M., 2007

des. Manches Kind wählt wochenlang dasselbe Buch. Offenbar bearbeitet es ein persönliches Thema, so wie es wochenlang das gleiche Rollenspiel wiederholt, bis dessen Bedeutung verblasst. Im Dialog mit der Erzieherin ordnet das Kind seine Erfahrungen und Gedanken immer wieder neu und findet Antwort auf Fragen. Und es genießt die besondere Nähe der Erzieherin.

Schon Einjährige kommen mit einem Buch und suchen den Platz auf dem Schoß der Erzieherin. Während das Kind die Abbildungen benennt, „versprachlicht" die Erzieherin, was geschieht, und fordert zum Einfühlen auf, wenn z.B. der Hund die Katze oder die Katze die Maus jagt. Sie spielt dabei mit der Stimme und setzt Lautmalerei ein, z.B. „Krrrrr faucht die Katze und macht einen Buckel."

Eine *Bilderbuchbetrachtung als gezielte Aktivität* in der Gruppe der 3- bis 6-Jährigen unterscheidet sich hiervon in einigen Punkten. Der erste Unterschied liegt darin, dass die Erzieherin die Auswahl trifft. Sie wählt ein Thema, das mehrere Kinder anspricht, beachtet das Alter der Kinder und setzt inhaltliche oder spracherzieherische Schwerpunkte.

Vorbereitung einer Bilderbuchbetrachtung

Zur Vorbereitung gehören die inhaltliche Auseinandersetzung, die Methodenentscheidung, die Rahmenbedingungen und die Verlaufsplanung.

Inhaltliche Auseinandersetzung. Drei Kernfragen der inhaltlichen Auseinandersetzung sind:

- Entspricht das Bilderbuch den Qualitätskriterien, wie oben beschrieben?
- Welchen zentralen Zusammenhang hat die Geschichte? Wie führt uns die Erzählung dorthin?
- Welche Werte transportiert die Erzählung auf der ersten Ebene (das im Buch Sichtbare), der zweiten (zentrale Aussage) und der dritten Ebene (die Bedeutung der zentralen Aussage für die Kinder hier und jetzt).

Die inhaltliche Auseinandersetzung hilft der Erzieherin, den Sinnzusammenhang des Bilderbuches zu erfassen als Voraussetzung für eine Gesprächsführung, die mehr ist, als die Abbildungen zu benennen.

Methode. Eine Bilderbuchbetrachtung enthält folgende Elemente:

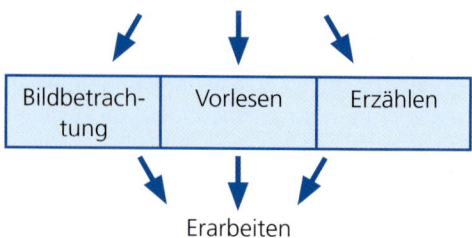

Der Begriff „Bilderbuchbetrachtung" sagt es deutlich. Im Vordergrund steht das Betrachten. Warum?

Das Kind erschließt sich die Geschichte über das Bild. Das Bildlesen ist quasi seine Leseleistung (siehe Abschnitt: Wie „lesen" Kinder Bilder? S. 480)

Deshalb betrachtet die Erzieherin die Abbildungen sehr genau.

- Welcher Ort ist zu sehen?
- Welche Personen sind dargestellt, wie sehen sie aus, was bedeutet das?
- Was tun die Menschen, warum oder wozu tun sie das? (Das Bild selbst zeigt ja nur die augenblickliche Handlung).
- Wie passt diese Seite zum vorherigen Bild? Was bedeutet das für den roten Faden der Geschichte? Und wie wird es weitergehen?

Jetzt kommt die Frage nach dem Text. Soll man ihn vorlesen oder erzählen?

Die Antwort ist abhängig von der Art des Bilderbuches. Überwiegt das Bild oder sind Text und Bild etwa gleichrangig, dann reichen bei einer intensiven Bildbetrachtung die Beiträge der Kinder mit erzählenden Ergänzungen der Erzieherin, um das Bilderbuch zu erarbeiten.

Anders ist es bei Bilderbüchern mit einem höheren Textanteil. Hier muss sich die Erzieherin für das Vorlesen oder Erzählen entscheiden. Kindern fällt es schwerer, einem gelesenen Text zu folgen als unserer Erzählung. Schriftsprache enthält weit mehr Nebensätze, und die Tücke liegt im Detail, nämlich in Konjunktionen wie „obwohl" oder „nachdem". Diese zeigen Beziehungen und Abhängigkeiten auf. Wer diese Worte nicht versteht, schaltet ab, und Störungen sind vorprogrammiert.

In der Vorbereitung markiert die Erzieherin Textpassagen, die sie unbedingt vorlesen möchte. Ferner durchsucht sie den Text nach

Wörtern, die die Kinder nicht kennen und legt sich Erklärungen zurecht.

Die Vorteile des Erzählens sind schnell genannt: Die Erzieherin hat Blickkontakt mit den Kindern. Das erhöht die Aufmerksamkeit und sie bemerkt, wo sie die Spannung erhöhen oder wegnehmen soll. In der Vorbereitung eignet sie sich die Geschichte an. Sie teilt sie in vier markante Abschnitte und übersetzt wie eine Dolmetscherin die Schriftsprache in gesprochene Sprache. Hierdurch drückt man sich sicherer und lebendiger aus. Manchmal muss man nach einem Wort suchen und fügt deshalb eine Sprechpause ein. Das fördert das Verständnis.

Insgesamt ist ein Wechsel zwischen Betrachten, Erzählen, Vorlesen und Erarbeiten zu empfehlen. Zwar wollen die Kinder ausgiebig zu den Bildern erzählen und fabulieren, aber sie sind auch am Fortlauf der Geschichte interessiert und wollen bei spannenden Stellen jedes Detail wissen, das im Text steht. Das Vorlesen ausgewählter Passagen gewöhnt die Kinder an die Schriftsprache. Das Erarbeiten verknüpft die Handlung zu einem Ganzen.

Rahmenbedingungen. Eine Bilderbuchbetrachtung mit einer Gruppe von 6–14 Kindern (halbe Gruppengröße) sollte in einem eigenen Raum stattfinden. Als Sitzordnung bevorzugen manche Erzieherinnen die Kinositzordnung. Diese gibt den Blick auf das Bilderbuch frei aber forciert ein Frage- und Antwortspiel zwischen der Erzieherin und einzelnen Kindern. Der Halbkreis bietet fast die gleiche Sicht auf das Buch, fördert jedoch zusätzlich die Kommunikation der Kinder untereinander.

Ob die Kinder auf Kissen oder Stühlen sitzen sollen, kann hier nicht festgelegt werden. Auf Stühlen haben sie meist besseren Halt.

Es ist günstig, die Kinder mit dem Rücken zum Fenster zu platzieren, sodass sie von Geschehnissen draußen nicht abgelenkt werden. Die Erzieherin sitzt so, dass das Licht vom Fenster auf das Bild fällt. Allerdings glänzen manche Seiten bzw. der Farbdruck. Dann muss man eine andere Lösung suchen.

Verlaufsplanung und Durchführung

Es gibt sicher viele Arten, ein solches Angebot zu gestalten. Hier einige Ideen:

Einstimmungsphase:

- Ritual; Atmosphäre schaffen, Neugier wecken mit einem Gegenstand, der zum Vorhaben passt.
- Das Titelbild des Bilderbuches wirken lassen.
- Buchtitel und Autor nennen; ankündigen, worum es in der Geschichte geht.
- Kindern die Zeit geben, die sie zum Sehen brauchen.

Hauptteil: Anmerkungen zur Gesprächsführung:

1. Die Erzieherin hört je Seite die spontanen Äußerungen der Kinder an, fragt nach, erweitert. Sagt ein Kind z. B.: „Der Bär steht vor dem Haus", fragt sie: „Du wunderst dich, dass der Bär vor dem Haus steht?" *(aktives Zuhören)* oder: „Ja, er steht vor dem Haus und …". Hier bringt sie neue Wörter ein, denn sie möchte ja auch den Wortschatz der Kinder erweitern.

   In der Vorbereitung notiert sie ihre konkreten Ideen zu jedem Bild.

2. Sie setzt gezielte Impulse (siehe Abschnitt Vorbereitung), damit es nicht beim Benennen von Personen, Gegenständen oder Geschehnissen bleibt, sondern damit die Kinder den Sinnzusammenhang der Geschichte konstruieren. Sie fordert die Kinder auch auf, von ihren Erfahrungen zu berichten, stellt also Bezüge zum Leben der Kinder her.

3. Von Seite zu Seite knüpft sie den roten Faden der Geschichte weiter mit Impulsen wie „Wie ist das passiert?" „Was war jetzt auf dieser Seite das Wichtigste?" und „Wie könnte es weitergehen?"

4. Am Ende des Hauptteils fasst sie die Geschichte zusammen und benennt die zentrale Aussage. Ein letzter Impuls kann die Frage sein, was das für uns bedeutet.

Praktische Hinweise: Das Bilderbuch steht am ruhigsten auf dem Schoß der Erzieherin. Sie kann es auch am ausgestreckten Arm fixieren. Dann ist es etwas höher positioniert, aber es wird auch unruhiger, da wir den Arm oft unwillkürlich mitbewegen.

Wenn auf einer Doppelseite zwei Bilder gezeigt werden, decken wir eine Seite ab. Das erleichtert dem Kind die Konzentration.

Wir meinen, dass es dem Kind hilft, das Bild zu sehen, während wir lesen. Allerdings muss uns klar sein, dass unser Lesen als ununterbrochene Wortkette beim Kind ankommt. Während es selbst bemüht ist, das Bild zu „lesen", soll es Vorstellungen entwickeln, die über die Abbildungen hinausgehen. Das braucht Zeit. Unser Lesetempo lässt dies aber nicht zu. Zum Glück gibt es wenigstens beim Umblättern eine Pause.

Schlussphase: Spannend wird es, wenn die Kinder äußern, was für sie das Wichtigste war. Vielleicht nennt ein Kind einen für uns unwesentlichen Aspekt oder etwas, das uns entgangen ist. Auch ist eine Geschichte nie in einem Durchgang erfasst.

■ Geschichten vorlesen

Das Vorlesen einer Geschichte fordert vom Kind viel mehr Konzentration als eine Bilderbuchbetrachtung, bei der jedes neue Bild neue Reize bringt. Das Kind muss ohne zwischengeschobene Erklärungen selbst den roten Faden der Geschichte erfassen. Eine weitere Herausforderung ist die Schriftsprache, die abstrakter als gesprochene Sprache ist.

Günstig ist es, zunächst eine kurze Geschichte auszuwählen. Methodische Möglichkeiten:

- Zum Einstieg ein Bild zeigen.
- Betont und mit Sprechpausen vorlesen.
- Zur Frage „Was ist in der Geschichte passiert?" schildern die Kinder einzelne Fragmente.
- Schwierige Wörter oder Formulierungen wie „ohne weiteres" erarbeiten.

Märchenerzählerin

- Die Geschichte nochmals vorlesen.
- Eine vorher angefertigte Bildserie zur Geschichte (ca. 4 Skizzen) von den Kindern ordnen lassen.
- Kinder erzählen den Handlungsverlauf mit oder ohne die Bildserie.

■ Märchen erzählen

Welches Mädchen hat nicht mit Aschenputtel gelitten, ausgestoßen von der Stiefmutter, gedemütigt von den Stiefschwestern; und welcher Junge hat nicht davon geträumt, Königssohn zu sein, ein Held, der das Mädchen von seinem schlimmen Schicksal erlöst?

Zur Vorbereitung des Märchen-Erzählens gehört die bewusste Auswahl. Ein Märchen soll einen gewissen Lebensoptimismus ausstrahlen. Manche Märchen sind pessimistisch oder grausam und für Kinder ungeeignet. Das Mädchen mit den Schwefelhölzern z. B. ermutigt dazu, sein Letztes her zu geben. Ob das immer vernünftig ist, darüber gibt es sicher verschiedene Meinungen. Es scheint allerdings Bedürfnisse zu befriedigen, nämlich hilfsbereit zu sein, mitzufühlen und zu trauern.

Zu Märchen gehören die Märchensprache, das Erzählen und der Verzicht auf Bilder. Das Kind soll eigene innere Bilder aufbauen.

Das freie Sprechen erlaubt uns, mit der Stimme zu spielen, die Wirkung auf die Kinder zu beobachten, die Spannung zu erhöhen oder wegzunehmen.

Die Lebensweisheit, die auch in jedem Märchen steckt, kann benannt, sollte aber nicht zerredet werden.

Günstige Rahmenbedingungen sind ein fester Ort, z. B. ein Sternenhimmel im Ruheraum und ein Märchenkissen als Sitzplatz pro Kind. Kinder mögen Rituale und einen Fixpunkt für das Auge. Als Ritual kann man den Raum etwas abdunkeln, eine Kerze anzünden. Eine angedeutete Märchenlandschaft mit wenigen Mitteln in der Kreismitte stimmt auf das Kommende ein.

Gegenstände wie ein Spinnrad oder ein „Stöckelschuh" helfen, Begriffe zu erläutern.

Die mitgebrachten Gegenstände lassen sich für ein Kimspiel zum Abschluss nutzen. Das lässt das Märchen noch ein wenig nachklingen.

Zur Vertiefung bietet sich das Malen an. Hier können die Kinder Vorstellungen vom

Aussehen ihrer Prinzessin, ihres Helden, ihres Schlosses ausdrücken.

Kinder spielen auch gern Märchen nach. Angedeutete Verkleidungen helfen, in ihre Rollen zu schlüpfen. Sie brauchen dann noch einen Platz, an dem sie auf ihren Auftritt warten. Die Erzieherin beginnt zu erzählen, gibt Raum für Ideen, z. B. wie der hungrige Wolf wohl knurrt und schleicht. Günstig sind Märchen wie „Rotkäppchen", „Der Wolf und die sieben Geißlein", da sie Sprechrollen haben, die Kinder ganz natürlich lernen und auch ausfüllen können.

Kinderbuchmesse
Lörracher LeseLust
18.–20.11.2005

Aufgaben für Klassenprojekte
1. Erstellen Sie in der Klasse eine Märchen-Bestenliste.
   Bilden Sie hierzu Dreiergruppen, die die Verantwortung für je ein Märchen übernehmen. Setzen Sie sich mit der Grundthematik, der zentralen Aussage und dem pädagogischen Wert des Märchens auseinander.
2. Suchen Sie eine sozialpädagogische Einrichtung, die eine kleine Bibliothek einrichten oder die bestehende umorganisieren möchte. Legen Sie Eckpunkte fest hinsichtlich der Lage, der Raumgestaltung, der Ausstattung und eines möglichen Programms.

■ Schrift und Schriftkultur

Kinder fragen, wer sich die Geschichten ausdenkt und wie die Bilder und Buchstaben ins Buch kommen. Das ist eine prima Gelegenheit, einen Autor oder Bilderbuchillustratoren aufzusuchen und auszufragen oder auch eine Druckerei zu besuchen bzw. selbst Papier zu schöpfen, zu drucken und ein Bilderbuch herzustellen.

Die öffentliche Bibliothek ist ein Paradies der Schriftkultur. Viele Kindertageseinrichtungen gehen an einem festgelegten Tag pro Monat dorthin, nicht nur zur Ausleihe. Oft ist bereits im Eingangsbereich eine Ausstellung mit Büchern zur Jahreszeit oder zu einem anderen Thema zu sehen.

Die Vielfalt der (Bilder)Bücher weckt Leselust. Das erste Bilderbuch kann schon an Ort und Stelle in einer gemütlichen Ecke angeschaut oder vorgelesen werden.

Und dann die große Auswahl an Sachbilderbüchern: Hier können wissbegierige Kinder stundenlang verweilen, hier ist schon manche Projektidee geboren und manches Projekt präsentiert worden: mit Plakat, Fotos und kleinen Werken. Bibliotheken und Museen beherbergen auch besondere Exponate. Da sind filigran oder üppig geschmückte Buchstaben zu bestaunen und Buchdeckel aus Holz oder in edle Stoffe gebunden. Schon das äußere Gewicht dieser Bücher zeigt ihre Bedeutung.

Höhepunkte für Schulkinder sind Lesungen mit Autoren aus der Region, Lesenächte mit Märchen oder Gruselgeschichten, Tauschbörsen, Schreib-, Mal- und Theaterworkshops zu Kinderbüchern.

Interesse an Schrift wecken

Wie bereits oben dargestellt ist Schrift an vielen Orten präsent.

Die Motivation zum Schreibenlernen kommt, wenn das Kind die Bedeutung von Schrift erfasst. Es staunt z. B. darüber, dass die Mutter zu Hause lesen kann, was es der Erzieherin am Morgen diktiert hat. Bald kommen die ersten kleinen Mitteilungen: Wunsch- und Einkaufszettel, ein Schild mit „geheim" für den eigenen Schatzkasten und ein halb gemalter, halb geschriebener Brief zum Muttertag.

Im Kindergarten geht es vor allem um den entdeckenden, handelnden, kreativen Umgang mit Schrift und um das phonologische

Bewusstsein (siehe Kapitel Sprache und Sprechen, S. 397 ff.). Auf Exkursionen sammeln Kinder Buchstaben, Zeichen und Ziffern. Sie versuchen auch Plakate und Informationen zu entschlüsseln und stoßen dabei auf bekannte Buchstaben und auf andere Sprachen. Heute kennen schon 4-Jährige einzelne Buchstaben und 6-Jährige einen Teil des Alphabets.

Auch im Kindergartengebäude kann den Beschriftungen mehr Raum gegeben werden: Man kann die Bildsymbole an der Garderobe mit den Namen der Kinder ergänzen und Schilder anbringen wie „Tür" an der Tür, „WC" an der Tür zum Waschraum, man kann die Treppenstufen durchnummerieren… So gewöhnen sich Kinder an Schriftbilder, und sie erkennen, dass Buchstaben und Zahlen immer wieder in anderen Kombinationen vorkommen.

In der Lernwerkstatt bieten wir Stifte, Papier, Schreibmaschine, Buchstaben zum Legen, zum Verzieren, zum Drucken, zum Nachfahren, Ausmalen und Abschreiben, einen Druckkasten, Anlautspiele, Computer, entsprechende Memory- und Lottospiele an.

Kinder haben auch große Freude daran, selbst Bilderbücher zu gestalten. Ausgangspunkt kann eine Geschichte sein oder auch ein Künstlerbild, das die Fantasie zu einer Geschichte anregt, wie z. B. das links abgebildete Bild „Tete" von Miro. Was mag das kleine Wesen dem Schaf oder Hund wohl erzählen?

Wie Kinder schreiben lernen
Kinder erlernen das Schreiben in 6 Stufen.

1. Stufe „Schreibkritzeln": Das Kind ahmt das Schreiben von Erwachsenen nach, bringt absichtlich Spuren aufs Papier. Es erlebt sich als „Verursacher". Jedoch fehlt eine Einsicht in die Bedeutung des Schreibens (siehe Bild 1 in der folgenden Bildleiste).
2. Stufe: Kopieren von Symbolen und Zeichen aus der Umwelt (siehe Bild 2 in der Bildleiste).
3. Stufe: Malen selbsterfundener Buchstaben und willkürlicher Buchstabenfolgen.

Das Kind versteht noch nicht, dass Buchstaben für Laute stehen. Besondere Bedeutung hat der Anfangsbuchstabe des eigenen Namens.

Das Spiel „Ich sehe etwas, das du nicht siehst, und das fängt mit F an", macht dem Kind die Laute bewusst. Die Erzieherin kann auch in einem Körbchen kleine Gegenstände anbieten, die das Kind verschiedenen Anlauten zuordnet. Die Erzieherin schreibt die Anlaute sehr langsam auf Kärtchen und artikuliert sie dabei deutlich.
4. Stufe „Halbphonetisches Schreiben": Das Kind entdeckt den Zusammenhang zwischen Laut und Buchstabe. Es schreibt herausragende Konsonanten und Vokale. So entsteht die so genannte Skelettschreibweise (siehe Bild 4).
5. Stufe „Phonetisches Schreiben": Kinder „lautieren" jedes Wort deutlich und schrei-

Bild 1	Bild 2	Bild 3	Bild 4	Bild 5
			E S L B L ROS LMB LMO	washasdufürgrose augen
Mädchen 3;2 J.	Junge, 4;6 J.	Junge 4;6 J.	Mädchen 5;9 J.	Mädchen 6;8 J.

ben auf, was sie hören, z. B. Häksä statt Hexe. Sie beachten noch keine orthografischen Regeln und Abstände zwischen den einzelnen Wörtern. Schwierig am Schreibenlernen ist, dass Vokale wie „e" kurz oder lang und auch leicht unterschiedlich klingen, so als wären es zwei verschiedene Laute und zwei verschiedene Buchstaben (siehe Bild 5).

Washasduführgrose augn? = Was hast du für große Augen?

6. Stufe „Orthografisches Schreiben": Dies bedeutet das Schreiben nach den Regeln.

Arbeit mit audio-visuellen Medien

Bilderbücher *allein* sind heute nicht mehr zeitgemäß. Es wird also notwendig sein, die Medienausstattung einer Einrichtung zu erweitern. Denkbar sind Kassettenrekorder, CD-Player, Video- oder DVD-Abspielgerät, Computer, Videokamera, Aufnahmegerät für Tonaufnahmen, Fotoapparat und Diaprojektor. Es muss nicht alles auf dem neuesten Stand sein. Tageseinrichtungen sind dankbar für ausrangierte, aber funktionsfähige Geräte aller Art, möchten jedoch kein Schrottplatz sein.

Ziel der medienpädagogischen Arbeit ist, die Kinder und Jugendlichen durch medienbezogenes Handeln zum bewussten Gebrauch von Medien zu erziehen. Dazu gehört auch, Geräte bedienen zu können.

Kinder abholen, wo sie stehen: Um an die Lebenswelt der Kinder anzuschließen, werden sie ermuntert, ihr Lieblingsmedium mit zu bringen. Schlimmstenfalls kann es passieren, dass sie Medien geringer Qualität mitbringen. Hierin liegt die Chance, im Dialog mit Kindern Kriterien für gute Filme und Spiele zu finden.

Medieneindrücke in Ausdruck umleiten: Kinder wollen ihre Filmerlebnisse ausdrücken. Sie erzählen davon und spielen sie im Rollenspiel nach. Die Aufforderung, das Erlebnis zu zeichnen, fordert schon eine höhere Abstraktionsleistung. Während es zeichnet, erfahren wir, was ihm wichtig ist und wie es die Handlung verstanden hat. Ferner können die Kinder Figuren und Landschaften gestalten, um eine Handlung nachzuspielen. Auf diese Art und Weise dringt das Kind immer tiefer in die Thematik ein und es lassen sich Botschaften eines Filmes erarbeiten und auch in Frage stellen. Das Ganze kann in die Eigenproduktion einer Hörkassette oder eines Filmes münden.

■ Arbeit mit Fotos und Dias

Fotoapparate und Fotografien sind bereits für kleine Kinder Objekte mit magischer Anziehungskraft. Dementsprechend groß ist ihr Interesse, selbst zu fotografieren. Mit einem Diarahmen oder einem Karton mit Suchfenster können sie einen Bildausschnitt suchen und das Sehen üben, um dann die Kamera ans Auge zu halten und das andere Auge zuzukneifen. Dies fördert eine bewusste und gezielte Wahrnehmung.

Mit Papierbildern lassen sich originelle Foto-Memories herstellen, z. B. indem man Kinder einmal „normal" und einmal verkleidet fotografiert. Für Fotosuchbilder fotografiert man Gegenstände auf einem Tisch, von denen man einige wegnimmt, bevor ein zweites Bild gemacht wird. Der Spielauftrag lautet dann, die Bilder zu vergleichen und die Unterschiede zu benennen.

Schulkinder können Fotogeschichten gestalten. Dabei stellen sie Szenen dar und halten sie auf Fotos fest. Natürlich fotografiert man auch bei Projekten den Fortlauf des Ganzen und stellt diese Bilder aus.

Für Schulkinder ist es gerade in Zeiten der Digitalkamera spannend, im eigenen Fotolabor Schwarz-Weiß-Bilder selbst zu entwickeln. Es bedarf allerdings einiger Erfahrung, geeigneter Räumlichkeiten und der nötigen Apparatur.

Dias haben einen besonderen Reiz wegen des verdunkelten Raumes, der Größe der Bilder und ihrer Leuchtkraft. Für ein Bilderbuchkino fotografiert man die Seiten eines Bilderbuches und zeigt diese dann als Dia-Show (das geht natürlich auch mit Digitalkamera und Beamer).

Wie das echte Bilderbuch bietet es den Vorteil der Langsamkeit. Das nächste Bild kommt erst dann, wenn wirklich alles gesagt ist, was zu einem Bild gesagt werden kann.

Man kann Dias auch zur künstlerischen Gestaltung einsetzen. Die Glasfläche lässt sich mit Folienstiften bemalen (oder Glasmalfarbe mit einem Zahnstocher auftragen). Das fordert und fördert die Feinmotorik. Der Effekt liegt darin, dass das winzige Bild, an die Wand geworfen, „riesig" erscheint.

Eine beliebte Variante ist das Ruß–Dia (Diaglas über Kerzenflamme einrußen, darauf mit Zahnstocher malen, gerußte Seite muss anschließend nach innen in den Rahmen gesetzt werden). Aber auch das Objekt–Dia (verschiedene Materialien zwischen die Gläser legen) ist eine gute Möglichkeit der kreativen Nutzung von Dias.

■ Hörkassetten, CDs und Kassettenrekorder

Mit Hörkassetten kann das Kind Geschichten hören, wenn kein Erwachsener zum Erzählen zur Verfügung steht. Und sie bieten die Chance der unendlichen Wiederholung. Dass die Erzieherin und die Kinder gemeinsam eine Kassette anhören, ist eher ungewöhnlich, aber durchaus denkbar. Die Erzieherin kann die Kinder motivieren, bestimmte Geräusche herauszufiltern, Texte nachzusprechen, Lieder nachzusingen, die Geschichte an einer Stelle unterbrechen und durch die Kinder „weiterspinnen" lassen. Es ergibt sich von selbst, über die Inhalte, Gefühle, Ängste zu sprechen, sowie eine kreative Vertiefung anzuschließen.

Bei der Neuanschaffung eines Gerätes empfiehlt es sich, auf ein separates Handmikrofon sowie ein Zählwerk zu achten, um Aufnahmen weiter bearbeiten zu können. So können z. B. Geräuscherätsel entstehen mit Geräuschen aus dem Haus, aus der Natur, mit Tierstimmen.
Tonaufnahmen bieten sich auch für Projektdokumentationen an, z. B. mit Interviews.
Als erstes Experiment mit einem Aufnahmegerät liegt es allerdings nahe, die Stimmen der Kinder aufzunehmen, die beim Abspielen so ganz anders klingen, als man die eigene Stimme zu hören gewöhnt ist.
Schon im Kindergarten kann man übrigens einfache Hörspiele aufnehmen, z. B. klingende Geschichten oder auch Mitmachgeschichten.

■ Kinderfilme / Sendungen aus dem Kinderfernsehprogramm / Videos

Im Bereich Film können Erzieherinnen und Kinder in dreierlei Hinsicht aktiv werden:

Die erste Möglichkeit ist, mit den Kindern einen Film anzuschauen, ihn zu besprechen und eigenes Handeln daran anzuschließen.

Die zweite Möglichkeit ist, etwas zu dokumentieren, z. B. einen Spielplatztag, ein Waldprojekt oder ein Fest. Aufnahmen von Handlungen können mit Interviews abwechseln. Das bringt eine neue Ebene in den Film.

Schließlich kann die Gruppe einen Filmmittag organisieren: ein Kino einrichten, Einladungen/Filmankündigung gestalten, Bauchläden herstellen, in denen selbstgemachtes Popcorn verkauft wird, den Raum gestalten und dekorieren, „Leinwand" herstellen, Eintrittskarten basteln und „entwerten", evtl. Eltern dazu einladen usw. Vielleicht kann man einen selbstgedrehten Filme bieten, auf den die Kinder mit Sicherheit stolz sind.

Lea, 9 J., berichtet vom letzten Medienworkshop im St. Georg-Kinderhaus: „Ich habe im Dove-Werbespot gespielt. Das war cool, weil die Sandra meinte, echtes Dove nehmen zu müssen, dabei riechen die Zuschauer bei einem Film doch nichts. Am besten hat mir aber das Synchronisieren gefallen. Die Kathrin (Praktikantin) hatte eine Szene aus GZSZ („Gute Zeiten, schlechte Zeiten") aufgenommen. Sie stellte den Ton ab und wir haben Geräusche dazu gemacht und die Stimmen gesprochen. Nach dreimal Üben hat sie die Szene vom Fernseher gefilmt mit unseren Stimmen. Ich glaube, wir haben das zehn mal abgespielt, weil es so komisch war."

Effekte bewusstmachen. Beim Synchronisieren erfassen Kinder, wie Geräuscheffekte uns täuschen. Doch auch unser Auge wird durch Technik ausgetrickst. Das Daumenkino z. B. erzeugt den Anschein von Bewegung. Dabei zeigen aneinander geheftete Papierstreifen ein Motiv mit geringfügigen Änderungen von Bild zu Bild und erwecken den Anschein von Bewegung.

■ Computer und Multimedia / CD-ROM

Einrichtungen mit langjähriger Computererfahrung empfehlen ein Zeitkontingent für jedes Kind für die Computernutzung. Damit sichern sie jedem Kind sein Recht und schränken andererseits die Nutzung auf ein vertretbares Maß ein.
Spiele, Geschichten oder Lernsoftware auf CD-ROM regen an, in Gruppen etwas zu erforschen, zu erkunden, zu erfahren und gemeinsam Spaß zu haben.

Verfügt die Einrichtung über einen Internetanschluss, können Kinder z. B. über Fußballergebnisse oder einen Medienstar recherchieren.

Mit einem Beamer, einer CD-ROM und einer Leinwand entsteht im Handumdrehen ein Kinderkino, in dem wir empfohlene Filme betrachten und besprechen[20].

Insgesamt zeigen diese Anregungen einen aktiven, produktiven und kreativen Umgang mit Medien. Kinder und Jugendliche erhalten hierdurch einen Einblick in die Welt der Medien, die sie sonst oft nur gedankenverloren und ganz selbstverständlich konsumieren.

9. Umwelt, Natur und gesunde Ernährung

Heute ist der monatliche Erkundungsgang der Kindertageseinrichtung „St. Franziskus". Eine Gruppe ist auf dem Weg zu Roberts Autowerkstatt. Die Kinder wollen zuschauen, wie er Reifen auf die Felgen aufzieht. Die zweite Gruppe wurde von Schwester Beate in die Großküche der Seniorenresidenz eingeladen. Die dritte Gruppe, die Naturgruppe, kommt bereits vom Zirbelbach zurück. Die Kinder haben an einer seichten, sonnenbeschienenen Uferstelle die ersehnten Kaulquappen gefunden. Im durchsichtigen Gallert sieht man deutlich die schwarzen Punkte. Daraus sollen also Frösche werden.

Eigentlich hatten sie gedacht, Kaulquappen mit in den Kindergarten zu nehmen und dort in ein Aquarium zu tun. Aber Kaulquappen stehen unter Naturschutz d.h. man darf sie nicht aus ihrem Lebensraum herausnehmen. Man kann sie aber dort beobachten. Die Erzieherin schlug deshalb vor, jeden Freitag zum Zirbelbach zu gehen. Sie werden Becherlupen mitnehmen, um die Kaulquappen zu messen und um aufzuschreiben und aufzumalen, wie sie sich entwickeln.

Wer weiß, vielleicht werden sie dann auch Mütter und Väter der Kaulquappen sehen, die sich heute versteckt gehalten haben.

Bereiche der Umwelterziehung

Aufgabe:
- Umwelterziehung im weitesten Sinne umfasst die natürliche und die soziale Umwelt. Was gehört alles dazu? Sammeln Sie spontane Einfälle.
- Vergleichen Sie Ihre Ideen mit der Graphik von Gobbin-Clausen auf S. 507. Lesen Sie diese von innen nach außen. Beginnen Sie im Kreisausschnitt: „das Leben".

■ Soziale Umwelt

Der Eintritt in die Kindertageseinrichtung ist gleichzeitig auch ein Eintritt in ein neues Bezugssystem. Hier treffen die unterschiedlichsten Erfahrungen zusammen. Die Kinder hören von verschiedenen Familienformen, sozialen Umständen, Kulturen und Berufen. Im Kindergarten lernen sie Aufgaben von Erwachsenen kennen als Erzieherin, Leiterin, Pfarrer, Hausmeister, Handwerker.

---

[20] Nähere Anregungen und Informationen bei den allgemeinen Literaturtipps im Literaturverzeichnis, S. 636 f.

Bei Ausflügen in die Gemeinde erleben sie die soziale Seite des Verkehrs, wenn Menschen aufeinander reagieren und sich an Regeln halten. Bei Einkäufen für das Gruppenfrühstück überlegen sie, woher die Ware kommt und dass die Kassiererin das Geld nicht etwa mit nach Hause nimmt, sondern dass Hersteller und Lieferant davon bezahlt werden.

Der Blick in eine Werkstatt oder einen Produktionsbetrieb zeigt Herstellungsprozesse und Reparaturen.

Im Rathaus, dem Krankenhaus, Altersheim, bei Polizei und Feuerwehr sieht man, wie Menschen Dienstleistungen für das Gemeinwohl erbringen. Hier werden Kontakte angebahnt, die Kinder später vielleicht dazu bewegen, sich der Jugendfeuerwehr oder einer Kindergruppe des Naturschutzbundes anzuschließen.

Denkmäler, Brunnen und Straßennamen zeugen von der Geschichte der Gemeinde. Bei Grabungsarbeiten werden oft Gebrauchsgegenstände von früher gefunden. Das regt zum Forschen und Fantasieren an. Demgegenüber öffnet ein Besuch im Stadtplanungsamt den Blick auf die Zukunft. Vielleicht haben Kinder Ideen, die sich verwirklichen lassen. Und was gibt es alles in einer Bibliothek, dem Museum, dem Theater und einer Kirche zu entdecken? Der Besuch einer Kirche, einer Moschee, eines Friedhofes weckt Fragen nach dem Glauben, nach dem Tod und dem Danach. Jedes Kind sieht in einer Kirche andere Details. Eines ist von den Fenstern, ein anderes vom Altar, wieder ein anderes von der Orgel, den Glocken oder Fledermäusen im Kirchturm fasziniert.

Die bewusste (soziale) Umwelterziehung soll Kinder in ihrer Gemeinde verwurzeln, ihnen zeigen, wie Menschen verschiedener Generationen füreinander sorgen und Verantwortung übernehmen.

Als Methoden eignen sich das Lernen in der natürlichen Situation, Besuche wichtiger Menschen in der Gemeinde, Teilnahme an generationsübergreifenden Aktionen und die Durchführung von Projekten. Nebenbei lernen sie auch angemessenes Verhalten im Verkehr.

■ Natürliche Umwelt und ökologische Erziehung

Die Natur ist ein traditioneller Bildungsbereich in Kindertageseinrichtungen, was sich sowohl im Jahreszeitenbezug äußert wie in bewusster Gartengestaltung und – wo möglich – in Tierhaltung.

In den letzten 35 Jahren sieht man auch in Kindergärten die Natur in einem größeren Bezug und spricht von ökologischer Erziehung. Die Ökologie ist eine relativ junge Wissenschaft. Sie ist aus der Biologie hervorgegangen und beschäftigt sich nicht mehr isoliert mit einzelnen Pflanzen oder Tieren, sondern mit der Wechselbeziehung zwischen lebenden Organismen (Tier, Pflanze) und der unbelebten Natur (Klima, Boden) in einem je spezifischen Lebensraum (z. B. Wald, Meer, Bach).

Ende der 1960er Jahre hatte man die gravierende Wirkung menschlicher Eingriffe in Ökosysteme erkannt. Umweltverschmutzung, Staudammbau in großem Ausmaß, Waldsterben, Raubbau bei Fischfang, Rohstoffgewinnung und Urwaldrodungen sowie das Ozonloch zeigten irreparable Folgeschäden. Man erkannte die Zukunftsgefährdung der Menschheit generell.

Seitdem sind folgende Themen nicht nur weltweite öffentliche Aufgabe, sondern sie gehören zum Bildungsauftrag sozialpädagogischer Einrichtungen:

- Bewusster Umgang mit Energie, Abfall,
- Nutzung heimischer, recycelbarer Materialien,
- Schutz bedrohter Tierarten,
- Wasserschutz,
- Beziehung zur Natur, zu Lebensräumen,
- Gesunde Ernährung und Lebensführung.

Konkret bedeutet Umwelterziehung in sozialpädagogischen Einrichtungen einen gesunden Rahmen zu Verfügung zu stellen, als Erwachsene selbst Vorbild zu sein und Umweltbewusstsein zu praktizieren. Kinder brauchen

Aufgabe:
1. Recherchieren Sie in Ihrem Landkreis nach Umweltorganisationen. Erfragen Sie die Ziele, die Aufgaben. Bieten sie ein Kinderprogramm an? Wären Sie unter dem Aspekt Solidarität zu einer gemeinsamen Aktion bereit mit Ihrer Klasse, mit einer Kindergruppe? Der Einsatz kann ein Aktionstag oder eine übers Jahr dauernde Patenschaft sein.
2. Organisieren Sie eine Exkursion zum „grünen Klassenzimmer", zu einem Klär- oder Wasserwerk, zur Abfallbeseitigung. Bereiten Sie die Exkursion nach, um dazu eine Aktivität mit Vorschulkindern durchführen zu können.

Sinneserfahrungen, eine emotionale Beziehung zu den Gegenständen der Natur, Sachkompetenzen im Umgang mit der Natur und beim Aufenthalt draußen, Sprache, um Objekte beim Namen zu nennen sowie Wissen und Erlebnisse. Sie brauchen die Erfahrung, etwas gestalten und bewirken zu können. Katastrophenszenarien wirken kontraproduktiv, schüren Ängste. Schulkinder finden sehr verlockende Tätigkeitsfelder außerhalb der Einrichtung, die zu ihrer zunehmenden Selbstständigkeit und ihrem Verantwortungsbewusstsein passen, z. B. im Natur- oder Tierschutzverein, in Waldspielgruppen und im gemeindeeigenen Kleintierzoo.

Ökologische Erziehung

■ Gebäude

Ein ökologischer Kindergarten ist mit dem Fahrrad, zu Fuß oder mit öffentlichen Verkehrsmitteln zu erreichen. Das Gebäude wird mit baubiologischen Materialen erstellt und mit natürlicher Wärmedämmung. Es hat eine umweltschonende Haustechnik und nutzt alternative Energiequellen sowie verschiedene Formen des Wassersparens bzw. der Wasserweiterverwendung. Die Innenausstattung inklusive Möbeln und das Spielmaterial sind soweit möglich aus heimischen und natürlichen bzw. recycelbaren Materialien ohne Schadstoffe. Generell sind Materialien vorzuziehen, die biologisch abbaubar, kompostierbar und grundwasserneutral sind. Im täglichen Verbrauch wird auf Abfallreduzierung durch Wiederverwertung und Kompost geachtet. Die Kindergartenwerkstatt enthält Werkzeug zur Reparatur von Objekten und Naturmaterialien zur Herstellung von Spielzeug.[1]

■ Außengelände

In einem naturnah angelegten Außenspielgelände kommen Kinder täglich mit den Elementen Erde, Wasser, Luft in Kontakt; an der Feuerstelle auch mit Feuer. Dabei muss ein Erwachsener anwesend sein. Sie erleben verschiedene Bodenarten beim Graben und beim Spiel mit Wasser und Sand.

Heimische Pflanzen locken entsprechende Tiere an. Kinder beobachten sie in ihrem natürlichen Lebensraum: an der Trockenmauer, auf der Erde, am Stamm, in der Baumkrone und in der Luft. Beeteinfassungen, Wege, Zäune und Klettergeräte bestehen aus verschiedenen Holz- oder Steinarten. An einer Stelle des Gartens befindet sich auch ein Magerbeet und andernorts eine Wasserstelle.

Die Kinder erleben die Wiese im Morgentau, in der prallen Sonne und mit Raureif, riechen den Modergeruch eines faulenden Baumstammes. Sie sammeln Schätze wie Steine, Schneckenhäuser, Kastanien, Eicheln, Nüsse, einen bizarr geformten Ast, Regenwürmer und Käfer, leuchtende Beeren. Ihre aufregenden Entdeckungen zeigen sie den Kameraden und der Erzieherin. Der Garten soll nicht nur naturnah angelegt, sondern auch bei Regen begehbar sein.

Ausstattung draußen: In einem Gartenhäuschen sind Arbeitsgeräte und ein Pflanztisch. Becherlupen, Pinsel (um Tiere aufzunehmen ohne sie zu verletzen) und ein Bestimmungsbuch sind ebenso schnell von drinnen geholt wie ein Geräuschverstärker, wenn an der Baumrinde ein Knabbern zu hören, aber nichts zu sehen ist.

■ Entwicklungsspezifische Voraussetzungen

3- bis 4-Jährige

- wenden sich spontan allem zu, was sich bewegt, nehmen Umwelteindrücke ganzheitlich, mit allen Sinnen und ihrem ganzen Körper auf,
- interessieren sich oft für ein Detail, z. B. für die Fühler der Schnecke oder wie der Regenwurm sich ringelt,
- sprechen Tieren und Pflanzen Gefühle und auch Macht zu, (dem Hund, dem Baum),
- denken magisch; Erscheinungen (wie ein Gewitter) schreiben sie höheren Mächten zu,
- wollen helfen, z. B. bei der Gartenarbeit, aber konzentrieren sich mehr auf die Bewegung; das Ergebnis beachten sie wenig,
- übernehmen bereitwillig Gewohnheiten, z. B. Obst- und Gemüseabfall zum Kompost bringen.

5- bis 6-Jährige

- sammeln alles, was man sammeln kann,
- interessieren sich für tote Tiere,

---

[1] nach Netscher, M., 1996

- können auf konkrete Sachverhalte bezogen Folgen, auch Gefahren vorausdenken; denken über Meldungen in den Nachrichten nach,
- forschen nach ihrer Herkunft, nach Werden und Vergehen (Tod),
- können sich teilweise in die Perspektive von anderen versetzen, z. B. in die eines Tieres,
- eignen sich nicht selten Spezialwissen an, z. B. über Schlangen oder Schnecken,
- wollen reale Handlungsabläufe erlernen, können ein Amt übernehmen.

(Siehe auch Kapitel Naturphänomene erfahrbar machen, S. 509)

Aufgabe:
Notieren Sie an Ihrem nächsten Praxistag Fragen, die Kinder stellen: zu ihrem Körper, zur Gesundheit, zu Tieren, Pflanzen, zum Wetter, zur Beschaffenheit von Stoffen (Luft, Wasser, Stein).
Notieren Sie auch Vermutungen, die Kinder über eine Erscheinung äußern.

■ Ökologische Erziehung: Methoden und Beispiele

Zur Frage, welche Methode am geeignetsten sei, meint GERD SCHÄFER:

„Der Zugang zur Natur und ihrer (Er-)Kenntnis erfolgt (...) zunächst nicht auf analytisch-erklärendem Weg, sondern auf der Ebene des Sammelns, Betrachtens, Umgehens, Ausprobierens; bei Pflanzen und Tieren kommt die Pflege dazu. Erst wenn auf diese Weise eine elementare Beziehung zu den vielfältigen Formen der Natur geschaffen ist, wenn ein Kind in und mit dieser Naturwelt lebt, kommen die Fragen nach dem Wie und dem Warum.

Dann kommt auch der Zeitpunkt, Kenntnisse und Verfahren zu Hilfe zu nehmen, die aus der Tradition der Naturwissenschaften stammen. Viele Antworten, die Kinder auf Fragen finden, waren, auch wenn sie aus heutiger Sicht nicht stimmen, der Ausgangspunkt für die Problemstellungen, die den naturwissenschaftlichen Fortschritt gebracht haben.

Die Antworten, die Kinder auf ihre Fragen finden, sind daher nicht in erster Linie nach ihrer heutigen (naturwissenschaftlichen) Richtig-

keit und Unrichtigkeit zu bewerten, sondern nach dem Erklärungswert, den sie im Weltverständnis, im Weltbild der Kinder haben, und danach, welche Möglichkeiten des Weiterfragens sie eröffnen.

(1) Zum Kennenlernen und Finden von Fragen müssen sich Kinder zuerst in einem Umfeld bewegen, in dem sie die Natur in ihren Zusammenhängen erleben und untersuchen können. Wo dies nicht natürlich gegeben ist, müssen solche Gelände geschaffen werden.

(2) Zum Zweiten brauchen sie Anregung und Gelegenheit, die Vielfältigkeit und Besonderheiten von Phänomenen zu entdecken und, wenn möglich, zu sammeln oder wenigstens in vielfältigen Dokumenten und Eindrücken festzuhalten.

(3) Drittens brauchen Kinder Gelegenheit, einzelnen Fragen nachzugehen, die bei der Betrachtung und dem Sammeln von Naturerfahrungen entstehen; sie brauchen ein interessiertes Umfeld, das ihre Neugierde teilt; Material, mit dem sie etwas ausprobieren können; Zeit, um die verschiedensten Hypothesen und Antworten testen zu können; Verständnis, das ihnen erlaubt, Weltbilder aus diesen Erkenntnissen zu entwerfen, die sich mit ihren Interessen verbinden und nicht unbedingt das Interesse der Kultur oder ihrer wissenschaftlichen Vertreter widerspiegeln.

Kindliche Warum-Fragen erwarten keine wissenschaftlich korrekte Erklärung. Vielmehr geht es oft darum, herauszufinden, wozu etwas gut ist und wie es funktioniert. Die Wie-Fragen scheinen im Vorschulalter wichtiger zu sein als die Warum-Fragen.“[2]

■ Ökologische Erziehung im Alltag

Beet anlegen, Gartenarbeit: Im Außengelände bauen Kinder mithilfe der Erzieherin Obstpflanzen, Gemüse, Blumen und Kräuter an. Sie pflegen und ernten diese und verarbeiten sie weiter. Selbstständig können Kinder Beetparzellen anlegen mit ihrem Namen und mit zufällig gefundenen Samen und Pflänzchen, bei denen man nicht weiß, was daraus wird. Viele Kinder graben, fegen und rechen gern. Sie haben Freude am Umgang mit

---

[2] Schäfer, G., 2003

großem Gerät, der Bewegung und am Laubrascheln im Herbst. Beim Graben suchen die einen kleine Tiere, die anderen einen Schatz.

Tierhaltung und Blumenpflege: Tiere im Terrarium und Aquarium eignen sich zum Beobachten. Meerschweinchen, Kaninchen und Ziegen dagegen können Kinder auch anfassen und lieb haben. Sie brauchen umfassende Pflege und setzen dem Kind auch einmal etwas entgegen. Kinder lernen, sich auf das Tier einzustellen, Rücksicht zu nehmen. Zusammen können jeweils zwei Schulkinder die Tierversorgung übernehmen. Da gibt es immer etwas zu beobachten und zu besprechen. Die Erzieherin muss das Geschehen im Auge behalten, und es muss ein zuverlässiger Tierpfleger im Hintergrund sein, der die Verantwortung an Wochenenden und in den Ferien übernimmt. Bestimmungen der Gesundheitsämter zur Tier

haltung in Kindertageseinrichtungen variieren von Bundesland zu Bundesland. Zu unserer Kultur gehören auch Grünpflanzen und Blumen im Haus. Schulkinder sind soweit sozial entwickelt, dass sie deren Versorgung übernehmen können: gießen, schneiden, Blumen wechseln. Am ehesten interessieren sie sich jedoch für ihre je eigene Pflanze. Da können sehr originelle Sammlungen entstehen, Ableger werden getauscht, Pflanzen über die Ferien mit nach Hause genommen.

Ausstattung drinnen: z. B.
- Naturmaterialien in der Bauecke, auf dem Ausstellungs- bzw. Jahreszeitentisch, Grünpflanzen, schmale Gläser für Gräser und Blumen, Beschriftung
- Aquarium / Terrarium, entsprechende Sachbücher, Pflegeset für Pflanzen / Tiere
- Fotoapparat und Fotos von Exkursionen, Bestimmungsbücher, Stereomikroskop, Videomikroskop; Computer: Wichtiger als die 100-fache Vergrößerung ist ein Bildschirm, an dem Kinder zeigen können, was sie sehen
- Schaubilder und Naturtafeln: z. B. Vögel, Vogelwelt im Winter, Tiere im Garten, Pflanzen, Nützlinge des Gartens, einheimische Schmetterlinge, Giftpflanzen, Laubbäume, Leben am Bach
- Puzzle, Memory mit Natur- und Umweltmotiven, Auslegeserien: von der Knospe zur Frucht, vom Ei zur Henne / zum Frosch / zum Vogel
- Bilderbücher: Tiergeschichten

■ **Angeleitete Lernsituationen**

Sammeln, bewusst wahrnehmen, Entdeckungen dokumentieren, forschen:
- Kräuter, Blumen, Früchte, Moos, Holz am Geruch erkennen
- Obstarten und Brotsorten am Geschmack erkennen
- Verschiedene Hülsenfrüchte, Nüsse, Rinde, ertasten und sehen
- Gesammeltes betrachten, benennen und fragen: Wer braucht es, wozu, woher kommt es, was war zuerst?
- Naturmuseum einrichten: z. B. Steine, Muscheln, Schneckenhäuser, Gräser, Wildblumen ordnen, arrangieren, beschriften
- Entwicklungskreisläufe beobachten und dokumentieren
- mit Lupe und Stereomikroskop Wunder entdecken und aufzeichnen

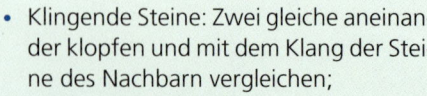

- Klingende Steine: Zwei gleiche aneinander klopfen und mit dem Klang der Steine des Nachbarn vergleichen;
- Steindomino spielen;
- Erde herstellen mit geriebenem Steinstaub (Mineralien) und Garten- bzw. Komposterde sowie Wasser.

Beispiel – Bachpatenschaft:

Die Kindertageseinrichtung „St. Franziskus" hat schon seit mehreren Jahren eine „Bachpatenschaft." Das bedeutet, dass die jeweiligen „Schulkinder" mindestens einmal pro Jahreszeit mit großer Ausrüstung zum Zirbelbach gehen. Frau Eckert vom Naturschutzbund wartet dort schon auf sie. Sie singen das Bachbegrüßungslied und schauen, ob er genug Wasser hat. Dann prüfen sie, ob er klar oder trüb ist. Sie haben auch Plastikhandschuhe und -tüten dabei, um im Bedarfsfall Müll wegzuräumen, damit die Bachtiere es wieder schön haben. Heute sehen sie keinen Müll, gut. Nach der ersten „Inspektion" ist erst einmal eine Spielpause und dann vespern sie. Sie bauen Staudämme und dann passiert, was passieren muss: Mindestens ein Kind fällt der Länge nach ins Wasser, leider auf eine Glasscherbe, die man nicht sehen konnte. Zum Glück haben sie Handtuch, Pflaster und Ersatzkleidung dabei.

Nach dem Vespern sollen die „Spürnasen" Tiere fangen. Sie finden Bachflohkrebse, Köcherfliegenlarven, Wasserläufer und Ringelwürmer. Da erinnern sie sich an den Lurch, den sie letztes Mal gesehen haben. Der sondert über die Haut ein giftiges Sekret ab. Gefahr bestand jedoch keine, denn sie bekamen ihn doch nicht zu packen. „Da ist ja ein Fisch in meinem Sieb". Tommy ist ganz aufgeregt. Er kippt den kleinen Stichling ganz schnell in die Wanne, damit er nicht erstickt.

„Das war eine prima Beute heute", lobt Frau Eckert. „Aber wir haben doch nur einen Fisch gefangen." „Ihr habt ganz wichtige Tiere gefunden: Ringelwürmer, Flohkrebse und Wasserläufer sind die Gesundheitspolizisten im Bach. Sie fressen alles Modrige (Pflanzenteile und Tierkadaver), so dass der Bach klar, also gesund ist." Jetzt können sie im Rathaus bei der Abtei-

Beispiele

Gesammeltes gestalten, etwas herstellen, spielen, musisches Tun u.a.:

- Rindenschiffchen bauen und schwimmen lassen;
- Naturlandschaft mit dem Gesammelten gestalten; mit Rinde, Tannenzapfen, Nussschalen basteln;
- Lotto, Memory, Domino herstellen u.a. zu Obst, Gemüse, Korn, Hülsenfrüchten, Baumarten, Blumen, Kräutern, Blättern, großen und kleinen Tieren usw.;
- Klangspiele mit Naturmaterial;
- Bilderbuchbetrachtungen, Geschichten, Lieder, Verse, Fingerspiele, Rätsel, Reime zu Tieren, Pflanzen z.B. über Äpfel, Birnen, Pflaumen usw., Blumen-, Garten-, Wiesen-, und Waldmärchen lesen.

Beispiel – Steine:

- Steinfamilien suchen und nach der Farbe, der Struktur ordnen; Sedimentgesteine, glitzernde Steine, Feuer- und Edelsteine betrachten;
- Steine ritzen (Sandstein, Marmor), aneinanderreiben, zertrümmern (Schutzbrille, Brett, Hammer und Meißel), Formen nachmalen oder mit dem Körper darstellen;
- Interessante Steinnamen lernen wie „weißer Schwarzwaldgranit" oder Namen erfinden, mit denen man die Steine wiederfinden kann;
- Die Entstehung der Erde nacherleben: vom Fels zum Stein, zum Kiesel, zum Sand;

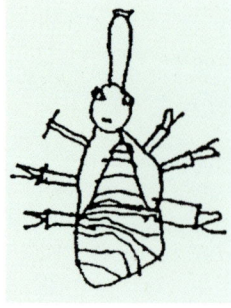

Bachflohkrebs

lung Wasserschutz anrufen. Dafür hat Frau Eckert das Handy mit. Die Meldung lautet: Der Zirbelbach ist an dieser Stelle klar. Es liegt kein Müll herum. Wir haben 12 Bachflohkrebse, 4 Köcherfliegenlarven, 3 Wasserläufer und 12 Ringelwürmer gefunden. Und natürlich einen Stichling. Das Ufer ist „fest" und nicht ausgespült wie im letzten Winter. Sie räumen die Siebe und Pinsel weg und betrachten die in den großen Gläsern sortierten Tiere. Zu den meisten weiß Frau Eckert eine Geschichte. Der Stichling z. B. trägt seine Jungen bei Gefahr im Maul. Die Köcherfliegenlarven haben ihren Köcher mit groben Sandkörnchen gebaut. „Die bauen sich eine Höhle wie wir", meint Tommy.

Am Ende des Morgens lassen sie die Tiere natürlich wieder frei, spielen noch eine Weile und gehen dann mit ihrer ganzen Ausrüstung wieder zum Kindergarten. Frau Eckert gibt ihnen Bilder von den Ringelwürmern, dem Bachflohkrebs, der Köcherfliegenlarve, dem Wasserläufer und dem kleinen Stichling mit für ihr Plakat. Zum Fotografieren sind die Tiere zu klein und zu schnell.

Aufgabe:

1. Wählen Sie eines der folgenden Kleinlebewesen: Bachflohkrebs, Köcherfliegenlarve, Ringelwurm, Zuckmückenlarve, Larve der Eintagsfliege, Wasserläufer, Stichling, Tellerschnecke, Napfschnecke, Wasserskorpion. Verfassen Sie eine kindgemäße Sachanalyse so, dass Sie nicht lange nach Worten suchen müssen, wenn die Kinder das Tier finden.
2. Erstellen Sie eine Liste, woran man bei einer Exkursion, bzw. Bachaktion denken muss.

Beispiel Sachanalyse – Libellen: Libellen haben für Kinder eine besondere Bedeutung. Sie wirken wie Zauberwesen, wie Prinzessinnen und verwandeln damit auch den Bach in eine Feenwelt. Die berühmteste und größte Libelle in Europa heißt sogar „große Königslibelle". Libellen sind Insekten. Ihr Körper leuchtet, ist lang und schlank, die Flügel sind hauchzart und die Augen übergroß.

Libellen lieben sonnenbeschienene Stellen. Man sieht am rastlosen Flug, dass sie wenig Zeit haben. Sie müssen einen Partner suchen. Mit seinen Hinterleibszangen hält das Männchen das Weibchen am Kopf fest. Die beiden fliegen zusammen als Paarungskette. Dabei werden die Eier von den Samen befruchtet.

Danach sucht die Libelle geeignete Ablageplätze. Alle paar Minuten bleibt sie über einem Stängelgewebe oder einem Blatt stehen, um ein Ei abzulegen.

Nach dem Ausschlüpfen fallen die Larven ins Wasser, in den Schlamm. Sie sind winzig und brauchen keine Flügel, da sie zwei bis drei Jahre im Wasser leben. Ständig suchen sie nach Nahrung. Nähert sich ihnen ein Beutetier, dann packen sie es mit ihren vorderen Zangen. Beute sind Fische, Kaulquappen und andere Insekten, von denen manche viel größer sind als sie selbst. Da die Larve immer dicker und größer wird, muss sie von Zeit zu Zeit ihre alte Haut abstreifen.

Je nach Art dauert es ein bis mehrere Jahre bis aus dem Ei eine „Nymphe" wird. Sie kriecht an Pflanzenstängeln aus dem Wasser und häutet sich ein letztes Mal. Endlich kann sie ihre feinen Flügel entfalten und sich in die Luft erheben.

Beispiel Bildungsangebot – Meerschweinchen: Monika hat ihr Meerschweinchen heute mitgebracht. Es ist in einem Holzstall. Tommy springt auf und klopft auf das Dach. So wird Emil nie herauskommen. Ihm ist alles fremd, auch unsere Stimmen. Da bleibt er in seinem Nest. Macht nichts. Wir betrachten erst einmal den Stall, die Gittertür, den Fressnapf und die Wasserflasche. „Wie eine Babyflasche" meint eines der Kinder. „Ja, da kann er immer trinken, ohne dass etwas ausläuft". Das probieren wir gleich aus, natürlich nur mit den Fingern.

Wir heben vorsichtig das Dach ab. Sein Nest kann man gut sehen. Aber wer entdeckt sein Klo? Wir überlegen, ob Emil ohne Stall leben könnte. Der Stall sperrt ihn nicht nur ein, er schützt ihn auch.

Monika hat Trockenfutter mitgebracht. „Das Pellet ist sicher aus Salat gemacht, es ist ja ganz grün, und das von Gelberüben" rufen die Kinder. „Ja, und bei Trockenfutter braucht ein Tier mehr Wasser als sonst."

Ein Kind will von den Bröckchen probieren. Das geht aber nicht. Die Erzieherin zeigt ihnen Gelberübenschnitze, die sie gleich alle knabbern können. Für Emil ist auch etwas dabei. Endlich streckt er doch seine Schnauze vor. Sie sehen seine Barthaare. Wozu er die wohl braucht? „Hat Emil auch Spielzeug?" will ein Kind wissen. Das hat Monika vergessen mitzubringen.

Nun legt sie sich ein Tuch auf den Schoß und hebt ihn vorsichtig aus dem Stall. „So muss man ihn anfassen, dass es ihm nicht wehtut". Jetzt können sie ihn überhaupt erst richtig sehen, sein Fell, seine Knopfaugen, seine Ohren und die Barthaare. Einzeln kommen die Kinder, schauen sich die Füßchen an und fühlen, wie das Herz klopft. Es klopft ganz schnell, warum wohl? Monika setzt Emil jetzt in einen Karton und fängt an, den Stall sauber zu machen. Reihum helfen ihr die Kinder dabei. Als alles wieder aufgeräumt ist, setzen sie Emil zurück. Wie er sich jetzt wohl fühlt, wenn alles frisch und sauber ist? „Und warum heißen die überhaupt Meerschweinchen?" fragt Tommy. „Sind es vielleicht Schwimmschweine?" Das weiß Monika auch nicht. Wenn sie wieder in die Bibliothek gehen, wollen sie das nachschauen.

Nach kurzem Händewaschen sitzen sie gemütlich im Kreis und knabbern einen Gelberübenschnitz. Emil schaut seinen nicht mal an. Da will Frank ihm einen Keks geben. Monika ist empört. Meerschweinchen dürfen doch keine Süßigkeiten haben.

„Schade, dass Emil nicht immer bei uns sein kann" meinen die Kinder zum Abschluss.

Aufgabe:

Notieren Sie die Schritte, die bei einer solchen Tierbetrachtung sinnvoll sind. Wählen Sie ein anderes Tier, das Sie mitbringen könnten. Überlegen Sie, wie Sie vorgehen würden.

Welches Material brauchen Sie?

Beispiel – Vorbereitung und Durchführung eines Projekttages in einer Grundschule: Thema: Vögel im Winter/Kohlmeise

Klassenstufe	Eingangsklasse des dreijährigen Berufskollegs „Sozialpädagogik"
Anzahl Schülerinnen	22
Zielgruppe	20 Erstklässler und 13 Kinder einer Grundschulförderklasse
Zeitrahmen	22 Std. Theorie und Vorbereitung 14 Projektdurchführung 4 Reflexion 2 Nachbereitung 6

Ziele des Vorhabens für die Praktikantenklasse:

- Umweltbewusstes Handeln einüben.
- Wissenserwerb und Sensibilisierung für Vögel, insbesondere die Kohlmeise.
- Vom Handeln zur Metaebene; Methodenkenntnisse: Arbeit mit Holz, Erzählen, Bilderbuchbetrachtung, Gesprächsführung, Tischspiele, darstellendes Spiel.
- Gruppenzusammengehörigkeit spüren: „Was wir als Team leisten können."

Vorbereitung:

- Vögel im Winter (4 Std., Biologielehrerin)
- Nistkastenbau (4 Std., Werklehrerin)
- Organisation und sozialpädagogische Vorbereitung (6 Std., Fachlehrerin Sozialpädagogik)
- Zielformulierung üben: Welches Wissen, welche Erkenntnisse und Einstellungen können die Kinder erwerben?

Workshops am Projekttag	Anzahl Schüler	Anzahl Kinder
Zeitplan: 8–9 Uhr Vorbereitung , 9–11:30 Workshops und Präsentation 11:30–12:30 Aufräumen und Reflexion		
Geschichte von der Kohlmeise „Zizibä" vorspielen	4	
Malen der Geschichte und Bilderbuch herstellen	2	5
Nistkastenbau	8	8
Lesespiel: Lebenslauf einer Kohlmeise	2	4
Tischspiel: Würfelspiel mit Hörkassette: Vogelstimmen und Vogelbeobachtung	2	4
Memory: heimische Vögel nach Vorlage anmalen, Memory spielen, Namen lernen	2	4
Legespiel: 9 heimische Vögel: Schnäbel, Futter, Nistplätze und Eier	2	4
Bilderbuch: Veit, B., u.a.: „Tschilp der Spatz", Betz Verlag, Wien 2000	2	4
Springer	2	
Präsentation : Kinder und Praktikantinnen stellen ihre Ergebnisse vor	alle	alle

Gesunde Ernährung

Zur ökologischen Erziehung gehört auch eine gesunde Ernährung. Hier wird eine gemeinsame Aufgabe der Familien und des Kindergartens deutlich, vor allem, wenn das Kind mehr als fünf Stunden täglich in der Einrichtung ist.

Jedes Kind bringt Essgewohnheiten mit, ist an bestimmte Nahrungsmittel gewöhnt, kennt anderes überhaupt nicht, und manche Speisen sind tabu. Im einen Fall ist es Rind-, im anderen Fall Schweinefleisch und entsprechende Produkte wie z.B. Milch, Käse, Gummibärchen. Hinzu kommen Allergien, z.B. gegen weißes Mehl, Kuhmilch, Zitrusfrüchte. Allergien können zu starken körperlichen Reaktionen führen, z.B. zu Hautausschlag oder Atemnot.

Beim Aufnahmegespräch erläutert die Erzieherin den Eltern das Speisekonzept der Einrichtung und fragt andererseits nach Essgewohnheiten und Allergien des Kindes und nach Erwartungen der Eltern. Erfahrungsgemäß können Kinder sich mühelos mit 2 Konzepten arrangieren, obwohl Übereinstimmungen natürlich erstrebenswert sind.

■ Warum ist gesunde Ernährung im Kindergarten ein wichtiges Thema?

In Deutschland sind zwei Millionen 6- bis 18-Jährige zu dick, das sind 15 bis 20 % ihrer Altersgruppe. Die Zahl der übergewichtigen Kinder allgemein hat sich in den letzten 15 Jahren verdoppelt. Bedenkliche Folgen sind: Haltungs-, Herz- und Kreislaufschäden, Zahnerkrankungen und Diabetes.

Deshalb ist es besonders wichtig, bereits im Vorschulalter gute Ernährungsgewohnheiten einzuüben.[3]

Fehlernährung nimmt in allen Bevölkerungsschichten zu. Verursacht wird sie durch falsche Essgewohnheiten: zu kalorienreiche Speisen, zu wenig Ballaststoffe, zu häufiges und unregelmäßiges Essen; Bewegungsmangel.

Fastfood fördert Fehlernährungen und hat zu einem veränderten Essstil geführt. Ein Fastfood-Esser isst, wenn er Hunger verspürt, er isst an verschiedenen Orten, z.B. am Spieltisch oder vor dem Fernseher. Dem leichten Hungergefühl folgend, erzieht er den Magen dazu, immer mehr zu verlangen. Zu den Mahl-

[3] Hannoversche Presse 11. 7. 2000

zeiten hat der Betreffende meist keinen Appetit. Was soll er dann am Tisch? Hierdurch versäumt er das Tischgespräch und die soziale Gemeinschaft, übt den Umgang mit Besteck weniger, was ihn verunsichert, wenn er anderswo essen soll.

Fastfood-Esser bringen sich um viele sinnliche Wahrnehmungen. Es fehlt der Blick auf die Zutaten, die darauf warten, gewaschen, geschnitten und angebraten zu werden, die Geschmacksnerven werden kaum aktiviert.

Obwohl Fertiggerichte wesentlich teurer sind als selber zu kochen, finden wir auch in Familien mit kleinem Geldbeutel viele Gewohnheits-Fastfood-Esser. Folge davon ist, dass das Kochen nicht mehr richtig gelernt wird.

Aufgabe:

1. Welche Essgewohnheiten bringen die Kinder Ihrer Gruppe aus ihrer Herkunftsfamilie mit?
2. Was haben die Kinder heute zum Frühstück dabei?
3. Bei welchen Kindern müssen Allergien beachtet werden? Inwiefern?
4. Wie sind die Koch-, und Essbedingungen in Ihrer Einrichtung? Wie sieht der Tisch aus, welches Geschirr ist vorhanden?
5. Wie ist Ihr eigenes Essverhalten? Wie müsste es sein, um Ihr Ziel der gesunden Ernährung überzeugend verfolgen zu können?

Gesunde Ernährung: Methoden und Beispiele

■ Die vorbereitete Umgebung

Zur gesunden Ernährung gehört ein ansprechend gedeckter Tisch, beim Frühstück z. B. mit einem Platzdeckchen, Teller, Messer, einem Glas oder einer Tasse für jedes Kind. Die At-

mosphäre wird positiv beeinflusst durch Tischschmuck, eine ruhige Lage am Fenster und wenn die Erzieherin mit isst. Appetitanregend wirkt eine Auswahl von z. B. zwei Brotarten, drei Belagsorten, zwei Obstarten, zwei Getränken.

Das gemeinsame Frühstück/Essen teilt den Tag ein, führt die Gruppe zusammen, sorgt für Energiezufuhr, Kräftesammlung. Ein Gebet, ein Gedicht, ein kurzes Musikstück und der Wunsch „guten Appetit" fördern Ruhe und Entspannung. Das tut Körper und Seele gleichermaßen gut.

Ausstattung: Kinderküche

- Höhe und Tiefe der Möbel entsprechen der Körpergröße der Kinder, Podeste können Ausgleich schaffen
- Kinderkochbücher
- Poster mit Früchten, Gemüse, Gewürzen, verschiedenen Brotsorten, Ernährungspyramide
- Obst, Gemüse und andere Zutaten anregend platzieren
- Ein Bildrezept für eine Speise, die Kinder nach Einführung selbstständig kochen oder backen können z. B. Suppe, Brötchen.
- Bilderbücher wie „Zeraldas Riese," „Das Pfannekuchenbuch" o. ä.

■ Vollwertkost

Vollwertkost beugt Fettsucht und Diabetes vor. Zur ökologischen Erziehung gehört Vollwertkost insofern, als damit eine gesunde Lebensführung eingeübt und heimische, jahreszeitliche Produkte bevorzugt werden, unter Verzicht auf unnötige Verpackungen und lange Transportwege.

Wenn in sozialpädagogischen Einrichtungen Vollwertkost gegeben wird, erhalten auch Kinder, deren Eltern zu Hause nicht darauf achten, an ca. 190 Tagen im Jahr gesunde Nahrung.

Merkmale von Vollwertkost sind:
Nahrungsmittel werden

- verarbeitet, wie sie in der Natur vorkommen,
- in ihrer Struktur erhalten (Vollkornmehl, Naturreis),
- wenn möglich roh verzehrt, um Eiweiße und Vitamine weitgehend zu erhalten,
- Keime werden zur Sprossenbildung angesetzt.

Ferner:

- Einschränkung von Fleisch- und Wurstverzehr.
- Ungesüßte Tees und Mineralwasser; Milch gilt als Nahrungsmittel und nicht als Getränk.

Das Gefühl der Sättigung hält bei Vollwertkost wesentlich länger an.

■ Mit Kindern kochen

Vorbereitung mit zwei Kindern:

- Hände waschen, Arbeitstisch reinigen, Schürzen, Wanne, Lappen, Pflaster richten
- Materialtisch: Geräte (z. B. Messer, Schneebesen), Schüsseln, Platten, Geschirr, Besteck, Schöpf- und Probierlöffel richten
- Waage, Messbecher markieren
- Abfallbehälter/Komposteimer bereitstellen
- Backofen anheizen
- Die Kochgruppe selbst kann sechs Kinder umfassen

Einstieg: Vorhaben und den Zweck mitteilen, z. B. eine Nachspeise für die ganze Gruppe herzustellen, Hände waschen, Nägel bürsten, Haare zurückbinden, Schürze anziehen.

Hauptteil: z. B.

- Bildrezept betrachten
- am Materialtisch Zutaten benennen, sagen, wozu wir sie brauchen, zuerst Benötigtes zum Arbeitstisch holen

- Arbeitsgeräte benennen, Handhabung zeigen (z. B. Schneidekante des Messers)
- Handlungsfolge langsam und betont vormachen, auf einem Brett schneiden, nicht in der Luft, nicht mit dem Messer gestikulieren
- Arbeit aufteilen: arbeitsteilig/arbeitsgleich
- das, was hergestellt (geschnitten, geformt) wird, auf eine Platte, einen Teller, in eine Schüssel geben
- vor jedem folgenden Schritt zum Aufräumen auffordern, was nicht mehr gebraucht wird: Zutaten, Abfall, Geräte zum Materialtisch tragen lassen

Gespräch während des Tuns: z. B.

- Geruch, Geschmack, Konsistenz der Nahrungsmittel wahrnehmen und benennen,
- ihren Wert für die Gesundheit nennen,
- Veränderungen an den Nahrungsmitteln beobachten, benennen, erklären,
- Entdeckungen zeigen, wie Kerngehäuse und Apfelkerne im Apfel,
- Wert der Zusammenarbeit betonen.

Gegen Ende:

- Ergebnis mit Stolz betrachten: Geschmacksprobe für jedes Kind,
- verzieren,
- über Erfahrungen beim Herstellen sprechen,
- das Gerichtete zum Backofen/Ofen bringen, wenn es gebacken, gegart wird.

Abschluss:

- jedes Kind räumt seinen Arbeitsplatz auf,
- Arbeitstisch abwischen,
- Tisch decken,
- gemeinsames Essen am schön gedeckten Tisch.

Zwei Kinder waschen mit der Erzieherin gemeinsam ab, versorgen die restlichen Zutaten, reinigen den Materialtisch, fegen den Boden.

■ Grundlagenwissen und Sachanalyse

Erzieherinnen brauchen Grundlagenwissen über die sieben Lebensmittelgruppen, die Nährstoffe liefern und die der Körper für ein reibungsloses Funktionieren braucht.

- Getränke: Flüssigkeit sorgt für den Transport der lebensnotwendigen Stoffe.
- Getreide, Getreideprodukte, Kartoffeln liefern Kohlehydrate (d. h. Energie, Brennstoff), Eiweiß (für das Wachstum), Vitamine, Mineral- und Ballaststoffe (Sättigungsgefühl, Darmbewegungen).
- Milch, Milchprodukte liefern insbesondere Calcium, welches unentbehrlich ist für den Knochenaufbau und die Zähne.
- Gemüse und Hülsenfrüchte enthalten Vitamine, Mineral- und Ballaststoffe und liefern Energie, ohne dick zu machen.
- Obst liefert Vitamine und Mineralien. Diese sorgen an erster Stelle für alle Körperfunk-tionen (z. B. das Sehen und das Wachstum), und sie schützen vor Krankheit.
- Fleisch, Fisch, Ei, Wurst enthalten Eiweiß, Mineralien wie Eisen und Zink, und Vitamine der B-Gruppe. Eiweiß ist für den Aufbau von Körperzellen z. B. Muskeln, unentbehrlich. Fette, Öle sind in kleinen Mengen lebensnotwendig für den Energiehaushalt (als Depot), für den Wärmeschutz und als Schutz vor Druck und Stoß.[4]

Eine kindgemäß formulierte Sachanalyse hilft uns, Grundlagenwissen in natürlichen Situationen einbringen zu können, ohne in Erklärungsnot zu gelangen.

■ **Beispiel Sachanalyse: Vitamine**

Vitamin A brauchst du, um im Hellen und Dunkeln gut zu sehen und damit deine Hautwunden gut heilen. Es wehrt auch Krankheiten ab. Vitamin A ist in Gemüse, Obst, Leber, in Milch und Eiern.

Vitamin C schützt dich vor Husten, Schnupfen, Halsweh. Und es sorgt dafür, dass Eisen, ein anderer wichtiger Stoff in dein Blut aufgenommen werden kann. Vitamin C kommt z.B. in Zitrusfrüchten, Äpfeln, Paprika, Kohl vor.

Mit Vitamin D können deine Knochen und Zähne gut wachsen und stark werden.
Es ist in Fisch, Eigelb, Milch, Butter, Käse und Fleisch vorhanden.

Von Vitamin B gibt es mehrere, wie Geschwister in einer Familie: B1, B2, B6 und B12.
Vitamin B 1 ist das „Energievitamin". Davon werden deine Muskeln und Nerven stark. Es ist in Vollkornprodukten, Schweinefleisch, Fisch, Nüssen und Hülsenfrüchten enthalten.

Vitamin E sorgt für eine gesunde Haut und dass dein Blut im Körper gut fließt. Vitamin E ist u.a. besonders in Nüssen, Haferflocken, Eiern und Sonnenblumenöl enthalten[5].

[4] nach Ministerium ländlicher Raum Baden-Württemberg, 1998
[5] nach Keicher, U., 2001

Vitamine kann man mit dem bloßen Auge nicht sehen. Sie sind kleinste Teilchen in der Nahrung, wie Zucker im Tee. Sie sind so klein, dass sie auch nur ganz kurze Namen haben: Sie heißen Vitamin A, B, C, D und E. Wir brauchen Vitamine, damit wir gut sehen können, damit unsere Haut gut heilt, wenn wir mal hingefallen sind, und sie schützen uns vor Erkältungen. Am höchsten ist unser Bedarf an Vitamin C. Es kommt in vielen Obst- und Gemüsearten vor. Allerdings ist dieses Vitamin etwas eigenwillig. Bei Hitze, Luft und Licht verschwindet es, und es lässt sich nicht speichern für Zeiten, in denen wir z. B. mal keine Lust auf Obst und Gemüse haben. Deshalb brauchen wir täglich etwas davon. Sehen kann man Vitamine nur unter einem Mikroskop.

Aufgabe: Gestalten Sie in der Gruppe
- ein Plakat aus dem die Bedeutung der sieben Lebensmittelgruppen für den Körper hervorgeht,
- ein Plakat speziell zu den Vitaminen.

Bildungsziele: Ökologische Erziehung und gesunde Ernährung

(am Ende der Kindergartenzeit)

Ich-Kompetenz	Sozialkompetenz	Sachkompetenz	Lernkompetenz
Die Kinder...			
• haben Wissen über den eigenen Körper, ihre Körperteile und ihr Geschlecht • können ihr Befinden äußern, z. B. dass sie Hunger haben • übernehmen Verantwortung sich selbst gegenüber durch Vollwertkost • empfinden Freude an Tieren und an der Lebendigkeit und Beschaffenheit, am Versorgen von Pflanzen und Tieren • kennen ihre eigene Biographie, (wann und wo geboren, von welchen Eltern abstammend; Name und Wohnort der Großeltern usw.)	• genießen gemeinsame Mahlzeiten • respektieren Tiere und Pflanzen • übernehmen mit anderen zusammen Verantwortung für Tiere, Pflanzen, für eine Mahlzeit für die Gruppe • gestalten und pflegen gemeinsam mit anderen den Garten • üben Umweltschutz, Abfallvermeidung ein, • beteiligen sich an Naturschutzaktionen	• wissen und benennen, was gesund und was schädlich ist für den Körper und warum • können sich selbst ein Brot oder Obst richten, eine Suppe kochen • gehen mit Besteck und Geräten um • kennen und pflegen Tiere und Pflanzen • kennen geschützte und giftige Tiere und Pflanzen, Elemente, das Wetter, Jahreszeiten und die Kraft der Natur (Wind, Überschwemmung...), Landschaften und Lebensräume, das Werden und Vergehen als natürlichen Rhythmus des Lebens	• klassifizieren z. B. Zitrus- und heimischen Früchte, • erkennen Beziehungen, z. B. dass Kochen das Garen und Weichwerden von Gemüse bewirkt • erfahren, dass Erkenntnisse im Gespräch mit anderen entstehen, z. B. bei der Frage nach der Herkunft der Babys • haben Freude am Forschen, allein und mit anderen • stellen Vermutungen an über die Ursache, Wirkung oder Folge von etwas, z. B. die Ursache von Überschwemmungen

Leitziel: Im Vordergrund stehen das Neugierig-Machen, Staunen und Forschen, der Aufbau positiver Grundeinstellungen und das Einüben gesunden und umweltgerechten Verhaltens.

10. Naturwissenschaften

Naturwissenschaften in Bildungsplänen für Kindertageseinrichtungen und in der Erzieherausbildung

Nach den Bildungsplänen für Kindertageseinrichtungen sollen Erzieherinnen Kindern naturwissenschaftliche Themen „zumuten". Der Fokus liegt dabei jedoch nicht auf der Vermittlung von Sachwissen, sondern auf dem interessegeleiteten Naturforschen im weitesten Sinne. Naturphänomene sind überall um uns herum gegeben. Im Umgang mit den Dingen bemerkt das Kind etwas und fragt: „Woher hat der Magnet seine Kraft?" und „Woher weiß der Mond seinen Weg?" Jedes Kind will die Erscheinungen seiner Umwelt verstehen, aber nur wenige haben naturwissenschaftlich gebildete Eltern, die entsprechende Antworten parat haben. Insofern ist dieser Bildungsbereich vielleicht sogar mehr als andere unter dem Aspekt der Chancengleichheit zu sehen.

In ihrer Ausbildung lernt die Erzieherin, Fragen der Kinder aufzugreifen und den „Ball" zurückzuspielen. Sie übt forschungsanregende Dialoge, mit deren Hilfe sich die Kinder ihr Bild von der Welt zusammensetzen. Das bringt gegenüber der schnellen Antwort Gewinn im Doppelpack: Die Kinder lernen eigenen Fragen engagiert nachzugehen, und selbst gewonnene Erkenntnisse sind doppelt soviel wert wie gehörtes Wissen.

Die Erzieherin eignet sich Grundlagen- und Methodenkenntnisse an. Hiermit kann sie Kinder altersangemessen begleiten, Bildungsangebote bewusst gestalten und Bildungsangebote Dritter kritisch betrachten.

Zu den Grundlagen gehören sowohl entwicklungspsychologische als auch Sachkenntnisse aus den Wissensbereichen unserer Welt. Während die belebte Natur in Kindertageseinrichtungen schon immer eine große Rolle spielte, rückt nun die unbelebte Natur stärker ins Blickfeld. Sicher besteht hier ein Zusammenhang damit, dass deutsche Schülerinnen bei der PISA-Studie in Fragen der Naturwissenschaften nicht gerade glänzten.

Die Erzieherin hat ein umfangreiches Methodenrepertoire. Hierzu gehören Formen selbst organisierten Lernens als auch vorstrukturierte und mit den Kindern gemeinsam geplante Bildungsangebote. Experimente geben auf konkrete Fragen eine konkrete Antwort, z. B. zur Frage: „Woher hat der Magnet seine Kraft?" Projekte nehmen komplexere Aufgaben in Angriff. Die Frage „Wer hat unsere Welt gemacht" lässt Raum für Forschungen. Nicht alles braucht sofort und umfassende Antworten. Das entlastet. Fragen können auch offen bleiben. Wichtig sind Erzieherinnen, die das Lernen und Forschen wertschätzen und dafür Anstrengung in Kauf nehmen. So lernt das Kind, dass Wissbegier und Forschen wichtig sind und Spaß machen.

Aufgabe 1:
Suchen Sie in den Bildungs- und Orientierungsplänen von Niedersachsen, Berlin und Baden-Württemberg Aussagen zur naturwissenschaftlichen Früherziehung. Welche Tendenzen stellen Sie fest? Mit welchem Orientierungsplan können Sie sich identifizieren, warum?

Aufgabe 2:
Tragen Sie in Ihrer Arbeitsgruppe alle Bereiche zusammen, in denen Kinder Naturgesetze erfahren. Vergleichen Sie danach Ihre Aufzeichnungen mit der folgenden Grafik. Lesen Sie diese von innen nach außen. Dort sehen Sie auch den Unterschied zwischen der belebten und der unbelebten Natur.

Bereiche der Naturwissenschaften

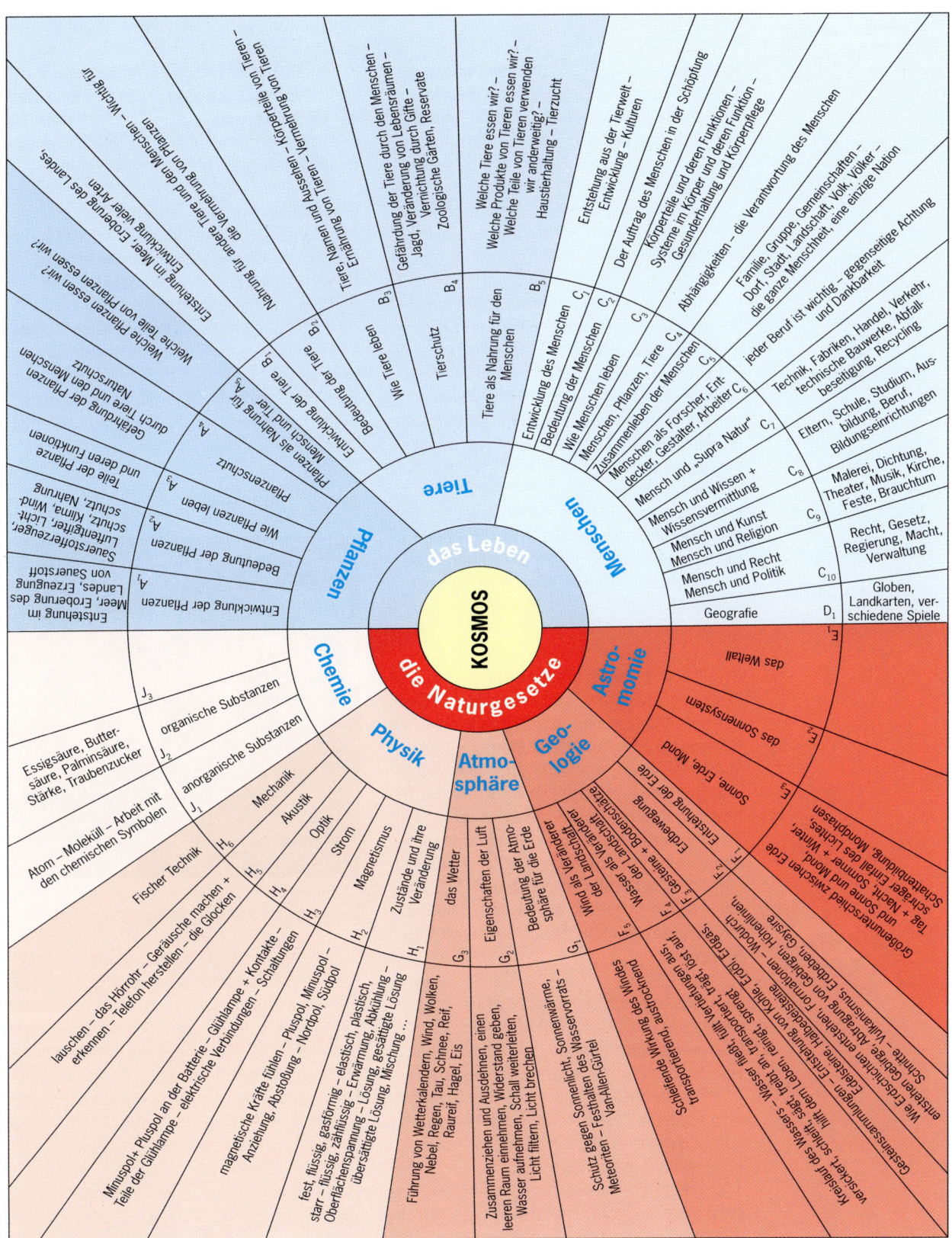

Voraussetzungen von Seiten der Erzieherin

Erzieherinnen brauchen Grundkenntnisse über die Entstehung des Universums, der Erde und des Lebens. Erzieher wissen und berücksichtigen, ob Eltern die religiöse oder die naturwissenschaftliche Erklärung bevorzugen. Erzieherinnen können Kindern Tag und Nacht und die Entstehung von Unwetter erklären. Dunkelheit und Unwetter lösen Ängste aus, und Wissen und Erfahrung können Ängste reduzieren.

Erzieherinnen brauchen Grundkenntnisse über Stoffe unserer Umgebung, z. B. über Luft, Wasser, Erde, Stein, Holz und Stoffe in Nahrungsmitteln, z. B. Backpulver. Kinder fragen nach deren Eigenschaften, Nutzen und Herstellung und wie man sie verändern kann. Das sind Fragen der *Chemie*. Lück zeigt uns, wie wir diese kindgerecht bearbeiten können.

Erzieherinnen brauchen Kenntnisse über Vorgänge im Inneren unseres Körpers, über Entstehung von Leben und über Lebenszyklen von Menschen, Tieren, Pflanzen und gegenseitige Abhängigkeiten. Das sind Teilbereiche der *Biologie*.

Physikalische Gesetzmäßigkeiten rund um Kraft und Bewegung erfährt das Kind im Spiel auf dem Bauteppich, auf dem Spielplatz, im Bewegungsraum und beim Rangeln, nämlich Statik, Fliehkraft, die Wirkung des Trägheits- und des Hebelgesetzes. Es fragt, woher die Kraft der Magnete und die Elektrizität kommen. Erzieherinnen sollten Phänomene benennen und zuordnen können, auch um zielgerichtet nachschlagen zu können. Zu jeder Frage öffnet sich – wie ein Fächer – ein Spezialgebiet, das jede Menge an Überraschungen parat hält.

Nicht zu vergessen ist die *Rolle des Menschen* in der Naturwissenschaft. Seit Jahrtausenden studiert er die Naturgesetze. Er entwickelte u. a. Haushalts-, und Handwerksgeräte, Waffen, Wohnbau, Lagerhaltung und Transportmittel, erforschte die Eigenschaften des Bodens, der Luft und des Wassers, um sie zu verändern, zu nutzen und um sich zu schützen.
Er erkundete Schwerkraft, Bewegung, Energie, Zeit, das Werden und Vergehen von Organismen, stieß bis ins Weltall und in die Welt der Elementarteilchen vor. Zu alledem erfand er Geräte und Maschinen zur Herstellung und Verarbeitung von Materialien und zur Weiterleitung von Informationen.

Bei allem Stolz auf den Erfindungsgeist des Menschen muss uns jedoch bewusst sein, dass wir Kenntnisse der Naturwissenschaften für unsere Zwecke nutzen, aber die uns umgebende Natur nicht beherrschen können.

Während wir von der Genialität menschlichen Erfindungsgeistes beeindruckt sind, ist für Kinder der Beziehungsaspekt mindestens ebenso wichtig. Hinter jeder Entdeckung und Erfindung steht ein Mensch, z. B. ein Leonardo da Vinci oder ein Jaques Montgolfier. Was haben sich diese als Kind vorgenommen, warum sind sie Erfinder geworden? Das sind Fragen, die Kinder beschäftigen, weil das Forschen und Weltentdecken eine ihrer Entwicklungsaufgaben ist.

■ Wer früh beginnt...

Artur Fischer

Artur Fischer wusste schon als Kind, dass er Erfinder werden wollte. Seine erste Konstruktion war ein Wasserrädchen, das er nur mit Hilfe der Mutter im Bach anbringen konnte, weil er selbst noch zu klein war. Als Autodidakt hat er die Naturgesetze studiert und für unzählige Erfindungen genutzt, z. B. für die revolutionären Fischer Spreiz-Dübel aus Plastik (1958) und für das Fischertechnik-Baukastensystem.

Nancy Hoenisch, eine amerikanische Vorschulpädagogin, hat das Forschen mit Kindern zu ihrem Lebenswerk gemacht. Seit den 1970 er

Jahren führt sie mit Kindern im Vorschulalter „Forschungsprojekte" u. a. zu Naturphänomenen und Zahlen im Kindergarten durch.

Von Anfang an arbeitete sie subjektorientiert. Das kreative Befassen des Kindes mit Naturphänomenen war für sie immer wichtiger als die Sache selbst.

Gisela Lück

GISELA LÜCK, Professorin für Didaktik der Chemie an der Universität Bielefeld, stellte 1345 Studienanfängern die Frage, wann ihr Interesse an Naturwissenschaften geweckt worden sei. 22 % gaben an, bereits im Vorschulalter ihren Vater ins Labor begleitet zu haben bzw. dass der Großvater mit ihnen Experimente durchgeführt habe.[2]

Kinderuniversitäten. Studien wie TIMMS (Mathematikstudie), Delphie oder PISA (Programm for International Student Assessment) und die Diskussion um Begabungen und Hochbegabungen haben den Blick über die Grenzen gelenkt, um zu sehen, was andere Länder für die naturwissenschaftliche Früherziehung tun. In amerikanischen Kindermuseen und in Frankreich (Programm La Main a la Pate) wurde man fündig.

Seitdem werden an diversen Orten Deutschlands Sommerkurse für Kinder abgehalten und bieten Universitäten gleichermaßen Fortbildungskurse für Erzieherinnen und Veranstaltungen für Kinder ab sechs Jahren zu Fragen der Naturwissenschaft, der Philosophie usw. an.

Ein wichtiges Prinzip der Kinderuniversität ist die Durchführung in Zusammenarbeit mit Sachexperten.[3]

Kinder forschen

Was Kinder wissen können: Entwicklungspsychologische Voraussetzungen

Bisher ging man davon aus, dass Erfahrungen nicht vererbbar sind und dass jedes Kind sich vom Tag seiner Geburt an wieder neu auf den Weg machen muss.

Die neuere Säuglingsforschung spricht jedoch von intuitivem physikalischem Wissen. SPELKE sieht es als gesichert an, dass bereits Kinder unter sieben Monaten wissen, dass ein Gegenstand nicht durch einen anderen hindurch kann und dass er zum Stillstand kommt, wenn ein Hindernis im Weg ist. Sieben Monate alte Säuglinge unterscheiden auch bereits zwischen Lebewesen und unbelebten Objekten in der Hinsicht, dass sie wissen, dass die einen sich selbst bewegen (Katze), andere bewegt werden müssen (Ball).[4]

Wie erklären sich 3- bis 4-Jährige, was belebt ist und was nicht? Sie sprechen Tieren Gefühle und Absichten zu, übertragen also ihr Erfahrungswissen auf andere. Sie haben aber noch kein biologisches Konzept in dem Sinne, dass sie Wachstum als Kriterium anlegen, um etwas als belebt zu bezeichnen. Selbst jüngere Grundschulkinder meinen oft noch, dass Pflanzen nicht leben.[5]

Kinder denken laut und teilen ihre Erfahrungen gerne mit. Aus solchen Mitteilungen wissen wir z. B. von der Unsicherheit bis ins Schulkindalter hinein, Sonne, Mond und Wol-

---

[2] nach Lück, G. 2003
[3] nach König, G. 2004

[4] nach Oerter, R., Montada, L., 2002
[5] nach Oerter, R., Montada, L., 2002

ken zuzuordnen. Sind sie Lebewesen oder nicht?[6] Deren Wanderbewegung ist zu sehen, aber sie sehen nichts, was die Bewegung erklären würde. Wem Wissen fehlt, der deutet Erscheinungen pragmatisch oder auch magisch, so als seien höhere Mächte am Werk. Auch aus der frühen Geschichte der Menschheit kennen wir z. B. Darstellungen des Mondes, der mit einem Pferdegespann transportiert wird.

Bis ins Grundschulalter haben Kinder auch ein „geozentrisches" Weltbild. Sie stellen sich die Erde als flachen, festen Punkt in der Mitte des Universums vor oder als offene Hohlkugel, in deren Wölbung die Menschen leben. Sie halten an ihrer Interpretation fest, obwohl sie den Globus sehen und früher oder später hören, dass die Erde gar nicht im Mittelpunkt des Universums steht. Vor allem jüngere Kinder erleben Länder und Orte unserer Erde jeweils isoliert.[7]

Orte und Länder der Erde, Junge 4;10

Die Einschätzung, ob etwas schwimmt oder sinkt, treffen Kinder zunächst einmal nach dem, was sie sehen. Sie sehen die Größe und nicht das Gewicht. Sie haben in unzähligen Situationen auch die Erfahrung gewonnen, dass Gegenstände schwerer werden, wenn sie an Größe zunehmen. Das stimmt aber nicht in jedem Fall. Carey fand erst bei 6-Jährigen eine relative Sicherheit in der Vorhersage, was schwimmt und was sinkt. Physikalisch gesehen geht es bei Gewicht um die Dichte und das Volumen eines Stoffes (Styropor/Stein). Flüssigkeiten hätten ein geringeres Gewicht als feste Stoffe, meinen viele Kinder.

Ab vier Jahren können Kinder deutlich zwischen festen und flüssigen Stoffen unterscheiden, wobei Wasser für sie der Prototyp aller Flüssigkeiten ist. Dass ein Stoff derselbe bleibt, auch wenn er sich durch Hitze oder Kälte verändert, ist sogar den meisten Grundschülern nicht klar. Eis und Wasser sind für sie unterschiedliche Stoffe.

Gase: Zwar kennen Vorschulkinder die Existenz von Luft vom eigenen Atem, dem Luftballon, dem Sprudelwasser. Dass Gase aber eine raumbeanspruchende Materie sind, müssen sie erst vielfach sehen, bevor es ihnen wirklich bewusst ist.

Lösungen: 60 bis 70 % der 4- bis 7-Jährigen meinen, dass Zucker (Salz) sich in einer Flüssigkeit völlig auflöst und als Stoff nicht mehr existiert. Wie staunen sie, wenn Salzkristalle wieder zurück gewonnen werden. Für Vorschulkinder sind Zucker- oder Salzkristalle so klein, dass sie sich nicht vorstellen können, dass sie trotzdem als Moleküle in der Flüssigkeit erhalten bleiben.[8]

Wie konstruieren Kinder ihr Wissen?

Naturwissenschaftliche Grunderfahrungen erwerben Kinder durch den Umgang mit Dingen und bei konstruktiven Tätigkeiten.

Forschen beginnt beim Wahrnehmen. Was haben ein Kieselstein und eine Feder dem Fernseher voraus? Der Kieselstein und die Feder in der Hand ermöglichen Primärerfahrungen der Form, der Konsistenz, der Temperatur, der

Welches Wissen haben Kinder über stoffliche Eigenschaften? Dieser Frage und weiteren ist Gisela Lück nachgegangen. Kinder kommen mit materiellen Stoffen in Berührung. Holz, Watte, Mehl kann man anfassen und fühlen wie auch Haarshampoo und Wasser. Man kann solche Stoffe teilen. Physikalisch gesehen sind es Materien. Echo, Schatten, Licht und Spiegelbild können Kinder nicht einschätzen. Sie sind sichtbar oder hörbar, einen Körper haben sie jedoch nicht. Sie sind immateriell.

[6] nach Schenk-Danzinger, L., 2002
[7] nach Oerter, R, Montada, L., 2002

[8] nach Lück, G., 2003

Drei Monate Gebäudestudien eines Vierjährigen

| 4;6 J. | 4;6 J. | 4;8 J. | 4;8 J. |

Größe. Man fühlt die Leichtigkeit und hört das Leise. Im Umgang mit Objekten machen Kinder auch Körpererfahrungen, beim Schneiden, Hämmern, beim Spiel auf dem Spielplatz. Sie machen Material- und Körpererfahrungen, die nur sie selbst machen können und die kein Fernseher bietet.

Beobachten. Beobachten ist mehr als Wahrnehmen. Wer beobachtet, richtet seine Aufmerksamkeit auf etwas. Kinder beobachten v. a. Objekte in Bewegung: Krabbelkäfer, den sich windenden Regenwurm in der Hand, die kippende Vase, die Kugel in der Kugelbahn und das Drehkarussell. Sie staunen über Effekte, wenn sie Knöpfe und Schalter betätigen und sie wiederholen ihre Handlungen, um die Funktion zu erfahren.

Kinder treiben sogar bewusste Verhaltensstudien, um die Eigenschaften von Objekten zu erfahren.

> Welch schönes Spiel ist das „Schnuller-Wegwerf-Spiel". Monique, 11 Monate, sitzt im hohen Kinderstuhl am Tisch mit dem Schnuller im Mund. Flupp hat sie ihn ausgespuckt. Auf jedem Boden klingt der Aufprall anders. Bleibt er liegen oder rollt er noch ein Stückchen? Der Vater hebt ihn auf, spült ihn ab, steckt ihn in ihren Mund. Der Schnuller schmeckt kühl und frisch. Die Mutter seufzt bei jedem Bücken und leckt den Schnuller schnell ab. Jetzt schmeckt er nach Mama. Und der große Bruder, welche Überraschung hält er bereit? Das braucht noch viele Würfe, um die Schnuller- und Verhaltensstudie abschließen zu können.

Vergleichen und Klassifizieren. Kinder können schon früh Spezialinteressen entwickeln. Sie beginnen Objekte zu sammeln. Wer Flugzeuge sammelt, vergleicht diese früher oder später und stellt fest, dass es Passagier-, Fracht- und Militärflugzeuge gibt, dass manche Propeller, andere zwei oder vier Turbinen haben. Logisch, dass ein Flugzeug Flügel braucht, aber sollten die nicht möglichst fest und unbeweglich sein?

Beim Vergleichen und Klassifizieren entstehen immer neue Fragen nach dem Sinn und Zweck bestimmter Details sowie nach der Funktion. Solches Vorgehen braucht Ausdauer und Strategie. Die Kirchenstudie auf den Bildern oben belegt beides.

Experimentieren, Hypothesen bilden. Im Allgemeinen interessieren sich Kinder vor allem dafür, wie man etwas nutzen, in Bewegung versetzen, zum Klang bringen kann. Auf dem Klavier spielen sie aus Freude am Effekt, und doch sind sie fasziniert, wenn wir den Deckel heben und das Hämmerchen sehen, das eine Saite anschlägt. So einfach funktioniert das große Klavier. Aus der Beobachtung heraus entwickelt das Kind Fragen.

> Nehmen wir Jan. Er sitzt in der Badewanne, einem der ersten Forschungslabore von Kindern. Er probiert ein ums andere Mal, wie viel Wasser er in die Plastikflasche eingießen muss, dass sie im Wasser versinkt. Das ist jedes Mal ein ganz spannender Augenblick. Warum sinkt sie erst dann?
>
> Im Garten hält er einen Regenwurm in seiner Hand. „Zappelt er auch, wenn ich das andere Ende festhalte?" fragt er sich.

Beim bewussten Experimentieren verändert das Kind Bedingungen, um Verhaltensvariablen von Objekten zu beobachten. Es erlebt sich als Verursacher, staunt über die Wirkung und lernt strategisch vorzugehen. Das fördert das Selbstkonzept in positiver Hinsicht. Indem es vorausdenkt, bildet es Hypothesen. Dabei wendet es Erfahrungswissen an.

> Ein Kind aus Reggio meinte: „Die Maurer haben die Stadt gebaut und ihr einen Namen gegeben. Die Stadt stirbt nie, denn sie besteht aus Luft, Sonne, Sträuchern und Wolken. Blut hat sie nicht. Nur im Krieg wird sie zerstört".[9]

Viele Spekulationen eignen sich zum bewussten Forschen:

> Die Wippe, dachte ein Kind, wird höher schwingen, wenn mein Brett länger ist. Es suchte ein längeres Brett und stellte das Gegenteil von seiner Vermutung fest. Was müsste es verändern, um mit dem längeren Brett höher wippen zu können?

Wissenschaftler gehen ähnlich vor wie Kinder. Sie beobachten, vergleichen, klassifizieren und experimentieren. Sie wiegen und messen, schreiben Versuche und Ergebnisse auf, zeichnen die Morphologie eines Tieres und katalogisieren Objekte, z. B. Schmetterlinge. Wissenschaftlich wird diese Vorgehensweise durch die Dokumentation und dadurch, dass man von vorneherein Bedingungen festlegt, um etwas Bestimmtes zu beobachten. Dabei ist Aufmerksamkeit wichtig, denn oft geht es bei einem Experiment um einen kurzen Augenblick des Effekts.

> **Aufgabe:**
> Kinder halten zeichnerisch fest, was sie wissen.
>
> 1. Was weiß der Vierjährige, der die Gebäude auf S. 511 gezeichnet hat?
> 2. Welche Fragen könnte er haben? Wie würden Sie das Forschen des Kindes unterstützen?

---

[9] nach Reggio Children, 2002

Vier Methoden naturwissenschaftlicher Bildung

Die Erzieherin setzt am natürlichen Lernen des Kindes an. Im Freispiel schafft sie Voraussetzungen für Primärerfahrungen, in der Kreativwerkstatt hilft sie Vorstellungen Gestalt zu geben, in der Forscherecke und der Lernwerkstatt bietet sie eine vorbereitete Umgebung zum bewussten und selbst gesteuerten Lernen und in Experimenten und Projekten eröffnet sie den Kindern neue Erfahrungsfelder.

Der gemeinsame Nenner aller vier Methoden ist die forschungsanregende Dialoggestaltung. (Siehe Kapitel: Planung, Durchführung und Evaluation von Bildungsangeboten S. 373). Hierzu gehört, Fragen zu wecken, zu erweitern und zum Forschen anzuregen.

> **Freispiel** = Vorbereitete Umgebung für Primärerfahrungen
> **Kreativwerkstatt** = Sammeln, Gestalten und Konstruieren
> **Forscherecke und Lernwerkstatt** = bewusstes und selbstgesteuertes Lernen
> **Experimente und Projekte** = Eröffnung neuer Erfahrungsfelder

■ Freispiel: Vorbereitete Umgebung

Die Erzieherin stellt Material und Geräte für vielfältige Wahrnehmungserfahrungen zur Verfügung. Am Körper wirksame Kräfte spüren Kinder auf der Schaukel, dem Fahrrad, beim Schubkarrenfahren, an der Seilbahn, dem Klettergerüst und beim Überwinden verschiedener Bodenniveaus. Auf dem Karussell fühlt man die Fliehkraft, beim Klettern und Fall die Schwerkraft. An der Schaukel erfährt das Kind, dass Bewegung Antrieb braucht und Reibung die Bewegung verlangsamt. Wer mit jemandem zusammenstößt, erlebt das Trägheitsgesetz, abhängig von Größe, Gewicht und Tempo der beiden Betroffenen. Geeignete Materialien, um stoffliche Eigenschaften zu erfahren, wie Konsistenz, Temperatur, Geruch, Gewicht sind verschiedene Papiersorten, Tapetenkleister, Wasserfarben, Pappe, Holz, Steine, Ton und Knete, Watte und Schwamm, Obst und Gemüse.

In der Küche erfährt das Kind, wie man Stoffe zerteilen kann, wie sie sich in Konsistenz, Geschmack, Farbe verändern durch Erhitzen, Rühren, Abkühlen und wie beim Backen und Kochen feste und flüssige Stoffe zusammenwirken.

Um Objekte bearbeiten zu können braucht man Geräte zum Schneiden, Hacken und Rühren, in der Werkstatt zum Schrauben, Bohren und Meißeln, und jedes funktioniert auf eine andere Art. Metallröhren, Flaschen, Besen und Kartons laden speziell im Freien zu Klangerfahrungen ein. In abgelegenen Winkeln kann man das Leise hören.

Im Freispiel ermuntert die Erzieherin, Materialien zu erproben, z. B. im Sandkasten oder am Maltisch. Sie zeigt die Handhabung von Geräten, gibt Impulse, Bedingungen zu verändern und die Wirkung zu beachten. Sie gibt Äußerungen eines Kindes zurück und erweitert diese: „Du meinst, Schatten brauchen die Sonne. Und wie ist das nachts?"

Im Freispiel finden wir auch Konstruktionsbaukästen: Im Gruppenraum, im Bauzimmer oder auch – wegen der kleinen Teile und der Bauanleitungen – in der Lernwerkstatt. Die Bauanleitungen erfordern Konzentration. Man muss sie „lesen" lernen und – wenn man gemeinsam mit einem Freund baut und sich gegenüber sitzt – sogar auf dem Kopf lesen können. Es hilft sehr, Bauanleitungen zu kopieren und die einzelnen Schritte auf einen längeren Streifen zu kleben, um sie dann von links nach rechts „lesen" zu können.

Kreativwerkstatt oder Forschungslabor?

Materialmix

Quadrilla, Konstruktion nach Bauanleitung

■ Kreativwerkstatt: Sammeln, Gestalten und Konstruieren

In der Kreativwerkstatt finden Kinder neben Papieren und Farben Schätze aus der Erwachsenenwelt aus Metall, Plastik und Holz. Sie finden Rädchen, Draht, Holzabschnitte, Kugeln, Knöpfe und Schrauben und ausgediente, schon halb zerlegte Geräte. Vieles glänzt und hat einen hohen Aufforderungscharakter. Während ein jüngeres Kind diese „Schätze" sortiert und damit hantiert, überlegt es auf der Stufe des werkschaffenden Spiels, was es daraus herstellen könnte. Es setzt sich ein Ziel, z. B. einen Roboter mit Blinklicht zu bauen. Räder, Rollen und Kugeln können den Roboter zum Fahren bringen, doch wie befestigt man diese unter Erhalt der Beweglichkeit? Und wie kann man Plastik und Metall verbinden, dass es auch hält?

Die Erzieherin hilft bei der Entscheidung für ein Ziel, „brainstormt" mit dem Kind, nimmt ihm aber nichts vorweg. Sie ist auch nicht verantwortlich dafür, dass tatsächlich ein Roboter entsteht. Nach der Fertigstellung regt sie zum Nachdenken an. „Was ist wie und warum gelungen oder auch nicht?

Die jüngeren Kinder experimentieren unter Anleitung der Erzieherin mit Finger-, Wasser- und Wachsfarben. Sie probieren selbst Farbmischungen und lernen den sachgerechten und kreativen Umgang mit Material und Geräten.

■ Forscherecke und Lernwerkstatt

Ein Kind lernt natürlich überall. Und doch ist es sinnvoll, eine Lernwerkstatt oder Forscherecke einzurichten, die den Rahmen für konzentriertes, bewusstes und selbst gesteuertes Lernen bieten. In offenen Einrichtungen hat die Lernwerkstatt den gleichen Stellenwert wie das Rollenspielzimmer oder das Atelier.

Zur Grundausstattung einer Lernwerkstatt gehören:

- **Geräte und Materialien zum genaueren Betrachten und Dokumentieren:** Mit Lupen, Fernglas, farbigen Folien, Taschenlampen, Spiegeln, Mikroskop und Stereomikroskop entdeckt das Kind, was seine Augen übersehen. Winziges wird groß, Einzelnes vervielfacht, Alltägliches erscheint in neuem Licht und – beim Blick in den Bodenspiegel – steht die Welt unerklärlicherweise auf dem Kopf.
  Der Leuchttisch hebt die Struktur eines Blattes hervor. Mit dem Overheadprojektor lassen sich Körper flächenhaft darstellen und Zeichnungen vergrößern. Mit Kassettenrekorder, Digitalkamera und Computer halten wir Eindrücke fest und teilen sie anderen mit.
- **Thematische Materialsets:** Beispiel Dinosaurier:
  - Bilderbuch über Dinosaurier
  - Dinosaurierfiguren
  - Bildkarten: Namen der Dinosaurier, Pflanzen und Landschaften
  - Serienkarten: Wie Fossilien entstehen
  Die Kinder sortieren die Dinosaurier nach Lebensbereichen, sie ordnen die Landschafts-, Pflanzen- und wenn sie schon lesen können die Namenkarten zu. Sie erfassen, was zu-

sammengehört, und schon ist ihre Dinosaurierausstellung fertig.

Ein Materialset in Form einer Box enthält konkretes Material, Bildmaterial und einen Arbeitsauftrag zu einem Thema, z. B. zu einer Pflanze, zu einer Tierart, zur gesunden Ernährung und zum Kranksein, zu Erde, Wasser und Luft, zu Farben, Magnetismus, Licht und Dunkelheit, zu Klang und Schall, zur Mechanik, zu Zahlen und geometrischen Formen, zu Sternen und Planeten, zum Zusammenleben der Menschen, zu anderen Ländern, Kulturen, Sprachen, Religionen und zur Schrift.

Materialsets sind kaum käuflich zu erwerben, was den Vorteil hat, dass die Erzieherin sie nach den Interessen der Kinder zusammenstellt.

(Zur Herstellung von Arbeitsaufträgen siehe Kapitel „Planung, Durchführung und Evaluation von Bildungsangeboten, „Selbstgesteuertes Lernen" S. 372)

- **Experimentiersets:** hier findet das Kind alles, was es zu einem Versuch braucht: Material, Geräte und Arbeitsauftrag. In der Regel hat die Erzieherin das Experiment eingeführt und das Kind kann es nun in seinem Tempo wiederholen.
- **Visuelle Lexika:** helfen Kindern, ihre Eindrücke zu systematisieren, Besonderheiten zu entdecken und schließlich ihre eigene Ausstellung zu ordnen und Objekte zu beschriften: Dinosaurier, Mineralien, Planeten und Sterne.

Beispiel: Serienkarten Wasserspülung
(siehe S. 515 oben)

Aufgaben der Erzieherin: Die Erzieherin zeigt den Gebrauch der Materialien, Geräte und Auftragsheftchen. Sie lädt die Kinder zu forschungsanregenden Dialogen ein (siehe Kapitel Planung, Durchführung und Evaluation von Bildungsangeboten, S. 373). Hierzu gehört, die Aufmerksamkeit auf das Wesentliche zu lenken. „Aha, das Lineal, an der Tischkante in Schwingung versetzt, erzeugt einen Ton. Klingen denn jetzt alle Lineale gleich?" Sie hilft Entsprechungen in der Umwelt zu suchen. Was haben ein Lineal und eine Gitarrensaite gemein? Forschende Dialoge müssen unmittelbar stattfinden.

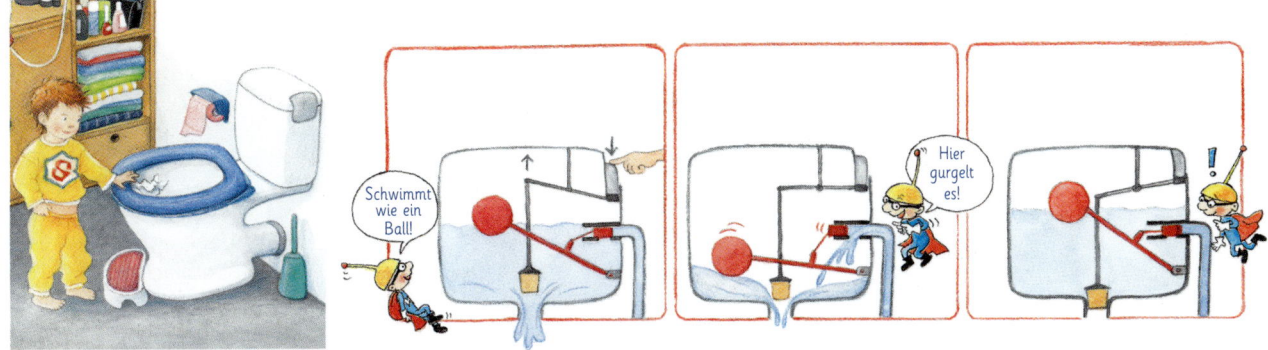

Die Erzieherin animiert die Kinder zu Messungen und zum Aufzeichnen von Abläufen und Ergebnissen. Solche Aufzeichnungen brauchen einen Rahmen, nämlich ein Lerntagebuch. Eintragungen bringen Gewinn im Doppelpack. Sie visualisieren Erkenntnisse, und das Kind gewöhnt sich an den Umgang mit Symbolen, auch wenn es diese zunächst selbst erfindet, z. B. für laute und leise Töne.

Aufzeichnungen halten Erkenntnisse fest, um sie wiederholen und anderen erklären zu können, z. B. im Club der „Schlaufüchse". Dieser dient am Ende der Forscherzeit dem Zweck, Lernen bewusst zu machen. Die Erzieherin weist auf „weil-deshalb" und „wenn-dann" Beziehungen hin, ohne aber besserwisserisch aufzutreten. Erstaunlich ist, wie schnell Kinder entsprechende Redewendungen übernehmen und den Aspekt des Möglichen verstärkt in ihr Denkschema übernehmen.

■ Experimente und Projekte

In diesem letzten Abschnitt konzentrieren wir uns auf Experimente und Projekte. Dies sind zwei Methoden naturwissenschaftlicher Bildung, die die Bildungspläne für die Arbeit im Kindergarten empfehlen. Sie unterscheiden sich von den vorgenannten Methoden durch ihre systematische Vorbereitung und Leitung durch die Erzieherin.

Experimente

In den Naturwissenschaften haben Experimente die Funktion, Erklärungen für Erscheinungen der uns umgebenden Welt zu finden. Solche Experimente müssen wissenschaftlichen Ansprüchen genügen. Dazu gehören eine Hypothese (Vermutung), ein „Experiment-Setting"(Material und klar definierter Verlauf), ein Verlaufsprotokoll, ein Ergebnis, das die Ausgangsvermutung bestätigt oder verwirft. Die Wiederholung eines Experiments – auch durch eine andere Person – muss unter gleichen Bedingungen das gleiche Ergebnis erbringen.

Was hat all dies mit dem Kindergarten zu tun? Die Erprobung neuer didaktischer Konzepte hat erbracht, dass Experimente nicht nur eine große Faszination auf Kinder ausüben, sondern zum Wahrnehmen, Handeln, Denken und präzisen Sprechen herausfordern und dem kindlichen Lernvermögen in besonderer Weise entsprechen. Experimente sind konkret und anschaulich, sie bieten Struktur und eine ernsthafte Aufgabe, woran insbesondere 5- bis 6-Jährige Interesse zeigen. Diese Altersgruppe ist empfänglich für Bedingungszusammenhänge (weil-deshalb), bringt bereits gewisse Erfahrungen mit, kann sich auf bewusstes Lernen einlassen und abwarten.

Wichtig ist noch zu wissen, dass die Bildungspläne für den Kindergarten zu einer aktiven Auseinandersetzung mit der Umwelt, d. h. auch der unbelebten Natur auffordern, eine Ansammlung von Faktenwissen oder auch isoliertes Wissen ablehnen.

Ganz in diesem Sinne hat GISELA LÜCK Experimente aus der Chemie in den Kindergarten gebracht. Es sind Experimente mit Lebensmitteln, mit Luft, Wasser und Feuer. Über Chemie im Kindergarten zu sprechen, ist eher ungewöhnlich. Dabei ist schon unser eigener Körper eine wandelnde Chemiefabrik. Allerdings erfordern Deutungen eine längere Argumentationskette und beziehen Aspekte ein, die weder sicht- noch greifbar sind, weshalb Experimente erst für 5- bis 6-Jährige geeignet sind.

Beispiel 1: Warum werden Äpfel unterschiedlich schnell braun?

Material:
1 Zitrone
3 Äpfel, unterschiedliche Sorten

Je Kind:
3 x ¼ Apfel (drei verschiedene Sorten)
2 Teller, 1 Messer, Kärtchen und Stift

Durchführung:
- die Äpfel nach Art unterscheiden: Form, Farbe, Gewicht, Oberfläche.

Die Erzieherin führt vor:
- Jedes Apfelviertel teilen, in beiden Teilen zur Markierung die gleiche Kerbe anbringen, Apfelteil A auf Teller 1 und Apfelteil B auf Teller 2 legen,
- Zitronensaft auf die Apfelstücke des Tellers 2 träufeln, beschriften.
- Was ist zu beobachten?
- Auf Teller 1 werden die Äpfel braun, der eine mehr, der andere weniger.
- Auf Teller 2 werden die Apfelschnitze später braun[10].

Deutung:
Äpfel werden an der Luft braun. Der Vorgang, der Äpfel braun werden lässt, heißt Oxidation. Manche Äpfel haben Glück. Sie haben viel Vitamin C, welches das Braunwerden verhindert. Das kann man auch schmecken. Äpfel mit viel Vitamin C sind ziemlich sauer. Manche Äpfel haben Pech. Sie haben wenig Vitamin C und werden schnell braun.

Der Apfel freut sich, wenn die Zitronentropfen kommen. Diese sind viermal so sauer wie ein Apfel, weil sie viermal so viel Vitamin C haben.

Die Zitronentropfen geben dem Apfel von ihrem Vitamin C ab. Der Apfel bleibt dann länger schön, wird aber auch ein bisschen saurer.

Danach führt jedes Kind das Experiment selbst durch (oder in Partnerarbeit).

Das Beispiel weist auf *einige Grundsätze des Experimentierens* mit Kindern hin:

1. Wir erkennen eine Fragestellung, ein klar definiertes „Setting", eine Beobachtungsphase, ein Ergebnis und eine Deutung.
2. Die Einhaltung des Versuchsablaufs sichert das Ergebnis bzw. dem Kind den Erfolg.
3. Die Dauer des Experiments ist relativ kurz, die Wirkung beobachtbar.
4. Die Fragestellung ergibt sich aus Beobachtungen der Kinder und aus deren Erfahrungsbereich.
5. Das Material ist aus dem Alltag und ungefährlich.
6. Die Kinder wollen und sollen das Experiment selbstständig durchführen.
7. Einerseits ist die Deutung in eigenen Worten der Erzieherin wichtig, sonst entsteht der Eindruck von Zauberei.
8. Erzieherinnen sollen die Kinder aber auch zu ihren eigenen Deutungen ermuntern. Das aktiviert ihr Erfahrungswissen, was ein wichtiger Aspekt bewussten Lernens ist.

Mögliche Spekulationen und Deutungen der Kinder im Apfelbeispiel wären:

Wie verläuft die Braunfärbung, wenn keine Luft an den Apfel kommt? Wie kann man die Luft wegnehmen?
Warum wirkt die Zitrone? Was ist Zitronensaft? Zitronensaft ist eine Flüssigkeit und diese ist sehr sauer. Wirkt die Flüssigkeit oder die Säure? Wir tropfen eine Kontrollflüssigkeit auf weitere Apfelstückchen.

Manche Experimente, bei denen das Versuchsmaterial nicht verbraucht wird, lassen mehr Gestaltungsraum, z. B. wenn es um Fragen geht wie „Was schwimmt, was sinkt, was treibt?" oder auch „Was ist magnetisch?" Hier sollen die Kinder viele selbst gewählte Objekte erproben, bevor sie das „Allgemeingültige" erkennen.

Es folgt nun ein Beispiel für eine Experimentierreihe zur Einführung in eine Thematik. Sie soll Neugier wecken, verschiedene Facetten aufzeigen als Grundlage für individuelles Forschen der Kinder. Denn wer bereits etwas weiß, sieht mehr und entwickelt Fragen.

---

[10] nach Lück, 2003

Beispiel 2: Wie kommt der Ton in mein Ohr ?

Zielgruppe: Kinder ab sechs Jahren

Material:

- Je Kind ein Plastiklineal
- 3 (Wein)Gläser, unterschiedlich hoch mit gefärbtem Wasser gefüllt
- 2 Plastikflaschen, unterschiedlich hoch mit gefärbtem Wasser gefüllt
- 1 Bild von einem Ohr an der Wand
- 1 Handtrommel
- 1 Gitarre
- 1 Schuhkarton, 1 großes Haushaltsgummi und 1 Kantholz als Steg

Lineale an der Tischkante federn lassen.

„Woher kommt der Ton? Schaut genau hin: Was seht ihr? Schwingungen. Ich sehe die Schwingungen des Lineals und höre den Ton in meinem Ohr."

„Probiert hohe oder tiefe Töne zu machen. Wann sind sie hoch, wann tief? Je länger die freischwingende Linealfläche ist, umso tiefer ist der Ton. Wie ist das bei der Gitarre? Was schwingt hier? Die Saite schwingt. Je länger die Saite ist, umso tiefer ist der Ton. Wenn ich die Länge kürze, wird der Ton höher."

„Aber grundsätzlich sind ja alle Saiten gleichlang. Warum klingt die unterste Saite tiefer als die oberste Saite? Der Ton hängt also auch von der Dicke und dem Material der Saite ab."

„Wie ist das bei einem Glas? Wenn man den oberen Rand reibt, entsteht auch ein Ton. Da ist unterschiedlich viel Wasser im Glas. Wann klingt der Ton tief, wann hoch? Aha, wenn viel Wasser im Glas ist, klingt der Ton tief, bei wenig Wasser hoch. Was schwingt in dem Glas? Wo siehst du die Wellen?"

„Und wie ist das bei einer Flasche, wenn man von oben hineinbläst? Da entsteht auch ein Ton.

Wenn wenig Wasser in der Flasche ist, klingt der Ton tief, bei viel Wasser hoch. Aber was schwingt? Das Wasser nicht. Die Luft schwingt.

Ist das überhaupt möglich? Fahrt mit eurer gespreizten Hand schnell durch die Luft. Was fühlt ihr? Luft ist auch eine Materie. Auch in der Luft laufen Wellen wie im Wasser, nur kann man sie nicht sehen."

„Wie kommt der Ton überhaupt an mein Ohr? Wir haben doch Wellen und Schwingungen gesehen, aber weder das Lineal noch das Wasser oder die Gitarre haben mein Ohr berührt und doch haben wir die Töne gehört."

Deutung: In der Luft sind Moleküle, die wir nicht sehen können. Moleküle sind die kleinsten Bausteine von einer Materie. Jedes Kind wird jetzt zu einem „Luftmolekül". Die Moleküle teilen sich die Arbeit. Und das geht so: Die Kinder stehen als Schlange vor dem Bild mit dem Ohr. Die Erzieherin als letzte in der Schlange sagt: „Achtung: Jetzt kommt meine Welle" und gibt dem vor ihr stehenden Kind einen Schubs. Das gibt den Schubs weiter bis zum vordersten Kind. Inzwischen steht die Erzieherin am Ohr und hält die Handtrommel dorthin. Das vorderste Kind gibt den Schubs als Schlag auf die Handtrommel. Genau so ein Trommelfell haben wir im Ohr. Es ist nur kleiner.

„Jetzt seid ihr dran. Was passiert, wenn ich eine ganz kleine Welle losschicke?" Der Ton wird hoch und leise. „Jetzt schicke ich eine starke Welle. Wie wandert der Ton zum Ohr? Wie klingt er?"

„Die letzte Aufgabe ist leicht. So wie die Saite an der Gitarre schwingt, schwingen auch unsere Stimmbänder in unserem Kehlkopf. Fühlt mal! Warum klingt die Stimme von Erwachsenen tief, die von Kindern hoch und am höchsten die von Babys, wenn sie schreien? Natürlich: die Stimmbänder von Baby sind am kürzesten. Aber wie kommt es dann, dass wir hoch und tief singen können?"[11]

[11] Kursmitschrift einer Veranstaltung des Science Lab am 2.12.06 in der Sparkasse Lörrach

Aufgabe:
Am Schuhkarton können die Kinder weiter forschen, z. B. können sie versuchen, ein Lied zu spielen. Auf der Grundlage einer solchen Aktivität entwickeln die Kinder weitere Fragen, wie:
Wie kommt die Musik auf eine CD?
Wie funktioniert ein Telefon?
Wie entsteht ein Echo?

Eine dritte Art Experimente nutzt die Erzieherin zur Veranschaulichung von Naturphänomenen. Der Vulkanversuch soll das Austreten der glühenden Lava zeigen, die mit Natron, Essig und Spülmittel jedoch nichts zu tun hat.

Experimente brauchen einen Rahmen. Denkbar sind:

- Einmal wöchentlich eine Experimentierreihe von 30–60 Minuten, ca. 10 bis 15-mal, jeweils am gleichen Tag, zur gleichen Uhrzeit.
- Projekte mit einem täglich geöffneten Forschungslabor.
- Auch der einmalige Besuch eines Forschungslabors ist nicht zu unterschätzen. Hier kann man beobachten, wie Kinder sich mühelos bis zu zwei Stunden konzentrieren, sofern es unterschiedliche Forschungsstationen und viele Handlungsmöglichkeiten gibt. Ein solcher Besuch animiert wochenlang zu Rollenspielen, Zeichnen und eigenem Forschen.

Mögliche Verlaufsplanung. Die in der Fachliteratur und im Internet beschriebenen Experimente geben in der Regel nur die Struktur der Vorgehensweise vor. Die Erzieherin gestaltet den Ablauf und trifft eine Gesprächsvorbereitung, um die Kinder gebührlich zu beteiligen. Sie hat sich im Vorfeld mit dem Phänomen befasst, ansonsten gelingt es ihr kaum, Spannung in das Geschehen zu bringen.

1. *Vorbereitung:* Richten der Materialien mit einem oder zwei Kindern.
2. *Einstieg:* Anknüpfen an die Beobachtung eines Phänomens.
   Spekulationen/Fragen/Hypothesen formulieren, Materialien und Geräte benennen.
3. *Hauptteil:* Vor- bzw. Durchführung des Experiments, auf Gefahren hinweisen.

Wahrnehmungsimpulse geben wie: „Was könnte geschehen, wenn …"
Erscheinungen/Veränderungen/Ergebnis benennen und dokumentieren.
Ausgangsfrage und Ergebnis nebeneinander stellen.
Deutung: Die Kinder zu eigenen Deutungen ermuntern. Die Deutungen der Kinder erweitern und wenn sie wirklich falsch sind, die richtige Deutung zielgruppenorientiert präsentieren.
Die Kinder führen das Experiment jeweils für sich durch.
Ggf. folgt ein zweites/ein drittes Experiment.

4. *Schluss:* Aufräumen; kurzer Rückblick, Frage nach einer wichtigen Erfahrung, Lob.
   Hinweis darauf, wo sich die Materialien befinden, um das Experiment selbstständig durchführen zu können.

Projekte

Projekte sind besonders geeignet, über einen längeren Zeitraum einem Naturphänomen auf den Grund zu gehen. Hierzu äußern die Erzieherin und die Kinder Vorstellungen, grenzen das Vorhaben ein, planen und entwickeln Aufgaben. Nichts leichter als das, denken wir, und haben schon Projektthemen wie „Ritter" oder „Schokolade" parat.

Betrachten wir demgegenüber Themen aus der Reggio-Pädagogik wie „Schattigkeiten", „Von Pferden und Pferden", „Das Unsichtbare sehen" und „Im Bauch der Erde". Dies sind eindeutig Themen aus der Kindperspektive mit subjektorientiertem Forschungsfokus.

In einem Reggio-Kindergarten hatten sich die Kinder in der Versammlung „Was tun?" entschieden, einen Vergnügungspark für Vögel zu bauen. Folgende Objekte sollten dort vorkommen: Schaukeln, Karussell mit Musik, Wasserski und Springbrunnen für die kleinen, Aufzüge für die alten Vögel.

Die Kinder haben Entwürfe gezeichnet, Papiermodelle gefertigt und dann aus Holzlatten, aus Fahrradteilen, Regenschirmen und Duschköpfen die Geräte gebaut, manche waren sogar beweglich. Schließlich folgte eine Vorführung der Werke auf dem Kindergartengelände.

Während des Projektes haben die Kinder spekuliert und untersucht, wie das Wasser hergeleitet, gespeichert und dann auf die Schaufelräder gerichtet werden kann, ob man einen Motor braucht und wie die Schaufeln positioniert sein müssen, damit das Rad sich dreht.

Zu diesen Fragen suchten sie Experten in einer Wassermühle und einem Wasserwerk auf.[12]

Vieles, was wir über Projekte wissen, ist in diesem Beispiel erkennbar, u. a. Lebensbezug, Orientierung an den Interessen der Beteiligten, Einsatz vieler Sinne, Handlungsorientierung, Experten einbeziehen und offen planen.

Aufgabe:
Entscheiden Sie sich für eines der vorgenannten Projektthemen. Erstellen Sie eine Ideensammlung. Beachten Sie dabei auch die reggianischen Prinzipien.

Wir können weitere, reggianische Prinzipien erkennen: wahrnehmen, beobachten und deuten, Erinnerungen, Emotionen und Fragen wecken, kommunizieren, inneren Bil-

dern und Erkenntnissen Gestalt geben. Deutlich wird: Der Weg zum Ziel ist wichtiger als das Ergebnis.

(Weitere Ausführungen zur Projektmethode siehe Kapitel Planung Durchführung und Evaluation von Bildungsangeboten, S. 380.)

www.reggiochildren.it: „The water machine"

11. Mathematik

Wo erlebt das Kind mathematische Gesetzmäßigkeiten?

Formen. Die ersten mathematisch bedeutsamen Erfahrungen sammelt bereits der Säugling mit den Grundformen Zylinder, Kugel und Würfel, wenn er die Stäbchen seines Bettes umfasst, die Milchflasche, einen Ball oder Baustein greift und zur Decke oder Tür schaut. Viele Formen kann man in die Hand nehmen, andere nur sehen, aber alle können wir mit unseren Sinnen erfassen. Formen sind als Körper und als Flächen vorhanden. Sie sind symmetrisch (Bienenwabe) oder unregelmäßig (Tonklumpen), haben ebene oder gekrümmte Flächen (Buch/Kugel), gerade oder gebogene Kanten (Schienen/Pfützen).

Räume und Dimensionen. Das Kind erfasst Räume durch Rennen, Klettern und Springen. Dabei erlebt es die Länge und Weite eines

Raumes und schaut von oben auf die spielenden Kinder unten. Es baut und umbaut Räume. Beim Malen nimmt es eine Raumaufteilung vor, beginnt auf der Grundlinie, in der Mitte oder in den Ecken. Ganz hingebungsvoll geht es im Sandkasten ans Werk, füllt und leert enge und weite, hohe und flache Gefäße. Auch hierbei macht es Raumerfahrungen.

Muster. Unsere Welt ist voller Muster und Symmetrien. Der menschliche Körper ist ein

---

[12] nach Malagguzzi, L., 2002

Beispiel für die Achsensymmetrie. Beide Hälften sind (fast) identisch. Schmetterlinge, Blumen und Blätter, Bauwerke und Maschinen weisen Symmetrien auf.

Ein Spiegel birgt Symmetrien besonderer Art. Er bildet ein Objekt ab, verdoppelt es sozusagen. Ein Flügelspiegel verdreifacht oder vervierfacht sogar je nach Öffnungswinkel der Spiegelflügel.

Reihenhäuser, die Klaviertastatur, Perlenketten und Melodien sind Beispiele für Muster. Dabei sind entweder gleiche Objekte aneinandergereiht oder sie wechseln in Form, Farbe oder Größe rhythmisch ab. Elemente einer Reihe können auch graduell an Größe, Dicke, Länge zunehmen. In der Musik erleichtert uns die Wiederholung von Rhythmusmotiven oder Melodielinien das Liedlernen.

Wir empfinden Symmetrien als schön und genießen die Wiederholung. Unsere Augen und Ohren suchen geradezu solche Ordnungen in der Welt.

Junge, 4;7 J.

Für das mathematische Denken sind Muster von Interesse, weil sie die Wahrnehmung schulen. Wer damit Erfahrung hat, wird nicht nur das Muster der geraden und ungeraden Zahlen schnell erfassen, sondern auch das Dezimalsystem. Es wird ihm leichter fallen, Regeln einzuhalten z. B. beim schriftlichen Addieren.

Mengen und Zahlen. Mengen, Ziffern und Zahlen sind in unserer Umwelt in großer Vielfalt vorhanden. Ziffern finden sich auf der Uhr, dem Telefon und auf Preisschildern. Mengen kann man anfassen und meist ist es gut, viel zu haben. An sich selbst erlebt das Kind vieles paarweise. Die Zahlen 3, 5, 7 und 12 kom-

men häufig in Märchen vor, zunächst wohl eher als Eigenschafts- denn als Zahlwörter. Zahlen sind eigentlich etwas Abstraktes. Es sind Worte für Mengen oder für das Glück, der Erste zu sein.

Zeit und Zeitmessung. Kinder im Vorschulalter haben Erfahrungen mit vier Aspekten von Zeit. Wichtig sind die Stunden im Tagesablauf sowie die Wochentage. Sie teilen Zeit ein. Auch Dauer ist ein Aspekt von Zeit. Sie ist als solche nicht sichtbar und bedeutet meist, auf etwas warten zu müssen. Der vierte Aspekt ist das Alter. Das Kind erfährt die Wichtigkeit der Altersangabe, also der Zahl, aber was versteht es davon? Das Vorschulkind schätzt in der Regel denjenigen als älter ein, der größer ist. Es sieht auch Vater und Großvater als gleich alt an. Erst Siebenjährige erfassen das Alter (eigentlich auch Dauer, nämlich die Dauer der bisher verbrachten Lebenszeit) in Abhängigkeit von der Geburtenfolge.

Beim Altersvergleich zwischen Vater und Großvater ist allerdings zu beachten, dass das Kind aus sich heraustreten und das Phänomen aus einer anderen als der eigenen Perspektive sehen muss.[1]

Wie konstruiert das Kind sein mathematisches Wissen?

Wahrnehmung. Wenn das Kind seine Bewegungsschemata ausgebildet hat, laufen und greifen kann, wird die Wahrnehmung frei für Objekt- und Raumerfahrungen. Jetzt ist nichts mehr vor ihm sicher. Insbesondere räumt es gern Kisten und Schubladen aus und füllt andererseits Sand, Wasser und Objekte in Gefäße oder Schlitze hinein. Dabei sammelt es unbewusst Eindrücke vom Fassungsvermögen, von der Standfestigkeit von Objekten und von deren Formen.

Beobachtung. Während des Ausräumens bleiben manche Gegenstände liegen, schmale Objekte kippen und andere rollen weg. Jetzt richtet das Kind seine Aufmerksamkeit auf Details und entwickelt z. B. ein Konzept über das Rollen und Kippen. Es bemerkt auch Gewichtsunterschiede in Abhängigkeit von der Größe, z. B. eines Bausteines. Beim Einfüllen von Was-

---

[1] nach Schenk-Danzinger, L., 2002

Vorgabe	Unstrukturierte ganzheitliche Stufe	Analytisch-punktuelle Stufe	Strukturierte ganzheitliche Stufe

Wahrnehmung optischer Gestalten

ser oder Sand erlebt es, dass in große Behälter mehr hineinpasst als in kleine. Und es muss sich konzentrieren, wenn es z. B. Wasser in eine schmale Öffnung füllt. All dies sind Erfahrungen, die es nur selbst machen kann. Unzählige Wiederholungen konservieren dieses Wissen, weshalb PIAGET es auch als konserviertes Wissen bezeichnet.

Kinder beobachten vor allem, was ihnen wichtig ist. Gegen Ende des 2. Lebensjahres wird Größe zu einem wichtigen Kriterium. Große und kleine Objekte bezeichnen sie gern als Mutter und Kind, auch wenn es sich um Steine oder Stühle handelt.

Als wichtig erleben Kinder auch Zahlen, weshalb sonst gibt es so viele und weshalb sprechen Erwachsene dauernd davon. Bereits Zweijährige sagen Zahlenreihen auf, z. B. 3, 5, 1 aus Freude am fortlaufenden Sprechen, haben die Bedeutung aber nicht erfasst. Dreieinhalbjährige sind demgegenüber oft sicher bei den ersten Zahlen 1, 2, 3, 4, danach halten sie die steigende Reihe ein, lassen aber Zahlen aus, z. B. 4, 6, 8, 9. Die meisten Vierjährigen erfassen die Menge 3 simultan, d. h. ohne sie zu zählen, 5- bis 6-Jährige können 4 und 5 Gegenstände simultan erfassen, wenn sie dem Würfelbild entsprechend angeordnet sind.[2]

Wahrnehmung und Beobachtung kleiner Details sind in der Mathematik sehr wichtig. Ob ein Malzeichen oder Teilungspunkt, eine 6 oder eine 9 dastehen, macht viel aus. Die Gerichtetheit von Buchstaben und Zahlen zu erkennen, gelingt meist erst 5- bis 7-Jährigen.

Dagegen erkennen Kinder unter 4½ Jahren bereits Strukturmerkmale von Formen, denn sie geben diesen sinnvolle Namen wie Stern, Kuchen oder Mond. NEUHAUS (1962) stellte fest, dass Kinder über 4½ Jahren die Strukturmerkmale sogar zeichnerisch herausarbeiten, aber nicht die Form als Ganzes zeichnen können. SCHENK-DANZINGER nennt dies die analytisch-punktuelle Stufe. Auf der strukturiert-ganzheitlichen Stufe gibt das Kind schließlich das Ganze mit seinen Strukturmerkmalen wieder. Das gelingt etwa 50 % der 7-Jährigen.[3]

Aufgabe:
Prüfen Sie in Ihrer Einrichtung, ob Kinder heute – immerhin 40 Jahre nach der Untersuchung NEUHAUS – die Ergebnisse bestätigen. Vielleicht können Kinder heute viel mehr?

Sie können die Vorlage ergänzen um Kreis, Quadrat, Dreieck, dreiblättrige Blüte, Treppe.

Experimentieren. Kehren wir zu den Ein- bis Zweijährigen zurück. Sie sind die geborenen Forscher. Das müssen sie auch sein. Eben hatten sie noch ein Konzept über das Rollen und Kippen, aber an der Treppe stimmt es nicht mehr. Da kommt sogar ein Würfel ins Rollen. Eine ganze Sammlung von Gegenständen muss das Kind nun heranschaffen, um das Verhalten von Körpern beim Fall von Stufe zu Stufe zu beobachten.

Auch der Videoschacht ist für Experimente begehrt. Die Stifte, Bausteine und Murmeln passen doch hinein, denkt das Kind, was kann daran also falsch sein, dass die Mutter sich so aufregt?

[2] nach Schenk-Danzinger, L., 2002
[3] nach Schenk-Danzinger, L., 2002

Ein Einsteckspielzeug ist jedoch besser geeignet, die Korrespondenz von Objektform und Aussparung im Deckel zu erfahren.

Vergleichen und Klassifizieren. Kinder sammeln nahezu alles, z. B. Kastanien, Schneckenhäuser und Geld. Das Sammeln hat eine emotionale Komponente, die Freude am Besitz. Besitz will aber auch sortiert werden. Und jetzt kommt die Mathematik ins Spiel. Sortieren bedeutet, Objekte zu unterscheiden und aufgrund eines (oder mehrerer) Merkmale zuzuordnen. Dieses Merkmal muss man benennen, wenn man zusammen mit seinem Freund z. B. Autos sortiert. Es ist naheliegend, Objekte nach der Funktion oder der Farbe zu unterscheiden. Aber der Vergleich von zwei Objekten eignet sich auch, Impulse zum Erfassen von Dimensionen zu geben: „Das ist größer, kleiner, länger, kürzer, höher, niedriger, tiefer, flacher, breiter, schmaler". Solche Begriffe brauchen wir, um Objekte näher beschreiben zu können. Schon hier wird deutlich, dass mathematische Bildung auch die Sprache präzisiert.

Objekte der Größe nach zu vergleichen und in eine Reihe zu bringen gelingt meist erst 5- bis 6-Jährigen. Es fällt ihnen schwer, eine Systematik zu finden, um z. B. unterschiedlich große Puppen zu ordnen. Die Anforderung liegt darin, nach oben und nach unten zu vergleichen.

Beim Vergleich zweier Objekte, die sich in einem Merkmal unterscheiden, zeigen Vorschulkinder allerdings fast die gleiche Leistung wie Erwachsene.[4] Gleiches einander zuzuordnen ist auch Prinzip des Memory-, des Domino- und des Quartettspiels.

Hypothesen überprüfen und dokumentieren. Kinder stellen Vermutungen an, wie: „Ich bin größer als du!" oder „Der Tennisball hinterlässt eine breitere Spur bei der Murmeltechnik als die Murmel."

Jetzt werden Messgeräte wie Lineal, Maßband, Zollstock und Waage interessant. Tische, die Fensterbank, die Schuhe der Kinder, kann man in der Länge und Breite messen. Kinder können sich selbst und noch zwei andere Kinder wiegen. Wer ist am schwersten, am leichtesten?

Und wie hält man das Ergebnis fest, um es auch morgen noch lesen oder einem anderen zeigen zu können?

Die Erzieherin hilft, die Maße der gewogenen Kinder in eine Tabelle einzutragen. Dort kann man sehen, ob die Vermutung der Kinder gestimmt hat.

Der Umgang mit Waage und Zollstock bahnt sich allerdings spielerisch an. An der Waage lassen Kinder anfangs den Balken schwingen und hantieren mit den Gewichten. Beim Abwiegen der Zutaten für das Plätzchenbacken lernen die Kinder dann eine Küchenwaage kennen und erfahren den Zusammenhang von Masse, Gewicht und Maßzahl. Eine Balkenwaage zeigt das Prinzip des Messens deutlicher. Gewichte und das zu wiegende Objekt müssen gleich schwer sein, der Balken muss waagerecht stehen.

Das Messen, Wiegen und Aufschreiben bilden den Übergang vom konkreten Hantieren zur Symbolwelt der Erwachsenen mit Zahlen und Rechnungen. Auch in der wissenschaftlichen Arbeit sind das Wiegen, Messen und Beschriften notwendig, um Versuche festhalten, Ergebnisse errechnen und beschreiben zu können, oder um Objekte zu katalogisieren.

Nach GARDENER ist das logisch-mathematische Denken eine der acht Intelligenzen des Menschen.

Konzepte für die mathematische Erziehung in Kindertageseinrichtungen

Schauen wir zunächst einmal, was wir von älteren Konzepten lernen können.

[4] nach Schenk-Danzinger, L., 2002

■ FRÖBEL (1782–1852)

FRÖBEL bietet einen reichhaltigen Schatz an Freispielmaterial zur mathematischen Bildung. Beim Bauen, Pricken und Auffädeln erwirbt das Kind eigenaktiv mathematisches Wissen. Fröbels Spielgaben repräsentieren mindestens sechs geometrische Formen: Kugel, Zylinder, Kubus, Quader, drei- und vierseitiges Prisma. Fröbel forderte die Kinder auf, damit Bauformen zu erfinden und diese nachzubauen (Symmetrien). Dabei ging es ihm vorrangig um das Hantieren und das Begreifen. Aber er nannte auch die Eigenschaften des Würfels, seine Flächen, Ecken und Kanten und zählte diese mit den Kindern.[5]

Der Reiz des Fröbelmaterials liegt in den Gestaltungsmöglichkeiten, die Bausteine, Perlen, Steckerle und Legetäfelchen bieten. Da überwiegt die Freude an der Farbe und am entstehenden Werk. Es gibt eigentlich kein „Richtig" oder „Falsch".

Das Kind entwirft Muster bzw. Schönheits- und Erkenntnisformen und macht immer wieder die Erfahrung des Enthaltenseins kleinerer Einheiten in einem Ganzen. Es braucht keine Erzieherin, kein Programm, nur Material, Platz und das Vorbild anderer Kinder.

Eine Ausnahme bietet das Falten. Hier führt nur ein vorgegebener Weg zu einem gewünschten Ergebnis. Faltarbeiten verwandeln die Papierfläche in einen Körper (Haus, Stern, Schiff, Schachtel). Führen wir den Faltvorgang rückwärts durch, kommen wieder Quadrate, Rechtecke und Dreiecke sowie die Achsensymmetrie zum Vorschein.

Dass hinter den fröbelschen Spielgaben und Beschäftigungsmitteln ein ausgeklügeltes System des Zerteilens und wieder Zusammenfügens von Punkten zu Linien, Linien zu Flächen und Flächen zu Körpern steckt, kann nur der Erwachsene erkennen.

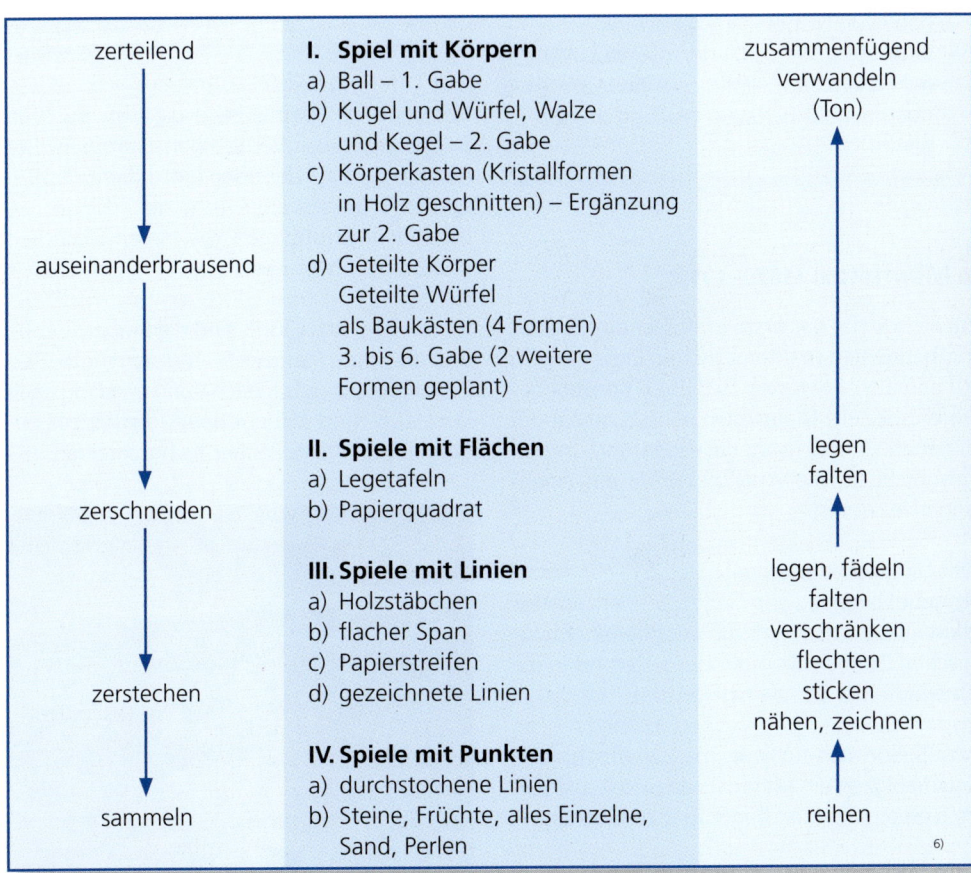

Spielgaben und Beschäftigungsmittel

zerteilend	**I. Spiel mit Körpern** a) Ball – 1. Gabe b) Kugel und Würfel, Walze und Kegel – 2. Gabe c) Körperkasten (Kristallformen in Holz geschnitten) – Ergänzung zur 2. Gabe	zusammenfügend verwandeln (Ton)
auseinanderbrausend	d) Geteilte Körper Geteilte Würfel als Baukästen (4 Formen) 3. bis 6. Gabe (2 weitere Formen geplant)	
	II. Spiele mit Flächen a) Legetafeln b) Papierquadrat	legen falten
zerschneiden	**III. Spiele mit Linien** a) Holzstäbchen b) flacher Span c) Papierstreifen d) gezeichnete Linien	legen, fädeln falten verschränken flechten sticken nähen, zeichnen
zerstechen	**IV. Spiele mit Punkten** a) durchstochene Linien b) Steine, Früchte, alles Einzelne, Sand, Perlen	reihen
sammeln		[6]

[5] nach Heiland, H., 1974
[6] Schmutzler, H. J., 1997

Hämmerchenspiel, Dritte Spielgabe, Steckerlespiel, Legematerial, Faltarbeit

In vier Stufen kommt das Kind vom Hantieren mit dem sehr sachlich gehaltenen Material zum Erkennen der Gesetzmäßigkeit in der Realität.

1. Freies Hantieren mit dem Material.
2. Begriffsbildung; am Rosa Turm erwirbt das Kind die Begriffe „groß", „klein", „größer als/kleiner als" und die Steigerungsform.
3. Zuordnung von realen Gegenständen, Zuordnung von Bildern, eine Eins-zu-Eins-Zuordnung,
4. Erkennen und Benennen des Phänomens im Alltag.

Dimension groß/klein

Aufgabe:
- Was entdeckt das Kind am Achteck auf dem Foto?
- Legen Sie mit dem gleichen Ausgangsmaterial andere Formen.
- Experimentieren Sie auf die gleiche Art mit den acht Würfeln der dritten Spielgabe von Fröbel.
- Ermuntern Sie die Kinder, das Muster ihrer Perlenketten aufzuzeichnen, um es noch einmal genauso machen zu können.

Schon dieses Beispiel zeigt die systematische Vorgehensweise: Vergleichen, Sortieren, Benennen und ab vier oder fünf Jahren das Beschriften. Viele – aber nicht alle – Kinder lieben solche Ordnungen. Sie bieten Sicherheit und Erfolgserlebnisse.

Neben dem Rosa Turm sind die Braune Treppe und die Roten Stangen Materialien für die Reihenbildung von dick nach dünn und lang nach kurz. Dies sind Dimensionen, die wir oft benennen, um etwas näher zu beschreiben.

■ MONTESSORI (1870–1952)

MONTESSORI hat das erste umfassende Konzept zur bewussten mathematischen Erziehung im Kinderhaus entwickelt. Zu diesem Konzept gehören spezielle Materialien, eine zugewandte Erzieherin, die die Materialien einführt und Altersgenossen, die Vorbild sind für das eigeninitiative Lernen.

Das Montessori-Material hält ein reichhaltiges Angebot bereit zu den Gegenständen der Mathematik und zur Förderung mathematisch-logischen Denkens vom Kindergarten bis in die Oberstufe der Schule hinein.

Montessori hat für jede mathematische Gesetzmäßigkeit ein Material entwickelt, um diese Gesetzmäßigkeit begreifbar zu machen.

Dies nannte sie eine materialisierte Abstraktion. Der Rosa Turm z. B. beinhaltet die Reihenbildung von groß nach klein.

Rosa Turm

Das kann ja nicht so schwierig sein, dachte eine Praktikantin und holte mit einem Fünfjährigen die rosa Würfel auf den Teppich. In Windeseile hatte er den Turm gebaut. Anders ging eine Dreijährige vor. Sie stapelte die Würfel, die direkt neben ihr lagen zu einem unregelmäßigen Turm. Als sie genug vom Bauen hatte, legte die Praktikantin die Würfel der Größe nach geordnet in eine Reihe:

„Schau, ich nehme einen heraus". Betont schob sie die Reihe wieder zusammen. „Und wo fehlt er?" Sie fuhr die Reihe mit den Fingern entlang, das Kind machte es ihr nach. Nach einigem Probieren fand es die Stelle.

Anderntags legte die Praktikantin die Würfel weit auseinander. Sie holte zwei zu sich heran, verglich sie, sagte „der ist groß!" Den Kleineren legte sie zum Teppichrand. Sie holte den nächsten und fuhr fort, bis sie den wirklich größten ertastet hatte. „Das ist der allergrößte." So fuhr sie fort, bis der Turm stand.

Auch das Zahlenmaterial bietet jeweils nur ein Element der Mathematik. Materialien für die Einführung in den Zahlenraum von Null bis Zehn sind:

Material	Die „Schwierigkeit"
Blaurote Stangen	Einführung der Zahlen (Wörter) von 1 bis 10
Spindeln	Ziffern von 0–9; Zählen von 1 bis 9 und Einführung der Null
Sandpapier- ziffern	Ziffern von 0–9, Verbindung von Zahl (Wort) und Ziffer (Symbol), Vorübung zum Schreiben
Ziffern und Chips	Chips und Ziffern von 1–10; Zahl und Ziffer verbinden; Einführung gerader und ungerader Zahlen.

Auch für die Geometrie im Kindergarten hat MONTESSORI vielfältiges Material erdacht, z.B. zehn geometrische Körper mit entsprechenden Grundflächtäfelchen und die Geometrische

Kommode (ab drei Jahren), sowie die Konstruktiven Dreiecke (ab vier Jahren).

Auf zwei Besonderheiten des Mathematik-Materials nach MONTESSORI soll hier noch hingewiesen werden:

1. Die Montessori-Pädagogik setzt auf die intrinsische Motivation des Kindes und bietet keine Animation oder Personifizierung der Zahlen. Manche Materialien haben jedoch klangvolle Namen wie „Das Schlangenspiel zur Addition" oder auch das „Goldene Perlenmaterial". Man möchte doch das Gefühl des Kindes ansprechen, beispielsweise auch durch die große Erzählung zur Geschichte der Zahlen und deren Bedeutung für die Entwicklung der Menschheit bis zum heutigen Tag. Dazu sehen die Kinder Bilder über den Handel im Mittelalter und die Schriftzeichen und staunen, dass unsere Zahlen von den Arabern stammen.

2. Das Material ermöglicht dem Kind bis weit ins Grundschulalter hinein, Mathematik im wahrsten Sinne des Wortes zu begreifen. Jegliche Erkenntnis erwirbt es durch das Hantieren. Mit dem Goldenen Perlenmaterial erfährt es z.B. den Zahlenraum bis zu einer Million, das Addieren, Subtrahieren und Dividieren und das Dezimalsystem.

Die Arbeit mit Tabellen, Rechenrahmen und Marken gehört bereits zur abstrakteren Stufe des Lernens, aber kommt durchaus schon im Kindergarten vor.

■ FRIEDRICH: „Komm mit ins Zahlenland"

GERHARD FRIEDRICH hat 2004 sein Konzept zur mathematischen Erziehung im Kindergarten vorgestellt. Es entspricht Erkenntnissen der neueren Hirnforschung und PIAGETS Theorie des „voroperationalen" Denkens. Davon leitet FRIEDRICH folgende Prinzipien ab:

Kinder lernen mit Lust, wenn man ihr egozentrisches und magisches Denken berücksichtigt, ferner, wenn sie Lern-Episoden als bedeutsam erleben, wenn sie handeln und sich bewegen, all ihre Sinne gebrauchen und Gelerntes wiederholen und festigen können. Auch Rituale und feste Orte haben positiven Einfluss. FRIEDRICH hat diese Überlegungen zugrunde gelegt bei der Auswahl der Inhalte wie auch bei der Methodenentscheidung.

Im Zahlenland,
Zahlenkobold

Eine feste Kindergruppe von 10–15 Drei- bis Sechsjährigen unternimmt einmal pro Woche für ca. 50 Minuten eine spielerische Reise ins Zahlenland, jeweils mit dem Blick auf eine Zahl. Die mathematische Welt ist hier konkretisiert: Die Zahlen sind denkende, fühlende und handelnde Puppen, die in Häusern und Gärten leben, und ins Land hinein führt ein Zahlenweg. Die Kinder freuen sich auf die Abenteuer der Zahlenpuppen, die wie die Zwei alles doppelt sagen müssen, die Geburtstag haben wie die Fünf oder auf der Kirmes Achterbahn fahren wie die Acht und nur Tiere mit entsprechender Anzahl von Beinen in ihrem Garten haben wollen.

Das Zahlenland enthält u. a. folgende mathematische Elemente:

- *Jedes Zahlenhaus* zeigt eine Ziffer, die entsprechende Menge an Objekten und das Würfelbild.
- *Jeder Zahlengarten* hat eine Fläche mit der Anzahl von Kanten und Ecken entsprechend dem darauf stehenden Zahlenhaus (geometrische Darstellung der Zahl).
- *Jeder Turm* und auch die Fenster der Zahlenhäuser bieten die Erfahrung der Zahlzerlegung bzw. der Konstanz der Menge, die Zahl 6 kann sich aus 5 + 1, 4 + 2 , 3 + 3 zusammensetzen.
- *Zahlenweg*: lineares Zählen, vorwärts und rückwärts. Im Spiel hören die Kinder immer wieder die Zahlenreihe, d. h. auch die Zahlen und ihre Nachbarn.
- *Kuddelmuddel:* Der Zahlenkobold bringt die Zahlenwelt in Unordnung. Die Kinder aktivieren ihre Erinnerung, ihre Repräsentation des „Richtigen" und korrigieren die Fehler, die der Zahlenkobold macht.

- *Zahlenfee*: Wenn diese z. B. fünfmal klatscht, ist der Operationsaspekt von Zahlen angesprochen. Darüber hinaus hilft sie den Kindern, wieder Ordnung in der Zahlenwelt zu schaffen.

Der Ablauf ist ritualisiert:

- Erzieherin und Kinder stehen im Kreis: Einstimmungslied: „Kinder nehmt euch an die Hand, wir wandern froh durchs Zahlenland".
- Zahlenpromenade aufbauen (Teppichfliesen mit aufgedruckten Zahlen von 1 bis 10), einzeln auf der Zahlenpromenade ins Zahlenland hineingehen und laut zählen.
- Zahlenpuppe der Woche vorstellen, Garten einrichten, Zahlenhaus aufbauen, Hausnummer anbringen, Zahlenturm aufbauen.
- Geschichte der Zahl der Woche erzählen.
- Jedes Kind sucht Gegenstände im Raum entsprechend der Zahl und gibt diese als Geschenk.
- Spiele auf dem Zahlenweg und im Zahlenland.

Und so beginnt die Geschichte der Zahl Eins:

„Im Zahlenland gibt es eine hübsche Stadt. Dort wohnen die Zahlen in ihren Häuschen. Neulich spazierte ich zum ersten Mal die Zahlenpromenade entlang und konnte gerade noch zur Seite springen. Fast wäre ich von einem Fahrradfahrer angefahren worden! „Klingeling!", läutete das kleine Männlein, winkte mir mit einem weißschimmernden Gegenstand zu und radelte davon. „So eine Unverschämtheit", schimpfte ich, „harmlose Spaziergänger so zu erschrecken!" Dann ging ich am ersten Häuschen vorbei. Aber weinte denn da nicht jemand? Tatsächlich! In ihrem Gärtlein hockte eine winzige Zahl und weinte. „Uuu", machte sie, „uuu!" „Kann ich dir helfen?", fragte ich. Die kleine Zahl blickte mit verweinten Augen auf. „Der Kobold", schluchzte sie, „dieser gemeine Kuddelmuddel!"... [7]

FRIEDRICHS Konzept hat einerseits feste Bausteine, fordert aber auch das Mitdenken und das Weiterentwickeln. Kinder und Erzieherinnen

---

[7] Friedrich, G., 2004

suchen selbst nach Liedern und Spielen, verteilen zum Frühstück Nüsse oder Rosinen entsprechend der Zahl der Woche. Die Kinder gestalten ihr Zahlenheftchen, zeichnen und spielen Hüpfekästchenspiele. Die Erzieherin ergänzt spontan die Zahlengeschichte und kann die Treppenstufen nummerieren, so dass die Kinder die steigende und fallende Zahlenfolge körperlich erleben.

Auf diese Weise erwerben die Kinder ein Zahlenverständnis, eine kognitive Repräsentation der Zahlenfolge im Gehirn. Das ermöglicht ihnen sogar, sich auf dem Zahlenweg die Zahl vorzustellen, welche vor oder hinter ihnen ist, selbst wenn ihre Augen verbunden sind.

Was kann man im Kindergarten leisten?

Zunächst einmal ist zu klären, ob mathematische Erziehung im Kindergarten notwendig, sinnvoll oder am Ende gar überflüssig ist.

Uns muss klar sein, dass wir in einer Welt voller mathematischer Gesetzmäßigkeiten und in einer Wissens- und Informationsgesellschaft leben, in der Zahlen, das Denken und der präzise Ausdruck eine entscheidende Rolle spielen. Unsere Aufgabe ist, Kinder bei der Weltaneignung zu unterstützen und da gehört die Mathematik dazu. Diese erschließt sich jedoch nicht von selbst. Wir müssen Kindern deshalb helfen, ihre Erfahrungen ins Bewusstsein zu holen und ihnen Worte dafür zu geben. Wir zeigen ihnen, dass es in der Welt der Mathematik Ordnungen gibt. Das ist wichtig auf dem Weg von der konkreten Welt in die abstrakte Welt der Mathematik mit ihren Symbolen.

Allgemein bekannt ist auch die Weisheit: „Übung macht den Meister". Zahlenreihen, Zahlzerlegungen sind ohne weiteres in Variationen und Wiederholungen spielerisch übbar. Auch wenn man den Erkenntnissen der neueren Hirnforschung folgt, ist mathematische Erziehung sinnvoll, wenn Kinder Interesse an Zahlen, Formen und Mustern zeigen. Sie nehmen jeweils das auf, was sie verarbeiten können und Neues kann an bereits Verstandenes andocken, erhält also eine Bedeutung. Aus diesen Gründen ist es gar keine Frage, Formen, Zahlen und Muster im Kindergarten zu thematisieren.

Allerdings muss uns klar sein, dass manche Kinder ein stärkeres Interesse an Zahlen und mathematischem Denken haben als andere. Die einen haben Freude an der symbolhaften Sprache, die andern an der Menge, der Größe, mit der sie sich befassen. Wieder andere mögen die Berechenbarkeit beim Umgang mit Zahlen. Und manche basteln oder malen lieber. Doch auch das Basteln oder Malen bringt wieder mathematische Grundsätze zutage, die man nur sehen und benennen muss.

Zur Beruhigung vieler Erzieherinnen wird darauf hingewiesen, dass es nicht darum geht, schulische Inhalte, z. B. das Rechnen, in den Kindergarten vorzuverlegen. Konkretes Rechnen ist demgegenüber sehr sinnvoll, wie: „Wenn jetzt vier Kinder mitspielen und eines dazukommt, wie viele Ballons brauchen wir dann?"

Welche Empfehlungen geben Bildungsexperten für die mathematisch Erziehung im Kindergarten?

HASEMANN, Professor für Didaktik an der Universität Hannover, fasst den Mathematikbegriff relativ weit. Er meint, dass 3- bis 6-Jährige mathematische Vorläuferfähigkeiten erwerben sollten wie:

- Raum- und Lagebeziehungen erfahren und benennen (lang, kurz, oben, unten, hinter...),
- Körper und Flächen sowie deren Merkmale erfahren und benennen (Kante, Ecke, rund, eckig),
- Objekte und Materialien vergleichen, klassifizieren, ordnen,
- Ziffern in der Umwelt erkennen,
- Mengen erfassen, mit Zahlwörtern, Würfelbild und Ziffern kombinieren,
- Objekte und Kinder ab- und auszählen (Abzählreime, Tisch decken),
- Zahlzerlegungen vornehmen (6 = 3 + 3, 4 + 2). Das ist eine Vorübung für das Rechnen mit Zehnerüberschreitung,
- Gegenständliches Rechnen (3 Stühle + 2 Stühle),
- Muster und Würfelbilder lesen, Würfelspiele spielen,
- mit Längen, Gewichten, Volumina und Zeit umgehen[8].

---

[8] nach Hasemann, K., 2003

Nach HASEMANN, geht es vor allem um das richtige Benennen eines Objektes und seiner Eigenschaften im Vergleich zu anderen und um vielfältiges Hantieren mit Zahlen, Ziffern und Mengen.

Konzentriert man sich demgegenüber nur auf die Welt der Zahlen, wird das Feld nicht kleiner, sondern eher noch differenzierter. Zahlen haben unterschiedliche Funktionen. Es ist hilfreich, diese zu kennen, denn daraus können wir unsere Impulse für den Alltag schöpfen und unsere Angebote bewusst gestalten. Zahlen erscheinen als:

- Kardinalzahlen bezeichnen die Anzahl der Elemente einer Menge, „wie viele?", 5 Kinder.
- Ordinalzahlen benennen den Rangplatz von etwas: der erste, fünfte oder letzte in einer Reihe.
- Maßzahlen beschreiben z. B. das Gewicht oder die Länge von etwas.
- Operationszahlen drücken aus, wie oft, wie viele Male, etwas vorkommt.
- Zahlen begegnen uns auch in geometrischen Formen am Dreieck, Viereck, Siebeneck oder Tetraeder, Würfel.
- Mit Zahlen führt man Rechenoperationen durch.

Einige Beispiele für die Förderung im Alltag und in gezielten Aktivitäten

Raum- und Lagebeziehungen sind vor allem in der Bewegungserziehung, beim hauswirtschaftlichen Tun und Gestalten konkret erfahrbar, also bei Handlungsabläufen. Die Erzieherin bittet die Kinder z. B. sich zwischen, hinter, auf oder unter Hindernissen zu bewegen, den Ball in die Kiste zu legen, Klebstoff auf der Rückseite eines Blattes aufzutragen, das Messer neben das Brett zu legen, hinter der Tür zu warten usw.

Formen. Die Kinder können Formen mit dem eigenen Körper nachlegen, allein, zu zweit, zu dritt, zu viert oder mit Seilen, Muggelsteinen, Hölzchen, Münzen, Bausteinen.

Beim Formendomino, -memory oder Quartett ordnen sie gleiche Formen einander zu und benennen diese auch.

Kunstwerke, z. B. von Miro oder Kandinsky bieten geometrische Formen in einem ganz neuen Zusammenhang. Nach einer Bildbetrachtung gestalten die Kinder ihr eigenes Kunstwerk.

Muster erkennen. Man kann das Muster einer Perlenkette aufzeichnen, um es bei Bedarf zu wiederholen, man kann Mandalas entwickeln. Sie werden um einen zentralen Mittelpunkt herum konstruiert.

Ordnen und Klassifizieren. Das Einräumen von Besteck ist eine Möglichkeit des Sortierens. Kinder können aber auch Muscheln und Schneckenhäuser sortieren, beschriften und eine Ausstellung gestalten. Reizvoll ist auch das Sortieren glänzender Gegenstände wie Weihnachtsschmuck.

Eins-zu-Eins-Zuordnung. Dies ist eine Vorübung zur Kombination Menge/Ziffer/Zahl. Wir können ein Kind bitten, jedem in der Runde eine Schere auszuteilen. Das oft zitierte Beispiel des Tischdeckens ist demgegenüber schon eine komplexere Leistung, denn das Kind muss pro Platz mehrere Elemente zuordnen und auch noch eine Raumaufteilung vornehmen.

Zahlen. Kinder können Zahlendetektive oder -sammler sein und mit dem Block in der Hand im näheren Umkreis der Tageseinrichtung Zahlen abzeichnen. Wozu braucht man die Zahlen dort ?
Weiter bieten sich an:

- Zahlen mit Legematerial legen,
- Zahlen groß aufzeichnen und anmalen,
- Zahlen backen,
- Zahlenausstellung mit Zahl-/Mengenzuordnungen,
- und immer wieder im Alltag zählen: Kinder, Schritte, Stühle, Tage usw.

Zeit. Wie kann man Zeit, Dauer, Alter sichtbar machen? Eine Uhr und ein Kalender bieten ja nur Symbole: Zahlen, Zeiger, Pfeil.

Aus der Montessoripädagogik kennt man die Tages- oder Jahreskette mit einer großen Perle für jede Stunde des Tages bzw. für jeden Tag des Jahres. Die Kinder ordnen Gegenstände und Bildkarten zu und erleben die Wiederkehr.

Tagebucheinträge inklusive Zeichnungen oder Fotos, z. B. über das Wachstum von Kresse, machen Dauer sichtbar. Dauer kann aber auch sehr kurz sein.

Die Frage, ob die Murmel oder die Holzperle in der Kugelbahn schneller ist, macht erfinderisch, denn beide Kugeln rollen viel zu schnell.

Wie kann man die Murmelbahn verändern, um wirklich einen Vergleich anstellen zu können? Hierbei lernen die Kinder, ihre Aufmerksamkeit zu richten und kommen meist auf Lösungen wie die Strecke zu verlängern oder das Gefälle zu verringern.

Zeit messen

Wer hat die Zahlen erfunden? Mathematik ist eigentlich so alt wie die Menschheit. Von Anfang an war es wichtig, Worte (Zahlen) zu haben, um die Anzahl der Jagdgefährten zu bestimmen und die Menge der Pfeile, die man mitnehmen sollte. Höhlenzeichnungen und Tonwaren aus der frühen Geschichte belegen auch frühes Interesse an Geometrie. Dass die Zahlen 5 und 10 eine besondere Bedeutung in der Mathematik haben, hängt mit Sicherheit mit unseren 10 Fingern zusammen. Das Dezimalsystem in Kombination mit der Null ermöglichte im Laufe der Geschichte, mit großen Zahlen zu arbeiten im Handel, der Baukunst, der Kriegsführung und der Astronomie.

Wer war nun wichtiger in der Geschichte der Mathematik? ADAM RIES, 1492–1559, der Rechenbücher für das Volk verfasste und das Dezimalsystem in Deutschland publik machte oder LEONARDO FIBONACCI (um 1170 bis ca. 1240), der das mathematische Wissen aus der indischen, arabischen und europäischen Welt zusammentrug und veröffentlichte?

Auf Spurensuche in der Geschichte der Mathematik stößt man an vielen Stellen auf Fragen, die sich auch Kinder mit ihrem gesunden Menschenverstand stellen.

Aufgaben

1. Falten Sie ein quadratisches Blatt Papier in den geraden Mittelachsen zu einem kleinen Quadrat und dann einmal in der Diagonale zu einem Dreieck. Schneiden Sie kleine Dreiecke an den Faltbrüchen und an der Außenkante heraus. Falten Sie das Ganze auseinander. Was sehen Sie?
2. Experimente mit Spiegeln: Sie brauchen große Spiegel und Flügelspiegel. Experimentieren Sie mit Gegenständen und Ihrem Körper.
3. Ein Dreieck – auf die Spiegelfläche gehalten – erscheint als Drachenviereck (Deltoid), ein Würfel als Prisma. Notieren Sie Ihre Ergebnisse als Auftrag für die nächste Gruppe. Notieren Sie auch Fragen.
4. Tangram. Sie brauchen: einen Tischspiegel etwa in DIN A 4 Größe, ein Quadrat und ein Dreieck mit etwa 5 cm Seitenlänge. Bilden Sie mit dem Quadrat und dem Dreieck eine Figur. Spiegeln Sie diese und zeichnen Sie sie in ein Auftragsheft. Die folgende Gruppe bildet die Figuren nach und erfindet ihrerseits neue Figuren.
5. Eignen Sie sich (Finger)Spiele und Lieder an, in denen Zahlen und Formen eine bedeutende Rolle spielen, als „musische" Variante der Mathematik.
6. Was haben Purpurschnecken mit Mathematik zu tun? Schreiben Sie eine Infotainment-Geschichte zur Geschichte der Mathematik.
7. Welcher Mathematiker war bedeutender? Adam Ries oder Leonardo Fibonacci?

12. Kulturelle Vielfalt

2006 lebten in Deutschland 82,4 Millionen Einwohner. Davon waren 6,76 Millionen (8,1 %) ihrem Pass nach Ausländer, zu 26 % aus der Türkei, zu 8 % aus Italien, 5 % aus Polen und Griechenland. Alle anderen Nationalitäten lagen unter 5 %.

Welche Menschen stecken hinter dem Begriff Ausländer? Es sind EU-Bürger, die die freie Aufenthalts- und Arbeitsplatzwahl nutzen, ausländische Ehepartner deutscher Staatsangehöriger, Flüchtlinge, Sinti, hoch qualifizierte Arbeitskräfte aus Nicht-EU-Ländern, Studenten, temporär ansässige Saisonarbeiter sowie ehemalige „Gastarbeiter" und ihre Familien, die vielfach in der dritten Generation hier leben und verwurzelt sind.

Die kulturelle Vielfalt zeigt sich besonders deutlich in Kindertageseinrichtungen und Schulen. Hier liegt der Ausländeranteil bei 24 % (Kindergarten) bzw. 22 % (Schule) und ist damit dreimal so hoch wie der durchschnittliche Anteil der Ausländer an der Bevölkerung. Einrichtungen und Schulen in Ballungszentren nennen sogar manchmal einen Ausländeranteil von 80 % und mehr, während im ländlichen Raum Kinder anderer kultureller Herkunft eher selten sind.

Herausforderung Integration

So viel Prozent der 15-jährigen Schüler und Schülerinnen an deutschen Schulen haben einen Migrationshintergrund
(sind zugewandert, Eltern oder ein Elternteil stammen/stammt aus dem Ausland)

Bremen	35,8 %
Hamburg	34,6
Baden-Württemberg	31,6
Hessen	30,4
Nordrhein-Westfalen	29,6
Berlin	26,1
Niedersachsen	24,1
Rheinland-Pfalz	23,4
Deutschland	22,2
Bayern	20,5
Saarland	19,9
Schleswig-Holstein	17,3
Brandenburg	6,0
Sachsen	5,9
Mecklenburg-Vorp.	4,7
Sachsen-Anhalt	4,4
Thüringen	3,6

Quelle: PISA, veröffentlicht 2005   © Globus 0310

Zuwanderer / Migranten

Als Zuwanderer und Migranten bezeichnet man Menschen, die in einem anderen als ihrem Herkunftsland Wohnung, Arbeit und einen neuen Lebensmittelpunkt suchen. Im Fall der Einwanderung spricht man von **Immigration**, im Falle der Auswanderung von **Emigration**. In Deutschland geborene Kinder ausländischer Eltern gelten nicht mehr als Migranten.

Von einem **Migrationshintergrund** spricht man, wenn ein oder beide Elternteile Immigranten sind. Oft schließt man hier auch Aussiedler ein, die nach ihrem Pass Deutsche sind, aber aus einem anderen Kulturkreis kommen.

Das Eigene und das Fremde

■ **Das Eigene**

Kinder wachsen von Geburt an in ihre Kultur hinein und übernehmen kulturelle Verhaltensmuster. Sie werden nicht nur gefüttert und gebadet, sondern erfahren gleichzeitig, wie man sich als Mutter oder Vater in diesen Situationen verhält. Sie lernen mit Geschwistern zu streiten, um etwas zu bitten, ehrlich zu sein, Schwächere zu schützen, respektvoll gegenüber älteren Menschen zu sein und sie lernen die Schätze unserer Kultur kennen.

Im Prozess kulturellen Lernens speichert das Kind – jeweils an eine bestimmte Situation gebunden – ein ganzes Bündel von

1. Handlungen, die in dieser Situation verrichtet werden,
2. Erwartungen, was geschehen muss und
3. Deutungen, warum dies wichtig ist.

Das Fragealter mit der alles umfassenden Frage „Warum" fällt genau in diese Phase der Kulturaneignung. Dieses „Bündel" prägt sich durch Wiederholung ein und ist dann als Verhaltens-, Denk- und Deutungsmuster im Gehirn repräsentiert.

Beispiel – Mittagessen:	
Handlungen:	Man sitzt am Tisch, man isst mit Besteck, man vermeidet zu kleckern.
Erwartungen:	Man isst den Teller leer und steht erst auf, wenn alle fertig sind.
Deutung:	Dies ist wichtig, weil gemeinsame Mahlzeiten zum Familienleben und zur gesunden Ernährung gehören oder weil es sich so gehört.

Für die Kulturaneignung dieser „Gepflogenheiten" wurde in letzter Zeit der Begriff „Kulturelles Skript" geprägt. Unser kulturelles Skript hat die Funktion eines „Drehbuches" für viele Situationen unseres Lebens.

Nach BEREITER verfügen wir über Skripte in verschiedenen Wissens- und Handlungsbezügen:

- „Zielbezogene (wie man etwas am besten erreicht, z. B. eine Bitte äußert),
- themenbezogene (wie man über Arbeitslosigkeit spricht),
- rollenbezogene (wie man sich als Lehrer verhält),
- werkzeugbezogene (wie man mit einem Hammer umgeht),
- ortsbezogene (wie man sich auf einem Friedhof verhält),
- institutionsbezogene (wie man sich in einer Institution verhält),

- personenbezogene (wie man sich Tante Berta gegenüber verhält),
- verfahrensbezogene (wie man sich die Zähne putzt),
- affektbezogene (wie man sich im Zorn verhält)."[1]

Zum kulturellen Skript gehören auch ungeschriebene Übereinstimmungen darüber, wie man seine Meinung sagt, wofür man sich einsetzt, wofür besser nicht und wie man meint, in unserem Falle „Deutsche/Deutscher" zu sein.

Solche kulturellen Muster haben zwei wichtige Funktionen:

1. Das so erworbene Muster stimmt mit den Verhaltens- und Denkweisen der Angehörigen gleicher kultureller Herkunft mehr oder weniger überein. Das gibt Sicherheit.
2. Sobald ein solches Muster verinnerlicht ist, ist der Mensch wieder ein Stück weit selbstständiger.

Gesellschaftliche Werte

Basis der kulturellen Skripte sind die Werte und Normen der Gesellschaft. Die Werte bezeichnen Ziele oder Ideale menschlichen Verhaltens. Die Normen sind Sollensvorschriften, an die der Mensch sich halten soll, um die Werte zu konkretisieren.

Der Wert „Selbstständigkeit" fordert z. B., sich selbst versorgen, Entscheidungen treffen und Konflikte selbst lösen zu können. Betrachten wir die Werte etwas genauer, finden wir diese auf zwei Ebenen:

- Werte des Individuums: z. B. Hilfsbereitschaft, Ehrlichkeit, Respekt vor den Älteren; diese Werte gelten vor allem für Face-to-Face Beziehungen.
- Werte auf der gesellschaftlichen Ebene, z. B. Gleichberechtigung, Menschenwürde, Naturschutz; diese Werte kommen im größeren Rahmen zur Geltung und sind so wichtig, dass sie in Gesetzen verankert sind.

Normen und Werte haben – wie auch das konkrete kulturelle Skript – eine entlastende Funktion, da der Mensch sich daran orientieren kann und nicht immer wieder neu entscheiden muss.

---

[1] Flechsig, K. H., 2006

● Das Fremde

Fremd fühlen wir uns in der Fremde oder wenn uns unser Gegenüber fremd ist. Wer weiß schon, wie man sich in einer Moschee, auf der Beerdigung einer vietnamesischen Kollegin oder in einem afrikanischen Konsulat verhält. Und tatsächlich verhalten wir uns auch falsch, schlagen die Beine übereinander, geben die falsche Hand, betreten Räume mit Schuhen, sprechen Probleme auf eine Art und Weise an, die unser Gegenüber blamiert oder irritiert.

Und dann die Erwartungen: Wir erwarten z. B. von einem Kind, dass es uns freundlich grüßt. Sein Nicht-Grüßen interpretieren wir als schlechte Erziehung, ohne sein kulturelles Skript zu kennen. Das könnte heißen: Warte, bis der Erwachsene dich anspricht. In dem gleichen Land, aus dem dieses Beispiel stammt, siezen die Kinder ihre Großeltern und z. T. auch die Eltern.

Oder: Wir bitten Eltern auf einem Elternabend darum, kulturell gemischte Gruppen zu bilden und ihre Erfahrungen auszutauschen. Dabei bedenken wir nicht, dass manche Eltern gezwungen sind, ihre Landsleute zu wählen. Eine Nichtwahl würde möglicherweise als Verachtung interpretiert.

Es kann Jahre dauern, in der Fremde die Zuständigkeiten und Abhängigkeiten im gesellschaftlichen Leben zu erfassen, Rituale, Symbole, Gesten, Handlungen und die Untertöne der Kommunikation zu verstehen, bzw. zu wissen, was als ehrenwert gilt oder was tabu ist.

Aufgaben:

1. Fremdheitserlebnisse:
Berichten Sie in Ihrer Arbeitsgruppe von Situationen, in denen Sie Fremdheit gespürt haben. Welche Erfahrung haben Sie mitgenommen? Tragen Sie diese Erfahrungen in einem Handout zusammen.

2. Werte:
Befragen Sie verschiedene Menschen eines Kulturkreises nach ihren Werten, z. B. einen Großvater, eine Mutter, den Ausbilder eines großen Betriebes, einen Geistlichen. Notieren Sie auch entsprechende Sollensvorschriften. Vergleichen Sie Ihre Ergebnisse unter dem Aspekt kultureller Verschiedenheit.

Kleine und große kulturelle Unterschiede

Wer kulturelle Unterschiede kennt, kann sich respektvoll anderen gegenüber verhalten und wird Handlungsweisen, die uns fremd erscheinen, als möglicherweise kulturell bedingt hinterfragen. Westliche und östliche Länder haben z. B. unterschiedliche Zeitbegriffe. Wenn eine afrikanische Mutter ihr Kind zu sehr unterschiedlichen Zeiten in den Kindergarten bringt, ist das keine Missachtung unserer Person oder Arbeit. Nach ihrem kulturellen Skript ist es wichtiger, sich um Gäste und Familienangehörige zu kümmern, als das Kind pünktlich in den Kindergarten zu bringen. Die Beziehungen innerhalb der Familie haben mehr Bedeutung als Pünktlichkeit.

Die Kenntnis kultureller Unterschiede rückt auch unser Bild von Normalität zurecht, denn was wir als normal bezeichnen, können Menschen einer anderen Kultur durchaus als negativ empfinden. Asiaten sind z. B. über den Individualismus in westlichen Ländern befremdet. Sie meinen das „Ich" bekäme viel zu viel Raum. Sie wundern sich auch über unsere Konfliktfreudigkeit und unsere Gesetzestreue.[2]

Zur Frage nach bedeutenden kulturellen Unterschieden fand HOFSTEDE, dass Menschen über Gleichberechtigung, Macht, Verantwortung und das Verhältnis der Geschlechter zueinander sehr unterschiedlich denken. Seine Auswertung erbrachte besonders kontrastreiche Ergebnisse in Abhängigkeit von der Gesellschaftsform, in der die Befragten lebten (115 000 Befragte in 40 Ländern).[3]

Als individualistische Länder bezeichnete er die westlichen Länder inkl. Australien. In westlichen Kulturen haben Individualität, Diesseitigkeit, Rationalität, Gesetzesorientierung und Leistungsethik einen hohen Rang. Westliche Kulturen betrachten sich übrigens als fortschrittlich und als Vorbild für andere Völker. Das ist eigentlich eine ethnozentrische Sichtweise, die wir bei anderen verurteilen.

Zu ergänzen ist: Einstellungen und Werte sind tendenziell starr, und doch ist ein Wandel zu verzeichnen. Hierzu tragen Medien, der Wechsel in eine Umgebung mit anderen Werten und gesellschaftlicher Wandel insgesamt

---

[2] nach Maletzke, G., 1996
[3] nach Stern, E., 2006

Tabelle: Die Stellung des Individuums in der Familie in kollektivistischen und individualistischen Gesellschaften

Kollektivistische Gesellschaften	Individualistische Gesellschaften
„Die Menschen werden in Großfamilien oder andere Wir-Gruppen hineingeboren, die sie weiterhin schützen und im Gegenzug Loyalität erhalten.	Jeder Mensch wächst heran, um ausschließlich für sich und seine direkte (Kern-)Familie zu sorgen.
Die Identität ist im sozialen Netzwerk begründet, dem man angehört.	Die Identität ist im Individuum begründet.
Kinder lernen in „Wir"- Begriffen zu denken.	Kinder lernen, in „Ich-"Begriffen zu denken.
Man sollte immer Harmonie bewahren und direkte Auseinandersetzungen vermeiden.	Seine Meinung zu äußern ist Kennzeichen eines aufrichtigen Menschen.
Starker Kontext mit ungehindertem Informationsfluss (hohe Dichte).	Schwacher Kontext mit Informationsnetzen von geringer Dichte.
Übertretungen führen zu Beschämungen und Gesichtsverlust für einen selbst und die Gruppe.	Übertretungen führen zu Schuldgefühl und Verlust an Selbstachtung.
Ziel der Erziehung: Wie macht man etwas?	Ziel der Erziehung: Wie lernt man etwas?
Beziehung hat Vorrang vor Aufgabe.	Aufgabe hat Vorrang vor Beziehung.
Kollektive Interessen dominieren vor individuellen.	Individuelle Interessen dominieren vor kollektiven.
Das Privatleben wird von der Gruppe bzw. von Gruppen beherrscht.	Jeder hat ein Recht auf Privatsphäre.
Meinungen werden durch Gruppenzugehörigkeit bestimmt.	Man erwartet von jedem eine eigene Meinung.
Harmonie und Konsens in der Gesellschaft stellen höchste Ziele dar.	Selbstverwirklichung eines jeden Individuums stellt eines der höchsten Ziel dar."[4]

Tabelle: Kulturelle Unterschiede

bei. Übrigens halten Menschen in der „Fremde" oft länger an traditionellen Werten fest als im Herkunftsland. Abschließend sei vermerkt, dass man von den pauschal zusammenfassenden Aussagen einer Tabelle nicht unbedingt auf das Verhalten des Einzelnen schließen kann.

Aufgaben:

1. Suchen Sie zu Zwangsehen und „Ehrenmorden" entsprechende Werte in der o.g. Tabelle.
2. Suchen Sie Anhaltspunkte für die Vorbereitung eines Hausbesuches. Was könnte Sie dort erwarten? Einigen Sie sich auf ein Problemthema, das Sie dort ansprechen würden. Spielen Sie es durch. (Gruppe 1: Hausbesuch in einer deutschen Familie, Gruppe 2: Hausbesuch in einer türkischen oder vietnamesischen Familie.)

[4] Amthauer, K.H. u.a., 2006

Einstellungen und Vorurteile

Zum Wesen des Menschen gehört es, Meinungen zu bilden und zu vertreten. Meinungen werden in der Soziologie als Einstellungen gegenüber Menschen, Objekten und Sachverhalten bezeichnet, z. B.:

- In diesem Jahr sind die Kinder meiner Grundschulförderklasse viel lebendiger als im letzten Jahr.
- Eine Sprachförderung einmal in der Woche bringt viel zu wenig.

Vorurteile sind eine spezielle Art von Meinungen.

Betrachten wir nun verschiedene Definitionen von Vorurteilen:

Definition 1: *„Unkritische Übernahme einer Meinung, Erwartung oder Auffassung. Ein Individuum mit Vorurteilen fällt über Personen, Sachverhalte, Gruppen usw. positive oder negative Urteile, ohne die Gründe dafür zu kennen bzw. geprüft zu haben oder eigene und möglichst objektive Erfahrungen zu machen. Zumeist wird der Begriff im negativen Sinne verwendet"*.[5]

Definition 2: *„Vorurteile sind ohne die tiefgehende Prüfung von Fakten gefasste Meinungen. Sie sind einem Menschen oft nicht bewusst, wirken sich aber trotzdem auf das Denken und Handeln aus. Vorurteile zeigen sich in Eigenschaftszuschreibungen für Personen, Geschlechter oder ganze Personen- und Bevölkerungsgruppen"*.[6]

Definition 3: *„Ein Vorurteil ist ein vorschnelles Urteil in der eigenen Interessenrichtung"*.[7]

Definition 4: *„Vorurteile generalisieren ohne Kenntnis des Ganzen; ... auch fehlt die Begründung für die Behauptung. Vorurteile lassen sich durch Erfahrungen oder Informationen nicht oder kaum ändern."*[8]

Aufgabe:
1. Stellen Sie in eigenen Worten eine Liste zusammen, woran man Vorurteile erkennt.
2. Gegen wen richten sich Vorurteile? Welche Gemeinsamkeit weisen diese Personen oder Personengruppen auf?

Beim genaueren Betrachten sind Vorurteile nicht nur dahingesagte Äußerungen, sondern sie haben eine Gestalt: Sie haben einen Kopf, ein Herz und eine Hand.

Die kognitiven Aspekte des Vorurteils sind Wahrnehmung, Wissen, Vorstellung, Überzeugungen dem Einstellungsobjekt gegenüber. Die gefühlsmäßigen Aspekte sind die Gefühle, die dem Einstellungsobjekt gegenüber empfunden werden, angenehme oder unangenehme, Zuneigung oder Ablehnung. Letztendlich enthalten Vorurteile auch Handlungsaspekte: ignorieren, unterstützen, verletzen, zerstören, annähern, ablehnen, vermeiden.[9]

Aufgaben:
Die gängige Meinung ist, dass Kinder im Vorschulalter einander vorurteilslos begegnen.

Betrachten Sie das Foto:

1. Wie spielen die Kinder wohl miteinander?
2. Kinder übernehmen Vorurteile, wenn sie sie nur oft genug hören. Stellen Sie eine Liste möglicher Vorurteile zusammen, die die beiden Kinder haben könnten.
3. Markieren Sie auf Ihrer Liste kognitive, gefühlsmäßige und Handlungsaspekte.

[5] Schaub, H., 1999
[6] Vollmer, K., 2005
[7] Benetsch, H., 1997
[8] nach Hobmair, H. 1997

[9] in Anlehnung an Hobmair, H. 1997

■ Warum übernehmen und entwickeln wir Einstellungen und Vorurteile?

Erklärungen hierzu bietet die Psychologie, insbesondere die Sozialpsychologie: Wir übernehmen Einstellungen und Vorurteile, weil sie uns nutzen. Sie haben vier wichtige Funktionen:

1. Wissensfunktion: Einstellungen helfen uns, Fremdes, Neues, die komplexe Welt, zu strukturieren, sodass wir das Gefühl von Übersicht und Sicherheit haben.

2. Abwehrfunktion: Mit unseren Einstellungen wehren wir Anforderungen ab, mit denen man sich dann nicht mehr befassen muss oder die unangenehm sind. Entsprechend wehren wir auch anders lautende Einstellungen anderer ab.

3. Anpassungs-, oder Nützlichkeitsfunktion: Man vertritt eine Einstellung, welche *die* Menschen haben, die einem wichtig sind. Dadurch erhofft man sich Anerkennung, Sicherheit und Vorteile.

4. Selbstverwirklichungsfunktion: Man vertritt eine Meinung, um die eigene Position darzustellen, um seine Individualität zu spüren.[10]

Wie kann man sich das Lernen von Vorurteilen konkret vorstellen? Im Prozess der sozialen Wahrnehmung sucht das Kind Kategorien, um die Fülle von Informationen zu ordnen. Solche Kategorien erwirbt es im Dialog mit einem Erwachsenen, insbesondere, wenn es diesem nacheifert. Das verläuft weitgehend unbewusst. Die Wahrscheinlichkeit, Vorurteile zu übernehmen, steigt, wenn das Kind für seine Äußerungen gelobt wird.

Sogar manche Jugendliche und Erwachsene lassen sich zu Vorurteilen verführen. Sie suchen Anschluss an eine Gruppe und Eindeutigkeit, z. B. von einer Führerpersönlichkeit, die sich unmissverständlich ausdrückt. Eindeutig ist z. B. auch die klare Abgrenzung der eigenen gegenüber anderen Gruppen sowie die Erfahrung, dass viele in der eigenen Gruppe die gleiche Meinung (Vorurteile) vertreten. Jetzt denken sie, dass sich so viele doch wohl nicht irren können.

---

[10] nach Hobmair, H., 1997

Aufgaben:
1. Fremdenfeindlichkeit und Rassismus liegen massive Vorurteile zu Grunde. Recherchieren Sie solche Vorurteile. Welche Funktion haben diese und wozu können sie führen?
2. Formulieren Sie auf der Basis der bisher bearbeiteten Aspekte Notwendigkeiten und Ziele interkultureller Erziehung.

Interkulturelle Erziehung: Der Auftrag

In erster Linie gibt uns die gesellschaftliche Realität, nämlich das Zusammenleben vieler Kulturen in unserem Land, die Aufgabe der interkulturellen Erziehung.

Als nächstes betrachten wir den politischen Willen, wie er sich in Gesetzen auf Bundes- und Länderebene äußert.

Das **bundesdeutsche Grundgesetz** fordert, alle Menschen als gleichwertig anzusehen, unterschiedliche Wertvorstellungen und kulturelle Orientierungen zu respektieren. Jedes Kind, jeder Jugendliche hat unabhängig von seiner Herkunft das Recht auf Erziehung und Entwicklungsförderung, auf Anerkennung, auf Zugehörigkeit zu einer Gruppe und auf Bildung. Die Gleichberechtigung spielt hierbei eine große Rolle.

Das **Kinder- und Jugendhilfegesetz** (KJHG) formuliert in Abschnitt 3: „Förderung von Kindern in Tageseinrichtungen und in Kindertagespflege":

> KJHG § 22, Grundsätze der Förderung:
> (3) Der Förderungsauftrag umfasst Erziehung, Bildung und Betreuung des Kindes und bezieht sich auf die soziale, emotionale, körperliche und geistige Entwicklung des Kindes. Er schließt die Vermittlung orientierender Werte und Regeln ein. Die Förderung soll sich am Alter und Entwicklungsstand, den sprachlichen und sonstigen Fähigkeiten, an der Lebenssituation sowie den Interessen und Bedürfnissen des einzelnen Kindes orientieren und seine ethnische Herkunft berücksichtigen.
> Stand: 16.8.06

Über das Grundgesetz und das Kinder- und Jugendhilfegesetz hinaus enthält auch die **Kinderrechtskonvention** der Vereinten Nationen einen klaren Auftrag: 1992 verpflichtete sich die Bundesregierung zur Einhaltung der Rechte der Kinder u. a. auf Bildung, Gleichheit und Beteiligung. Zu dieser Zeit waren die Rechte der Flüchtlingskinder in Deutschland noch unzureichend geklärt. Kindergarten- und Schulbesuch waren keine Selbstverständlichkeit.

Betrachten wir in der folgenden Tabelle, wie es 2005 um die Chancengleichheit im Bildungsbereich stand.

Tabelle: Erreichte Schulabschlüsse am Ende des Schuljahrs 2005/2006 in % (gerundet).

Die Tabelle zeigt ein deutliches Ungleichgewicht der Bildungsabschlüsse zwischen den ausländischen und den deutschen Jugendlichen. Der schulische Abschluss hat jedoch weitreichende Konsequenzen. Für viele ausländische Jugendliche ist er eine schlechte Eintrittskarte ins Berufsleben. 2002 erhielt nur jeder dritte ausländische Bewerber eine Ausbildungsstelle im dualen System gegenüber ca. 65 % der deutschen Bewerber. Welche Zukunft haben die ausländischen Jugendlichen dann?[12]

> **Aufgaben**
> 1. Analysieren Sie die Tabelle „Erreichte Schulabschlüsse am Ende des Schuljahrs 2005/2006". Stellen Sie markante Zahlen gegenüber.
> 2. Suchen Sie in der angegebenen Quelle die Zahlen für Ihr Bundesland und für ein weiteres Ihrer Wahl.

Aus den bisher genannten Gründen – gesellschaftliche Realität, politischer Wille, Rechte der Kinder auf Bildung und Chancengleichheit – gilt es, die frühen Jahre viel besser als bisher zur allseitigen Förderung zu nutzen, um Kindern einen guten Schulstart zu ermöglichen. Doch Leistung ist nicht alles. Die **Kultusministerkonferenz** hat 1996 umfassende Empfehlungen zur interkulturellen Bildung und Erziehung in der Schule ausgesprochen. Diese Empfehlungen haben für Erzieherfachschüler eine doppelte Bedeutung. Sie sind Gegenstand ihrer eigenen Ausbildung und bestimmen auch die Erziehungsarbeit in sozialpädagogischen Einrichtungen mit.

Abschlussart	Deutsche insgesamt	Ausländer insgesamt	Deutsche männlich	weiblich	Ausländer männlich	weiblich
Ohne Hauptschulabschluss	7	18	9	5	21	14
Mit Hauptschulabschluss	23	42	27	20	43	40
Mit Realschulabschluss	42	31	41	44	28	35
Mit Fachhochschulreife und allgemeiner Hochschulreife	27	10	23	31	8	11

[11]

---

[11] Statistisches Bundesamt, 2006

[12] nach Granato, M; Gutschow, K., 2004

„Im einzelnen erscheinen folgende inhaltliche Aspekte bedeutsam, um exemplarisch kulturelle, religiöse und ethnische Hintergründe und Beziehungen sowie Bedingungen des Zusammenlebens in kultureller Vielfalt kennen zu lernen:

- Wesentliche Merkmale und Entwicklungen eigener und fremder Kulturen.
- Gemeinsamkeiten und Unterschiede der Kulturen und ihre gegenseitige Beeinflussung.
- Menschenrechte in universaler Gültigkeit und die Frage ihrer kulturellen Bedingtheit.
- Entstehung und Bedeutung von Vorurteilen, Ursachen von Rassismus und Fremdenfeindlichkeit.
- Hintergründe und Folgen naturräumlicher, wirtschaftlicher, sozialer und demografischer Ungleichheiten.
- Ursachen und Wirkungen von Migrationsbewegungen in Gegenwart und Vergangenheit.

- Internationale Bemühungen zur Regelung religiöser, ethnischer und politischer Konflikte.
- Möglichkeiten des Zusammenlebens von Minderheiten und Mehrheiten in multikulturellen Gesellschaften."[13]

Interkulturelle Kompetenzen der Erzieherin

Das Ziel interkultureller Erziehung ist das gleichberechtigte und friedliche Zusammenleben von Menschen unterschiedlicher kultureller Herkunft. Ein solches „Leitziel" in der sozialpädagogischen Arbeit umzusetzen, erfordert eine Reihe von Kompetenzen.

Dabei ist zu beachten, dass interkulturelle Bildungsarbeit Sachwissen und Handlungswissen für den Umgang mit Kindern, Eltern und Beratern unterschiedlicher kultureller Herkunft verlangt sowie Reflexions- und Lernbereitschaft. Im Einzelnen:

Ich-Kompetenzen	Sozialkompetenzen	Sachkompetenzen	Lernkompetenzen
u.a.	u.a.	u.a.	u.a.
Reflexion der eigenen kulturellen Sozialisation sowie aktueller Wahrnehmungen, Einstellungen, Werthaltungen, Handlungs- und Deutungsmuster	**Empathie:** Sich in Gefühle, Werte und Verhaltensweisen der Menschen anderer Kulturen hineinversetzen können	**Kenntnisse** über - das Wesen und die Bedeutung von Vorurteilen - Migration - die sozialen Konstrukte: Rasse, Ethnien, Nationen und deren Heterogenität - religiöse, ethnische, politische und interkulturelle Konflikte - Menschenrechte und deren Einhaltung - Kulturen und das Leben in anderen Ländern - das soziale Netzwerk für ausländische Mitbürger in der Gemeinde und Fähigkeit zur Zusammenarbeit	**kulturelle Neugier:** Permanente Erweiterung des kulturellen Skripts und Offenheit für neue Sichtweisen und Erfahrungen, z. B. in der Zusammenarbeit mit Kooperationsbeauftragten
Ambiguitätstoleranz: Fremdheit und Unsicherheiten aushalten können; Handlungsfähigkeit trotz kultureller Widersprüche	**Sensibilität** für Vorurteile, Diskriminierung und Ausgrenzung		**Flexibilität:** Sich auf Neues einstellen können und neue Wege erproben
Konfliktfähigkeit: Konflikte verbal und auf Vertragsbasis lösen können	**Respekt** vor Andersartigkeit soweit diese die demokratischen Grundregeln nicht verletzt		**Mehrperspektivität:** Einen Gegenstand, ein Problem aus Sicht der Mehrheiten und der Minderheiten betrachten können
	Kommunikation: Fähig- und Fertigkeiten im Umgang mit Eltern, Kindern, Kooperationspartnern verschiedener kultureller Herkunft		Unter neuen Bedingungen immer wieder einen Konsens für das Zusammenleben in unserer Gesellschaft finden.

[13] Kultusministerkonferenz 1996

Methoden und praktische Beispiele

Interkulturelle Erziehung findet auf verschiedenen Ebenen und in verschiedenen Zusammenhängen statt. Sie wird einerseits in alltäglichen Situationen konkret, andererseits schaffen wir durch Projekte Möglichkeiten, die Ausdrucksformen fremder Kulturen kennen zu lernen, z. B. deren Sprache, Musik, Tanz, Literatur, Gestalten, Gerichte. Im Einzelnen:

- Vorurteilsbewusste Erziehung
- Erweiterung des kulturellen Skripts
- Förderung der Mehrsprachigkeit: Die Sprache ist der Schlüssel zur Integration. (siehe Sprache und Sprechen, S. 406)
- Zusammenarbeit mit Eltern (Siehe S. 572 ff.)
- Projekte

■ Vorurteilsbewusste Erziehung

Umgang mit Vorurteilen und Ungerechtigkeiten: Diese zeigen sich nicht nur im interkulturellen Zusammenleben. Es sind abwertende Bemerkungen, Spötteleien, Ausgrenzungen (du darfst nicht mitmachen), Nichtbeachten und Aufhetzen. Ferner sind es Privilegien, die die Ältesten in der Gruppe, die Mädchen oder Jungen für sich in Anspruch nehmen, z. B. Platzbesetzungen (Bauecke, Bewegungsraum, Puppenecke).

In vorurteilsgelenkte konfliktreiche Handlungen sollte sich eine Erzieherin generell einmischen. Das Einmischen bietet die Chance, mit Kindern Motive für das Handeln zu erörtern und Handlungsmuster zu durchbrechen. Es verhindert die Eskalation von Gewalt. Oft geschehen vorurteilsgeleitete Attacken aber auch heimlich, für die Erzieherin unsichtbar, z. B. weil die Angegriffenen sich nicht wehren.

Vorurteile in Bilderbüchern, Liedern und Spielen: Vorurteile werden auch über Materialien transportiert, sogar über Spiele, Lieder und Bilderbücher.

Typische Beispiele für rassistische Spiele sind das Lied von den „Zehn kleinen Negerlein" und das Laufspiel: „Wer hat Angst vorm schwarzen Mann?". Entsprechende Stereotype finden sich auch in Bilderbüchern mit Darstellungen von Schwarzafrikanern in Baströckchen und Chinesen mit einem Zopf.

Erzieher sollten Bücher, Spiele, Lieder und Verse auf klischeehafte oder gar rassistische Darstellungen und Aussagen hin untersuchen. Schlösser meint dazu:

- „Werden die Menschen der Geschichte gleichberechtigt dargestellt? Gibt es Über- oder Unterordnungen?
- Wird einer bestimmten Gruppe Menschen geringere oder höhere Intelligenz aufgrund ihrer Herkunft unterstellt?
- Wird eine Volksgruppe verniedlicht oder klischeehaft dargestellt?
- Wird die Realität eines Landes falsch oder einseitig dargestellt?
- Werden reale Zusammenhänge von Migration geleugnet oder irreführend geschildert?
- Gibt es positive Identifikationsfiguren in jeder dargestellten Herkunftsgruppe?
- Wird vereinfachend auf die simple Formel „wir sind alle gleich" reduziert; oder kann Individualität Bestand haben mit dem Fokus „Wir sind alle gleichwertig?"
- Transportiert die Geschichte die Haltung „Unterschiedlichkeit und Vielfalt sind Bereicherung?"
- Werden Außenseiter der Geschichte im Verlauf integriert? Müssen sie als Preis dafür ihre Identität aufgeben?"[14]

Dies sind 9 der 27 von Schlösser entwickelten Kriterien zur Bewertung von Medien.

Vorurteile, Ungerechtigkeiten und Verschiedenartigkeiten werden in einer Berliner Kindertagesstätte mit Hilfe einer *Persona Doll* bearbeitet. Es ist eine biographische Puppe, deren Alter und Eigenschaften die Erzieherin passend

[14] Schlösser, E., 2001

zur Situation in ihrer Gruppe entwirft. Die Puppe ist schwach, hilflos oder mutig, und die Erzieherin kann mit ihrer Hilfe Probleme ansprechen, ohne diese an einem Kind der Gruppe festzumachen.[15)]

■ Erweiterung des kulturellen Skripts

Kindertageseinrichtungen und Schulen sind sozusagen „Schmelztiegel" multikultureller Gesellschaften. Erzieherinnen und Lehrern fällt die Aufgabe zu, die Kinder in die Mehrheitskultur einzuführen, kulturelles Wissen, kulturelle Werte und Gepflogenheiten zu vermitteln. Diese werden im Umgang miteinander und im Tagesablauf konkret: beim Essen, beim Spiel, beim Feste feiern. Kinder anderer kultureller Herkunft bringen andere Erfahrungen mit und erleben manchmal Widersprüchlichkeiten. Unser Ziel ist nun nicht, diese Widersprüchlichkeiten aufzulösen, sondern Kinder beim Aufbau einer ausgewogenen Identitätsbalance zu unterstützen. Eine ausgewogene Identitätsbalance beinhaltet, die eigenen kulturellen Gepflogenheiten und die der Mehrheitskultur zu kennen, umschalten zu können und sich in zwei Kulturen sicher zu fühlen. Die Erzieherin fördert den Aufbau der Identitätsbalance wie folgt:

Individualität bewusst machen, Identitätsfindung unterstützen. „Ich kann das noch nicht, aber ich kann´s anders" hörte ich eine Dreijährige sagen, die sich nicht traute, die Sprossenwand hoch zu klettern. Sie klammerte sich an einer der mittleren Sprossen fest und ließ ihre Beine schwingen. So jung das Mädchen war, konnte sie doch schon ihre Einstellung vertreten. Die Erzieherin unterstützt die Kinder darin, zu wissen, was sie können, worin sie sich unterscheiden. Sie hilft ihnen, Wissen über ihre Herkunft zu erlangen und Zugehörigkeit zu erfahren. Dazu stellt sie auch Sachbücher und Gegenstände verschiedener Kulturen bereit, die Kinder im Rollenspiel nutzen können.

Gemeinsamkeiten betonen. Bei aller Unterschiedlichkeit entwickeln Kinder doch gemeinsame Interessen und Vorlieben, z.B. für ein Spiel oder ein Bilderbuch, sie haben ähnliche Erfahrungen, z.B. das Neusein in der Gruppe. Die Erzieherin betont Gemeinsamkeiten,

damit die Kinder gefühlsmäßige Übereinstimmungen erleben und Empathie bzw. Solidarität entwickeln, ferner, um Ab- und Ausgrenzungen vorzubeugen.

Unterschiedliche Perspektiven einnehmen. Es stärkt Kinder in ihrer Identitätsfindung, wenn sie von Erfahrungen bei einem Familienfest oder einem Urlaub im Herkunftsland berichten können. Die Erzieherin geht mit gutem Beispiel voran, bittet um Fotos, fasst Berichte zusammen. Die Kinder lernen, ihre kulturellen Gepflogenheiten zu erläutern und sich beim Zuhören in die Lage anderer zu versetzen. Wissen reduziert Fremdheit und beugt Vorurteilen vor.

Solcherart kulturelles Lernen wird begünstigt durch die steigende Zahl von Erzieherinnen mit Migrationshintergrund. Sie leben die Fähigkeit zum Perspektivenwechsel vor, fühlen sich sicher in beiden Kulturen und beherrschen zumindest eine, manchmal zwei Fremdsprachen, je nach Herkunftsland. Das kann Kinder maßgeblich unterstützen.

■ Bildungsarbeit in Projekten

Projekte wie das Erkunden der Gemeinde bergen einen ungeheuren Schatz, Fremdheit zu spüren und zu überwinden. Hierzu besuchen die Erzieherin und eine Kindergruppe Menschen zu Hause und an ihrem Arbeitsplatz. Da lernt man auch, wie man grüßt, sich bedankt und generell, wie man sich verhält.

Im folgenden Beispiel kommen fremde Kulturen in den Kindergarten hinein:

Noch zu klein für die große Welt? Globales / Interkulturelles Lernen in Kindertagesstätten und Schülerklubs.

Die regionale Arbeitsstelle für Ausländerfragen, Jugendarbeit und Schule, Brandenburg e.V. (RAA) führte in den Jahren 2001 bis 2003 in verschiedenen Städten und ländlichen Regionen des Landes Brandenburg Projekte zum interkulturellen Lernen durch. Uwe Prüfer berichtet:
„Über einen Zeitraum von jeweils vier Monaten gestaltet eine/einer der insgesamt zehn im Projekt Tätigen einmal wöchentlich den Tag einer Kindergruppe (vier bis sechs Jahre) in einem Kindergarten. Für die 8- bis 12-Jährigen bieten die auslän-

---

[15)] nach Goddar, A., 2005

dischen Pädagoginnen einmal wöchentlich am Nachmittag einen offenen Klub bzw. eine Hort-Arbeitsgruppe an, die sich an Themen und Prinzipien des Globalen/Interkulturellen Lernens orientiert.
Die ausländischen Pädagoginnen leben bereits (...) mehrere Jahre in der Bundesrepublik, die Verständigung mit den Kindern erfolgt auf Deutsch. Das Projektkonzept hält es für vorteilhaft, dass den Kindern in diesem Alter eine „fremde" Kultur zunächst von einer Person vermittelt wird, die jene Kultur in gewissem Sinn repräsentiert. Im direkten Kontakt, der während des Projektes oft in freundschaftliche Beziehungen zum ausländischen Pädagogen/zur Pädagogin wird, können so mögliche Vorurteile „Fremden" gegenüber abgebaut werden."[16]

In Projekten, wie dem oben beschriebenen, erfahren die Kinder von einer authentischen Person etwas über

- den Alltag in deren Herkunftsland, über den Familienverband und die Versorgung,
- Gegenstände aus dem Alltagsleben der Menschen: Kleidung, Geräte, Spielzeug, Musikinstrumente, Schmuck,
- Naturprodukte wie Ton, Wolle und erfassen deren kulturelle Bedeutung,

---

[16] Prüfer, U., 2007

- Nahrungsmittel, deren Anbau und Verarbeitung und stellen selbst Speisen her,
- Sie hören eine andere Sprache, lernen landestypische Spiele,
- erfassen Umweltprobleme über Rollenspiele, Theaterstücke, Arbeiten mit Naturprodukten,
- erlangen Vorstellungen von Entfernungen, von geografischen Räumen und Landschaften.

Das Beispiel zeigt uns, dass die Begegnung mit Menschen wichtiger ist, als das Sachwissen über ein anderes Land. Es ist auch die Begegnung mit Menschen, die uns toleranter werden lässt, nicht das Wissen über das Land.

Interkulturelle Arbeit ist Aufgabe jeder Gemeinde

Neben den Erzieherinnen sind alle Mitarbeiter öffentlicher Institutionen zur interkulturellen Arbeit verpflichtet, nämlich die Gemeinderatsmitglieder, die Mitarbeiter der Gemeindeverwaltung, des Arbeits- und Gesundheitsamtes, der Schulen, Kindergärten, Bibliotheken, Theater und Kirchen. Sie achten in ihrem jeweiligen Bereich auf die Rechte aller auf der Basis des Grundgesetzes und der Humanität.

Menschen in diesen Positionen haben eine Vorbildfunktion und bilden ein Netzwerk gemeinsam mit Bürgerinitiativen und Selbsthilfegruppen, den ausländischen Kooperationslehrern und Migranten, (Kultur)vereinen usw.

Zur Professionalität von Erzieherinnen gehört es, das Netzwerk zu kennen, zu nutzen und mit zu tragen. Der Gemeinde liegt in der Regel eine Übersicht über die am Netzwerk beteiligten Stellen und Personen vor. Einige Beispiele:

Ausländerbeirat: Untergremium des Gemeinderates aus gewählten Mitgliedern; sie vertreten die Interessen ausländischer Mitbürger.
Ausländerbeauftragte: Individuelle Beratung ausländischer Mitbürger, z. B. in aufenthaltsrechtlichen Fragen, bei Aufnahme und Unterbringung von Asylbewerbern, Betreuung von Spätaussiedlern. Diese Aufgaben werden in vielen Gemeinden von der Diakonie oder der Caritas übernommen.
Bürgerinitiativen: Vielfältige Angebote von Patenschaften über gemeinsames Kulturlernen

mit Reisen bis zum Einsatz für Menschen, die von Abschiebung bedroht sind.

Migrantenvereine: dienen der Kulturpflege und der Unterstützung der Landsleute (Mitglieder).

Kooperationslehrer: sind von ihrer Heimatbehörde entsandte Lehrer; sie geben Sprach- und Kulturunterricht vor allem für Schulkinder, je nach ihrem Stundendeputat auch in Kindergärten.

Mediatoren: sind hilfreiche Vermittler bei Konflikten sowohl zwischen Deutschen und Nicht-Deutschen als auch z. B. zwischen türkischen und kurdischen Mitbürgern.

Schul-Integrationslotsen: sind in Deutschland aufgewachsene Migranten, die in beiden Sprachen, in beiden Kulturen zu Hause sind. Sie können neue Eltern am Schulanfang begrüßen, klären ausländische Eltern über das Schulsystem und über die Bedeutung von Bildung in unserer Gesellschaft auf. Damit tragen sie dazu bei, dass Eltern die Sorgen ihrer Kinder besser verstehen. Sie vermitteln bei Konflikten und können versuchen, Mütter für VHS-Angebote zu gewinnen wie „Mama lernt Deutsch" (und kulturelle Gepflogenheiten).

Leitstelle Zusammenleben: meist bei der Gemeinde angesiedelt, koordiniert das Netzwerk und fördert alle Ansätze zum multikulturellen Zusammenleben und zur Integration.

In den letzten Jahren sind zahlreiche Bündnisse geschlossen worden, z. B. zwischen Migrantenvereinen, Jugendbildungswerken, der Agentur für Arbeit und der Wirtschaft für die Förderung der Berufsausbildung der Jugendlichen einer Region.[17]

Bundes- und Länderprogramme unterstützen Integrationsprojekte sowohl finanziell als auch durch Wettbewerbskampagnen.

Tag der Weltreligionen: Imam Mustafa Günesdoglu erklärt Schulkindern in der Hamburger Centrum-Moschee, welche Bedeutung der Koran hat und wie eine Moschee innen gestaltet ist.

Aufgabe:

1. Erstellen Sie eine Mindmap des hier dargestellten Netzwerkes. Recherchieren Sie in Ihrer Stadt, Ihrem Landkreis, nach Parallelen.
2. Nehmen Sie über eine zuständige Stelle in Ihrer Gemeinde Kontakt zu einer ausländischen Familie auf. Erkunden Sie deren Weg ab Ankunft in Deutschland.
3. Nehmen Sie Kontakt auf mit einem türkischen/italienischen/griechischen Kooperationslehrer. Interviewen Sie ihn.
4. Erfragen Sie Wünsche für die Erziehungsarbeit in der Kindertageseinrichtung.
5. Besuchen Sie eine Veranstaltung zum internationalen Kindertag in Ihrer Gemeinde oder zum Tag der Moschee. Berichten Sie davon in der Klasse.
6. Erstellen Sie Plakate entsprechend der Sprachen, die in Ihrer Praxiseinrichtung am meisten gesprochen werden (ca. 30 Wörter und kurze Sprachwendungen). Lernen Sie diese wenigstens in einer Sprache auswendig.

---

[17] nach www.zusammenleben-zio.de und Haas-Ritschel, 2005

Sozialpädagogische Arbeit strukturieren und organisieren

1. Gestaltung des Tages- und Wochenablaufes/ des Jahreskreises

Elemente im Tagesablauf

Befragt man Kindergartenteams, so beschreiben sie ihren Tagesablauf als sehr einrichtungsspezifisch. Tatsächlich sehen wir jedoch in allen Einrichtungen die gleichen Elemente, nur dass sie unterschiedlich organisiert sind und im zeitlichen Umfang differieren.

Beispiel: Kindergarten Maienbühl	
07:00 – 08:00	gruppenübergreifender Frühdienst/Freispiel
Ab 08:00	Gleitende Ankunftszeit/ Freispiel in der eigenen Gruppe/freies Frühstück/ gruppenübergreifende Sprachförderung
09:00	Morgentreff
09:30	Freispiel in diversen Räumen und dem Garten/Angebote/gezielte Aktivitäten
10:45	Gemeinsames Frühstück/Gruppenaktivität
11:30	Freispiel im Garten
12:15	Schlusskreis
12:30	Abholzeit

Die gleitende Ankunftszeit bezeichnet ein Zeitfenster von 1–2 Stunden, innerhalb dessen die Eltern ihre Kinder am Morgen bringen können. Die Kinder kommen also – anders als in Einrichtungen unserer europäischen Nachbarn – zu sehr unterschiedlichen Zeiten in ihrer Gruppe an.

Darin stecken Chancen, aber auch Grenzen. Wer z. B. früh da ist, kann begehrtes Spielzeug wählen und hat die Erzieherin eine Weile für sich allein, die Anzahl der Spielpartner ist jedoch begrenzt. Spät kommende Kinder finden Spielbereiche schon besetzt vor, können mit guten Ideen jedoch auch schnell Zugang zu einer Spielgruppe finden.

Das Freispiel hat in Deutschland Tradition seit Gründung des Kindergartens durch FRÖBEL. Es bedeutet bei uns wirklich Spiel, während es in unseren Nachbarländern einerseits Freiarbeitsphasen gibt, andererseits auch reine Spielstunden.

Beobachtungen zeigen, dass Kinder in der Tendenz eher ruhig ins Freispiel hineinfinden, sich nach kurzer Orientierung gut konzentrieren. Etwa zwischen 9:30 und 10:00 Uhr entsteht oft größere Unruhe, erkennbar an Spielwechseln, Partnerwechseln, Herumrennen. Manche Kinder sind am Ende ihrer Konzentrationsfähigkeit, „Spätkommer" stoßen dazu, beleben das Spiel neu oder es kommt zu Spannungen. Auch Hunger kann Unruhe auslösen. Im günstigsten Fall suchen die Kinder jetzt den Frühstückstisch auf, stärken sich, sprechen ein neues Spielvorhaben ab.

Morgentreff/Stuhlkreis: Der Morgentreff bzw. Stuhlkreis soll die Gruppe zusammenführen. Statt Vielfalt und Entscheiden-Müssen erlebt das Kind jetzt eine Ordnung, eine Führung. Die Erzieherin stellt ein Detail, ein Thema in den Mittelpunkt, welches alle angeht. Fehlt ein solcher Wechsel zwischen Bewegung und Ruhe, zwischen Vielfalt und Ordnung, baut sich bei vielen Kindern Spannung auf, die nach Entladung sucht.

Angebote/gezielte Aktivitäten: Angebote und gezielte Aktivitäten richten sich in der Regel an Kleingruppen von ca. drei bis acht Kindern. Angebote können die Kinder frei wählen, oft sogar gruppenübergreifend. Sie üben, sich zu entscheiden, können eigenen Interessen nachgehen, mit ihrem Freund gemeinsam teilnehmen und das Angebot mitgestalten.

Gezielte Aktivitäten sind in Inhalt und Vorgehensweise zielgruppen-, und stärker als Angebote ergebnisorientiert. Viele Kindergärten gehen in letzter Zeit dazu über, bestimmte Kinder an bestimmten Tagen für bestimmte Aktivitäten einzuteilen.

Zu den Werten von Angeboten und gezielten Aktivitäten siehe unten.

Zweite Freispielphase und Schlusskreis: Die zweite Freispielphase verbringen die Kinder oft im Garten. Dort sind die Erzieherinnen am wenigsten aktiv, und die Kinder können fast „erzieherfrei" spielen.

Im anschließenden Schlusskreis reflektieren Erzieherinnen und Kinder Erlebnisse des Vormittags. „Was habe ich heute Neues erfahren, was ist mir gut gelungen, und warum?" Wer darüber nachdenkt, denkt über das Lernen nach, dem wird Lernen bewusst. Der Abschlusskreis soll die Kinder positiv auf den nächsten Tag einstimmen und ein Moment des Innehaltens zwischen den beiden Bezugssystemen Kindergarten und Familie sein.

■ Funktion und Werte gezielter Aktivitäten

- **Die Co-Konstruktion von Wissen:** Sie kann nur im Dialog mit anderen stattfinden. In einer überschaubaren Gruppe und unter der Leitung der Erzieherin berichten Kinder von Erfahrungen, äußern Meinungen, z. B. zu Themen wie „Mädchen sein – Junge sein", „Wachsen", „Ängste". Die unterschiedlichen Beiträge sind spannend und wichtig. Die Erzieherin meldet, was sie verstanden hat, ermuntert Kinder, auf Beiträge anderer zu reagieren, erweitert Äußerungen einzelner Kinder: „Du hast also gemerkt, dass Schatten durch die Sonne entstehen, und wie ist das nachts? Hast du nachts noch keine Schatten gesehen?" Sie bündelt Beiträge der Kinder, relativiert diese, wenn sie problematisch sind oder diskriminieren.
- **Kommunikationsstil einüben:** Grundlegende Formen der Kommunikation sind einander zuzuhören, sich mitzuteilen, in der Gruppe Vereinbarungen zu treffen, Künftiges zu planen. Es sind Voraussetzungen

für das Leben in einer Gemeinschaft, in einer Demokratie und in einer Informationsgesellschaft. Am Modell der Erzieherin lernen Kinder das Eingehen auf den Gesprächspartner und das aktive Sprechen mit Artikulation, einem differenzierten Wortschatz und in vollständigen Sätzen. Sie lernen, als Sprecher einer Kleingruppe etwas vorzutragen und zu präsentieren.

- **Soziales Lernen in gezielten Aktivitäten:** Die Erzieherin möchte den Kindern Orientierung geben, soziale, moralische, religiöse, demokratische Werte bewusst machen. Gespräche über Rechte, Idealvorstellungen, vorbildliches Verhalten, Regeln und Ausnahmen sind sinnvollerweise in der Gruppe zu führen, denn sie betreffen das Leben in der Gruppe.

  Den besonderen Wert gelenkter Aktivitäten für das soziale Lernen betont auch FTHENAKIS: „Förderprogramme, in denen vom Erzieher gelenkte Lernaktivitäten überwiegen, führen zu einer adäquateren sozialen Anpassung der Kinder als Lernaktivitäten, die in einem von den Erziehern vorstrukturierten Umfeld von den Kindern selbst initiiert und realisiert werden."[1]

- **Entwicklungsförderung:** Bei Bilderbuchbetrachtungen, beim Turnen usw. gibt die Erzieherin Impulse für die Wahrnehmung, für sprachliche, motorische, kognitive Differenzierungsprozesse. Kinder reagieren unterschiedlich, beobachten einander, lassen sich vielleicht von der Begeisterung anderer mitreißen.

- **Einführung von Techniken:** In der Küche, der Lernwerkstatt, dem Werk- und Bewegungsraum zeigt die Erzieherin Abläufe und führt in die Handhabung von Geräten und Werkzeugen ein, damit Kinder anschließend eigenständig damit arbeiten können (auch mit dem Computer). Das entspricht dem Anspruch einer modernen Gesellschaft, die Eigeninitiative und permanentes Um- und Neulernen erfordert.

  Als Modell zeigt die Erzieherin selbst Neugier für Neues, nimmt Anstrengung auf sich, zeigt Lust am Lernen, am Ausprobieren, probiert es noch mal und anders, wenn etwas nicht geklappt hat.

■ Der Sinn eines geregelten Tagesablaufes

Die einzelnen Elemente im Tagesablauf sind sehr bewusst gesetzt. Sie zeigen unser Verständnis von den Bedürfnissen und Fähigkeiten eines Kindes. Kinder brauchen einen natürlichen Wechsel von Selbstbestimmung und Anleitung, von Vielfalt und Ordnung. Sie brauchen sowohl Phasen für das Allein-Tätig-Sein, als auch für das Spielen und Lernen mit einem Freund, in Kleingruppen und der Großgruppe.

Viele Kinder erleben in ihrer näheren Umgebung Unsicherheiten und Brüche. Die Kindertageseinrichtung bietet Stabilität und Zuverlässigkeit. Durch die Tagesstruktur wissen Kinder, was als nächstes folgt, was von ihnen erwartet wird, wie lange sie Zeit für etwas haben und wann der Kindergartentag zu Ende ist.

Was bedeutet der geregelte Tagesablauf für die Erzieherin? Im Freispiel beobachtet sie und wendet sich einzelnen Kindern zu. Bei Gruppenaktivitäten muss sie viel aktiver sein, die Kinder animieren, deren Interessen zusammenführen. Gäbe es keine solche Tagesstruktur, müsste sie die Gruppe ständig neu organisieren. Ihre Hauptenergie flösse in Entscheidungsprozesse. Die Rolle der Erzieherin wäre sehr mächtig, weil sie die wichtigste Person bei den Entscheidungen wäre.

Der Tagesablauf soll strukturiert sein, um dem Kind Orientierung zu geben, darf aber nicht so starr sein, dass er Zwänge auferlegt, z. B. in der Zeiteinhaltung.

[1] Fthenakis, W., 2000

Regeln und Rituale

■ Regeln

Regeln im Tagesablauf haben eine ordnende und eine schützende Funktion. Sie sagen dem Kind seine Freiheiten, z.B. wo es in der Freispielzeit spielen kann. Sie nennen Bedingungen, unter denen es ein anderes Spielzeug holen oder sich zu einem anderen Ort im Haus abmelden kann. Diese Regeln sind mit wachsender Erfahrung des Kindes verhandelbar. Nicht verhandelbar sind Regeln des Umgangs miteinander. Generell gilt, einem anderen nicht wehzutun oder gewaltsam etwas zu entreißen. Solche Regeln geben Schutz.

Von Zeit zu Zeit müssen sie neu erarbeitet werden.

Zur Notwendigkeit von Regeln meint HEBENSTREIT:

„Vierundzwanzig andere Kinder: das sind nicht nur 24 mögliche Spielpartner, sondern auch 24 mögliche Angreifer. Es gibt die Angst, körperlich verletzt, isoliert, um Begünstigungen betrogen, beleidigt, erpresst zu werden; es gibt die Angst der Mädchen vor den Jungen, die ihre körperliche Kraft ausspielen und (...) davon ausgehen, die Kinderwelt zu beherrschen; es gibt die Angst der kleinen vor den großen Kindern, die mit einer Kraft rennen, klettern und toben können, die bewundernswert ist, aber auch an die Seite drückt; es gibt die Angst des Außenseiters vor der Gruppe (...). Regeln, die für alle verbindlich sind, wenden sich gegen das Faustrecht und schaffen einen gleichberechtigten Zugang zu allgemein gewünschten Privilegien." [2]

---

[2] Hebenstreit, S., 1994

Routinen sind wiederkehrende Handlungen im Tagesablauf. So richten die Kinder nach ihrem Frühstück den Platz für das folgende Kind oder sie beginnen auf ein Signal hin, aufzuräumen, ziehen sich ihre Jacken an und warten an der Tür, um nach draußen zu gehen. Anfangs führt die Erzieherin die Kinder in die Routinen ein, dann verrichten sie diese von selbst. Sie geben Sicherheit und fördern die Selbstständigkeit.

■ Rituale

Rituale gibt es in verschiedenen Formen: Zum einen sind es kleine ritualisierte Handlungen wie das gemeinsame Winken mit dem Krippenkind, wenn die Mutter weggeht, das Tischgebet vor dem Essen, das Entschuldigen bei Fehlverhalten. Es sind gleichbleibende, kulturspezifische und bewusste, sozial-emotionale Handlungen. Zur Aufgabe der Erzieherin gehört es auch, Rituale in einem größeren Rahmen zu gestalten, den Morgenkreis, den Wochenschluss oder einen Kindergeburtstag. Hier sind alle Kinder der Gruppe anwesend. Die Erzieherin eröffnet das Ritual mit entsprechenden Worten, oft auch mit einem Symbol (Blume, Kerze), je nach Art des Rituals. Es geht um das Innehalten und um das bewusste Wahrnehmen der Gemeinschaft.

Rituale sind gleichbleibende Handlungen. Sie haben aber auch einen aktuellen Teil mit einem Gespräch, mit Spielen und Liedern passend zum Anlass. Hier haben auch Sinn- und Wertethemen ihren Platz, wann anders kann man sie in der Gruppe in Ruhe besprechen?

Die Erzieherin gibt Impulse, damit sich jeder seiner Gefühle passend zum Tagesthema bewusst werden und Kraft schöpfen kann. Sie regt die älteren Kinder auch an, nach innen zu hören oder darüber nachzudenken: „Wer bin ich in dieser Gruppe, was kann ich, was kann ich zur Gemeinschaft beitragen?" Sie gibt Impulse zur Stärkung, so dass jeder sich geborgen und wertgeschätzt fühlt.

Das Ritual zum Tagesende soll unangenehme Erfahrungen abschließen und positiv auf den nächsten Tag einstimmen.

Der Wochenrhythmus

Ein relativ gleichbleibender Wochenrhythmus gibt jedem Tag seine besondere Bedeutung und befriedigt das Bedürfnis nach Rhythmus und Wiederholung. Die Kinder freuen sich auf das montägliche Turnen oder Schwimmen. Sie lernen, sich selbst zu organisieren und bringen ihre Turn- bzw. Schwimmsachen mit. Für die Erzieherin bedeutet ein Wochenplan, dass Zuständigkeiten und Raumnutzung gesichert sind. Jede Erzieherin kann sich auf ihr Tun vorbereiten und sich auf die Kinder konzentrieren.

> **Aufgabe:**
> Betrachten Sie den Wochenplan Ihrer Gruppe und den Ihrer Kindertageseinrichtung insgesamt.
>
> 1. Legen Sie Kriterien fest, um den Plan zu analysieren.
> 2. Entwickeln Sie neue Ideen. Beachten Sie dabei auch die Übersicht über Entwicklungs- und Bildungsbereiche siehe „Planung, Durchführung, Evaluation und Dokumentation von Aktivitäten", S. 385
> 3. Begründen Sie Ihre Ideen.

Beim Erstellen eines Wochenplanes muss auf Ausgewogenheit zwischen selbstbestimmtem Tun und gelenkten Klein- und Großgruppenaktivitäten geachtet werden, jedes mit etwa einem Drittel Anteil. Ein Ritual am Wochenanfang sollte den Kindern wieder den Einstieg in die Gruppe erleichtern und am Wochenschluss Rückschau und Vorausblick ermöglichen.

Der Jahreskreis

Die pädagogische Arbeit vom Beginn des Kindergartenjahres bis zu den nächsten Sommerferien wird weitgehend durch den Gruppenprozess, die Jahreszeiten sowie Feste und den Bildungsauftrag der Einrichtung bestimmt.

Drei größere Zeitabschnitte markieren das Jahr: September bis Weihnachten, Januar bis April, vom Mai bis zu den Sommerferien.

■ September bis Weihnachten

Von September bis Weihnachten steht das Zusammenfinden der Gruppe im Vordergrund.

Kinder unter 3 Jahren werden oft nach einem festen Programm eingewöhnt. Dabei ist in der ersten Woche ein Elternteil stundenweise mit dem Kind in der Einrichtung und in der zweiten Woche in Rufbereitschaft. Das erleichtert den Einstieg.

Bei den Jüngeren nehmen Trösten, Hilfe bei der Kontaktaufnahme, das Erklären von Regeln viel Zeit in Anspruch.

In offenen Einrichtungen werden die neuen Dreijährigen in den ersten 6–8 Wochen besonders betreut. Eine konstante Erzieherin nimmt sie am Morgen in der Eingangshalle in Empfang und geht mit dem ganzen Grüppchen zu einem Funktionsraum, z. B. dem Kreativraum. Die Erzieherin und die Fachkraft dort zeigen ihnen Möglichkeiten zu malen, zu kleben usw. Danach gehen sie gemeinsam frühstücken und schließlich in den Garten. Der Erfahrung nach reichen etwa acht Wochen aus, bis die Kinder alle Funktionsräume und Facherzieherinnen kennengelernt haben und es wagen, sich frei im Haus zu bewegen.

Nach der Eingewöhnungsphase von wenigen Wochen führen die Erzieherinnen die ersten Elterngespräche (Einzelgespräche). Themen sind u. a. das Befinden des Kindes und gegenseitige Erwartungen und Wünsche.

Oft sind in dieser Phase auch neue Mitarbeiter zu integrieren, Rituale, Regeln, Arbeitsweise und Erziehungsziele zu erklären.

Von Anfang an beobachtet die Erzieherin die Kinder, gibt Impulse und dokumentiert ihre Eindrücke. Sie bietet Aktivitäten an, damit die neuen Kinder und die „alten" sich und auch die Erzieherin in unterschiedlichen Situationen kennen lernen. Die ehemals Mittleren sind nun die Großen und manche beginnen Positionskämpfe um Ansehen und „Vorherrschaft".

Für die angehenden Schulkinder gibt es bereits individuelle Förderpläne und Förderziele, die bei gezielten Aktivitäten und Projekten berücksichtigt werden.

Feste wie Erntedank, St. Martin, Advent und Weihnachten fördern das Gemeinschaftsgefühl. Die Erzieherin bereitet die Feste mit den Kindern vor, die Gruppe tritt nach außen auf und es gibt gemeinsame Erlebnisse.

Die Unruhe in der Gruppe legt sich meist bis Ende November, wobei sicher der Übergang zur kalten Jahreszeit eine Rolle spielt. Die Kinder sind mehr drinnen, „basteln", sind offen für besinnliche Angebote, fürs Teilen und einander Helfen.

■ Januar bis April

Der Januar läutet eine neue Phase ein. Schnee, lustiges Faschingstreiben und bald auch zunehmende Wärme, Licht und Farben in der Frühlingsnatur aktivieren Kinder und Erwachsene gleichermaßen.

Gruppenpädagogisch geht es eher ruhig zu: Jeder kennt seinen Platz, die Regeln und die Besonderheiten einzelner Kinder, so dass deren Verhalten berechenbarer wird.

Im Januar werten die Erzieherinnen ihre Beobachtungen des letzten Vierteljahres aus, vergleichen ihre Eindrücke im Team, besprechen mit Eltern die Befindlichkeit des Kindes und was es schon kann (Einzelgespräche). Sie treffen Absprachen darüber, wie das Kind zu Hause und in der Einrichtung weiter gefördert werden kann, bitten die Eltern gegebenenfalls Fachdienste aufzusuchen.

Das relativ ruhige Gruppenleben fördert die Spielfähigkeit und die Selbstständigkeit der Kinder im Tagesablauf. Die 4-Jährigen begeben sich auf Abenteuer im Haus und erkunden Räume, in die sie sich bisher noch nicht gewagt haben. Im Bewegungsraum oder der Lernwerkstatt lernen sie Kinder aus anderen Gruppen kennen.

Insbesondere die 5- bis 6-Jährigen befassen sich mit Schrift, Zahlen, Naturphänomenen, Technik und dem sozialen Leben um sie herum. Im Spiel entwerfen sie eigene Projekte, sie werden wesentlich kooperativer, spielen ausdauernder. Viele Kindertageseinrichtungen entwickeln in dieser Phase gemeinsam mit den Kindern Projekte, z. B. Forscher-, Theater-, Kunst- und Musikprojekte. Gruppenübergreifend erleben sie Teamarbeit, und die Kinder sollen Ämter und generell mehr Verantwortung übernehmen.

Das Einstimmen auf den baldigen Schuleintritt beginnt spätestens im Februar/März. Die Schulkinder lernen ihre Kooperationslehrerin kennen, gewöhnen sich an fremdgestellte Aufgaben, begeben sich auf Erkundungen in die Gemeinde und lernen das bewusste Verhalten im Verkehr.

Einzelbeobachtungen zeigen, dass trotz aller denkbaren Unterstützung manche Kinder in der „Regeleinrichtung" nicht genügend gefördert werden können. Dann sucht man mit Nachdruck Hilfe von außen und zieht mit den Eltern Alternativen in Erwägung.

■ Vom Mai bis zu den Sommerferien

Die dritte und letzte Phase des Kindergartenjahres beginnt im Mai. Die künftigen Schulkinder besuchen die Erstklässler, nehmen am Unterricht teil, lernen die Räume und ihre künftige Lehrerin kennen. Neue Kinder werden für das nächste Kindergartenjahr angemeldet und kommen zu Schnuppertagen.

Der Jahresabschluss dominiert alle anderen Themen. Höhepunkt für viele ist die Schulkindübernachtung, für manches Kind eine wirkliche Bewährungsprobe. In dieser Phase können nochmals Spannungen entstehen, die sich sogar in einem Auflehnen gegen die Erzieherin zeigen. Da man sie doch verliert, kann man einen Streit mit ihr riskieren.

Die jüngeren und mittleren Kinder der Gruppe sind viel selbstbewusster geworden, können eigenständiger ihre Beziehungen gestalten, haben mehr Spielideen, mehr Ausdauer und ihr Spielradius hat sich vergrößert, insbesondere auf dem Außengelände.

Erzieherinnen und Kinder reflektieren: „Was haben wir gemeinsam erlebt? Sie betrachten Fotos, lesen kleine Berichte und Äußerungen der Kinder zu Erlebnissen. Sie fragen sich: „Welche Bedeutung hatten die Erlebnisse für uns?"

In den meisten Einrichtungen bildet das Sommerfest den Abschluss und einen letzten Höhepunkt, auch für die Eltern.

Die Erzieherinnen reflektieren natürlich auch ihre Arbeit und fixieren schriftlich, was sie im kommenden Jahr anders machen wollen.

Abläufe und Ablaufplanung

In diesem Kapitel wurde eine Vielzahl gleichbleibender Abläufe genannt: die Eingewöhnung der neuen Kinder, gemeinsame Mahlzeiten, Rituale, die Vorbereitung der 5- und 6-Jährigen auf die Einschulung. Auch die Integration von Kindern mit Behinderung, Elternbeiratssitzungen, Teamsitzungen können wir als Abläufe bezeichnen. In Kinder- und Jugendzentren sind wiederkehrende Abläufe die

Erstellung des Jahresprogramms oder auch Sitzungen des Jugendrates.

Viele Einrichtungen schreiben inzwischen Abläufe auf: Was muss nacheinander geschehen? Wer ist wann, wofür, wie und wo zuständig? Was hat nicht geklappt und warum?

Der praktische Nutzen liegt auf der Hand. Ein nach der Reflexion optimierter Plan spart im Folgejahr Zeit, und Teamneulinge können sich informieren und gezielt einbringen.

Ablaufpläne gehören zum modernen Qualitätsmanagement. Sie dienen dazu, Arbeit zu beschreiben, zu präsentieren, Qualität festzustellen und zu optimieren.

Aufgaben:
1. Suchen Sie im Internet den „Orientierungsplan für Bildung und Erziehung im Elementarbereich niedersächsischer Tageseinrichtungen für Kinder"[3] in der Fassung vom 12. Jan. 2005. In der PDF-Datei finden Sie im Anhang auf Seite 54 ff zwei Versionen eines Kooperationskalenders für die Zusammenarbeit von Tageseinrichtung und Grundschule.
   - Analysieren Sie den Aufbau eines der beiden Beispiele.
   - Vergleichen Sie danach die beiden Beispiele inhaltlich.
2. Erstellen Sie selbst einen Ablaufplan für eine regelmäßig wiederkehrende Situation in Ihrer Praxiseinrichtung.

2. Bedeutung und Gestaltung von Festen und Feiern

Bedeutung von Festen und Feiern

In allen Kulturen begehen die Menschen Feste und Feiern. Diese markieren persönliche Ereignisse im Lebenslauf, folgen religiösen und jahreszeitlichen Traditionen oder weisen auf national wichtige Ereignisse hin.

Feste ragen aus dem Alltag heraus. Pflichten treten in den Hintergrund; man nimmt sich Zeit. Raumschmuck, Kleidung, Geschenke, üppiges Essen regen die Sinne an und die Stimmung steigt. Feiern hingegen sind eher getragen und besinnlich.

Feste und Feiern werden durch Traditionen, Rituale und Symbole gestützt. Zu vielen Festen gehören *traditionelle* Lieder, die von Generation zu Generation weitergegeben werden, z. B. Weihnachtslieder.

Rituale sind Handlungen, die dem Fest die Struktur geben. Sie sagen, was geschieht, wer welche Rolle hat, welches Verhalten angemessen ist. Sie vereinen die Menschen in dieser Situation und mit den entsprechenden Gefühlen. In einer bestimmten Kultur aufzuwachsen heißt dann auch, diese Rituale zu erlernen.

Symbole sind demgegenüber Gegenstände, die über das Sichtbare hinaus der Sinngebung dienen. Das Taufwasser soll nicht wirklich den Körper, sondern die Seele reinigen und öffnen für die lebensspendende Kraft Gottes.

Feste helfen Kindern, Zeit zu erfassen, denn jede Wiederholung eines Festes bedeutet, dass ein Jahr vergangen ist.

Feste können auch verunsichern, insbesondere jüngere Kinder. Der Raum sieht anders aus, es kommen Gäste, und Kinder und Erzieherinnen verhalten sich anders als sonst. Einzelne Kinder bringen aus ihrem Elternhaus auch keine positiven Festerfahrungen mit. Finanzielle Nöte und familiäre Krisen werden vor allem an Festen deutlich.

■ Geburtstag

Für ein Kind ist das wichtigste Fest sein eigener Geburtstag, und die Vorfreude ist fast so schön wie der Geburtstag selbst. Geburtstag

heißt: Ein Jahr älter zu werden, mehr zu können und zu dürfen. Die Erzieherin regt die Kinder an, ein Geschenk für das Geburtstagskind herzustellen. Geheimnisvolle Vorbereitungen steigern die Spannung. So lernen die Kinder für jemanden zu sorgen. Manche Kinder stehen jedoch nicht gern im Mittelpunkt. Dann ist Geburtstag zu haben schwierig. Erst seit etwa 1900 feiert man Geburtstage. Vorher wurde eher der Namenstag gefeiert.

In vielen Einrichtungen wird kurz vor oder nach dem Geburtstag eines Kindes ein Entwicklungsgespräch geführt. Hier betrachten die Erzieherin und die Eltern gemeinsam den Entwicklungsverlauf und die Stärken des Kindes und besprechen, worauf sie künftig achten wollen.

■ Feste im Kirchenjahr

Christliche Feste prägen unsere Kultur und einige davon werden auch in nicht konfessionellen Einrichtungen gefeiert. Die drei hohen Feiertage im Kirchenjahr sind Ostern, Pfingsten und Weihnachten. Ostern und Weihnachten waren früher traditionelle Tauftage, denen eine reinigende Fastenpflicht vorausging.

Erzieher stimmen die Kinder auf Feste ein, erläutern die Bedeutung, beteiligen sie an der Vorbereitung und Durchführung. Oft entsteht in der Vorbereitungsphase Unsicherheit, wieweit Kinder mit anderem religiösem Hintergrund einbezogen werden können. Uns wird auch bewusst, wie wenig oder wie viel wir über andere Religionen wissen.

■ Nationale und internationale Feste

Jede Nation hat einen Nationalfeiertag, meist zur Erinnerung an das Inkrafttreten der Verfassung oder an eine Befreiung. Solche Feiertage sind z. B. in Italien am 25. April und am ersten Sonntag im Juni, in Deutschland am 3. Oktober. Der 1. Mai (Tag der Arbeit) und der 1. Juni (Internationaler Kindertag) sind weltweite Feiertage wie auch der 10. Dezember, der Tag der Menschenrechte. Die beiden zuletzt genannten Feste sind zukunftsweisend. Hierzulande fehlt jedoch noch eine entsprechende Tradition.

■ Jahreszeitliche Feste

Stünde die Erdachse im 90°-Winkel zur Sonne, hätten wir immer die gleiche Jahreszeit

Festarten					
Persönliche Feste	**Feste im Kirchenjahr**	**Jahreszeitliche Feste**	**Feste der Einrichtung**	**Feste der Gemeinde**	**Nationale und internationale Feste**
• Geburtstag • Namenstag • Einschulung • Muttertag • Vatertag • Hochzeit usw.	• Erntedank • St. Martin • Nikolaus • Advent • Weihnachten • Ostern • Pfingsten • Fronleichnam • Namenspatron der Einrichtung	• Jahreswechsel • Fastnacht • Frühlingsfest • Sommerfest	• die Neuen kommen • Spielfest • Schulkindübernachtung • Jubiläum	• Kirmes • Gemeindefest • Fest der Kulturen • Vereinsfeste • Jubiläum einer öffentlichen Einrichtung	• 1. Mai • 3. Oktober • 1. Juni.: Internationaler Kindertag • Nationalfeiertage der Herkunftsländer der Kinder

und Tage und Nächte wären gleich lang. Stattdessen bringen uns die vier etwa gleichlangen Jahreszeiten einen Rhythmus von erwachender, wachsender, reifender und ruhender Natur und beeinflussen unsere Tätigkeiten und unser Befinden. Die Traditionen jahreszeitlicher Feste sind Zeugnisse menschlichen Denkens und Handelns früherer Jahrhunderte. Wir finden Beschwörungsrituale (z. B. Winteraustreiben) und Opferrituale (z. B. Erntedank). Herbst- und Frühlingskirmes waren in vorindustrieller Zeit Einstellungstermine oder Vertragsende für Saisonarbeiter.

Keine Feste, aber doch markant, sind die Beginndaten der vier Jahreszeiten: 23. September, 21. Dezember, 20. März und 21. Juni.

Feste im Jahresablauf

Das erste Fest im Kindergarten- oder Schuljahr ist das Begrüßungsfest für die Neuen. Es wird gruppenintern gefeiert und zeigt den Neuen, dass sie willkommen sind und zu dieser einen Gruppe gehören.

Erster Sonntag im Oktober – Erntedank: Als christliches Fest tauchte Erntedank erst im 17. Jahrhundert auf. Es wird mit einer üppigen Ausstellung von Früchten von Feld und Garten gefeiert. Häufig gestalten Kindergärten den Gottesdienst mit. In vielen Kulturen gibt es Dankesfeste für die Ernte. Sie zeigen auch in der modernen Zeit die Abhängigkeit des Menschen von der Natur.

31. Oktober – Reformationstag: Er feiert den Jahrestag von Luthers Thesenanschlag (1517) an die Wittenberger Kirche. Der Reformationstag ist kein gesetzlicher Feiertag.

31. Oktober – Halloween: In den letzten Jahren kam Halloween aus den USA nach Europa, ein Fest am Vorabend von Allerheiligen (All Hallows Day). Der Ursprung liegt in keltischer Zeit. Damals galt der 31. Oktober als Neujahrstag. Die Kelten meinten, dass in der Nacht vom 31.10. auf den 1.11. die Trennung von Leben und Tod aufgehoben sei, dass Lebende und Tote zusammen kommen könnten.

Um die Geister zu täuschen, verkleideten sich die Menschen als Gespenster oder Hexen. Heute ziehen Kinder entsprechend verkleidet durch die Straßen, halten Autos an und klingeln an Häusern, um Hexensteuer bzw. „Süßes oder Saures" zu verlangen.

1. November – Allerheiligen: Allerheiligen ist der gemeinsame Gedenktag für alle Heiligen und Märtyrer. Er wird seit dem 10. Jahrhundert am 1.11. gefeiert.

11. November – Sankt Martin: Dies ist der Gedenktag an Martin, einen Soldaten und späteren Bischof, geboren ca. 316 in Ungarn. Er trat mit 15 Jahren in das römische Heer ein, ließ sich mit 18 Jahren taufen, gründete 361 ein Kloster und wurde 371 zum Bischof von Tours (Frankreich) geweiht. Alljährlich feiern Gemeinden die gute Tat Martins, der einem Bettler die Hälfte seines Umhangs gegeben hatte. Botschaften des St. Martinsfestes sind das Teilen und die Solidarität. Dies wird in Kindergruppen genutzt zu Gesprächen über gelingendes Zusammenleben. Höhepunkt für die Kinder ist der Laternenumzug mit den Eltern bei Dunkelheit. Hier erlebt das Kind Zugehörigkeitsgefühl und die Kraft der Gruppe.

Advent: Der Begriff Advent kommt vom lateinischen *adventus* = Ankunft. Advent feiert man etwa seit dem 5. Jahrhundert. Er beginnt am 4. Sonntag vor Weihnachten. Es ist das Warten auf den Erlöser. Eine Chance der Adventszeit liegt darin, über das Warten, über Flucht und Menschenrechte zu sprechen, sowie das Warten sinnvoll zu füllen.

6. Dezember – St. Nikolaus: Nikolaus, etwa 350 n. Chr. geboren, war Bischof von Myra in Kleinasien. Er gilt als Schutzheiliger der Kinder und Seeleute und ist als vielgepriesener Retter zu einem Vorboten von Christus geworden. Der Nikolaus kommt heute rund um den 6. Dezember mit Bischofsstab und Mitra und beschenkt Kinder mit kleinen Gaben.

Der Weihnachtsmann dagegen tritt bis Weihnachten auf, trägt einen roten Mantel

mit weißem Pelzbesatz. Er ist eine Erfindung des Zeichners Haddon Sundblom für eine Werbekampagne der Coca Cola Company 1931.

25. und 26. Dezember – Weihnachten: Wird seit dem 4. Jahrhundert gefeiert. Es löste das römische Fest des unbesiegbaren Sonnengottes ab. In der orthodoxen Kirche gilt der 6. Januar als Ankunft Jesus. Eine Weihnachtskrippe im Großformat ist erstmals von Franz von Assisi 1223 belegt.

Die Symbole der Advents- und Weihnachtszeit sprechen die Sinne und Gefühle der Kinder in besonderer Weise an.

> **Aufgabe:**
> Recherchieren Sie nach dem Ursprung und dem Symbolgehalt folgender advent- und weihnachtlicher Gegenstände:
>
> - Adventskalender, Adventskranz, Nüsse, die neunerlei Gewürze zur Weihnachtsbäckerei, Lebkuchen und Spekulatius, Marzipan, Pfefferkuchen.
> - Christbaum und Baumschmuck: Tannenzapfen, Christbaumkugeln, Vögel, Herzen und Trompeten, Äpfel und Glocken.

31. Dezember – Silvester: Dies ist der Todestag des Martyrers Silvester. Er erinnert an die Vergänglichkeit des Lebens. Krach gehörte schon in vorchristlicher Zeit zum Jahreswechsel. Er sollte die Dämonen vertreiben.

1. Januar – Neujahr: Das neue Jahr wird meist laut und fröhlich begrüßt. Mit Bleigießen will man einen Blick in die Zukunft erhaschen. Kirchlich gesehen ist es der 8. Tag nach Weihnachten und der Beschneidungstag Jesus. Ursprünglich war es ein Bet- und Fasttag, in anderen Kulturen ist das Neujahrsfest ein Versöhnungsfest.

6. Januar – Dreikönigstag: Mit diesem Tag der „Erscheinung" geht die Weihnachtszeit zu Ende. Der Begriff hat weniger mit der Erscheinung der 3 Weisen Kaspar, Melchior und Balthasar zu tun als mit der öffentlichen Erscheinung von Jesus als dem Erlöser. Gleichwohl stehen die drei Weisen als Symbol für die Christen, die sich mit ihren Gaben dem Reiche Gottes zuwenden. Zum Brauchtum dieses Tages gehören das Dreikönigssingen und die Segnung der Häuser.

14. Februar – St. Valentinstag: Valentin war Bischof in Terni, Italien, der 260 den Martyrertod starb. Er gilt als Schutzpatron der Verliebten und der Epilepsiekranken. Es heißt auch, er habe ein blindes, junges Mädchen geheilt. Heute schenken sich am 14. Februar Verliebte Blumen und Süßigkeiten.

Fastnacht oder Karneval stammt aus dem Mittelmeerraum und ist ein Frühlingsfest aus vorchristlicher Zeit. Aus dem späten Mittelalter sind Fastnachtsspiele überliefert, bei denen die „Obrigkeit" „aufs Korn" genommen wurde. Insbesondere im Rheinland lebte dies im Anschluss an die Französische Revolution wieder auf. Zur rheinischen Fastnacht gehört eine Narrenkappe. Wer diese trug, konnte sagen und tun, was sonst verboten war, er hatte Narrenfreiheit.

In manchen Gegenden Deutschlands wird auch heute noch sehr archaisch gefeiert mit Hexen, Waldgeistern und allerlei Fratzen. Umzüge mit lauter Trommel- und Blasmusik sollen den Winter vertreiben. Was mögen Zwei- und Dreijährige von solchen Gestalten denken? Sie wissen aufgrund ihres magischen Denkens nicht, was real ist und was nicht. Im Zweifelsfall glauben sie, was sie sehen: einen Menschen mit übergroßem Kopf und unberechenbarem Verhalten.

Erst etwa ab 4 Jahren haben Kinder Freude am eigenen Verkleiden als Prinzessin, Cowboy, Polizist, Gangster. In eine andere Haut hineinzuschlüpfen beflügelt die Fantasie. Auch die Erzieherin muss Fantasie entwickeln, nämlich die bunte Schar in Spielen zu einem Gemeinschaftserlebnis führen.

Aschermittwoch markiert den Beginn der vierzigtägigen Fastenzeit vor Ostern. In einem Gottesdienst erhalten katholische Gläubige ein Aschekreuz auf die Stirn zur Ermahnung und Erinnerung an die Vergänglichkeit des Lebens. Die Asche wird mancherorts durch Verbrennen der Palmzweige vom Vorjahr gewonnen.

Fastenzeit: Die vierzigtägige Fastenzeit entstand im 4. Jahrhundert, als das Christentum eine anerkannte Religion wurde und Festtage und Ordnungen festgelegt wurden. Ursprünglich galt sie als Vorbereitung auf die Taufe an Ostern.

Ostern: Ostern ist immer am ersten Vollmondwochenende nach dem Frühlingsanfang und 40 Tage nach dem Aschermittwoch. Das Osterfest beginnt am Palmsonntag und feiert den Einzug Jesus in Jerusalem. Es schließt sich die Karwoche an mit dem Abendmahl am Gründonnerstag, dem Karfreitagsgottesdienst zur Kreuzigung, dem Ostersonntag zur Feier der Auferstehung Jesus.

Der tiefere Sinn ist der Glaube an ein Leben nach dem Tod, bzw. die Gültigkeit der christlichen Werte über den einzelnen und über die Zeit hinaus. Ostern wird seit Ende des 2. Jahrhunderts gefeiert. Österliche Symbole sind Palm- oder Buchsbaumzweige, Os-

terwasser, die Osterkerze, das Osterlamm, weiße Messgewänder.

Ostern weist auch auf den Frühlingsbeginn
hin. Dazu gehören vorchristliche Symbole, wie
Eier,Ostersträuße, Osterhase. Sie stehen für
Fruchtbarkeit und beginnendes Leben.

Lieder und Gedichte sowie traditionelle
Ausflüge sind Ventile für das, was mit unserer
nüchternen Sprache heute gar nicht mehr in
Worte zu fassen ist: Die Freude am knospen-
den Leben, an der Farbenpracht, der Sonne,
die endlich wieder Kraft gewinnt.

Weißer Sonntag: Ist der erste Sonntag nach
dem Ostersonntag. Es ist der Tag der Erst-
kommunion (katholischer Feiertag) und wird
in dieser Form etwa seit dem 18. Jahrhundert
gefeiert.

Zweiter Sonntag im Mai – Muttertag: Der
Muttertag wurde um 1910 von Frauenrecht-
lerinnen in den USA zu Ehren der Mütter eingerichtet. Die Nationalsozialisten haben wesentlich zu seiner Verbreitung beigetragen
(Mutterkreuz, Mutterehrungen).

Er wird in sozialpädagogischen Einrichtungen genutzt, um die Aufgaben und die
Bedeutung der Mutter überhaupt bewusst zu
machen. In der Regel basteln die Kinder ein
Geschenk, gestalten eine Karte oder lernen
ein Lied.

Auch der Vatertag an Christi Himmelfahrt
wird zunehmend gewürdigt, hat jedoch ein
negatives Image (Alkoholexzesse) und wird
deshalb nicht ernsthaft gefeiert.

Siebter Sonntag nach Ostern – Pfingsten:
Gilt als „Geburtstag" der Kirche im weitesten
Sinne. Pfingsten wird seit dem 2. Jahrhundert
gefeiert. Es ist eine Art Versöhnungsfest einer ökumenischen Kirche über Grenzen, Sprachen, Rassen hinweg. Seit dem Mittelalter gilt
der Brauch, das Evangelium in mehreren Sprachen zu verlesen. Zwischen 1500 und 1800
wurden in evangelischen Kirche an Pfingsten
auch Prüfungen des Glaubenswissens vorgenommen, was später auf die Konfirmation
übertragen wurde.

Sommerfeste sind Abschiedsfeste. In Vorfüh-
rungen zeigen die Kinder, was sie jetzt schon
können oder was sie im Laufe des Jahres erlebt haben. In der Tendenz eher fröhlich, soll
es positiv einstimmen auf das kommende Kin-
dergarten- und Schuljahr.

■ Umgang mit religiöser Vielfalt, islamische Feste

Insbesondere an Festen tritt die religiöse Vielfalt in einer multikulturellen Gesellschaft zutage. Wir haben v. a. mit 2 der 5 Weltreligionen
zu tun: dem Christentum und dem Islam. Nach
der Anzahl der Gläubigen sind diese beiden
Religionen weltweit am größten. Beide sind
monotheistische Religionen mit einem Gott.

HARZ sieht folgende Aufgaben für pädagogische Fachkräfte:

- Kindern eine Verwurzelung in ihrer Religion zu geben, wer Wurzeln geschlagen hat,
kann sich öffnen für Andersartigkeit.
- Kinder anderer religiöser Herkunft als Gäste einzuladen, unsere Traditionen kennen zu
lernen, bei gleichzeitiger Wertschätzung ihrer Religion und Traditionen.
- Feste anderer bewusst wahrzunehmen, Interesse zu zeigen für deren Bedeutung; Wissen über Andersartigkeit hilft, diese zu tolerieren. Wir müssen lernen, Ungleichheit
auszuhalten.[1]

Ein interreligiöser Festkalender im Eingangsbereich der Kindertageseinrichtung zeigt: Hier
sind Kinder verschiedener kultureller und religiöser Herkunft und werden wertgeschätzt.
Der Kalender informiert über die Stellung der
Feste im Jahreskreis. Erzieher können Eltern
gegenüber Glückwünsche aussprechen, können Kinder auffordern, von ihren Erfahrungen
zu berichten, eine Mutter oder Erzieherin mit
anderer Religion bitten, in die Einrichtung zu
kommen und über Hintergrund, Handlungen
und Symbole ihrer Feste zu berichten.[2]

■ Zwei wichtige islamische Feste

Id al Adha / Opferfest: Wird im 12. und letzten Monat des Jahres gefeiert, zum Geden-
ken an Abraham, der bereit war, seinen Sohn
Ismail Gott zu opfern. Gott genügte diese Bereitschaft Abrahams, das Liebste herzugeben
und er nahm dann einen Hammel an Ismails
Statt. Zur Erinnerung daran wird ein Hammel
geschlachtet, von dem ein Drittel der Familie,
ein Drittel den Nachbarn und Verwandten und
ein Drittel den Armen zusteht.

---

[1] nach: Harz, F.,2001
[2] www.feste-der-religionen.de/Kalender/index.
html

Der Glückwunsch zu diesem Fest heißt auf türkisch „Bayraminiz mübarek olsun."

Id al Fitr /Zuckerfest: Der 9. Monat des Jahres ist der Ramadan, eine Fastenzeit, in der nur am Abend gegessen werden darf. Kinder sind nicht zum Einhalten der Fastenzeit verpflichtet, werden aber angehalten, hin und wieder auf eine Mahlzeit und auf Süßigkeiten zu verzichten. Das Ende des Ramadan wird mit dem „Fastenbrechen" gefeiert. Dazu gehört ein leichtes Essen, ein Gebet in der Moschee, danach feiert die Gemeinde gemeinsam. Man schenkt sich gegenseitig u. a. Süßigkeiten. Deshalb heißt das Fest oft auch Zuckerfest. Interkulturell engagierte muslimische Gemeinden laden zunehmend zum Abschluss des Ramadan Andersgläubige in die Moschee oder in einen Gemeindesaal ein, zu einem Mahl und zur Begegnung.

Im Islam werden ferner noch gefeiert:

- Das *Neujahrsfest* feiert den Jahrestag der Auswanderung aus Mekka;
- *Aschura* am 10. Tag des Jahres: Ende der Sintflut, als Noah die Arche verlassen konnte,
- *Mawlid al-Nabi* oder auch *Mevlid Kandili*: Das Geburtsfest des Propheten Mohammed,
- *Laylat al-Quadr* erinnert daran, dass Mohammed vom Erzengel Gabriel den Koran empfing.

Fastenbrechen
am Ende des Ramadan

Festplaner

■ **Checkliste für die Festplanung (ohne Gewähr)**

Zweck, Zielgruppe, Art und Rahmen des Festes:

- Handelt es sich um ein Fest oder um eine Feier?
- Anlass: Ist es ein persönliches, kirchliches, jahreszeitliches, einrichtungs-, gemeindebezogenes oder politisches Fest?
- Kirchliches Fest: Gibt es interreligiöse Parallelen, die wir für die Sinngebung und die Festgestaltung nutzen können?
- Für wen ist das Fest? Für die Kinder, ihre Angehörigen? (Interne oder „öffentliche" Feier?)
- Sollen Gäste eingeladen werden? Welche?
- Welche Inhalte soll das Fest haben (z. B. Gottesdienst, Vortrag, Vorführung, buntes Programm...)?
- Inwiefern ist der Träger oder eine andere Institution betroffen?
- Soll im Freien oder im Gebäude gefeiert werden?
- Welche Personen tragen das Fest (Mitarbeiter, Träger, Elternbeirat, Elternschaft, Förderverein)?

> **Aufgabe:**
> Selbst die kleine Auswahl beschriebener Feste deutet hier und da auf Parallelen hin. Suchen Sie nach Entsprechungen von Weihnachten, Neujahr, Fastnacht im Islam und im Judentum.
>
> Dokumentieren Sie ein Fest in Ihrer Einrichtung mit Ablaufsbeschreibung, Grundlagenwissen und dazu gehörigen Bildern, Liedern, Gebeten.

■ Konkrete Festvorbereitung[3]

	Aufgabe	Zuständigkeit	Bis wann zu erledigen?
Finanzierung	• zu Verfügung stehende Mittel klären • feste Ausgaben kalkulieren • ggf. Sponsorensuche • Einnahmemöglichkeiten: Speisen- und Getränkeverkauf, Tombola, Versteigerung...		
Raum	• Raumplan, ggf. Zelte mieten, Sonnenschirme • Stühle/Bänke, Tische • Bühne (inkl. Technik; Lautsprechern, Lampen, Musik) • Dekoration • Sicherheit (Feuerwehr) • Stände für Speisen und Getränkeverkauf, für Tombola		
Genehmigungen einholen, Öffentlichkeitsarbeit, Dokumentation	• Träger, Nachbarn und Feuerwehr informieren, bei einem Sportfest auch das DRK • Ausschankgenehmigung einholen • Lebensmittelhygieneverordnung erfragen (Gesundheitsamt) • Ankündigung an die Presse geben, Bericht vor und nach dem Fest an die Zeitung • Werbeplakate gestalten • Fotoapparat • Dokumentation der Festplanung, der Finanzierung, Bericht über den Erfolg fürs Archiv/die Kindergartenzeitung		
Gäste	• Gästeliste erstellen, schriftlich einladen mit der Bitte um Antwort bis 14 Tage vor dem Fest • Ehemalige, Vertreter anderer Einrichtungen, Gemeindevertreter • Gästebetreuung festlegen (Empfang, Vorstellen...)		
Beköstigung	• Eltern oder ein Partyservice bestücken das Büffet • Getränkevertrieb mit Rückgaberecht von halb verbrauchten Getränkekisten • Geschirr, Besteck und Gläser, Tabletts • Spülservice • Helferplan erstellen • Preislisten erstellen, Wechselgeld und Kassen • Pappgeschirr und Folie für Verkauf außer Haus und Reste • Abfallentsorgung		
Programm festlegen, einstudieren	• Spielfest: unterschiedliche Spielstationen, Stempelkarten, Teilnehmerehrungen • Technik für Vorführungen (Bühne...) • Jubiläum: geschichtlicher Abriss, Bilder • Feier eines Neubaus: Bauentwicklung, Vorführungen, Lieder, Spiele werden thematisch darauf abgestimmt • rechtzeitiges, kontinuierliches Üben • Probedurchgang vor dem Fest, Stellprobe • Programm erstellen, drucken, aushängen • Vorführungsteile und Tombola nicht zu dicht legen, damit Freiraum bleibt zum Essen und für Gespräche		

[3] nach Hall, S., 2001

	Aufgabe	Zuständigkeit	Bis wann zu erledigen?
	• Helferplan für die Betreuung der Vorführenden (Umziehen, Schminken…) • Dienstplan für die Mitarbeiter/Helfer		
Durchs Programm führen	• Begrüßungsansprache; Ehrengäste und Sponsoren namentlich nennen • Moderation festlegen, jeweils nächsten Programmpunkt ansagen, erklären • Lob und Danksagungen an die Aktiven und Helfer • Die meisten Feste haben ein offenes Ende		
Aufräumen und Nachbesprechung	• Aufräumen • Dokumentation der Festplanung, der Finanzierung als Grundlage für die Planung künftiger Feste • Bericht über den Erfolg fürs Archiv/die Kindergartenzeitung • ggf. Helferfest für die Aktiven		

3. Pädagogische Prinzipien zur Gestaltung von Innen- und Außenbereichen und zur Materialauswahl

Aufgaben:
Ein Blick auf die deutsche Kindergartenarchitektur der letzten beiden Jahrzehnte lässt manches Herz höher schlagen und weckt Vorstellungen, wie dort wohl pädagogisch gearbeitet wird.

Sammeln Sie in einem Brainstorming Ideen zu den Fotos oben, wie Kinder dort Kind sein können und wie Erzieherinnen dort wohl tätig sind.

Gebäude

Manchmal haben Erzieherinnen das Glück, bei der Planung eines Gebäudes und der Außenanlage mitwirken zu können. Allerdings sind dem Einfluss Grenzen gesetzt.

Dass Baustoffe, Dämmungsmittel, Lacke und Holzkonservierungsstoffe nicht gesundheitsschädlich sein dürfen und dass es Hygienevorschriften gibt, ist nachzuvollziehen. Zu beachtende Sicherheitsstandards (z. B. betreffend Treppen, zweiter Ebene) werden jedoch oft als Einschränkung angesehen. Allerdings zeigt sich, dass Erzieherinnen weniger restriktiv sind und Kinder ein positiveres Verhalten zeigen, wenn die Räume sicher und kindgemäß sind.[1]

Die räumliche Mindestausstattung ist in Verordnungen festgelegt. Sie richtet sich nach der Betriebsform. In Niedersachsen sind für Krippenkinder 3 qm Bodenfläche je Kind im Gruppenraum vorgeschrieben, für Kindergartenkinder 2 – 2,2 qm im Gruppenraum, sowie zusätzlich ein Kleingruppenraum. Hinzu kommen Funktionsräume: Garderobe, Büro, Küche, Sanitärräume, Mehrzweckraum, Bewegungs- und Werkraum, Ess- und Ruheraum, Räume für Hausaufgaben, für therapeutische Arbeit, jeweils entsprechend der Einrichtungsart, der Verweildauer und dem Alter der Kinder.

Die Außenfläche muss 12 qm pro Kind aufweisen.

Integrative Einrichtungen und solche mit erweiterter bzw. großer Altersmischung (2 – 6 J./1 – 10 J.) haben einen sehr differenzierten Raumbedarf, um die Bedürfnisse jeder Altersstufe hinreichend zu befriedigen.[2]

■ Einbettung in das soziale Umfeld/ Eingangsbereich

Die Kindertageseinrichtung muss zu Fuß, mit dem Fahrrad, dem Auto und dem Rollstuhl erreichbar sein. Man soll sie als sozialpädagogische Einrichtung erkennen (Hinweis- und Namensschild, Schaukasten für Informationen). Einblicke in das Haus (Transparenz) und auf draußen spielende Kinder zeigen die Lebendigkeit der Einrichtung und ein wenig vom Geist, der dort herrscht.

Der Eingangsbereich empfängt Kinder, Mitarbeiter, Eltern und Besucher. Ein Schild weist auf das Büro der Leitung hin.

Eltern erwarten Informationen über aktuelle Ereignisse und Vorhaben, über Fachdienste, Elternseminare und öffentliche Einrichtungen (z. B. Bibliothek). Es können Fachzeitschriften auliegen. Manche Einrichtungen bieten eine Kaffeebar an, um das Bedürfnis nach Begegnung zu unterstützen und Eltern zu helfen, ein soziales Netzwerk aufzubauen.

Mitarbeiter und Kinder erwarten im Eingangsbereich Ankündigungen, Fotos von einem Projekt oder einem Fest, die Ausstellung selbst hergestellter Werkstücke.

Pflanzen, ein Jahreszeitentisch oder das Kunstwerk des Monats heben die Stimmung beim Eintritt und machen neugierig.

■ Bedürfnisse der Nutzer

Orientierung: Für Kinder ist Orientierung wichtig. Das Raumkonzept muss klare Gruppen- und Funktionsräume und einen Versammlungsort für alle bieten. Der Garderobenhaken und das Fach mit Namen sichern dem Kind seinen Platz. Es weiß auch, dass neben ihm z. B. die Plätze von Judith und Nils sind.

Der Gruppenraum sollte aus Kinderperspektive überschaubar sein und eine maßvolle Ausstattung und Dekoration aufweisen.

Kontinuität: Kinder wollen Kontinuität. Sie fühlen sich sicher und sind unabhängig, wenn alles seinen Platz hat. Andererseits wollen sie für aktuelle Spielbedürfnisse auch Veränderungen anbringen, z. B. die Leseecke in einen Bücherladen, den Bewegungsraum in einen Urwald umwandeln. Eingreifende räumliche Veränderungen werden mit den Kindern besprochen und ggf. gemeinsam geplant.

Alltag erleben: Insbesondere die Jüngsten, aber nicht nur diese, beobachten gern, wie andere sich verhalten, miteinander spielen, etwas herstellen. Deshalb sollten Fenster in Türen und Innenwänden in Kinderhöhe Einblicke in die Küche, den Werk- und Bewegungsraum geben. So können die Kinder sehen, wie die Köchin das Mittagessen vorbereitet und eine Praktikantin mit den Großen turnt.

Zum Alltag gehört auch die zunehmende Selbstversorgung. Mithilfe von Podesten können sie den Wasserhahn im Waschraum er-

---

[1] nach Fthenakis, W., 2000
[2] nach: Durchführungsverordnung des Kindertagesstättengesetzes Niedersachsen, Stand 2002

reichen oder in der Küche Obst klein schneiden.[3]

Selbstbestimmung: Neue Kinder lernen bald, dass sie Tätigkeit, Material und den Ort ihres Tuns wählen können. Die Selbstbestimmung ist anfangs jedoch noch eingeschränkt. Wenn sie den Bewegungsraum, die Werkstatt und den Computerraum alleine nutzen wollen, müssen sie sich aus Sicherheitsgründen an Raumnutzungsregeln halten.

Selbstverwirklichung: Kinder verwirklichen ihre Ideen und Wünsche beim Zeichnen und Bauen, im Rollenspiel und immer wieder durch Bewegung. Sie wollen etwas schaffen, wollen Pläne entwerfen. Sie versuchen, andere für gemeinsames Tun zu gewinnen. Für Rollenspiele und Musik sind eher kleine Spielbereiche geeignet. Gestalten, Bauen und Bewegung brauchen dagegen mehr Raum und Licht.

Interaktionen: Die Raumstruktur und die Ausstattung fördern oder erschweren soziale Interaktionen.

Raumteiler und kleine Spielbereiche außerhalb des Gruppenraumes begünstigen die Bildung spontaner Kleingruppen.

Auch große Spielobjekte wie z. B. Kletterapparate laden zum gemeinsamen Tun ein. FTHENAKIS erwähnt die größere Bereitschaft der Kinder zu teilen, wenn sie vielfältige interaktive Spielmöglichkeiten haben.[4]

Für Besprechungen in der Gesamtgruppe ist ein Versammlungsort einzuplanen. Das wird baulich oft nicht genug berücksichtigt. Täglich aufs neue müssen Kinder Möbel um- und Stühle aufstellen.

Der Grundriss eines österreichischen Kindergartens zeigt einen festen Versammlungsplatz. Dieser regt im Freispiel auch zu Rollenspielen an.

Versammlungsplatz

5)

Raumwahrnehmung: Eine Kindertageseinrichtung ist viel weiträumiger als eine Privatwohnung. Die einen Kinder gehen zögernd, andere neugierig auf Entdeckungstour, wollen wissen, was hinter jeder Tür ist. Treppen eröffnen neue Perspektiven des Sehens, lassen von oben in den Raum hineinschauen, vielleicht sogar das Verhalten der unten spielenden Kinder unbemerkt beobachten.

Die Flurlänge und die Weite des Bewegungsraumes fordern zum Rennen auf. Das Kind erfährt Geschwindigkeit und Schall.

---

[3] nach Hermann, G., Wunschel, G., 2002

[4] nach Fthenakis, W., 2000
[5] nach Niederle, 1992

Wissen über die Welt erlangen: Kinder wollen entdecken und forschen. Dazu brauchen sie Ausschnitte aus der Welt: Gegenstände, Geräte, Material, Bilder, Bücher, ein Aquarium. Diese finden sie entweder in ihrem Gruppenraum oder in einer eigenen Lernwerkstatt.

Der Waschraum kann Möglichkeiten zum Experimentieren mit Wasser bieten.

Kinder brauchen auch den Blick nach draußen, um Veränderungen in der Natur und Geschehnisse beobachten zu können.

Rückzug/Entspannung: Eine Gruppe entwickelt Lebendigkeit und einen gewissen Geräuschpegel. Der Raum und die Tagesstruktur müssen deshalb Ruhepunkte bieten, damit ein Kind zu sich selbst kommen und wieder Kräfte sammeln kann.

Dem Auge kann man Ruhe schenken durch eine bewusste Farbwahl der Ausstattung und durch eine maßvolle „Dekoration." Maßvoll wäre es, eine Wand gar nicht zu dekorieren, Bilder und Pflanzen als Gruppe zu präsentieren und statt Menge einen „Eyecatcher" zu bieten, z. B. eine größere Pflanze.

Zwei oder drei kleine Tische kann man zur Wand oder zu einem Fenster hin platzieren. Hier kann sich ein Kind vom Geschehen in der Gruppe abwenden und sich ganz auf sein Tun konzentrieren. Vielleicht gelingt es ihm sogar, den Geräuschpegel wegzuschalten.

Viele sozialpädagogische Einrichtungen richten auch Ruheräume ein. Sie liegen etwas abseits und sind mit schalldämmenden Materialien ausgestattet. Hier können Kinder wieder Energie sammeln vor allem, wenn sie länger als vier Stunden hintereinander in der Einrichtung sind.

Bedürfnisse der Erzieherinnen: Erzieherinnen wollen ihr Eigentum aufbewahren, in der Pause in Ruhe essen oder abschalten. Diesem Zweck dient das sogenannte Mitarbeiterzimmer, das aber in den meisten Fällen ein Multifunktionsraum ist. Er wird außer als Sozialraum für Erzieherinnen auch für Teamsitzungen, für Elterngespräche, zur Praxisanleitung, für Besprechungen mit Fachdiensten und Fachschullehrern und schließlich für kranke Kinder genutzt (Liege).

Erzieherinnen erwarten im Mitarbeiterzimmer Informationsbroschüren von Berufsverbänden, Fortbildungsangebote, Fachzeitschriften und Bücher.

Aufgabe:

Ergänzen Sie die Bedürfnisse der Erzieherinnen aus Ihrer Sicht.

Sammeln Sie in Kleingruppen Ideen zur konkreten Umsetzung. Gestalten Sie Plakate.

■ Funktionalität

Ein Gebäude muss so beschaffen sein, dass es seine Funktion erfüllen kann. Dabei spielen Platz, Fußboden- und Lichtverhältnisse wie auch die Akustik eine wichtige Rolle.

Platz/Platzmangel/zweite Ebene: Ein Erfahrungswert ist, dass Konflikte zunehmen, wenn zu viele Kinder zu lange auf begrenztem Raum miteinander auskommen müssen. Solche Situationen entstehen durch erweiterte Öffnungszeiten. Wenn Kinder sechs oder gar acht Stunden am Tag in der Einrichtung anwesend sind, brauchen sie mehr Platz.

Platzmangel herrschte auch in den 1980er Jahren mit wachsender Nachfrage nach Kindergartenplätzen. So sehr man Möbel auch umstellte, der Raum wurde nicht größer. Daraufhin öffnete man die Gruppentüren. Flure, Küche, Büro der Leiterin, Keller und Speicher wurden als Raumreserven erkannt und zur Nutzung hergerichtet. Eine bahnbrechende Idee des Kunsterziehers Wolfgang Mahlke war die der zweiten Ebene, die einen Raum im Raum schuf, eine „Hochfläche" mit einem Raumgewinn von 6 – 10 qm. Dies ist in vielen Kindergartenräumen möglich, da sie meist sehr hoch sind.

Als interessanten Nebeneffekt sah man auch die Holzkonstruktion. Inzwischen nutzt man die zweite Ebene als Wahrnehmungs- oder Ruheinsel oder auch als „Bühne" für Rollenspiele. Generell ermöglicht sie den Kindern, den Raum und das Geschehen darin aus der Perspektive von oben zu betrachten.

Aus der Reggio-Pädagogik kamen Podeste und Mulden als vertikale Raumteiler hinzu. Diese schaffen Spielbereiche ohne einengende, querstehende Möbel.

Verkehrswege/Flure sind häufig genutzte Zonen, um zum Waschbecken, zur Tür, zur Toilette zu gelangen. Zu Konfliktzonen werden sie, wenn sie zu schmal sind, man mit anderen zusammenstößt oder wenn Hindernisse im Weg stehen.

Flure sind Verkehrswege erster Ordnung. Ihre Länge verlockt zum Fahren mit Fahrzeugen. Sind die Flure jedoch schmal, müssen die Benutzer ständig auf der Hut sein vor Rollbrettfahrern, die ihnen gegen die Beine fahren. Breite Flure sind hingegen gut geeignet zum Spiel mit Bewegungs- und großem Baumaterial.

Licht: Wir brauchen Licht und Helligkeit, um gut sehen zu können und für unser Wohlbefinden. Licht aktiviert, aber zu viel Helligkeit kann auch blenden. MAHLKE fand in 78 von 146 untersuchten Kindergärten Fensterreihen an zwei gegenüberliegenden Raumseiten. Er meint, dass sich Geborgenheit in dermaßen lichtdurchfluteten Räumen kaum einstellen könne.[6]

Unter dem Aspekt des Wohlbefindens sind auch Leuchtstoffröhren nicht zu empfehlen. Mit ihrem kalten Licht leuchten sie alles unterschiedslos aus. Der Situation angepasste Lampen hingegen schaffen Atmosphäre und unterstützen das, was dort geschehen soll. Im Essbereich können Lampen tiefer hängen, über einer Sitzgruppe mit Sofas wirken Pendellampen schön und am Arbeitsplatz und in der Leseecke braucht man schwenkbare Lampen. Maltisch und Leseecke sind sinnvollerweise in Fensternähe platziert.

Bodenbelag: Der Boden ist unter den Aspekten Wärme, Akustik, Hygiene und „Feeling" zu betrachten. Junge Kinder spielen lieber auf dem Boden als am Tisch. Deshalb sind eine Fußbodenheizung und ein rutschsicherer Belag sinnvoll.

Im Ess-, Mal-, Bastel- und Werkbereich, im Bewegungsraum und in der Garderobe sollte man Böden fegen und wischen können.

Weicher Bodenbelag, insbesondere Teppichboden, ist geeignet im Rollenspielbereich, in der Leseecke und im Ruheraum. Er schluckt Lärm und vermittelt Geborgenheit. In der Bauecke dämpft ein Bauteppich die Geräusche, aber die Bauwerke büßen etwas von ihrer Stabilität ein.

Akustik: In Kindergärten entsteht natürlicherweise Krach, der für die Erzieherin und die Kinder gleichermaßen eine Lärmbelastung darstellt. In großen Räumen wird bei schlechter Akustik jedes Wort und jedes Klacken eines Bausteines verstärkt.

Eine Trennung nach ruhigen und bewegten Aktivitäten ist sinnvoll. Räume, in denen etwas mehr Arbeitslärm entsteht, sollten geräuschisoliert sein.

Schalldämmend wirken Textilien und Korkböden sowie Lamellen und Lochplatten an den Decken.

Farben, Materialien, schmückende Elemente: Von der Farblehre kennen wir die Wirkung von kalten und warmen Farben. Manche Farben und Farbkombinationen aktivieren den Menschen, andere fördern die Konzentration oder vermitteln Geborgenheit. Naturmaterialien wirken wärmer als Kunststoff.

Farben und Dekoration sollen maßvoll sein. Das ist gar nicht so leicht, denn die Basisausstattung eines Gruppenraums ist als solches schon relativ bunt. Das Spielmaterial wird offen präsentiert, dazu kommen (Geburtstags)Kalender, ein Regelplakat, ein Kunstdruck, vielleicht ein Bild von Kindern aus aller Welt, Buchstaben und Zahlen.

Bei dieser Menge wird es schwierig, z. B. eine Wand undekoriert zu lassen.

Mit kritischem Auge betrachtet HERMANN die Fenstermalerei. Großflächige Fensterbilder trennen Drinnen und Draußen in zwei unterschiedliche Bereiche, sie nehmen auch die Sicht nach draußen. Junge Kinder können riesige Figuren, die an manchen Fenstern zu finden sind, gar nicht erfassen. Sie schlägt vor, stattdessen die Ressourcen der Fenster zu nutzen. Durch einen Farbfilter sieht die Welt je nach Farbe jeweils anders aus. Und gegen das Licht kann man transparente Gebilde betrachten, die sonst nur am Leuchttisch zu sehen sind.[3]

---

[6] nach Mahlke, W.; Schwarte, N., 1989

[3] nach Hermann, G., Wunschel, G., 2002

Generell gilt: Das Auge braucht Ruhepunkte im Raum. Darauf sollte man bei der Ausstattung, der Farbwahl und der Dekoration achten.

■ Ausstattung

Nicht die Menge an Spielzeug und Gegenständen ist wichtig, sondern die bewusste Auswahl und Platzierung.

Hier bin ich, hier ist mein Platz: z. B. Eigentumskiste, „Briefkasten", Garderobenhaken mit Name und Foto jeden Kindes, Foto von der eigenen Familie in der Eigentumskiste, auf einem großen Familienplakat oder am Schlafplatz.

Das ist unsere Gruppe: z. B. Gruppenbild, Geburtstagskalender, Foto der letzten gemeinsamen größeren Aktion, Pinnwand für Regeln, Merkzettel und „Beschlüsse", Foto eines Kindes, das länger krank ist, Gruppentagebuch, Ordner mit Spielen und Liedern der Gruppe. Das zeigt bereits, dass die Wände für mehr als für Dekorationen und Kinderbilder genutzt werden.

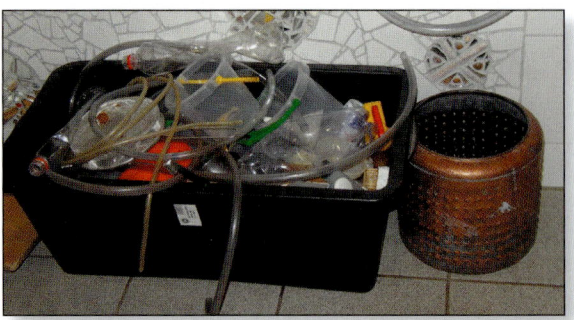

Selbstversorgung, hauswirtschaftliches Tun, Reparaturen: z. B. Zahnpflegeset, Ersatzkleidung, Porzellangeschirr, Gläser, Besteck und Platzdeckchen, Geräte zum Fegen, Wischen, Zugang zu Nähmaterial, Werkbank und Werkzeug und zur Küche; für die Jüngeren kleine Schüsseln mit Reis, Linsen; Löffel zum Löffeln, Flaschen, kleine Kannen, Gläser und Trichter zum Gießen.

Bewegen: Material für die Grundbewegungsarten also zum Laufen, Kriechen, Klettern, Springen, Schwingen, Ziehen und Schieben, zum Hüpfen und Balancieren, zum Drehen, Fahren, Werfen und Fangen, zum Gehen bergauf und bergab und auf wackligem Untergrund, zum Fallenlassen und zum Schwingen.

Wahrnehmen: Gegenstände, um Materialeigenschaften wie rau und glatt, hart und weich zu fühlen, um zu unterscheiden zwischen schwer und leicht, dick und dünn, hell und dunkel, rund und eckig, Material zum Riechen und Schmecken, Geräuschdosen zum Hören von Laut und Leise, eine Kugelbahn mit Klangelementen, Messingglöckchen oder Schellen; Spiel: „Hör genau", Brettspiel, mit Aufträgen auf Hörkassetten, Wasserspieltisch u. a. m.

Bauen: Holzbausteine, Naturholzabschnitte, Stangen, Latten, Tannenzapfen, Holzeisenbahn, Belebungsmaterial wie Menschen- und Tierfiguren, Bäume, Konstruktionsspiele, große Bauteile im Bewegungsraum, große Kartons, Werkzeuge.

Gestalten: Papierarten in unterschiedlichen Formaten, verschiedene Farbarten, Scheren, Klebstoff, Papierschnipsel, Stoffreste, Wolle, Glitzermaterial in Materialschalen, verschiedene Druckstöcke, Schachteln, Kartons und Pappstreifen, Knete, Legematerial, Naturmaterial, z. B. Moos, Eicheln, Bucheckern, Kastanien, Steine, Schneckenhäuser, Stöckchen, Bücher über Kunst.

Kommunizieren und Rollenspiele: Verkleidungsmaterial für Jungen- und Mädchenrollenspiele, auch Utensilien von Berufen, z. B. Laborkittel und Pipetten, Kulturgegenstände wie Silbertablett, edles Geschirr, Handy, Alltagsgegenstände, die sich zum Kaufladenspiel eignen, Puppenhaus, Tierfiguren für Kleine-Welt-spiele, Tischspiele.

Literacy: Kinderbibliothek, schöne Buchstaben und Vorlagen zum Nachmalen und Verzieren, Stempel, Schreibmaschine, Computer, Memories, Foto- und Namenskarten der Kinder der Gruppe, Foto- und Wortkarten zu Gegenständen im Zimmer, Bilder, z. B. von Tieren, Fahrzeugen usw.

Forschen, Messen, Wiegen, Zählen: Material zum menschlichen Körper, zu Tieren und Pflanzen, Pflegeset für Pflanzen und das Gruppentier, Lupen, Mikroskope, Modelle, Schaubilder und Naturtafeln.

Zahlen und Materialien in großen Mengen zum Sortieren, Maßband, Messbecher, Waage, Werkzeuge zum Auseinandernehmen von Geräten, Konstruktionsspielzeug im engeren Sinne wie „Fischer-Technik", Montessorimaterial: z. B. blau-rote Stangen, Ziffern und Chips, Material und Bücher zum Fliegen und Fahren, zu den Kräften, zur Produktion von Gütern und zum Bauen, zu Experimenten, zur Entstehung der Erde (auch Dinosaurier) zu den Elementen, zum Wetter, zum Weltall, Kinderlexika und Sachbilderbücher.

Musik und Tanz: Trommeln, Glockenspiele/Xylofone, Kassettenrekorder mit Mikrophon, Kassetten mit Volks-, Pop- und klassischer Musik (aus aller Welt), Verkleidungsmaterial, Material, um Instrumente selbst herzustellen: Regenmacher, Trommeln, klingende Alltagsgegenstände wie Flaschen.

Material zur Heimatgemeinde und dazu, wie die Menschen füreinander sorgen (z. B. im Krankenhaus), zum Landkreis und zu Deutschland, zu den Kontinenten und dem Leben anderswo, zum Leben früher und heute. Hörkassetten mit Liedern und gesprochener Sprache anderer Länder.

Material zur Ethik/zur Religion: Symbole und Gegenstände, Bilderbücher mit biblischen Geschichten und zur Sozialerziehung, zu unseren Werten und zum Sinn des Lebens.

Präsentieren und Dokumentieren: Schaukasten, Ausstellungstisch, Digitalkamera, Videokamera, Videoabspielgerät, Monitor, Material zum Gestalten von Plakaten.

■ Genderblick auf Räume in Kindertageseinrichtungen

HERMANN stellt fest, dass von Erzieherinnen gestaltete Räume oftmals „weicher und verspielter" sind und solche von Erziehern eher etwas kahler wirken, aber öfter technische Spielzeuge und Geräte aufweisen.[7]

Nicht nur Erzieherinnen und Erzieher, auch Kinder verhalten sich unterschiedlich. Nach VAN DIEKEN und ROHRMANN spielen Jungen in der Tendenz eher raumgreifend, grobmotorisch und laut, bauen, konstruieren und spielen mehr als Mädchen draußen, bevorzugen erzieherfreie Zonen, interessieren sich mehr für Themen außerhalb des unmittelbaren Erfahrungsbereiches. Mädchen sind eher feinmotorisch tätig, spielen lieber drinnen. Der Bewegungsraum wird oft von den aktiven, größeren Jungen genutzt, Mädchen und zartere Jungen kommen nicht so recht zum Zug. Mädchen- und Jungentage können Abhilfe schaffen. Vielleicht entstehen ganz neue Spielideen, vielleicht entstehen „Turbulenzen" im Übereifer, jetzt alles nutzen zu wollen.

Es sollte generell mehr „Männliches" in Kindergärten gebracht werden: Poster mit Rennautos, mit Fußballteams, größeres Baumaterial, entsprechende Rollenspielutensilien wie Feuerstelle, Baumhaus, Geheimgänge, Matschhosen und Gummistiefel im Außenbereich. VAN DIEKEN und ROHRMANN empfehlen „Rumpel- und schöne Ecken" mit allerlei Schätzen. Diese fordern zu originellen Kreationen auf, statt der Puppenecke könnte zeitweise eine Flughafenhalle entstehen.[8]

---

[7] nach Hermann, G., Wunschel, G., 2002
[8] nach van Dieken und Rohrmann, 2003

Jungen und Mädchen brauchen beides: Orte und Möglichkeiten zum Spiel in gleich- und in gemischtgeschlechtlichen Gruppen und zur Beobachtung dessen, was und wie die anderen spielen.

Aufgabe:

Protokollieren Sie an Ihrem nächsten Praxistag in halbstündigen Abständen:

- Welche Spiele werden in geschlechtshomogenen Gruppen gespielt?
- Welche Spiele werden in geschlechtsheterogenen Gruppen gespielt?
- Werten Sie die Erfahrungen in der Klasse aus!

Vereinbaren Sie einen Termin in einer Kindertageseinrichtung mit einem oder mehreren männlichen Erziehern. Bereiten Sie sich auf ein Interview zu diesem Themenkreis vor. Berichten Sie davon in der Klasse.

Außenbereich

Lage, Geländegegebenheiten: Die Gestaltung eines Außengeländes ist abhängig von der Lage (z. B. Hanglage) und von Auflagen, z. B. der Zufahrt für die Feuerwehr. In manchen Fällen ist ein Schall- oder Sichtschutz erforderlich.

■ Funktionalität

Die **Bodenverhältnisse** können auf einem Gelände sehr unterschiedlich sein. Lehm, Sand, Kies, Fels, Mager- oder Feuchtboden beeinflussen die Nutzung. Gegliedert wird der Garten in Hartboden, Beete, Rasen, Sand- und Holzpelletbereiche, und er wird modelliert. Wir finden Hügel und Mulden, Tunnel, in Hanglage auch Terrassen mit Stützmauern aus (Natur)Stein oder Holz.

Bei der Anlage eines Gartens ist die bestehende Bepflanzung zu beachten: Was soll erhalten bleiben, was muss entfernt werden, z. B. giftige Pflanzen?

Gewässer/Sand: Sand in Sandkästen muss man regelmäßig austauschen und wegen Tiernutzern abdecken. Wasser in angelegten Teichen sollte nicht tiefer als 40 cm sein.

Sicherheit: Insgesamt geschehen weniger Unfälle als befürchtet, wenn die „Großen" mit indirekter Aufsicht allein draußen spielen. Übung scheint zu selbstsicherndem Verhalten zu führen, und dieses wiederum erhöht die Bewegungssicherheit.

Verkehrswege müssen gerätefrei sein (z. B. von der Tür zum Sandkasten).

Für Geräte gelten Vorschriften (DIN EN 1176). Ein Prüfinstitut muss sie genehmigen. Wichtig sind Fundamentierung, Fallschutzmaterial ab einer bestimmten Fallhöhe und Sicherheitsabstände. Geräte brauchen regelmäßige Wartung und Pflege.

■ Der Garten als Erlebnisraum

Elemente erleben: Außengelände werden heute eher sparsam mit Großgeräten ausgestattet und in der Tendenz eher naturnah angelegt, um elementare Erfahrungen zu ermöglichen. Kinder sollen die Gegebenheiten mehr ausschöpfen, mehr selbst gestalten, als Geräte zu bespielen. Sie sollen die vier Elemente erfahren: Den Wind, der sich in der Baumkrone fängt und die Windrädchen antreibt; das Wasser zum Matschen, Gießen, Formen mit Sand; die Erde beim Graben, Pflanzen und Ernten; das Feuer an der dafür bestimmten Feuerstelle mit Bruch- oder Ziegelsteinen oder im Lehmofen. Licht und Schatten wandern im Tagesverlauf durch den Garten und erzeugen Stimmungen.

Bewegung und Gesundheit: Kinder klettern, balancieren, hüpfen, schaukeln und schwingen, zielen, werfen und fangen, fahren, rollen. Sie wollen sich auch ausruhen. Und dann nehmen sie wieder Herausforderungen in Angriff, z. B. schräge Ebenen. Mit Seilen ziehen sie sich Abhänge hinauf. In besonderer Weise spielen dabei die Basissinne zusammen: Gleichgewichts-, Bewegungs- und Tastsinn. Die Kinder erlangen ein Körpergefühl und Bewegungssicherheit und werden robust, gewöhnen sich

daran hinzufallen und wieder aufzustehen. Der Aufenthalt draußen bei Wind und Wetter stärkt die Abwehrkräfte.

Ausstattung: Liegende Baumstämme und Äste, Baumabschnitte, Steine, Bänke, Taue an Bäumen in unterschiedlicher Höhe befestigt, Taue mit Knoten, Strickleitern, verschiedenartige Bälle, Korbballtor, Handwagen, Kettcar, Rollschuhe, Pedalos, Roller. Am Kletterbaum muss man morsche und niedrige Äste beseitigen.

Wahrnehmung: Körpergefühl und Geräusche sind unterschiedlich auf Hartboden, Sand oder Erde. Kräuter, Blumen, vermodernde Baumstümpfe, feuchtes Laub, frisch gemähter Rasen bieten eine ganze Duftpalette. Und Kinder erleben die Bodenbeschaffenheit am Morgen, später in der prallen Sonne und bei Regen.

MAHLKE empfiehlt, allerlei klingende Gegenstände im Garten aufzuhängen, z. B. mit Saiten bespannte Klangkörper, Metallglocken, Büchsen, Kessel, Platten und Hartholzstäbe zum Klangerzeugen. Auch gibt es die leiseren Geräusche, z. B. das Scharren von Vogelkrallen auf dem Vordach, Vogelgezwitscher.[9]

Kinder können im Garten ausrangierte technische Geräte auseinandernehmen oder im Sand mit großen Plastikrohren experimentieren.

Für andere sorgen: Tierhaltung und Arbeit für die Gruppe fördern das Mitgefühl und das Aufgabenbewusstsein.

Kinder sind stolz bei der Ernte ihrer Möhren und Tomaten und essen sie mit besonderem Appetit. Sie entwickeln eine unbeschreibliche Freude, wenn eines der Tiere Junge bekommt; sorgen sich, wenn eines krank ist.

Ausstattung: Spaten, Harke, Rechen, Körbe, Schubkarre, Kompostbehälter, Gartenschere, Samen, Knollen und Zwiebeln. Gerade beim Graben entdecken Kinder die Kleintiere des Gartens, die mit Lupe, Fernglas und Bestimmungsbuch erforscht werden.

Pflanzideen: Die pädagogische Ideenwerkstatt Bagage e.V., Freiburg, empfiehlt:

- Pflanzen, die Dächer bilden, z. B. Knöterich.
- Pflanzen, die Düfte entwickeln, z. B. Flieder, Rosen.
- Pflanzen, die Insekten Nahrung bieten, z. B. Sommerflieder.
- Pflanzen, deren Früchte, Samen und Blätter zum Spielen einladen.
- Pflanzen, die zum Naschen einladen, z. B. Himbeerstrauch.
- Pflanzen, die zum Anfassen einladen: Lampenputzergras.
- Pflanzen, die Kinder aus Märchen und Geschichten kennen, z. B. Holunder, Heckenrose, Haselnussstrauch.
- Hochgiftige, aber für Kinder verlockende Pflanzen haben im Garten keinen Platz, z. B. Goldregen, Heckenkirsche, Eibe.[10]

[9] nach Mahlke, W., Schwarte, N., 1989

[10] nach: Pädagogische Ideenwerkstatt Bagage o. J.

4. Zusammenarbeit in sozialpädagogischen Einrichtungen

Was ist eine sozialpädagogische Einrichtung?

Die Mitarbeiter sozialpädagogischer Einrichtungen erbringen Leistungen im Rahmen der Jugendhilfe. Sie betreuen, erziehen und bilden Kinder und Jugendliche. Für diese Leistungen werden sie von demjenigen bezahlt, der sie in Anspruch nimmt. Im Falle der Kindertageseinrichtungen zahlen die Eltern einen Anteil, der größere Teil kommt aus Landesmitteln.

Ihr selbstgewählter Auftrag ist, dem Gemeinwohl zu dienen und das Zusammenleben der Menschen in geistiger und sittlicher Hinsicht zu fördern. Sie arbeiten nicht (vorrangig) gewinnstrebend und werden deshalb als „Non-Profit-Organisationen" bezeichnet. Einrichtungen, die als gemeinnützig anerkannt sind, erhalten Steuerbegünstigungen (z. B. Befreiung von Gewerbesteuern). Sie stehen allen Bürgern unseres Staates offen, unabhängig von der Religion, dem Geschlecht und der sozialen Herkunft.

Sie brauchen eine Betriebserlaubnis, und sie haben Strukturen wie jeder andere Betrieb. Diese Strukturen sollen sicherstellen, dass die Einrichtung ihren Auftrag erfüllen kann. Dazu gehören:

- *Definition des Auftrags:* ein klar beschriebenes Leistungsangebot, Fachpersonal, geeignete Räumlichkeiten und Material sowie feste Öffnungszeiten.
- *Sicherstellen des Betriebsablaufs* durch eine entsprechende Personalbesetzung und einen bedarfsgerechten Dienstplan, durch eindeutige Zuständigkeitsregelungen, durch Einhaltung und Optimierung von Abläufen, z. B. dem Tagesablauf.
- *Betriebserhaltung:* u. a. Verwaltung, Wirtschaftlichkeitsmaßnahmen, Werbung, Gebäudeerhaltung, Maßnahmen zur Erhaltung und Steigerung der Qualität und der Berufszufriedenheit der Mitarbeiter.

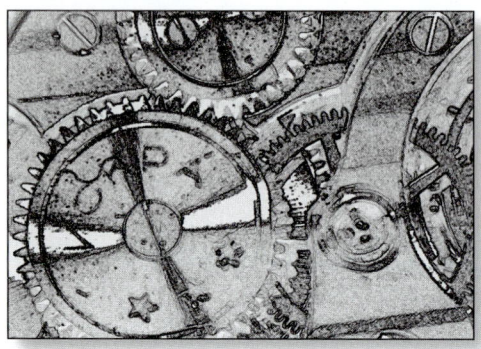

Träger

In der Bundesrepublik haben wir eine Vielfalt von Angeboten der Jugendhilfe und von Trägern. Zunächst unterscheidet man zwischen öffentlichen und freien Trägern. Zu den öffentlichen gehören u. a. Gemeinde/Stadt und Kreis. Zu den freien Trägern zählen die Kirchen, Wohlfahrtsvereine, Elternvereine oder auch Privatpersonen.

Kirchen, Wohlfahrtsvereine und manche Elternvereine schließen sich einem Landes- oder Bundesverband an. Das Diakonische Werk, der Deutsche Caritasverband, das Deutsche Rote Kreuz, die Arbeiterwohlfahrt und der Deutsche Paritätische Wohlfahrtsverband sind Dachverbände mit langer Tradition.

Die Trägerpluralität ist als Möglichkeit gesetzlich verankert und entspricht dem Subsidiaritätsprinzip. Danach ist der Staat zwar zu Leistungen verpflichtet, muss diese aber nicht selbst erbringen. Damit soll zweierlei Bedürfnissen Rechnung getragen werden: Derjenige, der eine Leistung in Anspruch nimmt, hat die Wahl- und Entscheidungsfreiheit, und derjenige, der eine Leistung anbietet, kann seine Leitziele verwirklichen.

Bei der konkreten Arbeit vor Ort tritt häufig nur eine Person als Träger in Erscheinung, z. B. der Pfarrer einer Kirchengemeinde. Tatsächlich liegt die Trägerschaft meist bei einem gewählten Gremium, z. B. einem Kirchenvorstand, Verwaltungsrat, Presbyterium oder Vereinsvorstand (im Fall einer Elterninitiative). Dieses Gremium beauftragt eine Person als Kontaktperson, vor allem, wenn das Gremium noch andere Aufgaben hat.

Der Träger ist verantwortlich für die Erfüllung des Arbeitsauftrags der Einrichtung, für die wirtschaftliche Betriebs- und die Personalführung. Er muss für die Ausgewogenheit von Einnahmen und Ausgaben sorgen, zieht Elternbeiträge und die Leistungen der öffentlichen Hand ein, kümmert sich um Investitionshilfen, z. B. für Um- oder Neubauten. Er ist zuständig für die Personaleinstellung und -verwaltung (einschließlich Lohnbuchhaltung und -auszahlung), für die Gebäudeerhaltung und das Grundstück. Die pädagogische Leitung und die Personalführung kann er delegieren.

Die Freiheit eines Trägers ist aber deutlich beschränkt: Er ist an die Leitziele des Dachverbandes gebunden, muss Vorgaben des KJHG und der Landesgesetze einhalten, z. B. betreffend Fachpersonal, Öffnungsdauer, räumlicher Mindestausstattung, Gruppengröße, Sicherheit und Hygiene. Der Träger muss Rahmenbedingungen schaffen zur Umsetzung des Bildungsplanes für Kindertageseinrichtungen und er ist zur Zusammenarbeit mit dem Elternbeirat verpflichtet. Dem Personal gegenüber ist er an die Einhaltung des Arbeits-, Tarif- und Dienstrechts gebunden.

Leistungen der öffentlichen Hand werden nur gewährt, wenn ein Träger all diese Vorgaben erfüllt.

Zusammenfassend kann man sagen: Der Träger hat die Verantwortung für die Betriebsführung nach außen und nach innen.

Leitung

Frau Werner hat gute Aussichten auf eine Leitungsposition in einer Kindertageseinrichtung. Jetzt bittet sie um eine schriftliche Stellenbeschreibung. Sie möchte ihre Zuständigkeiten und ihre Entscheidungsbefugnisse genau kennen, möchte nicht wegen jeder Kleinigkeit zum Träger gehen oder bis zur nächsten Dienstbesprechung warten.

In Frau Werners Stellenbeschreibung stehen Ausführungen u. a. zu folgenden Punkten:

- Dienstpläne erstellen
- Krankheits- und Urlaubsvertretung regeln
- Anwesenheit der Leitung bei Öffnungs- und Schließzeit der Einrichtung
- Mittelverwaltung bezüglich Spiel- und Bastelmaterial, Büro-, und Reinigungsmitteln, Festen, Fortbildungen

> **Sozialgesetzbuch, Achtes Buch**
> **Kinder- und Jugendhilfe** (Erstes Kapitel, Auszug)
>
> **§ 3 Freie und öffentliche Jugendhilfe**
> (1) Die Jugendhilfe ist gekennzeichnet durch die Vielfalt von Trägern unterschiedlicher Wertorientierungen und die Vielfalt von Inhalten, Methoden und Arbeitsformen.
> (2) Leistungen der Jugendhilfe werden von Trägern der freien Jugendhilfe und von Trägern der öffentlichen Jugendhilfe erbracht. (...)
>
> **§ 4 Zusammenarbeit der öffentlichen Jugendhilfe mit der freien Jugendhilfe**
> (1) Die öffentliche Jugendhilfe soll mit der freien Jugendhilfe zum Wohl junger Menschen und ihrer Familien partnerschaftlich zusammenarbeiten. Sie hat dabei die Selbstständigkeit der freien Jugendhilfe in Zielsetzung und Durchführung ihrer Aufgaben sowie in der Gestaltung ihrer Organisationsstruktur zu achten.
> (2) Soweit geeignete Einrichtungen, Dienste und Veranstaltungen von anerkannten Trägern der freien Jugendhilfe betrieben werden oder rechtzeitig geschaffen werden können, soll die öffentliche Jugendhilfe von eigenen Maßnahmen absehen.
> (3) Die öffentliche Jugendhilfe soll die freie Jugendhilfe nach Maßgabe dieses Buches fördern und dabei die verschiedenen Formen der Selbsthilfe stärken.
>
> **§ 5 Wunsch- und Wahlrecht**
> (1) Die Leistungsberechtigten haben das Recht, zwischen Einrichtungen und Diensten verschiedener Träger zu wählen und Wünsche hinsichtlich der Gestaltung der Hilfe zu äußern. Sie sind auf dieses Recht hinzuweisen.
> (...) . Stand 8.9.2005

- Sorge für Gebäude und Ausstattung, Reparaturmeldungen
- Bewerbungsgespräche: Vorschlagsrecht
- Aktenführung: An- und Abmeldungen der Kinder, Personendaten der Kinder, Anwe-

senheitslisten, Unfallmeldungen, Entwicklungsberichte der Kinder, Schriftverkehr mit Fachdiensten usw.
- Dienstbesprechung mit dem Träger: 14-tägig
- Personalführung
- Qualitätssicherung
- Zusammenarbeit mit dem Jugendamt und mit Fachdiensten

Frau Werners Stellenbeschreibung zeigt sach- und personalbezogene Aufgaben einer Leiterin. Die sachbezogenen Aufgaben beziehen sich auf den Betriebsablauf, auf die pädagogische Arbeit der Erzieherinnen mit Kindern, Eltern und die Vernetzung der Einrichtung mit anderen Institutionen der Gemeinde. Die Personalführung umfasst die Aufgaben im Umgang mit dem Personal.

Die Leitung sorgt dafür, dass die Erzieherinnen ihre pädagogische Arbeit gut und unbelastet verrichten können, und zwar jeden Tag. Sie führt neues Personal ein, organisiert, motiviert und wendet Störungen ab. Sie leitet Teamsitzungen zur Klärung organisatorischer Fragen, zur Reflexion und Planung und zur Erarbeitung neuer Themen.

Im Bereich der Kindertageseinrichtungen sind die Leitbilderstellung und die Umsetzung des Bildungsplans eine neue Herausforderung. „Was bedeutet er hier vor Ort, welche Ziele setzen wir uns für dieses Jahr, wer braucht welche Fortbildung?" Diese Fragen werden im Team erörtert, aber die Leitung hat die fachliche Verantwortung. Fachberater des Landesjugendamtes bieten ebenso Unterstützung wie Fachberater des Dachverbandes, dem der Träger angeschlossen ist.

Die Leitung ist für alle Außenkontakte zuständig, z. B. mit Institutionen und Fachdiensten, und sie repräsentiert die Einrichtung.

Sie hat das große Ganze im Blick, beobachtet gesellschaftliche Veränderungen und erfragt Bedürfnisse der Elternschaft. So wurde vielerorts die Integration von Kindern mit Behinderung bereits unbürokratisch verwirklicht, bevor die Gesetzeslage dies vorsah. Wo möglich delegiert sie Verantwortlichkeiten, z. B. für die Kooperation mit der Grundschule oder für die Integration behinderter Kinder und ihrer Eltern. Die Leitung verlässt sich darauf, dass die Erzieherinnen mit dieser besonderen Verantwortung ihre Arbeit planen in Absprache mit den Kooperationspartnern, dass sie ihre Arbeit dokumentieren, das Team informieren und ihren speziellen Part bei Elternabenden übernehmen.

Zur Qualitätssicherung und Qualitätsentwicklung gehört, das Personal für Fortbildungen (z. B. Psychomotorik) oder zu Weiterbildungen zu motivieren (z. B. Fachwirt) oder zu einer Supervision. Bei der Supervision können schwierige Situationen mit Kindern, Eltern und Mitarbeitern erörtert werden. Immer wieder zeigt sich, wie unsere eigenen Handlungsmuster und Einstellungen zur Problementwicklung beitragen. Diese werden bearbeitet, um in Zukunft bewusster und professioneller handeln zu können. Der Supervisor unterstützt diesen Prozess.

■ Umgehen mit Menschen

Auf Seminaren setzen sich künftige Leiterinnen mit Führungsstilen auseinander, erarbeiten Methoden der Entscheidungsfindung und lernen, schwierige Situationen zu moderieren.

> Frau Werner: „In meiner letzten Stelle hat unsere Leiterin immer wieder Sachentscheidungen allein mit dem Träger getroffen. Zuletzt ging es um die Aufnahme von unter 3-Jährigen. Bevor wir uns vorbereiten konnten, standen vor jeder Gruppentür schon zwei 2-Jährige. Für eine Fortbildung war keine Zeit mehr, denn jede Hand wurde gebraucht. Ein solcher Führungsstil macht sehr unzufrieden. Ich möchte anders arbeiten."
>
> Eine Seminarteilnehmerin berichtet: „Vor einigen Jahren war ich in einem Kinderheim beschäftigt. Dort meldete sich eine Kollegin häufig krank. Einmal erwähnte sie familiäre Probleme. Wiederholt hat uns die Leitung kurzfristig Dienste zugeteilt, auch Wochenenddienste. Das fand ich auf Dauer ungerecht. Sie hätte auch unsere Interessen im Auge haben müssen."

Eine Leiterin kennt die individuelle Belastbarkeit ihrer Mitarbeiterinnen. Sie braucht Fingerspitzengefühl, um einzuschätzen, ob Nachsicht oder Forderung, Freiheit oder Kontrolle, Geduld oder eindeutige Vorgaben angebracht sind. Bei aller Empathie und Solidarität mit ih-

Führungsstile		
Autoritärer Führungsstil u. a.	**Laisser-faire Führungsstil u. a.**	**Demokratischer Führungsstil u .a.**
• Anordnungen auch ohne Erklärungen. • Mitbestimmung in Fällen, in denen sie formal vorgeschrieben ist. • Hohes Maß an Kontrolle, Fixierung auf Fehler, Schwächen. • Instrumentalisierung von Mitarbeitern. • Leitung beruft sich auf Amtsautorität. • Schnelle Ergebnisse.	• Mehr oder weniger zufälliger Informationsfluss. • Entscheidungen werden vermieden. • Distanziertes Verhältnis zu Mitarbeitern oder „Klüngelei". • Fehlende Zielvorgabe, jeder macht, was er für richtig hält, irgendwie.	• Mitbestimmung der Mitarbeiter, soweit möglich, Anweisungen wo nötig. • Transparenz der Anweisungen und Entscheidungen. • Stärken der Mitarbeiter nutzen (Synergieeffekt). • Entscheidungsspielräume mit dem Risiko auf Fehler. • Entscheidungprozesse brauchen mehr Zeit.

ren Mitarbeitern muss sie kritische Punkte ansprechen und Lösungen anstreben.

Sie versucht auch, innerbetriebliche Belastungen gering zu halten. Diese entstehen durch Personalmangel, durch Zunahme schwieriger Situationen mit Kindern und Eltern und durch zu viele (selbstgewählte) Verpflichtungen. Hier setzt sich die Leitung für ihr Personal ein.

Pädagogische Fachkräfte – Zusammenarbeit im Team

Für die pädagogische Arbeit in sozialpädagogischen Einrichtungen ist eine Erzieherausbildung oder eine vergleichbare Ausbildung vorgeschrieben. Tatsächlich finden wir neben Erzieherinnen Sozialpädagoginnen, Kinderpflegerinnen, Heilerziehungspflegerinnen, Sportlehrer, Kunst- und Theaterpädagogen. Alle haben während ihrer Ausbildung Fachkompetenzen erworben und sind einem Menschenbild verpflichtet, das die Potenziale des Kindes sieht, seine Entwicklung begleitet, der Selbststeuerung Raum lässt und zu Selbstständigkeit in sozialer Verantwortung erzieht.

Diese Prinzipien gelten auch für die Zusammenarbeit im Team.

Teamarbeit gelingt, wenn auf der Sachebene Informationsfluss und Kompromissbereitschaft herrschen und wenn auf der Beziehungsebene Respekt vor dem anderen besteht.

Die Stärke eines Teams liegt in der Kombination der verschiedenen Fähigkeiten, Fertigkeiten und Perspektiven. Schwer haben es

Teammitglieder, die am liebsten Aufgaben allein übernehmen.

Mitarbeiter müssen ihre Arbeitnehmerpflichten erfüllen und sind ihrem Arbeitgeber und den Mitarbeitern gegenüber zu Loyalität verpflichtet. Versäumnisse, fachliche Fehler und negative Äußerungen können arbeitsrechtliche Konsequenzen zur Folge haben.

Teamarbeit in sozialpädagogischen Einrichtungen bedeutet, über die Arbeit am Kind hinaus an Sitzungen teilzunehmen, mit Eltern und Fachdiensten zusammen zu arbeiten, Feste mitzugestalten, Fortbildungen zu besuchen und dann zu berichten, Praktikanten anzuleiten. Für Tätigkeiten solcherart erhalten Erzieherinnen Anrechnungsstunden. In Niedersachsen stehen der Gruppenleitung und der Zweitkraft je 7,5 Stunden, der Leitung einer Kindertageseinrichtung 5 Stunden pro Woche pro Gruppe zu.[1]

Rollenbildung: Im Team einer sozialpädagogischen Einrichtung hat jeder zunächst einmal eine formelle Position: Leitung, Gruppenleitung, Zweitkraft, Praktikantin. Daran sind bestimmte Aufgaben gebunden. Die Person selbst ist auswechselbar.

Daneben entwickeln sich in jedem Team auch informelle Rollen. Es gibt „Kritisch-Konstruktive" und „Nörgler", solche mit anerkanntem Sachverstand und „Besserwisser", „Fleißige", die viele unspektakuläre Pflichten im Verborgenen verrichten, und solche, die

---

[1] nach KiTaG Niedersachsen, 2002

ihre Arbeit gut „verkaufen". Diese Rollen tragen zur Dynamik eines Teams bei, können die Leistungsfähigkeit steigern, aber auch bremsen. Teams können sich glücklich schätzen, wenn eine Kollegin da ist, die bei ausweglos erscheinenden Problemen Lösungen weiß und zwischen unterschiedlichsten Interessen vermitteln kann. Dies gehört natürlich auch zu den Leitungsaufgaben.

Die Leiterin kennt die informellen Rollen im Team und nutzt Stärken Einzelner für individuell zugemessene Aufgaben. Sie schätzt bei Bewerbungsgesprächen ein, ob die/der Neue ins Team passt. Neue Mitarbeiter bringen auch eine neue Dynamik in das Team.

Personalvertretung – Betriebsrat, Mitarbeitervertreter, Personalrat:

Nachdem die Kinderzahl in einer Gemeinde rückläufig ist, möchte der Träger einer Einrichtung das Personal umschichten. Manche Fachkräfte sollen zu einem anderen Kindergarten wechseln, andere werden vorlieb nehmen müssen mit einer Zweitkraftposition anstelle der momentanen Gruppenleitung. Schriftlich teilt er den Betreffenden den Termin mit. Die Erzieherinnen wenden sich an die Mitarbeitervertretung.

Für Angestellte öffentlicher Träger gilt das Bundespersonalvertretungsgesetz in der Fassung von 2004, beziehungsweise dessen Nachfolgegesetz. Danach hat der gewählte Personalrat in personellen Angelegenheiten Mitspracherecht, u. a. bei der Einstellung oder bei der Übertragung einer höher oder niedriger bewerteten Tätigkeit. Das ist ein Beispiel aus einer Fülle von Verordnungen.[2]

Das Kirchengesetz über Mitarbeitervertretungen in der Ev. Kirche Deutschland (MVG 2003) unterscheidet nach Mitbestimmung und beschränkter Mitbestimmung. Nach § 43 (I) fällt die dauerhafte Übertragung eines höher oder niedriger bewerteten Dienstpostens in den Bereich der beschränkten Mitbestimmung.

Es wird ferner unterschieden zwischen Anhörung (bei Kündigung) und Mitberatung, Zustimmung (Ein- und Höhergruppierung) und Vorschlagsrecht, z. B. hinsichtlich grundlegender Änderungen von Arbeitsmethoden.[3]

Gewerkschaften und Berufsverbände sind Körperschaften, die die Belange eines bestimmten Berufsstandes fördern und die Interessen ihrer Mitglieder vertreten.

---

[2] Bundespersonalvertretungsgesetz im BAT
[3] Nach: Kirchengesetz über Mitarbeitervertretungen in der Evangelischen Kirche Deutschlands MVG i. d. F. v. 2003

Organigramm
einer Kindertageseinrichtung

Organisationsstrukturen sozialpädagogischer Einrichtungen werden heute häufig in Organigrammen dargestellt. Diese zeigen Hierarchien, Abhängigkeiten, Zusammenhänge und Zuständigkeiten.

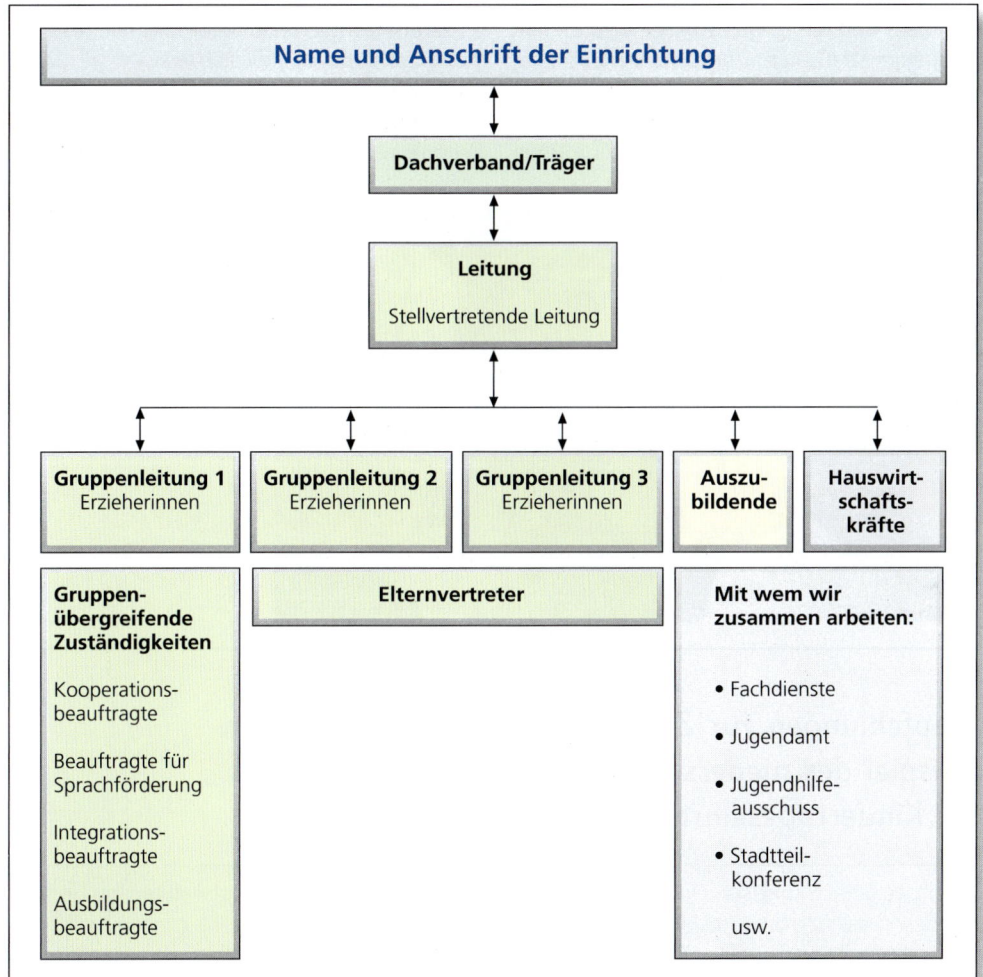

Aufgaben:

1. Gestaltung und Beobachtung eines Bewerbungsgespräches. Bilden Sie hierzu Vierergruppen: eine Leiterin, eine Schülerin, zwei Beobachterinnen.
   Vorbereitungszeit: 5 Minuten, Gesprächsdauer ca. 10 Minuten.
   Die beiden Beobachterinnen legen fest, worauf sie besonders achten wollen: Loyalität, Ausdrucksfähigkeit, sachliche Darstellung o. ä. Sie geben nach dem Gespräch Rückmeldung über ihre Wahrnehmungen.

2. Erstellen Sie ein Organigramm Ihrer Praxiseinrichtung. Füllen Sie die Namen der zuständigen Personen/Institutionen ein. Ergänzen Sie das Organigramm ggf. Ermitteln Sie die Leitziele Ihres Trägers. Präsentieren und erläutern Sie Ihr Organigramm vor der Klasse.

3. Gewerkschaften und Berufsverbände: Finden Sie heraus, welche die Interessen der Erzieherinnen vertreten und studieren Sie deren Jahresprogramm. Stellen Sie es in der Klasse vor.

5. Zusammenarbeit mit Eltern und Familien

Eine Mutter: „Ich wusste gar nicht, was alles auf mich zukommt".

Heute ist Anmeldetag im Kindergarten. Erwartungsvoll betritt Frau Sommer mit Lukas an der Hand die Eingangshalle. Ihr Blick fällt auf eine Litfaßsäule. Dort sind allerlei Elterninformationen angeheftet: Fotos von einem Ausflug in den Zoo, ein Elternbrief auf italienisch, Mütter werden gesucht, um eine Gruppe in das Museum zu begleiten, für das Sommerfest braucht man noch Kuchen. Der Elternbeirat informiert über seine Mitarbeit an der Konzeption: Für das Layout dieser Konzeption werden dringend Ideen gesucht. „Warum nicht?" denkt Frau Sommer, die zufällig Grafikerin ist. Plötzlich realisiert sie, dass **Elternmitarbeit** erwartet wird.

Damit hatte sie eigentlich gar nicht gerechnet.

Empfehlungen zur Zusammenarbeit mit Eltern am Beispiel des niedersächsischen Orientierungsplans für Kindertageseinrichtungen (Auszug)

„In der Einrichtung soll ein familienfreundliches Klima herrschen und sie soll ein sozialer Raum sein, der sich generell durch Akzeptanz und Interesse auszeichnet. Wenn die Eltern erleben, dass ihre eigenen Lebenserfahrungen und ihre Erziehungskompetenz anerkannt und eingebracht werden können, geben sie auch ihren Kindern die Chance, ihre familiären Erfahrungen mit den Entwicklungsangeboten der Einrichtung zu verknüpfen. (...)

Die pädagogischen Fachkräfte stellen Transparenz über die pädagogische Arbeit in der Tageseinrichtung her und klären die Eltern über die Möglichkeiten der **Beteiligung** auf. Die pädagogischen Fachkräfte gehen mit Interesse und Offenheit auf alle Eltern zu und sprechen auch die Väter gezielt an, um sie für die Mitarbeit zu gewinnen. Wichtig ist, dass keine Eltern oder Elterngruppen von Informationen ausgeschlossen sind und dass alle Eltern im **Alltagsleben der Kindertagesstätte mitwirken** und sich beteiligen können. (...)

Eltern müssen in ihrer **Erziehungskompetenz** ernst genommen werden. Ihre Mitwirkung bezüglich pädagogischer Fragen (z. B. über Elternabende mit einem pädagogischen Schwerpunkt) und Elternbeteiligung sind selbstverständlich. (...) Eltern werden selber als Akteure in den Alltag der Kindertagesstätte eingebunden und übernehmen durch ihre **Mitarbeit** Verantwortung: Eltern beteiligen sich an der Konzeptionsentwicklung und an der Gestaltung von Veranstaltungen und Familiengottesdiensten (in kirchlichen Einrichtungen), an interkulturell geprägten Treffen und engagieren sich im Förderverein.

Auch praktische Mitwirkung ist gefragt, z. B. bei einem Elternfrühstück oder in einem Elterncafe, einem „Oma-Opa-Tag" oder einem „Vater-Kind- Tag", bei Festen und Feiern und bei Ausflügen.

Eltern nehmen ihre **Mitwirkungsrechte** im Elternrat und im Beirat der Kindertagesstätte wahr. Hierzu werden die Eltern durch Offenheit des Trägers und der Einrichtung für Kritik und Wünsche ermutigt. Nur in der deutlich spürbaren Atmosphäre einer offenen „Beschwerdekultur" gelingt es Eltern und der Einrichtung, sich in ihrem jeweiligen Anliegen ernst zu nehmen und zugleich ihren gemeinsamen Handlungsspielraum sowie die Grenzen der Kindertagesstättenarbeit zu erkennen. (…)

Kindertagesstätten haben auch eine **familienunterstützende** Funktion. Sie können Eltern helfen, sich aus sozialer Isolierung zu lösen und Familienfreundschaften und -kontakte zu knüpfen. Je stärker die Kindertagesstätte eine Anlaufstelle für Familien mit kleinen Kindern ist, desto eher können sich private Eigeninitiativen entwickeln (von der Baby-Gruppe bis beispielsweise zum gemeinsamen Lauftreff). Kindertagesstätten können dazu beitragen, dass Nachbarschaftshilfe und ein soziales Miteinander entstehen. Die Kooperation mit den Familien trägt auch dazu bei, dass die pädagogische Arbeit der Kindertagesstätten in der breiten Öffentlichkeit die Akzeptanz und den Stellenwert findet, die der Bedeutung ihrer Aufgaben gerecht wird.

Über aktive Elternschaften und -beiräte entwickelt sich **bürgerschaftliches Engagement** für die Interessen von Kindern und Familien. Eltern sind Kooperationspartner der pädagogischen Fachkräfte und werden in einem gemeinsamen Bemühen für gute strukturelle Rahmenbedingungen im Gemeinwesen tätig. Sie setzen sich im Rahmen der dafür vorgesehenen politischen Gestaltungsspielräume als Lobbyisten für eine gute Betreuung, Bildung und Erziehung von Kindern ein. Über die Arbeit in Elternbeiräten, die Zusammenarbeit mit den Trägern, mit Ämtern, Schulen und anderen Institutionen und Vereinen und über die Thematisierung der Interessen von Kindern und Eltern in den politischen Parteien findet demokratische Mitwirkung vor Ort statt."[1]

Aufgabe:
Lesen Sie den Text aufmerksam. Suchen Sie Aussagen zu

- Arbeit mit einzelnen Eltern,
- Arbeit mit Elterngruppen,
- Kindergarten als Netzwerkanbahner,
- vom Elternbeirat zur „Kinderlobbyarbeit" in der Gemeinde.

[1] Niedersächsisches Kultusministerium: Orientierungsplan für Bildung und Erziehung im Elementarbereich niedersächsischer Tageseinrichtungen, Jan. 2005 S. 50 ff (Hervorhebungen im Original)

Drei Aspekte sollen näher beleuchtet werden:

Alle Eltern als gleichwertig ansehen: Wenn sie am ersten Elternabend vor uns sitzen, sehen wir eine bunte Vielfalt: junge und ältere Eltern, Berufstätige, alleinerziehende Frauen und Männer, Hausfrauen, Hausmänner, Eltern mit einem behinderten Kind, Eltern verschiedener ethnischer Herkunft. Sie haben Bedürfnisse, Einstellungen und Wünsche, die sich untereinander und auch von denen der Erzieherinnen sehr unterscheiden können.

Die wahre Leistung der Erzieherin zeigt sich, wenn sie auf alle Eltern gleichermaßen freundlich zugeht, keine Elterngruppe bevorzugt, so dass jeder sich angenommen und wertgeschätzt fühlt.

Erziehungspartnerschaft: Im Privatleben suche ich mir einen Partner aus, der mit mir auf gleicher „Wellenlänge" ist oder meine Qualitäten ergänzt. Erzieher und Eltern finden nicht aus Sympathie zueinander. Sie müssen sich aneinander gewöhnen. Ihre Partnerschaft ist für das Kind die Brücke zwischen zwei Bezugssystemen: Familie und Kindertageseinrichtung. Partner akzeptieren sich gegenseitig in ihrer Zuständigkeit und Leistung, in ihren je eigenen Lebensumständen. In einer Partnerschaft kann keiner dem anderen etwas vorschreiben, er kann nur informieren, bitten, fragen, auch wenn ein Problem vorliegt. Zur Professionalität der Erzieherin gehört es, die Fähigkeiten der Eltern zu sehen und zu fördern, sie für etwas zu gewinnen. Eine solche Partnerschaft braucht Zeit zum Wachsen.

Eltern für bürgerschaftliches Engagement gewinnen: Bastelnachmittage, Flohmarkt, Vätersamstage, Großelterntag und die Kaffeeecke sind keineswegs Freizeitprogramme einer rührigen Erzieherin. Solche Angebote sollen zur Identifikation mit der Einrichtung führen und den Aufbau sozialer Netzwerke und Elternbildung anbahnen. Die Kindertageseinrichtung eignet sich hierfür besonders, da fast alle Eltern erreicht werden. Viele Väter und Mütter müssen heute in ihrer Elternrolle gestärkt werden.

Die Mitarbeit der Eltern bei der Konzeptionserstellung, im Elternrat oder in Initiativen zur Verbesserung der Lage von Kindern und Familien in der Gemeinde geht einen ganzen Schritt weiter. Hier geht es um Solidarität für die Belange aller Kinder und Familien der Einrichtung oder des Stadtteils. Elternräte können sich einsetzen bei drohender Gruppenschließung bzw. auf Gemeindeebene für eine Verkehrsberuhigung in Wohngebieten oder für die Errichtung von Spielplätzen. Nur durch Engagement und Mitwirkung entsteht eine lebendige und familienfreundliche Gemeinde. Es wird deutlich: Elternarbeit in einer Kindertageseinrichtung hat auch eine politische Dimension.

Elternbeirat: Gesetzliche Vorgaben

Zusammenarbeit mit Eltern ist keine Frage des Wollens der Erzieherinnen, sondern ist gesetzlich vorgegeben. Das Kinder- und Jugendhilfegesetz verpflichtet die Kindertagesstätten, mit den Eltern der Kinder zusammen zu arbeiten und sie an allen wesentlichen Angelegenheiten der Tageseinrichtung zu beteiligen (§ 22, Abs. 3 SGB VIII). Inhaltliche Vorgaben für die pädagogischen Fachkräfte sind am Beispiel des Orientierungsplans für Kindertageseinrichtungen des Landes Niedersachsen dargestellt worden. Für die Wahl und die Aufgaben des Elternbeirates gilt in Niedersachsen das Gesetz über Tageseinrichtungen für Kinder.

Formen der Zusammenarbeit mit Eltern

Aufgabe:
- Was denken Sie ist Eltern wichtig, wenn sie ihr Kind im Kindergarten anmelden?
- Eltern haben auch für sich selbst Erwartungen an den Kindergarten. Welche kommen auf dem Foto zum Ausdruck?

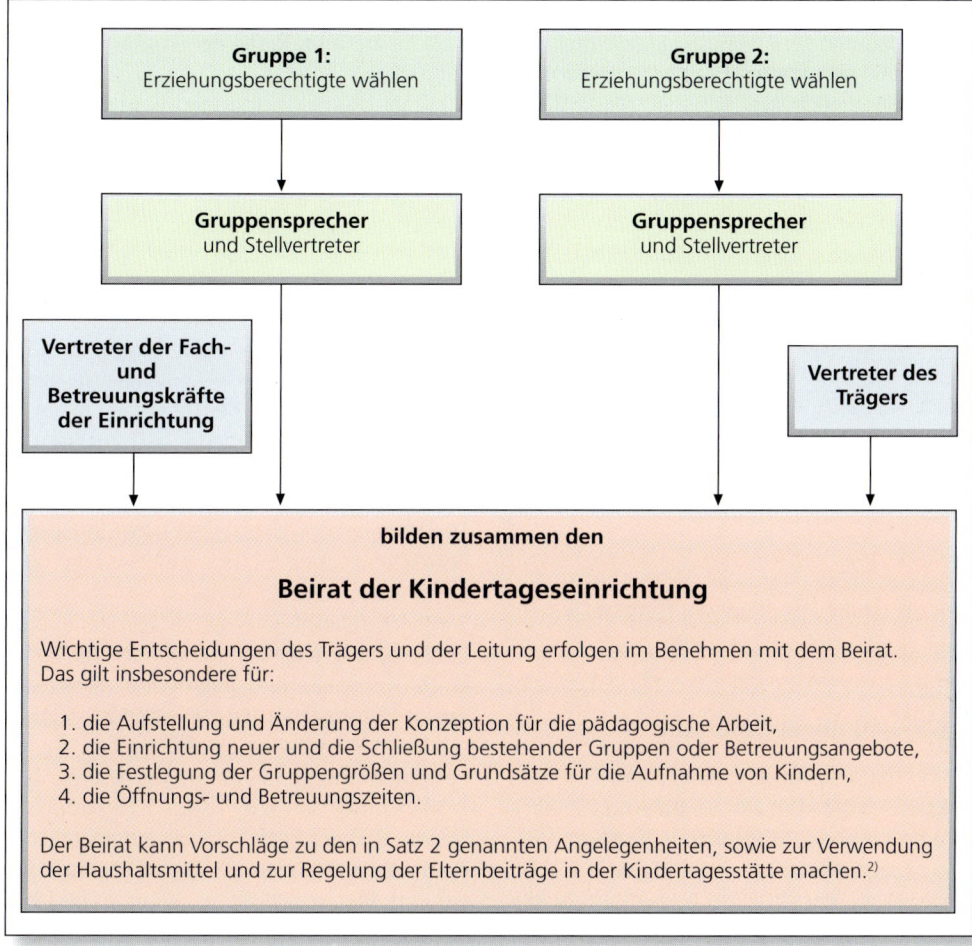

Gruppe 1: Erziehungsberechtigte wählen	**Gruppe 2:** Erziehungsberechtigte wählen
Gruppensprecher und Stellvertreter	**Gruppensprecher** und Stellvertreter
Vertreter der Fach- und Betreuungskräfte der Einrichtung	**Vertreter des Trägers**

bilden zusammen den

Beirat der Kindertageseinrichtung

Wichtige Entscheidungen des Trägers und der Leitung erfolgen im Benehmen mit dem Beirat. Das gilt insbesondere für:

1. die Aufstellung und Änderung der Konzeption für die pädagogische Arbeit,
2. die Einrichtung neuer und die Schließung bestehender Gruppen oder Betreuungsangebote,
3. die Festlegung der Gruppengrößen und Grundsätze für die Aufnahme von Kindern,
4. die Öffnungs- und Betreuungszeiten.

Der Beirat kann Vorschläge zu den in Satz 2 genannten Angelegenheiten, sowie zur Verwendung der Haushaltsmittel und zur Regelung der Elternbeiträge in der Kindertagesstätte machen.[2]

§ 10 Elternvertretung und Beirat der Kindertagesstätten

■ Anmelde- und Aufnahmegespräch

Ziele des Anmeldegesprächs sind, einerseits Erwartungen der Eltern sowie Daten und Besonderheiten des Kindes zu erfahren, andererseits Eltern über das Angebot der Einrichtung aufzuklären und Möglichkeiten der Mitarbeit aufzuzeigen.

In vielen Einrichtungen bittet man die Eltern, einen Fragebogen zur Entwicklung des Kindes auszufüllen. Das ist eine gute Gesprächsgrundlage. Die Erzieherin erfährt Besonderheiten im Entwicklungsverlauf, Gewohnheiten des Kindes z. B. beim Essen, beim Toilettengang, ob gesundheitliche Probleme bestehen. Sie gewinnt einen Eindruck über die derzeitige Lebenssituation der Familie und wie wichtig die Eltern Fortschritte des Kindes nehmen.

Ferner fragt die Erzieherin u. a.:

- nach besonderen Bedürfnissen aus beruflichen/sonstigen Gründen,
- welche Vorstellungen von der pädagogischen Arbeit die Eltern haben, für welche Angebote sie sich interessieren,
- ob sie sich vorstellen können, etwas im Kindergarten zu helfen oder anzubieten.

Die Erzieherin erläutert ihrerseits:

- Öffnungszeiten, Kosten, Ausflüge, Feste, Turnkleidung,
- die Qualifikationen der Fachkräfte,
- Ziele und Schwerpunkte der Arbeit.

ELKE SCHLÖSSER zu Aufnahmegesprächen mit Eltern nichtdeutscher Herkunft:

„Oft habe ich verwunderte Blicke von Eltern wahrgenommen, die kaum glauben konnten, wie sehr ich mich für Einzelheiten in Bezug

---

[2] KiTaG Niedersachsen

auf ihr Kind und ihre Familie interessiere. Sie waren dadurch sehr berührt. Einige meinten sogar, dass sich so intensiv noch niemand in Deutschland nach ihrer Situation, ihren Wünschen, Sorgen und Zielen erkundigt habe. Nach sorgfältigen Aufnahmegesprächen entwickeln sich gute Beziehungen zu Eltern viel schneller und dauerhafter"[3]

Aufgabe:
Bilden Sie Vierergruppen.

Eine Leiterin und eine interessierte Mutter (normalerweise wäre das Kind dabei, ist aber zum Übungsverlauf hier nicht nötig). 2 Beobachterinnen.

Die Leiterin führt das Aufnahmegespräch mit der Mutter. Überlegen Sie vorher – jeder für sich – was Sie fragen, was Sie mitteilen wollen.

Beobachter: Wie agiert die „Leiterin" in ihrer Rolle (Wertschätzung, Partnerschaft). Wie schaffen die beiden es, ihre Erwartungen zu äußern? Geben Sie Feedback über den Gesprächsverlauf.

■ Tür- und Angel-Gespräche

„Timo hat schlecht geschlafen, vielleicht wird er krank" oder „Denken Sie bitte an die Turnschuhe für Karin, Mittwoch ist Turntag". Solche kurzen Mitteilungen sind Beispiele für diese Gesprächsart. Die Erzieherin wird der besorgten Mutter versichern, Timos Befinden weiter zu beobachten. Intensive Gespräche

Aufgabe:
Beobachten Sie eine Erzieherin bei drei Elterngesprächen (Kurzzeitbeobachtung, 5 Minuten). Informieren Sie die Erzieherin über den Sinn der Aufgabe. Notieren Sie:

Elterngespräch
Datum:
Protokollantin:

Zeit	Verhalten und Sprachäußerungen der Mutter/des Vaters	Verhalten und Sprachäußerungen der Erzieherin	Mögliche Gründe/Absichten der Erzieherin

Fassen Sie die drei Beobachtungen zusammen, interpretieren Sie diese. Achten Sie unter anderem auf den Aspekt „Erziehungspartnerschaft."

sind in der Bring- und Holzeit nicht möglich, da ja die Hauptaufgabe der Empfang der Kinder ist.

In manchen Einrichtungen hat jeweils eine Erzieherin (oft die Leiterin) im Eingangsbereich Dienst. Da ist eher Zeit für ein kurzes Gespräch, nachdem die Mutter ihr Kind zu seiner Gruppenerzieherin gebracht hat.

■ Elternbriefe, Elterninformationen

Elternbriefe werden in regelmäßigen Abständen monatlich oder vierteljährlich herausgegeben. Sie enthalten u. a. Berichte über Ereignisse in der Einrichtung, Einladungen zu Elternabenden, zu gemeinsamen Unternehmungen, zu Elternkursen wie „Mama lernt Deutsch". Elternbriefe informieren über Beratungsangebote, Exkursionen mit den Kindern oder über anstehende Veränderungen.

Manche Elternbriefe werden von vier Redaktionsteams erstellt: den pädagogischen Fachkräften, dem Elternrat, einem Übersetzerteam aus der Elternschaft für die wichtigsten Informationen in den gängigsten Sprachen und einer Kindergruppe mit ihren Erzieherinnen.

Manchmal sind kurzfristige Elterninformationen notwendig als Hinweis auf ansteckende Krankheiten oder als Bitte um Mithilfe für ein Vorhaben. Auch diese sollten im Bedarfsfall mehrsprachig sein.

Elternbriefe und Plakate sind Blickfänger. Sie informieren nicht nur über eine Sache. Leser leiten ohne weiter nachzudenken vom Sprachstil und der Rechtschreibung die Fachkompetenz ab. Es gilt also, einen Ruf zu wahren und Schriftstücke, die nach draußen gehen, unbedingt Korrektur lesen zu lassen. (Zur Gestaltung von Elternbriefen und Elterninformationen siehe Lern- und Arbeitstechniken, S. 44.)

■ Elternnachmittage

Elternachmittage haben verschiedene Funktionen. Sie dienen dem gegenseitigen Kennenlernen, sollen z. B. Väter stärker in das Leben im Kindergarten einbeziehen, sollen Kinder und Eltern gleichermaßen auf den Schuleintritt vorbereiten. Eltern kommen gerne, wenn ihre Kinder etwas präsentieren, und sie nehmen auch handwerkliche Angebote und gemeinsame Spiele gerne an.

[3] Schlösser, E., 2004

● Elternabende
mit Themenschwerpunkten

Eine weithin bekannte Form ist die Einladung eines Referenten zu einem Themenabend, etwa zweimal im Jahr. Das Wunschthema kann von den Eltern, dem Elternrat oder den Erzieherinnen kommen.

Die Kindertageseinrichtung ist als Bildungseinrichtung wegen der Nähe hervorragend geeignet und weil Gebäude und Personen vertraut sind. Die Hürde, eine fremde Institution aufzusuchen, ist ungleich höher.

Nehmen Eltern und Erzieherinnen gemeinsam an einer Elternbildungsveranstaltung teil, dann werden Meinungen deutlich und können diese sich auch annähern zugunsten der Kinder z. B. in Fragen der gesunden Ernährung.

Erzieherinnen können einen Themenabend auch ohne Referenten gestalten. Der Schritt vom Referat in der Erzieherfachschule zum Impulsreferat bei einem Elternabend ist gar nicht so groß. Günstig ist es, einen Auftrag für eine Gruppenarbeit vorzubereiten und dann die Ergebnisse der Eltern zu moderieren. Mit etwas Übung wachsen die Fähigkeiten.

gistriert. Erst in der dritten Woche nahm sie sich Zeit, das Angebot zu nutzen. Es war ein Glückstreffer, denn der Zufall wollte es, dass sie eine Mutter mit 2-jährigen Zwillingen kennenlernte. Die Tipps, die sie dort erhielt, waren Gold wert und die Beziehung entwickelte sich derart positiv, dass sie bald danach bereits gegenseitig „babysitteten."

● Kaffeestube im Eingangsbereich

Carola Sommer war mit ihrer Familie (Ehemann, dem dreijährigen Lukas und einjährigen Zwillingen) aus einem anderen Bundesland zugezogen. Sie war froh, für Lukas gleich einen Platz im Kindergarten gefunden zu haben. Das würde sie sehr entlasten, zumal die Unterstützung durch Eltern und Schwiegereltern fehlt. Die Kaffeeecke im Kindergarten hat sie zuerst gar nicht re-

● Entwicklungsgespräche, Einzelgespräche

Der Geburtstag eines Kindes wird meist zum Anlass für Entwicklungsgespräche genommen. Jetzt kommen die Portfolios oder auch Lerntagebücher der Kinder zum Einsatz, um zu zeigen, womit das Kind sich beschäftigt, wie es lernt, welche Kompetenzen es im letzten Jahr erworben hat und wo seine Stärken liegen.

Auch der Entwicklungsstand kommt zur Sprache. Erzieher und Eltern überlegen gemeinsam, wie das Kind zu Hause und im Kindergarten weiter unterstützt werden kann in den Bereichen Gefühl, Sozialverhalten, Selbstständigkeit im Alltag, Sprache, Denken, Spiel und

Motorik. Je nach Situation schlägt die Erzieherin vor, sich in einem oder in einem halben Jahr wieder zu treffen. Sie kann auch die Empfehlung aussprechen, einen Fachdienst aufzusuchen.

■ Problemgespräche

Heikel sind Gespräche, wenn eine Erzieherin innerfamiliäre Schwierigkeiten oder Anzeichen bemerkt, dass Eltern ihre Aufgaben vernachlässigen. Vielleicht kommt ein Kind ungepflegt in die Einrichtung, erzählt von Schlägen oder weist blaue Flecken auf. Die Erzieherin kann in zwei Rollen aktiv werden. Als Anwältin des Kindes weist sie auf ihre Pflicht hin, Probleme anzusprechen. Das kann bei Eltern Vorwürfe und Verteidigung auslösen. Als persönlich besorgte Bezugsperson bekommt das Gespräch eine weniger starke offizielle Note, gerät aber vielleicht auch auf eine Ebene mit mehr Nähe als der Erzieherin lieb ist. Schon bei der Bitte um ein Gespräch ist Feinfühligkeit wichtig, z. B. ist es günstig, die Eltern ohne Beisein anderer anzusprechen. Diskretion braucht einen eigenen Raum und Zeit.

BARTH (2002) empfiehlt, im Elterngespräch Wahrnehmungen zu schildern und was diese für das Kind bedeuten. Bisher kennen wir nur eine Sichtweise, unsere bzw. die des Kindes. Eltern – wenn sie sich öffnen – können sich dann ihrerseits äußern. Das gelingt besser, wenn wir in der Tendenz eher fragen, statt zu behaupten. Ziel ist, die Eltern für Lösungen zu gewinnen, wie Erzieherin und Eltern weiter mit dem Problem umgehen. Meist sind mehrere Gespräche nötig. Wir müssen mit kleinen Schritten zufrieden sein.

Eltern haben Angst vor solchen Gesprächen, reagieren vielleicht mit einem Angriff wie „Das

ist unsere Sache, mischen Sie sich da nicht ein." Manche tun Erzählungen des Kindes als Fantasie ab. Das Gespräch kann auch eine Lawine von Gefühlen auslösen. Vielleicht hat noch niemand das Problem vorher angesprochen und es hat sich vieles angestaut.

In allen Fällen wird die Erzieherin hierdurch berührt, fühlt sich vielleicht schuldig, weil sie den Gefühlsausbruch verursacht hat. Insgesamt sollte sie auf Vertraulichkeit hinweisen (außer im Fall von Gewaltanwendung) und eher Beratungsmöglichkeiten aufzeigen, als selbst zu beraten. Wurde sie verbal attackiert, wird sie weiter beobachten und es wieder probieren. Erzieherinnen besprechen solche Fälle mit der Leitung, die dann weitere Schritte weiß. Eigenständige Kontakte zu Fachdiensten ohne Einverständnis oder Wissen der Eltern sind nicht zulässig.[4]

■ Mitwirkung von Eltern/ Ehrenamtlichen

In einigen europäischen Nachbarländern, z. B. in Schweden und den Niederlanden, ist es seit Jahrzehnten üblich, interessierte Eltern oder ehrenamtliche Helfer punktuell oder regelmäßig für eine Arbeit in der Gruppe zuzulassen. „Lesemütter" sind eine Möglichkeit, Kinder intensiver zum Zuhören und Sprechen zu bringen. Mütter anderer kultureller Herkunft können in den Morgenkreis eingeladen werden, um Kinderlieder ihrer Sprache vorzustellen oder etwas über ein wichtiges Fest zu erzählen und Bilder zu zeigen. Manche Kindergärten laden Mütter zum offenen Singen ein, an dem alle Gruppen teilnehmen, z. B. montags morgens von 8:30 – 9:00 Uhr.

■ Beschwerdemanagement

Beschwerdemanagement gehört zur modernen Betriebsführung.

Manche Einrichtungen legen zu diesem Zweck ein Anregungs- und Beschwerdebuch aus. „Mir gefällt nicht, dass ein Streit meines Sohnes in der Gesamtgruppe besprochen wird." „Warum wird nicht öfter geturnt?" „Das Sommerfest war ein Höhepunkt. Danke für die Arbeit und ein extra Lob für die Erzieherinnen." So oder ähnlich lauten die kurzen Elterneinträge.

---

[4] nach Barth, S., 2002 (Siehe auch Kapitel Kommunikation, S. 83.)

Es gehört Mut dazu, zu Kritik aufzufordern. Wer setzt sich schon freiwillig Kritik aus? Und was folgt? Meinungen abzufragen, ohne damit etwas anzufangen, wäre Vergeudung von Zeit und würde nur Unbehagen schüren. Deshalb setzt ein solches Unternehmen die Bereitschaft zur Veränderung voraus.

Der Vorteil einer schriftlichen Kritik liegt darin, dass sie oft besser überlegt und formuliert wird, als eine schnelle verbale Bemerkung. Die Kritik kommt auch dorthin, wohin sie gehört, nämlich zu den Mitarbeitern. Das Team nimmt die Beschwerde ernst. Ist es ein sachorganisatorisches Problem oder ein Beziehungsproblem? Die zuständige Erzieherin bittet die Mutter/den Vater um Erläuterung. Mehrere Mitarbeiter betrachten ein im Beschwerdebuch genanntes Problem aus unterschiedlichen Perspektiven und überlegen sich Handlungsvarianten. Das ist viel ergiebiger als unterschwelliger Unmut. Erfahrungsgemäß wird selten herbe Kritik in einem solchen Buch geäußert. Meistens geht es um Punkte, die schnell zu klären und zu beheben sind.

Insgesamt ist die Frage nach Feedback sinnvoller als die Aufforderung zur Beschwerde. Der Feedbackgeber kann positive und negative Aspekte überlegen. Er weiß auch: „Das ist mein Partner, ich muss überlegen, was ich sage."

Aufgabe

Bilden Sie drei Gruppen in der Klasse

Gruppe A:
Übernehmen Sie die Perspektive von Eltern, formulieren Sie – wie im Beispiel – mögliche Beschwerden und Anregungen.

Gruppe B:
Sie sind Erzieherinnen in einer Teamsitzung. Legen Sie einen Gesprächsführer und einen Protokollanten fest. Ihnen liegt die Liste von Gruppe A vor. Spielen Sie eine mögliche Teamsitzung.

Gruppe C:
Beobachten Sie den Verlauf der Teamsitzung der Gruppe B und Verhaltensweisen Einzelner. Geben Sie Feedback.

■ Elternbefragung

Elternbefragungen wurden in der Vergangenheit vornehmlich zur Bedarfsermittlung von Öffnungszeiten genutzt. Ein Fragebogen kann auch herausgegeben werden, um die Zufriedenheit mit einer Aktion abzufragen oder die Bereitschaft zur Mitarbeit. Allerdings gilt auch hier: Wer diesen Prozess beginnt, muss auch die Folgen mit einkalkulieren. Wer die Zufriedenheit mit dem Leistungsangebot zur Diskussion stellt und zu Anregungen auffordert, wird u. U. mit einem Berg von Erwartungen konfrontiert.

■ Zusammenarbeit mit Eltern in der Krippe und im Hort

In der Krippe ist die Zusammenarbeit mit Eltern besonders intensiv. Schon vor Aufnahme des Kindes ist oft Überzeugungsarbeit notwendig, denn viele Eltern sind unsicher, ob es richtig ist, ihr Kind in eine Krippe zu geben. Im Alltag sind viele Absprachen nötig, da Krippenkinder sich noch nicht so gut äußern können. Eltern haben auch Interesse an einem Austausch von entwicklungsspezifischen Problemen z. B. rund um die Sauberkeitserziehung, um Schlafprobleme und Schreien.

Im Hort sind Absprachen erforderlich über die Hausaufgabenhilfe, über Probleme mit dem Lehrer oder den Klassenkameraden.

Manche Kinder werden vom Jugendamt als Jugendhilfemaßnahme in den Hort eingewiesen. Fallbedingt werden Einzelgespräche mit den Eltern nötig.

Gegen Ende der Grundschulzeit arbeiten Eltern und Erzieherinnen zusammen, um die Kinder verstärkt an eine selbstständige Freizeitgestaltung heranzuführen. Zu diesem Zweck kooperieren Horte oft mit Vereinen oder mit einem Kinder- und Jugendzentrum vor Ort.

■ Elternarbeit in einer multikulturellen Kindertageseinrichtung

Elternarbeit in einer multikulturellen Einrichtung ist mehr als nur die Arbeit mit deutschen Eltern und mit Eltern anderer ethnischer Herkunft. Beide Gruppen müssen mit ihren Interessen und ihrem Bedarf ernst genommen werden, keine darf ein Übergewicht auf Kosten der anderen erlangen. Ausländische Eltern haben schon Ablehnung erfahren. Was, wenn ihr Kind ohne elterlichen Schutz im Kindergarten mit solchem Verhalten konfrontiert wird? Sie wollen auch eine besonders intensive Sprachförderung, damit ihr Kind Anschluss findet.

Deutsche Eltern sorgen sich vielleicht um den Spracherwerb ihrer Kinder und sie fürch-

ten, dass die Erzieherin nicht mehr genug Zeit für ihre Kinder hat wegen der Sprachförderprogramme der ausländischen Kinder.

Eine wichtige Rolle hat hierbei der Elternbeirat. Er muss bei Entscheidungen die Interessen beider Gruppen mitbedenken.

Wenn Eltern nichtdeutscher Herkunft nicht zu Elternabenden kommen, kann das mehrere Gründe haben, die Sprache ist einer davon. Es scheitert z. B. an der schriftlichen Mitteilung, die – wenn überhaupt – nur in die gängigsten Fremdsprachen übersetzt wurde. Manche Eltern haben in ihrem Heimatland keine Schule oder diese nur wenige Jahre besucht und können daher kaum lesen. Andere Eltern ausländischer Herkunft sind demgegenüber sehr bildungsbewusst. Es ist eher eine Frage der sozialen Herkunft als der Nationalität.

Viele fühlen sich unwohl, wenn sie die einzigen Vertreter ihres Herkunftslandes sind und nicht wissen, welche Erwartungen an sie gerichtet werden.

Manche ausländischen Eltern sind kritisch der Erzieherin gegenüber. Sie erwarten mehr Autorität, weniger Freiheit und können nicht verstehen, warum Kinder ihre Konflikte selbst lösen sollen. Sie glauben, sich und ihr Kind zu schützen, indem sie sich abschotten und kommen auch nicht zum Elternabend. (Siehe Kulturelle Vielfalt, S. 530)

■ Beispiel eines Elternabends (Kurzfassung)

Thema: „Interkulturelle Pädagogik – eine Chance für mein Kind" (2 ¼ Std.)

1. Begrüßung, Vorhaben und Ziel bekannt geben

2. Einstimmungsgeschichte (s. u.)
   - Gruppenarbeit: Wie kann man einen Nachmittag in der Gastgeberfamilie angenehm gestalten für Kinder bis zu 4 Jahren und für Kinder über 4 Jahren?
   - Austausch mit Eltern anderer kultureller Herkunft
   - Plakat mit Tipps gestalten
   - Präsentation
3. Die Erzieherinnen informieren über den Auftrag des Kindergartens zur interkulturellen Erziehung,
   - Vorstellen der Konzeption zu diesem Punkt und praktische Beispiele aus dem Kindergartenalltag.
   - Der Elternbeirat erläutert seinen Beitrag.
   - Ein oder zwei Eltern berichten über ihre Mitwirkung in den letzten zwei Jahren.
4. Schlussphase, Zusammenfassung, Ausblick: Kinder haben im Kindergarten und bei Freunden zu Hause die Chance zur natürlichen Begegnung und zum Entwickeln von Respekt für Unterschiede.

Einstimmungsgeschichte: „Kenan, ein türkischer Junge erzählte: Ich habe einen deutschen Freund, der heißt Stefan. Aber ich gehe da nicht mehr hin. Er hatte mich eingeladen. Als ich schellte, machte seine Mutter auf und führte mich sofort in Stefans Zimmer und ließ uns alleine. Wir spielten dann und nach einiger Zeit klopfte die Mutter an die Tür und fragte, ob wir etwas trinken oder essen wollten. Sie brachte Saft und Plätzchen und ging dann sofort wieder raus. Wir spielten den ganzen Nachmittag allein in Stefans Zimmer. Als ich gehen musste, brachte mich Stefan zur Tür. Der Vater war schon von der Arbeit gekommen und saß im Wohnzimmer. Wir gingen da aber nicht rein. Seine Mutter war in der Küche, ich glaube, sie machte das Abendessen. Sie winkte nur und sagte „Tschüss." Ich glaube, die wollten nicht, dass ich sie besuche. Bestimmt mögen die keine Türken".[5]

---

[5] Schlösser, E., 2004

Eltern als Träger

Eltern suchen zunehmend Alternativen zu Regeleinrichtungen. Sie können nach einer Vereinsgründung eine private Einrichtung betreiben unter Beachtung gesetzlicher Vorgaben, z. B. hinsichtlich des Fachpersonals. Meist sind private Einrichtungen nur finanzierbar durch aktive Mithilfe der Eltern in der Kindergruppe, in der Küche, bei Renovierungs- und Gartenarbeiten. So wird aus der Not eine Tugend. Wir finden dort die umfassendste Form der Elternmitwirkung: in der Zielsetzung, der praktischen Arbeit und der wirtschaftlichen Führung. Das Kinder- und Jugendhilfegesetz sagt dazu:

> „§ 25 KJHG, Unterstützung selbst organisierter Förderung von Kindern
> Mütter, Väter und andere Erziehungsberechtigte, die die Förderung von Kindern selbst organisieren wollen, sollen beraten und unterstützt werden." [5]

„Freie" Kindergärten, Waldkindergärten, Waldorf- und Montessorieinrichtungen werden häufig von einem Elternverein getragen. (Siehe Pädagogische Handlungskonzepte, S. 587 ff.).

> **Aufgabe:**
> Die Kolleginnen in Ihren Praxiseinrichtungen können unterschiedlicher Meinung sein über eine Kaffeeecke im Eingangsbereich, über Vorlesestunden von Müttern, ehrenamtliche Helfer und über Beschwerdebücher.
>
> - Erstellen Sie einen Fragebogen, interviewen Sie die Mitarbeiter in Ihrer Einrichtung und werten Sie die Ergebnisse in Kleingruppen in Ihrer Klasse aus.
> - Finden Sie selbst eine Position zu den angeführten Punkten und verteidigen Sie diese vor der Klasse in einem Rollenspiel.

6. Öffentlichkeitsarbeit

> Svenja und Anke unterhalten sich auf dem Spielplatz. Ihre beiden Kinder sind etwa zwei Jahre alt.
>
> Svenja: Sag mal, hast du Felix schon im Kindergarten angemeldet?
>
> Anke: Nein. Ich bin mir noch nicht sicher, in welchen ich ihn schicken möchte. Ich habe mir zwar schon verschiedene Einrichtungen angeschaut, auch habe ich Prospekte zuhause. Aber ich kann mich nicht so richtig entscheiden. Weißt du denn schon, wo du Saskia anmelden wirst?
>
> Svenja: Ich werde sie wohl in den Kindergarten bei uns um die Ecke schicken. Da ist der Weg nicht so weit und sie kann vielleicht irgendwann mal alleine hingehen.
>
> Anke: Wie groß ist die Einrichtung denn und was machen die so alles?
>
> Svenja: Es sind wohl vier Gruppen mit jeweils 24 Kindern. Aber was die so alles machen, das weiß ich ehrlich gesagt nicht genau.
>
> Anke: Man liest halt nichts über die Einrichtung in der Zeitung oder dem Regionalblatt. Das finde ich schade. Mich spricht es mehr an, wenn ich von einem Kindergarten immer mal wieder mitbekomme, was die für Aktionen machen. Da erhält man doch einen ganz anderen Eindruck, findest du nicht auch?
>
> Svenja: Die Informationen kann ich mir doch auch bei einem Gespräch mit der Leiterin holen. Die Erzieherinnen sollen sich mit den Kindern beschäftigen und nicht lange Artikel über jede Bastelaktion oder jeden Ausflug schreiben. Es ist doch selbstverständlich, dass man solche Aktionen macht.
>
> Anke: Mir ist es einfach sympathischer, wenn eine gewisse Transparenz besteht und ich nicht den Eindruck habe, hinter verschlossenen Türen wird ein ganz spezielles, „eigenes Süppchen" gekocht. Außerdem kann man doch ruhig zeigen, was man macht.

---

[5] KJHG Stand: 8. Juli 2005

So wie Anke denken heute die meisten Eltern: je mehr sich eine Einrichtung präsentiert und je besser der Eindruck ist, den man von ihr gewinnt, um so eher wird man sich als Eltern für diese Einrichtung entscheiden. Wichtig ist nicht mehr unbedingt die räumliche Nähe einer Kindertageseinrichtung, sondern vielmehr ihr eigenes Profil, das die Eltern anspricht, die danach die Auswahl für ihren Nachwuchs treffen.

Folge für die Einrichtungen ist unter anderem die dadurch entstehende Wettbewerbssituation, manchmal sogar Konkurrenzsituation. Ziel jeder Einrichtung ist deshalb sicherlich, ein gutes Bild in der Öffentlichkeit herzustellen.

Allerdings sprechen sich Negativschlagzeilen schneller herum und halten sich länger als positive. Eine der wichtigsten Devisen der Öffentlichkeitsarbeit lautet daher:

Gutes tun und darüber reden

Wichtig ist nicht nur, Gutes zu tun, sondern dies eindrucksvoll darzustellen und zu präsentieren.

Es wäre falsch, darauf zu warten bzw. zu hoffen, dass sich gute Arbeit von alleine herumspricht.

Ein positives Image muss immer erst aufgebaut und gut gepflegt werden. Dabei spielen verschiedene Faktoren eine Rolle, die den Ruf einer Einrichtung prägen: So können z. B. Meinungsbilder einzelner Personen, markante Geschehnisse oder mehr oder weniger zufällige Ereignisse positive aber auch negative Eindrücke hinterlassen.

Auch durch die Mitarbeiterinnen selbst wird das Bild einer Einrichtung stark geprägt: Kinder erzählen von der tollen (oder „doofen") Erzieherin. Der Umgang mit Eltern, Gespräche, Telefonate etc. hinterlässt entsprechende Spuren.

Öffentlichkeitsarbeit trägt somit auch dazu bei, das Bild der Erzieherin sowie die Bedeutung der Einrichtungen selbst für die Gesellschaft zu verändern.

Nicht zuletzt kann Öffentlichkeitsarbeit nicht nur das Bild einer Einrichtung oder einer ganzen Berufsgruppe prägen, sondern auch das Image von Kindern und Jugendlichen positiv oder negativ beeinflussen. Auch hier kommt es darauf an, wie Kinder und Jugendliche in der Öffentlichkeit dargestellt und von ihr wiederum wahrgenommen werden.

Öffentlichkeitsarbeit hat viele Facetten

Jede Information über die Einrichtung, die an Dritte weitergegeben wird, ist als Öffentlichkeitsarbeit zu verstehen, also streng genommen z. B. auch ein Elterngespräch.

Die Liste möglicher Beispiele für Öffentlichkeitsarbeit ist lang.

- Zeitungsartikel
- Informationswände
- Ausstellungen
- Schaukästen
- Feste, zu denen z. B. auch Nachbarn eingeladen werden, Straßenfeste
- Mitgestaltung von Gemeindefesten
- Exkursionen
- Tag der offenen Tür
- eigene Website
- Flyer
- Konzeption der Einrichtung (siehe S. 625 ff.)

Sicherlich fallen Ihnen noch mehr Beispiele ein! Erstellen Sie eine Liste von A bis Z mit Beispielen für Öffentlichkeitsarbeit – Sie werden sehen, wie vielfältig Öffentlichkeitsarbeit sein kann.

Alle öffentlichkeitswirksamen Aktivitäten haben eines gemeinsam: Sie verfolgen dieselben Ziele. So soll die Einrichtung präsentiert, ihre Arbeit publik gemacht und wichtige Informationen auf diesen Wegen nach außen weitergegeben werden. Das besondere Profil der Einrichtung wird dargestellt: die Ziele, Stärken und Vorzüge.

Öffentlichkeitsarbeit ist deshalb immer Werbung in eigener Sache. Wird die Einrichtung von der Öffentlichkeit wahrgenommen, die Arbeit gewürdigt und unterstützt, ist der Weg zu einem starken, positiven Image geebnet.

Voraussetzungen für gelingende in- und externe Öffentlichkeitsarbeit

■ Interne Öffentlichkeitsarbeit

Eine der wichtigsten Voraussetzungen ist die interne Öffentlichkeitsarbeit: Öffentlichkeitsarbeit hat nicht nur etwas mit der Außenwirkung einer Einrichtung zu tun, vielmehr ist interne Öffentlichkeitsarbeit als wesentliche Voraussetzung für gelingende externe Öffentlichkeitsarbeit zu sehen.

Teamarbeit

Ein Baustein dieser internen Öffentlichkeitsarbeit ist *Teamarbeit*, die sich unter anderem durch eine gute *Kommunikation* auszeichnet. Dazu gehört beispielsweise, sich gegenseitig zu vertrauen und sich aufeinander verlassen zu können, sich zu unterstützen, wo es nötig ist, die Arbeit in der Gruppe sowie eigene Ideen offen zu legen bzw. gemeinsam mit anderen aus- und durchzuführen. Konstruktive Diskussionen, gemeinsame Meinungsbildung und demokratische Entscheidungen tragen zum Zusammenhalt bei.

Dort also, wo Teamgeist, d. h. ein Miteinander und damit ein gutes Klima innerhalb der Mitarbeiterinnen herrscht, ist meistens auch gelingende interne Öffentlichkeitsarbeit zu finden – und dies ist auch von außen wahrnehmbar. Denn je stärker der Zusammenhalt und je größer dadurch auch die Arbeitsmotivation ist, umso stärker wird auch die Ausstrahlung der Einrichtung nach außen sein.

Arbeitsklima

Ein *positives Arbeitsklima* macht eine Einrichtung lebendig und eröffnet Ressourcen. Handlungsspielräume und Möglichkeiten werden geschaffen, die ohne Zusammenhalt nicht möglich wären.

Zur Unterstützung der Öffentlichkeitsarbeit können Eltern, Medienvertreter, Sponsoren und andere Personen aus dem Umfeld der Einrichtung ermuntert werden. Denn von der Vielfalt der sie unterstützenden Personen kann eine Einrichtung letztendlich nur profitieren.

■ Externe Öffentlichkeitsarbeit

Gemeinsame Präsentation

Neben der Kommunikation stellt die *gemeinsame Präsentation* der Einrichtung und ihrer Arbeit einen zweiten wesentlichen Aspekt der Teamarbeit dar.

Ziel der gemeinsamen Präsentation ist es, sich als Einrichtung nach außen darzustellen und damit ein klares und möglichst unverwechselbares Profil zu schaffen. In diesem Sinne kann die Präsentation mehr oder weniger als „Ergebnis" der internen Öffentlichkeitsarbeit verstanden werden. Sie hat damit die Funktion der „externen" Öffentlichkeitsarbeit, die bedacht ist auf gute Außenwirkung.

Unterstützend dabei wirkt immer die Aufmachung und Gestaltung werbewirksamer Öffentlichkeitsarbeit.

Corporate Design

Optisch gut wahrnehmbare grafische Elemente wie Symbole, Slogans, Farben und das Layout werden als Corporate Design bezeichnet.

Das Logo der AWO z. B. enthält ein Symbol, das angedeutete Herz. Es enthält allerdings keinen Hinweis auf eine bestimmte Einrichtung.

Corporate Identity

Durch die Angaben „Kath. Kiga St. Josef Weisendorf" hat die Einrichtung ihre unverwechselbare visuelle Corporate Identity.
Sie wird u. a. auf Briefbögen, Websites, in Stellenanzeigen, auf Veranstaltungsplakaten verwendet.

Der Begriff Corporate Identity wird aber noch weiter gefasst und schließt neben dem Corporate Design auch die Kommunikation der Mitarbeiter untereinander, das Verhalten in der Einrichtung sowie gegenüber Kindern und Jugendlichen, ein.

Nicht nur die Corporate Identity, sondern das gesamte Erscheinungsbild eingesetzter Medien und Materialien ist für die Außenwirkung von vitaler Bedeutung.

Was kommt nicht gut an?

- Zu lange Texte,
- viele Rechtschreibfehler,
- zerfledderte Kinderbücher,
- was meinen Sie?

Was kommt gut an?

- Selbst gefertigtes von den Kindern, Bilder, Plastiken…
- Dokumentationen über Exkursionen, Projekte…
- Fotodokumentationen, die einzelne Kinder, aber auch die Gruppe(n) zusammen mit den Erzieherinnen in verschiedenen Situationen und Aktionen zeigen.
- Was (vermuten) oder wissen Sie?

Bei Festen, einem Tag der offenen Tür tragen Organisation, Raum- und Hofgestaltung oder festlicher Schmuck zu Jubiläen und Gedenktagen wesentlich zum Gelingen der Öffentlichkeitsarbeit bei. Eine gute Planung und Organisation wird mehr positive Erinnerungen an dieses Ereignis – und damit die Einrichtung – wecken, als ein Tag voller Chaos und Pannen.

Regeln der Öffentlichkeitsarbeit

Werden in Bezug auf die Öffentlichkeitsarbeit ein paar wenige Grundsätze beachtet, ist das Team auf der sicheren Seite. Die folgenden Regeln bieten gute Anhaltspunkte dafür.

Regeln der Öffentlichkeitsarbeit

1. Öffentlichkeitsarbeit muss kontinuierlich erfolgen. Sie müssen immer präsent sein bzw. sich regelmäßig in Erinnerung bringen.

2. Sie sollten ein genau definiertes Ziel verfolgen. Öffentlichkeitsarbeit ist kein Selbstzweck.
3. Sie sollten dabei berücksichtigen, dass pädagogische Arbeit immer auch durch Weiterentwicklung und Veränderung gekennzeichnet ist.
4. Sie sollten sich um professionelles Vorgehen bemühen, d. h. adressatengerechtes Arbeiten: die Zielgruppe niveaugerecht ansprechen – sowohl im Hinblick auf Formulierungen als auch auf das äußere Erscheinungsbild (vermeiden Sie bitte die Blümchengirlande um den Elternbrief).
5. Ihre Botschaften sollten echte Botschaften enthalten und nicht Mittel zum Zweck der Selbstdarstellung sein.
6. Sie sollten einen unverwechselbaren Stil entwickeln und auf die Übereinstimmung zwischen inhaltlicher Arbeit und formaler Darstellung achten.
7. Ihre visuelle Darstellung sollte Wiedererkennungswert haben (vgl. Corporate Identity).
8. Sie sollten sich stets darüber im Klaren sein, dass alles, was Sie und Ihre Kolleginnen tun, eine Wirkung nach außen hat.
9. Sie sollten ein Konzept für Öffentlichkeitsarbeit entwickeln, damit Sie selbst an einem roten Faden entlang arbeiten und Zielgruppen eine Struktur erkennen können.
10. Sie sollten sich nach Möglichkeit immer um allgemeine Akzeptanz bemühen.[1]

Jede Form der Öffentlichkeitsarbeit bietet ihre ganz besonderen Möglichkeiten der Präsentation, die es im Vorfeld zu klären gilt.

Wichtige Überlegungen sind beispielsweise:

- Was soll präsentiert/dargestellt/veröffentlicht werden? Sollen weitere Ziele erreicht werden (z. B. Aufbesserung der Gruppenkasse durch Kuchenverkauf, Miniflohmarkt – gekoppelt mit der Präsentation der Einrichtung auf dem Marktplatz)?

---

[1] basiswissen kita: Öffentlichkeitsarbeit

- Wer soll erreicht werden/Adressaten/Zielgruppe?
- Welche Form soll gewählt werden – und warum?

Diese Fragen sollte sich das Team einer Einrichtung immer wieder von neuem stellen, denn nicht jede Form der Öffentlichkeitsarbeit eignet sich für jedes Ziel und jede Zielgruppe gleich gut.

Drei Beispiele für Öffentlichkeitsarbeit

Bei den angeführten Beispielen geht es um die *externe Öffentlichkeitsarbeit*, also um Möglichkeiten, sich als Einrichtung dem Gemeinwesen zu präsentieren. Sie werden hier nur kurz angesprochen und sollen zur eigenen Auseinandersetzung anregen.

■ Flyer

Ziel eines Flyers ist es in erster Linie, die Einrichtung und ihr Konzept vorzustellen, mit Angabe von Arbeitsschwerpunkten, Öffnungszeiten, Größe der Einrichtung, Anzahl der Mitarbeiterinnen.

Wichtig ist dabei die Konzentration auf das wirklich Wesentliche, da nicht gerade viel Platz vorhanden ist und auch „nur" ein Einblick in die Einrichtung und deren Arbeit erfolgen soll. Aus diesem Grund sind eine übersichtliche Gliederung sowie eine ansprechende grafische Gestaltung wichtig, um das Interesse der Leser zu wecken.

Flyer bieten eine gute Möglichkeit, Eltern anzusprechen, die auf der Suche nach einer geeigneten Einrichtung für ihr Kind sind. Oftmals dienen sie als „Erinnerungsstütze" nach einem Vorstellungsgespräch.

■ Tag der offenen Tür

Ein Tag der offenen Tür ermöglicht es, eine Einrichtung und ihre Arbeit einem breiten Publikum vorzustellen. Es wird Eltern, Verwandten und interessierten Personen der Öffentlichkeit ermöglicht, „hineinzuschnuppern" und sich ein eigenes Bild über die Einrichtung zu machen sowie Erzieherinnen persönlich kennen zu lernen. Bestehende Kontakte zu anderen Eltern werden gepflegt, neue entstehen.

Ein Tag der offenen Tür ist zwar immer mit viel Arbeit verbunden, da meistens etwas „Besonderes" geboten werden soll. Doch dieser Aufwand lohnt sich in der Regel auch, da der Eindruck, den dieser Tag, das Ambiente und die Gestaltung hinterlassen, viel für die Imagepflege der Einrichtung leistet.

Essen- und Getränkeverkauf, Aufführungen mit den Kindern, beispielhaftes Vorstellen der Arbeit z. B. in kurzen Workshops über die neuesten „Forschungsarbeiten", durchgehende offene Angebote (gestalten, malen, singen …), an denen auch jüngere Besucher ungezwungen teilnehmen können oder Vorstellung der Räumlichkeiten evtl. durch besondere Gestaltung sind nur einige Beispiele für Aktionen, die einem Tag der offenen Tür kleine Glanzlichter verleihen.

Nicht zu vergessen ist auch die Möglichkeit für Ausstellungen von Collagen, Bastelarbeiten, Fotos usw. – kurz: für die Dokumentationen der Arbeit der Erzieherinnen und der Aktivitäten der Kinder.

Wichtig ist, dass die Ankündigung früh genug erfolgt und breit gestreut (Plakate, Zeitung, Regionalblatt…) ist, um einen entsprechend erfolgreichen Tag zu erleben, für den sich Arbeit und Mühe gelohnt haben.

■ Websites von Tageseinrichtungen

Die Internetpräsenz durch eine eigene Website wird heute immer wichtiger, da sich Eltern auf diesem Wege zunehmend einen „ersten Eindruck" über die Einrichtung und ihre Arbeit verschaffen. Sie bietet eine zeitgemäße Möglichkeit, sich von zuhause aus zwanglos zu informieren, wann immer man es möchte.

Die Grundgedanken einer Website sind mit dem Flyer vergleichbar: Man möchte sich und seine Arbeit relativ kurz und knapp möglichst ansprechend vorstellen.

Allerdings sind hier natürlich wesentlich mehr Platz und Möglichkeiten vorhanden, ins Detail zu gehen und z. B. konkrete Beispiele der Arbeit vorzustellen, längere Berichte mit Fotos einzustellen oder Arbeitsschwerpunkte besonders hervorzuheben.

Die Website kann mit aktuellen Artikeln aus Fachzeitschriften und/oder Links versehen werden, die Tipps und interessante Seiten für Eltern bieten (zu den Themen Bildung, Erziehung, Entwicklung, Förderung, Einschulung…) oder Cross-Links zu verwandten Sachverhalten.

Aber beachten Sie bitte: Nicht alle Eltern sind Computerfreaks. Die Website sollte relativ einfach zu „verfolgen" sein (Navigation) und Möglichkeiten des Dialogs zwischen Nutzern und der Einrichtung bieten.

Und noch etwas: Websites, die nur alle ein bis zwei Jahre aktualisiert werden, sind „Schläfer".

Nutzen Sie hier auch Ihre persönliche Chance in einem Einstellungsgespräch, wenn Sie sagen können: „Ich kann eine Website erstellen (aktualisieren)." Ein kleiner, aber feiner Qualifikationsbaustein.

Aufgabe

Sie sehen weiter unten die Website des Kinderhauses Arche in Weil am Rhein.

Arbeitsaufträge für Kleingruppen:
Erstellen Sie selbst eine Website. Sie muss (noch) nicht unbedingt vollständig sein, aber Wesentliches enthalten, z. B. Corporate Identity, Profil der Einrichtung, Ziele … Im Laufe der Ausbildung kann die Website erweitert aber auch verändert werden. Am Ende der Ausbildung haben Sie dann „Ihre" Website.

Oder erstellen Sie

- einen Flyer,
- eine Wandzeitung für Eltern,
- ein Plakat (DIN-A 2) für einen Tag der offenen Tür,
- wir würden gerne…

An konzeptionellen Aufgaben in sozialpädagogischen Einrichtungen mitarbeiten

1. Pädagogische Handlungskonzepte: Vorschulerziehung
2. Pädagogische Handlungskonzepte: Jugendarbeit
3. Pädagogische Handlungskonzepte: Sonderpädagogische Einrichtungen
4. Pädagogische Konzeptionen erstellen

1. Pädagogische Handlungskonzepte: Vorschulerziehung

Aufgabe

Wer vor Beginn der Ausbildung einen Praktikumsplatz sucht, findet in Anzeigen Hinweise auf verschiedene pädagogische Handlungskonzepte.

Vergleichen Sie die 4 Anzeigen. Welche Unterschiede sehen Sie? Welche Anzeige spricht Sie an? Warum?

Wir suchen **ab sofort und für später** für unsere Kindertageseinrichtung **PraktikantInnen,** die Lust haben, nach dem Situationsansatz den Kinderalltag mit uns zu gestalten. Wir haben altersgemischte Gruppen für Kinder von 2–10 Jahren.

Wir lassen uns auf das Leben, Denken, Fühlen der Kinder ein. Selbstbestimmung, Solidarität und Kompetenz sind Ziele unserer Arbeit. Bitte meldet Euch bei Evelyn, Diana und Karina unter 030/...........

Internationaler Kindergarten Moosstraße
Interkulturelle Sozialarbeit Neustadt (Träger)

Für unseren zweisprachigen Kindergarten suchen wir eine Erzieherin mit Türkisch als Muttersprache. Sie soll mit einer deutschen Kollegin zusammen eine Gruppe leiten. Unsere Kindertagesstätte unterstützt die motorische, kognitive und emotionale Entwicklung der Kinder und fördert die sozialen Kompetenzen. Wir bieten Projektarbeit, interkulturelles Lernen, Verkehrs- und Umwelterziehung und heilpädagogische Maßnahmen. Außerdem beraten wir Eltern bei Erziehungsfragen.

Das Montessori-Kinderhaus Waldbrunn e.V. in Neustadt sucht

- sofort bzw. zum 15.04.200.
- eine/n Erzieher/in
- Gehalt nach Tarif
- Kenntnisse in der Montessoripädagogik, idealerweise Montessori-Diplom
- Hospitation vorab erwünscht und
- eine Praktikantin, die unser Prinzip „Hilf mir, es selbst zu tun" mitträgt.

Wir erwarten eine engagierte Mitarbeit im Team, zusammen mit Eltern und dem Träger.

Für die Mittagsgruppe unserer Waldorfgrundschule suchen wir zum 1.1.200. einen Erzieher. Unsere aufgeweckte Kinderschar wünscht sich eine theaterbegeisterte Fachkraft für das jährliche Märchenspiel. Den KollegInnen wäre auch jemand willkommen mit einer Zusatzqualifikation in Naturpädagogik. Unsere Waldorfschule liegt am Rande des Nationalparks .... Wir freuen uns schon auf Ihre Bewerbung.

Was ist ein pädagogisches Handlungskonzept?

Ein pädagogisches Handlungskonzept beschreibt und begründet die „Eckpunkte" des pädagogischen Handelns in einem sozialpädagogischen Arbeitsfeld, z. B. dem Kindergarten. Es macht grundsätzliche Aussagen u. a. zum Menschenbild, zu Zielen und speziellen Methoden der pädagogischen Arbeit. Es ist überregional bekannt und hat Leitfunktion für die Erarbeitung der konkreten Konzeption einer Einrichtung. Die ersten pädagogischen Handlungskonzepte wurden von Einzelpersonen, von bedeutenden Pädagoginnen und Pädagogen entwickelt. Heute entsteht ein neues Handlungskonzept durch intensive Zusammenarbeit von Praktikern, Wissenschaftlern und Fachberatern. Es wird in der Fachliteratur beschrieben, in Variationen erprobt und weiterentwickelt. Bis vor wenigen Jahren sagte man „Pädagogischer Ansatz" statt „Pädagogisches Handlungskonzept."

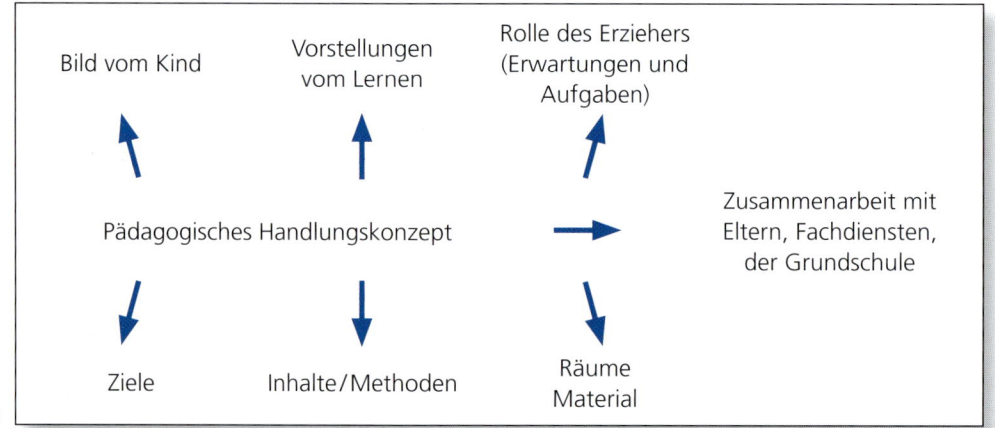

Bild vom Kind — Vorstellungen vom Lernen — Rolle des Erziehers (Erwartungen und Aufgaben)

Pädagogisches Handlungskonzept — Zusammenarbeit mit Eltern, Fachdiensten, der Grundschule

Ziele — Inhalte/Methoden — Räume Material

[1]

Die Pädagogik Friedrich Fröbels

FRIEDRICH FRÖBEL (1782–1852) gilt als geistiger Vater des Kindergartens. Er wurde als sechstes und jüngstes Kind des Pfarrers Johann J. Fröbel in Oberweißbach/Thüringen geboren.

Seine Kindheit war durch den frühen Verlust (mit neun Monaten) der Mutter überschattet und wird als relativ freudlos und einsam beschrieben. Mit zehn Jahren fand er Aufnahme in die Familie seines Onkels, wo er aufblühte. 1797 begann er eine Feldvermesserausbildung, wechselte 1799 jedoch nach Jena, um Naturwissenschaften zu studieren.

Die zweite Lebensphase Fröbels dauerte von 1805 bis 1816. Er arbeitete zunächst als Lehrer an der Frankfurter Musterschule Pestalozzis und studierte dessen pädagogische Ideen. 1806 bis 1810 erzog er als Hauslehrer die Söhne einer Frankfurter Bürgerfamilie. Zwischen 1806 und 1810 verbrachte er zwei Studienaufenthalte bei Pestalozzi in Yverdon (Schweiz). Ab 1811 folgten vier Jahre des Studiums der alten Sprachen, der Physik, Chemie und Mineralogie.

Sein dritter Lebensabschnitt begann 1816. Er übernahm die Erziehung der drei Söhne seines verstorbenen Bruders, gründete die „Allgemeine deutsche Erziehungsanstalt" (Internat und Schule) in Griesheim, später Keilhau.

Friedrich Fröbel, 1782–1852

[1] nach Hoffmann, E., 1964

1823 lebten dort 40 Kinder. 1835 zog er nach Burgdorf in der Schweiz, leitete ein Waisenhaus mit angegliederter Elementarschule. In diesem Lebensabschnitt verfasste er die „Menschenerziehung" (1826, eine Erziehungslehre) und Aufsätze wie „Die erziehenden Familien" (1826).

In seinem vierten Lebensabschnitt, etwa ab 1837, stand die Bedeutung und Förderung des Spiels im Mittelpunkt seines Denkens und Schreibens. Er entwickelte und beschrieb die „Spielgaben" und ließ diese herstellen. 1840 gründete FRÖBEL den ersten Kindergarten, der von Anfang an auch zur Ausbildung von Spielführern bzw. Kindergärtnerinnen gedacht war. Er veröffentlichte Spiellieder und den Entwurf eines Planes zur Begründung und Ausführung eines Kindergartens und hielt Kurse und Vorträge. 1851 wurde in Preußen aus politischen Gründen ein Kindergartenverbot ausgesprochen, welches erst zehn Jahre später wieder aufgehoben wurde.

In dieser letzten Phase des reifen Alters schrieb FRÖBEL die „Mutter- und Koselieder" inklusive einer Erziehungslehre für die frühe Kindheit. [1]

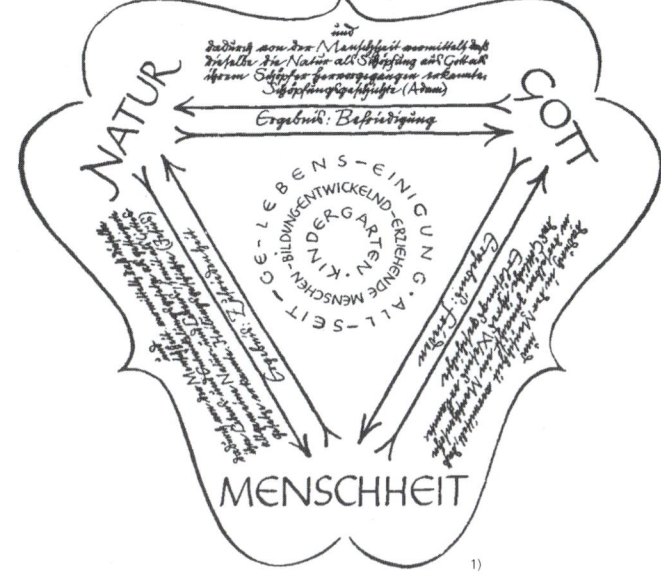

1)

■ Menschenbild

Nach FRÖBEL sind Mensch und Natur ein Produkt der Schöpfung. Nur der Mensch hat ein Bewusstsein seiner selbst und seiner Wirkung; nur der Mensch kann sich entscheiden; nur der Mensch kann nachdenken über Vergangenes, Gegenwärtiges und Zukünftiges, kann Zusammenhänge sehen, planen und gestalten. [2]

Nach FRÖBEL trägt das Kind all dies schon in sich: „Die ganze künftige Wirksamkeit des Menschen ist im Kinde als Keim vorhanden (…). [3] aber in jedem auf eine ganz eigene, eigentümliche, persönliche (…) Weise." [4]

FRÖBEL sieht die Individualität des Einzelnen, sieht viele Wege der Entwicklung. Von Natur aus sucht das Kind „bestimmt und sicher das Beste an sich und für sich". [5] Er sieht aber auch ‚raue, trotzige Kinder', die sich selbstbestimmt für das Gute einsetzen oder, dass ein „äußerlich gut scheinendes Kind (…) nicht

durch Selbstbestimmung oder aus Liebe, Achtung und Anerkennung das Gute will." [6]

■ Erziehungsziel und Erziehungsstil

In der im Bild skizzierten Triade hat der Mensch mehrere Bestimmungen, nämlich das, was in ihm steckt, zur Entfaltung zu bringen, in den Dienst der Natur und der Menschheit zu stellen und die göttliche Ordnung zu erkennen.

Selbstbestimmung und Freiheit stehen im Dienste dieser Verantwortung, ermöglichen aber, einen individuellen Weg zu gehen.

Obwohl FRÖBEL Individualität, Freiheit und Selbstbestimmung als Wesensmerkmale des Menschen ansieht, kann ein Kind aber nicht tun und entscheiden, was es will. Der Erzieher soll dem Kind Führung geben zwischen den Polen „gebend und nehmend, vereinend und zerteilend, vorschreibend und nachgehend, handelnd und duldend, bestimmend und freigebend, fest und beweglich". [7] Der Erzieher soll auch beobachten, was seinem Handeln folgt und Erkenntnisse daraus ableiten.

■ Entwicklung des Kindes und Bedeutung des Spiels

In der ersten Phase seiner Entwicklung, dem ersten Lebensjahr, tritt das Kind durch das Lächeln in Beziehung zu einem anderen Wesen,

---

1) nach Hoffmann, E., 1964
2) nach Hoffmann, E. 1968
3) ebd.
4) ebd.
5) ebd.

---

6) ebd.
7) ebd.

fixiert das Gesicht der Mutter oder einen Gegenstand. „Welch ein Fragen, Prüfen, Wägen, Vergleichen spricht sich in dem Blicke des Kindes aus" (FRÖBEL).[8]

Es entwickelt seine „Sinnes-, Körper- und Gliedertätigkeit", greift, reagiert, erlangt den aufrechten Gang, spricht das erste Wort. Dazu braucht es eine warmherzige Zuwendung, Anregung und Gegenstände, die zum Greifen und Bewegen verlocken.

Die zweite Phase, die „Stufe des Kindes" beginnt, wenn es anfängt, sich auszudrücken, und aktiv zu handeln. In dieser Phase spielt der Spracherwerb eine herausragende Rolle, für den das Kind in besonderer Weise einen Erwachsenen braucht. Die Haupttätigkeit des Kindes in dieser Zeit ist das Spiel. FRÖBEL spricht sogar von einem Tätigkeits- und Spieltrieb des Kindes. Im Spiel verfeinert es seine Bewegungen, macht Materialerfahrungen und drückt sein Inneres aus (z. B. beim Bauen, Malen). Es unterscheidet noch nicht so sehr zwischen sich und den Objekten, gibt diesen sogar menschliche Wesensarten wie Gefühl und Sprache.[9] Zur Bedeutung des Spiels für die Persönlichkeitsentwicklung wird auch heute noch häufig FRÖBEL herangezogen: „Wer tüchtig, selbsttätig still, ausdauernd, ausdauernd bis zur körperlichen Erschöpfung spielt, wird gewiss auch ein tüchtiger, stiller, ausdauernder, Fremd- und Eigenwohl mit Aufopferung befördernder Mensch".[10]

> „Kinder regt die Glieder, laufet hin und wieder.
> Regt euch,
> regt euch Kinder,
> immer geschwinder,
> geschwinder."
> (FRÖBEL)

■ Ein Tagesablauf im Fröbelschen Kindergarten

Von FRÖBELS didaktischen Werken und von Erinnerungen seiner Schülerinnen kennen wir das Programm eines Kindergartentages, und wir haben ausführliche Beschreibungen von Material, Spielen, Versen und Liedern.

Am Morgen:

- Ankunft der Kinder, freies und angeleitetes Bauen am Tisch mit Versen und Bauliedchen, auch Erfinden von Bauformen, Aufräumen
- Spiele mit der zweiten Spielgabe
- Schubkarren schieben (Klötzchen, Steine, Erde...) mit passendem Lied
- Bewegungsspiele

- Gartenarbeit, die Erwachsenen tun dies im Beisein der Kinder
- Abschlusslied

Am Nachmittag u. a.

- Flechten, Ausstechen, Falten, Malen, Besuch im Garten
- Abschlusslied[11]

■ Spiellieder und Bewegungsspiele

Dazu gehören z. B.

- Wanderlieder im Kreis („Wir alle möchten wandern, von einem Ort zum andern...").
- Kreisspiele, bei denen etwas dargestellt wird, wie eine Schnecke, ein Rad
- Geh- und Laufspiele

■ Material

Typische Materialien sind die Spielgaben und das Beschäftigungsmaterial:

Spielgabe 1: 6 leichte Bällchen, mit einem Netz bezogen, ferner Schnüre und ein Holzgestell mit Stäbchen, so dass die Bälle frei hängen können.

Spielgabe 2: Kugel, Walze und Würfel, ferner Schnur, Stäbchen und Holzgestell wie oben.
Die Kugel wird z. B. in einer Schale gerollt und dazu ein Vers gesprochen.

Spielgaben 3–6:
3: 8 Würfel
4: 8 Quader; sie eignen sich zum Bauen von Hohlräumen.
5: 21 Würfel sowie 6 große und 12 kleine dreiseitige Prismen.
6: 36 Quader in 3 verschiedenen Größen; sie eignen sich zum Bauen von Säulen und Hohlräumen.

Lebensformen: Die oben beschriebenen Bausteine werden zum Bauen und zum Legen benutzt.
Lebensformen bilden Gegenstände aus dem Leben nach, z. B. Tisch, Leiter. FRÖBEL hat 100 Formen gezeichnet. Er empfiehlt, dazu eine Geschichte oder einen Vers zu erzählen und zu bauen, was darin vorkommt.

---

[8] Hofmann, 1964
[9] nach Hofmann, 1968
[10] ebd.

[11] nach Heiland, H., 1974

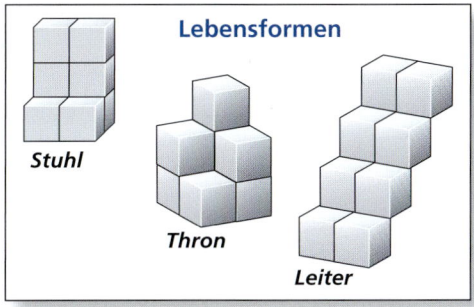

Lebensformen

Stuhl

Thron

Leiter

Beispiel zu Lebensformen:
„Der Großmutter, der lieben Fraun
will ich diesen Sitz erbaun.
Den mag sie zur Ruhe wählen,
wenn sie uns was will erzählen".[12]

Erkenntnisformen: Die Menge der 8 Würfel wird geteilt und wieder zusammengefügt. Das Kind erfasst das Phänomen der Zahlzerlegung bei gleichbleibender Menge.

Würfel und Dreiecksprismen der 5. Gabe lassen sich auf verschiedene Arten kombinieren. Bei der „Draufsicht" sieht man u. a. Trapeze, Parallelogramme.

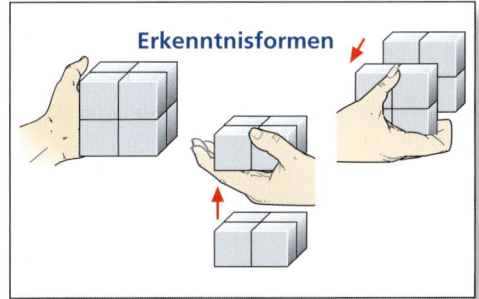

Erkenntnisformen

Schönheitsformen sind ästhetisch schöne, symmetrische Gestalten, ohne etwas Konkretes darzustellen. Sie wirken durch ihre Ordnung und sprechen das Gemüt an.

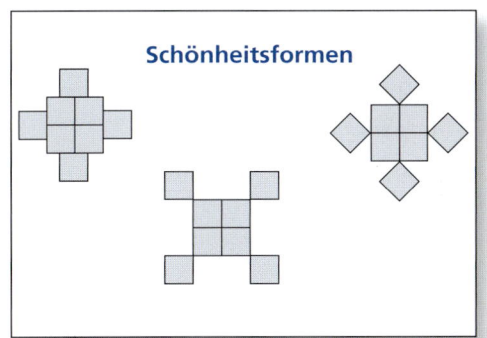

Schönheitsformen

Beschäftigungsmaterial: Dazu gehören Faltblätter, Legetäfelchen, Stäbchen , Muggelsteine, Steckerle, Prikmaterial, Papierweben.

Das Beschäftigungsmaterial zeigt eine deutliche Systematik. Ein Teil der Materialien dient der Zerlegung: vom Körper zur Fläche, zur Linie, zum Punkt, andere Materialien können die Kinder zusammenfügen und damit gestalten. (Siehe auch Konzepte für die mathematische Erziehung in Kindertageseinrichtungen, S. 523).

Montessori-Pädagogik

MARIA MONTESSORI (1870–1952) wurde aus zwei Gründen berühmt. Sie war die erste Ärztin Italiens und eine bedeutende Reformpädagogin.

MONTESSORI gründete und leitete ab 1907 vier Kinderhäuser in San Lorenzo, einem Stadtteil von Rom. Sie hat didaktisches Material entwickelt, war in der Ausbildung von Lehrerinnen/ Erzieherinnen tätig, schrieb Bücher, hielt weltweit Vorträge, und beriet Bildungsministerien bei Bildungsreformen, z. B. in Spanien und Indien.

Wie erfolgreich die Montessoripädagogik ist, zeigt sich an den 66 400 Einrichtungen weltweit, die nach diesem Handlungskonzept arbeiten. Allein in Deutschland zählt der Montessori-Dachverband 600 Montessori-Kindergärten, 350 Grundschulen und 80 weiterführende Schulen[13]

---

[12] ebd.

[13] Zöller, M., 2007

■ Bild vom Kind/Rolle der Erzieherin

Montessori hat das Kind als selbstbildungsfähig erkannt, mit allen Anlagen zur Entwicklung und „vitalem Antrieb", welches von sich aus zur Vervollkommnung und Unabhängigkeit vom Erwachsenen strebt. Es ist fähig zu absoluter Konzentration, zu Selbstdisziplin, zu Stille und Einzelarbeit, empfindet Ordnungs- und Arbeitsliebe, zeigt Initiative und Freude und bietet Hilfe an.

Nach Montessori hat ein Kind Rechte auf

- Selbstbestimmung (was und wie es lernen möchte),
- Selbstachtung (dass das Bemühen gesehen wird und die individuelle Leistung),
- Anregungen durch das Material und das Vorbild der Erzieherin.

Sie meinte, wenn gute Lernbedingungen herrschten und man einem Kind mit Respekt begegne, dass alles aus ihm werden könne, statt „Opfer seiner Herkunft" zu werden.

Gegenüber der traditionellen Erzieherin, die das Kind belehrte, bestimmte, worauf es sich jetzt konzentrieren sollte, Fehler verbesserte und bei Erfolg lobte, solle die „neue" Erzieherin/Lehrerin eine ruhige und positive Arbeitsatmosphäre schaffen, beobachten, dem Kind passendes Material zur rechten Zeit anbieten, sie solle nur bei Störungen eingreifen und manchmal auch einfach schweigen. Damals wie heute arbeitet die Erzieherin in der Freiarbeitsphase vor allem mit einem oder zwei Kindern, während die anderen sich eigentätig mit einem Material ihrer Wahl befassen. Die Erzieherin hat die Aufgabe, die Potenziale des einzelnen Kindes zu kennen, zu fördern und das Zusammenleben in der Gruppe zu gestalten.

■ Wie lernt ein Kind, wie entwickelt es sich?

In den ersten drei Lebensjahren sieht Montessori das Kind als „psychischen" Embryo, der – analog zur Organbildung in den ersten Monaten der Schwangerschaft – nach der Geburt seine psychischen Funktionen entfaltet: Bewegung und Wollen, Sprache und Denken, Gefühle und Sozialverhalten. Dabei wendet es sich spontan dem zu, welches seine Aufmerksamkeit fesselt. In dieser Phase lernt es unbewusst. Es saugt Eindrücke auf, was Montessori

den „absorbierenden Geist" nennt. Jedoch erfasst und bildet es Strukturen, sonst könnte es z. B. nie das Regelsystem einer Sprache erfassen. Es ist eine ausgeprägte Phase eigenaktiven Lernens, weshalb Montessori auch vom Kind als Schöpfer seiner selbst spricht.

Zwischen 3 und 6 Jahren wird das Kind zunehmend bereit zum bewussten Lernen, lässt sich etwas zeigen, übt, will Handlungen erlernen, um unabhängig vom Erwachsenen zu werden. Als Werkzeuge setzt es seine Sinne ein, will möglichst intensiv fühlen, riechen, hören, sehen, sich selbst spüren. Als hätte die Natur es bewusst so eingerichtet, neigen Kinder in dieser Lebensphase zum Sammeln. Beim Hantieren vergleichen und ordnen sie die Dinge und erwerben Begriffe für Eigenschaften wie rau, glatt, für Farben, Formen, Größen, für Buchstaben und Zahlen. Sie eignen sich Ordnungsstrukturen an, die begrenzt sind im Gegensatz zu den Dingen selbst. Das ist eine Abstraktionsleistung im Interesse der Exaktheit, die Montessori als „mathematischen Geist" bezeichnet.

Schon ein Dreijähriges kann übrigens alles um sich herum vergessen, wenn es an einer Sache Gefallen findet (z. B. Schleife binden). Wenn sich all seine Sinne, sein Denken, seine Bewegung und sein Gefühl auf eine Handlung richten, kommt es zur Polarisation der Aufmerksamkeit, zur absoluten Konzentration. Danach ist keine Erschöpfung erkennbar, sondern eher eine Art „Sättigung".

Kinder von 6–12 Jahren wollen in der materiellen und der immateriellen Welt Ursachen auf den Grund gehen und Wirkungen erfahren. Sie sind offen für Erfahrungen, erkennen, dass es über das eigene Gefühl und die eigenen Wünsche hinausgehend sittliche Normen und Werte und verschiedene Standpunkte gibt.

■ Ziele und Inhalte der pädagogischen Arbeit

Das Ziel der Montessori-Erziehung ist der in sich ruhende, selbstständige, kreative, freie und verantwortungsbewusste Mensch, der „Herr" seiner selbst ist. Diese Freiheit und Selbstbestimmung gewinnt das Kind, indem es sich zunehmend selbst versorgt, indem es mithilfe der Erzieherin vordringt in die Welt der Dinge, der Sprache und in die Gesetzmäßig-

| Übungen am Schleifenrahmen | Vom Zeichnen zum Schreiben | Unsere Erde: Meere und Seen, Kontinente und Inseln |

keiten der Mathematik, der Naturphänomene und der sozialen Beziehungen.
Dazu dienen:

- Übungen des täglichen Lebens,
- Sinnesschulung,
- Übungen zur Sprache, zum Lesen und Schreiben,
- Übungen zum mathematischen Denken,
- Kosmische Erziehung (Natur- und Umwelterziehung), Friedenserziehung,
- Bewegungserziehung, Rhythmik und Stilleübungen,
- Musik, Theater und kreatives Tun.

■ Prinzipien

Gegenstandsorientierung

Das Kind entwickelt sich in der Auseinandersetzung mit Gegenständen, mit Material. Dazu bereitet die Erzieherin den Raum vor. Sie legt Ausschnitte aus der Welt bereit, mit denen es seine Wahrnehmung üben und Gesetzmäßigkeiten begreifen kann. Nach einer Einführung durch die Erzieherin arbeitet ein Kind meist allein im eigenen Tempo, kann Handlungen beliebig oft wiederholen. Durchgängiges Prinzip ist ein großzügiger und übersichtlicher Aufbau des Materials. Vom abstrakten Gegenstand (materialisierte Abstraktion) über Modelle wird die Entsprechung in der Realität gesucht. Das Kind legt z.B. Farbtäfelchen aus, mischt Farben oder ordnet Nähseiden oder Knöpfe zu. Es sieht und schafft Farbnuancen und hat danach auch den Wortschatz, um alles in der Welt farblich benennen zu können.

Ganzheitsorientierung

Farbe und Form des Materials locken, es zu tasten, zu umfahren, zu legen, aufzustellen usw.

Material und Aufgabenstellung sprechen den Verstand und das Gefühl des Kindes an.

Das fördert die Fähigkeit zur Polarisation der Aufmerksamkeit. Man kann eine außergewöhnlich konzentrierte Arbeitsatmosphäre ohne disziplinierenden Einsatz der Erzieherin beobachten. Erklärbar ist dies nur damit, dass die Anforderungen, die vom Material ausgehen, in einem guten „Passungsverhältnis" zu dem stehen, was das Kind kann und will.

Individualisierung

Die Individualisierung spielt beim Lernen eine wesentliche Rolle. Die Erzieherin wendet sich allein und uneingeschränkt einem Kind zu. Währenddessen sind die anderen individuell in ihrem Tempo, mit einem von ihnen selbst ausgewählten Material tätig.

Soziales Lernen

MONTESSORI hat die altersheterogene Gruppe zu einem Prinzip ihrer Pädagogik erklärt. Jeweils 3- bis 6-Jährige bzw. 6- bis 9-Jährige lernen den sozialen Umgang miteinander und treffen auf Themen, die unter Altersgleichen nicht aufkommen. Die älteren Kinder im Kindergarten leiten jüngere im Umgang mit dem Material an, übernehmen Reinigungsarbeiten, bereiten Ausstellungen vor, schreiben Mitteilungen, backen Brot, kochen Suppe, pflegen das Tier der Gruppe. Dem Gemeinschaftserleben dient auch der Morgenkreis. Wie in jedem Kindergarten gehören dazu: gruppeninterne Themen, Spiele, Lieder, Musik, Geburtstagsfeiern, Planung oder Nachbesprechung eines Ausflugs, eines Festes.

Gäste sind angekündigt. Wie empfängt man Besuch? Wie gibt oder empfängt man ein Geschenk? Kinder erzählen auch von ih-

rem Herkunftsland, davon, wie die Menschen
füreinander sorgen. Tiere und Pflanzen werden betrachtet. Im Kosmos ist jedes Element
abhängig von anderen. Und der Mensch ist
abhängig und verantwortlich zugleich, da er
einen Verstand hat. Soziales Lernen ist wesentlicher Baustein der Friedenserziehung, die
MONTESSORI besonders am Herzen lag. Dazu
gehört, Fremdheitsgefühle abzubauen, Ver-
schiedenartigkeit, z. B. auch Behinderung als
Normalität zu erleben, fremde Sprachen, Gewohnheiten und andere Lebensweisen kennen und verstehen zu lernen.

Die Kinder singen in der Gruppe, üben Theaterstücke ein, gestalten, haben Rhythmik, Turnen, „zelebrieren" ihre Übungen der Stille und
sie unternehmen Exkursionen. Das Allein-Tätig-Sein und Gruppenerlebnisse wechseln einander ab.[14]

> **Aufgabe**
> Nehmen Sie Kontakt auf mit einer Mon-
> tessorieinrichtung in Ihrer Nähe. Bitten Sie
> um einen Hospitationstermin.
>   Sie werden einzeln einer Gruppe zuge-
> teilt und gebeten, vom Rand des Gesche-
> hens aus (still) zu beobachten.
>
> Wählen Sie eine der Aufgaben:
>
> - Raumaufteilung skizzieren,
> - Protokoll über eine Materialeinführung
>   schreiben,
> - Gezielte Beobachtung eines Kindes über
>   einen Zeitraum von 30 Minuten.

---

[14] Nach Kramer, R., 1976, Steenberg, U., 2003 und
Kursmitschriften, 2002-2004 Inzlingen

Waldorf-Pädagogik

■ Grundlagen der Waldorfpädagogik

Geistiger Vater der Waldorf-Pädagogik ist
RUDOLPH STEINER (1861–1925), geboren in
Kraljevec, Österreich-Ungarn, heute Kroatien.
Nach natur- und geisteswissenschaftlichen
Studien arbeitete er zunächst als Lehrer in ei-
ner Arbeiterbildungsstätte, gründete die an-
throposophische Bewegung, sowie 1919
die erste Waldorfschule in Stuttgart für die
Kinder der Belegschaft der Zigarettenfabrik
Waldorf-Astoria.

Was zeichnet die Waldorfpädagogik aus, dass
es in Deutschland 450 Waldorfkindergärten (weltweit 1500) gibt und weltweit 900
Waldorfschulen?

■ Das Bild vom Kind

Mit der Geburt verbindet sich nach JAFFKE, einer überzeugten Waldorfpädagogin, ein individuelles geistiges Wesen mit dem Körper, den
es von seinen Eltern empfangen hat.
   In den ersten 7 Jahren ist ein Kind offen,
bildsam und in mancherlei Hinsicht unfertig.
Es hat ein gewisses Maß an Entwicklungskräf-
ten, die zunächst Sinnesorgane und Gehirn
ausformen. Ist diese Aufgabe erfüllt, sind die
Kräfte frei für die Bildung von Fantasie und
Gedächtnis, danach für die Organe im Brust-
bereich usw. Mit den ersten bleibenden Zäh-

nen sind die leibbildenden Aufgaben erfüllt und stehen die Kräfte des Kindes der Vorstellung, dem Gedächtnis, dem schulischen Lernen zur Verfügung.

In jeder Phase seiner Entwicklung hat das Kind ein Recht darauf, seine Fähigkeiten in Ruhe und so reich wie möglich zu entwickeln sowie jeden Fortschritt aus eigener Kraft zu vollziehen. Es erhält einen weiten Raum für individuelle Eigenheiten, Interessen und Begabungen.[15]

■ Entwicklungsphasen

Im ersten Jahrsiebt entfaltet das Kind seinen physischen Leib, seine Organe werden geformt, es lernt laufen und sprechen. Über die Sinne verleibt es sich Eindrücke ein, ahmt Bewegungen und Handlungen nach. Im dritten Lebensjahr tritt Fantasie in Erscheinung. Mit Fantasie gestaltet das Kind Spiele und benennt Dinge um. Es beginnt Spielhandlungen zu planen. Malen und Spiel sind Ausdrucksformen inneren Erlebens.

Im zweiten Lebensjahrsiebt rücken die Seelenkräfte in den Vordergrund. Das Kind lernt zwischen „Gut und Schlecht" zu unterscheiden. Zur Orientierung und Unterstützung braucht es die natürliche Autorität des Lehrers, und zwar konstant, nicht alle zwei Jahre wechselnd. Märchen, Fabeln, Sagen, Heldenepen und die Bibel bieten Vorbilder.

Es bildet seine Vorstellungskräfte weiter und interessiert sich zunehmend für die reale Umgebung, z. B. die Natur, Herstellungsprozesse und Berufe. Es lernt Rechnen und Schreiben.

Das dritte Lebensjahrsiebt steht im Zeichen der Geschlechtsreife und der Ausbildung geis-

tiger Kräfte. Der Jugendliche ist jetzt zu abstrakten Leistungen fähig. Er soll Respekt aufbauen vor dem Denken anderer, u. a. durch das Studium der Werke der Weltliteratur. Er lernt, sich ein Urteil zu bilden.

■ Freiheitsbegriff

„Freiheit ist unmöglich, wenn etwas außer mir meine moralischen Vorstellungen bestimmt. Ich bin nur dann frei, wenn ich selbst diese Vorstellungen produziere; nicht, wenn ich die Beweggründe, die ein anderes Wesen in mich gesetzt hat, ausführen kann. Ein freies Wesen ist dasjenige, welches wollen kann, was es selbst für richtig hält". (STEINER)[16]

Nach STEINER muss diese Freiheit im dritten „Lebensjahrsiebt" mühsam errungen werden. Auf keinen Fall soll zu früh das Urteil eines Kindes gefordert werden. Die Vorbereitung auf die Freiheit geschieht vielmehr durch die Orientierung an Vorbildern, durch das Befassen mit Handwerk, Kunst, Wissenschaften und Religion.

STEINER hat als Reformpädagoge Berühmtheit erlangt. Etwa ab 1890 bis 1930 gab es viele Ansätze der Erneuerung von Schule und Erziehung. Merkmale waren: Erziehung vom Kind aus, Wertschätzung der Individualität, unmittelbares und selbsttätiges Lernen, Gestaltung des Schullebens. Vielen von uns dürfte der Epochenunterricht der Waldorfschulen ein Begriff sein, in dem Schüler und Lehrer über einen längeren Zeitraum fächerübergreifend und im Team ganzheitlich an einem Thema arbeiten. Steiner folgte damit dem Projektgedanken von JOHN DEWEY (USA, 1859–1952).

---

[15] nach Jaffke, F., 1995

[16] nach Berger, M., 1988

■ Der Waldorf-Kindergarten

Im Kindergarten liegt ein pädagogischer Schwerpunkt auf dem Spiel und den Verrichtungen im Tagesablauf. Diese bieten alles, was das Kind für seine Entwicklung braucht.

„Je voller und selbstredender das Leben im Kindergarten ist, desto anregender als „Lernfeld" ist die Umgebung für das Kind. Wesentlich ist die Tatsache, dass das Leben „echt" ist und dass es dadurch Heiterkeit, Freude und Leichtigkeit verbreitet. (...) Gleichzeitig bedeutet dies, dass alles, was einem isolierten Lernprozess der Kinder dient, der kindlichen Lernhaltung nicht entspricht. Jegliche vom Leben abstrahierte ‚Absicht der Unterweisung' oder Belehrung widerspricht im Sinne der hier entwickelten Darstellung den Bedürfnissen des Kindes".[17]

Rolle und Verantwortung der Erzieherin

Sie gestaltet den Raum so, dass dieser durch Farbe und Material positiv auf die Seele des Kindes wirkt. Sie strukturiert den Tag und ist selbst ruhender Pol. Sie verrichtet elementare Handlungen der Hauswirtschaft, Gartenarbeit und Reparaturen. Kinder nehmen diese Handlungen ganzheitlich auf und übernehmen sie je nach Alter in ihr Spiel bzw. übernehmen reale Aufgaben. Im Waldorfkindergarten hat die Erzieherin eine herausragende Rolle als Vorbild.

Rhythmus und Wiederholung

Das Kind braucht Rhythmus und Wiederholung, um seine Lebenskräfte zu regenerieren, die es in der Phase großen Wachstums verbraucht. Der Rhythmus zeigt sich im Wechsel von aktiven und entspannenden Phasen, von selbstbestimmtem gegenüber angeleitetem Tun.

Feste Zeiten für Essen und Aufenthalt im Freien sind ebenso selbstverständlich wie eine deutliche Wochenstruktur: z. B. am Montag: Aquarellmalen, am Dienstag: Arbeit mit Ton oder Bienenwachs, am Mittwoch: Malen mit Wachskreide, am Donnerstag: Eurythmie, am Freitag: Wochenendputz/Arbeit im Garten.

Wiederholung erleben die Kinder bei den Ritualen im Tages-, und Wochenablauf, durch das Märchen des Monats, das täglich erzählt und ergänzt wird und durch die Wiederkehr der Jahreszeiten. Wiederholungen geben Kindern, die täglich Neues erleben, die Gewissheit, dass auch morgen alles in vertrauten Bahnen verläuft, dass alles seine Ordnung hat.

Tagesablauf

Der Tag beginnt mit einer langen Freispielphase, die von den Kindern ausgiebig für Rollenspiele, zum Bauen oder Malen genutzt wird, während die Erzieherin das Frühstück vorbereitet, etwas repariert oder bügelt. Wenn sie beginnt aufzuräumen, versorgen auch die Kinder ihr Spielzeug. Sie fegen und richten den Raum für den Morgenkreis, der mit Liedern, Versen und rhythmischem Spiel gestaltet wird. Hier werden auch jahreszeitliche Ereignisse nachgespielt und besprochen. Nach dem Frühstück geht es in den Garten. Manche Kinder spielen Pferd oder graben im Sand, andere rechen Laub. Am Ende des Vormittags liegt die Märchenstunde, in der die Kinder sich sammeln und zur Ruhe finden.

Raumausstattung, Materialien und Spielzeug

Wände, Möbel und Textilien sind vorzugsweise aus natürlichen Materialien, wie auch das Spielmaterial in Bau- und Puppenecke. Bevorzugt werden Gegenstände, die vielfache Verwendungen zulassen, z.B. Tücher zum Verkleiden, als Kleidung für Puppen, zur Landschaftsgestaltung, zum Hüttenbau. Natürliche und wertvolle Materialien in hellen, sanften Farben wirken positiv auf das Gemüt. Puppen haben nur angedeutete Gesichtszüge. Beliebt sind Zwerge aus Filz oder Wolle, Holztiere, Holzabschnitte von unbehandelten Ästen und Baumstämmen, allerlei Gesammeltes aus der Natur und zum Malen Wachsstifte und Aquarellfarben, zum Kneten Bienenwachs. Wir finden kein Spielzeug, das nur eine Spielmöglichkeit bietet.

Aufgaben zu den Handlungskonzepten von Fröbel, Montessori und Steiner:

1. Vergleichen Sie die drei Handlungskonzepte unter dem Aspekt „Freiheit". Wie verstehen Fröbel, Montessori und Steiner diese?

2. Arbeiten Sie weitere Gemeinsamkeiten heraus.

3. Wo sehen Sie Unterschiede?

Recherchieren Sie in entsprechenden Einrichtungen vor Ort.

---

[17] Internationale Vereinigung der Waldorfkindergärten e.V., 2005

Situationsansatz

■ Entstehungsgeschichte

Ende der 1960er Jahre ereignete sich in Deutschland wie auch in unseren Nachbarländern ein größerer gesellschaftlicher Umbruch. Studentenproteste richteten sich gegen „verkrustete" gesellschaftliche Strukturen. Gleichzeitig sorgten das Wirtschaftswachstum und die technologische Entwicklung für zunehmenden Wohlstand und eine zukunftsoptimistische Stimmung. Das Bildungssystem sei den neuen technischen und wirtschaftlichen Anforderungen jedoch nicht gewachsen, hat GEORG PICHT bereits 1964 geäußert und den Begriff des „Bildungsnotstands" geprägt. Diskussionen über Bildung entstanden auf verschiedenen Ebenen. Kinder sollten früher und gezielter gefördert werden, mehr Kinder weiterführende Schulen besuchen. Politiker zogen sogar die Einschulung der 5-Jährigen in Erwägung. Zunächst gab es Strukturverbesserungen. Kindergarten- und Ausbildungsplätze für Erzieherinnen wurden enorm ausgebaut. TV-Bildungs- und Frühleselernprogramme kamen auf den Markt.

Es entwickelten sich zwei Konzepte für die Arbeit im Kindergarten. Eines der Konzepte legte den Schwerpunkt auf die Schulvorbereitung. Dazu gehörten Denk- und Sprachtrainingsmappen, didaktische Spiele und gezielte Aktivitäten, um Einzelfähigkeiten der Kinder zu fördern. Dieses Konzept wurde als **Funktionsansatz** bezeichnet.

Das zweite Konzept sah vor allem für die 5- bis 6-Jährigen fächerbezogene Lernbereiche vor. Neben Spiel und Gemeinschaftserleben sollten die Kinder auf mehr oder weniger spielerische Weise u. a. an Naturphänomene herangeführt werden und erste Erfahrungen mit Mathematik sammeln, z. B. mit den Logischen Blöcken. Dieses Konzept nannte man den **wissenschaftsorientierten Ansatz**.

Viele Erzieherinnen äußerten Skepsis. Sie sahen bei beiden Ansätzen eine zu große Einschränkung kindlicher Selbstentfaltung und eine gewisse Lebensferne.

Schließlich übertrug das Deutsche Jugendinstitut München (DJI) dem Erziehungswissenschaftler JÜRGEN ZIMMER (geb.1938) die Leitung der Arbeitsgruppe „Vorschulerziehung".

Der Auftrag lautete, die westdeutsche Kindergartenreform zu begleiten, Entwicklungen zu analysieren bzw. anzustoßen und eine Systematik, bzw. ein Curriculum zu entwickeln. ZIMMER wusste:

Ein Konzept muss mit Praktikern entwickelt werden, nicht für sie,

a) sonst bleibt es praxisfremd,
b) nur dann tragen die Praktiker es mit,
c) nur dann entspricht es dem demokratischen Anspruch und bietet die Chance, demokratische Ziele zu verwirklichen.

Welche Vorstellungen, welchen Hintergrund hatte ZIMMER? Er stammte aus einem reformpädagogischen Elternhaus, hatte bei SAUL B. ROBINSOHN Curricula kennengelernt, die von Lebenssituationen ausgehen, und er hatte eine Schlüsselbegegnung mit der jungen amerikanischen Vorklassenlehrerin NANCY HOENISCH. Deren kindgemäße und anspruchsvolle Arbeit hatte er 1969 in einem Bildband dokumentiert.[18]

Diese drei Erfahrungsquellen beeinflussten die Entwicklung hin zum **Situationsansatz**. Eine besondere Rolle spielten dabei die Leitvorstellungen der Reformpädagogik (ca. 1880–1930): Pädagogik vom Kind aus, Individualität wertschätzen, unmittelbares und selbsttätiges Lernen, Lehrer/Erzieher ist Partner des Kindes, Pflege des Schullebens.

Anregungen holte sich die Arbeitsgruppe „Vorschulerziehung" insbesondere von: DEWEY, FREINET und FREIRE. Von DEWEY, 1859–1952 (USA), übernahm man die Projektmethode. Er hatte bereits Anfang des 20. Jahrhun-

Kinderkonferenz

---

[18] Berthold, E., 1996

derts gemeint, dass es am besten sei, wenn „Kinder in einem möglichst realen Zusammenhang sinnvolle Aufgaben und Probleme lösen und dabei möglichst viel praktisch und selbstständig tun, mitentscheiden und Verantwortung übernehmen".[19]

Bei FREINET, 1896–1966, sah man Formen der Partizipation, z. B. die Kinderkonferenz, die Gemeinwesenorientierung sowie die Öffnung der Klassenzimmer zugunsten thematischer Ateliers u. a. für Hauswirtschaft, Kunst, Wissenserwerb und naturwissenschaftliches Arbeiten.

Von FREIRE, 1921–1997 stammt u. a. das Prinzip des Lernens im Dialog und die dahinter stehende Idee, schon früh kritisches Bewusstsein zu wecken.

■ Empfehlungen der Arbeitsgruppe „Vorschulerziehung"

Namhafte Mitarbeiter der Arbeitsgruppe ZIMMERS waren u. a. die Erziehungswissenschaftler WOLFGANG LIEGLE und RITA HABERKORN. In einem mehrjährigen Projekt entwickelten sie die „Anregungen I und II zur pädagogischen Arbeit im Kindergarten bzw. zur Ausstattung des Kindergartens" sowie das Curriculum „Soziales Lernen". Das Curriculum war ein Medienpaket zu 28 Themen wie „Kinder im Krankenhaus". Es enthielt jeweils Bildkarten, einen Anleitungsteil für Gespräche, Geschichten, Anregungen zu Spielen, zu Gestaltungsarbeiten und Exkursionen. Als offenes Curriculum konzipiert sollte es ein Beispiel für Erzieher sein, eigene Projekte in Angriff zu nehmen.

Manche Kultusministerien nutzten die Anregungen der Arbeitsgruppe, um Handreichungen für die Arbeit in Kindergärten zu erstellen. Eine solche Handreichung war z. B. in Baden-Württemberg der „Lebensraum Kindergarten" (1981).

Das nordrhein-westfälische Ministerium für Arbeit, Gesundheit und Soziales gab schließlich 1983 eine Empfehlung für die Planung von Projekten und Aktivitäten heraus. Es empfahl das Berliner Modell nach SCHULZ/HEIMANN als theoretische Grundlage für Planungen nach dem Situationsansatz. Über Jahrzehnte war dies richtungsweisend für Erzieherinnen und Erzieher in Ausbildung.

Charakteristische Merkmale der frühen Jahre

waren:

- Projekte, ausgehend von der Lebenssituation der Kinder und mit dem Ziel, Schlüsselkompetenzen zu erlangen für die Bewältigung gegenwärtiger und künftiger Anforderungen.
- Lernen im Sinnzusammenhang und nicht in isolierten Aktionen: ganzheitlich sowie sozial- und sachbezogen.
- Offene Planung.
- Öffnung der Einrichtung nach innen und außen.

Offene Planung bedeutete damals wie heute prozesshaft zu planen, Betroffene altersangemessen zu beteiligen an der Planung und der Übernahme von Teilverantwortungen, offen für unübliche Wege zu sein, sich ggf. umzuorientieren, mögliche Fehlschläge als Lernchance für soziales, instrumentelles, kreatives Lernen und konkret-logisches Denken anzusehen und mit den Kindern zu lernen.

Die Planung eines Projekts erfolgt in einem Viererschritt:

- Bedeutsame Lebenssituationen suchen,
- Entscheidung und Zielfindung,
- Lernsituationen gestalten, handeln,
- Rückblick, Erfahrungen auswerten.[20]

Darüber hinaus erkannte man, dass der Situationsansatz weitreichende Konsequenzen hatte, u. a. für die gruppenpädagogische Arbeit, das Raumkonzept, die Team- und Elternarbeit.

Gemeinsame Mahlzeiten/Freies Frühstück?

Schon früh öffnete man die Räume im Kindergarten. Mancherorts löste man traditionelle Kindergartengruppen auf zugunsten kleinerer Gruppeneinheiten. Erzieherinnen

---

[19] zitiert in Zimmer, R., 1996

[20] nach Preissing, C., 2000

mussten daraufhin Mittel und Wege finden, die Beziehungsarbeit zu sichern, mussten Zuständigkeiten regeln und bei aller Offenheit den Überblick behalten. Die Bedeutung der pädagogischen Beziehung (in einem offenen Haus), der Tagesstruktur, der Rituale und des Grenzen-Setzens wurden neu bewertet.

Man arbeitete an einer Öffnung der Einrichtung nach außen: Erkundete mit den Kindern die Gemeinde, lud Experten (z. B. Eltern) ein, veranstaltete kultur- und generationsübergreifende Aktionen, zeigte die Arbeit im Kindergarten, bot einen Raum für den Austausch der Eltern untereinander.

Weiterentwicklung

Im Laufe der Jahre wurden die Prinzipien weiterentwickelt und präzisiert. 1974 sprach noch kaum jemand vom Kind als Subjekt, von der Ko-Konstruktion des Wissens oder einer konstruktivistischen Didaktik. Letztere schließt an die Selbstbildungskräfte des Kindes an, bietet Raum und Material für eigenaktives und kreatives Tun in Interaktionen mit Spielkameraden und Erwachsenen.

Seit den 1980er Jahren machten sich Einflüsse aus der Reggio-Pädagogik bemerkbar. Sie bezogen sich u. a. auf das Bild vom Kind, auf die Rolle der Wahrnehmung in der Entwicklung, auf Partizipation und Gemeinwesenorientierung.

Gemeinwesenorientierung bedeutet, die Einrichtung als Teil des sozialen Netzwerkes der Gemeinde zu verstehen, mit Fachdiensten und Institutionen zusammenzuarbeiten, die Interessen der Kinder auf Stadtteilkonferenzen und Sitzungen der Jugendhilfeplanung einzubringen. Dies folgt dem Anspruch der Sozialraumorientierung.

Einzelne Erziehungswissenschaftler haben eigene Schwerpunkte gesetzt oder sich vom Situationsansatz abgegrenzt. GERHARD REGEL entwickelte den „Offenen Kindergarten", ARMIN KRENZ den „Situationsorientierten Ansatz", SIGURD HEBENSTREIT den Ansatz der „Kindzentrierten Kindergartenarbeit" und NORBERT HUPPERTZ den „Lebensbezogenen Ansatz". Der psychomotorische Schwerpunkt von RENATE ZIMMER ist eine Reaktion auf veränderte gesellschaftliche Verhältnisse und hat im Situationsansatz durchaus seinen Platz.

Insgesamt gesehen präsentiert sich der Situationsansatz von Ort zu Ort unterschiedlich, was zumindest den Eltern eine Einschätzung erschwert.

Neue Anforderung: Qualitätsentwicklung

Seit 1990 haben drei Ereignisse eine Qualitätsentwicklung herausgefordert.

1. Die Einführung des Situationsansatzes in den neuen Ländern löste eine Bewertung der bis dahin erfolgten Entwicklung aus und zeigte neue Perspektiven auf.
2. Internationale Studien wie IGLU[*], PISA[**] und die OECD- Untersuchung zur Politik frühkindlicher Betreuung, Bildung und Erziehung sowie neue Erkenntnisse der Hirnforschung rückten den Wert der frühen Bildung ins Bewusstsein. Dies löste Grundsatzdiskussionen über die Leistungsfähigkeit von Kindertageseinrichtungen, die Qualität der Erziehungsarbeit und der Erzieherausbildung aus.
3. Das Bundesministerium für Familie, Senioren, Frauen und Jugend rief die „Nationale Qualitätsinitiative im System der Kindertageseinrichtungen" ins Leben. Unter der Leitung von C. PREISSING wurden Qualitätskriterien und Instrumente zur internen und externen Evaluation des Situationsansatzes entwickelt. Daran wirkten neben Erziehungswissenschaftlern zahlreiche Erzieherinnen, Eltern, Trägervertreter, Fachberaterinnen und Wirtschaftskräfte mit. Man orientierte sich an dem Prinzip „best practice" (optimale Praxisbeispiele).

Zu diesem Anlass wurden das Leitbild, das Bild vom Kind und pädagogische Ziele formuliert (Autonomie, Solidarität und Kompetenz), theoretische Dimensionen festgelegt (Lebensweltorientierung, Bildung, Partizipation, Gleichheit und Differenz, Einheit von Inhalt und Form) und konzeptionelle Grundsätze beschrieben.[21]

Konzeptionelle Grundsätze des Situationsansatzes 2003

1. „Die pädagogische Arbeit geht von den sozialen und kulturellen Lebenssituationen der Kinder und ihrer Eltern aus.
2. Erzieherinnen finden im kontinuierlichen Diskurs mit Kindern, Eltern und anderen

---

[*] IGLU = Internationale-Grundschul-Lese-Untersuchung; 4.Klasse

[**] PISA = Programme for International Student Assesment (15-jährige Schüler); erfasst wurden Lesefähigkeit, mathematische Grundbildung, naturwissenschaftliche Grundbildung, fächerübergreifende Kompetenzen.

[21] nach Preissing, C., 2003

Erwachsenen heraus, was Schlüsselsituationen im Leben der Kinder sind.

3. Erzieherinnen analysieren, was Kinder können und wissen und was sie erfahren wollen. Sie eröffnen ihnen Zugänge zu Wissen und Erfahrungen und realen Lebenssituationen.

4. Erzieherinnen unterstützen Mädchen und Jungen in ihrer geschlechtsspezifischen Identitätsentwicklung und wenden sich gegen stereotype Rollenzuweisungen und -übernahmen.

5. Erzieherinnen unterstützen Kinder, ihre Fantasie und ihre schöpferischen Kräfte im Spiel zu entfalten und sich die Welt in der ihrer Entwicklung gemäßen Weise anzueignen.

6. Erzieherinnen ermöglichen, dass jüngere und ältere Kinder im gemeinsamen Tun ihre vielseitigen Erfahrungen und Kompetenzen aufeinander beziehen und sich dadurch in ihrer Entwicklung gegenseitig stützen können.

7. Erzieherinnen unterstützen Kinder in ihrer Selbstständigkeitsentwicklung, indem sie ihnen ermöglichen, das Leben in der Kindertagesstätte aktiv mitzugestalten.

8. Im täglichen Zusammenleben findet eine bewusste Auseinandersetzung mit Werten und Normen statt. Regeln werden gemeinsam mit Kindern vereinbart.

9. Die Arbeit in der Kindertagesstätte orientiert sich an Anforderungen und Chancen einer Gesellschaft, die durch verschiedene Kulturen geprägt ist.

10. Die Kindertageseinrichtung integriert Kinder mit Behinderungen, unterschiedlichen Entwicklungsvoraussetzungen und Förderbedarf und wendet sich gegen Ausgrenzung.

11. Räume und ihre Gestaltung stimulieren das eigenaktive und kreative Tun der Kinder in einem anregungsreichen Milieu. Erzieherinnen sind Lehrende und Lernende zugleich.

12. Eltern und Erzieherinnen sind Partner in der Betreuung, Bildung und Erziehung der Kinder.

13. Die Kindertagesstätte entwickelt enge Beziehungen zum sozial-räumlichen Umfeld.

14. Die pädagogische Arbeit beruht auf Situationsanalysen und folgt einer prozesshaften Planung. Sie wird fortlaufend dokumentiert.

15. Die Kindertageseinrichtung ist eine lernende Organisation."[22]

Die grundsätzliche Akzeptanz des Situationsansatzes zeigt sich u. a. darin, dass seine Prinzipien Eingang fanden in:

• ministeriellen Empfehlungen für die Arbeit in Kindertageseinrichtungen,
• Kindergartengesetzen,
• unzähligen Konzeptionen, die von Trägern und Fachberatern miterstellt wurden,
• Orientierungs- bzw. Bildungsplänen der Länder für die Arbeit in Kindertageseinrichtungen.

Aufgabe
Teilen Sie die Entwicklung des Situationsansatzes in Phasen ein. Beginnen Sie mit den auslösenden Ereignissen (Vorphase).

Reggio-Pädagogik

Rathaus von Reggio Emilia

Aus Italien, genauer gesagt der Stadt Reggio Emilia, kommt ein weiteres richtungweisendes pädagogisches Handlungskonzept. Es beeinflusst seit Beginn der 1980er Jahre pädagogische Fachdiskussionen von Schweden bis Amerika, von Spanien bis Australien. Die Anfänge der Reggio-Pädagogik reichen bis 1912 zurück, als im Zuge einer starken sozialistischen Bewegung die Bürger Reggios Alternativen zu konfessionellen Kindertageseinrichtungen suchten. Nach dem 2. Weltkrieg erhielten die Prinzipien Gleichheit, Demokratie und Solidarität eine neue Bedeutung. Ein „Volkskindergarten" sollte diese Ziele pädagogisch umsetzen. Zwischen 1968 und 1972 wuchs die Zahl kommunaler Kindertagesein-

[22] Preissing, C., 2003

richtungen von 4 auf 19 und schloss seit Anfang der 1970er Jahre auch 13 Krippen ein.

Bis heute wird die Kleinkinderziehung in Reggio und Umgebung in besonderer Weise als eine gemeinsame Verantwortung der Gemeinde, der Eltern und der Erzieher gesehen. Die Eltern sind gleichberechtigte Partner im Leitungsgremium jeder Einrichtung. Und auch die Kinder sollen in der Gemeinde „verwurzelt" werden. Man sieht sie fast täglich mit ihren Erzieherinnen auf Erkundungsgängen, um die Stadt, ihre Bewohner und die Verantwortlichen kennen zu lernen.

Eine Person, die die Reggio-Pädagogik wesentlich prägte und repräsentiert, ist Loris Malaguzzi (1920–1994). Er war Lehrer und Fachberater für die kommunalen Kindertageseinrichtungen in der entscheidenden Phase der Entwicklung des Handlungskonzeptes.

1991 wurden reggianische kommunale Kindertageseinrichtungen von der UNESCO als weltweit beste bezeichnet.[23]

■ Bild vom Kind

Nach Kazemie-Veisari wird das Kind in der Reggio-Pädagogik „nicht – wie in der traditionellen Pädagogik – als Küken vom Menschen verstanden, das erst noch wachsen muss, um eine Persönlichkeit zu werden. Das Kind ist von Anfang an stark und nicht schwach, es kommuniziert mit Personen seiner Umgebung."[24]

Reggianer sehen vor allem die Kompetenzen, die Wissbegier, die Fähigkeit zum Staunen und den Optimismus der Kinder, ihre Empfindsamkeit und ihr Bedürfnis nach freundschaftlicher Beziehung.

„Kinder sind aktive Lerner: Lustvoll überschreiten und verrücken sie Bedeutungen, um ihre eigenen Analogien, Metaphern, anthropomorphen und realistisch-logischen Zusammenhänge zu erschaffen" (Malaguzzi).[25] Kinder suchen jedoch auch nach „Maß und Beziehung in komplexen Situationen" und brauchen den Dialog mit Erwachsenen, um ihre Identität zu bilden und ihr Bild von der Welt zusammenzusetzen.[26]

Kinder haben 100 Sprachen, Lern- und Ausdrucksformen, insbesondere Bewegung, Wahrnehmung und Gestalten. Mit diesen „Werkzeugen" erfassen sie die Welt.

Anders als in deutschen Einrichtungen arbeitet man in Reggio mit altershomogenen Kindergruppen.

■ Ziele

Zentrales Ziel ist nach Malaguzzi der Aufbau einer eigenen Identität. Jedes Kind soll seine Potenziale entfalten, seine Fähig- und Fertigkeiten erweitern, lernen, wie man sich Wissen aneignet. Das Ziel ist eine sensible, reflektierte Persönlichkeit, die Mitgefühl und Verständnis hat für Situationen und Bedürfnisse anderer, sorgfältig mit Material umgeht und altersangemessen Verantwortung übernimmt.

Die Kinder sollen Solidarität, Partizipation und soziale Gerechtigkeit als Basis eines demokratischen Bewusstseins erleben und einüben. Dazu gehört auch die Inklusion von Kindern mit Behinderung, überhaupt das Lernen in einer Kultur der Vielfalt.[27]

■ Rolle der Erzieherin und das Lernen

Die Erzieherin führt die Gruppe, beteiligt die Kinder aber an vielen Entscheidungen. Sie bespricht und plant Projekte mit ihnen und unterstützt sie bei ihren Vorhaben, z. B. ein Modell des Kindergartens herzustellen. Sie dokumentiert sowohl Lernfortschritte einzelner Kinder wie auch Gruppenaktivitäten. Mit Kassette, Video, Fotos und Mitschriften hält sie fest, was Kinder von sich mitteilen, wie sie über Geschehnisse, Eindrücke denken. Durch ihre Dokumentationen ist sie die Brücke zu dem, was war; sie begleitet das Kind im Hier und Jetzt, und sie gibt Anreize, sich auf neue Abenteuer und Lernsituationen einzulassen. Wenn ein Kind bei seinem Forschen auf Phänomene stößt und nicht weiterkommt, hilft sie ihm, Wege zu finden, das Problem selbst zu lösen. Sie nimmt dem Kind mit ihrem Wissensvorsprung nichts vorweg.

[23] nach Lingenauber, B., 2004
[24] Kazemi-Veisari, E., 1995/96
[25] Reggio Children (Hrsg.), 2002
[26] nach Mallaguzzi in Reggio Children, 2002

[27] nach Lingenauber, S., 2004

Eine Erzieherin hatte einen gefalteten Vogel am Fenster angebracht. Unabhängig davon entdeckten die Kinder einen Vogel auf dem Boden, ganz deutlich mit Flügeln und Schnabel. Eine halbe Stunde später erschien der Vogel an einer anderen Stelle. Um es genauer zu wissen, zeichneten die Vierjährigen seine Umrisse mit Kreide nach. Sie brachten ihm Wasser und Körner, fixierten auch ein Gitter am Boden, damit er nicht wegkönne. Sie spekulierten, was geschehen würde, versteckten sich, um dem Vogel sein Geheimnis zu entlocken. Erst als ein älteres Kind sie auf den Faltvogel am Fenster hinwies, realisierten die 4-Jährigen den Vogelgast als Schatten.[28]

Diese Vorgehensweise zeigt einen tiefen Respekt vor dem Kind und Vertrauen in seine Selbstbildungskräfte.

„Die Reggianer selbst beschreiben ihre Arbeit gern als ‚Pingpongspiel'. Sie fangen die Bälle auf, die ihnen die Kinder zuwerfen und werfen sie wieder zurück, wobei sie häufig eine andere Flugbahn wählen und manchmal auch den Ball wechseln." (Romberg).[29]

Aufgabe
Das Ballspiel steht für die wichtige Aufgabe der Erzieherin als Dialogpartnerin. Üben Sie an Ihrem nächsten Praxistag solche „Ballwechsel". Protokollieren Sie ein ausgewähltes Beispiel. Stellen Sie es in der Klasse vor.

■ Räume, Material

Charakteristisch für Reggio-Einrichtungen ist eine zentrale Halle (Piazza), von der Gruppenräume, Ateliers, eine Bühne, ein Bewegungsraum, eine Werkstatt und Nischen für konzentriertes Tun abgehen.

Die Halle bietet Raum für Bewegung und für das gemeinsame Mittagessen. Sie ist Treffpunkt und Ausstellungsstätte.

„Sprechende Wände" mit jeweils aktuellen Bildern, Berichten und Kommentaren der Kinder zeigen den Verlauf aktueller Projekte.

Im Atelier arbeitet die künstlerisch/handwerklich ausgebildete Atelierista mit einzelnen Kindern und Kleingruppen. Sie begleitet die Kinder u. a. in den Phasen, in denen sie ihre Eindrücke und Erfahrungen zu Projektthemen gestalterisch umsetzen.

Traditionelles „Spielzeug" nimmt eher einen untergeordneten Rang ein. Wichtiger sind gesammelte Fundstücke, Alltagsmaterial, Restbestände von Betrieben und Gestaltungsmedien wie Papiere, Papprollen, Draht, Ton, Gips.

Loris Mallaguzzi im Kindergarten Diana, 1991

Aufgabe
In der Literatur über Reggio-Pädagogik stößt man immer wieder auf die Sprachformel „Der Raum als dritter Erzieher". Überlegen Sie in der Gruppe:

- inwiefern kann der abgebildete Raum erziehen,
- wer könnte der erste und der zweite Erzieher sein?

■ Arbeits- und Spielzeit

Die Tagesstruktur bietet wenige, jedoch mit Ritualen verbundene Fixpunkte: Dazu gehören die gemeinsamen Mahlzeiten und von 9:30 – 11:30 Uhr die Projektzeit inklusive Morgenkreis. Ein Freispiel in unserem Sinne gibt es in Reggio nicht.[30]

[28] nach Schäfer, G., 1998
[29] Reggio Children (Hrsg.), 2002

[30] nach Knauf, T., 2006

Projekte sind obligatorisch, das bedeutet, dass jedes Kind zu jeder Zeit in einer Projektgruppe ist und an einem Thema arbeitet. Es gibt kleinere und größere Projektgruppen, und die Kinder können auch wechseln. Die Themen ergeben sich aus Erlebnissen (z. B. ein großer Regen in der Stadt) oder aus Fragen der Kinder.

Der Bildungsschwerpunkt liegt darauf, eine Aufgabe in Angriff zu nehmen und diese in Absprache mit anderen zu gestalten. Dazu gehört, dass die Kinder:

- wahrnehmen, beobachten, deuten,
- Emotionen einbringen, Erinnerungen wecken und innere Bilder entstehen lassen,
- Fragen entwickeln, kommunizieren,
- erkundend Handeln,
- den Erkenntnissen, der Fantasie Gestalt geben.[31]

Man erkennt, dass das Ergebnis eines Projektes weniger wichtig ist als der Weg dorthin.

Spiele, Vorlesen, Malen, Kneten, Singen, Musizieren und Bewegen sind Tätigkeiten außerhalb der Projektzeit. Eine große Tradition hat in Reggio das darstellende Puppenspiel.

Aufgabe: Ideenbörse für ein Projekt
Probieren Sie es selbst.

1. Einigen Sie sich in der Klasse auf ein Projektthema z. B. „Woher weiß der Mond seinen Weg?"
2. Nun übernimmt jede Gruppe einen der vorgenannten Punkte (von wahrnehmen bis .... den Erkenntnissen der Phantasie Gestalt geben). Erstellen Sie eine Ideensammlung und denken Sie ausgewählte Ideen weiter: Experimente, Gestaltungstechniken usw.

Waldkindergarten

■ Geschichte

In der gängigen Fachliteratur wird die Waldkindergartenidee Norwegen und Schweden zugeordnet. Dokumentiert wurde der erste Waldkindergarten 1951 jedoch in Dänemark. In den 1960er Jahren öffnete der erste bundesdeutsche Waldkindergarten relativ unbeachtet in Wiesbaden. Erst 1991 sorgte der Artikel „Kindergarten ohne Türen und Wände" in einer Fachzeitschrift für einiges Aufsehen. Zwei Flensburger Erzieherinnen, Petra Jäger und Kerstin Jebsen, griffen diese Idee auf und lösten eine wahre Gründungswelle aus. Inzwischen gibt es in der Bundesrepublik über 400 Waldkindergärten, einen Bundesverband und die (politische) Anerkennung, die u. a. die Finanzierung der Fachkräfte sicherstellt.

Neben reinen Waldkindergärten mit täglichem Aufenthalt im Wald das ganze Jahr über, führen Regeleinrichtungen Waldtage und Waldwochen durch oder verbringen einen Monat je Jahreszeit im Wald.[32]

■ Qualitätskriterien und Konzeption

Ein Waldkindergarten muss Qualitätskriterien erfüllen, um als Einrichtung anerkannt zu werden, bzw. die Betriebserlaubnis zu erhalten. Zu den Qualitätskriterien gehören eine tägliche Öffnungszeit, ein zugewiesenes Waldstück und eine Konzeption. Das pädagogische Fachpersonal braucht eine Ausbildung zur Erzieherin, eine Erste-Hilfe-Ausbildung und Wissen über Gefahren im Wald. Die Konzeption enthält Aussagen über die pädagogische Grundrichtung, über Ziele, die Zusammenarbeit mit dem Träger, mit Fachdiensten und Eltern und über die Vorbereitung auf den Schuleintritt.[33]

■ Bild vom Kind, Ziele und Werte

Waldkindergärten beachten in besonderer Weise die Rechte des Kindes auf raumgreifende Bewegungserfahrungen, darauf, Körpergrenzen zu erfahren, auf eigene Zeitrhythmen im Spiel, auf Langsamkeit, auf unmittelbares Lernen in der Natur und auf Respektierung seines anthropomorphistischen Denkens.

Ziele der Waldkindergartenpädagogik sind, dass sich die Kinder ihrer körperlichen, seelischen und geistigen Kräfte bewusst werden, die Natur/Umwelt wertschätzen, sich sachkompetent verhalten und sensibel werden für ökologische Zusammenhänge.

Der Wald bietet vielfältige Bewegungsanreize zum Klettern, Balancieren, Springen, zum Graben und zum Verfolgen von Tierspuren. Bewegung und frische Luft bei jeder Witte-

[31] nach Knauff, T., In: Lingenauber, S., 2004

[32] nach Sander, M.-L., 2006
[33] nach Miklitz, I., 2004

rung fördern die Gesundheit. Die Natur regt zum Hinhören, Riechen, zum Tasten und Sehen an. Wer glaubt, im Wald Stille zu erleben, irrt, denn der Wald ist voller Geräusche. Aber es sind elementare Reize, die dem Menschen gut tun. Vor allem erleben die Kinder Tiere, Pflanzen, Erde, Wasser, Luft und Wetter, Licht und Schatten in den verschiedenen Jahreszeiten. Erlebnisse mit Pflanzen und Tieren wirken nach und wecken Fragen. „Warum hat das Käuzchen wohl am Tag gerufen?", „Wohin musste das Eichhörnchen so eilig?" Solche Fragen fördern das Einfühlungsvermögen und erweitern den Wissenshorizont. Im Wald erleben die Kinder den Zusammenhalt der Gruppe. Immer wieder ereignet sich etwas, bei dem sie merken, dass sie einander brauchen.

Forschungen der FH Darmstadt durch Prof. GORGES zur Schulfähigkeit zeigen: In der natürlichen Umgebung des Waldes haben Kinder durchaus geeignete Bedingungen zur Förderung der emotionalen Ausgeglichenheit, für die körperliche und kognitive Entwicklung und für die Gesundheit.

■ Beispiel – Waldwoche des Kindergartens „Vogelnest"

Drei Praktikantinnen erhalten die Aufgabe, die Waldwoche mitzugestalten. Jede soll einen Schwerpunkt übernehmen. Aber was ist ein Schwerpunkt?

Die Erzieherin erzählt: Die Eltern bringen die Kinder zur Waldhütte. Von dort müssen wir etwa 10 Minuten laufen. Unser Ziel liegt in einem lichten Wald, an einem kleinen Bachlauf. Dort bauen wir am ersten Tag ein Waldsofa, damit wir einen festen Platz haben. Zur Begrüßung singen wir: „Ich mag gen ziemlich laut und wechseln häufig Handlung und Ort. Simon und Jens jedoch haben im letzten Jahr ausschließlich am Bach gespielt, Übergänge gebaut, gestaut usw. Susanne, Christian und Maike haben einen Schneckenzoo angelegt und hatten alle Hände voll zu tun, die Tiere in ihren Gehegen zu halten. Wir haben uns alle gewundert, dass am nächsten Tag tatsächlich noch eine Schnecke darin war.

Nach etwa 1 ½ Stunden Freispiel ist Früh-

die Bäume, ich mag das bunte Laub..." o.ä. Dann gehen wir das Gelände ab, damit die Kinder wissen, was wo ist und wie weit sie gehen dürfen. Sie müssen in Sichtweite bleiben.

Die Kinder wollen vor allem frei spielen. Die meisten Kinder sind an den ersten Ta- stückszeit. Mit einem Lied rufen wir die Kinder zum Treffpunkt. Wir haben Wasser dabei zum Händewaschen. Jetzt kommt eine Geschichte. Wenn wir auf dem Waldsofa sitzen, geschieht meist etwas. Zwei Vögel locken sich gegenseitig, oder eine Fliege kommt schauen, was wir tun, oder ein Ast knackt.

Das bauen wir in die Geschichte ein. Letztes Mal hat Simone eine erstaunlich dicke Nacktschnecke gefunden. Schnell hatte sie einen Namen: „Dicke Berta". Wir haben mehrere Tage von der dicken Berta erzählt.

Die Kinder finden Federn, Bucheckern, einen Schillerkäfer, Waldglockenblumen oder ein Stück Rinde. Das legen wir in einen Bilderrahmen aus Ästen. Wir benennen die Fundstücke und wenn wir die Namen nicht kennen, erfinden wir welche.

In der kalten Jahreszeit spielen wir Bewegungsspiele: z. B. „Komm mit, lauf weg". Wir bauen mit den Kindern auch Wippen und bringen an einer Böschung Seile an, so dass sie „Bergauf-bergab" spielen können, also in Bewegung bleiben.

Für „kleine und große Geschäfte" haben wir übrigens eine Schaufel mit und Wasser zum Händewaschen. Passiert ist uns im Wald noch nichts, außer dass ein Kind hinfiel. Für Notfälle haben wir ein Handy dabei.

Jetzt ist es schon deutlicher: Eine Praktikantin will sich mit Tierspuren befassen, denn wer nichts weiß, sieht auch nichts. Die zweite

Praktikantin wird Waldmärchen suchen und Improvisationsgeschichten probieren. Die dritte übernimmt die „Erste Hilfe", und sie wird zwei Bewegungsspiele vorbereiten.

■ Waldwoche: Vorbereitungen

- Absprachen mit dem Förster (Schonräume, Bereiche mit Raupen-/Mückenplage meiden).
- Orte: günstig sind Lichtung, Waldrand, ebene Stellen mit flachem Bach.
- Informationsabend mit den Eltern über Kleidung, Vesper, Zecken, Allergien, Sonnenschutz, Anfahrt.
- Zuständigkeiten, Verhalten bei Wind und Wetter.

■ Was kann man noch im Wald tun?

- Tiere beobachten, z. B. den Weg einer Ameise verfolgen.
- Wer wohnt in welchem Stockwerk? Tiere beobachten, die unter, an, im und auf einem Baum leben; später im Kindergarten ein Plakat herstellen.
- Spuren von Tieren suchen (Abdrücke, Federn, Fraßspuren, Gewölle, Losung, Loch in der Erde, Nest).
- Moos, Blumen, Gräser betrachten.
- Unrat sammeln (Handschuhe, Plastiktüte mitnehmen).
- Allerlei Spiele am Wasser, wenn es einen Bach gibt, Bachbettbegehung, Kleinlebewesen suchen.

> **Aufgabe**
> Hospitieren Sie in einer Kleingruppe einen Vormittag in einem Waldkindergarten. Erstellen Sie im Vorfeld einen Fragenkatalog.

2. Pädagogische Handlungskonzepte: Jugendarbeit

Interview mit einer Jugendzentrumsleiterin

Interviewer: „Was gefällt Ihnen an Ihrer Arbeit, welche Problembereiche sehen Sie, und wie stellen Sie sich die Zukunft vor?"

Frau S. H.: „Seit gut sechs Jahren leite ich den Stadtteiltreff S., eine Einrichtung der offenen Kinder- und Jugendhilfe in Lörrach. Und ich kann mit gutem Gewissen sagen, dass ich dies mit Freude an der Arbeit tue, genauer betrachtet sogar mit immer mehr Freude. Die Gründe dafür sind so vielfältig wie die Jugendarbeit selbst, denn sie ist abwechslungs- und variantenreich und lässt einen großen Gestaltungsspielraum, in den man auch seine eigene Persönlichkeit mit einbringen kann. Vom klassischen Jugendtreff über Medienprojekte, Bewerbungstraining, Jugendlager, Sportprojekte, Bau- und Kreativangebote, Schulkooperationen, Genderangebote, Antiaggressionstraining und vieles mehr ist eigentlich alles möglich und wird dankend angenommen.

Ein weiterer reizvoller Aspekt in der Kinder- und Jugendarbeit ist für mich die Tatsache, dass ich mit den meisten Jugendlichen seit vielen Jahren zusammenarbeite und sich dadurch tragfähige Beziehungen zu ihnen, zu ihrem familiären und sozialen Umfeld aufgebaut haben. So hat man die Möglichkeit, Menschen über einen großen Zeitraum hin zu begleiten und Spuren zu hinterlassen.

Nach harten Anfangsjahren ist es gelungen, die Jugendarbeit im Stadtteilgeschehen zu verankern. Das bietet einen wichtigen und unerlässlichen Rückhalt, um auch mal in schwierigen Zeiten besonnen agieren zu können. Das Einbetten der Kinder und Jugendlichen in einen Stadtteil muss meines Erachtens sowieso als ein wichtiges Ziel angesehen werden, stehen sie doch all zu oft am Rand und werden nicht als gleichwertige Mitglieder der Gemeinschaft betrachtet. Zudem rücken sie erst dann in den Blickpunkt, wenn Probleme im öffentlichen Raum auftreten, klassischerweise durch Ruhestörungen, Vandalismus oder Gewalt. Meistens wird auch dann erst Jugendarbeit installiert, als Feuerwehr oder Kriseninterventionen. Die Jugendarbeiterinnen sollen dann – möglichst schnell und kostengünstig – jahrelang gewachsene, komplizierte und problematische Sachverhalte in Angriff nehmen, die zum Teil tief in familiären Gefügen oder Stadtteilstrukturen wurzeln. Die Jugendarbeit soll zudem Integrationsarbeit leisten und Gruppen aus allen Bildungs- und Kulturkreisen zusammenführen. Diesen Anforderungen gerecht zu werden, zumeist mit nur geringen Personalmitteln, ist denkbar schwer. Dies kann meines Erachtens nur in einem Netzwerk gelingen und mit Konzepten, die Bildung und Erziehung in Elternhaus, Kindergarten, Schule, Jugendhaus und anderen sozialen Einrichtungen als Ganzes sehen.

Gegenwärtig wird im Zuge aktueller Zwänge zur Haushaltskonsolidierung nach bereits erfolgten Einsparungen bei Personal- und Sachkosten immer mehr geprüft, welche Leistungen und Dienste auch im Jugendsektor eingeschränkt oder gar beendet werden können.

Die Gestaltungsoptionen der Angebote hinsichtlich Quantität und Qualität sind erstaunlich groß und unterscheiden sich in den Gemeinden stark. Es wird immer mehr auch Aufgabe der Jugendarbeit sein, genau darauf zu achten „was ist Pflicht – was ist Kür", wo gibt es überhaupt einen Spielraum sozialpolitischer Verhandlungen und wo kann ein Rechtsanspruch abgeleitet werden. Zudem muss der fachliche Standard gesichert werden, am besten in einem demokratischen Aushandlungsprozess zwischen potenziellen Nutzerinnen und Bürgerschaft, Verwaltung, Politik und Sozialarbeit.

Hier ist die Stadtteilkonferenz zu nennen, in die ich große Hoffnungen setze. Denn Einzelkämpfer haben verloren, bevor sie begonnen haben.

Insgesamt bin ich gegenüber den Erwartungen, die ich anfangs hatte, ernüchtert, aber ich weiß auch, was durch Kontinuität und Beharrlichkeit erreicht werden kann. Jugendarbeit setzt bei uns im Kindesalter an, zudem haben wir zahlreiche Stadtteilprojekte und Diskussionen in Gang setzten können, die sich hoffentlich nachhaltig auf den Stadtteil und deren Kinder und Jugendliche auswirken. Eine wichtige Aufgabe für die Zukunft sehe ich in der Nachmittagsbetreuung von Schulkindern (in Zusammenarbeit mit den Schulen). Auch Ehrenamt und Freiwilligenarbeit werden an Bedeutung gewinnen.

Für die Zukunft brauchen wir Jugendarbeiterinnen und Jugendarbeiter, die ihre Gestaltungsräume kennen, die im Interesse der Kinder am sozialen Netzwerk in der Gemeinde bauen, die ihre Arbeit transparent gestalten und ihren Wert selbstbewusst zur Geltung bringen. Gemeinden müssen Jugendarbeit als eigenständigen Erziehungs- und Bildungsbereich anerkennen und wertschätzen, der ganz selbstverständlich mit einem Etat unterstützt wird."[1]

Diese Ausführungen der Jugendzentrumsleiterin führen uns mitten hinein ins Thema. Wir wollen uns in diesem Kapitel mit der Bedeutung und der Verantwortung der Jugendarbeit, mit den Rahmenbedingungen, den pädagogischen Prinzipien und einem Handlungskonzept befassen.

Im Mittelpunkt steht der Mensch: Die Jugendarbeit als dritte Säule der Erziehung und Bildung

Während die Familie und die Schule verbindliche Bezugssysteme mit einem klar definierten Auftrag darstellen, bietet die organisierte Jugendarbeit eine ganze Palette sportlich-freizeitpädagogischer, jugendpolitischer und kultureller Angebote. Hier können Jungen und Mädchen auswählen und Talente entfalten, die in der Familie oder der Schule nicht oder nur sporadisch zum Tragen kommen, wie Theaterspiel, Erste Hilfe, das Erlernen eines Musikinstrumentes. Das sind gleichzeitig auch Möglichkeiten der Selbstverwirklichung, wie sie die Schule nicht bietet.

Allein Programmangebote zu betrachten, reicht aber nicht aus, die Funktion der Jugendarbeit zu verstehen.

Kinder und Jugendliche brauchen ganz wesentlich auch Gruppenerfahrungen zwischen fortschreitender Ablösung vom Elternhaus und künftiger Partnerschaft.

Zum einen sind Gruppenerfahrungen unverzichtbar für die Identitätsfindung. Wie bin ich, wie möchte ich sein, für wen hält man mich? Antworten auf diese Fragen findet der Jugendliche nur in Interaktion mit anderen, indem er sich selbst darstellt, neue Verhaltensweisen erprobt und Feedback von „Gleichrangigen", seinen Alterskameraden, erhält. Zum anderen muss er sich in Gruppen einbringen, um als Gegenleistung auch Halt in verunsichernden Situationen zu bekommen. Der Mensch hat ein starkes Bedürfnis nach Zugehörigkeit. Die Entscheidung für Programmangebote treffen Jugendliche deshalb oft mehr aus Sympathie für die anderen Teilnehmer als aus Sachinteresse.

Die Angebots- und Trägervielfalt ist politisch gewollt. Derjenige, der eine solche Einrichtung besuchen möchte, hat die freie Wahl, und derjenige, der Jugendarbeit anbietet, kann seine Leitziele verwirklichen. Welche Interessen haben die Kirchen und Religionsgemeinschaften, der Naturschutzbund, Gewerkschaften und Parteien, Musik-, Sport- und Trachtenvereine, Jugendeinrichtungen zu unterhalten? Ihr selbst gewähltes Ziel ist, dem Gemeinwohl zu dienen, Menschen in geistiger und sittlicher Hinsicht zu fördern und ihnen sinnstiftende Inhalte zu bieten. Alle vorgenannten Institutionen sind auch bestrebt, Kinder und Jugendliche über Formen der Mitbestimmung und Mitverantwortung an Aufgaben im gesellschaftlichen Zusammenleben heranzuführen.

Bei aller Unterschiedlichkeit weisen Einrichtungen der Jugendarbeit mehrere gemeinsame Nenner auf:

---

[1] S. H., Name und Anschrift sind dem Verlag bekannt.

- Zielgruppen sind die 6- bis 18-Jährigen bzw. 12- bis 27-Jährigen.
- Es sind allesamt außerschulische Einrichtungen mit Öffnungszeiten am Nachmittag, an Wochenenden und in den Ferien.
- Eine dritte Gemeinsamkeit ist der relativ hohe Anteil ehrenamtlicher Kräfte, die den meist kleinen Stab ausgebildeter Fachkräfte unterstützen.

■ Wie nutzen Kinder und Jugendliche die Angebote der Jugendarbeit?

Statistiken über die Nutzung lassen gewisse Trends erkennen.

- 2002 nutzten nach der Shell-Studie 44 % der Mädchen Angebote von Vereinen. Sie bevorzugten Musikvereine, Chorgemeinschaften und kirchliche Jugendgruppen. Jungen waren sogar zu 59 % in Vereinen, vorzugsweise in Sportvereinen und Rettungsdiensten.[2]
- Wer denkt, dass Jugendliche nur Spaß im Sinn haben, irrt. Laut einer Plakatwerbung des DRK waren im Jahr 2004 108.000 Jugendliche im Deutschen Roten Kreuz aktiv. Im gleichen Jahr zeigten Jugendliche auch beachtlichen Einsatz unter kirchlicher Schirmherrschaft: Bei der Sozialaktion der katholischen Jugend „72 Stunden ohne Kompromiss" vom 7.–10. Oktober 2004 verrichteten 25 000 Jugendliche in Süddeutschland gemeinnützige Arbeiten für soziale Einrichtungen oder die Gemeinde, z. B. Garten- oder Anstreicharbeit.[3]
- Der Mädchenanteil in ehrenamtlichen Funktionen beträgt ca. 45 %.[4]
- Besucherzahlen von Kinder- und Jugendzentren finden wir lediglich auf Länderebene. In Nordrhein-Westfalen gaben 28 % der 6- bis 11-Jährigen und 26 % der 12- bis 15-Jährigen an, dass sie Jugendzentren aufsuchten, in Baden-Württemberg waren es 42 % der unter 12-Jährigen.[5]
- Bis zum Alter von 12 Jahren waren Jungen und Mädchen in Jugendzentren etwa gleich stark vertreten. Bei den 18-Jährigen lag das Verhältnis 60 % zu 40 % männlicher gegenüber weiblichen Nutzern.

Der Anteil der Jugendlichen mit Migrationshintergrund war in nordrhein-westfälischen Jugendzentren mit 37 % relativ hoch.[6]

Gesetzliche Grundlagen

Die folgenden gesetzlichen Grundlagen informieren über die „öffentliche" Verantwortung für die Jugendarbeit und über die gewünschten Schwerpunkte.

KJHG (Kinder- und Jugendhilfegesetz), zweites Kapitel, erster Abschnitt, Auszug,

§ 11 Jugendarbeit
(1) Jungen Menschen sind die zur Förderung ihrer Entwicklung erforderlichen Angebote der Jugendarbeit zur Verfügung zu stellen. Sie sollen an den Interessen junger Menschen anknüpfen und von ihnen mitbestimmt und mitgestaltet werden, sie zur Selbstbestimmung befähigen und zu gesellschaftlicher Mitverantwortung und zu sozialem Engagement anregen und hinführen.
(2) Jugendarbeit wird angeboten von Verbänden, Gruppen und Initiativen der Jugend, von anderen Trägern der Jugendarbeit und den Trägern der öffentlichen Jugendhilfe.
Sie umfasst für Mitglieder bestimmte Angebote, die offene Jugendarbeit und gemeinwesenorientierte Angebote.
(3) Zu den Schwerpunkten der Jugendarbeit gehören:

1. außerschulische Jugendbildung mit allgemeiner, politischer, sozialer, gesundheitlicher, kultureller, naturkundlicher und technischer Bildung,
2. Jugendarbeit in Sport, Spiel und Geselligkeit,
3. arbeitswelt-, schul- und familienbezogene Jugendarbeit,
4. internationale Jugendarbeit,
5. Kinder- und Jugenderholung,
6. Jugendberatung. (...)[7]

Das KJHG (Bundesgesetz) bestimmt die Jugendarbeit zur Aufgabe der Jugendhilfe. In § 15 KJHG werden die Länder aufgefordert,

---

[2] nach dem Zwölften Kinder- und Jugendbericht 2005
[3] nach Badische Zeitung 12.10.04.
[4] nach Zwölftem Kinder- und Jugendbericht 2005
[5] nach Zwölftem Kinder- und Jugendbericht 2005

[6] nach Zwölftem Kinder- und Jugendbericht 2005
[7] Kinder- und Jugendhilfegesetz, Stand 8.9.2005

Inhalt und Umfang der Aufgaben und Leistungen näher festzulegen bzw. Ausführungsbestimmungen zu erlassen und Landesjugendrahmenpläne zu erstellen.

Am Beispiel Nordrhein-Westfalens sieht das so aus:

Ausführungsgesetz des Landes Nordrhein-Westfalen zum KJHG (Auszug)
§ 10 Schwerpunkte der Kinder- und Jugendarbeit

1. die politische und soziale Bildung. Sie soll das Interesse an politischer Beteiligung frühzeitig herausbilden, die Fähigkeit zu kritischer Beurteilung politischer Vorgänge und Konflikte entwickeln und durch aktive Mitgestaltung politischer Vorgänge zur Persönlichkeitsentwicklung beitragen.
2. die schulbezogene Jugendarbeit. Sie soll in Abstimmung mit der Schule geeignete pädagogische Angebote der Bildung, Erziehung und Förderung in- und außerhalb von Schulen bereitstellen.
3. die kulturelle Jugendarbeit. Sie soll Angebote zur Förderung der Kreativität und Ästhetik im Rahmen kultureller Formen umfassen, zur Entwicklung der Persönlichkeit beitragen und jungen Menschen die Teilnahme am kulturellen Leben der Gesellschaft erschließen. Hierzu gehören auch Jugendkunst- und Kreativitätsschulen.
4. die sportliche und freizeitorientierte Jugendarbeit. Sie soll durch ihre gesundheitlichen, erzieherischen und sozialen Funktionen mit Sport, Spiel und Bewegung zur Persönlichkeitsentwicklung von Kindern und Jugendlichen beitragen.
5. die Kinder- und Jugenderholung. Ferien- und Freizeitmaßnahmen mit jungen Menschen sollen der Erholung und Entspannung, der Selbstverwirklichung und der Selbstfindung dienen. Die Maßnahmen sollen die seelische, geistige und körperliche Entwicklung fördern, die Erfahrung sozialer Beziehungen untereinander vermitteln und soziale Benachteiligungen ausgleichen.
6. die medienbezogene Jugendarbeit. Sie fördert die Aneignung von Medienkompetenz, insbesondere die kritische Auseinandersetzung der Nutzung von neuen Medien.
7. die interkulturelle Kinder- und Jugendarbeit. Sie soll die interkulturelle Kompetenz der Kinder und Jugendlichen und die Selbstvergewisserung über die eigene kulturelle Identität fördern.
8. die geschlechterdifferenzierte Mädchen- und Jungenarbeit. Sie soll so gestaltet werden, dass sie insbesondere der Förderung der Chancengerechtigkeit dient und zur Überwindung von Geschlechterstereotypen beiträgt.
9. die internationale Jugendarbeit. Sie dient der internationalen Verständigung und dem Verständnis anderer Kulturen sowie der Friedenssicherung, trägt zu grenzüberschreitenden, gemeinsamen Problemlösungen bei und soll das europäische Identitätsbewusstsein stärken.[8]

■ **Zuständigkeiten und Finanzierung**

Für die Erfüllung des gesetzlichen Auftrages ist auf Stadt- und Kreisebene das Jugendamt zuständig. Das Jugendamt setzt sich aus zwei Gremien zusammen: 1. der Verwaltung (genannt: Vertretungskörperschaft) und 2. dem Jugendhilfeausschuss. Während die Verwaltung des Jugendamtes die regelmäßigen Geschäfte erledigt, soll der Jugendhilfeausschuss aktuelle Problemlagen junger Menschen und ihrer Familien erörtern, die Jugendhilfeplanung erstellen sowie die freie Jugendhilfe fördern und weiterentwickeln.

Der Jugendhilfeausschuss „hat Beschlussrecht in Angelegenheiten der Jugendhilfe im Rahmen der (...) bereitgestellten Mittel, der von ihm erlassenen Satzung und der von ihm gefassten Beschlüsse. Er soll vor jeder Beschlussfassung der Vertretungskörperschaft in Fragen der Jugendhilfe (...) gehört werden und hat das Recht, an die Vertretungskörperschaft Anträge zu stellen"[9].

---

[8] Ausführungsgesetz des Landes Nordrhein-Westfalen zum KJHG (Auszug) Stand: 1. Januar 2005
[9] § 71 KJHG, Stand vom 18.11.2007

Jugendzentrum „Altes Wasserwerk" Lörrach, mit Kletterwand

Jugendzentrum Lemgo

Spielbus Lörrach

Für Jugendarbeiter ist es wichtig zu wissen, dass nach Vorgaben des KJHG 2/5 der Stimmberechtigten im Jugendhilfeausschuss Vertreter der öffentlichen oder freien Träger sind, 3/5 der Stimmberechtigten sind gewählte Vertreter aus dem Kreistag oder von diesen bestimmte Personen mit Erfahrung in der Jugendarbeit.

Ein wesentlicher Aufgabenbereich des Jugendhilfeausschusses ist die Jugendhilfeplanung. Diese ist die Voraussetzung organisierter Jugendarbeit.

Dazu gehören u. a.

- Analysen demografischer Daten und der Lebenssituation Jugendlicher,
- Bestandsaufnahme der Aufenthalts- und Spielorte von Kindern und Jugendlichen, Feststellung der Nutzung,
- Bedarfsermittlung durch Befragung von Jugendlichen und Jugendarbeitern,
- Schaffung bedarfsgerechter Aktionsräume für Jugendliche bzw. Unterstützung freier Träger, die diese Aufgabe übernehmen.

Die Jugendhilfeplanung bewegt sich in relativ engen Grenzen. Eine davon ist die Höhe der zugewiesenen Mittel, eine andere deren ggf. jährlich wechselnde Höhe, was längerfristige Planungen erschwert.

Die offene Kinder- und Jugendarbeit

■ Formen

In der Vielfalt der Angebote besteht die Besonderheit offener Kinder- und Jugendarbeit darin, dass ihre Einrichtungen für mehrere Stunden täglich oder zumindest mehrmals wöchentlich geöffnet sind und ihr Zweck rein pädagogisch ist, im Gegensatz zur Jugendarbeit des Naturschutzbundes oder eines Schachvereins.

Formen offener Kinder- und Jugendarbeit sind u. a. betreute Spielplätze, Kinder- und Jugendzentren bzw. Stadtteiltreffs, Jugendräume und mobile Dienste.

Kinder- und Jugendzentren/Stadtteiltreffs liegen wohnortnah und haben Räume für offene Treffs, Gruppenarbeit, Internetzugang, für handwerkliche Tätigkeiten, für Proben und Veranstaltungen. Die Fachkräfte leisten Entwicklungsbegleitung, Freizeitpädagogik und Kinderkulturarbeit.

In den letzten Jahren zeichnet sich ein wachsender Betreuungsbedarf für Grundschüler ab. Sie bringen neue Bedürfnisse mit: Sie brauchen Mittagessen, Hausaufgabenhilfe und Kontinuität. Hierin liegt eine neue Chance: Wenn das Kinder- und Jugendzentrum in das Tagesbetreuungs- und Bildungskonzept der Gemeinden eingebunden wird, können die Jungen und Mädchen unterschiedlicher sozialer Herkunft künftig auch im Freizeitbereich miteinander agieren und voneinander lernen, z. B. den Alltag zu bewältigen.

Zum Angebotsspektrum der zentralen Jugendzentren gehören: Konzerte, Großveranstaltungen und mobile Dienste wie ein Spielmobil, die Betreuung von Jugendräumen oder das Aufsuchen von Cliquen auf Schulhöfen u. ä.

Ein Spielmobil ist ein umgebauter Kleintransporter, ausgestattet mit Geräten und Material für Sport und Spiel. Im regelmäßigen Turnus fahren Fachkräfte und Helfer das Spielmobil zu Spielplätzen und offerieren Spiel-, Sport- und Theateraktionen (z. B. Kinderzirkus) sowie zur Stadterkundung. Das Spielmobil ist auch für Kinder attraktiv, die sonst keine Spielplätze nutzen.

■ Prinzipien offener Kinder- und Jugendarbeit

Als Prinzipien gelten u. a.

- Niedrigschwelligkeit,
- Freiwilligkeit,
- Beziehungsarbeit, Partizipation und Parteilichkeit,
- Empowerment,
- Sozialraumorientierung,
- Ehrenamtlichkeit.

Niedrigschwelligkeit: Die Angebote der offenen Jugendarbeit sollen leicht zugänglich sein (wohnortnah), ohne Beschränkungen und Vorbedingungen und kostenfrei für die Zielgruppe. Kostenpflichtige Angebote sind preislich zumutbar.

Freiwilligkeit: Es besteht keine Anmelde- oder Mitgliedspflicht. Die Jugendlichen können täglich neu entscheiden, ob und wie lange sie das Jugendzentrum aufsuchen. Sie sollen ja auch lernen, ihre sozialen Beziehungen und ihre Freizeit selbst zu regeln. Für Grundschüler allerdings gelten doch Verbindlichkeiten, wie z. B. die Anmeldung zum Mittagessen und zur Hausaufgabenbetreuung.

Es besteht auch keine Verpflichtung, an einem Programm teilzunehmen. Der offene Treff besteht parallel zu anmeldungspflichtigen Angeboten, z. B. einem Computerkurs oder einer Wochenendfreizeit.

Beziehungsarbeit, Partizipation und Parteilichkeit: Beziehungsarbeit umfasst sowohl das Verhältnis zwischen Jugendarbeitern und jugendlichen Nutzern als auch die Hilfe bei der Gestaltung der Beziehungen der Jugendlichen untereinander. Grundlagen hierfür sind einerseits eine verstehende Haltung des Jugendarbeiters, frei von Kontroll- oder „Missionsabsichten" und andererseits Regeln, die gemeinsam abgesprochen bzw. transparent gemacht werden.

Beziehungsarbeit setzt voraus, den Einzelnen und die Bedingungsfaktoren seiner Entwicklung zu sehen, abhängig von Geschlecht, kultureller und sozialer Herkunft.

Jugendarbeiter sind parteiisch, wenn es um Rechte der Jugendlichen geht. Sie vertreten deren Interessen in Jugendhilfeplanungssitzungen und tragen Ideen zur Verbesserung der Lebenssituation der Jugendlichen im Stadtteil vor.

In Jugendzentren gelten die üblichen Partizipationsformen: Die Kinder und Jugendlichen wählen in der Vollversammlung einen Jugendrat. Dieser vertritt die Interessen der Zentrumsbesucher und wirkt bei der Programmerstellung und der Umsetzung der Jugendzentrumskonzeption mit.

Empowerment: Der englische Begriff „Power" steht für Kraft und für Selbstbewusstsein. Empowerment bedeutet, alles daran zu setzen, jemand zu befähigen, dass er sich nach seinem Vermögen selbst organisieren und seinen Platz in der Gesellschaft finden kann.

Sozialraumorientierung: Dieses Prinzip hat mehrere Aspekte:

1. Das Jugendzentrum richtet sich nach dem Bedarf vor Ort und öffnet sich z. B. für Grundschüler.
2. Die Programmgestaltung setzt an den Erfahrungen und dem Bedarf seiner Besucher an, bietet z. B. Aggressions- oder Bewerbungstraining.
3. Das Jugendzentrum unterstützt die „räumliche" Aneignung der Kinder, erkundet mit ihnen Orte und Institutionen der Gemeinde und ihre Bedeutung.
4. Die Jugendarbeiter treiben die Vernetzung der Einrichtung mit institutionellen Kooperationspartnern voran wie Betrieben, Kirchen, anderen Einrichtungen und Vereinen des Stadtteils.

Gemeinsame Aktionen fördern zwischenmenschliche Begegnungen der besonderen Art, z. B. kann eine Parkputzaktion Menschen unterschiedlichster Herkunft und Interessen zusammenführen, die Kommunikation fördern (Intergenerative Pädagogik) und die Wohnzufriedenheit erhöhen.

Ehrenamtlichkeit: In der offenen Kinder- und Jugendarbeit sind viele ehrenamtliche Kräfte tätig. Jugendliche und Erwachsene übernehmen unter der Leitung von Fachkräften Dienste bei Veranstaltungen, begleiten Gruppen in ein Zeltlager oder bieten Clubs oder Kurse an. Jugendliche Ehrenamtliche, die eine Gruppe übernehmen wollen, besuchen Vorbereitungskurse für diese Tätigkeit. Die Ausbildung zum ehrenamtlichen Jugendgruppenleiter ist Aufgabe der Jugendhilfe.

■ Zielgruppenspezifische Angebote

Geschlechtsgerichtete Angebote

Viele Jugendzentren richten seit den 1980er Jahren besondere Angebote an Mädchen und seit den 1990 er Jahren auch an Jungen. Mädchen und Jungen haben Themen, die sie nur mit den Geschlechtsgenossen besprechen wollen. In einem reinen Mädchen- oder Jungenkreis erleben sie es auch als Wohltat, nicht provoziert zu werden und nicht provozieren zu müssen. Jugendarbeiter verfolgen weitere Ziele. Sie möchten Mädchen und Jungen bewusst machen, dass manche individuellen Probleme von ihrer geschlechtsspezifischen Sozialisation herrühren und dass Benachteiligung aufgrund des Geschlechts ungerecht ist. Sie wollen Änderungswünsche herausfinden und mit den Jugendlichen Strategien entwickeln, Ungerechtigkeiten entgegen zu wirken.

Von speziellen Mädchen- und Jungengruppenstunden abgesehen, sollte Jugendarbeit nur in geschlechtsgemischten Gruppen angeboten werden, da nur im Zusammenleben angemessenes Verhalten eingeübt wird. Jugendarbeiter leben respektvollen Umgang mit dem andern Geschlecht vor. Sie tragen zur Überwindung von Geschlechterstereotypen bei und fördern damit die Identitätsfindung und Chancengleichheit.

Cliquenorientierte Jugendarbeit

Im Jugendalter gewinnt die Zugehörigkeit zu einer Mädchen- oder Jungen-, bzw. Stadtteilclique an Bedeutung. Viele Themen werden nun nicht mehr mit den Eltern, sondern den Cliquenmitgliedern besprochen. Die Clique wird zu einer „Ersatzfamilie", insbesondere für Kinder- und Jugendliche aus instabilen Familienverhältnissen. Sie bietet Zugehörigkeit, Sicherheit, Unterstützung und die Chance, sich positiv für andere einzusetzen. Cliquen können ebenso auch negativ beeinflussen. Dann ist es gut, wenn Jugendarbeiter die Cliquen kennen, ihnen interessante Aktionen und Wochenenden anbieten und auf diesem Weg Beziehungen aufbauen, Stärken der Jugendlichen mobilisieren, neue Perspektiven aufzeigen und Einzelnen Beratung und Unterstützung anbieten.

Problematisch ist die Arbeit mit rechtsradikalen Cliquen. Rechtsradikale werten bestimmte Menschengruppen ab, grenzen sie aktiv aus und lehnen demokratische Grundsätze ab. Eine verstehende Sozialarbeit ist hier nicht möglich. Auch Stadtteilgangs, meist junge Männer gleicher kultureller Herkunft zwischen 16 und 19 Jahren mit viel Zeit, viel Kraft und wenig Gelegenheit, diese sinnvoll einzusetzen, sind von Jugendarbeitern kaum erreichbar.

Angebote für jugendliche Migranten und Interkulturelle Erziehung

Zunächst ist zu bemerken, dass hier keine herkunftsspezifische Zuordnung getroffen, sondern der besondere Bedarf jugendlicher Migranten gesehen wird. Sie brauchen Unterstützung bei der Auseinandersetzung mit ihrer Lebenssituation. Diese hat viele Facetten. Eine davon ist, ihre Identität in beiden Kulturen zu finden. Sie brauchen Hilfe beim Deutschlernen und in schulischer Hinsicht generell, Schutz vor Ausgrenzung und „Anfeindung", Orientierung in der deutschen Gesellschaft und Perspektiven. Pädagogische Fachkräfte nichtdeutscher Herkunft und eingeladene Experten sind besonders geeignet, um kulturspezifische Probleme zu besprechen.

Mädchen aus Migrantenfamilien sind kaum in Kinder- und Jugendzentren anzutreffen. Man kann sie jedoch über Angebote wie Hausaufgabenhilfe oder Sprachkurse erreichen.

Über die Arbeit mit jugendlichen Migranten hinaus ist die interkulturelle Arbeit Auftrag jeder sozialpädagogischen Einrichtung. Da geht es um Begegnung, um Information und um Zusammenarbeit. Mancher Jugendliche hat sogar mehr Einblick in das Leben anderer Kulturen als Erwachsene. Und doch finden sich auch bei Jugendlichen Berührungsängste.

Jugendarbeiter bemühen sich, Kontakte anzubahnen, bestehende stereotype Meinungen über die jeweils „anderen" zu hinterfragen. Es gibt interessante Unterschiede aber auch Gemeinsamkeiten zu entdecken.

Handlungskonzept: Erlebnispädagogik

■ Entstehung

Erlebnispädagogik ist ein Konzept der Jugendarbeit mit 60-jähriger Tradition. Ihr Anliegen ist, Jugendlichen Erfahrungen zu ermöglichen im Dienst am Nächsten, bei handwerklich-technischen Aufgaben und bei Outdoor-Unternehmungen in natürlichen Lebenszusammenhängen. Mit Extremsportarten hat die Erlebnispädagogik nichts zu tun, auch wenn Grenzerfahrungen in gewisser Weise dazugehören.

Als Begründer der Erlebnispädagogik gilt KURT HAHN (1886–1974).

Wer war KURT HAHN und welche Gründe hatte er, eine Methode zu entwickeln, die heute in Schulen, der Jugendarbeit und Erziehungshilfe, sogar in der Firmen- und Managerschulung, Anwendung findet?

HAHN, ein Vertreter der Reformpädagogik, hat in den 1920er Jahren die Internatsschule Salem gegründet. In einem Internat leben Erzieher, Lehrer und Schüler in sehr enger Gemeinschaft. Dabei bemerkte er einen gravierenden Rückgang körperlicher Tüchtigkeit bei den Mädchen und Jungen und zunehmende Defizite in den Bereichen Sorgsamkeit, Empathie und Eigeninitiative. Als Ziele seiner Erziehung und Schulbildung betrachtete er

1. Charakterbildung,
2. Intelligenz und
3. Wissen,

in genau dieser Reihenfolge. Die besten Lehrmeister hierfür sollten die Natur und reale Herausforderungen sein. Deshalb gehörten körperliches Training, Erste Hilfe und Feuerwehrübungen, Ausbildung im Bergrettungsdienst bzw. bei der Küstenwache zum Bildungsprogramm seiner Schule. Dabei lernten die Jugendlichen, sich zu entscheiden und zu planen, übten lebenspraktische Fertigkeiten, mussten Fehlschläge einstecken, es aufs neue probieren. Sie waren aufeinander angewiesen und übernahmen staatsbürgerliche Verantwortung.

Ab 1934 führte HAHN die Schule Salem in Schottland weiter und gründete zusätzlich 1941 in Aberdovey (Wales) eine „Outward Bound-Kurzschule", die vierwöchige Kurse für 16- bis 20-jährige Schüler bot. Der Begriff „Outward-Bound" kommt aus der Seefahrt und bedeutet, dass ein Schiff zum Auslaufen bereit ist. Der Vergleich mit dem Aufbruch in neue Erfahrungsbereiche ist unübersehbar. Die Jungen und Mädchen lernten, fernab gewohnter Sicherheiten an Anforderungen zu wachsen und mit Optimismus gestärkt in den Alltag zurückzukehren.

Seitdem hat Erlebnispädagogik sehr verschiedene Ausprägungen erfahren. Wenn man aber genauer hinschaut, sind die Leitge-

danken HAHNS heute noch ebenso aktuell wie damals.

Dienst am Nächsten, körperlichen Einsatz, handwerklich-technische Arbeiten und Outdoor-Aktivitäten finden wir heute auf Abenteuerspielplätzen, bei Workcamps, in der Jugendarbeit von Kirchen und (Wohlfahrts)Verbänden, in der Erziehungshilfe, im „Freiwilligen Sozialen Jahr" und im Zivildienst. Sozialeinsätze im Ausland erweitern das Spektrum der Erlebnispädagogik noch um die internationale Begegnung bzw. die Friedenserziehung.

Die folgenden Beispiele zeigen zwei Hauptzielgruppen:

Jugendliche,

- die Handlungserfahrungen und Lebenssinn im praktischen Tun suchen,
- die Erlebnispädagogik als therapeutische Maßnahme brauchen.

Beispiel – 3 Wochen Workcamp

Mira, 17 J.: „Ich war sofort begeistert und hatte Glück, denn unsere Gruppe von 9 Jugendlichen ist nur mit knapper Not zustande gekommen. Von meinen Freundinnen konnte ich keine für dieses Abenteuer gewinnen. Im Programm stand: „Drei Wochen Türkei, davon 14 Tage Arbeitseinsatz".

Wir haben in einer Grundschule Wände gestrichen und sauber gemacht. Dort haben wir auch geschlafen und selbst gekocht. Jeden Abend waren wir in einer anderen Familie eingeladen, auch beim Bürgermeister. Mit den Dorfjugendlichen hatten wir allerdings kaum Kontakt, die waren anderweitig beschäftigt. Nach dem Arbeitseinsatz sind wir an die Nordküste zum Baden gefahren und nach Istanbul. Natürlich habe ich die Türkei anders erlebt als meine Freundin, die mit ihrer Familie an der Südküste in einem Ferienhotel war. Eine wichtige Erfahrung war für mich, dass ich Einblick in den Alltag und in das Familienleben erhalten und Ercan kennengelernt habe, unseren Dolmetscher, der in Istanbul Sozialarbeit studiert. Meine Freundin hat am Strand junge Leute kennengelernt, auch Türken, die dort gearbeitet und Ferien gemacht haben. Da ging es vor allem um Spaß."

Beispiel – 5 Monate auf See
Kevin, 15 J.: „Das Jugendamt stellte mich vor die Wahl. Ich sollte auf einem dieser „pädagogischen Schiffe" anheuern oder nach Finnland auf einen Bauernhof gehen. Ich habe mich gegen die Feldarbeit entschieden und da blieb ja nur das Schiff übrig. Die Enge auf dem Schiff habe ich kaum ausgehalten, bin dann in einem Hafen auch mal abgehauen. Aber wo sollte ich hin? Ich bin dann doch wieder zu dem Schiff hin. Die Leiter gaben mir eine zweite Chance. Jetzt bin ich seit drei Monaten dabei".

Therapeutische Erlebnispädagogik auf einem Schiff oder einem Bauernhof in einem Land, in dem man die Sprache nicht kennt, verhindert, vor sich selbst und den eigenen Problemen davonzulaufen. Sie zwingt, Bindungen einzugehen und sich mit anderen zu arrangieren. Die Jugendlichen machen Grenzerfahrungen im Sturm, bei Wasserknappheit oder dem Eingeschneitsein. Sie erleben physische und psychische Anstrengungen schmerz- und lustvoll. Sie üben Konfliktbewältigungsstrategien und das Durchhalten. Die Wirkung wird umso nachhaltiger sein, je mehr die Jugendlichen die Erlebnisse als außergewöhnlich wahrnehmen und je besser die Übergangsbegleitung bei der Rückkehr in den bundesdeutschen Alltag verläuft. Dieser Alltag ist ja meist gleich geblieben mit seinen Verwicklungen und Verlockungen. Es ist wichtig, in künftigen Situationen positive Erinnerungsbilder aufrufen zu können, um Bewährungsproben erfolgreich zu bestehen.

Aufgaben
Lebensrealitäten Jugendlicher heute

1. Legen Sie Eckpunkte fest, die Ihrer Meinung nach die Lebensrealität Jugendlicher ausmachen. Befragen Sie Jugendliche hierzu und zu ihrer Lebenszufriedenheit.
2. Recherchieren Sie, wie viele Jugendliche in Ihrer Gemeinde in krisenhaften Situationen leben. Dazu könnten gehören: Ausschulung, langfristige Ausbildungsplatzsuche, Frühschwangerschaft, Armut.
3. Was könnte die offene Jugendhilfe leisten? Entwickeln Sie Ideen für Angebote.

Angebotsvielfalt

1. Sammeln Sie jugendspezifische Angebote verschiedener Träger Ihrer Heimatgemeinde. Sie können Gruppen bilden, um wirklich alles zu erfassen, von Sportangeboten über Gemeinschaftsdienste, Kulturvereine, Freizeitangebote für Behinderte und Nichtbehinderte bis hin zum Jugendparlament.
2. Gestalten Sie in Zusammenarbeit mit dem Jugendbüro Ihrer Gemeinde einen Flyer mit allen jugendspezifischen Angeboten.

Jugendzentrum: Strukturen und Aufgaben von Pädagogen

1. Bereiten Sie sich auf ein Interview mit einem Jugendzentrumsleiter vor. Einigen Sie sich auf den Zweck des Interviews. Wollen Sie künftig dort arbeiten? Wollen Sie die Berufszufriedenheit des Leiters in Erfahrung bringen oder seine Visionen zur Verbesserung der Lebensrealität der Jugendlichen seines Stadtteils erfahren?
2. Recherchieren Sie die Rahmenbedingungen und Strukturen des Jugendzentrums. Analysieren Sie in diesem Zusammenhang auch die Hausordnung und die Instrumente der Mitbestimmung.

3. Pädagogische Handlungskonzepte: Sonderpädagogische Einrichtungen

Mich reizt die Kombination von medizinisch-pflegerischer Arbeit einerseits und pädagogischer Arbeit andererseits. Ich will Menschen Halt und ein Zuhause geben, am liebsten in einem Heim für Menschen mit Behinderung.

Ich möchte einmal in der Frühförderung oder in einer integrativen Einrichtung arbeiten. Ich stelle es mir sehr abwechslungsreich vor, mit Psychologen, Logopäden, Sozialarbeitern, Therapeuten zusammenzuarbeiten:

Verantwortung für Menschen mit Behinderung

Zwei große Aufgaben hatte die Heil- und Sonderpädagogik nach dem zweiten Weltkrieg zu bewerkstelligen: den Auf- und Ausbau des Sonderschulwesens, ausgelöst vom neu verankerten Bildungsrecht für Behinderte und das „Integrationsprogramm" im Rahmen der Bildungsreform in den frühen 1970er Jahren.

Im Zuge dieser Erneuerungen nahm man auch die Professionalisierung der Betreuungskräfte in Angriff. Neue Berufe entstanden für versorgende, beratende und therapeutische Tätigkeiten, für Erziehung und Bildung.

Wegen dieser Bemühungen stand Deutschland im internationalen Vergleich einerseits gut da, andererseits führten deutsche und internationale Behindertenverbände seit den 1980er Jahren Grundsatzdebatten über die schulische Separierung und über die gesonderte Behandlung von Behinderten im Recht.

. Seit den 1990er Jahren schließlich wurde Behinderung in den Kontext internationaler Menschenrechte gestellt und es geht um generelle Rechte, um Chancengleichheit, Menschenrechtsverletzungen und Diskriminierung von weltweit ca. 600 Millionen Menschen mit Behinderung.[1]

Diese Entwicklung hat den Blick auf Menschen mit Behinderung auch bei uns verändert, hat auch in unserem Alltag Diskriminierungen aufgedeckt und uns für die Rechte Behinderter in unserer Gesetzgebung sensibilisiert.

Gesetzliche Vorgaben

Grundgesetz (GG)

Artikel 1
(1): „Die Würde des Menschen ist unantastbar. Sie zu achten und zu schützen ist Verpflichtung aller staatlichen Gewalt. (...)
Artikel 2
(1): Jeder hat das Recht auf freie Entfaltung seiner Persönlichkeit, soweit er nicht die Rechte anderer verletzt (...)
(2): Jeder hat das Recht auf Leben und körperliche Unversehrtheit (...) In diese Rechte darf nur auf Grund eines Gesetzes eingegriffen werden."
Artikel 3
(1) „Alle Menschen sind vor dem Gesetz gleich (...).
(3) Niemand darf wegen (...) seiner Behinderung benachteiligt werden."
Stand 28.8.2006.

---

[1] nach Degener, T., 2003

Auf der Basis des Gleichheitsgrundsatzes und des Prinzips der Solidargemeinschaft haben Menschen mit Behinderung umfassende Rechte auf Hilfe und Leistungen von der öffentlichen Hand.

Insbesondere das Bundessozialgesetzbuch IX formuliert Leistungsansprüche von Menschen mit Behinderung. Dabei soll nicht die Fürsorge im Vordergrund stehen, sondern Vorsorge, Rehabilitation und Hilfestellungen zur Teilhabe an der Gesellschaft.

Bundessozialgesetz (BSG)

Behinderte oder von Behinderung bedrohte Menschen erhalten nach dem **BSG IX, § 1** Leistungen „um ihre Selbstbestimmung und gleichberechtigte Teilhabe am Leben in der Gesellschaft zu fördern, Benachteiligungen zu vermeiden oder ihnen entgegenzuwirken. Dabei wird den besonderen Bedürfnissen behinderter und von Behinderung bedrohter Frauen und Kinder Rechnung getragen." Stand 31.10.06

Die Leistungen erstrecken sich u. a. auf die Früherkennung und Frühförderung (§ 30), auf medizinische, heilpädagogische, psychologische und therapeutische Maßnahmen, auf Hilfsmittel (§ 31), Hilfe bei der Beschaffung, dem Umbau und der Ausstattung einer behindertengerechten Wohnung (§ 55), auf Leistungen zur Berufsvorbereitung (§ 33).

BSG IX, § 4 (3) „Leistungen für behinderte oder von Behinderung bedrohte Kinder werden so geplant und gestaltet, dass nach Möglichkeit Kinder nicht von ihrem sozialen Umfeld getrennt und gemeinsam mit nicht behinderten Kindern betreut werden können. Dabei werden behinderte Kinder alters- und entwicklungsentsprechend an der Planung und Ausgestaltung der einzelnen Hilfen beteiligt und ihre Sorgeberechtigten intensiv in Planung und Gestaltung der Hilfen einbezogen." Stand 7.11.2006

Kinder- und Jugendhilfegesetz (KJHG)
Dritter Abschnitt :
Förderung von Kindern in Tageseinrichtungen und in Kindertagespflege
§ 22 Grundsätze der Förderung
(3) Der Förderungsauftrag umfasst Erziehung, Bildung und Betreuung des Kindes und bezieht sich auf die soziale, emotionale, körperliche und geistige Entwicklung des Kindes. Er schließt die Vermittlung orientierender Werte und Regeln ein. Die Förderung soll sich am Alter und Entwicklungsstand, den sprachlichen und sonstigen Fähigkeiten, der Lebenssituation sowie den Interessen und Bedürfnissen des einzelnen Kindes orientieren und seine ethnische Herkunft berücksichtigen.
§ 22 a
(4) Kinder mit und ohne Behinderung sollen, sofern der Hilfebedarf dies zulässt, in Gruppen gemeinsam gefördert werden. Zu diesem Zweck sollen die Träger der öffentlichen Jugendhilfe mit den Trägern der Sozialhilfe bei der Planung, konzeptionellen Ausgestaltung und Finanzierung des Angebots zusammenarbeiten". Stand 16.8.2006

Gesetz über Tageseinrichtungen für Kinder (KiTaG) Niedersachsen
§ 3 (6)
„Kinder, die wesentlich behindert und leistungsberechtigt nach § 53 SGB12 sind, sollen nach Möglichkeit in einer ortsnahen Kindertagesstätte gemeinsam mit nichtbehinderten Kindern in einer Gruppe betreut werden ." i.d.F.v. 23.6.2005

Gesetz über die Betreuung und Förderung von Kindern in Kindergärten, anderen Tageseinrichtungen und der Kindertagespflege (Kindertagesbetreuungsgesetz – KiTaG)" Baden-Württemberg
§ 2 (2)
„Kinder, die aufgrund ihrer Behinderung einer zusätzlichen Betreuung bedürfen, sollen soweit dies möglich ist zusammen mit Kindern ohne Behinderung in gemeinsamen Gruppen gefördert werden, sofern der Hilfebedarf dies zulässt." 14.2.2006

Sonderpädagogische Einrichtungen

Aus dem Kapitel „Handlungskonzepte von Tageseinrichtungen für Kinder" wissen wir, dass ein Handlungskonzept grundsätzliche Aussagen zum Menschenbild, zu Zielen, Inhalten, Methoden und Organisationsformen der pädagogischen Arbeit macht.

Befassen wir uns zunächst mit den Organisationsformen, nämlich den Institutionen, die für den besonderen Bedarf von Kindern, Jugendlichen und Erwachsenen mit Behinderung zuständig sind. Hierzu gehören das Jugend- und Sozialamt, medizinische, therapeutische und psychologische Fachdienste, die Frühförderung, familienentlastende Dienste, heil- und sonderpädagogische Tageseinrichtungen, Schulen, Berufsförderungswerke und Wohnheime.

Trotz angestrebter Regionalisierung sind Fachdienste und Einrichtungen meist zentral gelegen und nur über lange Anfahrtswege erreichbar.

Zur Aufnahme in eine heilpädagogische Einrichtung und Kostenübernahme sind ein Gutachten und eine Empfehlung notwendig.

Die Rahmenbedingungen der Tageseinrichtungen, Schulen und Wohnheime zeigen Gemeinsamkeiten in Form einer herabgesetzten Gruppengröße, mehr und interdisziplinärem Personal und noch deutlicheren Strukturen als in Regeleinrichtungen (z. B. Tagesstruktur). Viele heil- und sonderpädagogische Einrichtungen sind Ganztagsbetriebe. Die Hauptaufgaben sind Betreuung, Erziehung und Bildung, zielgerichtete (Einzel)Förderung und Elternberatung.

Frühförderung: Die interdisziplinären Frühförderstellen bilden mit sozialpädiatrischen Zentren ein bundesweites Netz zur Diagnostik, Beratung und Behandlung von Kindern mit Behinderung, bzw. von Behinderung bedrohten Kindern und ihren Familienangehörigen. Sie sind nur in seltenen Fällen ein Arbeitsfeld für Erzieher, aber wichtige Kooperationspartner.

Heilpädagogische Tagesstätten nehmen Kinder auf, die im emotionalen und sozialen Bereich bereits länger andauernde und so schwerwiegende Probleme haben, dass sie die tägliche intensive Förderung im geschützten Rahmen brauchen. Sie haben Kon-taktschwierigkeiten, manchmal auch motorische Probleme, ohne jedoch körperlich oder geistig behindert zu sein, sind sehr gehemmt oder können ihre Impulse nicht steuern. Sie haben Leistungsstörungen oder selbstaggressive Tendenzen.

Sprachheilkindergärten sind für Kinder mit so schwerwiegender sprachlicher Beeinträchtigung, dass eine ambulante Sprachtherapie nicht ausreicht.

Die Erzieherin als Hauptbezugsperson vermittelt Geborgenheit, lebt den Alltag mit den Kindern, lenkt das Gruppengeschehen, begleitet die Kinder im Freispiel und bei ihrer Entdeckung der Welt. Das pädagogische Programm unterscheidet sich nicht wesentlich von dem eines Regelkindergartens. Sonderpädagogen, Logopäden, Motopäden und Ergotherapeuten arbeiten stundenweise in der Gruppe. Sie beobachten, erstellen mit der Erzieherin Förderpläne, arbeiten mit Kleingruppen. Therapien sind in das Tagesgeschehen eingebettet. Die Erzieherin wird zur Co-Therapeutin.

Tagesbildungsstätten sind in Niedersachsen die Alternative zur Schule für Lernhilfe, wenn Kinder und Jugendliche mit geistiger Behinderung dort nicht hinreichend gefördert werden können.

Die Kinder erhalten in einem geregelten Tagesablauf individuelle Förderung. Sie erleben den Jahreskreis, Veränderungen in der Natur, Feste und Feiern. Vor allem erfahren sie Zugehörigkeit zu einem zweiten Bezugssystem neben der Familie mit anderen Persönlichkeiten und Rollen.

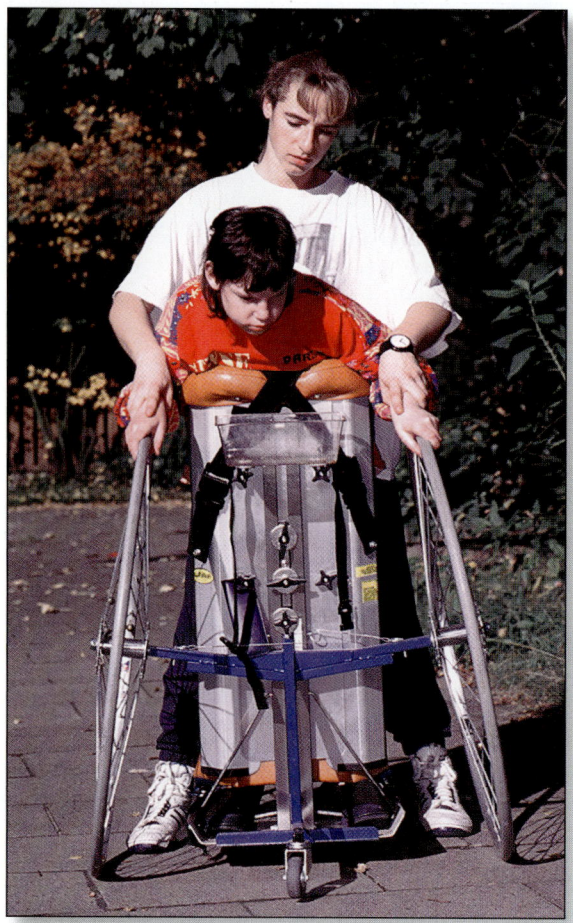

Wohnheime: Kinder mit Behinderung finden wir nur noch selten im Heim. Eltern erhalten viel unterstützende Hilfe, damit ihr Kind in der Familie aufwachsen kann.

Aber für Erwachsene ist ein steigender Bedarf an Wohnheimplätzen zu verzeichnen. Sie möchten wie ihre nicht behinderten Altersgenossen zu Hause ausziehen, und auch Eltern haben ein wachsendes Interesse an einer nachelterlichen Lebensphase ohne Kinder. Der Trend geht heute zu kleinen Wohnheimen für 20-40 Bewohner (ca. 8 pro Wohngruppe) oder zu betreutem Wohnen in einer Wohnung des „freien Wohnungsmarktes" (ca. 2 bis 3 Personen pro Wohnung).

Zur Tagesstruktur im Wohnheim gehören geregelte Aufsteh- und Zubettgehzeiten, gemeinsame Mahlzeiten, Hausarbeit und Freizeit.

Jeder Bewohner geht entweder zur Arbeit oder in eine Fördergruppe und lebt hierdurch mindestens in zwei sozialen Bezugsgruppen außerhalb der Familie.

Im Wohnheim haben Erzieherinnen durchaus auch erzieherische Aufgaben. Sie stärken die Eigenverantwortung der Bewohner, deren emotionale Stabilität, ihr Selbstbewusstsein und ihr Sozialverhalten.

Im Alltag geben sie so viel Assistenz wie nötig und soviel Raum für Selbstbestimmung wie möglich. Dies geschieht z. B. bei der Körperpflege und bei hauswirtschaftlichen Verrichtungen, bei Gruppengesprächen und gemeinsamen Unternehmungen.

Für pflegerische Tätigkeiten brauchen Erzieher eine Zusatzqualifikation.

Freizeitpädagogik und Bildung sind wichtige Aufgabenfelder. Erzieherinnen bieten Theater- oder Musik-AGs an oder holen VHS-Kurse ins Haus, die auch Teilnehmern von außen offen stehen.

Soweit es möglich ist, sind Heimbewohner an Entscheidungen, die die Gruppe oder das Haus betreffen, beteiligt. Sie wählen einen Gruppensprecher, der die Interessen seiner Mitbewohner im Heimrat vertritt.

Menschenbild, Ziele und Prinzipien der Integration

■ Das Menschenbild

Das handlungsleitende Menschenbild in der pädagogischen Fachwelt geht nicht von der Behinderung aus, sondern von der Person mit einer Behinderung als einem von vielen Merkmalen. Man sieht den Menschen in seiner Lebenswirklichkeit und im Zusammenleben mit Nichtbehinderten in einem System sozialer und institutioneller Rahmenbedingungen (systemische Sichtweise).

Er ist nicht Objekt, sondern Subjekt heilpädagogischen Handelns. Er hat das Recht auf Hilfe bei Beeinträchtigungen, auf Förderung und Bildung, auf Entfaltung der Persönlichkeit, auf Gleichberechtigung. Er soll soviel selbst bestimmen können wie möglich und soviel Assistenz erhalten wie nötig, um am gesellschaftlichen Leben teilhaben zu können.

■ Ziele

Das Ziel pädagogischer Arbeit ist, dass jeder Mensch das individuelle Höchstmaß an Selbstverwirklichung und Selbstständigkeit in sozialer Integration erreicht und gleichberechtigtes

Mitglied der Gesellschaft ist. Hierzu sind Strukturen und Haltungen notwendig, die das Zusammenleben der Menschen in ihrer Vielfalt und mit ihren jeweiligen Besonderheiten ermöglichen.

■ Prinzipien der Integration

Aus dem Menschenbild und dem übergeordneten Ziel der Integration ergeben sich folgende Prinzipien nach MARKOWETZ:

- *Prinzip des Rekurs auf den ethischen Imperativ unserer Verfassung:* Nach diesem Prinzip ist die Integration die absolute Konsequenz der rechtlichen Gleichstellung aller Menschen im Grundgesetz. MARKOWETZ versteht unter Integration das gleichberechtigte Zusammenleben sehr unterschiedlicher Menschen mit sehr unterschiedlichen Bedürfnissen. Andere Autoren bezeichnen dies als Inklusion. Dieses Prinzip schließt ein, die Autonomie und Selbstbestimmung zu stärken. In letzter Konsequenz geht es um *einen* Kindergarten, *eine* Schule und die gleichberechtigte Teilhabe aller Menschen an gesellschaftlichem Leben ohne Selektion von Bevölkerungsgruppen oder Einzelnen.
- *Prinzip der Normalisierung*: Menschen mit Behinderung sollen ein Leben so normal wie möglich führen können. Das habe nichts mit Gleichmacherei zu tun, sondern mit der gleichberechtigten Teilhabe am Leben der Nichtbehinderten. Dabei sei Empowerment wichtig, welches den Einzelnen so weit wie möglich befähigt oder unterstützt.
- *Prinzip der Unteilbarkeit:* damit meint MARKOWETZ, dass man keine Kriterien wie integrierbar oder nichtintegrierbar schaffen dürfe.
- *Prinzip der Ganzheitlichkeit*: Dieses Prinzip beinhaltet, den Menschen und seine Lebenswirklichkeit zu akzeptieren wie sie sind und hier auch die Förderung anzusetzen.
- *Prinzip der Abkehr vom Primat der Förderung und Therapie:* Die Betroffenen sollen die notwendigen Therapien vorzugsweise in ihren Alltag integriert erhalten, statt hierfür ausgesondert zu werden.
- *Prinzip der Individualisierung:* Betroffene sollen nach Bedarf Förderung, Bildung und Maßnahmen erhalten, die ihnen Linderung verschaffen und ihre generellen Handlungskompetenzen erweitern. Ihre Wünsche sollen Ausgangspunkt von Maßnahmen sein

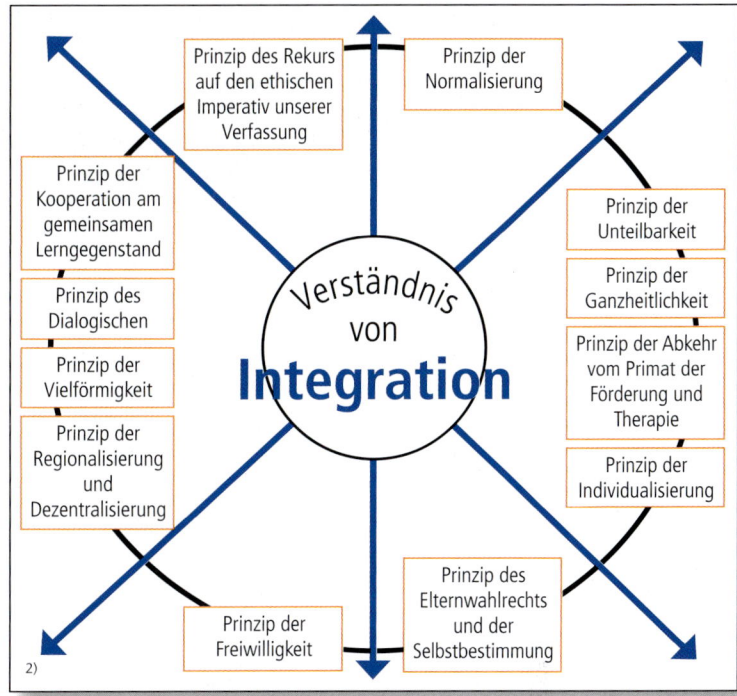

2) Markowetz, R., Cloerkes, G., 2001

und die weitest mögliche Einbindung und Teilhabe an Gruppen das Ziel.
- *Prinzip des Elternwahlrechts, der Selbstbestimmung und der Freiwilligkeit:* Die Eltern und die Betroffenen sollen integrative Prozesse nicht nur mit entscheiden, sondern auch mit planen können. Man geht davon aus, dass integrative Angebote nur auf der Basis der Freiwilligkeit und Kooperation gelingen.
- *Prinzip der Regionalisierung und Dezentralisierung:* Erziehung, Betreuung und Bildung sollen wohnortnah geboten werden und vor Ort behinderungsbedingte Probleme lösen helfen.
- *Prinzip der Vielförmigkeit:* Hiermit ist die Bandbreite der regionalen und überregionalen Förderzentren sowie der Regel-, Sonder- und Integrativeinrichtungen gemeint. Jede dieser Einrichtungen kann einen eigenen Beitrag liefern und Hilfe kann kombiniert werden.
- *Prinzip des Dialogischen:* Mit dem Satz: „Der Mensch wird am Du zum Ich" spricht MARKOWETZ die Bedeutung der Interaktion für die Persönlichkeit an. Innerhalb der Integration sollen Gleichheit und Unterschiedlich-

keit ihren Platz haben, soll Integration keine Gleichmacherei anstreben, sondern Momente der Annäherung und dann wieder der Distanz ermöglichen.

• *Prinzip der Kooperation am gemeinsamen Lerngegenstand:* Interaktionen zwischen Behinderten und Nichtbehinderten gelingen am ehesten über ein Objekt, einen Lerngegenstand, der Gestaltungsmöglichkeiten bietet, an dem beide wachsen können, auch wenn sie unterschiedliche Fähigkeiten haben. Man spricht dann von einem zieldifferenten Lernen mit unterschiedlichen Methoden. Die Interaktion, die so entsteht, verbindet die Betroffenen in einer gemeinsam gemachten Erfahrung.[3]

■ Für jedes Kind mit Behinderung die richtige Einrichtung

Das Prinzip der Vielförmigkeit ist ein Beispiel dafür, wie die wissenschaftliche Theoriebildung, internationale Entwicklungen, Behindertenverbände und Gesetzgebung im Hinblick auf das große Ziel der Integration zusammenwirken und die Verantwortlichen eine landestypische Form suchen.

Im internationalen Vergleich finden wir dann auch sehr unterschiedliche Integrationskonzepte und Integrationsquoten. Unter Integrationsquoten versteht man den Anteil der Kinder mit Behinderung, die eine Regeleinrichtung besuchen. Der Erfahrung nach können und wollen dies etwa 50 %. Dies wurde der Quotendefinition zugrunde gelegt. Eine Integrationsquote von 100 % bedeutet, dass 50 % der Kinder mit Behinderung Regeleinrichtungen besuchen. Das bedeutet aber auch, dass das Platzangebot danach ausgerichtet ist mit sämtlichen Vor- und Nachteilen.

In Deutschland entschied man sich für eine Pluralität der Förderorte und Organisationsformen. Damit sind heil- und sonderpädagogische Einrichtungen und die Integration in Regeleinrichtungen als gleichrangig anzusehen. Das kommt dem Wahlrecht der Betroffenen und dem Prinzip der Freiwilligkeit entgegen. Es berücksichtigt regionale Gegebenheiten, gibt den Entscheidungsträgern aber auch die Verantwortung, zur rechten Zeit die rechte Wahl zu treffen.

Eltern ziehen für die Zeit bis zum Schuleintritt oft eine integrative Einrichtung vor. Sie sehen vor allem die Vorteile einer wohnortnahen Betreuung: kurze Wege, Anregungen durch die Alterskameraden bzw. gleiche Bildungschancen und soziale Kontakte auch außerhalb der Einrichtung.

Als Integrationsformen finden wir die Einzelintegration oder integrative Kindergärten.

Bei der *Einzelintegration* sollten vorzugsweise wenigstens zwei Kinder mit Behinderung in einer Regelgruppe sein. *Integrative Kindergärten* nehmen bis zu 5 Kinder mit Behinderung je Gruppe auf. Die Gruppengröße wird dann auf 12-15 Kinder reduziert, der Personalschlüssel wird erhöht. Die Integration kann ohne Unterstützung erfolgen, doch in vielen Fällen bereiten die Frühförderung oder die „Mobile, sonderpädagogische Hilfe" das Kind, die Eltern und die Erzieherin auf die neue Situation vor und betreuen das Kind dort weiterhin. Dies entspricht dem Prinzip der Dezentralisierung, die die Hilfe zum Kind bringt.

In den meisten Regeleinrichtungen kristallisiert sich mit der Zeit eine Integrationsbeauftragte heraus. Diese führt Aufnahmegespräche, kennt besondere Beobachtungsformen, Förderprogramme und Therapien, koordiniert die Zusammenarbeit der Einrichtung mit Eltern, Fachdiensten, Therapeuten, Erzieherinnen und ggf. Jugend- und Schulamt.

Auch die *Kooperation* finden wir in mehreren Formen: vom gelegentlichen Treffen einer sonderpädagogischen Gruppe mit der Gruppe einer Regeleinrichtung im gleichen Ort bis hin zum Zusammenleben von sonderpädagogischen und Regelgruppen in einem Haus, mit gemeinsamen Zielen und gemeinsamem Programm.

Fachkräfte sonderpädagogischer Einrichtungen und der Frühförderung betrachten die Rahmenbedingungen vieler Regeleinrichtungen für die Integration eines Kindes mit Behinderung jedoch oft mit Skepsis. Sie haben schon zu oft erlebt, dass Kinder mit Behinderung in Regeleinrichtungen „untergegangen" sind und viele Misserfolge erlitten haben. Ein wichtiges Ziel ihrer Arbeit ist, Kinder in sonderpädagogischen Einrichtungen so zu fördern und zu stabilisieren, dass sie nach Verlauf von Zeit in eine Regeleinrichtung wechseln können und für die Anforderungen dort gewappnet sind.

---

[3] nach Markowetz, R., Cloerkes, G., 2001

Aufgabe 1

Vergleichen Sie die Integrationsquoten unserer Bundesländer.

Entwickeln Sie hierzu Fragen für ein Interview mit einer Fachkraft, einem Vertreter des Ministeriums oder eines Behindertenverbandes.

Aufgabe 2

Bereiten Sie in Kleingruppen die Erkundung einer sonderpädagogischen oder integrativen Einrichtung Ihrer Wahl vor.

- Was wollen Sie konkret in Erfahrung bringen, sodass Sie Ihren Klassenkollegen die Einrichtung vorstellen können? Entwickeln Sie einen Fragenkatalog.
- Was können nach Meinung der Erzieherinnen behinderte und nichtbehinderte Kinder durch das Zusammensein lernen, und wo sehen sie Grenzen der Integration oder auch der sonderpädagogischen Einrichtungen?

4. Pädagogische Konzeptionen erstellen

Allgemeines

■ Begriffsklärung Konzeption

Unter einer Konzeption bzw. einem Konzept versteht man das „Leitprogramm" einer Einrichtung mit klar umrissenen Grundvorstellungen in den verschiedensten Bereichen. Es handelt sich somit um einen schriftlichen Entwurf, der einen Überblick über die Einrichtung gibt, beispielsweise über die Ziele, Methoden, die pädagogische Arbeit, Erziehungsvorstellungen usw. Aus diesem Grund gibt es so viele verschiedene Konzeptionen, da – in aller Regel – jede Einrichtung ihre individuellen Vorstellungen, ihr eigenes Profil hat.

■ Rechtsverbindlichkeit einer Konzeption

Jede Konzeption muss an verschiedenen Gesetzen und Vorgaben ausgerichtet sein und entsprechend untergeordnet werden: An oberster Stelle steht das Grundgesetz, danach das Kinder- und Jugendhilfegesetz (KJHG), bei dem es sich um ein Bundesgesetz handelt, weiter die Landesverfassungen, die jeweiligen Kindergartengesetze sowie die Bildungspläne der Bundesländer. Träger können Vorgaben machen, müssen dies jedoch nicht.

Auf dieser Basis kann eine Einrichtung ihr Konzept entwickeln, um ihre Arbeit und ihre Ziele verbindlich zu beschreiben und Rechtsgültigkeit der Konzeption zu gewährleisten.

■ Sinn und Zweck von Konzeptionen

Eine Konzeption gibt einen Überblick über eine Einrichtung und beschreibt unter anderem die wesentlichsten Grundzüge der pädagogischen Arbeit sowie deren Schwerpunkte.

Sie macht somit nach außen transparent, was „hinter den Mauern einer Einrichtung" vor sich geht (in manchen Fällen: vor sich gehen sollte ...) und ermöglicht beispielsweise Eltern, Einblick in die Arbeit dieser Einrichtung zu erhalten und sich ein Bild von ihr zu machen. Dadurch ist es ihnen bereits im Vorfeld möglich, sich ein Urteil zu bilden, ob sie ihren Erwartungen entspricht.

Die Konzeption bietet den Eltern gleichzeitig ein Stück weit die Sicherheit, dass ihre Kinder von allen Erzieherinnen – mehr oder weniger – gleich erzogen werden, da es sich bei der Konzeption um Grundvorstellungen handelt, die in dieser Einrichtung allgemeine Gültigkeit haben.

Eine Konzeption hat jedoch nicht nur entsprechende Außenwirkung, sie gibt ebenso intern den Mitarbeiterinnen und Mitarbeitern Rückhalt und Sicherheit. So ist sie gleichsam auch Leitfaden und Orientierungshilfe für die gemeinsame (pädagogische) Arbeit und soll dazu beitragen, den Alltag sowie die Grundzüge der Arbeit einheitlich zu gestalten.

Es gelten somit verbindliche Regelungen für alle, die helfen, eine gemeinsame Linie – nach innen wie auch nach außen – zu vertreten. Dadurch bietet eine Konzeption, wenn sie denn umgesetzt wird, auch den Kindern dieser Einrichtung Sicherheit und Orientierung, da klare Richtlinien die entsprechenden Grenzen und Freiräume definieren.

Ein weiterer Aspekt von Konzeptionen, der hier Beachtung finden soll, ist die Möglichkeit für Praktikantinnen und neue Mitarbeiterinnen, sich einen Einblick in die Einrichtung zu verschaffen. Oftmals ist die Konzeption ausschlaggebend für die Bewerbung auf eine Stelle: Um sich mit den pädagogischen Zielen und Vorstellungen einer Einrichtung vertraut zu machen – und danach zu entscheiden, ob man sich tatsächlich bewerben möchte. Nebenbei wird durch die Konzeption der Einstieg in die Arbeit entsprechend erleichtert.

■ Entstehung von Konzeptionen

In der Regel wird eine Konzeption vom Team einer Einrichtung erstellt. Einmal festgehaltene Grundsätze und Grundvorstellungen haben jedoch nicht jahrelang uneingeschränkte Gültigkeit, da die (pädagogische) Arbeit – und damit die Konzeption – realistisch an der Zielgruppe und den anderen Bedingungen (Räumlichkeiten, Anzahl der Kinder und Mitarbeiterinnen/Mitarbeiter usw.) ausgerichtet sein muss.

So muss jede Konzeption immer wieder auf ihre Gültigkeit hin überprüft und evtl. verändert, verbessert und aktualisiert werden.

Es kann auch der Fall sein, dass ein Träger, wie beispielsweise die Kirchen, für seine Einrichtungen Konzeptionen entwickelt hat und damit in Grundzügen die pädagogische Arbeit festlegt. Diese sind somit für mehrere Einrichtungen verbindlich, können gleichzeitig jedoch nur Rahmenbedingungen liefern, da sie zu allgemein gehalten sind. Den Teams der einzelnen Einrichtungen obliegt es, die Rahmenbedingungen vor Ort zu konkretisieren.

Strukturelemente von Konzeptionen

Da nahezu jede Einrichtung eine eigene, individuelle Konzeption besitzt, sind diese meist auch inhaltlich und formal unterschiedlich gestaltet. So gibt es Konzeptionen, die sehr umfassend und ausführlich sind und genaueste Vorstellungen der (pädagogischen) Arbeit erläutern, andere wiederum sind mit den wesentlichsten Stichpunkten relativ kurz gehalten.

Es lassen sich jedoch Strukturelemente benennen, die in nahezu jeder Konzeption in ähnlicher Form zu finden sind und somit einen groben „roten Faden" darstellen, an dem man sich inhaltlich orientieren kann.

- Auf dem Deckblatt einer Konzeption sollten *Träger* und *Einrichtung* mit Namen und Anschrift benannt werden.
- Viele Konzeptionen beginnen mit der *religiösen Ausrichtung* und einem kurzen Abschnitt über die Geschichte der Einrichtung.
- Auf *momentane, situative Rahmenbedingungen* der Arbeit wie beispielsweise Räumlichkeiten, Personal, Öffnungszeiten, Anzahl und Größe der Gruppe, Aufnahmekriterien usw. ist einzugehen. Da sich einige dieser Aspekte unter Umständen recht schnell verändern, kann es sinnvoll sein, diese auf einem gesonderten Einlegeblatt zu vermerken, um sie nach Bedarf ohne großen Aufwand zu aktualisieren.
- Ein Kernbereich der Konzeption ist die *Beschreibung der pädagogischen Arbeit*, beispielsweise, ob sich die Einrichtung an einem bestimmten Ansatz wie der Montessori- oder Waldorfpädagogik orientiert, ob offene Arbeit praktiziert wird, welche inhaltlichen Schwerpunkte gesetzt werden usw. Dazu gehört somit auch, *grundlegende Methoden und Arbeitsweisen* der Einrichtung (Projekte, Waldtag, Freispiel, Angebote ...) vorzustellen.
- Eng damit verbunden ist ein zweiter Kernbereich: Die Darstellung, welches *Bild vom Kind* und welches *Menschenbild* die Einrichtung bzw. ihre Mitarbeiterinnen und Mitarbeiter vertreten sowie die Beschreibung der *Rechte der Kinder* in der Einrichtung. In diesem Zusammenhang ist es auch wichtig, auf die *Rolle der Erzieherin* einzugehen.

- Der dritte Kernbereich stellt die *Ziele* der Einrichtung sowie die *Begründung dieser Ziele* dar, für die unter Umständen eine schriftliche *Situationsanalyse* vorgenommen werden kann, aus der sie sich ableiten. Auch eine Gewichtung der Ziele kann in der Konzeption vorgenommen werden, um somit auch hier mögliche individuelle Schwerpunkte (z. B. Umwelterziehung oder Bewegungserziehung) hervorzuheben.
- Anschaulichkeit erhält eine Konzeption vor allem durch die Schilderung des *Tagesablaufes*. Dies kann besonders für Eltern sehr interessant sein, um eine Vorstellung davon zu erhalten, wie der Tag ihres Kindes in der Einrichtung strukturiert ist.
- Ein weiterer Aspekt, dem Platz gewidmet wird, sollte die *Elternarbeit* sein. Möglichkeiten und Ziele der Zusammenarbeit sowie Erwartungen an die Eltern können beispielsweise genannt werden.
- Auch die *Teamarbeit* sollte dargestellt werden, um einen Einblick zu ermöglichen in die Zusammenarbeit innerhalb der Einrichtung.
- Formen der Kooperation mit anderen *Institutionen* sollten nicht fehlen.

Generell gilt für die Erstellung und/oder Veränderung einer Konzeption, dass die *Lebenswelt* der jeweiligen Zielgruppe Ausgangspunkt aller Überlegungen sein muss, um den Betroffenen gerecht werden zu können.

Vorschläge für *Inhalte einer Konzeption*, die umfassend sein soll [1]

- Unsere Einrichtung stellt sich vor
- Stellenwert der Erziehung
- Rolle der Erzieherin
- Unser Bild vom Kind und Menschenbild
- Rechte des Kindes in der Einrichtung
- Rechte von Kindern
- Ziele unserer pädagogischen Arbeit
- Unser pädagogischer Ansatz
- Spannungsfeld zwischen Kind und Gruppe
- Formen offener Arbeit in unserer Einrichtung
- Stellenwert pädagogischer Angebote
- Planung und Inhalte pädagogischer Arbeit

- Unsere Tagesstruktur
- Regeln in der Einrichtung
- Raumausstattung in unserer Einrichtung
- Leitung und Leitungsaufgaben
- Team und Teamarbeit
- Entscheidungsfindung
- Dienst- und Arbeitsbesprechungen
- Teilzeitkräfte in unserer Einrichtung
- Einführung neuer Mitarbeiterinnen
- Unsere Zusammenarbeit mit Praktikantinnen
- Einbeziehung der Hauswirtschaftskräfte
- Unsere Zusammenarbeit mit Eltern
- Öffentlichkeitsarbeit
- Kontakte zu anderen Institutionen

Vorteile einer Konzeptionsentwicklung

Es soll hier nicht im Detail auf die Entwicklung von Konzeptionen eingegangen werden. Vielmehr wird ein kurzer Einblick in verschiedene positive Aspekte sowie einzelne Schritte der Konzeptionsentwicklung gegeben.

Die völlige Neuentwicklung einer Konzeption ist heute eher selten. Dies kommt in der Regel nur noch vor, wenn eine neue Institution gebaut oder eingerichtet wird, ansonsten bedeutet Konzeptionsentwicklung meistens Veränderung und Fortentwicklung bereits bestehender Konzepte.

Eine Konzeption muss den sich ständig verändernden Verhältnissen angepasst werden, wodurch immer wieder Konzeptarbeit notwendig ist. Geschieht dies nicht, so besteht die Gefahr, dass Grundsätze in Vergessenheit geraten und die Konzeption zwar auf dem Papier besteht, sich jedoch niemand dafür interessiert bzw. die Arbeit nicht danach ausgerichtet wird.

So verhilft die Konzeptionsentwicklung den Teammitgliedern zu einer verstärkten Kommunikation, da ihre Arbeit miteinander abzusprechen und aufeinander abzustimmen ist.

Sie veranlasst dazu, über die Arbeit, die Ziele und Methoden nachzudenken – diese damit offen zu legen und darüber zu reden. In diesem Zusammenhang kommen die eigenen pädagogischen Vorstellungen zur Sprache, auch findet ein Reflektieren der gesell-

[1] Hermann, M., Weber, K., o. J.

schaftlichen Bedingungen, der Lebenswelt der Kinder sowie der eigenen Arbeit statt.

Im „normalen Alltag", d. h. ohne Konzeptionsentwicklung, kommen diese Aspekte bzw. die Kommunikation darüber oftmals zu kurz. Auch in einer gewöhnlichen Teamsitzung kann man nicht derart auf grundsätzliche Vorstellungen und Arbeitsweisen eingehen, wie es die Konzeptionsentwicklung ermöglicht.

Konzeptionsentwicklung ist somit Produkt- und Prozessentwicklung in einem: Bei der Erstellung einer Konzeption (als Produkt) muss sich das Team miteinander auseinandersetzen und kommt sich möglicherweise näher (als Prozess). Man spricht im Team über einzelne und auch gemeinsame Vorstellungen und Ziele und findet so vielleicht zusammen – oder es zeigt sich deutlicher als bisher, wo welche Unterschiede liegen und warum.

Konzeptionsentwicklung bedeutet damit auch Auseinandersetzung im Team, wodurch Sympathien sowie persönliche Beziehungen einzelner Teammitglieder zum Tragen kommen können. So ist es unter Umständen ein mühsamer Weg der Verständigung und gemeinsamen Zielfindung, bis die gemeinsame Konzeption fertig ist.

Ist dieser Prozess jedoch erfolgreich verlaufen, so kann die Sicherheit gewonnen werden, im Team in die gleiche Richtung zu arbeiten und sich gegenseitig zu (unter)stützen.

Mögliche Phasen bzw. Schritte der Konzeptionsentwicklung im Team[2]

Phase 1:	Klärung der Rahmenvorgaben
Phase 2:	Die acht Erarbeitungsschritte:
1. Schritt:	Sammlung von Vorschlägen, was im Konzept enthalten sein soll
2. Schritt:	Visualisierung dieser Vorschläge
3. Schritt:	Sortieren der Vorschläge nach Themenbereichen
4. Schritt:	Diskussion über die einzelnen Themenbereiche und Zuordnung von Überschriften
5. Schritt:	Sortieren der Überschriften
6. Schritt:	Votieren für die persönliche Wichtigkeit der einzelnen Punkte/Erstellen einer Prioritätenliste
7. Schritt:	Abarbeiten der Prioritätenliste
8. Schritt:	Diskussion und Bearbeitung der einzelnen Themen
Phase 3:	Verschriftlichungsphase
Phase 4:	Erstellung und Veröffentlichung des Konzepts
Phase 5:	Endphase, Fortschreibung eines bereits vorhandenen Konzepts

Beispiel: Auszüge aus der Konzeption des Kindergartens St. Josef in Kollnau

Unter ihrem Leitspruch *„Wenn die Kinder klein sind, gib ihnen tiefe Wurzeln. Wenn sie älter sind, gib ihnen Flügel"*, stellen die Leiterin GABI DILGER und das Kindergartenteam[3] ihre Konzeption vor, die Sie auf den folgenden Seiten in gekürzter Form studieren können.

Anregungen und Aufgaben

1. Besorgen Sie sich in Ihrem Ausbildungskindergarten eine Konzeption.
1.1 Bilden Sie Kleingruppen und vergleichen Sie die einzelnen Konzeptionen zunächst im Ganzen und anschließend in drei für Sie wichtigen Aspekten, z. B. „Das Bild vom Kind" oder „Förderung von …"
   Präsentieren Sie anschließend Ihre Ergebnisse.
1.2 Vergleichen Sie die Konzeption Ihrer Einrichtung mit den im Text genannten Strukturelementen. Arbeiten Sie Gemeinsamkeiten und Unterschiede heraus.
2. Konkretisieren Sie die Vorschläge für die Inhalte einer Konzeption und erarbeiten Sie in Kleingruppen Texte zu den einzelnen Stichpunkten.
3. Stellen Sie in einem Rollenspiel eine Teamsitzung dar, in der Sie über einzelne Inhalte diskutieren, beispielsweise über die Rechte des Kindes in der Einrichtung. Vertreten Sie dabei jeweils unterschiedliche Positionen und finden Sie zu einer Einigung. Reflektieren Sie anschließend diese Teamsitzung in der ganzen Klasse.

---

[2] Nach Hopf, A., 2001
[3] Gabi Dilger, Melanie Hug, Jutta Wisser, Birgit Baumer, Melanie Moser, Sonja Hackert, Ute Mailänder-Ganz, Brigitte Heizmann, Erika Gläß, Cordula Ruf-Reich, Sabine Schätzle, Kindergarten St. Josef, Schloßbergstr. 14, 79183 Waldkirch-Kollnau

Unser Auftrag

Der Kindergarten St. Josef hat einen Erziehungsauftrag, der durch § 22 des Tagesbetreuungsausbaugesetzes festgelegt ist und beinhaltet unter anderem:

(2) Tageseinrichtungen für Kinder und Kindertagespflege sollen
1. die Entwicklung des Kindes zu einer eigenverantwortlichen und gemeinschaftsfähigen Persönlichkeit fördern,
2. die Erziehung und Bildung in der Familie unterstützen und ergänzen,
3. den Eltern dabei helfen, Erwerbstätigkeit und Kindererziehung besser miteinander vereinbaren zu können.

(3) Der Förderauftrag umfasst Erziehung, Bildung und Betreuung des Kindes und bezieht sich auf die soziale, emotionale, körperliche und geistige Entwicklung des Kindes. Er schließt die Vermittlung orientierender Werte und Regeln ein. Die Förderung soll sich am Alter und Entwicklungsstand, den sprachlichen und sonstigen Fähigkeiten, an der Lebenssituation sowie den Interessen und Bedürfnissen des einzelnen Kindes orientieren und seine ethnische Herkunft berücksichtigen.

Betreuung

Durch ein bedarfsgerechtes Betreuungsangebot bieten wir unseren Familien einen verlässlichen Rahmen auf der Grundlage pädagogischer Qualität. Diese schließt die Fürsorge, den Schutz und die Pflege der Kinder mit ein.

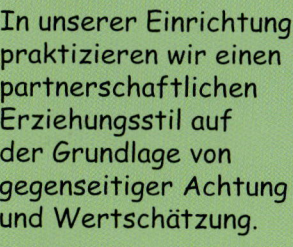

Erziehung

Damit Erziehung gelingen kann, braucht es eine vertrauensvolle Beziehung zwischen dem Kind und dem Erwachsenen.
Das Kind benötigt die Unterstützung, Orientierung und die Nähe des Erziehenden.
In einer Atmosphäre der Geborgenheit und des Vertrauens kann das Kind seine Persönlichkeit entwickeln.
In unserer Einrichtung praktizieren wir einen partnerschaftlichen Erziehungsstil auf der Grundlage von gegenseitiger Achtung und Wertschätzung.

Bildung

Wir verstehen den Kindergarten als einen Ort des Lernens in Geborgenheit, Freiheit und Verantwortung. Die Eigenmotivation zum Lernen ist in den ersten Lebensjahren so ausgeprägt wie später nie mehr. Die Kinder streben danach, sich ihre Welt anzueignen und Sinnzusammenhänge zu erfassen.

Bildung im Kindergarten muss individuelle Lernwege ermöglichen und an den Interessen der Kinder anknüpfen. Deshalb bieten wir Bildungsbereiche, Themen und Materialien an, mit denen Kinder verschiedener Altersstufen möglichst viele Lernerfahrungen machen können.

Zum Beispiel findet das Kind im naturwissenschaftlichen Bereich sowohl Bücher und Spiele über Pflanzen und Tiere, als auch Lupen Mikroskope und anderes zum Forschen und Entdecken.
Die Spielbereiche sind veränderbar und können den Bedürfnissen der Kinder angepasst werden.

Unsere Ziele – im Hinblick auf die Arbeit mit den Kindern

Die Kinder entwickeln vielfältige kreative Ausdrucksmöglichkeiten
- Rollen- und Puppenspiel
- Musik
- Aufführungen
- Malen und Werken

Die Kinder entwickeln Selbstständigkeit und eine eigene Persönlichkeit
- schriftliche Beobachtungen
- Entwicklungsgespräche
- gezielte Angebote

Die Kinder haben Raum für Erfahrungslernen und bekommen Bildungsanreize
- Forscherecke
- Werkstätten
- Angebote und Projekte

Werte und Inhalte christlichen Glaubens geben den Kindern in ihrem Leben Geborgenheit, Sicherheit und Orientierung
- gegenseitige Wertschätzung
- Offenheit gegenüber anderen Kulturen und Religionen
- Offenheit für aktuelle Glaubens- und Lebensfragen

Die Kinder erweitern ihre sprachlichen Kompetenzen
- Förderung in Kleingruppen
- sprachanregende Räume

Die Kinder stärken durch vielfältige Bewegungsangebote ihre Gesamtpersönlichkeit
- Bewegungsbaustelle
- Hopsecke
- Turnen, Rhythmik und Tanz
- Außengelände/Wald

Die Kinder bestimmen und gestalten den Kindergartenalltag mit
- Kinderkonferenz
- An- und Abmeldeverfahren
- Aufgaben und Ämter
- Wahlmöglichkeiten

Die Kinder entwickeln im Umgang miteinander Solidarität
- Kinderkonferenz
- Stuhlkreis
- gruppenübergreifendes Spiel
- Feste und Feiern

Die Kinder erforschen die Umwelt und machen vielfältige Naturerfahrungen
- Waldtage
- Forscherecke
- Umgang mit Tieren (Hasen)

Pädagogische Bausteine

Das Freispiel

Das Spiel des Kindes wird bestimmt durch eigene Bedürfnisse, durch Freude am eigenen Tun und durch eigene Motivation.
Im freien Spiel hat es die Möglichkeit, Erlebtes zu verarbeiten und vielfältige Lernerfahrungen zu sammeln.
Das Freispiel hat bei uns einen hohen Stellenwert, Zeit und Raum im täglichen Ablauf.

Unsere Kinder können zu bestimmten Zeiten der Freispielphase auch andere Gruppen besuchen. Ebenso ist es ihnen möglich, weitere Bereiche der Einrichtung, wie Hopsecke, Bällebad, Kinderbistro oder das Außengelände, zu nutzen.

Diese Freiräume sind nur durch verbindliche Regeln und Strukturen möglich.

Zur ganzheitlichen Förderung der kindlichen Entwicklung trägt die Bewegung entscheidend bei.

Um dem Bedürfnis der Kinder nach Bewegung Rechnung zu tragen, haben wir den Innen- und Außenbereich bewegungsanregend gestaltet.

Konstruktionsbereich   Außengelände

Rollenspielbereich

Malangebote

Leseecke

Das Angebot

...in den Gruppen

Puppenecke

Turnen

Unsere Angebote orientieren sich an den Lebenssituationen der Kinder, an ihren Interessen, aktuellen Themen und dem Jahresrhythmus. Gezielte Beobachtungen ermöglichen uns die aktuellen Themen der Kinder zu erkennen und aufzugreifen. Die beiden Mitarbeiterinnen der Gruppe planen auf dieser Grundlage die Angebote für die Gruppe und reflektieren kontinuierlich ihre Arbeit.

Malbereich

Waldtag

Bauecke

Hopsecke

Die Angebote finden meist in Kleingruppen statt, die sich je nach Thema und Ziel aus Kindern gleichen Alters, gleichen Geschlechts oder einer informellen Interessensgruppe zusammmensetzen.
Ein Aushang vor der Gruppe informiert die Eltern über die aktuellen Themen und Angebote.

Stuhlkreis

Bällebad

Rhythmik

offene Turnhalle   freies Frühstück

Werkangebote

Medienerfahrung

Ein besonderer Schwerpunkt unserer Arbeit ist die ganzheitliche Sprachförderung.

Gruppen übergreifende

...Aktivitäten

Um den Kindern ein vielfältiges Erfahrungsfeld zu ermöglichen, haben sich die Erzieherinnen zusätzlich in bestimmten Bildungsbereichen spezialisiert. Jeder Gruppe ist ein bestimmter Bereich zugeordnet:

- naturwissenschaftlicher Bereich (Pflanzen und Tiere, Forschen und Experimentieren)
- techn.-mathematischer Bereich (Bauen und Konstruieren, Messen, Wiegen, Zahlen)
- Sinnesraum (Körper- und Sinneserfahrungen, Musik)
- Mal- und Werkatelier (Umgang mit Farben, Holz, Gips Ton, Metall...)
- Rollenspielbereich (Verkleiden, Geschichten, Märchen, Theater)

Hinzu kommen weitere Angebote und Projekte, die sich an den Interessen der Kinder und aktuellen Anlässen orientieren.

Unter dieser Vielfalt der Aktivitäten kann sich jedes Kind individuell entscheiden. Wir achten darauf, dass das Kind im Laufe seiner Kindergartenzeit in allen Bereichen Erfahrungen sammelt.

Schulanfängerangebote

Tanz und Theater

Gottesdienst

Abschlusskreis

Nikolaus

Fasnacht

Malatelier

Erntedank

Technik

Ostern

Singkreis

Experimente

Weihnachten

St. Martin

Geburtstag

Feste und

...Feiern...

...sind ein wichtiger Bestandteil des Kindergartenjahres. Sie fördern in hohem Maße das Gemeinschaftsgefühl und pflegen Traditionen. Unser Jahresrhythmus wird mitgeprägt durch die christlichen Feste im Kirchenjahr. Dabei werden in einer intensiven Vorbereitungsphase den Kindern Sinn und Bedeutung kindgerecht näher gebracht.

Aber auch Geburtstage, Verabschiedung der Schulanfänger oder themenbezogene Feste sind für uns Grund zum gemeinsamen Feiern.

Exemplarischer Tagesablauf

7:30 Uhr   Die ersten Kinder werden von zwei Erzieherinnen betreut

8:00 Uhr   Beginn des Freispiels in den Gruppen

9:00 Uhr   Offener Singkreis 2x wöchentlich

9:30 Uhr   Stuhlkreis

10:00 Uhr   Freispiel / Angebote in den Gruppen oder gruppenübergreifend

12:00 Uhr   Beginn der Abholzeit

12:30 Uhr   Ende des Vormittags der Regelgruppen
Mittagessen für die verlängerte Gruppe

14:00 Uhr   Beginn der Nachmittagsgruppen (Mo.,Di.,Do.)

14:30 Uhr   Ende der verlängerten Gruppe

16:30 Uhr   Ende des Kiga-Tages

Unsere Besonderheiten

 gruppenübergreifende Angebote

angegliederte Spielgruppe

 Kinderkonferenz

tiergestützte Pädagogik

 offener Singkreis

verlängerte Gruppen mit warmem Mittagessen

 regelmäßige Beteiligung an Familiengottesdiensten

Freundes- und Förderverein

 kulturelle Angebote

Elternbibliothek

 gemeinsamer Wochenabschlusskreis

Zusammenarbeit

...mit den Eltern

Wir arbeiten mit den Eltern offen
und vertrauensvoll zusammen

Das erreichen wir durch:

- jährliche Entwicklungsgespräche anhand
  von Beobachtungen
- eine individuell gestaltete Eingewöhnungsphase unter
  Einbezug der Eltern
- Möglichkeit der Hospitation in der Gruppe
- regelmäßige Elternbriefe, Infotafeln und Fragebögen zur Bedarfsanalyse
- verschiedene Elternabende
  - Infoabende
  - thematische Elternabende
  - gruppeninterne Elternabende

- Feste mit Kindern und Eltern
- eine Elternecke mit Fachliteratur
- konstruktive Zusammenarbeit mit
  dem Elternbeirat
- ideelle und finanzielle Hilfe
  und Mitarbeit des Freundes-
  und Fördervereins
- Mithilfe der Eltern
  (z.B. Gartenaktionen)

...im Team

Unter Teamarbeit verstehen wir Austausch, Auseinandersetzung und Reflexion über Inhalte und Ziele unserer Arbeit in einer Atmosphäre, die von Offenheit und Toleranz geprägt ist.

Dazu gehören:

- wöchentliche Teamsitzungen, die aufgegliedert sind in einen allgemeinen und gruppeninternen Teil
- kurze protokollierte Morgenbesprechungen
- kollegiale Beratung und Unterstützung
- regelmäßige, fachbezogene Fortbildungen
- feste Treffen mit dem Träger

...mit der Schule

Unser Ziel ist es, dass Kinder den Übergang Kiga-Grundschule positiv erleben.

- regelmäßige Lehrerbesuche in der Einrichtung
- Besuche der Kinder in der Schule
- Austausch mit den Kooperationslehrerinnen
- gemeinsame Elternabende

...mit anderen Institutionen

Durch die Zusammenarbeit schaffen wir ein soziales, tragfähiges Netzwerk, das den Familien Halt gibt.

- Ärzte und Therapeuten
- Gesundheitsamt
- Sprachförderverein
- Frühförderstelle
- Netzwerk in der Gemeinde (z.B. Vereine)
- Kindergärten der Seelsorgeeinheit und der Gemeinde
- Fachberatung des Caritasverbandes

Literatur

Berufliche Identität und persönliche Perspektiven entwickeln

■ Familie

1) Schöllermann, Thea: Familienfrau (hübsch) gesucht. Badische Zeitung
2) Kötter, Ingrid: Von Supereltern kannst du träumen. Arena, Würzburg 1990
3) Oerter, R.; Montada, L.: Entwicklungspsychologie, Beltz, Weinheim 2002, S. 109.

■ Lern- und Arbeitstechniken

1) dpa: Weniger Babys, weniger Ehen. Badische Zeitung vom 6. April 2004

■ Rechtliche Grundlagen

Büchin-Wilhelm, I., Jaszus, R.: Fachbegriffe für Erzieherinnen und Erzieher. Holland + Josenhans, Stuttgart 2005

Gastiger, S.: Gesetzestexte für Sozialarbeit und Sozialpädagogik, Lambertus Verlag, 43. Ergänzungslieferung 2004

Wissen, Einmischen, Durchsetzten. Handbuch für Erzieherinnen und Erzieher, GEW, Ludwigsburg 2001

Hundmeyer, S.: Recht für Erzieherinnen und Erzieher, TR-Verlagsunion 2000

Kindergartengesetz (KiTaG) von Niedersachsen in der Fassung vom 7. Februar 2002

Kinder- und Jugendhilfeweiterentwicklungsgesetz (KICK), 01.10.2005

Prott, R., Preissing, C: Rechtshandbuch für Erzieherinnen, Cornelsen, Berlin 2006

Schleicher, H.: Jugend- und Familienrecht, Stam, Köln 1999

Sozialgesetzbuch Achtes Buch (KJHG) vom 27.12.2003

Tagesbetreuungsausbaugesetz (TAG) 01.01.2005

Tarifvertrag öffentlicher Dienst

Beziehungen gestalten und Gruppenprozesse begleiten

■ Anthropologische Grundlagen der Erziehung

1) Blumenthal, P. J.: Schicksale an der Grenze zwischen Mensch und Tier. P. M. Magazin 11/2002
2) Schmid, Rudolf: Wolfskinder. Menschen im Naturzustand. Psychologie heute 1/1980, S. 40
3) Loch, Werner: Lebenslauf und Erziehung. Neue Deutsche Schule, Essen 1979, S. 32

■ Pädagogische Grundhaltungen einnehmen

1) Friedrich, Heidi: Beziehungen zu Kindern gestalten. Beltz, Weinheim 2003
2) Gudjons, Herbert: Spielbuch Interaktionserziehung. Klinkhardt, Bad Heilbrunn 1995
3) Tausch, Anne-Marie; Tausch, Reinhard: Erziehungspsychologie. Psychologische Prozesse in Erziehung und Unterricht. Verlag für Psychologie, Göttingen 1971
4) Buber, Martin: Das dialogische Prinzip. Lambert-Schneider, Gerlingen 1992

■ Kommunikation und Gesprächsführung

1) In Anlehnung an Gudjons, Herbert: Spielbuch Interaktionserziehung. Klinkhardt, Bad Heilbrunn 1995
2) Friedrich, Heidi: Beziehungen zu Kindern gestalten. Beltz, Weinheim 2003
3) Watzlawick, Paul u. a.: Menschliche Kommunikation. Formen, Störungen, Paradoxien. Hans Huber, Bern 1982
4) Watzlawick, Paul: Anleitung zum Unglücklichsein. Piper, München 1983
5) Schulz von Thun, Friedemann: Miteinander reden. 1. Störungen und Klärungen. Allgemeine Psychologie der Kommunikation. Rowolt, Hamburg 1995
6) Schulz von Thun, Friedemann: Miteinander reden. 2. Stile, Werte und Persönlichkeitsentwicklung. Rowolt, Hamburg 1989
7) Schwäbisch, Lutz; Siems, Martin: Anleitung zum sozialen Lernen für Paare, Gruppen und Erzieher. Rowolt, Hamburg 1988
8) Gordon, Thomas: Familienkonferenz. Die Lösung von Konflikten zwischen Eltern und Kind. München 1989, 18. Auflage

■ Das Bild vom Kind

1) Fénelon, Francois: Über Mädchenerziehung. Hrsg. von Charlotte Richartz, Kamp, Bochum, 1967
2) Mann, F. (Hrsg.): J. H. Pestalozzis ausgewählte Werke. Langensalza 1891, S. 67 f
3) gekürzt aus: Haase-Bruns, W.: Bremens vorbildliches Beispiel zur Integration behinderter Kinder. kindergarten heute 6/7, 2003

■ Kindheit als Lebensphase

1) Kaleidoskop (Hrsg.): Projektmappe Kindheit. Selbstverlag. Köln, S. 14
2) vgl. Bründel, H.; Hurrelmann, K.: Einführung in die Kindheitsforschung. Weinheim 1996
3) nach Fölling-Albers, M.: Soziokulturelle Bedingungen der Kindheit. Aus: Einsiedler, W. u.a.: Handbuch Grundschulpädagogik und Grundschuldidaktik, Bad Heilbrunn, 2001, S. 123–133

■ Bindungsverhalten

1) Schenk-Danzinger, L.: Entwicklungspsychologie. Öbv&hpt, Wien, 22. Auflage, o. J, S. 126
2) Ohne Liebe verkümmert das Gehirn. Geo 11/203, S. 221–223.
3) Rogge, Jan Uwe: Kinder haben Ängste. Rowolt 1997, S. 45
4) Huppertz, Norbert in: Kindergarten heute, 6/7 2003, S. 55

■ Die Gruppe als Grundlage der sozialen Entwicklung des Menschen

1) Christiane F., Hermann, K., Rieck, H.: Wir Kinder vom Bahnhof Zoo. Stern-Verlag, Hamburg 2004, S. 33
2) Nach Bernstein, S., Lowy, L.: Untersuchungen zur Sozialen Gruppenarbeit in Theorie und Praxis. Lambertus, Freiburg 1978
3) Böhm, R.: Viele sind noch lange keine Gruppe (2). Kindergarten heute 10/2000
4) s. o. Böhm, R., 2000
5) s. o. Böhm, R., 2000

Höhn, E., Seidel, G.: Das Soziogramm. Verlag für Psychologie Hogrefe, Göttingen 1976

Kinder und Jugendliche wahrnehmen und beobachten

1) Goldstein, E. Bruce: Wahrnehmungspsychologie. Eine Einführung. Spektrum Akademischer Verlag, Heidelberg 1997
2) Herkner, W.: Psychologie. Springer, Berlin 1992
3) Zimbardo, P.; Gerrig, R.: Psychologie. Springer, Berlin 1999
4) Vopel, K. W.: Interaktionsspiele. Iskopress, 1996
5) Pfluger-Jacob, Maria: Wahrnehmungsstörungen bei Kindern – Hinweise und Beobachtungshilfen. kindergarten heute spezial, 2006
6) Ulich, M.; Mayr, T.: SISMIK – Sprachverhalten und Interesse an Sprache bei Migrantenkindern in Tageseinrichtungen. Herder, Freiburg 2003
7) Bensel, J.; Haug-Schnabel, G.: Kinder beobachten und ihre Entwicklung dokumentieren. kindergarten heute spezial, 2005 S. 24
8) Bensel, J.; Haug-Schnabel, G., 2005 S. 25
9) Bensel, J.; Haug- Schnabel, G., 2005 S. 58
10) Erstellt nach Ministerium für Bildung und Frauen des Landes Schleswig-Holstein: Systematisches Beobachten und Dokumentieren, Kiel 2006

Viernickel, S.; Völkel, P.: Beobachten und dokumentieren im pädagogischen Alltag. Herder, Freiburg 2005

Andres, B.; Laewen, H.: Bildung und Erziehung in der Kindertageseinrichtung. Das infans-konzept der Frühpädagogik: Handreichung KVJS Jugendhilfe – Service, 2006

Erziehungs-, Entwicklungs- und Bildungsprozesse anregen und unterstützen

■ Bedürfnisse von Menschen

1) nach Weiner, B.: Motivationspsychologie, Beltz, Weinheim 1988, S. 324

■ Die Vielfältigkeit des Erziehungsbegriffs

1) Hurrelmann, K.: Mut zur demokratischen Erziehung. In: Pädagogik 7/8 1994, Beltz, S. 13

■ Erziehungsvorstellungen: Auf der Suche nach dem richtigen Erziehungsverhalten

1) Hacke, A: Der kleine Erziehungsberater. Kunstmann, München 1992, S. 20–22

■ Die Subjektwerdung des Kindes

1) Hurrelmann, K.: Einführung in die Sozialisationstheorie. Beltz, Weinheim 1998.

■ Sozialverhalten

1) In Anlehnung an Rosenberg, Susanne: Kindergarten-Workshop: Sozialverhalten. www. kindergarten-workshop.de/index.html?/entwicklung/sozialverhalten.htm

■ Wertorientierung

1) Beil, Brigitte: Gutes Kind, böses Kind. Warum brauchen Kinder Werte? dtv, München 1996

■ Bildung, Bildungsprozesse

1) Gudjons, H.: Pädagogisches Grundwissen. Klinkhard, Bad Langensalza, 2003, 8. Aufl., S. 202
2) Schäfer, Gerd E.(Hrsg.:) Bildung beginnt mit der Geburt. Beltz, Weinheim 2003, S. 72

Retter, H.: Schlüsselbegriffe in der Vorschulerziehung. Herder, Freiburg 1973

■ Grundlagen der Entwicklung

1) Baacke, Dieter: Zielgruppe Kind: Kindliche Lebenswelt und Werbeinszenierungen. Leske und Budrich, Opladen 1999, S. 95–96
2) s. o.: Baacke, Dieter, 1999, S. 96–99
3) s. o.: Baacke, Dieter, 1999, S. 99–101
4) s. o.: Baacke, Dieter, 1999, S. 106–107
5) Haug-Schnabel, G., Bensel J.: Grundlagen der Entwicklungspsychologie, Herder, Freiburg, 2005, S. 10
6) Nach s. o. Bensel, J.; Haug-Schnabel, G., 2005
7) Alberti, Bettina: Die Seele fühlt von Anfang an. Wie pränatale Erfahrungen unsere Beziehungsfähigkeit prägen, Kösel, 2005, S. 21
8) Zimmer, Katharina: Das Seelenleben des Ungeborenen, 1989, S. 12
9) Alberti, Bettina: Die Seele fühlt von Anfang an. Wie pränatale Erfahrungen unsere Beziehungsfähigkeit prägen. Kösel, 2005, S. 16–17

■ Sprachentwicklung

1) nach Mietzel, Gerd: Wege in die Entwicklungspsycholgie. Kindheit und Jugend Beltz PVU, 4. Auflage 2002, S. 159
2) s. o. Mietzel, Gerd, 2002, S. 159
3) s. o. Mietzel, Gerd, 2002, S. 160
4) Wendlandt, W.: Sprachstörungen im Kindesalter. Materialien zur Früherkennung und Beratung. Thieme Stuttgart, 3. Auflage 1998
5) s. o. Mietzel, Gerd, 2002, S. 170
6) s. o. Mietzel, Gerd, 2002, S. 172
7) s. o. Mietzel, Gerd, 2002, S. 172
8) s. o. Mietzel, Gerd, 2002, S. 173 f
9) s. o. Wendlandt, W., 1998
10) In Anlehnung an Prang, Charlotte. In: Kindergarten heute 12/2000, S. 11–20

■ Die Entwicklung des Denkens und der Wahrnehmung

1) Kegan, R.: Die Entwicklungsstufen des Selbst. Kindt Verlag, München, 1991, S. 50
2) Mietzel, G.: Wege in die Entwicklungspsychologie, Kindheit und Jugend. Beltz PVU, 2002
3) Psychologie Onlinekurs der PH Freiburg. http://art.ph-freiburg.de/Piaget/PNG/Prinzipien/Prinz_abb7.png
4) Tücke, M.: Veränderung der kognitiven Schemata durch Assimilation und Akkommodation. In: Entwicklungspsychologie des Kindes- und Jugendalters für (zukünftige) Lehrer. Lit Verlag Münster 1999, S. 163
5) Piaget, Jean: Theorien und Methoden der modernen Erziehung. Molden, Wien 1972
6) Berk, L. E.: Entwicklungspsychologie. Pearson Studium, München 2005, S. 197
7) s. o. Berk: S. 198
8) s. o. Berk: S. 198
9) Piaget, J.: Das Erwachen der Intelligenz beim Kinde. Klett Cotta, Stuttgart 1989, S. 342

10) Mussen, P. H. et. al. (1998): Lehrbuch der Kinderpsychologie. Band 1. Klett-Cotta, Stuttgart 1998, S. 140–141
11) Oerter, R., Montada, L. (2002): Entwicklungspsychologie. Beltz PVU, Weinheim 2002,
12) Piaget, J: Das Weltbild des Kindes. Einl. v. Hans Aebli. Aus dem Franz. von Luc Bernard. Klett-Cotta, Stuttgart 1978, S. 149
13) s. o. Jean Piaget, 1978, S. 149
14) Piaget, J: Nachahmung, Spiel und Traum, Klett-Cotta, Stuttgart 1969, S. 311, 313 f
15) s. o. Oerter, Montada, 2002
16) s. o. Berk, 2005, S. 197
17) s. o. Oerter, Montada, 2002
18) s. o. Berk, 2005
19) s. o. Mietzel, 2002, S. 254
20) s. o. Mietzel, 2002, S. 254
21) Inhelder, B., Piaget, J: Von der Logik des Kindes zur Logik des Heranwachsenden. Essay über die Ausformung der formalen operativen Strukturen. Walter, Düsseldorf 1982
22) s. o. Mietzel, 2002
23) s. o. Oerter, Montada, 2002, S. 435
24) Stern, E.: Entwicklung im Kopf. In Schüler 2004: Aufwachsen. Die Entwicklung von Kindern und Jugendlichen. Erhard Friedrich Verlag, Seelze 2004, S. 10–13
25) Kohnstamm, R.: Praktische Kinderpsychologie. Die ersten sieben Jahre. Hans Huber, Bern 1990, S. 190
26) s. o. Kohnstamm, 1990, S. 191
27) s. o. Kohnstamm, 1990, S. 206
28) s. o. Kohnstamm, 1990, S. 191
29) s. o. Stern, E., 2004, S. 10–13
30) nach Bruner, J.: Relevanz der Erziehung. Otto Maier, Ravensburg 1973
31) s. o. Kohnstamm, 1990, S. 194
32) Gardner, H.: Der ungeschulte Kopf – Wie Kinder denken. Aus dem Amerikanischen v. Malte Heim. Klett-Cotta, Stuttgart 1996, S. 25 f
33) Laewen, H.-J., Andres, B. (Hrsg.): Forscher, Künstler, Konstrukteure. Beltz Weinheim 2002, S. 165
34) Schrader, C.: Das Wunder Kind. Süddeutsche Zeitung Wissen, Ausgabe 2, März 2005. Süddeutsche Zeitung GmbH, S. 86
35) s. o. Schrader, 2005, S. 87
36) Dornes, M.: Der kompetente Säugling. Fischer, Frankfurt 1995
37) Herrmann, U.: Gehirngerechtes Lernen und Lehren. In: Spektrum der Wissenschaft Spezial 03/2004, S. 33
38) Friedrich, G., Preiss, G.: Lernen mit Köpfchen. In: Gehirn & Geist Dossier 02/2005: Expedition Kindheit, S. 34
39) Preiß, G: Neurodidaktik. Theoretische und praktische Beiträge. Centaurus, Herbolzheim, 1998
40) Spiegel Special 03/2002 S. 91
41) Spitzer, M.: Lernen Gehirnforschung und die Schule des Lebens. Spektrum Akademischer Verlag, Heidelberg 2002
42) Singer, W.: Was kann ein Mensch wann lernen? TPS Heft 1/02
43) s. o. Friedrich, Preiss, 2005, S. 34
44) s. o. Singer, 2002

45) Friedrich, G.: Die Zahlen halten Einzug in den Kindergarten. Ein Projekt zur mathematischen Frühförderung. Kindergarten heute 1/2003

46) s. o. Friedrich, Preiss, 2005, S. 34

47) Largo, R. H.: Kinderjahre. Die Individualität des Kindes als erzieherische Herausforderung. Piper, München 2004

48) s. o. Herrmann, 2004

49) s. o. Herrmann, 2004, S. 35

51) s. o. Herrmann, 2004, S. 33, 34

52) s. o. Herrmann: S. 34

53) s. o. Spitzer, 2002, S. 191

54) s. o. Spitzer, 2002, S. 161

55) s. o. Spitzer, 2002, S. 191

56) Sodian, B: Kompetenz auf breiter Basis. Schüler 2004: Aufwachsen – Die Entwicklung von Kindern und Jugendlichen. Erhard Friedrich Verlag, Seelze 2004, S. 24–27

57) Rößiger, M: Das Gehirn. Was ist was? Band 108, Tessloff, Nürnberg 1999, S. 28

58) s. o. Rößiger, 1999, S. 28

59) Jaffard, R.: Das facettenreiche Gedächtnis. Spektrum der Wissenschaft Spezial – Gedächtnis 1/2002, S. 8

60) Traufetter, G.: Mit Pillenhilfe durchs Abitur. Spiegel Special 4/2003, S. 73

61) s. o. Spitzer, 2002, S. 15–17

62) Textor, M. R.: Kognitive Bildung im Kindergarten, 2005 unter http://www.kindergartenpaedagogik.de/1278.pdf

63) Hanser, H.: Zahlenspiele im Kindergarten. In: Gehirn & Geist Dossier 02/2005: Expedition Kindheit, S. 31

64) Friedrich, G., de Galoczy, V.: Komm mit ins Zahlenland. Eine spielerische Entdeckungsreise in die Welt der Mathematik. Christopherus Verlag, Freiburg 2005, S. 36

65) s. o. Friedrich, G., de Galoczy, V., 2005, S. 32

66) s. o. Hanser, H.: Zahlenspiele im Kindergarten. In: Gehirn & Geist Dossier 2/2005: Expedition Kindheit, S. 31

■ Moralische Entwicklung

1) Mietzel, Georg: Wege in die Entwicklungspsychologie. Beltz, Weinheim PVU, 2002, 4. Aufl., S. 279

2) aus: s. o.: Mietzel, G., 2002, S. 283

3) aus: Damon, W., Spektrum der Wissenschaft 4/2003, S. 50

4) Lind, Georg: Moral ist lehrbar. Oldenbourg, 2003, S. 138

■ Motorische Entwicklung

1) Oerter, R., Montada, L.: Entwicklungspsychologie. Beltz, Weinheim, 5. Aufl. 2002, S. 142

2) Haug-Schnabel, G., Bensel, J.: Grundlagen der Entwicklungspsychologie. Herder, Freiburg 2005, S. 17

3) Zimmer, R.: Ich bin schon groß, ich kann alleine klettern. kindergarten heute, 1/97, Beltz, Weinheim 1997, S. 7

4) nach: s. o. Zimmer, R., 1997, S. 8 ff

5) „Perzeptivmotorisches Training" (PMT, Kiphard, 1960)
„Sensorisch-integrative Therapie" (SIT, Ayres, 1979, 1998)
„Kinästhetische Training" (KT, Laszlo & Bairstow, 1985).

■ Psychosexuelle Entwicklung und Sexualerziehung

1) Hacke, A.: Der kleine Erziehungsberater. Kunstmann, München 1992, S. 30–31

2) Reisig, J.: Kindliche Frage. Zeitungsausriss, unbekannte Quelle

3) Gudjons, H., et.al.: Auf meinen Spuren. Bergmann + Helbig, Hamburg 1992, S. 300–301

4) Haug-Schnabel, G.: Sexualität ist kein Tabu. Herder, Freiburg 1997, S. 24 f

5) Gudjons, H., et.al.: Auf meinen Spuren. Bergmann + Helbig, Hamburg, 1992, S. 301–302

6) Haug- Schnabel, G.: Sexualität ist kein Tabu, Herder, Freiburg 1997, S. 78

7) Philipps, Ina-Maria: Körper, Liebe, Doktorspiele. 1. bis 3. Lebensjahr. Bundeszentrale für gesundheitliche Aufklärung, 2005, S. 32 f

8) Lottmann, J.: Tokio-Hotel. Der Spiegel, 35/2006, S. 176

9) Philipps, Ina-Maria: Körper, Liebe, Doktorspiele. 4. bis 6. Lebensjahr. Bundeszentrale für gesundheitliche Aufklärung, 2005, S. 20

10) Haug- Schnabel, G.: Sexualität ist kein Tabu. Herder, Freiburg 1997, S. 78 ff

11) Mönkemaier, K.: Kindliche Sexualität heute. Beltz, Weinheim 1994

12) Maeder-Berg, M.: Sexuelle Gewalt, in: Handwörterbuch für Erzieherinnen und Erzieher, Beltz, Weinheim 2006, S. 393

13) Badische Zeitung v. 13.07.2006

14) Philipps, Ina-Maria: Körper, Liebe, Doktorspiele. 1. bis 3. Lebensjahr. Bundeszentrale für gesundheitliche Aufklärung, 2005, S. 32 f

Bornemanm, E.: Studien zur Befreiung des Kindes. Bde. 1–3. Ullstein, Frankfurt 1981

Sigmund Freud: Studienausgabe. Band 5: Sexualleben. Drei Abhandlungen zur Sexualtheorie (1905). Fischer, Frankfurt 1972

Entwicklungs- und Bildungsprozesse fördern

■ Planung, Durchführung, Dokumentation und Evaluation von Bildungsangeboten

1) Gudjons, H.: Pädagogisches Grundwissen. Klinkhardt, Bad Heilbrunn, 2003, S. 46 und 255

2) Minister für Arbeit, Gesundheit und Soziales des Landes Nordrhein-Westfalen (Hrsg.): Arbeitshilfen zur Planung der Arbeit im Kindergarten. Kohlhammer 1986, S. 26

3) Berghoff, Wilfried u.a.: Ludmilla, Paul, Hassan, Lisa und Ayse lernen Deutsch. Schneider, Hohengehren 2003, S. 49 ff

4) s. o. Berghoff, W., 2003, S. 50

5) Wygotski, L. in: Textor, M.:,Lew Wygotski – für die Kindergartenpädagogik entdeckt. klein und groß 11/12, 1999, S. 36

6) s. o. Textor, M. 1999, S. 36 ff und Heinze,. S.: Entwicklung und Lernen unterstützen – von Anfang an. In: PÄD Forum: Unterrichten erziehen. 2/2006, S. 98 ff

7) Ministerium für Kultus, Jugend und Sport Baden-Württemberg. Orientierungsplan für Bildung und Erziehung für die baden-württembergischen Kindergärten, Beltz, Weinheim 2006, S. 85

8) Elschenbroich, D.: Weltwissen der Siebenjährigen. Kunstmann, 2001, S. 23

9) Günther, S.: In Projekten spielend lernen. Ökotopia, Münster 2006. S. 10 f

10) Knauf, T. In: Lingenauber,S.: Handlexikon der Reggio-Pädagogik. Projekt Verlag, Bochum 2004, S. 113

11) Badische Zeitung, Lörrach, 8.12.06

Krenz, A.: Der „situationsorientierte Ansatz" im Kindergarten. Grundlagen und Praxis. Herder, Freiburg, 1991

Zimmer, R.: Projekte. Lebensnahes Lernen in ganzheitlichen Zusammenhängen. Kindergarten heute 3/96

Koch, S.: Von der Beobachtung zur Lerngeschichte. In: Projektzeitung – Bildungs- und Lerngeschichten. DJI Heft 2 11/2005 a.a.O. S. 21 f

Riffert, Franz (1998): Evaluation in der Schulentwicklung. www.sbg.ac.at/erz/mss/publikationen/hofgastein_17111998.htm#_Toc438444637 Stand: 10. 2001

Jank, W. u.a.: Didaktische Modelle. Cornelsen. Frankfurt 1995, S. 183 f

■ Bewegung

1) Wolf, Dagmar in: Mobile – Zeitschrift für junge Eltern 1/2000, Herder, Freiburg, S. 12 f

2) Zimmer, Renate: Handbuch der Bewegungserziehung, Herder, Freiburg 1996, S. 218

3) Fthenakis, W., Mitschrift eines Vortrages von. 2.5.2000, Darmstadt

4) Hamburger Forum Spielräume (Hrsg.): Bewegungsbaustelle. Fachbereich Sportwissenschaft, Universität Hamburg, 2006, S. 1

5) Bentele, Peter: Psychomotorik im Kindergarten. In: Köckenberger, Helmut und Hammer, Richard (Hrsg.): Psychomotorik, Ansätze und Arbeitsfelder. Modernes Lernen, Dortmund 2004, S. 306 f

6) s. o. Zimmer, Renate, 1996, 153 f

Zimmer, Renate: Psychomotorik. In: Pousset, R. (Hrsg.): Handwörterbuch für Erzieherinnen und Erzieher. Beltz, Weinheim 2006, S. 333 ff

Krüger, C.: Klettergarten. In: Welt des Kindes Spezial, 1/2005

■ **Sprache und Sprechen**

1) Bruner, J.: Relevanz der Erziehung. Otto Maier, Ravensburg 1973
2) Jäger, L.: Ohne Sprache undenkbar. Gehirn und Geist 2/2003, Spektrum der Wissenschaft Verlagsgesellschaft, S. 40
3) Statistisches Bundesamt: Fachserie 11 Reihe 1, 2005/2006, S. 255
4) Textor, Martin R.: Lew Wygotski, für die Kindergartenpädagogik entdeckt. klein & groß 11–12/1999, Beltz, Weinheim, S. 37 ff
5) Röbe, E.: Was Hänschen nicht lernt, lernt Hans nimmermehr. Sprachbildung im Elementar- und Primarbereich. In: Dokumentation Deutscher Lehrertag 2005. Verband Bildung und Erziehung VBE. Berlin, S. 129–177, Abb. S. 132
6) Röbe, E. u. a.: Sprache und Kommunikation als vorschulische Entwicklungs- und Bildungsaufgabe. Vortragsmanuskript vom 8. Dezember 2006 in Freiburg, Regierungspräsidium
7) Berghoff, Wilfried; Mayer-König, Birgit: Ludmilla, Paul, Hassan, Lisa und Ayse lernen Deutsch. Schneider, Baltmannsweiler, 2003, S. 51
8) s. o. Berghoff, Wilfried; Mayer-König, Birgit, 2003, S. 47 f
9) Fuchs, M. u. a.: Lieder zur Vorbereitung und Unterstützung des Schrifterwerbs, PH Freiburg 2006, Script für eine Fortbildung in der Fachschule für Sozialpädagogik, Lörrach 2006
10) s. o. Textor, Martin R., 1999, S. 37 f
11) Badische Zeitung, Lörrach, 13.4.06

Götte, Rose: Sprache und Spiel im Kindergarten. Beltz, Weinheim 2002

Schlösser, Elke: Wir verstehen uns gut. Ökotopia, Münster o. J.
Eliot, Lise: Was geht da drinnen vor? Berlin V., Berlin, 2001, S. 583 f

■ **Spiel und Spielen**

1) Oerter, R., Montada, L.: Entwicklungspsychologie. Beltz PVU, Weinheim 2002, S. 221
2) Frank, D.: Verhaltensbiologie, Thieme, Stuttgart 1997, S. 61 ff
3) Eliot, L.: Was geht da drinnen vor? Berlin Verlag, Berlin 2001, S. 48
4) s. o.: Oerter, R., Montada, L., 2002, S. 419
5) s. o.: Eliot, L. 2001, S. 43
6) s. o.: Oerter, R., Montada, L, 2002, S. 223
7) van Dieken, C., Rohrmann, T.: Raum und Räume für Mädchen und Jungen. In: Kindergarten heute 1/2003, S. 26 ff
8) Ott-Hackmann, M.: Kriegsspiel – Verbieten oder mitmachen? In: Klein und groß, 12/2002, S. 38 f
9) Glonnegger, E., u. a.: Das große Ravensburger Spielbuch. Otto Maier Verlag, Ravensburg 1974, S. 310
10) Heiland, H., Fröbel, F.: Vorschulerziehung und Spieltheorie. Düsseldorf 1974, S. 57 f

11) T: Lore Kleikamp; M: Detlev Jöcker. Aus: 1,2,3 im Sauseschritt. Menschenkind der Verlag, Münster 2003, S. 6 Copyright: Menschenkinder Verlag und Vertrieb GmbH, Münster 2002
12) Le Fevre, D.: Best of new games. Verlag an der Ruhr, Mülheim a. d. Ruhr 2002

Breucker, A.: Wir machen was im Kindergarten. Ökotopia, Münster 1999
Schenk-Danzinger, L., Rieder, K.: Entwicklungspsychologie. öbvhpt, Wien, 2002
Largo, R.: Die Individualität des Kindes als erzieherische Herausforderung. München, 2004
Rauh, H.: Schemata in der Entwicklung von Kindern. In: TPS 9/10 2004
Caiati, M. u. a.: Freispiel- Freies Spiel? Erfahrungen und Impulse. Don Bosco Verlag, München, 2000
Büttner, C.: Ich Tarzan, du Jane! In: TPS 9/10, 2004

■ **Soziales Lernen**

1) Niesel, R.: Immer noch brav in der zweiten Reihe? Mädchen im Kindergarten. Kindergarten heute, Freiburg, 3/99, bez. sich auf Maccoby
2) Mietzel, G.: Wege in die Entwicklungspsychologie. Beltz Verlag, Weinheim 2002, S. 242
3) s. o.: Mietzel, G., 2002, S. 249
4) s. o.: Mietzel, G., 2002, S. 246
5) Oerter, R. und Montada, L. (Hrsg.): Entwicklungspsychologie. Beltz Verlag, Weinheim 2002, S. 643
6) s. o.: Mietzel, G., 2002, S. 307
7) Schenk-Danzinger, L.: Entwicklungspsychologie. Österreichischer Bundesverlag, Wien 2002, S. 286 ff und
   Grossmann, U.: Eene, meene, muh, raus bist du. Klein und groß, Berlin, 49/1996
8) ICD-10 = International Classification of Deseases der Weltgesundheitsorganisation in Deutsches Institut für Medizinische Dokumentation und Information, Köln. Bundesministerium für Gesundheit

Viernickel, Susanne: Soziale Kontakte und Beziehungen zwischen Kleinkindern. In: Das Online Familienhandbuch, www.familienhandbuch.de vom Okt. 2004, bez. sich auf: Frühe Kindheit 2002, Heft 2, S. 15–20,
Schenk-Danzinger, L.: Entwicklungspsychologie. Verlag öbv et hpt, Wien 2001
Horstkemper, M. (Hrsg): Aufwachsen, Klett Verlag, Stuttgart 2004

■ **Kreativität und Gestalten**

1) nach Benesch, H.: dtv-Atlas Psychologie, Band 1, dtv, München 1997, S. 197
2) nach Schenk-Danzinger, L.: Entwicklungspsychologie, övb, Wien 2001, S. 188 ff
3) nach Wierz, J.: Große Kunst in Kinderhand, Ökotopia, Münster 1999

Schäfer, G.: Ästhetische Erfahrung als Grundlage frühkindlicher Bildung. In: Weber, S.: Bildungsbereiche im Kindergarten, Herder, Freiburg 2003

Cieslik-Eichert, A. u. a.: Kreatives Handeln, Stam Verlag, Köln 1998

Becker-Textor, Ingeborg: Kreativität. In Pousset, R. (Hrsg.): Handwörterbuch für Erzieherinnen und Erzieher. Beltz, Weinheim 2006

■ **Musik**

1) Gruhn, W.: Kinder brauchen Musik. Beltz, Weinheim 2003, S. 55 ff
2) s. o.: Gruhn, W., 2003, S. 71 ff
3) Kreusch-Jacob, D.: Musik macht klug. Kösel, München 1999, S. 84 ff
4) T: Lore Kleikamp; M: Detlev Jöcker. Aus: 1,2,3 im Sauseschritt. Copyright: Menschenkinder Verlag und Vertrieb GmbH, Münster 2002, S. 13
5) T: Lore Kleikamp; M: Detlev Jöcker. Aus: 1,2,3 im Sauseschritt. Copyright: Menschenkinder Verlag und Vertrieb GmbH, Münster 2002, S. 20

Küntzel-Hansen, M.: Unser Kind erlebt Musik. Klett, Stuttgart 1969
Hoerburger, C., Widmer, M.: Musik- und Bewegungserziehung. Auer, Donauwörth 1992
Hammershoj, H.: Die musikalische Entwicklung des Kindes. Beltz, Weinheim 1995

■ **Medien**

1) Frey-Vor, Gerlinde; Schumacher, Gerlinde (Hrsg): Kinder und Medien 2003. Eine Studie der ARD/ZDF Medienkommision. Nomos, Baden-Baden 2006 und Feierabend, Sabine; Mohr, Inge: Mediennutzung von Klein- und Vorschulkindern 2003. Eine Studie der ARD/ZDF Medienkommision. In: Media Perspektiven 9/2004, Frankfurt/M.
2) ebd.
3) Deutsches PISA Konsortium (Hrsg.): PISA 2000. Basiskompetenzen von Schülerinnen und Schülern im internationalen Vergleich. Leske und Budrich, Opladen 2001, S. 263
4) Thiele, Jens; Steitz-Kallenbach, Jörg (Hrsg.): Handbuch Kinderliteratur. Grundwissen für Ausbildung und Praxis. Herder, Freiburg 2003, S. 28
5) Bischof, Ulrike und Heidtmann, Horst: Lesen Jungen ander(e)s als Mädchen? Untersuchungen zu Leseinteressen und Lektüregratifikationen. In: medien praktisch, Heft 3, 2002
6) Pfeiffer, Christian: Erst fernsehen, dann schießen? Medienverwahrlosung in Deutschland. Manuskript der Sendung vom 30.01.2005, 08.30 Uhr, SWR2 Aula, SWR2
7) ebd.
8) Badische Zeitung, Freiburg, Dez. 2006
9) Lau, Jörg: Spiele ohne Grenzen. In.: Die Zeit, 02.11.2006, Nr. 45

10) www.bundespruefstelle.de/bpjm/Jugendme-dienschutz/wegweiser-jugendmedienschutz. html 9.2.2006

11) Bieger, Eckhard; Grüner, Karl und von Lübtow, Joachim: Medienpädagogik. Ein praktischer Leitfaden. Stam, Köln 1995, S. 44

12) Kinder und Jugendbericht. Bundesministerium für Familien, Senioren, Frauen und Jugendliche. Berlin 2005, S. 183

13) von Bonin, Felix: Kleines Handlexikon der Märchensymbolik. Kreuz Verlag, Stuttgart 2001, S. 18 ff

14) s. o. Thiele, Jens; Steitz-Kallenbach, Jörg, 2003, S. 187, bez. sich auf Lüthi, 1962

15) Reuys, Eva und Viehoff, Anne: Kleine Kinder kreativ. Don Bosco Verlag, München 1997, S. 103

16) Böckem, Jörg.: Manga Chutney. In: Kultur-Spiegel 7/2002, S. 22

17) Ossmann, Andrea: Phänomen Manga. Die Entstehungsgeschichte japanischer Comics und ihre Bedeutung für deutsche Verlage und Bibliotheken. Diplomarbeit am Institut für angewandte Kindermedienforschung, Hochschule für Bibliothekswesen, Stuttgart 2004, S. 41 ff

18) s. o. Böckem, Jörg, 2002

19) Ulich, M.; Oberhuemer, P. und Soltendieck, M.: Die Welt trifft sich im Kindergarten. Interkulturelle Arbeit und Sprachförderung. Beltz, Weinheim 2005. Zitiert nach: Der Bayrische Bildungs- und Erziehungsplan für Kinder in Tageseinrichtungen bis zur Einschulung. Herausgegeben vom Bayerischen Staatsministerium für Arbeit und Sozialordnung, Familie und Frauen und dem Staatsinstitut für Frühpädagogik, München. Beltz, Weinheim 2006

*) Eine ständig aktualisierte Liste mit Lese- und Büchertipps speziell für Jungen erstellt der Verein MANNdat. Sie finden sie unter www.manndat.de/index.php?id=236
Oerter, Rolf und Montada, Leo (Hrsg.): Entwicklungspsychologie. Beltz, Weinheim 2002
Gollnick, Ines: Breitenkultur ist Bürgerkultur. In: Das Parlament 34/35, 22.08.2005. Deutscher Bundestag und Bundeszentrale für politische Bildung (Hrsg.)
Deutsches Jugendinstitut (Hrsg.): Handbuch der Medienerziehung Teil 2. Leske und Budrich, Opladen 1994
Janosch: Ich bin ein großer Zottelbär. Parabel, München 1998
Ende, Michael: Die unendliche Geschichte. Thienemann, Hamburg 2004
Näger, Sylvia: Kreative Medienerziehung im Kindergarten. Herder, Freiburg 1992
DJI (Hrsg.): Handbuch Medienerziehung im Kindergarten. Verlag für Sozialwissenschaft, Wiesbaden 1994
Näger, Sylvia: So geht's – Medienpädagogisch arbeiten. Kindergarten heute Spot, Herder, Freiburg 2003

■ **Umwelt, Natur und gesunde Ernährung**

1) Netscher; M.: Erste Schritte zum ökologischen Kindergarten, in: Kindergarten heute 5/96

2) Schäfer, G.: Bildung beginnt mit der Geburt, Beltz Verlag, Weinheim 2003, S. 184

3) Hannoversche Presse, 11.7.2000

4) Ministerium ländlicher Raum Baden-Württemberg (Hrsg.): Ernährungserziehung bei Kindern, Auswertungs- und Informationsdienst für Ernährung, Landwirtschaft und Forsten, Stuttgart 1998

5) Keicher, U.: Mein Körperbuch, Weltbild Buchverlag, Augsburg 2001, S. 58 f

Engelhardt, W.: Was lebt in Tümpel, Bach und Weiher? Kosmos Verlag 1996
Ludwig, H.: Tiere in Bach, Fluss, Tümpel, See, BLV 1993
Der Kinderbrockhaus, Mannheim/Leipzig 2003
Bellmann, H.: Steinbachs Naturführer, Leben in Bach und Teich, Mosaik Verlag, München 1998
Neumann, B.: Wasserfühlungen, Münster 2003
Stonehouse, B., Francis, J.: Tiere an unseren Flüssen und Seen, ars edition, München 2003

■ **Naturwissenschaften**

1) Gobbin-Clausen: Kosmische Erziehung. Tagungsmitschrift Montessori Vereinigung, Aachen 1983

2) Lück, G: Handbuch der naturwissenschaftlichen Bildung. Theorie und Praxis für die Arbeit im Kindergarten. Herder, 2003, S. 73 f

3) König, G.: Wieso, weshalb, warum. TPS 2/3 2004, S. 77 f

4) Oerter, R., Montada,L.: Entwicklungspsychologie. Beltz, Weinheim 2002., S. 451

5) s. o. Oerter, R., Montada, L., 2002, S. 464,

6) Schenk-Danzinger,L.: Entwicklungspsychologie. Österreichischer Bundesverlag, Wien 2002, S. 162

7) s. o. Oerter, R., Montada, L., 2002, S. 454

8) s. o. Lück, G., 2003, 47 ff

9) Reggio Children (Hrsg): Hundert Sprachen hat das Kind. Ausstellungskatalog, Berlin 2002, S. 22

10) s. o. Lück, G., 2003, S. 154

11) Mitschrift einer Veranstaltung des Science Lab, Stuttgart, am 2.12.06 in der Sparkasse Lörrach

12) Malagguzzi, L. in: Reggio Children (Hrsg): Hundert Sprachen hat das Kind. Ausstellungskatalog, Berlin 2002, S. 132 ff.

Knauf, T.: Projekte. In: Lingenauber, S.: Handbuch der Reggio-Pädagogik. Projekt V. Herder, Freiburg 2004, S. 115
Elschenbroich, D.: Weltwunder. Kinder als Naturforscher. Kunstmann, München 2005
Elschenbroich, D., Schweizer, O.: Das Rad neu erfinden. Videofilm, DJI München, 1999

■ **Mathematik**

1) Schenk-Danzinger, L.: Entwicklungspsychologie. Österreichische Bundesverlagsgesellschaft, Wien, 2002, S. 138 f

2) s. o. Schenk-Danzinger, L., 2002, S. 142

3) s. o. Schenk-Danzinger, L., 2002, S. 140

4) s. o. Schenk-Danzinger, L., 2002, S. 144

5) Heiland, H. (Hrsg.): Fröbel. Ausgewählte Schriften. Vorschulerziehung und Spieltheorie. Küpper, Düsseldorf 1974, S. 189, bez. sich auf Ida Seele

6) Schmutzler, H.-J.: Fröbel und Montessori. Zwei geniale Erzieher.Was sie unterscheidet, was sie verbindet. Herder, Freiburg, 1997, S. 72

7) Friedrich, G. und de Galgoczy,V.: Komm' mit ins Zahlenland, Christopherus, Freiburg, 2004, S. 20 f

8) Hasemann, K. In Weber (Hrsg.): Die Bildungsbereiche im Kindergarten, Herder, Freiburg, 2003, S. 194

Beutelspacher, A.: Der äußere und der innere Blick auf die Welt. TPS 10/2003
Montessori-Kursaufzeichnungen, Inzlingen, 2002/2004
Piaget, J.: Meine Theorie der geistigen Entwicklung, Beltz, Weinheim 2003, S. 98

■ **Kulturelle Vielfalt**

1) Flechsig, K. H.: Kulturelles, interkulturelles und transkulturelles Lernen als Aneignung kultureller Skripte. Institut für Interkulturelle Didaktik e.V., 2006. Materialien zum interkulturellen Training unter: www.ikkconsult.de/internearbeitspapiere/1996%208.pdf, 1.4.2007, S. 2

2) Maletzke, G.: Interkulturelle Kommunikation. Westdeutscher Verlag, Opladen 1996, S. 41

3) Stern, Elisabeth: Interkulturelle Kompetenz. Temporäres Script im Internet, 4.1.2006

4) Amthauer, K. H. u. a.: Herausforderung Erziehung in sozialpädagogischen Berufen. Bildungsverlag Eins, Troisdorf 2006, S. 292 bezieht sich auf: Hofstede, G.: Interkulturelle Zusammenarbeit. Kulturen – Organisationen – Management. Gabler, Wiesbaden 1993

5) Schaub, Horst: Wörterbuch der Pädagogik. dtv, München 1999, S. 365

6) Vollmer, K.: Das Fachwörterbuch für Erzieherinnen und pädagogische Fachkräfte. Herder, Freiburg 2005, S. 126

7) Benetsch, Hellmut: dtv Atlas Psychologie I. München 1997, S. 189

8) Hobmair, Herman: Psychologie. Stam, Köln 2003, S. 390

9) s. o. Hobmair, Hermann, 2003, S. 384

10) s. o. Hobmair, Hermann, 2003, S. 389

11) Bildung und Kultur – Allgemeinbildende Schulen – Schuljahr 2005/06. Fachserie 11 Reihe 1–2005/06 Statistisches Bundesamt, S. 255

12) Granato, Mona; Gutschow, Katrin: Eine zweite Chance: Abschlussbezogene Nachqualifizierung für junge Erwachsene mit Migrationshintergrund. In: Informationen für die Beratungs- und Vermittlungsdienste der Bundesagentur für Arbeit (ibv) Heft 15/2004 (Nürnberg), S. 2

13) Kultusministerkonferenz (Hrsg.): Empfehlung „Interkulturelle Bildung und Erziehung in der Schule". Beschluss der Kultusministerkonferenz vom 25.10.1996

14) Schlösser, Elke: Wir verstehen uns gut. Spielerisch Deutsch lernen. Ökotopia, Münster 2001, S. 155

15) Goddar, A.: Partner gleicher Herkunft bevorzugt. Erziehung und Wissenschaft 10/2005, S. 18

16) Prüfer, Uwe: Noch zu klein für die große Welt? Globales/Interkulturelles Lernen in Kindertagesstätten und Schülerklubs. In: Das Online-Familienhandbuch, www.familienhandbuch. de/cmain/f_Aktuelles/a_Kindertagesbetreuung/s_629.html, 2. 4. 07

17) www.zusammenleben-zio.de, 21.11.2006 und Haas-Rietschel, H.: In Offenbach ist die Welt zu Hause. In: Erziehung und Wissenschaft 10/2005, S. 7

Sozialpädagogische Arbeit strukturieren und organisieren

■ Gestaltung des Tages und Wochenablaufes des Jahreskreises

1) Fthenakis, W.: Kindergarten, eine Institution im Wandel. In: Amt für Soziale Dienste Bremen (Hrsg.): Kindergarten, eine Institution im Wandel. Reflexion und Neubewertung der Bildungs- und Erziehungskonzeption von Tageseinrichtungen für Kinder. Temmen, Bremen, 2000, S. 56

2) Hebenstreit, S.: Kindzentrierte Kindergartenarbeit. Herder, Freiburg 1994, S. 20 ff

3) Niedersächsisches Kultusministerium (Hrsg.): Orientierungsplan für Bildung und Erziehung im Elementarbereich niedersächsischer Tageseinrichtungen für Kinder, i. d. F. vom 12. Jan. 2005, Hannover

■ Bedeutung und Gestaltung von Festen und Feiern

1) Harz, F.: Verwurzelung und Öffnung. Interreligiöse Erziehung im Alltag der Kindertagesstätte. In: TPS 3/01, Seelze/Velber, S. 40 ff

2) www.feste-der-religionen.de/Kalender/index. html

3) Hall, S.: Alle Jahre wieder. In: TPS 4/2001

Harz, F.: Feste der Religionen in der Kindertagesstätte. In: TPS 4/01

Harz, F.: Ist Allah auch der liebe Gott? Don Bosco Verlag, München 2001.

Jamal, H.: Symbolbildung für Kinder. In: TPS 4/01

Bertelsmann, Lexikon Institut, Wissen visuell, Deutsche Ausgabe o. J. „Originalausgabe"; Millenium Family Encyclopedia" London 1998

Reuys, E., Viehoff, H.: Feste kreativ gestalten. Don Bosco Verlag, München 1994

Allwörden, M.: Erster Schnee und Vollmondpicknick. In: TPS 4/01

Vincon, H.: Die Feste des Christentums. Gütersloher Verlagshaus Gütersloh, 1997

■ Pädagogische Prinzipien zur Gestaltung von Innen- und Außenbereichen

1) Fthenakis, W., in: Amt für Soziale Dienste (Hrsg.): Kindergarten – Eine Institution im Wandel. Edition Temmen, Bremen, 2000, S. 55

2) Durchführungsverordnung des Kindertagesstättengesetzes Niedersachsen, Stand 2002.

3) Hermann, G., Wunschel, G.: Erfahrungsraum KITA. Beltz, Weinheim, 2002, S. 78

4) s. o. Fthenakis, W., 2000, S. 55

5) Niederle, Ch.: Methoden des Kindergartens Teil 1. Sonderausgabe Unsere Kinder, Linz 1992, S. 21

6) s. o. Hermann, G., Wunschel, G., 2002, S. 78

7) s. o. Mahlke, W.; Schwarte, N. 1989, S. 101

8) van Dieken und Rohrmann: Räume unter geschlechtsspezifischen Aspekten. In: Kiga heute, 1/2003, 28 ff

9) s. o. Mahlke, W.; Schwarte, N. 1989, S. 114 ff

10) Pädagogische Ideenwerkstatt Bagage e.V. Freiburg (Hrsg.): In jedem Garten liegt ein Paradies. Spielplätze in Kindergärten. O. J.

■ Zusammenarbeit in sozialpädagogischen Einrichtungen

1) KiTaG Niedersachsen (Gesetz über Tageseinrichtungen für Kinder) in der Fassung vom 7.2.2002, S. 36 f

2) Bundespersonalvertretungsgesetz im BAT, www. bundesrecht.juris.de/bpersvg/ BJNR006930974.html

3) Kirchengesetz über Mitarbeitervertretungen in der Evangelischen Kirche Deutschlands, MVG i. d. F. v. 2003

Boese-Greszkowiak, E.: Betriebliche Kommunikation. Stam, Köln 1996

Kunkel. A., Watermann, R.: Management im Kindergarten. Herder, Freiburg 1993

Mentzel, W.: BWL – Grundwissen. Haufe, Freiburg, 2004

■ Zusammenarbeit mit Eltern und Familie

1) Niedersächsisches Kultusministerium: Orientierungsplan für Bildung und Erziehung im Elementarbereich niedersächsischer Tageseinrichtungen, Jan. 2005

2) KiTaG Niedersachsen vom 7. Februar 2002 (Auszug)

3) Schlösser, Erika: Zusammenarbeit mit Eltern – interkulturell. Ökotopia, Münster 2004, S. 43

4) Barth, Siegfried: Heikle Themen und schwierige Situationen. Professionelle Elterngespräche Teil 2. Kindergarten heute 2/2002, Herder, Freiburg, S. 14 ff

5) s. o. Schlösser, E., 2004, S. 78 ff

6) Kinder und Jugendhilfegesetz, 8. Juli 2005

■ Öffentlichkeitsarbeit

1) basiswissen kita: Öffentlichkeitsarbeit, Sonderheft von kindergarten heute, Freiburg o. J., S. 12

An konzeptionellen Aufgaben in sozialpädagogischen Einrichtungen mitarbeiten

■ Pädagogische Handlungskonzepte: Vorschulerziehung

1) Hoffmann, Erika.: Fröbel, Ausgewählte Schriften, Bd. 1 – Kleine Schriften und Briefe von 1809–1851. Küpper, Düsseldorf 1964, S. 147 ff

2) Hoffmann, Erika: Fröbel, Ausgewählte Schriften, Bd. 2 – Die Menschenerziehung, Küpper, Düsseldorf 1968, S. 8

3) s. o. Hoffmann, E., 1968, S. 31,

4) s. o. Hoffmann, E., 1968, S. 18,

5) s. o. Hoffmann, E., 1968, S. 11,

6) s. o. Hoffmann, E., 1968, S. 10,

7) s. o. Hoffmann, E., 1968, S. 15,

8) s. o. Hoffmann, E., 1964, S. 83,

9) s. o. Hoffmann, E., 1968, S. 34 ff,

10) s. o. Hoffmann, E., 1968, S. 36,

11) Heiland, H.: Vorschulerziehung und Spieltheorie. Küpper, Düsseldorf 1974, S. 183 ff bezieht sich auf Ida Seele

12) s. o. Heiland, H., 1974, S. 134,

13) Zöller, M.: Freiarbeit am göttlichen Kern. In: Badische Zeitung Lörrach, 8.1.2007, S. 3

14) Kramer, R.: M. Montessori, Kindler, 1976, sowie: Steenberg, Ulrich: Handlexikon der Montessori-Pädagogik. Kinders, Ulm, 2003 und Kursmitschriften Montessoridiplomkurs 2002/2004 Inzlingen

15) Jaffke, F.: Waldorf-Pädagogik. In: Pädagogische Handlungskonzepte. Freiburg 1995, S. 31 und 34

16) Berger, M.: Der Waldorf-Kindergarten, Handbuch für Erzieher. 1988, ohne Seitenangabe

17) Internationale Vereinigung der Waldorfkindergärten e.V. 2005

18) Berthold, E. u. a.: Auf die eigenen Füße fallen. Klein und Groß 49/96, S. 22 ff

19) Zimmer, R., „Projekte", Kindergarten heute 3/96, S. 19

20) Preissing, C., u. a.: Der Situationsansatz. Klein und groß, 6/2000, S. 22 ff

21) Preissing, C. (Hrsg.): Qualität im Situationsansatz. Beltz, Weinheim 2003, S. 10 ff

22) s. o. Preissing, C., 2003, S. 7 f

23) Lingenauber, S. (Hrsg.): Handlexikon der Reggio-Pädagogik. Projekt Bochum 2004, S. 64

24) Kazemi-Veisari, Erika u. a.: Reggio-Pädagogik. In: Pädagogische Handlungskonzepte von Fröbel bis zum Situationsansatz. Kindergarten heute Spezial, Herder, Freiburg 1995/96, S. 36 ff.

25) Reggio Children (Hrsg.): Hundert Sprachen hat das Kind, Beltz, Weinheim 2002, S. 30

26) Malaguzzi, In: Reggio Children, 2002, S. 47

27) s. o. Lingenauber, S., 2004, S. 85

28) Schäfer, Gerd E.: Grundlagen der Reggiopädagogik. http://www.uni-koeln.de/ew-fak/paedagogik/fruehekindheit/texte/einfuehrung06.html vom 18.6.06, S. 50 ff

29) s. o. Reggio Children, 2002, S. 15

30) Knauf, Tassilo: E-Mail-Auskunft am 27.3.2006

31) s. o. Lingenauber, S., 2004, S. 112

32) Sander, M-L. In: Geschichtliche Entwicklung der Waldkindergartenbewegung in Deutschland. www.bundesverband-waldkinder.de/4001.htm, 20.7.06

33) Miklitz, I.: Der Waldkindergarten. Beltz, Weinheim 2004, S. 30 ff

Video: Spielzeug zerbricht, Erlebnisse sind unsterblich. Waldkindergärten in Deutschland. AV Produktion Gerwig, Pfalzstraße 10, 34 260 Kaufungen

Arbeitsgruppe Vorschulerziehung (Hrsg.): Anregungen I: Zur pädagogischen Arbeit im Kindergarten. Juventa, München 1974

Bree, Stefan: Surfen in Reggio oder die Lust zu lernen. klein und groß 12/99, Weinheim

Comune di Reggio Emilia: I cento linguaggi die bambini. Luchterhand, Berlin 1987, S. 74

Dreier, Anette: Was tut der Wind, wenn er nicht weht? Begegnungen mit der Kleinkindpädagogik in Reggio Emilia. Luchterhand, Berlin 1993

Eichenlaub, C., Hermann, G.: Lo Specchio – Der Spiegel, von den Kindern erobert. Dokumentation des Bezirksamts Kreuzberg, Abteilung Jugend und Sport, Berlin 1985

Göhlich, H. D. M.: Reggio-Pädagogik – Innovative Pädagogik heute. Rita G. Fischer, Frankfurt/M, 6. Auflage 1995

Krenz, Armin: Der „situationsorientierte" Ansatz im Kindergarten. Grundlagen und Praxis. Herder, Freiburg 1992

Krieg, Elsbeth: Hundert Welten entdecken. Neue Deutsche Schule, Essen 1993

Regel, G.: Offener Kindergarten. In: Kindergarten heute 9/97, Herder, Freiburg

Schaub, H., Zernke, K.: Wörterbuch Pädagogik. dtv, München 1999

Ullrich, W., u. a.: Reggio-Pädagogik im Kindergarten. Herder, Freiburg, 2001

v. Kügelgen, H.: Plan und Praxis der Waldorfpädagogik. Vereinigung der Waldorf Kindergärten, Stuttgart, 1987

Schmutzler, H-. J.: Fröbel und Montessori, Herder, Freiburg 1991

DJI (Hrsg.): Curriculum Soziales Lernen, Kösel, München, 1980

Tietze, W. u. a.: Pädagogische Qualität in Tageseinrichtungen für Kinder. Beltz, Weinheim 2003

■ Pädagogisches Handlungskonzept: Jugendarbeit

2) Zwölfter Kinder- und Jugendbericht des Ministeriums für Familie, Senioren, Frauen und Jugend, 2005, S. 381

3) Badische Zeitung, Lörrach, 12.10.2004,

4) Zwölfter Kinder- und Jugendbericht des Ministeriums für Familie, Senioren, Frauen und Jugend, 2005, S. 381

5) Zwölfter Kinder- und Jugendbericht des Ministeriums für Familie, Senioren, Frauen und Jugend, 2005, S. 381

6) Zwölfter Kinder- und Jugendbericht des Ministeriums für Familie, Senioren, Frauen und Jugend, 2005, S. 381 f

7) Kinder- und Jugendhilfegesetz, 2005

8) Ausführungsgesetz des Landes Nordrhein-Westfalen zum KJHG (Auszug) i. d. F. v. 2005

9) Kinder- und Jugendhilfegesetz, § 71 i. d. Fassung von 2005

Böhnisch, L.: Sozialpädagogik des Kindes- und Jugendalters. Beltz, Weinheim 1992, S. 255 f

Ziegenspeck, J.: Erlebnispädagogik. In: Pädagogik-Lexikon, München 1999, 135 ff

Becker-Textor, I.: Handbuch der Kinder- und Jugendbetreuung. Luchterhand, Neuwied 1993

Ergebnisse und Umsetzungsvorschläge der Jugendhilfeplanung Lörrach, Dezember 2002

Vogelsberger, M.: Sozialpädagogische Arbeitsfelder im Überblick, Beltz, Weinheim 2002

AG Jugend im Landkreis Lörrach (Hrsg.): Fachtagung Jugendfreundlicher Landkreis. Lörrach, 29.10.2005

Jugendstiftung Baden-Württemberg (Hrsg.): Erlebnispädagogik. Ökotopia, Münster 1999

■ Pädagogische Handlungskonzepte: Sonderpädagogische Einrichtungen

1) Degener, Theresia: Eine U.N. – Menschenrechtskonvention für Behinderte als Beitrag zur ethischen Globalisierung. In „Politik und Zeitgeschichte"; Beilage zur Wochenzeitschrift Das Parlament, 17. Febr. 2003

2) Markowetz, R. in: Cloerkes, G. (Hrsg.): Soziologie der Behinderten. Eine Einführung. Universitätsverlag Winter, Heidelberg 2001, S. 187 ff

3) s. o. Markowetz, R., Cloerkes, G., 2001, S. 180 ff

Bundesministerium für Gesundheit und Soziale Sicherung (Hrsg.): Ratgeber für behinderte Menschen. Bonn 2005

■ Pädagogische Konzeptionen erstellen

1) Hermann, Mathias; Weber, Kurt: Konzeptionsentwicklung – das eigene Profil finden. basiswissen kita, Sonderheft kindergarten heute. Herder, Freiburg

2) In Anlehnung an Hopf, Arnulf: Handreichungen für die Entwicklung eines pädagogischen Konzeptes. Redaktion kindergarten heute, 2001. www.kindergarten-heute.de

3) Gabi Dilger, Melanie Hug, Jutta Wisser, Birgit Baumer, Melanie Moser, Sonja Hackert, Ute Mailänder-Ganz, Brigitte Heizmann, Erika Gläß, Cordula Ruf-Reich, Sabine Schätzle: Kindergarten St. Josef, Schloßbergstr. 14, 79183 Waldkirch-Kollnau.

Quellennachweis

„Altersstufen", Chromo-Lithographie der Fa. May (Dresden) um 1900, S. 241; © 2007 Janosch film & medien AG, Berlin (Titel: „Flieg, Vogel flieg", Parabel Verlag, 1971), S. 479 u., (Titel: „Ich bin ein großer Zottelbär" Parabel Verlag, 1972), S. 480; © St. Ahler/PIXELIO, S. 553 li., www.pixelio.de, S. 614; © Successió Miró/VG Bild-Kunst, Bonn 2007, S. 453 o. li., 490 o.); A1PIX, 82024 Taufkirchen München, S. 281 re., 286, 617; akg-images, 14129 Berlin, S. 71, 133 o. re., 237, 356, 588, 591 re., 594 re.; Alàbiso, Gustavo, 76137 Karlsruhe, S. 421; Asch, Frank: Der kleine Mondbär, Herder Freiburg 1991, S. 479 o. li.; Aufderheide, Uwe, 22765 Hamburg, S. 235; Autoren, S. 9, 11, 12, 31, 39, 53, 72, 84, 85 li., 87, 88 li., 91 o., 100, 105 o. li., 111, 128, 133 o. li., 134, 141, 144, 158, 159, 160, 162, 163, 167 u., 177, 178, 195, 202, 204, 205, 208, 238, 239, 242, 243, 249, 264, 266, 284, 322, 335, 336, 337, 338, 339, 341, 347, 350, 351, 352 li. o., 354, 364, 366, 370, 379, 405, 409, 423 re. u., 429, 431, 436, 442, 444, 445, 446, 447, 448, 449, 450, 453 o. re., 459, 460, 472, 490 u., 510, 511, 520, 521, 524 o. li. u. o. re., 535, 557 Mi., 562 o., 600, 606, 610 o. li. u. re.; AWO-Bundesverband e.V., 10961 Berlin, S. 583; Bamberger, Michael, 79104 Freiburg, S. 315 re., 316 li., 526; Barlow, Harry, S. 139; Bensel, J./Haug-Schnabel, G., „Kinder beobachten und ihre Entwicklung dokumentieren", Kindergarten heute spezial (2005). Verlag Herder, 79104 Freiburg, S. 191 re.; Bergström, Gunilla: Wie gut, dass Papa Willie Wiberg hat, Oetinger Hamburg 1998, S. 479 o. Mi.; Bilderberg, 22765 Hamburg, S. 291 li.; Brooks, Kevin: Lucas, dtv München 2005, S. 473; Bundeszentrale für gesundheitliche Aufklärung (BZgA), 51109 Köln, S. 352 li. u.; Cloerkes, Günther: Soziologie der Behinderten, 3. Aufl. 2007, Winter Verlag, 69051 Heidelberg, S. 619; Corbis GmbH, 40221 Düsseldorf, S. 16 li., 170 o. re.; Dashuber, Thomas, 80799 München, S. 299, 300, 313, 314, 315 li.; Doolittle, Bev, „The Forest Has Eyes", The Greenwich Workshop Inc., 06483 Connecticut, S. 171; Dr. Becker Klinikgesellschaft mbH & Co. KG, 50968 Köln, S. 439; Evangelischer Fröbelkindergarten, 79585 Steinen, S. 513 re. u., 562 u., 564; Evangelischer Pressedienst (epd), 60439 Frankfurt am Main, S. 412, 413, 414, 422, 424, 437, 485, 530 o., 541, 552 o., 555, 597, 618; Focus, Photo- und Presseagentur GmbH, 20095 Hamburg, S. 304, 389, 508, 602; Friedrich, Gerhard/de Galgóczy, Viola: „Komm mit ins Zahlenland", Illustrationen von Eva Spanjardt, © Christophorus im Verlag Herder, Freiburg im Breisgau, 3. Auflage 2007, für weitere Informationen zum Thema Zahlenland siehe: www.ifvl.de, S. 316 re., 317, 525; Fritzmann, Claus, 70186 Stuttgart, S. 269; Getty Images, 80469 München, S. 267, 275, 319, 484 re.; Globus Infografik GmbH, 20148 Hamburg, S. 9, 10, 13, 20, 21, 22, 471, 530 u.; Grafische Produktionen Neumann, 97222 Rimpar, S. 69 o.; Grudjans, S. 125; Gruner+Jahr AG & Co. KG, 20444 Hamburg, S. 78 (GEO Wissen 32/2003), S. 83 (GEO Wissen 02/1989), S. 86 li. (GEO 08/1997), S. 245 – 247 (Geo 12/2004), S. 268 o. (GEO Wissen 2/1993), Guillou, Jan: Evil. Das Böse, Hanser München 2005, S. 474; Gutmann, Alena, 78351 Ludwigshafen, S. 228; Hoffmann und Campe Verlag GmbH, 20149 Hamburg, S. 271 o.; Holland + Josenhans Verlag, 70176 Stuttgart, S. 129, 363, 423 li. u. re. o., 455, 493 li., 566, 615 re.; Hörnschemeyer, Michael, 48145 Münster, S. 85 re.; Huber, Oswald/Baaske Cartoons, 79379 Müllheim, S. 133 u.; intro-foto, 13187 Berlin, S. 538; irisblende.de, 65185 Wiesbaden, S. 281 li.; Jan Thorbecke Verlag GmbH, 73760 Ostfildern, S. 453 u.; Jugendzentrum Haus am Wall, AWO Bezirksverband OWL e.V., 32657 Lemgo, Primkerstr. 5, www.jugendzentrum-Lemgo.de, S. 610 o. Mi.; Kapitza, Enno, 82166 Gräfelfing, S. 326; Katholische Gemeinde St. Sebald, 91058 Erlangen, S. 548; Kindergarten Lummerland, 59519 Möhnesee, S. 560; Kindergarten St. Aloysius, 58636 Iserlohn, S. 534; Kindergarten St. Josef, 91085 Weisendorf, S. 583 u.; Kinderhaus Arche, 79576 Weil am Rhein, S. 586; Kramer, Angelika, 70186 Stuttgart, S. 38, 46, 90, 101, 103, 105 li. und re., 106, 107, 108, 117, 137, 138, 148, 152, 161, 164 u., 165 re. u., 166, 168, 169 re., 175, 176, 185, 221, 223, 225, 248, 251, 253, 255, 272, 278, 279, 285, 289, 291 re., 307, 308, 325, 331, 332, 369, 385, 397, 410 li. u., 416, 417, 591 li.; Kropf, Hans-Hermann, 17375 Mönkebude, S. 271 u., 559 re.; laif Agentur für Photos und Reportagen GmbH, 50677 Köln, S. 70 u., 321; Lange, Michael, 22765 Hamburg, S. 268 u.; Leubner, Ulrike: Planen mit Kindern, erschienen 2007 im ClausVerlag, 09112 Chemnitz, S. 381; Lindgren, Astrid: Guck mal, Madita es schneit! Oetinger Hamburg 1984, S. 479 o. re.; Lück, Gisela, Universität Bielefeld, S. 509 li.; M. C. Escher Company, N-3740 Baarn, S. 157; Magistrat der Stadt Steinau an der Straße, S. 488; Mary Evans Picture Library Ltd., SE 3 0BS London, S. 66 u.; Mauritius Bildagentur GmbH, 82481 Mittenwald, S. 69 u., 70 o., 86 re., 254 li., 254 re. o., 276, 411 li., 453 o. Mi., 598; Menschenkinder-Verlag, 48157 Münster, S. 427, 461; MEV Verlag GmbH, 86161 Augsburg, S. 615 li.; Mohnmeyer, Heike, B-4731 Eynatten, S. 16 re.; Molcho, Samy, „Körpersprache"/Mosaik Verlag, S. 88 re.; Möller, Anne: Nester bauen, Höhlen knabbern, Atlantis Verlag Zürich, 2004, S. 481 li.; Partecke, Erdmute, 21465 Reinbek, S. 434; Primarschule Regensberg, CH-8158 Regensberg, S. 604; Quadrilla Vertrieb Deutschland, 35325 Mücke/Gross-Eichen, S. 513 li.; Quartier, Karin, q-solutions, 79541 Lörrach, S. 408; Ravensburger Buchverlag, 88214 Ravensburg (aus: Rübel, D., Holzwarth-Raether, U., „Technik bei uns zu Hause", 2003), S. 515; REGGIO CHILDREN, Via Bligny 1/A – 42100 Reggio Emilia, Italia, www.reggiochildren.it: „The water machine", from the Catalogue of the Exhibition „The Hundred Languages of Children", © Preschools and Infant-toddler Centers – Istituzione of the Municipality of Reggio Emilia, Italy, published by Reggio Children, 1996, S. 519 oben, S. 498 (Bachflohkrebs); Reidel, Marlene: Grimm Märchen, Annette Betz Verlag, Wien 2004, S. 482; Röbe, Edeltraud: Was Hänschen nicht lernt, lernt Hans nimmermehr. Sprachbildung im Elementar- und Primarbereich (2005), 71634 Ludwigsburg, S. 400; Satrapi, Marjane: Persepolis, Verlag Carl Ueberreuter, Wien 2005, S. 483; Schmidt, Hartmut W., 79104 Freiburg, S. 91 u., 94, 95, 96, 149, 153, 189, 197, 384, 388, 395, 407, 411 re., 420, 432, 441, 493 re., 500, 501, 502 li., 513 re. o., 543, 545, 547, 549, 552 u., 567, 572, 574, 577 o., 578, 580, 593, 595, 605; Sontheimer, Markus, Geislinger Zeitung, 73312 Geislingen, S. 540; Spektrum der Wissenschaft SPEZIAL, © Pour la Science, S. 309, S. 310 (1/2002, S. 8 und S. 19); SPIEGEL-Verlag, 20454 Hamburg, S. 301 (SPIEGEL special 3/2002, S. 9), S. 311 (SPIEGEL special 4/2003, S. 73); Spitzer, Manfred: Lernen: Gehirnforschung und die Schule des Lebens, Spektrum Akademischer Verlag GmbH Heidelberg, Berlin, 2003, S. 305, 306; Staatsinstitut für Frühpädagogik (IFP), 80797 München, S. 191 li.; Stone, L. Joseph, S. 220; Thieme Publishers Stuttgart, Georg Thieme Verlag KG, 70469 Stuttgart, S. 265, 410 li. o. (Franck, D.: Verhaltensbiologie, 1997); Timm, Gabriele, 41564 Kaarst, S. 329, 333, 517; Toriyama, Akira: Dragonball, © Carlsen Verlag GmbH Hamburg 1997, S. 484 li.; Überbetriebliche Kindertagesstätte e. V., 79539 Lörrach, S. 368, 374, 382, 386, 391, 392, 399, 428, 433, 452, 463, 464, 466, 467, 469, 493 Mi., 497, 498 o., 502 re., 509 re., 519 u., 522, 528, 529, 546, 550, 553 re., 557 re., 559, 563, 565, 577 u.; Ullstein Bild, 10888 Berlin, S. 66 o.; VS Perchtoldsdorf, A-2380 Perchtoldsdorf, S. 594 li.; W.H. Freeman and Company, New York, Kolb, B., Whishaw, I.: Fundamentals of Human Neuropsychology, Fourth Edition, 1996, S. 302; Waechter, Friedrich Karl: Wir können noch viel zusammen machen, München: Parabel 1995, S. 435; Widerberg, Siv: Das Mädchen, das nicht in den Kindergarten wollte, Oetinger Hamburg 1987, S. 478; Wilhelm, Hans: Wie man einen Dino besiegt, © Carlsen Verlag GmbH Hamburg 1992, S. 481 re.; www.jugendfeuerwehr-sarmenstorf.ch, S.613; www.kinderzentrum.de, Zentrum für Kinder und Jugendliche e.V., 84503 Altötting, S. 524 u. re.; www.uni-weimar.de, S. 557 li.;

Sachwortverzeichnis

S